改訂版

応用自在！契約書作成のテクニック

みらい総合法律事務所 編著

弁護士 横張 清威
弁護士 大菅 剛
弁護士 吉岡 裕貴
弁護士 小堀 優
弁護士 辻角 智之
弁護士 正田 光孝
弁護士 田畠 宏一
弁護士 西宮 英彦

日本法令

はしがき

　当職らは、日夜、多数の契約書のリーガルチェックを行っています。その結果、商取引等で用いられている契約書には、一定の傾向があることを実感しています。大別すると、概ね以下のようになります。

① 弁護士が作成したと思われる契約書（約3分の1）
② 弁護士が作成した契約書を一部変更したと思われる契約書（約2分の1）
③ 弁護士がまったく関与していないと思われる契約書（約6分の1）

　このうち、「弁護士が作成した契約書を一部変更したと思われる契約書」（②）には、苦渋の跡が窺えます。
　顧問弁護士を有さない事業者が契約書を作成する場合、インターネットで契約書の雛型を探し出すか、大手取引先が作成した契約書を流用し、それを一部アレンジするケースが多いのではないでしょうか。おそらく、元となる契約書の雛型を探すことは、それほど苦労しないと思います。しかし、それを自らの希望に合わせてアレンジする過程が、かなりの困難を伴うものと想像しています。自らの希望を満たす契約文言を見つけるため、インターネットや雛型本を長時間彷徨うことになるのだと思います。
　本書を執筆するにあたり、入手可能な契約書に関する書籍をすべて購入し熟読しました。その結果、現在出版されている契約書に関する書籍は、かなり少ないのだという印象を受けました。また、インターネット上で入手できる契約書雛型も、かなり限られているのが実情です。
　とはいえ、契約書の文言が日本語であるからといって、自分で契約文言を作成することはお勧めできません。なぜ、上記②の契約書について、弁護士以外の手が入っているとわかるのかというと、多くの場合、独自

に修正した箇所が法的に問題のある記載となっているからです。契約文言は非常に洗練されており、また、多くの場合、その文言には法的な裏付けが存在します。そのため、契約書の一部をアレンジする際には、弁護士が作成した契約文言を探し出すほうが安全なのです。

　本書は、多くの事業者が抱えているであろう上記ジレンマを解消するために作成されました。本書には多くの契約書変更例を掲載しています。これらの変更例は、当事務所の弁護士が、あらゆる可能性や場面を想定して作成したものです。きっと、契約書のアレンジを行いたいと考える時に、役立つものと思います。

　また、今回、改訂版を発行するにあたっては、令和2年4月1日に改正民法が施行されることから、本書も改正民法に対応すべく、全面的に改定を行いました。引き続き皆様のお手元に置いていただき、業務の一助としていただけましたら幸いです。

執筆担当一同

目次

第1部　契約書の基本事項

1. 契約書の基本知識 ………………………………… 2
2. 契約書作成のポイント …………………………… 9
3. トラブル防止に役立つ規定 ……………………… 15
4. 契約当事者の記載 ………………………………… 25
5. 契約書の押印の種類 ……………………………… 30
6. 収入印紙 …………………………………………… 33

第2部　契約書の作り方

第1章　商取引に関する契約

1. 動産売買契約書 …………………………………… 40
2. 土地売買契約書 …………………………………… 74
3. 土地建物売買契約書 ……………………………… 106
4. 継続的売買取引基本契約書 ……………………… 140
5. フランチャイズ契約書 …………………………… 178
6. 特約店契約書 ……………………………………… 220
7. OEM契約書 ………………………………………… 268
8. 代理店契約書 ……………………………………… 308
9. 秘密保持契約書 …………………………………… 346

第2章　貸借に関する契約

　　1　建物使用貸借契約書 …………………… 368
　　2　建物賃貸借契約書 ……………………… 398
　　3　定期建物賃貸借契約書 ………………… 444
　　4　定期借地権設定契約書 ………………… 492
　　5　駐車場賃貸借契約書 …………………… 526

第3章　貸金と担保に関する契約

　　1　債権譲渡契約書 ………………………… 564
　　2　金銭消費貸借契約書 …………………… 584
　　3　諾成的金銭消費貸借契約書 …………… 610
　　4　抵当権設定契約書 ……………………… 640
　　5　代物弁済契約書 ………………………… 662
　　6　準消費貸借契約書 ……………………… 682
　　7　集合動産譲渡担保契約書 ……………… 708
　　8　質権設定契約書 ………………………… 736

第4章　請負・業務委託に関する契約

　　1　業務委託契約書 ………………………… 764
　　2　会社経営委託契約書 …………………… 806

3　共同開発契約書 ……………………………… 846
　　　4　建築工事請負契約書 …………………………… 882
　　　5　建築工事下請契約書 …………………………… 920
　　　6　不動産管理委託契約書 ………………………… 958
　　　7　保守契約書 ……………………………………… 998
　　　8　コンサルタント契約書 ………………………… 1038
　　　9　システム開発委託契約書 ……………………… 1078
　　　10　営業委託契約書 ………………………………… 1118

第5章　労働に関する契約

　　　1　雇用契約書（就業規則なし）………………… 1166
　　　2　雇用契約書（就業規則あり）………………… 1196
　　　3　労働者派遣基本契約書 ………………………… 1210
　　　4　秘密保持誓約書 ………………………………… 1244
　　　5　入社誓約書 ……………………………………… 1254
　　　6　退社誓約書 ……………………………………… 1264
　　　7　身元保証契約書 ………………………………… 1274
　　　8　出向契約書 ……………………………………… 1290

第6章　知的財産に関する契約

　　　1　出版契約書 ……………………………………… 1310
　　　2　専属契約書 ……………………………………… 1338
　　　3　通常実施権許諾契約書 ………………………… 1366
　　　4　商標権使用許諾契約書（通常使用権）……… 1402

第7章　会社組織に関する契約

1　吸収分割契約書 ………………………… 1442
2　事業譲渡契約書 ………………………… 1472
3　合併契約書 ……………………………… 1506
4　株式譲渡契約書 ………………………… 1536

第8章　家族・近隣に関する契約

1　贈与契約書 ……………………………… 1580
2　死因贈与契約書 ………………………… 1598
3　境界確定契約書 ………………………… 1614
4　離婚協議書 ……………………………… 1630
5　夫婦財産契約書 ………………………… 1648
6　任意後見契約公正証書 ………………… 1660
7　通行地役権設定契約書 ………………… 1678

- 本書お買い上げの特典として、契約書の雛型を当社ホームページ上よりダウンロードのうえ、加筆・修正等していただいてご利用になることができます。
- ご利用方法の詳細は巻末に記載しておりますので、そちらをご確認のうえご利用ください。

第 1 部
契約書の基本事項

1 契約書の基本知識

1 「契約」とは

　契約とは、当事者同士の合意に基づいて権利義務関係を発生させる法律行為のことをいいます。すなわち、指輪を売りたいという人と、指輪を買いたいという人との意思表示が合致すると、売主は、指輪を買主に引き渡す義務と代金を請求する権利を、買主は、代金を支払う義務と指輪の引渡しを請求する権利を、それぞれ取得することになります。

　契約は、契約当事者の自由な意思によって決められます（契約自由の原則）。つまり、誰と（相手方選択の自由）、どのような内容で（内容決定の自由）、どのような方式で（方式の自由）契約することも、原則として自由とされています。すなわち、Aさんが指輪を売りたいとした場合、Aさんは、指輪を買いたいとするBさん・Cさんのどちらと契約しても自由ですし（相手方選択の自由）、AさんとBさんの双方が合意すれば、指輪は10万円で売っても構いませんし、100万円で売っても構いません（内容決定の自由）。また、AさんがBさんに指輪を売る場合に、単に指輪を渡してお金を受け取ってもよいですし、契約書を作成しても構いません（方式の自由）。

　ただし、契約自由の原則にも一定の例外があり、公序良俗に反する契約や強行法規（借地借家法、消費者契約法等）に違反する内容の契約は無効になります。たとえば、売主と買主の双方が合意のうえで、麻薬等の法禁物を売買する契約は無効となります。

　契約には、当事者を拘束する効力があります。

AさんがBさんに指輪を10万円で売ると約束した後に、Cさんが同じ指輪を100万円で買いたいと申し出たとします。AさんとしてはCさんに指輪を売りたいと考えるのが通常です。他方で、Bさんはすでに指輪を買うと約束したのですから、簡単に約束を破棄されては困ります。そこで、BさんはAさんを契約内容（解除条項や損害賠償条項）によって拘束することが必要になります。

　そこで、契約内容に契約違反に対する罰則（解除条項、損害賠償条項）を定めることで、契約の相手を拘束することができます。このように当事者を契約内容に拘束する効力を、「契約の拘束力」といいます。

【契約書の保管期間】

　原則として、契約書の保管期間については法律上の定めはありません。ただ、一般的に契約書の保管期間は10年程度といわれています。

　これは、一般的な債権の消滅時効の期間が10年であることから、債権が時効消滅するまではトラブルに備えて契約書を保管する、ということのようです。

　契約期間・取引が終了しても契約書を破棄しないよう注意しましょう。

---

2 契約の有効要件

(1) 契約内容に関する有効要件

　契約の内容が有効なものとして認められるためには、①確定性、②実現可能性、③適法性、④社会的妥当性の、すべての要件が満たされている必要があります。

契約を締結するにあたっては、この4要件が満たされているか確認してください。

① **確定性**

契約の内容が確定していることが必要となります。

たとえば、AさんとBさんの間で、Aさんは何か良い物をBさんに売り渡し、BさんはそれをAさんから買う旨の約束をし、契約書に「甲（Aさん）は、乙（Bさん）に対し、何か良い物を売り渡し、乙はこれを買い受けた。」と規定しても、契約書において売買の対象物がまったく不明なため、その売買契約は確定性を欠き無効となります。

② **実現可能性**

契約締結時に実現可能性がない契約は、無効となります。

たとえば、「AさんがBさんに対し、○○作成の壺を1,000万円で売る」旨の契約をしたところ、契約締結当時、すでにこの壺が壊れて滅失していた場合、その売買契約は実現可能性がないものとして無効となります。

③ **適法性**

違法な内容の契約（条項）は、無効となります。

たとえば、AさんとBさんとの間の賃貸借契約で、「賃貸人の要求があれば、いつでも無条件で賃貸借契約を解約できる」旨の特約を定めても、借地借家法30条に「この節の規定に反する特約で建物の賃借人に不利なものは、無効とする。」との強行規定があるため、その特約よりも借地借家法の規定が優先されることになります。したがって、特約は違法であり無効になります。

④ **社会的妥当性**

社会的に著しく妥当性を欠く内容の契約は、無効となります。

たとえば、「AさんがBさんに対し、○○会社の機密資料を盗んできたら100万円を与える」旨の契約を締結した場合、この契約は、犯罪行為を推奨する内容であって社会的妥当性を欠くので無効となります。

(2) 契約当事者の有効要件

契約を締結するにあたっては、契約当事者が以下の要件を満たしているか確認してください。

① 意思能力が存在していること

意思能力とは、自分の行為の性質や結果を判断することのできる精神的能力をいいます。幼児、精神病者、泥酔者などは意思能力がないものとされ、その者のなした法律行為は無効となります（改正民法3条の2）。

たとえば、2歳の幼児は、「お菓子を100円で買う」という意思を表示するための知能が欠けているため、意思能力がないと判断されることになります。ちなみに、子供であれば6〜7歳くらいから意思能力が備わりだすと考えられています。

② 行為能力が存在していること

行為能力とは、有効な法律行為を単独で行うことができる能力をいいます。未成年者や成年被後見人等の行為能力が制限されている者の法律行為は、取り消される可能性があります。

契約の相手方に行為能力が制限されている場合は、その有効要件を満たすように配慮する必要があります。たとえば、契約の相手方が未成年者であれば法定代理人の同意があるか、契約の相手方が被保佐人であれば保佐人の同意があるかを確認する必要があります。

③ 意思の欠缺・瑕疵が存在しないこと

　契約当事者が契約を締結する際、意思が欠けていたり（意思の欠缺）、意思表示に瑕疵があったりすると、その契約は無効になったり、後に取り消されたりします。

　たとえば、意思の欠缺には、虚偽表示（契約の相手方と通じて行う、真意でない意思表示。民法94条）や錯誤（当事者が認識したこととその認識の対象である客観的な事実とが一致しないこと。民法95条）があり、これらの場合には契約は無効となります（なお、改正民法では、錯誤の場合には契約が無効となるのではなく、取り消すことができることとなりました（改正民法95条））。

　意思表示の瑕疵には、詐欺（人を欺き錯誤に陥らせること。民法96条）や強迫（相手に害意を示し、恐怖の念を生じさせること。民法96条）があり、これらの場合には契約を取り消すことができます。

④ 代理権・代表権が存在していること

　契約当事者の代理人や法人の代表者が契約を締結するとき、有効な代理権や代表権が存在しなければ、契約当事者に契約の効果が帰属しなくなります。

　そのため、代理人が契約当事者に代わり署名押印するときは、委任状を契約書に添付することを求めるなどして、契約相手に有効な代理権が存在するかを確認してください。

3 契約書の役割

　契約は、一部の契約（保証契約、定期借地契約等）を除いて当事者の合意だけで成立し、契約書の作成は、契約成立の要件ではありません。それでは何故、契約書を作成するのでしょうか。

　契約書の役割は、①契約当事者の備忘のため、②紛争が起きた時に備えるための、大きく2つに分けられます。

① 契約当事者の備忘のため

　契約当事者は自由に契約内容を定めることができます。契約内容が、スーパーでの買い物のように単に物を売る・買うという内容だけであれば単純ですが、複数の物を売る場合、支払期限を定める場合、引渡期日を定める場合、解除条件を定める場合、損害賠償の定めをする場合等、複雑な内容になる場合もあります。

　そのような場合に、契約当事者が契約内容の詳細部分まですべて記憶しておくことは困難です。そのため、1つひとつの詳細部分を確認しながら契約内容を定め、両当事者がどのような契約をしたのか忘れないために契約書に残します。

② 紛争が起きた時に備えるため

　契約書の作成には、契約した相手方が約束を守らなかった場合や契約内容について当事者間の認識に不一致が生じた場合に起こりうる将来の紛争に備える、という意味もあります。

　契約の相手方が契約上の義務を履行しない場合、他方当事者は、契約の履行や損害賠償を求めて、裁判等の法的手段をとることが可能ですが、そのためには契約内容を立証する必要があります。しかし、契約当事者が口頭でのみ合意した場合、形として残るものがないため、一方の当事者が「そのような内容の契約をした覚えはない」と主張すると、契約締結当時、契約当事者がどのような内容で契約したのかがわかりません。

　契約書がなくても他の書類や第三者の証言により契約内容を立証することができる場合もありますが、契約書は契約の成立、その内容を証明する直接的な証拠ですから、その存在が権利の実現には最も有効です。

　なお、契約を締結する際には、契約書を複数作成するのが通常です。それは何故でしょうか。

　仮に、契約書が1通しか存在せず、それを当事者の一方だけが保管

することとした場合、もしそれが紛失されたり改ざんされたりすると、他方当事者は本来の契約内容を証明する重要な証拠を失うことになります。
　これを防ぐため、契約書を複数作成し、各当事者が１通ずつ保管するものとすることが多いのです。

2 契約書作成のポイント

　当事者間で契約内容を検討したうえ、契約内容について確定して双方が合意した後、契約書を作成、調印することになります。
　契約書は、契約当事者双方に誤解が生じないように、契約内容を具体的に記載するのが原則です。
　契約書は、通常、以下の事項によって構成されます。

---

①　タイトル
②　前文
③　契約の内容（条、項、号）
④　後文
⑤　作成年月日
⑥　当事者の表示
（必要な場合は、⑦目録）

　契約の内容については、契約成立の要件となる事項を必ず記載しなければなりません。たとえば、売買契約を締結する場合は、売買の目的物を特定し、金額を記載し、当事者が売買契約を締結した事実について必ず記載します。また、契約内容について民法などに規定のある事項については、とくに契約書で定める必要はありませんが（重要な事項については確認する意味で記載するのが通常です）、法律で定められている事項と異なる内容の特約をした場合、契約書に明記する必要があります。

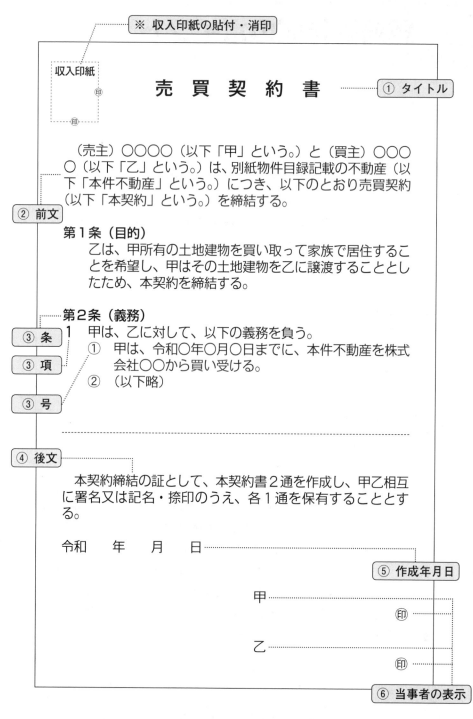

【別紙】

物件目録 ⋯⋯⋯⋯⋯⋯⋯⋯⋯⋯⋯⋯⋯⋯ ⑦ 目録

1. 土地
   所在　　東京都新宿区〇〇町〇丁目
   地番　　〇番〇
   地目　　宅地
   地積　　〇〇平方メートル

2. 建物
   所在　　東京都新宿区〇〇町〇丁目〇番〇号
   家屋番号　〇番地〇
   種類　　〇〇
   構造　　居宅
   床面積　〇〇平方メートル

① タイトル

　契約書のタイトルについて、「こう記載しなければならない」という決まりはありません。ただ、契約の内容を一目で把握できるような記載にするのが一般的です。

　通常、「売買契約書」「賃貸借契約書」「合併契約書」などのように契約の種類を記載しますが、単に「契約書」「覚書」という記載であっても、法的には問題ありません。

　1つの契約書で金銭消費貸借契約と抵当権設定契約を行う場合のように、さまざまな契約内容を盛り込んだ契約書の場合は、「金銭消費貸借等契約書」のように「等」という言葉をつけるのが一般的です。これにより、金銭消費貸借契約を中心に付随契約も締結したことが一目で把握できることになります。

　なお、印紙税が課税されるか否かは、契約書のタイトルに基づいて決定されるわけではありません。契約の実質的な内容に基づいて、課税文書か否かが決定されます。

② 前文

　前文は、契約当事者や契約内容の特定などのために設けられています。

　前文の主要な役割として、まずは当事者等の表示方法を明らかにすることが挙げられます。すなわち、「○○株式会社（以下「甲」という。）と△△株式会社（以下「乙」という。）は、後記売買対象物（以下「本件物品」という。）につき、以下のとおり動産売買契約（以下「本契約」という。）を締結する。」というように、当事者や対象物の略語等を設定することが通常です。

　10ページの参考例では、当事者の記載欄の前に（売主）（買主）と記載しましたが、これはどちらが売主でどちらが買主なのかを一目で把握させるためであり、記載しなければならないものではありません。

③ 契約の内容（条、項、号）

　契約の具体的な内容を、契約条項として記載します。契約条項によって契約の具体的内容が確定するため、わかりやすく記載することを心掛けましょう。

　契約書では、項目ごとに条を設定し、各条の中にさらに細分化する形で項や号を設けます。すなわち、条 → 項 → 号という順に契約内容を詳細に決めていくのが一般的です。

　また、契約の中心となる部分から順に記載します。特約条項等を設ける場合は、特約条項であることがわかりやすいように記載することが肝要です。

④ 後文

　後文は、当事者の間で合意が成立した事実や契約書の作成通数を明らかにするために設けられています。通常、当事者分の契約書が作成され、各当事者が1通ずつ保管します。

⑤ 作成年月日

　契約成立の日を明らかにするために記載されます。作成年月日は、「本契約の有効期間は、本契約締結日から1年間とする。」というように契約の有効期間を確定したり、正当な権限のもとに作成されているかを判定する基準となったりするため、大変重要です。

　公証人役場で確定日付をもらうと、契約が成立した日付を公に証明することができます。

⑥ 当事者の表示（署名押印、記名捺印）

　契約の当事者が署名（手書きで自分の名称を記載すること）または記名（ゴム印、印刷、タイプなどで記載すること）と捺印をして、契約当事者であることを示す箇所です。

　当事者が個人の場合は、住所を記載し、署名（記名）・押印をします。当事者が法人の場合は、本店所在地・法人名を記載し、代表

者（株式会社であれば代表取締役、公益法人などでは理事・代理事など）が署名（記名）・押印をします（記載方法については後述します）。

　印鑑は、認印でもかまいませんが、契約当事者の本人性を強く証明するためには、市区町村（法人の場合には法務局など）に登録してある印鑑（実印）を押印するほうが望ましいです。

⑦　目録（物件目録・見積書など）
　物件の表示等は、契約書の条項の中で記載してもよいのですが、表示すべき対象物の数量が多い場合などには、別紙を作成し、物件や商品名を一覧表示すると簡便です。参考例では、不動産の売買にあたり物件目録を作成しました。物件目録には、不動産の登記簿に記載された物件の表示等を記載して、対象となる物件を特定するのが通常です。

　また、動産売買においては、商品の製品名や製造番号、数量などを記載して特定するのが通常です。

※　収入印紙の貼付・消印について
　印紙税法の定めによって、不動産譲渡に関する契約書、金銭消費貸借契約書などを作成する場合、収入印紙を貼付し、消印をする必要があります。

　印紙の貼付の有無は、契約の効力には影響を及ぼしませんので、仮に印紙が貼付されていなくても契約自体は有効となります。

　なお、契約書を複数作成する場合は、それぞれの契約書に印紙の貼付が必要となります。

3 トラブル防止に役立つ規定

　争いが生じやすい事項について、契約書に適切な規定を設けることで、将来のトラブル発生を防止することが可能となります。
　①履行期日、存続期間、②契約解除、③期限の利益（期限の利益喪失条項）、④損害賠償・違約金、⑤危険負担、⑥担保責任（契約不適合責任）、⑦保証人条項・相殺の予約、⑧諸費用の負担、⑨裁判管轄、⑩協議条項の各規定は、トラブル防止のためにも記載したほうがよいでしょう。

【期間の計算方法】

① 日、週、月または年によって期間を定めた場合
　初日が午前０時から始まる契約の場合を除いて、初日は計算に入れません（初日不算入の原則）。午前０時以降の契約の場合は、すでに１日が24時間ないので計算に入れず、翌日を数え始めの日とします。

② 月または年によって期間を定めた場合
　月または年の初めから起算する場合は、最後の月または年の末日で期間が満了することになります。つまり、「１月１日から３か月間」という期間の場合、３月末日で期間が満了します。
　なお、月または年の初めから起算しない場合は、その期間は最後の月または年において起算日に相応する日の前日に満了します。つまり、「８月12日から11か月間」という期間の場合、翌年の７月11日に期間が満了します。

1 履行期日、存続期間

　履行期日は、売買契約や請負契約などの場合に問題となり、存続期間は、賃貸借契約や雇用契約など継続的契約の場合に問題となります。

例．履行期日

> 甲は乙に対し、令和○年○月○日までに、本件土地を現状有姿のまま引き渡す。

例．存続期間

> 本契約の契約期間は、令和○年○月○日から令和○年○月○日までとする。

> 本契約の契約期間は、令和○年○月○日から○年間とする。

2 契約解除

　解除権を行使し、契約を解除するための規定です。解除権には、法定解除権と約定解除権がありますが、法定解除権は、相手方に契約違反があっても履行の催告をしないと解除できない等の制約があります。

　そこで、当事者間で、どのような事情が発生した場合に契約解除ができるのか（解除事由）や、解除するには催告が必要なのか（解除方法）を明記することで、契約解除に関するトラブルを防止することができます。

3 トラブル防止に役立つ規定

　争いが生じやすい事項について、契約書に適切な規定を設けることで、将来のトラブル発生を防止することが可能となります。
　①履行期日、存続期間、②契約解除、③期限の利益（期限の利益喪失条項）、④損害賠償・違約金、⑤危険負担、⑥担保責任（契約不適合責任）、⑦保証人条項・相殺の予約、⑧諸費用の負担、⑨裁判管轄、⑩協議条項の各規定は、トラブル防止のためにも記載したほうがよいでしょう。

【期間の計算方法】

① 　日、週、月または年によって期間を定めた場合

　　初日が午前０時から始まる契約の場合を除いて、初日は計算に入れません（初日不算入の原則）。午前０時以降の契約の場合は、すでに１日が24時間ないので計算に入れず、翌日を数え始めの日とします。

② 　月または年によって期間を定めた場合

　　月または年の初めから起算する場合は、最後の月または年の末日で期間が満了することになります。つまり、「１月１日から３か月間」という期間の場合、３月末日で期間が満了します。

　　なお、月または年の初めから起算しない場合は、その期間は最後の月または年において起算日に相応する日の前日に満了します。つまり、「８月12日から11か月間」という期間の場合、翌年の７月11日に期間が満了します。

1 履行期日、存続期間

　履行期日は、売買契約や請負契約などの場合に問題となり、存続期間は、賃貸借契約や雇用契約など継続的契約の場合に問題となります。

例．履行期日

> 甲は乙に対し、令和○年○月○日までに、本件土地を現状有姿のまま引き渡す。

例．存続期間

> 本契約の契約期間は、令和○年○月○日から令和○年○月○日までとする。

> 本契約の契約期間は、令和○年○月○日から○年間とする。

2 契約解除

　解除権を行使し、契約を解除するための規定です。解除権には、法定解除権と約定解除権がありますが、法定解除権は、相手方に契約違反があっても履行の催告をしないと解除できない等の制約があります。

　そこで、当事者間で、どのような事情が発生した場合に契約解除ができるのか（解除事由）や、解除するには催告が必要なのか（解除方法）を明記することで、契約解除に関するトラブルを防止することができます。

例. 解除条項

> 甲又は乙が以下の各号のいずれかに該当したときは、相手方は催告及び自己の債務の履行の提供をしないで直ちに本契約の全部又は一部を解除することができる。なお、この場合でも損害賠償の請求を妨げない。
> ① 本契約の一つにでも違反したとき
> ② 監督官庁から営業停止又は営業免許もしくは営業登録の取消等の処分を受けたとき
> ③ 差押、仮差押、仮処分、強制執行、担保権の実行としての競売、租税滞納処分その他これらに準じる手続きが開始されたとき
> ④ （以下略）

なお、改正民法における債務不履行による解除の要件として「債務者の帰責事由」が不要となった（改正民法 415 条）ことから、債務不履行について債務者に帰責事由がない場合においても、債権者は契約を解除することができるようになりました。また、改正民法では、相手方の債務不履行が契約および取引上の社会通念に照らして軽微なものである場合には、催告解除することができないことが明文化されました（改正民法 541 条但書）。

3 期限の利益（期限の利益喪失条項）

期限の利益とは、債務の履行について期限を定めることであり、裏を返せば「期限が来るまでは債務を履行しなくてよい」という債務者の利益のことをいいます。

債務者は、債務を履行できなくなった場合などに、期限の利益喪失条項によって期限の利益を喪失し、その結果、分割払いの約定があったとしても債務の全額を直ちに支払わなければならなくなります。

例．期限の利益喪失条項

> 甲が以下の各号のいずれかに該当した場合、甲は当然に本契約及びその他乙との間で締結した契約から生じる一切の債務について期限の利益を失い、甲は乙に対して、その時点において甲が負担する一切の債務を直ちに弁済しなければならない。
> ① 本契約の一つにでも違反したとき
> ② 監督官庁から営業停止又は営業免許もしくは営業登録の取消等の処分を受けたとき
> ③ 差押、仮差押、仮処分、強制執行、担保権の実行としての競売、租税滞納処分その他これらに準じる手続きが開始されたとき
> ④ （以下略）

4 損害賠償・違約金

　契約違反によって相手方に損害が生じたときは、その相手方は損害の賠償を求めることができます（民法415条）。

　上記は法律上の規定ですが、係る規定に基づいて損害賠償請求を行う場合、請求する側において、損害が生じたことを立証しなければなりません（損害の立証）。通常、契約当事者は、契約を履行することを前提としており、損害が生じることを想定していませんので、いざ相手方に契約違反があった場合、裁判等で損害を立証することが困難な場合が非常に多いです。

　この点、契約内容によって、あらかじめ損害賠償の金額を定めたり、違約罰の定めを置いたりして、損害の立証の負担を回避することができます。

例．損害賠償

> 甲又は乙は、解除、解約又は本契約に違反することにより、相手方に

損害を与えたときは、相手方に対してその損害の全て（弁護士費用及びその他の実費を含むが、これに限られない。）を賠償しなければならない。

例．違約罰

甲又は乙は、解除、解約又は本契約の重大な義務に違反することにより、相手方に損害を与えたときは、相手方に対して代金総額（消費税込）の20％相当額の違約金を賠償しなければならない。ただし、これを超える損害が発生したときは、その超過額も賠償しなければならない。

なお、改正民法では、損害賠償額の予定に関する420条1項後段の「この場合において、裁判所は、その額を増減することができない。」の部分が削除されましたが、同条項の下でも公序良俗違反等を理由とする減額等を否定するものではないと考えられており、改正の前後で実質的な変更はありません。

5 危険負担

不動産売買や動産売買などの双務契約（双方が債務を負担する契約）において、ある債務がその債務者の過失によらないで履行不可能（債務消滅）となった場合に、その債務消滅によって生じる損失、危険をどちらが負担するのかを定めた規定です。

たとえば、アンティークの壺の売買契約を締結した後、引渡前に地震が発生し壺が滅失・毀損した場合に、売主の引渡債務は履行不可能なので消滅しますが、その反対債権である売主の代金債権はその影響を受けるのか（消滅するのか、請求できるのか）という問題です。

民法では、「特定物に関する物権の設定または移転」を目的とする

双務契約の場合は、その物が消滅しても反対債権は消滅しないとされています（534条）。ですから、先ほどの壺の売買契約のケースでは、特定物である壺の引渡債務が消滅したとしても、代金債権は存続することになります。このように、民法では、「引渡債務が消滅した損失、危険は、その債務の債権者が負担する」という債権者主義が採用されています。

ところが、この結論は不合理だとの批判があり、また、この規定は契約当事者が契約によって自由に変更することが可能ですから、契約書にこれと異なる内容の条項を入れることがあります。たとえば、以下のように、特定物の所在やその所有権の移転とともに危険も移転させることがあります。

例．危険負担

> 引渡前に生じた本件物品の滅失、毀損、減量、変質、その他一切の損害は甲の責に帰すべきものを除き乙が負担し、本件物品の引渡後に生じたこれらの損害は、乙の責に帰すべきものを除き甲が負担する。

この点、債権者主義の結論が不合理との批判を受けて、改正民法では、債権者主義を規定する534条および535条が削除され、売買の目的物の滅失の危険が目的物の引渡時に移転することとなりました（改正民法567条1項）。このため、引渡前の目的物滅失等の危険は、債務者が負うこととなりました。

また、民法では目的物が消滅して引渡債務が消滅したら反対債務も自動的に消滅するという構成を採用していますが（536条1項）、改正民法では、債権者が反対債務の履行を拒絶することができるとの規定を採用し、反対債務は履行不能を理由とする契約解除（改正民法542条1項）をもって消滅することとなりました。

6 担保責任（契約不適合責任）

　特定物売買において対象物に隠れた瑕疵があった場合などに、買主が売主に対して、損害賠償を求めたり、当該瑕疵によって契約の目的が達成できない場合には契約を解除したりすることができます（民法570条、566条）。これも、原則として契約当事者が契約によって自由に変更することが可能です。

例．担保責任

> 本件物品の引渡後、引渡後の検査においては容易に発見することができなかった瑕疵が発見されたときは、引渡時から6か月以内に限り、乙は甲に対して、無償の修理又は代金の全部もしくは一部の返還を請求することができる。また、当該瑕疵によって契約の目的が達成できない場合には、乙は本契約を解除することができる。

　民法では、特定物売買の場合、目的物に隠れた瑕疵があっても、売主がこれを引き渡せば引渡債務は履行されますが、それでは買主の信頼を裏切ることになるので、特別に損害賠償請求や解除ができるものとされています。
　これに対し、改正民法では、「瑕疵担保責任」から「契約不適合責任」とされました。
　すなわち、改正民法では、特定物・不特定物を分けることなく、隠れているかどうか（買主の認識がどうだったか）や、瑕疵がないかどうか（当該物の通常有すべき品質・性能を備えているか）に関係なく、目的物が「契約内容に適合するかどうか」によって責任（契約不適合責任）が生じるものとされました。そして、買主は、現行法の損害賠償請求と解除の2つに加えて、追完請求（たとえば、修補請求、代替物の引渡請求、不足分の引渡請求）や代金減額請求ができるようになりました。

そうなると、売主としては、多様な請求に応じなければならないリスクがあるので、契約書でリスクを排除することが考えられます。たとえば、「代替物として準備する場合、同水準、同性能のものとする」として追完請求の内容を特定したり、「修補費用が10万円以上になる場合は修補しない」と記載したりすることも考えられます。

7 保証人条項・相殺の予約

　これらは、契約の拘束力を強める条項であり、債権回収において重要な意味を持ちます。

　まず、保証人条項があれば、債務者が債務の支払いをしない場合に、保証人へ債務の支払いを求めることができます。

例．連帯保証

> 丙は、乙の連帯保証人として、本契約により生ずる乙の甲に対する一切の債務の弁済につき、連帯して保証する。

　改正民法では、保証人を保護する観点から、すべての個人根保証契約に極度額を付すことが必要となりました。たとえば、不動産賃貸借契約における賃借人の債務や、継続的売買契約における代金債務を個人が根保証する場合は、極度額を記載しないと無効になることには注意が必要です。
　また、改正民法では、主債務者は、事業のために負担する主債務を保証する個人に対し、主債務者の財産等の状況を提供しなければなりません。具体的には、「財産および収支の状況」「主債務以外に負担している債務の有無ならびにその額および履行状況」「主債務の担保として他に提供し、または提供しようとするものがあるときはその旨およびその内容」を提供する必要があります。この情報提供が欠けたこ

とが理由で保証契約が取り消されることを防ぐため、契約書の中で、情報が提供された旨を記載する等の対応も考えられます。

　さらに、相殺予約条項があれば、債務者へ支払いを求める一方、債務者へ債務を負担している場合に、両債権を相殺することで債権回収を実現できます。

例．相殺の予約

> 甲は、本契約又は本契約に限らないその他の契約等に基づき甲が乙に対して負担する債務と、本契約または本契約に限らないその他の契約等に基づき甲が乙に対して有する債権とを、その債権債務の期限にかかわらず、いつでもこれを対当額において相殺することができる。

8 諸費用の負担

　契約を締結する際に必要な諸費用や税金を、契約当事者のどちらが負担するのかは、あらかじめ明確に定めておいたほうがよいでしょう。

例．費用負担

> 本契約の締結に要する印紙その他の費用は、甲が負担するものとする。

例．引渡費用

> 甲は、引渡期日に、引渡場所に本件物品を持参して引き渡す。なお、引渡しに要する費用は甲の負担とする。

9 裁判管轄

　契約のトラブルについて訴訟等を提起する必要が生じた場合、訴訟提起は管轄権を有する裁判所にしなければなりません。そして、管轄は民事訴訟法等の法律で規定されています。
　しかし、その法定管轄に従うと不便な場合があります。たとえば、契約当事者の住所地から離れた場所の裁判所に管轄権がある場合、その裁判所に訴訟提起して訴訟することになると、当該裁判所までの交通費や弁護士に依頼した場合の日当等につき多額の費用が発生します。
　この点、あらかじめ当事者間で管轄裁判所を合意することによって（合意管轄条項）、一方または双方に都合のよい管轄裁判所を定めることができます。

例．合意管轄

> 甲及び乙は、本契約に関し裁判上の紛争が生じたときは、訴額等に応じ、○○簡易裁判所又は○○地方裁判所を専属的合意管轄裁判所とすることに合意する。

10 協議条項

　契約の内容に疑義が生じた場合や契約書に規定されていない事項が発生した場合は協議して解決する旨を記載します。係る条項を設けることで、紛争防止の意識付けになります。

例．協議解決

> 本契約に定めのない事項又は本契約の解釈について疑義が生じたときは、甲乙誠意をもって協議のうえ解決する。

4 契約当事者の記載

1 注意点　～当事者でない者を拘束していないか～

　契約書によっては、契約当事者以外の者を拘束する条項を記載してしまっている場合があります。たとえば、甲と乙の契約書において、「乙が債務を履行しない場合には、丙が債務を履行する。」という記載がある場合です。たとえ丙が乙の親戚であっても、丙が契約当事者として署名（記名）・押印していないのであれば、丙を契約によって拘束することはできません。丙を拘束するためには、甲・乙・丙の三者間の契約書を作成する必要があります。

　また、同族会社等であっても、会社と会社の代表者は異なる人格であるということにも注意してください。契約によって会社代表者を拘束するためには、会社代表者を会社の連帯保証人にする等しなければなりません。

2 当事者の署名捺印

　契約書を作成した年月日の後に、当事者が署名（記名）・押印をするのが通常です。契約の当事者とは、契約により生じる権利義務の主体となる者をいいます。

　通常は、住所と名称によって当事者を特定します。

① 　当事者が個人の場合

　　契約当事者が個人の場合、当事者がそれぞれ、住所を記載し、署名（手書きで自分の名称を記載すること）または記名（ゴム印、印

刷、タイプなどで記載すること）をして押印（実印が望ましいです）し、実印の場合は印鑑証明書を契約書に添付します。

```
甲  東京都新宿区○○町○丁目○番○号
    甲野太郎  ㊞
```

② **当事者が会社の場合**
　契約当事者が会社の場合、会社の商号を記載します。会社自体は意思表示することができませんので、代表取締役等の会社を代表して契約を締結する権限のある者の氏名を表示します。

```
甲  東京都新宿区○○町○丁目○番○号
    みらい株式会社
    代表取締役　甲野太郎  ㊞
```

③ **当事者が公益法人・事業協同組合の場合**
　公益法人では理事に、事業協同組合では代表理事に、それぞれ代表権があります。公益法人・事業協同組合の住所を記載したうえ、代表者の肩書きと個人名の署名（記名）をして、法務局に登録した代表者印で押印をします。

```
甲  東京都新宿区○○町○丁目○番○号
    公益社団法人みらい協会
    代表理事　甲野太郎  ㊞
```

```
甲  東京都新宿区○○町○丁目○番○号
    みらい消費生活協同組合
    代表理事　甲野太郎  ㊞
```

④ 当事者が未成年者の場合

　契約当事者が未成年の場合、原則として、未成年者の財産を管理している法定代理人（親権者または未成年後見人）との間で契約を締結しなければなりません。

　契約の締結について、事前に未成年者の法定代理人から同意が得られている場合は、未成年者本人と契約を締結することもできますが、必ず同意書を添付してください。親権者が２人とも健在である場合は、２人の署名が必要になります。

```
甲　東京都新宿区〇〇町〇丁目〇番〇号
　　甲　野　太　郎　㊞

同親権者　父　甲　野　一　郎　㊞
　　同　　母　甲　野　花　子　㊞
```

⑤ 代理人が契約する場合

　代理人に依頼して契約を締結することもできます。代理人には、法律で定められた法定代理と、本人から委任を受けた任意代理とが

【どちらを「甲」「乙」とすべきか】

　契約書においては、当事者の一方を「甲」、もう一方を「乙」と、略語を用いるのが通常ですが、契約当事者のどちらを「甲」にすべきか迷うことがあると思います。

　どちらを「甲」にしたとしても、契約の効力はあくまでも契約の条項によって決定されるため、契約の効力には一切影響しません。

　一般的には、力関係の強い者を「甲」とする場合が多いようです。また、義務を負担する者を「乙」にしたりもします。

あります。

　代理人が、本人から与えられた代理権の範囲内で契約を締結すると、契約の効力は本人に帰属します。代理権を持たない者が本人を代理して契約を締結しても、契約の効力は本人には及びません。

　代理人が契約を締結する場合、契約締結権限が記載された委任状の添付を要求されるのが一般的です。トラブルを防止するために、委任状において、契約書に記載される契約内容について具体的に記載する場合もあります。

委　任　状

　　　　　　　　　　　　　　　　　　　令和○年○月○日
　　　　　　　　　　　　　　　　東京都新宿区○○町○丁目○番○号
　　　　　　　　　　　　　　　　　　乙　野　次　郎　㊞

　私は、次の者を代理人と定め、下記の事項を委任します。
　　　受任者　甲　野　太　郎
　　　住　所　東京都新宿区○○町○丁目○番○号

　　　　　　　　　　　　　　記

１．次の土地を売却する件
　　　所在　　東京都新宿区○○町○丁目
　　　地番　　○番○
　　　地目　　宅地
　　　地積　　○○平方メートル
２．上記事項を処理するため必要な一切の権限

3 署名（記名）、押印

　署名とは、手書きで自己の名称を記載することをいいます。記名とは、ゴム印、印刷、タイプなど署名以外の何らかの方法によって自己の名称を表すことをいいます。

　契約書に署名や記名・押印をするのは、その契約書が当事者の意思に基づいて作成されたことを保証するためです（文書の成立の真正）。つまり、その契約書が第三者によって偽造されたものではなく、表示されている当事者が自らの意思によって作成したということを、署名の筆跡や印影によって立証するために求められているのです。

　署名の場合は押印がなくても真正に成立したものとみなされますが、記名の場合は、押印がなければ真正に成立したものとみなされません。

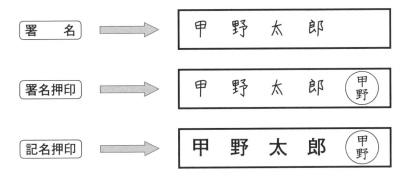

（記名押印の場合は印鑑証明書を添付する）

　記名押印の場合には、筆跡によって文書の成立の真正を立証できないことから、実印を使用したうえ印鑑証明書を添付するのが通常です。なぜなら、実印は市区町村や法務局が発行する印鑑証明書によって、その人の印鑑の印影であることを証明できるからです。契約書の成立を確実なものにするためには、実印を押印したうえ印鑑証明書を添付するとよいでしょう。

5 契約書の押印の種類

　印鑑には、実印と認印が存在します。
　実印とは、個人の場合は市区町村に登録している印鑑、会社の場合は法務局に登録している印鑑をいい、当該印鑑の印鑑証明を市区町村や法務局で受けられます。認印は、印鑑登録していない印鑑です。
　実印であっても認印であっても、契約書の効力には影響は及びません。しかし、契約当事者本人が契約を締結したか否かが争いとなったときは、印鑑証明書によって、その人の印鑑の印影であることを証明

できるため、実印が使用されていた場合のほうが有効とみなされやすいといえます。

なお、押印には、その役割によってさまざまな名称のものが存在します。

① 署名（記名）とともにする押印

　契約当事者は、契約書の末尾で、自分の氏名の後に署名とともに押印します。

② 契印

　契印とは、契約書が複数頁にまたがる場合に、各頁が一体であることを示すために、頁と頁の間の綴じ目に当事者双方が押印することをいいます。

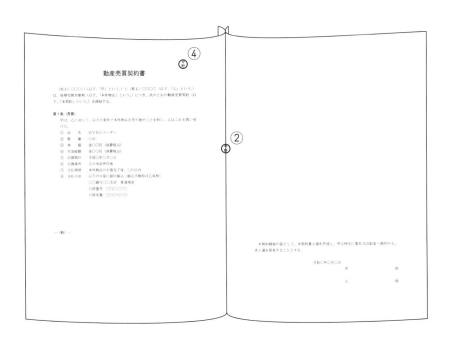

③ 割印

　割印とは、2通以上の独立した文書について、内容の同一性や関連性を示すために、2つの文書にまたがって押印することをいいます。

④ 捨印

　捨印とは、文字の訂正に備えて、契約書上欄の余白部分にあらかじめ当事者が押印することをいいます。ただし、捨印は契約書の偽造に利用されるおそれもありますから、使用しないほうが望ましいです。訂正箇所が生じた場合は、訂正印をその箇所ごとに押印するようにしましょう。

⑤ 訂正印

　訂正印とは、訂正部分の余白に訂正の内容を記載して各当事者の印鑑で押印することをいいます。訂正箇所に訂正印を押印し、欄外に訂正字数を記す場合もあります。

⑥ 消印

　消印とは、契約書が課税文書である場合に、収入印紙と契約書面にまたがってなされる押印のことをいいます。

6　収入印紙

　契約書の種類によっては印紙税が課せられます（課税文書）。課税文書か否かは、契約書のタイトルによって判断されるわけではなく、契約内容の実質で判断されます。
　課税文書を作成した当事者は、収入印紙を購入して、文書に収入印紙を貼付し、それに消印することが必要となります。
　課税文書に収入印紙が貼付されていなかったとしても、契約の効力自体が否定されることはありませんが、貼付すべき印紙を貼付しないときや消印がないときは、印紙税額の2倍の過怠税が課せられます。
　印紙税額については、国税庁のホームページなどで確認してください。

> 【印紙税の節税】
> 　契約書のコピーは、原則として課税文書には該当しません。そのため、原本を1通作成し、当事者の一方がコピーを保管することにすれば、印紙税を節税することができます。この場合の後文は、「本契約締結の証として、本契約書1通を作成し、甲乙相互に署名又は記名・捺印のうえ、甲が原本を保有し、乙が写しを保有することとする。」となります。

印紙税額一覧表

令和2年4月現在

番号	文書の種類（物件名）	印紙税額（1通又は1冊につき）	主な非課税文書
1	1 不動産、鉱業権、無体財産権、船舶若しくは航空機又は営業の譲渡に関する契約書 （注）無体財産権とは、特許権、実用新案権、商標権、意匠権、回路配置利用権、育成者権、商号及び著作権をいいます。 （例）不動産売買契約書、不動産交換契約書、不動産売渡証書など 2 地上権又は土地の賃借権の設定又は譲渡に関する契約書 （例）土地賃貸借契約書、土地賃料変更契約書など 3 消費貸借に関する契約書 （例）金銭借用証書、金銭消費貸借契約書など 4 運送に関する契約書 （注）運送に関する契約書には、傭船契約書を含み、乗車券、乗船券、航空券及び送り状は含まれません。 （例）運送契約書、貨物運送引受書など 上記の1に該当する「不動産の譲渡に関する契約書」のうち、平成9年4月1日から令和4年3月31日までの間に作成されるものについては、契約書の作成年月日及び記載された契約金額に応じ、右欄のとおり印紙税額が軽減されています。 （注）契約金額の記載のないものの印紙税額は、本則どおり200円となります。	記載された契約金額が 10万円以下のもの 200円 10万円を超え 50万円以下のもの 400円 50万円を超え 100万円以下 〃 1千円 100万円を超え 500万円以下 〃 2千円 500万円を超え 1千万円以下 〃 1万円 1千万円を超え 5千万円以下 〃 2万円 5千万円を超え 1億円以下 〃 6万円 1億円を超え 5億円以下 〃 10万円 5億円を超え 10億円以下 〃 20万円 10億円を超え 50億円以下 〃 40万円 50億円を超えるもの 60万円 契約金額の記載のないもの 200円 【平成26年4月1日～令和4年3月31日】 記載された契約金額が 50万円以下のもの 200円 50万円を超え 100万円以下のもの 500円 100万円を超え 500万円以下 〃 1千円 500万円を超え 1千万円以下 〃 5千円 1千万円を超え 5千万円以下 〃 1万円 5千万円を超え 1億円以下 〃 3万円 1億円を超え 5億円以下 〃 6万円 5億円を超え 10億円以下 〃 16万円 10億円を超え 50億円以下 〃 32万円 50億円を超えるもの 48万円 【平成9年4月1日～平成26年3月31日】 記載された契約金額が 1千万円を超え 5千万円以下のもの 1万5千円 5千万円を超え 1億円以下 〃 4万5千円 1億円を超え 5億円以下 〃 8万円 5億円を超え 10億円以下 〃 18万円 10億円を超え 50億円以下 〃 36万円 50億円を超えるもの 54万円	記載された契約金額が**1万円未満（※）**のもの ※ 第1号文書と第3号文書とに該当する文書で第1号文書に所属が決定されるものは、記載された契約金額が1万円未満であっても非課税文書となりません。
2	請負に関する契約書 （注）請負には、職業野球の選手、映画（演劇）の俳優（監督・演出家・プロデューサー）、プロボクサー、プロレスラー、音楽家、舞踊家、テレビジョン放送の演技者（演出家、プロデューサー）が、その者としての役務の提供を約することを内容とする契約を含みます。 （例）工事請負契約書、工事注文請書、物品加工注文請書、広告契約書、映画俳優専属契約書、請負金額変更契約書など 上記の「請負に関する契約書」のうち、建設業法第2条第1項に規定する建設工事の請負に係る契約に基づき作成されるもので、平成9年4月1日から令和4年3月31日までの間に作成されるものについては、契約書の作成年月日及び記載された契約金額に応じ、右欄のとおり印紙税額が軽減されています。 （注）契約金額の記載のないものの印紙税額は、本則どおり200円となります。	記載された契約金額が 100万円以下のもの 200円 100万円を超え 200万円以下のもの 400円 200万円を超え 300万円以下 〃 1千円 300万円を超え 500万円以下 〃 2千円 500万円を超え 1千万円以下 〃 1万円 1千万円を超え 5千万円以下 〃 2万円 5千万円を超え 1億円以下 〃 6万円 1億円を超え 5億円以下 〃 10万円 5億円を超え 10億円以下 〃 20万円 10億円を超え 50億円以下 〃 40万円 50億円を超えるもの 60万円 契約金額の記載のないもの 200円 【平成26年4月1日～令和4年3月31日】 記載された契約金額が 200万円以下のもの 200円 200万円を超え 300万円以下のもの 500円 300万円を超え 500万円以下 〃 1千円 500万円を超え 1千万円以下 〃 5千円 1千万円を超え 5千万円以下 〃 1万円 5千万円を超え 1億円以下 〃 3万円 1億円を超え 5億円以下 〃 6万円 5億円を超え 10億円以下 〃 16万円 10億円を超え 50億円以下 〃 32万円 50億円を超えるもの 48万円 【平成9年4月1日～平成26年3月31日】 記載された契約金額が 1千万円を超え 5千万円以下のもの 1万5千円 5千万円を超え 1億円以下 〃 4万5千円 1億円を超え 5億円以下 〃 8万円 5億円を超え 10億円以下 〃 18万円 10億円を超え 50億円以下 〃 36万円 50億円を超えるもの 54万円	記載された契約金額が**1万円未満（※）**のもの ※ 第2号文書と第3号文書から第17号文書とに該当する文書で第2号文書に所属が決定されるものは、記載された契約金額が1万円未満であっても非課税文書となりません。
3	約束手形、為替手形 （注）1 手形金額の記載のない手形は非課税となりますが、金額を補充したときは、その補充をした人がその手形を作成したものとみなされ、納税義務者となります。 2 振出人の署名のない白地手形（手形金額の記載のないものは除きます。）で、引受人やその他の手形当事者の署名のあるものは、引受人やその他の手形当事者がその手形を作成したことになります。	記載された手形金額が 10万円以上 100万円以下のもの 200円 100万円を超え 200万円以下 〃 400円 200万円を超え 300万円以下 〃 600円 300万円を超え 500万円以下 〃 1千円 500万円を超え 1千万円以下 〃 2千円 1千万円を超え 2千万円以下 〃 4千円 2千万円を超え 3千万円以下 〃 6千円 3千万円を超え 5千万円以下 〃 1万円 5千万円を超え 1億円以下 〃 2万円 1億円を超え 2億円以下 〃 4万円 2億円を超え 3億円以下 〃 6万円 3億円を超え 5億円以下 〃 10万円 5億円を超え 10億円以下 〃 15万円 10億円を超えるもの 20万円	1 記載された手形金額が10万円未満のもの 2 手形金額の記載のないもの 3 手形の複本又は謄本
	①一覧払のもの、②金融機関相互間のもの、③外国通貨で金額を表示したもの、④非居住者円建てのもの、⑤円建銀行引受手形	200円	

| | | 10万円以下又は10万円以上 ・・・・ 10万円は含まれます。 |
| | | 10万円を超え又は10万円未満 ・・ 10万円は含まれません。 |

番号	文書の種類（物件名）	印紙税額（1通又は1冊につき）	主な非課税文書
4	株券、出資証券若しくは社債券又は投資信託、貸付信託、特定目的信託若しくは受益証券発行信託の受益証券 （注）1　出資証券には、投資証券を含みます。 　　　2　社債券には、特別の法律により法人の発行する債券及び相互会社の社債券を含みます。	記載された券面金額 　500万円以下のもの　　　　　　　　　　200円 　500万円を超え1千万円以下のもの　　1千円 　1千万円を超え5千万円以下　　〃　　　2千円 　5千万円を超え1億円以下　　　〃　　　1万円 　1億円を超えるもの　　　　　　　　　2万円 （注）　株券、投資証券については、1株（1口）当たりの払込金額に株数（口数）を掛けた金額を券面金額とします。	1　日本銀行その他特定の法人の作成する出資証券 2　譲渡が禁止されている特定の受益証券 3　一定の要件を満たした額面株式の株券の無効手続に伴い新たに作成する株券
5	合併契約書又は吸収分割契約書若しくは新設分割計画書 （注）1　会社法又は保険業法に規定する合併契約を証する文書に限ります。 　　　2　会社法に規定する吸収分割契約又は新設分割計画を証する文書に限ります。	4万円	
6	定　款 （注）　株式会社、合名会社、合資会社、合同会社又は相互会社の設立のときに作成される定款の原本に限ります。	4万円	株式会社又は相互会社の定款のうち公証人法の規定により公証人の保存するもの以外のもの
7	継続的取引の基本となる契約書 （注）　契約期間が3か月以内で、かつ、更新の定めのないものは除きます。 （例）　売買取引基本契約書、特約店契約書、代理店契約書、業務委託契約書、銀行取引約定書など	4千円	
8	預金証書、貯金証書	200円	信用金庫その他特定の金融機関の作成するもので記載された預入額が1万円未満のもの
9	倉荷証券、船荷証券、複合運送証券 （注）　法定記載事項の一部を欠く証書で類似の効用があるものを含みます。	200円	
10	保険証券	200円	
11	信用状	200円	
12	信託行為に関する契約書 （注）　信託証書を含みます。	200円	
13	債務の保証に関する契約書 （注）　主たる債務の契約書に併記するものは除きます。	200円	身元保証ニ関スル法律に定める身元保証に関する契約書
14	金銭又は有価証券の寄託に関する契約書	200円	
15	債権譲渡又は債務引受けに関する契約書	記載された契約金額が1万円以上のもの　200円 契約金額の記載のないもの　　　　　　200円	記載された契約金額が1万円未満のもの
16	配当金領収証、配当金振込通知書	記載された配当金額が3千円以上のもの　200円 配当金額の記載のないもの　　　　　　200円	記載された配当金額が3千円未満のもの
17	1　売上代金に係る金銭又は有価証券の受取書 （注）1　売上代金とは、資産を譲渡することによる対価、資産を使用させること（権利を設定することを含みます。）による対価及び役務を提供することによる対価をいい、手付けを含みます。 　　　2　株券等の譲渡代金、保険料、公社債及び預貯金の利子などは売上代金から除かれます。 （例）　商品販売代金の受取書、不動産の賃貸料の受取書、請負代金の受取書、広告料の受取書など	記載された受取金額が 　100万円以下のもの　　　　　　　　　　　200円 　100万円を超え200万円以下のもの　　　400円 　200万円を超え300万円以下　　〃　　　600円 　300万円を超え500万円以下　　〃　　　1千円 　500万円を超え1千万円以下　　〃　　　2千円 　1千万円を超え2千万円以下　　〃　　　4千円 　2千万円を超え3千万円以下　　〃　　　6千円 　3千万円を超え5千万円以下　　〃　　　1万円 　5千万円を超え　1億円以下　　〃　　　2万円 　1億円を超え　　2億円以下　　〃　　　4万円 　2億円を超え　　3億円以下　　〃　　　6万円 　3億円を超え　　5億円以下　　〃　　　10万円 　5億円を超え　10億円以下　　〃　　　15万円 　10億円を超えるもの　　　　　　　　　　20万円 受取金額の記載のないもの　　　　　　　　200円	次の受取書は非課税 1　記載された受取金額が**5万円未満（※）**のもの 2　営業に関しないもの 3　有価証券、預貯金証書など特定の文書に追記した受取書 ※　平成26年3月31日までに作成されたものについては、記載された受取金額が3万円未満のものが非課税とされていました。
	2　売上代金以外の金銭又は有価証券の受取書 （例）　借入金の受取書、保険金の受取書、損害賠償金の受取書、補償金の受取書、返還金の受取書など	200円	
18	預金通帳、貯金通帳、信託通帳、掛金通帳、保険料通帳	1年ごとに　　　　　　　　　　　　　　200円	1　信用金庫など特定の金融機関の作成する預貯金通帳 2　所得税が非課税となる普通預金通帳など 3　納税準備預金通帳
19	消費貸借通帳、請負通帳、有価証券の預り通帳、金銭の受取通帳などの通帳 （注）　18に該当する通帳を除きます。	1年ごとに　　　　　　　　　　　　　　400円	
20	判取帳	1年ごとに　　　　　　　　　　　　　　4千円	

第 2 部
契約書の作り方

本書に記載されている重要度について

重要度A

契約書の必須条項。
この条項を削除してしまうと、取引に支障が生じるおそれがある条項です。

重要度B

記載することが好ましい条項。
必須条項とまではいえないものの、記載することにより一定の便益が生じると考えられる条項です。

重要度C

記載しなくてもよい条項。
重要度が低く、削除したとしても特段問題はないと考えられる条項です。

第 1 章

商取引に関する契約

1 動産売買契約書

動産売買契約書

（売主）○○○○（以下「甲」という。）と（買主）○○○○（以下「乙」という。）は、後記売買対象物（以下「本件物品」という。）につき、次のとおり動産売買契約（以下「本契約」という。）を締結する。

第1条（目的）

乙は、ＤＶＤレコーダーの購入を希望しており、甲は製品交換のために使用中のＤＶＤレコーダーの売却を希望したため、本契約を締結する。

第2条（売買）

甲は、乙に対して、以下の条件で本件物品を売り渡すことを約し、乙はこれを買い受けた。

① 品　　名　　ＤＶＤレコーダー
② 数　　量　　○台
③ 単　　価　　金○○円（消費税込）
④ 代金総額　　金○○円（消費税込）
⑤ 引渡期日　　令和○年○月○日
⑥ 引渡場所　　乙の本店所在地
⑦ 支払期限　　本件物品の引渡完了後、○日以内
⑧ 支払方法　　以下の口座に銀行振込（振込手数料は乙負担）

【この契約書を用いるケース】
　☑ 動産の売買
　　　⇨土地の売買契約は本章❷、土地建物の売買契約は本章❸
　☑ 複数回の取引が予定されていない売買
　　　⇨継続的取引は本章❹

● 前　文

【応用】契約の当事者を追加する　・・▶　50ページ

● 目　的　　重要度 A

民法の改正により、解除を主張したり、契約不適合責任に基づく請求をしたりする場合に、契約の目的が重要視されることになりました。そのため、契約書に契約の目的を記載しておく必要があります。

【応用】目的の内容を変更する　・・▶　51ページ

● 売　買　　重要度 A

売買契約の内容を簡潔に記載しましょう。品名だけでなく、数量などについても明確にする必要があります。また、代金額が消費税込みなのか否かを忘れずに記載しましょう。

【応用】売買対象物の記載方法を変更する　・・▶　52ページ
　　　　代金の支払方法を変更する　・・▶　53ページ

　　　　　　　○○銀行○○支店　　普通預金
　　　　　　　口座番号　　　○○○○○○
　　　　　　　口座名義　　　○○○○○○

第3条　（引渡し）
　　甲は、引渡期日に、引渡場所に本件物品を持参して引き渡す。なお、引渡しに要する費用は甲の負担とする。

第4条　（検査）
1　乙は、本件物品の引渡後、１０日以内に本件物品を検査し、甲に対して合格又は不合格の通知を書面で行わなければならない。
2　乙は、前項の検査により本件物品につき契約不適合又は数量不足等を発見したときは、直ちに理由を記載した書面をもって甲に不合格の通知をしなければならない。本通知がなされないまま前項の期間が経過したときは、本件物品が検査に合格したものとみなす。
3　甲は、検査の結果、不合格になったものについては、甲の費用負担で引き取り、乙の指定する期限までに代品納入を行わなければならない。
4　甲は、乙による検査結果に関し、疑義又は異議のあるときは、遅滞なく書面によりその旨を申し出て、甲乙協議のうえ解決する。

第5条　（所有権）
　　本件物品の所有権は、本件物品の代金完済時に、甲から乙に移転する。

第6条　（目的物の不適合）
1　乙は、本件物品に本契約に定める仕様に関する不適合が判明した場合、判明した時から１年以内に、甲に対し、その旨の通知

● 引 渡 し　重要度 B

第2条の記載内容の確認となりますが、重要な点ですので記載しておいたほうがよいでしょう。

【応用】引渡しの方法を変更する　　・・▶　54 ページ
　　　　引渡しに要する費用の負担者を変更する　・・▶　55 ページ

● 検　　査　重要度 C

多数の製品の売買など、検査が必要となる売買であるときには記載しましょう。

【応用】検査の方法を変更する　・・▶　56 ページ
　　　　検査結果の通知方法を変更する　・・▶　57 ページ
　　　　不合格品が発生した場合の対処方法を変更する　・・▶　57 ページ

● 所 有 権　重要度 B

民法に従うと契約締結時に所有権が移転しかねないので、これと異なる定めをするときには記載しましょう。

【応用】所有権の移転の時期を変更する　・・▶　58 ページ

● 目的物の不適合　重要度 B

民法改正により、「瑕疵担保責任」(民法 570 条)が廃止され、「契約不適合責任」となりました(改正民法 562 条 1 項、563 条 1 項)。ここでは、改正民法の契約不適合責任に係る内容のうち、1 年以内に通知すべきとの内容(改正民法 566 条)を明記するにとどめた場合の例を提示しています。

【応用】契約不適合責任に係る内容を変更する　・・▶　59 ページ

をしなければ、修補、代金減額、損害賠償の請求をすることができず、また、これを理由に本契約を解除することはできないものとする。
2 前項の規定は、甲が当該不適合の存在を知り、又は重大な過失により知らなかった場合は適用しない。

第7条 （危険負担）
引渡前に生じた本件物品の滅失、毀損、減量、変質、その他一切の損害は、乙の責に帰すべきものを除き甲が負担し、本件物品の引渡後に生じたこれらの損害は、甲の責に帰すべきものを除き乙が負担する。

第8条 （解除）
甲又は乙が以下の各号のいずれかに該当したときは、相手方は催告及び自己の債務の履行の提供をしないで直ちに本契約の全部又は一部を解除することができる。なお、この場合でも損害賠償の請求を妨げない。
① 本契約の一つにでも違反したとき
② 監督官庁から営業停止又は営業免許もしくは営業登録の取消等の処分を受けたとき
③ 差押、仮差押、仮処分、強制執行、担保権の実行としての競売、租税滞納処分その他これらに準じる手続きが開始されたとき
④ 破産、民事再生、会社更生又は特別清算の手続開始等の申立てがなされたとき
⑤ 自ら振り出し又は引き受けた手形もしくは小切手が1回でも不渡りとなったとき、又は支払停止状態に至ったとき
⑥ 合併による消滅、資本の減少、営業の廃止・変更又は解散決議がなされたとき
⑦ その他、支払能力の不安又は背信的行為の存在等、本契約

● 危険負担　重要度 B

民法改正により、目的が特定物か不特定物かにかかわらず、目的物の引渡し時に危険が移転することになりました。

【応用】危険の移転の時期を変更する　…▶　61 ページ

● 解　　除　重要度 B

民法等で定めた解除事由より広く解除できる場合を認めるため記載しています。なお、改正民法では、法定解除のうち催告による場合、相手方の債務不履行が契約および取引上の社会通念に照らして軽微な場合において解除が認められないことになりました（改正民法 541 条但書）。

【応用】約定解除権を限定する　…▶　62 ページ
　　　　解除の条件を変更する　…▶　62 ページ
　　　　期限の利益喪失条項を設ける　…▶　62 ページ

を継続することが著しく困難な事情が生じたとき

第9条 （損害賠償責任）

甲又は乙は、解除、解約又は本契約に違反することにより、相手方に損害を与えたときは、その損害の全て（弁護士費用及びその他の実費を含むが、これに限られない。）を賠償しなければならない。

第10条 （遅延損害金）

乙が本契約に基づく金銭債務の支払いを遅延したときは、甲に対し、支払期日の翌日から支払済みに至るまで、年14.6％（年365日日割計算）の割合による遅延損害金を支払うものとする。

第11条 （反社会的勢力の排除）

1 甲及び乙は、自己又は自己の役員が、暴力団、暴力団関係企業、総会屋もしくはこれらに準ずる者又はその構成員（以下これらを「反社会的勢力」という。）に該当しないこと、及び次の各号のいずれにも該当しないことを表明し、かつ将来にわたっても該当しないことを相互に確約する。
   ① 反社会的勢力に自己の名義を利用させること
   ② 反社会的勢力が経営を実質的に支配していると認められる関係を有すること
2 甲又は乙は、前項の一つにでも違反することが判明したときは、何らの催告を要せず、本契約を解除することができる。
3 本条の規定により本契約が解除された場合には、解除された者は、解除により生じる損害について、その相手方に対し一切の請求を行わない。

- ●損害賠償責任　重要度 C

損害賠償規定は民法等にも存在しますが、弁護士費用や実費なども賠償対象とするため記載しています。

　　【応用】賠償請求の対象を限定する　・・▶　63 ページ
　　　　　損害賠償の内容を変更する　　・・▶　64 ページ
　　　　　違約金について規定する　　　・・▶　64 ページ

- ●遅延損害金　重要度 B

履行期日が遅れた場合の遅延損害金に関する定めを記載しましょう。

　　【応用】遅延損害金利率を変更する　・・▶　65 ページ

- ●反社会的勢力の排除　重要度 B

契約当事者が反社会的勢力と関わっていることが判明した場合に、即座に契約関係を解消することができるようにするために規定しています。

　　【応用】対象者を限定する　　　　　・・▶　66 ページ
　　　　　賠償額を具体的に規定する　　・・▶　67 ページ

商取引　1 動産売買契約書

第12条　（協議解決）
　本契約に定めのない事項又は本契約の解釈について疑義が生じたときは、甲乙誠意をもって協議のうえ解決する。

第13条　（合意管轄）
　甲及び乙は、本契約に関し裁判上の紛争が生じたときは、訴額等に応じ、東京簡易裁判所又は東京地方裁判所を専属的合意管轄裁判所とすることに合意する。

　本契約締結の証として、本契約書2通を作成し、甲乙相互に署名又は記名・捺印のうえ、各1通を保有することとする。

令和　　年　　月　　日
　　　　　　　　　　甲
　　　　　　　　　　　　　　　　　　　　　　印

　　　　　　　　　　乙
　　　　　　　　　　　　　　　　　　　　　　印

※　通常の動産売買契約書には収入印紙を貼付する必要はありません。ただし、売買対象が土地の場合（本章❷）、土地建物の場合（本章❸）、継続的取引である場合（本章❹）には、契約書に収入印紙を貼付する必要があります。

● 協議解決　　**重要度 C**

協議により紛争回避を図る可能性を探るため規定しています。なお、この規定に法的な拘束力はありません。

【応用】紛争解決方法について具体的に規定する　・・▶　67 ページ
　　　　契約の当事者を追加する　・・▶　67 ページ

● 合意管轄　　**重要度 B**

紛争が生じた際に自己に有利な管轄裁判所において裁判を行うための規定です。

【応用】合意管轄裁判所を変更する　・・▶　68 ページ
　　　　契約の当事者を追加する　・・▶　68 ページ

● 後　　文

【応用】契約書の作成方法を変更する　・・▶　69 ページ
　　　　契約の当事者を追加する　・・▶　69 ページ

作成のテクニック

前文

> （売主）○○○○（以下「甲」という。）と（買主）○○○○（以下「乙」という。）は、後記売買対象物（以下「本件物品」という。）につき、次のとおり動産売買契約（以下「本契約」という。）を締結する。

【契約の当事者を追加する】

・改正民法に適合した連帯保証人条項を設ける場合・　　　　　　〔売主有利〕

民法改正により、委託を受けた個人保証人に対し、契約締結時に情報提供義務を怠る、または虚偽の情報を提供すると、保証契約が取り消されるおそれがあります（改正民法465条の10第2項）。

> 　（売主）○○○○（以下「甲」という。）、（買主）○○○○（以下「乙」という。）及び（連帯保証人）○○○○（以下「丙」という。）は、後記売買対象物（以下「本件物品」という。）につき、次のとおり動産売買契約（以下「本契約」という。）を締結する。
> 　（略）
> 第○条　（連帯保証人）
> 1　丙は、乙の連帯保証人として、本契約により生ずる乙の甲に対する一切の債務の弁済につき、連帯して保証する。
> 2　乙は、丙に対し、別紙のとおり保証契約の前提となる情報を提供し、丙は、別紙の情報の提供を受けたことを確認する。
> 第○条　（協議解決）
> 　本契約に定めのない事項又は本契約の解釈について疑義が生じたときは、甲、乙及び丙は誠意をもって協議のうえ解決する。
> 第○条　（合意管轄）
> 　甲、乙及び丙は、本契約に関し裁判上の紛争が生じたときは、訴額等に応じ、東京簡易裁判所又は東京地方裁判所を専属的合意管轄裁判所とすることに合意する。
> 　（略）
> 　本契約締結の証として、本契約書3通を作成し、甲乙丙相互に署名又

は記名・捺印のうえ、各1通を保有することとする。
（略）

丙

㊞

【別紙】

乙は、本契約締結時における自らの情報を以下のとおり提供する。

財産及び収支の状況	
主債務以外に負担している債務の有無、額及び履行状況	
主債務の担保として他に提供し又は提供しようとするものの内容	

▶ 第1条（目的） 重要度A

乙は、DVDレコーダーの購入を希望しており、甲は製品交換のために使用中のDVDレコーダーの売却を希望したため、本契約を締結する。

【目的の内容を変更する】

・事業に使用する場合・

乙は、自社の映像制作事業に使用するため、DVDレコーダーの購入を希望し、甲は乙の希望商品を売却することを承諾したため、本契約を締結する。

▶ **第2条（売買）** 重要度 A

> 甲は、乙に対して、以下の条件で本件物品を売り渡すことを約し、乙はこれを買い受けた。
> ① 品　　名　　DVDレコーダー
> ② 数　　量　　○台
> ③ 単　　価　　金○○円（消費税込）
> ④ 代金総額　　金○○円（消費税込）
> ⑤ 引渡期日　　令和○年○月○日
> ⑥ 引渡場所　　乙の本店所在地
> ⑦ 支払期限　　本件物品の引渡完了後、○日以内
> ⑧ 支払方法　　以下の口座に銀行振込（振込手数料は乙負担）
> 　　　　　　　○○銀行○○支店　　普通預金
> 　　　　　　　口座番号　　○○○○○○
> 　　　　　　　口座名義　　○○○○○○

【売買対象物の記載方法を変更する】

・売買対象物が多数存在する場合や特定が困難な場合・

> ○ 品　　名　　別紙のとおり
> ○ 数　　量　　別紙のとおり
> ○ 単　　価　　別紙のとおり

> 【別紙】
>
> 1．品名　　　　○○○
> 　　数量　　　　○台
> 　　単価　　　　金○○円
> 2．品名　　　　○○○
> 　　数量　　　　○台
> 　　単価　　　　金○○円
> （以下略）

【代金の支払方法を変更する】

・内金を支払う場合・　　　　　　　　　　　　　　　　〔売主有利〕

○	内　　金	金○○円（消費税込）
○	支払時期	内金は、令和○年○月○日限り
		残金は、本件物品の引渡完了後、○日以内

・手付金を支払う場合・

○	手付金	金○○円（残代金支払時に内金として充当）
		甲又は乙が本契約の履行に着手するまでは、甲は手付金の倍額を償還して、乙は手付金を放棄して、本契約を解除することができる。
○	支払時期	手付金は、令和○年○月○日限り
		残金は、本件物品の引渡完了後、○日以内

・代金を分割払いにする場合・　　　　　　　　　　　〔買主有利〕

○	支払期限	令和○年○月から令和○年○月まで毎月末日限り
		各金○○円（最終回のみ金○○円）

なお、代金を分割払いにするときは、買主の信用不安に備えて、期限の利益喪失条項を設けましょう。ここでは、解除条項（第8条）に第2項を新設して、期限の利益喪失事由を解除事由から流用する例をご紹介します。

> 第8条（解除及び期限の利益喪失）
> 1　甲又は乙が以下の各号のいずれかに該当したときは、相手方は催告及び自己の債務の履行の提供をしないで直ちに本契約の全部又は一部を解除することができる。なお、この場合でも損害賠償の請求を妨げない。
> 　①　（略）
> 2　乙が前項各号のいずれかに該当した場合、乙は当然に本契約から生じる一切の債務について期限の利益を失い、乙は甲に対して、その時点において乙が負担する債務を直ちに一括して弁済しなければならない。

・代金先払いにする場合・　　　　　　　　　　　　　　〔売主有利〕

支払時期を引渡期日よりも先に設定し、念のため代金先払いであることを記載しておきましょう。

> ⑤　引渡期日　　　令和○年○月△日
> ⑦　支払時期　　　令和○年○月○日（代金先払）

・現金持参により支払う場合・

> ⑧　支払方法　　　乙が甲に現金を持参する方法で支払う。

・預金小切手により支払う場合・

> ⑧　支払方法　　　乙が甲に預金小切手を持参する方法で支払う。

▶第3条（引渡し）　重要度 B

> 甲は、引渡期日に、引渡場所に本件物品を持参して引き渡す。なお、引渡しに要する費用は甲の負担とする。

【引渡しの方法を変更する】

・郵送で引渡しを行う場合・

> 甲は、<u>本件物品を、引渡期日に引渡場所に到着するよう郵送する方法で</u>引き渡す。なお、引渡しに要する費用は甲の負担とする。

・買主が商品を引取りに行く場合・　　　　　　　　　〔売主有利〕

> 乙は、引渡期日に、引渡場所に本件物品を引き取りに赴く。

この場合、条件の条項（第2条）中の引渡場所は、取引条件に応じて変更しましょう。

```
第2条（売買）
  甲は、乙に対して、以下の条件で本件物品を売り渡すことを約し、
  乙はこれを買い受けた。
  ⑥　引渡場所　　甲の○○倉庫
```

・売主に引渡方法の変更を認める場合・　　　　　　　　　　〔売主有利〕

```
1　（略）
2　甲は、予め乙の了承を得たうえで、引渡期日及び引渡場所を変更する
  ことができる。変更により増額した費用は、甲の負担とする。
```

・買主に引渡方法の変更を認める場合・　　　　　　　　　　〔買主有利〕

```
1　（略）
2　乙は、予め甲の了承を得たうえで、引渡期日及び引渡場所を変更する
  ことができる。変更により増額した費用は、乙の負担とする。
```

【引渡しに要する費用の負担者を変更する】

・引渡しに要する費用を買主負担にする場合・　　　　　　　〔売主有利〕

```
甲は、引渡期日に、引渡場所に本件物品を持参して引き渡す。なお、引
渡しに要する費用は乙の負担とする。
```

・引渡しに要する費用を折半にする場合・

```
甲は、引渡期日に、引渡場所に本件物品を持参して引き渡す。なお、引
渡しに要する費用は、甲乙が各々半額を負担する。
```

商取引　❶動産売買契約書

第4条（検査） 重要度 C

1. 乙は、本件物品の引渡後、10日以内に本件物品を検査し、甲に対して合格又は不合格の通知を書面で行わなければならない。
2. 乙は、前項の検査により本件物品につき契約不適合又は数量不足等を発見したときは、直ちに理由を記載した書面をもって甲に不合格の通知をしなければならない。本通知がなされないまま前項の期間が経過したときは、本件物品が検査に合格したものとみなす。
3. 甲は、検査の結果、不合格になったものについては、甲の費用負担で引き取り、乙の指定する期限までに代品納入を行わなければならない。
4. 甲は、乙による検査結果に関し、疑義又は異議のあるときは、遅滞なく書面によりその旨を申し出て、甲乙協議のうえ解決する。

【検査の方法を変更する】

・検査期間を長くする場合・　　　　　　　　　　　　　　　　〔買主有利〕

1. 乙は、本件物品の引渡後、<u>1か月</u>以内に本件物品を検査し、甲に対して合格又は不合格の通知を書面で行わなければならない。

・検査期間を短くする場合・　　　　　　　　　　　　　　　　〔売主有利〕

1. 乙は、本件物品の引渡後、<u>3日</u>以内に本件物品を検査し、甲に対して合格又は不合格の通知を書面で行わなければならない。

・検査期間を営業日で定める場合・　　　　　　　　　　　　　〔買主有利〕

1. 乙は、本件物品の引渡後、<u>10営業日</u>以内に本件物品を検査し、甲に対して合格又は不合格の通知を書面で行わなければならない。

•検査基準を設ける場合•

> 1　乙は、本件物品の引渡後、10日以内に本件物品を検査し、甲に対して合格又は不合格の通知を書面で行わなければならない。なお、当該検査は、別紙検査基準マニュアルに準拠して行うものとする。

【検査結果の通知方法を変更する】

•FAXや電子メールによる通知も認める場合•　　　　　〔買主有利〕

> 1　乙は、本件物品の引渡後、10日以内に本件物品を検査し、甲に対して合格又は不合格の通知を書面（FAX及び電子メールを含む。）で行わなければならない。
> 2　乙は、前項の検査により本件物品につき契約不適合又は数量不足等を発見したときは、直ちに理由を記載した書面（FAX及び電子メールを含む。）をもって甲に不合格の通知をしなければならない。本通知がなされないまま前項の期間が経過したときは、本件物品が検査に合格したものとみなす。

【不合格品が発生した場合の対処方法を変更する】

•代品納入ができない物品である場合•

> 3　甲は、検査の結果、不合格になったものについては、甲の費用負担で引き取り、不合格品の数量に従い、不合格品の代金相当額を代金総額から減額する。ただし、不合格品の発生により本契約の目的を達成できないときには、乙は、本契約を解除することができる。

•修理を行ったうえで再納入することとする場合•

> 3　甲は、検査の結果、不合格になったものについては、甲の費用負担で引き取り、乙の指定する期限までに修理を行ったうえ、再納入を行わなければならない。なお、この場合でも甲は賠償責任を免れない。

商取引　1　動産売買契約書

・対処方法を売主が選択できることとする場合・　　　　　〔売主有利〕

> 3　甲は、検査の結果、不合格になったものについては、甲の費用負担で引き取り、以下のいずれかの方法により対処する。なお、この場合でも甲は賠償責任を免れない。
> ①　乙の指定する期限までに代品納入を行う。
> ②　不合格となった物の代金相当額を代金総額から減額する。
> ③　乙の指定する期限までに修理を行ったうえ、再納入を行う。

・対処方法を買主が選択できることとする場合・　　　　　〔買主有利〕

> 3　甲は、検査の結果、不合格になったものについては、甲の費用負担で引き取り、乙の指定する以下のいずれかの方法により対処する。なお、この場合でも甲は賠償責任を免れない。
> ①　乙の指定する期限までに代品納入を行う。
> ②　不合格となった物の代金相当額を代金総額から減額する。
> ③　乙の指定する期限までに修理を行ったうえ、再納入を行う。

第5条（所有権）　重要度B

> 本件物品の所有権は、本件物品の代金完済時に、甲から乙に移転する。

【所有権の移転の時期を変更する】

・所有権移転の時期を動産引渡時とする場合・　　　　　〔買主有利〕

> 本件物品の所有権は、本件物品の引渡時に、甲から乙に移転する。

・所有権移転の時期を検査合格時とする場合・　　　　　〔買主有利〕

> 本件物品の所有権は、本件物品の検査合格時に、甲から乙に移転する。

第6条（目的物の不適合） 重要度 B

> 1 乙は、本件物品に本契約に定める仕様に関する不適合が判明した場合、判明した時から１年以内に、甲に対し、その旨の通知をしなければ、修補、代金減額、損害賠償の請求をすることができず、また、これを理由に本契約を解除することはできないものとする。
> 2 前項の規定は、甲が当該不適合の存在を知り、又は重大な過失により知らなかった場合は適用しない。

【契約不適合責任に係る内容を変更する】

・改正民法に適合した条項を設ける場合・

> 1 乙は、本件物品に本契約の内容に適合しない箇所がある場合には、甲に対し、本件物品の修補（代替物の引渡し又は不足分の引渡しによる履行の追完を含む。）を請求することができる。ただし、甲は、乙に不相当な負担を課するものでないときは、乙が請求した方法と異なる方法による履行の追完をすることを妨げない。
> 2 前項に規定する場合において、乙が相当の期間を定めて履行の追完の催告をし、その期間内に履行の追完がないときは、乙は、その不適合の程度に応じて代金の減額を請求することができる。
> 3 前項の定めにかかわらず、次に掲げる場合には、乙は、同項の催告をすることなく、直ちに代金の減額を請求することができる。
>   ① 履行の追完が不能であるとき
>   ② 甲が履行の追完を拒絶する意思を明確に表示したとき
>   ③ 契約の性質又は当事者の意思表示により、特定の日時又は一定の期間内に履行しなければ契約をした目的を達成できない場合において、甲が履行の追完をしないでその時期を経過したとき
>   ④ 前三号に掲げる場合のほか、乙が前項の催告をしても履行の追完を受ける見込みがないことが明らかであるとき
> 4 本条第１項に規定する場合において、本契約を締結した目的を達することができない場合には、乙は甲に対し、本契約を解除することができる。
> 5 本条第１項に規定する場合において、当該不適合が乙の責に帰すべ

き事由によるものであるときは、乙は甲に対し、本条に定める履行の追完請求、代金の減額の請求、及び解除の意思表示をすることができない。
6 本条各項の定めにかかわらず、本条第1項の不適合が甲の責に帰すべき事由によるものであるときは、乙は甲に対し損害賠償を請求することができる。
7 乙が甲に対し、本条による契約解除、履行の追完請求、代金の減額の請求、損害賠償の請求をする場合には、乙が本件物品に契約内容に適合しない箇所があることを知った日から1年以内に通知しなければならない。ただし、甲が引渡しの時に目的物が契約の内容に適合しないものであることを知っていたとき、又は知らなかったことにつき重大な過失がある場合には、この限りではない。

民法改正により、「瑕疵担保責任」が廃止され、「契約不適合責任」となりました。「瑕疵」ではなく、「目的物が契約内容から乖離しているか」に着目し、それに対する責任（契約不適合責任）を規定するものです。また、救済手段として請求できる内容が増え、現行法でも規定されている損害賠償請求と解除に加えて、追完請求や代金減額請求も可能となりました（改正民法562条1項、563条1項）。これら改正の内容になるべく沿う形で規定した例です。

・契約不適合責任を負わないこととする場合・　　　　　　　〔売主有利〕

甲は、本件物品に本契約の内容に適合しない箇所があっても、乙に対して何らの責任を負わない。

売主が契約不適合責任を負わない旨を定める場合の例です。

・過大な費用を要する場合には追完請求を認めない場合・　　〔売主有利〕

1 乙は、本件物品に本契約の内容に適合しない箇所がある場合には、自ら指定する方法による追完請求をすることができる。ただし、過大な費用（○○円以上）を要する場合はこの限りでない。
2 乙は、本件物品の不具合が是正不能と考える場合には、前項の追完請求を行うことなく、自らの選択により、売買代金の減額を請求し又は本契約を解除することができる。

買主の追完請求が過大とされる場合の金額条件を明記する等した例です。

▶第7条（危険負担） 重要度 B

引渡前に生じた本件物品の滅失、毀損、減量、変質、その他一切の損害は、乙の責に帰すべきものを除き甲が負担し、本件物品の引渡後に生じたこれらの損害は、甲の責に帰すべきものを除き乙が負担する。

【危険の移転の時期を変更する】

・危険の移転時期を代金完済時とする場合・　　　　　　　〔買主有利〕

本件物品の代金総額完済前に生じた本件物品の滅失、毀損、減量、変質、その他一切の損害は、乙の責に帰すべきものを除き甲が負担し、本件物品の代金総額完済後に生じたこれらの損害は、甲の責に帰すべきものを除き乙が負担する。

▶第8条（解除） 重要度 B

甲又は乙が以下の各号のいずれかに該当したときは、相手方は催告及び自己の債務の履行の提供をしないで直ちに本契約の全部又は一部を解除することができる。なお、この場合でも損害賠償の請求を妨げない。
① 本契約の一つにでも違反したとき
② 監督官庁から営業停止又は営業免許もしくは営業登録の取消等の処分を受けたとき
③ 差押、仮差押、仮処分、強制執行、担保権の実行としての競売、租税滞納処分その他これらに準じる手続きが開始されたとき
④ 破産、民事再生、会社更生又は特別清算の手続開始等の申立てがなされたとき
⑤ 自ら振り出し又は引き受けた手形もしくは小切手が１回でも不渡りとなったとき、又は支払停止状態に至ったとき
⑥ 合併による消滅、資本の減少、営業の廃止・変更又は解散決議がなされたとき
⑦ その他、支払能力の不安又は背信的行為の存在等、本契約を継続することが著しく困難な事情が生じたとき

【約定解除権を限定する】

・売主のみに約定解除権を認める場合・ 〔売主有利〕

> 乙が以下の各号のいずれかに該当したときは、甲は催告及び自己の債務の履行の提供をしないで直ちに本契約の全部又は一部を解除することができる。なお、この場合でも損害賠償の請求を妨げない。
> ① （以下略）

・買主のみに約定解除権を認める場合・ 〔買主有利〕

> 甲が以下の各号のいずれかに該当したときは、乙は催告及び自己の債務の履行の提供をしないで直ちに本契約の全部又は一部を解除することができる。なお、この場合でも損害賠償の請求を妨げない。
> ① （以下略）

【解除の条件を変更する】

・解除前に催告を要求する場合・

> 甲又は乙が以下の各号のいずれかに該当したときは、相手方は相当の期間を定めて催告を行い、その期間内に是正がなされない場合、自己の債務の履行の提供をしないで、本契約の全部又は一部を解除することができる。なお、この場合でも損害賠償の請求を妨げない。
> ① （以下略）

【期限の利益喪失条項を設ける】

・期限の利益喪失条項を設ける場合・ 〔売主有利〕

代金を分割払いとした場合には、買主の信用不安が生じた場合に備えて、買主に一定の事項が生じたときには売主が残金全額を請求できるようにしておくべきです。以下の変更例では、解除条項に第2項を新設して、期限の利益喪失事由を解除事由から流用しています。なお、この場合の条文のタイトルは、「解除及び期限の利益喪失」となります。

> 第8条（解除及び期限の利益喪失）
> 1 甲又は乙が以下の各号のいずれかに該当したときは、相手方は催告及び自己の債務の履行の提供をしないで直ちに本契約の全部又は一部を解除することができる。なお、この場合でも損害賠償の請求を妨げない。
>   ① （略）
> 2 <u>乙が前項各号のいずれかに該当した場合、乙は当然に本契約から生じる一切の債務について期限の利益を失い、乙は甲に対して、その時点において乙が負担する債務を直ちに一括して弁済しなければならない。</u>

買主との間で本契約以外の取引も行っている場合、買主が利益喪失事由に該当したときはすべての取引の期限の利益が喪失するように定めておくべきです。この場合、第2項を次のように変更しましょう。

> 2 乙が前項各号のいずれかに該当した場合、乙は当然に<u>本契約その他甲との間で締結している全ての契約</u>から生じる一切の債務について期限の利益を失い、乙は甲に対して、その時点において乙が負担する<u>一切の</u>債務を直ちに一括して弁済しなければならない。

▶ 第9条（損害賠償責任） 重要度C

> 甲又は乙は、解除、解約又は本契約に違反することにより、相手方に損害を与えたときは、その損害の全て（弁護士費用及びその他の実費を含むが、これに限られない。）を賠償しなければならない。

【賠償請求の対象を限定する】

・売主のみに弁護士費用等の損害賠償請求権を認める場合・　　〔売主有利〕

> 乙は、解除、解約又は本契約に違反することにより、甲に損害を与えたときは、その損害の全て（弁護士費用及びその他の実費を含むが、これに限られない。）を賠償しなければならない。

・買主のみに弁護士費用等の損害賠償請求権を認める場合・　　〔買主有利〕

> 甲は、解除、解約又は本契約に違反することにより、乙に損害を与えたときは、その損害の全て（弁護士費用及びその他の実費を含むが、これに限られない。）を賠償しなければならない。

【損害賠償の内容を変更する】

・具体的な賠償額の予定を行う場合・

> 甲又は乙は、解除、解約又は本契約の重大な義務に違反することにより、相手方に損害を与えたときは、損害額の立証を要することなく代金総額（消費税込）の20％相当額を損害金として支払う。

・損害賠償額を限定する場合・

> 甲又は乙は、解除、解約又は本契約に違反することにより、相手方に損害を与えたときは、代金総額（消費税込）を上限として、損害を賠償しなければならない。

【違約金について規定する】

・故意または重過失による損害について追加で違約金の支払いを認める場合・

> 1　（略）
> 2　甲又は乙は、故意又は重過失により、相手方に損害を与えたときは、代金総額（消費税込）の20％の違約金を前項の損害に加算して賠償しなければならない。

▶第10条（遅延損害金） 重要度 B

> 乙が本契約に基づく金銭債務の支払いを遅延したときは、甲に対し、支払期日の翌日から支払済みに至るまで、年14.6％（年365日日割計算）の割合による遅延損害金を支払うものとする。

【遅延損害金利率を変更する】

遅延損害金利率の定めがないときの利率は法定利率によるとされているところ、民法改正により法定利率が年5％から3％（その後3年ごとに見直しが行われます）となり（改正民法404条）、遅延損害金利率もこれに連動します（改正民法419条）。また、同改正により、商事法定利率（6％）は廃止されます。
当事者間で、法定利率とは異なる利率を定めることも可能です。民法改正により法定利率は3年ごとに見直しが行われる変動制となることから、遅延損害金利率について定めを置くことが、より重要となります。

・遅延損害金利率を高くする場合・　　　　　　　　　　　　〔売主有利〕

> 乙が本契約に基づく金銭債務の支払いを遅延したときは、甲に対し、支払期日の翌日から支払済みに至るまで、年20％（年365日日割計算）の割合による遅延損害金を支払うものとする。

なお、遅延損害金の上限が法律によって定められていることがあるので注意が必要です。たとえば、事業者と消費者との契約では、遅延損害金の上限は年14.6％と定められています（消費者契約法9条2号）。

・遅延損害金利率を低くする場合・　　　　　　　　　　　　〔買主有利〕

> 乙が本契約に基づく金銭債務の支払いを遅延したときは、甲に対し、支払期日の翌日から支払済みに至るまで、年1％（年365日日割計算）の割合による遅延損害金を支払うものとする。

第11条（反社会的勢力の排除）　重要度B

1 甲及び乙は、自己又は自己の役員が、暴力団、暴力団関係企業、総会屋もしくはこれらに準ずる者又はその構成員（以下これらを「反社会的勢力」という。）に該当しないこと、及び次の各号のいずれにも該当しないことを表明し、かつ将来にわたっても該当しないことを相互に確約する。
    ① 反社会的勢力に自己の名義を利用させること
    ② 反社会的勢力が経営を実質的に支配していると認められる関係を有すること
2 甲又は乙は、前項の一つにでも違反することが判明したときは、何らの催告を要せず、本契約を解除することができる。
3 本条の規定により本契約が解除された場合には、解除された者は、解除により生じる損害について、その相手方に対し一切の請求を行わない。

【対象者を限定する】

・買主のみを対象とする場合・　　　　　　　　　　　　　　〔売主有利〕

1 乙は、自己又は自己の役員が、暴力団、暴力団関係企業、総会屋もしくはこれらに準ずる者又はその構成員（以下これらを「反社会的勢力」という。）に該当しないこと、及び次の各号のいずれにも該当しないことを表明し、かつ将来にわたっても該当しないことを確約する。
    ① 反社会的勢力に自己の名義を利用させること
    ② 反社会的勢力が経営を実質的に支配していると認められる関係を有すること
2 甲は、乙が前項の一つにでも違反することが判明したときは、何らの催告を要せず、本契約を解除することができる。

【賠償額を具体的に規定する】

・具体的な賠償額の予定を行う場合・

> 4 本条の規定により本契約が解除された場合には、解除された者は、その相手方に対し、違約金として金○○円を支払うものとする。

▶ 第12条（協議解決） 重要度C

> 本契約に定めのない事項又は本契約の解釈について疑義が生じたときは、甲乙誠意をもって協議のうえ解決する。

【紛争解決方法について具体的に規定する】

・具体的な紛争解決機関を指定する場合・

> 本契約に定めのない事項又は本契約の解釈について疑義が生じたときは、訴訟提起以前に独立行政法人国民生活センターが主催するADRにおいて協議を試みなければならない。

・仲裁者をあらかじめ定める場合・

> 本契約に定めのない事項又は本契約の解釈について疑義が生じたときは、○○○○を仲裁者と定め、三者において誠意をもって協議のうえ解決する。

【契約の当事者を追加する】

・連帯保証人（丙）がいる場合・　　　　　　　〔売主有利〕

> 本契約に定めのない事項又は本契約の解釈について疑義が生じたときは、甲、乙及び丙は誠意をもって協議のうえ解決する。

第13条（合意管轄） 重要度B

> 甲及び乙は、本契約に関し裁判上の紛争が生じたときは、訴額等に応じ、東京簡易裁判所又は東京地方裁判所を専属的合意管轄裁判所とすることに合意する。

【合意管轄裁判所を変更する】

・本店所在地を管轄する裁判所にする場合・

> 甲及び乙は、本契約に関し裁判上の紛争が生じたときは、甲又は乙の本店所在地を管轄する裁判所を専属的合意管轄裁判所とすることに合意する。

・本店所在地または支店所在地を管轄する裁判所にする場合・

> 甲及び乙は、本契約に関し裁判上の紛争が生じたときは、甲又は乙の本店所在地もしくは支店所在地を管轄する裁判所を専属的合意管轄裁判所とすることに合意する。

・動産引渡場所を管轄する裁判所にする場合・

> 甲及び乙は、本契約に関し裁判上の紛争が生じたときは、本件物品引渡場所を管轄する裁判所を専属的合意管轄裁判所とすることに合意する。

【契約の当事者を追加する】

・連帯保証人（丙）がいる場合・

> 甲、乙及び丙は、本契約に関し裁判上の紛争が生じたときは、訴額等に応じ、東京簡易裁判所又は東京地方裁判所を専属的合意管轄裁判所とすることに合意する。

後文

> 本契約締結の証として、本契約書2通を作成し、甲乙相互に署名又は記名・捺印のうえ、各1通を保有することとする。

【契約書の作成方法を変更する】

・原本を1通のみ作成し、当事者の一方は写しのみを保管する場合・

> 本契約締結の証として、本契約書1通を作成し、甲乙相互に署名又は記名・捺印のうえ、〔甲／乙〕が原本を保有し、〔乙／甲〕が写しを保有することとする。

【契約の当事者を追加する】

・連帯保証人（丙）がいる場合・

> 本契約締結の証として、本契約書3通を作成し、甲乙丙相互に署名又は記名・捺印のうえ、各1通を保有することとする。

その他の役立つ条項

- ■ 契約をめぐる各種取扱いについて定める場合……………………70 ページ
- ■ 状況の変化が生じたときの取扱いについて定める場合…………71 ページ
- ■ 海外企業との取引である場合に、取扱いについて定める場合……71 ページ

◆契約をめぐる各種取扱いについて定める場合

・買主が目的物を受領しないときに売主の処分を認める・　〔売主有利〕

> 第○条　（任意処分）
> 　乙が引渡期日に本件物品を引き取らないなどの契約の不履行が生じたときは、甲は乙に対し書面により相当期間を定めて催告したうえで、その期間内に受領されない場合には、本件物品を任意に処分し、その売得金をもって乙に対する損害賠償債権を含む一切の債権の弁済に充当することができ、不足額があるときは、更に乙に請求することができる。

・売主が、一定期間、品質保証を行う・　〔買主有利〕

> 第○条（品質保証期間）
> 　甲は、乙に対して、本件物品につき、引渡日から○年間、別紙仕様書通りの品質性能を有することを保証し、乙の故意又は過失によらない故障につき無償で修理を行う。

・企業秘密等の守秘義務を定める・

> 第○条（守秘義務）
> 1　甲及び乙は、本契約期間中はもとより終了後も、本契約に基づき相手方から開示された情報を守秘し、第三者に開示してはならない。
> 2　前項の守秘義務は、前項の情報が以下のいずれかに該当する場合には適用しない。
> 　①　公知の事実又は当事者の責に帰すべき事由によらずして公知となった事実

② 第三者から適法に取得した事実
③ 開示の時点で保有していた事実
④ 法令、政府機関、裁判所の命令により開示が義務付けられた事実

・費用の負担について定める・

第○条（費用負担）
本契約の締結に要する印紙その他の費用は、甲乙が各々の費用を負担するものとする。

◆状況の変化が生じたときの取扱いについて定める場合

・著しい事情の変更が生じたときの対処方法を記載する・

第○条（事情の変更）
甲及び乙は、本契約の締結後、天災地変、法令の制定又は改廃、その他著しい事情の変更により、本契約に定める義務を履行することが不可能又は著しく困難となったと認められる場合は、当該定めを変更するため協議することができる。

◆海外企業との取引である場合に、取扱いについて定める場合

・準拠法を日本法と定める・

第○条（準拠法）
本契約は日本法に準拠し、同法によって解釈されるものとする。

チェックポイント

あなたが売主の場合は、最低限以下の点をチェックしましょう。

- ☐ 契約の目的が明確か
- ☐ 契約の当事者が明らかであるか
- ☐ 売買の目的物は明確に定められているか
- ☐ 代金額、支払時期、支払方法は明確か
- ☐ 代金に消費税が含まれているか否か明記されているか
- ☐ 解除条項に不合理な事項が入っていないか
- ☐ （分割払いの場合）期限の利益喪失条項が定められているか
- ☐ 損害賠償請求額が不合理に制限されていないか
- ☐ 重要事項説明書の記載内容と異なる点はないか

あなたが買主の場合は、最低限以下の点をチェックしましょう。

- ☐ 契約の目的が明確か
- ☐ 契約の当事者が明らかであるか
- ☐ 売買の目的物は明確に定められているか
- ☐ 代金額、支払時期、支払方法は明確か
- ☐ 代金に消費税が含まれているか否か明記されているか
- ☐ 目的物に契約不適合が存在した場合の対応に問題がないか
- ☐ 解除条項に不合理な事項が入っていないか
- ☐ 損害賠償請求額が不合理に制限されていないか
- ☐ 重要事項説明書の記載内容と異なる点はないか

MEMO

2 土地売買契約書

土地売買契約書

収入印紙 ※

　（売主）〇〇〇〇（以下「甲」という。）と（買主）〇〇〇〇（以下「乙」という。）は、以下記載の土地につき、次のとおり売買契約（以下「本契約」という。）を締結する。

第1条　（目的）
　　乙は、自宅として木造2階建て又は3階建ての建物を建てるために甲所有の土地を買い受けることとし、甲は同土地を乙に売却することとしたため、本契約を締結する。

第2条　（売買代金）
　　甲は、乙に対して、以下の土地（以下「本件土地」という。）を代金総額金〇〇円（以下「本件売買代金」という。）にて売り渡し、乙はこれを買い受ける。
　　　所在　　〇〇県〇〇市〇〇町〇丁目
　　　地番　　〇番
　　　地目　　〇〇
　　　地積　　〇 m^2

第3条　（手付）
1　乙は、甲に対し、本契約締結と同時に、手付金として金〇〇円を支払うものとする。

【この契約書を用いるケース】
☑ 土地のみの売買を行う場合
⇨動産の売買は本章**1**、土地建物の売買は本章**3**

商取引 **2** 土地売買契約書

● 前　文

【応用】契約の当事者を追加する　・・▶　84 ページ

● 目　的　**重要度 A**

民法の改正により、解除を主張したり、契約不適合責任に基づく請求をしたりする場合に、契約の目的が重要視されることになりました。そのため、契約書に契約の目的を記載しておく必要があります。

【応用】目的の内容を変更する　・・▶　85 ページ

● 売買代金　**重要度 A**

売買契約の内容を簡潔に記載しましょう。対象となる土地および売買金額を明確に特定することが必要です。

【応用】対象不動産の記載方法を変更する　・・▶　86 ページ
　　　　面積に差異が生じた場合の取扱いについて規定する　・・▶　87 ページ

● 手　付　**重要度 B**

不動産の売買では、通常、手付金が交付されます。手付は、原則として解約手付としての性質を有することになります。

【応用】手付の性質を変更する　・・▶　87 ページ

2 手付金は、残代金の支払いの際、無利息にて本件売買代金の一部に充当される。
3 甲及び乙は、相手方が本契約の履行に着手するまでは、甲は手付金の倍額を償還することにより、乙は手付金を放棄することにより、本契約を解除することができる。

第4条 （代金支払時期、方法）

乙は、甲に対し、本件売買代金を、甲の指定する以下の口座に振込送金する方法で、次のとおり支払う（振込手数料は乙の負担とする）。
① 本契約締結時に手付金として金〇〇円
② 第6条第1項の所有権移転登記手続及び第7条に定める土地の引渡しを受けるのと引換えに本件売買代金の残額（以下「本件売買残代金」という。）として金〇〇円
　〇〇銀行〇〇支店　　普通預金
　口座番号　　〇〇〇〇〇〇
　口座名義　　〇〇〇〇〇〇

第5条 （所有権の移転）

本件土地の所有権は、乙が甲に対して本件売買代金全額を支払った時に移転する。

第6条 （所有権移転登記）

1 甲は、乙に対し、令和〇年〇月〇日限り、本件売買残代金の支払いと引換えに、本件土地につき所有権移転登記手続を行う。
2 前項の所有権移転登記手続に伴う費用は乙の負担とする。

第7条 （引渡し）

甲は、乙に対し、本件売買残代金の支払いと引換えに、本件土地を引き渡す。

- ● 代金支払時期、方法　　**重要度 A**

  代金の支払時期と支払方法を記載しましょう。

  　　【応用】代金支払いの方法を変更する　　…▶　88 ページ
  　　　　　　代金支払いの時期を変更する　　…▶　89 ページ

- ● 所有権の移転　　**重要度 A**

  所有権の移転時期を記載しましょう。

  　　【応用】所有権の移転の時期を変更する　　…▶　89 ページ

- ● 所有権移転登記　　**重要度 A**

  所有権移転登記を行う時期を記載しましょう。

  　　【応用】登記手続に係る条件を変更する　　…▶　90 ページ
  　　　　　　登記費用の負担者を変更する　　…▶　90 ページ
  　　　　　　移転登記を行う時期を変更する　　…▶　90 ページ

- ● 引 渡 し　　**重要度 A**

  引渡時期を記載しましょう。

  　　【応用】引渡しの時期を変更する　　…▶　91 ページ
  　　　　　　引渡しに係る条件を追加する　　…▶　91 ページ

商取引　**2** 土地売買契約書

第8条　（担保権等の抹消）
　　甲は、本件土地について、第6条第1項による所有権移転登記手続を行うまでに、その責任と負担において、先取特権、抵当権等の担保権、地上権、賃借権等の用益権その他名目形式の如何を問わず、乙の完全な所有権の行使を妨げる一切の負担を除去抹消しなければならない。

第9条　（危険負担）
　　本契約成立後本件土地引渡までの間に、天災地変その他甲又は乙の責に帰すことのできない事由により、本件土地の一部又は全部が滅失又は毀損して本契約の履行が不可能となったときは、本契約は当然に終了し、その滅失又は毀損による危険は甲が負担する。

第10条　（公租公課の負担）
　　本件土地に関する公租公課は、引渡完了日までを甲の負担とし、その翌日以降分を乙の負担とする。なお、公租公課の算定のための起算日は1月1日とする。

第11条　（目的物の不適合）
1　乙は、本件土地に本契約に定める仕様に関する不適合が判明した場合、判明した時から1年以内に、甲に対し、その通知をしなければ、修補、代金減額、損害賠償の請求をすることができず、また、これを理由に本契約を解除することはできないものとする。
2　前項の規定は、甲が当該不適合の存在を知り、又は重大な過失により知らなかった場合は適用しない。

第12条　（解除）
　　甲又は乙は、相手方が本契約に違反した場合、相手方に対し、

- ●担保権等の抹消　**重要度 B**

  通常、買主は負担のない土地建物の購入を希望します。土地建物に何らかの負担がついている場合は、売主に負担の抹消義務を負わせます。

  【応用】担保権等の抹消に係る条件を変更する　　…▶　92 ページ

- ●危険負担　**重要度 B**

  民法改正により、目的が特定物か不特定物かにかかわらず、目的物の引渡し時に危険が移転することになりました。

  【応用】危険の移転の時期を変更する　　…▶　92 ページ

- ●公租公課の負担　**重要度 B**

  固定資産税・都市計画税はその年の1月1日時点の所有者に1年分が課されます。不動産の売買では、日割計算に基づいて売主と買主が負担することが慣例となっています。

  【応用】公租公課の負担者を変更する　　…▶　93 ページ

- ●目的物の不適合　**重要度 B**

  民法改正により、「瑕疵担保責任」（民法570条）が廃止され、「契約不適合責任」となりました（改正民法562条1項、563条1項）。ここでは、改正民法の契約不適合責任に係る内容のうち、1年以内に通知すべきとの内容（改正民法566条）を明記するにとどめた場合の例を提示しています。

  【応用】契約不適合責任に係る内容を変更する　　…▶　93 ページ

- ●解　除　**重要度 B**

  民法等で定めた解除事由より広く解除できる場合を認めるため記載しています。なお、改正民法では、法定解除のうち催告による場合、相手方の債務不履行が契約および取引上の社会通念に照らして軽微な場合において、解除が認められないこととなりました（改正民法541条但書）。

  【応用】解除事由について規定する　　…▶　95 ページ
  　　　　損害賠償の内容を変更する　　…▶　96 ページ
  　　　　違約金について規定する　　…▶　97 ページ

商取引 ── **2** 土地売買契約書

書面によりその履行を催告したにもかかわらず、相手方が催告に従った履行をしないときは、本契約を解除し、かつ、その損害の賠償を請求することができる。

第13条　（費用負担）
本契約締結に要する費用は、甲乙折半して負担する。

第14条　（反社会的勢力の排除）
1　甲及び乙は、自己又は自己の役員が、暴力団、暴力団関係企業、総会屋もしくはこれらに準ずる者又はその構成員（以下これらを「反社会的勢力」という。）に該当しないこと、及び次の各号のいずれにも該当しないことを表明し、かつ将来にわたっても該当しないことを相互に確約する。
　①　反社会的勢力に自己の名義を利用させること
　②　反社会的勢力が経営を実質的に支配していると認められる関係を有すること
2　甲又は乙は、前項の一つにでも違反することが判明したときは、何らの催告を要せず、本契約を解除することができる。
3　本条の規定により本契約が解除された場合には、解除された者は、解除により生じる損害について、その相手方に対し一切の請求を行わない。

第15条　（協議解決）
本契約に定めのない事項又は本契約の解釈について疑義が生じたときは、甲乙誠意をもって協議のうえ解決する。

第16条　（合意管轄）
甲及び乙は、本契約に関し裁判上の紛争が生じたときは、東京地方裁判所を専属的合意管轄裁判所とすることに合意する。

● 費用負担　　**重要度 B**

印紙代等の負担に関する定めです。

【応用】費用の負担者を変更する　　…▶　97 ページ

● 反社会的勢力の排除　　**重要度 B**

契約当事者が反社会的勢力と関わっていることが判明した場合に、即座に契約関係を解消することができるようにするために規定しています。

【応用】対象者を限定する　　…▶　98 ページ
　　　　賠償額を具体的に規定する　　…▶　99 ページ

● 協議解決　　**重要度 C**

協議により紛争回避を図る可能性を探るため規定しています。なお、この規定に法的な拘束力はありません。

【応用】紛争解決方法について具体的に規定する　　…▶　99 ページ
　　　　契約の当事者を追加する　　…▶　99 ページ

● 合意管轄　　**重要度 B**

紛争が生じた際に自己に有利な管轄裁判所において裁判を行うための規定です。

【応用】合意管轄裁判所を変更する　　…▶　100 ページ
　　　　契約の当事者を追加する　　…▶　100 ページ

商取引　❷ 土地売買契約書

本契約締結の証として、本契約書2通を作成し、甲乙相互に署名又は記名・捺印のうえ、各1通を保有することとする。

令和　　年　　月　　日

　　　　　　　　　　　甲

　　　　　　　　　　　　　　　　　　　　　　　　㊞

　　　　　　　　　　　乙

　　　　　　　　　　　　　　　　　　　　　　　　㊞

※　印紙税法別表第一第1号の1文書（「不動産、鉱業権、無体財産権、船舶若しくは航空機又は営業の譲渡に関する契約書」）に該当するため、契約金額に応じた印紙を貼付する必要があります。

印紙税額（1通につき）				
1万円　未満				非課税
1万円　以上		10万円	以下	200円
10万円　超		50万円	以下	400円
50万円　超		100万円	以下	1,000円
100万円　超		500万円	以下	2,000円
500万円　超		1,000万円	以下	10,000円
1,000万円　超		5,000万円	以下	20,000円
5,000万円　超		1億円	以下	60,000円
1億円　超		5億円	以下	100,000円
5億円　超		10億円	以下	200,000円
10億円　超		50億円	以下	400,000円
50億円　超				600,000円
契約金額の記載のないもの				200円

［令和2年4月現在］

● 後　　文

【応用】契約の当事者を追加する　　…▶　101ページ

※　印紙税法別表第一第1号の1文書に該当する「不動産の譲渡に関する契約書」のうち、令和4年3月31日までに作成されるものについては、契約書の作成年月日および記載された契約金額に応じ、次のとおり印紙税額が軽減されています。

【平成26年4月1日～令和4年3月31日】

印紙税額（1通につき）				
1万円	以上	50万円	以下	200円
50万円	超	100万円	以下	500円
100万円	超	500万円	以下	1,000円
500万円	超	1,000万円	以下	5,000円
1,000万円	超	5,000万円	以下	10,000円
5,000万円	超	1億円	以下	30,000円
1億円	超	5億円	以下	60,000円
5億円	超	10億円	以下	160,000円
10億円	超	50億円	以下	320,000円
50億円	超			480,000円

［令和2年4月現在］

商取引

2　土地売買契約書

作成のテクニック

前文

(売主)○○○○(以下「甲」という。)と(買主)○○○○(以下「乙」という。)は、以下記載の土地につき、次のとおり売買契約(以下「本契約」という。)を締結する。

【契約の当事者を追加する】

・改正民法に適合した連帯保証人条項を設ける場合・　　　　〔売主有利〕

民法改正により、委託を受けた個人保証人に対し、契約締結時に情報提供義務を怠る、または虚偽の情報を提供すると、保証契約が取り消されるおそれがあります(改正民法465条の10第2項)。

(売主)○○○○(以下「甲」という。)、(買主)○○○○(以下「乙」という。)及び(連帯保証人)○○○○(以下「丙」という。)は、以下記載の土地につき、次のとおり売買契約(以下「本契約」という。)を締結する。
(略)
第○条(連帯保証人)
1　丙は、乙の連帯保証人として、本契約により生ずる乙の甲に対する一切の債務の弁済につき、連帯して保証する。
2　乙は、丙に対し、別紙のとおり保証契約の前提となる情報を提供し、丙は、別紙の情報の提供を受けたことを確認する。
第○条(協議解決)
　　本契約に定めのない事項又は本契約解釈について疑義が生じたときは、甲、乙及び丙は誠意をもって協議のうえ解決する。
第○条(合意管轄)
　　甲、乙及び丙は、本契約に関し裁判上の紛争が生じたときは、東京地方裁判所を専属的合意管轄裁判所とすることに合意する。
(略)
　　本契約締結の証として、本契約書3通を作成し、甲乙丙相互に署名又は記名・捺印のうえ、各1通を保有することとする。

（略）

丙　　　　　　　　　　　㊞

【別紙】

乙は、本契約締結時における自らの情報を以下のとおり提供する。

財産及び収支の状況	
主債務以外に負担している債務の有無、額及び履行状況	
主債務の担保として他に提供し又は提供しようとするものの内容	

▶ 第1条（目的）　重要度 A

乙は、自宅として木造2階建て又は3階建ての建物を建てるために甲所有の土地を買い受けることとし、甲は同土地を乙に売却することとしたため、本契約を締結する。

【目的の内容を変更する】

・事業用の建物を建てる場合・

乙は、5階建ての自社ビルを建築するために甲所有の土地を買い受けることとし、甲は同土地を乙に売却することとしたため、本契約を締結する。

▶ 第2条（売買代金） 重要度A

甲は、乙に対して、以下の土地（以下「本件土地」という。）を代金総額金〇〇円（以下「本件売買代金」という。）にて売り渡し、乙はこれを買い受ける。
　　所在　　〇〇県〇〇市〇〇町〇丁目
　　地番　　〇番
　　地目　　〇〇
　　地積　　〇m^2

【対象不動産の記載方法を変更する】

・対象となる土地が多数存在する場合（物件目録を利用する場合）・

甲は、乙に対して、別紙物件目録記載の土地（以下「本件土地」という。）を代金総額金〇〇円（以下「本件売買代金」という。）にて売り渡し、乙はこれを買い受ける。

【別紙】
　　　　　　　　　　　物件目録

1　所在　　〇〇県〇〇市〇〇町〇丁目
　　地番　　〇番〇
　　地目　　〇〇
　　地積　　〇m^2
2　所在　　〇〇県〇〇市〇〇町〇丁目
　　地番　　〇番〇
　　地目　　〇〇
　　地積　　〇m^2
3　（以下略）

【面積に差異が生じた場合の取扱いについて規定する】

・売買代金の修正を行う場合・

> 1　（略）
> 2　甲及び乙は、前項記載の売買対象面積と測量による面積に差異が生じた場合、1m^2当たり金〇〇円の割合で売買代金を増減し、精算する。

・売買代金の修正を行わない場合・

> 1　（略）
> 2　甲及び乙は、前項記載の売買対象面積と測量による面積に差異が生じたとしても、互いに売買代金の変更その他何らの請求をしない。

▶ 第3条（手付）　重要度B

> 1　乙は、甲に対し、本契約締結と同時に、手付金として金〇〇円を支払うものとする。
> 2　手付金は、残代金の支払いの際、無利息にて本件売買代金の一部に充当される。
> 3　甲及び乙は、相手方が本契約の履行に着手するまでは、甲は手付金の倍額を償還することにより、乙は手付金を放棄することにより、本契約を解除することができる。

【手付の性質を変更する】

・手付解除はできないこととする場合・

手付に解約手付としての性質を持たせないことも可能です。この場合、民法557条が「手付金の性格について特に契約で定めなかった場合は解約手付と推定する」としているため、第3項を次のように変更して、手付解除はできないことを明記しましょう。

> 3　甲及び乙は、本手付が解約手付としての性質を有するものではないことを確認する。

ただし、宅建業者が売主、宅建業者以外が買主の場合、解約手付としての効力を否定する規定は効力を有しません（宅地建物取引業法39条）。

▶第4条（代金支払時期、方法）　重要度A

> 乙は、甲に対し、本件売買代金を、甲の指定する以下の口座に振込送金する方法で、次のとおり支払う（振込手数料は乙の負担とする）。
> ①　本契約締結時に手付金として金〇〇円
> ②　第6条第1項の所有権移転登記手続及び第7条に定める土地の引渡しを受けるのと引換えに本件売買代金の残額（以下「本件売買残代金」という。）として金〇〇円
> 　　〇〇銀行〇〇支店　　普通預金
> 　　口座番号　　　〇〇〇〇〇〇
> 　　口座名義　　　〇〇〇〇〇〇

【代金支払いの方法を変更する】

・現金持参により支払う場合・

> 乙は、甲に対し、本件売買代金を、甲の指定する以下の場所に持参する方法で、次のとおり支払う。
> ①　本契約締結時に手付金として金〇〇円
> ②　第6条第1項の所有権移転登記手続及び第7条に定める土地の引渡しを受けるのと引換えに本件売買代金の残額（以下「本件売買残代金」という。）として金〇〇円
> 　　〇〇県〇〇市〇〇町〇丁目〇番〇号

・内金を支払う場合・

> 乙は、甲に対し、本件売買代金を、甲の指定する以下の口座に振込送金

する方法で、次のとおり支払う（振込手数料は乙の負担とする）。
① 本契約締結時に手付金として金○○円
② 令和○年○月○日限り内金として金○○円
③ 第6条第1項の所有権移転登記手続及び第7条に定める土地の引渡しを受けるのと引換えに本件売買代金の残額（以下「本件売買残代金」という。）として金○○円
（振込口座：略）

【代金支払いの時期を変更する】

・残代金支払時期を特定の日とする場合・

② 令和○年○月○日限り本件売買代金の残額（以下「本件売買残代金」という。）として金○○円

▶ 第5条（所有権の移転） 重要度A

本件土地の所有権は、乙が甲に対して本件売買代金全額を支払った時に移転する。

【所有権の移転の時期を変更する】

・所有権の移転時期を契約締結時とする場合・　　　　　〔買主有利〕

本件土地の所有権は、本契約締結時に移転する。

▶ 第6条（所有権移転登記） 重要度A

1　甲は、乙に対し、令和○年○月○日限り、本件売買残代金の支払いと引換えに、本件土地につき所有権移転登記手続を行う。
2　前項の所有権移転登記手続に伴う費用は乙の負担とする。

【登記手続に係る条件を変更する】

・移転登記手続書類一式を渡すこととする場合・

> 1　甲は、乙に対し、令和○年○月○日限り、本件売買残代金の支払いと引換えに、本件土地につき<u>所有権移転登記の申請に必要な書類一切を交付する</u>。

【登記費用の負担者を変更する】

・登記費用を売主負担とする場合・　　　　　　　　　　　〔買主有利〕

> 2　前項の所有権移転登記手続に伴う費用は<u>甲</u>の負担とする。

・登記費用を折半とする場合・　　　　　　　　　　　　　〔買主有利〕

> 2　前項の所有権移転登記手続に伴う費用は、<u>甲乙折半してこれを負担する</u>。

【移転登記を行う時期を変更する】

・代金支払後に移転登記を行う場合・　　　　　　　　　　〔売主有利〕

> 1　<u>乙は、甲に対し、令和○年○月○日限り、本件売買残代金を支払い、甲は、乙に対し、残代金入金確認後○日以内に</u>、本件土地につき所有権移転登記申請手続を行う。

・移転登記を先に行う場合・　　　　　　　　　　　　　　〔買主有利〕

> 1　甲は、乙に対し、<u>令和○年○月○日限り、本件土地につき所有権移転登記手続を行い、乙は、所有権移転登記確認後○日以内に本件売買残代金を支払う</u>。

▶ 第7条（引渡し） 重要度 A

> 甲は、乙に対し、本件売買残代金の支払いと引換えに、本件土地を引き渡す。

【引渡しの時期を変更する】

・代金支払後に引渡しを行う場合・　　　　　　　　　　　　　〔売主有利〕

> 甲は、乙に対し、<u>本件売買残代金の支払確認後に</u>、本件土地を引き渡す。

・引渡しを先に行う場合・　　　　　　　　　　　　　　　　　〔買主有利〕

> 甲は、乙に対し、<u>本件売買残代金の支払いに先立ち</u>、本件土地を引き渡す。

【引渡しに係る条件を追加する】

・現状有姿による引渡しであることを明記する場合・

> 甲は、乙に対し、本件売買残代金の支払いと引換えに、本件土地を<u>現状有姿のまま</u>引き渡す。

▶ 第8条（担保権等の抹消） 重要度 B

> 甲は、本件土地について、第6条第1項による所有権移転登記手続を行うまでに、その責任と負担において、先取特権、抵当権等の担保権、地上権、賃借権等の用益権その他名目形式の如何を問わず、乙の完全な所有権の行使を妨げる一切の負担を除去抹消しなければならない。

【担保権等の抹消に係る条件を変更する】

・全部の抹消は求めない場合・　　　　　　　　　　　　　　〔売主有利〕

> 甲は、本件土地について、第6条第1項による所有権移転登記手続を行うまでに、その責任と負担において、先取特権、抵当権等の担保権、地上権、賃借権等の用益権その他名目形式の如何を問わず、乙の完全な所有権の行使を妨げる一切の負担を除去抹消しなければならない。ただし、本契約時点で既に存在している以下の権利については、甲は抹消義務を負わないものとする。
> （権利の内容）　○○○○○○

▶第9条（危険負担）　重要度B

> 本契約成立後本件土地引渡までの間に、天災地変その他甲又は乙の責に帰すことのできない事由により、本件土地の一部又は全部が滅失又は毀損して本契約の履行が不可能となったときは、本契約は当然に終了し、その滅失又は毀損による危険は甲が負担する。

【危険の移転の時期を変更する】

・危険の移転時期を代金完済時とする場合・　　　　　　　　　〔買主有利〕

> 本契約成立後本件売買代金完済までの間に、天災地変その他甲又は乙の責に帰すことのできない事由により、本件土地の一部又は全部が滅失又は毀損して本契約の履行が不可能となったときは、本契約は当然に終了し、その滅失又は毀損による危険は甲が負担する。

▶第10条（公租公課の負担）　重要度B

> 本件土地に関する公租公課は、引渡完了日までを甲の負担とし、その翌

日以降分を乙の負担とする。なお、公租公課の算定のための起算日は1月1日とする。

【公租公課の負担者を変更する】

・すべて買主の負担とする場合・　　　　　　　　　　　　〔売主有利〕

本件土地に関する本契約締結時の年度の公租公課は、全て乙の負担とする。なお、公租公課の算定のための起算日は1月1日とする。

・すべて売主の負担とする場合・　　　　　　　　　　　　〔買主有利〕

本件土地に関する本契約締結時の年度の公租公課は、全て甲の負担とする。なお、公租公課の算定のための起算日は1月1日とする。

▶ 第11条（目的物の不適合）　重要度 B

1　乙は、本件土地に本契約に定める仕様に関する不適合が判明した場合、判明した時から1年以内に、甲に対し、その旨の通知をしなければ、修補、代金減額、損害賠償の請求をすることができず、また、これを理由に本契約を解除することはできないものとする。
2　前項の規定は、甲が当該不適合の存在を知り、又は重大な過失により知らなかった場合は適用しない。

【契約不適合責任に係る内容を変更する】

・改正民法に適合した条項を設ける場合・

1　乙は、本件土地に本契約の内容に適合しない箇所がある場合には、甲に対し、本件土地の修補（代替物の引渡し又は不足分の引渡しによる履行の追完を含む。）を請求することができる。ただし、甲は、乙に不相当な負担を課するものでないときは、乙が請求した方法と異なる方法による履行の追完をすることを妨げない。

2 前項に規定する場合において、乙が相当の期間を定めて履行の追完の催告をし、その期間内に履行の追完がないときは、乙は、その不適合の程度に応じて代金の減額を請求することができる。
3 前項の定めにかかわらず、次に掲げる場合には、乙は、同項の催告をすることなく、直ちに代金の減額を請求することができる。
　① 履行の追完が不能であるとき
　② 甲が履行の追完を拒絶する意思を明確に表示したとき
　③ 契約の性質又は当事者の意思表示により、特定の日時又は一定の期間内に履行しなければ契約をした目的を達成できない場合において、甲が履行の追完をしないでその時期を経過したとき
　④ 前三号に掲げる場合のほか、乙が前項の催告をしても履行の追完を受ける見込みがないことが明らかであるとき
4 本条第1項に規定する場合において、本契約を締結した目的を達することができない場合には、乙は甲に対し、本契約を解除することができる。
5 本条第1項に規定する場合において、当該不適合が乙の責に帰すべき事由によるものであるときは、乙は甲に対し、本条に定める履行の追完請求、代金の減額の請求、及び解除の意思表示をすることができない。
6 本条各項の定めにかかわらず、本条第1項の不適合が甲の責に帰すべき事由によるものであるときは、乙は甲に対し損害賠償を請求することができる。
7 乙が甲に対し、本条による契約解除、履行の追完請求、代金の減額の請求、損害賠償の請求をする場合には、乙が本件土地に契約内容に適合しない箇所があることを知った日から1年以内に通知しなければならない。ただし、甲が引渡しの時に目的物が契約の内容に適合しないものであることを知っていたとき、又は知らなかったことにつき重大な過失がある場合には、この限りではない。

民法改正により、「瑕疵担保責任」が廃止され、「契約不適合責任」となりました。「瑕疵」ではなく、「目的物が契約内容から乖離しているか」に着目し、それに対する責任（契約不適合責任）を規定するものです。また、救済手段として請求できる内容が増え、現行法でも規定されている損害賠償請求と解除に加えて、追完請求や代金減額請求も可能となりました（改正民法562条1項、563条1項）。これら改正の内容になるべく沿う形で規定した場合の例です。

・契約不適合責任を負わないこととする場合・　　　　〔売主有利〕

> 甲は、本件土地に本契約の内容に適合しない箇所があっても、乙に対して何らの責任を負わない。

売主が契約不適合責任を負わない旨を定める場合の例です。

・過大な費用を要する場合には追完請求を認めない場合・　　〔売主有利〕

> 1　乙は、本件土地に本契約の内容に適合しない箇所がある場合には、自ら指定する方法による追完請求をすることができる。ただし、過大な費用（○○円以上）を要する場合はこの限りでない。
> 2　乙は、本件土地の不具合が是正不能と考える場合には、前項の追完請求を行うことなく、自らの選択により、売買代金の減額を請求し又は本契約を解除することができる。

買主の追完請求が過大とされる場合の金額条件を明記する等した例です。

第12条（解除）　重要度B

> 甲又は乙は、相手方が本契約に違反した場合、相手方に対し、書面によりその履行を催告したにもかかわらず、相手方が催告に従った履行をしないときは、本契約を解除し、かつ、その損害の賠償を請求することができる。

【解除事由について規定する】

・解除事由を詳細に定める場合・

> 甲及び乙は、相手方が以下の各号のいずれかに該当し、相手方に対し書面によりその履行を催告したにもかかわらず、相手方が催告に従った履行をしないときは、本契約を解除することができる。なお、この場合でも損害賠償の請求を妨げない。
> ①　本契約の一つにでも違反したとき
> ②　監督官庁から営業停止又は営業免許もしくは営業登録の取消等の処

> 分を受けたとき
> ③ 差押、仮差押、仮処分、強制執行、担保権の実行としての競売、租税滞納処分その他これらに準じる手続きが開始されたとき
> ④ 破産、民事再生、会社更生又は特別清算の手続開始等の申立てがなされたとき
> ⑤ 自ら振り出し又は引き受けた手形もしくは小切手が1回でも不渡りとなったとき、又は支払停止状態に至ったとき
> ⑥ 合併による消滅、資本の減少、営業の廃止・変更又は解散決議がなされたとき
> ⑦ その他、支払能力の不安又は背信的行為の存在等、本契約を継続することが著しく困難な事情が生じたとき

【損害賠償の内容を変更する】

・具体的な賠償額の予定を行う場合・

> 1 (略)
> 2 甲又は乙は、解除、解約又は本契約の重大な義務に違反することにより、相手方に損害を与えたときは、損害の立証を要することなく<u>本件売買代金額の20％相当額</u>を損害金として支払う。

なお、宅建業者が売主であり、宅建業者以外の者が買主となる場合、損害賠償額または違約金は代金額の20％までとされており、これを超える部分は無効となりますので注意してください（宅地建物取引業法38条）。

・損害賠償額を限定する場合・

> 1 (略)
> 2 甲又は乙は、解除、解約又は本契約に違反することにより、相手方に損害を与えたときは、<u>本件売買代金額の20％を上限として</u>、損害を賠償しなければならない。

なお、宅建業者が売主であり、宅建業者以外の者が買主となる場合、損害賠償額または違約金は代金額の20％までとされており、これを超える部分は無効となりますので注意してください（宅地建物取引業法38条）。

【違約金について規定する】

・故意または重過失による損害について追加で違約金の支払いを認める場合・

> 1 (略)
> 2 甲又は乙は、解除、解約又は本契約に違反することにより、相手方に損害を与えたときは、その損害の全て（弁護士費用及びその他の実費を含むが、これに限られない。）を賠償しなければならない。
> 3 <u>甲又は乙は、故意又は重過失により、本契約に違反し相手方に損害を与えたときは、本件売買代金額の20％の違約金を前項の損害に加算して賠償しなければならない。</u>

損害賠償責任は民法にも存在しますが、弁護士費用や実費なども賠償対象となるため、第2項を記載しています。
なお、宅建業者が売主であり、宅建業者以外の者が買主となる場合、損害賠償額または違約金は代金額の20％までとされており、これを超える部分は無効となりますので注意してください（宅地建物取引業法38条）。

▶第13条（費用負担） 重要度B

> 本契約締結に要する費用は、甲乙折半して負担する。

【費用の負担者を変更する】

・買主のみの負担とする場合・ 〔売主有利〕

> 本契約締結に要する費用は、<u>乙</u>が負担する。

・売主のみの負担とする場合・ 〔買主有利〕

> 本契約締結に要する費用は、<u>甲</u>が負担する。

第14条（反社会的勢力の排除）　重要度B

1　甲及び乙は、自己又は自己の役員が、暴力団、暴力団関係企業、総会屋もしくはこれらに準ずる者又はその構成員（以下これらを「反社会的勢力」という。）に該当しないこと、及び次の各号のいずれにも該当しないことを表明し、かつ将来にわたっても該当しないことを相互に確約する。
　①　反社会的勢力に自己の名義を利用させること
　②　反社会的勢力が経営を実質的に支配していると認められる関係を有すること
2　甲又は乙は、前項の一つにでも違反することが判明したときは、何らの催告を要せず、本契約を解除することができる。
3　本条の規定により本契約が解除された場合には、解除された者は、解除により生じる損害について、その相手方に対し一切の請求を行わない。

【対象者を限定する】

・買主のみを対象とする場合・　　　　　　　　　　　　　　　　〔売主有利〕

1　<u>乙は</u>、自己又は自己の役員が、暴力団、暴力団関係企業、総会屋もしくはこれらに準ずる者又はその構成員（以下これらを「反社会的勢力」という。）に該当しないこと、及び次の各号のいずれにも該当しないことを表明し、かつ将来にわたっても該当しないことを<u>確約</u>する。
　①　反社会的勢力に自己の名義を利用させること
　②　反社会的勢力が経営を実質的に支配していると認められる関係を有すること
2　<u>甲は</u>、<u>乙が</u>前項の一つにでも違反することが判明したときは、何らの催告を要せず、本契約を解除することができる。

【賠償額を具体的に規定する】

・具体的な賠償額の予定を行う場合・

> 4　本条の規定により本契約が解除された場合には、解除された者は、その相手方に対し、違約金として金○○円を支払うものとする。

▶第15条（協議解決） 重要度C

> 本契約に定めのない事項又は本契約の解釈について疑義が生じたときは、甲乙誠意をもって協議のうえ解決する。

【紛争解決方法について具体的に規定する】

・仲裁者をあらかじめ定める場合・

> 本契約に定めのない事項又は本契約の解釈について疑義が生じたときは、○○○○を仲裁者と定め、三者において誠意をもって協議のうえ解決する。

【契約の当事者を追加する】

・連帯保証人（丙）がいる場合・

> 本契約に定めのない事項又は本契約の解釈について疑義が生じたときは、甲、乙及び丙は誠意をもって協議のうえ解決する。

第16条（合意管轄） 重要度B

> 甲及び乙は、本契約に関し裁判上の紛争が生じたときは、東京地方裁判所を専属的合意管轄裁判所とすることに合意する。

【合意管轄裁判所を変更する】

・本店所在地を管轄する裁判所にする場合・

> 甲及び乙は、本契約に関し裁判上の紛争が生じたときは、<u>甲又は乙の本店所在地を管轄する裁判所</u>を専属的合意管轄裁判所とすることに合意する。

・本店所在地または支店所在地を管轄する裁判所にする場合・

> 甲及び乙は、本契約に関し裁判上の紛争が生じたときは、<u>甲又は乙の本店所在地もしくは支店所在地を管轄する裁判所</u>を専属的合意管轄裁判所とすることに合意する。

・土地所在地を管轄する裁判所にする場合・

> 甲及び乙は、本契約に関し裁判上の紛争が生じたときは、<u>本件土地所在地を管轄する裁判所</u>を専属的合意管轄裁判所とすることに合意する。

【契約の当事者を追加する】

・連帯保証人（丙）がいる場合・

> <u>甲、乙及び丙</u>は、本契約に関し裁判上の紛争が生じたときは、東京地方裁判所を専属的合意管轄裁判所とすることに合意する。

後文

> 本契約締結の証として、本契約書2通を作成し、甲乙相互に署名又は記名・捺印のうえ、各1通を保有することとする。

【契約の当事者を追加する】

・連帯保証人（丙）がいる場合・

> 本契約締結の証として、本契約書3通を作成し、甲乙丙相互に署名又は記名・捺印のうえ、各1通を保有することとする。

その他の役立つ条項

- ■ 特殊な状況の取引について取扱いを定める場合 …………… 102 ページ
- ■ 土地の取扱いについて定める場合 ……………………………… 103 ページ
- ■ 状況の変化が生じたときの取扱いについて定める場合 …… 103 ページ
- ■ 海外企業との取引である場合に、取扱いについて定める場合 …… 103 ページ

◆特殊な状況の取引について取扱いを定める場合

・融資金を利用する場合に、取扱いについて定める・　　　〔買主有利〕

> 第○条（ローン条項）
> 1　乙は、本件売買代金に関して、融資金を利用するときは、本契約締結後速やかにその融資の申込手続をするものとする。
> 2　別途定める融資承認取得期日までに、前項の融資につき承認が得られないときは、乙は、甲に対し、別途定める契約解除期日までであれば、損害賠償義務を負担することなく本契約を解除することができる。
> 3　前項により本契約が解除されたときは、甲は、乙に対し、受領済みの金員があればそれを無利息にて返還するものとする。

・売買対象地が農地の場合に、取扱いについて定める・

> 第○条（許可申請）
> 1　甲は、本契約成立後遅滞なく、農地法第3条の許可申請手続を行い、乙はこれに協力する。申請手続に要する費用は甲の負担とする。
> 2　甲又は乙の責に帰すことのできない事由により、本条の許可申請が不許可となり、又は令和○年○月○日までに許可が取得できないときは、本契約は当然に終了するものとする。
> 3　前項の場合、甲は乙に対し、本契約に基づき既に受領済みの金員を無利息で返還する。
> 4　本条により本契約が終了した場合、甲及び乙は、互いに損害賠償義務を負わないものとする。

◆土地の取扱いについて定める場合

・売主に境界の明示義務を負わせる・ 〔買主有利〕

> 第○条（境界の明示）
> 　甲は、乙に対し、本件土地の引渡しの時までに、境界標を指示して隣地との境界を明示する。

・売主が土地について保証する・ 〔買主有利〕

> 第○条（保証）
> 1　甲は、乙に対し、以下の事項を保証する。
> 　①　本件土地の土壌に有害物質が含まれていないこと
> 　②　本件土地内にガラ等の地中埋設物が存在しないこと
> 2　前項の保証に違反した場合、甲は、有害物質の撤去費用又は地中埋設物の撤去費用を負担しなければならない。

◆状況の変化が生じたときの取扱いについて定める場合

・著しい事情の変更が生じたときの対処方法を記載する・

> 第○条（事情の変更）
> 　甲及び乙は、本契約の締結後、天災地変、法令の制定又は改廃、その他著しい事情の変更により、本契約に定める義務を履行することが不可能又は著しく困難となったと認められる場合は、当該定めを変更するため協議することができる。

◆海外企業との取引である場合に、取扱いについて定める場合

・準拠法を日本法と定める・

> 第○条（準拠法）
> 　本契約は日本法に準拠し、同法によって解釈されるものとする。

チェックポイント

あなたが売主の場合は、最低限以下の点をチェックしましょう。

- ☐ 契約の目的が明確か
- ☐ 契約の当事者が明らかであるか
- ☐ 土地が特定されているか
- ☐ 代金の支払時期と登記の移転時期が明確か
- ☐ 解除条項に不合理な事項が入っていないか
- ☐ 損害賠償請求額が不合理に制限されていないか

あなたが買主の場合は、最低限以下の点をチェックしましょう。

- ☐ 契約の目的が明確か
- ☐ 契約の当事者が明らかであるか
- ☐ 土地が特定されているか
- ☐ 代金の支払時期と登記の移転時期が明確か
- ☐ 解除条項に不合理な事項が入っていないか
- ☐ 損害賠償請求額が不合理に制限されていないか

MEMO

3 土地建物売買契約書

収入印紙
※

土地建物売買契約書

　（売主）〇〇〇〇（以下「甲」という。）と（買主）〇〇〇〇（以下「乙」という。）は、以下記載の土地建物につき、次のとおり売買契約（以下「本契約」という。）を締結する。

第1条　（目的）
　乙は、甲所有の土地建物を買い取って家族で居住することを希望し、甲はその土地建物を乙に譲渡することとしたため、本契約を締結する。

第2条　（売買）
　甲は、乙に対して、（1）及び（2）記載の土地建物（以下、土地を「本件土地」、建物を「本件建物」、あわせて「本件不動産」という。）を代金総額金〇〇円（以下「本件売買代金」という。）にて売り渡し、乙はこれを買い受ける。本件売買代金の内訳は以下のとおりとする。

　　　　本件土地　　　　　　金〇〇円
　　　　本件建物　　　　　　金〇〇円
　　　　本件建物消費税　　　金〇〇円

　　　（1）土地
　　　　　所在　　　　　〇〇県〇〇市〇〇町〇丁目

【この契約書を用いるケース】
　☑土地建物の売買
　　⇨土地のみの売買契約は本章❷、動産の売買は本章❶

● 前　　文

【応用】契約の当事者を追加する　　…▶　117ページ

● 目　　的　　重要度A

民法の改正により、解除を主張したり、契約不適合責任に基づく請求をしたりする場合に、契約の目的が重要視されることになりました。そのため、契約書に契約の目的を記載しておく必要があります。

【応用】目的の内容を変更する　　…▶　118ページ

● 売　　買　　重要度A

売買契約の内容を簡潔に記載しましょう。対象となる土地・建物および売買金額を明確に特定することが必要です。

【応用】対象不動産の記載方法を変更する　　…▶　119ページ
　　　　面積に差異が生じた場合の取扱いについて規定する　　…▶　121ページ

　　　　地番　　　　○番
　　　　地目　　　　○○
　　　　地積　　　　○ m²
　（2）建物
　　　　所在　　　　○○県○○市○○町○丁目
　　　　家屋番号　　○番○
　　　　種類　　　　○○
　　　　構造　　　　○○
　　　　床面積　　　○ m²

第3条　（手付）

1　乙は、甲に対し、本契約締結と同時に、手付金として金○○円を支払うものとする。
2　手付金は、残代金の支払いの際、無利息にて本件売買代金の一部に充当される。
3　甲及び乙は、相手方が本契約の履行に着手するまでは、甲は手付金の倍額を償還することにより、乙は手付金を放棄することにより、本契約を解除することができる。

第4条　（代金支払時期、方法）

　乙は、甲に対し、本件売買代金を、甲の指定する以下の口座に振込送金する方法で、次のとおり支払う（振込手数料は乙の負担とする）。
　①　本契約締結時に手付金として金○○円
　②　第6条第1項の所有権移転登記手続及び第7条に定める土地の引渡しを受けるのと引換えに本件売買代金の残額（以下「本件売買残代金」という。）として金○○円
　　　○○銀行○○支店　　普通預金
　　　口座番号　　○○○○○○
　　　口座名義　　○○○○○○

● 手 付 　重要度 B

不動産の売買では、通常、手付金が交付されます。手付は、原則として解約手付としての性質を有することになります。

【応用】手付の性質を変更する　・・・▶　122 ページ

● 代金支払時期、方法　重要度 A

代金の支払時期と支払方法を記載しましょう。

【応用】代金支払いの方法を変更する　・・・▶　123 ページ
　　　　代金支払いの時期を変更する　・・・▶　123 ページ

商取引 ― 3 土地建物売買契約書

第5条 （所有権の移転）
　本件不動産の所有権は、乙が甲に対して本件売買代金全額を支払った時に移転する。

第6条 （所有権移転登記）
1　甲は、乙に対し、令和〇年〇月〇日限り、本件売買残代金の支払いと引換えに、本件不動産につき所有権移転登記手続を行う。
2　前項の所有権移転登記手続に伴う登記費用は乙の負担とする。

第7条 （引渡し）
　甲は、乙に対し、本件売買残代金の支払いと引換えに、本件不動産を引き渡す。

第8条 （担保権等の抹消）
　甲は、本件不動産について、第6条第1項による所有権移転登記手続を行うまでに、その責任と負担において、先取特権、抵当権等の担保権、地上権、賃借権等の用益権その他名目形式の如何を問わず、乙の完全な所有権の行使を妨げる一切の負担を除去抹消しなければならない。

第9条 （危険負担）
　本契約成立後本件不動産引渡までの間に、天災地変その他甲又は乙の責に帰すことのできない事由により、本件不動産の一部又は全部が滅失又は毀損して本契約の履行が不可能となったときは、本契約は当然に終了し、その滅失又は毀損による危険は甲が負担する。

第10条 （公租公課の負担）
　本件不動産に関する公租公課は、引渡完了日までを甲の負担とし、その翌日以降分を乙の負担とする。なお、公租公課の算定

● 所有権の移転 【重要度 A】

所有権の移転時期を記載しましょう。

【応用】所有権の移転の時期を変更する　　…▶　124 ページ

● 所有権移転登記 【重要度 A】

所有権移転登記を行う時期を記載しましょう。

【応用】登記手続に係る条件を変更する　　…▶　124 ページ
　　　　登記費用の負担者を変更する　　　…▶　124 ページ
　　　　移転登記を行う時期を変更する　　…▶　125 ページ

● 引 渡 し 【重要度 A】

引渡時期を記載しましょう。

【応用】引渡しの時期を変更する　　　…▶　125 ページ
　　　　引渡しに係る条件を追加する　…▶　126 ページ

● 担保権等の抹消 【重要度 B】

通常、買主は負担のない土地建物の購入を希望します。土地建物に何らかの負担がついている場合は、売主に負担の抹消義務を負わせます。

【応用】担保権等の抹消に係る条件を追加する　…▶　126 ページ

● 危険負担 【重要度 B】

民法改正により、目的が特定物か不特定物かにかかわらず、目的物の引渡し時に危険が移転することになりました。

【応用】危険の移転の時期を変更する　　…▶　127 ページ

● 公租公課の負担 【重要度 B】

固定資産税・都市計画税は、その年の1月1日時点の所有者に1年分が課されます。不動産の売買では日割計算に基づいて売主と買主が負担することが慣例となっています。

【応用】公租公課の負担者を変更する　　…▶　127 ページ

のための起算日は1月1日とする。

第11条　（目的物の不適合）

1. 乙は、本件不動産に本契約に定める仕様に関する不適合が判明した場合、判明した時から1年以内に、甲に対し、その旨の通知をしなければ、修補、代金減額、損害賠償の請求をすることができず、また、これを理由に本契約を解除することはできないものとする。
2. 前項の規定は、甲が当該不適合の存在を知り、又は重大な過失により知らなかった場合は適用しない。

第12条　（解除）

甲又は乙は、相手方が本契約に違反した場合、相手方に対し、書面によりその履行を催告したにもかかわらず、相手方が催告に従った履行をしないときは、本契約を解除し、かつ、その損害の賠償を請求することができる。

第13条　（費用負担）

本契約締結に要する費用は、甲乙折半して負担する。

第14条　（反社会的勢力の排除）

1. 甲及び乙は、自己又は自己の役員が、暴力団、暴力団関係企業、総会屋もしくはこれらに準ずる者又はその構成員（以下これらを「反社会的勢力」という。）に該当しないこと、及び次の各号のいずれにも該当しないことを表明し、かつ将来にわたっても該当しないことを相互に確約する。
    ① 反社会的勢力に自己の名義を利用させること
    ② 反社会的勢力が経営を実質的に支配していると認められる関係を有すること

● 目的物の不適合　重要度 B

民法改正により、「瑕疵担保責任」（民法 570 条）が廃止され、「契約不適合責任」となりました（改正民法 562 条 1 項、563 条 1 項）。ここでは、改正民法の契約不適合責任に係る内容のうち、1 年以内に通知すべきとの内容（改正民法 566 条）を明記するにとどめた場合の例を提示しています。

【応用】契約不適合責任に係る内容を変更する　・・・▶　128 ページ

● 解　除　重要度 B

民法等で定めた解除事由より広く解除できる場合を認めるため記載しています。なお、改正民法では、法定解除のうち催告による場合、相手方の債務不履行が契約および取引上の社会通念に照らして軽微な場合において、解除が認められないこととなりました（改正民法 541 条但書）。

【応用】解除事由について規定する　・・・▶　130 ページ
　　　　損害賠償の内容について具体的に規定する　・・・▶　131 ページ
　　　　違約金について規定する　・・・▶　132 ページ

● 費用負担　重要度 B

印紙代等の負担に関する定めです。

【応用】費用の負担者を変更する　・・・▶　132 ページ

● 反社会的勢力の排除　重要度 B

契約当事者が反社会的勢力と関わっていることが判明した場合に、即座に契約関係を解消することができるようにするために規定しています。

【応用】対象者を限定する　・・・▶　133 ページ
　　　　賠償額を具体的に規定する　・・・▶　134 ページ

商取引　3 土地建物売買契約書

2 甲又は乙は、前項の一つにでも違反することが判明したときは、何らの催告を要せず、本契約を解除することができる。
3 本条の規定により本契約が解除された場合には、解除された者は、解除により生じる損害について、その相手方に対し一切の請求を行わない。

第15条　（協議解決）
本契約に定めのない事項又は本契約の解釈について疑義が生じたときは、甲乙誠意をもって協議のうえ解決する。

第16条　（合意管轄）
甲及び乙は、本契約に関し裁判上の紛争が生じたときは、東京地方裁判所を専属的合意管轄裁判所とすることに合意する。

　本契約締結の証として、本契約書2通を作成し、甲乙相互に署名又は記名・捺印のうえ、各1通を保有することとする。

令和　　年　　月　　日
　　　　　　　　　　　　　　甲
　　　　　　　　　　　　　　　　　　　　　　　㊞

　　　　　　　　　　　　　　乙
　　　　　　　　　　　　　　　　　　　　　　　㊞

● 協議解決　　重要度 C

協議により紛争回避を図る可能性を探るため規定しています。なお、この規定に法的な拘束力はありません。

【応用】紛争解決方法について具体的に規定する　・・▶　134 ページ
　　　　契約の当事者を追加する　・・▶　134 ページ

● 合意管轄　　重要度 B

紛争が生じた際に自己に有利な管轄裁判所において裁判を行うための規定です。

【応用】合意管轄裁判所を変更する　・・▶　135 ページ
　　　　契約の当事者を追加する　・・▶　135 ページ

● 後　文

【応用】契約の当事者を追加する　・・▶　136 ページ

※ 印紙税法別表第一第1号の1文書（「不動産、鉱業権、無体財産権、船舶若しくは航空機又は営業の譲渡に関する契約書」）に該当するため、契約金額に応じた印紙を貼付する必要があります。

印紙税額（1通につき）				
1万円	未満			非課税
1万円	以上	10万円	以下	200円
10万円	超	50万円	以下	400円
50万円	超	100万円	以下	1,000円
100万円	超	500万円	以下	2,000円
500万円	超	1,000万円	以下	10,000円
1,000万円	超	5,000万円	以下	20,000円
5,000万円	超	1億円	以下	60,000円
1億円	超	5億円	以下	100,000円
5億円	超	10億円	以下	200,000円
10億円	超	50億円	以下	400,000円
50億円	超			600,000円
契約金額の記載のないもの				200円

［令和2年4月現在］

※ 印紙税法別表第一第1号の1文書に該当する「不動産の譲渡に関する契約書」のうち、令和4年3月31日までに作成されるものについては、契約書の作成年月日および記載された契約金額に応じ、次のとおり印紙税額が軽減されています。

【平成26年4月1日～令和4年3月31日】

印紙税額（1通につき）				
1万円	以上	50万円	以下	200円
50万円	超	100万円	以下	500円
100万円	超	500万円	以下	1,000円
500万円	超	1,000万円	以下	5,000円
1,000万円	超	5,000万円	以下	10,000円
5,000万円	超	1億円	以下	30,000円
1億円	超	5億円	以下	60,000円
5億円	超	10億円	以下	160,000円
10億円	超	50億円	以下	320,000円
50億円	超			480,000円

［令和2年4月現在］

作成のテクニック

▶ 前文

（売主）○○○○（以下「甲」という。）と（買主）○○○○（以下「乙」という。）は、以下記載の土地建物につき、次のとおり売買契約（以下「本契約」という。）を締結する。

【契約の当事者を追加する】

・改正民法に適合した連帯保証人条項を設ける場合・　　　　〔売主有利〕

民法改正により、委託を受けた個人保証人に対し、契約締結時に情報提供義務を怠る、または虚偽の情報を提供すると、保証契約が取り消されるおそれがあります（改正民法 465 条の 10 第 2 項）。

（売主）○○○○（以下「甲」という。）、（買主）○○○○（以下「乙」という。）及び（連帯保証人）○○○○（以下「丙」という。）は、以下記載の土地建物につき、次のとおり売買契約（以下「本契約」という。）を締結する。
（略）
第○条（連帯保証人）
1　丙は、乙の連帯保証人として、本契約により生ずる乙の甲に対する一切の債務の弁済につき、連帯して保証する。
2　乙は、丙に対し、別紙のとおり保証契約の前提となる情報を提供し、丙は、別紙の情報の提供を受けたことを確認する。
第○条（協議解決）
　　本契約に定めのない事項又は本契約の解釈について疑義が生じたときは、甲、乙及び丙は誠意をもって協議のうえ解決する。
第○条（合意管轄）
　　甲、乙及び丙は、本契約に関し裁判上の紛争が生じたときは、東京地方裁判所を専属的合意管轄裁判所とすることに合意する。
（略）
　　本契約締結の証として、本契約書 3 通を作成し、甲乙丙相互に署名又は記名・捺印のうえ、各 1 通を保有することとする。

(略)

　　　　　　　　　　丙

　　　　　　　　　　　　　　　㊞

【別紙】

乙は、本契約締結時における自らの情報を以下のとおり提供する。

財産及び収支の状況	
主債務以外に負担している債務の有無、額及び履行状況	
主債務の担保として他に提供し又は提供しようとするものの内容	

▶ 第1条（目的）　重要度A

乙は、甲所有の土地建物を買い取って家族で居住することを希望し、甲はその土地建物を乙に譲渡することとしたため、本契約を締結する。

【目的の内容を変更する】

・事業で使用する場合・

乙は、自社の事務所として使用するために、甲所有の土地及びその上の建物を買い取ることを希望し、甲は同土地建物を乙に譲渡することとしたため、本契約を締結する。

第2条（売買） 重要度 A

> 甲は、乙に対して、（1）及び（2）記載の土地建物（以下、土地を「本件土地」、建物を「本件建物」、あわせて「本件不動産」という。）を代金総額金〇〇円（以下「本件売買代金」という。）にて売り渡し、乙はこれを買い受ける。本件売買代金の内訳は以下のとおりとする。
> 　　本件土地　　　　　金〇〇円
> 　　本件建物　　　　　金〇〇円
> 　　本件建物消費税　　金〇〇円
>
> （1）土地
> 　　所在　　　〇〇県〇〇市〇〇町〇丁目
> 　　地番　　　〇番
> 　　地目　　　〇〇
> 　　地積　　　〇m²
> （2）建物
> 　　所在　　　〇〇県〇〇市〇〇町〇丁目
> 　　家屋番号　〇番〇
> 　　種類　　　〇〇
> 　　構造　　　〇〇
> 　　床面積　　〇m²

【対象不動産の記載方法を変更する】

・対象となる土地が多数存在する場合（物件目録を利用する場合）・

> 甲は、乙に対して、別紙物件目録記載の土地建物（以下、土地を「本件土地」、建物を「本件建物」、あわせて「本件不動産」という。）を代金総額金〇〇円（以下「本件売買代金」という。）にて売り渡し、乙はこれを買い受ける。本件売買代金の内訳は以下のとおりとする。
> 　　本件土地　　　　　金〇〇円
> 　　本件建物　　　　　金〇〇円
> 　　本件建物消費税　　金〇〇円

商取引　3　土地建物売買契約書

```
【別紙】
                        物件目録

1  所在      ○○県○○市○○町○丁目
   地番      ○番○
   地目      ○○
   地積      ○m²
2  所在      ○○県○○市○○町○丁目
   地番      ○番○
   地目      ○○
   地積      ○m²
3  所在      ○○県○○市○○町○丁目
   地番      ○番○
   地目      ○○
   地積      ○m²
4  所在      ○○県○○市○○町○丁目○番地○
   家屋番号   ○番○
   種類      ○○
   構造      ○○
   床面積    1階  ○m²
            2階  ○m²
```

・借地権付建物を売買する場合・

甲は、乙に対して、以下記載の借地権付建物（以下「本件建物」という。）を代金総額金○○円（以下「本件売買代金」という。）にて売り渡し、乙はこれを買い受ける。本件売買代金の内訳は以下のとおりとする。

　　　本件建物　　　　　金○○円
　　　本件建物消費税　　金○○円
　　　借地権　　　　　　金○○円

　　（1）建物
　　　　所在　　　　○○県○○市○○町○丁目○番地○
　　　　家屋番号　　○番○
　　　　種類　　　　○○

```
            構造         ○○
            床面積       ○ m²
    （2）借地権の内容
            物件の表示    所在    ○○県○○市○○町○丁目
                        地番    ○番○
                        地目    ○○
                        地積    ○㎡
            契約の種類    賃貸借契約
            目的         建物所有
            賃貸人       住所    ○○県○○市○○町○丁目○番○号
                        氏名    ○○○○
            契約期間     令和○年○月○日から令和○年○月○日まで
            賃料         月額○○円。毎月月末限り翌月分を支払う。
            特約         無断増改築の禁止
```

【面積に差異が生じた場合の取扱いについて規定する】

・売買代金の修正を行う場合・

> 1 （略）
> 2 甲及び乙は、前項記載の本件土地の地積と測量による面積に差異が生じた場合1m²当たり金○○円の割合で、本件建物の床面積と測量による面積に差異が生じた場合1m²当たり金○○円の割合で、それぞれ売買代金を増減し、精算する。

・売買代金の修正を行わない場合・

> 1 （略）
> 2 甲及び乙は、前項記載の本件土地及び本件建物の地積又は床面積と測量による面積に差異が生じたとしても、互いに売買代金の変更その他何らの請求をしない。

▶ **第3条(手付)** 重要度 B

> 1 乙は、甲に対し、本契約締結と同時に、手付金として金〇〇円を支払うものとする。
> 2 手付金は、残代金の支払いの際、無利息にて本件売買代金の一部に充当される。
> 3 甲及び乙は、相手方が本契約の履行に着手するまでは、甲は手付金の倍額を償還することにより、乙は手付金を放棄することにより、本契約を解除することができる。

【手付の性質を変更する】

・手付解除はできないこととする場合・

手付に解約手付としての性質を持たせないことも可能です(87ページ参照)。この場合、次のように、手付解除はできないことを明記しましょう。

> 3 甲及び乙は、<u>本手付が解約手付としての性質を有するものではないことを確認する</u>。

ただし、宅建業者が売主、宅建業者以外が買主の場合、解約手付としての効力を否定する規定は効力を有しません(宅地建物取引業法39条)。

▶ **第4条(代金支払時期、方法)** 重要度 A

> 乙は、甲に対し、本件売買代金を、甲の指定する以下の口座に振込送金する方法で、次のとおり支払う(振込手数料は乙の負担とする)。
> ① 本契約締結時に手付金として金〇〇円
> ② 第6条第1項の所有権移転登記手続及び第7条に定める土地の引渡しを受けるのと引換えに本件売買代金の残額(以下「本件売買残代金」という。)として金〇〇円
>   〇〇銀行〇〇支店　　普通預金
>   口座番号　〇〇〇〇〇〇
>   口座名義　〇〇〇〇〇〇

【代金支払いの方法を変更する】

・現金持参により支払う場合・

> 乙は、甲に対し、本件売買代金を、<u>甲の指定する以下の場所に持参する</u>方法で、次のとおり支払う。
> ① 本契約締結時に手付金として金○○円
> ② 第6条第1項の所有権移転登記手続及び第7条に定める土地の引渡しを受けるのと引換えに本件売買代金の残額(以下「本件売買残代金」という。)として金○○円
> 　　<u>○○県○○市○○町○丁目○番○号</u>

・内金を支払う場合・

> 乙は、甲に対し、本件売買代金を、甲の指定する以下の口座に振込送金する方法で、次のとおり支払う(振込手数料は乙の負担とする)。
> ① 本契約締結時に手付金として金○○円
> ② <u>令和○年○月○日限り内金として金○○円</u>
> ③ 第6条第1項の所有権移転登記手続及び第7条に定める土地の引渡しを受けるのと引換えに本件売買代金の残額(以下「本件売買残代金」という。)として金○○円
> 　　○○銀行○○支店　　普通預金
> 　　口座番号　　○○○○○○
> 　　口座名義　　○○○○○○

【代金支払いの時期を変更する】

・残代金支払時期を特定の日とする場合・

> ② <u>令和○年○月○日限り</u>本件売買代金の残額(以下「本件売買残代金」という。)として金○○円

▶第5条（所有権の移転） 重要度A

本件不動産の所有権は、乙が甲に対して本件売買代金全額を支払った時に移転する。

【所有権の移転の時期を変更する】

・所有権の移転時期を契約締結時とする場合・　　　　　　　　　〔買主有利〕

本件不動産の所有権は、<u>本契約締結時</u>に移転する。

▶第6条（所有権移転登記） 重要度A

1　甲は、乙に対し、令和〇年〇月〇日限り、本件売買残代金の支払いと引換えに、本件不動産につき所有権移転登記手続を行う。
2　前項の所有権移転登記手続に伴う登記費用は乙の負担とする。

【登記手続に係る条件を変更する】

・移転登記手続書類一式を渡すこととする場合・

1　甲は、乙に対し、令和〇年〇月〇日限り、本件売買残代金の支払いと引換えに、本件不動産につき<u>所有権移転登記の申請に必要な書類一切を交付する</u>。

【登記費用の負担者を変更する】

・登記費用を売主負担とする場合・　　　　　　　　　　　　　　〔買主有利〕

2　前項の所有権移転登記手続に伴う登記費用は<u>甲</u>の負担とする。

・登記費用を折半とする場合・　　　　　　　　　　　　　　〔買主有利〕

> 2　前項の所有権移転登記手続に伴う登記費用は、甲乙折半してこれを負担する。

【移転登記を行う時期を変更する】

・代金支払後に移転登記を行う場合・　　　　　　　　　　　〔売主有利〕

> 1　乙は、甲に対し、令和○年○月○日限り、本件売買残代金を支払い、甲は、乙に対し、残代金入金確認後○日以内に、本件不動産につき所有権移転登記手続を行う。

・移転登記を先に行う場合・　　　　　　　　　　　　　　　〔買主有利〕

> 1　甲は、乙に対し、令和○年○月○日限り、本件不動産につき所有権移転登記申請手続を行い、乙は、所有権移転登記確認後○日以内に本件売買残代金を支払う。

▶ 第7条（引渡し）　重要度 A

> 甲は、乙に対し、本件売買残代金の支払いと引換えに、本件不動産を引き渡す。

【引渡しの時期を変更する】

・代金支払後に引渡しを行う場合・　　　　　　　　　　　　〔売主有利〕

> 甲は、乙に対し、本件売買残代金の支払確認後に、本件不動産を引き渡す。

・引渡しを先に行う場合・　　　　　　　　　　　　　　　　〔買主有利〕

> 甲は、乙に対し、<u>本件売買残代金の支払いに先立ち</u>、本件不動産を引き渡す。

【引渡しに係る条件を追加する】

・現状有姿による引渡しであることを明記する場合・　　　　　〔売主有利〕

> 甲は、乙に対し、本件売買残代金の支払いと引換えに、本件不動産を<u>現状有姿のまま</u>引き渡す。

▶第8条（担保権等の抹消）　重要度 B

> 甲は、本件不動産について、第6条第1項による所有権移転登記手続を行うまでに、その責任と負担において、先取特権、抵当権等の担保権、地上権、賃借権等の用益権その他名目形式の如何を問わず、乙の完全な所有権の行使を妨げる一切の負担を除去抹消しなければならない。

【担保権等の抹消に係る条件を追加する】

・全部の抹消は求めない場合・　　　　　　　　　　　　　　〔売主有利〕

> 甲は、乙に対し、本件不動産について、第6条第1項による所有権移転登記手続を行うまでに、その責任と負担において、先取特権、抵当権等の担保権、地上権、賃借権等の用益権その他名目形式の如何を問わず、乙の完全な所有権の行使を妨げる一切の負担を除去抹消しなければならない。<u>ただし、本契約時点で既に存在している以下の権利については、甲は抹消義務を負わないものとする。</u>
> （権利の内容）　〇〇〇〇〇〇〇

▶第9条（危険負担） 重要度 B

本契約成立後本件不動産引渡までの間に、天災地変その他甲又は乙の責に帰すことのできない事由により、本件不動産の一部又は全部が滅失又は毀損して本契約の履行が不可能となったときは、本契約は当然に終了し、その滅失又は毀損による危険は甲が負担する。

【危険の移転の時期を変更する】

・危険の移転時期を代金完済時とする場合・　　　　　　　　　　〔買主有利〕

本契約成立後本件売買代金完済までの間に、天災地変その他甲又は乙の責に帰すことのできない事由により、本件不動産の一部又は全部が滅失又は毀損して本契約の履行が不可能となったときは、本契約は当然に終了し、その滅失又は毀損による危険は甲が負担する。

▶第10条（公租公課の負担） 重要度 B

本件不動産に関する公租公課は、引渡完了日までを甲の負担とし、その翌日以降分を乙の負担とする。なお、公租公課の算定のための起算日は1月1日とする。

【公租公課の負担者を変更する】

・すべて買主の負担とする場合・　　　　　　　　　　　　　　〔売主有利〕

本件不動産に関する本契約締結時の年度の公租公課は、全て乙の負担とする。なお、公租公課の算定のための起算日は1月1日とする。

・すべて売主の負担とする場合・ 〔買主有利〕

> 本件不動産に関する本契約締結時の年度の公租公課は、全て甲の負担とする。なお、公租公課の算定のための起算日は1月1日とする。

▶ 第11条（目的物の不適合） 重要度B

> 1 乙は、本件不動産に本契約に定める仕様に関する不適合が判明した場合、判明した時から1年以内に、甲に対し、その旨の通知をしなければ、修補、代金減額、損害賠償の請求をすることができず、また、これを理由に本契約を解除することはできないものとする。
> 2 前項の規定は、甲が当該不適合の存在を知り、又は重大な過失により知らなかった場合は適用しない。

【契約不適合責任に係る内容を変更する】

・改正民法に適合した条項を設ける場合・

> 1 乙は、本件不動産に本契約の内容に適合しない箇所がある場合には、甲に対し、本件土地の修補（代替物の引渡し又は不足分の引渡しによる履行の追完を含む。）を請求することができる。ただし、甲は、乙に不相当な負担を課するものでないときは、乙が請求した方法と異なる方法による履行の追完をすることを妨げない。
> 2 前項に規定する場合において、乙が相当の期間を定めて履行の追完の催告をし、その期間内に履行の追完がないときは、乙は、その不適合の程度に応じて代金の減額を請求することができる。
> 3 前項の定めにかかわらず、次に掲げる場合には、乙は、同項の催告をすることなく、直ちに代金の減額を請求することができる。
>   ① 履行の追完が不能であるとき
>   ② 甲が履行の追完を拒絶する意思を明確に表示したとき
>   ③ 契約の性質又は当事者の意思表示により、特定の日時又は一定の期間内に履行しなければ契約をした目的を達成できない場合において、甲が履行の追完をしないでその時期を経過したとき

④　前三号に掲げる場合のほか、乙が前項の催告をしても履行の追完を受ける見込みがないことが明らかであるとき
4　本条第1項に規定する場合において、本契約を締結した目的を達することができない場合には、乙は甲に対し、本契約を解除することができる。
5　本条第1項に規定する場合において、当該不適合が乙の責に帰すべき事由によるものであるときは、乙は甲に対し、本条に定める履行の追完請求、代金の減額の請求、及び解除の意思表示をすることができない。
6　本条各項の定めにかかわらず、本条第1項の不適合が甲の責に帰すべき事由によるものであるときは、乙は甲に対し損害賠償を請求することができる。
7　乙が甲に対し、本条による契約解除、履行の追完請求、代金の減額の請求、損害賠償の請求をする場合には、乙が本件不動産に契約内容に適合しない箇所があることを知った日から1年以内に通知しなければならない。ただし、甲が引渡しの時に目的物が契約の内容に適合しないものであることを知っていたとき、又は知らなかったことにつき重大な過失がある場合には、この限りではない。

民法改正により、「瑕疵担保責任」が廃止され、「契約不適合責任」となりました。「瑕疵」ではなく、「目的物が契約内容から乖離しているか」に着目し、それに対する責任（契約不適合責任）を規定するものです。また、救済手段として請求できる内容が増え、現行法でも規定されている損害賠償請求と解除に加えて、追完請求や代金減額請求も可能となりました（改正民法562条1項、563条1項）。これら改正の内容になるべく沿う形で規定した場合の例です。

・契約不適合責任を負わないこととする場合・　　　　　〔売主有利〕

> 甲は、本件土地に本契約の内容に適合しない箇所があっても、乙に対して何らの責任を負わない。

売主が契約不適合責任を負わない旨を定める場合の例です。

• 過大な費用を要する場合には追完請求を認めない場合 •　　　〔売主有利〕

> 1　乙は、本件不動産に本契約の内容に適合しない箇所がある場合には、自ら指定する方法による追完請求をすることができる。ただし、過大な費用（○○円以上）を要する場合はこの限りでない。
> 2　乙は、本件不動産の不具合が是正不能と考える場合には、前項の追完請求を行うことなく、自らの選択により、売買代金の減額を請求し又は本契約を解除することができる。

買主の追完請求が過大とされる場合の金額条件を明記する等した例です。

第12条（解除）　重要度B

> 甲又は乙は、相手方が本契約に違反した場合、相手方に対し、書面によりその履行を催告したにもかかわらず、相手方が催告に従った履行をしないときは、本契約を解除し、かつ、その損害の賠償を請求することができる。

【解除事由について規定する】

• 解除事由を詳細に定める場合 •

> 甲又は乙は、相手方が以下の各号のいずれかに該当し、相手方に対し書面によりその履行を催告したにもかかわらず、相手方が催告に従った履行をしないときは、本契約を解除することができる。なお、この場合でも損害賠償の請求を妨げない。
> ①　本契約の一つにでも違反したとき
> ②　監督官庁から営業停止又は営業免許もしくは営業登録の取消等の処分を受けたとき
> ③　差押、仮差押、仮処分、強制執行、担保権の実行としての競売、租税滞納処分その他これらに準じる手続きが開始されたとき
> ④　破産、民事再生、会社更生又は特別清算の手続開始等の申立てがなされたとき
> ⑤　自ら振り出し又は引き受けた手形もしくは小切手が1回でも不渡り

> となったとき、又は支払停止状態に至ったとき
> ⑥ 合併による消滅、資本の減少、営業の廃止・変更又は解散決議がなされたとき
> ⑦ その他、支払能力の不安又は背信的行為の存在等、本契約を継続することが著しく困難な事情が生じたとき

【損害賠償の内容について具体的に規定する】

・具体的な賠償額の予定を行う場合・

> 1 (略)
> 2 甲又は乙は、解除、解約又は本契約の重大な義務に違反することにより、相手方に損害を与えたときは、損害額の立証を要することなく本件売買代金額の20％相当額を損害金として支払う。

なお、宅建業者が売主であり、宅建業者以外の者が買主となる場合、損害賠償額または違約金は代金額の20％までとされており、これを超える部分は無効となります（宅地建物取引業法38条）。

・損害賠償額を限定する場合・

> 1 (略)
> 2 甲又は乙は、解除、解約又は本契約に違反することにより、相手方に損害を与えたときは、本件売買代金額の20％を上限として、損害を賠償しなければならない。

なお、宅建業者が売主であり、宅建業者以外の者が買主となる場合、損害賠償額または違約金は代金額の20％までとされており、これを超える部分は無効となります（宅地建物取引業法38条）。

【違約金について規定する】

・故意または重過失による賠償のときに追加で違約金の支払いを認める場合・

> 1　（略）
> 2　甲又は乙は、解除、解約又は本契約に違反することにより、相手方に損害を与えたときは、その損害の全て（弁護士費用及びその他の実費を含むが、これに限られない。）を賠償しなければならない。
> 3　<u>甲又は乙は、故意又は重過失により、本契約に違反し相手方に損害を与えたときは、本件売買代金額の20％の違約金を前項の損害に加算して賠償しなければならない。</u>

損害賠償責任は民法にも存在しますが、弁護士費用や実費なども賠償対象となるため、第2項を記載しています。
なお、宅建業者が売主であり、宅建業者以外の者が買主となる場合、損害賠償額または違約金は代金額の20％までとされており、これを超える部分は無効となります（宅地建物取引業法38条）。

第13条（費用負担）　重要度 B

> 本契約締結に要する費用は、甲乙折半して負担する。

【費用の負担者を変更する】

・買主のみの負担とする場合・　　　　　　　　　　　　　　　〔売主有利〕

> 本契約締結に要する費用は<u>乙</u>が負担する。

・売主のみの負担とする場合・　　　　　　　　　　　　　　　〔買主有利〕

> 本契約締結に要する費用は<u>甲</u>が負担する。

第14条（反社会的勢力の排除） 重要度 B

> 1 甲及び乙は、自己又は自己の役員が、暴力団、暴力団関係企業、総会屋もしくはこれらに準ずる者又はその構成員（以下これらを「反社会的勢力」という。）に該当しないこと、及び次の各号のいずれにも該当しないことを表明し、かつ将来にわたっても該当しないことを相互に確約する。
>   ① 反社会的勢力に自己の名義を利用させること
>   ② 反社会的勢力が経営を実質的に支配していると認められる関係を有すること
> 2 甲又は乙は、前項の一つにでも違反することが判明したときは、何らの催告を要せず、本契約を解除することができる。
> 3 本条の規定により本契約が解除された場合には、解除された者は、解除により生じる損害について、その相手方に対し一切の請求を行わない。

【対象者を限定する】

・買主のみを対象とする場合・　　　　　　　　　　　　〔売主有利〕

> 1 乙は、自己又は自己の役員が、暴力団、暴力団関係企業、総会屋もしくはこれらに準ずる者又はその構成員（以下これらを「反社会的勢力」という。）に該当しないこと、及び次の各号のいずれにも該当しないことを表明し、かつ将来にわたっても該当しないことを確約する。
>   ① 反社会的勢力に自己の名義を利用させること
>   ② 反社会的勢力が経営を実質的に支配していると認められる関係を有すること
> 2 甲は、乙が前項の一つにでも違反することが判明したときは、何らの催告を要せず、本契約を解除することができる。

【賠償額を具体的に規定する】

・具体的な賠償額の予定を行う場合・

> 4　本条の規定により本契約が解除された場合には、解除された者は、その相手方に対し、違約金として金○○円を支払うものとする。

第15条（協議解決）　重要度 C

> 本契約に定めのない事項又は本契約の解釈について疑義が生じたときは、甲乙誠意をもって協議のうえ解決する。

【紛争解決方法について具体的に規定する】

・仲裁者をあらかじめ定める場合・

> 本契約に定めのない事項又は本契約の解釈について疑義が生じたときは、○○○○を仲裁者と定め、三者において誠意をもって協議のうえ解決する。

【契約の当事者を追加する】

・連帯保証人（丙）がいる場合・

> 本契約に定めのない事項又は本契約の解釈について疑義が生じたときは、甲、乙及び丙は誠意をもって協議のうえ解決する。

▶第16条（合意管轄） 重要度B

> 甲及び乙は、本契約に関し裁判上の紛争が生じたときは、東京地方裁判所を専属的合意管轄裁判所とすることに合意する。

【合意管轄裁判所を変更する】

・本店所在地を管轄する裁判所にする場合・

> 甲及び乙は、本契約に関し裁判上の紛争が生じたときは、<u>甲又は乙の本店所在地を管轄する裁判所</u>を専属的合意管轄裁判所とすることに合意する。

・本店所在地または支店所在地を管轄する裁判所にする場合・

> 甲及び乙は、本契約に関し裁判上の紛争が生じたときは、<u>甲又は乙の本店所在地もしくは支店所在地を管轄する裁判所</u>を専属的合意管轄裁判所とすることに合意する。

・不動産所在地を管轄する裁判所にする場合・

> 甲及び乙は、本契約に関し裁判上の紛争が生じたときは、<u>本件不動産所在地を管轄する裁判所</u>を専属的合意管轄裁判所とすることに合意する。

【契約の当事者を追加する】

・連帯保証人（丙）がいる場合・

> <u>甲、乙及び丙</u>は、本契約に関し裁判上の紛争が生じたときは、東京地方裁判所を専属的合意管轄裁判所とすることに合意する。

後文

　本契約締結の証として、本契約書2通を作成し、甲乙相互に署名又は記名・捺印のうえ、各1通を保有することとする。

【契約の当事者を追加する】

・連帯保証人（丙）がいる場合・

　本契約締結の証として、本契約書3通を作成し、甲乙丙相互に署名又は記名・捺印のうえ、各1通を保有することとする。

その他の役立つ条項

- 特殊な状況の取引について取扱いを定める場合……………137 ページ
- 契約をめぐる各種取扱いについて定める場合………………137 ページ
- 状況の変化が生じたときの取扱いについて定める場合……138 ページ
- 海外企業との取引である場合に、取扱いについて定める場合……138 ページ

◆特殊な状況の取引について取扱いを定める場合

・融資金を利用する場合に、取扱いについて定める・　〔買主有利〕

> 第○条（ローン条項）
> 1　乙は、本件売買代金に関して、融資金を利用するときは、本契約締結後速やかにその融資の申込手続をするものとする。
> 2　別途定める融資承認取得期日までに前項の融資につき承認が得られないときは、乙は、甲に対し、別途定める契約解除期日までであれば、損害賠償義務を負担することなく本契約を解除することができる。
> 3　前項により本契約が解除されたときは、甲は、乙に対し、受領済みの金員があればそれを無利息にて返還するものとする。

◆契約をめぐる各種取扱いについて定める場合

・建物残置物の所有権放棄について定める・　〔買主有利〕

> 第○条（建物残置物の所有権放棄）
> 　甲は本件不動産引渡時に本件建物内に残置された動産の所有権を放棄し、乙は任意にこれを処分することができるものとする。この場合の処分費用は甲の負担とする。

・売主に境界の明示義務を負わせる・　〔買主有利〕

> 第○条（境界の明示）
> 　甲は、乙に対し、本件土地の引渡しの時までに、境界標を指示して隣地との境界を明示する。

・売主が土地について保証する・　　　　　　　　　　　　　〔買主有利〕

> 第○条（保証）
> 1　甲は、乙に対し、以下の事項を保証する。
> 　①　本件土地の土壌に有害物質が含まれていないこと
> 　②　本件土地内にガラ等の地中埋設物が存在しないこと
> 2　前項の保証に違反した場合、甲は、有害物質の撤去費用又は地中埋設物の撤去費用を負担しなければならない。

◆状況の変化が生じたときの取扱いについて定める場合

・著しい事情の変更が生じたときの対処方法を記載する・

> 第○条（事情の変更）
> 　甲又は乙が、本契約の締結後、天災地変、法令の制定又は改廃、その他著しい事情の変更により、本契約に定める義務を履行することが不可能又は著しく困難となったと認められる場合は、当該定めを変更するため協議することができる。

◆海外企業との取引である場合に、取扱いについて定める場合

・準拠法を日本法と定める・

> 第○条（準拠法）
> 　本契約は日本法に準拠し、同法によって解釈されるものとする。

チェックポイント

あなたが売主の場合は、最低限以下の点をチェックしましょう。

- ☐ 契約の目的が明確か
- ☐ 契約の当事者が明らかであるか
- ☐ 土地・建物が特定されているか
- ☐ 代金の支払時期と登記移転時期が明確か
- ☐ 解除条項に不合理な事項が入っていないか
- ☐ 損害賠償請求額が不合理に制限されていないか
- ☐ 重要事項説明書の記載内容と異なる点はないか

あなたが買主の場合は、最低限以下の点をチェックしましょう。

- ☐ 契約の目的が明確か
- ☐ 契約の当事者が明らかであるか
- ☐ 土地・建物が特定されているか
- ☐ 代金の支払時期と登記移転時期が明確か
- ☐ 解除条項に不合理な事項が入っていないか
- ☐ 損害賠償請求額が不合理に制限されていないか
- ☐ 重要事項説明書の記載内容と異なる点はないか

4 継続的売買取引基本契約書

継続的売買取引基本契約書

（売主）○○○○（以下「甲」という。）と（買主）○○○○（以下「乙」という。）は、後記売買対象物（以下「本件物品」という。）につき、次のとおり継続的売買取引基本契約（以下「本契約」という。）を締結する。

第1条　（目的）
乙は、甲が製造する部品を継続的に仕入れることを希望し、甲は乙に対して当該部品を継続的に売却することを希望したため、本契約を締結する。

第2条　（基本合意）
甲は、乙に対し、個別契約に従い継続的に本件物品を売り渡し、乙はこれを買い受ける。

第3条　（適用範囲）
1　本契約の各条項は、次条以下で定める個別契約に適用される。
2　個別契約の内容が本契約と異なるときは、個別契約の規定が優先するものとする。

第4条　（個別契約）
1　本件物品の品名、数量、単価、引渡期日、引渡場所等は、甲乙

【この契約書を用いるケース】
☑ 複数回の継続的な取引が予定されている売買
⇨ 複数回の取引が予定されていない動産売買は本章❶

● 前　　文

【応用】契約の当事者を追加する　　・・・▶　152 ページ

● 目　　的　重要度 A

民法の改正により、解除を主張したり、契約不適合責任に基づく請求をしたりする場合に、契約の目的が重要視されることになりました。そのため、契約書に契約の目的を記載しておく必要があります。

【応用】目的の内容を変更する　　・・・▶　154 ページ

● 基本合意　重要度 A

売買の合意を簡潔に記載します。

● 適用範囲　重要度 A

本契約の適用範囲と個別契約との優先関係を明らかにしましょう。

【応用】適用範囲を変更する　　・・・▶　154 ページ
　　　　基本契約と個別契約との優先関係を変更する　　・・・▶　154 ページ

● 個別契約　重要度 A

個別契約において決定する事項と個別契約の成立に関するルールを記載しましょう。

【応用】注文書・注文請書の送付方法について規定する　　・・・▶　155 ページ
　　　　個別契約の成立要件を変更する　　・・・▶　155 ページ

協議のうえ、個別契約で定めるものとする。
2 個別契約は、乙が甲に対し前項の事項等を記載した注文書を送付し、甲がこれを承諾する旨の注文請書を送付することにより成立する。

第5条 （代金支払）

乙は、本件物品の代金を、引渡期日の属する月の翌月末日までに、下記口座に振り込んで支払う（振込手数料は乙負担）。
　　〇〇銀行〇〇支店　　普通預金
　　口座番号　　〇〇〇〇〇〇
　　口座名義　　〇〇〇〇〇〇

第6条 （引渡し）

甲は、引渡期日に、引渡場所に本件物品を持参して引き渡す。なお、引渡しに要する費用は甲の負担とする。

第7条 （検査）

1 乙は、本件物品の引渡後、１０日以内に本件物品を検査し、甲に対して合格又は不合格の通知を書面で行わなければならない。
2 乙は、前項の検査により本件物品につき契約不適合又は数量不足等を発見したときは、直ちに理由を記載した書面をもって甲に不合格の通知をしなければならない。本通知がなされないまま前項の期間が経過したときは、本件物品が検査に合格したものとみなす。
3 甲は、検査の結果、不合格になったものについては、甲の費用負担で引き取り、乙の指定する期限までに代品納入を行わなければならない。
4 甲は、乙による検査結果に関し、疑義又は異議のあるときは、遅滞なく書面によりその旨を申し出て、甲乙協議のうえ解決する。

●代金支払　**重要度 A**

代金の支払いに関するルールを記載しましょう。

【応用】代金支払いの方法を変更する　…▶　156 ページ

●引　渡　し　**重要度 B**

物品の引渡しに関するルールを記載しましょう。

【応用】引渡しの方法を変更する　…▶　156 ページ
　　　　引渡しに要する費用の負担者を変更する　…▶　157 ページ

●検　　　査　**重要度 C**

多数の製品の売買など検査が必要となる売買であるときには記載しましょう。

【応用】検査の方法を変更する　…▶　158 ページ
　　　　検査結果の通知方法を変更する　…▶　158 ページ
　　　　不合格品が発生した場合の対処方法を変更する　…▶　159 ページ

商取引　4　継続的売買取引基本契約書

第8条　（所有権）

本件物品の所有権は、本件物品の引渡時に、甲から乙に移転する。

第9条　（目的物の不適合）

1. 乙は、本件物品に本契約に定める仕様に関する不適合が判明した場合、判明した時から1年以内に、甲に対し、その旨の通知をしなければ、修補、代金減額、損害賠償の請求をすることができず、また、これを理由に本契約を解除することはできないものとする。
2. 前項の規定は、甲が当該不適合の存在を知り、又は重大な過失により知らなかった場合は適用しない。

第10条　（危険負担）

本件物品の引渡前に生じた本件物品の滅失、毀損、減量、変質、その他一切の損害は、乙の責に帰すべきものを除き甲が負担し、本件物品の引渡後に生じたこれらの損害は、甲の責に帰すべきものを除き乙が負担する。

第11条　（相殺）

甲は、本契約又は本契約に限らないその他の契約等に基づき甲が乙に対して負担する債務と、本契約又は本契約に限らないその他の契約等に基づき甲が乙に対して有する債権とを、その債権債務の期限にかかわらず、いつでもこれを対当額において相殺することができる。

第12条　（解除及び期限の利益喪失）

1. 甲又は乙が以下の各号のいずれかに該当したときは、相手方は催告及び自己の債務の履行の提供をしないで直ちに本契約又は個別契約の全部又は一部を解除することができる。なお、この

● 所 有 権　**重要度 B**

民法等に従うと契約締結時に所有権が移転しかねないので、これと異なる定めをするときには記載しましょう。

【応用】所有権の移転の時期を変更する　・・・▶　160 ページ

● 目的物の不適合　**重要度 B**

民法改正により、「瑕疵担保責任」（民法 570 条）が廃止され、「契約不適合責任」となりました（改正民法 562 条 1 項、563 条 1 項）。ここでは、改正民法の契約不適合責任に係る内容のうち、1 年以内に通知すべきとの内容（改正民法 566 条）を明記するにとどめた場合の例を提示しています。

【応用】契約不適合責任に係る内容を変更する　・・・▶　160 ページ

● 危険負担　**重要度 B**

民法改正により、目的物が特定物か不特定物かにかかわらず、目的物の引渡し時に危険が移転することになりました。

【応用】危険の移転時期を変更する　・・・▶　162 ページ

● 相　殺　**重要度 B**

債権債務の期限にかかわらず相殺できるようにする必要がある場合には、契約書で定めておく必要があります。

【応用】相殺権者を変更する　・・・▶　163 ページ

● 解除及び期限の利益喪失　**重要度 B**

民法等で定めた解除事由より広く解除できる場合を認めるため記載しています。なお、改正民法では、法定解除のうち催告による場合、相手方の債務不履行が契約および取引上の社会通念に照らして軽微な場合において、解除が認められないこととなりました（改正民法 541 条但書）。

【応用】約定解除権を限定する　・・・▶　164 ページ
　　　　解除の条件を変更する　・・・▶　164 ページ
　　　　期限の利益喪失条項を変更する　・・・▶　165 ページ

商取引 ― 4 継続的売買取引基本契約書

場合でも損害賠償の請求を妨げない。
① 本契約の一つにでも違反したとき
② 監督官庁から営業停止又は営業免許もしくは営業登録の取消等の処分を受けたとき
③ 差押、仮差押、仮処分、強制執行、担保権の実行としての競売、租税滞納処分その他これらに準じる手続きが開始されたとき
④ 破産、民事再生、会社更生又は特別清算の手続開始等の申立てがなされたとき
⑤ 自ら振り出し又は引き受けた手形もしくは小切手が1回でも不渡りとなったとき、又は支払停止状態に至ったとき
⑥ 合併による消滅、資本の減少、営業の廃止・変更又は解散決議がなされたとき
⑦ その他、支払能力の不安又は背信的行為の存在等、本契約を継続することが著しく困難な事情が生じたとき
2 乙が前項各号のいずれかに該当した場合、乙は当然に本契約及びその他甲との間で締結した契約から生じる一切の債務について期限の利益を失い、乙は甲に対して、その時点において乙が負担する一切の債務を直ちに弁済しなければならない。

第13条 (損害賠償責任)

甲又は乙は、解除、解約又は本契約に違反することにより、相手方に損害を与えたときは、その損害の全て（弁護士費用及びその他の実費を含むが、これに限られない。）を賠償しなければならない。

第14条 (遅延損害金)

乙が本契約に基づく金銭債務の支払いを遅延したときは、甲に対し、支払期日の翌日から支払済みに至るまで、年14.6％（年365日日割計算）の割合による遅延損害金を支払うものとす

- ●損害賠償責任　　重要度 C

  損害賠償規定は民法等にも存在しますが、弁護士費用や実費なども賠償対象とするため記載しています。

  【応用】賠償請求の対象を限定する　　…▶　165 ページ
  　　　　損害賠償の内容を変更する　　　…▶　166 ページ
  　　　　違約金について規定する　　　　…▶　166 ページ

- ●遅延損害金　　重要度 B

  履行期日が遅れた場合の損害に関する定めを記載しましょう。

  【応用】引渡遅延の際の遅延損害金について規定する　　…▶　167 ページ
  　　　　遅延損害金利率を変更する　　…▶　167 ページ

商取引 ― 4 継続的売買取引基本契約書

る。

第15条 （契約期間）
　本契約の有効期間は、令和〇年〇月〇日から令和〇年〇月〇日までとし、期間満了の1か月前までに甲乙いずれからも異議がなされないときには、本契約は期間満了の翌日から起算して、同一内容にて更に1年間延長されるものとし、それ以後も同様とする。

第16条 （反社会的勢力の排除）
1 甲及び乙は、自己又は自己の役員が、暴力団、暴力団関係企業、総会屋もしくはこれらに準ずる者又はその構成員（以下これらを「反社会的勢力」という。）に該当しないこと、及び次の各号のいずれにも該当しないことを表明し、かつ将来にわたっても該当しないことを相互に確約する。
　　① 反社会的勢力に自己の名義を利用させること
　　② 反社会的勢力が経営を実質的に支配していると認められる関係を有すること
2 甲又は乙は、前項の一つにでも違反することが判明したときは、何らの催告を要せず、本契約を解除することができる。
3 本条の規定により本契約が解除された場合には、解除された者は、解除により生じる損害について、その相手方に対し一切の請求を行わない。

第17条 （協議解決）
　本契約に定めのない事項又は本契約の解釈について疑義が生じたときは、甲乙誠意をもって協議のうえ解決する。

第18条 （合意管轄）
　甲及び乙は、本契約に関し裁判上の紛争が生じたときは、訴額

● **契約期間** 重要度 A

契約期間に関する定めを記載しましょう。

【応用】契約期間満了時の取扱いについて規定する ・・・▶ 168 ページ
　　　　異議を述べる場合の方法について規定する ・・・▶ 168 ページ
　　　　契約期間延長の決定権を限定する ・・・▶ 168 ページ

● **反社会的勢力の排除** 重要度 B

契約当事者が反社会的勢力と関わっていることが判明した場合に、即座に契約関係を解消することができるようにするために規定しています。

【応用】対象者を限定する ・・・▶ 169 ページ
　　　　賠償額を具体的に規定する ・・・▶ 170 ページ

● **協議解決** 重要度 C

協議により紛争を解決する可能性を探るため規定しています。なお、この規定に法的な拘束力はありません。

【応用】紛争解決方法について具体的に規定する ・・・▶ 170 ページ
　　　　契約の当事者を追加する ・・・▶ 171 ページ

● **合意管轄** 重要度 B

紛争が生じた際に自己に有利な管轄裁判所において裁判を受けるための規定です。

【応用】合意管轄裁判所を変更する ・・・▶ 171 ページ
　　　　契約の当事者を追加する ・・・▶ 172 ページ

等に応じ、東京簡易裁判所又は東京地方裁判所を専属的合意管轄裁判所とすることに合意する。

　本契約締結の証として、本契約書2通を作成し、甲乙相互に署名又は記名・捺印のうえ、各1通を保有することとする。

令和　年　月　日

　　　　　　　　　　　　甲

　　　　　　　　　　　　　　　　　　　　　　　　㊞

　　　　　　　　　　　　乙

　　　　　　　　　　　　　　　　　　　　　　　　㊞

※　継続的売買取引基本契約書は、原則として、印紙税額一覧表第7号文書（「継続的取引の基本となる契約書」）に該当するため、4,000円の収入印紙を貼付しなければなりません。ただし、3か月以内で終了する契約（更新の規定があり契約期間が3か月を超える可能性のあるものは除く）については、印紙の貼付は不要となります。

●後　文

　【応用】契約書の作成方法を変更する　・・・▶　172 ページ
　　　　　契約の当事者を追加する　　　・・・▶　172 ページ

作成のテクニック

▶ 前文

> （売主）〇〇〇〇（以下「甲」という。）と（買主）〇〇〇〇（以下「乙」という。）は、後記売買対象物（以下「本件物品」という。）につき、次のとおり継続的売買取引基本契約（以下「本契約」という。）を締結する。

【契約の当事者を追加する】

・改正民法に適合した連帯保証人条項を設ける場合・　　　　　　〔売主有利〕

民法改正により、原則として根保証となる連帯保証人には、極度額等の定めが必要となります（改正民法465条の2）。

> （売主）〇〇〇〇（以下「甲」という。）、（買主）〇〇〇〇（以下「乙」という。）及び（連帯保証人）〇〇〇〇（以下「丙」という。）は、後記売買対象物（以下「本件物品」という。）につき、次のとおり継続的売買取引基本契約（以下「本契約」という。）を締結する。
> （略）
> 第〇条（連帯保証人）
> 1　丙は、乙と連帯して、以下のとおり極度額の範囲において、本契約から生じる一切の債務（以下「本件債務」という。）を負担する。
>
> | 対象となる債務 | 本件債務（本契約の履行及び損害賠償金等従たる債務を含む一切の債務） |
> |---|---|
> | 極度額 | 金〇〇円（本件債務及び連帯保証債務について約定された違約金又は損害賠償の額を含む。） |
> | 元本確定事由 | ①丙の財産について、金銭の支払いを目的とする債権についての強制執行又は担保権の実行が申し立てられ、当該手続が開始されたとき
②丙が破産手続開始の決定を受けたとき
③乙又は丙が死亡したとき |

2　乙は、丙に対し、別紙のとおり保証契約の前提となる情報を提供し、丙は、別紙の情報の提供を受けたことを確認する。
第○条（協議解決）
　　本契約に定めのない事項又は本契約の解釈について疑義が生じたときは、甲、乙及び丙は誠意をもって協議のうえ解決する。
第○条（合意管轄）
　　甲、乙及び丙は、本契約に関し裁判上の紛争が生じたときは、訴額等に応じ、東京簡易裁判所又は東京地方裁判所を専属的合意管轄裁判所とすることに合意する。
（略）
　本契約締結の証として、本契約書3通を作成し、甲乙丙相互に署名又は記名・捺印のうえ、各1通を保有することとする。
（略）

丙　　　　　　　　㊞

【別紙】

　乙は、本契約締結時における自らの情報を以下のとおり提供する。

財産及び収支の状況	
主債務以外に負担している債務の有無、額及び履行状況	
主債務の担保として他に提供し又は提供しようとするものの内容	

▶ 第1条（目的）　重要度 A

乙は、甲が製造する部品を継続的に仕入れることを希望し、甲は乙に対して当該部品を継続的に売却することを希望したため、本契約を締結する。

【目的の内容を変更する】

・商品を取引する場合・

> <u>乙は、量販店として、甲の商品を継続的に仕入れて消費者に販売することを希望し、甲は自社の商品を乙に継続的に売り渡すことを承諾したため</u>、本契約を締結する。

第3条（適用範囲） 重要度A

> 1　本契約の各条項は、次条以下で定める個別契約に適用される。
> 2　個別契約の内容が本契約と異なるときは、個別契約の規定が優先するものとする。

【適用範囲を変更する】

・本契約締結前から存在する個別契約にも適用させる場合・

> 3　本契約の規定は、甲乙間で既に締結された以下の契約にも優先して適用されるものとする。
> （本契約の適用がある契約）
> ・令和○年○月○日付○○契約
> ・令和○年○月○日付○○契約
> ・令和○年○月○日付○○契約

【基本契約と個別契約との優先関係を変更する】

・本契約の定めが優先することとする場合・

> 2　個別契約の内容が本契約と異なるときは、<u>本契約の規定が優先する</u>ものとする。

・齟齬がある場合は協議して決定することとする場合・

> 2　個別契約の内容が本契約と異なるときは、甲乙協議のうえ、これを解決するものとする。

第4条（個別契約）　重要度A

> 1　本件物品の品名、数量、単価、引渡期日、引渡場所等は、甲乙協議のうえ、個別契約で定めるものとする。
> 2　個別契約は、乙が甲に対し前項の事項等を記載した注文書を送付し、甲がこれを承諾する旨の注文請書を送付することにより成立する。

【注文書・注文請書の送付方法について規定する】

・注文書・注文請書のやりとりをFAXまたは電子メールにより行う場合・

> 3　甲及び乙は、前項の注文書及び注文請書のやり取りをFAX又は電子メールによる方法で行うこととする。

【個別契約の成立要件を変更する】

・一定期間内に注文請書の送付がなされなかった場合は個別契約を拒否したものとする場合・

> 3　甲が注文書受領後○日以内に注文請書の送付をしなかった場合、個別契約は成立しなかったものとみなす。

・一定期間内に異議申立てがなされなかった場合は個別契約が成立するとする場合・

> 3　甲が注文書受領後○日以内に異議申立をしなかった場合、注文請書の送付がなくても注文書どおり個別契約は成立したものとみなす。

商取引　4　継続的売買取引基本契約書

▶ 第5条（代金支払） 重要度 A

> 乙は、本件物品の代金を、引渡期日の属する月の翌月末日までに、下記口座に振り込んで支払う（振込手数料は乙負担）。
> 　〇〇銀行〇〇支店　　普通預金
> 　口座番号　　〇〇〇〇〇〇
> 　口座名義　　〇〇〇〇〇〇

【代金支払いの方法を変更する】

・前払いにする場合・　　　　　　　　　　　　　　　　　　　〔売主有利〕

> 乙は、本件物品の代金を、<u>引渡期日の〇日前までに</u>、下記口座に振り込んで支払う（振込手数料は乙負担）。
> 　（振込口座：略）

▶ 第6条（引渡し） 重要度 B

> 甲は、引渡期日に、引渡場所に本件物品を持参して引き渡す。なお、引渡しに要する費用は甲の負担とする。

【引渡しの方法を変更する】

・郵送で引渡しを行う場合・

> 甲は、<u>引渡期日に到着するよう</u>、引渡場所に本件物品を<u>郵送して</u>引き渡す。なお、引渡しに要する費用は甲の負担とする。

・買主が自身の負担で商品を引取りに行く場合・　　　　　　　〔売主有利〕

> <u>乙</u>は、<u>引渡期日に</u>、<u>引渡場所に赴き</u>、<u>本件物品を引き取る</u>。なお、引渡しに要する費用は<u>乙</u>の負担とする。

・協議により引渡方法を変更することを認める場合・

```
1  (略)
2  甲及び乙は、協議により前項の引渡方法を変更することができる。
```

【引渡しに要する費用の負担者を変更する】

・引渡しに要する費用を買主負担にする場合・　　　　　　　〔売主有利〕

```
甲は、引渡期日に、引渡場所に本件物品を持参して引き渡す。なお、引
渡しに要する費用は乙の負担とする。
```

・引渡しに要する費用を折半にする場合・　　　　　　　　〔売主有利〕

```
甲は、引渡期日に、引渡場所に本件物品を持参して引き渡す。なお、引
渡しに要する費用は甲乙折半で負担する。
```

▶ 第7条（検査） 重要度 C

```
1  乙は、本件物品の引渡後、10日以内に本件物品を検査し、甲に対
   して合格又は不合格の通知を書面で行わなければならない。
2  乙は、前項の検査により本件物品につき契約不適合又は数量不足等
   を発見したときは、直ちに理由を記載した書面をもって甲に不合格
   の通知をしなければならない。本通知がなされないまま前項の期間
   が経過したときは、本件物品が検査に合格したものとみなす。
3  甲は、検査の結果、不合格になったものについては、甲の費用負担
   で引き取り、乙の指定する期限までに代品納入を行わなければなら
   ない。
4  甲は、乙による検査結果に関し、疑義又は異議のあるときは、遅滞
   なく書面によりその旨を申し出て、甲乙協議のうえ解決する。
```

【検査の方法を変更する】

・検査期間を長くする場合・　　　　　　　　　　　　　　　〔買主有利〕

> 1　乙は、本件物品の引渡後、<u>1か月</u>以内に本件物品を検査し、甲に対して合格又は不合格の通知を書面で行わなければならない。

・検査期間を短くする場合・　　　　　　　　　　　　　　　〔売主有利〕

> 1　乙は、本件物品の引渡後、<u>3日</u>以内に本件物品を検査し、甲に対して合格又は不合格の通知を書面で行わなければならない。

・検査期間を営業日で定める場合・　　　　　　　　　　　　〔買主有利〕

> 1　乙は、本件物品の引渡後、<u>10営業日</u>以内に本件物品を検査し、甲に対して合格又は不合格の通知を書面で行わなければならない。

・検査基準を設ける場合・

> 1　乙は、本件物品の引渡後、10日以内に本件物品を検査し、甲に対して合格又は不合格の通知を書面で行わなければならない。<u>なお、当該検査は、別紙検査基準マニュアルに準拠して行うものとする。</u>

【検査結果の通知方法を変更する】

・書面のほかにFAXや電子メールによる通知も認める場合・　　〔買主有利〕

> 1　乙は、本件物品の引渡後、10日以内に本件物品を検査し、甲に対して合格又は不合格の通知を書面（<u>FAX及び電子メールを含む。</u>）で行わなければならない。
> 2　乙は、前項の検査により本件物品につき契約不適合又は数量不足等を発見したときは、直ちに理由を記載した書面（<u>FAX及び電子メールを含む。</u>）をもって甲に不合格の通知をしなければならない。本通知がなされないまま前項の期間が経過したときは、本件物品が検査に合格したものとみなす。

【不合格品が発生した場合の対処方法を変更する】

・代品納入ができない物品である場合・

> 3　甲は、検査の結果、不合格になったものについては、甲の費用負担で引き取り、不合格品の数量に従い、不合格品の代金相当額を代金総額から減額する。ただし、不合格品の発生により本契約の目的を達成できないときには、乙は、本契約を解除することができる。

・修理を行ったうえで再納入する場合・

> 3　甲は、検査の結果、不合格になったものについては、甲の費用負担で引き取り、乙の指定する期限までに修理を行ったうえ、再納入を行わなければならない。なお、この場合でも甲は賠償責任を免れない。

・対処方法を売主が選択できることとする場合・　　　　〔売主有利〕

> 3　甲は、検査の結果、不合格になったものについては、甲の費用負担で引き取り、以下のいずれかの方法により対処する。なお、この場合でも甲は賠償責任を免れない。
> ①　乙の指定する期限までに代品納入を行う。
> ②　不合格となった物の代金相当額を代金総額から減額する。
> ③　乙の指定する期限までに修理を行ったうえ、再納入を行う。

・対処方法を買主が選択できることとする場合・　　　　〔買主有利〕

> 3　甲は、検査の結果、不合格になったものについては、甲の費用負担で引き取り、乙の指定する以下のいずれかの方法により対処する。なお、この場合でも甲は賠償責任を免れない。
> ①　乙の指定する期限までに代品納入を行う。
> ②　不合格となった物の代金相当額を代金総額から減額する。
> ③　乙の指定する期限までに修理を行ったうえ、再納入を行う。

▶ 第8条（所有権） 重要度B

> 本件物品の所有権は、本件物品の引渡時に、甲から乙に移転する。

【所有権の移転の時期を変更する】

・所有権移転の時期を検査合格時とする場合・　　　　　　　　〔買主有利〕

> 本件物品の所有権は、本件物品の検査合格時に、甲から乙に移転する。

▶ 第9条（目的物の不適合） 重要度B

> 1　乙は、本件物品に本契約に定める仕様に関する不適合が判明した場合、判明した時から１年以内に、甲に対し、その旨の通知をしなければ、修補、代金減額、損害賠償の請求をすることができず、また、これを理由に本契約を解除することはできないものとする。
> 2　前項の規定は、甲が当該不適合の存在を知り、又は重大な過失により知らなかった場合は適用しない。

【契約不適合責任に係る内容を変更する】

・改正民法に適合した条項を設ける場合・

> 1　乙は、本件物品に本契約の内容に適合しない箇所がある場合には、甲に対し、本件物品の修補（代替物の引渡し又は不足分の引渡しによる履行の追完を含む。）を請求することができる。ただし、甲は、乙に不相当な負担を課するものでないときは、乙が請求した方法と異なる方法による履行の追完をすることを妨げない。
> 2　前項に規定する場合において、乙が相当の期間を定めて履行の追完の催告をし、その期間内に履行の追完がないときは、乙は、その不適合の程度に応じて代金の減額を請求することができる。

> 3 前項の定めにかかわらず、次に掲げる場合には、乙は、同項の催告をすることなく、直ちに代金の減額を請求することができる。
> ① 履行の追完が不能であるとき
> ② 甲が履行の追完を拒絶する意思を明確に表示したとき
> ③ 契約の性質又は当事者の意思表示により、特定の日時又は一定の期間内に履行しなければ契約をした目的を達成できない場合において、甲が履行の追完をしないでその時期を経過したとき
> ④ 前三号に掲げる場合のほか、乙が前項の催告をしても履行の追完を受ける見込みがないことが明らかであるとき
> 4 本条第1項に規定する場合において、本契約を締結した目的を達することができない場合には、乙は甲に対し、本契約を解除することができる。
> 5 本条第1項に規定する場合において、当該不適合が乙の責に帰すべき事由によるものであるときは、乙は甲に対し、本条に定める履行の追完請求、代金の減額の請求、及び解除の意思表示をすることができない。
> 6 本条各項の定めにかかわらず、本条第1項の不適合が甲の責に帰すべき事由によるものであるときは、乙は甲に対し損害賠償を請求することができる。
> 7 乙が甲に対し、本条による契約解除、履行の追完請求、代金の減額の請求、損害賠償の請求をする場合には、乙が本件物品に契約内容に適合しない箇所があることを知った日から1年以内に通知しなければならない。ただし、甲が引渡しの時に目的物が契約の内容に適合しないものであることを知っていたとき、又は知らなかったことにつき重大な過失がある場合には、この限りではない。

民法改正により、「瑕疵担保責任」が廃止され、「契約不適合責任」となりました。「瑕疵」ではなく、「目的物が契約内容から乖離しているか」に着目し、それに対する責任（契約不適合責任）を規定するものです。また、救済手段として請求できる内容が増え、現行法でも規定されている損害賠償請求と解除に加えて、追完請求や代金減額請求も可能となりました（改正民法562条1項、563条1項）。これら改正の内容になるべく沿う形で規定した場合の例です。

・契約不適合責任を負わないこととする場合・　　　　　〔売主有利〕

> 甲は、本件物品に本契約の内容に適合しない箇所があっても、乙に対して何らの責任を負わない。

売主が契約不適合責任を負わない旨を定める場合の例です。

・過大な費用を要する場合には追完請求を認めない場合・　　〔売主有利〕

> 1　乙は、本件物品に本契約の内容に適合しない箇所がある場合には、自ら指定する方法による追完請求をすることができる。ただし、過大な費用（○○円以上）を要する場合はこの限りでない。
> 2　乙は、本件物品の不具合が是正不能と考える場合には、前項の追完請求を行うことなく、自らの選択により、売買代金の減額を請求し、又は本契約を解除することができる。

買主の追完請求が過大とされる場合の金額条件を明記する等した例です。

第10条（危険負担）　重要度B

> 本件物品の引渡前に生じた本件物品の滅失、毀損、減量、変質、その他一切の損害は、乙の責に帰すべきものを除き甲が負担し、本件物品の引渡後に生じたこれらの損害は、甲の責に帰すべきものを除き乙が負担する。

【危険の移転時期を変更する】

・危険の移転時期を代金完済時とする場合・　　　　　〔買主有利〕

> 本件物品の代金総額完済前に生じた本件物品の滅失、毀損、減量、変質、その他一切の損害は、乙の責に帰すべきものを除き甲が負担し、本件物品の代金総額完済後に生じたこれらの損害は、甲の責に帰すべきものを除き乙が負担する。

第11条（相殺） 重要度 B

> 甲は、本契約又は本契約に限らないその他の契約等に基づき甲が乙に対して負担する債務と、本契約又は本契約に限らないその他の契約等に基づき甲が乙に対して有する債権とを、その債権債務の期限にかかわらず、いつでもこれを対当額において相殺することができる。

【相殺権者を変更する】

・買主に相殺権を認める場合・　　　　　　　　　　　　　　　　　〔買主有利〕

> <u>乙</u>は、本契約又は本契約に限らないその他の契約等に基づき<u>乙が甲に対して負担する債務</u>と、本契約又は本契約に限らないその他の契約等に基づき<u>乙が甲に対して有する債権</u>とを、その債権債務の期限にかかわらず、いつでもこれを対当額において相殺することができる。

第12条（解除及び期限の利益喪失） 重要度 B

> 1　甲又は乙が以下の各号のいずれかに該当したときは、相手方は催告及び自己の債務の履行の提供をしないで直ちに本契約又は個別契約の全部又は一部を解除することができる。なお、この場合でも損害賠償の請求を妨げない。
> ①　本契約の一つにでも違反したとき
> ②　監督官庁から営業停止又は営業免許もしくは営業登録の取消等の処分を受けたとき
> ③　差押、仮差押、仮処分、強制執行、担保権の実行としての競売、租税滞納処分その他これらに準じる手続きが開始されたとき
> ④　破産、民事再生、会社更生又は特別清算の手続開始等の申立てがなされたとき
> ⑤　自ら振り出し又は引き受けた手形もしくは小切手が1回でも不渡りとなったとき、又は支払停止状態に至ったとき
> ⑥　合併による消滅、資本の減少、営業の廃止・変更又は解散決議

商取引　4 継続的売買取引基本契約書

がなされたとき
⑦ その他、支払能力の不安又は背信的行為の存在等、本契約を継続することが著しく困難な事情が生じたとき
2 乙が前項各号のいずれかに該当した場合、乙は当然に本契約及びその他甲との間で締結した契約から生じる一切の債務について期限の利益を失い、乙は甲に対して、その時点において乙が負担する一切の債務を直ちに弁済しなければならない。

【約定解除権を限定する】

・売主のみに約定解除権を認める場合・　　　　　　　　　〔売主有利〕

1 乙が以下の各号のいずれかに該当したときは、<u>甲は催告及び自己の債務の履行の提供をしないで直ちに本契約又は個別契約の全部又は一部を解除することができる。なお、この場合でも損害賠償の請求を妨げない。</u>
① （以下略）

・買主のみに約定解除権を認める場合・　　　　　　　　　〔買主有利〕

1 甲が以下の各号のいずれかに該当したときは、<u>乙は催告及び自己の債務の履行の提供をしないで直ちに本契約又は個別契約の全部又は一部を解除することができる。なお、この場合でも損害賠償の請求を妨げない。</u>
① （以下略）

【解除の条件を変更する】

・解除前に催告を要求する場合・

1 甲又は乙が以下の各号のいずれかに該当したときは、相手方は、<u>相当の期間を定めて催告を行い、その期間内に是正がなされない場合、</u>自己の債務の履行の提供をしないで、本契約又は個別契約の全部又は一部を解除することができる。なお、この場合でも損害賠償の請求を妨げない。

> ① （以下略）

【期限の利益喪失条項を変更する】

・すべての取引の期限の利益を喪失させる場合・　　　　〔売主有利〕

買主との間で本契約以外の取引も行っている場合、買主が利益喪失事由に該当したときはすべての取引の期限の利益が喪失するように定めておくべきです。

> 2　乙が前項各号のいずれかに該当した場合、乙は当然に本契約その他甲との間で締結している全ての契約から生じる一切の債務について期限の利益を失い、乙は甲に対して、その時点において乙が負担する一切の債務を直ちに一括して弁済しなければならない。

第13条（損害賠償責任）　重要度C

> 甲又は乙は、解除、解約又は本契約に違反することにより、相手方に損害を与えたときは、その損害の全て（弁護士費用及びその他の実費を含むが、これに限られない。）を賠償しなければならない。

【賠償請求の対象を限定する】

・売主のみに弁護士費用等の損害賠償請求権を認める場合・　　〔売主有利〕

> 乙は、解除、解約又は本契約に違反することにより、甲に損害を与えたときは、その損害の全て（弁護士費用及びその他の実費を含むが、これに限られない。）を賠償しなければならない。

・買主のみに弁護士費用等の損害賠償請求権を認める場合・　　〔買主有利〕

> 甲は、解除、解約又は本契約に違反することにより、乙に損害を与えたときは、その損害の全て（弁護士費用及びその他の実費を含むが、これ

> に限られない。）を賠償しなければならない。

【損害賠償の内容を変更する】

・**具体的な賠償額の予定を行う場合**・

> 甲又は乙は、解除、解約又は本契約の重大な義務に違反することにより、相手方に損害を与えたときは、損害額の立証を要することなく〇〇円を損害金として支払う。

・**損害賠償額を限定する場合**・

> 甲又は乙は、解除、解約又は本契約に違反することにより、相手方に損害を与えたときは、〇〇円を上限として、損害を賠償しなければならない。

【違約金について規定する】

・**故意または重過失による損害について追加で違約金の支払いを認める場合**・

> 1　（略）
> 2　甲又は乙は、故意又は重過失により、本契約に違反し相手方に損害を与えたときは、違約金〇〇円を前項の損害に加算して賠償しなければならない。

▶第14条（遅延損害金）　重要度 B

> 乙が本契約に基づく金銭債務の支払いを遅延したときは、甲に対し、支払期日の翌日から支払済みに至るまで、年14.6％（年365日日割計算）の割合による遅延損害金を支払うものとする。

【引渡遅延の際の遅延損害金について規定する】

・遅延損害金額をあらかじめ定める場合・　　　　　　　　　〔買主有利〕

> 1　（略）
> 2　甲の責に帰すべき事由により個別契約で定める本件物品の引渡期日を遅滞した場合、引渡遅延による損害として、甲は、乙に対し、1日当たり本件物品の売買代金の○％の割合による遅延損害金を支払わなければならない。

【遅延損害金利率を変更する】

遅延損害金利率の定めがないときの利率は法定利率によるとされているところ、民法改正により法定利率が年5％から3％（その後3年ごとに見直し）となり（改正民法404条）、遅延損害金利率もこれに連動します（改正民法419条）。また、同改正により、商事法定利率（6％）は廃止されます。
当事者間で、法定利率とは異なる利率を定めることも可能です。民法改正により法定利率は3年ごとに見直しが行われる変動制となることから、遅延損害金利率について定めを置くことが、より重要となります。

・遅延損害金利率を高くする場合・　　　　　　　　　　　　〔売主有利〕

> 乙が本契約に基づく金銭債務の支払いを遅延したときは、甲に対し、支払期日の翌日から支払済みに至るまで、年20％（年365日日割計算）の割合による遅延損害金を支払うものとする。

なお、遅延損害金の上限が法律によって定められていることがあるので注意が必要です。たとえば、事業者と消費者との契約では、遅延損害金の上限は年14.6％と定められています（消費者契約法9条2号）。

・遅延損害金利率を低くする場合・　　　　　　　　　　　　〔買主有利〕

> 乙が本契約に基づく金銭債務の支払いを遅延したときは、甲に対し、支払期日の翌日から支払済みに至るまで、年1％（年365日日割計算）の割合による遅延損害金を支払うものとする。

第15条（契約期間） 重要度A

> 本契約の有効期間は、令和○年○月○日から令和○年○月○日までとし、期間満了の1か月前までに甲乙いずれからも異議がなされないときには、本契約は期間満了の翌日から起算して、同一内容にて更に1年間延長されるものとし、それ以後も同様とする。

【契約期間満了時の取扱いについて規定する】

・契約期間が満了する場合の個別契約の効力について定める場合・

> 1　（略）
> 2　本契約の終了の効果は、本契約終了までに成立した個別契約には何ら影響しない。

【異議を述べる場合の方法について規定する】

・異議の方法を書面に限定する場合・

> 本契約の有効期間は、令和○年○月○日から令和○年○月○日までとし、期間満了の1か月前までに甲乙いずれからも<u>書面による</u>異議がなされないときには、本契約は期間満了の翌日から起算して、同一内容にて更に1年間延長されるものとし、それ以後も同様とする。

【契約期間延長の決定権を限定する】

・延長するか否かの決定権を売主のみに与える場合・　〔売主有利〕

> 本契約の有効期間は、令和○年○月○日から令和○年○月○日までとし、期間満了の1か月前までに<u>甲から</u>異議がなされないときには、本契約は期間満了の翌日から起算して、同一内容にて更に1年間延長されるものとし、それ以後も同様とする。

・延長するか否かの決定権を買主のみに与える場合・　　　　　〔買主有利〕

> 本契約の有効期間は、令和○年○月○日から令和○年○月○日までとし、期間満了の1か月前までに乙から異議がなされないときには、本契約は期間満了の翌日から起算して、同一内容にて更に1年間延長されるものとし、それ以後も同様とする。

・自動延長にしない場合・

> 本契約の有効期間は、令和○年○月○日から令和○年○月○日までとし、期間満了の1か月前までに甲乙の協議が整った場合にのみ延長するものとする。

第16条（反社会的勢力の排除）　重要度 B

> 1　甲及び乙は、自己又は自己の役員が、暴力団、暴力団関係企業、総会屋もしくはこれらに準ずる者又はその構成員（以下これらを「反社会的勢力」という。）に該当しないこと、及び次の各号のいずれにも該当しないことを表明し、かつ将来にわたっても該当しないことを相互に確約する。
> 　①　反社会的勢力に自己の名義を利用させること
> 　②　反社会的勢力が経営を実質的に支配していると認められる関係を有すること
> 2　甲又は乙は、前項の一つにでも違反することが判明したときは、何らの催告を要せず、本契約を解除することができる。
> 3　本条の規定により本契約が解除された場合には、解除された者は、解除により生じる損害について、その相手方に対し一切の請求を行わない。

【対象者を限定する】

・買主のみを対象とする場合・　　　　　　　　　　　　　　〔売主有利〕

> 1　乙は、自己又は自己の役員が、暴力団、暴力団関係企業、総会屋も

> しくはこれらに準ずる者又はその構成員（以下これらを「反社会的勢力」という。）に該当しないこと、及び次の各号のいずれにも該当しないことを表明し、かつ将来にわたっても該当しないことを<u>確約する</u>。
> ① 反社会的勢力に自己の名義を利用させること
> ② 反社会的勢力が経営を実質的に支配していると認められる関係を有すること
> 2 <u>甲</u>は、乙が前項の一つにでも違反することが判明したときは、何らの催告を要せず、本契約を解除することができる。

【賠償額を具体的に規定する】

・具体的な賠償額の予定を行う場合・

> 4 本条の規定により本契約が解除された場合には、解除された者は、その相手方に対し、違約金として金〇〇円を支払うものとする。

▶ 第17条（協議解決） 重要度C

> 本契約に定めのない事項又は本契約の解釈について疑義が生じたときは、甲乙誠意をもって協議のうえ解決する。

【紛争解決方法について具体的に規定する】

・具体的な紛争解決機関を指定する場合・

> 本契約に定めのない事項又は本契約の解釈について疑義が生じたときは、<u>訴訟提起以前に独立行政法人国民生活センターが主催するADRにおいて協議を試みなければならない</u>。

・仲裁者をあらかじめ定める場合・

> 本契約に定めのない事項又は本契約の解釈について疑義が生じたときは、○○○○を仲裁者と定め、三者において誠意をもって協議のうえ解決する。

【契約の当事者を追加する】

・連帯保証人(丙)がいる場合・

> 本契約に定めのない事項又は本契約の解釈について疑義が生じたときは、甲、乙及び丙は誠意をもって協議のうえ解決する。

第18条(合意管轄) 重要度B

> 甲及び乙は、本契約に関し裁判上の紛争が生じたときは、訴額等に応じ、東京簡易裁判所又は東京地方裁判所を専属的合意管轄裁判所とすることに合意する。

【合意管轄裁判所を変更する】

・本店所在地を管轄する裁判所とする場合・

> 甲及び乙は、本契約に関し裁判上の紛争が生じたときは、甲又は乙の本店所在地を管轄する裁判所を専属的合意管轄裁判所とすることに合意する。

・本店所在地または支店所在地を管轄する裁判所とする場合・

> 甲及び乙は、本契約に関し裁判上の紛争が生じたときは、甲又は乙の本店所在地もしくは支店所在地を管轄する裁判所を専属的合意管轄裁判所とすることに合意する。

・動産引渡場所を管轄する裁判所にする場合・

> 甲及び乙は、本契約に関し裁判上の紛争が生じたときは、<u>本件物品引渡場所を管轄する裁判所</u>を専属的合意管轄裁判所とすることに合意する。

【契約の当事者を追加する】

・連帯保証人(丙)がいる場合・

> <u>甲、乙及び丙</u>は、本契約に関し裁判上の紛争が生じたときは、訴額等に応じ、東京簡易裁判所又は東京地方裁判所を専属的合意管轄裁判所とすることに合意する。

▶ 後文

> 本契約締結の証として、本契約書2通を作成し、甲乙相互に署名又は記名・捺印のうえ、各1通を保有することとする。

【契約書の作成方法を変更する】

・1通のみ原本を作成し、当事者の一方は写しのみを保管する場合・

> 本契約締結の証として、本契約書<u>1通</u>を作成し、甲乙相互に署名又は記名・捺印のうえ、<u>〔甲／乙〕が原本を保有し、〔乙／甲〕が写しを保有</u>することとする。

【契約の当事者を追加する】

・連帯保証人(丙)がいる場合・

> 本契約締結の証として、本契約書<u>3通</u>を作成し、<u>甲乙丙相互に署名又は記名・捺印のうえ、各1通を保有する</u>こととする。

その他の役立つ条項

- ■ 契約をめぐる各種取扱いについて定める場合……………………173 ページ
- ■ 状況の変化が生じたときの取扱いについて定める場合……………174 ページ
- ■ 海外企業との取引である場合に、取扱いについて定める場合……175 ページ

◆契約をめぐる各種取扱いについて定める場合

・売主が目的物に損害保険を付すこととする・

> 第○条（損害保険）
> 　甲は、本件物品について、毀損・滅失等に備えた損害保険を付す。

・買主が目的物を受領しないときには、売主が目的物を任意処分することを認める・　〔売主有利〕

> 第○条（任意処分）
> 　乙が引渡期日に本件物品を引き取らないなどの契約の不履行が生じたときは、甲は、乙に対し書面により相当期間を設け催告したうえで、本件物品を任意に処分し、その売得金をもって乙に対する損害賠償債権を含む一切の債権の弁済に充当することができ、不足額があるときは、更に乙に請求することができる。

・売主が、一定期間、品質保証を行うこととする・　〔買主有利〕

> 第○条（品質保証期間）
> 　甲は、乙に対して、本件物品につき、引渡日から○年間、仕様書どおりの品質性能を有することを保証し、乙の過失によらない故障につき無償で修理を行う。

・企業秘密等の守秘義務を定める・

> 第○条（守秘義務）
> 1 　甲及び乙は、本契約期間中はもとより終了後も、本契約に基づき相手方から開示された情報を守秘し、第三者に開示してはならない。
> 2 　前項の守秘義務は、前項の情報が以下のいずれかに該当する場合には適用しない。
> 　① 　公知の事実又は当事者の責に帰すべき事由によらずして公知となった事実
> 　② 　第三者から適法に取得した事実
> 　③ 　開示の時点で保有していた事実
> 　④ 　法令、政府機関、裁判所の命令により開示が義務付けられた事実

・費用の負担について定める・

> 第○条（費用負担）
> 　本契約の締結に要する印紙その他の費用は、甲乙が各々の費用を負担するものとする。

◆状況の変化が生じたときの取扱いについて定める場合

・著しい事情の変更が生じたときの対処方法を記載する・

> 第○条（事情の変更）
> 　甲及び乙は、本契約の締結後、天災地変、法令の制定又は改廃、その他著しい事情の変更により、本契約に定める義務を履行することが不可能又は著しく困難となったと認められる場合は、当該定めを変更するため協議することができる。

◆海外企業との取引である場合に、取扱いについて定める場合

・準拠法を日本法と定める・

第○条（準拠法）
　本契約は日本法に準拠し、同法によって解釈されるものとする。

チェックポイント

あなたが売主の場合は、最低限以下の点をチェックしましょう。

- ☐ 契約の目的が明確か
- ☐ 契約の当事者が明らかであるか
- ☐ 売買の目的物は明確に定められているか
- ☐ 代金額、支払時期、支払方法は明確か
- ☐ 解除条項に不合理な事項が入っていないか
- ☐ （分割払いの場合）期限の利益喪失条項が定められているか
- ☐ 損害賠償請求額が不合理に制限されていないか

あなたが買主の場合は、最低限以下の点をチェックしましょう。

- ☐ 契約の目的が明確か
- ☐ 契約の当事者が明らかであるか
- ☐ 売買の目的物は明確に定められているか
- ☐ 代金額、支払時期、支払方法は明確か
- ☐ 目的物に契約不適合が存在した場合の対応に問題がないか
- ☐ 解除条項に不合理な事項が入っていないか
- ☐ 損害賠償請求額が不合理に制限されていないか

MEMO

5 フランチャイズ契約書

フランチャイズ契約書

収入印紙 ※

（本部）〇〇〇〇（以下「甲」という。）と（加盟店）〇〇〇〇（以下「乙」という。）は、次のとおりフランチャイズ契約（以下「本契約」という。）を締結する。

第1条　（目的）

　乙は、〇〇県〇〇市において、甲が商標、商号、マーク等の権利及びノウハウを有する食料品店「〇〇」を運営することを希望し、甲は乙に対して次条により定義するフランチャイズ権を付与することとしたため、本契約を締結する。

第2条　（フランチャイズ権）

1　甲は、乙に対し、以下に定める店舗（以下「本件店舗」という。）において、甲の商標、商号及びマーク等を使用し、甲の経営ノウハウを用いて営業活動を行う権利（以下「フランチャイズ権」という。）を付与し、乙は甲に対して一定の対価を支払うことを約する。なお、甲は乙に対し、乙の利益の確保を保証するものではない。

　　店舗所在地　　〇〇県〇〇市〇〇町〇丁目〇番〇号
2　乙は、自己の名義と計算において、本件店舗の運営を行う。

【この契約書を用いるケース】
☑ 加盟店（フランチャイジー）が本部（フランチャイザー）から経営ノウハウの使用許諾を受ける際に締結する契約

● 前　文

【応用】契約の当事者を追加する　　・・・▶　194 ページ

● 目　的　　**重要度 A**

民法の改正により、解除を主張したり、契約不適合責任に基づく請求をしたりする場合に、契約の目的が重要視されることになりました。そのため、契約書に契約の目的を記載しておく必要があります。

【応用】目的の内容を変更する　　・・・▶　196 ページ

● フランチャイズ権　　**重要度 A**

フランチャイズ権の内容を簡潔に記載します。

【応用】対象店舗の記載方法を変更する　　・・・▶　196 ページ

第3条 （義務）

1 乙は、甲に対し、以下の義務を負う。
   ① 甲の指示に従い、乙の費用負担で、本件店舗の構造、内外装、レイアウト、看板及び制服等の改修、変更及び設置等を行うこと
   ② 本件店舗内において、乙及び乙の従業員に、甲の指定する制服を着用させること
   ③ 甲の指示に従い、乙の費用負担で販売商品の広告及び宣伝等を行うこと
   ④ 甲の指示する販売商品以外の商品を販売しないこと
   ⑤ 商品の販売は現金で行い、掛売で販売しないこと
   ⑥ 販売商品の品目、価格及び販売個数につき、甲の指示を尊重すること
   ⑦ 年中無休、かつ少なくとも午前7時から午後11時までの間、本件店舗を開店し、営業を行うこと（ただし、甲の事前の書面による承諾がある場合を除く。）
   ⑧ 甲の信用もしくはイメージを損なうような行為を行わないこと
   ⑨ 甲又は甲の指示する者からのみ販売商品の原材料等を購入すること、及び、これにつき、本契約書に添付した別紙継続的売買取引基本契約書を締結すること
   ⑩ 甲の指示に従い、乙の費用負担により、火災保険、生産物賠償保険、施設賠償保険及び動産保険に加入すること
   ⑪ 本件店舗の運営上必要となる人件費、原材料費、消耗品費、水道光熱費、賃料及び公租公課等一切の経費を乙の費用負担で支払うこと
   ⑫ 甲に対する一切の支払いは、甲の指示する以下の振込口座に行うこと（振込手数料は乙負担）
      〇〇銀行〇〇支店　　普通預金
      口座番号　　〇〇〇〇〇〇

● 義　　務　　**重要度 A**

契約当事者が負うことになる義務を明確に記載します。

【応用】義務の内容を変更する　　…▶　198 ページ

　　　　　口座名義　　○○○○○○
2　甲は、乙に対し、以下の義務を負う。
　①　乙及び乙の従業員に対し、商品の販売に関するノウハウについて、別紙スケジュールに定めるスケジュールに従って指導を行い、その技術を取得させること
　②　本件店舗の構造、内外装、レイアウト、看板及び制服等の改修、変更及び設置等に関する指導を行うこと
　③　本件店舗の開店業務につき、店舗設計、工事業者及び資材の斡旋・供給を行うこと

第4条　（加盟金）

乙は、甲に対し、本契約締結と同時に、フランチャイズ加盟金として、甲の指定する口座に金○○円を支払うものとする。この加盟金は、いかなる場合においても、乙に返却されないものとする。

第5条　（保証金）

1　乙は、本契約から生ずる一切の債務及び損害賠償義務の履行を担保するため、本契約締結と同時に、甲の指定する口座に金○○円を保証金として甲に預託する。
2　甲は、乙の本契約に基づく債務の不履行又は損害賠償債務がある場合には、前項の保証金をこれに充当することができる。
3　甲は、本契約終了後、保証金から乙の甲に対する債務及び損害金を控除のうえ、乙に返還する。なお、保証金には利息をつけない。

第6条　（ロイヤルティ）

乙は、フランチャイズ権の付与及び甲による経営指導の対価として、甲に対し、ロイヤルティとして毎月の総売上高の○％に当たる金員を翌月末日までに甲の指定する口座に支払わなけれ

商取引 ⑤ フランチャイズ契約書

● 加 盟 金　**重要度 A**

加盟金は一般的に返却されないものですが、争いを防止するため記載します。

【応用】加盟金の取扱いについて変更する　　…▶　199 ページ

● 保 証 金　**重要度 A**

フランチャイズ契約では一般的に保証金の預託を求められます。紛争を防止するため、保証金に関する定めを記載します。

【応用】保証金の取扱いについて規定する　　…▶　200 ページ

● ロイヤルティ　**重要度 A**

フランチャイズ契約の中心的な条項です。条件を明確に記載しましょう。

【応用】ロイヤルティを変更する　　…▶　201 ページ

ばならない。

第7条　(商標・商号)

1　甲は、本契約期間中、乙に対し、本契約遂行のため、別紙に規定する甲の商標及び商号（以下「本件商標等」という。）を無償で使用する権利を許諾する。

2　乙は、本件商標等を、甲の指示に従い、本契約遂行のためだけに使用することとする。

3　乙は、本件商標等の全部又は一部を改変し、もしくは本件商標等の信用を損なう形で使用してはならない。

第8条　(通知義務)

甲及び乙は、次の各号のいずれか一つに該当するときは、相手方に対し、予めその旨を書面により通知しなければならない。
① 　法人の名称又は商号を変更するとき
② 　振込先指定口座を変更するとき
③ 　代表者を変更するとき
④ 　本店、主たる事業所の所在地又は住所を変更するとき

第9条　(権利の譲渡禁止等)

甲及び乙は、予め相手方の書面による承諾を得ないで、本契約に基づく権利、義務又は財産の全部又は一部を第三者に譲渡し、承継させ、又は担保に供してはならない。

第10条　(立入検査)

1　甲は、乙の事前の同意を得たうえで、本件店舗、乙の事務所又は営業所に立ち入り、本件業務の品質等を維持するために必要な事項につき検査することができる。

2　立入検査の結果、甲が改善の必要がある旨乙に要求した事項については、乙は直ちに改善しなければならない。

● 商標・商号　　**重要度 A**

　フランチャイズ契約では商標は極めて重要な意味を持ちますので、商標に関する定めを記載します。

● 通知義務　　**重要度 B**

　継続的な契約ですので、一定事項の変更に備え通知義務を記載しましょう。

　【応用】通知義務を限定する　　…▶　202 ページ

● 権利の譲渡禁止等　　**重要度 B**

　契約当事者以外の権利者の出現を排除することを意図する場合に記載します。

　【応用】譲渡禁止を限定する　　…▶　203 ページ

● 立入検査　　**重要度 B**

　加盟店に対する立入検査権を記載しましょう。

　【応用】立入検査の方法を変更する　　…▶　203 ページ

第11条 (報告、会計監査)
1 乙は、甲に対し、毎月末日までに、甲が指示する書式に基づいて作成した以下の書類を甲に提出しなければならない。
　① 月次損益計算書
　② 月次売上報告書
　③ 月次報告書
　④ その他、甲が提出を求めた帳簿等
2 甲又は甲の指定する者は、乙の営業時間内に本件店舗、乙の事務所又は営業所に立ち入り、乙の帳簿等の検査を行うことができる。

第12条 (解除及び期限の利益喪失)
1 甲又は乙が以下の各号のいずれかに該当したときは、相手方は催告及び自己の債務の履行の提供をしないで直ちに本契約の全部又は一部を解除することができる。なお、この場合でも損害賠償の請求を妨げない。
　① 本契約の一つにでも違反したとき
　② 監督官庁から営業停止又は営業免許もしくは営業登録の取消等の処分を受けたとき
　③ 差押、仮差押、仮処分、強制執行、担保権の実行としての競売、租税滞納処分その他これらに準じる手続きが開始されたとき
　④ 破産、民事再生、会社更生又は特別清算の手続開始等の申立てがなされたとき
　⑤ 自ら振り出し又は引き受けた手形もしくは小切手が1回でも不渡りとなったとき、又は支払停止状態に至ったとき
　⑥ 合併による消滅、資本の減少、営業の廃止・変更又は解散決議がなされたとき
　⑦ 相手方に対する詐術その他の背信的行為があったとき
　⑧ その他、支払能力の不安又は背信的行為の存在等、本契約

● **報告、会計検査** 重要度 B

ロイヤルティを正確に把握するために、報告義務と会計監査権について記載しましょう。

【応用】報告・会計監査の方法を変更する　・・・▶　204 ページ

● **解除及び期限の利益喪失** 重要度 B

民法等で定めた解除事由より広く解除できる場合を認めるため記載しています。なお、改正民法では、法定解除のうち催告による場合、相手方の債務不履行が契約および取引上の社会通念に照らして軽微な場合において、解除が認められないこととなりました（改正民法 541 条但書）。

【応用】約定解除権を限定する　・・・▶　205 ページ
　　　　解除の条件を変更する　・・・▶　206 ページ

を継続することが著しく困難な事情が生じたとき
2 甲又は乙が前項各号のいずれかに該当した場合、当該当事者は当然に本契約及びその他相手方当事者との間で締結した契約から生じる一切の債務について期限の利益を失い、当該当事者は相手方当事者に対して、その時点において当該当事者が負担する一切の債務を直ちに弁済しなければならない。

第13条　（守秘義務）

1 甲及び乙は、本契約期間中はもとより終了後も、本契約に基づき相手方から開示された情報を守秘し、第三者に開示してはならない。
2 前項の守秘義務は、前項の情報が以下のいずれかに該当する場合には適用しない。
   ① 公知の事実又は当事者の責に帰すべき事由によらずして公知となった事実
   ② 第三者から適法に取得した事実
   ③ 開示の時点で保有していた事実
   ④ 法令、政府機関、裁判所の命令により開示が義務付けられた事実

第14条　（損害賠償責任）

甲又は乙は、解除、解約又は本契約に違反することにより、相手方に損害を与えたときは、その損害の全て（弁護士費用及びその他の実費を含むが、これに限られない。）を賠償しなければならない。

第15条　（遅延損害金）

乙が本契約に基づく金銭債務の支払いを遅延したときは、甲に対し、支払期日の翌日から支払済みに至るまで、年14.6％（年365日日割計算）の割合による遅延損害金を支払うものとする。

●守秘義務　　重要度 B

企業秘密を守るために守秘義務につき記載しましょう。

【応用】開示についての取扱いを変更する　　…▶　207 ページ
　　　　守秘義務を限定する　　…▶　207 ページ

●損害賠償責任　　重要度 C

損害賠償責任は民法等にも存在しますが、弁護士費用や実費なども賠償対象とするために記載しています。

【応用】一方当事者にのみ賠償請求権を認める　　…▶　207 ページ
　　　　損害賠償の内容を変更する　　…▶　208 ページ
　　　　違約金について規定する　　…▶　208 ページ

●遅延損害金　　重要度 B

履行期日が遅れた場合の損害に関する定めを記載しましょう。

【応用】遅延損害金利率を変更する　　…▶　209 ページ

第16条　（契約期間）
本契約の有効期間は、令和○年○月○日から令和○年○月○日までとし、期間満了の1か月前までに甲乙いずれからも異議がなされないときには、本契約は期間満了の翌日から起算して、同一内容にて更に1年間延長されるものとし、それ以後も同様とする。

第17条　（契約終了後の処理）
1　甲及び乙は、本契約が終了したときは、互いに既に確定した債権債務について、速やかにこれを精算するものとする。
2　乙は、本契約が終了した場合、直ちに本件業務を中止し、甲に対して事務の引継ぎを行い、本契約に基づき預託・貸与された事務処理マニュアル等の物品（本契約に基づき提供されたデータ類及びこれらが記録された電子媒体等を含む。）を、速やかに甲の指示に基づき返還ないし破棄するものとする。
3　乙は、本契約終了後、本件商標等を使用するなど、第三者から甲又は甲の業務を受託した者と誤認されるような行為をしてはならない。
4　乙は、本契約終了後6か月間は、○○（場所）において、甲と同種の営業を行ってはならない。

第18条　（反社会的勢力の排除）
1　甲及び乙は、自己又は自己の役員が、暴力団、暴力団関係企業、総会屋もしくはこれらに準ずる者又はその構成員（以下これらを「反社会的勢力」という。）に該当しないこと、及び次の各号のいずれにも該当しないことを表明し、かつ将来にわたっても該当しないことを相互に確約する。
　①　反社会的勢力に自己の名義を利用させること
　②　反社会的勢力が経営を実質的に支配していると認められる関係を有すること

● 契約期間　**重要度 A**

契約期間に関する定めを記載しましょう。

【応用】異議を述べる場合の方法について規定する　…▶　210 ページ
　　　　契約期間延長の決定権を限定する　…▶　210 ページ

● 契約終了後の処理　**重要度 B**

契約終了後に問題となる可能性のある事項につき、その取扱いをあらかじめ記載しましょう。

【応用】契約終了後の取扱いについて規定する　…▶　211 ページ

● 反社会的勢力の排除　**重要度 B**

契約当事者が反社会的勢力と関わっていることが判明した場合に、即座に契約関係を解消することができるようにするために規定しています。

【応用】対象者を限定する　…▶　212 ページ
　　　　賠償額を具体的に規定する　…▶　213 ページ

2　甲又は乙は、前項の一つにでも違反することが判明したときは、何らの催告を要せず、本契約を解除することができる。

3　本条の規定により本契約が解除された場合には、解除された者は、解除により生じる損害について、その相手方に対し一切の請求を行わない。

第19条　（協議解決）
本契約に定めのない事項又は本契約の解釈について疑義が生じたときは、甲乙誠意をもって協議のうえ解決する。

第20条　（合意管轄）
甲及び乙は、本契約に関し裁判上の紛争が生じたときは、東京地方裁判所を専属的合意管轄裁判所とすることに合意する。

　本契約締結の証として、本契約書2通を作成し、甲乙相互に署名又は記名・捺印のうえ、各1通を保有することとする。

令和　　年　　月　　日

　　　　　　　　　　　　甲

　　　　　　　　　　　　　　　　　　　　　　　　㊞

　　　　　　　　　　　　乙

　　　　　　　　　　　　　　　　　　　　　　　　㊞

※　フランチャイズ契約書は、原則として、印紙税額一覧表第7号文書（「継続的取引の基本となる契約書」）に該当するため、4,000円の収入印紙を貼付しなければなりません。ただし、3か月以内で終了する契約（更新の規定があり契約期間が3か月を超える可能性のあるものは除く）については、印紙の貼付は不要となります。

● **協議解決** 重要度 C

協議により紛争を解決する可能性を探るため規定しています。なお、この規定に法的な拘束力はありません。

【応用】紛争解決方法について具体的に規定する　・・・▶　213 ページ
　　　　契約の当事者を追加する　・・・▶　213 ページ

● **合意管轄** 重要度 B

紛争が生じた際に自己に有利な管轄裁判所において裁判を受けるための規定です。

【応用】合意管轄裁判所を変更する　・・・▶　214 ページ
　　　　契約の当事者を追加する　・・・▶　214 ページ

● **後　文**

【応用】契約書の作成方法を変更する　・・・▶　215 ページ
　　　　契約の当事者を追加する　・・・▶　215 ページ

作成のテクニック

前文

（本部）〇〇〇〇（以下「甲」という。）と（加盟店）〇〇〇〇（以下「乙」という。）は、次のとおりフランチャイズ契約（以下「本契約」という。）を締結する。

【契約の当事者を追加する】

・改正民法に適合した連帯保証人条項を設ける場合・　　　　〔本部有利〕

民法改正により、原則として根保証となる連帯保証人には、極度額等の定めが必要となります（改正民法 465 条の 2）。

（本部）〇〇〇〇（以下「甲」という。）、（加盟店）〇〇〇〇（以下「乙」という。）及び（連帯保証人）〇〇〇〇（以下「丙」という。）は、以下のとおりフランチャイズ契約（以下「本契約」という。）を締結する。
（略）
第〇条（連帯保証人）
1　丙は、乙と連帯して、以下のとおり極度額の範囲において、本契約から生じる一切の債務（以下「本件債務」という。）を負担する。

対象となる債務	本件債務（本契約の履行及び損害賠償金等従たる債務を含む一切の債務）
極度額	金〇〇円（本件債務及び連帯保証債務について約定された違約金又は損害賠償の額を含む。）
元本確定事由	①丙の財産について、金銭の支払いを目的とする債権についての強制執行又は担保権の実行が申し立てられ、当該手続が開始されたとき ②丙が破産手続開始の決定を受けたとき ③乙又は丙が死亡したとき

2　乙は、丙に対し、別紙のとおり保証契約の前提となる情報を提供し、丙は、別紙の情報の提供を受けたことを確認する。
第○条（協議解決）
　本契約に定めのない事項又は本契約の解釈について疑義が生じたときは、甲、乙及び丙は誠意をもって協議のうえ解決する。
第○条（合意管轄）
　甲、乙及び丙は、本契約に関し裁判上の紛争が生じたときは、東京地方裁判所を専属的合意管轄裁判所とすることに合意する。
（略）
　本契約締結の証として、本契約書3通を作成し、甲乙丙相互に署名又は記名・捺印のうえ、各1通を保有することとする。
（略）

丙　　　　　　　　　　
㊞

【別紙】

乙は、本契約締結時における自らの情報を以下のとおり提供する。

財産及び収支の状況	
主債務以外に負担している債務の有無、額及び履行状況	
主債務の担保として他に提供し又は提供しようとするものの内容	

第1条（目的）　重要度A

乙は、○○県○○市において、甲が商標、商号、マーク等の権利及びノウハウを有する食料品店「○○」を運営することを希望し、甲は乙に対して次条により定義するフランチャイズ権を付与することとしたため、本契約を締結する。

【目的の内容を変更する】

・飲食店の運営に係るフランチャイズ契約を締結する場合・

> 乙は、○○県○○市において、甲が商標、商号、マーク等の権利及びノウハウを有する飲食店「○○」を運営することを希望し、甲は乙に対してフランチャイズ契約を付与することとしたため、本契約を締結する。

第2条（フランチャイズ権） 重要度 A

> 1 甲は、乙に対し、以下に定める店舗（以下「本件店舗」という。）において、甲の商標、商号及びマーク等を使用し、甲の経営ノウハウを用いて営業活動を行う権利（以下「フランチャイズ権」という。）を付与し、乙は甲に対して一定の対価を支払うことを約する。なお、甲は乙に対し、乙の利益の確保を保証するものではない。
>   店舗所在地　　○○県○○市○○町○丁目○番○号
> 2 乙は、自己の名義と計算において、本件店舗の運営を行う。

【対象店舗の記載方法を変更する】

・別紙により店舗を定める場合①・

> 1 甲は、乙に対し、別紙に定める店舗（以下「本件店舗」という。）において、甲の商標、商号及びマーク等を使用し、甲の経営ノウハウを用いて営業活動を行う権利（以下「フランチャイズ権」という。）を付与し、乙は甲に対して一定の対価を支払うことを約する。なお、甲は乙に対し、乙の利益の確保を保証するものではない。

> 【別紙】
>
> 　店舗所在地　　○○県○○市○○町○丁目○番○号

• 別紙により店舗を定める場合②•

1 甲は、乙に対し、別紙店舗一覧に定める店舗（以下「本件店舗」という。）において、甲の商標、商号及びマーク等を使用し、甲の経営ノウハウを用いて営業活動を行う権利（以下「フランチャイズ権」という。）を付与し、乙は甲に対して一定の対価を支払うことを約する。なお、甲は乙に対し、乙の利益の確保を保証するものではない。

【別紙】

店舗一覧

1．店舗所在地
　　○○県○○市○○町○丁目○番○号
2．店舗所在地
　　○○県○○市○○町○丁目○番○号
（以下略）

第3条（義務） 重要度A

1 乙は、甲に対し、以下の義務を負う。
　① 甲の指示に従い、乙の費用負担で、本件店舗の構造、内外装、レイアウト、看板及び制服等の改修、変更及び設置等を行うこと
　② 本件店舗内において、乙及び乙の従業員に、甲の指定する制服を着用させること
　③ 甲の指示に従い、乙の費用負担で販売商品の広告及び宣伝等を行うこと
　④ 甲の指示する販売商品以外の商品を販売しないこと
　⑤ 商品の販売は現金で行い、掛売で販売しないこと
　⑥ 販売商品の品目、価格及び販売個数につき、甲の指示を尊重すること
　⑦ 年中無休、かつ少なくとも午前7時から午後11時までの間、

　　　　本件店舗を開店し、営業を行うこと（ただし、甲の事前の書面による承諾がある場合を除く。）
　⑧　甲の信用もしくはイメージを損なうような行為を行わないこと
　⑨　甲又は甲の指示する者からのみ販売商品の原材料等を購入すること、及び、これにつき、本契約書に添付した別紙継続的売買取引基本契約書を締結すること
　⑩　甲の指示に従い、乙の費用負担により、火災保険、生産物賠償保険、施設賠償保険及び動産保険に加入すること
　⑪　本件店舗の運営上必要となる人件費、原材料費、消耗品費、水道光熱費、賃料及び公租公課等一切の経費を乙の費用負担で支払うこと
　⑫　甲に対する一切の支払いは、甲の指示する以下の振込口座に行うこと（振込手数料は乙負担）
　　　　〇〇銀行〇〇支店　　　普通預金
　　　　口座番号　　〇〇〇〇〇〇
　　　　口座名義　　〇〇〇〇〇〇
2　甲は、乙に対し、以下の義務を負う。
　①　乙及び乙の従業員に対し、商品の販売に関するノウハウについて、別紙スケジュールに定めるスケジュールに従って指導を行い、その技術を取得させること
　②　本件店舗の構造、内外装、レイアウト、看板及び制服等の改修、変更及び設置等に関する指導を行うこと
　③　本件店舗の開店業務につき、店舗設計、工事業者及び資材の斡旋・供給を行うこと

【義務の内容を変更する】

・本部から従業員を店舗派遣することを義務づける場合・　　〔加盟店有利〕

2　甲は、乙に対し、以下の義務を負う。
　①　乙及び乙の従業員に対し、商品の販売に関するノウハウについて、別紙スケジュールに定めるスケジュールに従って指導を行い<u>（本契約締結後〇か月間は1日〇時間、甲の従業員〇名を乙の店舗に派遣するものとする。）</u>、その技術を取得させること

・本部に対し、研修開催を義務づける場合・ 〔加盟店有利〕

> 2 甲は、乙に対し、以下の義務を負う。
> ④ 乙及び乙の従業員に対する研修を年間○回以上開催すること

第4条（加盟金） 重要度A

> 乙は、甲に対し、本契約締結と同時に、フランチャイズ加盟金として、甲の指定する口座に金○○円を支払うものとする。この加盟金は、いかなる場合においても、乙に返却されないものとする。

【加盟金の取扱いについて変更する】

・加盟金につき、甲の責に帰する事由により契約が終了したとき以外には返却しないこととする場合・ 〔加盟店有利〕

> 乙は、甲に対し、本契約締結と同時に、フランチャイズ加盟金として、甲の指定する口座に金○○円を支払うものとする。この加盟金は、<u>甲の責に帰すべき事由により本契約が終了した場合を除き</u>、乙に返却されないものとする。

・加盟金につき、短期間解約の場合にのみ没収することとする場合・ 〔加盟店有利〕

> 1 乙は、甲に対し、本契約締結と同時に、フランチャイズ加盟金として、甲の指定する口座に金○○円を支払うものとする。
> 2 本契約が本契約締結終了後○か月以内に終了した場合には、甲は、乙に対し、前項の加盟金を返却しないものとする。

▶ **第5条（保証金）** 重要度 A

> 1 乙は、本契約から生ずる一切の債務及び損害賠償義務の履行を担保するため、本契約締結と同時に、甲の指定する口座に金〇〇円を保証金として甲に預託する。
> 2 甲は、乙の本契約に基づく債務の不履行又は損害賠償債務がある場合には、前項の保証金をこれに充当することができる。
> 3 甲は、本契約終了後、保証金から乙の甲に対する債務及び損害金を控除のうえ、乙に返還する。なお、保証金には利息をつけない。

【保証金の取扱いについて規定する】

・加盟店の義務違反による契約解除の場合に保証金を没収することを定める場合・　　　　　　　　　　　　　　　　　　　　　　　　〔本部有利〕

> 4 乙の義務違反により本契約が解除となった場合、甲は乙に対し保証金を返還することを要しない。なお、この場合でも損害賠償の請求を妨げない。

・不足保証金の追加預託義務を課す場合・　　　　　　　　　〔本部有利〕

> 4 第2項により甲が保証金を乙の債務に充当した場合は、乙は遅滞なく保証金不足額を追加預託しなければならない。

▶ **第6条（ロイヤルティ）** 重要度 A

> 乙は、フランチャイズ権の付与及び甲による経営指導の対価として、甲に対し、ロイヤルティとして毎月の総売上高の〇%に当たる金員を翌月末日までに甲の指定する口座に支払わなければならない。

【ロイヤルティを変更する】

・粗利によりロイヤルティ額を定める場合・

> 乙は、フランチャイズ権の付与及び甲による経営指導の対価として、甲に対し、ロイヤルティとして毎月の総粗利の○％に当たる金員を翌月末日までに甲の指定する口座に支払わなければならない。

・ロイヤルティを定額とする場合・

> 乙は、フランチャイズ権の付与及び甲による経営指導の対価として、甲に対し、ロイヤルティとして毎月○○円を翌月末日までに甲の指定する口座に支払わなければならない。

・最低ロイヤルティを定める場合・　　　　　　　　　　　　〔本部有利〕

> 乙は、フランチャイズ権の付与及び甲による経営指導の対価として、甲に対し、ロイヤルティとして以下の金員を翌月末日までに甲の指定する口座に支払わなければならない。
> ① 売上が○○円以下の場合　　　最低ロイヤルティとして○○円
> ② 売上が○○円を上回った場合　売上の○％

・総売上高に応じてロイヤルティ率を変更する場合・

> 乙は、フランチャイズ権の付与及び甲による経営指導の対価として、甲に対し、ロイヤルティとして以下の金員を翌月末日までに甲の指定する口座に支払わなければならない。
> ① 売上が○○円以下の部分　　　　　　　　売上の○％
> ② 売上が○○円を上回り○○円以下の部分　売上の○％
> ③ 売上が○○円を上回る部分　　　　　　　売上の○％

▶ 第8条（通知義務） 重要度 B

甲及び乙は、次の各号のいずれか一つに該当するときは、相手方に対し、予めその旨を書面により通知しなければならない。
① 法人の名称又は商号を変更するとき
② 振込先指定口座を変更するとき
③ 代表者を変更するとき
④ 本店、主たる事業所の所在地又は住所を変更するとき

【通知義務を限定する】

・本部のみに通知義務を課す場合・　　　　　　　　　　　　〔加盟店有利〕

甲は、次の各号のいずれか一つに該当するときは、乙に対し、予めその旨を書面により通知しなければならない。
① （以下略）

・加盟店のみに通知義務を課す場合・　　　　　　　　　　　〔本部有利〕

乙は、次の各号のいずれか一つに該当するときは、甲に対し、予めその旨を書面により通知しなければならない。
① （以下略）

▶ 第9条（権利の譲渡禁止等） 重要度 B

甲及び乙は、予め相手方の書面による承諾を得ないで、本契約に基づく権利、義務又は財産の全部又は一部を第三者に譲渡し、承継させ、又は担保に供してはならない。

【譲渡禁止を限定する】

・加盟店のみに譲渡禁止等を課す場合・　　　　　　　　　　〔本部有利〕

> 乙は、予め甲の書面による承諾を得ないで、本契約に基づく権利、義務又は財産の全部又は一部を第三者に譲渡し、承継させ、又は担保に供してはならない。

▶ 第10条（立入検査）　重要度 B

> 1　甲は、乙の事前の同意を得たうえで、本件店舗、乙の事務所又は営業所に立ち入り、本件業務の品質等を維持するために必要な事項につき検査することができる。
> 2　立入検査の結果、甲が改善の必要がある旨乙に要求した事項については、乙は直ちに改善しなければならない。

【立入検査の方法を変更する】

・立入りの時間を営業時間内に限定する場合・　　　　　　　〔加盟店有利〕

> 1　甲は、乙の事前の同意を得たうえで、営業時間内に、本件店舗、乙の事務所又は営業所に立ち入り、本件業務の品質等を維持するために必要な事項につき検査することができる。

・立入検査に加盟店の責任者の立会いを求める場合・　　　　〔加盟店有利〕

> 1　甲は、乙の事前の同意を得たうえで、乙の責任者の立会いの下、本件店舗、乙の事務所又は営業所に立ち入り、本件業務の品質等を維持するために必要な事項につき検査することができる。

・例外的に同意なしの検査を行うことを認める場合・　　　〔本部有利〕

> 1　甲は、乙の事前の同意を得たうえで、本件店舗、乙の事務所又は営業所に立ち入り、本件業務の品質等を維持するために必要な事項につき検査することができる。ただし、乙の事前の同意を得ていては検査の目的を達成することができないときは、乙の事前の同意なしに立入検査をすることができる。

第11条（報告、会計監査）　重要度 B

> 1　乙は、甲に対し、毎月末日までに、甲が指示する書式に基づいて作成した以下の書類を甲に提出しなければならない。
> 　① 月次損益計算書
> 　② 月次売上報告書
> 　③ 月次報告書
> 　④ その他、甲が提出を求めた帳簿等
> 2　甲又は甲の指定する者は、乙の営業時間内に本件店舗、乙の事務所又は営業所に立ち入り、乙の帳簿等の検査を行うことができる。

【報告・会計監査の方法を変更する】

・証憑を具体的に指摘する場合・　　　〔本部有利〕

> 3　前項の検査の際は、乙は、甲の要請により、注文書、注文請書、預金通帳、売上伝票等の証憑を開示しなければならない。

・立入りにあたり事前の通知を求める場合・　　　〔加盟店有利〕

> 2　甲又は甲の指定する者は、事前に乙に通知したうえで、乙の営業時間内に本件店舗、乙の事務所又は営業所に立ち入り、乙の帳簿等の検査を行うことができる。

第12条（解除及び期限の利益喪失） 重要度 B

> 1 甲又は乙が以下の各号のいずれかに該当したときは、相手方は催告及び自己の債務の履行の提供をしないで直ちに本契約の全部又は一部を解除することができる。なお、この場合でも損害賠償の請求を妨げない。
> ① 本契約の一つにでも違反したとき
> ② 監督官庁から営業停止又は営業免許もしくは営業登録の取消等の処分を受けたとき
> ③ 差押、仮差押、仮処分、強制執行、担保権の実行としての競売、租税滞納処分その他これらに準じる手続きが開始されたとき
> ④ 破産、民事再生、会社更生又は特別清算の手続開始等の申立てがなされたとき
> ⑤ 自ら振り出し又は引き受けた手形もしくは小切手が1回でも不渡りとなったとき、又は支払停止状態に至ったとき
> ⑥ 合併による消滅、資本の減少、営業の廃止・変更又は解散決議がなされたとき
> ⑦ 相手方に対する詐術その他の背信的行為があったとき
> ⑧ その他、支払能力の不安又は背信的行為の存在等、本契約を継続することが著しく困難な事情が生じたとき
> 2 甲又は乙が前項各号のいずれかに該当した場合、当該当事者は当然に本契約及びその他相手方当事者との間で締結した契約から生じる一切の債務について期限の利益を失い、当該当事者は相手方当事者に対して、その時点において当該当事者が負担する一切の債務を直ちに弁済しなければならない。

【約定解除権を限定する】

・本部のみに約定解除権を認める場合・　　　　　　〔本部有利〕

> 1 乙が以下の各号のいずれかに該当したときは、甲は催告及び自己の債務の履行の提供をしないで直ちに本契約の全部又は一部を解除することができる。なお、この場合でも損害賠償の請求を妨げない。
> ① （以下略）

・加盟店のみに約定解除権を認める場合・　　　　　　〔加盟店有利〕

> 1　甲が以下の各号のいずれかに該当したときは、乙は催告及び自己の債務の履行の提供をしないで直ちに本契約の全部又は一部を解除することができる。なお、この場合でも損害賠償の請求を妨げない。
> ①　（以下略）

【解除の条件を変更する】

・解除前に催告を要求する場合・

> 1　甲又は乙が以下の各号のいずれかに該当したときは、相手方は、相当の期間を定めて催告を行い、その期間内に是正がなされない場合、自己の債務の履行の提供をしないで本契約の全部又は一部を解除することができる。なお、この場合でも損害賠償の請求を妨げない。
> ①　（以下略）

第13条（守秘義務）　重要度B

> 1　甲及び乙は、本契約期間中はもとより終了後も、本契約に基づき相手方から開示された情報を守秘し、第三者に開示してはならない。
> 2　前項の守秘義務は、前項の情報が以下のいずれかに該当する場合には適用しない。
> 　①　公知の事実又は当事者の責に帰すべき事由によらずして公知となった事実
> 　②　第三者から適法に取得した事実
> 　③　開示の時点で保有していた事実
> 　④　法令、政府機関、裁判所の命令により開示が義務付けられた事実

【開示についての取扱いを変更する】

・事前の書面承諾により開示を許可する場合・

> 1 甲及び乙は、<u>事前に相手方の書面による同意を得た場合を除き</u>、本契約期間中はもとより終了後も、本契約に基づき相手方から開示された情報を守秘し、第三者に開示してはならない。

・開示をした場合に遅滞なく相手方に通知を要することとする場合・

> 3 甲及び乙は、本契約に基づき相手方から開示された情報を第三者に開示した場合、速やかに相手方にその旨を通知しなければならない。

【守秘義務を限定する】

・加盟店のみに守秘義務を課す場合・　　　　　　　　　　〔本部有利〕

> 1 <u>乙</u>は、本契約期間中はもとより終了後も、本契約に基づき<u>甲</u>から開示された情報を守秘し、第三者に開示してはならない。

▶ 第14条（損害賠償責任）　重要度C

> 甲又は乙は、解除、解約又は本契約に違反することにより、相手方に損害を与えたときは、その損害の全て（弁護士費用及びその他の実費を含むが、これに限られない。）を賠償しなければならない。

【一方当事者にのみ賠償請求権を認める】

・本部のみに弁護士費用等の損害賠償請求権を認める場合・　〔本部有利〕

> <u>乙</u>は、解除、解約又は本契約に違反することにより、<u>甲</u>に損害を与えたときは、その損害の全て（弁護士費用及びその他の実費を含むが、これに限られない。）を賠償しなければならない。

・加盟店のみに弁護士費用等の損害賠償請求権を認める場合・〔加盟店有利〕

> 甲は、解除、解約又は本契約に違反することにより、乙に損害を与えたときは、その損害の全て（弁護士費用及びその他の実費を含むが、これに限られない。）を賠償しなければならない。

【損害賠償の内容を変更する】

・具体的な賠償額の予定を行う場合・

> 甲又は乙は、解除、解約又は本契約の重大な義務に違反することにより、相手方に損害を与えたときは、損害額の立証を要することなく直近3か月の月額ロイヤルティの平均額の○か月分に相当する金額を損害金として支払う。

・損害賠償額を限定する場合・

> 甲又は乙は、解除、解約又は本契約に違反することにより、相手方に損害を与えたときは、直近3か月の月額ロイヤルティの平均額の○か月分に相当する金額を上限として、損害を賠償しなければならない。

【違約金について規定する】

・故意または重過失による損害について追加で違約金の支払いを認める場合・

> 1　（略）
> 2　甲又は乙は、故意又は重過失により、本契約に違反し相手方に損害を与えたときは、直近3か月の月額ロイヤルティの平均額の○か月分に相当する金額の20％の違約金を前項の損害に加算して賠償しなければならない。

第15条（遅延損害金） 重要度B

> 乙が本契約に基づく金銭債務の支払いを遅延したときは、甲に対し、支払期日の翌日から支払済みに至るまで、年14.6％（年365日日割計算）の割合による遅延損害金を支払うものとする。

【遅延損害金利率を変更する】

遅延損害金利率の定めがないときの利率は法定利率によるとされているところ、民法改正により法定利率が年5％から3％（その後3年ごとに見直しが行われます）となり（改正民法404条）、遅延損害金利率もこれに連動します（改正民法419条）。また、同改正により、商事法定利率（6％）は廃止されます。
当事者間で、法定利率とは異なる利率を定めることも可能です。民法改正により法定利率は3年ごとに見直しが行われる変動制となることから、遅延損害金利率について定めを置くことが、より重要となります。

•遅延損害金利率を高くする場合• 〔本部有利〕

> 乙が本契約に基づく金銭債務の支払いを遅延したときは、甲に対し、支払期日の翌日から支払済みに至るまで、年20％（年365日日割計算）の割合による遅延損害金を支払うものとする。

•遅延損害金利率を低くする場合• 〔加盟店有利〕

> 乙が本契約に基づく金銭債務の支払いを遅延したときは、甲に対し、支払期日の翌日から支払済みに至るまで、年1％（年365日日割計算）の割合による遅延損害金を支払うものとする。

第16条（契約期間） 重要度 A

> 本契約の有効期間は、令和○年○月○日から令和○年○月○日までとし、期間満了の1か月前までに甲乙いずれからも異議がなされないときには、本契約は期間満了の翌日から起算して、同一内容にて更に1年間延長されるものとし、それ以後も同様とする。

【異議を述べる場合の方法について規定する】

・異議の方法を書面に限定する場合・

> 本契約の有効期間は、令和○年○月○日から令和○年○月○日までとし、期間満了の1か月前までに甲乙いずれからも書面による異議がなされないときには、本契約は期間満了の翌日から起算して、同一内容にて更に1年間延長されるものとし、それ以後も同様とする。

【契約期間延長の決定権を限定する】

・延長するか否かの決定権を本部のみに与える場合・　　〔本部有利〕

> 本契約の有効期間は、令和○年○月○日から令和○年○月○日までとし、期間満了の1か月前までに甲から異議がなされないときには、本契約は期間満了の翌日から起算して、同一内容にて更に1年間延長されるものとし、それ以後も同様とする。

・延長するか否かの決定権を加盟店のみに与える場合・　　〔加盟店有利〕

> 本契約の有効期間は、令和○年○月○日から令和○年○月○日までとし、期間満了の1か月前までに乙から異議がなされないときには、本契約は期間満了の翌日から起算して、同一内容にて更に1年間延長されるものとし、それ以後も同様とする。

・自動延長にしない場合・

> 本契約の有効期間は、令和○年○月○日から令和○年○月○日までとし、期間満了の1か月前までに甲乙の協議が整った場合にのみ延長するものとする。

第17条（契約終了後の処理） 重要度 B

> 1　甲及び乙は、本契約が終了したときは、互いに既に確定した債権債務について、速やかにこれを精算するものとする。
> 2　乙は、本契約が終了した場合、直ちに本件業務を中止し、甲に対して事務の引継ぎを行い、本契約に基づき預託・貸与された事務処理マニュアル等の物品（本契約に基づき提供されたデータ類及びこれらが記録された電子媒体等を含む。）を、速やかに甲の指示に基づき返還ないし破棄するものとする。
> 3　乙は、本契約終了後、本件商標等を使用するなど、第三者から甲又は甲の業務を受託した者と誤認されるような行為をしてはならない。
> 4　乙は、本契約終了後6か月間は、○○（場所）において、甲と同種の営業を行ってはならない。

【契約終了後の取扱いについて規定する】

・物品を破棄した場合に破棄証明を求める場合・　　　　〔本部有利〕

> 2　乙は、本契約が終了した場合、直ちに本件業務を中止し、甲に対して事務の引継ぎを行い、本契約に基づき預託・貸与された事務処理マニュアル等の物品（本契約に基づき提供されたデータ類及びこれらが記録された電子媒体等を含む。）を、速やかに甲の指示に基づき返還ないし破棄するものとする。なお、破棄した場合には、乙は甲に対して破棄した物品を明らかにした書面を交付しなければならない。

第 18 条（反社会的勢力の排除） 重要度 B

> 1　甲及び乙は、自己又は自己の役員が、暴力団、暴力団関係企業、総会屋もしくはこれらに準ずる者又はその構成員（以下これらを「反社会的勢力」という。）に該当しないこと、及び次の各号のいずれにも該当しないことを表明し、かつ将来にわたっても該当しないことを相互に確約する。
> 　① 反社会的勢力に自己の名義を利用させること
> 　② 反社会的勢力が経営を実質的に支配していると認められる関係を有すること
> 2　甲又は乙は、前項の一つにでも違反することが判明したときは、何らの催告を要せず、本契約を解除することができる。
> 3　本条の規定により本契約が解除された場合には、解除された者は、解除により生じる損害について、その相手方に対し一切の請求を行わない。

【対象者を限定する】

・加盟店のみを対象とする場合・　　　　　　　　　　　　　　〔本部有利〕

> 1　乙は、自己又は自己の役員が、暴力団、暴力団関係企業、総会屋もしくはこれらに準ずる者又はその構成員（以下これらを「反社会的勢力」という。）に該当しないこと、及び次の各号のいずれにも該当しないことを表明し、かつ将来にわたっても該当しないことを<u>確約</u>する。
> 　① 反社会的勢力に自己の名義を利用させること
> 　② 反社会的勢力が経営を実質的に支配していると認められる関係を有すること
> 2　<u>甲は、乙が</u>前項の一つにでも違反することが判明したときは、何らの催告を要せず、本契約を解除することができる。

【賠償額を具体的に規定する】

・具体的な賠償額の予定を行う場合・

> 4　本条の規定により本契約が解除された場合には、解除された者は、その相手方に対し、違約金として金○○円を支払うものとする。

▶ 第19条（協議解決）　重要度 C

> 本契約に定めのない事項又は本契約の解釈について疑義が生じたときは、甲乙誠意をもって協議のうえ解決する。

【紛争解決方法について具体的に規定する】

・具体的な紛争解決機関を指定する場合・

> 本契約に定めのない事項又は本契約の解釈について疑義が生じたときは、訴訟提起以前に独立行政法人国民生活センターが主催するADRにおいて協議を試みなければならない。

・仲裁者をあらかじめ定める場合・

> 本契約に定めのない事項又は本契約の解釈について疑義が生じたときは、○○○○を仲裁者と定め、三者において誠意をもって協議のうえ解決する。

【契約の当事者を追加する】

・連帯保証人（丙）がいる場合・

> 本契約に定めのない事項又は本契約の解釈について疑義が生じたときは、甲、乙及び丙は誠意をもって協議のうえ解決する。

第20条(合意管轄) 重要度B

> 甲及び乙は、本契約に関し裁判上の紛争が生じたときは、東京地方裁判所を専属的合意管轄裁判所とすることに合意する。

【合意管轄裁判所を変更する】

・本店所在地を管轄する裁判所とする場合・

> 甲及び乙は、本契約に関し裁判上の紛争が生じたときは、<u>甲又は乙の本店所在地を管轄する裁判所</u>を専属的合意管轄裁判所とすることに合意する。

・本店所在地または支店所在地を管轄する裁判所とする場合・

> 甲及び乙は、本契約に関し裁判上の紛争が生じたときは、<u>甲又は乙の本店所在地もしくは支店所在地を管轄する裁判所</u>を専属的合意管轄裁判所とすることに合意する。

【契約の当事者を追加する】

・連帯保証人(丙)がいる場合・

> <u>甲、乙及び丙</u>は、本契約に関し裁判上の紛争が生じたときは、東京地方裁判所を専属的合意管轄裁判所とすることに合意する。

後文

> 本契約締結の証として、本契約書2通を作成し、甲乙相互に署名又は記名・捺印のうえ、各1通を保有することとする。

【契約書の作成方法を変更する】

・1通のみ原本を作成し、当事者の一方は写しのみを保管する場合・

> 　本契約締結の証として、本契約書1通を作成し、甲乙相互に署名又は記名・捺印のうえ、〔甲／乙〕が原本を保有し、〔乙／甲〕が写しを保有することとする。

【契約の当事者を追加する】

・連帯保証人（丙）がいる場合・

> 　本契約締結の証として、本契約書3通を作成し、甲乙丙相互に署名又は記名・捺印のうえ、各1通を保有することとする。

その他の役立つ条項

- ■ 契約をめぐる各種取扱いについて定める場合…………………216ページ
- ■ 状況の変化が生じたときの取扱いについて定める場合…………216ページ
- ■ 海外企業との取引である場合に、取扱いについて定める場合……217ページ

◆契約をめぐる各種取扱いについて定める場合

・中途解約を認めることとする・

> 第○条（中途解約）
> 　甲及び乙は、相手方に対し、３か月前に書面で通知することにより、本契約を中途解約することができる。

・費用の負担について定める・

> 第○条（費用負担）
> 　本契約の締結に要する印紙その他の費用は、甲乙が各々の費用を負担するものとする。

◆状況の変化が生じたときの取扱いについて定める場合

・著しい事情の変更が生じたときの対処方法を記載する・

> 第○条（事情の変更）
> 　甲及び乙は、本契約の締結後、天災地変、法令の制定又は改廃、その他著しい事情の変更により、本契約に定める義務を履行することが不可能又は著しく困難となったと認められる場合は、当該定めを変更するため協議することができる。

◆海外企業との取引である場合に、取扱いについて定める場合
・準拠法を日本法と定める・

第○条（準拠法）
　本契約は日本法に準拠し、同法によって解釈されるものとする。

チェックポイント

あなたが本部の場合は、最低限以下の点をチェックしましょう。
- ☐ 契約の目的が明確か
- ☐ 契約の当事者が明らかであるか
- ☐ 加盟金・保証金・ロイヤルティの額が明確に定められているか
- ☐ 提供するサービスの内容が適切か
- ☐ 加盟店に過度の義務を課していないか
- ☐ 解除条項に不合理な事項が入っていないか
- ☐ 損害賠償請求額が不合理に制限されていないか

あなたが加盟店の場合は、最低限以下の点をチェックしましょう。
- ☐ 契約の目的が明確か
- ☐ 契約の当事者が明らかであるか
- ☐ 加盟金・保証金・ロイヤルティの額が明確に定められているか
- ☐ 提供を受けるサービスの内容が適切か
- ☐ 過度の義務が課されていないか
- ☐ 解除条項に不合理な事項が入っていないか
- ☐ 損害賠償請求額が不合理に制限されていないか

MEMO

6 特約店契約書

特約店契約書

収入印紙
※

（メーカー）○○○○（以下「甲」という。）と（特約店）○○○○（以下「乙」という。）は、次のとおり特約店契約（以下「本契約」という。）を締結する。

第1条　（目的）
　甲は、自社が製造する空気清浄器について、販路を拡大するため、乙を特約店として、地域を限定して独占的な販売権を付与することとしたため、本契約を締結する。

第2条　（特約店）
1　乙は、以下の内容で、甲が継続的に製造し売り渡す製品（以下「本件製品」という。）を買い受け、甲の特約店として本件製品を買主（以下「買主」という。）に販売する。
　①　品　　名　　別紙記載のとおり
　②　発注方法　　乙が甲に注文書を交付し、甲が乙に注文請書を交付する
　③　数　　量　　注文書記載のとおり
　④　単　　価　　別紙のとおり
　⑤　販売地域　　○○県
　⑥　引渡期日　　注文書記載のとおり
　⑦　引渡場所　　注文書記載のとおり

【この契約書を用いるケース】
☑ 特約店がメーカーから製品を購入して販売する場合
　⇨ 代理店がメーカーを代理して製品の売買を行う場合は本章**8**

● 前　文

【応用】契約の当事者を追加する　・・▶　237 ページ

● 目　的　**重要度 A**

民法の改正により、解除を主張したり、契約不適合責任に基づく請求をしたりする場合に、契約の目的が重要視されることになりました。そのため、契約書に契約の目的を記載しておく必要があります。

【応用】目的の内容を変更する　・・▶　239 ページ

● 特 約 店　**重要度 A**

特約店の内容を簡潔に記載します。

【応用】発注についての取扱いを変更する　・・▶　240 ページ

⑧　支払期限　　引渡しを受けた本件製品につき毎月末日締め、翌月１０日限り
　　　⑨　支払方法　　以下の口座に銀行振込（振込手数料は乙負担）
　　　　　　　　　　　〇〇銀行〇〇支店　　普通預金
　　　　　　　　　　　口座番号　　〇〇〇〇〇〇
　　　　　　　　　　　口座名義　　〇〇〇〇〇〇
２　乙は、自己の名義と計算において、本件製品の販売を行うものとする。

第３条　（権限・義務）
１　乙は、販売地域において、本件製品を独占的に販売する権限を有するものとする。
２　乙は、以下の義務を負う。
　　①　販売地域外で本件製品を販売してはならない。ただし、インターネットを用いる形の通信販売を行うときはこの限りではない。
　　②　広告、看板等に甲の販売特約店であることを明示しなければならない。
　　③　甲の指示する標準価格を尊重して本件製品を買主に販売しなければならない。
　　④　新規に甲特約店の支店を開設するときは、別途甲との間で覚書を締結しなければならない。
３　甲は、以下の義務を負う。
　　①　本契約期間中、販売地域において、自ら商品を販売してはならない。
　　②　本契約期間中、販売地域において、乙以外の特約店を設置してはならない。

第４条　（引渡し）
　甲は、引渡期日に、引渡場所に本件製品を持参して引き渡す。

商取引　6 特約店契約書

● 権限・義務　　**重要度 A**

契約当事者が負うことになる義務を明確に記載します。
販売価格の取決めについては、独禁法に触れる可能性があるので厳格なものにはできません。

【応用】権限・義務の内容を追加する　　···▶　241 ページ

● 引 渡 し　　**重要度 B**

製品の引渡方法・費用負担者を記載します。

【応用】引渡しの方法を変更する　　···▶　242 ページ
　　　　引渡しに要する費用の負担者を変更する　　···▶　242 ページ

なお、引渡しに要する費用は甲の負担とする。

第5条 （検査）
1 乙は、本件製品の引渡後、１０日以内に本件製品を検査し、甲に対して合格又は不合格の通知を書面で行わなければならない。
2 乙は、前項の検査により本件製品につき契約不適合又は数量不足等を発見したときは、直ちに理由を記載した書面をもって甲に不合格の通知をしなければならない。本通知がなされないまま前項の期間が経過したときは、本件製品が検査に合格したものとみなす。
3 甲は、検査の結果、不合格になったものについては、甲の費用負担で引き取り、乙の指定する期限までに代品納入を行わなければならない。
4 甲は、乙による検査結果に関し、疑義又は異議のあるときは、遅滞なく書面によりその旨を申し出て、甲乙協議のうえ解決する。

第6条 （所有権）
本件製品の所有権は、本件製品の代金完済時に、甲から乙に移転する。

第7条 （販売促進）
甲は、乙に対し、本件製品の販売促進のため、甲乙協議のうえ、一定量の試供品、パンフレット、ノボリ及び看板等を無償で提供する。

第8条 （目的物の不適合）
1 乙は、本件製品に本契約に定める仕様に関する不適合が判明した場合、判明した時から１年以内に、甲に対し、その旨の通知をしなければ、修補、代金減額、損害賠償の請求をすることが

● 検　査　**重要度 C**

多数の製品の売買など検査が必要となる場合に記載しましょう。

【応用】検査の方法を変更する　・・▶　243 ページ
　　　　検査結果の通知方法を変更する　・・▶　244 ページ
　　　　不合格品が発生した場合の対処方法を変更する　・・▶　244 ページ

● 所 有 権　**重要度 B**

民法に従うと契約締結時に所有権が移転しかねないので、これと異なる定めをするときには記載しましょう。

【応用】所有権の移転の時期を変更する　・・▶　246 ページ

● 販売促進　**重要度 B**

販売促進のための協力義務の範囲を記載しましょう。

【応用】販売促進に係る取決めを追加する　・・▶　246 ページ

● 目的物の不適合　**重要度 B**

民法改正により、「瑕疵担保責任」（民法 570 条）が廃止され、「契約不適合責任」となりました（改正民法 562 条 1 項、563 条 1 項）。ここでは、改正民法の契約不適合責任に係る内容のうち、1 年以内に通知すべきとの内容（改正民法 566 条）を明記するにとどめた場合の例を提示しています。

【応用】契約不適合責任に係る内容を変更する　・・▶　247 ページ

商取引 ― 6 特約店契約書

できず、また、これを理由に本契約を解除することはできないものとする。
2 前項の規定は、甲が当該不適合の存在を知り、又は重大な過失により知らなかった場合は適用しない。

第9条 （危険負担）
本件製品の引渡前に生じた本件製品の滅失、毀損、減量、変質、その他一切の損害は、乙の責に帰すべきものを除き甲が負担し、本件製品の引渡後に生じたこれらの損害は、甲の責に帰すべきものを除き乙が負担する。

第10条 （権利の譲渡禁止等）
甲及び乙は、予め相手方の書面による承諾を得ないで、本契約に基づく権利、義務又は財産の全部又は一部を第三者に譲渡し、承継させ、又は担保に供してはならない。

第11条 （通知義務）
甲及び乙は、次の各号のいずれか一つに該当するときは、相手方に対し、予めその旨を書面により通知しなければならない。
① 法人の名称又は商号を変更するとき
② 振込先指定口座を変更するとき
③ 代表者を変更するとき
④ 本店、主たる事業所の所在地又は住所を変更するとき

第12条 （クレーム）
1 甲は、本件製品の設計上、製造上及び表示上の欠陥がないよう最大限の努力を払うものとする。
2 本件製品の欠陥に起因して、本件製品又は本件製品を組み込んだ製品が第三者に対し損害を与えたことにより、当該第三者から乙に対して損害賠償請求がなされ、乙がこれを支払った場合、

● **危険負担**　重要度 B

民法改正により、目的物が特定物か不特定物かにかかわらず、目的物の引渡し時に危険が移転することになりました。

【応用】危険の移転時期を変更する　・・▶　249 ページ

● **権利の譲渡禁止等**　重要度 B

契約当事者以外の権利者の出現を排除することを意図する場合に記載します。

【応用】譲渡禁止を限定する　・・▶　250 ページ

● **通知義務**　重要度 C

継続的な契約ですので、一定事項の変更に備え通知義務を記載しましょう。

【応用】通知義務を限定する　・・▶　251 ページ

● **クレーム**　重要度 B

クレームとその対応につき記載しましょう。

【応用】クレーム対応に関する取決めを変更する　・・▶　251 ページ

乙は当該欠陥と相当因果関係のある損害の賠償（弁護士費用及びその他の実費を含む。）を甲に請求することができる。ただし、本件製品に欠陥が生じたことにつき、甲に過失が存在しない場合はこの限りではない。
3　甲は、本契約終了後も前項の義務を負う。

第13条　（相殺）

甲は、本契約又は本契約に限らないその他の契約等に基づき甲が乙に対して負担する債務と、本契約又は本契約に限らないその他の契約等に基づき甲が乙に対して有する債権とを、その債権債務の期限にかかわらず、いつでもこれを対当額において相殺することができる。

第14条　（解除及び期限の利益喪失）

1　甲又は乙が以下の各号のいずれかに該当したときは、相手方は催告及び自己の債務の履行の提供をしないで直ちに本契約又は個別契約の全部又は一部を解除することができる。なお、この場合でも損害賠償の請求を妨げない。
　① 本契約の一つにでも違反したとき
　② 監督官庁から営業停止又は営業免許もしくは営業登録の取消等の処分を受けたとき
　③ 差押、仮差押、仮処分、強制執行、担保権の実行としての競売、租税滞納処分その他これらに準じる手続きが開始されたとき
　④ 破産、民事再生、会社更生又は特別清算の手続開始等の申立てがなされたとき
　⑤ 自ら振り出し又は引き受けた手形もしくは小切手が1回でも不渡りとなったとき、又は支払停止状態に至ったとき
　⑥ 合併による消滅、資本の減少、営業の廃止・変更又は解散決議がなされたとき

●相　殺　　重要度 B

債権債務の期限にかかわらず相殺できるようにする必要がある場合は、契約書で定めておく必要があります。

【応用】相殺権者を変更する　　…▶　252 ページ

●解除及び期限の利益喪失　　重要度 B

民法等で定めた解除事由より広く解除できる場合を認めるため記載しています。なお、改正民法では、法定解除のうち催告による場合、相手方の債務不履行が契約および取引上の社会通念に照らして軽微な場合において、解除が認められないこととなりました（改正民法 541 条但書）。

【応用】解除事由を変更する　　…▶　253 ページ
　　　　約定解除権を一方当事者に限定する　　…▶　254 ページ
　　　　解除の条件を変更する　　…▶　254 ページ

商取引　6 特約店契約書

⑦ 相手方に対する詐術その他の背信的行為があったとき
⑧ その他、支払能力の不安又は背信的行為の存在等、本契約を継続することが著しく困難な事情が生じたとき
2 甲又は乙が前項各号のいずれかに該当した場合、当該当事者は当然に本契約及びその他相手方当事者との間で締結した契約から生じる一切の債務について期限の利益を失い、当該当事者は相手方当事者に対して、その時点において当該当事者が負担する一切の債務を直ちに弁済しなければならない。

第15条　（任意処分）

乙が引渡期日に本件製品を引き取らないなどの契約の不履行が生じたときは、甲は乙に対し書面により相当期間を定めて催告したうえで、乙が履行しない場合には本件製品を任意に処分し、その売得金をもって乙に対する損害賠償債権を含む一切の債権の弁済に充当することができ、不足額があるときは、更に乙に請求することができる。

第16条　（守秘義務）

1 甲及び乙は、本契約期間中はもとより終了後も、本契約に基づき相手方から開示された情報を守秘し、第三者に開示してはならない。
2 前項の守秘義務は、前項の情報が以下のいずれかに該当する場合には適用しない。
    ① 公知の事実又は当事者の責に帰すべき事由によらずして公知となった事実
    ② 第三者から適法に取得した事実
    ③ 開示の時点で保有していた事実
    ④ 法令、政府機関、裁判所の命令により開示が義務付けられた事実

● 任意処分 【重要度 B】

特約店が製品を引き取らない場合にメーカーの側で任意に処分することができることを定めておくと便利です。必要に応じて記載しましょう。

【応用】任意処分対象について記載する　　…▶　255ページ

● 守秘義務 【重要度 B】

企業秘密を守るために守秘義務につき記載しましょう。

【応用】開示についての取扱いを変更する　…▶　255ページ
　　　　守秘義務を限定する　…▶　256ページ

第17条 （損害賠償責任）
　甲又は乙は、解除、解約又は本契約に違反することにより、相手方に損害を与えたときは、その損害の全て（弁護士費用及びその他の実費を含むが、これに限られない。）を賠償しなければならない。

第18条 （遅延損害金）
　乙が本契約に基づく金銭債務の支払いを遅延したときは、甲に対し、支払期日の翌日から支払済みに至るまで、年１４．６％（年３６５日日割計算）の割合による遅延損害金を支払うものとする。

第19条 （契約期間）
　本契約の有効期間は、令和〇年〇月〇日から令和〇年〇月〇日までとし、期間満了の１か月前までに甲乙いずれからも異議がなされないときには、本契約は期間満了の翌日から起算して、同一内容にて更に１年間延長されるものとし、それ以後も同様とする。

第20条 （契約終了後の処理）
1　甲及び乙は、本契約が終了したときは、互いに既に確定した債権債務について、速やかにこれを精算するものとする。
2　乙は、本契約が終了した場合、直ちに本件業務を中止し、甲に対して事務の引継ぎを行い、本契約に基づき預託・貸与された事務処理マニュアル等の製品（本契約に基づき提供されたデータ類及びこれらが記録された電子媒体等を含む。）を、速やかに甲の指示に基づき返還ないし破棄するものとする。
3　乙は、本契約終了後、本件商標等を使用するなど、第三者から甲又は甲の業務を受託した者と誤認されるような行為をしてはならない。

● 損害賠償責任　　**重要度 C**

損害賠償規定は民法等にも存在しますが、弁護士費用や実費なども賠償対象とするため記載しています。

【応用】賠償請求権を限定する　　…▶　256 ページ
　　　　賠償額について具体的に規定する　　…▶　256 ページ
　　　　違約金について規定する　　…▶　257 ページ

● 遅延損害金　　**重要度 B**

履行期日が遅れた場合の損害に関する定めを記載しましょう。

【応用】遅延損害金利率を変更する　　…▶　257 ページ

● 契約期間　　**重要度 A**

契約期間に関する定めを記載しましょう。

【応用】異議を述べる場合の方法について規定する　　…▶　258 ページ
　　　　契約期間延長の決定権を限定する　　…▶　259 ページ

● 契約終了後の処理　　**重要度 B**

契約終了後に問題となる可能性のある事項につき、その扱いをあらかじめ記載しましょう。

【応用】契約終了後の取扱いについて規定する　　…▶　260 ページ

商取引　6 特約店契約書

第21条　(反社会的勢力の排除)
1　甲及び乙は、自己又は自己の役員が、暴力団、暴力団関係企業、総会屋もしくはこれらに準ずる者又はその構成員（以下これらを「反社会的勢力」という。）に該当しないこと、及び次の各号のいずれにも該当しないことを表明し、かつ将来にわたっても該当しないことを相互に確約する。
　　①　反社会的勢力に自己の名義を利用させること
　　②　反社会的勢力が経営を実質的に支配していると認められる関係を有すること
2　甲又は乙は、前項の一つにでも違反することが判明したときは、何らの催告を要せず、本契約を解除することができる。
3　本条の規定により本契約が解除された場合には、解除された者は、解除により生じる損害について、その相手方に対し一切の請求を行わない。

第22条　(協議解決)
　　本契約に定めのない事項又は本契約の解釈について疑義が生じたときは、甲乙誠意をもって協議のうえ解決する。

第23条　(合意管轄)
　　甲及び乙は、本契約に関し裁判上の紛争が生じたときは、東京地方裁判所を専属的合意管轄裁判所とすることに合意する。

　本契約締結の証として、本契約書2通を作成し、甲乙相互に署名又は記名・捺印のうえ、各1通を保有することとする。

令和　　年　　月　　日
　　　　　　　　　　　　甲

● 反社会的勢力の排除　**重要度 B**

契約当事者が反社会的勢力と関わっていることが判明した場合に、即座に契約関係を解消することができるようにするために規定しています。

　【応用】対象者を限定する　　　・・・▶　261 ページ
　　　　　賠償額を具体的に規定する　・・・▶　261 ページ

● 協議解決　**重要度 C**

協議により紛争解決を図る可能性を探るため規定しています。なお、この規定に法的な拘束力はありません。

　【応用】紛争解決方法について具体的に規定する　・・・▶　262 ページ
　　　　　契約の当事者を追加する　・・・▶　262 ページ

● 合意管轄　**重要度 B**

紛争が生じた際に自己に有利な管轄裁判所において裁判を受けるための規定です。

　【応用】合意管轄裁判所を変更する　・・・▶　262 ページ
　　　　　契約の当事者を追加する　・・・▶　263 ページ

● 後　　文

　【応用】契約の当事者を追加する　・・・▶　263 ページ

乙	㊞

※ 特約店契約書は、原則として、印紙税額一覧表第7号文書（「継続的取引の基本となる契約書」）に該当するため4,000円の収入印紙を貼付しなければなりません。ただし、3か月以内で終了する契約（更新の規定があり契約期間が3か月を超える可能性のあるものは除く）については、印紙の貼付は不要となります。

作成のテクニック

▶ 前文

> （メーカー）○○○○（以下「甲」という。）と（特約店）○○○○（以下「乙」という。）は、次のとおり特約店契約（以下「本契約」という。）を締結する。

【契約の当事者を追加する】

・改正民法に適合した連帯保証人条項を設ける場合・　　　　〔メーカー有利〕

民法改正により、原則として根保証となる連帯保証人には、極度額等の定めが必要となります（改正民法465条の２）。

> （メーカー）○○○○（以下「甲」という。）、（特約店）○○○○（以下「乙」という。）及び（連帯保証人）○○○○（以下「丙」という。）は、次のとおり特約店契約（以下「本契約」という。）を締結する。
> （略）
> 第○条（連帯保証人）
> 1　丙は、乙と連帯して、以下のとおり極度額の範囲において、本契約から生じる一切の債務（以下「本件債務」という。）を負担する。
>
> | 対象となる債務 | 本件債務（本契約の履行及び損害賠償金等従たる債務を含む一切の債務） |
> |---|---|
> | 極度額 | 金○○円（本件債務及び連帯保証債務について約定された違約金又は損害賠償の額を含む。） |
> | 元本確定事由 | ①丙の財産について、金銭の支払いを目的とする債権についての強制執行又は担保権の実行が申し立てられ、当該手続が開始されたとき
②丙が破産手続開始の決定を受けたとき
③乙又は丙が死亡したとき |

2　乙は、丙に対し、別紙のとおり保証契約の前提となる情報を提供し、丙は、別紙の情報の提供を受けたことを確認する。
第○条（協議解決）
　　本契約に定めのない事項又は本契約の解釈について疑義が生じたときは、甲、乙及び丙は誠意をもって協議のうえ解決する。
第○条（合意管轄）
　　甲、乙及び丙は、本契約に関し裁判上の紛争が生じたときは、東京地方裁判所を専属的合意管轄裁判所とすることに合意する。
（略）
　本契約締結の証として、本契約書3通を作成し、甲乙丙相互に署名又は記名・捺印のうえ、各1通を保有することとする。
（略）

　　　　　　　　　　　丙
　　　　　　　　　　　　　　　　　　　　　　　㊞

【別紙】

　乙は、本契約締結時における自らの情報を以下のとおり提供する。

財産及び収支の状況	
主債務以外に負担している債務の有無、額及び履行状況	
主債務の担保として他に提供し又は提供しようとするものの内容	

第1条（目的）　重要度A

甲は、自社が製造する空気清浄器について、販路を拡大するため、乙を特約店として、地域を限定して独占的な販売権を付与することとしたため、本契約を締結する。

【目的の内容を変更する】

・加工食品に係る特約店契約を締結する場合・

> 甲は、自社が販売する加工食品について、〇〇県における新たな流通経路を開拓するため、乙を特約店とすることを希望し、乙がこれを承諾したため、本契約を締結する。

▶ 第2条（特約店） 重要度 A

1 乙は、以下の内容で、甲が継続的に製造し売り渡す製品（以下「本件製品」という。）を買い受け、甲の特約店として本件製品を買主（以下「買主」という。）に販売する。
 ① 品　　名　別紙記載のとおり
 ② 発注方法　乙が甲に注文書を交付し、甲が乙に注文請書を交付する
 ③ 数　　量　注文書記載のとおり
 ④ 単　　価　別紙のとおり
 ⑤ 販売地域　〇〇県
 ⑥ 引渡期日　注文書記載のとおり
 ⑦ 引渡場所　注文書記載のとおり
 ⑧ 支払期限　引渡しを受けた本件製品につき毎月末日締め、翌月10日限り
 ⑨ 支払方法　以下の口座に銀行振込（振込手数料は乙負担）
 　　　　　　〇〇銀行〇〇支店　普通預金
 　　　　　　口座番号　〇〇〇〇〇〇
 　　　　　　口座名義　〇〇〇〇〇〇
2 乙は、自己の名義と計算において、本件製品の販売を行うものとする。

【発注についての取扱いを変更する】

・甲の商品すべてを取り扱う場合・

| ① | 品　名 | 甲が現在及び将来製造又は販売する全商品 |

・注文書・注文請書のやりとりをFAXまたは電子メールにより行う場合・

| ② | 発注方法 | 乙が甲に注文書を交付し、甲が乙に注文請書を交付する。なお、注文書及び注文請書のやり取りはFAX又は電子メールによる方法で行う。 |

・最低購入量を定める場合・

| ⑩ | 最低購入量 | 別紙のとおり |

・一定期間内に注文請書の送付がなされなかった場合は個別契約を拒否したものとする場合・

| 3 | 甲が注文書受領後〇日以内に注文請書を送付しなかった場合、個別契約は成立しなかったものとみなす。 |

・一定期間内に異議申立てがなされなかった場合は個別契約が成立するとする場合・

| 3 | 甲が注文書受領後〇日以内に異議申立をしなかった場合、注文請書の送付がなくても注文書どおり個別契約は成立したものとみなす。 |

▶ 第3条（権限・義務）　重要度 A

| 1 | 乙は、販売地域において、本件製品を独占的に販売する権限を有するものとする。 |

```
  2  乙は、以下の義務を負う。
    ①  販売地域外で本件製品を販売してはならない。ただし、イン
       ターネットを用いる形の通信販売を行うときはこの限りではな
       い。
    ②  広告、看板等に甲の販売特約店であることを明示しなければな
       らない。
    ③  甲の指示する標準価格を尊重して本件製品を買主に販売しなけ
       ればならない。
    ④  新規に甲特約店の支店を開設するときは、別途甲との間で覚書
       を締結しなければならない。
  3  甲は、以下の義務を負う。
    ①  本契約期間中、販売地域において、自ら商品を販売してはなら
       ない。
    ②  本契約期間中、販売地域において、乙以外の特約店を設置して
       はならない。
```

【権限・義務の内容を追加する】

・特約店に各月の販売状況の報告義務を課す場合・　　　〔メーカー有利〕

```
  2  乙は、以下の義務を負う。
    ⑤  買主に対する毎月の販売実績を甲に報告しなければならない。
```

・特約店に類似製品の取扱禁止義務を課す場合・　　　〔メーカー有利〕

```
  2  乙は、以下の義務を負う。
    ⑤  甲以外の者から本件製品と同種の商品の購入販売をしてはなら
       ない。
```

・特約店に顧客からの問合せに対応する義務を課す場合・　〔メーカー有利〕

```
  2  乙は、以下の義務を負う。
    ⑤  買主からの問合せには、自らの責任と費用で対応しなければな
       らない。
```

第4条（引渡し）　重要度 B

> 甲は、引渡期日に、引渡場所に本件製品を持参して引き渡す。なお、引渡しに要する費用は甲の負担とする。

【引渡しの方法を変更する】

・引渡場所や方法を個別契約で定める場合・

> <u>本件製品の引渡方法は、各個別契約において定める</u>。なお、引渡しに要する費用は甲の負担とする。

・郵送で引渡しを行う場合・

> 甲は、引渡期日に<u>到着</u>するように、引渡場所に本件製品を<u>郵送</u>して引き渡す。なお、引渡しに要する費用は甲の負担とする。

・特約店が商品を引取りに行く場合・　　　　　　　　　〔メーカー有利〕

> <u>乙</u>は、引渡期日に、<u>引渡場所にて本件製品を引き取る</u>。なお、引渡しに要する費用は<u>乙</u>の負担とする。

・協議により引渡方法を変更することを認める場合・

> 1　（略）
> 2　甲及び乙は、協議により前項の引渡方法を変更することができる。

【引渡しに要する費用の負担者を変更する】

・引渡しに要する費用を特約店負担にする場合・　　　　〔メーカー有利〕

> 甲は、引渡期日に、引渡場所に本件製品を持参して引き渡す。なお、引渡しに要する費用は<u>乙</u>の負担とする。

・引渡しに関する費用を折半にする場合・　　　　　〔メーカー有利〕

> 甲は、引渡期日に、引渡場所に本件製品を持参して引き渡す。なお、引渡しに要する費用は<u>甲乙折半で負担</u>する。

第5条（検査）　重要度C

> 1　乙は、本件製品の引渡後、10日以内に本件製品を検査し、甲に対して合格又は不合格の通知を書面で行わなければならない。
> 2　乙は、前項の検査により本件製品につき契約不適合又は数量不足等を発見したときは、直ちに理由を記載した書面をもって甲に不合格の通知をしなければならない。本通知がなされないまま前項の期間が経過したときは、本件製品が検査に合格したものとみなす。
> 3　甲は、検査の結果、不合格になったものについては、甲の費用負担で引き取り、乙の指定する期限までに代品納入を行わなければならない。
> 4　甲は、乙による検査結果に関し、疑義又は異議のあるときは、遅滞なく書面によりその旨を申し出て、甲乙協議のうえ解決する。

【検査の方法を変更する】

・検査期間を長くする場合・　　　　　　　　　　　〔特約店有利〕

> 1　乙は、本件製品の引渡後、<u>1か月</u>以内に本件製品を検査し、甲に対して合格又は不合格の通知を書面で行わなければならない。

・検査期間を短くする場合・　　　　　　　　　　　〔メーカー有利〕

> 1　乙は、本件製品の引渡後、<u>3日</u>以内に本件製品を検査し、甲に対して合格又は不合格の通知を書面で行わなければならない。

・検査期間を営業日で定める場合・　　　　　　　　　〔特約店有利〕

> 1　乙は、本件製品の引渡後、<u>10営業日</u>以内に本件製品を検査し、甲に対して合格又は不合格の通知を書面で行わなければならない。

・検査基準を設ける場合・

> 1　乙は、本件製品の引渡後、10日以内に本件製品を検査し、甲に対して合格又は不合格の通知を書面で行わなければならない。<u>なお、当該検査は、別紙検査基準マニュアルに準拠して行うものとする。</u>

【検査結果の通知方法を変更する】

・書面のほかにFAXや電子メールによる通知も認める場合・　〔特約店有利〕

> 1　乙は、本件製品の引渡後、10日以内に本件製品を検査し、甲に対して合格又は不合格の通知を書面<u>（FAX及び電子メールを含む。）</u>で行わなければならない。
> 2　乙は、前項の検査により本件製品につき契約不適合又は数量不足等を発見したときは、直ちに理由を記載した書面<u>（FAX及び電子メールを含む。）</u>をもって甲に不合格の通知をしなければならない。本通知がなされないまま前項の期間が経過したときは、本件製品が検査に合格したものとみなす。

【不合格品が発生した場合の対処方法を変更する】

・代品納入ができない物である場合・

> 3　甲は、検査の結果、不合格になったものについては、甲の費用負担で引き取り、<u>不合格品の数量に従い、不合格品の代金相当額を代金総額から減額する。ただし、不合格品の発生により本契約の目的を達成できないときには、乙は、本契約を解除することができる。</u>

・修理を行ったうえで再納入する場合・

> 3　甲は、検査の結果、不合格になったものについては、甲の費用負担で引き取り、乙の指定する期限までに<u>修理を行ったうえ、再納入を行わなければならない</u>。なお、この場合でも甲は賠償責任を免れない。

・対処方法をメーカーが選択できることとする場合・　　　〔メーカー有利〕

> 3　甲は、検査の結果、不合格になったものについては、甲の費用負担で引き取り、<u>以下のいずれかの方法により対処する</u>。なお、この場合でも甲は賠償責任を免れない。
> ①　乙の指定する期限までに代品納入を行う
> ②　不合格となった物の代金相当額を代金総額から減額する
> ③　乙の指定する期限までに修理を行ったうえ、再納入を行う

・対処方法を特約店が選択できることとする場合・　　　〔特約店有利〕

> 3　甲は、検査の結果、不合格になったものについては、甲の費用負担で引き取り、<u>乙の指定する以下のいずれかの方法により対処する</u>。なお、この場合でも甲は賠償責任を免れない。
> ①　乙の指定する期限までに代品納入を行う
> ②　不合格となった物の代金相当額を代金総額から減額する
> ③　乙の指定する期限までに修理を行ったうえ、再納入を行う

▶ 第6条（所有権）　重要度 B

> 本件製品の所有権は、本件製品の代金完済時に、甲から乙に移転する。

【所有権の移転の時期を変更する】

・所有権移転の時期を引渡時とする場合・　　　　　　　　〔特約店有利〕

> 本件製品の所有権は、本件製品の<u>引渡時</u>に、甲から乙に移転する。

・所有権移転の時期を検査合格時とする場合・　　　　　　〔メーカー有利〕

> 本件製品の所有権は、本件製品の<u>検査合格時</u>に、甲から乙に移転する。

▶ 第7条(販売促進) 　重要度 B

> 甲は、乙に対し、本件製品の販売促進のため、甲乙協議のうえ、一定量の試供品、パンフレット、ノボリ及び看板等を無償で提供する。

【販売促進に係る取決めを追加する】

・販売促進のための人員派遣につき規定する場合・　　　　〔特約店有利〕

> 1　(略)
> 2　乙は、甲に対し、乙の店舗に販売促進のための人員を派遣するよう要請することができる。人員派遣に要する費用は乙の負担とする。

・販売促進に係る費用を折半する場合・

> 1　(略)
> 2　販売促進に係る費用は甲乙折半して負担する。

・販売促進費を支給する場合・　　　　　　　　　　　　　〔特約店有利〕

> 1　(略)
> 2　甲は、購入実績に応じ、乙に対し、別途定める販売促進費を支給する。

・商品展示義務を課す場合・　　　　　　　　　　　　〔メーカー有利〕

> 1 （略）
> 2 乙は、甲の指示に従い、本件製品の展示コーナーを設けなければならない。

第8条（目的物の不適合）　重要度 B

> 1 乙は、本件製品に本契約に定める仕様に関する不適合が判明した場合、判明した時から1年以内に、甲に対し、その旨の通知をしなければ、修補、代金減額、損害賠償の請求をすることができず、また、これを理由に本契約を解除することはできないものとする。
> 2 前項の規定は、甲が当該不適合の存在を知り、又は重大な過失により知らなかった場合は適用しない。

【契約不適合責任に係る内容を変更する】

・改正民法に適合した条項を設ける場合・

> 1 乙は、本件製品に本契約の内容に適合しない箇所がある場合には、甲に対し、本件製品の修補（代替物の引渡し又は不足分の引渡しによる履行の追完を含む。）を請求することができる。ただし、甲は、乙に不相当な負担を課するものでないときは、乙が請求した方法と異なる方法による履行の追完をすることを妨げない。
> 2 前項に規定する場合において、乙が相当の期間を定めて履行の追完の催告をし、その期間内に履行の追完がないときは、乙は、その不適合の程度に応じて代金の減額を請求することができる。
> 3 前項の定めにかかわらず、次に掲げる場合には、乙は、同項の催告をすることなく、直ちに代金の減額を請求することができる。
> 　① 履行の追完が不能であるとき
> 　② 甲が履行の追完を拒絶する意思を明確に表示したとき
> 　③ 契約の性質又は当事者の意思表示により、特定の日時又は一定の期間内に履行しなければ契約をした目的を達成できない場合

>   において、甲が履行の追完をしないでその時期を経過したとき
>   ④ 前三号に掲げる場合のほか、乙が前項の催告をしても履行の追完を受ける見込みがないことが明らかであるとき
> 4 本条第1項に規定する場合において、本契約を締結した目的を達することができない場合には、乙は甲に対し、本契約を解除することができる。
> 5 本条第1項に規定する場合において、当該不適合が乙の責に帰すべき事由によるものであるときは、乙は甲に対し、本条に定める履行の追完請求、代金の減額の請求、及び解除の意思表示をすることができない。
> 6 本条各項の定めにかかわらず、本条第1項の不適合が甲の責に帰すべき事由によるものであるときは、乙は甲に対し損害賠償を請求することができる。
> 7 乙が甲に対し、本条による契約解除、履行の追完請求、代金の減額の請求、損害賠償の請求をする場合には、乙が本件製品に契約内容に適合しない箇所があることを知った日から1年以内に通知しなければならない。ただし、甲が引渡しの時に目的物が契約の内容に適合しないものであることを知っていたとき、又は知らなかったことにつき重大な過失がある場合には、この限りではない。

民法改正により、「瑕疵担保責任」が廃止され、「契約不適合責任」となりました。「瑕疵」ではなく、「目的物が契約内容から乖離しているか」に着目し、それに対する責任(契約不適合責任)を規定するものです。また、救済手段として請求できる内容が増え、現行法でも規定されている損害賠償請求と解除に加えて、追完請求や代金減額請求も可能となりました(改正民法562条1項、563条1項)。これら改正の内容になるべく沿う形で規定した場合の例です。

・契約不適合責任を負わないこととする場合・　　　　〔メーカー有利〕

> 甲は、本件製品に本契約の内容に適合しない箇所があっても、乙に対して何らの責任を負わない。

メーカーが契約不適合責任を負わない旨を定める場合の例です。

• 過大な費用を要する場合には追完請求を認めない場合 •　　〔メーカー有利〕

> 1　乙は、本件製品に本契約の内容に適合しない箇所がある場合には、自ら指定する方法による追完請求をすることができる。ただし、過大な費用（○○円以上）を要する場合はこの限りでない。
> 2　乙は、本件製品の不具合が是正不能と考える場合には、前項の追完請求を行うことなく、自らの選択により、売買代金の減額を請求し、又は本契約を解除することができる。

特約店の追完請求が過大とされる場合の金額条件を明記する等した例です。

第9条（危険負担）　重要度 B

> 本件製品の引渡前に生じた本件製品の滅失、毀損、減量、変質、その他一切の損害は、乙の責に帰すべきものを除き甲が負担し、本件製品の引渡後に生じたこれらの損害は、甲の責に帰すべきものを除き乙が負担する。

【危険の移転時期を変更する】

• 危険の移転時期を代金完済時とする場合 •　　　　　　　　〔特約店有利〕

> <u>本件製品の代金総額完済前</u>に生じた本件製品の滅失、毀損、減量、変質、その他一切の損害は、乙の責に帰すべきものを除き甲が負担し、<u>本件製品の代金総額完済後</u>に生じたこれらの損害は、甲の責に帰すべきものを除き乙が負担する。

• 危険の移転時期を検査完了時とする場合 •　　　　　　　　〔特約店有利〕

> <u>本件製品の検査完了前</u>に生じた本件製品の滅失、毀損、減量、変質、その他一切の損害は、乙の責に帰すべきものを除き甲が負担し、<u>本件製品の検査完了後</u>に生じたこれらの損害は、甲の責に帰すべきものを除き乙が負担する。

商取引　6　特約店契約書

▶ 第10条（権利の譲渡禁止等） 重要度 B

> 甲及び乙は、予め相手方の書面による承諾を得ないで、本契約に基づく権利、義務又は財産の全部又は一部を第三者に譲渡し、承継させ、又は担保に供してはならない。

【譲渡禁止を限定する】

• メーカーのみに譲渡禁止等を課する場合 •　　　　　　　　〔特約店有利〕

> <u>甲</u>は、予め<u>乙</u>の書面による承諾を得ないで、本契約に基づく権利、義務又は財産の全部又は一部を第三者に譲渡し、承継させ、又は担保に供してはならない。

• 特約店のみに譲渡禁止等を課する場合 •　　　　　　　　〔メーカー有利〕

> <u>乙</u>は、予め<u>甲</u>の書面による承諾を得ないで、本契約に基づく権利、義務又は財産の全部又は一部を第三者に譲渡し、承継させ、又は担保に供してはならない。

▶ 第11条（通知義務） 重要度 C

> 甲及び乙は、次の各号のいずれか一つに該当するときは、相手方に対し、予めその旨を書面により通知しなければならない。
> ① 法人の名称又は商号を変更するとき
> ② 振込先指定口座を変更するとき
> ③ 代表者を変更するとき
> ④ 本店、主たる事業所の所在地又は住所を変更するとき

【通知義務を限定する】

・メーカーのみに通知義務を課す場合・　　　　　　　〔特約店有利〕

> 甲は、次の各号のいずれか一つに該当するときは、乙に対し、予めその旨を書面により通知しなければならない。
> ① （以下略）

・特約店のみに通知義務を課す場合・　　　　　　　〔メーカー有利〕

> 乙は、次の各号のいずれか一つに該当するときは、甲に対し、予めその旨を書面により通知しなければならない。
> ① （以下略）

第12条（クレーム）　重要度B

> 1　甲は、本件製品の設計上、製造上及び表示上の欠陥がないよう最大限の努力を払うものとする。
> 2　本件製品の欠陥に起因して、本件製品又は本件製品を組み込んだ製品が第三者に対し損害を与えたことにより、当該第三者から乙に対して損害賠償請求がなされ、乙がこれを支払った場合、乙は当該欠陥と相当因果関係のある損害の賠償（弁護士費用及びその他の実費を含む。）を甲に請求することができる。ただし、本件製品に欠陥が生じたことにつき、甲に過失が存在しない場合はこの限りではない。
> 3　甲は、本契約終了後も前項の義務を負う。

【クレーム対応に関する取決めを変更する】

・クレームがあったときの通知義務・対応義務を課す場合・

> 4　乙は、本件製品について顧客よりクレームを受けたときは、直ちに甲に通知しなければならない。

> 5　前項の通知を受けた場合、甲は自らの責任と費用でクレームに対応し、解決するものとする。

・特約店が責任をもって対応することとする場合・　　　〔メーカー有利〕

> 4　乙は、本件製品について顧客よりクレームを受けたときは、自らの責任と費用でクレームに対応し、解決するものとする。

第13条（相殺）　重要度 B

> 甲は、本契約又は本契約に限らないその他の契約等に基づき甲が乙に対して負担する債務と、本契約又は本契約に限らないその他の契約等に基づき甲が乙に対して有する債権とを、その債権債務の期限にかかわらず、いつでもこれを対当額において相殺することができる。

【相殺権者を変更する】

・特約店に相殺権を認める場合・　　　　　　　　　　〔特約店有利〕

> 乙は、本契約又は本契約に限らないその他の契約等に基づき乙が甲に対して負担する債務と、本契約又は本契約に限らないその他の契約等に基づき乙が甲に対して有する債権とを、その債権債務の期限にかかわらず、いつでもこれを対当額において相殺することができる。

第14条（解除及び期限の利益喪失）　重要度 B

> 1　甲又は乙が以下の各号のいずれかに該当したときは、相手方は催告及び自己の債務の履行の提供をしないで直ちに本契約又は個別契約の全部又は一部を解除することができる。なお、この場合でも損害賠償の請求を妨げない。
> 　①　本契約の一つにでも違反したとき

② 監督官庁から営業停止又は営業免許もしくは営業登録の取消等の処分を受けたとき
  ③ 差押、仮差押、仮処分、強制執行、担保権の実行としての競売、租税滞納処分その他これらに準じる手続きが開始されたとき
  ④ 破産、民事再生、会社更生又は特別清算の手続開始等の申立てがなされたとき
  ⑤ 自ら振り出し又は引き受けた手形もしくは小切手が1回でも不渡りとなったとき、又は支払停止状態に至ったとき
  ⑥ 合併による消滅、資本の減少、営業の廃止・変更又は解散決議がなされたとき
  ⑦ 相手方に対する詐術その他の背信的行為があったとき
  ⑧ その他、支払能力の不安又は背信的行為の存在等、本契約を継続することが著しく困難な事情が生じたとき
2 甲又は乙が前項各号のいずれかに該当した場合、当該当事者は当然に本契約及びその他相手方当事者との間で締結した契約から生じる一切の債務について期限の利益を失い、当該当事者は相手方当事者に対して、その時点において当該当事者が負担する一切の債務を直ちに弁済しなければならない。

【解除事由を変更する】

・特約店の購入金額が一定の条件を満たさなかったことを解除事由とする場合・

1 甲又は乙が以下の各号のいずれかに該当したときは、相手方は催告及び自己の債務の履行の提供をしないで直ちに本契約又は個別契約の全部又は一部を解除することができる。なお、この場合でも損害賠償の請求を妨げない。
  ○ 乙の本件製品の購入総額が○か月連続で別紙で定める目標金額に達しなかったとき

【約定解除権を一方当事者に限定する】

・メーカーのみに約定解除権を認める場合・　　　　〔メーカー有利〕

1 乙が以下の各号のいずれかに該当したときは、甲は催告及び自己の

債務の履行の提供をしないで直ちに本契約又は個別契約の全部又は一部を解除することができる。なお、この場合でも損害賠償の請求を妨げない。
① （以下略）

・特約店のみに約定解除権を認める場合・　　　　　　　　〔特約店有利〕

1　甲が以下の各号のいずれかに該当したときは、乙は催告及び自己の債務の履行の提供をしないで直ちに本契約又は個別契約の全部又は一部を解除することができる。なお、この場合でも損害賠償の請求を妨げない。
① （以下略）

【解除の条件を変更する】

・解除前に催告を要求する場合・

1　甲又は乙が以下の各号のいずれかに該当したときは、相手方は、相当の期間を定めて催告を行い、その期間内に是正がなされない場合、自己の債務の履行の提供をしないで本契約又は個別契約の全部又は一部を解除することができる。なお、この場合でも損害賠償の請求を妨げない。
① （以下略）

第15条（任意処分）　重要度B

乙が引渡期日に本件製品を引き取らないなどの契約の不履行が生じたときは、甲は乙に対し書面により相当期間を定めて催告したうえで、乙が履行をしない場合には本件製品を任意に処分し、その売得金をもって乙に対する損害賠償債権を含む一切の債権の弁済に充当することができ、不足額があるときは、更に乙に請求することができる。

【任意処分対象について記載する】

・任意処分金額を別紙で特定する場合・

> 乙が引渡期日に本件製品を引き取らないなどの契約の不履行が生じたときは、甲は乙に対し書面により相当期間を定めて催告したうえで、乙が履行をしない場合には本件製品を別紙記載の金額で任意に処分し、その売得金をもって乙に対する損害賠償債権を含む一切の債権の弁済に充当することができ、不足額があるときは、更に乙に請求することができる。

第16条（守秘義務）　重要度B

> 1　甲及び乙は、本契約期間中はもとより終了後も、本契約に基づき相手方から開示された情報を守秘し、第三者に開示してはならない。
> 2　前項の守秘義務は、前項の情報が以下のいずれかに該当する場合には適用しない。
> 　① 公知の事実又は当事者の責に帰すべき事由によらずして公知となった事実
> 　② 第三者から適法に取得した事実
> 　③ 開示の時点で保有していた事実
> 　④ 法令、政府機関、裁判所の命令により開示が義務付けられた事実

【開示についての取扱いを変更する】

・事前の書面承諾により開示を許可する場合・

> 1　甲及び乙は、事前に相手方の書面による同意を得た場合を除き、本契約期間中はもとより終了後も、本契約に基づき相手方から開示された情報を守秘し、第三者に開示してはならない。

【守秘義務を限定する】

・特約店のみに守秘義務を課す場合・　　　　　　　　　　〔メーカー有利〕

> 1　乙は、本契約期間中はもとより終了後も、本契約に基づき相手方から開示された情報を守秘し、第三者に開示してはならない。

第17条（損害賠償責任）　重要度C

> 甲又は乙は、解除、解約又は本契約に違反することにより、相手方に損害を与えたときは、その損害の全て（弁護士費用及びその他の実費を含むが、これに限られない。）を賠償しなければならない。

【賠償請求権を限定する】

・メーカーのみに弁護士費用等の損害賠償請求権を認める場合・
　　　　　　　　　　　　　　　　　　　　　　　　　　〔メーカー有利〕

> 乙は、解除、解約又は本契約に違反することにより、甲に損害を与えたときは、その損害の全て（弁護士費用及びその他の実費を含むが、これに限られない。）を賠償しなければならない。

・特約店のみに弁護士費用等の損害賠償請求権を認める場合・〔特約店有利〕

> 甲は、解除、解約又は本契約に違反することにより、乙に損害を与えたときは、その損害の全て（弁護士費用及びその他の実費を含むが、これに限られない。）を賠償しなければならない。

【賠償額について具体的に規定する】

・具体的な賠償額の予定を行う場合・

> 甲又は乙は、解除、解約又は本契約の重大な義務に違反することにより、

相手方に損害を与えたときは、損害額の立証を要することなく、金〇〇円を損害金として支払う。

•損害賠償額を限定する場合•

甲又は乙は、解除、解約又は本契約に違反することにより、相手方に損害を与えたときは、金〇〇円を上限として、損害を賠償しなければならない。

【違約金について規定する】

•故意または重過失による損害について追加で違約金の支払いを認める場合•

1　（略）
2　甲又は乙は、故意又は重過失により、本契約に違反し相手方に損害を与えたときは、金〇〇円の違約金を前項の損害に加算して賠償しなければならない。

第18条（遅延損害金）　重要度 B

乙が本契約に基づく金銭債務の支払いを遅延したときは、甲に対し、支払期日の翌日から支払済みに至るまで、年 14.6％（年 365 日日割計算）の割合による遅延損害金を支払うものとする。

【遅延損害金利率を変更する】

遅延損害金利率の定めがないときの利率は法定利率によるとされているところ、民法改正により法定利率が年5％から3％（その後3年ごとに見直しが行われます）となり（改正民法 404 条）、遅延損害金利率もこれに連動します（改正民法 419 条）。また、同改正により、商事法定利率（6％）は廃止されます。
当事者間で、法定利率とは異なる利率を定めることも可能です。民法改正により法定利率は3年ごとに見直しが行われる変動制となることから、遅延損

害金利率について定めを置くことが、より重要となります。

• 遅延損害金利率を高くする場合 •　　　　　　　　〔メーカー有利〕

> 乙が本契約に基づく金銭債務の支払いを遅延したときは、甲に対し、支払期日の翌日から支払済みに至るまで、年20％（年365日日割計算）の割合による遅延損害金を支払うものとする。

• 遅延損害金利率を低くする場合 •　　　　　　　　〔特約店有利〕

> 乙が本契約に基づく金銭債務の支払いを遅延したときは、甲に対し、支払期日の翌日から支払済みに至るまで、年1％（年365日日割計算）の割合による遅延損害金を支払うものとする。

第19条（契約期間）　重要度A

> 本契約の有効期間は、令和○年○月○日から令和○年○月○日までとし、期間満了の1か月前までに甲乙いずれからも異議がなされないときには、本契約は期間満了の翌日から起算して、同一内容にて更に1年間延長されるものとし、それ以後も同様とする。

【異議を述べる場合の方法について規定する】

• 異議の方法を書面に限定する場合 •

> 本契約の有効期間は、令和○年○月○日から令和○年○月○日までとし、期間満了の1か月前までに甲乙いずれからも書面による異議がなされないときには、本契約は期間満了の翌日から起算して、同一内容にて更に1年間延長されるものとし、それ以後も同様とする。

【契約期間延長の決定権を限定する】

・延長するか否かの決定権をメーカーのみに与える場合・　　〔メーカー有利〕

> 本契約の有効期間は、令和○年○月○日から令和○年○月○日までとし、期間満了の1か月前までに甲から異議がなされないときには、本契約は期間満了の翌日から起算して、同一内容にて更に1年間延長されるものとし、それ以後も同様とする。

・延長するか否かの決定権を特約店のみに与える場合・　　〔特約店有利〕

> 本契約の有効期間は、令和○年○月○日から令和○年○月○日までとし、期間満了の1か月前までに乙から異議がなされないときには、本契約は期間満了の翌日から起算して、同一内容にて更に1年間延長されるものとし、それ以後も同様とする。

・自動延長にしない場合・

> 本契約の有効期間は、令和○年○月○日から令和○年○月○日までとし、期間満了の1か月前までに甲乙の協議が整った場合にのみ延長するものとする。

第20条（契約終了後の処理）　重要度B

> 1　甲及び乙は、本契約が終了したときは、互いに既に確定した債権債務について、速やかにこれを精算するものとする。
> 2　乙は、本契約が終了した場合、直ちに本件業務を中止し、甲に対して事務の引継ぎを行い、本契約に基づき預託・貸与された事務処理マニュアル等の製品（本契約に基づき提供されたデータ類及びこれらが記録された電子媒体等を含む。）を、速やかに甲の指示に基づき返還ないし破棄するものとする。
> 3　乙は、本契約終了後、本件商標等を使用するなど、第三者から甲又は甲の業務を受託した者と誤認されるような行為をしてはならない。

【契約終了後の取扱いについて規定する】

・破棄した場合に破棄証明を求める場合・　　　　　　　　　〔メーカー有利〕

> 2　乙は、本契約が終了した場合、直ちに本件業務を中止し、甲に対して事務の引継ぎを行い、本契約に基づき預託・貸与された事務処理マニュアル等の製品（本契約に基づき提供されたデータ類及びこれらが記録された電子媒体等を含む。）を、速やかに甲の指示に基づき返還ないし破棄するものとする。なお、<u>破棄した場合には、乙は甲に対して破棄した製品を明らかにした書面を交付しなければならない</u>。

・個別契約との関係について定める場合・

> 4　本契約の終了の効果は、本契約終了までに成立した個別契約には何ら影響しない。

・メーカーに商品の引取義務を課す場合・　　　　　　　　　〔特約店有利〕

> 4　本契約が終了した場合、甲は乙から本件製品を売買金額の○％で引き取るものとする。

第21条（反社会的勢力の排除）　重要度 B

> 1　甲及び乙は、自己又は自己の役員が、暴力団、暴力団関係企業、総会屋もしくはこれらに準ずる者又はその構成員（以下これらを「反社会的勢力」という。）に該当しないこと、及び次の各号のいずれにも該当しないことを表明し、かつ将来にわたっても該当しないことを相互に確約する。
> 　① 反社会的勢力に自己の名義を利用させること
> 　② 反社会的勢力が経営を実質的に支配していると認められる関係を有すること
> 2　甲又は乙は、前項の一つにでも違反することが判明したときは、何

らの催告を要せず、本契約を解除することができる。
　3　本条の規定により本契約が解除された場合には、解除された者は、解除により生じる損害について、その相手方に対し一切の請求を行わない。

【対象者を限定する】

・特約店のみを対象とする場合・　　　　　　　　　　　〔メーカー有利〕

　1　乙は、自己又は自己の役員が、暴力団、暴力団関係企業、総会屋もしくはこれらに準ずる者又はその構成員（以下これらを「反社会的勢力」という。）に該当しないこと、及び次の各号のいずれにも該当しないことを表明し、かつ将来にわたっても該当しないことを確約する。
　　①　反社会的勢力に自己の名義を利用させること
　　②　反社会的勢力が経営を実質的に支配していると認められる関係を有すること
　2　甲は、乙が前項の一つにでも違反することが判明したときは、何らの催告を要せず、本契約を解除することができる。

【賠償額を具体的に規定する】

・具体的な賠償額の予定を行う場合・

　4　本条の規定により本契約が解除された場合には、解除された者は、その相手方に対し、違約金として金〇〇円を支払うものとする。

第22条（協議解決）　重要度C

本契約に定めのない事項又は本契約の解釈について疑義が生じたときは、甲乙誠意をもって協議のうえ解決する。

【紛争解決方法について具体的に規定する】

・具体的な紛争解決機関を指定する場合・

> 本契約に定めのない事項又は本契約の解釈について疑義が生じたときは、訴訟提起以前に独立行政法人国民生活センターが主催するADRにおいて協議を試みなければならない。

・仲裁者をあらかじめ定める場合・

> 本契約に定めのない事項又は本契約の解釈について疑義が生じたときは、○○○○を仲裁者と定め、三者において誠意をもって協議のうえ解決する。

【契約の当事者を追加する】

・連帯保証人（丙）がいる場合・　　　　　　　　〔メーカー有利〕

> 本契約に定めのない事項又は本契約の解釈について疑義が生じたときは、甲、乙及び丙は誠意をもって協議のうえ解決する。

▶ 第23条（合意管轄）　重要度B

> 甲及び乙は、本契約に関し裁判上の紛争が生じたときは、東京地方裁判所を専属的合意管轄裁判所とすることに合意する。

【合意管轄裁判所を変更する】

・本店所在地を管轄する裁判所とする場合・

> 甲及び乙は、本契約に関し裁判上の紛争が生じたときは、甲又は乙の本店所在地を管轄する裁判所を専属的合意管轄裁判所とすることに合意する。

・本店所在地または支店所在地を管轄する裁判所とする場合・

> 甲及び乙は、本契約に関し裁判上の紛争が生じたときは、甲又は乙の本店所在地もしくは支店所在地を管轄する裁判所を専属的合意管轄裁判所とすることに合意する。

・製品引渡場所を管轄する裁判所とする場合・

> 甲及び乙は、本契約に関し裁判上の紛争が生じたときは、本件製品引渡場所を管轄する裁判所を専属的合意管轄裁判所とすることに合意する。

【契約の当事者を追加する】

・連帯保証人（丙）がいる場合・

> 甲、乙及び丙は、本契約に関し裁判上の紛争が生じたときは、東京地方裁判所を専属的合意管轄裁判所とすることに合意する。

後文

> 本契約締結の証として、本契約書2通を作成し、甲乙相互に署名又は記名・捺印のうえ、各1通を保有することとする。

【契約の当事者を追加する】

・連帯保証人（丙）がいる場合・

> 本契約締結の証として、本契約書3通を作成し、甲乙丙相互に署名又は記名・捺印のうえ、各1通を保有することとする。

| その他の役立つ条項 | |

- 契約をめぐる各種取扱いについて定める場合…………………264 ページ
- 状況の変化が生じたときの取扱いについて定める場合…………265 ページ
- 海外企業との取引である場合に、取扱いについて定める場合……265 ページ

◆契約をめぐる各種取扱いについて定める場合

・メーカーの立入検査を認める・　　　　　　　　　　　〔メーカー有利〕

> 第○条（立入検査権）
> 1　甲は、乙の事前の同意を得たうえで、乙の事務所又は営業所に立ち入り、本件製品の販売促進のために必要な事項につき検査することができる。
> 2　乙は、前項に定める立入検査により甲が乙に改善を要求した事項について、直ちに改善するものとする。

・購入実績に応じ報奨金を支払う・　　　　　　　　　　〔特約店有利〕

> 第○条（報奨金）
> 　甲は、乙に対し、本件製品の購入実績に応じ、別紙で定める報奨金を支払う。

・特約店に保証金の預託を求める・　　　　　　　　　　〔メーカー有利〕

> 第○条（保証金）
> 1　乙は、本契約から生ずる一切の債務を担保するため、本契約締結と同時に金○○円を保証金として甲に預託する。
> 2　保証金は無利息とし、本契約終了の際に存在する債務を控除した残額を返金する。

・メーカーが、一定期間、無償で修理を行う・　　　　　　　〔特約店有利〕

> 第○条（無償修理期間）
> 　甲は、乙に対して、本件製品につき、引渡日から○年間、乙の過失によらない故障につき無償で修理を行う。

・費用の負担について定める・

> 第○条（費用負担）
> 　本契約の締結に要する印紙その他の費用は、甲乙が各々の費用を負担するものとする。

◆状況の変化が生じたときの取扱いについて定める場合

・著しい事情の変更が生じたときの対処方法を記載する・

> 第○条（事情の変更）
> 　甲又は乙が、本契約の締結後、天変地異、法令の制定又は改廃、その他著しい事情の変更により、本契約に定める義務を履行することが不可能又は著しく困難となったと認められる場合は、当該定めを変更するため協議することができる。

◆海外企業との取引である場合に、取扱いについて定める場合

・準拠法を日本法と定める・

> 第○条（準拠法）
> 　本契約は日本法に準拠し、同法によって解釈されるものとする。

チェックポイント

あなたがメーカーの場合は、最低限以下の点をチェックしましょう。

- ☐ 契約の目的が明確か
- ☐ 契約の当事者が明らかであるか
- ☐ 特約店に与える権限が明確に定められているか
- ☐ 対象商品、代金額、支払時期、支払方法は明確か
- ☐ 解除条項に不合理な事項が入っていないか
- ☐ 損害賠償請求額が不合理に制限されていないか

あなたが特約店の場合は、最低限以下の点をチェックしましょう。

- ☐ 契約の目的が明確か
- ☐ 契約の当事者が明らかであるか
- ☐ メーカーから与えられる権限が明確に定められているか
- ☐ 不当な義務が課されていないか
- ☐ 対象商品、代金額、支払時期、支払方法は明確か
- ☐ 目的物に契約不適合が存在した場合の対応に問題がないか
- ☐ 解除条項に不合理な事項が入っていないか
- ☐ 損害賠償請求額が不合理に制限されていないか

MEMO

7 OEM 契約書

OEM契約書

（発注者）〇〇〇〇（以下「甲」という。）と（受注者）〇〇〇〇（以下「乙」という。）は、次のとおりOEM契約（以下「本契約」という。）を締結する。

第1条 （目的）
　甲及び乙は、甲が、乙に対してかまぼこ商品の製造を依頼し、乙が製造した商品を自社ブランド商品としてスーパー等を通じて販売することに合意したため、本契約を締結する。

第2条 （OEM契約）
　甲は、乙に対し、本契約の定めに従い、別紙仕様書で定める製品（以下「本件製品」という。）の製造を委託し、完成した本件製品を乙から買い取るものとする。

第3条 （仕様）
　乙は、乙の承認を得て甲が作成した別紙仕様書に基づき、本件製品を製造するものとする。

第4条 （商標）
1　乙は、本件製品に甲の指定する甲の商標を付して甲に納入する。
2　乙は、甲の指示により、本件製品の梱包材等に甲の指定する甲

【この契約書を用いるケース】
☑ 発注者がそのブランドで販売する商品の製造を受注者に委託する場合
⇨ 再委託の可否については 341 ページ参照

● 前　　文

【応用】契約の当事者を追加する　・・▶　282 ページ

● 目　　的　　重要度 A

民法の改正により、解除を主張したり、契約不適合責任に基づく請求をしたりする場合に、契約の目的が重要視されることになりました。そのため、契約書に契約の目的を記載しておく必要があります。

【応用】目的の内容を変更する　・・▶　284 ページ

● OEM 契約　　重要度 A

OEM 契約の内容を簡潔に記載します。

● 仕　　様　　重要度 A

細かい仕様は、契約書とは別に作成するのが通常です。

【応用】仕様書の作成者を変更する　・・▶　284 ページ
　　　　仕様書に係る取決めを追加する　・・▶　284 ページ

● 商　　標　　重要度 B

商標に関する定めを記載します。

【応用】商標に係る取決めを変更する　・・▶　285 ページ

の商標を表示する。

第5条 （個別契約）

1 本件製品の数量、単価、引渡期日、引渡場所、引渡方法、引渡費用等は、甲乙協議のうえ、個別契約で定めるものとする。
2 個別契約は、甲が乙に対し前項の事項等を記載した注文書を送付し、乙が甲に対しこれを承諾する旨の注文請書を送付することにより成立する。

第6条 （取引保証）

1 甲は、乙に対して、本契約締結の日から1年間を初年度として3年間、以下のとおり本件製品の買取りを保証する。4年目以降については、甲乙別途協議してこれを決定する。
　① 初年度　　　○個
　② 2年目　　　○個
　③ 3年目　　　○個
2 乙は、甲に対して、本契約締結の日から1年間を初年度として3年間、以下のとおり本件製品の製造を保証する。4年目以降については、甲乙別途協議してこれを決定する。
　① 初年度　　　○個
　② 2年目　　　○個
　③ 3年目　　　○個

第7条 （代金支払）

甲は、本件製品の代金を、引渡期日の属する月の翌月末日までに、下記口座に振り込んで支払う（振込手数料は甲負担）。
　○○銀行○○支店　　普通預金
　口座番号　　○○○○○○
　口座名義　　○○○○○○

- **個別契約**　重要度 A

個別契約において決定すべき事項、個別契約の成立方法を明確に記載しましょう。

【応用】基本契約と個別契約との優先関係について規定する　・・▶　285 ページ
　　　　個別契約の方法を変更する　・・▶　286 ページ
　　　　個別契約の成立の要件を変更する　・・▶　286 ページ

- **取引保証**　重要度 B

製造のための設備投資等が必要となる場合には、一定期間の取引保証を求めることが考えられます。

【応用】取引保証に反する場合の対処方法について記載する　・・▶　287 ページ
　　　　4年目以降の取扱いについて規定する　・・▶　287 ページ

- **代金支払**　重要度 A

代金の支払方法を記載しましょう。

【応用】代金支払いの時期を変更する　・・▶　288 ページ
　　　　代金支払拒絶事由を記載する　・・▶　288 ページ

第8条 （引渡し）

乙は、個別契約の定めに従い、甲の指定する場所において本件製品を引き渡す。なお、引渡しに要する費用は乙の負担とする。

第9条 （所有権）

本件製品の所有権は、本件製品の代金完済時に、乙から甲に移転する。

第10条 （検査）

1 甲は、本件製品の引渡後、7日以内に別途定めた審査基準に基づき本製品を検査し、乙に対して合格又は不合格の通知を書面で行わなければならない。
2 甲は、前項の検査により本件製品につき契約不適合又は数量不足等を発見したときは、直ちに理由を記載した書面をもって乙に不合格の通知をしなければならない。本通知がなされないまま前項の期間が経過したときは、本件製品が検査に合格したものとみなす。
3 乙は、甲による検査結果に関し、疑義又は異議のあるときは、遅滞なく書面によりその旨を申し出て、甲乙協議のうえ解決する。

第11条 （品質保証）

1 乙は、検査の結果、不合格になったものについては、乙の費用負担で引き取り、甲の指定する期限までに代品納入を行わなければならない。
2 甲は、本件製品の引渡後、本契約に定める仕様に関する不適合が判明した場合、判明した時から1年以内に乙に対してその旨の通知をしなければ、修補、代金減額、損害賠償の請求をすることができず、また、これを理由に本契約を解除することはできないものとする。

● 引 渡 し　重要度 B

引渡方法を記載しましょう。

【応用】引渡しの方法を変更する　・・▶　289ページ
　　　　引渡しに要する費用の負担者を変更する　・・▶　289ページ

● 所 有 権　重要度 B

所有権の移転時期を明確に記載しましょう。

【応用】所有権の移転の時期を変更する　・・▶　289ページ

● 検　査　重要度 C

製品が基準を満たしたものかどうか確認するため、検査に関する定めを記載しましょう。

【応用】検査の方法を変更する　・・▶　290ページ
　　　　検査結果の通知方法を変更する　・・▶　291ページ

● 品質保証　重要度 B

品質に関する定めを記載しましょう。なお、民法改正により、「瑕疵担保責任」（民法570条）が廃止されて「契約不適合責任」となったため（改正民法562条1項、563条1項）、第2項・第3項はそれに合わせた言い回しとしています。

【応用】契約不適合があった場合の通知期間を変更する　・・▶　292ページ
　　　　引渡後の検査においては容易に発見することができなかった不適合が発見された場合の対処方法を変更する　・・▶　292ページ

3 前項の規定は、乙が当該不適合の存在を知り、又は重大な過失により知らなかった場合は適用しない。

第12条 （危険負担）

本件製品の引渡前に生じた本件製品の滅失、毀損、減量、変質、その他一切の損害は、甲の責に帰すべきものを除き乙が負担し、本件製品の引渡後に生じたこれらの損害は、乙の責に帰すべきものを除き甲が負担する。

第13条 （第三者の権利侵害）

本件製品に関し、第三者との間で工業所有権上の紛争が生じた場合は、以下の区別により、各当事者の責任と費用負担において処理し、かつ、相手方が被った損害を賠償するものとする。
① 本件製品の意匠、商標に関する紛争は、甲の責任とする。
② 本件製品の構造、性能等、本体機構部分に関する紛争は、乙の責任とする。

第14条 （禁止事項）

乙は、甲の事前の書面による承諾なく、次の行為をしてはならない。
① 本件製品を第三者に販売すること
② 甲の商標を本契約の目的外に使用すること

第15条 （秘密保持）

1 乙は、本契約期間中及び本契約終了後であっても、本契約及び本件製品に関して知り得た一切の事項（技術上、営業上その他一切の情報であって、口頭、書面、電子的形態、図表、材料サンプルなど、いかなる形態であるかを問わない。）を厳密に秘密として保持し、いかなる第三者にも開示、漏洩してはならない。

● **危険負担** 重要度 B

民法改正により、目的物が特定物か不特定物かにかかわらず、目的物の引渡し時に危険が移転することになりました。

【応用】危険の移転時期を変更する ・・・▶ 293 ページ

● **第三者の権利侵害** 重要度 C

第三者との間で紛争が生じた場合の処理方法につき記載します。

● **禁止事項** 重要度 C

自社製品を保護するため、禁止事項を記載します。

● **秘密保持** 重要度 B

企業秘密を守るために守秘義務につき記載しましょう。

【応用】開示に係る取決めを追加する ・・・▶ 294 ページ

2 前項の守秘義務は、前項の情報が以下の各号に該当する場合には適用しない。
   ① 公知の事実又は当事者の責に帰すべき事由によらずして公知となった事実
   ② 第三者から適法に取得した事実
   ③ 開示の時点で保有していた事実
   ④ 法令、政府機関、裁判所の命令により開示が義務付けられた事実
3 乙は、第1項の義務を自己の従業員にも遵守させるものとし、これらの者の義務違反は乙の義務違反とみなすこととする。

第16条 （解除及び期限の利益喪失）
1 甲又は乙が以下の各号のいずれかに該当したときは、相手方は催告及び自己の債務の履行の提供をしないで直ちに本契約又は個別契約の全部又は一部を解除することができる。なお、この場合でも損害賠償の請求を妨げない。
   ① 本契約の一つにでも違反したとき
   ② 監督官庁から営業停止又は営業免許もしくは営業登録の取消等の処分を受けたとき
   ③ 差押、仮差押、仮処分、強制執行、担保権の実行としての競売、租税滞納処分その他これらに準じる手続きが開始されたとき
   ④ 破産、民事再生、会社更生又は特別清算の手続開始等の申立てがなされたとき
   ⑤ 自ら振り出し又は引き受けた手形もしくは小切手が1回でも不渡りとなったとき、又は支払停止状態に至ったとき
   ⑥ 合併による消滅、資本の減少、営業の廃止・変更又は解散決議がなされたとき
   ⑦ その他、支払能力の不安又は背信的行為の存在等、本契約を継続することが著しく困難な事情が生じたとき

● 解除及び期限の利益喪失　　重要度 B

民法等で定めた解除事由より広く解除できる場合を認めるため記載しています。なお、改正民法では、法定解除のうち催告による場合、相手方の債務不履行が契約および取引上の社会通念に照らして軽微な場合において、解除が認められないこととなりました（改正民法 541 条但書）。

【応用】約定解除権を限定する　　・・・▶　295 ページ
　　　　解除の条件を変更する　　　・・・▶　295 ページ

2 甲又は乙が前項各号のいずれかに該当した場合、当該当事者は当然に本契約及びその他相手方当事者との間で締結した契約から生じる一切の債務について期限の利益を失い、当該当事者は相手方当事者に対して、その時点において当該当事者が負担する一切の債務を直ちに弁済しなければならない。

第17条 (損害賠償責任)

甲又は乙は、解除、解約又は本契約に違反することにより、相手方に損害を与えたときは、その損害の全て(弁護士費用及びその他の実費を含むが、これに限られない。)を賠償しなければならない。

第18条 (遅延損害金)

甲が本契約に基づく金銭債務の支払いを遅延したときは、乙に対し、支払期日の翌日から支払済みに至るまで、年14.6%(年365日日割計算)の割合による遅延損害金を支払うものとする。

第19条 (契約期間)

本契約の有効期間は、令和〇年〇月〇日から令和〇年〇月〇日までの3年間とし、期間満了の1か月前までに甲乙いずれからも異議がなされないときには、本契約は期間満了の翌日から起算して、同一内容にて更に3年間延長されるものとし、それ以後も同様とする。

第20条 (反社会的勢力の排除)

1 甲及び乙は、自己又は自己の役員が、暴力団、暴力団関係企業、総会屋もしくはこれらに準ずる者又はその構成員(以下これらを「反社会的勢力」という。)に該当しないこと、及び次の各号のいずれにも該当しないことを表明し、かつ将来にわたっても

●損害賠償責任 　重要度 C

損害賠償責任は民法等にも存在しますが、弁護士費用や実費なども賠償対象とするため記載しています。

【応用】賠償請求権を限定する 　・・▶ 　296 ページ
　　　　損害賠償の内容を変更する 　・・▶ 　296 ページ
　　　　違約金について規定する 　・・▶ 　297 ページ

●遅延損害金 　重要度 B

履行期日が遅れた場合の損害に関する定めを記載しましょう。

【応用】遅延損害金利率を変更する 　・・▶ 　297 ページ

●契約期間 　重要度 A

契約期間に関する定めを記載しましょう。

【応用】異議を述べる場合の方法について規定する 　・・▶ 　298 ページ
　　　　契約期間延長の決定権を限定する 　・・▶ 　298 ページ

●反社会的勢力の排除 　重要度 B

契約当事者が反社会的勢力と関わっていることが判明した場合に、即座に契約関係を解消することができるようにするために規定しています。

【応用】対象者を限定する 　・・▶ 　299 ページ
　　　　賠償額を具体的に規定する 　・・▶ 　300 ページ

該当しないことを相互に確約する。
　①　反社会的勢力に自己の名義を利用させること
　②　反社会的勢力が経営を実質的に支配していると認められる関係を有すること
2　甲又は乙は、前項の一つにでも違反することが判明したときは、何らの催告を要せず、本契約を解除することができる。
3　本条の規定により本契約が解除された場合には、解除された者は、解除により生じる損害について、その相手方に対し一切の請求を行わない。

第21条　（協議解決）

本契約に定めのない事項又は本契約の解釈について疑義が生じたときは、甲乙誠意をもって協議のうえ解決する。

第22条　（合意管轄）

甲及び乙は、本契約に関し裁判上の紛争が生じたときは、東京地方裁判所を専属的合意管轄裁判所とすることに合意する。

　本契約締結の証として、本契約書2通を作成し、甲乙相互に署名又は記名・捺印のうえ、各1通を保有することとする。

令和　　年　　月　　日

　　　　　　　　　甲

　　　　　　　　　　　　　　　　　　　　　　㊞

　　　　　　　　　乙

　　　　　　　　　　　　　　　　　　　　　　㊞

- ●協議解決　　重要度 C

協議により紛争を解決する可能性を探るため規定しています。なお、この規定に法的な拘束力はありません。

【応用】紛争解決方法について具体的に規定する　・・・▶　300 ページ
　　　　契約の当事者を追加する　・・・▶　301 ページ

- ●合意管轄　　重要度 B

紛争が生じた際に自己に有利な管轄裁判所において裁判を受けるための規定です。

【応用】合意管轄裁判所を変更する　・・・▶　301 ページ
　　　　契約の当事者を追加する　・・・▶　302 ページ

- ●後　　文

【応用】契約書の作成方法を変更する　・・・▶　302 ページ
　　　　契約の当事者を追加する　・・・▶　302 ページ

※　OEM 契約書は、原則として、印紙税額一覧表第 7 号文書（「継続的取引の基本となる契約書」）に該当するため 4,000 円の収入印紙を貼付しなければなりません。ただし、3 か月以内で終了する契約（更新の規定があり契約期間が 3 か月を超える可能性のあるものは除く）については、印紙の貼付は不要となります。

作成のテクニック

前文

> （発注者）○○○○（以下「甲」という。）と（受注者）○○○○（以下「乙」という。）は、次のとおり OEM 契約（以下「本契約」という。）を締結する。

【契約の当事者を追加する】

・改正民法に適合した連帯保証人条項を設ける場合・　　　〔発注者有利〕

民法改正により、原則として根保証となる連帯保証人には、極度額等の定めが必要となります（改正民法 465 条の 2）。

> （発注者）○○○○（以下「甲」という。）、（受注者）○○○○（以下「乙」という。）及び（連帯保証人）○○○○（以下「丙」という。）は、次のとおり OEM 契約（以下「本契約」という。）を締結する。
> （略）
> 第○条（連帯保証人）
> 1　丙は、乙と連帯して、以下のとおり極度額の範囲において、本契約から生じる一切の債務（以下「本件債務」という。）を負担する。
>
> | 対象となる債務 | 本件債務（本契約の履行及び損害賠償金等従たる債務を含む一切の債務） |
> |---|---|
> | 極度額 | 金○○円（本件債務及び連帯保証債務について約定された違約金又は損害賠償の額を含む。） |
> | 元本確定事由 | ①丙の財産について、金銭の支払いを目的とする債権についての強制執行又は担保権の実行が申し立てられ、当該手続が開始されたとき
②丙が破産手続開始の決定を受けたとき
③乙又は丙が死亡したとき |

2 乙は、丙に対し、別紙のとおり保証契約の前提となる情報を提供し、丙は、別紙の情報の提供を受けたことを確認する。

第○条（協議解決）

本契約に定めのない事項又は本契約の解釈について疑義が生じたときは、甲、乙及び丙は誠意をもって協議のうえ解決する。

第○条（合意管轄）

甲、乙及び丙は、本契約に関し裁判上の紛争が生じたときは、東京地方裁判所を専属的合意管轄裁判所とすることに合意する。

（略）

本契約締結の証として、本契約書3通を作成し、甲乙丙相互に署名又は記名・捺印のうえ、各1通を保有することとする。

（略）

丙

㊞

【別紙】

乙は、本契約締結時における自らの情報を以下のとおり提供する。

財産及び収支の状況	
主債務以外に負担している債務の有無、額及び履行状況	
主債務の担保として他に提供し又は提供しようとするものの内容	

第1条（目的） 重要度A

甲及び乙は、甲が、乙に対してかまぼこ商品の製造を依頼し、乙が製造した商品を自社ブランド商品としてスーパー等を通じて販売することに合意したため、本契約を締結する。

【目的の内容を変更する】

・飲料に係る OEM 契約を締結する場合・

> 甲は、乙が製造する飲料について、自社ブランド名を付して販売することを希望し、乙がこれを承諾したため、本契約を締結する。

▶ 第3条（仕様） 重要度 A

> 乙は、乙の承認を得て甲が作成した別紙仕様書に基づき、本件製品を製造するものとする。

【仕様書の作成者を変更する】

・受注者が仕様書を作成する場合・

> 乙は、乙が作成し甲の承認を得た別紙仕様書に基づき、本件製品を製造するものとする。

【仕様書に係る取決めを変更する】

・仕様書の変更方法を定める場合・

> 1　（略）
> 2　甲は、乙と協議のうえ、別紙仕様書を変更することができる。

▶ 第4条（商標） 重要度 B

> 1　乙は、本件製品に甲の指定する甲の商標を付して甲に納入する。
> 2　乙は、甲の指示により、本件製品の梱包材等に甲の指定する甲の商標を表示する。

【商標に係る取決めを変更する】

・甲の指示を書面に限定する場合・　　　　　　　　　　　　〔受注者有利〕

> 2　乙は、甲の書面による指示により、本件製品の梱包材等に甲の指定する甲の商標を表示する。

・複数の商標の中から使用する商標を指定する場合・

> 3　甲は、別紙記載の商標から、使用する商標をその都度指定することができる。

第5条（個別契約）　重要度 A

> 1　本件製品の数量、単価、引渡期日、引渡場所、引渡方法、引渡費用等は、甲乙協議のうえ、個別契約で定めるものとする。
> 2　個別契約は、甲が乙に対し前項の事項等を記載した注文書を送付し、乙が甲に対しこれを承諾する旨の注文請書を送付することにより成立する。

【基本契約と個別契約との優先関係について規定する】

・本契約の定めが優先することとする場合・

> 3　個別契約の内容が本契約と異なるときは、本契約の規定が優先するものとする。

・個別契約と基本契約に齟齬がある場合は協議して決定する場合・

> 3　個別契約の内容が本契約と異なるときは、甲乙協議のうえ、契約内容を決定するものとする。

【個別契約の方法を変更する】

・注文書・注文請書のやりとりを FAX または電子メールにより行う場合・

> 3　甲及び乙は、前項の注文書及び注文請書のやり取りは FAX 又は電子メールによる方法で行うこととする。

【個別契約の成立の要件を変更する】

・一定期間内に注文請書の送付がなされなかった場合は個別契約を拒否したものとする場合・

> 3　乙が注文書受領後○日以内に注文請書を送付しなかった場合、個別契約は成立しなかったものとみなす。

・一定期間内に異議申立てがなされなかった場合は個別契約が成立するものとする場合・　　　　　　　　　　　　　　　　　　〔発注者有利〕

> 3　乙が注文書受領後○日以内に異議申立をしなかった場合、個別契約は成立したものとみなす。

第6条（取引保証）　重要度B

> 1　甲は、乙に対して、本契約締結の日から1年間を初年度として3年間、以下のとおり本件製品の買取りを保証する。4年目以降については、甲乙別途協議してこれを決定する。
> 　① 初年度　　　○個
> 　② 2年目　　　○個
> 　③ 3年目　　　○個
> 2　乙は、甲に対して、本契約締結の日から1年間を初年度として3年間、以下のとおり本件製品の製造を保証する。4年目以降については、甲乙別途協議してこれを決定する。
> 　① 初年度　　　○個

```
  ②  2年目      ○個
  ③  3年目      ○個
```

【取引保証に反する場合の対処方法について記載する】

・保証に反する場合の処理について規定する場合・

```
3  甲又は乙は、前二項の保証に違反した場合、相手方に対し以下の違
   約金を支払うものとする。
   ①  初年度    不足製品数×○○円
   ②  2年目    不足製品数×○○円
   ③  3年目    不足製品数×○○円
```

【4年目以降の取扱いについて規定する】

・保証個数を定めつつ、1年ごとに協議する機会を作る場合・

```
1  甲は、乙に対して、本契約締結の日から1年間を初年度として3年
   間、以下のとおり本件製品の買取りを保証する。
    （保証個数：略）
2  乙は、甲に対して、本契約締結の日から1年間を初年度として3年
   間、以下のとおり本件製品の製造を保証する。
    （保証個数：略）
3  4年目以降の保証個数は、毎年○月に甲乙協議のうえ、これを定め
   る。
```

▶ 第7条（代金支払） 重要度A

```
甲は、本件製品の代金を、引渡期日の属する月の翌月末日までに、下記
口座に振り込んで支払う（振込手数料は甲負担）。
   ○○銀行○○支店    普通預金
   口座番号    ○○○○○○
   口座名義    ○○○○○○
```

【代金支払いの時期を変更する】

・前払いにする場合・　　　　　　　　　　　　　　　　〔受注者有利〕

> 甲は、本件製品の代金を、引渡期日の属する月の前月末日までに、下記口座に振り込んで支払う（振込手数料は甲負担）。
> 　（振込口座：略）

・代金支払時期を検査終了日の属する月の翌月とする場合・　〔発注者有利〕

> 甲は、本件製品の代金を、検査終了日の属する月の翌月末日までに、下記口座に振り込んで支払う（振込手数料は甲負担）。
> 　（振込口座：略）

【代金支払拒絶事由を記載する】

・代金支払拒絶事由を明記する場合・　　　　　　　　　〔発注者有利〕

> 甲は、本件製品の代金を、引渡期日の属する月の翌月末日までに、下記口座に振り込んで支払う（振込手数料は甲負担）。ただし、甲は、第10条の検査で不合格となった製品の代金相当額については、その支払いを拒むことができる。
> 　（振込口座：略）

▶ 第8条（引渡し）　重要度 B

> 乙は、個別契約の定めに従い、甲の指定する場所において本件製品を引き渡す。なお、引渡しに要する費用は乙の負担とする。

【引渡しの方法を変更する】

・発注者が引取りに行く場合・ 〔受注者有利〕

> 甲は、引渡期日に、本件製品が存在する場所にて本件製品を引き取る。なお、引渡しに要する費用は甲の負担とする。

・協議により引渡方法を変更することを認める場合・

> 1 （略）
> 2 甲及び乙は、協議により前項の引渡方法を変更することができる。

【引渡しに要する費用の負担者を変更する】

・引渡しに要する費用を発注者負担にする場合・ 〔受注者有利〕

> 乙は、個別契約の定めに従い、甲の指定する場所において本件製品を引き渡す。なお、引渡しに要する費用は甲の負担とする。

・引渡しに要する費用を折半にする場合・ 〔受注者有利〕

> 乙は、個別契約の定めに従い、甲の指定する場所において本件製品を引き渡す。なお、引渡しに要する費用は甲乙これを折半して負担する。

▶ 第9条（所有権） 重要度 B

> 本件製品の所有権は、本件製品の代金完済時に、乙から甲に移転する。

【所有権の移転の時期を変更する】

・所有権の移転時期を引渡時とする場合・

> 本件製品の所有権は、本件製品の引渡時に、乙から甲に移転する。

・所有権の移転時期を検査合格時とする場合・

> 本件製品の所有権は、本件製品の検査合格時に、乙から甲に移転する。

第10条（検査）　重要度 C

> 1　甲は、本件製品の引渡後、7日以内に別途定めた審査基準に基づき本製品を検査し、乙に対して合格又は不合格の通知を書面で行わなければならない。
> 2　甲は、前項の検査により本件製品につき契約不適合又は数量不足等を発見したときは、直ちに理由を記載した書面をもって乙に不合格の通知をしなければならない。本通知がなされないまま前項の期間が経過したときは、本件製品が検査に合格したものとみなす。
> 3　乙は、甲による検査結果に関し、疑義又は異議のあるときは、遅滞なく書面によりその旨を申し出て、甲乙協議のうえ解決する。

【検査の方法を変更する】

・検査期間を長くする場合・　　　　　　　　　　〔発注者有利〕

> 1　甲は、本件製品の引渡後、14日以内に別途定めた審査基準に基づき本件製品を検査し、乙に対して合格又は不合格の通知を書面で行わなければならない。

・検査期間を短くする場合・　　　　　　　　　　〔受注者有利〕

> 1　甲は、本件製品の引渡後、3日以内に別途定めた審査基準に基づき本件製品を検査し、乙に対して合格又は不合格の通知を書面で行わなければならない。

・検査期間を営業日で定める場合・

> 1　甲は、本件製品の引渡後、7営業日以内に別途定めた審査基準に基

> づき本件製品を検査し、乙に対して合格又は不合格の通知を書面で行わなければならない。

【検査結果の通知方法を変更する】

・書面のほかにFAXや電子メールによる通知も認める場合・　〔発注者有利〕

> 1　甲は、本件製品の引渡後、7日以内に別途定めた審査基準に基づき本件製品を検査し、乙に対して合格又は不合格の通知を書面（<u>FAX及び電子メールを含む。</u>）で行わなければならない。

・不合格通知の理由の記載を求めない場合・　　　　　　〔発注者有利〕

次のように、第2項の第1文を削除しましょう。

> 1　甲は、本件製品の引渡後、7日以内に別途定めた審査基準に基づき本製品を検査し、乙に対して合格又は不合格の通知を書面で行わなければならない。<u>本通知がなされないまま前項の期間が経過したときは、本件製品は検査に合格したものとみなす。</u>
> <u>2</u>　乙は、甲による検査結果に関し、疑義又は異議のあるときは、遅滞なく書面によりその旨を申し出て、甲乙協議のうえ解決する。

▶第11条（品質保証）　重要度 B

> 1　乙は、検査の結果、不合格になったものについては、乙の費用負担で引き取り、甲の指定する期限までに代品納入を行わなければならない。
> 2　甲は、本件製品の引渡後、本契約に定める仕様に関する不適合が判明した場合、判明した時から1年以内に乙に対してその旨の通知をしなければ、修補、代金減額、損害賠償の請求をすることができず、また、これを理由に本契約を解除することはできないものとする。
> 3　前項の規定は、乙が当該不適合の存在を知り、又は重大な過失により知らなかった場合は適用しない。

【契約不適合があった場合の通知期間を変更する】

・通知期間を長くする場合・　　　　　　　　　　　　〔発注者有利〕

> 2　甲は、本件製品の引渡後、本契約に定める仕様に関する不適合が判明した場合、判明した時から<u>2年以内</u>に乙に対してその旨の通知をしなければ、修補、代金減額、損害賠償の請求をすることができず、また、これを理由に本契約を解除することはできないものとする。

・通知期間を短くする場合・　　　　　　　　　　　　〔受注者有利〕

> 2　甲は、本件製品の引渡後、本契約に定める仕様に関する不適合が判明した場合、判明した時から<u>6か月以内</u>に乙に対してその旨の通知をしなければ、修補、代金減額、損害賠償の請求をすることができず、また、これを理由に本契約を解除することはできないものとする。

【引渡後の検査においては容易に発見することができなかった不適合が発見された場合の対処方法を変更する】

・修理を行ったうえで再納入する場合・

> 2　甲は、本件製品の引渡後、本契約に定める仕様に関する不適合が判明した場合、判明した時から1年以内に乙に対してその旨の通知をしなければならない。<u>乙は、検査の結果、不合格になったものについて、乙の費用負担で引き取り、甲の指定する期限までに修理を行ったうえ、再納入を行わなければならない。なお、この場合でも乙は賠償責任を免れない。</u>

・対処方法を受注者が選択できることとする場合・　　　〔受注者有利〕

> 2　甲は、本件製品の引渡後、本契約に定める仕様に関する不適合が判明した場合、判明した時から1年以内に乙に対してその旨の通知をしなければならない。<u>乙は、検査の結果、不合格になったものについて、乙の費用負担で引き取り、以下のいずれかの方法により対処</u>

する。なお、この場合でも乙は賠償責任を免れない。
　① 甲の指定する期限までに代品納入を行う
　② 不合格となった物の代金相当額を代金総額から減額する
　③ 甲の指定する期限までに修理を行ったうえ、再納入を行う

第12条（危険負担）　重要度B

本件製品の引渡前に生じた本件製品の滅失、毀損、減量、変質、その他一切の損害は、甲の責に帰すべきものを除き乙が負担し、本件製品の引渡後に生じたこれらの損害は、乙の責に帰すべきものを除き甲が負担する。

【危険の移転時期を変更する】

・危険の移転時期を代金完済時とする場合・　　　　　　〔発注者有利〕

代金完済前に生じた本件製品の滅失、毀損、減量、変質、その他一切の損害は、甲の責に帰すべきものを除き乙が負担し、代金完済後に生じたこれらの損害は、乙の責に帰すべきものを除き甲が負担する。

・危険の移転時期を検査合格時とする場合・　　　　　　〔発注者有利〕

検査合格前に生じた本件製品の滅失、毀損、減量、変質、その他一切の損害は、甲の責に帰すべきものを除き乙が負担し、検査合格後に生じたこれらの損害は、乙の責に帰すべきものを除き甲が負担する。

第15条（秘密保持）　重要度B

1　乙は、本契約期間中及び本契約終了後であっても、本契約及び本件製品に関して知り得た一切の事項（技術上、営業上その他一切の情報であって、口頭、書面、電子的形態、図表、材料サンプルなど、いかなる形態であるかを問わない。）を厳密に秘密として保持し、

いかなる第三者にも開示、漏洩してはならない。
2 前項の守秘義務は、前項の情報が以下の各号に該当する場合には適用しない。
    ① 公知の事実又は当事者の責に帰すべき事由によらずして公知となった事実
    ② 第三者から適法に取得した事実
    ③ 開示の時点で保有していた事実
    ④ 法令、政府機関、裁判所の命令により開示が義務付けられた事実
3 乙は、第1項の義務を自己の従業員にも遵守させるものとし、これらの者の義務違反は乙の義務違反とみなすこととする。

【開示に係る取決めを追加する】

・開示をした場合に遅滞なく相手方に通知をすることを求める場合・

4 乙は、本契約に基づき相手方から開示された情報を第三者に開示した場合、速やかに相手方にその旨を通知しなければならない。

第16条（解除及び期限の利益喪失） 重要度B

1 甲又は乙が以下の各号のいずれかに該当したときは、相手方は催告及び自己の債務の履行の提供をしないで直ちに本契約又は個別契約の全部又は一部を解除することができる。なお、この場合でも損害賠償の請求を妨げない。
    ① 本契約の一つにでも違反したとき
    ② 監督官庁から営業停止又は営業免許もしくは営業登録の取消等の処分を受けたとき
    ③ 差押、仮差押、仮処分、強制執行、担保権の実行としての競売、租税滞納処分その他これらに準じる手続きが開始されたとき
    ④ 破産、民事再生、会社更生又は特別清算の手続開始等の申立てがなされたとき
    ⑤ 自ら振り出し又は引き受けた手形もしくは小切手が1回でも不

　　　　渡りとなったとき、又は支払停止状態に至ったとき
　　⑥　合併による消滅、資本の減少、営業の廃止・変更又は解散決議がなされたとき
　　⑦　その他、支払能力の不安又は背信的行為の存在等、本契約を継続することが著しく困難な事情が生じたとき
　2　甲又は乙が前項各号のいずれかに該当した場合、当該当事者は当然に本契約及びその他相手方当事者との間で締結した契約から生じる一切の債務について期限の利益を失い、当該当事者は相手方当事者に対して、その時点において当該当事者が負担する一切の債務を直ちに弁済しなければならない。

【約定解除権を限定する】

・発注者のみに約定解除権を認める場合・　　　　　　　　　〔発注者有利〕

　1　<u>乙</u>が以下の各号のいずれかに該当したときは、<u>甲</u>は催告及び自己の債務の履行の提供をしないで直ちに本契約又は個別契約の全部又は一部を解除することができる。なお、この場合でも損害賠償の請求を妨げない。
　　①　（以下略）

・受注者のみに約定解除権を認める場合・　　　　　　　　　〔受注者有利〕

　1　<u>甲</u>が以下の各号のいずれかに該当したときは、<u>乙</u>は催告及び自己の債務の履行の提供をしないで直ちに本契約又は個別契約の全部又は一部を解除することができる。なお、この場合でも損害賠償の請求を妨げない。
　　①　（以下略）

【解除の条件を変更する】

・解除前に催告を要求する場合・

　1　甲又は乙が以下の各号のいずれかに該当したときは、相手方は、<u>相当の期間を定めて催告を行い、その期間内に是正がなされない場合</u>、

本契約又は個別契約の全部又は一部を解除することができる。なお、この場合でも損害賠償の請求を妨げない。
① （以下略）

▶ 第17条（損害賠償責任） 重要度 C

> 甲又は乙は、解除、解約又は本契約に違反することにより、相手方に損害を与えたときは、その損害の全て（弁護士費用及びその他の実費を含むが、これに限られない。）を賠償しなければならない。

【賠償請求権を限定する】

・発注者のみに弁護士費用等の損害賠償請求権を認める場合・〔発注者有利〕

> 乙は、解除、解約又は本契約に違反することにより、甲に損害を与えたときは、その損害の全て（弁護士費用及びその他の実費を含むが、これに限られない。）を賠償しなければならない。

・受注者のみに弁護士費用等の損害賠償請求権を認める場合・〔受注者有利〕

> 甲は、解除、解約又は本契約に違反することにより、乙に損害を与えたときは、その損害の全て（弁護士費用及びその他の実費を含むが、これに限られない。）を賠償しなければならない。

【損害賠償の内容を変更する】

・具体的な賠償額の予定を行う場合・

> 甲又は乙は、解除、解約又は本契約の重大な義務に違反することにより、相手方に損害を与えたときは、○○円を賠償しなければならない。

・損害賠償額を限定する場合・

> 甲又は乙は、解除、解約又は本契約に違反することにより、相手方に損

害を与えたときは、○○円を上限として、損害を賠償しなければならない。

【違約金について規定する】

・故意または重過失による損害について追加で違約金の支払いを認める場合・

> 1　（略）
> 2　甲又は乙は、故意又は重過失により、本契約に違反し相手方に損害を与えたときは、○○円の違約金を前項に加算して支払わなければならない。

▶第18条（遅延損害金）　重要度 B

> 甲が本契約に基づく金銭債務の支払いを遅延したときは、乙に対し、支払期日の翌日から支払済みに至るまで、年 14.6％（年 365 日日割計算）の割合による遅延損害金を支払うものとする。

【遅延損害金利率を変更する】

遅延損害金利率の定めがないときの利率は法定利率によるとされているところ、民法改正により法定利率が年５％から３％（その後３年ごとに見直し）となり（改正民法 404 条）、遅延損害金利率もこれに連動します（改正民法 419 条）。また、同改正により、商事法定利率（６％）は廃止されます。
当事者間で、法定利率とは異なる利率を定めることも可能です。民法改正により法定利率は３年ごとに見直しが行われる変動制となることから、遅延損害金利率について定めを置くことが、より重要となります。

・遅延損害金利率を高くする場合・　　　　　　　　　　　　〔受注者有利〕

> 甲が本契約に基づく金銭債務の支払いを遅延したときは、乙に対し、支払期日の翌日から支払済みに至るまで、年 20％（年 365 日日割計算）の割合による遅延損害金を支払うものとする。

・遅延損害金利率を低くする場合・　　　　　　　　　　　〔発注者有利〕

> 甲が本契約に基づく金銭債務の支払いを遅延したときは、乙に対し、支払期日の翌日から支払済みに至るまで、年1％（年365日日割計算）の割合による遅延損害金を支払うものとする。

▶ 第19条（契約期間）　重要度A

> 本契約の有効期間は、令和〇年〇月〇日から令和〇年〇月〇日までの3年間とし、期間満了の1か月前までに甲乙いずれからも異議がなされないときには、本契約は期間満了の翌日から起算して、同一内容にて更に3年間延長されるものとし、それ以後も同様とする。

【異議を述べる場合の方法について規定する】

・異議の方法を書面に限定する場合・

> 本契約の有効期間は、令和〇年〇月〇日から令和〇年〇月〇日までの3年間とし、期間満了の1か月前までに甲乙いずれからも書面による異議がなされないときには、本契約は期間満了の翌日から起算して、同一内容にて更に3年間延長されるものとし、それ以後も同様とする。

【契約期間延長の決定権を限定する】

・延長するか否かの決定権を発注者のみに与える場合・　　〔発注者有利〕

> 本契約の有効期間は、令和〇年〇月〇日から令和〇年〇月〇日までの3年間とし、期間満了の1か月前までに甲から異議がなされないときには、本契約は期間満了の翌日から起算して、同一内容にて更に3年間延長されるものとし、それ以後も同様とする。

・延長するか否かの決定権を受注者のみに与える場合・　　〔受注者有利〕

> 本契約の有効期間は、令和〇年〇月〇日から令和〇年〇月〇日までの3

年間とし、期間満了の1か月前までに乙から異議がなされないときには、本契約は期間満了の翌日から起算して、同一内容にて更に3年間延長されるものとし、それ以後も同様とする。

• 自動延長にしない場合 •

本契約の有効期間は、令和○年○月○日から令和○年○月○日までの3年間とし、期間満了の1か月前までに甲乙の協議が整った場合にのみ延長するものとする。

第20条（反社会的勢力の排除） 重要度 B

1 甲及び乙は、自己又は自己の役員が、暴力団、暴力団関係企業、総会屋もしくはこれらに準ずる者又はその構成員（以下これらを「反社会的勢力」という。）に該当しないこと、及び次の各号のいずれにも該当しないことを表明し、かつ将来にわたっても該当しないことを相互に確約する。
    ① 反社会的勢力に自己の名義を利用させること
    ② 反社会的勢力が経営を実質的に支配していると認められる関係を有すること
2 甲又は乙は、前項の一つにでも違反することが判明したときは、何らの催告を要せず、本契約を解除することができる。
3 本条の規定により本契約が解除された場合には、解除された者は、解除により生じる損害について、その相手方に対し一切の請求を行わない。

【対象者を限定する】

• 受注者のみを対象とする場合 •　　　　　　　　　　　　　〔発注者有利〕

1 乙は、自己又は自己の役員が、暴力団、暴力団関係企業、総会屋もしくはこれらに準ずる者又はその構成員（以下これらを「反社会的勢力」という。）に該当しないこと、及び次の各号のいずれにも該当しないことを表明し、かつ将来にわたっても該当しないことを確

約する。
　　① 反社会的勢力に自己の名義を利用させること
　　② 反社会的勢力が経営を実質的に支配していると認められる関係
　　　を有すること
2　甲は、乙が前項の一つにでも違反することが判明したときは、何らの催告を要せず、本契約を解除することができる。

【賠償額を具体的に規定する】

・具体的な賠償額の予定を行う場合・

4　本条の規定により本契約が解除された場合には、解除された者は、その相手方に対し、違約金として金〇〇円を支払うものとする。

▶第21条（協議解決）　重要度C

本契約に定めのない事項又は本契約の解釈について疑義が生じたときは、甲乙誠意をもって協議のうえ解決する。

【紛争解決方法について具体的に規定する】

・具体的な紛争解決機関を指定する場合・　　　　　　　　　　〔発注者有利〕

本契約に定めのない事項又は本契約の解釈について疑義が生じたときは、訴訟提起以前に独立行政法人国民生活センターが主催するADRにおいて協議を試みなければならない。

・仲裁者をあらかじめ定める場合・

本契約に定めのない事項又は本契約の解釈について疑義が生じたときは、〇〇〇〇を仲裁者と定め、三者において誠意をもって協議のうえ解決する。

【契約の当事者を追加する】

・連帯保証人（丙）がいる場合・

> 本契約に定めのない事項又は本契約の解釈について疑義が生じたときは、甲、乙及び丙は誠意をもって協議のうえ解決する。

▶ 第22条（合意管轄） 重要度B

> 甲及び乙は、本契約に関し裁判上の紛争が生じたときは、東京地方裁判所を専属的合意管轄裁判所とすることに合意する。

【合意管轄裁判所を変更する】

・本店所在地を管轄する裁判所とする場合・

> 甲及び乙は、本契約に関し裁判上の紛争が生じたときは、甲又は乙の本店所在地を管轄する裁判所を専属的合意管轄裁判所とすることに合意する。

・本店所在地または支店所在地を管轄する裁判所とする場合・

> 甲及び乙は、本契約に関し裁判上の紛争が生じたときは、甲又は乙の本店所在地もしくは支店所在地を管轄する裁判所を専属的合意管轄裁判所とすることに合意する。

・製品引渡場所を管轄する裁判所とする場合・

> 甲及び乙は、本契約に関し裁判上の紛争が生じたときは、本件製品引渡場所を管轄する裁判所を専属的合意管轄裁判所とすることに合意する。

【契約の当事者を追加する】

・連帯保証人（丙）がいる場合・

> 甲、乙及び丙は、本契約に関し裁判上の紛争が生じたときは、東京地方裁判所を専属的合意管轄裁判所とすることに合意する。

▶ 後文

> 本契約締結の証として、本契約書2通を作成し、甲乙相互に署名又は記名・捺印のうえ、各1通を保有することとする。

【契約書の作成方法を変更する】

・1通のみ原本を作成し、当事者の一方は写しのみを保管する場合・

> 本契約締結の証として、本契約書1通を作成し、甲乙相互に署名又は記名・捺印のうえ、〔甲／乙〕が原本を保有し、〔乙／甲〕が写しを保有することとする。

【契約の当事者を追加する】

・連帯保証人（丙）がいる場合・

> 本契約締結の証として、本契約書3通を作成し、甲乙丙相互に署名又は記名・捺印のうえ、各1通を保有することとする。

その他の役立つ条項

- ■ 契約をめぐる各種取扱いについて定める場合……………………303ページ
- ■ 状況の変化が生じたときの取扱いについて定める場合……………305ページ
- ■ 海外企業との取引である場合に、取扱いについて定める場合……305ページ

◆契約をめぐる各種取扱いについて定める場合

・発注者が必要に応じて製造状況・作業工程等の検査を行う・〔発注者有利〕

> 第○条（製造状況等の検査）
> 　甲は、甲の従業員又は甲が指定する代理人を乙の本店・工場等に派遣し、合理的な業務時間内に、本件製品の製造状況、作業工程等を検査し、必要な指示を出すことができる。

・産業所有権について定める・　　　　　　　　　　　　〔発注者有利〕

> 第○条（産業所有権の出願）
> 1　本契約の履行に際し、本件製品につき甲が提供した技術情報に基づき乙が発明、考案等（以下「発明等」という。）をした場合、乙は、遅滞なく甲に報告するものとする。
> 2　前項の発明等に基づく産業所有権の出願をするか否か、及び、その持分については、甲及び乙の協議によりこれを決定する。

・苦情があった場合の取扱いについて定める・

> 第○条（苦情）
> 1　本件製品につき、顧客もしくは販売店等より苦情があった場合、甲は遅滞なく乙に通知する。
> 2　乙は、前項の通知をもとに、必要に応じ、本件製品の改良等を誠実に実施する。

・発注者が目的物を受領しないときに受注者の処分を認める・〔受注者有利〕

> 第○条（任意処分）
> 　甲が引渡期日に本件製品を引き取らないなどの契約の不履行が生じたときは、乙は、甲に対し書面により相当期間を定めて催告したうえで、甲が催告に従った履行をしない場合には本件製品を任意に処分し、その売得金をもって甲に対する損害賠償債権を含む一切の債権の弁済に充当することができ、不足額があるときは、更に甲に請求することができる。

・相殺について定める・　　　　　　　　　　　　　　　　　　〔受注者有利〕

> 第○条（相殺）
> 　乙は、本契約又は本契約に限らないその他の契約等に基づき乙が甲に対して負担する債務と、本契約又は本契約に限らないその他の契約等に基づき乙が甲に対して有する債権とを、その債権債務の期限にかかわらず、いつでもこれを対当額において相殺することができる。

・費用の負担について定める・

> 第○条（費用負担）
> 　本契約の締結に要する印紙その他の費用は、甲乙が各々の費用を負担するものとする。

・製造物責任について定める・

> 第○条（製造物責任）
> 1　本件製品が第三者の身体及び財産に損害を及ぼした場合、又は損害を及ぼすことが予想される場合、甲及び乙は協力して処理解決する。
> 2　前項の処理解決に費用を要した場合、その分担は次のとおりとする。
> 　　①　仕様書に起因する損害　　　甲が負担
> 　　②　製造工程に起因する損害　　乙が負担
> 　　③　その他　　　　　　　　　　甲が負担

・契約終了後の処理についてあらかじめ定める・

第○条(契約終了後の処理)
1　甲及び乙は、本契約が終了したときは、互いに既に確定した債権債務について、速やかにこれを精算するものとする。
2　乙は、本契約が終了した場合、直ちに本件業務を中止し、甲に対して事務の引継ぎを行い、本契約に基づき預託・貸与された事務処理マニュアル等の製品(本契約に基づき提供されたデータ類及びこれらが記録された電子媒体等を含む。)を、速やかに甲の指示に基づき返還ないし破棄するものとする。
3　乙は、本契約終了後、本件商標等を使用するなど、第三者から甲又は甲の業務を受託した者と誤認されるような行為をしてはならない。

◆状況の変化が生じたときの取扱いについて定める場合

・著しい事情の変更が生じたときの対処方法を記載する・

第○条(事情の変更)
　甲及び乙は、本契約の締結後、天災地変、法令の制定又は改廃、その他著しい事情の変更により、本契約に定める義務を履行することが不可能又は著しく困難となったと認められる場合は、当該定めを変更するため協議することができる。

◆海外企業との取引である場合に、取扱いについて定める場合

・準拠法を日本法と定める・

第○条(準拠法)
　本契約は日本法に準拠し、同法によって解釈されるものとする。

チェックポイント

あなたが発注者の場合は、最低限以下の点をチェックしましょう。

- ☐ 契約の目的が明確か
- ☐ 契約の当事者が明らかであるか
- ☐ 製造を委託する物およびその品質は明確に定められているか
- ☐ 保証の範囲が明確に定められているか
- ☐ 代金額、支払時期、支払方法は明確か
- ☐ 目的物に契約不適合が存在した場合の対応に問題がないか
- ☐ 解除条項に不合理な事項が入っていないか
- ☐ 損害賠償請求額が不合理に制限されていないか

あなたが受注者の場合は、最低限以下の点をチェックしましょう。

- ☐ 契約の目的が明確か
- ☐ 契約の当事者が明らかであるか
- ☐ 製造を委託する物およびその品質は明確に定められているか
- ☐ 代金額、支払時期、支払方法は明確か
- ☐ 目的物に契約不適合が存在した場合の対応に問題がないか
- ☐ 解除条項に不合理な事項が入っていないか
- ☐ 損害賠償請求額が不合理に制限されていないか
- ☐ 不当な義務が課されていないか

MEMO

8 代理店契約書

代理店契約書

収入印紙 ※

　（メーカー）〇〇〇〇（以下「甲」という。）と（代理店）〇〇〇〇（以下「乙」という。）は、次のとおり代理店契約（以下「本契約」という。）を締結する。

第1条（目的）

　乙は、甲が製造する空気清浄器の代理店となり、甲製品の拡販に注力することとし、甲は乙を代理店として指定することとしたため、本契約を締結する。

第2条（代理店）

1　乙は、下記店舗において、甲の代理店として、甲の代理店であることを明示したうえで、以下の内容で、甲の製造する以下の製品（以下「本件製品」という。）を販売する。

　① 品　　　　名　　〇〇
　② 単　　　　価　　〇〇円
　③ 発　注　方　法　乙が甲に注文書を交付し、甲が乙にこれを承諾する旨の注文請書を交付する
　④ 引　渡　期　日　注文書記載のとおり
　⑤ 引　渡　場　所　注文書記載のとおり
　⑥ 手　　数　　料　別紙手数料一覧のとおり

【この契約書を用いるケース】
☑代理店がメーカーを代理して製品の販売を行う場合
⇨特約店がメーカーから製品を購入して販売する場合は本章❻

●前　文

【応用】契約の当事者を追加する　…▶　321 ページ

●目　的　　重要度 A

民法の改正により、解除を主張したり、契約不適合責任に基づく請求をしたりする場合に、契約の目的が重要視されることになりました。そのため、契約書に契約の目的を記載しておく必要があります。

【応用】目的の内容を変更する　…▶　323 ページ

●代 理 店　　重要度 A

代理店の内容を簡潔に記載しましょう。

【応用】販売地域を定める　　　　　…▶　324 ページ
　　　　取扱製品の記載方法を変更する　…▶　324 ページ
　　　　取扱製品を変更する　　　　　…▶　324 ページ

⑦ 手数料の支払方法　　以下の口座に銀行振込（振込手数料は甲負担）
　　　　　　　　　　　　○○銀行○○支店　　普通預金
　　　　　　　　　　　　口座番号　　○○○○○○
　　　　　　　　　　　　口座名義　　○○○○○○

記
店舗所在地：○○県○○市○○町○丁目○番○号

2　乙が買主と締結した売買契約の効力は、甲と買主との間に生じる。

第3条　（権限）

乙の有する代理店としての権限は、買主との間の以下の各号に記載された行為に限られる。
① 売買契約の締結
② 本件製品の納入
③ 売買代金の請求及び受領

第4条　（報告）

乙は、甲に対し、本件製品の当月分の販売成績を翌月15日までに報告する。

第5条　（手数料）

1　甲は、乙から報告された販売成績に基づき、別紙手数料一覧に従い各月の手数料を算定し、速やかにその計算書を乙に交付する。
2　甲は、算定対象となる月の翌々月15日までに、乙の指定する第2条の振込口座に手数料を振込送金する（振込手数料は甲負担）。

- **権　　限**　重要度 A

  代理店の有する権限を明確に記載しましょう。

  【応用】権限・義務の内容を変更する　　…▶　325 ページ

- **報　　告**　重要度 B

  販売成績に応じて手数料が支払われるので、報告義務は重要な規定です。

  【応用】報告の方法について規定する　　…▶　326 ページ
  　　　　報告の頻度を変更する　…▶　326 ページ

- **手 数 料**　重要度 A

  手数料の計算根拠、支払方法について記載しましょう。

  【応用】手数料の計算方法を変更する　…▶　326 ページ
  　　　　手数料の見直しについて定める　…▶　327 ページ

第6条　（代理受領）
1　乙は、買主から本件製品の販売代金を受領する。
2　乙は、毎月末日までに受領した代金を翌月15日までに、代金明細書を送付したうえで、甲の指定する以下の口座に振込送金する（振込手数料は乙負担）。
　　〇〇銀行〇〇支店　　普通預金
　　口座番号　　〇〇〇〇〇〇
　　口座名義　　〇〇〇〇〇〇

第7条　（引渡し）
　　乙は、甲に代わって、売買契約締結後速やかに、本件製品を買主に引き渡す。

第8条　（通知義務）
　　甲及び乙は、次の各号のいずれか一つに該当するときは、相手方に対し、予めその旨を書面により通知しなければならない。
　① 法人の名称又は商号を変更するとき
　② 振込先指定口座を変更するとき
　③ 代表者を変更するとき
　④ 本店、主たる事業所の所在地又は住所を変更するとき

第9条　（守秘義務）
1　甲及び乙は、本契約期間中はもとより終了後も、本契約に基づき相手方から開示された情報を守秘し、第三者に開示してはならない。
2　前項の守秘義務は、前項の情報が以下のいずれかに該当する場合には適用しない。
　① 公知の事実又は当事者の責に帰すべき事由によらずして公知となった事実
　② 第三者から適法に取得した事実

● 代理受領　重要度 B

代理店が買主から受領した金銭の引渡方法を記載します。

　【応用】メーカーへの振込送金額を変更する　・・▶　328 ページ

● 引 渡 し　重要度 B

買主に製品を引き渡すのがどちらかを記載しましょう。

　【応用】引渡しの方法を変更する　・・▶　328 ページ
　　　　　引渡費用の負担者を変更する　・・▶　328 ページ
　　　　　引渡しに係る取決めを追加する　・・▶　329 ページ

● 通知義務　重要度 C

継続的な契約ですので、一定事項の変更に備え通知義務を記載しましょう。

　【応用】通知義務者を限定する　・・▶　329 ページ
　　　　　通知を要する事由を変更する　・・▶　330 ページ

● 守秘義務　重要度 B

企業秘密を守るために守秘義務につき記載しましょう。

　【応用】開示に係る取決めを追加する　・・▶　330 ページ
　　　　　守秘義務を限定する　・・▶　331 ページ

③ 開示の時点で保有していた事実
④ 法令、政府機関、裁判所の命令により開示が義務付けられた事実

第10条 （顧客情報）

1 乙は、本件業務遂行により知り得た顧客に関する情報（以下「顧客情報」という。）につき、個人情報の保護に関する法律並びに関連ガイドライン等を遵守し、顧客情報の漏洩等がなされることのないよう適正な取扱いを確保しなければならない。
2 乙は、顧客情報が記載された資料を破棄する場合、散逸、漏洩等がなされることのないよう、厳重な注意をもって行わなければならない。

第11条 （解除及び期限の利益喪失）

1 甲又は乙が以下の各号のいずれかに該当したときは、相手方は催告及び自己の債務の履行の提供をしないで直ちに本契約の全部又は一部を解除することができる。なお、この場合でも損害賠償の請求を妨げない。
① 本契約の一つにでも違反したとき
② 監督官庁から営業停止又は営業免許もしくは営業登録の取消等の処分を受けたとき
③ 差押、仮差押、仮処分、強制執行、担保権の実行としての競売、租税滞納処分その他これらに準じる手続きが開始されたとき
④ 破産、民事再生、会社更生又は特別清算の手続開始等の申立てがなされたとき
⑤ 自ら振り出し又は引き受けた手形もしくは小切手が1回でも不渡りとなったとき、又は支払停止状態に至ったとき
⑥ 合併による消滅、資本の減少、営業の廃止・変更又は解散決議がなされたとき

● **顧客情報** 　重要度 B

個人情報の保護義務につき記載しましょう。

【応用】破棄時の取扱いについて記載する　・・▶　331 ページ
　　　　情報漏洩に対する損害賠償について記載する　・・▶　331 ページ

● **解除及び期限の利益喪失** 　重要度 B

民法等で定めた解除事由より広く解除できる場合を認めるため記載しています。なお、改正民法では、法定解除のうち催告による場合、相手方の債務不履行が契約および取引上の社会通念に照らして軽微な場合において、解除が認められないこととなりました（改正民法 541 条但書）。

【応用】解除事由を変更する　・・▶　332 ページ
　　　　約定解除権を限定する　・・▶　333 ページ
　　　　解除の条件を変更する　・・▶　333 ページ

⑦ 相手方に対する詐術その他の背信的行為があったとき
⑧ その他、支払能力の不安又は背信的行為の存在等、本契約を継続することが著しく困難な事情が生じたとき
2 甲又は乙が前項各号のいずれかに該当した場合、当該当事者は当然に本契約及びその他相手方当事者との間で締結した契約から生じる一切の債務について期限の利益を失い、当該当事者は相手方当事者に対して、その時点において当該当事者が負担する一切の債務を直ちに弁済しなければならない。

第12条　（損害賠償責任）

甲又は乙は、解除、解約又は本契約に違反することにより、相手方に損害を与えたときは、その損害の全て（弁護士費用及びその他の実費を含むが、これに限られない。）を賠償しなければならない。

第13条　（契約期間）

本契約の有効期間は、令和〇年〇月〇日から令和〇年〇月〇日までとし、期間満了の1か月前までに甲乙いずれからも異議がなされないときには、本契約は期間満了の翌日から起算して、同一内容にて更に1年間延長されるものとし、それ以後も同様とする。

第14条　（契約終了後の処理）

1 甲及び乙は、本契約が終了したときは、互いに既に確定した債権債務について、速やかにこれを精算するものとする。
2 乙は、本契約が終了した場合、直ちに本件業務を中止し、甲に対して事務の引継ぎを行い、本契約に基づき預託・貸与された事務処理マニュアル等の物品（本契約に基づき提供されたデータ類及びこれらが記録された電子媒体等を含む。）を、速やかに甲の指示に基づき返還ないし破棄するものとする。

● **損害賠償責任**　重要度 C

損害賠償規定は民法等にも存在しますが、弁護士費用や実費なども賠償対象とするため記載します。

【応用】賠償請求権を限定する　　　…▶　334 ページ
　　　　損害賠償の内容を変更する　…▶　334 ページ
　　　　違約金について規定する　　…▶　334 ページ

● **契約期間**　重要度 A

契約期間に関する定めを記載しましょう。

【応用】異議をなす場合の方法について規定する　…▶　335 ページ
　　　　契約期間延長の決定権を限定する　…▶　335 ページ

● **契約終了後の処理**　重要度 B

契約終了後に問題となる可能性のある事項につき、その取扱いをあらかじめ記載しましょう。

【応用】契約終了後の義務の内容を変更する　…▶　336 ページ

3 乙は、本契約終了後、本件商標等を使用するなど、第三者から甲又は甲の業務を受託した者と誤認されるような行為をしてはならない。

第15条　（反社会的勢力の排除）
1 甲及び乙は、自己又は自己の役員が、暴力団、暴力団関係企業、総会屋もしくはこれらに準ずる者又はその構成員（以下これらを「反社会的勢力」という。）に該当しないこと、及び次の各号のいずれにも該当しないことを表明し、かつ将来にわたっても該当しないことを相互に確約する。
　① 反社会的勢力に自己の名義を利用させること
　② 反社会的勢力が経営を実質的に支配していると認められる関係を有すること
2 甲又は乙は、前項の一つにでも違反することが判明したときは、何らの催告を要せず、本契約を解除することができる。
3 本条の規定により本契約が解除された場合には、解除された者は、解除により生じる損害について、その相手方に対し一切の請求を行わない。

第16条　（協議解決）
本契約に定めのない事項又は本契約の解釈について疑義が生じたときは、甲乙誠意をもって協議のうえ解決する。

第17条　（合意管轄）
甲及び乙は、本契約に関し裁判上の紛争が生じたときは、東京地方裁判所を専属的合意管轄裁判所とすることに合意する。

本契約締結の証として、本契約書2通を作成し、甲乙相互に署名又は記名・捺印のうえ、各1通を保有することとする。

● **反社会的勢力の排除**　重要度 B

契約当事者が反社会的勢力と関わっていることが判明した場合に、即座に契約関係を解消することができるようにするために規定しています。

　【応用】対象者を限定する　　　・・・▶　337 ページ
　　　　　賠償額を具体的に規定する　・・・▶　338 ページ

● **協議解決**　重要度 C

協議により紛争を解決する可能性を探るため規定しています。なお、この規定に法的な拘束力はありません。

　【応用】紛争解決方法について具体的に規定する　・・・▶　338 ページ
　　　　　契約の当事者を追加する　・・・▶　338 ページ

● **合意管轄**　重要度 B

紛争が生じた際に自己に有利な管轄裁判所において裁判を受けるための規定です。

　【応用】合意管轄裁判所を変更する　・・・▶　339 ページ
　　　　　契約の当事者を追加する　・・・▶　339 ページ

● **後　　文**

　【応用】契約書の作成方法を変更する　・・・▶　340 ページ
　　　　　契約の当事者を追加する　・・・▶　340 ページ

令和　年　月　日
　　　　　　　　　　甲

　　　　　　　　　　　　　　　　　　　　　　　　㊞

　　　　　　　　　　乙

　　　　　　　　　　　　　　　　　　　　　　　　㊞

※　代理店契約書は、原則として、印紙税額一覧表第7号文書（「継続的取引の基本となる契約書」）に該当するため4,000円の収入印紙を貼付しなければなりません。ただし、3か月以内で終了する契約（更新の規定があり契約期間が3か月を超える可能性のあるものは除く）については、印紙の貼付は不要となります。

作成のテクニック

▶ 前文

> （メーカー）○○○○（以下「甲」という。）と（代理店）○○○○（以下「乙」という。）は、次のとおり代理店契約（以下「本契約」という。）を締結する。

【契約の当事者を追加する】

・改正民法に適合した連帯保証人条項を設ける場合・　〔メーカー有利〕

民法改正により、原則として根保証となる連帯保証人には、極度額等の定めが必要となります（改正民法465条の2）。

> （メーカー）○○○○（以下「甲」という。）、（代理店）○○○○（以下「乙」という。）及び（連帯保証人）○○○○（以下「丙」という。）は、次のとおり代理店契約（以下「本契約」という。）を締結する。
> （略）
> 第○条（連帯保証人）
> 1　丙は、乙と連帯して、以下のとおり極度額の範囲において、本契約から生じる一切の債務（以下「本件債務」という。）を負担する。
>
> | 対象となる債務 | 本件債務（本契約の履行及び損害賠償金等従たる債務を含む一切の債務） |
> |---|---|
> | 極度額 | 金○○円（本件債務及び連帯保証債務について約定された違約金又は損害賠償の額を含む。） |
> | 元本確定事由 | ①丙の財産について、金銭の支払いを目的とする債権についての強制執行又は担保権の実行が申し立てられ、当該手続が開始されたとき
②丙が破産手続開始の決定を受けたとき
③乙又は丙が死亡したとき |

2　乙は、丙に対し、別紙のとおり保証契約の前提となる情報を提供し、丙は、別紙の情報の提供を受けたことを確認する。
第○条（協議解決）
　　本契約に定めのない事項又は本契約の解釈について疑義が生じたときは、甲、乙及び丙は誠意をもって協議のうえ解決する。
第○条（合意管轄）
　　甲、乙及び丙は、本契約に関して裁判上の紛争が生じたときは、東京地方裁判所を専属的合意管轄裁判所とすることに合意する。
　（略）
　本契約締結の証として、本契約書3通を作成し、甲乙丙相互に署名又は記名・捺印のうえ、各1通を保有することとする。
　（略）

　　　　　　　　　　　　　　丙　　　　　　　　　　　　　　㊞

【別紙】

　乙は、本契約締結時における自らの情報を以下のとおり提供する。

財産及び収支の状況	
主債務以外に負担している債務の有無、額及び履行状況	
主債務の担保として他に提供し又は提供しようとするものの内容	

第1条（目的） 重要度A

乙は、甲が製造する空気清浄器の代理店となり、甲製品の拡販に注力することとし、甲は乙を代理店として指定することとしたため、本契約を締結する。

【目的の内容を変更する】

・ドライブレコーダーの販売代理店契約を締結する場合・

> 甲は、乙に甲が製造するドライブレコーダーの販売代理店として販路を拡大してもらうことを希望し、乙がこれを承諾したため、本契約を締結する。

▶ 第2条（代理店） 重要度 A

> 1　乙は、下記店舗において、甲の代理店として、甲の代理店であることを明示したうえで、以下の内容で、甲の製造する以下の製品（以下「本件製品」という。）を販売する。
> 　① 品　　　　名　　　○○
> 　② 単　　　　価　　　○○円
> 　③ 発　注　方　法　　乙が甲に注文書を交付し、甲が乙にこれを承諾する旨の注文請書を交付する
> 　④ 引　渡　期　日　　注文書記載のとおり
> 　⑤ 引　渡　場　所　　注文書記載のとおり
> 　⑥ 手　　数　　料　　別紙手数料一覧のとおり
> 　⑦ 手数料の支払方法　以下の口座に銀行振込（振込手数料は乙負担）
> 　　　　　　　　　　　○○銀行○○支店　　普通預金
> 　　　　　　　　　　　口座番号　　○○○○○○
> 　　　　　　　　　　　口座名義　　○○○○○○
>
> 　　　　　　　　　　　　　　記
> 　店舗所在地：○○県○○市○○町○番○号
>
> 2　乙が買主と締結した売買契約の効力は、甲と買主との間に生じる。

商取引　8 代理店契約書

【販売地域を定める】

・一定の地域における代理店とする場合・　　　　　〔メーカー有利〕

> 1　乙は、○○県内において、甲の代理店として、甲の代理店であることを明示したうえで、以下の内容で、甲の製造する以下の製品（以下「本件製品」という。）を販売する。

・一定の地域における独占的代理店とする場合・　　　　〔代理店有利〕

> 1　乙は、○○県内において、甲の独占的代理店として、甲の代理店であることを明示したうえで、以下の内容で、甲の製造する以下の製品（以下「本件製品」という。）を販売する。

【取扱製品の記載方法を変更する】

・別紙を利用する場合・

> ①　品名　　別紙記載のとおり

【取扱製品を変更する】

・メーカーの取り扱う商品全部とする場合・

> ①　品名　　甲が現在及び将来製造又は販売する全商品

▶ 第3条（権限）　重要度 A

> 乙の有する代理店としての権限は、買主との間の以下の各号に記載された行為に限られる。
> ①　売買契約の締結
> ②　本件製品の納入
> ③　売買代金の請求及び受領

【権限・義務の内容を変更する】

・取扱限度額を定める・

> ①　毎月○○円を限度額とする売買契約の締結

・代理店に買主からの問合せに対応する義務を課す場合・　〔メーカー有利〕

> 1　（略）
> 2　乙は、買主からの問合せには、自らの責任と費用で対応しなければならない。

・製品の納入・売買代金の請求および受領はメーカーで行う場合・

> 1　乙の代理店としての権限は、買主との間の売買契約の締結に限られる。
> 2　売買契約の履行その他一切の行為は、甲が行うものとする。

・付随業務として代理店の義務を具体的に規定する場合・　〔メーカー有利〕

> 1　（略）
> 2　乙は、前項各号に付随する業務として、以下の各号に記載された行為をしなければならない。
> 　①　買主にパンフレット等を交付すること
> 　②　買主との間の売買契約書を作成すること
> 　③　納品のための配送業者の手配
> 　④　販売状況の報告

▶ 第4条（報告）　重要度 B

> 乙は、甲に対し、本件製品の当月分の販売成績を翌月15日までに報告する。

【報告の方法について規定する】

・書面による報告を求める場合・　　　　　　　　　〔メーカー有利〕

> 乙は、甲に対し、本件製品の当月分の販売成績を翌月15日までに書面で報告する。

・書面のほかFAXや電子メールによる報告を認める場合・

> 乙は、甲に対し、本件製品の当月分の販売成績を翌月15日までに書面（FAX及び電子メールを含む。）で報告する。

【報告の頻度を変更する】

・毎週報告させる場合・　　　　　　　　　　　　　〔メーカー有利〕

> 乙は、甲に対し、本件製品の毎週の販売成績を翌週水曜日までに報告する。

第5条（手数料）　重要度A

> 1　甲は、乙から報告された販売成績に基づき、別紙手数料一覧に従い各月の手数料を算定し、速やかにその計算書を乙に交付する。
> 2　甲は、算定対象となる月の翌々月15日までに、乙の指定する第2条の振込口座に手数料を振込送金する（振込手数料は甲負担）。

【手数料の計算方法を変更する】

・手数料を売上高ベースで計算する場合・

> 1　甲は、乙から報告された販売成績に基づき、以下の記載に従い各月の手数料を算定し、速やかにその計算書を乙に交付する。
> 　　売上高が〇〇円以下の部分　　　　　　　売上高の〇％

売上高が○○円を上回り○○円以下の部分	売上高の○%
売上高が○○円を上回る部分	売上高の○%

・手数料を販売数ベースで計算する場合・

> 1　甲は、乙から報告された販売成績に基づき、<u>以下の記載に従い各月の手数料を算定し</u>、速やかにその計算書を乙に交付する。
>
> | | |
> |---|---|
> | <u>販売個数が○個以下の部分</u> | ○○円×当該販売個数 |
> | <u>販売個数が○個を上回り○個以下の部分</u> | <u>○○円×当該販売個数</u> |
> | <u>販売個数が○個を上回る部分</u> | ○○円×当該販売個数 |

・最低手数料＋最低販売数を超えた数ベースで計算する場合・

> 1　甲は、乙から報告された販売成績に基づき、<u>月額最低手数料○○円に以下記載の手数料を加算して算出される</u>各月の手数料を算定し、速やかにその計算書を乙に交付する。
>
> | | |
> |---|---|
> | 販売個数が○個を上回った場合 | ○○円×当該超過販売個数 |

【手数料の見直しについて定める】

・定期的に手数料を見直すこととする場合・

> 3　第1項の手数料は、本契約の更新時に協議により見直すものとする。

第6条（代理受領）　重要度 B

> 1　乙は、買主から本件製品の販売代金を受領する。
> 2　乙は、毎月末日までに受領した代金を翌月15日までに、代金明細書を送付したうえで、甲の指定する以下の口座に振込送金する（振込手数料は乙負担）。
> 　　○○銀行○○支店　　普通預金
> 　　口座番号　　○○○○○○
> 　　口座名義　　○○○○○○

【メーカーへの振込送金額を変更する】

・手数料の控除を認める場合・　　　　　　　　　　　　　　〔代理店有利〕

> 3　乙は、販売代金から、第5条に基づき甲から受領する手数料を控除した残額を振込送金することができる。この場合、甲は、第5条第2項の方法により手数料を支払うことを要しない。

第7条（引渡し）　重要度 B

> 乙は、甲に代わって、売買契約締結後速やかに、本件製品を買主に引き渡す。

【引渡しの方法を変更する】

・商品を甲から直接買主に引き渡す場合・

> 本件製品の買主への引渡しは、甲が行う。

【引渡費用の負担者を変更する】

・引渡費用をメーカーの負担とする場合・　　　　　　　　　〔代理店有利〕

> 乙は、甲に代わって、売買契約締結後速やかに、本件製品を買主に引き渡す。引渡しに要する費用は甲の負担とする。

・引渡費用を代理店の負担とする場合・　　　　　　　　　〔メーカー有利〕

> 乙は、甲に代わって、売買契約締結後速やかに、本件製品を買主に引き渡す。引渡しに要する費用は乙の負担とする。

【引渡しに係る取決めを追加する】

・メーカーの責に帰すべき事由により引渡しが実現しなかった場合の取扱いについて定める場合・　　　　　　　　　　　　　　　　〔代理店有利〕

1　(略)
2　甲の責に帰すべき事由により本件製品の引渡しが実現しなかった場合、契約不履行により買主が被った損害は甲の負担とする。
3　甲の責に帰すべき事由により本件製品の引渡しが実現しなかった場合、甲は、乙に対する手数料の支払いを拒絶することができない。

・メーカーに協力義務を課す場合・　　　　　　　　　　　　　〔代理店有利〕

1　(略)
2　前項の引渡しに際し、乙から要請があった場合、甲は乙に協力しなければならない。

第8条（通知義務）　重要度 C

甲及び乙は、次の各号のいずれか一つに該当するときは、相手方に対し、予めその旨を書面により通知しなければならない。
① 法人の名称又は商号を変更するとき
② 振込先指定口座を変更するとき
③ 代表者を変更するとき
④ 本店、主たる事業所の所在地又は住所を変更するとき

【通知義務者を限定する】

・メーカーのみに通知義務を課す場合・　　　　　　　　　　　〔代理店有利〕

甲は、次の各号のいずれか一つに該当するときは、乙に対し、予めその旨を書面により通知しなければならない。
① （以下略）

・代理店のみに通知義務を課す場合・　　　　　　　　〔メーカー有利〕

> 乙は、次の各号のいずれか一つに該当するときは、甲に対し、予めその旨を書面により通知しなければならない。
> ① （以下略）

【通知を要する事由を変更する】

・株主構成が大幅に変更したときにも通知義務を課す場合・

> ⑤　主要株主に変更があった場合

第9条（守秘義務）　重要度B

> 1　甲及び乙は、本契約期間中はもとより終了後も、本契約に基づき相手方から開示された情報を守秘し、第三者に開示してはならない。
> 2　前項の守秘義務は、前項の情報が以下のいずれかに該当する場合には適用しない。
> 　①　公知の事実又は当事者の責に帰すべき事由によらずして公知となった事実
> 　②　第三者から適法に取得した事実
> 　③　開示の時点で保有していた事実
> 　④　法令、政府機関、裁判所の命令により開示が義務付けられた事実

【開示に係る取決めを追加する】

・事前の書面承諾により開示を許可する場合・

> 1　甲及び乙は、事前に相手方の書面による同意を得た場合を除き、本契約期間中はもとより終了後も、本契約に基づき相手方から開示された情報を守秘し、第三者に開示してはならない。

・開示をした場合には遅滞なく相手方に通知を行うこととする場合・

> 3　甲及び乙は、本契約に基づき相手方から開示された情報を第三者に開示した場合、速やかに相手方にその旨を通知しなければならない。

【守秘義務を限定する】

・代理店のみに守秘義務を課す場合・　　　　　　　　〔メーカー有利〕

> 1　乙は、本契約期間中はもとより終了後も、本契約に基づき甲から開示された情報を守秘し、第三者に開示してはならない。

▶ 第10条（顧客情報）　重要度B

> 1　乙は、本件業務遂行により知り得た顧客に関する情報（以下「顧客情報」という。）につき、個人情報の保護に関する法律並びに関連ガイドライン等を遵守し、顧客情報の漏洩等がなされることのないよう適正な取扱いを確保しなければならない。
> 2　乙は、顧客情報が記載された資料を破棄する場合、散逸、漏洩等がなされることのないよう、厳重な注意をもって行わなければならない。

【破棄時の取扱いについて記載する】

・破棄した場合に破棄証明を求める場合・　　　　　　〔メーカー有利〕

> 3　顧客情報が記載された資料を破棄した場合、乙は、甲に対して破棄した顧客情報を明らかにした書面を交付しなければならない。

【情報漏洩に対する損害賠償について記載する】

・顧客情報の漏洩による損害賠償義務の範囲を定める場合・

> 3　乙の責に帰すべき事由により顧客情報が漏洩し、これにより甲が損害を被った場合、乙は金〇〇円を限度としてその損害を賠償する。

第11条（解除及び期限の利益喪失） 重要度 B

1　甲又は乙が以下の各号のいずれかに該当したときは、相手方は催告及び自己の債務の履行の提供をしないで直ちに本契約の全部又は一部を解除することができる。なお、この場合でも損害賠償の請求を妨げない。
① 本契約の一つにでも違反したとき
② 監督官庁から営業停止又は営業免許もしくは営業登録の取消等の処分を受けたとき
③ 差押、仮差押、仮処分、強制執行、担保権の実行としての競売、租税滞納処分その他これらに準じる手続きが開始されたとき
④ 破産、民事再生、会社更生又は特別清算の手続開始等の申立てがなされたとき
⑤ 自ら振り出し又は引き受けた手形もしくは小切手が1回でも不渡りとなったとき、又は支払停止状態に至ったとき
⑥ 合併による消滅、資本の減少、営業の廃止・変更又は解散決議がなされたとき
⑦ 相手方に対する詐術その他の背信的行為があったとき
⑧ その他、支払能力の不安又は背信的行為の存在等、本契約を継続することが著しく困難な事情が生じたとき

2　甲又は乙が前項各号のいずれかに該当した場合、当該当事者は当然に本契約及びその他相手方当事者との間で締結した契約から生じる一切の債務について期限の利益を失い、当該当事者は相手方当事者に対して、その時点において当該当事者が負担する一切の債務を直ちに弁済しなければならない。

【解除事由を変更する】

・代理店が販売目標を達成できなかったことを解除事由とする場合・
〔メーカー有利〕

⑨ 乙が○か月連続で別紙で定める販売目標を達成しなかったとき

【約定解除権を限定する】

•メーカーのみに約定解除権を認める場合• 〔メーカー有利〕

> 1 乙が以下の各号のいずれかに該当したときは、甲は催告及び自己の債務の履行の提供をしないで直ちに本契約の全部又は一部を解除することができる。なお、この場合でも損害賠償の請求を妨げない。
> ①　（以下略）

•代理店のみに約定解除権を認める場合• 〔代理店有利〕

> 1 甲が以下の各号のいずれかに該当したときは、乙は催告及び自己の債務の履行の提供をしないで直ちに本契約の全部又は一部を解除することができる。なお、この場合でも損害賠償の請求を妨げない。
> ①　（以下略）

【解除の条件を変更する】

•解除前に催告を要求する場合•

> 1 甲又は乙が以下の各号のいずれかに該当したときは、相手方は、相当の期間を定めて催告を行い、その期間内に是正がなされない場合、本契約の全部又は一部を解除することができる。なお、この場合でも損害賠償の請求を妨げない。
> ①　（以下略）

第12条（損害賠償責任）　重要度C

> 甲又は乙は、解除、解約又は本契約に違反することにより、相手方に損害を与えたときは、その損害の全て（弁護士費用及びその他の実費を含むが、これに限られない。）を賠償しなければならない。

【賠償請求権を限定する】

・メーカーのみに損害賠償請求権を認める場合・　　〔メーカー有利〕

> 乙は、解除、解約又は本契約に違反することにより、甲に損害を与えたときは、その損害の全て（弁護士費用及びその他の実費を含むが、これに限られない。）を賠償しなければならない。

・代理店のみに損害賠償請求権を認める場合・　　〔代理店有利〕

> 甲は、解除、解約又は本契約に違反することにより、乙に損害を与えたときは、その損害の全て（弁護士費用及びその他の実費を含むが、これに限られない。）を賠償しなければならない。

【損害賠償の内容を変更する】

・具体的な賠償額の予定を行う場合・

> 甲又は乙は、解除、解約又は本契約の重大な義務に違反することにより、相手方に損害を与えたときは、損害額の立証を要することなく、金○○円を損害金として支払う。

・損害賠償額を限定する場合・

> 甲又は乙は、解除、解約又は本契約に違反することにより、相手方に損害を与えたときは、金○○円を上限として、損害を賠償しなければならない。

【違約金について規定する】

・故意または重過失による損害について追加で違約金の支払いを認める場合・

> 1　（略）
> 2　甲又は乙は、故意又は重過失により、本契約に違反し相手方に損害を与えたときは、金○○円の違約金を前項の損害に加算して賠償しなければならない。

第13条（契約期間） 重要度 A

> 本契約の有効期間は、令和〇年〇月〇日から令和〇年〇月〇日までとし、期間満了の1か月前までに甲乙いずれからも異議がなされないときには、本契約は期間満了の翌日から起算して、同一内容にて更に1年間延長されるものとし、それ以後も同様とする。

【異議をなす場合の方法について規定する】

・異議の方法を書面に限定する場合・

> 本契約の有効期間は、令和〇年〇月〇日から令和〇年〇月〇日までとし、期間満了の1か月前までに甲乙いずれからも書面による異議がなされないときには、本契約は期間満了の翌日から起算して、同一内容にて更に1年間延長されるものとし、それ以後も同様とする。

【契約期間延長の決定権を限定する】

・延長するか否かの決定権をメーカーのみに与える場合・　　〔メーカー有利〕

> 本契約の有効期間は、令和〇年〇月〇日から令和〇年〇月〇日までとし、期間満了の1か月前までに甲から異議がなされないときには、本契約は期間満了の翌日から起算して、同一内容にて更に1年間延長されるものとし、それ以後も同様とする。

・延長するか否かの決定権を代理店のみに与える場合・　　〔代理店有利〕

> 本契約の有効期間は、令和〇年〇月〇日から令和〇年〇月〇日までとし、期間満了の1か月前までに乙から異議がなされないときには、本契約は期間満了の翌日から起算して、同一内容にて更に1年間延長されるものとし、それ以後も同様とする。

・自動延長にしない場合・

> 本契約の有効期間は、令和○年○月○日から令和○年○月○日までとし、期間満了の1か月前までに甲乙の協議が整った場合にのみ延長するものとする。

第14条（契約終了後の処理） 重要度 B

> 1　甲及び乙は、本契約が終了したときは、互いに既に確定した債権債務について、速やかにこれを精算するものとする。
> 2　乙は、本契約が終了した場合、直ちに本件業務を中止し、甲に対して事務の引継ぎを行い、本契約に基づき預託・貸与された事務処理マニュアル等の物品（本契約に基づき提供されたデータ類及びこれらが記録された電子媒体等を含む。）を、速やかに甲の指示に基づき返還ないし破棄するものとする。
> 3　乙は、本契約終了後、本件商標等を使用するなど、第三者から甲又は甲の業務を受託した者と誤認されるような行為をしてはならない。

【契約終了後の義務の内容を変更する】

・破棄した場合に破棄証明を求める場合・　　　　　　　〔メーカー有利〕

> 2　乙は、本契約が終了した場合、直ちに本件業務を中止し、甲に対して事務の引継ぎを行い、本契約に基づき預託・貸与された事務処理マニュアル等の物品（本契約に基づき提供されたデータ類及びこれらが記録された電子媒体等を含む。）を、速やかに甲の指示に基づき返還ないし破棄するものとする。なお、破棄した場合には、乙は甲に対して破棄した物品を明らかにした書面を交付しなければならない。

・契約終了後の競業避止義務を定める場合・　　　　　　〔メーカー有利〕

> 4　乙は、本契約終了後6か月間は、乙の店舗において本件製品と同一又は同種の製品を販売してはならない。

第15条（反社会的勢力の排除）　重要度 B

1 甲及び乙は、自己又は自己の役員が、暴力団、暴力団関係企業、総会屋もしくはこれらに準ずる者又はその構成員（以下これらを「反社会的勢力」という。）に該当しないこと、及び次の各号のいずれにも該当しないことを表明し、かつ将来にわたっても該当しないことを相互に確約する。
　① 反社会的勢力に自己の名義を利用させること
　② 反社会的勢力が経営を実質的に支配していると認められる関係を有すること
2 甲又は乙は、前項の一つにでも違反することが判明したときは、何らの催告を要せず、本契約を解除することができる。
3 本条の規定により本契約が解除された場合には、解除された者は、解除により生じる損害について、その相手方に対し一切の請求を行わない。

【対象者を限定する】

・代理店のみを対象とする場合・　　　　　　　　　　〔メーカー有利〕

1 <u>乙は</u>、自己又は自己の役員が、暴力団、暴力団関係企業、総会屋もしくはこれらに準ずる者又はその構成員（以下これらを「反社会的勢力」という。）に該当しないこと、及び次の各号のいずれにも該当しないことを表明し、かつ将来にわたっても該当しないことを<u>確約する</u>。
　① 反社会的勢力に自己の名義を利用させること
　② 反社会的勢力が経営を実質的に支配していると認められる関係を有すること
2 <u>甲は、乙が</u>前項の一つにでも違反することが判明したときは、何らの催告を要せず、本契約を解除することができる。

【賠償額を具体的に規定する】

・具体的な賠償額の予定を行う場合・

> 4　本条の規定により本契約が解除された場合には、解除された者は、その相手方に対し、違約金として金○○円を支払うものとする。

▶ 第16条（協議解決）　重要度 C

> 本契約に定めのない事項又は本契約の解釈について疑義が生じたときは、甲乙誠意をもって協議のうえ解決する。

【紛争解決方法について具体的に規定する】

・具体的な紛争解決機関を指定する場合・

> 本契約に定めのない事項又は本契約の解釈について疑義が生じたときは、訴訟提起以前に独立行政法人国民生活センターが主催するADRにおいて協議を試みなければならない。

・仲裁者をあらかじめ定める場合・

> 本契約に定めのない事項、又は本契約の解釈について疑義が生じたときは、○○○○を仲裁者と定め、三者において誠意をもって協議のうえ解決する。

【契約の当事者を追加する】

・連帯保証人（丙）がいる場合・

> 本契約に定めのない事項又は本契約の解釈について疑義が生じたときは、甲、乙及び丙は誠意をもって協議のうえ解決する。

▶ 第17条（合意管轄） 重要度 B

> 甲及び乙は、本契約に関し裁判上の紛争が生じたときは、東京地方裁判所を専属的合意管轄裁判所とすることに合意する。

【合意管轄裁判所を変更する】

・本店所在地を管轄する裁判所とする場合・

> 甲及び乙は、本契約に関し裁判上の紛争が生じたときは、甲又は乙の本店所在地を管轄する裁判所を専属的合意管轄裁判所とすることに合意する。

・本店所在地または支店所在地を管轄する裁判所とする場合・

> 甲及び乙は、本契約に関し裁判上の紛争が生じたときは、甲又は乙の本店所在地もしくは支店所在地を管轄する裁判所を専属的合意管轄裁判所とすることに合意する。

【契約の当事者を追加する】

・連帯保証人（丙）がいる場合・

> 甲、乙及び丙は、本契約に関し裁判上の紛争が生じたときは、東京地方裁判所を専属的合意管轄裁判所とすることに合意する。

▶ 後文

> 本契約締結の証として、本契約書2通を作成し、甲乙相互に署名又は記名・捺印のうえ、各1通を保有することとする。

【契約書の作成方法を変更する】

・1通のみ原本を作成し、当事者の一方は写しのみを保管する場合・

> 本契約締結の証として、本契約書1通を作成し、甲乙相互に署名又は記名・捺印のうえ、〔甲／乙〕が原本を保有し、〔乙／甲〕が写しを保有することとする。

【契約の当事者を追加する】

・連帯保証人（丙）がいる場合・

> 本契約締結の証として、本契約書3通を作成し、甲乙丙相互に署名又は記名・捺印のうえ、各1通を保有することとする。

その他の役立つ条項

- ■ 契約をめぐる各種取扱いについて定める場合……………………341ページ
- ■ 状況の変化が生じたときの取扱いについて定める場合……………344ページ
- ■ 海外企業との取引である場合に、取扱いについて定める場合……344ページ

◆契約をめぐる各種取扱いについて定める場合

・保証金を預託する・　　　　　　　　　　　　　　　〔メーカー有利〕

第○条（保証金）
1　乙は、本契約から生ずる一切の債務を担保するため、本契約締結と同時に金○○円を保証金として甲に預託する。
2　保証金は無利息とし、本契約終了の際に存在する債務を控除した残額を返金する。

・メーカーが立入検査を行うことを認める・　　　　　　〔メーカー有利〕

第○条（立入検査権）
1　甲は、乙の事前の同意を得たうえで乙の事務所又は営業所に立ち入り、本件製品の販売促進のために必要な事項につき検査することができる。
2　乙は、前項に定める立入検査により甲が乙に改善を要求した事項について、直ちに改善するものとする。

・代理店業務の再委託を禁止する・　　　　　　　　　　〔メーカー有利〕

第○条（再委託禁止）
　乙は、甲の事前の書面による承諾なく、第三者に対し、代理店としての業務を委託してはならない。

・一般的な報告義務を課する・　　　　　　　　　　　〔メーカー有利〕

> 第○条（報告）
> 　乙は、本件業務の履行の状況に関して、甲からの請求があったときには、その状況につき直ちに報告しなければならない。

・相殺につき規定する・　　　　　　　　　　　　　〔メーカー有利〕

> 第○条（相殺）
> 　甲は、本契約又は本契約に限らないその他の契約等に基づき甲が乙に対して負担する債務と、本契約又は本契約に限らないその他の契約等に基づき甲が乙に対して有する債権とを、その債権債務の期限にかかわらず、いつでもこれを対当額において相殺することができる。

・販売促進につき規定する・　　　　　　　　　　　〔代理店有利〕

> 第○条（販売促進）
> 　甲は、乙に対し、本件製品の販売促進のため、甲乙協議のうえ、一定量の試供品、パンフレット、ノボリ及び看板等を無償で提供する。

・販売目標につき規定する・　　　　　　　　　　　〔メーカー有利〕

> 第○条（販売目標）
> 　乙は、本件製品を毎月○個以上顧客に販売するよう努力する。

・報奨金につき規定する・　　　　　　　　　　　　〔代理店有利〕

> 第○条（報奨金）
> 　乙は、甲に対し、本件製品の販売実績に応じ、別紙で定める報奨金を支払う。

・流通の尊重につき規定する・　　　　　　　　　〔メーカー有利〕

> 乙は、本件製品の販売にあたり、甲の要請する流通経路及び流通秩序を尊重しなければならない。

・競業禁止につき規定する・　　　　　　　　　〔メーカー有利〕

> 乙は、自ら又は他の第三者の代理人として、本件製品と同種製品の販売を行ってはならない。

・権利の譲渡を禁止する・

> 第○条（権利の譲渡禁止等）
> 　甲及び乙は、予め相手方の書面による承諾を得ないで、本契約に基づく権利、義務又は財産の全部又は一部を第三者に譲渡し、承継させ又は担保に供してはならない。

・遅延損害金につき規定する・

> 第○条（遅延損害金）
> 　甲又は乙が本契約に基づく金銭債務の支払いを遅延したときは、相手方に対し、支払期日の翌日から支払済みに至るまで、年14.6％（年365日日割計算）の割合による遅延損害金を支払うものとする。

・費用の負担につき規定する・

> 第○条（費用負担）
> 　本契約の締結に要する印紙その他の費用は、甲乙が各々の費用を負担するものとする。

◆状況の変化が生じたときの取扱いについて定める場合

・著しい事情の変更が生じたときの対処方法を記載する・

> 第○条（事情の変更）
> 　甲及び乙は、本契約の締結後、天災地変、法令の制定又は改廃、その他著しい事情の変更により、本契約に定める義務を履行することが不可能又は著しく困難となったと認められる場合は、当該定めを変更するため協議することができる。

◆海外企業との取引である場合に、取扱いについて定める場合

・準拠法を日本法と定める・

> 第○条（準拠法）
> 　本契約は日本法に準拠し、同法によって解釈されるものとする。

チェックポイント

あなたがメーカーの場合は、最低限以下の点をチェックしましょう。

- ☐ 契約の目的が明確か
- ☐ 契約の当事者が明らかであるか
- ☐ 代理店に与える権限の範囲が明確か
- ☐ 手数料が明確に定められているか
- ☐ 販売成績の報告義務が規定されているか
- ☐ 解除条項に不合理な事項が入っていないか
- ☐ 損害賠償請求額が不合理に制限されていないか

あなたが代理店の場合は、最低限以下の点をチェックしましょう。

- ☐ 契約の目的が明確か
- ☐ 契約の当事者が明らかであるか
- ☐ メーカーから与えられる代理権の範囲が明確か
- ☐ 手数料が明確に定められているか
- ☐ 解除条項に不合理な事項が入っていないか
- ☐ 損害賠償請求額が不合理に制限されていないか
- ☐ 不当な義務が課されていないか

9 秘密保持契約書

秘密保持契約書

〇〇〇〇（以下「甲」という。）と〇〇〇〇（以下「乙」という。）は、甲乙間において開示される秘密情報について、次のとおり秘密保持契約（以下「本契約」という。）を締結する。

第1条　（目的）
1　甲及び乙は、〇〇を目的として、相手方に対し、秘密情報を開示する。
2　甲及び乙は、相手方から提供された秘密情報を前項の目的以外に使用してはならない。

第2条　（定義）
1　本契約において秘密情報とは、書面、口頭その他方法を問わず、被開示者に開示された、開示者の営業上、技術上その他業務上の一切の情報をいう。
2　前項の規定にかかわらず、次の各号の一に該当するものは秘密情報に該当しない。
　①　相手方から開示される以前に公知であった情報
　②　相手方から開示される以前から被開示者が保有していた情報
　③　相手方から開示された後に被開示者の責によらず公知となった情報

【この契約書を用いるケース】
☑ 営業上の秘密情報等の漏洩を防止する場合

● 前　文

【応用】対象となる秘密情報を変更する　…▶　352 ページ

● 目　的　重要度 A

秘密情報を開示する目的を記載し、目的外使用の禁止を明確にしましょう。

【応用】開示目的を変更する　…▶　352 ページ

● 定　義　重要度 A

秘密情報の定義を定めるのが一般的です。

【応用】秘密情報の定義を変更する　…▶　353 ページ

④ 正当な権限を有する第三者から秘密保持義務を負わずに入手した情報
⑤ 開示者から開示された秘密情報によることなく、被開示者が独自に開発した情報

第3条　（秘密保持義務）

1　甲及び乙は、相手方から開示された秘密情報を厳重に保管・管理するものとする。
2　甲及び乙は、事前に相手方から書面による承諾を得た場合を除き、秘密情報を第三者に開示又は漏洩してはならない。ただし、裁判所からの命令、その他法令に基づき開示が義務付けられる場合はこの限りではない。
3　甲及び乙は、前項ただし書きに基づき秘密情報を第三者に開示する場合は、事前に相手方に通知するものとする。

第4条　（複製の禁止）

甲及び乙は、事前に相手方からの書面による承諾を得た場合を除き、秘密情報を書類又は電磁的記録媒体に複写又は複製してはならない。

第5条　（開示の範囲）

甲及び乙は、相手方から開示された秘密情報を、自己の役員又は従業員に開示する場合には、秘密情報を知る必要がある者に限り、その必要な範囲内でのみ開示するものとする。なお、この場合、甲及び乙は、当該役員又は従業員に対して本契約による自己と同等の義務を遵守させるものとし、かつ、当該役員又は従業員の行為について全責任を負う。

第6条　（秘密情報の返還）

甲及び乙は、本契約が終了したときは、秘密情報（複製された

- ●秘密保持義務　　**重要度 A**

    秘密保持義務の内容を定めましょう。

    【応用】開示を許可する条件を変更する　　・・・▶　354 ページ
    　　　　秘密保持義務を限定する　　・・・▶　355 ページ
    　　　　情報管理体制について規定する　　・・・▶　355 ページ

- ●複製の禁止　　**重要度 B**

    適切に秘密情報を管理するため、秘密情報の複製も禁止したほうがよいでしょう。

    【応用】複写・複製の承諾の方法を変更する　　・・・▶　356 ページ
    　　　　複写・複製の取扱いについて変更する　　・・・▶　356 ページ

- ●開示の範囲　　**重要度 B**

    秘密情報の開示範囲を明確にし、開示した場合の秘密保持義務を定めましょう。

    【応用】開示にあたっての取扱いについて規定する　　・・・▶　357 ページ

- ●秘密情報の返還　　**重要度 B**

    契約終了時における秘密情報の取扱いについて記載しましょう。

    【応用】返還義務について規定する　　・・・▶　357 ページ
    　　　　秘密情報を破棄した場合の取扱いについて規定する　　・・・▶　358 ページ

商取引　9 秘密保持契約書

場合はその複製物も含む。)を、開示者の指示に従い返還又は破棄するものとする。

第7条 (損害賠償義務)
　甲及び乙は、本契約に違反して、相手方に損害を与えた場合には、相手方に対し、損害(弁護士費用及びその他の実費を含むが、これに限られない。)の賠償をしなければならない。

第8条 (有効期間)
　本契約の有効期間は、令和〇年〇月〇日から令和〇年〇月〇日までとする。

第9条 (協議解決)
　本契約に定めのない事項又は本契約の解釈について疑義が生じたときは、甲乙誠意をもって協議のうえ解決する。

第10条 (合意管轄)
　甲及び乙は、本契約に関し裁判上の紛争が生じたときは、訴額等に応じ、東京簡易裁判所又は東京地方裁判所を専属的合意管轄裁判所とすることに合意する。

　本契約締結の証として、本契約書2通を作成し、甲乙相互に署名又は記名・捺印のうえ、各1通を保有することとする。

令和　　年　　月　　日
　　　　　　　　　　甲
　　　　　　　　　　　　　　　　　　㊞

　　　　　　　　　　乙
　　　　　　　　　　　　　　　　　　㊞

- **損害賠償義務**　**重要度 C**

  損害賠償規定は民法等にも存在しますが、弁護士費用や実費なども賠償対象とすることを明らかにするため記載しています。

  【応用】損害賠償義務の内容を変更する　・・▶　359 ページ
  　　　　損害賠償額について具体的に規定する　・・▶　359 ページ
  　　　　違約金について規定する　・・▶　359 ページ

- **有効期間**　**重要度 A**

  契約の始期、終期は明記する必要があります。

  【応用】契約の存続期間を変更する　・・▶　360 ページ

- **協議解決**　**重要度 C**

  協議により紛争回避を図る可能性を探るため規定しています。なお、この規定に法的な拘束力はありません。

  【応用】紛争解決方法について具体的に規定する　・・▶　360 ページ

- **合意管轄**　**重要度 B**

  紛争が生じた際に自己に有利な管轄裁判所において裁判を行うための規定です。

  【応用】合意管轄裁判所を変更する　・・▶　361 ページ

- **後　文**

  【応用】契約書の作成方法を変更する　・・▶　361 ページ

※　秘密保持契約書は、印紙税法別表第一に掲げるいずれの課税文書にも該当しないため、印紙の貼付は不要です。

作成のテクニック

▶ 前文

> ○○○○（以下「甲」という。）と○○○○（以下「乙」という。）は、甲乙間において開示される秘密情報について、次のとおり秘密保持契約（以下「本契約」という。）を締結する。

【対象となる秘密情報を変更する】

・契約締結交渉に先行して秘密保持契約を締結する場合・

> ○○○○（以下「甲」という。）と○○○○（以下「乙」という。）は、<u>甲乙間の○○契約の締結交渉に関して知り得る相手方の秘密情報について</u>、次のとおり秘密保持契約（以下「本契約」という。）を締結する。

▶ 第1条（目的） 重要度A

> 1　甲及び乙は、○○を目的として、相手方に対し、秘密情報を開示する。
> 2　甲及び乙は、相手方から提供された秘密情報を前項の目的以外に使用してはならない。

【開示目的を変更する】

・契約締結交渉の際に、秘密情報を開示する場合・

> 1　甲及び乙は、<u>甲乙間の○○契約（例：合併契約・株式譲渡契約・フランチャイズ契約・特許実施許諾契約等）の締結交渉に関して</u>、相手方に対し、秘密情報を開示する。

・別の契約により生じた業務の遂行にあたり秘密情報を開示する場合・

> 1　甲及び乙は、令和〇年〇月〇日付〇〇契約（例：業務委託契約・販売基本取引契約・フランチャイズ契約等）に基づく業務に関して、相手方に対し、秘密情報を開示する。

第2条（定義）　重要度A

> 1　本契約において秘密情報とは、書面、口頭その他方法を問わず、被開示者に開示された、開示者の営業上、技術上その他業務上の一切の情報をいう。
> 2　前項の規定にかかわらず、次の各号の一に該当するものは秘密情報に該当しない。
>   ①　相手方から開示される以前に公知であった情報
>   ②　相手方から開示される以前から被開示者が保有していた情報
>   ③　相手方から開示された後に被開示者の責によらず公知となった情報
>   ④　正当な権限を有する第三者から秘密保持義務を負わずに入手した情報
>   ⑤　開示者から開示された秘密情報によることなく、被開示者が独自に開発した情報

【秘密情報の定義を変更する】

・秘密情報を開示者が指定したものに限る場合・

> 1　本契約において秘密情報とは、書面、口頭その他方法を問わず、被開示者に開示された、開示者の営業上、技術上その他業務上の一切の情報のうち、開示者が秘密情報として指定したものをいう。

・個人情報はすべて秘密情報とすることを明記する場合・

> 2　開示者が提供した個人情報は秘密情報とする。

第3条（秘密保持義務） 重要度A

> 1　甲及び乙は、相手方から開示された秘密情報を厳重に保管・管理するものとする。
> 2　甲及び乙は、事前に相手方から書面による承諾を得た場合を除き、秘密情報を第三者に開示又は漏洩してはならない。ただし、裁判所からの命令、その他法令に基づき開示が義務付けられる場合はこの限りではない。
> 3　甲及び乙は、前項ただし書きに基づき秘密情報を第三者に開示する場合は、事前に相手方に通知するものとする。

【開示を許可する条件を変更する】

・専門家に対する開示をあらかじめ許可する場合・

> 2　甲及び乙は、事前に相手方から書面による承諾を得た場合を除き、秘密情報を第三者に開示又は漏洩してはならない。ただし、<u>守秘義務を負う弁護士、公認会計士に対して業務上開示する必要がある場合</u>、裁判所からの命令、<u>又は</u>その他法令に基づき開示が義務付けられる場合はこの限りではない。

・子会社への開示を認める場合・

> 2　甲及び乙は、事前に相手方から書面による承諾を得た場合を除き、秘密情報を第三者に開示又は漏洩してはならない。ただし、<u>100％子会社に対して業務上開示する必要がある場合</u>、裁判所からの命令、<u>又は</u>その他法令に基づき開示が義務付けられる場合はこの限りではない。
> 3　甲及び乙は、前項ただし書きに基づき秘密情報を第三者に開示する場合、<u>その必要な範囲内でのみ開示するものとし、第三者に対して本契約による自己と同様の義務を遵守させるものとし、かつ、第三者の行為について全責任を負う</u>。

【秘密保持義務を限定する】

・秘密保持義務を一方当事者のみに課す場合・

> 1 〔甲／乙〕は、〔乙／甲〕から開示された秘密情報を厳重に保管・管理するものとする。
> 2 〔甲／乙〕は、事前に〔乙／甲〕から書面による承諾を得た場合を除き、秘密情報を第三者に開示又は漏洩してはならない。ただし、裁判所からの命令、その他法令に基づき開示が義務付けられる場合はこの限りではない。
> 3 〔甲／乙〕は、前項ただし書きに基づき秘密情報を第三者に開示する場合は、事前に〔乙／甲〕に通知するものとする。

【情報管理体制について規定する】

・情報管理体制の整備を義務づける場合・

> 1 甲及び乙は、情報管理体制を整備し、相手方から開示された秘密情報を厳重に保管・管理するものとする。

・管理担当者の設置を義務づける場合・

> 1 甲及び乙は、相手方から開示された秘密情報につき、管理担当者を設置し秘密情報に接する者を制限し、厳重に保管・管理するものとする。

・保管・管理場所の条件を設定する場合・

> 1 甲及び乙は、相手方から開示された秘密情報につき、第三者が立ち入ることのできない場所に設置された施錠可能な保管施設に秘密情報を保管することにより、厳に秘密として管理するものとする。

第4条（複製の禁止） 重要度 B

> 甲及び乙は、事前に相手方からの書面による承諾を得た場合を除き、秘密情報を書類又は電磁的記録媒体に複写又は複製してはならない。

【複写・複製の承諾の方法を変更する】

・FAX や電子メールによる承諾も認める場合・

> 甲及び乙は、事前に相手方からの書面（FAX 及び電子メールのやり取りによる合意を含む。）による承諾を得た場合を除き、秘密情報を書類又は電磁的記録媒体に複写又は複製してはならない。

【複写・複製の取扱いについて変更する】

・業務上必要な場合に限り複写・複製を認める場合・

複写・複製の要求方法についてもあわせて明記しておいたほうがよいでしょう。

> 第4条（複写・複製）
> 1 甲及び乙は、開示目的を達成させるために業務上必要な場合に限り、秘密情報を書類又は電磁的記録媒体に複写又は複製することができる。
> 2 甲及び乙は、秘密情報を複製又は複写する必要がある場合には、相手方に対し、複製又は複写する範囲・数量等、相手方が要求する事項を記載した書面により承諾を求めなければならない。

複写・複製の作成数を限定する場合には、第1項を次のように変更します。

> 1 甲及び乙は、開示目的を達成させるために業務上必要な場合に限り、○部を限度として、秘密情報を書類又は電磁的記録媒体に複写又は複製することができる。

第5条（開示の範囲） 重要度 B

> 甲及び乙は、相手方から開示された秘密情報を、自己の役員又は従業員に開示する場合には、秘密情報を知る必要がある者に限り、その必要な範囲内でのみ開示するものとする。なお、この場合、甲及び乙は、当該役員又は従業員に対して本契約による自己と同等の義務を遵守させるものとし、かつ、当該役員又は従業員の行為について全責任を負う。

【開示にあたっての取扱いについて規定する】

・秘密情報を開示する役員・従業員に対する教育を行わせる場合・

> 1　（略）
> 2　甲及び乙は、秘密情報を開示する役員又は従業員に対して、本契約に定める事項を十分に説明し、秘密情報の保持についての教育を徹底しなければならない。

第6条（秘密情報の返還） 重要度 B

> 甲及び乙は、本契約が終了したときは、秘密情報（複製された場合はその複製物も含む。）を、開示者の指示に従い返還又は破棄するものとする。

【返還義務について規定する】

・返還義務を一方当事者のみに課す場合・

> 〔甲／乙〕は、本契約が終了したときは、秘密情報（複製された場合はその複製物も含む。）を、〔乙／甲〕の指示に従い返還又は破棄するものとする。

・返還義務を課さず、破棄義務のみ課す場合・

> 甲及び乙は、本契約が終了したときは、秘密情報（複製された場合はその複製物も含む。）を破棄するものとする。

・開示者から要求があった場合にも秘密情報を返還・破棄する場合・

> 甲及び乙は、本契約が終了したとき又は開示者から要求があったときは、秘密情報（複製された場合はその複製物も含む。）を、開示者の指示に従い返還又は破棄するものとする。

【秘密情報を破棄した場合の取扱いについて規定する】

・破棄した旨の通知義務を課す場合・

> 甲及び乙は、本契約が終了したときは、秘密情報（複製された場合はその複製物も含む。）を、開示者の指示に従い返還し又は破棄した旨を開示者に書面で通知しなければならない。

・破棄証明書の発行義務を課す場合・

> 甲及び乙は、本契約が終了したときは、秘密情報（複製された場合はその複製物も含む。）を、開示者の指示に従い返還又は破棄するものとする。ただし、秘密情報を破棄した場合は、破棄証明書を開示者に発行しなければならない。

▶ 第7条（損害賠償義務） 重要度C

> 甲及び乙は、本契約に違反して、相手方に損害を与えた場合には、相手方に対し、損害（弁護士費用及びその他の実費を含むが、これに限られない。）の賠償をしなければならない。

【損害賠償義務の内容を変更する】

・故意または重過失の場合にのみ損害賠償義務を課す場合・

> 甲及び乙は、故意又は重過失により秘密情報を漏洩し、相手方に損害を与えた場合には、相手方に対し、損害（弁護士費用及びその他の実費を含むが、これに限られない。）の賠償をしなければならない。

【損害賠償額について具体的に規定する】

・損害賠償額の上限を定める場合・

> 甲及び乙は、本契約に違反して、相手方に損害を与えた場合には、金○○円を上限として、相手方に対し、損害（弁護士費用及びその他の実費を含むが、これに限られない。）の賠償をしなければならない。

・賠償額を予定する場合・

> 甲及び乙は、本契約に違反して、相手方に損害を与えた場合には、相手方に対し、損害額の立証を要することなく金○○円を損害金として支払うものとする。

・漏洩した情報の件数によって損害額を定める場合・

> 甲及び乙は、本契約に違反して、相手方に損害を与えた場合には、相手方に対し、漏洩した情報の件数に金○○円を乗じた金額を損害金として支払うものとする。

【違約金について規定する】

・故意または重過失による損害について追加で違約金の支払いを認める場合・

> 1　（略）
> 2　甲及び乙は、故意又は重過失により、相手方に損害を与えたときは、金○○円の違約金を前項の損害に加算して賠償しなければならない。

▶ 第8条（有効期間） 重要度A

> 本契約の有効期間は、令和〇年〇月〇日から令和〇年〇月〇日までとする。

【契約の存続期間を変更する】

・秘密保持の目的とする契約の期間と一致させる場合・

> 本契約の有効期間は、甲乙間の令和〇年〇月〇日付〇〇契約の有効期間と同一とする。

・終期を「秘密保持の目的とする契約の終了後〇年」とする場合・

> 本契約の有効期間は、令和〇年〇月〇日から、甲乙間の令和〇年〇月〇日付〇〇契約の終了した日より〇年経過した日までとする。

▶ 第9条（協議解決） 重要度C

> 本契約に定めのない事項又は本契約の解釈について疑義が生じたときは、甲乙誠意をもって協議のうえ解決する。

【紛争解決方法について具体的に規定する】

・仲裁者をあらかじめ定める場合・

> 本契約に定めのない事項又は本契約の解釈について疑義が生じたときは、〇〇〇〇を仲裁者と定め、三者において誠意をもって協議のうえ解決する。

▶ 第10条（合意管轄） 重要度 B

> 甲及び乙は、本契約に関し裁判上の紛争が生じたときは、訴額等に応じ、東京簡易裁判所又は東京地方裁判所を専属的合意管轄裁判所とすることに合意する。

【合意管轄裁判所を変更する】

・本店所在地を管轄する裁判所とする場合・

> 甲及び乙は、本契約に関し裁判上の紛争が生じたときは、甲又は乙の本店所在地を管轄する裁判所を専属的合意管轄裁判所とすることに合意する。

・本店所在地または支店所在地を管轄する裁判所とする場合・

> 甲及び乙は、本契約に関し裁判上の紛争が生じたときは、甲又は乙の本店所在地もしくは支店所在地を管轄する裁判所を専属的合意管轄裁判所とすることに合意する。

▶ 後文

> 　本契約締結の証として、本契約書2通を作成し、甲乙相互に署名又は記名・捺印のうえ、各1通を保有することとする。

【契約書の作成方法を変更する】

・1通のみ原本を作成し、当事者の一方は写しのみを保管する場合・

> 　本契約締結の証として、本契約書1通を作成し、甲乙相互に署名又は記名・捺印のうえ、〔甲／乙〕が原本を保有し、〔乙／甲〕が写しを保有することとする。

その他の役立つ条項

- ■ 業務の再委託を行う場合に、取扱いについて定める場合………362 ページ
- ■ 事故発生時の対応についてあらかじめ定める場合………………362 ページ
- ■ 秘密情報について定める場合……………………………………363 ページ
- ■ 海外企業との取引である場合に、取扱いについて定める場合……364 ページ

◆業務の再委託を行う場合に、取扱いについて定める場合

・再委託先への開示を認める・

> 第○条（再委託先への開示）
> 　甲及び乙は、事前に相手方から書面による承諾を得て、秘密情報を○○契約の再委託先に開示することができる。ただし、再委託先にも、本契約と同様の義務を負わせなければならない。

◆事故発生時の対応についてあらかじめ定める場合

・事故発生時の対応を明記する・

> 第○条（事故発生時の対応）
> 　甲及び乙は、秘密情報を第三者に漏洩したおそれが生じたときは、直ちに相手方に報告し、損害の拡大防止に努めなければならない。

・事故発生時の報告を書面に限る・

> 第○条（事故発生時の対応）
> 　甲及び乙は、秘密情報を第三者に漏洩したおそれが生じたときは、直ちに相手方に書面により報告し、損害の拡大防止に努めなければならない。

・事故発生時の通知事項を例示列挙する・

第○条（事故発生時の対応）
　甲及び乙は、秘密情報を第三者に漏洩したおそれが生じたときは、直ちに相手方に個人情報の件数、個人情報の内容、流出経路、流出範囲、今後の流出範囲の拡大予想、流出確認時点での二次的被害発生の有無等を報告し、損害の拡大防止に努めなければならない。

・事故発生時の対処方法は相手方の意向を尊重することとする・

第○条（事故発生時の対応）
　甲及び乙は、秘密情報を第三者に漏洩したときは、直ちに相手方に報告して損害の拡大防止に努め、マスコミ発表、被害者への個別通知等の具体的な対処方法については、相手方の意向を最大限尊重しなければならない。

◆秘密情報について定める場合

・秘密情報の帰属について明記する・

第○条（秘密情報の帰属）
　甲又は乙から相手方へ開示された全ての秘密情報は、各開示者に帰属するものとし、相手方に対する秘密情報の開示により、特許権、商標権、著作権その他のいかなる知的財産権も譲渡されるものではなく、また、使用許諾その他いかなる権限も与えられるものではない。

・秘密情報の開示期間を定める・

第○条（開示期間）
　本契約に基づき秘密情報が開示される期間は、本契約締結日から○年間とする。

◆**海外企業との取引である場合に、取扱いについて定める場合**

・準拠法を日本法と定める・

> 第○条（準拠法）
> 　本契約は日本法に準拠し、同法によって解釈されるものとする。

チェックポイント

秘密保持契約を締結する場合は、最低限以下の点をチェックしましょう。

- ☐ 契約の当事者が明らかであるか
- ☐ 秘密情報の開示目的が正確か
- ☐ 秘密情報の定義が明確であるか
- ☐ 秘密保持義務の内容が不利益でないか
- ☐ 秘密情報の開示範囲が明確に定められているか
- ☐ 損害賠償について明記されているか
- ☐ 相手方に対し、秘密情報の保全のために十分な秘密保持義務を課しているか
- ☐ 契約当事者は適切か

第 2 章

貸借に関する契約

1 建物使用貸借契約書

建物使用貸借契約書

（貸主）〇〇〇〇（以下「甲」という。）と（借主）〇〇〇〇（以下「乙」という。）は、次のとおり建物使用貸借契約（以下「本契約」という。）を締結する。

第1条　（目的）
　乙は、自宅を建設中であるところ、これが完成するまで家族で住む家を探しており、甲は、乙に対して建物を無償で使用させることとしたため、本契約を締結する。

第2条　（使用貸借物件）
　甲は、乙に対し、下記の建物（以下「本件建物」という。）を無償で使用させることを約して、その引渡しをした。
〈建物の表示〉
　　所　　在　　東京都新宿区〇〇町〇丁目〇番〇号
　　家屋番号　　〇番〇
　　種　　類　　〇〇
　　構　　造　　〇〇
　　床 面 積　　〇〇平方メートル

第3条　（使用目的）
　乙は、本件建物を居住の用にのみ使用し、その他の目的には使

【この契約書を用いるケース】
☑ 建物を無償で貸す場合
　⇨有償で貸す場合は本章❷、定期建物に関する賃貸借は本章❸、定期借地権設定契約は本章❹

● 前　文

● 目　的　　重要度 A

民法の改正により、解除を主張したり、契約不適合責任に基づく請求をしたりする場合に、契約の目的が重要視されることになりました。そのため、契約書に契約の目的を記載しておく必要があります。

【応用】目的の内容を変更する　　…▶　376 ページ

● 使用貸借物件　　重要度 A

使用貸借契約の目的物件を、不動産登記事項証明書等の記載に従って記載しましょう。

【応用】対象となる物件の表示方法を変更する　　…▶　376 ページ
　　　　使用貸借物件の範囲を変更する　　…▶　378 ページ

● 使用目的　　重要度 B

使用目的を明確に記載しておきましょう。

【応用】使用目的を変更する　　…▶　379 ページ

貸借　❶ 建物使用貸借契約書

369

用しないものとする。

第4条　（使用貸借期間）

本契約の期間は、令和〇年〇月〇日から令和〇年〇月〇日までの2年間とする。ただし、上記期間満了前でも甲に本件建物を使用する必要が生じたときは、甲は、乙に対し2か月前に予告することによって、本契約を解約することができる。

第5条　（水道光熱費）

乙は、電気、ガス、水道料金等本件建物の使用に必要な費用を負担し、それぞれの供給会社へ直接支払う。

第6条　（修繕費）

乙は、本件建物の維持保全に必要な修繕、建具、照明器具、壁紙等日常の使用によって消耗する箇所の滅失又は毀損に対する修繕を、自らの費用負担で行う。

第7条　（禁止事項）

乙は、事前の甲の書面による承諾なしに、下記の行為をしてはならない。
① 本件建物に係る使用借権を譲渡すること
② 形態の如何を問わず本件建物の転貸又は共同利用をすること
③ 本契約に基づく権利の一部又は全部を第三者に譲渡し、又は担保の用に供すること
④ 本件建物の改築・増築・大規模修繕をすること
⑤ 本件建物を使用目的に反して使用すること

第8条　（立入点検）

甲又は甲の指定する者は、本件建物の保守等管理上必要のある

- **使用貸借期間** 　**重要度 A**

  使用貸借期間を明らかにしましょう。

  【応用】使用貸借期間を変更する　　…▶　380 ページ
  　　　　解約にあたっての手続きを変更する　　…▶　380 ページ
  　　　　期間満了前の解約の可否について規定する　　…▶　381 ページ
  　　　　借主が死亡した際の取扱いについて規定する　　…▶　381 ページ

- **水道光熱費** 　**重要度 B**

  使用貸借契約において支払いが予想されるものについて、その負担者を明らかにしておきましょう。

  【応用】費用負担、支払方法について変更する　　…▶　382 ページ

- **修 繕 費** 　**重要度 B**

  建物の修繕費についてどこまでをいずれが負担するのか、明確に定めておきましょう。

  【応用】修繕費の負担者を変更する　　…▶　383 ページ

- **禁止事項** 　**重要度 B**

  使用借権の無断譲渡、無断転貸の禁止を明示しておきましょう。

  【応用】転貸の可否について規定する　　…▶　383 ページ
  　　　　承諾を得て転貸する場合の取扱いについて規定する　　…▶　384 ページ

- **立入点検** 　**重要度 B**

  契約期間中、建物の保守等の必要がある場合に、建物内に立ち入って検査等をすることができるよう規定します。

  【応用】通知の方法について規定する　　…▶　385 ページ
  　　　　立入点検にあたっての借主の承諾の要否について規定する　　…▶　385 ページ

ときは、予め乙に通知したうえで本件建物に立ち入り、これを点検し適宜の措置を講じることができる。ただし、緊急又は非常の場合で、甲が予め乙に通知することができないときは、乙に通知せずに本件建物に立ち入り、点検、適宜の措置を講じることができる。この場合、甲又は甲の指定する者は、事後速やかに乙に通知するものとする。

第9条 （契約の解除）

甲は、乙が本契約のいずれかに違反したときは、乙に対する通知、催告をすることなく、直ちに本契約を解除することができる。なお、この場合でも損害賠償の請求を妨げない。

第10条 （明渡し）

1 本契約の終了と同時に、乙は、本件建物を原状に復したうえで甲に明け渡さなければならない。
2 乙は、本件建物の明渡しに際し、本件建物に乙の費用をもって設置した諸造作・設備等の買取りを甲に請求しないものとする。
3 乙が本件建物を明け渡した後に、本件建物内に残置したものがあるときは、乙はその所有権を放棄するものとし、甲は任意にこれを処分することができるものとする。この場合の処分費用は乙の負担とする。

第11条 （損害賠償責任）

甲又は乙は、解除又は本契約に違反することにより、相手方に損害を与えたときは、その損害の全て（弁護士費用及びその他の実費を含むが、これに限られない。）を賠償しなければならない。

第12条 （反社会的勢力の排除）

1 甲及び乙は、自己又は自己の役員が、暴力団、暴力団関係企業、総会屋もしくはこれらに準ずる者又はその構成員（以下これら

●契約の解除 重要度 B

民法等で定めた解除事由より広く解除できる場合を認めるため記載しています。なお、改正民法では、法定解除のうち催告による場合、相手方の債務不履行が契約および取引上の社会通念に照らして軽微な場合において、解除が認められないこととなりました（改正民法 541 条但書）。

【応用】解除事由を規定する　　・・・▶　386 ページ
　　　　解除の条件について規定する　・・・▶　386 ページ

●明 渡 し 重要度 A

どのような状態で明け渡すのか、明確に定めましょう。

【応用】原状回復義務について規定する　・・・▶　387 ページ
　　　　明渡時の取扱いについて規定する　・・・▶　388 ページ

●損害賠償責任 重要度 C

損害賠償規定は民法等にも存在しますが、弁護士費用や実費なども賠償対象とするために記載しています。

【応用】賠償請求権を限定する　・・・▶　388 ページ
　　　　損害賠償の内容を変更する　・・・▶　389 ページ

●反社会的勢力の排除 重要度 B

契約当事者が反社会的勢力と関わっていることが判明した場合に、即座に契約関係を解消することができるようにするために規定しています。

【応用】対象者を限定する　・・・▶　390 ページ
　　　　賠償額を具体的に規定する　・・・▶　390 ページ

貸借　1 建物使用貸借契約書

を「反社会的勢力」という。）に該当しないこと、及び次の各号のいずれにも該当しないことを表明し、かつ将来にわたっても該当しないことを相互に確約する。
① 反社会的勢力に自己の名義を利用させること
② 反社会的勢力が経営を実質的に支配していると認められる関係を有すること
2 甲又は乙は、前項の一つにでも違反することが判明したときは、何らの催告を要せず、本契約を解除することができる。
3 本条の規定により本契約が解除された場合には、解除された者は、解除により生じる損害について、その相手方に対し一切の請求を行わない。

第13条　（協議解決）

本契約に定めのない事項又は本契約の解釈について疑義が生じたときは、甲乙誠意をもって協議のうえ解決する。

第14条　（合意管轄）

甲及び乙は、本契約に関し裁判上の紛争が生じたときは、東京地方裁判所を専属的合意管轄裁判所とすることに合意する。

　本契約締結の証として、本契約書２通を作成し、甲乙相互に署名又は記名・捺印のうえ、各１通を保有することとする。

令和　　年　　月　　日
　　　　　　　　　　甲
　　　　　　　　　　　　　　　　　　㊞

　　　　　　　　　　乙
　　　　　　　　　　　　　　　　　　㊞

- ●協議解決　**重要度 C**

  協議により紛争回避を図る可能性を探るため規定しています。なお、この規定に法的な拘束力はありません。

  【応用】紛争解決方法について具体的に規定する　・・・▶　391 ページ

- ●合意管轄　**重要度 B**

  紛争が生じた際に自己に有利な管轄裁判所において裁判を行うための規定です。

  【応用】合意管轄裁判所を変更する　・・・▶　391 ページ

- ●後　　文

※　建物の使用貸借契約書には、収入印紙を貼付する必要はありません。

作成のテクニック

■ 第1条（目的）　**重要度 A**

> 乙は、自宅を建設中であるところ、これが完成するまで家族で住む家を探しており、甲は、乙に対して建物を無償で使用させることとしたため、本契約を締結する。

【目的の内容を変更する】

・一時的に使用させる場合・

> <u>甲は、一時的に転勤となった親族の乙の居住の用に供するため、乙に対し自らが所有する建物を無償で使用させることとし、乙がこれを承諾したため</u>、本契約を締結する。

■ 第2条（使用貸借物件）　**重要度 A**

> 甲は、乙に対し、下記の建物（以下「本件建物」という。）を無償で使用させることを約して、その引渡しをした。
> 〈建物の表示〉
> 　所　　在　　　東京都新宿区〇〇町〇丁目〇番〇号
> 　家屋番号　　　〇番〇
> 　種　　類　　　〇〇
> 　構　　造　　　〇〇
> 　床 面 積　　　〇〇平方メートル

【対象となる物件の表示方法を変更する】

・物件目録を利用する場合・

使用貸借の対象となる建物が複数存在する場合や、記載が複雑になる場合に

は、対象となる物件の表示は別紙に記載することとしてもよいでしょう。

> 甲は、乙に対し、別紙物件目録記載の各建物（以下、合わせて「本件建物」という。）を無償で使用させることを約して、それらの引渡しをした。

・対象物がマンション等の１室の場合（区分所有建物の場合）・

不動産登記簿の記載に準じて、１棟の建物の表示と専有部分の建物の表示の両方を記載し、使用貸借する部分を特定しましょう。

```
〈１棟の建物の表示〉
　　所　　　在　　　東京都新宿区○○町○丁目○番○号
　　建物の名称　　　○○マンション
〈専有部分の建物の表示〉
　　家 屋 番 号　　　東京都新宿区○○町○丁目○番○号
　　建物の名称　　　101号
　　種　　　類　　　居宅
　　構　　　造　　　○○
　　床　面　積　　　１階部分　○○平方メートル
```

・対象物がマンション等の１室の場合（区分所有建物でない場合）・

```
〈建物〉
　　名　　　称　　　○○ビル
　　所　在　地　　　東京都新宿区○○町○丁目○番○号（住居表示）
　　構造規模　　　　鉄骨造・一部鉄筋コンクリート造　地上○階建
〈貸室〉
　　○　　　階　　　○○○号室
　　床　面　積　　　○○平方メートル
```

・図面を添付する場合・

```
〈建物の表示〉
　　（略）
　　この建物のうち、使用貸借部分は、別紙図面の斜線部分で示された地上
　　○階部分○○平方メートルとする。
```

> その他の玄関・WC・洗面浴槽・LDK は共有部分とし、共同利用者の迷惑とならないように用いる。

【別紙】

【使用貸借物件の範囲を変更する】

・土地とともに使用貸借する場合・

> 甲は、乙に対し、下記の<u>土地建物</u>（以下「本件<u>土地建物</u>」という。）を無償で使用させることを約して、その引渡しをした。
> 〈土地の表示〉
> 　所　　在　　東京都新宿区〇〇町〇丁目
> 　地　　番　　〇番
> 　地　　目　　宅地
> 　地　　積　　〇〇平方メートル
> 〈建物の表示〉
> 　　（略）

土地建物の表示は別紙に記載することとしてもよいでしょう。その場合は、次のように記載します。

> 甲は、乙に対し、<u>別紙物件目録記載の</u>土地建物（以下「本件土地建物」<u>という。）</u>を無償で使用させることを約して、それらの引渡しをした。

・駐車場とともに使用貸借する場合・

1 (略)
2 甲は、乙に対し、本件建物の地下1階部分に存する駐車場1台分(駐車場 No. ○、面積○○平方メートル、以下「本件駐車場」という。)を無償で使用させることを約して、その引渡しをした。甲及び乙は、本件駐車場は、本件建物と一体をなすものとして本契約が締結されたものであることを確認し、次条以下に表示する「本件建物」には、本件駐車場を含むものとする。

第3条(使用目的) 重要度 B

乙は、本件建物を居住の用にのみ使用し、その他の目的には使用しないものとする。

【使用目的を変更する】

・使用目的を定めない場合・　〔借主有利〕

乙は、本件建物を、都市計画法その他の法令に反しない限り、自由に使用することができる。

・使用目的が事業活動の場合・

乙は、本件建物を事務所の用にのみ使用し、その他の目的には使用しないものとする。

乙は、本件建物を店舗としての用にのみ使用し、その他の目的には使用しないものとする。

・居住者の看護を目的とする場合・

乙は、本件建物を居住及び本件建物に居住する○○○○を看護するために使用し、その他の目的には使用しないものとする。

▶ 第4条（使用貸借期間） 重要度 A

> 本契約の期間は、令和〇年〇月〇日から令和〇年〇月〇日までの2年間とする。ただし、上記期間満了前でも甲に本件建物を使用する必要が生じたときは、甲は、乙に対し2か月前に予告することによって、本契約を解約することができる。

【使用貸借期間を変更する】

・自動更新とする場合・　　　　　　　　　　　　　　　　　　〔借主有利〕

> 本契約の期間は、令和〇年〇月〇日から令和〇年〇月〇日までの2年間とする。ただし、<u>甲又は乙が期間満了の日の〇か月前までに相手方に対し更新しない旨の通知をしたときを除き、本契約は期間満了の日の翌日から更に2年間同一の条件をもって継続するものとし、以後も同様とする</u>。

・期間を定めない場合・

> 本契約は、<u>期間の定めのない契約</u>とする。

・使用貸借期間を借主死亡までとする場合・　　　　　　　　　〔借主有利〕

> 本契約の期間は、<u>乙が死亡するまで</u>とする。

【解約にあたっての手続きを変更する】

・解約予告を書面に限る場合・　　　　　　　　　　　　　　　〔借主有利〕

> 本契約の期間は、令和〇年〇月〇日から令和〇年〇月〇日までの2年間とする。ただし、期間満了前でも甲に本件建物を使用する必要が生じたときは、甲は、乙に対し、<u>書面により</u>2か月前に予告することによって、本契約を解約することができる。

【期間満了前の解約の可否について規定する】

・期間満了前の解約を認めない場合・　　　　　　　　　　〔借主有利〕

> 本契約の期間は、令和○年○月○日から令和○年○月○日までの２年間とする。甲は、上記期間経過前に本契約を解約することができない。

・借主に期間満了前の解約を認める場合・　　　　　　　　〔借主有利〕

> 本契約の期間は、令和○年○月○日から令和○年○月○日までの２年間とする。ただし、乙は、上記期間満了前でも本件建物を使用する必要が消滅したときは、本契約を解約することができる。

【借主が死亡した際の取扱いについて規定する】

・借主死亡により終了する場合・　　　　　　　　　　　　〔貸主有利〕

この場合、貸主としては、借主死亡により契約が終了することを注意的に規定し、明記することを求めましょう。

> 1　（略）
> 2　本契約期間内であっても、乙が死亡したときは、本契約は当然に終了する。

・借主が死亡しても終了しない場合・　　　　　　　　　　〔借主有利〕

借主としては、借主が死亡しても契約が終了しないことを明記する必要があります。

> 1　（略）
> 2　本契約期間内に乙が死亡しても本契約は終了せず、乙の相続人が乙の地位を引き継ぐこととする。

貸借　❶建物使用貸借契約書

■▶ **第5条(水道光熱費)** 重要度 B

> 乙は、電気、ガス、水道料金等本件建物の使用に必要な費用を負担し、それぞれの供給会社へ直接支払う。

【費用負担、支払方法について変更する】

・貸主が供給会社に支払う費用について、借主が貸主に対して支払う場合・

> 乙は、電気、ガス、水道料金等本件建物の使用に必要な費用を負担し、それぞれの供給会社へ直接支払う。ただし、甲がこれらの費用の一部を負担しているときは、乙は、甲に対し、上記費用の支払いを行う。

・水道光熱費を固定額で貸主に対し支払うものとする場合・

> 乙は、甲に対し、電気、ガス、水道料金等本件建物の使用に必要な費用として、月額金〇〇円の固定額を当月末日までに支払う。

・借主が水道光熱費を負担しない場合・　　　　　　　　　〔借主有利〕

> 甲は、電気、ガス、水道料金等本件建物の使用に必要な費用を負担し、乙は支払義務を負わない。

■▶ **第6条(修繕費)** 重要度 B

> 乙は、本件建物の維持保全に必要な修繕、建具、照明器具、壁紙等日常の使用によって消耗する箇所の滅失又は毀損に対する修繕を、自らの費用負担で行う。

【修繕費の負担者を変更する】

・修繕費用の負担者を協議により決定することとする場合・　　〔借主有利〕

> 本件建物に係る修繕費用は、甲乙協議により費用負担者を決めることとする。

・修繕費用をすべて貸主負担とする場合・　　〔借主有利〕

> 規模を問わず本件建物に係る修繕は、全て甲の費用負担にて行うものとする。

▶ 第7条（禁止事項）　重要度 B

> 乙は、事前の甲の書面による承諾なしに、下記の行為をしてはならない。
> ① 本件建物に係る使用借権を譲渡すること
> ② 形態の如何を問わず本件建物の転貸又は共同利用をすること
> ③ 本契約に基づく権利の一部又は全部を第三者に譲渡し、又は担保の用に供すること
> ④ 本件建物の改築・増築・大規模修繕をすること
> ⑤ 本件建物を使用目的に反して使用すること

【転貸の可否について規定する】

・あらかじめ第三者への転貸を認める場合・　　〔借主有利〕

以下の記載を加筆します。

> 2　前項にかかわらず乙は、本件建物を第三者へ転貸することができる。この場合、乙は、転貸後遅滞なく、当該転借人に関する以下の事項を甲に書面で報告するものとする。
> 　① 氏名
> 　② 住所
> 　③ 電話番号

```
    ④　職業（勤務会社名）
    ⑤　職場連絡先
      （以下略）
```

・特定の第三者にのみ転貸を認める場合・　　　　　　　　〔借主有利〕

以下の記載を加筆します。

```
  2　前項にかかわらず乙は、本件建物を○○○○へ転貸することができ
    る。この場合、乙は、転貸後遅滞なく、転貸を行った旨を甲に書面
    で報告するものとする。
```

【承諾を得て転貸する場合の取扱いについて規定する】

・転借人の故意・過失は借主の故意・過失とみなす場合・　　〔貸主有利〕

```
  1　（略）
  2　乙が甲の承諾を得て本件建物を第三者に転貸した場合、転借人の故
    意又は過失を乙の故意又は過失とみなし、甲に損害が発生したとき
    は、乙は当該第三者と連帯して損害賠償等の責を負う。
```

・転借人の情報を貸主へ通知することとする場合・　　　　　〔貸主有利〕

次条に次の条文を挿入します。

```
  第○条　（乙が転貸する場合の通知義務）
    乙は、事前の書面による承諾を得て本件建物を第三者へ転貸する場
    合、転貸後遅滞なく、当該転借人に関する以下の事項を甲に書面で
    報告するものとする。
    ①　氏名
    ②　住所
    ③　電話番号
    ④　職業（勤務会社名）
    ⑤　職場連絡先
      （以下略）
```

第8条（立入点検） 重要度 B

> 甲又は甲の指定する者は、本件建物の保守等管理上必要のあるときは、予め乙に通知したうえで本件建物に立ち入り、これを点検し適宜の措置を講じることができる。ただし、緊急又は非常の場合で、甲が予め乙に通知することができないときは、乙に通知せずに本件建物に立ち入り、点検、適宜の措置を講じることができる。この場合、甲又は甲の指定する者は、事後速やかに乙に通知するものとする。

【通知の方法について規定する】

・立入点検の通知を書面に限る場合・　　　　　　　　　　　　〔借主有利〕

> 甲又は甲の指定する者は、本件建物の保守等管理上必要のあるときは、予め乙に書面（FAXやメールを含む。）により通知したうえで本件建物に立ち入り、これを点検し適宜の措置を講じることができる。ただし、緊急又は非常の場合、甲が予め乙に通知することができないときは、乙に通知せずに本件建物に立ち入り、点検、適宜の措置を講じることができる。この場合、甲又は甲の指定する者は、事後速やかに乙に書面（FAXやメールを含む。）により通知するものとする。

【立入点検にあたっての借主の承諾の要否について規定する】

・借主の承諾を必要とする場合・　　　　　　　　　　　　　〔借主有利〕

> 甲又は甲の指定する者は、本件建物の保守等管理上必要のあるときは、予め乙の承諾を得たうえで本件建物に立ち入り、これを点検し適宜の措置を講じることができる。ただし、緊急又は非常の場合で、甲が予め乙に通知することができないときは、乙に通知せずに本件建物に立ち入り、点検、適宜の措置を講じることができる。この場合、甲又は甲の指定する者は、事後速やかに乙に通知するものとする。

緊急時の例外を設けない場合には、ただし書きを削除します。

▶ 第9条（契約の解除） 重要度 B

> 甲は、乙が本契約のいずれかに違反したときは、乙に対する通知、催告をすることなく、直ちに本契約を解除することができる。なお、この場合でも損害賠償の請求を妨げない。

【解除事由を規定する】

・解除事由を具体的に定める場合・ 〔貸主有利〕

> 甲は、乙が<u>以下の各号のいずれか</u>に該当したときは、乙に対する通知、催告をすることなく、直ちに本契約を解除することができる。なお、この場合でも損害賠償の請求を妨げない。
> ① <u>本契約における甲乙間の信頼関係が破壊されたと認められるに至ったとき</u>
> ② <u>危険、不衛生、騒音その他近隣の迷惑となる行為があったとき</u>
> ③ <u>無断で1か月以上本件建物を留守にしたとき</u>
> ④ <u>その他、本契約の一に違反したとき</u>

・軽微な違反を解除事由から除外する場合・ 〔借主有利〕

> 甲は、乙が本契約のいずれかに違反したとき（軽微な違反を除く。）は、乙に対する通知、催告をすることなく、直ちに本契約を解除することができる。なお、この場合でも損害賠償の請求を妨げない。

【解除の条件について規定する】

・解除前に催告を要求する場合・ 〔借主有利〕

> 甲は、乙が本契約のいずれかに該当したときは、<u>相当の期間を定めて催告を行い、その期間内に是正がなされない場合</u>、本契約を解除することができる。なお、この場合でも損害賠償の請求を妨げない。

第10条（明渡し） 重要度 A

1 本契約の終了と同時に、乙は、本件建物を原状に復したうえで甲に明け渡さなければならない。
2 乙は、本件建物の明渡しに際し、本件建物に乙の費用をもって設置した諸造作・設備等の買取りを甲に請求しないものとする。
3 乙が本件建物を明け渡した後に、本件建物内に残置したものがあるときは、乙はその所有権を放棄するものとし、甲は任意にこれを処分することができるものとする。この場合の処分費用は乙の負担とする。

【原状回復義務について規定する】

・造作・設備等を取り外すことを明記する場合・　　　　　　　　　　〔貸主有利〕

1 本契約の終了と同時に、乙は、本契約締結後に取り付けた造作、設備等を取り外し、本件建物を原状に復したうえで甲に明け渡さなければならない。

・原状回復義務を免除する場合・　　　　　　　　　　　　　　　　　〔借主有利〕

1 本契約の終了と同時に、乙は、直ちに甲に対して本件建物を明け渡さなければならない。この場合、乙は本件建物を原状に復することを要しない。

・原状回復の内容を詳細に決める場合・

1 本契約の終了と同時に、乙は、甲に対して本件建物を明け渡さなければならない。なお、乙が原状に復さなければならない事項は次のとおりとする。
　① 内装
　② ○○
　（以下略）

【明渡時の取扱いについて規定する】

・借主が一切の金品請求を行わない旨を明記する場合・　　　　〔貸主有利〕

> 2　乙は、本件建物の明渡しに際し、甲に対し、立退料その他名目の如何を問わず金品の請求を行わない。

・明渡日を事前に通知することとする場合・　　　　　　　　〔貸主有利〕

> 4　乙は甲に対し、契約終了日の○日前までに、明渡日を書面により通知しなければならない。

第11条（損害賠償責任）　重要度 C

> 甲又は乙は、解除又は本契約に違反することにより、相手方に損害を与えたときは、その損害の全て（弁護士費用及びその他の実費を含むが、これに限られない。）を賠償しなければならない。

【賠償請求権を限定する】

・貸主のみに弁護士費用等の損害賠償請求権を認める場合・　　〔貸主有利〕

> 乙は、解除又は本契約に違反することにより、甲に損害を与えたときは、その損害の全て（弁護士費用及びその他の実費を含むが、これに限られない。）を賠償しなければならない。

・借主のみに弁護士費用等の損害賠償請求権を認める場合・　　〔借主有利〕

> 甲は、解除又は本契約に違反することにより、乙に損害を与えたときは、その損害の全て（弁護士費用及びその他の実費を含むが、これに限られない。）を賠償しなければならない。

【損害賠償の内容を変更する】

・賠償額の上限を定める場合・

> 甲又は乙は、解除又は本契約に違反することにより、相手方に損害を与えたときは、<u>金○○円を上限として、</u>損害を賠償しなければならない。

・違約金を定める場合・

> 甲又は乙は、解除、解約又は本契約に違反することにより、相手方に損害を与えたときは、<u>違約金として１か月当たり金○○円の損害金を支払わなければならない。ただし、発生した損害が１か月当たり金○○円を上回るときは、その超過分も支払うものとする。</u>

・故意または重過失による損害について追加で違約金の支払いを認める場合・

> 甲又は乙は、<u>故意又は重過失に基づき、</u>解除又は本契約に違反することにより、相手方に損害を与えたときは、その損害の全て（弁護士費用及びその他の実費を含むが、これに限られない。）<u>に加えて違約金として金○○円</u>を賠償しなければならない。

▶ 第12条（反社会的勢力の排除） 重要度B

> 1　甲及び乙は、自己又は自己の役員が、暴力団、暴力団関係企業、総会屋もしくはこれらに準ずる者又はその構成員（以下これらを「反社会的勢力」という。）に該当しないこと、及び次の各号のいずれにも該当しないことを表明し、かつ将来にわたっても該当しないことを相互に確約する。
> 　① 反社会的勢力に自己の名義を利用させること
> 　② 反社会的勢力が経営を実質的に支配していると認められる関係を有すること
> 2　甲又は乙は、前項の一つにでも違反することが判明したときは、何らの催告を要せず、本契約を解除することができる。

> 3　本条の規定により本契約が解除された場合には、解除された者は、解除により生じる損害について、その相手方に対し一切の請求を行わない。

【対象者を限定する】

・借主のみを対象とする場合・　　　　　　　　　　　　　〔貸主有利〕

> 1　乙は、自己又は自己の役員が、暴力団、暴力団関係企業、総会屋もしくはこれらに準ずる者又はその構成員（以下これらを「反社会的勢力」という。）に該当しないこと、及び次の各号のいずれにも該当しないことを表明し、かつ将来にわたっても該当しないことを確約する。
> 　①　反社会的勢力に自己の名義を利用させること
> 　②　反社会的勢力が経営を実質的に支配していると認められる関係を有すること
> 2　甲は、乙が前項の一つにでも違反することが判明したときは、何らの催告を要せず、本契約を解除することができる。

【賠償額を具体的に規定する】

・具体的な賠償額の予定を行う場合・

> 4　本条の規定により本契約が解除された場合には、解除された者は、その相手方に対し、違約金として金〇〇円を支払うものとする。

▶ 第13条（協議解決）　重要度 C

> 本契約に定めのない事項又は本契約の解釈について疑義が生じたときは、甲乙誠意をもって協議のうえ解決する。

【紛争解決方法について具体的に規定する】

・具体的な紛争解決機関を指定する場合・

> 本契約に定めのない事項又は本契約の解釈について疑義が生じたときは、訴訟提起以前に独立行政法人国民生活センターが主催するADRにおいて協議を試みなければならない。

・仲裁者をあらかじめ定める場合・

> 本契約に定めのない事項又は本契約の解釈について疑義が生じたときは、○○○○を仲裁者と定め、三者において誠意をもって協議のうえ解決する。

▶第14条（合意管轄） 重要度B

> 甲及び乙は、本契約に関し裁判上の紛争が生じたときは、東京地方裁判所を専属的合意管轄裁判所とすることに合意する。

【合意管轄裁判所を変更する】

・本店所在地を管轄する裁判所とする場合・

> 甲及び乙は、本契約に関し裁判上の紛争が生じたときは、甲又は乙の本店所在地を管轄する裁判所を専属的合意管轄裁判所とすることに合意する。

・住所地を管轄する裁判所とする場合・

> 甲及び乙は、本契約に関し裁判上の紛争が生じたときは、甲又は乙の住所地を管轄する裁判所を専属的合意管轄裁判所とすることに合意する。

・建物所在地を管轄する裁判所とする場合・

> 甲及び乙は、本契約に関し裁判上の紛争が生じたときは、本件建物所在地を管轄する裁判所を専属的合意管轄裁判所とすることに合意する。

その他の役立つ条項

- ■ 貸主の地位の移転について定める場合 ……………………… 393 ページ
- ■ 造作・設備の新設・付加について定める場合 ………………… 393 ページ
- ■ 建物の使用・管理に関して定める場合 ………………………… 394 ページ
- ■ 公租公課の負担について定める場合 …………………………… 395 ページ
- ■ 状況の変化が生じたときの取扱いについて定める場合 ……… 395 ページ
- ■ 海外企業との取引である場合に、取扱いについて定める場合 …… 395 ページ

◆貸主の地位の移転について定める場合

・貸主が本件建物を譲渡した場合に、本契約の内容を譲受人に承継させることとする場合・　　　　　　　　　　　　　　　　　　　　〔借主有利〕

> 第○条（貸主の地位の移転）
> 　甲が本件建物を第三者に譲渡するときは、甲は、当該第三者に対し、本契約における地位を承継させなければならない。

◆造作・設備の新設・付加について定める場合

・費用について、借主の負担とする・　　　　　　　　　　　　〔貸主有利〕

> 第○条（造作等）
> 　乙が諸造作・設備の新設、付加、除去、改造もしくは取替えを行い、その他建物の現状を変更することを希望する場合、乙は、予め書面にて甲にその工事の承諾を得るものとし、その工事に要する費用は全て乙の負担とする。

・借主が設置する造作等について損害保険を付させる・　　　　〔貸主有利〕

> 第○条（損害保険の付保）
> 　乙は、本件建物に設置される造作、設備その他動産について、時価相当額の損害保険を付保するものとする。

・借主が設置した造作等に係る取得税、固定資産税等について、借主の負担とする・　　　　　　　　　　　　　　　　　　　　　　　〔貸主有利〕

> 第○条（公租公課）
> 　乙が新設・付加した諸造作・設備に賦課される公租公課は、その名義にかかわらず乙の負担とする。

◆建物の使用・管理に関して定める場合

・借主の善管注意義務を注意的に規定する・

> 第○条（善管注意義務）
> 　乙は、本件建物を善良な管理者の注意をもって使用する。

・建物の管理義務について定める・

> 第○条（安全管理）
> 1　甲は、乙が本件建物を常に正常な状態で使用できるように、本件建物及び付属設備等の安全良好な状態の維持に努めるものとする。
> 2　乙は、善良な管理者の注意をもって本件建物を使用、管理するものとする。

・特約として借主の禁止事項等を定める・　　　　　　　　　　　〔貸主有利〕

禁止事項を定めることにより、借主の禁止行為に対する抑制になるだけでなく、契約違反に基づく解除や損害賠償請求をしやすくなります。

> 第○条（特約）
> 　乙が本件建物を使用するにあたっては、下記の事項をしてはならない。
> 　①　ピアノ等楽器の演奏をすること
> 　②　ペットを飼育すること
> 　　（以下略）

◆公租公課の負担について定める場合

・公租公課を借主の負担とする・　　　　　　　　　　　　　　　〔貸主有利〕

> 第○条（公租公課）
> 　本件建物に生じた公租公課は乙の負担とし、乙は、甲に対し、公租公課相当額を支払う。

◆状況の変化が生じたときの取扱いについて定める場合

・不可抗力により建物の全部が滅失した場合に契約が終了する旨を明記する・

> 第○条（不可抗力による本件建物の全部滅失）
> 　天災地変その他不可抗力により、本件建物の全部が滅失したか、もしくは破損のため使用することができなくなった場合、本契約は当然に終了する。

・著しい事情の変更が生じたときの対処方法を記載する・

> 第○条（事情の変更）
> 　甲及び乙が、本契約の締結後、天災地変、法令の制定又は改廃、その他著しい事情の変更により、本契約に定める義務を履行することが不可能又は著しく困難となったと認められる場合は、当該定めを変更するため協議することができる。

◆海外企業との取引である場合に、取扱いについて定める場合

・準拠法を日本法と定める・

> 第○条（準拠法）
> 　本契約は日本法に準拠し、同法によって解釈されるものとする。

チェックポイント

あなたが貸主の場合は、最低限以下の点をチェックしましょう。

- ☐ 契約の目的が明確か
- ☐ 契約の当事者が明らかであるか
- ☐ 使用貸借の目的物、契約期間が明確に特定されているか
- ☐ 使用目的が正しいか
- ☐ 解除事由が定められているか
- ☐ 解除事由に不足がないか
- ☐ 禁止事項が十分に定められているか

あなたが借主の場合は、最低限以下の点をチェックしましょう。

- ☐ 契約の目的が明確か
- ☐ 契約の当事者が明らかであるか
- ☐ 使用貸借の目的物、契約期間が明確に特定されているか
- ☐ 使用目的が正しいか
- ☐ 解除事由に不合理な事項が入っていないか
- ☐ 禁止事項に不合理なものはないか

MEMO

2 建物賃貸借契約書

建物賃貸借契約書

（貸主）〇〇〇〇（以下「甲」という。）と（借主）〇〇〇〇（以下「乙」という。）は、次のとおり建物賃貸借契約（以下「本契約」という。）を締結する。

第1条　（目的）

乙は、介護を要する母を含む家族で住む家を探しており、甲が賃貸を希望している建物を賃借することを希望し、甲がこれを承諾したため、本契約を締結する。

第2条　（賃貸借物件）

甲は、乙に対し、下記の建物（以下「本件建物」という。）を賃貸し、乙はこれを賃借する。

〈建物の表示〉

　　所　　在　　東京都新宿区〇〇町〇丁目〇番〇号
　　家屋番号　　〇番〇
　　種　　類　　〇〇
　　構　　造　　〇〇
　　床 面 積　　〇〇平方メートル

第3条　（使用目的）

乙は、本件建物を居住の用にのみ使用し、その他の目的には使

【この契約書を用いるケース】
☑建物を有償で貸し、契約期間終了によっても当然には契約が終了しない場合
　⇨無償で貸す場合は本章❶、定期建物に関する賃貸借は本章❸、定期借地権設定契約は本章❹

● 前　　文

【応用】契約の当事者を追加する　　・・・▶　410ページ

● 目　　的　　重要度 A

民法の改正により、解除を主張したり、契約不適合責任に基づく請求をしたりする場合に、契約の目的が重要視されることになりました。そのため、契約書に契約の目的を記載しておく必要があります。

【応用】目的の内容を変更する　　・・・▶　412ページ

● 賃貸借物件　　重要度 A

賃貸借契約の目的物件を、不動産登記簿謄本等の記載に従って記載しましょう。

【応用】対象となる物件の表示方法を変更する　　・・・▶　413ページ
　　　　賃貸借物件の範囲を変更する　　・・・▶　415ページ

● 使用目的　　重要度 B

使用目的を明確に記載しておきましょう。

【応用】使用目的を変更する　　・・・▶　416ページ

貸借 ❷ 建物賃貸借契約書

用しないものとする。

第4条　（賃貸借期間）
本契約の期間は、令和〇年〇月〇日から令和〇年〇月〇日までの2年間とする。ただし、期間満了の際に、甲乙協議のうえで更新することができる。

第5条　（賃料）
1　賃料は、月額〇〇円とする。
2　乙は、前項に定める賃料を、毎月末日限り翌月分を、甲が指定する下記金融機関口座に振り込む方法によって支払う（振込手数料は乙負担）。
　　〇〇銀行〇〇支店　　普通預金
　　口座番号　　〇〇〇〇〇〇
　　口座名義　　〇〇〇〇〇〇

第6条　（水道光熱費）
乙は、電気、ガス、水道料金等本件建物の使用に必要な費用を負担し、それぞれの供給会社へ直接支払う。

第7条　（敷金）
1　乙は、甲に対し、本契約の成立と同時に、本契約に基づく一切の債務の担保として敷金〇〇円を差し入れる。
2　敷金には利息を付さないこととし、本契約の終了後に乙が甲に対し本件建物を明け渡した場合、甲は、敷金から乙の未払賃料等本契約に基づく乙の債務のうち未払いのものを控除したうえで、その残額について乙に返還する。
3　乙は、本件建物を原状に復して明け渡すまでの間、敷金返還請求権をもって、甲に対する債務と相殺することができない。
4　乙は、敷金返還請求権を第三者に譲渡し、又は担保に供しては

- **賃貸借期間**　重要度 A

  賃貸借期間を明らかにしましょう。当事者の合意で契約を更新することができることも明記します。

  【応用】更新の取扱いについて規定する　…▶　417ページ

- **賃　料**　重要度 A

  賃料の額、支払方法を明確に定めましょう。

  【応用】賃料の額を変更する　…▶　418ページ
  　　　　賃料の支払方法を変更する　…▶　418ページ
  　　　　支払時期を変更する　…▶　419ページ
  　　　　賃料改定について規定する　…▶　419ページ

- **水道光熱費**　重要度 B

  賃貸借契約において支払いが予想されるものについて、その負担者を明らかにしておきましょう。

  【応用】費用負担、支払方法について変更する　…▶　420ページ

- **敷　金**　重要度 B

  不動産賃貸借契約では、敷金が差し入れられることが通常です。敷金については、金額、返還方法等について明確に定めておきましょう。

  【応用】敷金の取扱いを変更する　…▶　421ページ

貸借 2 建物賃貸借契約書

ならない。
5 甲は、乙に賃料その他本契約に基づく債務の不履行又は損害賠償債務がある場合には、第1項の敷金をこれに充当することができる。

第8条　（修繕費）
1 甲は、本件建物の維持保全に必要な大修繕を、自らの費用負担で行う。
2 乙は、建具、照明器具又は壁紙等、日常の使用によって消耗する箇所の滅失又は毀損に対する修繕を、自らの費用負担で行う。

第9条　（禁止事項）
乙は、事前の甲の書面による承諾なしに、下記の行為をしてはならない。
① 本件建物に係る賃借権を譲渡すること
② 形態の如何を問わず本件建物の転貸又は共同利用をすること
③ 本契約に基づく権利の全部又は一部を第三者に譲渡し、又は担保の用に供すること
④ 本件建物の改築・増築・大規模修繕をすること
⑤ 本件建物を使用目的に反して使用すること

第10条　（立入点検）
甲又は甲の指定する者は、本件建物の保守等管理上必要のあるときは、予め乙に通知したうえで本件建物に立ち入り、これを点検し適宜の措置を講じることができる。ただし、緊急又は非常の場合で、甲が予め乙に通知することができないときは、乙に通知せずに本件建物に立ち入り、点検、適宜の措置を講じることができる。この場合、甲又は甲の指定する者は、事後速やかに乙に通知するものとする。

● 修 繕 費　**重要度 B**

建物の修繕費についてどこまでをいずれが負担するのか、明確に定めておきましょう。

【応用】修繕条項を充実させる　　・・▶　422 ページ
　　　　修繕費の負担者を変更する　・・▶　423 ページ

● 禁止事項　**重要度 B**

賃借権の無断譲渡、無断転貸の禁止を明示しておきましょう。

【応用】転貸の可否について規定する　　　　　　　・・▶　424 ページ
　　　　承諾を得て転貸する場合の取扱いについて規定する　・・▶　425 ページ

● 立入点検　**重要度 B**

契約期間中、建物の保守等の必要がある場合に、賃貸建物内に立ち入って検査等をすることができるよう規定します。

【応用】通知の方法について規定する　　　　　　　・・▶　426 ページ
　　　　立入点検にあたっての借主の承諾の要否について規定する　・・▶　426 ページ

貸借 ❷ 建物賃貸借契約書

第11条　(解約)
1　乙は、本契約期間中、甲に対して2か月前までに書面による解約申入れを行うことにより、本契約を解約することができる。
2　乙は、前項の解約申入れに代えて2か月相当分の賃料を甲に支払うことにより、本契約を即時解約することができる。

第12条　(契約の解除)
　甲は、乙が以下の各号のいずれかに該当したときは、乙に対する通知、催告をすることなく、直ちに本契約を解除することができる。なお、この場合でも損害賠償の請求を妨げない。
① 賃料を2か月分以上滞納したとき
② 賃料の支払いをしばしば遅延し、本契約における甲乙間の信頼関係が破壊されたと認められるに至ったとき
③ 危険、不衛生、騒音その他近隣の迷惑となる行為があったとき
④ 申込書に虚偽の事項を記載して入居したとき
⑤ 無断で1か月以上本件建物を留守にしたとき
⑥ その他、本契約の一に違反したとき

第13条　(明渡し)
1　本契約の終了と同時に、乙は、本件建物を原状に復したうえで甲に明け渡さなければならない。
2　乙が本契約終了と同時に本件建物を甲に明け渡さない場合、乙は、本契約終了の翌日から明渡完了に至るまで、賃料の倍額の損害金を甲に支払い、かつ明渡しの遅延により甲が被った損害を賠償しなければならない。
3　乙は、本件建物の明渡しに際し、本件建物に乙の費用をもって設置した諸造作・設備等の買取りを甲に請求しないものとする。
4　乙が本件建物を明け渡した後に、本件建物内に残置したものがあるときは、乙はその所有権を放棄するものとし、甲は任意に

● 解　約　　重要度 B

契約期間内に解約することができるとする場合、賃借人からの解約については、①予告期間を設けるか、②即時解約の場合には予告期間に対応する賃料の支払いを求めることが多いです。

【応用】解約の条件について規定する　…▶　427 ページ

● 契約の解除　　重要度 B

民法等で定めた解除事由より広く解除できる場合を認めるため記載しています。なお、改正民法では、法定解除のうち催告による場合、相手方の債務不履行が契約および取引上の社会通念に照らして軽微な場合において、解除が認められないこととなりました（改正民法 541 条但書）。

【応用】解除事由を追加・変更する　…▶　428 ページ
　　　　解除の条件について規定する　…▶　428 ページ
　　　　違約金について規定する　…▶　428 ページ

● 明 渡 し　　重要度 A

どのような状態で明け渡すのか、明確に定めましょう。明渡しに応じない場合のために損害金を設定することが多いです。

【応用】原状回復義務について規定する　…▶　429 ページ
　　　　明渡時の取扱いについて規定する　…▶　430 ページ

これを処分することができるものとする。この場合の処分費用は乙の負担とする。

第14条　（損害賠償責任）
　　甲又は乙は、解除、解約又は本契約に違反することにより、相手方に損害を与えたときは、その損害の全て（弁護士費用及びその他の実費を含むが、これに限られない。）を賠償しなければならない。

第15条　（遅延損害金）
　　乙が本契約に基づく金銭債務の支払いを遅延したときは、乙は、甲に対し、支払期日の翌日から支払済みに至るまで、年14.6％（年365日日割計算）の割合による遅延損害金を支払うものとする。

第16条　（反社会的勢力の排除）
1　甲及び乙は、自己又は自己の役員が、暴力団、暴力団関係企業、総会屋もしくはこれらに準ずる者又はその構成員（以下これらを「反社会的勢力」という。）に該当しないこと、及び次の各号のいずれにも該当しないことを表明し、かつ将来にわたっても該当しないことを相互に確約する。
　　①　反社会的勢力に自己の名義を利用させること
　　②　反社会的勢力が経営を実質的に支配していると認められる関係を有すること
2　甲又は乙は、前項の一つにでも違反することが判明したときは、何らの催告を要せず、本契約を解除することができる。
3　本条の規定により本契約が解除された場合には、解除された者は、解除により生じる損害について、その相手方に対し一切の請求を行わない。

● **損害賠償責任** 重要度 C

損害賠償規定は民法等にも存在しますが、弁護士費用や実費なども賠償対象とするために記載しています。

【応用】賠償請求権を限定する　・・・▶　431 ページ
　　　　損害賠償の内容を変更する　・・・▶　431 ページ

● **遅延損害金** 重要度 B

履行期日が遅れた場合の損害に関する定めを記載しましょう。

【応用】遅延損害金利率を変更する　・・・▶　432 ページ

● **反社会的勢力の排除** 重要度 B

契約当事者が反社会的勢力と関わっていることが判明した場合に、即座に契約関係を解消することができるようにするために規定しています。

【応用】対象者を限定する　・・・▶　433 ページ
　　　　賠償額を具体的に規定する　・・・▶　434 ページ

第17条 (協議解決)
本契約に定めのない事項又は本契約の解釈について疑義が生じたときは、甲乙誠意をもって協議のうえ解決する。

第18条 (合意管轄)
甲及び乙は、本契約に関し裁判上の紛争が生じたときは、東京地方裁判所を専属的合意管轄裁判所とすることに合意する。

　本契約締結の証として、本契約書2通を作成し、甲乙相互に署名又は記名・捺印のうえ、各1通を保有することとする。

令和　　年　　月　　日
　　　　　　　　　　　　甲
　　　　　　　　　　　　　　　　　　　　㊞

　　　　　　　　　　　　乙
　　　　　　　　　　　　　　　　　　　　㊞

※　建物の賃貸借契約書には収入印紙を貼付する必要はありません。

● 協議解決　**重要度 C**

協議により紛争回避を図る可能性を探るため規定しています。なお、この規定に法的な拘束力はありません。

【応用】紛争解決方法について具体的に規定する　・・・▶　434ページ
　　　　契約の当事者を追加する　・・・▶　434ページ

● 合意管轄　**重要度 B**

紛争が生じた際に自己に有利な管轄裁判所において裁判を行うための規定です。

【応用】合意管轄裁判所を変更する　・・・▶　435ページ
　　　　契約の当事者を追加する　・・・▶　435ページ

● 後　　文

【応用】契約の当事者を追加する　・・・▶　436ページ

作成のテクニック

▶ 前文

> （貸主）○○○○（以下「甲」という。）と（借主）○○○○（以下「乙」という。）は、次のとおり建物賃貸借契約（以下「本契約」という。）を締結する。

【契約の当事者を追加する】

・改正民法に適合した連帯保証人条項を設ける場合・　　　　　　〔貸主有利〕

民法改正により、原則として根保証となる賃貸借契約の連帯保証人には、極度額等の定めが必要となります（改正民法465条の2）。

> （貸主）○○○○（以下「甲」という。）、（借主）○○○○（以下「乙」という。）及び（連帯保証人）○○○○（以下「丙」という。）は、次のとおり建物賃貸借契約（以下「本契約」という。）を締結する。
> 　（略）
> 第○条（連帯保証人）
> 1　丙は、乙と連帯して、以下のとおり極度額の範囲において、本契約から生じる一切の債務（以下「本件債務」という。）を負担する。
>
> | 対象となる債務 | 本件債務（賃料、延滞賃料に対する遅延損害金、原状回復義務違反等に基づく損害賠償金等従たる債務を含む一切の債務） |
> |---|---|
> | 極度額 | 金○○円（本件債務及び連帯保証債務について約定された違約金又は損害賠償の額を含む。） |
> | 元本確定事由 | ①丙の財産について、金銭の支払いを目的とする債権についての強制執行又は担保権の実行が申し立てられ、当該手続が開始されたとき
②丙が破産手続開始の決定を受けたとき
③乙又は丙が死亡したとき |

<u>2　乙は、丙に対し、別紙のとおり保証契約の前提となる情報を提供し、丙は、別紙の情報の提供を受けたことを確認する。</u>
第○条（協議解決）
　本契約に定めのない事項又は本契約の解釈について疑義が生じたときは、<u>甲、乙及び丙</u>は誠意をもって協議のうえ解決する。
第○条（合意管轄）
　<u>甲、乙及び丙</u>は、本契約に関し裁判上紛争が生じたときは、東京地方裁判所を専属的合意管轄裁判所とすることに合意する。
（略）
　本契約締結の証として本契約書<u>3通</u>を作成し、<u>甲乙丙</u>相互に署名又は記名・捺印のうえ、各1通を保有することとする。
（略）

丙

㊞

【別紙】

乙は、本契約締結時における自らの情報を以下のとおり提供する。

財産及び収支の状況	
主債務以外に負担している債務の有無、額及び履行状況	
主債務の担保として他に提供し又は提供しようとするものの内容	

・家賃債務保証会社による連帯保証を定める場合・

当事者欄に、家賃債務保証会社の「所在地」「商号（名称）」「電話番号」を記載しましょう。また、当該家賃債務保証会社が家賃債務保証業者登録を行っている場合には、登録番号を記載しましょう。

（貸主）〇〇〇〇（以下「甲」という。）、（借主）〇〇〇〇（以下「乙」という。）及び（家賃債務保証会社）〇〇〇〇（以下「丙」という。）は、以下のとおり賃貸借契約（以下「本契約」という。）を締結する。
（略）
第〇条（家賃債務保証会社）
　<u>丙は、乙の連帯保証人として、乙丙間の保証委託契約に基づき、本契約により生ずる乙の甲に対する債務の弁済につき、連帯して保証する。</u>
（略）
本契約締結の証として本契約書<u>3通</u>を作成し、<u>甲乙丙</u>相互に署名又は記名・捺印のうえ、各1通を保有することとする。
（略）
　　　<u>丙</u>　　所在地　　〒〇〇〇〇－〇〇〇〇
　　　　　　　　東京都〇〇区〇〇町〇丁目〇番〇号
　　　　　　　　〇〇保証株式会社
　　　　　　　　代表取締役　　〇〇　〇〇　　㊞
　　　　　　　　電話番号　03－〇〇〇〇－〇〇〇〇
　　　　　　　　家賃債務保証業者登録番号　国土交通大臣（〇）第〇〇号

第1条（目的）　重要度 A

乙は、介護を要する母を含む家族で住む家を探しており、甲が賃貸を希望している建物を賃借することを希望し、甲がこれを承諾したため、本契約を締結する。

【目的の内容を変更する】

・単身赴任中の自宅として賃貸する場合・

<u>甲は、自身が所有する建物を居住用として賃貸することを希望し、乙は、単身赴任中の自宅としてこれを賃借することを希望したため</u>、本契約を締結する。

第2条（賃貸借物件） 重要度 A

> 甲は、乙に対し、下記の建物（以下「本件建物」という。）を賃貸し、乙はこれを賃借する。
> 〈建物の表示〉
> 　所　　在　　東京都新宿区〇〇町〇丁目〇番〇号
> 　家屋番号　　〇番〇
> 　種　　類　　〇〇
> 　構　　造　　〇〇
> 　床 面 積　　〇〇平方メートル

【対象となる物件の表示方法を変更する】

・賃貸借の対象となる建物が複数存在する場合・

> 甲は、乙に対し、別紙物件目録記載の各建物（以下、合わせて「本件建物」という。）を賃貸し、乙はそれらを賃借する。

・賃貸借の対象物がマンション等の1室の場合（区分所有建物の場合）・

> 甲は、乙に対し、下記の建物（以下「本件建物」という。）を賃貸し、乙はこれを賃借する。
> 〈1棟の建物の表示〉
> 　所　　在　　東京都新宿区〇〇町〇丁目〇番〇号
> 　建物の名称　〇〇マンション
> 〈専有部分の建物の表示〉
> 　家 屋 番 号　東京都新宿区〇〇町〇丁目〇番〇号
> 　建物の名称　101号
> 　種　　類　　居宅
> 　構　　造　　〇〇
> 　床 面 積　　1階部分　〇〇平方メートル

• 賃貸借の対象物がマンション等の１室の場合（区分所有建物でない場合）•

```
甲は、乙に対し、下記の建物（以下「本件建物」という。）を賃貸し、
乙はこれを賃借する。
〈建物〉
   名　　　称　　○○ビル
   所　在　地　　東京都新宿区○○町○丁目○番○号（住居表示）
   構造規模　　　鉄骨造・一部鉄筋コンクリート造　地上○階建
〈貸室〉
   ○　　　階　　○○○号室
   床　面　積　　○○平方メートル
```

• 図面を添付する場合 •

〈建物の表示〉
　（略）
この建物のうち、賃貸部分は、別紙図面の斜線部分で示された地上○階部分○○平方メートルとする。
その他の玄関・WC・洗面浴槽・LDK は共有部分とし、共同利用者の迷惑とならないように用いる。

【別紙】

【賃貸借物件の範囲を変更する】

・土地とともに賃貸する場合・

> 甲は、乙に対し、下記の<u>土地建物</u>（以下「本件<u>土地建物</u>」という。）を賃貸し、乙はそれらを賃借する。
> 〈土地の表示〉
> 　所　　在　　東京都新宿区○○町○丁目
> 　地　　番　　○番
> 　地　　目　　宅地
> 　地　　積　　○○平方メートル
> 〈建物の表示〉
> 　（略）

土地建物の表示は別紙に記載することとしてもよいでしょう。その場合は、次のように記載します。

> 甲は、乙に対し、<u>別紙物件目録記載の土地建物（以下「本件土地建物」という。）</u>を賃貸し、乙はそれらを賃借する。

・駐車場とともに賃貸する場合・

> 1　（略）
> 2　甲は、乙に対し、本件建物の地下1階部分に存する駐車場1台分（駐車場 No. ○、面積○○平方メートル、以下「本件駐車場」という。）を賃貸し、乙はこれを賃借する。本件駐車場は、本件建物と一体をなすものとして本契約が締結されたものであることを確認し、次条以下に表示する「本件建物」には、本件駐車場を含むものとする。

駐車場は別料金とする場合には、第2項を次のように変更します。

> 2　甲は、乙に対し、本件建物の地下1階部分に存する駐車場1台分（駐車場 No. ○、面積○○平方メートル、以下「本件駐車場」という。）を<u>月額○○円</u>で賃貸し、乙はこれを賃借する。<u>この駐車場に係る賃料は、毎月末日限り翌月分を、本件建物の賃料と合わせて、甲の指定する口座へ振り込む方法によって支払う（振込手数料は乙負担）。</u>

第3条（使用目的） 重要度 B

> 乙は、本件建物を居住の用にのみ使用し、その他の目的には使用しないものとする。

【使用目的を変更する】

・使用目的を定めない場合・　　　　　　　　　　　　　　　　〔借主有利〕

> 乙は、本件建物を、都市計画法その他の法令に反しない限り、自由に使用することができる。

・使用目的が事業活動の場合・

> 乙は、本件建物を事務所の用にのみ使用し、その他の目的には使用しないものとする。

> 乙は、本件建物を店舗の用にのみ使用し、その他の目的には使用しないものとする。

・倉庫として使用することを目的とする場合・

> 乙は、本件建物を倉庫の用にのみ使用し、その他の目的には使用しないものとする。

第4条（賃貸借期間） 重要度 A

> 本契約の期間は、令和〇年〇月〇日から令和〇年〇月〇日までの2年間とする。ただし、期間満了の際に、甲乙協議のうえで更新することができる。

【更新の取扱いについて規定する】

・自動更新とする場合・　　　　　　　　　　　　　　　　　〔借主有利〕

> 本契約の期間は、令和○年○月○日から令和○年○月○日までの2年間とする。ただし、甲又は乙が期間満了の日の○か月前までに相手方に対し更新しない旨の通知をしたときを除き、本契約は期間満了の日の翌日から更に2年間同一の条件をもって継続するものとし、以後も同様とする。

・借主の異議がない限り自動更新される場合・　　　　　　　〔借主有利〕

> 1　（略）
> 2　乙が期間満了の日の○か月前までに甲に対し更新しない旨の通知をしたときを除き、本契約は期間満了の日の翌日から更に2年間同一の条件をもって継続するものとし、以後も同様とする。

▶ 第5条（賃料）　重要度A

> 1　賃料は、月額○○円とする。
> 2　乙は、前項に定める賃料を、毎月末日限り翌月分を、甲が指定する下記金融機関口座に振り込む方法によって支払う（振込手数料は乙負担）。
> 　　○○銀行○○支店　　普通預金
> 　　口座番号　　○○○○○○
> 　　口座名義　　○○○○○○

なお、文例では居住用の賃貸借契約のため賃料の消費税が非課税となっていますが、目的が事業用の場合には消費税が課税されますので、注意が必要です。

【賃料の額を変更する】

・契約の最初一定期間をフリーレントにする場合・　　　　　〔借主有利〕

> 1　賃料は、月額○○円とする。ただし、令和○年○月○日から○か月間の賃料については無料とする。

・フリーレント期間と違約金条項をあわせて設定する場合・

> 1　賃料は、月額○○円とする。ただし、令和○年○月○日から○か月分の賃料については無料とするが、本契約が契約開始日から２年以内に甲の責によらずして終了した場合、乙は、甲に対し、通常発生する損害賠償金に加え、賃料無料期間中の賃料○か月分（消費税別途）を違約金として支払わなければならない。

・共益費（管理費）の支払いが必要な場合・

> 3　乙は、第１項に定める賃料のほかに、共益費として月額○○円を賃料と合わせて毎月甲に支払う。

【賃料の支払方法を変更する】

・自動引落しで行う場合・

> 2　乙は、前項に定める賃料を、毎月末日限り翌月分を、乙の金融機関預金口座から自動引落しの方法で甲に支払う。

・持参して支払う場合・

> 2　乙は、前項に定める賃料を、毎月末日限り翌月分を、甲方に持参する方法で甲に支払う。

【支払時期を変更する】

・当月分を当月末に支払う場合・　　　　　　　　　　　　　　〔借主有利〕

民法では、賃貸借契約における賃料は、原則として当月分を当月末に支払うこととされています（民法614条本文）。これを念のために契約書に記載するとすれば、次のようになります。

> 2　乙は、前項に定める賃料を、毎月末日限り当月分を、甲が指定する下記金融機関口座に振り込む方法によって支払う（振込手数料は乙負担）。
> 　（振込口座：略）

【賃料改定について規定する】

・賃料の改定を予定する場合・

> 3　甲及び乙は、賃料（及び共益費）を賃貸借期間更新時に改定することができるものとする。

・賃料の額を更新ごとに一定割合で増加させる場合・　　　　　〔貸主有利〕

> 1　賃料は、月額○○円とする。ただし、本契約が更新されるごとに従前賃料額の○％を従前賃料に加算した金額をもって新賃料額とする。

・相場高騰等により貸主が賃料を見直すことができることとする場合・
　　　　　　　　　　　　　　　　　　　　　　　　　　　　〔貸主有利〕

> 3　近隣建物の賃料もしくは建物の管理費の変動、その他一般経済情勢の変動により、賃料（及び共益費）が不相当となったと甲が認めたときは、甲乙協議のうえ、甲はこれを改定することができる。

・賃料改定の請求を貸主・借主の双方に認める場合・

> 3　近隣建物の賃料もしくは建物の管理費の変動、その他一般経済情勢の変動により、賃料（及び共益費）が不相当となったと甲又は乙が認めたときは、甲乙協議のうえ、これを改定することができる。

第6条（水道光熱費）　重要度 B

> 乙は、電気、ガス、水道料金等本件建物の使用に必要な費用を負担し、それぞれの供給会社へ直接支払う。

【費用負担、支払方法について変更する】

・貸主が供給会社に支払う費用については、借主が貸主に対して支払う場合・

> 乙は、電気、ガス、水道料金等本件建物の使用に必要な費用を負担し、それぞれの供給会社へ直接支払う。<u>ただし、甲がこれらの費用の一部を負担しているときは、乙は、甲に対し、上記費用の支払いを行う。</u>

・水道光熱費を固定額で支払うものとする場合・

> 乙は、甲に対し、電気、ガス、水道料金等本件建物の使用に必要な費用として、月額金○○円の固定額を当月末日までに支払う。

・借主が水道光熱費を負担しない場合・　　　　　　　　　　　〔借主有利〕

> 電気、ガス、水道料金等本件建物の使用に必要な費用は、甲の負担とし、乙は支払義務を負わない。

第7条（敷金） 重要度 B

1 乙は、甲に対し、本契約の成立と同時に、本契約に基づく一切の債務の担保として敷金〇〇円を差し入れる。
2 敷金には利息を付さないこととし、本契約の終了後に乙が甲に対し本件建物を明け渡した場合、甲は、敷金から乙の未払賃料等本契約に基づく乙の債務のうち未払いのものを控除したうえで、その残額について乙に返還する。
3 乙は、本件建物を原状に復して明け渡すまでの間、敷金返還請求権をもって、甲に対する債務と相殺することができない。
4 乙は、敷金返還請求権を第三者に譲渡し、又は担保に供してはならない。
5 甲は、乙に賃料その他本契約に基づく債務の不履行又は損害賠償債務がある場合には、第1項の敷金をこれに充当することができる。

【敷金の取扱いを変更する】

・控除する場合の内訳明示を予定する場合・　　　　　　　　　　〔借主有利〕

> 2 敷金には利息を付さないこととし、本契約の終了後に乙が甲に対し本件建物を明け渡した場合、甲は、敷金から乙の未払債務等本契約に基づく乙の債務のうち未払いのものを控除したうえで、その残額について乙に返還する。この場合、甲は控除する金額の内訳を、乙に書面により明示するものとする。

・敷金の増額・減額を請求することができることとする場合・

> 6 賃料に増減があった場合には、甲又は乙は、増減額の〇倍相当額まで敷金の増額又は減額を請求することができる。

・不足敷金の追加を請求することができることとする場合・　　　〔貸主有利〕

> 6 前項により甲が敷金を乙の債務に充当した場合は、乙は遅滞なく敷金不足額を補填しなければならない。

・敷金の償却を定める場合・ 〔貸主有利〕

> 6　本契約の期間満了の際、第1項の敷金の○％を償却するものとする。

ただし、あまりに多額の償却は、消費者契約法上無効となるおそれがありますので、注意が必要です。

・更新の際に償却された敷金を填補することとする場合・ 〔貸主有利〕

> 6　本契約の期間満了の際、第1項の敷金の○％を償却するものとする。甲乙が本契約を更新する場合、乙は、敷金のうち償却された部分を補填しなければならない。

▶ 第8条（修繕費）　重要度 B

> 1　甲は、本件建物の維持保全に必要な大修繕を、自らの費用負担で行う。
> 2　乙は、建具、照明器具又は壁紙等、日常の使用によって消耗する箇所の滅失又は毀損に対する修繕を、自らの費用負担で行う。

【修繕条項を充実させる】

・改正民法に適合した修繕条項を設ける場合・

民法改正で、賃借人が賃貸人に対して修繕が必要であると通知し、または賃貸人がその旨を知ったにもかかわらず、賃貸人が相当の期間内に修繕をしないとき、窮迫の事情があるときは、賃借人による修繕をすることができる旨、規定されました（改正民法607条の2）。この規定を、第4項に反映させています。

> 1　甲は、乙が本件建物を使用するために必要な修繕を行わなければならない。この場合の修繕に要する費用については、乙の責に帰すべき事由により必要となったものは乙が負担し、その他のものは甲が負担するものとする。

2 前項の規定に基づき甲が修繕を行う場合は、甲は、予めその旨を乙に通知しなければならない。この場合において、乙は、正当な理由がある場合を除き、当該修繕の実施を拒否することができない。
3 乙は、本件建物内に修繕を要する箇所を発見したときは、甲にその旨を通知し、修繕の必要について協議するものとする。
4 前項の規定による通知が行われた場合において、修繕の必要が認められるにもかかわらず、甲が正当な理由なく修繕を実施しないときは、乙は自ら修繕を行うことができる。この場合の修繕に要する費用は、第1項に準ずるものとする。
5 別表に掲げる修繕については、甲は修繕義務を負わず、乙は第1項に基づき甲に修繕を請求できない。

【別表】

蛇口のパッキン交換	電球・蛍光灯の取換え
風呂場のゴム栓、鎖の取換え	襖・障子の張替え
ヒューズの取換え	その他、費用が軽微な修繕

【修繕費の負担者を変更する】

・修繕費用の負担者を協議により決定することとする場合・

本件建物に係る修繕は、甲乙協議により費用負担者を決めることとする。

・修繕費用をすべて貸主負担とする場合・　　　　　　〔借主有利〕

規模を問わず本件建物に係る修繕は、全て甲の費用負担にて行うものとする。

第9条（禁止事項） 重要度 B

乙は、事前の甲の書面による承諾なしに、下記の行為をしてはならない。
① 本件建物に係る賃借権を譲渡すること
② 形態の如何を問わず本件建物の転貸又は共同利用をすること
③ 本契約に基づく権利の全部又は一部を第三者に譲渡し、又は担保の用に供すること
④ 本件建物の改築・増築・大規模修繕をすること
⑤ 本件建物を使用目的に反して使用すること

【転貸の可否について規定する】

・あらかじめ第三者への転貸を認める場合・　　　　　　　　　　　　〔借主有利〕

本文の②を削除したうえ、次の記載を加筆します。

2　前項にかかわらず乙は、本件建物を第三者へ転貸することができる。この場合、乙は、転貸後遅滞なく、当該転借人に関する以下の事項を甲に書面で報告するものとする。
　① 氏名
　② 住所
　③ 電話番号
　④ 職業（勤務会社名）
　⑤ 職場連絡先
　（以下略）

・特定の第三者にのみ転貸を認める場合・　　　　　　　　　　　　〔借主有利〕

本文の②を削除したうえ、以下の記載を加筆します。

2　前項にかかわらず乙は、本件建物を○○○○へ転貸することができる。この場合、乙は、転貸後遅滞なく、転貸を行った旨を甲に書面で報告するものとする。

【承諾を得て転貸する場合の取扱いについて規定する】

・転借人の故意・過失は借主の故意・過失とみなす場合・　　　〔貸主有利〕

> 1　（略）
> 2　乙が甲の承諾を得て本件建物を第三者に転貸した場合、転借人の故意又は過失を乙の故意又は過失とみなし、甲に損害が発生したときは、乙は、当該第三者と連帯して損害賠償等の責を負う。

・事前の書面による承諾を得て借主が転貸する場合に、転借人の情報を貸主へ通知することとする場合・　　　〔貸主有利〕

次の条文を挿入します。

> 2　乙は、事前の書面による承諾を得て本件建物を第三者へ転貸する場合、転貸後遅滞なく、当該転借人に関する以下の事項を甲に書面で報告するものとする。
> ①　氏名
> ②　住所
> ③　電話番号
> ④　職業（勤務会社名）
> ⑤　職場連絡先
> （以下略）

第10条（立入点検）　重要度B

> 甲又は甲の指定する者は、本件建物の保守等管理上必要のあるときは、予め乙に通知したうえで本件建物に立ち入り、これを点検し適宜の措置を講じることができる。ただし、緊急又は非常の場合で、甲が予め乙に通知することができないときは、乙に通知せずに本件建物に立ち入り、点検、適宜の措置を講じることができる。この場合、甲又は甲の指定する者は、事後速やかに乙に通知するものとする。

【通知の方法について規定する】

・立入点検の通知を書面に限る場合・　　　　　　　　　　　　〔借主有利〕

> 甲又は甲の指定する者は、本件建物の保守等管理上必要のあるときは、予め乙に書面（FAXやメールを含む。）により通知したうえで本件建物に立ち入り、これを点検し適宜の措置を講じることができる。ただし、緊急又は非常の場合で、甲が予め乙に通知することができないときは、乙に通知せずに本件建物に立ち入り、点検、適宜の措置を講じることができる。この場合、甲又は甲の指定する者は、事後速やかに乙に書面（FAXやメールを含む。）により通知するものとする。

【立入点検にあたっての借主の承諾の要否について規定する】

・借主の承諾を必要とする場合・　　　　　　　　　　　　　〔借主有利〕

> 甲又は甲の指定する者は、本件建物の保守等管理上必要のあるときは、予め乙の承諾を得たうえで本件建物に立ち入り、これを点検し適宜の措置を講じることができる。ただし、緊急又は非常の場合で、甲が予め乙に通知することができないときは、乙に通知せずに本件建物に立ち入り、点検、適宜の措置を講じることができる。この場合、甲又は甲の指定する者は、事後速やかに乙に通知するものとする。

・借主の承諾を必要とし、緊急時の例外を設けない場合・　　　〔借主有利〕

次のようにただし書きを削除します。

> 甲又は甲の指定する者は、本件建物の保守等管理上必要のあるときは、予め乙の承諾を得たうえで本件建物に立ち入り、これを点検し適宜の措置を講じることができる。

第11条（解約）　重要度B

1　乙は、本契約期間中、甲に対して2か月前までに書面による解約申

> 入れを行うことにより、本契約を解約することができる。
> 2　乙は、前項の解約申入れに代えて2か月相当分の賃料を甲に支払うことにより、本契約を即時解約することができる。

【解約の条件について規定する】

・解約予告期間に満たない場合でも解約を行うことを認める場合・〔借主有利〕

> 3　前二項にもかかわらず、乙が本契約期間中に本契約の解約を申し入れ、当該申入れから解約日までの期間が第1項の解約予告期間に満たない場合でも、乙は、解約予告期間に満たない期間分の賃料相当額を甲に支払うことにより、本契約を途中解約できる。

・1年以内の解約につき、違約金の支払義務を定める場合・　〔貸主有利〕

> 3　第1項により本契約が本契約締結日から1年以内に終了したときは、乙は甲に対して、違約金○○円を支払わなければならない。

第12条（契約の解除）　重要度B

> 甲は、乙が以下の各号のいずれかに該当したときは、乙に対する通知、催告をすることなく、直ちに本契約を解除することができる。なお、この場合でも損害賠償の請求を妨げない。
> ①　賃料を2か月分以上滞納したとき
> ②　賃料の支払いをしばしば遅延し、本契約における甲乙間の信頼関係が破壊されたと認められるに至ったとき
> ③　危険、不衛生、騒音その他近隣の迷惑となる行為があったとき
> ④　申込書に虚偽の事項を記載して入居したとき
> ⑤　無断で1か月以上本件建物を留守にしたとき
> ⑥　その他、本契約の一に違反したとき

【解除事由を追加・変更する】

・無断で店舗を一定期間休業した場合の解除を可能とする場合・〔貸主有利〕

> ○ 無断で1か月以上本件建物での営業を休業したとき

【解除の条件について規定する】

・解除前に催告を要求する場合・ 〔借主有利〕

> 甲は、乙が以下の各号のいずれかに該当したときは、相当の期間を定めて催告を行い、その期間内に是正がなされない場合、本契約を解除することができる。なお、この場合でも損害賠償の請求を妨げない。
> ① （以下略）

【違約金について規定する】

・解除に伴う違約金を定める場合・ 〔貸主有利〕

> 1 （略）
> 2 前項の定めに従い、甲により本契約が解除された場合、明渡しまでの賃料相当損害金とは別に、乙は解除時時点の賃料の○か月分相当額を甲に対して支払わなければならない。

第13条（明渡し） 重要度A

> 1 本契約の終了と同時に、乙は、本件建物を原状に復したうえで甲に明け渡さなければならない。
> 2 乙が本契約終了と同時に本件建物を甲に明け渡さない場合、乙は、本契約終了の翌日から明渡完了に至るまで、賃料の倍額の損害金を甲に支払い、かつ明渡しの遅延により甲が被った損害を賠償しなければならない。
> 3 乙は、本件建物の明渡しに際し、本件建物に乙の費用をもって設置

> した諸造作・設備等の買取りを甲に請求しないものとする。
> 4　乙が本件建物を明け渡した後に、本件建物内に残置したものがあるときは、乙はその所有権を放棄するものとし、甲は任意にこれを処分することができるものとする。この場合の処分費用は乙の負担とする。

【原状回復義務について規定する】

・造作・設備等を取り外すことを明記する場合・　　　　　　〔貸主有利〕

> 1　本契約の終了と同時に、乙は、本契約締結後に取り付けた造作、設備等を取り外し、本件建物を原状に復したうえで甲に明け渡さなければならない。

・原状回復義務を免除する場合・　　　　　　　　　　　　　〔借主有利〕

> 1　本契約の終了と同時に、乙は、甲に対して本件建物を明け渡さなければならない。この場合、乙は本件建物を原状に復することを要しない。

・居抜きで新賃借人に引き継ぐ余地を認める場合・　　　　　〔借主有利〕

> 1　本契約の終了と同時に、乙は、本件建物を原状に復したうえで甲に明け渡さなければならない。ただし、甲の書面による承諾を得たときは、乙は、本件建物を原状に復さず、居抜きの状態で引き渡すことができる。

・原状回復工事を賃貸人が指定する業者で行うことを明示する場合・
　　　　　　　　　　　　　　　　　　　　　　　　　　　〔貸主有利〕

> 1　本契約の終了と同時に、乙は、本件建物を、甲が指定する業者において原状回復工事を実施したうえで、甲に明け渡さなければならない。

貸借　2 建物賃貸借契約書

・原状回復の内容を詳細に決める場合・

> 1　本契約の終了と同時に、乙は、本件建物を原状に復したうえで甲に明け渡さなければならない。乙が原状に復さなければならない事項は次のとおりとする。
> ①　内装
> ②　○○
> 　（以下略）

・原状回復の内容について、ガイドラインに従うこととする場合・

> 1　本契約の終了と同時に、乙は、本件建物を甲に明け渡さなければならない。乙は、本件建物の明渡しに際し、「原状回復をめぐるトラブルとガイドライン（再改訂版）」（平成23年8月国土交通省住宅局）に定める内容に従い、本件建物を原状に復するものとする。

【明渡時の取扱いについて規定する】

・借主が一切の金品請求を行わない旨を明記する場合・　　〔貸主有利〕

> 3　乙は、甲に対し、本件建物の明渡しに際し、立退料その他名目の如何を問わず金品の請求を行わない。

・明渡日を事前に通知すべきとする場合・　　〔貸主有利〕

> 5　乙は、甲に対し、契約終了日の○日前までに、明渡日を書面により通知しなければならない。

▶ 第14条（損害賠償責任）　重要度C

> 甲又は乙は、解除、解約又は本契約に違反することにより、相手方に損害を与えたときは、その損害の全て（弁護士費用及びその他の実費を含むが、これに限られない。）を賠償しなければならない。

【賠償請求権を限定する】

・貸主のみに弁護士費用・実費を含む賠償請求権を認める場合・〔貸主有利〕

> 乙は、解除、解約又は本契約に違反することにより、甲に損害を与えたときは、その損害の全て（弁護士費用及びその他の実費を含むが、これに限られない。）を賠償しなければならない。

・借主のみに弁護士費用・実費を含む賠償請求権を認める場合・〔借主有利〕

> 甲は、解除、解約又は本契約に違反することにより、乙に損害を与えたときは、その損害の全て（弁護士費用及びその他の実費を含むが、これに限られない。）を賠償しなければならない。

【損害賠償の内容を変更する】

・賠償額の上限を定める場合・

> 甲又は乙は、解除、解約又は本契約に違反することにより、相手方に損害を与えたときは、金〇〇円を上限として、損害を賠償しなければならない。

・違約金を定める場合・

> 甲又は乙は、解除、解約又は本契約に違反することにより、相手方に損害を与えたときは、違約金として賃料〇か月分の損害金を支払わなければならない。ただし、発生した損害が賃料〇か月分を上回るときは、その超過分も支払うものとする。

・故意または重過失による損害について追加で違約金の支払いを認める場合・

> 甲又は乙は、故意又は重過失に基づき、解除、解約又は本契約に違反することにより、相手方に損害を与えたときは、その損害の全て（弁護士費用及びその他の実費を含むが、これに限られない。）に加えて違約金として金〇〇円を賠償しなければならない。

第15条（遅延損害金） 重要度B

> 乙が本契約に基づく金銭債務の支払いを遅延したときは、乙は、甲に対し、支払期日の翌日から支払済みに至るまで、年14.6％（年365日日割計算）の割合による遅延損害金を支払うものとする。

【遅延損害金利率を変更する】

遅延損害金利率の定めがないときの利率は法定利率によるとされているところ、民法改正により法定利率が年5％から3％（その後3年ごとに見直しが行われます）となり（改正民法404条）、遅延損害金利率もこれに連動します（改正民法419条）。また、同改正により、商事法定利率（6％）は廃止されます。

当事者間で、法定利率とは異なる利率を定めることも可能です。民法改正により法定利率は3年ごとに見直しが行われる変動制となることから、遅延損害金利率について定めを置くことが、より重要となります。

・遅延損害金利率を高くする場合・　　　　　　　　　　　　〔貸主有利〕

> 乙が本契約に基づく金銭債務の支払いを遅延したときは、甲に対し、支払期日の翌日から支払済みに至るまで、年20％（年365日日割計算）の割合による遅延損害金を支払うものとする。

なお、遅延損害金の上限が法律によって定められていることがあるので、注意が必要です。たとえば、事業者と消費者との契約では、遅延損害金の上限が年14.6％と定められています（消費者契約法9条2号）。

・遅延損害金利率を低くする場合・　　　　　　　　　　　　〔借主有利〕

> 乙が本契約に基づく金銭債務の支払いを遅延したときは、甲に対し、支払期日の翌日から支払済みに至るまで、年1％（年365日日割計算）の割合による遅延損害金を支払うものとする。

第16条（反社会的勢力の排除）

1 甲及び乙は、自己又は自己の役員が、暴力団、暴力団関係企業、総会屋もしくはこれらに準ずる者又はその構成員（以下これらを「反社会的勢力」という。）に該当しないこと、及び次の各号のいずれにも該当しないことを表明し、かつ将来にわたっても該当しないことを相互に確約する。
   ① 反社会的勢力に自己の名義を利用させること
   ② 反社会的勢力が経営を実質的に支配していると認められる関係を有すること
2 甲又は乙は、前項の一つにでも違反することが判明したときは、何らの催告を要せず、本契約を解除することができる。
3 本条の規定により本契約が解除された場合には、解除された者は、解除により生じる損害について、その相手方に対し一切の請求を行わない。

【対象者を限定する】

・借主のみを対象とする場合・　　　　　　　　　　　　　　〔貸主有利〕

1 乙は、自己又は自己の役員が、暴力団、暴力団関係企業、総会屋もしくはこれらに準ずる者又はその構成員（以下これらを「反社会的勢力」という。）に該当しないこと、及び次の各号のいずれにも該当しないことを表明し、かつ将来にわたっても該当しないことを確約する。
   ① 反社会的勢力に自己の名義を利用させること
   ② 反社会的勢力が経営を実質的に支配していると認められる関係を有すること
2 甲は、乙が前項の一つにでも違反することが判明したときは、何らの催告を要せず、本契約を解除することができる。

【賠償額を具体的に規定する】

・具体的な賠償額の予定を行う場合・

> 4　本条の規定により本契約が解除された場合には、解除された者は、その相手方に対し、違約金として金〇〇円を支払うものとする。

▶ 第17条（協議解決）　重要度 C

> 本契約に定めのない事項又は本契約の解釈について疑義が生じたときは、甲乙誠意をもって協議のうえ解決する。

【紛争解決方法について具体的に規定する】

・具体的な紛争解決機関を指定する場合・

> 本契約に定めのない事項又は本契約の解釈について疑義が生じたときは、訴訟提起以前に独立行政法人国民生活センターが主催するADRにおいて協議を試みなければならない。

・仲裁者をあらかじめ定める場合・

> 本契約に定めのない事項又は本契約の解釈について疑義が生じたときは、〇〇〇〇を仲裁者と定め、三者において誠意をもって協議のうえ解決する。

【契約の当事者を追加する】

・連帯保証人（丙）がいる場合・

> 本契約に定めのない事項又は本契約の解釈について疑義が生じたときは、甲、乙及び丙は誠意をもって協議のうえ解決する。

第18条（合意管轄） 重要度B

> 甲及び乙は、本契約に関し裁判上の紛争が生じたときは、東京地方裁判所を専属的合意管轄裁判所とすることに合意する。

【合意管轄裁判所を変更する】

・本店所在地を管轄する裁判所とする場合・

> 甲及び乙は、本契約に関し裁判上の紛争が生じたときは、甲又は乙の本店所在地を管轄する裁判所を専属的合意管轄裁判所とすることに合意する。

甲乙が個人の場合は、「本店所在地」でなく「住所地」としましょう。

・本店または支店所在地を管轄する裁判所とする場合・

> 甲及び乙は、本契約に関し裁判上の紛争が生じたときは、甲又は乙の本店所在地もしくは支店所在地を管轄する裁判所を専属的合意管轄裁判所とすることに合意する。

・建物所在地を管轄する裁判所とする場合・

> 甲及び乙は、本契約に関し裁判上の紛争が生じたときは、本件建物所在地を管轄する裁判所を専属的合意管轄裁判所とすることに合意する。

【契約の当事者を追加する】

・連帯保証人（丙）がいる場合・

> 甲、乙及び丙は、本契約に関し裁判上の紛争が生じたときは、東京地方裁判所を専属的合意管轄裁判所とすることに合意する。

▶ 後文

　本契約締結の証として、本契約書2通を作成し、甲乙相互に署名又は記名・捺印のうえ、各1通を保有することとする。

【契約の当事者を追加する】

・連帯保証人（丙）がいる場合・

　本契約締結の証として、本契約書3通を作成し、甲乙丙相互に署名又は記名・捺印のうえ、各1通を保有することとする。

その他の役立つ条項

- 貸主・借主に変更があった場合の取扱いについて定める場合 …… 437 ページ
- 礼金・更新料の規定を設ける場合 ……………………………………… 437 ページ
- 造作・設備の新設・付加について定める場合 ………………………… 438 ページ
- 建物の使用・管理に関して定める場合 ………………………………… 438 ページ
- 状況の変化が生じたときの取扱いについて定める場合 …………… 439 ページ
- 海外企業との取引である場合に、取扱いについて定める場合 …… 441 ページ

◆貸主・借主に変更があった場合の取扱いについて定める場合

・変更時の通知を義務づける・

第○条（通知義務）
　甲又は乙は、次の各号のいずれかに該当するときは、相手方に対し、予めその旨を書面により通知しなければならない。
① 法人の名称又は商号を変更するとき
② 振込先指定口座を変更するとき
③ 代表者を変更するとき
④ 本店、主たる事業所の所在地又は住所を変更するとき

◆礼金・更新料の規定を設ける場合

・礼金の差入れを求める・　　　　　　　　　　　　　　　　　〔貸主有利〕

第○条（礼金）
　乙は、本契約締結と同時に、礼金として○○円を甲に差し入れるものとする。

・契約更新時に更新料の支払いを求める・　　　　　　　　　　〔貸主有利〕

第○条（更新料）
　本契約の期間が満了し、本契約の定めに従って本契約が更新された場合、乙は、更新料として、賃料○か月分相当額を甲に支払う。

◆造作・設備の新設・付加について定める場合

・造作・設備の新設・付加に係る費用を、借主の負担とする・　　〔貸主有利〕

> 第○条（造作等）
> 　　乙が諸造作・設備の新設、付加、除去、改造もしくは取替えを行い、その他建物の原状を変更することを希望する場合、乙は、予め書面にて甲からその工事の承諾を得るものとし、その工事に要する費用は全て乙の負担とする。

・借主が設置する造作等について損害保険を付させる・　　　　〔貸主有利〕

> 第○条（損害保険の付保）
> 　　乙は、本件建物に設置される造作、設備その他動産について、時価相当額の損害保険を付保するものとする。

・借主が設置した造作等に係る取得税、固定資産税等について、借主の負担とする・　　　　　　　　　　　　　　　　　　　　　　　　　〔貸主有利〕

> 第○条（公租公課）
> 　　乙が新設・付加した諸造作・設備に賦課される公租公課は、その名義にかかわらず乙の負担とする。

◆建物の使用・管理に関して定める場合

・建物の管理義務について定める・

> 第○条（安全管理）
> 　1　甲は、乙が本件建物を常に正常な状態で使用できるように、本件建物及び付属設備等の安全良好な状態の維持に努めるものとする。
> 　2　乙は、善良なる管理者の注意をもって本件建物を使用、管理するものとする。

・**特約として借主の禁止事項等を定める**・　　　　　　　　〔貸主有利〕

禁止事項を定めることにより、借主の禁止行為に対する抑制になるだけでなく、契約違反に基づく解除や損害賠償請求をしやすくなります。

> 第○条（特約）
> 　乙が本件建物を使用収益するにあたっては、下記の事項をしてはならない。
> ①　ピアノ等楽器の演奏をすること
> ②　ペットを飼育すること
> 　（以下略）

◆状況の変化が生じたときの取扱いについて定める場合

・**不可抗力により建物の一部が滅失した場合、その割合に従って賃料が当然に減額され、賃貸借の目的を達することができないときは契約を解除することができるものとする**・　　　　　　　　〔借主有利〕

賃借物の一部が賃借人の帰責事由によらずに滅失等をした場合の賃料の減額について、従前の民法では「請求することができる」と規定されていましたが、民法改正により、当然に減額されるものとなりました（改正民法611条1項）。また、残存する部分のみでは賃貸借の目的を達することができない場合は、契約を解除することができると規定されています（改正民法611条2項）。

なお、いずれか一方の当事者が一方的に減額の要否や程度を主張すると、トラブルになる可能性がありますので、当事者間で協議をするように条項を規定しました。

> 第○条（一部滅失等による賃料の減額等）
> 1　本件建物の一部が滅失その他の事由により使用できなくなった場合において、それが乙の責に帰することができない事由によるものであるときは、賃料は、その使用できなくなった部分の割合に応じて、減額されるものとする。この場合において、甲及び乙は、減額の程度、期間その他必要な事項について協議するものとする。
> 2　本件建物の一部が滅失その他の事由により使用できなくなった場合において、残存する部分のみでは乙が賃借をした目的を達すること

ができないときは、乙は、本契約を解除することができる。

・不可抗力により建物の一部が滅失した場合でも、賃料は減額されないものとする・
〔貸主有利〕

> 第○条（不可抗力）
> 　天災地変その他不可抗力により、本件建物の一部が滅失もしくは破損した場合でも、その残存部分では乙が本件建物を賃借した目的を達することができない場合を除き、乙が甲に支払うべき賃料は減額されないものとする。その残存部分では乙が本件建物を賃借した目的を達することができない場合、乙は本契約を解除することができる。

・不可抗力により建物の全部が滅失した場合に契約が終了するものとする・

> 第○条（不可抗力による本件建物の全部滅失）
> 　天災地変その他不可抗力により、本件建物の全部が滅失したか、もしくは破損のため使用することができなくなった場合、本契約は当然に終了する。

民法改正により、賃借物の全部が滅失その他の事情により使用および収益をすることができなくなった場合には、賃貸借契約は終了することが規定されました（改正民法616条の2）。そのため、本条は、民法上当然のことを注意的に記載したものです。

・著しい事情の変更が生じたときの対処方法を記載する・

> 第○条（事情の変更）
> 　甲及び乙が、本契約の締結後、天災地変、法令の制定又は改廃、その他著しい事情の変更により、本契約に定める義務を履行することが不可能又は著しく困難となったと認められる場合は、当該定めを変更するため協議することができる。

◆海外企業との取引である場合に、取扱いについて定める場合

・準拠法を日本法と定める・

> 第○条（準拠法）
> 　本契約は日本法に準拠し、同法によって解釈されるものとする。

チェックポイント

あなたが貸主の場合は、最低限以下の点をチェックしましょう。

- ☐ 契約の目的が明確か
- ☐ 契約の当事者が明らかであるか
- ☐ 賃貸借の目的物、賃料、賃貸借期間が明確に特定されているか
- ☐ 使用目的が正しいか
- ☐ 修繕費用の負担がどちらになっているか
- ☐ 解除事由に不足がないか
- ☐ 借主の損害賠償義務が不当に軽減されていないか

あなたが借主の場合は、最低限以下の点をチェックしましょう。

- ☐ 契約の目的が明確か
- ☐ 契約の当事者が明らかであるか
- ☐ 賃貸借の目的物、賃料、賃貸借期間が明確に特定されているか
- ☐ 修繕費用・原状回復費用の負担割合が不当ではないか
- ☐ 解除事由に不合理な事項が入っていないか
- ☐ 中途解約権が認められているか
- ☐ 禁止事項に不合理なものはないか
- ☐ 損害賠償額について過大な金額が定められていないか

MEMO

3 定期建物賃貸借契約書

定期建物賃貸借契約書

（貸主）〇〇〇〇（以下「甲」という。）と（借主）〇〇〇〇（以下「乙」という。）は、次のとおり借地借家法第38条に規定する定期建物賃貸借契約（以下「本契約」という。）を締結する。

第1条　（目的）

乙は、家族で住む家を探しており、甲は海外出張のため、長期赴任する期間中、乙に対して建物を賃貸することとしたため、本契約を締結する。

第2条　（賃貸借物件）

甲は、乙に対し、下記の建物（以下「本件建物」という。）を賃貸し、乙はこれを賃借する。

〈建物の表示〉

　　所　　在　　東京都新宿区〇〇町〇丁目〇番〇号
　　家屋番号　　〇番〇
　　種　　類　　〇〇
　　構　　造　　〇〇
　　床 面 積　　〇〇平方メートル

第3条　（使用目的）

乙は、本件建物を居住の用にのみ使用し、その他の目的には使

【この契約書を用いるケース】
☑ 建物を有償で貸し、一定期間で賃貸借契約を終了させる場合
　⇨ 無償で貸す場合は本章❶、期間終了によっても当然には契約が終了しない場合は本章❷、定期借地権設定契約は本章❹

● 前　文

【応用】契約の当事者を追加する　・・・▶　458 ページ

● 目　的　　重要度 A

民法の改正により、解除を主張したり、契約不適合責任に基づく請求をしたりする場合に、契約の目的が重要視されることになりました。そのため、契約書に契約の目的を記載しておく必要があります。

【応用】目的の内容を変更する　・・・▶　460 ページ

● 賃貸借物件　　重要度 A

賃貸借契約の目的物件を、不動産登記簿謄本等の記載に従って記載しましょう。

【応用】対象となる物件の表示方法を変更する　・・・▶　461 ページ
　　　　賃貸借物件の範囲を変更する　・・・▶　463 ページ

● 使用目的　　重要度 B

使用目的を明確に記載しておきましょう。

【応用】使用目的を変更する　・・・▶　463 ページ

貸借 — ❸ 定期建物賃貸借契約書

用しないものとする。

第4条　（賃貸借期間）
1　本契約の期間は、令和〇年〇月〇日から令和〇年〇月〇日までの２年間とする。
2　本契約は、前項に規定する期間の満了により終了し、更新がない。
3　甲は、乙に対し、契約期間満了の１年前から６か月前までの間（以下「通知期間」という。）に、期間の満了によって賃貸借が終了する旨を書面によって通知する。
4　通知期間を経過した後に、甲が乙に契約終了の通知をした場合には、同通知の日から６か月経過した時に、本契約は終了する。

第5条　（賃料）
1　賃料は、月額〇〇円とする。
2　乙は、前項に定める賃料を、毎月末日限り翌月分を、甲が指定する下記金融機関口座に振り込む方法によって支払う（振込手数料は乙負担）。
　　　〇〇銀行〇〇支店　　　普通預金
　　　口座番号　　　〇〇〇〇〇〇
　　　口座名義　　　〇〇〇〇〇〇

第6条　（水道光熱費）
　　乙は、電気、ガス、水道料金等本件建物の使用に必要な費用を負担し、それぞれの供給会社へ直接支払う。

第7条　（敷金）
1　乙は、甲に対し、本契約の成立と同時に、本契約に基づく一切の債務の担保として敷金〇〇円を差し入れる。
2　敷金には利息を付さないこととし、本契約の終了後に乙が甲に

● **賃貸借期間** 重要度 A

賃貸借期間を明らかにしましょう。本契約には更新がないことを明記します。

【応用】再契約に係る取決めを追加する　・・・▶　465 ページ

● **賃　　料** 重要度 A

賃料の額、支払方法を明確に定めましょう。

【応用】賃料の額を変更する　　　・・・▶　466 ページ
　　　　賃料の支払方法を変更する　・・・▶　466 ページ
　　　　支払時期を変更する　　　　・・・▶　467 ページ
　　　　賃料改定について規定する　・・・▶　467 ページ

● **水道光熱費** 重要度 B

賃貸借契約において支払いが予想されるものについて、その負担者を明らかにしておきましょう。

【応用】費用負担、支払方法について変更する　・・・▶　468 ページ

● **敷　　金** 重要度 B

不動産賃貸借契約では、敷金が差し入れられることが通常です。敷金については、金額、返還方法等について明確に定めておきましょう。

【応用】敷金の取扱いを変更する　・・・▶　469 ページ

貸借 3 定期建物賃貸借契約書

対し本件建物を明け渡した場合、甲は、敷金から乙の未払賃料等本契約に基づく乙の債務のうち未払いのものを控除したうえで、その残額について乙に返還する。
3 乙は、本件建物を原状に復して明け渡すまでの間、敷金返還請求権をもって、甲に対する債務と相殺することができない。
4 乙は、敷金返還請求権を第三者に譲渡し、又は担保に供してはならない。
5 甲は、乙に賃料その他本契約に基づく債務の不履行又は損害賠償債務がある場合には、第1項の敷金をこれに充当することができる。

第8条　(修繕費)
1 甲は、本件建物の維持保全に必要な大修繕を自らの費用負担で行う。
2 乙は、建具、照明器具又は壁紙等、日常の使用によって消耗する箇所の滅失又は毀損に対する修繕を自らの費用負担で行う。

第9条　(禁止事項)
乙は、事前の甲の書面による承諾なしに、下記の行為をしてはならない。
① 本件建物に係る賃借権を譲渡すること
② 形態の如何を問わず本件建物の転貸又は共同利用をすること
③ 本契約に基づく権利の全部又は一部を第三者に譲渡し、又は担保の用に供すること
④ 本件建物の改築・増築・大規模修繕をすること
⑤ 本件建物を使用目的に反して使用すること

第10条　(立入点検)
甲又は甲の指定する者は、本件建物の保守等管理上必要のある

● 修 繕 費　**重要度 B**

建物の修繕費についてどこまでをいずれが負担するのか、明確に定めておきましょう。

【応用】修繕条項を充実させる　　・・・▶　470 ページ
　　　　修繕費用の負担者を変更する　・・・▶　471 ページ

● 禁止事項　**重要度 B**

賃借権の無断譲渡、無断転貸の禁止を明示しておきましょう。

【応用】転貸の可否について規定する　　　　　　　・・・▶　472 ページ
　　　　承諾を得て転貸する場合の取扱いについて規定する　・・・▶　472 ページ

● 立入点検　**重要度 A**

契約期間中、建物の保守等の必要がある場合に、賃貸建物内に立ち入って検査等をすることができるよう規定します。

【応用】通知の方法について規定する　　　　　　　・・・▶　473 ページ
　　　　立入点検にあたっての借主の承諾の要否について規定する　・・・▶　474 ページ

ときは、予め乙に通知したうえで本件建物に立ち入り、これを点検し適宜の措置を講じることができる。ただし、緊急又は非常の場合で、甲が予め乙に通知することができないときは、乙に通知せずに本件建物に立ち入り、点検、適宜の措置を講じることができる。この場合、甲又は甲の指定する者は、事後速やかに乙に通知するものとする。

第11条 （解約）
1 乙は、契約期間中であっても、転勤、療養、親族の介護その他やむを得ない事情により、本件建物を乙の生活の本拠として使用することが困難となったときは、解約の申入れを行うことができる。
2 前項の解約の申入れの日から1か月を経過することにより、本契約は終了する。

第12条 （契約の解除）
甲は、乙が以下の各号のいずれかに該当したときは、乙に対する通知、催告をすることなく、直ちに本契約を解除することができる。なお、この場合でも損害賠償の請求を妨げない。
① 賃料を2か月分以上滞納したとき
② 賃料の支払いをしばしば遅延し、本契約における甲乙間の信頼関係が破壊されたと認められるに至ったとき
③ 危険、不衛生、騒音その他近隣の迷惑となる行為があったとき
④ 申込書に虚偽の事項を記載して入居したとき
⑤ 無断で1か月以上本件建物を留守にしたとき
⑥ その他、本契約の一に違反したとき

第13条 （明渡し）
1 本契約の終了と同時に、乙は、本件建物を原状に復したうえで

● 解　　約　　**重要度 B**

契約期間内に解約することができるとする場合、賃借人からの解約については、①予告期間を設けるか、②即時解約の場合には予告期間に対応する賃料の支払いを求めることが多いです。

【応用】中途解約の条件を変更する　　…▶　475 ページ

● 契約の解除　　**重要度 B**

民法等で定めた解除事由より広く解除できる場合を認めるため記載しています。なお、改正民法では、法定解除のうち催告による場合、相手方の債務不履行が契約および取引上の社会通念に照らして軽微な場合において、解除が認められないこととなりました（改正民法 541 条但書）。

【応用】解除事由を追加・変更する　　…▶　475 ページ
　　　　解除の条件を変更する　　…▶　475 ページ
　　　　違約金について規定する　　…▶　476 ページ

● 明　渡　し　　**重要度 A**

どのような状態で明け渡すのか、明確に定めましょう。明渡しに応じない場合のために損害金を設定することが多いです。

【応用】原状回復義務について規定する　　…▶　476 ページ
　　　　明渡時の取扱いについて規定する　　…▶　478 ページ

貸借　❸ 定期建物賃貸借契約書

甲に明け渡さなければならない。
2 乙が本契約終了と同時に本件建物を甲に明け渡さない場合、乙は、本契約終了の翌日から明渡完了に至るまで、賃料の倍額の損害金を甲に支払い、かつ明渡しの遅延により甲が被った損害を賠償しなければならない。
3 乙は、本件建物の明渡しに際し、本件建物に乙の費用をもって設置した諸造作・設備等の買取りを甲に請求しないものとする。
4 乙が本件建物を明け渡した後に、本件建物内に残置したものがあるときは、乙はその所有権を放棄するものとし、甲は任意にこれを処分することができるものとする。この場合の処分費用は乙の負担とする。

第14条 （損害賠償責任）

甲又は乙は、解除、解約又は本契約に違反することにより、相手方に損害を与えたときは、その損害の全て（弁護士費用及びその他の実費を含むが、これに限られない。）を賠償しなければならない。

第15条 （遅延損害金）

乙が本契約に基づく金銭債務の支払いを遅延したときは、乙は、甲に対し、支払期日の翌日から支払済みに至るまで、年14.6％（年365日日割計算）の割合による遅延損害金を支払うものとする。

第16条 （反社会的勢力の排除）

1 甲及び乙は、自己又は自己の役員が、暴力団、暴力団関係企業、総会屋もしくはこれらに準ずる者又はその構成員（以下これらを「反社会的勢力」という。）に該当しないこと、及び次の各号のいずれにも該当しないことを表明し、かつ将来にわたっても該当しないことを相互に確約する。

● 損害賠償責任　　**重要度 C**

損害賠償規定は民法等にも存在しますが、弁護士費用や実費なども賠償対象とするために記載しています。

【応用】賠償請求権を限定する　　…▶　478ページ
　　　　損害賠償の内容を変更する　…▶　479ページ

● 遅延損害金　　**重要度 B**

履行期日が遅れた場合の損害に関する定めを記載しましょう。

【応用】遅延損害金利率を変更する　…▶　480ページ

● 反社会的勢力の排除　　**重要度 B**

契約当事者が反社会的勢力と関わっていることが判明した場合に、即座に契約関係を解消することができるようにするために規定しています。

【応用】対象者を限定する　　…▶　481ページ
　　　　賠償額を具体的に規定する　…▶　481ページ

貸借 ③ 定期建物賃貸借契約書

① 反社会的勢力に自己の名義を利用させること
② 反社会的勢力が経営を実質的に支配していると認められる関係を有すること
2 甲又は乙は、前項の一つにでも違反することが判明したときは、何らの催告を要せず、本契約を解除することができる。
3 本条の規定により本契約が解除された場合には、解除された者は、解除により生じる損害について、その相手方に対し一切の請求を行わない。

第17条 （協議解決）
　本契約に定めのない事項又は本契約の解釈について疑義が生じたときは、甲乙誠意をもって協議のうえ解決する。

第18条 （合意管轄）
　甲及び乙は、本契約に関し裁判上の紛争が生じたときは、東京地方裁判所を専属的合意管轄裁判所とすることに合意する。

　本契約締結の証として、本契約書2通を作成し、甲乙相互に署名又は記名・捺印のうえ、各1通を保有することとする。

令和　　年　　月　　日
　　　　　　　　　甲
　　　　　　　　　　　　　　　　　㊞

　　　　　　　　　乙
　　　　　　　　　　　　　　　　　㊞

※　建物の賃貸借契約書には収入印紙を貼付する必要はありません。

- ●協議解決　重要度C

  協議により紛争回避を図る可能性を探るため規定しています。なお、この規定に法的な拘束力はありません。

  【応用】紛争解決方法について具体的に規定する　・・▶　482ページ
  　　　　契約の当事者を追加する　・・▶　482ページ

- ●合意管轄　重要度B

  紛争が生じた際に自己に有利な管轄裁判所において裁判を行うための規定です。

  【応用】合意管轄裁判所を変更する　・・▶　483ページ
  　　　　契約の当事者を追加する　・・▶　483ページ

- ●後　　文

  【応用】契約の当事者を追加する　・・▶　484ページ

◆定期建物賃貸借契約説明書

定期建物賃貸借契約説明書

　令和〇年〇月〇日付定期建物賃貸借契約（以下「本契約」という。）を締結するにあたり、貸主は、借主に対して、本書面を交付して下記の説明を行う。

記

　本契約は借地借家法第３８条第１項に定める定期借家契約であり、本契約の賃貸借期間は、令和〇年〇月〇日から２年間（以下「本契約期間」という。）と定められている。借主は、本契約に違反しない限り、本契約期間においてのみ本契約に定める建物（以下「本件建物」という。）を賃借することができる。本契約期間が満了したときは、本契約が更新されることはなく、借主は直ちに貸主に本件建物を原状に復したうえ、明け渡さなければならない。

以上

　貸主から上記書面の交付及び説明を受け、本契約が定期借家契約であることを理解したので、署名押印を行ったうえ、貸主に本書面の写しを差し入れる。

令和　　年　　月　　日

貸主　〇〇〇〇　殿

借主　　　　　　　　　　　　　㊞

借地借家法38条2項では、定期建物賃貸借契約を締結するときは、貸主は、あらかじめ借主に対して、契約の更新がなく、期間の満了によって終了することについて書面を交付して説明しなければならないと定めています。この説明がされなかったときは、契約の更新がないこととする旨の定めは無効となります（同条3項）。456ページに掲げているのは、その際に交付する書面の一例です。なお、貸主は、上記義務を果たしたことを証明できるよう、この説明書の写しを保管しておきましょう。

貸借 ― 3 定期建物賃貸借契約書

作成のテクニック

▶ 前文

（貸主）○○○○（以下「甲」という。）と（借主）○○○○（以下「乙」という。）は、次のとおり借地借家法第38条に規定する定期建物賃貸借契約（以下「本契約」という。）を締結する。

【契約の当事者を追加する】

・改正民法に適合した連帯保証人条項を設ける場合・　　　〔貸主有利〕

民法改正により、原則として根保証となる連帯保証人には、極度額等の定めが必要となります（改正民法465条の2）。

（貸主）○○○○（以下「甲」という。）、（借主）○○○○（以下「乙」という。）及び（連帯保証人）○○○○（以下「丙」という。）は、次のとおり借地借家法第38条に規定する定期建物賃貸借契約（以下「本契約」という。）を締結する。
（略）
第○条（連帯保証人）
1　丙は、乙と連帯して、以下のとおり極度額の範囲において、本契約から生じる一切の債務（以下「本件債務」という。）を負担する。

対象となる債務	本件債務（賃料、延滞賃料に対する遅延損害金、原状回復義務違反等に基づく損害賠償金等従たる債務を含む一切の債務）
極度額	金○○円（本件債務及び連帯保証債務について約定された違約金又は損害賠償の額を含む。）
元本確定事由	①丙の財産について、金銭の支払いを目的とする債権についての強制執行又は担保権の実行が申し立てられ、当該手続が開始されたとき ②丙が破産手続開始の決定を受けたとき ③乙又は丙が死亡したとき

><u>2 乙は、丙に対し、別紙のとおり保証契約の前提となる情報を提供し、丙は、別紙の情報の提供を受けたことを確認する。</u>
>第○条（協議解決）
>　本契約に定めのない事項又は本契約の解釈について疑義が生じたときは、<u>甲、乙及び丙は</u>誠意をもって協議のうえ解決する。
>第○条（合意管轄）
>　<u>甲、乙及び丙は</u>、本契約に関し裁判上の紛争が生じたときは、東京地方裁判所を専属的合意管轄裁判所とすることに合意する。
>（略）
>　本契約締結の証として本契約書<u>３通</u>を作成し、<u>甲乙丙</u>相互に署名又は記名・捺印のうえ、各１通を保有することとする。
>（略）
>
>　　　　　　　　　　　　　　　　　<u>丙</u>
>　　　　　　　　　　　　　　　　　　　　　　　　　　㊞
>
>---
>
>【別紙】
>
>　乙は、本契約締結時における自らの情報を以下のとおり提供する。
>
>| | |
>|---|---|
>| 財産及び収支の状況 | |
>| 主債務以外に負担している債務の有無、額及び履行状況 | |
>| 主債務の担保として他に提供し又は提供しようとするものの内容 | |

・**家賃債務保証会社による連帯保証を定める場合**・

当事者欄に、家賃債務保証会社の「所在地」「商号（名称）」「電話番号」を記載しましょう。また、当該家賃債務保証会社が家賃債務保証業者登録を行っている場合には、登録番号を記載しましょう。

（貸主）○○○○（以下「甲」という。）、（借主）○○○○（以下「乙」という。）及び（家賃債務保証会社）○○○○（以下「丙」という。）は、以下のとおり賃貸借契約（以下「本契約」という。）を締結する。
（略）
第○条（家賃債務保証会社）
<u>丙は、乙の連帯保証人として、乙丙間の保証委託契約に基づき、本契約により生ずる乙の甲に対する債務の弁済につき、連帯して保証する。</u>
（略）
本契約締結の証として本契約書<u>3通</u>を作成し、<u>甲乙丙相互に署名又は記名・捺印のうえ、各1通を保有することとする。</u>
（略）
<u>丙</u>　　所在地　　〒○○○○－○○○○
　　　　東京都○○区○○町○丁目○番○号
　　　　○○保証株式会社
　　　　代表取締役　　○○　　○○　　㊞
　　　　電話番号　03－○○○○－○○○○
　　　　家賃債務保証業者登録番号　国土交通大臣（○）第○○号

第1条（目的）　重要度A

乙は、家族で住む家を探しており、甲は海外出張のため、長期赴任する期間中、乙に対して建物を賃貸することとしたため、本契約を締結する。

【目的の内容を変更する】

・建替えまでの期間に限って賃貸する場合・

<u>甲は、建替えが決まっている建物について、建替えまでの期間を限定して賃貸することを希望し、乙は、同建物について居住のために賃借することを希望したため、本契約を締結する。</u>

▶ 第2条（賃貸借物件） 重要度 A

> 甲は、乙に対し、下記の建物（以下「本件建物」という。）を賃貸し、乙はこれを賃借する。
> 〈建物の表示〉
> 　所　　在　　東京都新宿区○○町○丁目○番○号
> 　家屋番号　　○番○
> 　種　　類　　○○
> 　構　　造　　○○
> 　床 面 積　　○○平方メートル

【対象となる物件の表示方法を変更する】

・賃貸借の対象となる建物が複数存在する場合・

> 甲は、乙に対し、別紙物件目録記載の各建物（以下、合わせて「本件建物」という。）を賃貸し、乙はそれらを賃借する。

・賃貸借の対象物がマンション等の1室の場合（区分所有建物の場合）・

> 甲は、乙に対し、下記の建物（以下「本件建物」という。）を賃貸し、乙はこれを賃借する。
> 〈1棟の建物の表示〉
> 　所　　在　　東京都新宿区○○町○丁目○番○号
> 　建物の名称　　○○マンション
> 〈専有部分の建物の表示〉
> 　家 屋 番 号　　東京都新宿区○○町○丁目○番○号
> 　建物の名称　　101号
> 　種　　類　　居宅
> 　構　　造　　○○
> 　床 面 積　　1階部分　○○平方メートル

・賃貸借の対象物がマンション等の１室の場合（区分所有建物でない場合）・

甲は、乙に対し、下記の建物（以下「本件建物」という。）を賃貸し、乙はこれを賃借する。
〈建物〉
　名　　称　　○○ビル
　所 在 地　　東京都新宿区○○町○丁目○番○号（住居表示）
　構造規模　　鉄骨造・一部鉄筋コンクリート造　地上○階建
〈貸室〉
　○　　階　　○○○号室
　床 面 積　　○○平方メートル

・図面を添付する場合・

〈建物の表示〉
　（略）
この建物のうち、賃貸部分は、別紙図面の斜線部分で示された地上○階部分○○平方メートルとする。
その他の玄関・WC・洗面浴槽・LDK は共有部分とし、共同利用者の迷惑とならないように用いる。

【別紙】

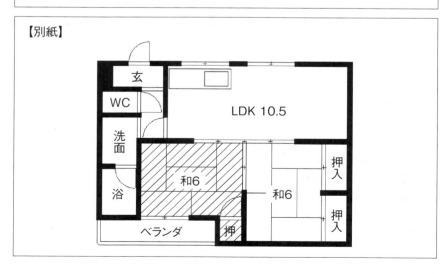

【賃貸借物件の範囲を変更する】

・駐車場とともに賃貸する場合・

> 1 （略）
> 2 甲は、乙に対し、本件建物の地下1階部分に存する駐車場1台分（駐車場 No. ○、面積○○平方メートル、以下「本件駐車場」という。）を賃貸し、乙はこれを賃借する。この本件駐車場は、本件建物と一体をなすものとして本契約が締結されたものであることを確認し、次条以下に表示する「本件建物」には、本件駐車場を含むものとする。

・駐車場は別料金とする場合・

> 1 （略）
> 2 甲は、乙に対し、本件建物の地下1階部分に存する駐車場1台分（駐車場 No. ○、面積○○平方メートル、以下「本件駐車場」という。）を月額○○円で賃貸し、乙はこれを賃借する。<u>この駐車場に係る賃料は、毎月末日限り翌月分を、本件建物の賃料と合わせて、甲の指定する口座へ振り込む方法によって支払う（振込手数料は乙負担）。</u>

▶ 第3条（使用目的） 重要度 B

> 乙は、本件建物を居住の用にのみ使用し、その他の目的には使用しないものとする。

【使用目的を変更する】

・使用目的を定めない場合・　　　　　　　　　　　　　　　〔借主有利〕

> 乙は、本件建物を、<u>都市計画法その他の法令に反しない限り、自由に使用することができる</u>。

・使用目的が事業活動の場合・

> 乙は、本件建物を事務所の用にのみ使用し、その他の目的には使用しないものとする。

> 乙は、本件建物を店舗の用にのみ使用し、その他の目的には使用しないものとする。

・倉庫としての使用を目的とする場合・

> 乙は、本件建物を倉庫の用にのみ使用し、その他の目的には使用しないものとする。

第4条（賃貸借期間） 重要度A

> 1　本契約の期間は、令和○年○月○日から令和○年○月○日までの2年間とする。
> 2　本契約は、前項に規定する期間の満了により終了し、更新がない。
> 3　甲は、乙に対し、契約期間満了の1年前から6か月前までの間（以下「通知期間」という。）に、期間の満了によって賃貸借が終了する旨を書面によって通知する。
> 4　通知期間を経過した後に、甲が乙に契約終了の通知をした場合には、同通知の日から6か月経過した時に、本契約は終了する。

1年以上の期限を定めた定期借家契約では、期間満了の1年前から6か月前までの間に終了通知を送らなければなりません（借地借家法38条4項）。

【終了通知例】

通　知　書

通知人は、貴殿との間で令和○年○月○日付定期建物賃貸借契約（以下「本契約」といいます。）を締結しております。本契約書第○条規定のとおり、本契約は令和○年○月○日を終了期日としており、同日をもって

本契約は終了しますので、その旨、あらかじめ書面をもってお伝え致します。

東京都新宿区○○町○丁目○番○号
○○○○　殿
令和○年○月○日

　　　　　　　　　　　　東京都新宿区○○町○丁目○番○号
　　　　　　　　　　　　　通知人　　甲野太郎　㊞

終了通知の手続きについては特段の定めはありませんが、重要な書面ですので、配達証明付の内容証明で行うべきでしょう。

【再契約に係る取決めを追加する】

・再契約の可能性がある場合・

> 2　本契約は、前項に規定する期間の満了により終了し、更新がない。ただし、甲乙協議により、別途再契約を締結することがある。

▶ 第5条（賃料）　重要度 A

> 1　賃料は、月額○○円とする。
> 2　乙は、前項に定める賃料を、毎月末日限り翌月分を、甲が指定する下記金融機関口座に振り込む方法によって支払う（振込手数料は乙負担）。
> 　　　○○銀行○○支店　　普通預金
> 　　　口座番号　　○○○○○○
> 　　　口座名義　　○○○○○○

文例では居住用の賃貸借契約のため、賃料の消費税が非課税となっていますが、目的が事業用の場合には消費税が課税されますので、注意が必要です。

貸借　❸ 定期建物賃貸借契約書

【賃料の額を変更する】

・契約の最初一定期間をフリーレントにする場合・　〔借主有利〕

> 1　賃料は、月額〇〇円とする。ただし、令和〇年〇月〇日から〇か月間の賃料については無料とする。

・フリーレント期間と違約金条項をあわせて設定する場合・

> 1　賃料は、月額〇〇円とする。ただし、令和〇年〇月〇日から〇か月分の賃料については無料とするが、本契約が契約開始日から2年以内に甲の責によらずして終了した場合、乙は、甲に対し、通常発生する損害賠償金に加え、賃料無料期間中の賃料〇か月分（消費税別途）を違約金として支払わなければならない。

・共益費（管理費）の支払いが必要な場合・

賃貸借の対象物がマンションの1室である場合など、共有スペースがあり、共益費（管理費）の支払いが必要な場合には、次のような条項が必要となります。

> 3　乙は、第1項に定める賃料のほかに、共益費として月額〇〇円を賃料と合わせて毎月甲に支払う。

【賃料の支払方法を変更する】

・賃料の支払いを自動引落しで行う場合・

> 2　乙は、前項に定める賃料を、毎月末日限り翌月分を、乙の金融機関預金口座から自動引落しの方法で甲に支払う（振込手数料は乙負担）。

・賃料を持参して支払う場合・

> 2　乙は、前項に定める賃料を、毎月末日限り翌月分を、甲方に持参する方法で甲に支払う。

【支払時期を変更する】

・当月分を当月末に支払う場合・　　　　　　　　　　　　　〔借主有利〕

民法では、賃貸借契約における賃料は、原則として当月分を当月末に支払うこととされています（民法614条本文）。これを念のために契約書に記載するとすれば、下記のようになります。

> 2　乙は、前項に定める賃料を、毎月末日限り当月分を、甲が指定する下記金融機関口座に振り込む方法によって支払う（振込手数料は乙負担）。
> 　　（振込口座：略）

【賃料改定について規定する】

・貸主が賃料を見直すことができる旨規定する場合・　　　　〔貸主有利〕

> 3　近隣建物の賃料もしくは土地建物の管理費の変動、その他一般経済情勢の変動により、賃料（及び共益費）が不相当となったと甲が認めたときは、甲乙協議のうえ、甲はこれを改定することができる。

・賃料改定の請求を貸主・借主の双方に認める場合・

> 3　近隣建物の賃料もしくは土地建物の管理費の変動、その他一般経済情勢の変動により、賃料（及び共益費）が不相当となったと甲又は乙が認めたときは、甲乙協議のうえ、これを改定することができる。

第6条（水道光熱費）　重要度B

> 乙は、電気、ガス、水道料金等本件建物の使用に必要な費用を負担し、それぞれの供給会社へ直接支払う。

【費用負担、支払方法について変更する】

・貸主が供給会社に支払う費用について、借主が貸主に対して支払う場合・

> 乙は、電気、ガス、水道料金等本件建物の使用に必要な費用を負担し、それぞれの供給会社へ直接支払う。<u>ただし、甲がこれらの費用の一部を負担しているときは、乙は、甲に対し、上記費用の支払いを行う。</u>

・水道光熱費を固定額で支払うものとする場合・

> <u>乙は、甲に対し、電気、ガス、水道料金等本件建物の使用に必要な費用として、月額金○○円の固定額を当月末日までに支払う。</u>

・借主が水道光熱費を負担しない場合・　〔借主有利〕

> 電気、ガス、水道料金等本件建物の使用に必要な費用は、<u>甲の負担とし、乙は支払義務を負わない。</u>

第7条（敷金）　重要度B

> 1　乙は、甲に対し、本契約の成立と同時に、本契約に基づく一切の債務の担保として敷金○○円を差し入れる。
> 2　敷金には利息を付さないこととし、本契約の終了後に乙が甲に対し本件建物を明け渡した場合、甲は、敷金から乙の未払賃料等本契約に基づく乙の債務のうち未払いのものを控除したうえで、その残額について乙に返還する。

3　乙は、本件建物を原状に復して明け渡すまでの間、敷金返還請求権をもって、甲に対する債務と相殺することができない。
　4　乙は、敷金返還請求権を第三者に譲渡し、又は担保に供してはならない。
　5　甲は、乙に賃料その他本契約に基づく債務の不履行又は損害賠償債務がある場合には、第1項の敷金をこれに充当することができる。

【敷金の取扱いを変更する】

・控除する場合の内訳明示を予定する場合・　　　　　　　　〔借主有利〕

　2　敷金には利息を付さないこととし、本契約の終了後に乙が甲に対し本件建物を明け渡した場合、甲は、敷金から乙の未払賃料等本契約に基づく乙の債務のうち未払いのものを控除したうえで、その残額について乙に返還する。この場合、甲は控除する金額の内訳を、乙に書面により明示するものとする。

・敷金の増額・減額を請求することができるようにする場合・

　6　賃料に増減があった場合には、甲又は乙は、増減額の○倍相当額まで敷金の増額又は減額を請求することができる。

・不足敷金の追加を請求することができるようにする場合・　〔貸主有利〕

　6　前項により甲が敷金を乙の債務に充当した場合は、乙は遅滞なく敷金不足額を補填しなければならない。

・敷金の償却を定める場合・　　　　　　　　　　　　　　　〔貸主有利〕

　6　本契約の期間満了の際、第1項の敷金の○％を償却するものとする。

ただし、あまりに多額の償却は、消費者契約法上無効となるおそれがありますので、注意が必要です。

第8条（修繕費） 重要度 B

> 1　甲は、本件建物の維持保全に必要な大修繕を自らの費用負担で行う。
> 2　乙は、建具、照明器具又は壁紙等、日常の使用によって消耗する箇所の滅失又は毀損に対する修繕を自らの費用負担で行う。

【修繕条項を充実させる】

・改正民法に適合した修繕条項を設ける場合・

民法改正で、賃借人が賃貸人に対して修繕が必要であると通知し、または賃貸人がその旨を知ったにもかかわらず、賃貸人が相当の期間内に修繕をしないとき、窮迫の事情があるときは、賃借人による修繕をすることができる旨、規定されました（改正民法607条の2）。この規定を、第4項に反映させています。

> 1　甲は、乙が本件建物を使用するために必要な修繕を行わなければならない。この場合の修繕に要する費用については、乙の責に帰すべき事由により必要となったものは乙が負担し、その他のものは甲が負担するものとする。
> 2　前項の規定に基づき甲が修繕を行う場合は、甲は、予めその旨を乙に通知しなければならない。この場合において、乙は、正当な理由がある場合を除き、当該修繕の実施を拒否することができない。
> 3　乙は本件建物内に修繕を要する箇所を発見したときは、甲にその旨を通知し、修繕の必要について協議するものとする。
> 4　前項の規定による通知が行われた場合において、修繕の必要が認められるにもかかわらず、甲が正当な理由なく修繕を実施しないときは、乙は自ら修繕を行うことができる。この場合の修繕に要する費用は、第1項に準ずるものとする。
> 5　別表に掲げる修繕については、甲は修繕義務を負わず、乙は第1項に基づき甲に修繕を請求できない。

【別表】

蛇口のパッキン交換	電球・蛍光灯の取換え
風呂場のゴム栓、鎖の取換え	襖・障子の張替え
ヒューズの取換え	その他、費用が軽微な修繕

【修繕費用の負担者を変更する】

・修繕費用の負担者を協議により決定することとする場合・

> 本件建物に係る修繕は、甲乙協議により費用負担者を決めることとする。

・修繕費用をすべて貸主負担とする場合・　　　　　　　〔借主有利〕

> 規模を問わず本件建物に係る修繕は、全て甲の費用負担にて行うものとする。

▶第9条(禁止事項) 重要度B

> 乙は、事前の甲の書面による承諾なしに、下記の行為をしてはならない。
> ① 本件建物に係る賃借権を譲渡すること
> ② 形態の如何を問わず本件建物の転貸又は共同利用をすること
> ③ 本契約に基づく権利の全部又は一部を第三者に譲渡し、又は担保の用に供すること
> ④ 本件建物の改築・増築・大規模修繕をすること
> ⑤ 本件建物を使用目的に反して使用すること

貸借　3 定期建物賃貸借契約書

【転貸の可否について規定する】

・あらかじめ第三者への転貸を認める場合・　　　　〔借主有利〕

本文の②を削除したうえ、以下の記載を加筆します。

> 2　前項にかかわらず乙は、本件建物を第三者へ転貸することができる。この場合、乙は、転貸後遅滞なく、当該転借人に関する以下の事項を甲に書面で報告するものとする。
> 　①　氏名
> 　②　住所
> 　③　電話番号
> 　④　職業（勤務会社名）
> 　⑤　職場連絡先
> 　（以下略）

・特定の第三者にのみ転貸を認める場合・　　　　〔借主有利〕

本文の②を削除したうえ、以下の記載を加筆します。

> 2　前項にかかわらず乙は、本件建物を○○○○へ転貸することができる。この場合、乙は、転貸後遅滞なく、転貸を行った旨を甲に書面で報告するものとする。

【承諾を得て転貸する場合の取扱いについて規定する】

・転借人の故意・過失は借主の故意・過失とみなす場合・　　　　〔貸主有利〕

> 1　（略）
> 2　乙が甲の承諾を得て本件建物を第三者に転貸した場合、転借人の故意又は過失を乙の故意又は過失とみなし、甲に損害が発生したときは、乙は当該第三者と連帯して損害賠償の責を負う。

・事前の書面による承諾を得て借主が転貸する場合に、転借人の情報を貸主へ通知することとする場合・　　　　〔貸主有利〕

次の条文を挿入します。

2　乙は、事前の書面による承諾を得て本件建物を第三者へ転貸する場合、転貸後遅滞なく、当該転借人に関する以下の事項を甲に報告するものとする。
① 氏名
② 住所
③ 電話番号
④ 職業（勤務会社名）
⑤ 職場連絡先
（以下略）

第10条（立入点検）　重要度A

甲又は甲の指定する者は、本件建物の保守等管理上必要のあるときは、予め乙に通知したうえで本件建物に立ち入り、これを点検し適宜の措置を講じることができる。ただし、緊急又は非常の場合で、甲が予め乙に通知することができないときは、乙に通知せずに本件建物に立ち入り、点検、適宜の措置を講じることができる。この場合、甲又は甲の指定する者は、事後速やかに乙に通知するものとする。

【通知の方法について規定する】

・立入点検の通知を書面に限る場合・　　　　　　　　　　〔借主有利〕

甲又は甲の指定する者は、本件建物の保守等管理上必要のあるときは、予め乙に書面（FAXやメールを含む。）により通知したうえで本件建物に立ち入り、これを点検し適宜の措置を講じることができる。ただし、緊急又は非常の場合で、甲が予め乙に通知することができないときは、乙に書面（FAXやメールを含む。）により通知せずに本件建物に立ち入り、点検、適宜の措置を講じることができる。この場合、甲又は甲の指定する者は、事後速やかに乙に書面（FAXやメールを含む。）により通知するものとする。

【立入点検にあたっての借主の承諾の要否について規定する】

・借主の承諾を必要とする場合・　　　　　　　　　　　　　〔借主有利〕

> 甲又は甲の指定する者は、本件建物の保守等管理上必要のあるときは、<u>予め乙の承諾を得たうえで</u>本件建物に立ち入り、これを点検し適宜の措置を講じることができる。ただし、緊急又は非常の場合で、甲が予め乙に通知することができないときは、乙に通知せずに本件建物に立ち入り、点検、適宜の措置を講じることができる。この場合、甲又は甲の指定する者は、事後速やかに乙に通知するものとする。

・借主の承諾を必要とし、緊急時の例外を設けない場合・　　　〔借主有利〕

上記「借主の承諾を必要とする場合」の条文から、ただし書きを削除します。

> 甲又は甲の指定する者は、本件建物の保守等管理上必要のあるときは、<u>予め乙の承諾を得たうえで</u>本件建物に立ち入り、これを点検し適宜の措置を講じることができる。

▶ 第11条（解約）　重要度 B

> 1　乙は、契約期間中であっても、転勤、療養、親族の介護その他やむを得ない事情により、本件建物を乙の生活の本拠として使用することが困難となったときは、解約の申入れを行うことができる。
> 2　前項の解約の申入れの日から1か月を経過することにより、本契約は終了する。

借地借家法38条5項には、居住用で床面積が200m²未満の建物の定期借家契約については、転勤、療養、親族の介護その他やむを得ない事情により、建物を自己の生活の本拠として使用することが困難となったときは、解約の申入れを行うことができると定められています。そのため、これらの条件を満たさない賃貸借契約である場合には、本条を入れておかないと賃借人からの解約の申入れが原則として認められなくなります。

【中途解約の条件を変更する】

・借主にやむを得ない事情のない場合でも、中途解約を認める場合・

〔借主有利〕

> 1 乙は、契約期間中であっても、<u>乙の都合により</u>解約の申入れを行うことができる。

▶ 第12条（契約の解除） 重要度 B

> 甲は、乙が以下の各号のいずれかに該当したときは、乙に対する通知、催告をすることなく、直ちに本契約を解除することができる。なお、この場合でも損害賠償の請求を妨げない。
> ① 賃料を2か月分以上滞納したとき
> ② 賃料の支払いをしばしば遅延し、本契約における甲乙間の信頼関係が破壊されたと認められるに至ったとき
> ③ 危険、不衛生、騒音その他近隣の迷惑となる行為があったとき
> ④ 申込書に虚偽の事項を記載して入居したとき
> ⑤ 無断で1か月以上本件建物を留守にしたとき
> ⑥ その他、本契約の一に違反したとき

【解除事由を追加・変更する】

・一定の事由で解除を可能とする場合・

〔貸主有利〕

> ○ 無断で1か月以上本件建物での営業を休業したとき
> ○ 所定の場所以外にゴミを放置したとき

【解除の条件を変更する】

・解除前に催告を要求する場合・

〔借主有利〕

> 甲は、乙が以下の各号のいずれかに該当したときは、<u>相当の期間を定め</u>

て催告を行い、その期間内に是正がなされない場合、本契約を解除することができる。なお、この場合でも損害賠償の請求を妨げない。
① （以下略）

【違約金について規定する】

・解除に伴う違約金を定める場合・　　　　　　　　　　　〔貸主有利〕

1　（略）
2　前項の定めに従い、甲により本契約が解除された場合、明渡しまでの賃料相当損害金とは別に、乙は解除時時点の賃料の○か月分相当額を甲に対して支払わなければならない。

▶ 第13条（明渡し）　重要度A

1　本契約の終了と同時に、乙は、本件建物を原状に復したうえで甲に明け渡さなければならない。
2　乙が本契約終了と同時に本件建物を甲に明け渡さない場合、乙は、本契約終了の翌日から明渡完了に至るまで、賃料の倍額の損害金を甲に支払い、かつ明渡しの遅延により甲が被った損害を賠償しなければならない。
3　乙は、本件建物の明渡しに際し、本件建物に乙の費用をもって設置した諸造作・設備等の買取りを甲に請求しないものとする。
4　乙が本件建物を明け渡した後に、本件建物内に残置したものがあるときは、乙はその所有権を放棄するものとし、甲は任意にこれを処分することができるものとする。この場合の処分費用は乙の負担とする。

【原状回復義務について規定する】

・造作・設備等を取り外すことを明記する場合・　　　　　〔貸主有利〕

1　本契約の終了と同時に、乙は、本契約締結後に取り付けた造作、設

備等を取り外し、本件建物を原状に復したうえで甲に明け渡さなければならない。

・原状回復義務を免除する場合・　　　　　　　　　　　　　　　〔借主有利〕

1　本契約の終了と同時に、乙は、甲に対して本件建物を明け渡さなければならない。この場合、乙は本件建物を原状に復することを要しない。

・居抜きで新賃借人に引き継ぐ余地を認める場合・　　　　　　　〔借主有利〕

1　本契約の終了と同時に、乙は、本件建物を原状に復したうえで甲に明け渡さなければならない。ただし、甲の書面による承諾を得たときは、乙は、本件建物を原状に復さず、居抜きの状態で引き渡すことができる。

・原状回復工事を賃貸人が指定する業者で行うことを明示する場合・
〔貸主有利〕

1　本契約の終了と同時に、乙は、本件建物を、甲が指定する業者において原状回復工事を実施したうえで、明け渡さなければならない。

・原状回復の内容を詳細に定める場合・

1　本契約の終了と同時に、乙は、本件建物を原状に復したうえで甲に明け渡さなければならない。乙が原状に復さなければならない事項は次のとおりとする。
① 内装
② ○○
（以下略）

・原状回復の内容について、ガイドラインに従うこととする場合・

1　本契約の終了と同時に、乙は、本件建物を甲に明け渡さなければな

> らない。乙は、本件建物の明渡しに際し、「原状回復をめぐるトラブルとガイドライン（再改訂版）」（平成23年8月国土交通省住宅局）に定める内容に従い、本件建物を原状に復するものとする。

【明渡時の取扱いについて規定する】

・明渡しの際、借主が一切の金品請求を行わない旨を明記する場合・
〔貸主有利〕

> 3　乙は、本件建物の明渡しに際し、甲に対し、立退料その他名目の如何を問わず金品の請求を行わない。

・明渡日を事前に通知すべきとする場合・　　　　〔貸主有利〕

> 5　乙は、甲に対し、契約終了日の○日前までに、明渡日を書面により通知しなければならない。

▶ 第14条（損害賠償責任）　重要度C

> 甲又は乙は、解除、解約又は本契約に違反することにより、相手方に損害を与えたときは、その損害の全て（弁護士費用及びその他の実費を含むが、これに限られない。）を賠償しなければならない。

【賠償請求権を限定する】

・貸主のみに弁護士費用・実費を含む賠償請求権を認める場合・〔貸主有利〕

> 乙は、解除、解約又は本契約に違反することにより、甲に損害を与えたときは、その損害の全て（弁護士費用及びその他の実費を含むが、これに限られない。）を賠償しなければならない。

・借主のみに弁護士費用・実費を含む賠償請求権を認める場合・〔借主有利〕

> 甲は、解除、解約又は本契約に違反することにより、乙に損害を与えたときは、その損害の全て（弁護士費用及びその他の実費を含むが、これに限られない。）を賠償しなければならない。

【損害賠償の内容を変更する】

・賠償額の上限を定める場合・

> 甲又は乙は、解除、解約又は本契約に違反することにより、相手方に損害を与えたときは、金○○円を上限として、損害を賠償しなければならない。

・違約金を定める場合・

> 甲又は乙は、解除、解約又は本契約に違反することにより、相手方に損害を与えたときは、違約金として賃料○か月分の損害金を支払わなければならない。ただし、発生した損害が賃料○か月分を上回るときは、その超過分も支払うものとする。

・故意または重過失による損害について、追加で違約金の支払いを認める場合・

> 甲又は乙は、故意又は重過失に基づき、解除、解約又は本契約に違反することにより、相手方に損害を与えたときは、その損害の全て（弁護士費用及びその他の実費を含むが、これに限られない。）に加えて違約金として金○○円を賠償しなければならない。

第15条（遅延損害金） 重要度B

> 乙が本契約に基づく金銭債務の支払いを遅延したときは、乙は、甲に対し、支払期日の翌日から支払済みに至るまで、年14.6％（年365日日割計算）の割合による遅延損害金を支払うものとする。

【遅延損害金利率を変更する】

遅延損害金利率の定めがないときの利率は法定利率によるとされているところ、民法改正により法定利率が年5％から3％（その後3年ごとに見直しが行われます）となり（改正民法404条）、遅延損害金利率もこれに連動します（改正民法419条）。また、同改正により、商事法定利率（6％）は廃止されます。

当事者間で、法定利率とは異なる利率を定めることも可能です。民法改正により法定利率は3年ごとに見直しが行われる変動制となることから、遅延損害金利率について定めを置くことが、より重要となります。

・遅延損害金利率を高くする場合・　　　　　　　　　　　　　〔貸主有利〕

> 乙が本契約に基づく金銭債務の支払いを遅延したときは、甲に対し、支払期日の翌日から支払済みに至るまで、年20％（年365日日割計算）の割合による遅延損害金を支払うものとする。

なお、遅延損害金の上限が法律によって定められていることがあるので、注意が必要です。たとえば、事業者と消費者との契約では、遅延損害金の上限が年14.6％と定められています（消費者契約法9条2号）。

・遅延損害金利率を低くする場合・　　　　　　　　　　　　　〔借主有利〕

> 乙が本契約に基づく金銭債務の支払いを遅延したときは、甲に対し、支払期日の翌日から支払済みに至るまで、年1％（年365日日割計算）の割合による遅延損害金を支払うものとする。

▶ 第16条（反社会的勢力の排除）　重要度B

1　甲及び乙は、自己又は自己の役員が、暴力団、暴力団関係企業、総会屋もしくはこれらに準ずる者又はその構成員（以下これらを「反社会的勢力」という。）に該当しないこと、及び次の各号のいずれにも該当しないことを表明し、かつ将来にわたっても該当しないことを相互に確約する。

> 　　① 反社会的勢力に自己の名義を利用させること
> 　　② 反社会的勢力が経営を実質的に支配していると認められる関係を有すること
> 　2　甲又は乙は、前項の一つにでも違反することが判明したときは、何らの催告を要せず、本契約を解除することができる。
> 　3　本条の規定により本契約が解除された場合には、解除された者は、解除により生じる損害について、その相手方に対し一切の請求を行わない。

【対象者を限定する】

・借主のみを対象とする場合・　　　　　　　　　　　　　　〔貸主有利〕

> 　1　<u>乙は</u>、自己又は自己の役員が、暴力団、暴力団関係企業、総会屋もしくはこれらに準ずる者又はその構成員（以下これらを「反社会的勢力」という。）に該当しないこと、及び次の各号のいずれにも該当しないことを表明し、かつ将来にわたっても該当しないことを<u>確約する</u>。
> 　　① 反社会的勢力に自己の名義を利用させること
> 　　② 反社会的勢力が経営を実質的に支配していると認められる関係を有すること
> 　2　<u>甲は、乙が</u>前項の一つにでも違反することが判明したときは、何らの催告を要せず、本契約を解除することができる。

【賠償額を具体的に規定する】

・具体的な賠償額の予定を行う場合・

> 　4　本条の規定により本契約が解除された場合には、解除された者は、その相手方に対し、違約金として金〇〇円を支払うものとする。

▶ 第17条（協議解決） 重要度C

本契約に定めのない事項又は本契約の解釈について疑義が生じたときは、甲乙誠意をもって協議のうえ解決する。

【紛争解決方法について具体的に規定する】

・具体的な紛争解決機関を指定する場合・

本契約に定めのない事項又は本契約の解釈について疑義が生じたときは、訴訟提起以前に独立行政法人国民生活センターが主催するADRにおいて協議を試みなければならない。

・仲裁者をあらかじめ定める場合・

本契約に定めのない事項又は本契約の解釈について疑義が生じたときは、○○○○を仲裁者と定め、三者において誠意をもって協議のうえ解決する。

【契約の当事者を追加する】

・連帯保証人（丙）がいる場合・

本契約に定めのない事項又は本契約の解釈について疑義が生じたときは、甲、乙及び丙は誠意をもって協議のうえ解決する。

▶ 第18条（合意管轄） 重要度B

甲及び乙は、本契約に関し裁判上の紛争が生じたときは、東京地方裁判所を専属的合意管轄裁判所とすることに合意する。

【合意管轄裁判所を変更する】

・本店所在地を管轄する裁判所とする場合・

> 甲及び乙は、本契約に関し裁判上の紛争が生じたときは、甲又は乙の本店所在地を管轄する裁判所を専属的合意管轄裁判所とすることに合意する。

甲乙が個人の場合は、「本店所在地」でなく「住所地」としましょう。

・本店または支店所在地を管轄する裁判所とする場合・

> 甲及び乙は、本契約に関し裁判上の紛争が生じたときは、甲又は乙の本店所在地もしくは支店所在地を管轄する裁判所を専属的合意管轄裁判所とすることに合意する。

・建物所在地を管轄する裁判所とする場合・

> 甲及び乙は、本契約に関し裁判上の紛争が生じたときは、本件建物所在地を管轄する裁判所を専属的合意管轄裁判所とすることに合意する。

【契約の当事者を追加する】

・連帯保証人（丙）がいる場合・

> 甲、乙及び丙は、本契約に関し裁判上の紛争が生じたときは、東京地方裁判所を専属的合意管轄裁判所とすることに合意する。

▶ 後文

> 本契約締結の証として、本契約書2通を作成し、甲乙相互に署名又は記名・捺印のうえ、各1通を保有することとする。

【契約の当事者を追加する】

・連帯保証人（丙）がいる場合・

> 本契約締結の証として、本契約書3通を作成し、甲乙丙相互に署名又は記名・捺印のうえ、各1通を保有することとする。

その他の役立つ条項

- ■ 貸主・借主に変更があった場合の取扱いについて定める場合 …… 485 ページ
- ■ 礼金の規定を設ける場合 ……………………………………… 485 ページ
- ■ 造作・設備の新設・付加について定める場合 ……………… 486 ページ
- ■ 建物の使用・管理に関して定める場合 ……………………… 486 ページ
- ■ 状況の変化が生じたときの取扱いについて定める場合 …… 487 ページ
- ■ 海外企業との取引である場合に、取扱いについて定める場合 …… 489 ページ

◆貸主・借主に変更があった場合の取扱いについて定める場合

・変更時の通知を義務づける・

> 第○条（通知義務）
>   甲又は乙は、次の各号のいずれかに該当するときは、相手方に対し、予めその旨を書面により通知しなければならない。
>   ① 法人の名称又は商号を変更するとき
>   ② 振込先指定口座を変更するとき
>   ③ 代表者を変更するとき
>   ④ 本店、主たる事業所の所在地又は住所を変更するとき

◆礼金の規定を設ける場合

・礼金の差入れを求める・　　　　　　　　　　　　　　　〔貸主有利〕

> 第○条（礼金）
>   乙は、本契約締結と同時に、礼金として○○円を甲に差し入れるものとする。

◆造作・設備の新設・付加について定める場合

・造作・設備の新設・付加に係る費用について、借主の負担とする・

〔貸主有利〕

> 第○条(造作等)
>   乙が諸造作・設備の新設、付加、除去、改造もしくは取替えを行い、その他建物の原状を変更することを希望する場合、乙は、予め書面にて甲からその工事の承諾を得るものとし、その工事に要する費用は全て乙の負担とする。

・借主が設置する造作等について損害保険を付させる・

〔貸主有利〕

> 第○条(損害保険の付保)
>   乙は、本件建物に設置される造作、設備その他動産について、時価相当額の損害保険を付保するものとする。

・借主が設置した造作等に係る取得税、固定資産税等について、借主の負担とする・

〔貸主有利〕

> 第○条(公租公課)
>   乙が新設・付加した諸造作・設備に賦課される公租公課は、その名義にかかわらず乙の負担とする。

◆建物の使用・管理に関して定める場合

・建物の管理義務について定める・

> 第○条(安全管理)
> 1 甲は、乙が本件建物を常に正常な状態で使用できるように、本件建物及び付属設備等の安全良好な状態の維持に努めるものとする。
> 2 乙は、善良な管理者の注意をもって本件建物を使用、管理するものとする。

・**特約として借主の禁止事項等を定める**・　　　　　　　　　〔貸主有利〕

禁止事項を定めることにより、借主の禁止行為に対する抑制になるだけでなく、契約違反に基づく解除や損害賠償請求をしやすくなります。

> 第○条（特約）
> 　乙が本件建物を使用収益するにあたっては、下記の事項をしてはならない。
> 　① 　ピアノ等楽器の演奏をすること
> 　② 　ペットを飼育すること
> 　　（以下略）

◆**状況の変化が生じたときの取扱いについて定める場合**

・**不可抗力により建物の一部が滅失した場合、その割合に従って賃料が当然に減額され、賃貸借の目的を達することができないときは契約を解除することができるものとする**・　　　　　　　　　〔借主有利〕

賃借物の一部が賃借人の帰責事由によらずに滅失等をした場合の賃料の減額について、従前の民法では「請求することができる」と規定されていましたが、民法改正により、当然に減額されるものとなりました（改正民法611条1項）。また、残存する部分のみでは賃貸借の目的を達することができない場合は、契約を解除することができると規定されています（改正民法611条2項）。なお、一方の当事者が一方的に減額の要否や程度を主張すると、トラブルになる可能性がありますので、当事者間で協議をするように規定しました。

> 第○条（一部滅失等による賃料の減額等）
> 1 　本件建物の一部が滅失その他の事由により使用できなくなった場合において、それが乙の責に帰することができない事由によるものであるときは、賃料は、その使用できなくなった部分の割合に応じて、減額されるものとする。この場合において、甲及び乙は、減額の程度、期間その他必要な事項について協議するものとする。
> 2 　本件建物の一部が滅失その他の事由により使用できなくなった場合において、残存する部分のみでは乙が賃借をした目的を達することができないときは、乙は、本契約を解除することができる。

• 不可抗力により建物の一部が滅失した場合でも、賃料は減額されないものとする • 〔貸主有利〕

> 第○条（不可抗力）
> 　天災地変その他不可抗力により、本件建物の一部が滅失もしくは破損した場合でも、その残存部分では乙が本件建物を賃借した目的を達することができない場合を除き、乙が甲に支払うべき賃料は減額されないものとする。その残存部分では乙が本件建物を賃借した目的を達することができない場合、乙は本契約を解除することができる。

• 不可抗力により建物の全部が滅失した場合に契約が終了するものとする •

> 第○条（不可抗力による本件建物の全部滅失）
> 　天災地変その他不可抗力により、本件建物の全部が滅失したか、もしくは破損のため使用することができなくなった場合、本契約は当然に終了する。

民法改正により、賃借物の全部が滅失その他の事情により使用および収益をすることができなくなった場合には、賃貸借契約は終了することが規定されました（改正民法616条の2）。そのため、本条は、民法上当然のことを注意的に記載したものです。

• 著しい事情の変更が生じたときの対処方法を記載する •

> 第○条（事情の変更）
> 　甲又は乙が、本契約の締結後、天災地変、法令の制定又は改廃、その他著しい事情の変更により、本契約に定める義務を履行することが不可能又は著しく困難となったと認められる場合は、当該定めを変更するため協議することができる。

◆海外企業との取引である場合に、取扱いについて定める場合

・準拠法を日本法と定める・

> 第○条（準拠法）
>   本契約は日本法に準拠し、同法によって解釈されるものとする。

チェックポイント

あなたが貸主の場合は、最低限以下の点をチェックしましょう。

- ☐ 契約の目的が明確か
- ☐ 定期建物賃貸借契約説明書を作成し、説明・交付したか
- ☐ 契約の当事者が明らかであるか
- ☐ 賃貸借の目的物、賃料、賃貸借期間が明確に特定されているか
- ☐ 契約を更新しない旨が明記されているか
- ☐ 使用目的が正しいか
- ☐ 修繕費用の負担がどちらになっているか
- ☐ 借主からの解約の申入れを認めなければならない契約条件か
- ☐ 解除事由に不足がないか
- ☐ 借主の損害賠償義務が不当に軽減されていないか

あなたが借主の場合は、最低限以下の点をチェックしましょう。

- ☐ 契約の目的が明確か
- ☐ 契約の当事者が明らかであるか
- ☐ 賃貸借の目的物、賃料、賃貸借期間が明確に特定されているか
- ☐ 修繕費用・原状回復費用の負担割合が不当ではないか
- ☐ 解除事由に不合理な事項が入っていないか
- ☐ 中途解約権が認められているか
- ☐ 禁止事項に不合理なものはないか
- ☐ 損害賠償額について過大な金額が定められていないか

MEMO

4 定期借地権設定契約書

定期借地権設定契約書

収入印紙
※

　（貸主）〇〇〇〇（以下「甲」という。）と（借主）〇〇〇〇（以下「乙」という。）は、次のとおり借地借家法第22条に規定する定期借地権設定契約（以下「本契約」という。）を締結する。

第1条　（目的）
　甲は、期間を限定したうえで居住用の建物所有目的で土地を賃貸することを希望し、乙が同条件で土地を賃借することとしたため、本契約を締結する。

第2条　（賃貸借物件）
　甲は、乙に対し、下記の土地（以下「本件土地」という。）を賃貸し、乙はこれを賃借する。
〈土地の表示〉
　　所　　在　　東京都新宿区〇〇町〇丁目〇番〇号
　　地　　番　　〇〇
　　地　　目　　〇〇
　　地　　積　　〇〇平方メートル

第3条　（使用目的）
　乙は、本件土地上に、本件土地の通常の用法に従って居住用建物を建築し所有する目的で賃借し、その他の目的には使用しな

【この契約書を用いるケース】
☑ 土地を建物所有目的で有償で貸し、一定期間で賃貸借契約を終了させる場合
　⇨建物に関する賃貸借契約は本章❷、駐車場として貸す場合は本章❺

● 前　文

【応用】契約の当事者を追加する　　・・・▶　502ページ

● 目　的　　重要度 A

民法の改正により、解除を主張したり、契約不適合責任に基づく請求をしたりする場合に、契約の目的が重要視されることになりました。そのため、契約書に契約の目的を記載しておく必要があります。

【応用】目的の内容を変更する　　・・・▶　504ページ

● 賃貸借物件　　重要度 A

賃貸借契約の目的物件を、不動産登記簿謄本等の記載に従って記載しましょう。

【応用】対象となる物件の表示方法を変更する　　・・・▶　504ページ

● 使用目的　　重要度 B

使用目的を明確に記載しておきましょう。

【応用】使用目的を変更する　　・・・▶　505ページ

いものとする。

第4条 （賃貸借期間）

1 本契約の期間は、令和〇年〇月〇日から令和〇年〇月〇日までの50年間（以下「賃貸借期間」という。）とする。
2 本契約は、賃貸借期間の満了により終了し、更新がない。
3 賃貸借期間内に本件土地上の建物の滅失（取壊しを含む。）があり、乙が本契約の残存期間を超過する耐用年数の建物を築造したとしても、賃貸借期間は延長しない。
4 乙は、借地借家法第13条に定める建物買取請求をしない。

第5条 （賃料）

1 賃料は、月額〇〇円とする。
2 乙は、前項に定める賃料を、毎月末日限り翌月分を、甲が指定する下記金融機関口座に振り込む方法によって支払う（振込手数料は乙負担）。
　　〇〇銀行〇〇支店　　普通預金
　　口座番号　　〇〇〇〇〇〇
　　口座名義　　〇〇〇〇〇〇

第6条 （敷金）

1 乙は、甲に対し、本契約の成立と同時に、本契約に基づく一切の債務の担保として敷金〇〇円を差し入れる。
2 敷金には利息を付さないこととし、本契約の終了後に乙が甲に対し本件土地を明け渡した場合、甲は、敷金から乙の未払賃料等本契約に基づく乙の債務のうち未払いのものを控除したうえで、その残額について乙に返還する。
3 乙は、本件土地を原状に復して明け渡すまでの間、敷金返還請求権をもって、甲に対する債務と相殺することができない。
4 乙は、敷金返還請求権を第三者に譲渡し、又は担保に供しては

● 賃貸借期間　　重要度 A

賃貸期間を明らかにしましょう。本契約には更新がないことを明記します。

【応用】再契約に係る取決めを追加する　･･･▶　506 ページ
　　　　契約の残存期間を超える耐用年数の建物築造時の取扱いについて規定する
　　　　　　　　　　　　　　　　　　　　　　　　　　　　　･･･▶　506 ページ

● 賃　　料　　重要度 A

賃料の額、支払方法を明確に定めましょう。

【応用】賃料の額を変更する　･･･▶　506 ページ
　　　　賃料の支払方法を変更する　･･･▶　507 ページ
　　　　支払時期を変更する　･･･▶　507 ページ
　　　　賃料改定について規定する　･･･▶　508 ページ

● 敷　　金　　重要度 B

不動産賃貸借契約では、敷金が差し入れられることが通常です。敷金については、金額、返還方法等について明確に定めておきましょう。

【応用】敷金の取扱いを変更する　･･･▶　509 ページ

ならない。
5　甲は、乙に賃料その他本契約に基づく債務の不履行又は損害賠償債務がある場合には、第1項の敷金をこれに充当することができる。

第7条　（禁止事項）

乙は、事前の甲の書面による承諾なしに、下記の行為をしてはならない。
① 本件土地に係る賃借権を譲渡すること
② 形態の如何を問わず本件土地の転貸又は共同利用をすること
③ 本契約に基づく一切の権利を第三者に譲渡し、又は担保の用に供すること
④ 本件土地を使用目的に反して使用すること

第8条　（契約の解除）

甲は、乙が以下の各号のいずれかに該当したときは、乙に対する通知、催告をすることなく、直ちに本契約を解除することができる。なお、この場合でも損害賠償の請求を妨げない。
① 賃料を3か月分以上滞納したとき
② 賃料の支払いをしばしば遅延し、本契約における甲乙間の信頼関係が破壊されたと認められるに至ったとき
③ 危険、不衛生、騒音その他近隣の迷惑となる行為があったとき
④ その他、本契約の一に違反したとき

第9条　（明渡し）
1　本契約の終了と同時に、乙は、本件土地を原状に復したうえで甲に明け渡さなければならない。
2　乙が本契約終了と同時に本件土地を甲に明け渡さない場合、乙

● 禁止事項　　重要度 B

賃借権の無断譲渡、無断転貸の禁止を明示しておきましょう。

【応用】転貸の可否について規定する　　…▶　510ページ
　　　　承諾を得て転貸する場合の取扱いについて規定する　　…▶　510ページ

● 契約の解除　　重要度 B

民法等で定めた解除事由より広く解除できる場合を認めるため記載しています。なお、改正民法では、法定解除のうち催告による場合、相手方の債務不履行が契約および取引上の社会通念に照らして軽微な場合において、解除が認められないこととなりました（改正民法541条但書）。

【応用】解除事由を追加・変更する　　…▶　511ページ
　　　　解除の条件を変更する　　…▶　511ページ
　　　　違約金について規定する　　…▶　512ページ

● 明　渡　し　　重要度 A

どのような状態で明け渡すのか、明確に定めましょう。明渡しに応じない場合のために損害金を設定することが多いです。

【応用】原状回復義務について規定する　　…▶　512ページ
　　　　明渡時の取扱いについて規定する　　…▶　513ページ

貸借　4 定期借地権設定契約書

は、本契約終了の翌日から明渡完了に至るまで、賃料の倍額の損害金を甲に支払い、かつ明渡しの遅延により甲が被った損害を賠償しなければならない。
3 乙が本件土地を明け渡した後に、本件土地内に残置したものがあるときは、乙はその所有権を放棄するものとし、甲は任意にこれを処分することができるものとする。この場合の処分費用は乙の負担とする。

第10条 （損害賠償責任）

甲又は乙は、解除、解約又は本契約に違反することにより、相手方に損害を与えたときは、その損害の全て（弁護士費用及びその他の実費を含むが、これに限られない。）を賠償しなければならない。

第11条 （遅延損害金）

乙が本契約に基づく金銭債務の支払いを遅延したときは、乙は、甲に対し、支払期日の翌日から支払済みに至るまで、年14.6％（年365日日割計算）の割合による遅延損害金を支払うものとする。

第12条 （反社会的勢力の排除）

1 甲及び乙は、自己又は自己の役員が、暴力団、暴力団関係企業、総会屋もしくはこれらに準ずる者又はその構成員（以下これらを「反社会的勢力」という。）に該当しないこと、及び次の各号のいずれにも該当しないことを表明し、かつ将来にわたっても該当しないことを相互に確約する。
    ① 反社会的勢力に自己の名義を利用させること
    ② 反社会的勢力が経営を実質的に支配していると認められる関係を有すること
2 甲又は乙は、前項の一つにでも違反することが判明したときは、

● 損害賠償責任　　重要度 C

損害賠償規定は民法等にも存在しますが、弁護士費用や実費なども賠償対象とするために記載しています。

【応用】賠償請求権を限定する　　…▶　513 ページ
　　　　損害賠償の内容を変更する　…▶　514 ページ

● 遅延損害金　　重要度 B

履行期日が遅れた場合の損害に関する定めを記載しましょう。

【応用】遅延損害金利率を変更する　…▶　515 ページ

● 反社会的勢力の排除　　重要度 B

契約当事者が反社会的勢力と関わっていることが判明した場合に、即座に契約関係を解消することができるようにするために規定しています。

【応用】対象者を限定する　　…▶　516 ページ
　　　　賠償額を具体的に規定する　…▶　516 ページ

何らの催告を要せず、本契約を解除することができる。
3 本条の規定により本契約が解除された場合には、解除された者は、解除により生じる損害について、その相手方に対し一切の請求を行わない。

第13条　（協議解決）

本契約に定めのない事項又は本契約の解釈について疑義が生じたときは、甲乙誠意をもって協議のうえ解決する。

第14条　（合意管轄）

甲及び乙は、本契約に関し裁判上の紛争が生じたときは、東京地方裁判所を専属的合意管轄裁判所とすることに合意する。

　本契約締結の証として、本契約書2通を作成し、甲乙相互に署名又は記名・捺印のうえ、各1通を保有することとする。

令和　　年　　月　　日

　　　　　　　　　　　　甲

　　　　　　　　　　　　　　　　　　　　　　㊞

　　　　　　　　　　　　乙

　　　　　　　　　　　　　　　　　　　　　　㊞

※　土地賃貸借契約書では、記載された契約金額に応じて収入印紙を貼付する必要があります。この場合の課税の基礎となる金額は、礼金、権利金等の後日返還されることが予定されていない金銭の合計額です。敷金や保証金等、後日返還が予定されているものについては課税の基礎とはなりません。

- ●協議解決　**重要度 C**

  協議により紛争回避を図る可能性を探るため規定しています。なお、この規定に法的な拘束力はありません。

  【応用】紛争解決方法について具体的に規定する　･･･▶　517 ページ
  　　　　契約の当事者を追加する　･･･▶　517 ページ

- ●合意管轄　**重要度 B**

  紛争が生じた際に自己に有利な管轄裁判所において裁判を行うための規定です。

  【応用】合意管轄裁判所を変更する　･･･▶　518 ページ
  　　　　契約の当事者を追加する　･･･▶　518 ページ

- ●後　　文

  【応用】契約の当事者を追加する　･･･▶　519 ページ

貸借　4 定期借地権設定契約書

作成のテクニック

▶ 前文

> （貸主）〇〇〇〇（以下「甲」という。）と（借主）〇〇〇〇（以下「乙」という。）は、次のとおり借地借家法第22条に規定する定期借地権設定契約（以下「本契約」という。）を締結する。

【契約の当事者を追加する】

・改正民法に適合した連帯保証人条項を設ける場合・　　　　〔貸主有利〕

民法改正により、原則として根保証となる連帯保証人には、極度額等の定めが必要となります（改正民法465条の2）。

> （貸主）〇〇〇〇（以下「甲」という。）、（借主）〇〇〇〇（以下「乙」という。）及び（連帯保証人）〇〇〇〇（以下「丙」という。）は、次のとおり借地借家法第22条に規定する定期借地権設定契約（以下「本契約」という。）を締結する。
> 　（略）
> 第〇条（連帯保証人）
> 1　丙は、乙と連帯して、以下のとおり極度額の範囲において、本契約から生じる一切の債務（以下「本件債務」という。）を負担する。
>
> | 対象となる債務 | 本件債務（賃料、延滞賃料に対する遅延損害金、原状回復義務違反等に基づく損害賠償金等従たる債務を含む一切の債務） |
> |---|---|
> | 極度額 | 金〇〇円（本件債務及び連帯保証債務について約定された違約金又は損害賠償の額を含む。） |
> | 元本確定事由 | ①丙の財産について、金銭の支払いを目的とする債権についての強制執行又は担保権の実行が申し立てられ、当該手続が開始されたとき
②丙が破産手続開始の決定を受けたとき
③乙又は丙が死亡したとき |

2 乙は、丙に対し、別紙のとおり保証契約の前提となる情報を提供し、丙は、別紙の情報の提供を受けたことを確認する。

第○条（協議解決）

本契約に定めのない事項又は本契約の解釈について疑義が生じたときは、甲、乙及び丙は誠意をもって協議のうえ解決する。

第○条（合意管轄）

甲、乙及び丙は、本契約に関し裁判上の紛争が生じたときは、東京地方裁判所を専属的合意管轄裁判所とすることに合意する。

（略）

本契約締結の証として本契約書3通を作成し、甲乙丙相互に署名又は記名・捺印のうえ、各1通を保有することとする。

（略）

丙

㊞

【別紙】

乙は、本契約締結時における自らの情報を以下のとおり提供する。

財産及び収支の状況	
主債務以外に負担している債務の有無、額及び履行状況	
主債務の担保として他に提供し又は提供しようとするものの内容	

第1条（目的） 重要度A

甲は、期間を限定したうえで居住用の建物所有目的で土地を賃貸することを希望し、乙が同条件で土地を賃借することとしたため、本契約を締結する。

【目的の内容を変更する】

・賃貸アパートを建てる目的で賃貸する場合・

> 甲は、乙が賃貸アパートを所有する目的で土地を賃貸することを希望し、乙が同条件で同土地を賃借することを希望したため、本契約を締結する。

第2条（賃貸借物件） 重要度A

> 甲は、乙に対し、下記の土地（以下「本件土地」という。）を賃貸し、乙はこれを賃借する。
> 〈土地の表示〉
> 　所　在　　東京都新宿区〇〇町〇丁目〇番〇号
> 　地　番　　〇〇
> 　地　目　　〇〇
> 　地　積　　〇〇平方メートル

【対象となる物件の表示方法を変更する】

・賃貸借の対象となる土地が複数存在する場合・

> 甲は、乙に対し、別紙物件目録記載の各土地（以下、合わせて「本件土地」という。）を賃貸し、乙はそれらを賃借する。

・図面を添付する場合・

> 〈土地の表示〉
> 　（略）
> この土地のうち、賃貸部分は、別紙図面の斜線部分で示された〇〇平方メートルとする。

【別紙】

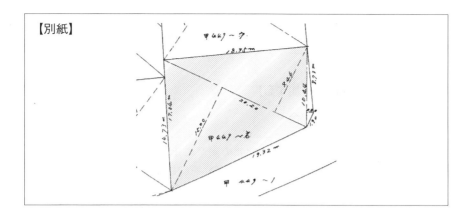

▶第3条(使用目的) 重要度 B

乙は、本件土地上に、本件土地の通常の用法に従って居住用建物を建築し所有する目的で賃借し、その他の目的には使用しないものとする。

【使用目的を変更する】

・使用目的が事業活動の場合・

乙は、本件土地上に、本件土地の通常の用法に従ってファミリーレストラン用建物を建築し所有する目的で賃借し、その他の目的には使用しないものとする。

▶第4条(賃貸借期間) 重要度 A

1 本契約の期間は、令和〇年〇月〇日から令和〇年〇月〇日までの50年間(以下「賃貸借期間」という。)とする。
2 本契約は、賃貸借期間の満了により終了し、更新がない。
3 賃貸借期間内に本件土地上の建物の滅失(取壊しを含む。)があり、乙が本契約の残存期間を超過する耐用年数の建物を築造したとして

> も、賃貸借期間は延長しない。
> 4　乙は、借地借家法第13条に定める建物買取請求をしない。

【再契約に係る取決めを追加する】

・再契約の可能性がある場合・

> 2　本契約は、前項に規定する期間の満了により終了し、更新がない。ただし、甲乙協議により、別途再契約を締結することがある。

【契約の残存期間を超える耐用年数の建物築造時の取扱いについて規定する】

・あらかじめ甲の書面による同意を要するものとする場合・　　〔貸主有利〕

> 5　乙が本契約の期間を超える耐用年数の建物を築造するときは、予め甲の書面による同意を得なければならない。

▶ 第5条（賃料）　重要度A

> 1　賃料は、月額〇〇円とする。
> 2　乙は、前項に定める賃料を、毎月末日限り翌月分を、甲が指定する下記金融機関口座に振り込む方法によって支払う（振込手数料は乙負担）。
> 　　〇〇銀行〇〇支店　　普通預金
> 　　口座番号　　〇〇〇〇〇〇
> 　　口座名義　　〇〇〇〇〇〇

【賃料の額を変更する】

・契約の最初一定期間をフリーレントにする場合・　　　　　〔借主有利〕

> 1　賃料は、月額〇〇円とする。ただし、令和〇年〇月〇日から〇か月間の賃料については無料とする。

・フリーレント期間と違約金条項をあわせて設定する場合・

> 1　賃料は、月額〇〇円とする。ただし、令和〇年〇月〇日から〇か月分の賃料については無料とするが、本契約が契約開始日から2年以内に甲の責によらずして終了した場合、乙は、甲に対し、通常発生する損害賠償金に加え、賃料無料期間中の賃料〇か月分（消費税別途）を違約金として支払わなければならない。

【賃料の支払方法を変更する】

・自動引落しで行う場合・

> 2　乙は、前項に定める賃料を、毎月末日限り翌月分を、乙の金融機関預金口座から自動引落しの方法で甲に支払う。

・賃料を持参して支払う場合・

> 2　乙は、前項に定める賃料を、毎月末日限り翌月分を、甲方に持参する方法で甲に支払う。

【支払時期を変更する】

・当月分を当月末に支払う場合・　　　　　　　　　　　〔借主有利〕

民法では、賃貸借契約においては、原則として当月分を当月末に支払うこととされています（民法614条本文）。これを念のために契約書に記載するとすれば、次のようになります。

> 2　乙は、前項に定める賃料を、毎月末日限り当月分を、甲が指定する下記金融機関口座に振り込む方法によって支払う（振込手数料は乙負担）。
> 　　（振込口座：略）

【賃料改定について規定する】

・相場高騰等により貸主が賃料を見直すことができることとする場合・
〔貸主有利〕

> 3 近隣土地の賃料、その他一般経済情勢の変動により、賃料が不相当となったと甲が認めたときは、甲乙協議のうえ、甲はこれを改定することができる。

・賃料改定の請求を貸主・借主の双方に認める場合・

> 3 近隣土地の賃料、その他一般経済情勢の変動により、賃料が不相当となったと甲又は乙が認めたときは、甲乙協議のうえ、これを改定することができる。

▶ 第6条（敷金） 重要度 B

> 1 乙は、甲に対し、本契約の成立と同時に、本契約に基づく一切の債務の担保として敷金〇〇円を差し入れる。
> 2 敷金には利息を付さないこととし、本契約の終了後に乙が甲に対し本件土地を明け渡した場合、甲は、敷金から乙の未払賃料等本契約に基づく乙の債務のうち未払いのものを控除したうえで、その残額について乙に返還する。
> 3 乙は、本件土地を原状に復して明け渡すまでの間、敷金返還請求権をもって、甲に対する債務と相殺することができない。
> 4 乙は、敷金返還請求権を第三者に譲渡し、又は担保に供してはならない。
> 5 甲は、乙に賃料その他本契約に基づく債務の不履行又は損害賠償債務がある場合には、第1項の敷金をこれに充当することができる。

【敷金の取扱いを変更する】

・控除する場合の内訳明示を予定する場合・　　　　　　　　　　〔借主有利〕

> 2　敷金には利息を付さないこととし、本契約の終了後に乙が甲に対し本件土地を明け渡した場合、甲は、敷金から乙の未払賃料等本契約に基づく乙の債務のうち未払いのものを控除したうえで、その残額について乙に返還する。この場合、甲は控除する金額の内訳を、乙に書面により明示するものとする。

・敷金の増額・減額を請求することができることとする場合・

> 6　賃料に増減があった場合には、甲又は乙は、増減額の○倍相当額まで敷金の増額又は減額を請求することができる。

・不足敷金の追加を請求することができることとする場合・　　　〔貸主有利〕

> 6　前項により甲が敷金を乙の債務に充当した場合は、乙は遅滞なく敷金不足額を補填しなければならない。

・敷金の償却を定める場合・　　　　　　　　　　　　　　　　〔貸主有利〕

> 6　本契約の期間満了の際、第1項の敷金の○％を償却するものとする。

ただし、あまりに多額の償却は消費者契約法上無効となるおそれがあります。

▶第7条（禁止事項）　重要度 B

> 乙は、事前の甲の書面による承諾なしに、下記の行為をしてはならない。
> ①　本件土地に係る賃借権を譲渡すること
> ②　形態の如何を問わず本件土地の転貸又は共同利用をすること
> ③　本契約に基づく一切の権利を第三者に譲渡し、又は担保の用に供すること
> ④　本件土地を使用目的に反して使用すること

【転貸の可否について規定する】

・あらかじめ第三者への転貸を認める場合・　　　　　　　〔借主有利〕

以下の記載を加筆します。

> 2　前項にかかわらず、乙は、本件土地を第三者へ転貸することができる。この場合、乙は、転貸後遅滞なく、当該転借人に関する事項を甲に書面で報告するものとする。

・特定の第三者にのみ転貸を認める場合・　　　　　　　　〔借主有利〕

以下の記載を加筆します。

> 2　前項にかかわらず、乙は、本件建物を〇〇〇〇へ転貸することができる。この場合、乙は、転貸後遅滞なく、転貸を行った旨を甲に書面で報告するものとする。

【承諾を得て転貸する場合の取扱いについて規定する】

・転借人の故意・過失は借主の故意・過失とみなす場合・　　〔貸主有利〕

> 1　（略）
> 2　乙が甲の承諾を得て本件土地を第三者に転貸した場合、転借人の故意又は過失を乙の故意又は過失とみなし、甲に損害が発生したときは、乙は当該第三者と連帯して損害賠償等の責を負う。

・事前の書面による承諾を得て借主が転貸する場合に、転借人の情報を貸主へ通知することとする場合・　　　　　　　　　　　　　〔貸主有利〕

> 1　（略）
> 2　乙は、事前の書面による承諾を得て本件土地を第三者へ転貸する場合、転貸後遅滞なく、当該転借人に関する以下の事項を甲に報告するものとする。
> 　① 氏名
> 　② 住所

③　電話番号
④　職業（勤務会社名）
⑤　職場連絡先
（以下略）

第8条（契約の解除）　重要度 B

甲は、乙が以下の各号のいずれかに該当したときは、乙に対する通知、催告をすることなく、直ちに本契約を解除することができる。なお、この場合でも損害賠償の請求を妨げない。
①　賃料を3か月分以上滞納したとき
②　賃料の支払いをしばしば遅延し、本契約における甲乙間の信頼関係が破壊されたと認められるに至ったとき
③　危険、不衛生、騒音その他近隣の迷惑となる行為があったとき
④　その他、本契約の一に違反したとき

【解除事由を追加・変更する】

・無断で本件土地上の店舗を一定期間休業した場合の解除を可能とする場合・
〔貸主有利〕

○　無断で1年以上、本件土地上での店舗の営業を休業したとき

【解除の条件を変更する】

・解除前に催告を要求する場合・　　　　　　　　　　　　〔借主有利〕

甲は、乙が以下の各号のいずれかに該当したときは、相当の期間を定めて催告を行い、その期間内に是正がなされない場合、本契約を解除することができる。なお、この場合でも損害賠償の請求を妨げない。
①　（以下略）

【違約金について規定する】

・解除に伴う違約金を定める場合・　　　　　　　　　　〔貸主有利〕

1　（略）
2　前項の定めに従い、甲により本契約が解除された場合、明渡しまでの賃料相当損害金とは別に、乙は解除時時点の賃料の○か月分相当額を甲に対して支払わなければならない。

第9条（明渡し）　重要度A

1　本契約の終了と同時に、乙は、本件土地を原状に復したうえで甲に明け渡さなければならない。
2　乙が本契約終了と同時に本件土地を甲に明け渡さない場合、乙は、本契約終了の翌日から明渡完了に至るまで、賃料の倍額の損害金を甲に支払い、かつ明渡しの遅延により甲が被った損害を賠償しなければならない。
3　乙が本件土地を明け渡した後に、本件土地内に残置したものがあるときは、乙はその所有権を放棄するものとし、甲は任意にこれを処分することができるものとする。この場合の処分費用は乙の負担とする。

【原状回復義務について規定する】

・原状回復義務を免除する場合・　　　　　　　　　　〔借主有利〕

1　本契約の終了と同時に、乙は、甲に対して本件土地を明け渡さなければならない。この場合、乙は本件土地を原状に復することを要しない。

・建物の所有権を貸主に移転することで原状回復義務を免除する場合・

1　本契約の終了と同時に、乙は、本件土地を原状に復したうえで甲に

> 明け渡さなければならない。ただし、甲の書面による承諾を得たときは、本件土地上に存在した建物の所有権を甲に移転することを条件として、乙は、本件土地を原状に復さず引き渡すことができる。

【明渡時の取扱いについて規定する】

・明渡しの際、借主が一切の金品請求を行わない旨を明記する場合・

〔貸主有利〕

> 4 乙は、甲に対し、本件土地の明渡しに際し、立退料その他名目の如何を問わず金品の請求を行わない。

・明渡日を事前に通知すべきとする場合・ 〔貸主有利〕

> 4 乙は、甲に対し、契約終了日の○か月前までに、明渡日を書面により通知しなければならない。

▶ 第10条（損害賠償責任）　重要度C

> 甲又は乙は、解除、解約又は本契約に違反することにより、相手方に損害を与えたときは、その損害の全て（弁護士費用及びその他の実費を含むが、これに限られない。）を賠償しなければならない。

【賠償請求権を限定する】

・貸主のみに弁護士費用・実費を含む賠償請求権を認める場合・〔貸主有利〕

> 乙は、解除、解約又は本契約に違反することにより、甲に損害を与えたときは、その損害の全て（弁護士費用及びその他の実費を含むが、これに限られない。）を賠償しなければならない。

・借主のみに弁護士費用・実費を含む賠償請求権を認める場合・〔借主有利〕

> 甲は、解除、解約又は本契約に違反することにより、乙に損害を与えたときは、その損害の全て（弁護士費用及びその他の実費を含むが、これに限られない。）を賠償しなければならない。

【損害賠償の内容を変更する】

・賠償額の上限を定める場合・

> 甲又は乙は、解除、解約又は本契約に違反することにより、相手方に損害を与えたときは、金○○円を上限として、損害を賠償しなければならない。

・違約金を定める場合・

> 甲又は乙は、解除、解約又は本契約に違反することにより、相手方に損害を与えたときは、違約金として賃料○か月分の損害金を支払わなければならない。ただし、発生した損害が賃料○か月分を上回るときは、その超過分も支払うものとする。

・故意または重過失による損害について追加で違約金の支払いを認める場合・

> 甲又は乙は、故意又は重過失に基づき、解除、解約又は本契約に違反することにより、相手方に損害を与えたときは、その損害の全て（弁護士費用及びその他の実費を含むが、これに限られない。）に加えて違約金として金○○円を賠償しなければならない。

▶ 第11条（遅延損害金） 重要度B

> 乙が本契約に基づく金銭債務の支払いを遅延したときは、乙は、甲に対し、支払期日の翌日から支払済みに至るまで、年14.6％（年365日日割計算）の割合による遅延損害金を支払うものとする。

【遅延損害金利率を変更する】

遅延損害金利率の定めがないときの利率は法定利率によるとされているところ、民法改正により法定利率が年5％から3％（その後3年ごとに見直しが行われます）となり（改正民法404条）、遅延損害金利率もこれに連動します（改正民法419条）。また、同改正により、商事法定利率（6％）は廃止されます。

当事者間で、法定利率とは異なる利率を定めることも可能です。民法改正により法定利率は3年ごとに見直しが行われる変動制となることから、遅延損害金利率について定めを置くことが、より重要となります。

・遅延損害金利率を高くする場合・　　　　　　　　　　　　〔貸主有利〕

> 乙が本契約に基づく金銭債務の支払いを遅延したときは、甲に対し、支払期日の翌日から支払済みに至るまで、年20％（年365日日割計算）の割合による遅延損害金を支払うものとする。

なお、遅延損害金の上限が法律によって定められていることがあるので、注意が必要です。たとえば、事業者と消費者との契約では、遅延損害金の上限が年14.6％と定められています（消費者契約法9条2号）。

・遅延損害金利率を低くする場合・　　　　　　　　　　　　〔借主有利〕

> 乙が本契約に基づく金銭債務の支払いを遅延したときは、甲に対し、支払期日の翌日から支払済みに至るまで、年1％（年365日日割計算）の割合による遅延損害金を支払うものとする。

▶ 第12条（反社会的勢力の排除）　重要度 B

> 1　甲及び乙は、自己又は自己の役員が、暴力団、暴力団関係企業、総会屋もしくはこれらに準ずる者又はその構成員（以下これらを「反社会的勢力」という。）に該当しないこと、及び次の各号のいずれにも該当しないことを表明し、かつ将来にわたっても該当しないことを相互に確約する。

> ① 反社会的勢力に自己の名義を利用させること
> ② 反社会的勢力が経営を実質的に支配していると認められる関係を有すること
> 2 甲又は乙は、前項の一つにでも違反することが判明したときは、何らの催告を要せず、本契約を解除することができる。
> 3 本条の規定により本契約が解除された場合には、解除された者は、解除により生じる損害について、その相手方に対し一切の請求を行わない。

【対象者を限定する】

・借主のみを対象とする場合・　　　　　　　　　　　　　〔貸主有利〕

> 1 <u>乙</u>は、自己又は自己の役員が、暴力団、暴力団関係企業、総会屋もしくはこれらに準ずる者又はその構成員(以下これらを「反社会的勢力」という。)に該当しないこと、及び次の各号のいずれにも該当しないことを表明し、かつ将来にわたっても該当しないことを<u>確約</u>する。
> ① 反社会的勢力に自己の名義を利用させること
> ② 反社会的勢力が経営を実質的に支配していると認められる関係を有すること
> 2 <u>甲は、乙が</u>前項の一つにでも違反することが判明したときは、何らの催告を要せず、本契約を解除することができる。

【賠償額を具体的に規定する】

・**具体的な賠償額の予定を行う場合**・

> 4 本条の規定により本契約が解除された場合には、解除された者は、その相手方に対し、違約金として金○○円を支払うものとする。

▶ 第13条（協議解決） 重要度C

> 本契約に定めのない事項又は本契約の解釈について疑義が生じたときは、甲乙誠意をもって協議のうえ解決する。

【紛争解決方法について具体的に規定する】

・具体的な紛争解決機関を指定する場合・

> 本契約に定めのない事項又は本契約の解釈について疑義が生じたときは、<u>訴訟提起以前に独立行政法人国民生活センターが主催するADRにおいて協議を試みなければならない。</u>

・仲裁者をあらかじめ定める場合・

> 本契約に定めのない事項又は本契約の解釈について疑義が生じたときは、<u>○○○○を仲裁者と定め、三者において</u>誠意をもって協議のうえ解決する。

【契約の当事者を追加する】

・連帯保証人（丙）がいる場合・

> 本契約に定めのない事項又は本契約の解釈について疑義が生じたときは、<u>甲、乙及び丙は</u>誠意をもって協議のうえ解決する。

▶ 第14条（合意管轄） 重要度B

> 甲及び乙は、本契約に関し裁判上の紛争が生じたときは、東京地方裁判所を専属的合意管轄裁判所とすることに合意する。

【合意管轄裁判所を変更する】

・本店所在地を管轄する裁判所とする場合・

> 甲及び乙は、本契約に関し裁判上の紛争が生じたときは、甲又は乙の本店所在地を管轄する裁判所を専属的合意管轄裁判所とすることに合意する。

甲乙が個人の場合は、「本店所在地」でなく「住所地」としましょう。

・本店または支店所在地を管轄する裁判所とする場合・

> 甲及び乙は、本契約に関し裁判上の紛争が生じたときは、甲又は乙の本店所在地もしくは支店所在地を管轄する裁判所を専属的合意管轄裁判所とすることに合意する。

・土地所在地を管轄する裁判所とする場合・

> 甲及び乙は、本契約に関し裁判上の紛争が生じたときは、本件土地所在地を管轄する裁判所を専属的合意管轄裁判所とすることに合意する。

【契約の当事者を追加する】

・連帯保証人（丙）がいる場合・

> 甲、乙及び丙は、本契約に関し裁判上の紛争が生じたときは、東京地方裁判所を専属的合意管轄裁判所とすることに合意する。

▶ 後文

> 本契約締結の証として、本契約書2通を作成し、甲乙相互に署名又は記名・捺印のうえ、各1通を保有することとする。

【契約の当事者を追加する】

・連帯保証人（丙）がいる場合・

> 本契約締結の証として、本契約書3通を作成し、甲乙丙相互に署名又は記名・捺印のうえ、各1通を保有することとする。

その他の役立つ条項

- ■ 契約における義務について定める場合 ……………………… 520 ページ
- ■ 権利金の規定を設ける場合 …………………………………… 521 ページ
- ■ 土地の使用・管理に関して定める場合 ……………………… 521 ページ
- ■ 状況の変化が生じたときの取扱いについて定める場合 …… 521 ページ
- ■ 費用の負担について定める場合 ……………………………… 523 ページ
- ■ 海外企業との取引である場合に、取扱いについて定める場合 …… 523 ページ

◆契約における義務について定める場合

・貸主に賃貸借開始前に土地の整地を行うことを義務づける・　〔借主有利〕

> 第○条（整地）
> 　甲は、本件土地の賃貸借開始日までに、本件土地上の動産等を撤去して整地しなければならない。

・定期借地権設定登記手続について明記する・　〔借主有利〕

> 第○条（登記）
> 　甲及び乙は、本契約締結後速やかに、定期借地権設定の登記手続を行わなければならない。

・変更時の通知を義務づける・

> 第○条（通知義務）
> 　甲又は乙は、次の各号のいずれかに該当するときは、相手方に対し、予めその旨を書面により通知しなければならない。
> ①　法人の名称又は商号を変更するとき
> ②　振込先指定口座を変更するとき
> ③　代表者を変更するとき
> ④　本店、主たる事業所の所在地又は住所を変更するとき

◆権利金の規定を設ける場合

・権利金の差入れを求める・　　　　　　　　　　　　　　　〔貸主有利〕

> 第○条（権利金）
> 　乙は、本契約締結と同時に、権利金として○○円を甲に差し入れるものとする。権利金はいかなる事情があるときといえども一切返還しない。

◆土地の使用・管理に関して定める場合

・土地の管理義務について定める・

> 第○条（安全管理）
> 1　甲は、乙が本件土地を常に正常な状態で使用できるように、本件土地及び付属設備等の安全良好な状態の維持に努めるものとする。
> 2　乙は、善良なる管理者の注意をもって本件土地を使用、管理するものとする。

◆状況の変化が生じたときの取扱いについて定める場合

・不可抗力により土地の一部が滅失した場合、その割合に従って賃料が当然に減額され、賃貸借の目的を達することができないときは契約を解除することができるものとする・　　　　　　　　　　　　　　　〔借主有利〕

賃借物の一部が賃借人の帰責事由によらずに滅失等をした場合の賃料の減額について、従前の民法では「請求することができる」と規定されていましたが、民法改正により、当然に減額されるものとなりました（改正民法611条1項）。また、残存する部分のみでは賃貸借の目的を達することができない場合は、契約を解除することができると規定されています（改正民法611条2項）。なお、いずれか一方の当事者が一方的に減額の要否や程度を主張すると、トラブルになる可能性がありますので、当事者間で協議をするように条項を規定しました。

第○条(一部滅失等による賃料の減額等)
1 本件土地の一部が滅失その他の事由により使用できなくなった場合において、それが乙の責に帰することができない事由によるものであるときは、賃料は、その使用できなくなった部分の割合に応じて、減額されるものとする。この場合において、甲及び乙は、減額の程度、期間その他必要な事項について協議するものとする。
2 本件土地の一部が滅失その他の事由により使用できなくなった場合において、残存する部分のみでは乙が賃借をした目的を達することができないときは、乙は、本契約を解除することができる。

・不可抗力により土地の一部が滅失した場合でも、賃料は減額されないものとする・　　　　　　　　　　　　　　　　　　　　　　　　〔貸主有利〕

第○条(不可抗力)
　天災地変その他不可抗力により、本件土地の一部が滅失もしくは破損した場合でも、その残存部分では乙が本件土地を賃借した目的を達することができない場合を除き、乙が甲に支払うべき賃料は減額されないものとする。その残存部分では乙が本件土地を賃借した目的を達することができない場合、乙は本契約を解除することができる。

・不可抗力により土地の全部が滅失した場合に契約が終了するものとする・

第○条(不可抗力による本件土地の全部滅失)
　天災地変その他不可抗力により、本件土地の全部が滅失したか、もしくは破損のため使用することができなくなった場合、本契約は当然に終了する。

民法改正により、賃借物の全部が滅失その他の事情により使用および収益をすることができなくなった場合には、賃貸借契約は終了することが規定されました(改正民法616条の2)。そのため、本条は、民法上当然のことを注意的に記載したものです。

・著しい事情の変更が生じたときの対処方法を記載する・

> 第○条（事情の変更）
>   甲又は乙が、本契約の締結後、天災地変、法令の制定又は改廃、その他著しい事情の変更により、本契約に定める義務を履行することが不可能又は著しく困難となったと認められる場合は、当該定めを変更するため協議することができる。

◆費用の負担について定める場合

・締結に要する費用は各々が各々の費用を負担することとする・

> 第○条（費用負担）
>   本契約の締結に要する印紙その他の費用は、甲乙が各々の費用を負担するものとする。

◆海外企業との取引である場合に、取扱いについて定める場合

・準拠法を日本法と定める・

> 第○条（準拠法）
>   本契約は日本法に準拠し、同法によって解釈されるものとする。

チェックポイント

あなたが貸主の場合は、最低限以下の点をチェックしましょう。

- ☐ 契約の目的が明確か
- ☐ 契約の当事者が明らかであるか
- ☐ 賃貸借の目的物、賃料、賃貸借期間が明確に特定されているか
- ☐ 使用目的が正しいか
- ☐ 契約が更新されない旨が明記されているか
- ☐ 建物買取請求を排除する規定があるか
- ☐ 解除事由に不足がないか
- ☐ 借主の損害賠償義務が不当に軽減されていないか

あなたが借主の場合は、最低限以下の点をチェックしましょう。

- ☐ 契約の目的が明確か
- ☐ 契約の当事者が明らかであるか
- ☐ 賃貸借の目的物、賃料、賃貸借期間が明確に特定されているか
- ☐ 原状回復義務の内容が不当ではないか
- ☐ 解除事由に不合理な事項が入っていないか
- ☐ 損害賠償額について過大な金額が定められていないか

MEMO

5 駐車場賃貸借契約書

収入印紙
※

駐車場賃貸借契約書

（貸主）〇〇〇〇（以下「甲」という。）と（借主）〇〇〇〇（以下「乙」という。）は、次のとおり駐車場賃貸借契約（以下「本契約」という。）を締結する。

第1条　（目的）
　甲は、自ら所有する遊休土地を乙に貸すことを希望し、乙は当該土地を所有するキャンピングカーの駐車場として利用することを希望したため、本契約を締結する。

第2条　（賃貸借物件）
　甲は、乙に対し、下記の駐車場（以下「本件駐車場」という。）を賃貸し、乙はこれを賃借する。
〈土地の表示〉
　　所　　在　　東京都新宿区〇〇町〇丁目〇番〇号
　　区　　画　　NO.〇〇

第3条　（使用目的）
　乙は、本件駐車場を自動車の駐車場として利用する目的で賃借し、その他の目的には使用しないものとする。

【この契約書を用いるケース】
☑土地を駐車場等の目的で有償で貸す場合
⇨定期借地権を設定する場合は本章**4**

● 前　文

【応用】契約の当事者を追加する　　・・・▶　536ページ

● 目　的　　**重要度 A**

民法の改正により、解除を主張したり、契約不適合責任に基づく請求をしたりする場合に、契約の目的が重要視されることになりました。そのため、契約書に契約の目的を記載しておく必要があります。

【応用】目的の内容を変更する　　・・・▶　538ページ

● 賃貸借物件　　**重要度 A**

賃貸借契約の目的物件を、住所や区画等によって特定しましょう。

【応用】対象となる物件の表示方法を変更する　　・・・▶　538ページ

● 使用目的　　**重要度 B**

使用目的を明確に記載しておきましょう。

【応用】使用目的を変更する　　・・・▶　540ページ

第4条　（賃貸借期間）

本契約の期間は、令和〇年〇月〇日から令和〇年〇月〇日までの2年間とする。ただし、期間満了の際に、甲乙協議のうえで契約を更新することができる。

第5条　（賃料）
1　賃料は、月額〇〇円とする。
2　乙は、前項に定める賃料を、毎月末日限り翌月分を、甲が指定する下記金融機関口座に振り込む方法によって支払う（振込手数料は乙負担）。
　　〇〇銀行〇〇支店　　普通預金
　　口座番号　　〇〇〇〇〇〇
　　口座名義　　〇〇〇〇〇〇

第6条　（敷金）
1　乙は、甲に対し、本契約の成立と同時に、本契約に基づく一切の債務の担保として敷金〇〇円を差し入れる。
2　敷金には利息を付さないこととし、本契約の終了後に乙が甲に対し本件駐車場を明け渡した場合、甲は、敷金から乙の未払賃料等本契約に基づく乙の債務のうち未払いのものを控除したうえで、その残額について乙に返還する。
3　乙は、本件駐車場を原状に復して明け渡すまでの間、敷金返還請求権をもって、甲に対する債務と相殺することができない。
4　乙は、敷金返還請求権を第三者に譲渡し、又は担保に供してはならない。
5　甲は、乙に賃料その他本契約に基づく債務の不履行又は損害賠償債務がある場合には、第1項の敷金をこれに充当することができる。

● **賃貸借期間** 重要度 A

賃貸期間を明らかにしましょう。当事者の合意で契約を更新することができることも明記します。

【応用】更新に係る取決めを変更する　…▶　541 ページ

● **賃　　料** 重要度 A

賃料の額、支払方法を明確に定めましょう。

【応用】賃料の額を変更する　…▶　542 ページ
　　　　賃料の支払方法を変更する　…▶　542 ページ
　　　　支払時期を変更する　…▶　543 ページ
　　　　賃料改定について規定する　…▶　543 ページ

● **敷　　金** 重要度 B

不動産賃貸借契約では、敷金が差し入れられることが通常です。敷金については、金額、返還方法等について明確に定めておきましょう。

【応用】敷金の取扱いを変更する　…▶　544 ページ

貸借 5 駐車場賃貸借契約書

第7条 （禁止事項）

乙は、事前の甲の書面による承諾なしに、下記の行為をしてはならない。
① 本件駐車場に係る賃借権を譲渡すること
② 形態の如何を問わず本件駐車場の転貸又は共同利用をすること
③ 本契約に基づく一切の権利を第三者に譲渡し、又は担保の用に供すること
④ 本件駐車場を使用目的に反して使用すること

第8条 （解約）
1 乙は、本契約期間中、甲に対して1か月前までに書面による解約申入れを行うことにより、本契約を解約することができる。
2 乙は、前項の解約申入れに代えて1か月相当分の賃料を甲に支払うことにより、本契約を即時解約することができる。

第9条 （契約の解除）

甲は、乙が以下の各号のいずれかに該当したときは、乙に対する通知、催告をすることなく、直ちに本契約を解除することができる。なお、この場合でも損害賠償の請求を妨げない。
① 賃料を2か月分以上滞納したとき
② 賃料の支払いをしばしば遅延し、本契約における甲乙間の信頼関係が破壊されたと認められるに至ったとき
③ 危険、不衛生、騒音その他近隣の迷惑となる行為があったとき
④ その他、本契約の一に違反したとき

第10条 （明渡し）
1 本契約の終了と同時に、乙は、本件駐車場を原状に復したうえで甲に明け渡さなければならない。

●禁止事項　重要度 B

賃借権の無断譲渡、無断転貸の禁止を明示しておきましょう。

【応用】転貸の可否について規定する　・・・▶　545 ページ
　　　　承諾を得て転貸する場合の取扱いについて規定する　・・・▶　546 ページ

●解　約　重要度 B

契約期間内に解約することができるとする場合、賃借人からの解約については、①予告期間を設けるか、②即時解約の場合には予告期間に対応する賃料の支払いを求めることが多いです。

【応用】解約の条件について規定する　・・・▶　547 ページ

●契約の解除　重要度 B

民法等で定めた解除事由より広く解除できる場合を認めるため記載しています。なお、改正民法では、法定解除のうち催告による場合、相手方の債務不履行が契約および取引上の社会通念に照らして軽微な場合において、解除が認められないこととなりました（改正民法 541 条但書）。

【応用】解除の条件を変更する　・・・▶　548 ページ
　　　　違約金について規定する　・・・▶　548 ページ

●明渡し　重要度 A

どのような状態で明け渡すのか、明確に定めましょう。明渡しに応じない場合のために損害金を設定することが多いです。

【応用】明渡時の取扱いについて規定する　・・・▶　549 ページ

2 乙が本契約終了と同時に本件駐車場を甲に明け渡さない場合、乙は、本契約終了の翌日から明渡完了に至るまで、賃料の倍額の損害金を甲に支払い、かつ明渡しの遅延により甲が被った損害を賠償しなければならない。
3 乙が本件駐車場を明け渡した後に、本件駐車場内に残置したものがあるときは、乙はその所有権を放棄するものとし、甲は任意にこれを処分することができるものとする。この場合の処分費用は乙の負担とする。

第11条 （損害賠償責任）
　　甲又は乙は、解除、解約又は本契約に違反することにより、相手方に損害を与えたときは、その損害の全て（弁護士費用及びその他の実費を含むが、これに限られない。）を賠償しなければならない。

第12条 （遅延損害金）
　　乙が本契約に基づく金銭債務の支払いを遅延したときは、乙は、甲に対し、支払期日の翌日から支払済みに至るまで、年14.6％（年365日日割計算）の割合による遅延損害金を支払うものとする。

第13条 （反社会的勢力の排除）
1 甲及び乙は、自己又は自己の役員が、暴力団、暴力団関係企業、総会屋もしくはこれらに準ずる者又はその構成員（以下これらを「反社会的勢力」という。）に該当しないこと、及び次の各号のいずれにも該当しないことを表明し、かつ将来にわたっても該当しないことを相互に確約する。
　① 反社会的勢力に自己の名義を利用させること
　② 反社会的勢力が経営を実質的に支配していると認められる関係を有すること

●損害賠償責任　**重要度 C**

損害賠償に係る定めは民法等にも存在しますが、弁護士費用や実費なども賠償対象に含めるために記載しています。

　【応用】賠償請求権を限定する　　・・・▶　549 ページ
　　　　　損害賠償の内容を変更する　・・・▶　549 ページ
　　　　　免責について規定する　　　・・・▶　550 ページ

●遅延損害金　**重要度 B**

履行期日が遅れた場合の損害に関する定めを記載しましょう。

　【応用】遅延損害金利率を変更する　・・・▶　550 ページ

●反社会的勢力の排除　**重要度 B**

契約当事者が反社会的勢力と関わっていることが判明した場合に、即座に契約関係を解消することができるようにするために規定しています。

　【応用】対象者を限定する　　　　　・・・▶　552 ページ
　　　　　賠償額を具体的に規定する　・・・▶　552 ページ

2 甲又は乙は、前項の一つにでも違反することが判明したときは、何らの催告を要せず、本契約を解除することができる。
3 本条の規定により本契約が解除された場合には、解除された者は、解除により生じる損害について、その相手方に対し一切の請求を行わない。

第14条 （協議解決）
本契約に定めのない事項又は本契約の解釈について疑義が生じたときは、甲乙誠意をもって協議のうえ解決する。

第15条 （合意管轄）
甲及び乙は、本契約に関し裁判上の紛争が生じたときは、東京地方裁判所を専属的合意管轄裁判所とすることに合意する。

本契約締結の証として、本契約書2通を作成し、甲乙相互に署名又は記名・捺印のうえ、各1通を保有することとする。

令和　　年　　月　　日

　　　　　　　　　　甲

　　　　　　　　　　　　　　　　　㊞

　　　　　　　　　　乙

　　　　　　　　　　　　　　　　　㊞

● 協議解決　　**重要度 C**

協議により紛争回避を図る可能性を探るため規定しています。なお、この規定に法的な拘束力はありません。

【応用】紛争解決方法について具体的に規定する　・・・▶　553 ページ
　　　　契約の当事者を追加する　・・・▶　553 ページ

● 合意管轄　　**重要度 B**

紛争が生じた際に自己に有利な管轄裁判所において裁判を行うための規定です。

【応用】合意管轄裁判所を変更する　・・・▶　553 ページ
　　　　契約の当事者を追加する　・・・▶　554 ページ

● 後　　文

【応用】契約の当事者を追加する　・・・▶　554 ページ

※　土地または地上権の賃貸借契約書は、印紙税額一覧表の第1号の2文書(「地上権又は土地の貸借権の設定又は譲渡に関する契約書」)に該当し、印紙税がかかります。もっとも、建物や施設、物品などの賃貸借契約書は印紙税がかかりません。したがって、駐車場の賃貸借契約書の場合は、その内容が土地の賃貸借であるのか、あるいは駐車場という施設を賃貸借するものであるのかによって、印紙税の取扱いが異なってきます。

① 車庫を賃貸借する場合
　 車庫という施設の賃貸借契約書ですから、印紙税はかかりません。
② 駐車場の一定の場所に駐車することの契約の場合
　 駐車場という施設の賃貸借契約書ですから、印紙税はかかりません。
③ 駐車場所を定めず、駐車する場所としての土地を賃貸借する場合
　 いわゆる駐車場としての設備のない更地を賃貸借する場合の賃貸借契約書は印紙税がかかります。

印紙税がかかる場合には、契約書に記載された契約金額に応じて収入印紙を貼付する必要があります。この場合の課税の基礎となる金額は、礼金、権利金等の後日返還されることが予定されていない金銭の合計額です。敷金や保証金等、後日返還が予定されているものについては課税の基礎とはなりません。

作成のテクニック

▶ 前文

> （貸主）○○○○（以下「甲」という。）と（借主）○○○○（以下「乙」という。）は、次のとおり駐車場賃貸借契約（以下「本契約」という。）を締結する。

【契約の当事者を追加する】

・改正民法に適合した連帯保証人条項を設ける場合・　　　　　　〔貸主有利〕

民法改正により、原則として根保証となる連帯保証人には、極度額等の定めが必要となります（改正民法465条の2）。

> （貸主）○○○○（以下「甲」という。）、（借主）○○○○（以下「乙」という。）及び（連帯保証人）○○○○（以下「丙」という。）は、次のとおり駐車場賃貸借契約（以下「本契約」という。）を締結する。
> 　（略）
> 第○条（連帯保証人）
> 1　丙は、乙と連帯して、以下のとおり極度額の範囲において、本契約から生じる一切の債務（以下「本件債務」という。）を負担する。
>
> | 対象となる債務 | 本件債務（賃料、延滞賃料に対する遅延損害金、原状回復義務違反等に基づく損害賠償金等従たる債務を含む一切の債務） |
> |---|---|
> | 極度額 | 金○○円（本件債務及び連帯保証債務について約定された違約金又は損害賠償の額を含む。） |
> | 元本確定事由 | ①丙の財産について、金銭の支払いを目的とする債権についての強制執行又は担保権の実行が申し立てられ、当該手続が開始されたとき
②丙が破産手続開始の決定を受けたとき
③乙又は丙が死亡したとき |

2　乙は、丙に対し、別紙のとおり保証契約の前提となる情報を提供し、丙は、別紙の情報の提供を受けたことを確認する。
第○条（協議解決）
　本契約に定めのない事項又は本契約の解釈について疑義が生じたときは、甲、乙及び丙は誠意をもって協議のうえ解決する。
第○条（合意管轄）
　甲、乙及び丙は、本契約に関し裁判上の紛争が生じたときは、訴額等に応じ、東京簡易裁判所又は東京地方裁判所を専属的合意管轄裁判所とすることに合意する。
（略）
　本契約締結の証として本契約書3通を作成し、甲乙丙相互に署名又は記名・捺印のうえ、各1通を保有することとする。
（略）

丙
㊞

【別紙】

乙は、本契約締結時における自らの情報を以下のとおり提供する。

財産及び収支の状況	
主債務以外に負担している債務の有無、額及び履行状況	
主債務の担保として他に提供し又は提供しようとするものの内容	

▶ 第1条（目的）　重要度A

甲は、自ら所有する遊休土地を乙に貸すことを希望し、乙は当該土地を所有するキャンピングカーの駐車場として利用することを希望したため、本契約を締結する。

【目的の内容を変更する】

・4トントラックの駐車場として賃貸する場合・

> 甲は、自身が所有し、駐車場として賃貸している土地の一区画を新たに賃貸することを希望し、乙がこの土地を所有する4トントラックの駐車場として利用することを希望したため、本契約を締結する。

第2条（賃貸借物件）　重要度A

> 甲は、乙に対し、下記の駐車場（以下「本件駐車場」という。）を賃貸し、乙はこれを賃借する。
> 〈土地の表示〉
> 　所　在　　東京都新宿区〇〇町〇丁目〇番〇号
> 　区　画　　NO.〇〇

【対象となる物件の表示方法を変更する】

・賃貸借の対象となる土地が複数存在する場合・

> 甲は、乙に対し、別紙物件目録記載の各駐車場（以下、合わせて「本件駐車場」という。）を賃貸し、乙はそれらを賃借する。

> 【別紙】
> 　　　　　　　　　　物件目録
>
> 所在　東京都新宿区〇〇町〇丁目〇番〇号
>
> 1．区画　NO.〇〇
> 2．区画　NO.〇〇
> 3．（以下略）

•**図面を添付する場合**•

```
〈土地の表示〉
  所   在    東京都新宿区○○町○丁目○番○号
  区   画    別紙図面 NO. ○○
```

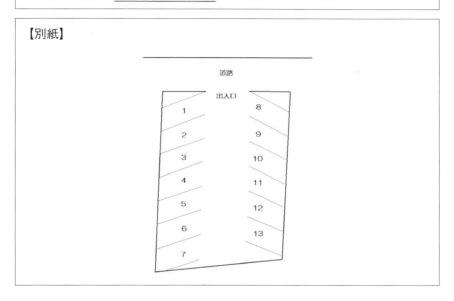

•**機械式駐車場の場合**•

機械式駐車場の場合には、土地の賃貸借というよりも設備の一部の賃貸借となります。そのため、契約書例に記載されている「本件駐車場」を「本件駐車設備」と変更したほうがよいでしょう。

```
甲は、乙に対し、下記の駐車設備（以下「本件駐車設備」という。）を
賃貸し、乙はこれを賃借する。
〈駐車設備の表示〉
  所   在    東京都新宿区○○町○丁目○番○号
  設備 NO.    NO. ○○
```

第3条（使用目的） 重要度B

乙は、本件駐車場を自動車の駐車場として利用する目的で賃借し、その他の目的には使用しないものとする。

【使用目的を変更する】

・駐車する自動車を限定する場合・ 〔貸主有利〕

乙は、本件駐車場を自動車（品川○○○あ○○○○）の駐車場として利用する目的で賃借し、その他の目的には使用しないものとする。<u>上記自動車以外の車両を駐車するときは、乙は、予め甲の書面による承諾を得なければならない。</u>

・駐車場以外の目的で賃貸借する場合・

建物建設目的以外の土地の賃貸借であれば、おおむね本契約書例のタイトルと使用目的の内容を変更すれば対処できます。

<u>材木置場賃貸借契約書</u>

（略）
第3条（使用目的）
乙は、<u>本件土地を材木置場として利用する目的で賃借し</u>、その他の目的には使用しないものとする。
（略）

第4条（賃貸借期間） 重要度A

本契約の期間は、令和○年○月○日から令和○年○月○日までの2年間とする。ただし、期間満了の際に、甲乙協議のうえで契約を更新することができる。

【更新に係る取決めを規定する】

・自動更新とする場合・　　　　　　　　　　　　　　　　〔借主有利〕

> 本契約の期間は、令和○年○月○日から令和○年○月○日までの２年間とする。ただし、甲又は乙が期間満了の日の○か月前までに相手方に対し更新しない旨の通知をしたときを除き、本契約は期間満了の日の翌日から更に２年間同一の条件をもって継続するものとし、以後も同様とする。

・借主の異議がない限り自動更新される場合・　　　　　　〔借主有利〕

> 本契約の期間は、令和○年○月○日から令和○年○月○日までの２年間とする。ただし、乙が期間満了の日の○か月前までに甲に対し更新しない旨の通知をしたときを除き、本契約は期間満了の日の翌日から更に２年間同一の条件をもって継続するものとし、以後も同様とする。

・付随する建物賃貸借契約が終了した場合に当然終了となる場合・

> 本契約の期間は、甲乙間の令和○年○月○日付建物賃貸借契約期間と同期間とし、同建物賃貸借契約が終了するとともに、本契約も終了する。

▶第５条（賃料）　重要度 A

> 1　賃料は、月額○○円とする。
> 2　乙は、前項に定める賃料を、毎月末日限り翌月分を、甲が指定する下記金融機関口座に振り込む方法によって支払う（振込手数料は乙負担）。
> 　　○○銀行○○支店　　普通預金
> 　　口座番号　　○○○○○○
> 　　口座名義　　○○○○○○

【賃料の額を変更する】

・契約の最初一定期間をフリーレントにする場合・　　　　〔借主有利〕

> 1　賃料は、月額○○円とする。ただし、令和○年○月○日から○か月間の賃料については無料とする。

・フリーレント期間と違約金条項をあわせて設定する場合・

> 1　賃料は、月額○○円とする。ただし、令和○年○月○日から○か月分の賃料については無料とするが、本契約が契約開始日から２年以内に甲の責によらずして終了した場合、乙は、甲に対し、通常発生する損害賠償金に加え、賃料無料期間中の賃料○か月分（消費税別途）を違約金として支払わなければならない。

・賃料の額を更新ごとに一定割合で増加させる場合・　　　　〔貸主有利〕

> 1　賃料は、月額○○円とする。ただし、本契約が更新されるごとに従前賃料額の○％を従前賃料に加算した金額をもって新賃料額とする。

【賃料の支払方法を変更する】

・自動引落しで行う場合・

> 2　乙は、前項に定める賃料を、毎月末日限り翌月分を、乙の金融機関預金口座から自動引落しの方法で甲に支払う。

・賃料を持参して支払う場合・

> 2　乙は、前項に定める賃料を、毎月末日限り翌月分を、甲に持参する方法で甲に支払う。

【支払時期を変更する】

・当月分を当月末に支払う場合・　　　　　　　　　　　〔借主有利〕

> 2　乙は、前項に定める賃料を、<u>毎月末日限り当月分を</u>、甲が指定する下記金融機関口座に振り込む方法によって支払う（振込手数料は乙負担）。
> 　　（振込口座：略）

・賃料を事前に2年分支払う場合・　　　　　　　　　　〔貸主有利〕

> 2　乙は、前項に定める<u>賃料2年分を一括して、令和○年○月○日までに</u>、甲が指定する下記金融機関口座に振り込む方法によって支払う（振込手数料は乙負担）。
> 　　（振込口座：略）

【賃料改定について規定する】

・貸主が賃料を見直すことができることとする場合・　　　〔貸主有利〕

> 3　近隣駐車場の賃料もしくは管理費の変動、その他一般経済情勢の変動により、賃料が不相当となったと甲が認めたときは、甲乙協議のうえ、甲はこれを改定することができる。

・賃料改定の請求を貸主・借主の双方に認める場合・

> 3　近隣駐車場の賃料もしくは管理費の変動、その他一般経済情勢の変動により、賃料が不相当となったと甲又は乙が認めたときは、甲乙協議のうえ、これを改定することができる。

・賃料の改定を予定する場合・

> 3　甲及び乙は、賃料を賃貸借期間更新時に改定することができるものとする。

第6条（敷金） 重要度B

1. 乙は、甲に対し、本契約の成立と同時に、本契約に基づく一切の債務の担保として敷金〇〇円を差し入れる。
2. 敷金には利息を付さないこととし、本契約の終了後に乙が甲に対し本件駐車場を明け渡した場合、甲は、敷金から乙の未払賃料等本契約に基づく乙の債務のうち未払いのものを控除したうえで、その残額について乙に返還する。
3. 乙は、本件駐車場を原状に復して明け渡すまでの間、敷金返還請求権をもって、甲に対する債務と相殺することができない。
4. 乙は、敷金返還請求権を第三者に譲渡し、又は担保に供してはならない。
5. 甲は、乙に賃料その他本契約に基づく債務の不履行又は損害賠償債務がある場合には、第１項の敷金をこれに充当することができる。

【敷金の取扱いを変更する】

・控除する場合の内訳明示を予定する場合・　　　　　　　　　〔借主有利〕

2. 敷金には利息を付さないこととし、本契約の終了後に乙が甲に対し本件駐車場を明け渡した場合、甲は、敷金から乙の未払賃料等本契約に基づく乙の債務のうち未払いのものを控除したうえで、その残額について乙に返還する。この場合、甲は控除する金額の内訳を、乙に書面により明示するものとする。

・敷金の増額・減額を請求することができることとする場合・

6. 賃料に増減があった場合には、甲又は乙は、増減額の〇倍相当額まで敷金の増額又は減額を請求することができる。

・不足敷金の追加を請求することができることとする場合・　　〔貸主有利〕

6. 前項により甲が敷金を乙の債務に充当した場合は、乙は遅滞なく敷金不足額を補填しなければならない。

• 敷金の償却を定める場合 •　　　　　　　　　　　　〔貸主有利〕

> 6　本契約の期間満了の際、第１項の敷金の○％を償却するものとする。

ただし、あまりに多額の償却は、消費者契約法上無効となるおそれがありますので、注意が必要です。

• 更新の際に償却された敷金を填補することとする場合 •　　〔貸主有利〕

> 6　本契約の期間満了の際、第１項の敷金の○％を償却するものとする。甲乙が本契約を更新する場合、乙は、敷金のうち償却された部分を補填しなければならない。

第7条（禁止事項）　重要度 B

> 乙は、事前の甲の書面による承諾なしに、下記の行為をしてはならない。
> ① 本件駐車場に係る賃借権を譲渡すること
> ② 形態の如何を問わず本件駐車場の転貸又は共同利用をすること
> ③ 本契約に基づく一切の権利を第三者に譲渡し、又は担保の用に供すること
> ④ 本件駐車場を使用目的に反して使用すること

【転貸の可否について規定する】

• あらかじめ第三者への転貸を認める場合 •　　　　　　〔借主有利〕

以下の記載を加筆します。

> 2　前項にかかわらず乙は、本件駐車場を第三者へ転貸することができる。この場合、乙は、転貸後遅滞なく、当該転借人に関する事項を甲に書面で報告するものとする。

・**特定の第三者にのみ転貸を認める場合**・　　　　　　　　　〔借主有利〕

以下の記載を加筆します。

> 2　前項にかかわらず乙は、本件駐車場を○○○○へ転貸することができる。この場合、乙は、転貸後遅滞なく、転貸を行った旨を甲に書面で報告するものとする。

【承諾を得て転貸する場合の取扱いについて規定する】

・**転借人の故意・過失は借主の故意・過失とみなす場合**・　　〔貸主有利〕

> 1　（略）
> 2　乙が甲の承諾を得て本件駐車場を第三者に転貸した場合、転借人の故意又は過失を乙の故意又は過失とみなし、甲に損害が発生したときは、乙は当該第三者と連帯して損害賠償等の責を負う。

・**事前の書面による承諾を得て借主が転貸する場合に、転借人の情報を貸主へ通知することとする場合**・　　　　　　　　　　　　〔貸主有利〕

> 1　（略）
> 2　乙は、事前の書面による承諾を得て本件駐車場を第三者へ転貸する場合、転貸後遅滞なく、当該転借人に関する以下の事項を甲に報告するものとする。
>   ①　氏名
>   ②　住所
>   ③　電話番号
>   ④　職業（勤務会社名）
>   ⑤　職場連絡先
>   　（以下略）

第8条（解約） 重要度 B

> 1 乙は、本契約期間中、甲に対して1か月前までに書面による解約申入れを行うことにより、本契約を解約することができる。
> 2 乙は、前項の解約申入れに代えて1か月相当分の賃料を甲に支払うことにより、本契約を即時解約することができる。

【解約の条件について規定する】

・解約予告期間に満たない場合にも解約を行うことを認める場合・〔借主有利〕

> 3 前二項にもかかわらず、乙が本契約期間中に本契約の解約を申し入れ、当該申入れから解約日までの期間が第1項の解約予告期間に満たない場合でも、乙は、解約予告期間に満たない期間分の賃料相当額を甲に支払うことにより、本契約を途中解約できる。

・1年以内の解約につき、違約金の支払義務を定める場合・〔貸主有利〕

> 3 第1項により本契約が本契約締結日から1年以内に終了したときは、乙は甲に対して、別途違約金○○円を支払わなければならない。

第9条（契約の解除） 重要度 B

> 甲は、乙が以下の各号のいずれかに該当したときは、乙に対する通知、催告をすることなく、直ちに本契約を解除することができる。なお、この場合でも損害賠償の請求を妨げない。
> ① 賃料を2か月分以上滞納したとき
> ② 賃料の支払いをしばしば遅延し、本契約における甲乙間の信頼関係が破壊されたと認められるに至ったとき
> ③ 危険、不衛生、騒音その他近隣の迷惑となる行為があったとき
> ④ その他、本契約の一に違反したとき

【解除の条件を変更する】

・解除前に催告を要求する場合・　　　　　　　　　　　　　〔借主有利〕

> 甲は、乙が以下の各号のいずれかに該当したときは、<u>相当の期間を定めて催告を行い、その期間内に是正がなされない場合</u>、本契約を解除することができる。なお、この場合でも損害賠償の請求を妨げない。

【違約金について規定する】

・解除に伴う違約金を定める場合・　　　　　　　　　　　　〔貸主有利〕

> 1　（略）
> 2　前項の定めに従い、甲により本契約が解除された場合、明渡しまでの賃料相当損害金とは別に、乙は解除時時点の賃料の○か月分相当額を甲に対して支払わなければならない。

第10条（明渡し）　重要度A

> 1　本契約の終了と同時に、乙は、本件駐車場を原状に復したうえで甲に明け渡さなければならない。
> 2　乙が本契約終了と同時に本件駐車場を甲に明け渡さない場合、乙は、本契約終了の翌日から明渡完了に至るまで、賃料の倍額の損害金を甲に支払い、かつ明渡しの遅延により甲が被った損害を賠償しなければならない。
> 3　乙が本件駐車場を明け渡した後に、本件駐車場内に残置したものがあるときは、乙はその所有権を放棄するものとし、甲は任意にこれを処分することができるものとする。この場合の処分費用は乙の負担とする。

【明渡時の取扱いについて規定する】

・明渡日を事前に通知すべきとする場合・　　　　　　　　〔貸主有利〕

> 4　乙は、甲に対し、契約終了日の○日前までに、明渡日を書面により通知しなければならない。

▶ 第11条（損害賠償責任）　重要度C

> 甲又は乙は、解除、解約又は本契約に違反することにより、相手方に損害を与えたときは、その損害の全て（弁護士費用及びその他の実費を含むが、これに限られない。）を賠償しなければならない。

【賠償請求権を限定する】

・貸主のみに弁護士費用・実費を含む賠償請求権を認める場合・〔貸主有利〕

> 乙は、解除、解約又は本契約に違反することにより、甲に損害を与えたときは、その損害の全て（弁護士費用及びその他の実費を含むが、これに限られない。）を賠償しなければならない。

・借主のみに弁護士費用・実費を含む賠償請求権を認める場合・〔借主有利〕

> 甲は、解除、解約又は本契約に違反することにより、乙に損害を与えたときは、その損害の全て（弁護士費用及びその他の実費を含むが、これに限られない。）を賠償しなければならない。

【損害賠償の内容を変更する】

・賠償額の上限を定める場合・

> 甲又は乙は、解除、解約又は本契約に違反することにより、相手方に損害を与えたときは、金○○円を上限として、損害を賠償しなければならない。

・違約金を定める場合・

> 甲又は乙は、解除、解約又は本契約に違反することにより、相手方に損害を与えたときは、違約金として賃料○か月分の損害金を支払わなければならない。ただし、発生した損害が賃料○か月分を上回るときは、その超過分も支払うものとする。

・故意または重過失による損害について追加で違約金の支払いを認める場合・

> 甲又は乙は、故意又は重過失に基づき、解除、解約又は本契約に違反することにより、相手方に損害を与えたときは、その損害の全て（弁護士費用及びその他の実費を含むが、これに限られない。）に加えて違約金として金○○円を賠償しなければならない。

【免責について規定する】

・駐車場内の事故・盗難について貸主の免責を定める場合・

> 甲又は乙は、解除、解約又は本契約に違反することにより、相手方に損害を与えたときは、その損害の全て（弁護士費用及びその他実費を含むが、これに限られない。）を賠償しなければならない。ただし、第三者による事故・盗難については、甲は賠償の責を負わない。

第12条（遅延損害金） 重要度B

> 乙が本契約に基づく金銭債務の支払いを遅延したときは、乙は、甲に対し、支払期日の翌日から支払済みに至るまで、年14.6％（年365日日割計算）の割合による遅延損害金を支払うものとする。

【遅延損害金利率を変更する】

遅延損害金利率の定めがないときの利率は法定利率によるとされているところ、民法改正により法定利率が年5％から3％（その後3年ごとに見直しが

行われます）となり（改正民法 404 条）、遅延損害金利率もこれに連動します（改正民法 419 条）。また、同改正により、商事法定利率（6％）は廃止されます。

当事者間で、法定利率とは異なる利率を定めることも可能です。民法改正により法定利率は3年ごとに見直しが行われる変動制となることから、遅延損害金利率について定めを置くことが、より重要となります。

・遅延損害金利率を高くする場合・　　　　　　　　　　　　〔貸主有利〕

> 乙が本契約に基づく金銭債務の支払いを遅延したときは、甲に対し、支払期日の翌日から支払済みに至るまで、年20％（年 365 日日割計算）の割合による遅延損害金を支払うものとする。

なお、遅延損害金の上限が法律によって定められていることがあるので、注意が必要です。たとえば、事業者と消費者との契約では、遅延損害金の上限が年 14.6％と定められています（消費者契約法9条2号）。

・遅延損害金利率を低くする場合・　　　　　　　　　　　　〔借主有利〕

> 乙が本契約に基づく金銭債務の支払いを遅延したときは、甲に対し、支払期日の翌日から支払済みに至るまで、年1％（年 365 日日割計算）の割合による遅延損害金を支払うものとする。

第 13 条（反社会的勢力の排除）　重要度 B

> 1　甲及び乙は、自己又は自己の役員が、暴力団、暴力団関係企業、総会屋もしくはこれらに準ずる者又はその構成員（以下これらを「反社会的勢力」という。）に該当しないこと、及び次の各号のいずれにも該当しないことを表明し、かつ将来にわたっても該当しないことを相互に確約する。
> 　①　反社会的勢力に自己の名義を利用させること
> 　②　反社会的勢力が経営を実質的に支配していると認められる関係を有すること
> 2　甲又は乙は、前項の一つにでも違反することが判明したときは、何

> らの催告を要せず、本契約を解除することができる。
> 3 本条の規定により本契約が解除された場合には、解除された者は、解除により生じる損害について、その相手方に対し一切の請求を行わない。

【対象者を限定する】

・借主のみを対象とする場合・　　　　　　　　　　　　　　〔貸主有利〕

> 1 乙は、自己又は自己の役員が、暴力団、暴力団関係企業、総会屋もしくはこれらに準ずる者又はその構成員（以下これらを「反社会的勢力」という。）に該当しないこと、及び次の各号のいずれにも該当しないことを表明し、かつ将来にわたっても該当しないことを確約する。
> 　① 反社会的勢力に自己の名義を利用させること
> 　② 反社会的勢力が経営を実質的に支配していると認められる関係を有すること
> 2 甲は、乙が前項の一つにでも違反することが判明したときは、何らの催告を要せず、本契約を解除することができる。

【賠償額を具体的に規定する】

・具体的な賠償額の予定を行う場合・

> 4 本条の規定により本契約が解除された場合には、解除された者は、その相手方に対し、違約金として金〇〇円を支払うものとする。

▶ 第14条（協議解決） 重要度 C

> 本契約に定めのない事項又は本契約の解釈について疑義が生じたときは、甲乙誠意をもって協議のうえ解決する。

【紛争解決方法について具体的に規定する】

・具体的な紛争解決機関を指定する場合・

> 本契約に定めのない事項又は本契約の解釈について疑義が生じたときは、訴訟提起以前に独立行政法人国民生活センターが主催するADRにおいて協議を試みなければならない。

・仲裁者をあらかじめ定める場合・

> 本契約に定めのない事項又は本契約の解釈について疑義が生じたときは、○○○○を仲裁者と定め、三者において誠意をもって協議のうえ解決する。

【契約の当事者を追加する】

・連帯保証人（丙）がいる場合・

> 本契約に定めのない事項又は本契約の解釈について疑義が生じたときは、甲、乙及び丙は誠意をもって協議のうえ解決する。

第15条（合意管轄） 重要度B

> 甲及び乙は、本契約に関し裁判上の紛争が生じたときは、東京地方裁判所を専属的合意管轄裁判所とすることに合意する。

【合意管轄裁判所を変更する】

・本店所在地を管轄する裁判所とする場合・

> 甲及び乙は、本契約に関し裁判上の紛争が生じたときは、甲又は乙の本店所在地を管轄する裁判所を専属的合意管轄裁判所とすることに合意する。

甲乙が個人の場合は、「本店所在地」でなく「住居地」としましょう。

・本店または支店所在地を管轄する裁判所とする場合・

> 甲及び乙は、本契約に関し裁判上の紛争が生じたときは、甲又は乙の本店所在地もしくは支店所在地を管轄する裁判所を専属的合意管轄裁判所とすることに合意する。

・駐車場の所在地を管轄する裁判所とする場合・

> 甲及び乙は、本契約に関し裁判上の紛争が生じたときは、本件駐車場所在地を管轄する裁判所を専属的合意管轄裁判所とすることに合意する。

【契約の当事者を追加する】

・連帯保証人（丙）がいる場合・

> 甲、乙及び丙は、本契約に関し裁判上の紛争が生じたときは、東京地方裁判所を専属的合意管轄裁判所とすることに合意する。

▶ 後文

> 本契約締結の証として、本契約書2通を作成し、甲乙相互に署名又は記名・捺印のうえ、各1通を保有することとする。

【契約の当事者を追加する】

・連帯保証人（丙）がいる場合・

> 本契約締結の証として、本契約書3通を作成し、甲乙丙相互に署名又は記名・捺印のうえ、各1通を保有することとする。

その他の役立つ条項

- 貸主・借主に変更があった場合の取扱いについて定める場合 …… 555 ページ
- 礼金の規定を設ける場合 ……………………………………… 555 ページ
- 駐車場の使用・管理に関して定める場合 ……………………… 556 ページ
- 状況の変化が生じたときの取扱いについて定める場合 ……… 557 ページ
- 費用の負担について定める場合 ……………………………… 559 ページ
- 海外企業との取引である場合に、取扱いについて定める場合 …… 559 ページ

◆貸主・借主に変更があった場合の取扱いについて定める場合

・変更時の通知を義務づける・

> 第○条（通知義務）
> 　甲又は乙は、次の各号のいずれかに該当するときは、相手方に対し、予めその旨を書面により通知しなければならない。
> ①　法人の名称又は商号を変更するとき
> ②　振込先指定口座を変更するとき
> ③　代表者を変更するとき
> ④　本店、主たる事業所の所在地又は住所を変更するとき

◆礼金の規定を設ける場合

・礼金の差入れを求める・　　　　　　　　　　　　　　　〔貸主有利〕

> 第○条（礼金）
> 　乙は、本契約締結と同時に、礼金として○○円を甲に差し入れるものとする。

◆駐車場の使用・管理に関して定める場合

・駐車場の管理義務について定める・

> 第○条（安全管理）
> 1　甲は、乙が本件駐車場を常に正常な状態で使用できるように、本件駐車場及び付属施設等の安全良好な状態の維持に努めるものとする。
> 2　乙は、善良なる管理者の注意をもって本件駐車場を使用、管理するものとする。

・貸主の請求により駐車場区画の変更を認める・　　　　　　〔貸主有利〕

> 第○条（区画の変更）
> 　甲は、甲の都合により、書面をもって乙に通知することにより、本件駐車場内において乙が使用する駐車場区画を変更することができる。

・車両情報を事前に届け出させる・　　　　　　　　　　　　〔貸主有利〕

> 第○条（車両情報の届出）
> 　乙は、甲に対し、令和○年○月○日までに、甲所定の書面によって、駐車車両のナンバー等を届け出なければならない。

・機械式駐車場等の場合に、使用マニュアルに従った操作を義務づける・
〔貸主有利〕

> 第○条（使用マニュアルの遵守）
> 　乙は、甲から貸与された使用マニュアルを熟読し、使用マニュアルに沿って本件駐車設備を利用しなければならない。

・駐車する自動車について損害保険を付させる・　　　　　　〔貸主有利〕

> 第○条（損害保険の付保）
> 　乙は、本件駐車場に駐車する自動車について、自動車損害保険（任意保険）を付保するものとする。

・借地借家法の適用がないことを注意的に記載する・　　　　　〔貸主有利〕

> 第○条（借地借家法の不適用）
> 　甲及び乙は、本契約が建物の所有を目的とするものではなく、借地借家法の適用がないことを確認する。

◆状況の変化が生じたときの取扱いについて定める場合

・不可抗力により土地の一部が滅失した場合、その割合に従って賃料が当然に減額され、賃貸借の目的を達することができないときは契約を解除することができるものとする・　　　　　　　　　　　　　　　　〔借主有利〕

賃借物の一部が賃借人の帰責事由によらずに滅失等をした場合の賃料の減額について、従前の民法では「請求することができる」と規定されていましたが、民法改正により、当然に減額されるものとなりました（改正民法611条1項）。また、残存する部分のみでは賃貸借の目的を達することができない場合は、契約を解除することができると規定されています（改正民法611条2項）。なお、いずれか一方の当事者が一方的に減額の要否や程度を主張すると、トラブルになる可能性がありますので、当事者間で協議をするように条項を規定しました。

> 第○条（一部滅失等による賃料の減額等）
> 1　本件土地の一部が滅失その他の事由により使用できなくなった場合において、それが乙の責に帰することができない事由によるものであるときは、賃料は、その使用できなくなった部分の割合に応じて、減額されるものとする。この場合において、甲及び乙は、減額の程度、期間その他必要な事項について協議するものとする。
> 2　本件土地の一部が滅失その他の事由により使用できなくなった場合において、残存する部分のみでは乙が賃借をした目的を達することができないときは、乙は、本契約を解除することができる。

- 不可抗力により土地の一部が滅失した場合でも、賃料は減額されないものとする・

〔貸主有利〕

> 第○条（不可抗力）
> 　天災地変その他不可抗力により、本件土地の一部が滅失もしくは破損した場合でも、その残存部分では乙が本件土地を賃借した目的を達することができない場合を除き、乙が甲に支払うべき賃料は減額されないものとする。その残存部分では乙が本件土地を賃借した目的を達することができない場合、乙は本契約を解除することができる。

- 不可抗力により土地の全部が滅失した場合に契約が終了するものとする・

> 第○条（不可抗力による本件土地の全部滅失）
> 　天災地変その他不可抗力により、本件土地の全部が滅失したか、もしくは破損のため使用することができなくなった場合、本契約は当然に終了する。

民法改正により、賃借物の全部が滅失その他の事情により使用および収益をすることができなくなった場合には、賃貸借契約は終了することが規定されました（改正民法616条の2）。そのため、本条は、民法上当然のことを注意的に記載したものです。

- 著しい事情の変更が生じたときの対処方法を記載する・

> 第○条（事情の変更）
> 　甲及び乙が、本契約の締結後、天災地変、法令の制定又は改廃、その他著しい事情の変更により、本契約に定める義務を履行することが不可能又は著しく困難となったと認められる場合は、当該定めを変更するため協議することができる。

◆費用の負担について定める場合

・締結に要する費用は各々が各々の費用を負担することとする・

> 第○条(費用負担)
> 　本契約の締結に要する印紙その他の費用は、甲乙が各々の費用を負担するものとする。

◆海外企業との取引である場合に、取扱いについて定める場合

・準拠法を日本法と定める・

> 第○条(準拠法)
> 　本契約は日本法に準拠し、同法によって解釈されるものとする。

チェックポイント

あなたが貸主の場合は、最低限以下の点をチェックしましょう。

- ☐ 契約の目的が明確か
- ☐ 契約の当事者が明らかであるか
- ☐ 賃貸借の目的物、賃料、賃貸借期間、契約車両等が明確に特定されているか
- ☐ 使用目的が正しいか
- ☐ 解除事由に不足がないか
- ☐ 借主の損害賠償義務が不当に軽減されていないか

あなたが借主の場合は、最低限以下の点をチェックしましょう。

- ☐ 契約の目的が明確か
- ☐ 契約の当事者が明らかであるか
- ☐ 賃貸借の目的物、賃料、賃貸借期間が明確に特定されているか
- ☐ 解除事由に不合理な事項が入っていないか
- ☐ 中途解約権が認められているか
- ☐ 禁止事項に不合理なものはないか
- ☐ 損害賠償額について過大な金額が定められていないか

MEMO

第 3 章

貸金と担保に関する契約

1 債権譲渡契約書

債権譲渡契約書

収入印紙 ※

　（譲渡人）〇〇〇〇（以下「甲」という。）と（譲受人）〇〇〇〇（以下「乙」という。）は、次のとおり債権譲渡契約（以下「本契約」という。）を締結する。

第1条　（目的）
　甲は、資金調達のために自己が有する債権を乙に対して譲渡することを希望し、乙は同債権を譲り受けることとしたため、本契約を締結する。

第2条　（譲渡）
1　甲は、乙に対し、以下の債権（以下「本件債権」という。）を金〇〇円で譲渡し、乙はこれを譲り受けた。
　〈本件債権〉
　　債　権　者　　甲
　　債　務　者　　〇〇〇〇（以下「丙」という。）
　　債　権　額　　金〇〇円
　　発生原因　　　令和〇年〇月〇日付売買契約
　　弁　済　期　　令和〇年〇月〇日
2　乙は、甲に対し、前項の譲渡代金〇〇円を、令和〇年〇月〇日限り、甲の指定する銀行口座宛てに振り込む方法により支払う（ただし、振込手数料は乙負担）。

【この契約書を用いるケース】
☑債権の売買
⇨動産の売買契約は第1章❶、土地の売買契約は第1章❷（❹）

● 前　　文

● 目　　的　　重要度 A

民法の改正により、解除を主張したり、契約不適合責任に基づく請求をしたりする場合に、契約の目的が重要視されることになりました。そのため、契約書に契約の目的を記載しておく必要があります。

【応用】目的の内容を変更する　　…▶　570 ページ

● 譲　　渡　　重要度 A

譲渡する債権を明記します。

【応用】対象となる債権の表示方法を変更する　…▶　571 ページ
　　　　債権を変更する　…▶　571 ページ
　　　　債務の弁済に代えて債権譲渡する　…▶　572 ページ
　　　　代金の支払方法について規定する　…▶　572 ページ
　　　　代金の支払時期について規定する　…▶　572 ページ

第3条 （譲渡の通知）
　甲は、丙に対し、本契約締結後直ちに配達証明付内容証明郵便にて本件債権を乙に譲渡した旨を通知しなければならない。

第4条 （保証）
　甲は、乙に対し、本件債権が第三者の担保の目的に供されていないこと及びその権利に契約不適合が存在しないことを保証する。

第5条 （解除）
　丙が第3条の通知を受けるまでに甲に対して生じた事由をもって乙に対抗したとき、又は、丙が弁済期に債務の金額を弁済しなかったときは、乙は何ら催告することなく本契約の全部又は一部を解除することができる。なお、この場合でも損害賠償の請求を妨げない。

第6条 （損害賠償責任）
　甲又は乙は、解除、解約又は本契約に違反することにより、相手方に損害を与えたときは、その損害の全て（弁護士費用及びその他の実費を含むが、これに限られない。）を賠償しなければならない。

第7条 （反社会的勢力の排除）
1　甲及び乙は、自己又は自己の役員が、暴力団、暴力団関係企業、総会屋もしくはこれらに準ずる者又はその構成員（以下これらを「反社会的勢力」という。）に該当しないこと、及び次の各号のいずれにも該当しないことを表明し、かつ将来にわたっても該当しないことを相互に確約する。
　① 反社会的勢力に自己の名義を利用させること
　② 反社会的勢力が経営を実質的に支配していると認められる

- ● 譲渡の通知　　重要度 B

    対抗要件となる通知を備えるようにします。

    【応用】債務者に対する譲渡の通知について規定する　・・▶　573 ページ

- ● 保　　証　　重要度 C

    債権に契約不適合がないことの保証を規定します。

    【応用】保証の内容を変更する　・・▶　574 ページ
    　　　　契約不適合があった場合の取扱いについて規定する　・・▶　574 ページ

- ● 解　　除　　重要度 A

    民法等で定めた解除事由より広く解除できる場合を認めるため記載しています。なお、改正民法では、法定解除のうち催告による場合、相手方の債務不履行が契約および取引上の社会通念に照らして軽微な場合において、解除が認められないこととなりました（改正民法 541 条但書）。

    【応用】解除事由を追加・変更する　・・▶　575 ページ

- ● 損害賠償責任　　重要度 C

    例文のように規定することにより民法の規定よりも広く賠償責任が発生します。

    【応用】賠償請求権を限定する　・・▶　575 ページ
    　　　　損害賠償の内容を変更する　・・▶　576 ページ

- ● 反社会的勢力の排除　　重要度 B

    契約当事者が反社会的勢力と関わっていることが判明した場合に、即座に契約関係を解消することができるようにするために規定しています。

    【応用】対象者を限定する　・・▶　577 ページ
    　　　　賠償額を具体的に規定する　・・▶　577 ページ

貸金・担保　１ 債権譲渡契約書

　　　　関係を有すること
2　甲又は乙は、前項の一つにでも違反することが判明したときは、何らの催告を要せず、本契約を解除することができる。
3　本条の規定により本契約が解除された場合には、解除された者は、解除により生じる損害について、その相手方に対し一切の請求を行わない。

第8条　（協議解決）
　本契約に定めのない事項又は本契約の解釈について疑義が生じたときは、甲乙誠意をもって協議のうえ解決する。

第9条　（合意管轄）
　甲及び乙は、本契約に関し裁判上の紛争が生じたときは、訴額等に応じ、東京簡易裁判所又は東京地方裁判所を専属的合意管轄裁判所とすることに合意する。

　本契約締結の証として、本契約書2通を作成し、甲乙相互に署名又は記名・捺印のうえ、各1通を保有することとする。

平成　　年　　月　　日
　　　　　　　　　　甲
　　　　　　　　　　　　　　　　　　　　㊞

　　　　　　　　　　乙
　　　　　　　　　　　　　　　　　　　　㊞

※　債権譲渡契約書は、印紙税額一覧表の第15号文書（「債権譲渡又は債務引受けに関する契約書」）に該当しますので、1通につき200円の収入印紙を貼付する必要があります。ただし、契約金額の記載のある契約書のうち、当該契約金額が1万円未満のものについては非課税です。

- ● 協議解決　**重要度 C**

協議により紛争回避を図る可能性を探るため規定しています。なお、この規定に法的な拘束力はありません。

【応用】紛争解決方法について具体的に規定する　…▶　578 ページ

- ● 合意管轄　**重要度 B**

紛争が生じた際に自己に有利な管轄裁判所において裁判を行うための規定です。

【応用】合意管轄裁判所を変更する　…▶　578 ページ

- ● 後　　文

【応用】契約書の作成方法を変更する　…▶　579 ページ

作成のテクニック

▶ 第1条（目的） 重要度A

> 甲は、資金調達のために自己が有する債権を乙に対して譲渡することを希望し、乙は同債権を譲り受けることとしたため、本契約を締結する。

【目的の内容を変更する】

・債権回収のため債権譲渡をする場合・

> <u>乙は、甲に対する債権の回収のため、甲が第三者に対して有する債権の譲渡を受けることを希望し、甲がこれを承諾したため</u>、本契約を締結する。

▶ 第2条（譲渡） 重要度A

> 1　甲は、乙に対し、以下の債権（以下「本件債権」という。）を金〇〇円で譲渡し、乙はこれを譲り受けた。
> 〈本件債権〉
> 　債 権 者　　甲
> 　債 務 者　　〇〇〇〇（以下「丙」という。）
> 　債 権 額　　金〇〇円
> 　発生原因　　令和〇年〇月〇日付売買契約
> 　弁 済 期　　令和〇年〇月〇日
> 2　乙は、甲に対し、前項の譲渡代金〇〇円を、令和〇年〇月〇日限り、甲の指定する銀行口座宛てに振り込む方法により支払う（ただし、振込手数料は乙負担）。

【対象となる債権の表示方法を変更する】

• 一文で記載する場合 •

〈本件債権〉
　債権者甲と債務者○○○○（以下「丙」という。）との間の令和○年○月○日付売買契約に基づく金○○円の代金債権（弁済期令和○年○月○日）

【債権を変更する】

• （一例として）貸金返還請求権を譲渡する場合 •

〈本件債権〉
　甲と債務者○○○○（以下「丙」という。）間の令和○年○月○日付消費貸借契約に基づく貸金返還請求権（元本金○○円）、利息及び遅延損害金並びにこれらに付随、随伴する一切の権利

• 複数の債権を譲渡する場合 •

1　甲は、乙に対し、以下の２つの債権（以下、合わせて「本件債権」という。）を金○○円で譲渡し、乙はこれを譲り受けた。
　〈本件債権１〉
　　債 権 者　　甲
　　債 務 者　　○○○○（以下「丙」という。）
　　債 権 額　　金○○円
　　発生原因　　令和○年○月○日付売買契約
　　弁 済 期　　令和○年○月○日
　〈本件債権２〉
　　債 権 者　　甲
　　債 務 者　　丙
　　債 権 額　　金○○円
　　発生原因　　令和○年○月○日付売買契約
　　弁 済 期　　令和○年○月○日

・債権を別紙で特定する場合・

> 1　甲は、乙に対し、別紙債権目録記載の債権（以下「本件債権」という。）を金〇〇円で譲渡し、乙はこれを譲り受けた。

> 【別紙】
> 　　　　　　　　　　債権目録
>
> 債権者甲と債務者〇〇〇〇（以下「丙」という。）間の令和〇年〇月〇日付売買契約に基づく金〇〇円の代金債権（弁済期令和〇年〇月〇日）

【債務の弁済に代えて債権譲渡する】

・債務の弁済に代えて債権譲渡する場合・

> 1　甲は、乙に対し、甲の乙に対する令和〇年〇月〇日付金〇〇円の借入金債務（以下「本件借入金債務」という。）の弁済のため、以下の債権（以下「本件債権」という。）を譲渡し、乙はこれを譲り受けた。
> 　　（本件債権：略）

【代金の支払方法について規定する】

・代金を分割払いとする場合・　　　　　　　　　　　〔譲受人有利〕

> 2　乙は、甲に対し、前項の金員を令和〇年〇月から同年〇月まで毎月末日限り金〇〇円ずつ支払う。

【代金の支払時期について規定する】

・原因証書等と引換えに代金を支払うこととする場合・　〔譲受人有利〕

> 2　乙は、本契約締結と同時に、本件債権に係る債権証書等を甲から受領することと引換えに代金を支払わなければならない。

第3条(譲渡の通知) 重要度B

> 甲は、丙に対し、本契約締結後直ちに配達証明付内容証明郵便にて本件債権を乙に譲渡した旨を通知しなければならない。

【債務者に対する譲渡の通知について規定する】

・譲渡通知の発送権限を譲受人に付与する場合・　　　　　〔譲受人有利〕

> 甲は、乙に対し、本件債権を譲渡した旨を丙に通知する代理権限を与え、乙は丙に対し、本契約締結後直ちに配達証明付内容証明郵便にて本件債権が譲渡された旨を通知する。

・通知した旨の書類を譲受人に交付させる場合・　　　　　〔譲受人有利〕

> 甲は、丙に対し、本契約締結後直ちに配達証明付内容証明郵便にて本件債権を乙に譲渡した旨を通知し、速やかにその通知書及び配達証明書を乙に交付しなければならない。

・譲渡通知を添付する場合・　　　　　〔譲受人有利〕

> 1　甲は、甲が乙に対して本件債権を譲渡した旨の通知書を作成し、その写しを本契約書に添付した。
> 2　甲は、前項の通知書を速やかに、配達証明付内容証明郵便にて丙に発送する。

第4条(保証) 重要度C

> 甲は、乙に対し、本件債権が第三者の担保の目的に供されていないこと及びその権利に契約不適合が存在しないことを保証する。

【保証の内容を変更する】

・対抗される抗弁がないことの保証を明記する場合・　　　〔譲受人有利〕

> 甲は、乙に対し、本件債権につき丙が甲に対して対抗しうべき事由が存在しないことを保証する。

・譲渡禁止特約のないことを保証する場合・　　　〔譲受人有利〕

> 甲は、乙に対し、本件債権につき甲丙間に譲渡禁止特約が存在しないことを保証する。

・弁済期における資力を担保する場合・　　　〔譲受人有利〕

> 1　（略）
> 2　甲は、乙に対し、本件債権についての弁済期における丙の資力を担保する。

【契約不適合があった場合の取扱いについて規定する】

・契約不適合があったときには譲渡人が直ちに債権を買い戻すこととする場合・
　　　〔譲受人有利〕

> 1　（略）
> 2　本件債権譲渡後、本件債権に契約不適合が存在していたことが発覚した場合、甲は乙から金〇〇円で直ちに本件債権を買い戻す。

第5条（解除）　重要度A

> 丙が第3条の通知を受けるまでに甲に対して生じた事由をもって乙に対抗したとき、又は、丙が弁済期に債務の金額を弁済しなかったときは、乙は何ら催告することなく本契約の全部又は一部を解除することができる。なお、この場合でも損害賠償の請求を妨げない。

【解除事由を追加・変更する】

・別の解除事由を規定する場合・　　　　　　　　　　　　　〔譲受人有利〕

> 甲が本契約上の義務に違反し、又は本件債権につき第三者の担保が付されているなどの契約不適合が存在するときは、乙は何ら催告することなく本契約の全部又は一部を解除することができる。なお、この場合でも損害賠償の請求を妨げない。

・解除を禁止する場合・　　　　　　　　　　　　　　　　　〔譲渡人有利〕

> 丙が第3条の通知を受けるまでに甲に対して生じた事由をもって乙に対抗したとき、丙が弁済期に弁済しなかったとき、その他いかなる場合であっても、乙は本契約を解除することができない。

第6条（損害賠償責任）　重要度C

> 甲又は乙は、解除、解約又は本契約に違反することにより、相手方に損害を与えたときは、その損害の全て（弁護士費用及びその他の実費を含むが、これに限られない。）を賠償しなければならない。

【賠償請求権を限定する】

・譲渡人のみに弁護士費用を含む賠償請求権を認める場合・　　〔譲渡人有利〕

> 乙は、解除、解約又は本契約に違反することにより、甲に損害を与えたときは、その損害の全て（弁護士費用及びその他の実費を含むが、これに限られない。）を賠償しなければならない。

・譲受人のみに弁護士費用を含む賠償請求権を認める場合・　　〔譲受人有利〕

> 甲は、解除、解約又は本契約に違反することにより、乙に損害を与えたときは、その損害の全て（弁護士費用及びその他の実費を含むが、これ

> に限られない。）を賠償しなければならない。

【損害賠償の内容を変更する】

・具体的な賠償額の予定を行う場合・

> 甲又は乙は、解除、解約又は<u>本契約の重大な義務</u>に違反することにより、相手方に損害を与えたときは、<u>損害の立証を要することなく代金総額の20％相当額</u>を損害金として支払う。<u>ただし、これを超える損害が発生したときは、その超過額も賠償しなければならない。</u>

・損害賠償額を限定する場合・

> 甲又は乙は、解除、解約又は本契約に違反することにより、相手方に損害を与えたときは、<u>代金総額を上限として、損害</u>を賠償しなければならない。

・故意または重過失による損害について追加で違約金の支払いを認める場合・

> 1　（略）
> 2　甲又は乙は、故意又は重過失により、相手方に損害を与えたときは、代金総額の20％の違約金を前項の損害賠償と別に支払わなければならない。

▶第7条（反社会的勢力の排除）　重要度B

> 1　甲及び乙は、自己又は自己の役員が、暴力団、暴力団関係企業、総会屋もしくはこれらに準ずる者又はその構成員（以下これらを「反社会的勢力」という。）に該当しないこと、及び次の各号のいずれにも該当しないことを表明し、かつ将来にわたっても該当しないことを相互に確約する。
> 　①　反社会的勢力に自己の名義を利用させること
> 　②　反社会的勢力が経営を実質的に支配していると認められる関係

>   を有すること
> 2 甲又は乙は、前項の一つにでも違反することが判明したときは、何らの催告を要せず、本契約を解除することができる。
> 3 本条の規定により本契約が解除された場合には、解除された者は、解除により生じる損害について、その相手方に対し一切の請求を行わない。

【対象者を限定する】

・譲受人のみを対象とする場合・　　　　　　　　　　　　〔譲渡人有利〕

> 1 <u>乙</u>は、自己又は自己の役員が、暴力団、暴力団関係企業、総会屋もしくはこれらに準ずる者又はその構成員（以下これらを「反社会的勢力」という。）に該当しないこと、及び次の各号のいずれにも該当しないことを表明し、かつ将来にわたっても該当しないことを<u>確約</u>する。
>   ① 反社会的勢力に自己の名義を利用させること
>   ② 反社会的勢力が経営を実質的に支配していると認められる関係を有すること
> 2 <u>甲は</u>、乙が前項の一つにでも違反することが判明したときは、何らの催告を要せず、本契約を解除することができる。

【賠償額を具体的に規定する】

・具体的な賠償額の予定を行う場合・

> 4 本条の規定により本契約が解除された場合には、解除された者は、その相手方に対し、違約金として金〇〇円を支払うものとする。

▶ 第8条（協議解決）　重要度 C

> 本契約に定めのない事項又は本契約の解釈について疑義が生じたときは、甲乙誠意をもって協議のうえ解決する。

【紛争解決方法について具体的に規定する】

・仲裁者をあらかじめ定める場合・

> 甲及び乙は、本契約に定めのない事項又は本契約の解釈について疑義が生じたときは、○○○○を仲裁者と定め、三者において誠意をもって協議のうえ解決する。

第9条（合意管轄） 重要度B

> 甲及び乙は、本契約に関し裁判上の紛争が生じたときは、訴額等に応じ、東京簡易裁判所又は東京地方裁判所を専属的合意管轄裁判所とすることに合意する。

【合意管轄裁判所を変更する】

・譲渡人の本店所在地を管轄する裁判所とする場合・　　　　〔譲渡人有利〕

> 甲及び乙は、本契約に関し裁判上の紛争が生じたときは、訴額等に応じ、甲の本店所在地を管轄する簡易裁判所又は地方裁判所を専属的合意管轄裁判所とすることに合意する。

・譲受人の本店所在地を管轄する裁判所とする場合・　　　　〔譲受人有利〕

> 甲及び乙は、本契約に関し裁判上の紛争が生じたときは、訴額等に応じ、乙の本店所在地を管轄する簡易裁判所又は地方裁判所を専属的合意管轄裁判所とすることに合意する。

・いずれかの本店所在地を管轄する裁判所とする場合・

> 甲及び乙は、本契約に関し裁判上の紛争が生じたときは、訴額等に応じ、甲又は乙の本店所在地を管轄する簡易裁判所又は地方裁判所を専属的合意管轄裁判所とすることに合意する。

・いずれかの本店所在地または支店所在地を管轄する裁判所とする場合・

甲及び乙は、本契約に関し裁判上の紛争が生じたときは、訴額等に応じ、<u>甲又は乙の本店所在地又は支店所在地を管轄する簡易裁判所もしくは地方裁判所</u>を専属的合意管轄裁判所とすることに合意する。

▶ 後文

　本契約締結の証として、本契約書2通を作成し、甲乙相互に署名又は記名・捺印のうえ、各1通を保有することとする。

【契約書の作成方法を変更する】

・1通のみ原本を作成し、当事者の一方は写しのみを保管する場合・

　本契約締結の証として、本契約書1通を作成し、甲乙相互に署名又は記名・捺印のうえ、<u>〔乙／甲〕が原本を保有し、〔甲／乙〕が写しを保有する</u>こととする。

その他の役立つ条項

- ■ 契約締結前後の義務について定める場合 …………………… 580 ページ
- ■ 企業秘密等の守秘について盛り込む場合 …………………… 580 ページ
- ■ 状況の変化が生じたときの取扱いについて定める場合 ……… 581 ページ
- ■ 費用の負担について定める場合 ……………………………… 581 ページ
- ■ 海外企業との取引である場合に、取扱いについて定める場合 …… 582 ページ

◆契約締結前後の義務について定める場合

・担保権付債権の担保権移転について明記する・

> 第○条（担保権の移転）
> 甲は、乙に対し、本契約後直ちに、本件債権を保全するために設定されている抵当権その他の担保権を譲渡し、その旨の登記手続等をする。登記費用は甲の負担とする。

◆企業秘密等の守秘について盛り込む場合

・守秘義務について明記する・

> 第○条（守秘義務）
> 1 　甲及び乙は、本契約に基づき相手方から提示された情報を守秘し、第三者に開示してはならない。
> 2 　前項の守秘義務は、前項の情報が以下のいずれかに該当する場合には適用しない。
> 　①　公知の事実又は当事者の責に帰すべき事由によらずして公知となった事実
> 　②　第三者から適法に取得した事実
> 　③　開示の時点で保有していた事実
> 　④　法令、政府機関、裁判所の命令により開示が義務付けられた事実

◆状況の変化が生じたときの取扱いについて定める場合

・著しい事情の変更が生じたときの対処方法を記載する・

> 第○条（事情の変更）
> 　甲又は乙が、本契約の締結後、天変地異、法令の制定又は改廃、その他著しい事情の変更により、本契約に定める義務を履行することが不可能又は著しく困難となったと認められる場合は、当該定めを変更するため協議することができる。

◆費用の負担について定める場合

・締結に要する費用は各々が負担することとする・

> 第○条（費用負担）
> 　本契約の締結に要する印紙その他の費用は、甲乙が各々の費用を負担するものとする。

・1通のみ原本を作成する場合に、印紙代を譲渡人負担とする・〔譲受人有利〕

> 第○条（費用負担）
> 　本契約の締結に要する印紙その他の費用は、甲の負担とする。
> 　（略）
> 　本契約締結の証として、本契約書1通を作成し、甲乙相互に署名又は記名・捺印のうえ、甲が原本を保有し、乙が写しを保有することとする。

・1通のみ原本を作成する場合に、印紙代を譲受人負担とする・〔譲渡人有利〕

> 第○条（費用負担）
> 　本契約の締結に要する印紙その他の費用は、乙の負担とする。
> 　（略）
> 　本契約締結の証として、本契約書1通を作成し、甲乙相互に署名又は記名・捺印のうえ、乙が原本を保有し、甲が写しを保有することとする。

◆海外企業との取引である場合に、取扱いについて定める場合

・準拠法を日本法と定める・

> 第○条(準拠法)
>   本契約は日本法に準拠し、同法によって解釈されるものとする。

チェックポイント

あなたが譲渡人の場合は、最低限以下の点をチェックしましょう。

- ☐ 契約の目的が明確か
- ☐ 契約の当事者が明らかであるか
- ☐ 譲渡する債権は明確に定められているか
- ☐ 譲渡の対価が明確に定められているか
- ☐ 解除条項に不合理な事項が入っていないか
- ☐ 損害賠償請求額が不合理に制限されていないか

あなたが譲受人の場合は、最低限以下の点をチェックしましょう。

- ☐ 契約の目的が明確か
- ☐ 契約の当事者が明らかであるか
- ☐ 譲渡される債権は明確に定められているか
- ☐ 譲渡の対価が明確に定められているか
- ☐ 譲渡通知の方法が明記されているか
- ☐ 契約不適合がないことについて保証があるか
- ☐ 解除条項に不合理な事項が入っていないか
- ☐ 損害賠償請求額が不合理に制限されていないか

2 金銭消費貸借契約書

収入印紙
※

金銭消費貸借契約書

（貸主）〇〇〇〇（以下「甲」という。）及び（借主）〇〇〇〇（以下「乙」という。）は、本日、次のとおり金銭消費貸借契約（以下「本契約」という。）を締結する。

第1条　（目的）
　乙は、自動車を購入するため金銭の借入れを希望し、甲は乙に対して金銭を貸し付けることとしたため、本契約を締結する。

第2条　（消費貸借の合意）
　甲は、本日、乙に以下のとおり金銭（以下「本件貸付金」という。）を貸し渡し、乙はこれを借り受けた。
　① 元　　金　　金〇〇円
　② 利　　息　　年〇％（年365日日割計算）
　③ 弁済期　　元本については、令和〇年〇月から令和〇年〇月まで、毎月〇日限り、各金〇〇円（〇回払い）
　　　　　　　　利息については、令和〇年〇月から令和〇年〇月まで、毎月〇日限り
　④ 支払方法　　以下の口座に、元利金を振込送金する方法で支払う（振込手数料は乙負担）。
　　　　　　　　　〇〇銀行〇〇支店　　普通預金

【この契約書を用いるケース】
- ☑ 新たに金銭を貸し付ける場合
  - ⇨ 過去に発生した債権を消費貸借の目的とする場合（準消費貸借契約）は本章**5**

● 前　文

【応用】契約の当事者を追加する　･･･▶　591 ページ

● 目　的　　**重要度 A**

民法の改正により、解除を主張したり、契約不適合責任に基づく請求をしたりする場合に、契約の目的が重要視されることになりました。そのため、契約書に契約の目的を記載しておく必要があります。

【応用】目的の内容を変更する　･･･▶　593 ページ

● 消費貸借の合意　　**重要度 A**

金銭消費貸借の合意および金銭の交付を示す条項です。金額を明確に表示しましょう。

【応用】弁済期を変更する　･･･▶　594 ページ
　　　　支払方法を変更する　･･･▶　594 ページ

貸金・担保　**2** 金銭消費貸借契約書

　　　　　　口座番号　　○○○○○○
　　　　　　口座名義　　○○○○○○

第3条　（期限の利益喪失）

乙が次の各号のいずれかに該当した場合、乙は当然に本契約から生じる一切の債務について期限の利益を失い、乙は甲に対して、その時点において乙が負担する債務を直ちに一括して弁済しなければならない。

① 本契約の分割金の支払いを怠ったとき
② 本契約の一つにでも違反したとき
③ 監督官庁から営業停止又は営業免許もしくは営業登録の取消等の処分を受けたとき
④ 差押、仮差押、仮処分、強制執行、担保権の実行としての競売、租税滞納処分その他これらに準じる手続きが開始されたとき
⑤ 破産、民事再生、会社更生又は特別清算の手続開始等の申立てがなされたとき
⑥ 自ら振り出し又は引き受けた手形もしくは小切手が1回でも不渡りとなったとき、又は支払停止状態に至ったとき
⑦ 合併による消滅、資本の減少、営業の廃止・変更又は解散決議がなされたとき
⑧ その他、支払能力の不安又は背信的行為の存在等、本契約を継続することが著しく困難な事情が生じたとき

第4条　（遅延損害金）

乙が期限の利益を喪失したときは、期限の利益を喪失した日の翌日から支払済みに至るまで、残元金に対する年14.6％（年365日日割計算）の割合による遅延損害金を支払うものとする。

● 期限の利益喪失　重要度 A

「期限の利益」とは、期限到来までは返済しなくてよいという利益をいいます。
借主の経済状況が弁済期前に著しく悪化した場合等に債務全額を請求可能とするため、期限の利益を喪失させるための規定です。

【応用】期限の利益喪失事由を追加・変更する　…▶　596 ページ
　　　　規定の事由が生じた場合の取扱いについて規定する　…▶　596 ページ

● 遅延損害金　重要度 B

弁済期に支払いを怠った場合の遅延損害金の条項です。

第5条　（反社会的勢力の排除）
1　甲及び乙は、自己又は自己の役員が、暴力団、暴力団関係企業、総会屋もしくはこれらに準ずる者又はその構成員（以下これらを「反社会的勢力」という。）に該当しないこと、及び次の各号のいずれにも該当しないことを表明し、かつ将来にわたっても該当しないことを相互に確約する。
　　①　反社会的勢力に自己の名義を利用させること
　　②　反社会的勢力が経営を実質的に支配していると認められる関係を有すること
2　甲又は乙は、前項の一つにでも違反することが判明したときは、何らの催告を要せず、本契約を解除することができる。
3　本条の規定により本契約が解除された場合には、解除された者は、解除により生じる損害について、その相手方に対し一切の請求を行わない。

第6条　（協議解決）
　　本契約に定めのない事項又は本契約の解釈について疑義が生じたときは、甲及び乙は誠意をもって協議のうえ解決する。

第7条　（合意管轄）
　　甲及び乙は、本契約に関し裁判上の紛争が生じたときは、訴額等に応じ、東京簡易裁判所又は東京地方裁判所を専属的合意管轄裁判所とすることに合意する。

　本契約締結の証として、本契約書2通を作成し、甲乙相互に署名又は記名・捺印のうえ、各1通を保有することとする。

　　令和　　　年　　　月　　　日

● 反社会的勢力の排除　**重要度 B**

契約当事者が反社会的勢力と関わっていることが判明した場合に、即座に契約関係を解消することができるようにするために規定しています。

【応用】対象者を限定する　・・・▶　599 ページ
　　　　賠償額を具体的に規定する　・・・▶　599 ページ

● 協議解決　**重要度 C**

協議により紛争回避を図る可能性を探るために規定しています。なお、この規定に法的な拘束力はありません。

【応用】紛争解決方法について具体的に規定する　・・・▶　599 ページ
　　　　契約の当事者を追加する　・・・▶　600 ページ

● 合意管轄　**重要度 B**

紛争が生じた際に自己に有利な管轄裁判所において裁判を行うための規定です。

【応用】合意管轄裁判所を変更する　・・・▶　600 ページ
　　　　契約の当事者を追加する　・・・▶　601 ページ

● 後　　文

【応用】契約書の作成方法を変更する　・・・▶　602 ページ
　　　　契約の当事者を追加する　・・・▶　602 ページ

　　　　　　　　甲
　　　　　　　　　　　　　　　　　　　　　㊞

　　　　　　　　乙
　　　　　　　　　　　　　　　　　　　　　㊞

※　金銭消費貸借契約書は、印紙税額一覧表の第1号の3文書（「消費貸借に関する契約書」）に該当しますので、記載された契約金額（元金）に応じた収入印紙を貼付する必要があります。

印紙税額（1通につき）		
1万円　未満		非課税
1万円　以上　　10万円　以下		200円
10万円　超　　50万円　以下		400円
50万円　超　　100万円　以下		1,000円
100万円　超　　500万円　以下		2,000円
500万円　超　　1,000万円　以下		10,000円
1,000万円　超　　5,000万円　以下		20,000円
5,000万円　超　　1億円　以下		60,000円
1億円　超　　5億円　以下		100,000円
5億円　超　　10億円　以下		200,000円
10億円　超　　50億円　以下		400,000円
50億円　超		600,000円
契約金額の記載のないもの		200円

［令和2年4月現在］

作成のテクニック

▶ 前文

> （貸主）〇〇〇〇（以下「甲」という。）及び（借主）〇〇〇〇（以下「乙」という。）は、本日、次のとおり金銭消費貸借契約（以下「本契約」という。）を締結する。

【契約の当事者を追加する】

・改正民法に適合した連帯保証人条項を設ける場合・　　　　　　〔貸主有利〕

委託を受けた個人保証人に対し、契約締結時に情報提供を怠る、または虚偽の情報を提供すると、保証契約が取り消されるおそれがあります（改正民法465条の10第2項）。

> （貸主）〇〇〇〇（以下「甲」という。）、（借主）〇〇〇〇（以下「乙」という。）及び（連帯保証人）〇〇〇〇（以下「丙」という。）は、本日、次のとおり金銭消費貸借契約（以下「本契約」という。）を締結する。
> （略）
> 第〇条（連帯保証人）
> 1　丙は、乙の連帯保証人として、本契約により生ずる乙の甲に対する一切の債務の弁済につき、連帯して保証する。
> 2　乙は、丙に対し、別紙のとおり保証契約の前提となる情報を提供し、丙は、別紙の情報の提供を受けたことを確認する。
> 第〇条（協議解決）
> 　本契約に定めのない事項又は本契約の解釈について疑義が生じたときは、甲、乙及び丙は誠意をもって協議のうえ解決する。
> 第〇条（合意管轄）
> 　甲、乙及び丙は、本契約に関し裁判上の紛争が生じたときは、訴額等に応じ、東京簡易裁判所又は東京地方裁判所を専属的合意管轄裁判所とすることに合意する。
> （略）
> 　本契約締結の証として、本契約書3通を作成し、甲乙丙相互に署名又は記名・捺印のうえ、各1通を保有することとする。

貸金・担保　2　金銭消費貸借契約書

(略)

　　　　　　　　　　　　丙
　　　　　　　　　　　　　　　　　　　　　　　　㊞

【別紙】

　乙は、本契約締結時における自らの情報を以下のとおり提供する。

財産及び収支の状況	
主債務以外に負担している債務の有無、額及び履行状況	
主債務の担保として他に提供し又は提供しようとするものの内容	

・連帯保証人を複数つける場合・　　　　　　　　　〔貸主有利〕

　（貸主）〇〇〇〇（以下「甲」という。）、（借主）〇〇〇〇（以下「乙」という。）、<u>（連帯保証人）〇〇〇〇（以下「丙」という。）及び（連帯保証人）〇〇〇〇（以下「丁」という。）</u>は、本日、次のとおり金銭消費貸借契約（以下「本契約」という。）を締結する。
　（略）
第〇条（連帯保証人）
　　<u>丙及び丁は、乙の連帯保証人として、本契約により生ずる乙の甲に対する一切の債務の弁済につき、連帯して保証する。</u>
第〇条（協議解決）
　　本契約に定めのない事項又は本契約の解釈について疑義が生じたときは、<u>甲、乙、丙及び丁</u>は誠意をもって協議のうえ解決する。
第〇条（合意管轄）
　　<u>甲、乙、丙及び丁</u>は、本契約に関し裁判上の紛争が生じたときは、訴額等に応じ、東京簡易裁判所又は東京地方裁判所を専属的合意管轄裁判所とすることに同意する。
　（略）

本契約締結の証として、本契約書4通を作成し、甲乙丙丁相互に署名又は記名・捺印のうえ、各1通を保有することとする。
（略）

　　　　　　　　　　　　　　丙

　　　　　　　　　　　　　　　　　　　　　　　　　　　　㊞

　　　　　　　　　　　　　　丁

　　　　　　　　　　　　　　　　　　　　　　　　　　　　㊞

第1条（目的）　重要度A

乙は、自動車を購入するため金銭の借入れを希望し、甲は乙に対して金銭を貸し付けることとしたため、本契約を締結する。

【目的の内容を変更する】

・事業資金に充てる場合・

乙は、自身が営む事業資金に充てるため、甲から金銭を借り入れることを希望し、甲がこれを承諾したことから、本契約を締結する。

第2条（消費貸借の合意）　重要度A

甲は、本日、乙に以下のとおり金銭（以下「本件貸付金」という。）を貸し渡し、乙はこれを借り受けた。
① 元　　　金　　金〇〇円
② 利　　　息　　年〇％（年365日日割計算）
③ 弁　済　期　　元本については、令和〇年〇月から令和〇年〇月まで、毎月〇日限り、各金〇〇円（〇回払い）
　　　　　　　　利息については、令和〇年〇月から令和〇年〇月まで、毎月〇日限り
④ 支払方法　　　以下の口座に、元利金を振込送金する方法で支払う

```
        （振込手数料は乙負担）。
            ○○銀行○○支店      普通預金
            口座番号      ○○○○○○
            口座名義      ○○○○○○
```

【弁済期を変更する】

・一括払いの場合・　　　　　　　　　　　　　　　　　　　　〔貸主有利〕

```
  ③  弁 済 期    令和○年○月○日（元利金一括払い）
```

・弁済期によって返済金額が変わる場合・

```
  ③  弁 済 期    元本については、以下のとおり支払う。
             令和○年○月から令和○年○月まで、毎月○日限り、金○○円
             令和○年○月から令和○年○月まで、毎月○日限り、金△△円
             令和○年○月○日限り、金◇◇円
```

・利息は一括払い、元金は分割払いとする場合・

```
  ③  弁 済 期    元本については、令和○年○月から令和○年○月まで、
             毎月○日限り、各金○○円（○回払い）
             利息については、令和○年○月○日限り（一括払い）
```

【支払方法を変更する】

・持参または振込みのいずれかの方法で返済する場合・

```
  ④  支払方法    乙が甲に対して、元利金を持参もしくは以下の口座に
             振込送金する方法で支払う（振込手数料は乙負担）。
               （振込口座：略）
```

◆利息の上限

金銭消費貸借契約における利息には、次のように上限が定められています（利息制限法1条）。

元本の額が10万円未満の場合	年20%
元本の額が10万円以上100万円未満の場合	年18%
元本の額が100万円以上の場合	年15%

上限利息を超える約定利息を定めていた場合、上限利息を超える部分については無効となります。そして、上限利息を超える支払いがなされたときは、残元本に充当されることになります。また、出資法では、一定以上の高金利で貸付けを行った場合の刑事罰が規定されています（5条）。

以上のとおり、法律で利息の上限が定められていますので、金銭消費貸借契約締結の際にはご留意ください。

第3条（期限の利益喪失） 重要度A

> 乙が次の各号のいずれかに該当した場合、乙は当然に本契約から生じる一切の債務について期限の利益を失い、乙は甲に対して、その時点において乙が負担する債務を直ちに一括して弁済しなければならない。
> ① 本契約の分割金の支払いを怠ったとき
> ② 本契約の一つにでも違反したとき
> ③ 監督官庁から営業停止又は営業免許もしくは営業登録の取消等の処分を受けたとき
> ④ 差押、仮差押、仮処分、強制執行、担保権の実行としての競売、租税滞納処分その他これらに準じる手続きが開始されたとき
> ⑤ 破産、民事再生、会社更生又は特別清算の手続開始等の申立てがなされたとき
> ⑥ 自ら振り出し又は引き受けた手形もしくは小切手が1回でも不渡りとなったとき、又は支払停止状態に至ったとき
> ⑦ 合併による消滅、資本の減少、営業の廃止・変更又は解散決議がなされたとき

⑧ その他、支払能力の不安又は背信的行為の存在等、本契約を継続することが著しく困難な事情が生じたとき

【期限の利益喪失事由を追加・変更する】

・支払滞納につき猶予を認める場合・　　　　　　　　〔借主有利〕

① 本契約の分割金の支払いを<u>２回以上怠り、かつ滞納額合計が金○○円を超えた</u>場合

・期限の利益喪失事由を多く規定する場合・　　　　　　〔貸主有利〕

本条各号に列挙する期限の利益喪失事由に以下の条項を加えると、貸主が期限の利益喪失事由を主張して一括弁済を請求できる場合が多くなります。

○ 甲の事前の書面による承諾なくして、本契約の担保のために設定された担保権の目的物を滅失・毀損させ、又はその担保権の効力を喪失させたとき

○ 融資申込みに際して、虚偽の申告があったとき

○ 乙が行方不明になったとき

・連帯保証人（丙）に関する期限の利益喪失事由を規定する場合・　〔貸主有利〕

乙又は<u>丙</u>が次の各号のいずれかに該当した場合、乙は当然に本契約から生じる一切の債務について期限の利益を失い、乙は甲に対して、その時点において乙が負担する債務を直ちに一括して弁済しなければならない。
① （以下略）

【規定の事由が生じた場合の取扱いについて規定する】

・貸主の通知により期限の利益を喪失することとする場合・　　〔借主有利〕

乙が次の各号のいずれかに該当し、<u>甲から期限の利益を喪失させる旨の</u>

通知を受けた場合、乙は本契約から生じる一切の債務について期限の利益を失い、乙は甲に対して、その時点において乙が負担する債務を直ちに一括して弁済しなければならない。
① （以下略）

・是正期間を置くことを認める場合・　　　　　　　　　〔借主有利〕

乙が次の各号のいずれかに該当したときは、甲は、相当の期間を定めて催告を行い、その期間内に是正がなされない場合、乙は当然に本契約から生じる一切の債務について期限の利益を失い、乙は甲に対して、その時点において乙が負担する債務を直ちに一括して弁済しなければならない。
① （以下略）

・すべての取引の期限の利益を喪失させる場合・　　　　〔貸主有利〕

借主との間で本契約以外の取引も行っている場合の変更例です。

乙が次の各号のいずれかに該当した場合、乙は当然に本契約その他甲との間で締結している全ての契約から生じる一切の債務について期限の利益を失い、乙は甲に対して、その時点において乙が負担する一切の債務を直ちに一括して弁済しなければならない。
① （以下略）

第4条（遅延損害金）　重要度 B

乙が期限の利益を喪失したときは、期限の利益を喪失した日の翌日から支払済みに至るまで、残元金に対する年14.6％（年365日日割計算）の割合による遅延損害金を支払うものとする。

遅延損害金利率の定めがないときの利率は法定利率によるとされているところ、民法改正により法定利率が年5％から3％（その後3年ごとに見直しが行われます）となり（改正民法404条）、遅延損害金利率もこれに連動します

(改正民法419条)。また、同改正により、商事法定利率(6%)は廃止されます。

当事者間で、法定利率とは異なる利率を定めることも可能です。民法改正により、法定利率は3年ごとに見直される変動制となることから、遅延損害金利率について定めを置くことが、より重要となります。

もっとも、遅延損害金を約定する場合でも、利息制限法等により、以下のとおり上限が定められていますので、ご注意ください。

元本の額が10万円未満の場合	年29.2%
元本の額が10万円以上100万円未満の場合	年26.28%
元本の額が100万円以上の場合	年21.9%
貸金業者の場合	年20%

文例から遅延損害金の条項を削除した場合、遅延損害金の利率は、改正民法上の金銭消費貸借契約の場合は年3%(ただし3年ごとに見直しを行う変動利率)となり、借主にとって有利になります。

▶ 第5条(反社会的勢力の排除) 重要度B

> 1 甲及び乙は、自己又は自己の役員が、暴力団、暴力団関係企業、総会屋もしくはこれらに準ずる者又はその構成員(以下これらを「反社会的勢力」という。)に該当しないこと、及び次の各号のいずれにも該当しないことを表明し、かつ将来にわたっても該当しないことを相互に確約する。
> ① 反社会的勢力に自己の名義を利用させること
> ② 反社会的勢力が経営を実質的に支配していると認められる関係を有すること
> 2 甲又は乙は、前項の一つにでも違反することが判明したときは、何らの催告を要せず、本契約を解除することができる。
> 3 本条の規定により本契約が解除された場合には、解除された者は、解除により生じる損害について、その相手方に対し一切の請求を行わない。

【対象者を限定する】

・借主のみを対象とする場合・　　　　　　　　　　　　　〔貸主有利〕

> 1　乙は、自己又は自己の役員が、暴力団、暴力団関係企業、総会屋もしくはこれらに準ずる者又はその構成員（以下これらを「反社会的勢力」という。）に該当しないこと、及び次の各号のいずれにも該当しないことを表明し、かつ将来にわたっても該当しないことを確約する。
> 　①　反社会的勢力に自己の名義を利用させること
> 　②　反社会的勢力が経営を実質的に支配していると認められる関係を有すること
> 2　甲は、乙が前項の一つにでも違反することが判明したときは、何らの催告を要せず、本契約を解除することができる。

【賠償額を具体的に規定する】

・具体的な賠償額の予定を行う場合・

> 4　本条の規定により本契約が解除された場合には、解除された者は、その相手方に対し、違約金として金〇〇円を支払うものとする。

第6条（協議解決）　重要度 C

> 本契約に定めのない事項又は本契約の解釈について疑義が生じたときは、甲及び乙は誠意をもって協議のうえ解決する。

【紛争解決方法について具体的に規定する】

・具体的な紛争解決機関を指定する場合・

> 本契約に定めのない事項又は本契約の解釈について疑義が生じたときは、訴訟提起以前に紛争解決センターが主催する ADR において協議を試みなければならない。

・仲裁者をあらかじめ定める場合・

> 本契約に定めのない事項又は本契約の解釈について疑義が生じたときは、○○○○を仲裁者と定め、三者において誠意をもって協議のうえ解決する。

【契約の当事者を追加する】

・連帯保証人（丙）がいる場合・　　　　　　　　　　　　〔貸主有利〕

> 本契約に定めのない事項又は本契約の解釈について疑義が生じたときは、甲、乙及び丙は誠意をもって協議のうえ解決する。

・連帯保証人が複数（丙および丁）いる場合・　　　　　　　〔貸主有利〕

> 本契約に定めのない事項又は本契約の解釈について疑義が生じたときは、甲、乙、丙及び丁は誠意をもって協議のうえ解決する。

第7条（合意管轄）　重要度B

> 甲及び乙は、本契約に関し裁判上の紛争が生じたときは、訴額等に応じ、東京簡易裁判所又は東京地方裁判所を専属的合意管轄裁判所とすることに合意する。

【合意管轄裁判所を変更する】

・貸主の本店所在地を管轄する裁判所とする場合・　　　　　〔貸主有利〕

> 甲及び乙は、本契約に関し裁判上の紛争が生じたときは、訴額等に応じ、甲の本店所在地を管轄する簡易裁判所又は地方裁判所を専属的合意管轄裁判所とすることに合意する。

・借主の本店所在地を管轄する裁判所とする場合・　　　　　〔借主有利〕

> 甲及び乙は、本契約に関し裁判上の紛争が生じたときは、訴額等に応じ、乙の本店所在地を管轄する簡易裁判所又は地方裁判所を専属的合意管轄裁判所とすることに合意する。

・いずれかの本店所在地を管轄する裁判所とする場合・

> 甲及び乙は、本契約に関し裁判上の紛争が生じたときは、訴額等に応じ、甲又は乙の本店所在地を管轄する簡易裁判所もしくは地方裁判所を専属的合意管轄裁判所とすることに合意する。

・いずれかの本店所在地または支店所在地を管轄する裁判所とする場合・

> 甲及び乙は、本契約に関し裁判上の紛争が生じたときは、甲又は乙の本店所在地もしくは支店所在地を管轄する裁判所を専属的合意管轄裁判所とすることに合意する。

【契約の当事者を追加する】

・連帯保証人（丙）がいる場合・　　　　　　　　　　　　〔貸主有利〕

> 甲、乙及び丙は、本契約に関し裁判上の紛争が生じたときは、訴額等に応じ、東京簡易裁判所又は東京地方裁判所を専属的合意管轄裁判所とすることに合意する。

・連帯保証人が複数（丙および丁）いる場合・　　　　　　〔貸主有利〕

> 甲、乙、丙及び丁は、本契約に関し裁判上の紛争が生じたときは、訴額等に応じ、東京簡易裁判所又は東京地方裁判所を専属的合意管轄裁判所とすることに合意する。

▶ 後文

> 本契約締結の証として、本契約書2通を作成し、甲乙相互に署名又は記名・捺印のうえ、各1通を保有することとする。

【契約書の作成方法を変更する】

・1通のみ原本を作成し、当事者の一方は写しのみを保有する場合・

> 本契約締結の証として、本契約書1通を作成し、甲乙相互に署名又は記名・捺印のうえ、〔甲／乙〕が原本を保有し、〔乙／甲〕が写しを保有することとする。

【契約の当事者を追加する】

・連帯保証人（丙）がいる場合・　　　　　　　　　　　　〔貸主有利〕

> 本契約締結の証として、本契約書3通を作成し、甲乙丙相互に署名又は記名・捺印のうえ、各1通を保有することとする。

・連帯保証人が複数（丙および丁）いる場合・　　　　　　〔貸主有利〕

> 本契約締結の証として、本契約書4通を作成し、甲乙丙丁相互に署名又は記名・捺印のうえ、各1通を保有することとする。

その他の役立つ条項

- ■ 契約締結前後の手続きについて定める場合 ………………… 603 ページ
- ■ 契約に係る取扱いについて定める場合 ………………………… 604 ページ
- ■ 連帯保証人／担保に関する規定を盛り込む場合 …………… 605 ページ
- ■ 企業秘密等の守秘について盛り込む場合 …………………… 606 ページ
- ■ 状況の変化が生じたときの取扱いについて定める場合 ……… 607 ページ
- ■ 費用の負担について定める場合 ……………………………… 607 ページ
- ■ 海外企業との取引である場合に、取扱いについて定める場合 …… 607 ページ

◆契約締結前後の手続きについて定める場合

・公正証書を作成する・　　　　　　　　　　　　　　　〔貸主有利〕

> 第○条（公正証書の作成）
> 　乙は、本契約に基づく債務について強制執行認諾文言付の公正証書の作成に応じなければならない。なお、公正証書の作成費用は乙の負担とする。

> 第○条（公正証書の作成）　※連帯保証人（丙）がいる場合
> 　乙及び丙は、本契約及び連帯保証契約に基づく債務について強制執行認諾文言付の公正証書の作成に応じなければならない。なお、公正証書の作成費用は乙の負担とする。

・抵当権を設定する・　　　　　　　　　　　　　　　〔貸主有利〕

> 第○条（抵当権の設定）
> 1　乙は、本契約に基づく債務の担保として、以下の不動産に順位○番の抵当権を設定する。
> 　　　所 在 地：＿＿＿＿＿＿＿＿＿＿＿＿＿＿＿＿＿＿＿＿＿＿
> 　　　家屋番号：＿＿＿＿＿＿＿＿＿＿＿＿＿＿＿＿＿＿＿＿＿＿
> 　　　種　　類：＿＿＿＿＿＿＿＿＿＿＿＿＿＿＿＿＿＿＿＿＿＿
> 　　　構　　造：＿＿＿＿＿＿＿＿＿＿＿＿＿＿＿＿＿＿＿＿＿＿
> 　　　床 面 積：＿＿＿＿＿＿＿＿＿＿＿＿＿＿＿＿＿＿＿＿＿＿
> 2　乙は、甲の指示により、甲のため直ちに必要な抵当権設定登記手続を完了しなければならない。なお、登記費用は乙の負担とする。

◆契約に係る取扱いについて定める場合

・借主に通知義務を課す・ 〔貸主有利〕

> 第○条（通知義務）
> 　乙は、次の各号のいずれか一つに該当するときは、甲に対し、予めその旨を書面により通知しなければならない。
> ①　住所の移転
> ②　勤務先・職業の変更

> 第○条（通知義務）　※連帯保証人（丙）がいる場合
> 　乙及び丙は、次の各号のいずれか一つに該当するときは、甲に対し、予めその旨を書面により通知しなければならない。
> ①　住所の移転
> ②　勤務先・職業の変更
> ③　丙の死亡

なお、借主が会社の場合は、次のように規定するとよいでしょう。

> 第○条（通知義務）
> 　乙は、次の各号のいずれか一つに該当するときは、甲に対し、予めその旨を書面により通知しなければならない。
> ①　本店所在地の移転
> ②　代表者の変更
> ③　重要な株主の変更

・貸付金の使途を明示する・ 〔貸主有利〕

> 第○条（資金使途）
> 　乙は、本件貸付金を○○事業のための運転資金として使用するものとする。

・債権譲渡を禁止する・ 〔借主有利〕

債権譲渡は原則として自由ですが（民法466条1項）、次のような債権譲渡禁止の条項を設けておくと、当初の貸主である甲以外の者に債権が譲渡され、

その者から請求を受ける可能性が軽減できますので、借主にとっては安心でしょう。ただし、債権譲渡禁止特約があることを知らずに譲り受けた者には、特約の効果を主張することはできません。

> 第○条（債権譲渡禁止）
> 　甲は、本契約に基づき発生した債権を、乙の事前の書面による承諾なくして、第三者に譲渡してはならない。

・借主からの相殺を認める・　　　　　　　　　　　　　　　〔借主有利〕

> 第○条（相殺）
> 　乙は、本契約に基づく債務と期限の到来している乙の甲に対する預金その他の債権とを、本契約に基づく債務の期限が未到来であっても、対当額において相殺することができる。

・弁済方法等について、貸主に一任することとする・　　　　〔貸主有利〕

> 第○条（弁済充当）
> 　乙の弁済金の本件貸付金への充当の順序、金額は、甲が任意に指定することができる。

◆連帯保証人（丙）／担保に関する規定を盛り込む場合

・連帯保証人の変更について規定する・　　　　　　　　　　〔貸主有利〕

> 第○条（連帯保証人の追加・変更）
> 　甲は、丙が死亡した場合、もしくは債権保全のために必要と認めたときは、乙に対し、連帯保証人の追加・変更を求めることができる。この場合、乙は、直ちに甲が適当と認める連帯保証人を立てるものとする。

・連帯保証人の求償権行使を制限する・ 〔貸主有利〕

> 第○条（求償権の制限）
> 　丙が保証債務を履行した場合、丙は、甲と乙との取引継続中は、甲の同意がなければ、代位によって甲から取得した権利を行使できないものとする。

・代担保・増担保、連帯保証人の追加を設定する・ 〔貸主有利〕

> 第○条（代担保・増担保、連帯保証人の追加）
> 　甲は、丙が死亡した場合、もしくは債権保全のために必要と認めたときは、乙に対し、代担保、増担保の提供もしくは連帯保証人の追加を求めることができる。この場合、乙は、直ちに甲が相当と認める代担保、増担保を提供し又は連帯保証人を立てるものとする。

◆企業秘密等の守秘について盛り込む場合

・守秘義務について明記する・

> 第○条（守秘義務）
> 1　甲及び乙は、本契約に基づき相手方から開示された情報を守秘し、第三者に開示してはならない。
> 2　前項の守秘義務は、前項の情報が以下のいずれかに該当する場合には適用しない。
> 　① 公知の事実又は当事者の責に帰すべき事情によらずして公知となった事実
> 　② 第三者から適法に取得した事実
> 　③ 開示の時点で保有していた事実
> 　④ 法令、政府機関、裁判所の命令により開示が義務付けられた事実

◆状況の変化が生じたときの取扱いについて定める場合

・著しい状況の変更が生じたときの対処方法を記載する・

> 第○条(事情の変更)
>   甲又は乙が、本契約の締結後、天変地異、法令の制定又は改廃、その他著しい事情の変更により、本契約に定める義務を履行することが不可能又は著しく困難となったと認められる場合は、当該定めを変更するため協議することができる。

◆費用の負担について定める場合

・締結に要する費用は各々が負担することとする・

> 第○条(費用負担)
>   本契約の締結に要する印紙その他の費用は、甲乙が各々の費用を負担するものとする。

・1通のみ原本を作成する場合に、印紙代を貸主負担とする・　〔借主有利〕

> 第○条(費用負担)
>   本契約の締結に要する印紙その他の費用は、甲の負担とする。
>   (略)
>   本契約締結の証として、本契約書1通を作成し、甲乙相互に署名又に記名・捺印のうえ、甲が原本を保有し、乙が写しを保有することとする。

◆海外企業との取引である場合に、取扱いについて定める場合

・準拠法を日本法と定める・

> 第○条(準拠法)
>   本契約は日本法に準拠し、同法によって解釈されるものとする。

チェックポイント

あなたが貸主の場合は、最低限以下の点をチェックしましょう。

- ☐ 契約の目的が明確か
- ☐ 契約の当事者が明らかであるか
- ☐ 貸付金額が明確に記載されているか
- ☐ 弁済期が明確に記載されているか
- ☐ （分割払いの場合）分割金の月額、回数の合計額が、貸付金額に合っているか
- ☐ 遅延損害金が規定されているか
- ☐ （分割払いの場合）適切な期限の利益喪失条項が設けられているか
- ☐ 利息・遅延損害金が法定の上限を超えていないか
- ☐ 合意管轄裁判所が不利になっていないか

あなたが借主の場合は、最低限以下の点をチェックしましょう。

- ☐ 契約の目的が明確か
- ☐ 契約の当事者が明らかであるか
- ☐ 貸付金額が明確に記載されているか
- ☐ 弁済期が明確に記載されているか
- ☐ （分割払いの場合）分割金の月額、回数の合計額が、貸付金額に合っているか
- ☐ 利息・遅延損害金が過度に高利率になっていないか
- ☐ （分割払いの場合）期限の利益喪失事由が厳しく規定されていないか
- ☐ 合意管轄裁判所が不利になっていないか

MEMO

3 諾成的金銭消費貸借契約書

金銭消費貸借契約書

収入印紙 ※

（貸主）〇〇〇〇（以下「甲」という。）及び（借主）〇〇〇〇（以下「乙」という。）は、本日、次のとおり金銭消費貸借契約（以下「本契約」という。）を締結する。

第1条　（目的）
　甲と乙は、乙が令和〇年〇月〇日に飲食店を開店することを目的として本契約を締結する。

第2条　（諾成的金銭消費貸借の合意）
　甲は、乙に対し、金〇〇円（以下「本件貸付金」という。）を以下の条件で貸し、乙はこれを借りることを合意する。
① 金銭授受　　令和〇年〇月〇日
② 貸付方法　　以下の口座に振込送金する方法で貸し渡す（振込手数料は乙負担）。
　　　　　　　〇〇銀行〇〇支店　　普通預金
　　　　　　　口座番号　　〇〇〇〇〇〇
　　　　　　　口座名義　　〇〇〇〇〇〇
③ 利　　息　　年〇％（年365日日割計算）
④ 弁 済 期　　元本については、令和〇年〇月から令和〇年〇月まで、毎月〇日限り、各金〇万円（〇〇回払）

【この契約書を用いるケース】
☑ 貸主が借主に一定の期日までに金銭を交付する義務を負うという内容で金銭を貸し付ける場合
　⇨金銭の交付と同時に契約する場合（金銭消費貸借契約書）は本章**2**、過去に発生した債権を消費貸借の目的とする場合（準消費貸借契約）は本章**3**

●前　文

【応用】契約の当事者を追加する　・・▶　619 ページ

●目　的　　**重要度 A**

民法の改正により、解除を主張したり、契約不適合責任に基づく請求をしたりする場合に、契約の目的が重要視されることになりました。そのため、契約書に契約の目的を記載しておく必要があります。

【応用】目的の内容を変更する　・・▶　621 ページ

●諾成的金銭消費貸借の合意　　**重要度 A**

諾成的金銭消費貸借の合意、および金銭の授受について示す条項です。金額を明確に表示しましょう。

【応用】貸借の条件を変更する　・・▶　622 ページ

　　　　　　　　　利息については、令和〇年〇月から令和〇年
　　　　　　　　　〇月まで、毎月〇日限り
　　⑤　支払方法　以下の口座に元利金を振込送金する方法で支
　　　　　　　　　払う（振込手数料は乙負担）。
　　　　　　　　　〇〇銀行〇〇支店　　普通預金
　　　　　　　　　口座番号　　〇〇〇〇〇〇
　　　　　　　　　口座名義　　〇〇〇〇〇〇

第3条　（期限の利益喪失）

乙が次の各号のいずれかに該当した場合、乙は当然に本契約から生じる一切の債務について期限の利益を失い、乙は甲に対して、その時点において乙が負担する債務を直ちに一括して弁済しなければならない。

① 本契約の分割金の支払いを怠ったとき
② 本契約の一つにでも違反したとき
③ 監督官庁から営業停止又は営業免許もしくは営業登録の取消等の処分を受けたとき
④ 差押、仮差押、仮処分、強制執行、担保権の実行としての競売、租税滞納処分その他これらに準じる手続きが開始されたとき
⑤ 破産、民事再生、会社更生又は特別清算の手続開始等の申立てがなされたとき
⑥ 自ら振り出し又は引き受けた手形もしくは小切手が1回でも不渡りとなったとき、又は支払停止状態に至ったとき
⑦ 合併による消滅、資本の減少、営業の廃止・変更又は解散決議がなされたとき
⑧ その他、支払能力の不安又は背信的行為の存在等、本契約を継続することが著しく困難な事情が生じたとき

● 期限の利益喪失　　重要度 A

「期限の利益」とは、期限到来までは返済しなくてよいという利益をいいます。借主の経済状況が弁済期前に著しく悪化した場合等に債務全額を請求可能とするため、期限の利益を喪失させるための規定です。

【応用】期限の利益喪失事由を追加・変更する　　…▶　624 ページ
　　　　規定の事由が生じた場合の取扱いについて規定する　…▶　625 ページ

第4条　（解除）

第2条に記載する金員の授受の前に、いずれかの当事者に以下の事由が生じた場合は、当該当事者に対する書面による通知により本契約を解除することができる。なお、係る解除は、損害賠償の請求を妨げない。

① 甲が第2条に定める期日までに、乙に金員を貸し渡さず、乙が相当期間を定めて履行を求めたにもかかわらず、係る履行を行わないとき
② 前条の②ないし⑦記載の事由が生じたとき

第5条　（遅延損害金・損害賠償）

1　乙が期限の利益を喪失したときは、期限の利益を喪失した日の翌日から支払済みに至るまで、残元金に対する年14.6％（年365日日割計算）の割合による遅延損害金を支払うものとする。
2　甲が本契約に基づき金銭を貸し渡す義務を怠った場合、甲は、これにより乙が被った損害を賠償する。

第6条　（乙による解約）

乙は、甲から第2条記載の金員を受領するまでは、本契約を解除することができる。ただし、この場合、乙は、甲に対し、これにより甲が被った損害を賠償する。

第7条　（期限前返済）

乙は、返済の時期の定めにかかわらず、いつでも期限前に返済することができる。ただし、乙は、甲に対し、これにより甲が被った損害を賠償する。

第8条　（反社会的勢力の排除）

1　甲及び乙は、自己又は自己の役員が、暴力団、暴力団関係企業、

- 解　除　**重要度 A**

  金銭授受前の解除事由を定める条項です。

- 遅延損害金・損害賠償　**重要度 B**

  支払いを怠った場合の遅延損害金・損害賠償の条項です。

  【応用】損害賠償に関する規定内容を変更する　…▶　627 ページ

- 乙（借主）による解約　**重要度 A**

  借主が資金調達の必要がなくなった場合を想定し、金銭授受前の借主からの一方的解約について規定しています。

  【応用】解除時の取扱いについて規定する　…▶　628 ページ

- 期限前返済　**重要度 B**

  返済時期を定めたとしても、借主が期限の利益を放棄して一括返済できることを定めています。

  【応用】期限前返済時の取扱いについて規定する　…▶　628 ページ

- 反社会的勢力の排除　**重要度 B**

  契約当事者が反社会的勢力と関わっていることが判明した場合に、即座に契約関係を解消することができるようにするために規定しています。

  【応用】対象者を限定する　…▶　629 ページ
  　　　　賠償額を具体的に規定する　…▶　630 ページ

貸金・担保　❸諾成的金銭消費貸借契約書

総会屋もしくはこれらに準ずる者又はその構成員（以下これらを「反社会的勢力」という。）に該当しないこと、及び次の各号のいずれにも該当しないことを表明し、かつ将来にわたっても該当しないことを相互に確約する。
① 反社会的勢力に自己の名義を利用させること
② 反社会的勢力が経営を実質的に支配していると認められる関係を有すること

2 甲又は乙は、前項の一つにでも違反することが判明したときは、何らの催告を要せず、本契約を解除することができる。
3 本条の規定により本契約が解除された場合には、解除された者は、解除により生じる損害について、その相手方に対し一切の請求を行わない。

第９条　（協議解決）

本契約に定めのない事項又は本契約の解釈について疑義が生じたときは、甲及び乙は誠意をもって協議のうえ解決する。

第１０条　（合意管轄）

甲及び乙は、本契約に関し裁判上の紛争が生じたときは、訴額等に応じ、東京簡易裁判所又は東京地方裁判所を専属的合意管轄裁判所とすることに合意する。

本契約締結の証として、本契約書２通を作成し、甲乙相互に署名又は記名・捺印のうえ、各１通を保有することとする。

令和　　年　　月　　日

　　　　　　　　　　　　甲

　㊞

　　　　　　　　　　　　乙

　　　　　　　　　　　　　　　　　　　　　㊞

- **協議解決**　重要度 C

  協議により紛争回避を図る可能性を探るために規定しています。なお、この規定に法的な拘束力はありません。

  【応用】紛争解決方法について具体的に規定する　…▶　630 ページ
  　　　　契約の当事者を追加する　…▶　631 ページ

- **合意管轄**　重要度 B

  紛争が生じた際に自己に有利な管轄裁判所において裁判を行うための規定です。

  【応用】合意管轄裁判所を変更する　…▶　631 ページ
  　　　　契約の当事者を追加する　…▶　632 ページ

- **後　文**

  【応用】契約書の作成方法を変更する　…▶　633 ページ
  　　　　契約の当事者を追加する　…▶　633 ページ

※ 金銭消費貸借契約書は、印紙税額一覧表の第1号の3文書（「消費貸借に関する契約書」）に該当しますので、記載された契約金額（元金）に応じた収入印紙を貼付する必要があります。

印紙税額（1通につき）				
1万円	未満			非課税
1万円	超	10万円	以下	200円
10万円	超	50万円	以下	400円
50万円	超	100万円	以下	1,000円
100万円	超	500万円	以下	2,000円
500万円	超	1,000万円	以下	10,000円
1,000万円	超	5,000万円	以下	20,000円
5,000万円	超	1億円	以下	60,000円
1億円	超	5億円	以下	100,000円
5億円	超	10億円	以下	200,000円
10億円	超	50億円	以下	400,000円
50億円	超			600,000円
契約金額の記載がないもの				200円

［令和2年4月現在］

作成のテクニック

▶ 前文

> （貸主）○○○○（以下「甲」という。）及び（借主）○○○○（以下「乙」という。）は、本日、次のとおり金銭消費貸借契約（以下「本契約」という。）を締結する。

【契約の当事者を追加する】

・改正民法に適合した連帯保証人条項を設ける場合・　　　　〔貸主有利〕

委託を受けた個人保証人に対し、契約締結時に情報提供を怠る、または虚偽の情報を提供すると、保証契約が取り消されるおそれがあります（改正民法465条の10第2項）。

> （貸主）○○○○（以下「甲」という。）、（借主）○○○○（以下「乙」という。）及び（連帯保証人）○○○○（以下「丙」という。）は、本日、次のとおり金銭消費貸借契約（以下「本契約」という。）を締結する。
> （略）
> 第○条（連帯保証人）
> 1　丙は、乙の連帯保証人として、本契約により生ずる乙の甲に対する一切の債務の弁済につき、連帯して保証する。
> 2　乙は、丙に対し、別紙のとおり保証契約の前提となる情報を提供し、丙は、別紙の情報の提供を受けたことを確認する。
> 第○条（協議解決）
> 　本契約に定めのない事項又は本契約の解釈について疑義が生じたときは、甲、乙及び丙は誠意をもって協議のうえ解決する。
> 第○条（合意管轄）
> 　甲、乙及び丙は、本契約に関し裁判上の紛争が生じたときは、訴額等に応じ、東京簡易裁判所又は東京地方裁判所を専属的合意管轄裁判所とすることに合意する。
> （略）
> 　本契約締結の証として、本契約書3通を作成し、甲乙丙相互に署名又は記名・捺印のうえ、各1通を保有することとする。

（略）

　　　　　　　　　　　丙
　　　　　　　　　　　　　　　　　　　　　　　　㊞

【別紙】

乙は、本契約締結時における自らの情報を以下のとおり提供する。

財産及び収支の状況	
主債務以外に負担している債務の有無、額及び履行状況	
主債務の担保として他に提供し又は提供しようとするものの内容	

・連帯保証人を複数つける場合・　　　　　　　　　　〔貸主有利〕

　　（貸主）○○○○（以下「甲」という。）、（借主）○○○○（以下「乙」という。）、(連帯保証人)○○○○（以下「丙」という。）及び(連帯保証人)○○○○（以下「丁」という。）は、本日、次のとおり金銭消費貸借契約（以下「本契約」という。）を締結する。
　　（略）
第○条（連帯保証人）
　　丙及び丁は、乙の連帯保証人として、本契約により生ずる乙の甲に対する一切の債務の弁済につき、連帯して保証する。
第○条（協議解決）
　　本契約に定めのない事項又は本契約の解釈について疑義が生じたときは、甲、乙、丙及び丁は誠意をもって協議のうえ解決する。
第○条（合意管轄）
　　甲、乙、丙及び丁は、本契約に関し裁判上の紛争が生じたときは、訴額等に応じ、東京簡易裁判所又は東京地方裁判所を専属的合意管轄裁判所とすることに同意する。
　　（略）

本契約締結の証として、本契約書4通を作成し、甲乙丙丁相互に署名又は記名・捺印のうえ、各1通を保有することとする。
（略）

　　　　　　　　　　　　丙
　　　　　　　　　　　　　　　　　　　　　　　　　　　　　㊞

　　　　　　　　　　　　丁
　　　　　　　　　　　　　　　　　　　　　　　　　　　　　㊞

▶第1条（目的）　重要度A

甲と乙は、乙が令和〇年〇月〇日に飲食店を開店することを目的として本契約を締結する。

【目的の内容を変更する】

・買掛金の返済目的の場合・

甲と乙は、乙が令和〇年〇月〇日に買掛金の返済に充てることを目的として本契約を締結する。

▶第2条（諾成的金銭消費貸借の合意）　重要度A

甲は、乙に対し、金〇〇円（以下「本件貸付金」という。）を以下の条件で貸し、乙はこれを借りることを合意する。
① 金銭授受　　令和〇年〇月〇日
② 貸付方法　　以下の口座に、振込送金する方法で貸し渡す（振込手数料は乙負担）。
　　　　　　　〇〇銀行〇〇支店　　普通預金
　　　　　　　口座番号　　〇〇〇〇〇〇
　　　　　　　口座名義　　〇〇〇〇〇〇
③ 利　　息　　年〇％（年365日日割計算）

④	弁済期	元本については、令和〇年〇月から令和〇年〇月まで、毎月〇日限り、各金〇万円（〇〇回払） 利息については、令和〇年〇月から令和〇年〇月まで、毎月〇日限り
⑤	支払方法	以下の口座に元利金を振込送金する方法で支払う（振込手数料は乙負担）。 　　〇〇銀行〇〇支店　　普通預金 　　口座番号　　〇〇〇〇〇〇 　　口座名義　　〇〇〇〇〇〇

【貸借の条件を変更する】

・金銭授受を複数回に分けて行う場合・

①	金銭授受	令和〇年〇月〇日　金〇〇円 令和〇年〇月〇日　金〇〇円

・持参または振込みのいずれかの方法で貸し渡す場合・

②	貸付方法	甲は乙に対して、持参もしくは乙の指定する銀行口座に振込送金する方法で貸し渡す（振込手数料は<u>甲</u>負担）。 　（振込口座：略）

・一括払いとする場合・　　　　　　　　　　　　　　　　　〔貸主有利〕

④	弁済期	令和〇年〇月〇日（元利金一括払）

・弁済期によって返済金額を変える場合・

④	弁済期	元本については、<u>以下のとおり支払う。</u> <u>令和〇年〇月から令和〇年〇月まで、毎月〇日限り、金〇〇円</u> <u>令和〇年〇月から令和〇年〇月まで、毎月〇日限り、金△△円</u> <u>令和〇年〇月〇日限り、金◇◇円</u>

・利息は一括払いとし、元金は分割払いとする場合・

| ④ 弁済期 | 元本については、令和○年○月から令和○年○月まで、毎月○日限り、各金○万円（○○回払）
利息については、<u>令和○年○月○日限り</u> |

・持参または振込みのいずれかの方法で返済する場合・

| ⑤ 支払方法 | <u>乙が甲に対して、元利金を持参もしくは甲の指定する銀行口座に振込送金する方法</u>で支払う（振込手数料は乙負担）。
（振込口座：略） |

◆利息の上限

金銭消費貸借契約における利息には、次のように上限が定められています（利息制限法1条）。

元本の額が10万円未満の場合	年20％
元本の額が10万円以上100万円未満の場合	年18％
元本の額が100万円以上の場合	年15％

上限利息を超える約定利息を定めていた場合、上限利息を超える部分については無効となります。そして、上限利息を超える支払いがなされたときは、残元本に充当されることになります。また、出資法では、一定以上の高金利で貸付けを行った場合の刑事罰が規定されています（5条）。

第3条（期限の利益喪失） 重要度A

乙が次の各号のいずれかに該当した場合、乙は当然に本契約から生じる一切の債務について期限の利益を失い、乙は甲に対して、その時点において乙が負担する債務を直ちに一括して弁済しなければならない。

①	本契約の分割金の支払いを怠ったとき
②	本契約の一つにでも違反したとき
③	監督官庁から営業停止又は営業免許もしくは営業登録の取消等の処分を受けたとき
④	差押、仮差押、仮処分、強制執行、担保権の実行としての競売、租税滞納処分その他これらに準じる手続きが開始されたとき
⑤	破産、民事再生、会社更生又は特別清算の手続開始等の申立てがなされたとき
⑥	自ら振り出し又は引き受けた手形もしくは小切手が1回でも不渡りとなったとき、又は支払停止状態に至ったとき
⑦	合併による消滅、資本の減少、営業の廃止・変更又は解散決議がなされたとき
⑧	その他、支払能力の不安又は背信的行為の存在等、本契約を継続することが著しく困難な事情が生じたとき

【期限の利益喪失事由を追加・変更する】

・支払滞納につき猶予を認める場合・　　　　　　　　　〔借主有利〕

①	本契約の分割金の支払いを<u>2回以上</u>怠り、<u>かつ滞納額が金○○円を超えたとき</u>

・期限の利益喪失事由を多く規定する場合・　　　　　　〔貸主有利〕

本条各号に列挙する期限の利益喪失事由に以下の条項を加えると、貸主が期限の利益喪失事由を主張して一括弁済を請求できる場合が多くなります。

○	甲の事前の書面による承諾なくして、本契約の担保のために設定された担保権の目的物を滅失・毀損させ、又はその担保権の効力を喪失させたとき

○	融資申込みに際して、虚偽の申告があったとき

○	乙が行方不明になったとき

・連帯保証人に関する期限の利益喪失事由を規定する場合・　　〔貸主有利〕

> 乙又は丙が次の各号のいずれかに該当した場合、乙は当然に本契約から生じる一切の債務について期限の利益を失い、乙は甲に対して、その時点において乙が負担する債務を直ちに一括して弁済しなければならない。
> ①　（以下略）

【規定の事由が生じた場合の取扱いについて規定する】

・貸主の請求により期限の利益を喪失することとする場合・　　〔借主有利〕

> 乙が次の各号のいずれかに該当し、甲から期限の利益を喪失させる旨の通知を受けた場合、乙は当然に本契約から生じる一切の債務について期限の利益を失い、乙は甲に対して、その時点において乙が負担する債務を直ちに一括して弁済しなければならない。
> ①　（以下略）

・是正期間を置くことを認める場合・　　〔借主有利〕

> 乙が次の各号のいずれかに該当したときは、甲は、相当の期間を定めて催告を行い、その期間内に是正がなされない場合、乙は当然に本契約から生じる一切の債務について期限の利益を失い、乙は甲に対して、その時点において乙が負担する債務を直ちに一括して弁済しなければならない。
> ①　（以下略）

・すべての取引の期限の利益を喪失させる場合・　　〔貸主有利〕

借主との間で本契約以外の取引も行っている場合の変更例です。

> 乙が次の各号のいずれかに該当した場合、乙は当然に本契約その他甲との間で締結している全ての契約から生じる一切の債務について期限の利益を失い、乙は甲に対して、その時点において乙が負担する一切の債務を直ちに一括して弁済しなければならない。
> ①　（以下略）

▶ 第4条（解除） 重要度A

> 第2条に記載する金員の授受の前に、いずれかの当事者に以下の事由が生じた場合は、当該当事者に対する書面による通知により本契約を解除することができる。なお、係る解除は、損害賠償の請求を妨げない。
> ① 甲が第2条に定める期日までに、乙に金員を貸し渡さず、乙が相当期間を定めて履行を求めたにもかかわらず、係る履行を行わないとき
> ② 前条の②ないし⑦記載の事由が生じたとき

改正民法において、諾成的消費貸借契約は、目的物授受の前に当事者の一方が破産手続開始の決定を受けた場合には効力を失うこととされました。よって、契約書に「破産手続開始の決定を受けた場合」が解除事由として記載されていなくても（本条項により解除しなくても）、当事者の一方が破産手続の開始決定を受けた場合は契約自体効力を失うことになります。

▶ 第5条（遅延損害金・損害賠償） 重要度B

> 1 乙が期限の利益を喪失したときは、期限の利益を喪失した日の翌日から支払済みに至るまで、残元金に対する年14.6％（年365日日割計算）の割合による遅延損害金を支払うものとする。
> 2 甲が本契約に基づき金銭を貸し渡す義務を怠った場合、甲は、これにより乙が被った損害を賠償する。

遅延損害金利率の定めがないときの利率は法定利率によるとされているところ、民法改正により法定利率が年5％から3％（その後3年ごとに見直しが行われます）となり（改正民法404条）、遅延損害金利率もこれに連動します（改正民法419条）。また、同改正により、商事法定利率（6％）は廃止されます。
当事者間で、法定利率とは異なる利率を定めることも可能です。民法改正により、法定利率は3年ごとに見直される変動制となることから、遅延損害金利率について定めを置くことが、より重要となります。
もっとも、遅延損害金を約定する場合でも、利息制限法等により、以下のと

おり上限が定められていますので、ご注意ください（利息制限法4条1項、同法1条、出資法5条2項）。

元本の額が10万円未満の場合	年29.2%
元本の額が10万円以上100万円未満の場合	年26.28%
元本の額が100万円以上の場合	年21.9%
貸金業者の場合	年20%

【損害賠償に関する規定内容を変更する】

・貸主の損害賠償について賠償額の算出方法を定める場合・　　〔借主有利〕

> 2　甲が本契約に基づき金銭を貸し渡す義務を怠った場合、甲は、これにより乙が被った損害を賠償する。この場合の損害額は、乙が他で同額の資金を調達するために要した費用の額とする。

・貸主の損害賠償について違約金を設ける場合・　　〔借主有利〕

> 2　甲が本契約に基づき金銭を貸し渡す義務を怠った場合、甲は、これにより乙が被った損害を賠償する。この場合の損害額は、金〇〇円とする。

第6条（乙（借主）による解約）　重要度A

> 乙は、甲から第2条記載の金員を受領するまでは、本契約を解除することができる。ただし、乙は、甲に対し、これにより甲が被った損害を賠償する。

【解除時の取扱いについて規定する】

・借主が損害賠償義務を負わないこととする場合・ 〔借主有利〕

> 乙は、甲から第2条記載の金員を受領するまでは、甲に対して賠償義務を負うことなく、本契約を解除することができる。

・解除時の損害賠償につき損害額の算出方法を定める場合・ 〔貸主有利〕

> 乙は、甲から第2条記載の金員を受領するまでは、本契約を解除することができる。ただし、この場合、乙は、甲に対し、甲が当該貸付金を調達するために要した費用を賠償しなければならない。

・違約金を定める場合・ 〔貸主有利〕

> 乙は、甲から第2条記載の金員を受領するまでは、本契約を解除することができる。ただし、この場合、乙は、甲に対し、違約金として金〇〇円を支払う。

第7条（期限前返済） 重要度B

> 乙は、返済の時期の定めにかかわらず、いつでも期限前に返済することができる。ただし、乙は、甲に対し、これにより甲が被った損害を賠償する。

【期限前返済時の取扱いについて規定する】

・返済の前に通知を求める場合・ 〔貸主有利〕

> 乙は、返済の時期の定めにかかわらず、いつでも期限前に返済することができる。この場合、乙は、甲に対し、期限前返済する〇日前までに書面にて期限前返済する旨の通知を行わなければならず、また、甲が被った損害を賠償する。

・借主の損害賠償を免除する場合・　　　　　　　　　　〔借主有利〕

> 乙は、返済の時期の定めにかかわらず、いつでも期限前に返済することができる。この場合、乙は、甲に対し、何ら損害を賠償する責を負わない。

・違約金の定めをする場合・　　　　　　　　　　　　　〔貸主有利〕

> 乙は、返済の時期の定めにかかわらず、いつでも期限前に返済することができる。この場合、乙は、甲に対し、以下の計算式で算出される損害金を賠償する。
> 　（計算式：略）

▶ 第8条（反社会的勢力の排除）　重要度 B

> 1　甲及び乙は、自己又は自己の役員が、暴力団、暴力団関係企業、総会屋もしくはこれらに準ずる者又はその構成員（以下これらを「反社会的勢力」という。）に該当しないこと、及び次の各号のいずれにも該当しないことを表明し、かつ将来にわたっても該当しないことを相互に確約する。
> 　①　反社会的勢力に自己の名義を利用させること
> 　②　反社会的勢力が経営を実質的に支配していると認められる関係を有すること
> 2　甲又は乙は、前項の一つにでも違反することが判明したときは、何らの催告を要せず、本契約を解除することができる。
> 3　本条の規定により本契約が解除された場合には、解除された者は、解除により生じる損害について、その相手方に対し一切の請求を行わない。

【対象者を限定する】

・借主のみを対象とする場合・　　　　　　　　　　　　〔貸主有利〕

> 1　乙は、自己又は自己の役員が、暴力団、暴力団関係企業、総会屋も

> しくはこれらに準ずる者又はその構成員（以下これらを「反社会的勢力」という。）に該当しないこと、及び次の各号のいずれにも該当しないことを表明し、かつ将来にわたっても該当しないことを<u>確約</u>する。
> ① 反社会的勢力に自己の名義を利用させること
> ② 反社会的勢力が経営を実質的に支配していると認められる関係を有すること
> 2 <u>甲</u>は、乙が前項の一つにでも違反することが判明したときは、何らの催告を要せず、本契約を解除することができる。

【賠償額を具体的に規定する】

・具体的な賠償額の予定を行う場合・

> 4 本条の規定により本契約が解除された場合には、解除された者は、その相手方に対し、違約金として金〇〇円を支払うものとする。

第9条（協議解決） 重要度C

> 本契約に定めのない事項又は本契約の解釈について疑義が生じたときは、甲及び乙は誠意をもって協議のうえ解決する。

【紛争解決方法について具体的に規定する】

・具体的な紛争解決機関を指定する場合・

> 本契約に定めのない事項又は本契約の解釈について疑義が生じたときは、<u>訴訟提起以前に紛争解決センターが主催するADRにおいて協議を試みなければならない</u>。

・仲裁者をあらかじめ定める場合・

> 本契約に定めのない事項又は本契約の解釈について疑義が生じたときは、<u>○○○○を仲裁者と定め、三者において</u>誠意をもって協議のうえ解決する。

【契約の当事者を追加する】

・連帯保証人（丙）がいる場合・　　　　　　　　　　　〔貸主有利〕

> 本契約に定めのない事項又は本契約の解釈について疑義が生じたときは、<u>甲、乙及び丙は</u>誠意をもって協議のうえ解決する。

・連帯保証人が複数（丙および丁）いる場合・　　　　　〔貸主有利〕

> 本契約に定めのない事項又は本契約の解釈について疑義が生じたときは、<u>甲、乙、丙及び丁は</u>誠意をもって協議のうえ解決する。

第10条（合意管轄）　重要度B

> 甲及び乙は、本契約に関し裁判上の紛争が生じたときは、訴額等に応じ、東京簡易裁判所又は東京地方裁判所を専属的合意管轄裁判所とすることに合意する。

【合意管轄裁判所を変更する】

・いずれかの本店所在地を管轄する裁判所とする場合・

> 甲及び乙は、本契約に関し裁判上の紛争が生じたときは、<u>甲又は乙の本店所在地を管轄する裁判所</u>を専属的合意管轄裁判所とすることに合意する。

・いずれかの本店所在地または支店所在地を管轄する裁判所とする場合・

> 甲及び乙は、本契約に関し裁判上の紛争が生じたときは、<u>甲又は乙の本店所在地もしくは支店所在地を管轄する裁判所</u>を専属的合意管轄裁判所とすることに合意する。

・貸主の本店所在地を管轄する裁判所とする場合・　　　　　〔貸主有利〕

> 甲及び乙は、本契約に関し裁判上の紛争が生じたときは、訴額等に応じ、<u>甲の本店所在地を管轄する簡易裁判所又は地方裁判所</u>を専属的合意管轄裁判所とすることに合意する。

・借主の本店所在地を管轄する裁判所とする場合・　　　　　〔借主有利〕

> 甲及び乙は、本契約に関し裁判上の紛争が生じたときは、訴額等に応じ、<u>乙の本店所在地を管轄する簡易裁判所又は地方裁判所</u>を専属的合意管轄裁判所とすることに合意する。

【契約の当事者を追加する】

・連帯保証人（丙）がいる場合・　　　　　　　　　　　　　〔貸主有利〕

> <u>甲、乙及び丙</u>は、本契約に関し裁判上の紛争が生じたときは、訴額等に応じ、東京簡易裁判所又は東京地方裁判所を専属的合意管轄裁判所とすることに合意する。

・連帯保証人が複数（丙および丁）いる場合・　　　　　　　〔貸主有利〕

> <u>甲、乙、丙及び丁</u>は、本契約に関し裁判上の紛争が生じたときは、訴額等に応じ、東京簡易裁判所又は東京地方裁判所を専属的合意管轄裁判所とすることに合意する。

▶ 後文

> 本契約締結の証として、本契約書2通を作成し、甲乙相互に署名又は記名・捺印のうえ、各1通を保有することとする。

【契約書の作成方法を変更する】

・1通のみ原本を作成し、当事者の一方は写しのみを保管する場合・

> 本契約締結の証として、本契約書1通を作成し、甲乙相互に署名又は記名・捺印のうえ、〔甲／乙〕が原本を保有し、〔乙／甲〕が写しを保有することとする。

【契約の当事者を追加する】

・連帯保証人（丙）がいる場合・　　　　　　　　　　〔貸主有利〕

> 本契約締結の証として、本契約書3通を作成し、甲乙丙相互に署名又は記名・捺印のうえ、各1通を保有することとする。

・連帯保証人が複数（丙および丁）いる場合・　　　　〔貸主有利〕

> 本契約締結の証として、本契約書4通を作成し、甲乙丙丁相互に署名又は記名・捺印のうえ、各1通を保有することとする。

その他の役立つ条項

- ■ 契約締結前後の手続きについて定める場合 …………………… 634ページ
- ■ 契約に係る取扱いについて定める場合 ……………………………… 635ページ
- ■ 連帯保証人／担保に関する規定を盛り込む場合 …………………… 636ページ
- ■ 企業秘密等の守秘について盛り込む場合 …………………………… 637ページ
- ■ 状況の変化が生じたときの取扱いについて定める場合 …………… 637ページ
- ■ 費用の負担について定める場合 ……………………………………… 638ページ
- ■ 海外企業との取引である場合に、取扱いについて定める場合 …… 638ページ

◆契約締結前後の手続きについて定める場合

・公正証書を作成する・　　　　　　　　　　　　　　　　〔貸主有利〕

> 第○条（公正証書の作成）
> 　乙は、本契約に基づく債務について強制執行認諾文言付の公正証書の作成に応じなければならない。なお、公正証書の作成費用は乙の負担とする。

> 第○条（公正証書の作成）　※連帯保証人（丙）がいる場合
> 　乙及び丙は、本契約及び連帯保証契約に基づく債務について強制執行認諾文言付の公正証書の作成に応じなければならない。なお、公正証書の作成費用は乙の負担とする。

・抵当権を設定する・　　　　　　　　　　　　　　　　　〔貸主有利〕

> 第○条（抵当権の設定）
> 1　乙は、本契約に基づく債務の担保として、後記表示不動産に順位○番の抵当権を設定する。
> 2　乙は、甲の指示により、甲のため直ちに必要な抵当権設定登記手続を完了しなければならない。なお、登記費用は乙の負担とする。

◆契約に係る取扱いについて定める場合

・借主に通知義務を課す・　　　　　　　　　　　　　　〔貸主有利〕

> 第○条（通知義務）
> 　乙は、次の各号のいずれか一つに該当するときは、甲に対し、予めその旨を書面により通知しなければならない。
> 　①　住所の移転
> 　②　勤務先・職業の変更

> 第○条（通知義務）　※連帯保証人（丙）がいる場合
> 　乙及び丙は、次の各号のいずれか一つに該当するときは、甲に対し、予めその旨を書面により通知しなければならない。
> 　①　住所の移転
> 　②　勤務先・職業の変更
> 　③　丙の死亡

なお、借主が会社の場合は、次のように規定するとよいでしょう。

> 第○条（通知義務）
> 　乙は、次の各号のいずれか一つに該当するときは、甲に対し、予めその旨を書面により通知しなければならない。
> 　①　本店所在地の移転
> 　②　代表者の変更
> 　③　重要な株主の変更

・債権譲渡を禁止する・　　　　　　　　　　　　　　〔借主有利〕

債権譲渡は原則として自由ですが（民法466条1項）、次のような債権譲渡禁止の条項を設けておくと、当初の貸主である甲以外の者に債権が譲渡され、その者から請求を受ける可能性が軽減できますので、借主にとっては安心でしょう。ただし、債権譲渡禁止特約を知らずに譲り受けた者には、特約の効果を主張することはできません。

> 第○条（債権譲渡禁止）
> 　甲は、本契約に基づき発生した債権を、乙の事前の書面による承諾なくして、第三者に譲渡してはならない。

・借主からの相殺を認める・　　　　　　　　　　　　　　　〔借主有利〕

> 第○条（相殺）
> 　乙は、本契約に基づく債務と期限の到来している乙の甲に対する預金その他の債権とを、本契約に基づく債務の期限が未到来であっても、対当額において相殺することができる。

・弁済充当方法について、貸主に一任することとする・　　　　　〔買主有利〕

> 第○条（弁済充当）
> 　乙の弁済金の本件貸付金への充当の順序、金額は、甲が任意に指定することができる。

◆連帯保証人（丙）／担保に関する規定を盛り込む場合

・連帯保証人の変更について規定する・　　　　　　　　　　　〔貸主有利〕

> 第○条（連帯保証人の死亡等）
> 　甲は、丙が死亡した場合、もしくは債権保全のために必要と認めたときは、乙に対し、連帯保証人の追加・変更を求めることができる。この場合、乙は、直ちに甲が適当と認める連帯保証人を立てるものとする。

・連帯保証人の求償権行使を制限する・　　　　　　　　　　　〔貸主有利〕

> 第○条（求償権の制限）
> 　丙が保証債務を履行した場合、丙は、甲と乙との取引継続中は、甲の同意がなければ、代位によって甲から取得した権利を行使できないものとする。

・代担保・増担保、連帯保証人の追加を設定する・　　　　　　　　〔貸主有利〕

> 第○条（代担保・増担保、連帯保証人の追加）
> 　甲は、丙が死亡した場合、もしくは債権保全のために必要と認めたときは、乙に対し、代担保、増担保の提供もしくは連帯保証人の追加を求めることができる。この場合、乙は、直ちに甲が相当と認める代担保、増担保を提供し又は連帯保証人を立てるものとする。

◆企業秘密等の守秘について盛り込む場合

・守秘義務について明記する・

> 第○条（守秘義務）
> 1　甲及び乙は、本契約期間中はもとより終了後も、本契約に基づき相手方から開示された情報を守秘し、第三者に開示してはならない。
> 2　前項の守秘義務は、前項の情報が以下のいずれかに該当する場合には適用しない。
> 　①　公知の事実又は当事者の責に帰すべき事由によらずして公知となった事実
> 　②　第三者から適法に取得した事実
> 　③　開示の時点で保有していた事実
> 　④　法令、政府機関、裁判所の命令により開示が義務付けられた事実

◆状況の変化が生じたときの取扱いについて定める場合

・著しい事情の変更が生じたときの対処方法を記載する・

> 第○条（事情の変更）
> 　甲又は乙が、本契約の締結後、天変地異、法令の制定又は改廃、その他著しい事情の変更により、本契約に定める義務を履行することが不可能又は著しく困難となったと認められる場合は、当該定めを変更するため協議することができる。

◆費用の負担について定める場合

・費用の負担について定める・

> 第○条（費用負担）
> 　本契約の締結に要する印紙その他の費用は、甲乙が各々の費用を負担するものとする。

・1通のみ原本を作成する場合に、印紙代を借主負担とする・　〔貸主有利〕

> 第○条（費用負担）
> 　本契約の締結に要する印紙その他の費用は、乙の負担とする。
> 　（略）
> 　本契約締結の証として、本契約書1通を作成し、甲乙相互に署名又は記名・捺印のうえ、乙が原本を保有し、甲が写しを保有することとする。

・1通のみ原本を作成する場合に、印紙代を貸主負担とする・　〔借主有利〕

> 第○条（費用負担）
> 　本契約の締結に関する印紙その他の費用は、甲の負担とする。
> 　（略）
> 　本契約締結の証として、本契約書1通を作成し、甲乙相互に署名又は記名・捺印のうえ、甲が原本を保有し、乙が写しを保有することとする。

◆海外企業との取引である場合に、取扱いについて定める場合

・準拠法を日本法と定める・

> 第○条（準拠法）
> 　本契約は日本法に準拠し、同法によって解釈されるものとする。

チェックポイント

あなたが貸主の場合は、最低限以下の点をチェックしましょう。

- ☐ 契約の目的が明確か
- ☐ 契約の当事者が明らかであるか
- ☐ 貸付金額・貸付日が明確に記載されているか
- ☐ 弁済期が明確に記載されているか
- ☐ （分割払いの場合）分割金の月額、回数の合計額が、貸付金額に合っているか
- ☐ 損害賠償義務が過大になっていないか
- ☐ 遅延損害金が規定されているか
- ☐ 適切な期限の利益喪失条項が設けられているか
- ☐ 利息・遅延損害金が法定の上限を超えていないか
- ☐ 合意管轄裁判所が不利になっていないか

あなたが借主の場合は、最低限以下の点をチェックしましょう。

- ☐ 契約の目的が明確か
- ☐ 契約の当事者が明らかであるか
- ☐ 貸付金額が明確に記載されているか
- ☐ 弁済期が明確に記載されているか
- ☐ （分割払いの場合）分割金の月額、回数の合計額が、貸付金額に合っているか
- ☐ 利息・遅延損害金が過度に高利率になっていないか
- ☐ 期限の利益喪失事由が厳しく規定されていないか
- ☐ 金銭授受前の解約や一括返済における際の損害賠償が不利になっていないか
- ☐ 合意管轄裁判所が不利になっていないか

4 抵当権設定契約書

抵当権設定契約書

　(抵当権者)○○○○(以下「甲」という。)及び(抵当権設定者)○○○○(以下「乙」という。)は、本日、次のとおり抵当権設定契約(以下「本契約」という。)を締結する。

第1条　(設定契約)

　乙は、債務者○○○○(以下「丙」という。)の委託により、丙と債権者甲との間の平成○年○月○日付金銭消費貸借契約における以下の貸金債務の履行を担保するため、甲に対し、乙所有の下記物件(以下「本物件」という。)に順位1番の抵当権を設定した。

〈被担保債権〉
- ①　元　　金　　金○○円
- ②　利　　息　　年○％(年365日日割計算)
- ③　弁　済　期　　元本については、令和○年○月から令和○年○月まで、毎月○日限り、各金○○円(○回払)
  　　　　　　　　利息については、令和○年○月から令和○年○月まで、毎月○日限り
- ④　支払方法　　以下の口座に、元利金を振込送金する方法で支払う(振込手数料は乙負担)。
  　　　　　　　　○○銀行○○支店　　普通預金

【この契約書を用いるケース】
☑ 貸金債務を担保するために、第三者の所有物件に抵当権を設定する場合
　⇨貸金債務者の所有物件に抵当権を設定する場合は本章**2**（金銭消費貸借契約の応用部分参照）、集合動産譲渡担保を設定する場合は本章**7**、質権設定をする場合は本章**8**

● 前　文

【応用】契約の内容を変更する　　…▶　646 ページ
　　　　契約の当事者を追加する　…▶　647 ページ

● 設定契約　　重要度 A

抵当権の被担保債権、抵当目的物の内容を明確にします。

【応用】対象となる物件／被担保債権の表示方法を変更する　　…▶　649 ページ
　　　　契約に係る確認事項について記載する　…▶　650 ページ

　　　　　　　　口座番号　　○○○○○○
　　　　　　　　口座名義　　○○○○○○
〈本物件〉
　　所　　在　　東京都新宿区○○町○丁目○番○号
　　家屋番号　　○番○
　　種　　類　　○○
　　構　　造　　○○
　　床 面 積　　○○平方メートル

第2条　（設定登記）

　　乙は、本契約締結後、直ちに甲のために本物件について抵当権設定登記手続を行う。登記費用は乙の負担とする。

第3条　（反社会的勢力の排除）

1　甲及び乙は、自己又は自己の役員が、暴力団、暴力団関係企業、総会屋もしくはこれらに準ずる者又はその構成員（以下これらを「反社会的勢力」という。）に該当しないこと、及び次の各号のいずれにも該当しないことを表明し、かつ将来にわたっても該当しないことを相互に確約する。
　　① 反社会的勢力に自己の名義を利用させること
　　② 反社会的勢力が経営を実質的に支配していると認められる関係を有すること
2　甲又は乙は、前項の一つにでも違反することが判明したときは、何らの催告を要せず、本契約を解除することができる。
3　本条の規定により本契約が解除された場合には、解除された者は、解除により生じる損害について、その相手方に対し一切の請求を行わない。

第4条　（協議解決）

　　本契約に定めのない事項又は本契約の解釈について疑義が生じ

- ●設定登記　重要度 A

  対抗要件となる登記を直ちにする義務を明確にします。登記費用を負担する主体も明確にしておくとよいでしょう。

  【応用】登記費用の負担者を変更する　・・▶　651 ページ
  　　　　登記手続について規定する　　　・・▶　652 ページ

- ●反社会的勢力の排除　重要度 B

  契約当事者が反社会的勢力と関わっていることが判明した場合に、即座に契約関係を解消することができるようにするために規定しています。

  【応用】対象者を限定する　　　　　・・▶　653 ページ
  　　　　賠償額を具体的に規定する　・・▶　653 ページ

- ●協議解決　重要度 C

  協議により紛争回避を図る可能性を探るために規定しています。なお、この規定に法的な拘束力はありません。

  【応用】紛争解決方法について具体的に規定する　・・▶　654 ページ
  　　　　契約の当事者を追加する　・・▶　654 ページ

たときは、甲及び乙は誠意をもって協議のうえ解決する。

第5条 （合意管轄）
　甲及び乙は、本契約に関し裁判上の紛争が生じたときは、訴額等に応じ、東京簡易裁判所又は東京地方裁判所を専属的合意管轄裁判所とすることに合意する。

　本契約締結の証として、本契約書2通を作成し、甲乙相互に署名又は記名・捺印のうえ、各1通を保有することとする。

令和　　年　　月　　日
　　　　　　　　　　　甲

　　　　　　　　　　　　　　　　　　　㊞

　　　　　　　　　　　乙

　　　　　　　　　　　　　　　　　　　㊞

※　抵当権の設定を内容とする契約書には印紙税は課税されません。

● **合意管轄**　　**重要度 B**

紛争が生じた際に自己に有利な管轄裁判所において裁判を行うための規定です。

【応用】合意管轄裁判所を変更する　　・・・▶　654 ページ
　　　　契約の当事者を追加する　　　　・・・▶　655 ページ

● **後　　文**

【応用】契約書の作成方法を変更する　　・・・▶　656 ページ
　　　　契約の当事者を追加する　　　　・・・▶　656 ページ

作成のテクニック

前文

> （抵当権者）〇〇〇〇（以下「甲」という。）及び（抵当権設定者）〇〇〇〇（以下「乙」という。）は、本日、次のとおり抵当権設定契約（以下「本契約」という。）を締結する。

【契約の内容を変更する】

・根抵当権を設定する場合・　　　　　　　　　　　〔抵当権者有利〕

> （抵当権者）〇〇〇〇（以下「甲」という。）及び（根抵当権設定者）〇〇〇〇（以下「乙」という。）は、本日、次のとおり<u>根抵当権設定契約</u>（以下「本契約」という。）を締結する。

・共同抵当権を設定する場合・　　　　　　　　　　〔抵当権者有利〕

> （抵当権者）〇〇〇〇（以下「甲」という。）及び（抵当権設定者）〇〇〇〇（以下「乙」という。）は、本日、次のとおり抵当権設定契約（以下「本契約」という。）を締結する。
>
> 第1条（設定契約）
> 　乙は、債務者〇〇〇〇（以下「丙」という。）の委託により、丙と債権者甲との間の令和〇年〇月〇日付金銭消費貸借契約における以下の貸金債務の履行を担保するため、甲に対し、<u>乙所有の下記2つの物件（以下「本物件1」及び「本物件2」といい、合わせて「本物件」という。）に共同担保としていずれも順位1番の抵当権を設定</u>した。
> 　〈被担保債権〉
> 　　（略）
> 　〈本物件1〉
> 　　所　　在　　東京都新宿区〇〇町〇丁目〇番〇号
> 　　家屋番号　　〇番〇
> 　　種　　類　　〇〇

```
        構　　造    ○○
        床 面 積    ○○平方メートル
    〈本物件2〉
        所　　在    東京都新宿区○○町○丁目○番○号
        家屋番号    ○番○
        種　　類    ○○
        構　　造    ○○
        床 面 積    ○○平方メートル
```

【契約の当事者を追加する】

・抵当権設定者が複数（乙および丙）の場合・　　　　　　〔抵当権者有利〕

　（抵当権者）○○○○（以下「甲」という。）、（抵当権設定者）○○○○（以下「乙」という。）及び（抵当権設定者）○○○○（以下「丙」という。）は、本日、次のとおり抵当権設定契約（以下「本契約」という。）を締結する。

第1条（設定契約）
　乙は、債務者○○○○（以下「丁」という。）の委託により、丁と債権者甲との間の令和○年○月○日付金銭消費貸借契約における以下の貸金債務の履行を担保するため、甲に対し、乙所有の下記物件（以下「本物件1」という。）に順位1番の抵当権を設定し、また、丙は、同債務の履行を担保するため、甲に対し、丙所有の下記物件（以下「本物件2」という。「本物件1」と「本物件2」を合わせて「本物件」という。）に順位1番の抵当権を設定した。
〈被担保債権〉
　（略）
〈本物件1〉
```
        所　　在    東京都新宿区○○町○丁目○番○号
        家屋番号    ○番○
        種　　類    ○○
        構　　造    ○○
        床 面 積    ○○平方メートル
```

〈本物件2〉
　　所　　在　　東京都新宿区○○町○丁目○番○号
　　家屋番号　　○番○
　　種　　類　　○○
　　構　　造　　○○
　　床 面 積　　○○平方メートル
（略）
　本契約締結の証として、本契約書3通を作成し、甲乙丙相互に署名又は記名・捺印のうえ、各1通を保有することとする。
（略）

　　　　　　　　　　　　　丙
　　　　　　　　　　　　　　　　　　　　　　　　　　㊞

第1条（設定契約）　重要度 A

乙は、債務者○○○○（以下「丙」という。）の委託により、丙と債権者甲との間の令和○年○月○日付金銭消費貸借契約における以下の貸金債務の履行を担保するため、甲に対し、乙所有の下記物件（以下「本物件」という。）に順位1番の抵当権を設定した。
〈被担保債権〉
① 元　　　金　　金○○円
② 利　　　息　　年○％（年365日日割計算）
③ 弁　済　期　　元本については、令和○年○月から令和○年○月まで、毎月○日限り、各金○○円（○回払）
　　　　　　　　利息については、令和○年○月から令和○年○月まで、毎月○日限り
④ 支払方法　　　以下の口座に、元利金を振込送金する方法で支払う（振込手数料は乙負担）。
　　　　　　　　　○○銀行○○支店　　普通預金
　　　　　　　　　口座番号　　○○○○○○
　　　　　　　　　口座名義　　○○○○○○
〈本物件〉
　　所　　在　　東京都新宿区○○町○丁目○番○号

```
家屋番号    ○番○
種　　類    ○○
構　　造    ○○
床 面 積    ○○平方メートル
```

【対象となる物件／被担保債権の表示方法を変更する】

・物件の数が多い場合（別紙物件目録を使用する場合）・

> 乙は、債務者○○○○（以下「丙」という。）の委託により、丙と債権者甲との間の令和○年○月○日付金銭消費貸借契約における以下の貸金債務の履行を担保するため、甲に対し、乙所有の別紙物件目録記載の物件（以下「本物件」という。）に順位1番の抵当権を設定した。
> 〈被担保債権〉
> 　（略）

・被担保債権の数が多い場合（別紙債権目録を使用する場合）・

> 乙は、債務者○○○○（以下「丙」という。）の委託により、丙と債権者甲との間の別紙債権目録記載の債務の履行を担保するため、甲に対し、乙所有の下記物件（以下「本物件」という。）に順位1番の抵当権を設定した。
> 〈本物件〉
> 　（略）

・共同抵当の場合・

> 乙は、債務者○○○○（以下「丙」という。）の委託により、丙と債権者甲との間の令和○年○月○日付金銭消費貸借契約における以下の貸金債務の履行を担保するため、甲に対し、乙所有の別紙物件目録記載の2つの物件（以下合わせて「本物件」という。）にいずれも順位1番の抵当権を設定した。
> 〈被担保債権〉
> 　（略）

・抵当目的物が立木の場合・

> 乙は、債務者○○○○（以下「丙」という。）の委託により、丙と債権者甲との間の令和○年○月○日付金銭消費貸借契約における以下の貸金債務の履行を担保するため、甲に対し、乙所有の下記立木（以下「本物件」という。）に順位1番の抵当権を設定した。
> 〈被担保債権〉
> 　（略）
> 〈本物件〉
> 　所　　在　　○○県○○郡○○町大字○○字○○
> 　地　　番　　○番
> 　地　　目　　山林
> 　面　　積　　○○平方メートル
> 　樹　　種　　杉
> 　数　　量　　○○平方メートル○本
> 　樹　　齢　　○年
> 　調査年度　　令和○年

【契約に係る確認事項について記載する】

・先順位の抵当権が設定されている場合・

> 1　乙は、債務者○○○○（以下「丙」という。）の委託により、丙と債権者甲との間の令和○年○月○日付金銭消費貸借契約における以下の貸金債務の履行を担保するため、甲に対し、乙所有の下記物件（以下「本物件」という。）に順位2番の抵当権を設定した。
> 　〈被担保債権〉
> 　　（略）
> 　〈本物件〉
> 　　（略）
> 2　甲は、本物件に既に順位1番の抵当権が設定されており、甲が設定を受ける抵当権の順位が2番であることを確認する。

・被担保債権の発生原因証書の写しを添付する場合・

> 1 （略）
> 2 本契約の抵当権によって担保する甲丙間の金銭消費貸借契約書の写しを本契約書の末尾に添付する。

▶第2条（設定登記） 重要度 A

> 乙は、本契約締結後、直ちに甲のために本物件について抵当権設定登記手続を行う。登記費用は乙の負担とする。

【登記費用の負担者を変更する】

・登記費用を債務者（丙）の負担とする場合・

> 乙は、本契約締結後、直ちに甲のために本物件について抵当権設定登記手続を行う。登記費用は<u>丙</u>の負担とする。

・登記費用を抵当権者（甲）の負担とする場合・　　　　〔抵当権設定者有利〕

> 乙は、本契約締結後、直ちに甲のために本物件について抵当権設定登記手続を行う。登記費用は<u>甲</u>の負担とする。

・登記費用を折半とする場合・　　　　　　　　　　　〔抵当権設定者有利〕

> 乙は、本契約締結後、直ちに甲のために本物件について抵当権設定登記手続を行う。登記費用は<u>甲及び乙が折半して負担するものとする。</u>

【登記手続について規定する】

・甲乙共同で抵当権設定登記手続を行う場合・

> 甲及び乙は、本契約締結後、直ちに甲のために本物件について抵当権設定登記手続を行う。登記費用は乙の負担とする。

・登記手続に必要な資料の引渡義務について記載する場合・

> 甲は、本契約締結後、乙の費用で、甲のために本物件について抵当権設定登記手続を行う。乙は、本契約締結後、直ちに丙から登記手続に必要な資料を取得して甲に引き渡さなければならない。

・登記手続終了後に登記事項証明書の交付を求める場合・　〔抵当権者有利〕

> 1　（略）
> 2　乙は、前項の登記手続終了後、直ちに登記事項証明書を甲に引き渡さなければならない。

第3条（反社会的勢力の排除）　重要度B

> 1　甲及び乙は、自己又は自己の役員が、暴力団、暴力団関係企業、総会屋もしくはこれらに準ずる者又はその構成員（以下これらを「反社会的勢力」という。）に該当しないこと、及び次の各号のいずれにも該当しないことを表明し、かつ将来にわたっても該当しないことを相互に確約する。
> 　①　反社会的勢力に自己の名義を利用させること
> 　②　反社会的勢力が経営を実質的に支配していると認められる関係を有すること
> 2　甲又は乙は、前項の一つにでも違反することが判明したときは、何らの催告を要せず、本契約を解除することができる。
> 3　本条の規定により本契約が解除された場合には、解除された者は、解除により生じる損害について、その相手方に対し一切の請求を行

わない。

【対象者を限定する】

・抵当権設定者のみを対象とする場合・　　　　　　　〔抵当権者有利〕

> 1　乙は、自己又は自己の役員が、暴力団、暴力団関係企業、総会屋もしくはこれらに準ずる者又はその構成員（以下これらを「反社会的勢力」という。）に該当しないこと、及び次の各号のいずれにも該当しないことを表明し、かつ将来にわたっても該当しないことを確約する。
> ①　反社会的勢力に自己の名義を利用させること
> ②　反社会的勢力が経営を実質的に支配していると認められる関係を有すること
> 2　甲は、乙が前項の一つにでも違反することが判明したときは、何らの催告を要せず、本契約を解除することができる。

【賠償額を具体的に規定する】

・具体的な賠償額の予定を行う場合・

> 4　本条の規定により本契約が解除された場合には、解除された者は、その相手方に対し、違約金として金〇〇円を支払うものとする。

第4条（協議解決）　重要度C

> 本契約に定めのない事項又は本契約の解釈について疑義が生じたときは、甲及び乙は誠意をもって協議のうえ解決する。

【紛争解決方法について具体的に規定する】

・具体的な紛争解決機関を指定する場合・

> 本契約に定めのない事項又は本契約の解釈について疑義が生じたときは、訴訟提起以前に紛争解決センターが主催するADRにおいて協議を試みなければならない。

・仲裁者をあらかじめ定める場合・

> 本契約に定めのない事項又は本契約の解釈について疑義が生じたときは、○○○○を仲裁者と定め、三者において誠意をもって協議のうえ解決する。

【契約の当事者を追加する】

・抵当権設定者が複数（乙および丙）の場合・

> 本契約に定めのない事項又は本契約の解釈について疑義が生じたときは、甲、乙及び丙は誠意をもって協議のうえ解決する。

▶ 第5条（合意管轄） 重要度B

> 甲及び乙は、本契約に関し裁判上の紛争が生じたときは、訴額等に応じ、東京簡易裁判所又は東京地方裁判所を専属的合意管轄裁判所とすることに合意する。

【合意管轄裁判所を変更する】

・抵当権者の本店所在地を管轄する裁判所とする場合・　　〔抵当権者有利〕

> 甲及び乙は、本契約に関し裁判上の紛争が生じたときは、訴額等に応じ、甲の本店所在地を管轄する簡易裁判所又は地方裁判所を専属的合意管轄

> 裁判所とすることに合意する。

・抵当権設定者の本店所在地を管轄する裁判所とする場合・
〔抵当権設定者有利〕

> 甲及び乙は、本契約に関し裁判上の紛争が生じたときは、訴額等に応じ、<u>乙の本店所在地を管轄する簡易裁判所又は地方裁判所</u>を専属的合意管轄裁判所とすることに合意する。

・いずれかの本店所在地または支店所在地を管轄する裁判所とする場合・

> 甲及び乙は、本契約に関し裁判上の紛争が生じたときは、訴額等に応じ、<u>甲又は乙の本店所在地もしくは支店所在地を管轄する簡易裁判所又は地方裁判所</u>を専属的合意管轄裁判所とすることに合意する。

・抵当権が設定された不動産所在地を管轄する裁判所とする場合・

> 甲及び乙は、本契約に関し裁判上の紛争が生じたときは、訴額等に応じ、<u>本物件の所在地を管轄する簡易裁判所又は地方裁判所</u>を専属的合意管轄裁判所とすることに合意する。

・債務者（丙）の住所地を管轄する裁判所にする場合・

> 甲及び乙は、本契約に関し裁判上の紛争が生じたときは、訴額等に応じ、<u>丙の住所地を管轄する簡易裁判所又は地方裁判所</u>を専属的合意管轄裁判所とすることに合意する。

【契約の当事者を追加する】

・抵当権設定者が複数（乙および丙）の場合・

> <u>甲、乙及び丙</u>は、本契約に関し裁判上の紛争が生じたときは、訴額等に応じ、東京簡易裁判所又は東京地方裁判所を専属的合意管轄裁判所とすることに合意する。

▶ 後文

> 本契約締結の証として、本契約書2通を作成し、甲乙相互に署名又は記名・捺印のうえ、各1通を保有することとする。

【契約書の作成方法を変更する】

・1通のみ原本を作成し、当事者の一方は写しのみを保管する場合・

> 本契約締結の証として、本契約書1通を作成し、甲乙相互に署名又は記名・捺印のうえ、〔甲／乙〕が原本を保有し、〔乙／甲〕が写しを保有することとする。

【契約の当事者を追加する】

・抵当権設定者が複数(乙および丙)の場合・

> 本契約締結の証として、本契約書3通を作成し、甲乙丙相互に署名又は記名・捺印のうえ、各1通を保有することとする。

その他の役立つ条項

- ■ 契約締結前後の手続きについて定める場合 ……………………… 657 ページ
- ■ 契約に係る取扱いについて定める場合 ……………………………… 657 ページ
- ■ 企業秘密等の守秘について盛り込む場合 ………………………… 659 ページ
- ■ 状況の変化が生じたときの取扱いについて定める場合 …………… 659 ページ
- ■ 費用の負担について定める場合 ……………………………………… 660 ページ
- ■ 海外企業との取引である場合に、取扱いについて定める場合 …… 660 ページ

◆契約締結前後の手続きについて定める場合

・抵当物件に火災保険を付す・　　　　　　　　　　　　〔抵当権者有利〕

> 第○条（火災保険）
> 　乙は、本物件について甲の承諾する内容の火災保険契約を締結し、甲は、当該保険金請求権の上に第○条記載の被担保債権を担保するため質権を設定する。

◆契約に係る取扱いについて定める場合

・契約上の地位および債権債務の譲渡禁止を定める・

> 第○条（権利義務の移転禁止）
> 　甲及び乙は、本契約によって生じた権利義務及び本契約上の地位を第三者に譲渡することができない。

・補償金等による弁済について規定する・　　　　　　　〔抵当権者有利〕

> 第○条（補償金等による弁済）
> 　乙は、本物件につき、譲渡、明渡し、公用徴収その他の原因によって譲渡代金、立退料、補償金、清算金などの債権が生じたときは、その権利を甲に譲渡する等、甲が直接これを受領するために必要な手続きを取らなければならない。この場合、甲はこの権利を取得したうえ、期限の如何にかかわらず被担保債権に充当することができる。

・債務不履行の場合に任意処分を認める・　　　　　　　〔抵当権者有利〕

> 第○条（任意処分）
> 　甲は、丙が第1条の被担保債権につき期限の利益を喪失したときは、本物件を任意に売却してその売却代金を被担保債務の弁済に充当することができる。充当の順序、金額は、甲が任意に指定することができる。

・抵当権者が抵当物件に立ち入ることを認める・　　　〔抵当権者有利〕

> 第○条（立入り）
> 　甲は、本物件を調査するため、事前に乙に通知したうえで、合理的な時間内に本物件に立ち入ることができる。

・抵当物件の処分等を禁止する・　　　　　　　　　　〔抵当権者有利〕

抵当物件の処分等がなされても抵当権を行使することはできますが、事実上、行使が困難になります。そのため、あらかじめ処分等を禁止しておくことがあります。

> 第○条（抵当物件の処分等の禁止）
> 　乙は、予め甲の書面による承諾を得なければ、本物件の全部又は一部を売却する、他の物権や賃貸借を設定する、あるいは現状を変更するなど、甲に損害を及ぼすおそれのある一切の行為をしてはならない。

・抵当物件の調査等を認める・　　　　　　　　　　　〔抵当権者有利〕

> 第○条（抵当物件の調査等）
> 　乙は、甲が乙に対し、債権保全の必要上、本物件の調査及び報告を求めたときは、いつでもこれに応ずる。

◆企業秘密等の守秘について盛り込む場合

・守秘義務について明記する・

> 第○条（守秘義務）
> 1 甲及び乙は、本契約に基づき相手方から開示された情報を守秘し、第三者に開示してはならない。
> 2 前項の守秘義務は、前項の情報が以下のいずれかに該当する場合には適用しない。
>   ① 公知の事実又は当事者の責に帰すべき事由によらずして公知となった事実
>   ② 第三者から適法に取得した事実
>   ③ 開示の時点で保有していた事実
>   ④ 法令、政府機関、裁判所の命令により開示が義務付けられた事実

◆状況の変化が生じたときの取扱いについて定める場合

・抵当権設定者に抵当物件の異動通知義務を課す・　　〔抵当権者有利〕

> 第○条（抵当物件の異動通知義務）
> 　乙は、本物件につき、原因の如何にかかわらず、変更、損傷、滅失その他の本物件の価値を減少させる異動、又は抵当権に不利益を及ぼすおそれのある事実が生じたときは、甲に対し、直ちにその旨を通知しなければならない。

・抵当権設定者の住所等の移動について、通知義務を課す・〔抵当権者有利〕

> 第○条（通知義務）
> 　乙は、次の各号のいずれか一つに該当するときは、甲に対し、予めその旨を書面により通知しなければならない。
>   ① 住所を移転するとき
>   ② 勤務先・職業を変更するとき
>   ③ 本物件が滅失又は毀損したとき

なお、抵当権設定者が会社である場合は、次のように規定するとよいでしょう。

> 第○条（通知義務）
> 　乙は、次の各号のいずれか一つに該当するときは、甲に対し、予めその旨を書面により通知しなければならない。
> ①　本店所在地を移転するとき
> ②　代表者を変更するとき
> ③　重要な株主を変更するとき

◆費用の負担について定める場合

・締結に要する費用は各々が各々の費用を負担することとする・

> 第○条（費用負担）
> 　本契約の締結に要する印紙その他の費用は、甲乙が各々の費用を負担するものとする。

◆海外企業との取引である場合に、取扱いについて定める場合

・準拠法を日本法と定める・

> 第○条（準拠法）
> 　本契約は日本法に準拠し、同法によって解釈されるものとする。

チェックポイント

あなたが抵当権者の場合は、最低限以下の点をチェックしましょう。

- ☐ 契約の当事者が明らかであるか
- ☐ 被担保債権の内容が明確に記載されているか
- ☐ 抵当目的物が特定されているか
- ☐ 抵当権の順位が明記されているか
- ☐ 合意管轄裁判所が不利になっていないか

あなたが抵当権設定者の場合は、最低限以下の点をチェックしましょう。

- ☐ 契約の当事者が明らかであるか
- ☐ 被担保債権の内容が明確に記載されているか
- ☐ 抵当目的物が特定されているか
- ☐ 抵当権の順位が明記されているか
- ☐ 合意管轄裁判所が不利になっていないか

5 代物弁済契約書

収入印紙
※

代物弁済契約書

　（債権者）○○○○（以下「甲」という。）と（債務者）○○○○（以下「乙」という。）は、次のとおり代物弁済契約（以下「本契約」という。）を締結する。

第1条　（代物弁済）
　　乙は、甲に対して負担する以下の債務（以下「本件債務」という。）の代物弁済として、乙所有の以下の物品（以下「本件物品」という。）を譲渡する。

　〈本件債務〉
　　債 権 者　　甲
　　債 務 者　　乙
　　債 権 額　　金○○円
　　発生原因　　令和○年○月○日付売買契約
　　弁 済 期　　令和○年○月○日
　〈本件物品〉
　　商 品 名　　○○○○
　　商品番号　　○○○○
　　数　　量　　○○個

第2条　（交付）
　　乙は、甲に対して、令和○年○月○日限り本件物品を交付し、

【この契約書を用いるケース】
☑ 債務者が弁済のために本来の給付に代えて他の給付をすることにより債権を消滅させる場合

● 前　文

● 代物弁済　　重要度 A

履行する「債務」と弁済する「物」を明記します。

【応用】債務／代物弁済の対象物の特定方法を変更する　…▶　668 ページ
　　　　代物弁済の対象を変更する　…▶　670 ページ

● 交　付　　重要度 A

代物弁済契約は、合意のみでなく物の交付まで要する契約です。

【応用】代物弁済の対象物を変更する　…▶　671 ページ

甲はこれを受領する。

第3条　（損害賠償責任）
　　甲又は乙は、解除、解約又は本契約に違反することにより、相手方に損害を与えたときは、その損害の全て（弁護士費用及びその他の実費を含むが、これに限られない。）を賠償しなければならない。

第4条　（反社会的勢力の排除）
1　甲及び乙は、自己又は自己の役員が、暴力団、暴力団関係企業、総会屋もしくはこれらに準ずる者又はその構成員（以下これらを「反社会的勢力」という。）に該当しないこと、及び次の各号のいずれにも該当しないことを表明し、かつ将来にわたっても該当しないことを相互に確約する。
　①　反社会的勢力に自己の名義を利用させること
　②　反社会的勢力が経営を実質的に支配していると認められる関係を有すること
2　甲又は乙は、前項の一つにでも違反することが判明したときは、何らの催告を要せず、本契約を解除することができる。
3　本条の規定により本契約が解除された場合には、解除された者は、解除により生じる損害について、その相手方に対し一切の請求を行わない。

第5条　（協議解決）
　　本契約に定めのない事項又は本契約の解釈について疑義が生じたときは、甲乙誠意をもって協議のうえ解決する。

第6条　（合意管轄）
　　甲及び乙は、本契約に関し裁判上の紛争が生じたときは、訴額等に応じ、東京簡易裁判所又は東京地方裁判所を専属的合意管

- ●損害賠償責任　**重要度 C**

  損害賠償規定は民法等にも存在しますが、弁護士費用や実費なども賠償対象とするため記載しています。

  【応用】賠償請求権を限定する　　・・・▶　672ページ
  　　　　損害賠償の内容を変更する　・・・▶　672ページ

- ●反社会的勢力の排除　**重要度 B**

  契約当事者が反社会的勢力と関わっていることが判明した場合に、即座に契約関係を解消することができるようにするために規定しています。

  【応用】対象者を限定する　　　　・・・▶　673ページ
  　　　　賠償額を具体的に規定する　・・・▶　674ページ

- ●協議解決　**重要度 C**

  協議により紛争回避を図る可能性を探るため規定しています。なお、この規定に法的な拘束力はありません。

  【応用】紛争解決方法について具体的に規定する　・・・▶　674ページ

- ●合意管轄　**重要度 B**

  紛争が生じた際に自己に有利な管轄裁判所において裁判を行うための規定です。

  【応用】合意管轄裁判所を変更する　・・・▶　675ページ

貸金・担保

5 代物弁済契約書

轄裁判所とすることに合意する。

　本契約締結の証として、本契約書2通を作成し、甲乙相互に署名又は記名・捺印のうえ、各1通を保有することとする。

令和　　年　　月　　日

　　　　　　　　　　甲

　　　　　　　　　　　　　　　　　　　　　　　　㊞

　　　　　　　　　　乙

　　　　　　　　　　　　　　　　　　　　　　　　㊞

※　代物弁済の対象が不動産や債権の場合には、不動産の譲渡に係る契約書（第1号の1文書「不動産、鉱業権、無体財産権、船舶若しくは航空機又は営業の譲渡に関する契約書」）、債権譲渡に係る契約書（第15号文書「債権譲渡又は債務引受けに関する契約書」）として印紙代が必要となります。この場合の契約金額は代物弁済により消滅する債務の金額ですが、代物弁済の目的物の価額が消滅する債務の金額を上回ることにより債権者がその金額を債務者に支払う場合は、その差額を加えた金額となります。

〈**不動産の場合**〉

印紙税額（1通につき）				
1万円	未満			非課税
1万円	以上	10万円	以下	200円
10万円	超	50万円	以下	400円
50万円	超	100万円	以下	1,000円
100万円	超	500万円	以下	2,000円
500万円	超	1,000万円	以下	10,000円
1,000万円	超	5,000万円	以下	20,000円
5,000万円	超	1億円	以下	60,000円
1億円	超	5億円	以下	100,000円
5億円	超	10億円	以下	200,000円
10億円	超	50億円	以下	400,000円
50億円	超			600,000円
契約金額の記載のないもの				200円

［令和2年4月現在］

〈**債権の場合**〉　1通200円

● 後　　文

【応用】契約書の作成方法を変更する　　…▶　676 ページ

作成のテクニック

第1条（代物弁済） 重要度A

乙は、甲に対して負担する以下の債務（以下「本件債務」という。）の代物弁済として、乙所有の以下の物品（以下「本件物品」という。）を譲渡する。
〈本件債務〉
 債 権 者 甲
 債 務 者 乙
 債 権 額 金〇〇円
 発生原因 令和〇年〇月〇日付売買契約
 弁 済 期 令和〇年〇月〇日
〈本件物品〉
 商 品 名 〇〇〇〇
 商品番号 〇〇〇〇
 数 　 量 〇〇個

【債務／代物弁済の対象物の特定方法を変更する】

・契約書を添付して債務を特定する場合・

乙は、別添契約書記載の契約によって発生した甲に対する債務（以下「本件債務」という。）の代物弁済として、乙所有の以下の物品（以下「本件物品」という。）を譲渡する。
〈本件物品〉
 （略）

・債務が多数存在する場合・

乙は、甲に対して負担する別紙債権目録記載の債務（以下「本件債務」という。）の代物弁済として、乙所有の以下の物品（以下「本件物品」という。）を譲渡する。
〈本件物品〉
 （略）

```
【別紙】
                債権目録

1   債権者    甲
    債務者    乙
    債権額    金○○円
    発生原因   令和○年○月○日付売買契約
    弁済期    令和○年○月○日
2  （以下略）
```

• 写真を用いて代物弁済の対象物を特定する場合 •

```
乙は、甲に対して負担する以下の債務（以下「本件債務」という。）の
代物弁済として、別添写真のとおりの乙所有の以下の物品（以下「本件
物品」という。）を譲渡する。
〈本件債務〉
  （略）
〈本件物品〉
  商品名    ○○○○
  商品番号   ○○○○
  数量     ○○個
```

• 代物弁済の対象物が多数存在する場合 •

```
乙は、甲に対して負担する以下の債務（以下「本件債務」という。）の
代物弁済として、乙所有の別紙物品目録記載の物品（以下「本件物品」
という。）を譲渡する。
〈本件債務〉
  （略）
```

```
【別紙】
                物品目録

1   商品名    ○○○○
```

```
        商品番号    ○○○○
        数　量     ○○個
    2　（以下略）
```

【代物弁済の対象を変更する】

・不動産を代物弁済する場合・

```
乙は、甲に対して負担する以下の債務（以下「本件債務」という。）の
代物弁済として、乙所有の以下の不動産（以下「本件不動産」という。）
を譲渡する。
〈本件債務〉
　（略）
〈本件不動産〉
    所　　在    東京都新宿区○○町○丁目○番○号
    家屋番号    ○番○
    種　　類    ○○
    構　　造    ○○
    床 面 積    ○○平方メートル
```

・自動車を代物弁済する場合・

```
乙は、甲に対して負担する以下の債務（以下「本件債務」という。）の
代物弁済として、乙所有の以下の自動車（以下「本件自動車」という。）
を譲渡する。
〈本件債務〉
　（略）
〈本件自動車〉
    車　　名    ○○○○
    登録番号    品川○○○た○○○○
    車台番号    ○○○－○○○○○○○
```

・債権を譲渡する場合・

```
乙は、甲に対して負担する以下の債務（以下「本件債務」という。）の
```

代物弁済として、乙の〇〇〇〇（以下「丙」という。）に対する以下の債権（以下「本件債権」という。）を譲渡する。

〈本件債務〉
　（略）

〈本件債権〉
　債 権 者　　乙
　債 務 者　　丙
　債 権 額　　金〇〇円
　発生原因　　令和〇年〇月〇日付売買契約
　弁 済 期　　令和〇年〇月〇日

第2条（交付）　重要度A

乙は、甲に対して、令和〇年〇月〇日限り本件物品を交付し、甲はこれを受領する。

【代物弁済の対象物を変更する】

・代物弁済の対象が不動産の場合・

乙は、甲に対して、令和〇年〇月〇日限り本件不動産を引き渡すとともに、甲に対する所有権移転登記手続を完了する。

・代物弁済の対象が自動車の場合・

乙は、甲に対して、令和〇年〇月〇日限り本件自動車を引き渡すとともに、甲に対する登録名義の変更を完了する。

・債権を譲渡する場合・

乙は、丙に対し、令和〇年〇月〇日の債権譲渡後直ちに配達証明付内容証明郵便にて本件債権を甲に譲渡した旨を通知しなければならない。

第3条（損害賠償責任） 重要度C

> 甲又は乙は、解除、解約又は本契約に違反することにより、相手方に損害を与えたときは、その損害の全て（弁護士費用及びその他の実費を含むが、これに限られない。）を賠償しなければならない。

【賠償請求権を限定する】

・債務者のみに弁護士費用等の損害賠償請求権を認める場合・〔債務者有利〕

> 甲は、解除、解約又は本契約に違反することにより、乙に損害を与えたときは、その損害の全て（弁護士費用及びその他の実費を含むが、これに限られない。）を賠償しなければならない。

・債権者のみに弁護士費用等の損害賠償請求権を認める場合・〔債権者有利〕

> 乙は、解除、解約又は本契約に違反することにより、甲に損害を与えたときは、その損害の全て（弁護士費用及びその他の実費を含むが、これに限られない。）を賠償しなければならない。

【損害賠償の内容を変更する】

・具体的な賠償額の予定を行う場合・

> 甲又は乙は、本契約の重大な義務に違反することにより、相手方に損害を与えたときは、損害の立証を要することなく本件債務総額（消費税込）の20％相当額を損害金として支払う。ただし、これを超える損害が発生したときは、その超過額も賠償しなければならない。

・損害賠償額を限定する場合・

> 甲又は乙は、解除、解約又は本契約に違反することにより、相手方に損害を与えたときは、本件債務総額（消費税込）を上限として、損害を賠償しなければならない。

・故意または重過失による損害について追加で違約金の支払いを認める場合・

1　（略）
2　甲又は乙は、故意又は重過失により、相手方に損害を与えたときは、本件債務総額（消費税込）の20％相当額の違約金を、前項の損害賠償に加算して支払わなければならない。

第4条（反社会的勢力の排除）　重要度 B

1　甲及び乙は、自己又は自己の役員が、暴力団、暴力団関係企業、総会屋もしくはこれらに準ずる者又はその構成員（以下これらを「反社会的勢力」という。）に該当しないこと、及び次の各号のいずれにも該当しないことを表明し、かつ将来にわたっても該当しないことを相互に確約する。
　① 　反社会的勢力に自己の名義を利用させること
　② 　反社会的勢力が経営を実質的に支配していると認められる関係を有すること
2　甲又は乙は、前項の一つにでも違反することが判明したときは、何らの催告を要せず、本契約を解除することができる。
3　本条の規定により本契約が解除された場合には、解除された者は、解除により生じる損害について、その相手方に対し一切の請求を行わない。

【対象者を限定する】

・債務者のみを対象とする場合・　　　　　　　　　　　　〔債権者有利〕

1　乙は、自己又は自己の役員が、暴力団、暴力団関係企業、総会屋もしくはこれらに準ずる者又はその構成員（以下これらを「反社会的勢力」という。）に該当しないこと、及び次の各号のいずれにも該当しないことを表明し、かつ将来にわたっても該当しないことを確約する。
　① 　反社会的勢力に自己の名義を利用させること

> ② 反社会的勢力が経営を実質的に支配していると認められる関係を有すること
> 2 甲は、乙が前項の一つにでも違反することが判明したときは、何らの催告を要せず、本契約を解除することができる。

【賠償額を具体的に規定する】

・具体的な賠償額の予定を行う場合・

> 4 本条の規定により本契約が解除された場合には、解除された者は、その相手方に対し、違約金として金〇〇円を支払うものとする。

▶第5条（協議解決） 重要度C

> 本契約に定めのない事項又は本契約の解釈について疑義が生じたときは、甲乙誠意をもって協議のうえ解決する。

【紛争解決方法について具体的に規定する】

・具体的な紛争解決機関を指定する場合・

> 本契約に定めのない事項又は本契約の解釈について疑義が生じたときは、訴訟提起以前に独立行政法人国民生活センターが主催するADRにおいて協議を試みなければならない。

・仲裁者をあらかじめ定める場合・

> 本契約に定めのない事項又は本契約の解釈について疑義が生じたときは、〇〇〇〇を仲裁者と定め、三者において誠意をもって協議のうえ解決する。

第6条（合意管轄） 重要度B

> 甲及び乙は、本契約に関し裁判上の紛争が生じたときは、訴額等に応じ、東京簡易裁判所又は東京地方裁判所を専属的合意管轄裁判所とすることに合意する。

【合意管轄裁判所を変更する】

・いずれかの本店所在地を管轄する裁判所とする場合・

> 甲及び乙は、本契約に関し裁判上の紛争が生じたときは、訴額等に応じ、<u>甲又は乙の本店所在地を管轄する簡易裁判所もしくは地方裁判所</u>を専属的合意管轄裁判所とすることに合意する。

・債権者の本店所在地を管轄する裁判所とする場合・　　　　〔債権者有利〕

> 甲及び乙は、本契約に関し裁判上の紛争が生じたときは、訴額等に応じ、<u>甲の本店所在地を管轄する簡易裁判所又は地方裁判所</u>を専属的合意管轄裁判所とすることに合意する。

・債務者の本店所在地を管轄する裁判所とする場合・　　　　〔債務者有利〕

> 甲及び乙は、本契約に関し裁判上の紛争が生じたときは、訴額等に応じ、<u>乙の本店所在地を管轄する簡易裁判所又は地方裁判所</u>を専属的合意管轄裁判所とすることに合意する。

・いずれかの本店所在地または支店所在地を管轄する裁判所とする場合・

> 甲及び乙は、本契約に関し裁判上の紛争が生じたときは、訴額等に応じ、<u>甲又は乙の本店所在地もしくは支店所在地を管轄する簡易裁判所又は地方裁判所</u>を専属的合意管轄裁判所とすることに合意する。

貸金・担保　5 代物弁済契約書

・代物弁済の目的物の所在地を管轄する裁判所とする場合・

> 甲及び乙は、本契約に関し裁判上の紛争が生じたときは、訴額等に応じ、<u>本件物品の所在地を管轄する簡易裁判所又は地方裁判所</u>を専属的合意管轄裁判所とすることに合意する。

▶ 後文

> 　本契約締結の証として、本契約書2通を作成し、甲乙相互に署名又は記名・捺印のうえ、各1通を保有することとする。

【契約書の作成方法を変更する】

・1通のみ原本を作成し、当事者の一方は写しのみを保管する場合・

> 　本契約締結の証として、本契約書<u>1通</u>を作成し、甲乙相互に署名又は記名・捺印のうえ、<u>〔甲／乙〕が原本を保有し、〔乙／甲〕が写しを保有する</u>こととする。

その他の役立つ条項

- ■ 契約に係る取扱いについて定める場合 ………………………… 677 ページ
- ■ 企業秘密等の守秘について盛り込む場合 ……………………… 678 ページ
- ■ 状況の変化が生じたときの取扱いについて定める場合 ……… 678 ページ
- ■ 費用の負担について定める場合 ………………………………… 679 ページ
- ■ 海外企業との取引である場合に、取扱いについて定める場合 …… 679 ページ

◆契約に係る取扱いについて定める場合

・債権者の代物弁済の対象物の検査について規定する・

> 第○条(検査)
> 1 甲は、本件物品の引渡後、○日以内に本件物品を検査し、乙に対して合格又は不合格の通知を書面で行わなければならない。
> 2 甲は、前項の検査により本件物品につき契約不適合又は数量不足等を発見したときは、直ちに理由を記載した書面をもって乙に不合格の通知をしなければならない。本通知がなされないまま前項の期間が経過したときは、本件物品が検査に合格したものとみなす。
> 3 乙は、検査の結果、不合格になったものについては、乙の費用負担で引き取らなければならない。
> 4 乙は、甲による検査結果に関し、疑義又は異議のあるときは、遅滞なく書面によりその旨を申し出て、甲乙協議のうえ解決する。

検査期間を営業日で定める場合は、第1項を次のように変更します。

> 1 甲は、本件物品の引渡後、○営業日以内に本件物品を検査し、乙に対して合格又は不合格の通知を書面で行わなければならない。

また、検査基準を設ける場合は、第1項を次のように変更します。

> 1 甲は、本件物品の引渡後、○日以内に本件物品を検査し、乙に対して合格又は不合格の通知を書面で行わなければならない。なお、当該検査は、別紙検査基準マニュアルに準拠して行われる。

・債務者が一定期間、品質保証を行う・　　　　　　　　　　　〔債権者有利〕

> 第○条（品質保証期間）
> 　乙は、甲に対して、本件物品につき、引渡日から○年間、別紙仕様書どおりの品質性能を有することを保証し、甲の過失によらない故障につき無償で修理を行う。

◆企業秘密等の守秘について盛り込む場合

・守秘義務について明記する・

> 第○条（守秘義務）
> 1　甲及び乙は、本契約に基づき相手方から開示された情報を守秘し、第三者に開示してはならない。
> 2　前項の守秘義務は、前項の情報が以下のいずれかに該当する場合には適用しない。
> 　① 公知の事実又は当事者の責に帰すべき事由によらずして公知となった事実
> 　② 第三者から適法に取得した事実
> 　③ 開示の時点で保有していた事実
> 　④ 法令、政府機関、裁判所の命令により開示が義務付けられた事実

◆状況の変化が生じたときの取扱いについて定める場合

・著しい事情の変更が生じたときの対処方法を記載する・

> 第○条（事情の変更）
> 　甲又は乙が、本契約の締結後、天変地異、法令の制定又は改廃、その他著しい事情の変更により、本契約に定める義務を履行することが不可能又は著しく困難となったと認められる場合は、当該定めを変更するため協議することができる。

◆費用の負担について定める場合

・締結に要する費用は各々が各々の費用を負担することとする・

> 第○条(費用負担)
>   本契約の締結に要する印紙その他の費用は、甲乙が各々の費用を負担とする。

・1通のみ原本を作成する場合に、印紙代を債務者負担とする・〔債権者有利〕

> 第○条(費用負担)
>   本契約の締結に要する印紙その他の費用は、乙の負担とする。
>   (略)
>   本契約締結の証として、本契約書1通を作成し、甲乙相互に署名又は記名・捺印のうえ、乙が原本を保有し、甲が写しを保有することとする。

◆海外企業との取引である場合に、取扱いについて定める場合

・準拠法を日本法と定める・

> 第○条(準拠法)
>   本契約は日本法に準拠し、同法によって解釈されるものとする。

チェックポイント

あなたが債権者の場合は、最低限以下の点をチェックしましょう。

- ☐ 契約の当事者が明らかであるか
- ☐ 代物弁済の対象物は明確に定められているか
- ☐ 本件債務の内容は明確か
- ☐ 損害賠償請求権が不合理に制限されていないか

あなたが債務者の場合は、最低限以下の点をチェックしましょう。

- ☐ 契約の当事者が明らかであるか
- ☐ 代物弁済の対象物は明確に定められているか
- ☐ 本件債務の内容は明確か
- ☐ 損害賠償請求権が不合理に制限されていないか

MEMO

6 準消費貸借契約書

収入印紙 ※

準消費貸借契約書

　（貸主）○○○○（以下「甲」という。）及び（借主）○○○○（以下「乙」という。）は、本日、次のとおり準消費貸借契約（以下「本契約」という。）を締結する。

第1条　（既存債務の確認）

　乙は、甲に対し、甲乙間の令和○年○月○日付売買契約に基づく代金債務のうち、金○○円の残代金債務を負担していることを確認する。

第2条　（準消費貸借の合意）

　甲及び乙は、乙の甲に対する前条の債務を金銭消費貸借契約の目的とすることに合意し、乙は甲に対し以下の条件で弁済する。

① 元　　金　　金○○円
② 利　　息　　年○％（年365日日割計算）
③ 弁 済 期　　元本については、令和○年○月から令和○年○月まで、毎月○日限り、各金○○円（○回払）
　　　　　　　利息については、令和○年○月から令和○年○月まで、毎月○日限り
④ 支払方法　　以下の口座に、元利金を振込送金する方法で支払う（振込手数料は乙負担）。

【この契約書を用いるケース】
　☑ 売買代金債務など、売買などで生じた債務を貸金債務にする場合
　　⇨新たに金銭を貸し付ける場合（金銭消費貸借契約）は本章❷

● 前　文

【応用】契約の当事者を追加する　…▶　689 ページ

● 既存債務の確認　　重要度 A

準消費貸借の目的となる債務の存在を示す条項です。基礎となる債務の存在が準消費貸借契約の成立要件ですから、その債務の内容を明確にすることが必要です。

【応用】既存債務の特定方法を変更する　…▶　691 ページ

● 準消費貸借の合意　　重要度 A

売買などで生じた債務を消費貸借の目的とする合意をします。その債務の利息、弁済期、支払方法を明確にします。

【応用】弁済の条件の記載方法を変更する　…▶　693 ページ
　　　　弁済期を変更する　…▶　693 ページ
　　　　支払方法を変更する　…▶　693 ページ

　　　　　　　○○銀行○○支店　　普通預金
　　　　　　口座番号　　　○○○○○○
　　　　　　口座名義　　　○○○○○○

第3条　（期限の利益喪失）

　乙が次の各号のいずれかに該当した場合、乙は当然に本契約から生じる一切の債務について期限の利益を失い、乙は甲に対して、その時点において乙が負担する債務を直ちに一括して弁済しなければならない。

① 本契約の分割金の支払いを怠ったとき
② 本契約の一つにでも違反したとき
③ 監督官庁から営業停止又は営業免許もしくは営業登録の取消等の処分を受けたとき
④ 差押、仮差押、仮処分、強制執行、担保権の実行としての競売、租税滞納処分その他これらに準じる手続きが開始されたとき
⑤ 破産、民事再生、会社更生又は特別清算の手続開始等の申立てがなされたとき
⑥ 自ら振り出し又は引き受けた手形もしくは小切手が1回でも不渡りとなったとき、又は支払停止状態に至ったとき
⑦ 合併による消滅、資本の減少、営業の廃止・変更又は解散決議がなされたとき
⑧ その他、支払能力の不安又は背信的行為の存在等、本契約を継続することが著しく困難な事情が生じたとき

第4条　（遅延損害金）

　乙が期限の利益を喪失したときは、期限の利益を喪失した日の翌日から支払済みに至るまで、残元金に対する年14.6％（年365日日割計算）の割合による遅延損害金を支払うものとする。

- ●期限の利益喪失　**重要度 A**

  「期限の利益」とは、期限到来までは返済しなくてよいという利益をいいます。
  借主の経済状況が弁済期前に著しく悪化した場合等に全額を請求可能とするために、期限の利益の喪失を規定した条項です。

  【応用】期限の利益喪失事由を追加・変更する　　…▶　694 ページ
  　　　　期限の利益喪失事由に該当した場合の取扱いについて規定する
  　　　　　　　　　　　　　　　　　　　　　　　　　　　…▶　695 ページ

- ●遅延損害金　**重要度 B**

  弁済期に支払いを怠った場合の遅延損害金の条項です。

第5条　（反社会的勢力の排除）

1. 甲及び乙は、自己又は自己の役員が、暴力団、暴力団関係企業、総会屋もしくはこれらに準ずる者又はその構成員（以下これらを「反社会的勢力」という。）に該当しないこと、及び次の各号のいずれにも該当しないことを表明し、かつ将来にわたっても該当しないことを相互に確約する。
   ① 反社会的勢力に自己の名義を利用させること
   ② 反社会的勢力が経営を実質的に支配していると認められる関係を有すること
2. 甲又は乙は、前項の一つにでも違反することが判明したときは、何らの催告を要せず、本契約を解除することができる。
3. 本条の規定により本契約が解除された場合には、解除された者は、解除により生じる損害について、その相手方に対し一切の請求を行わない。

第6条　（協議解決）

本契約に定めのない事項又は本契約の解釈について疑義が生じたときは、甲及び乙は誠意をもって協議のうえ解決する。

第7条　（合意管轄）

甲及び乙は、本契約に関し裁判上の紛争が生じたときは、訴額等に応じ、東京簡易裁判所又は東京地方裁判所を専属的合意管轄裁判所とすることに合意する。

　本契約締結の証として、本契約書2通を作成し、甲乙相互に署名又は記名・捺印のうえ、各1通を保有することとする。

令和　　年　　月　　日

- ●反社会的勢力の排除　　重要度 B

契約当事者が反社会的勢力と関わっていることが判明した場合に、即座に契約関係を解消することができるようにするために規定しています。

【応用】対象者を限定する　　・・・▶　697 ページ
　　　　賠償額を具体的に規定する　・・・▶　698 ページ

- ●協議解決　　重要度 C

協議により紛争回避を図る可能性を探るために規定しています。なお、この規定に法的な拘束力はありません。

【応用】紛争解決方法について具体的に規定する　・・・▶　698 ページ
　　　　契約の当事者を追加する　・・・▶　698 ページ

- ●合意管轄　　重要度 B

紛争が生じた際に自己に有利な管轄裁判所において裁判を行うための規定です。

【応用】合意管轄裁判所を変更する　・・・▶　699 ページ
　　　　契約の当事者を追加する　・・・▶　700 ページ

- ●後　文

【応用】契約書の作成方法を変更する　・・・▶　700 ページ
　　　　契約の当事者を追加する　・・・▶　700 ページ

貸金・担保　6　準消費貸借契約書

甲

㊞

乙

㊞

※ 準消費貸借契約書は、印紙税額一覧表の第1号の3文書(「消費貸借に関する契約書」)に該当しますので、記載された契約金額(元金)に応じた収入印紙を貼付する必要があります。

印紙税額（1通につき）				
1万円	未満			非課税
1万円	以上	10万円	以下	200円
10万円	超	50万円	以下	400円
50万円	超	100万円	以下	1,000円
100万円	超	500万円	以下	2,000円
500万円	超	1,000万円	以下	10,000円
1,000万円	超	5,000万円	以下	20,000円
5,000万円	超	1億円	以下	60,000円
1億円	超	5億円	以下	100,000円
5億円	超	10億円	以下	200,000円
10億円	超	50億円	以下	400,000円
50億円	超			600,000円
契約金額の記載のないもの				200円

〔令和2年4月現在〕

作成のテクニック

■ 前文

> （貸主）○○○○（以下「甲」という。）及び（借主）○○○○（以下「乙」という。）は、本日、次のとおり準消費貸借契約（以下「本契約」という。）を締結する。

【契約の当事者を追加する】

・改正民法に適合した連帯保証人条項を設ける場合・　　　　　　〔貸主有利〕

委託を受けた個人保証人に対し、契約締結時に情報提供を怠る、または虚偽の情報を提供すると、保証契約が取り消されるおそれがあります（改正民法465条の10第2項）。

> （貸主）○○○○（以下「甲」という。）、（借主）○○○○（以下「乙」という。）及び（連帯保証人）○○○○（以下「丙」という。）は、本日、次のとおり準消費貸借契約（以下「本契約」という。）を締結する。
> （略）
> 第○条（連帯保証人）
> 1　丙は、乙の連帯保証人として、本契約により生ずる乙の甲に対する一切の債務の弁済につき、連帯して保証する。
> 2　乙は、丙に対し、別紙のとおり保証契約の前提となる情報を提供し、丙は、別紙の情報の提供を受けたことを確認する。
> 第○条（協議解決）
> 　本契約に定めのない事項又は本契約の解釈について疑義が生じたときは、甲、乙及び丙は誠意をもって協議のうえ解決する。
> 第○条（合意管轄）
> 　甲、乙及び丙は、本契約に関し裁判上の紛争が生じたときは、訴額等に応じ、東京簡易裁判所又は東京地方裁判所を専属的合意管轄裁判所とすることに合意する。
> （略）
> 　本契約締結の証として、本契約書3通を作成し、甲乙丙相互に署名又は記名・捺印のうえ、各1通を保有することとする。

（略）

　　　　　　　　　　　　　　丙

　　　　　　　　　　　　　　　　　　　　　　　　　㊞

【別紙】

乙は、本契約締結時における自らの情報を以下のとおり提供する。

財産及び収支の状況	
主債務以外に負担している債務の有無、額及び履行状況	
主債務の担保として他に提供し又は提供しようとするものの内容	

・連帯保証人を複数つける場合・　　　　　　　　　　〔貸主有利〕

　（貸主）○○○○（以下「甲」という。）、（借主）○○○○（以下「乙」という。）、(連帯保証人)○○○○（以下「丙」という。）及び（連帯保証人）○○○○（以下「丁」という。）は、本日、次のとおり準消費貸借契約（以下「本契約」という。）を締結する。
　（略）
第○条（連帯保証人）
1　丙及び丁は、乙の連帯保証人として、本契約により生ずる乙の甲に対する一切の債務の弁済につき、連帯して保証する。
2　乙は、丙及び丁に対し、別紙のとおり保証契約の前提となる情報を提供し、丙及び丁は、別紙の情報の提供を受けたことを確認する。
第○条（協議解決）
　本契約に定めのない事項又は本契約の解釈について疑義が生じたときは、甲、乙、丙及び丁は誠意をもって協議のうえ解決する。
第○条（合意管轄）
　甲、乙、丙及び丁は、本契約に関し裁判上の紛争が生じたときは、訴額等に応じ、東京簡易裁判所又は東京地方裁判所を専属的合意管轄裁判所とすることに合意する。

(略)

本契約締結の証として、本契約書4通を作成し、甲乙丙丁相互に署名又は記名・捺印のうえ、各1通を保有することとする。

(略)

丙 ㊞
丁 ㊞

【別紙】

乙は、本契約締結時における自らの情報を以下のとおり提供する。

財産及び収支の状況	
主債務以外に負担している債務の有無、額及び履行状況	
主債務の担保として他に提供し又は提供しようとするものの内容	

第1条(既存債務の確認) 重要度 A

乙は、甲に対し、甲乙間の令和〇年〇月〇日付売買契約に基づく代金債務のうち、金〇〇円の残代金債務を負担していることを確認する。

【既存債務の特定方法を変更する】

・契約書を添付して既存債務を特定する場合・

乙は、甲に対し、甲乙間の令和〇年〇月〇日付売買契約(別紙添付契約書参照)に基づく代金債務のうち、金〇〇円の残代金債務を負担していることを確認する。

・複数の債務をまとめて準消費貸借の旧債務とする場合・

> 乙は、甲に対し、以下の債務を負担していることを確認する。
> ① 甲乙間の令和○年○月○日付商品Aの売買契約に基づく代金債務のうち金○○円の残代金債務
> ② 甲乙間の令和○年○月○日付商品Bの売買契約に基づく代金債務のうち金○○円の残代金債務

第2条（準消費貸借の合意） 重要度A

> 甲及び乙は、乙の甲に対する前条の債務を金銭消費貸借契約の目的とすることに合意し、乙は甲に対し以下の条件で弁済する。
> ① 元　　金　　金○○円
> ② 利　　息　　年○％（年365日日割計算）
> ③ 弁 済 期　　元本については、令和○年○月から令和○年○月まで、毎月○日限り、各金○○円（○回払）
> 　　　　　　　利息については、令和○年○月から令和○年○月まで、毎月○日限り
> ④ 支払方法　　以下の口座に、元利金を振込送金する方法で支払う（振込手数料は乙負担）。
> 　　　　　　　○○銀行○○支店　　普通預金
> 　　　　　　　口座番号　　○○○○○○
> 　　　　　　　口座名義　　○○○○○○

金銭消費貸借契約における利息には、以下のように上限が定められています（利息制限法1条）。

元本の額が10万円未満の場合	年20%
元本の額が10万円以上100万円未満の場合	年18%
元本の額が100万円以上の場合	年15%

この上限利息を超える約定利息を定めていた場合、上限利息を超える部分に

ついては無効となります。そして、上限利息を超える支払いがなされたときは、残元本に充当されることになります。また、出資法では、一定以上の高金利で貸付けを行った場合の刑事罰が規定されています（出資法５条）。

【弁済の条件の記載方法を変更する】

・別紙を用いて元金・利息それぞれの返済金額を特定する場合・

> 甲及び乙は、乙の甲に対する前条の債務を金銭消費貸借契約の目的とすることに合意し、乙は甲に対し別紙記載のとおりの条件で弁済する。

【弁済期を変更する】

・一括払いの場合・　　　　　　　　　　　　　　　　　〔貸主有利〕

> ③　弁　済　期　　令和○年○月○日（元利金一括払）

・弁済期によって返済金額が変わる場合・

> ③弁　済　期　　元本については、以下のとおり支払う。
> 　・令和○年○月から令和○年○月まで、毎月○日限り、金○○円
> 　・令和○年○月から令和○年○月まで、毎月○日限り、金△△円
> 　・令和○年○月○日限り、金◇◇円

・利息は一括払いとし、元金は分割払いとする場合・

> ③　弁　済　期　　元本については、令和○年○月から令和○年○月まで、毎月○日限り、各金○○円（○回払）
> 　　　　　　　　利息については、令和○年○月○日限り（一括払）

【支払方法を変更する】

・持参または振込みのいずれかの方法で返済する場合・　　　〔借主有利〕

> ④　支　払　方　法　　乙が甲に対して、元利金を持参もしくは甲の指定する

　　　　　　以下の銀行口座に振込送金する方法で支払う（振込手数料は乙負担）。
　　　　　（振込口座：略）

▶ 第３条（期限の利益喪失）　重要度 A

乙が次の各号のいずれかに該当した場合、乙は当然に本契約から生じる一切の債務について期限の利益を失い、乙は甲に対して、その時点において乙が負担する債務を直ちに一括して弁済しなければならない。
① 本契約の分割金の支払いを怠ったとき
② 本契約の一つにでも違反したとき
③ 監督官庁から営業停止又は営業免許もしくは営業登録の取消等の処分を受けたとき
④ 差押、仮差押、仮処分、強制執行、担保権の実行としての競売、租税滞納処分その他これらに準じる手続きが開始されたとき
⑤ 破産、民事再生、会社更生又は特別清算の手続開始等の申立てがなされたとき
⑥ 自ら振り出し又は引き受けた手形もしくは小切手が１回でも不渡りとなったとき、又は支払停止状態に至ったとき
⑦ 合併による消滅、資本の減少、営業の廃止・変更又は解散決議がなされたとき
⑧ その他、支払能力の不安又は背信的行為の存在等、本契約を継続することが著しく困難な事情が生じたとき

【期限の利益喪失事由を追加・変更する】

・支払滞納につき猶予枠を認める場合・　　　　　　　　　　　〔借主有利〕

① 本契約の分割金の支払いを２回以上怠り、かつ、滞納額の合計が金○○円を超えたとき

・期限の利益喪失事由を多く規定する場合・　　　　　　　　〔貸主有利〕

本条各号に列挙する期限の利益喪失事由に次の条項を加えると、貸主が期限

の利益喪失を主張して一括弁済を請求できる場合が多くなります。

> ○ 甲の事前の書面による承諾なくして、本契約の担保のために設定された担保権の目的物を滅失・毀損させ、又はその担保権の効力を喪失させたとき

> ○ 乙が申告した事実に虚偽があったとき

> ○ 乙が行方不明になったとき

・連帯保証人に関する期限の利益喪失事由を規定する場合・　〔貸主有利〕

> <u>乙又は丙が</u>次の各号のいずれかに該当した場合、乙は当然に本契約から生じる一切の債務について期限の利益を失い、乙は甲に対して、その時点において乙が負担する債務を直ちに一括して弁済しなければならない。
> ① （略）

【期限の利益喪失事由に該当した場合の取扱いについて規定する】

・甲からの通知を要件とする場合・　〔借主有利〕

> 乙が次の各号のいずれかに該当し、<u>甲から期限の利益を喪失させる旨の通知を受けた場合</u>、乙は当然に本契約から生じる一切の債務について期限の利益を失い、乙は甲に対して、その時点において乙が負担する債務を直ちに一括して弁済しなければならない。
> ① （略）

・すべての取引の期限の利益を喪失させる場合・　〔貸主有利〕

借主との間で本契約以外の取引も行っている場合の変更例です。

> 乙が次の各号のいずれかに該当した場合、乙は当然に<u>本契約その他甲との間で締結している全ての契約から生じる一切の債務</u>について期限の利益を失い、乙は甲に対して、その時点において乙が負担する一切の債務を直ちに一括して弁済しなければならない。
> ① （略）

・是正されないときに期限の利益喪失を認める場合・　　　　　〔借主有利〕

> 乙が次の各号のいずれかに該当したときは、甲は、相当の期間を定めて催告を行い、その期間内に是正がなされない場合、乙は期限の利益を失い、乙は甲に対して、その時点において乙が負担する一切の債務を直ちに一括して弁済しなければならない。
> ① （略）

▶ 第4条（遅延損害金） 重要度B

> 乙が期限の利益を喪失したときは、期限の利益を喪失した日の翌日から支払済みに至るまで、残元金に対する年14.6％（年365日日割計算）の割合による遅延損害金を支払うものとする。

遅延損害金利率の定めがないときの利率は法定利率によるとされているところ、民法改正により法定利率が年5％から3％（その後3年ごとに見直しが行われます）となり（改正民法404条）、遅延損害金利率もこれに連動します（改正民法419条）。また、同改正により、商事法定利率（6％）は廃止されます。

当事者間で、法定利率とは異なる利率を定めることも可能です。民法改正により、法定利率は3年ごとに見直される変動制となることから、遅延損害金利率について定めを置くことが、より重要となります。

もっとも、遅延損害金を約定する場合でも、利息制限法等により、以下のとおり上限が定められています。

元本の額が10万円未満の場合	年29.2％
元本の額が10万円以上100万円未満の場合	年26.28％
元本の額が100万円以上の場合	年21.9％
貸金業者の場合	年20％

文例から遅延損害金の条項を削除した場合、遅延損害金の利率は、改正民法

上の金銭消費貸借契約の場合は年3％（ただし、3年ごとに見直しを行う変動利率）となり、借主にとって有利になります。

▶第5条（反社会的勢力の排除）【重要度 B】

> 1　甲及び乙は、自己又は自己の役員が、暴力団、暴力団関係企業、総会屋もしくはこれらに準ずる者又はその構成員（以下これらを「反社会的勢力」という。）に該当しないこと、及び次の各号のいずれにも該当しないことを表明し、かつ将来にわたっても該当しないことを相互に確約する。
> ①　反社会的勢力に自己の名義を利用させること
> ②　反社会的勢力が経営を実質的に支配していると認められる関係を有すること
> 2　甲又は乙は、前項の一つにでも違反することが判明したときは、何らの催告を要せず、本契約を解除することができる。
> 3　本条の規定により本契約が解除された場合には、解除された者は、解除により生じる損害について、その相手方に対し一切の請求を行わない。

【対象者を限定する】

・借主のみを対象とする場合・　　　　　　　　　　　　　　〔貸主有利〕

> 1　<u>乙は</u>、自己又は自己の役員が、暴力団、暴力団関係企業、総会屋もしくはこれらに準ずる者又はその構成員（以下これらを「反社会的勢力」という。）に該当しないこと、及び次の各号のいずれにも該当しないことを表明し、かつ将来にわたっても該当しないことを<u>確約する</u>。
> ①　反社会的勢力に自己の名義を利用させること
> ②　反社会的勢力が経営を実質的に支配していると認められる関係を有すること
> 2　<u>甲は</u>、<u>乙が</u>前項の一つにでも違反することが判明したときは、何らの催告を要せず、本契約を解除することができる。

【賠償額を具体的に規定する】

・具体的な賠償額の予定を行う場合・

> 4　本条の規定により本契約が解除された場合には、解除された者は、その相手方に対し、違約金として金〇〇円を支払うものとする。

▶ 第6条（協議解決）　重要度 C

> 本契約に定めのない事項又は本契約の解釈について疑義が生じたときは、甲及び乙は誠意をもって協議のうえ解決する。

【紛争解決方法について具体的に規定する】

・具体的な紛争解決機関を指定する場合・

> 本契約に定めのない事項又は本契約の解釈について疑義が生じたときは、<u>訴訟提起以前に紛争解決センターが主催するADRにおいて協議を試みなければならない</u>。

・仲裁者をあらかじめ定める場合・

> 本契約に定めのない事項又は本契約の解釈について疑義が生じたときは、<u>〇〇〇〇を仲裁者と定め、三者において</u>誠意をもって協議のうえ解決する。

【契約の当事者を追加する】

・連帯保証人（丙）がいる場合・

> 本契約に定めのない事項又は本契約の解釈について疑義が生じたときは、<u>甲、乙及び丙</u>は誠意をもって協議のうえ解決する。

・連帯保証人が複数（丙および丁）いる場合・

> 本契約に定めのない事項又は本契約の解釈について疑義が生じたときは、甲、乙、丙及び丁は誠意をもって協議のうえ解決する。

第7条（合意管轄） 重要度 B

> 甲及び乙は、本契約に関し裁判上の紛争が生じたときは、訴額等に応じ、東京簡易裁判所又は東京地方裁判所を専属的合意管轄裁判所とすることに合意する。

【合意管轄裁判所を変更する】

・貸主の本店所在地を管轄する裁判所とする場合・　　　　　〔貸主有利〕

> 甲及び乙は、本契約に関し裁判上の紛争が生じたときは、訴額等に応じ、甲の本店所在地を管轄する簡易裁判所又は地方裁判所を専属的合意管轄裁判所とすることに合意する。

・借主の本店所在地を管轄する裁判所とする場合・　　　　　〔借主有利〕

> 甲及び乙は、本契約に関し裁判上の紛争が生じたときは、訴額等に応じ、乙の本店所在地を管轄する簡易裁判所又は地方裁判所を専属的合意管轄裁判所とすることに合意する。

・いずれかの本店所在地または支店所在地を管轄する裁判所とする場合・

> 甲及び乙は、本契約に関し裁判上の紛争が生じたときは、訴額等に応じ、甲又は乙の本店所在地もしくは支店所在地を管轄する簡易裁判所又は地方裁判所を専属的合意管轄裁判所とすることに合意する。

【契約の当事者を追加する】

・連帯保証人（丙）がいる場合・

> 甲、乙及び丙は、本契約に関し裁判上の紛争が生じたときは、訴額等に応じ、東京簡易裁判所又は東京地方裁判所を専属的合意管轄裁判所とすることに合意する。

・連帯保証人が複数（丙および丁）いる場合・

> 甲、乙、丙及び丁は、本契約に関し裁判上の紛争が生じたときは、訴額等に応じ、東京簡易裁判所又は東京地方裁判所を専属的合意管轄裁判所とすることに合意する。

▶ 後文

> 　本契約締結の証として、本契約書2通を作成し、甲乙相互に署名又は記名・捺印のうえ、各1通を保有することとする。

【契約書の作成方法を変更する】

・1通のみ原本を作成し、当事者の一方は写しのみを保有する場合・

> 　本契約締結の証として、本契約書1通を作成し、甲乙相互に署名又は記名・捺印のうえ、〔甲／乙〕が原本を保有し、〔乙／甲〕が写しを保有することとする。

【契約の当事者を追加する】

・連帯保証人（丙）がいる場合・

> 　本契約締結の証として、本契約書3通を作成し、甲乙丙相互に署名又は記名・捺印のうえ、各1通を保有することとする。

・連帯保証人が複数(丙および丁)いる場合・

　本契約締結の証として、本契約書4通を作成し、甲乙丙丁相互に署名又は記名・捺印のうえ、各1通を保有することとする。

その他の役立つ条項

- ■ 契約締結前後の手続きについて定める場合 ……………………… 702 ページ
- ■ 契約に係る取扱いについて定める場合 ………………………… 703 ページ
- ■ 連帯保証人／担保に関する規定を盛り込む場合 ……………… 705 ページ
- ■ 企業秘密等の守秘について盛り込む場合 ……………………… 705 ページ
- ■ 状況の変化が生じたときの取扱いについて定める場合 ……… 706 ページ
- ■ 費用の負担について定める場合 ………………………………… 706 ページ
- ■ 海外企業との取引である場合に、取扱いについて定める場合 …… 706 ページ

◆契約締結前後の手続きについて定める場合

・公正証書を作成する・　　　　　　　　　　　　　　　　〔貸主有利〕

> 第○条（公正証書の作成）
> 　乙は、本契約に基づく債務について、強制執行認諾文言付の公正証書の作成に応じなければならない。なお、公正証書の作成費用は乙の負担とする。

> 第○条（公正証書の作成）　※連帯保証人（丙）がいる場合
> 　乙及び丙は、本契約に基づく債務について、強制執行認諾文言付の公正証書の作成に応じなければならない。なお、公正証書の作成費用は乙の負担とする。

・抵当権を設定する・　　　　　　　　　　　　　　　　　〔貸主有利〕

> 第○条（抵当権の設定）
> 1　乙は、本契約に基づく債務の担保として、後記表示不動産に順位○番の抵当権を設定する。
> 2　乙は、甲の指示により、甲のため直ちに必要な抵当権設定登記手続を完了しなければならない。なお、登記費用は乙の負担とする。

なお、旧債務の保証・担保などは原則として存続しますが、新債務の内容が本来の保証の内容を超えるときは保証人の承諾が必要と考えられています。

・旧債務の取扱いについて明記する・

旧債務の担保・保証が新債務に承継されることを明記する場合には、次の条項を盛り込みます。

> 第○条（担保・保証の承継）
> 　　第1条の債務に付されていた質権、抵当権、保証等は、本契約によって発生した債務に承継されるものとする。

また、旧債務の無効・取消により新債務が不成立となることを明記する場合には、次の条項を盛り込みます。

> 第○条（両債務の有因性）
> 　　第1条の債務が無効又は取り消しうべきものであることが判明した場合、本契約によって債務は発生しないものとする。

◆契約に係る取扱いについて定める場合

・請求により決算書等の提出を命じることができることとする・　　〔貸主有利〕

> 第○条（決算書等の調査等）
> 　　甲が乙に対し、債権保全の必要上、決算書等の財務資料の提出を求めたときは、乙はいつでもこれに応ずる。

・借主に通知義務を課す・　　　　　　　　　　　　　　　　　　〔貸主有利〕

> 第○条（通知義務）
> 　　乙は、次の各号のいずれか一つに該当するときは、甲に対し、予めその旨を書面により通知しなければならない。
> 　①　住所の移転
> 　②　勤務先・職業の変更

> 第○条（通知義務）　※連帯保証人（丙）がいる場合
> 　　乙及び丙は、次の各号のいずれか一つに該当するときは、甲に対し、予めその旨を書面により通知しなければならない。

> ① 住所の移転
> ② 勤務先・職業の変更
> ③ 乙又は丙の死亡

なお、借主が会社の場合は、次のように規定するとよいでしょう。

> 第○条（通知義務）
> 　乙は、次の各号のいずれか一つに該当するときは、甲に対し、予めその旨を書面により通知しなければならない。
> ① 本店所在地の移転
> ② 代表者の変更
> ③ 重要な株主の変更

・債権譲渡を禁止する・　　　　　　　　　　　　　　　　〔借主有利〕

債権譲渡は原則として自由ですが（民法466条1項）、次のような債権譲渡禁止の条項を設けておくと、当初の貸主である甲以外の者に債権が譲渡され、その者から請求を受ける可能性が軽減できますので、借主にとっては安心でしょう。ただし、債権譲渡禁止特約があることを知らずに譲り受けた者には、特約の効果を主張することはできません。

> 第○条（債権譲渡禁止）
> 　甲は、本契約に基づき発生した債権を、乙の事前の書面による承諾なくして、第三者に譲渡してはならない。

・借主からの相殺を認める・　　　　　　　　　　　　　　〔借主有利〕

> 第○条（相殺）
> 　乙は、本契約に基づく債務と期限の到来している乙の甲に対する預金債権その他の債権とを、本契約に基づく債務の期限が未到来であっても、対当額において相殺することができる。

・弁済充当方法について、貸主に一任することとする・　　〔貸主有利〕

> 第○条（弁済充当）
> 　乙の弁済金の本件貸付金への充当の順序、金額は、甲が任意に指定することができる。

◆連帯保証人（丙）／担保に関する規定を盛り込む場合

・連帯保証人の変更について規定する・　　　　　　　　　〔貸主有利〕

> 第○条（連帯保証人の追加・変更）
> 　甲は、丙が死亡した場合、もしくは債権保全のために必要と認めたときは、乙に対し、連帯保証人の追加・変更を求めることができる。この場合、乙は直ちに甲が適当と認める連帯保証人を立てるものとする。

・代担保・増担保、連帯保証人の設定について規定する・　　　〔貸主有利〕

> 第○条（代担保・増担保、連帯保証人）
> 　甲は、丙が死亡した場合、もしくは債権保全のために必要と認めたときは、乙に対し、代担保、増担保の提供もしくは連帯保証人の追加を求めることができる。この場合、乙は直ちに甲が適当と認める代担保、増担保を提供し、又は連帯保証人を立てるものとする。

◆企業秘密等の守秘について盛り込む場合

・守秘義務について明記する・

> 第○条（守秘義務）
> 1　甲及び乙は、本契約に基づき相手方から開示された情報を守秘し、第三者に開示してはならない。
> 2　前項の守秘義務は、前項の情報が以下のいずれかに該当する場合には適用しない。
> 　①　公知の事実又は当事者の責に帰すべき事情によらずして公知となった事実
> 　②　第三者から適法に取得した事実
> 　③　開示の時点で保有していた事実
> 　④　法令、政府機関、裁判所の命令により開示が義務付けられた事実

◆状況の変化が生じたときの取扱いについて定める場合

・著しい状況の変更が生じたときの対処方法を記載する・

> 第○条（事情の変更）
> 　甲又は乙が、本契約の締結後、天変地異、法令の制定又は改廃、その他著しい事情の変更により、本契約に定める義務を履行することが不可能又は著しく困難となったと認められる場合は、当該定めを変更するため協議することができる。

◆費用の負担について定める場合

・締結に要する費用は各々が各々の費用を負担することとする・

> 第○条（費用負担）
> 　本契約の締結に要する印紙その他の費用は、甲乙が各々の費用を負担するものとする。

・1通のみ原本を作成する場合に、印紙代を貸主負担とする・　〔借主有利〕

> 第○条（費用負担）
> 　本契約の締結に要する印紙その他の費用は、甲の負担とする。
> 　（略）
> 　本契約締結の証として、本契約書<u>1通</u>を作成し、甲乙相互に署名又は記名・捺印のうえ、甲が原本を保有し、乙が写しを保有することとする。

◆海外企業との取引である場合に、取扱いについて定める場合

・準拠法を日本法と定める・

> 第○条（準拠法）
> 　本契約は日本法に準拠し、同法によって解釈されるものとする。

チェックポイント

あなたが貸主の場合は、最低限以下の点をチェックしましょう。

- ☐ 契約の当事者が明らかであるか
- ☐ 既存債務の内容が明確に記載されているか
- ☐ 弁済期が明確に記載されているか
- ☐ （分割払いの場合）分割金の月額、回数の合計額が、貸付金額に合っているか
- ☐ 利息・遅延損害金が規定されているか
- ☐ （分割払いの場合）適切な期限の利益喪失条項が設けられているか
- ☐ 利息・遅延損害金が法定の上限を超えていないか
- ☐ 合意管轄裁判所は不利になっていないか

あなたが借主の場合は、最低限以下の点をチェックしましょう。

- ☐ 契約の当事者が明らかであるか
- ☐ 既存債務の内容が明確に記載されているか
- ☐ 弁済期が明確に記載されているか
- ☐ （分割払いの場合）分割金の月額、回数の合計額が、貸付金額に合っているか
- ☐ 利息・遅延損害金が過度に高利率になっていないか
- ☐ （分割払いの場合）期限の利益喪失事由が厳しく規定されていないか
- ☐ 合意管轄裁判所は不利になっていないか

7 集合動産譲渡担保契約書

集合動産譲渡担保契約書

（債権者）〇〇〇〇（以下「甲」という。）及び（債務者）〇〇〇〇（以下「乙」という。）は、本日、次のとおり譲渡担保権設定契約（以下「本契約」という。）を締結する。

第1条　（設定契約）

　乙は、乙の甲に対する以下の被担保債務の履行を担保するため、乙所有の以下の商品（以下「本件商品」という。）を譲渡し、乙は甲に本件商品を占有改定の方法で引き渡した。

〈被担保債務〉

① 元　　金　　金〇〇円
② 利　　息　　年〇％（年365日日割計算）
③ 弁 済 期　　元本については、令和〇年〇月から令和〇年〇月まで、毎月〇日限り、各金〇〇円（〇回払）
　　　　　　　利息については、令和〇年〇月から令和〇年〇月まで、毎月〇日限り
④ 支払方法　　以下の口座に、元利金を振込送金する方法で支払う（振込手数料は乙負担）。
　　　　　　　　〇〇銀行〇〇支店　　普通預金
　　　　　　　　口座番号　　〇〇〇〇〇〇
　　　　　　　　口座名義　　〇〇〇〇〇〇

【この契約書を用いるケース】
☑ 債務を担保するために、債務者所有の集合動産に譲渡担保権を設定する場合
⇨抵当権を設定する場合は本章❹、質権を設定する場合は本章❽

● 前　　文

【応用】契約の当事者を追加する　　・・・▶　716ページ

● 設定契約　　重要度 A

譲渡担保権の被担保債務、担保目的物の内容を明確にします。

【応用】担保目的物／被担保債務の記載方法を変更する　　・・・▶　717ページ
　　　　担保の対象物を変更する　　・・・▶　719ページ
　　　　契約に係る確認事項について記載する　　・・・▶　719ページ

〈本件商品〉
　　東京都新宿区〇〇町〇丁目〇番〇号所在の倉庫（鉄骨陸屋根葺平屋建。床面積〇〇平方メートル）内に存在する乙所有の商品（商品番号〇〇〇〇、品番〇〇〇〇）

第2条　（明認方法）
　　乙は、本契約締結後、直ちに甲のために本件商品が甲所有であることが第三者からも明らかとなるような表示をする。表示のための費用は乙の負担とする。

第3条　（保管義務）
　　乙は、甲の占有代理人として、善良な管理者の注意をもって本件商品を保管する義務を負う。

第4条　（処分・補充）
1　乙は、前条の規定にかかわらず、取引上一般に相当と認められる金額及び方法により本件商品を売却することができる。
2　前項の場合、乙は数量不足分を速やかに補充する。
3　前項により補充された本件商品は、補充された時点でその所有権が甲に移転し、占有改定の方法で引き渡されたものとする。

第5条　（担保権の実行）
　　甲は、乙が第1条の被担保債務につき期限の利益を喪失したときは、本件商品を任意に売却してその売却代金を被担保債務の弁済に充当することができる。充当の順序、金額は甲が任意に指定することができる。

第6条　（清算義務）
1　甲は、前条による本件商品の処分を行ったときは、乙に対し速やかに書面で清算内容を通知する。

● 明認方法　　重要度 A

譲渡人が個人の場合、登記により公示することができないので、他の方法で甲の所有、占有であることを明らかにすべきことを記載します。費用を負担する主体も明確にしておくとよいでしょう。

【応用】表示方法について規定する　　…▶　720 ページ
　　　　表示のための費用の負担者を変更する　　…▶　720 ページ

● 保管義務　　重要度 C

後日の紛争を回避するため、注意的に記載するとよいでしょう。

【応用】保管状況の報告・調査について規定する　　…▶　721 ページ
　　　　商品の取扱いについて規定する　　…▶　721 ページ

● 処分・補充　　重要度 A

集合動産譲渡担保の場合、債務者も処分でき、その代わりを補充することになるので、その点の取決めが必要です。特に、占有改定による引渡しについては重要です。

【応用】売却した場合の取扱いを変更する　　…▶　722 ページ
　　　　売却の可否について規定する　　…▶　723 ページ

● 担保権の実行　　重要度 B

担保権の実行方法を決めておけば、後日の紛争を回避できるでしょう。

【応用】担保権の実行に係る取決めを変更する　　…▶　724 ページ

● 清算義務　　重要度 B

紛争回避のためには、清算方法を記載することが重要です。

【応用】清算時の取扱いを変更する　　…▶　725 ページ
　　　　清算義務が果たされない場合の取扱いについて規定する　　…▶　725 ページ

貸金・担保　7 集合動産譲渡担保契約書

2 前項の清算の結果、甲が乙に対して返還すべき金額が発生したときは、甲は本件商品の処分後〇日以内に乙に返還金を支払う。
3 第1項の清算の結果、乙が甲に対して支払うべき不足金が発生したときは、乙は第1項の通知受領後〇日以内に甲に不足金を支払う。

第7条 （反社会的勢力の排除）
1 甲及び乙は、自己又は自己の役員が、暴力団、暴力団関係企業、総会屋もしくはこれらに準ずる者又はその構成員（以下これらを「反社会的勢力」という。）に該当しないこと、及び次の各号のいずれにも該当しないことを表明し、かつ将来にわたっても該当しないことを相互に確約する。
  ① 反社会的勢力に自己の名義を利用させること
  ② 反社会的勢力が経営を実質的に支配していると認められる関係を有すること
2 甲又は乙は、前項の一つにでも違反することが判明したときは、何らの催告を要せず、本契約を解除することができる。
3 本条の規定により本契約が解除された場合には、解除された者は、解除により生じる損害について、その相手方に対し一切の請求を行わない。

第8条 （協議解決）
本契約に定めのない事項又は本契約の解釈について疑義が生じたときは、甲及び乙は誠意をもって協議のうえ解決する。

第9条 （合意管轄）
甲及び乙は、本契約に関し裁判上の紛争が生じたときは、訴額等に応じ、東京簡易裁判所又は東京地方裁判所を専属的合意管轄裁判所とすることに合意する。

● **反社会的勢力の排除**　重要度 B

契約当事者が反社会的勢力と関わっていることが判明した場合に、即座に契約関係を解消することができるようにするために規定しています。

【応用】対象者を限定する　　　・・・▶　726 ページ
　　　　賠償額を具体的に規定する　・・・▶　727 ページ

● **協議解決**　重要度 C

協議により紛争回避を図る可能性を探るために規定しています。なお、この規定に法的な拘束力はありません。

【応用】紛争解決方法について具体的に規定する　・・・▶　727 ページ
　　　　契約の当事者を追加する　・・・▶　727 ページ

● **合意管轄**　重要度 B

紛争が生じた際に自己に有利な管轄裁判所において裁判を行うための規定です。

【応用】合意管轄裁判所を変更する　・・・▶　728 ページ
　　　　契約の当事者を追加する　・・・▶　729 ページ

貸金・担保　7 集合動産譲渡担保契約書

本契約締結の証として、本契約書２通を作成し、甲乙相互に署名又は記名・捺印のうえ、各１通を保有することとする。

令和　　年　　月　　日

　　　　　　　　　　　　甲

　　　　　　　　　　　　　　　　　　　　　　　　　　㊞

　　　　　　　　　　　　乙

　　　　　　　　　　　　　　　　　　　　　　　　　　㊞

※　譲渡担保権の設定を内容とする契約書には、印紙税は課税されません。

●後　文

　【応用】契約書の作成方法を変更する　　…▶　729 ページ
　　　　　契約の当事者を追加する　　　　…▶　729 ページ

作成のテクニック

前文

> （債権者）○○○○（以下「甲」という。）及び（債務者）○○○○（以下「乙」という。）は、本日、次のとおり譲渡担保権設定契約（以下「本契約」という。）を締結する。

【契約の当事者を追加する】

・譲渡担保権設定者が複数（乙および丙）いる場合・　　　　〔債権者有利〕

> （債権者）○○○○（以下「甲」という。）、（債務者）○○○○（以下「乙」という。）及び（譲渡担保権設定者）○○○○（以下「丙」という。）は、本日、次のとおり譲渡担保権設定契約（以下「本契約」という。）を締結する。
> 第1条（設定契約）
> 　　乙は、乙の甲に対する以下の被担保債務の履行を担保するため、乙所有の以下の商品<u>（以下「本件商品1」という。）を譲渡し、丙は、同債務の履行を担保するため丙所有の下記商品（以下「本件商品2」といい、「本件商品1」と合わせて「本件商品」という。）を譲渡し、乙及び丙はいずれも</u>甲に<u>本件商品1及び2を</u>占有改定の方法で<u>各々</u>引き渡した。
> 〈被担保債務〉
> 　　（略）
> 〈本件商品1〉
> 　　東京都新宿区○○町○丁目○番○号所在の倉庫（鉄骨陸屋根葺平屋建。床面積○○平方メートル）内に存在する乙所有の商品（商品番号○○○○、品番○○○○、数量○○個）
> 〈本件商品2〉
> 　　東京都新宿区○○町○丁目○番○号所在の倉庫（鉄骨陸屋根葺平屋建。床面積○○平方メートル）内に存在する丙所有の商品（商品名○○○○、商品番号○○○○、数量○○個）
> （略）

本契約締結の証として、本契約書3通を作成し、甲乙丙相互に署名又は記名・捺印のうえ、各1通を保有することとする。
(略)

　　　　　　　　　　　　　　　丙

㊞

第1条（設定契約）　重要度A

乙は、乙の甲に対する以下の被担保債務の履行を担保するため、乙所有の以下の商品（以下「本件商品」という。）を譲渡し、乙は甲に本件商品を占有改定の方法で引き渡した。
〈被担保債務〉
　①　元　　金　　金〇〇円
　②　利　　息　　年〇％（年365日日割計算）
　③　弁　済　期　元本については、令和〇年〇月から令和〇年〇月まで、毎月〇日限り、各金〇〇円（〇回払）
　　　　　　　　　利息については、令和〇年〇月から令和〇年〇月まで、毎月〇日限り
　④　支払方法　　以下の口座に、元利金を振込送金する方法で支払う（振込手数料は乙負担）。
　　　　　　　　　　〇〇銀行〇〇支店　　普通預金
　　　　　　　　　　口座番号　　〇〇〇〇〇〇
　　　　　　　　　　口座名義　　〇〇〇〇〇〇
〈本件商品〉
　東京都新宿区〇〇町〇丁目〇番〇号所在の倉庫（鉄骨陸屋根葺平屋建。床面積〇〇平方メートル）内に存在する乙所有の商品（商品番号〇〇〇〇、品番〇〇〇〇）

【担保目的物／被担保債務の記載方法を変更する】

・担保目的物を別紙に記載する場合・

乙は、乙の甲に対する以下の貸金債務の履行を担保するため、乙所有の

別紙物件目録記載の商品（以下「本件商品」という。）を譲渡し、乙は甲に本件商品を占有改定の方法で引き渡した。
〈被担保債務〉
　（略）

【別紙】
　　　　　　　　　　　物件目録

1　商品
　　商　品　名　　○○○○
　　商品番号　　　○○○○
2　保管場所（倉庫）
　　所　在　地　　東京都新宿区○○町○丁目○番○号
　　構　造　等　　鉄骨陸屋根葺平屋建
　　床　面　積　　○○平方メートル

・被担保債務を別紙に記載する場合・

乙は、乙の甲に対する別紙債権目録記載の債務の履行を担保するため、乙所有の以下の商品（以下「本件商品」という。）を譲渡し、乙は甲に本件商品を占有改定の方法で引き渡した。
〈本件商品〉
　（略）

【別紙】
　　　　　　　　　　　債権目録

元　　　金　　金○○円
利　　　息　　年○％（年 365 日日割計算）
弁　済　期　　元本については、令和○年○月から令和○年○月まで、毎月○日限り、各金○○円（○回払）
　　　　　　　利息については、令和○年○月から令和○年○月まで、毎月○日限り
支払方法　　　以下の口座に、元利金を振込送金する方法で支払う（振込手数料は乙負担）。

```
        ○○銀行○○支店    普通預金
        口座番号      ○○○○○○
        口座名義      ○○○○○○
```

【担保の対象物を変更する】

・在庫商品を担保に供する場合・

```
〈本件商品〉
    種   類   貴金属製品
    所   在   東京都○○区○○町○丁目○番○号
    備   考   動産の内訳：指輪、イヤリング、ネックレス
             保管場所の名称：動産商事株式会社倉庫
```

・機械設備を担保に供する場合・

```
〈本件商品〉
    品   名      ○○○○
    型   番      ＭＡ－○○○○
    製造番号      ○○○○番
```

・流動集合物につき譲渡担保を設定する場合・

```
〈本件商品〉
    東京都新宿区○○町○丁目○番○号所在の倉庫（鉄骨陸屋根葺平屋建。
    床面積○○平方メートル）内に存在する乙所有の商品
```

【契約に係る確認事項について記載する】

・被担保債務の発生原因証書の写しを添付する場合・

```
1  （略）
2  本契約の譲渡担保権によって担保する甲乙間の金銭消費貸借契約書
   の写しを本契約書の末尾に添付する。
```

第2条（明認方法） 重要度A

> 乙は、本契約締結後、直ちに甲のために本件商品が甲所有であることが第三者からも明らかとなるような表示をする。表示のための費用は乙の負担とする。

【表示方法について規定する】

・具体的な表示方法を定める場合・　　　　　　　　　　〔債権者有利〕

> 乙は、<u>本件商品の保管場所において、本件商品が甲の譲渡担保に供されていることを明確に示す表示をなし、又は本件商品に標識を貼付する</u>などの明示をする。表示のための費用は乙の負担とする。

・具体的な表示方法を特定する場合・　　　　　　　　　〔債権者有利〕

> 乙は、<u>本件商品が甲の譲渡担保に供されていることを明確にするため、本件商品を保管している倉庫の全ての出入口に、その旨を記載した看板を設置し、又は本件商品の全てにその旨の紙面を貼付する</u>。表示のための費用は乙の負担とする。

・明認方法を維持する義務について定める場合・　　　　〔債権者有利〕

> 1　（略）
> 2　乙は、前項の表示を継続して維持管理しなければならない。

【表示のための費用の負担者を変更する】

・表示のための費用を債権者の負担とする場合・　　　　〔債務者有利〕

> 乙は、本契約締結後、直ちに甲のために本件商品が甲所有であることが第三者からも明らかとなるような表示をする。表示のための費用は<u>甲</u>の負担とする。

・表示のための費用を折半にする場合・　　　　　　　　〔債務者有利〕

> 乙は、本契約締結後、直ちに甲のために本件商品が甲所有であることが第三者からも明らかとなるような表示をする。表示のための費用は甲及び乙が折半して負担するものとする。

▶第3条（保管義務）　重要度C

> 乙は、甲の占有代理人として、善良な管理者の注意をもって本件商品を保管する義務を負う。

【保管状況の報告・調査について規定する】

・通常時の報告義務を課する場合・　　　　　　　　　　〔債権者有利〕

> 1　（略）
> 2　甲が乙に対して本件商品の保管状況の説明を求めたときは、乙は、甲に対し、速やかに報告しなければならない。

・通常時の立入りを認める場合・　　　　　　　　　　　〔債権者有利〕

> 1　（略）
> 2　甲は、本件商品の保管状況を調査するため、事前に乙に通知することにより、合理的な時間内に本件商品の保管場所に立ち入ることができる。

【商品の取扱いについて規定する】

・担保価値保持義務を課す場合・　　　　　　　　　　　〔債権者有利〕

> 1　（略）
> 2　乙は、甲の書面による承諾なく、本件商品の譲渡、貸与又は担保提供等の処分行為及び本件商品の使用等の事実行為など、本件商品の担保価値を減少させるおそれのある一切の行為をしてはならない。

・債務者に第三者の権利主張に対する説明義務を課す場合・　〔債権者有利〕

1	（略）
2	乙は、第三者が本件商品について差押その他の手続きを行おうとした場合、本件商品が甲の所有であることを説明し、差押を回避しなければならない。

・債務者に商品が滅失毀損等した場合の通知義務を課す場合・〔債権者有利〕

1	（略）
2	乙は本件商品につき、次の各号の一つに該当するときは、直ちに甲にその旨を通知しなければならない。
	①　事由の如何を問わず、本件商品が滅失又は毀損したとき
	②　本件商品につき、第三者が所有権その他の権利を主張したとき
	③　本件商品につき、差押、仮差押、仮処分等がなされたとき

第4条（処分・補充）　重要度A

1	乙は、前条の規定にかかわらず、取引上一般に相当と認められる金額及び方法により本件商品を売却することができる。
2	前項の場合、乙は数量不足分を速やかに補充する。
3	前項により補充された本件商品は、補充された時点でその所有権が甲に移転し、占有改定の方法で引き渡されたものとする。

【売却した場合の取扱いを変更する】

・不足分の補充方法を具体的に記載する場合・　　　　　　〔債権者有利〕

2	前項の場合、乙は<u>速やかに当該売却分に相当する価値の商品を仕入れ、本件商品の担保価値を維持しなければならない</u>。

- 不足分の補完時期を明記する場合 ・　　　　　　　　〔債権者有利〕

> 2　前項の場合、乙は売却した月の翌月○日までに、売却した商品の仕入原価相当額以上の商品を仕入れなければならない。

- 一定数以下の個数となったときに通知義務を課す場合 ・　〔債権者有利〕

> 4　本件商品の数量が○個以下となった場合、乙は、直ちに甲に対してその旨を通知しなければならない。

【売却の可否について規定する】

- 残個数が一定数を下回る場合には事前に書面による承諾を必要とする場合 ・
〔債権者有利〕

> 4　本件商品の数量が○個以下となる場合、乙は、予め甲から書面による承諾を得なければ本件商品を売却することができない。

- 一度に処分できる個数に制限を設ける場合 ・　　　　〔債権者有利〕

> 4　乙が本件商品を一度に売却できる個数は、上限○個とする。

第5条（担保権の実行）　重要度 B

> 甲は、乙が第1条の被担保債務につき期限の利益を喪失したときは、本件商品を任意に売却してその売却代金を被担保債務の弁済に充当することができる。充当の順序、金額は甲が任意に指定することができる。

【担保権の実行に係る取決めを変更する】

・担保権の実行に事前の催告を必要とする場合・　　　　　〔債務者有利〕

> 甲は、乙が第1条の被担保債務につき期限の利益を喪失したときは、<u>予め乙に対して書面により担保権実行の催告をすることを条件として</u>、本件商品を任意に売却してその売却代金を被担保債務の弁済に充当することができる。充当の順序、金額は甲が任意に指定することができる。

・売却代金を担保権の実行の際に生じた費用に充当することができることとする場合・　　　　　〔債権者有利〕

> 1　（略）
> 2　甲は、前項の売却代金を担保権実行に必要な費用に充当することができる。

・実行方法に幅を持たせる場合・　　　　　〔債権者有利〕

> 甲は、乙が第1条の被担保債務につき期限の利益を喪失したときは、<u>任意の時期、方法及び金額等により本件商品を処分し、又はこれを甲に帰属させたうえ、その処分代金又は評価額</u>を被担保債務の弁済に充当することができる。充当の順序、金額は甲が任意に指定することができる。

▶ 第6条（清算義務）　重要度B

> 1　甲は、前条による本件商品の処分を行ったときは、乙に対し速やかに書面で清算内容を通知する。
> 2　前項の清算の結果、甲が乙に対して返還すべき金額が発生したときは、甲は本件商品の処分後〇日以内に乙に返還金を支払う。
> 3　第1項の清算の結果、乙が甲に対して支払うべき不足金が発生したときは、乙は第1項の通知受領後〇日以内に甲に不足金を支払う。

【清算時の取扱いを変更する】

・清算内容に係る証拠の提出義務を定める場合・　　　　　〔債務者有利〕

> 1　甲は、前条による本件商品の処分を行ったときは、乙に対し速やかに書面で清算内容を通知する。この場合、甲は清算内容の根拠資料も書面に添付しなければならない。

・支払期限を設定しない場合・

> 1　甲は、前条による本件商品の処分を行ったときは、乙に対し速やかに書面で清算内容を通知する。
> 2　前項の清算の結果、剰余金が発生したときは、甲は、乙に対し直ちにこれを返還する。
> 3　第1項の清算の結果、なお残債務があるときは、甲は、乙に対しその残額を請求することができる。この場合、乙は、直ちにその残額を支払わなければならない。

次のように表現を簡略化することも可能です。

> 1　甲は、前条による本件商品の処分を行ったときは、乙に対し速やかに書面で清算内容を通知する。
> 2　前項の清算の結果、剰余金が発生したときは甲は直ちに乙にこれを返還し、他方、不足額があるときは乙は直ちに甲にこれを支払う。

【清算義務が果たされない場合の取扱いについて規定する】

・遅延損害金を定める場合・

> 4　甲又は乙が、第2項の返還金及び前項の不足金の支払期限を徒過した場合、相手方に対し、支払期日の翌日から支払済みに至るまで、年14.6％（年365日日割計算）の割合による遅延損害金を支払うものとする。

第7条（反社会的勢力の排除） 重要度 B

> 1 甲及び乙は、自己又は自己の役員が、暴力団、暴力団関係企業、総会屋もしくはこれらに準ずる者又はその構成員（以下これらを「反社会的勢力」という。）に該当しないこと、及び次の各号のいずれにも該当しないことを表明し、かつ将来にわたっても該当しないことを相互に確約する。
> ① 反社会的勢力に自己の名義を利用させること
> ② 反社会的勢力が経営を実質的に支配していると認められる関係を有すること
> 2 甲又は乙は、前項の一つにでも違反することが判明したときは、何らの催告を要せず、本契約を解除することができる。
> 3 本条の規定により本契約が解除された場合には、解除された者は、解除により生じる損害について、その相手方に対し一切の請求を行わない。

【対象者を限定する】

・債務者のみを対象とする場合・ 〔債権者有利〕

> 1 乙は、自己又は自己の役員が、暴力団、暴力団関係企業、総会屋もしくはこれらに準ずる者又はその構成員（以下これらを「反社会的勢力」という。）に該当しないこと、及び次の各号のいずれにも該当しないことを表明し、かつ将来にわたっても該当しないことを<u>確約する</u>。
> ① 反社会的勢力に自己の名義を利用させること
> ② 反社会的勢力が経営を実質的に支配していると認められる関係を有すること
> 2 <u>甲は、乙が</u>前項の一つにでも違反することが判明したときは、何らの催告を要せず、本契約を解除することができる。

【賠償額を具体的に規定する】

・具体的な賠償額の予定を行う場合・

> 4　本条の規定により本契約が解除された場合には、解除された者は、その相手方に対し、違約金として金〇〇円を支払うものとする。

▶第8条（協議解決）　重要度C

> 本契約に定めのない事項又は本契約の解釈について疑義が生じたときは、甲及び乙は誠意をもって協議のうえ解決する。

【紛争解決方法について具体的に規定する】

・具体的な紛争解決機関を指定する場合・

> 本契約に定めのない事項又は本契約の解釈について疑義が生じたときは、<u>訴訟提起以前に紛争解決センターが主催するADRにおいて協議を試みなければならない</u>。

・仲裁者をあらかじめ定める場合・

> 本契約に定めのない事項又は本契約の解釈について疑義が生じたときは、<u>〇〇〇〇を仲裁者と定め、三者において</u>誠意をもって協議のうえ解決する。

【契約の当事者を追加する】

・譲渡担保権設定者が複数（乙および丙）いる場合・

> 本契約に定めのない事項又は本契約の解釈について疑義が生じたときは、<u>甲、乙及び丙</u>は誠意をもって協議のうえ解決する。

第9条（合意管轄） 重要度 B

> 甲及び乙は、本契約に関し裁判上の紛争が生じたときは、訴額等に応じ、東京簡易裁判所又は東京地方裁判所を専属的合意管轄裁判所とすることに合意する。

【合意管轄裁判所を変更する】

・債権者の本店所在地を管轄する裁判所とする場合・　　　　〔債権者有利〕

> 甲及び乙は、本契約に関し裁判上の紛争が生じたときは、訴額等に応じ、甲の本店所在地を管轄する簡易裁判所又は地方裁判所を専属的合意管轄裁判所とすることに合意する。

・債務者の本店所在地を管轄する裁判所とする場合・　　　　〔債務者有利〕

> 甲及び乙は、本契約に関し裁判上の紛争が生じたときは、訴額等に応じ、乙の本店所在地を管轄する簡易裁判所又は地方裁判所を専属的合意管轄裁判所とすることに合意する。

・いずれかの本店所在地または支店所在地を管轄する裁判所にする場合・

> 甲及び乙は、本契約に関し裁判上の紛争が生じたときは、訴額等に応じ、甲又は乙の本店所在地もしくは支店所在地を管轄する簡易裁判所又は地方裁判所を専属的合意管轄裁判所とすることに合意する。

・担保動産の保管場所を管轄する裁判所にする場合・

> 甲及び乙は、本契約に関し裁判上の紛争が生じたときは、訴額等に応じ、本件商品の保管場所を管轄する簡易裁判所又は地方裁判所を専属的合意管轄裁判所とすることに合意する。

【契約の当事者を追加する】

・譲渡担保権設定者が複数（乙および丙）いる場合・

> 甲、乙及び丙は、本契約に関し裁判上の紛争が生じたときは、訴額等に応じ、東京簡易裁判所又は東京地方裁判所を専属的合意管轄裁判所とすることに合意する。

▶ 後文

> 本契約締結の証として、本契約書2通を作成し、甲乙相互に署名又は記名・捺印のうえ、各1通を保有することとする。

【契約書の作成方法を変更する】

・1通のみ原本を作成し、当事者の一方は写しのみを保有する場合・

> 本契約締結の証として、本契約書1通を作成し、甲乙相互に署名又は記名・捺印のうえ、〔甲／乙〕が原本を保有し、〔乙／甲〕が写しを保有することとする。

【契約の当事者を追加する】

・譲渡担保権設定者が複数（乙および丙）いる場合・

> 本契約締結の証として、本契約書3通を作成し、甲乙丙相互に署名又は記名・捺印のうえ、各1通を保有することとする。

その他の役立つ条項

- ■ 契約締結前後の手続きについて定める場合 ……………… 730 ページ
- ■ 契約に係る取扱いについて定める場合 …………………… 730 ページ
- ■ 担保に関する規定を盛り込む場合 ………………………… 731 ページ
- ■ 企業秘密等の守秘について盛り込む場合 ………………… 732 ページ
- ■ 状況の変化が生じたときの取扱いについて定める場合 …… 733 ページ
- ■ 費用の負担について定める場合 …………………………… 733 ページ
- ■ 海外企業との取引である場合に、取扱いについて定める場合 …… 734 ページ

◆契約締結前後の手続きについて定める場合

・公正証書を作成する・　　　　　　　　　　　　　　　〔債権者有利〕

> 第○条（公正証書の作成）
>   乙は、本契約に基づく債務について、公正証書の作成に応じなければならない。なお、公正証書の作成費用は乙の負担とする。

> 第○条（公正証書の作成）　※譲渡担保権設定者が複数（乙および丙）いる場合
>   乙及び丙は、本契約に基づく債務について、公正証書の作成に応じなければならない。なお、公正証書の作成費用は乙の負担とする。

◆契約に係る取扱いについて定める場合

・債務者に通知義務を課す・　　　　　　　　　　　　　〔債権者有利〕

> 第○条（通知義務）
>   乙は、次の各号のいずれか一つに該当するときは、甲に対し、予めその旨を書面により通知しなければならない。
>   ① 住所の移転
>   ② 勤務先・職業の変更
>   ③ 本件商品が滅失又は毀損したとき

> 第○条（通知義務）　※譲渡担保権設定者が複数（乙および丙）いる場合
> 　乙及び丙は、次の各号のいずれか一つに該当するときは、甲に対し、予めその旨を書面により通知しなければならない。
> 　①　住所の移転
> 　②　勤務先・職業の変更
> 　③　丙の死亡
> 　④　本件商品が滅失又は毀損したとき

なお、債務者が会社の場合は、次のように規定するとよいでしょう。

> 第○条（通知義務）
> 　乙は、次の各号のいずれか一つに該当するときは、甲に対し、予めその旨を書面により通知しなければならない。
> 　①　本店所在地の移転
> 　②　代表者の変更
> 　③　重要な株主の変更
> 　④　本件商品が滅失又は毀損したとき

◆担保に関する規定を盛り込む場合

・本件商品について保証をする・　　　　　　　　　　〔債権者有利〕

> 第○条（保証）
> 　乙は、甲に対し、本件商品に質権その他の譲渡担保権を害する一切の権利設定等がないことを保証する。

・代担保・増担保、連帯保証人の設定について規定する・　　〔債権者有利〕

> 第○条（代担保・増担保、連帯保証人の設定）
> 　甲は、本件物品が滅失し、毀損し、又は著しく価値が減少するなど債権保全のために必要と認めたときは、乙に対し、代担保、増担保の提供もしくは連帯保証人の追加を求めることができる。この場合、乙は、甲の適当と認める担保を提供し又は連帯保証人を立てるものとする。

・担保目的物の調査等を認める・　　　　　　　　　　　　〔債権者有利〕

> 第○条（目的物の調査等）
> 　甲が乙に対し、債権保全の必要上、本件商品の調査及び報告を求めたときは、乙はいつでもこれに応ずる。

・担保保存義務を免責する・　　　　　　　　　　　　　　〔債権者有利〕

> 第○条（担保保存義務の免責）
> 　乙は、甲がその都合によって他の担保もしくは保証を変更・解除しても、免責を主張しない。

・担保目的物について報告を求める・　　　　　　　　　　〔債権者有利〕

> 第○条（目的物に関する報告）
> 　乙は、甲に対し、毎月○日現在の本件商品の在庫状況を毎月末日限り、書面により報告する。

◆企業秘密等の守秘について盛り込む場合

・守秘義務について明記する・

> 第○条（守秘義務）
> 1　甲及び乙は、本契約期間中はもとより終了後も、本契約に基づき相手方から開示された情報を守秘し、第三者に開示してはならない。
> 2　前項の守秘義務は、前項の情報が以下のいずれかに該当する場合には適用しない。
> 　①　公知の事実又は当事者の責に帰すべき事情によらずして公知となった事実
> 　②　第三者から適法に取得した事実
> 　③　開示の時点で保有していた事実
> 　④　法令、政府機関、裁判所の命令により開示が義務付けられた事実

◆状況の変化が生じたときの取扱いについて定める場合

・著しい状況の変更が生じたときの対処方法を記載する・

> 第○条（事情の変更）
>   甲又は乙が、本契約の締結後、天変地異、法令の制定又は改廃、その他著しい事情の変更により、本契約に定める義務を履行することが不可能又は著しく困難となったと認められる場合は、当該定めを変更するため協議することができる。

◆費用の負担について定める場合

・締結に要する費用は各々が各々の費用を負担することとする・

> 第○条（費用負担）
>   本契約の締結に要する印紙その他の費用は、甲乙が各々の費用を負担するものとする。

・1通のみ原本を作成する場合に、印紙代を債務者負担とする・〔債権者有利〕

> 第○条（費用負担）
>   本契約の締結に要する印紙その他の費用は、乙の負担とする。
>   （略）
>   本契約締結の証として、本契約書1通を作成し、甲乙相互に署名又は記名・捺印のうえ、乙が原本を保有し、甲が写しを保有することとする。

・1通のみ原本を作成する場合に、印紙代を債権者負担とする・〔債務者有利〕

> 第○条（費用負担）
>   本契約の締結に要する印紙その他の費用は、甲の負担とする。
>   （略）
>   本契約締結の証として、本契約書1通を作成し、甲乙相互に署名又は記名・捺印のうえ、甲が原本を保有し、乙が写しを保有することとする。

◆海外企業との取引である場合に、取扱いについて定める場合

・準拠法を日本法と定める・

第○条（準拠法）
　本契約は日本法に準拠し、同法によって解釈されるものとする。

チェックポイント

あなたが債権者の場合は、最低限以下の点をチェックしましょう。

- ☐ 契約の当事者が明らかであるか
- ☐ 譲渡担保権の内容が明確に記載されているか
- ☐ 担保目的物が特定されているか
- ☐ 合意管轄裁判所が不利になっていないか

あなたが債務者の場合は、最低限以下の点をチェックしましょう。

- ☐ 契約の当事者が明らかであるか
- ☐ 譲渡担保権の内容が明確に記載されているか
- ☐ 担保目的物が特定されているか
- ☐ 合意管轄裁判所が不利になっていないか

8 質権設定契約書

質権設定契約書

（質権者）〇〇〇〇（以下「甲」という。）及び（質権設定者）〇〇〇〇（以下「乙」という。）は、本日、次のとおり質権設定契約（以下「本契約」という。）を締結する。

第1条　（設定契約）

甲及び乙は、乙の甲に対する以下の被担保債務の履行を担保するため、乙所有の下記絵画（以下「本件質物」という。）について質権を設定することを合意し、乙は甲に本件質物を引き渡した。

〈被担保債務〉

① 契約締結日　　令和〇年〇月〇日
② 元　　　金　　金〇〇円
③ 利　　　息　　年〇％（年365日日割計算）
④ 弁　済　期　　元本については、令和〇年〇月から令和〇年〇月まで、毎月〇日限り、各金〇〇円（〇回払）
　　　　　　　　利息については、令和〇年〇月から令和〇年〇月まで、毎月〇日限り
⑤ 支払方法　　　以下の口座に、元利金を振込送金する方法で支払う（振込手数料は乙負担）。
　　　　　　　　　〇〇銀行〇〇支店　　普通預金

【この契約書を用いるケース】
☑貸金債務を担保するために、債務者所有の物に質権を設定する場合
　⇨抵当権を設定する場合には本章**4**、集合動産譲渡担保を設定する場合には本章**7**

● 前　　文

【応用】契約の当事者を追加する　　・・・▶　743 ページ

● 設定契約　　重要度 A

質権の被担保債務、抵当目的物の内容を明確にします。また、質権設定契約は要物契約ですので、引渡しの事実も明らかにします。

【応用】質物を変更する　　・・・▶　745 ページ
　　　　質物／被担保債務の特定方法を変更する　　・・・▶　747 ページ
　　　　契約に係る確認事項について記載する　　・・・▶　749 ページ

　　　　　　　口座番号　　○○○○○○
　　　　　　　口座名義　　○○○○○○
〈本件質物〉
　　題名「○○○○」　作者「○○○○」

第2条　（被担保債権の範囲）

質権により担保される債権は、以下のとおりである。
① 第1条の被担保債務の全部
② 質権実行の費用
③ 質権保存のための費用
④ ①の被担保債務についての乙の債務不履行、又は本件質物の隠れたる瑕疵によって生じた乙の損害賠償債務

第3条　（保管義務）

甲は、本件質物の保存に必要な場合を除き、乙の承諾なく本件質物を使用し、又は担保に供することはできず、善良な管理者の注意をもって本件質物を保管する義務を負う。

第4条　（担保権の実行）

甲は、乙が第1条の被担保債務につき期限の利益を喪失したときは、本件質物を任意に売却してその売却代金を第1条の債務の弁済に充当することができる。充当の順序、金額は甲が任意に指定することができる。

第5条　（清算義務）

1　甲は、前条による本件質物の処分を行ったときは、乙に対し速やかに書面で清算内容を通知する。
2　前項の清算の結果、甲が乙に対して返還すべき金額が発生したときは、甲は本件質物の処分後○日以内に乙に返還金を支払う。
3　第1項の清算の結果、乙が甲に対して支払うべき不足金が発生

- **被担保債権の範囲** 重要度 B

  本条は民法346条に規定されている被担保債権の範囲どおりですが、後日の紛争を回避するため注意的に規定するとよいでしょう。

  【応用】被担保債権の範囲の記載方法を変更する　…▶　749ページ

- **保管義務** 重要度 C

  本条は、民法350条、298条のとおりですが、後日の紛争を回避するため注意的に記載するとよいでしょう。

  【応用】質物の保管場所について規定する　…▶　750ページ
  　　　　善管注意義務について規定する　…▶　750ページ

- **担保権の実行** 重要度 B

  担保権の実行方法を決めておくと、後日の紛争を回避できるでしょう。

  【応用】担保権の実行に係る取決めを変更する　…▶　751ページ

- **清算義務** 重要度 B

  紛争回避のためには、清算方法を記載することが重要です。

  【応用】清算金の支払いが遅滞した場合の取扱いについて規定する　…▶　751ページ

したときは、乙は第1項の通知を受領後〇日以内に甲に不足金を支払う。

第6条 （反社会的勢力の排除）

1 甲及び乙は、自己又は自己の役員が、暴力団、暴力団関係企業、総会屋もしくはこれらに準ずる者又はその構成員（以下これらを「反社会的勢力」という。）に該当しないこと、及び次の各号のいずれにも該当しないことを表明し、かつ将来にわたっても該当しないことを相互に確約する。
    ① 反社会的勢力に自己の名義を利用させること
    ② 反社会的勢力が経営を実質的に支配していると認められる関係を有すること
2 甲又は乙は、前項の一つにでも違反することが判明したときは、何らの催告を要せず、本契約を解除することができる。
3 本条の規定により本契約が解除された場合には、解除された者は、解除により生じる損害について、その相手方に対し一切の請求を行わない。

第7条 （協議解決）

本契約に定めのない事項又は本契約の解釈について疑義が生じたときは、甲及び乙は誠意をもって協議のうえ解決する。

第8条 （合意管轄）

甲及び乙は、本契約に関し裁判上の紛争が生じたときは、訴額等に応じ、東京簡易裁判所又は東京地方裁判所を専属的合意管轄裁判所とすることに合意する。

本契約締結の証として、本契約書2通を作成し、甲乙相互に署名又は記名・捺印のうえ、各1通を保有することとする。

● 反社会的勢力の排除　重要度 B

契約当事者が反社会的勢力と関わっていることが判明した場合に、即座に契約関係を解消することができるようにするために規定しています。

【応用】対象者を限定する　　　・・▶　752 ページ
　　　　賠償額を具体的に規定する　・・▶　753 ページ

● 協議解決　重要度 C

協議により紛争回避を図る可能性を探るために規定しています。なお、この規定に法的な拘束力はありません。

【応用】紛争解決方法について具体的に規定する　・・▶　753 ページ
　　　　契約の当事者を追加する　・・▶　753 ページ

● 合意管轄　重要度 B

紛争が生じた際に自己に有利な管轄裁判所において裁判を行うための規定です。

【応用】合意管轄裁判所を変更する　・・▶　754 ページ
　　　　契約の当事者を追加する　・・▶　755 ページ

● 後　文

【応用】契約書の作成方法を変更する　・・▶　755 ページ
　　　　契約の当事者を追加する　・・▶　755 ページ

令和　年　月　日

　　　　　　　　　甲
　　　　　　　　　　　　　　　　　　　㊞

　　　　　　　　　乙
　　　　　　　　　　　　　　　　　　　㊞

※　質権の設定を内容とする契約書には、印紙税は課税されません。

作成のテクニック

▶前文

> （質権者）〇〇〇〇（以下「甲」という。）及び（質権設定者）〇〇〇〇（以下「乙」という。）は、本日、次のとおり質権設定契約（以下「本契約」という。）を締結する。

【契約の当事者を追加する】

・質権設定者が複数いる場合・　　　　　　　　　　　　　　〔質権者有利〕

> 　（質権者）〇〇〇〇（以下「甲」という。）、（質権設定者）〇〇〇〇（以下「乙」という。）及び（質権設定者）〇〇〇〇（以下「丙」という。）は、本日、次のとおり質権設定契約（以下「本契約」という。）を締結する。
>
> 第1条（設定契約）
> 　乙は、乙の甲に対する以下の被担保債務の履行を担保するため、乙所有の下記絵画（以下「本件質物1」という。）に質権を設定することを甲と合意し、丙は、同債務の履行を担保するため丙所有の下記宝石（以下「本件質物2」といい、合わせて「本件質物」という。）に質権を設定することを甲と合意し、乙及び丙はいずれも甲に本件質物1及び2を各々引き渡した。
> 〈被担保債務〉
> 　（略）
> 〈本件質物1〉
> 　題名「〇〇〇〇」　作者「〇〇〇〇」
> 〈本件質物2〉
> 　商品名「〇〇〇〇」　商品番号「〇〇〇〇」
> 第〇条（協議解決）
> 　本契約に定めのない事項又は本契約の解釈について疑義が生じたときは、甲、乙及び丙は誠意をもって協議のうえ解決する。
> 第〇条（合意管轄）
> 　甲、乙及び丙は、本契約に関し裁判上の紛争が生じたときは、訴額等に応じ、東京簡易裁判所又は東京地方裁判所を専属的合意管轄裁

判所とすることに合意する。
　　（略）
　本契約締結の証として、本契約書3通を作成し、甲乙丙相互に署名又は記名・捺印のうえ、各1通を保有することとする。
　　（略）

丙

㊞

第1条（設定契約）　重要度 A

甲及び乙は、乙の甲に対する以下の被担保債務の履行を担保するため、乙所有の下記絵画（以下「本件質物」という。）について質権を設定することを合意し、乙は甲に本件質物を引き渡した。

〈被担保債務〉
① 契約締結日　令和〇年〇月〇日
② 元　　金　　金〇〇円
③ 利　　息　　年〇％（年365日日割計算）
④ 弁済期　　　元本については、令和〇年〇月から令和〇年〇月まで、毎月〇日限り、各金〇〇円（〇回払）
　　　　　　　利息については、令和〇年〇月から令和〇年〇月まで、毎月〇日限り
⑤ 支払方法　　以下の口座に、元利金を振込送金する方法で支払う（振込手数料は乙負担）。
　　　　　　　　〇〇銀行〇〇支店　　普通預金
　　　　　　　　口座番号　　〇〇〇〇〇〇
　　　　　　　　口座名義　　〇〇〇〇〇〇

〈本件質物〉
　題名「〇〇〇〇」　作者「〇〇〇〇」

【質物を変更する】

• 建物内の集合物に質権を設定する場合 •

> 甲及び乙は、乙の甲に対する以下の被担保債務の履行を担保するため、乙所有の以下の物品(以下「本件質物」という。)について質権を設定することを合意し、乙は甲に本件質物を引き渡した。
> 〈被担保債務〉
> 　(略)
> 〈本件質物〉
> 　<u>東京都新宿区○○町○丁目○番○号所在の倉庫(鉄骨陸屋根葺平屋建。床面積○○平方メートル)内に存在する乙所有の商品(商品番号○○○○、品番○○○○、数量○○個)</u>

• 質物が株式の場合 •

> 1　甲及び乙は、乙の甲に対する以下の被担保債務の履行を担保するため、乙所有の<u>下記株式</u>(以下「本件質物」という。)について質権を設定することを合意し、乙は甲に本件質物を引き渡した。
> 　〈被担保債務〉
> 　　(略)
> 　〈本件質物〉
> 　　株式会社　　○○○○
> 　　記名株式　　○○株(額面1株○○円)
> 2　<u>乙は、上記株式についての株主名簿の名義書換手続を行う。なお、当該名義書換手続に要する費用は乙の負担とする。</u>

• 質物が生命保険の保険金受取請求権の場合 •

> 1　甲及び乙は、乙の甲に対する以下の被担保債務の履行を担保するため、乙所有の<u>下記生命保険契約の保険金受取請求権</u>(以下「本件質物」という。)について質権を設定することを合意し、乙は甲に本件質物を引き渡した。
> 　〈被担保債務〉
> 　　(略)

〈本件質物〉
　　保険会社　　　　○○○○
　　証券番号　　　　○○○○○○○○
　　被保険者　　　　乙
　　保険金受取人　　乙
　　保険金額　　　　○○円
2　乙は、保険会社に対して速やかに前項の質権設定の事実を通知するか、又は、その事実につき保険会社の承諾を得なければならない。
3　前項の通知又は承諾は、確定日付ある証書をもってしなければならない。

・質物が記名社債の場合・

乙及び甲は、乙の甲に対する以下の被担保債務の履行を担保するため、乙所有の下記社債（以下「本件質物」という。）について質権を設定することを合意し、乙は甲に本件質物を引き渡した。
〈被担保債務〉
　（略）
〈本件質物〉
　　発行会社　　　○○○○
　　債券番号　　　○○○○○○○○
　　社債金額　　　○○円（券面額○○円）
　　社債権者　　　乙

・質物が不動産の場合・

1　甲及び乙は、乙の甲に対する以下の被担保債務の履行を担保するため、乙所有の下記不動産（以下「本件質物」という。）に質権を設定することを合意した。
　〈被担保債務〉
　　（略）
　〈本件質物〉
　　　所　　在　　東京都新宿区○○町○丁目○番○号
　　　家屋番号　　○番○
　　　種　　類　　○○

```
        構　　造　　　○○
        床 面 積　　　○○平方メートル
　2　乙は、甲のため速やかに第1条の質権設定登記手続を行うものとす
    る。なお、登記費用は乙の負担とする。
```

・質物が債権の場合・

```
　1　甲及び乙は、乙の甲に対する以下の被担保債務の履行を担保するた
    め、乙所有の下記債権（以下「本件質物」という。）について、存
    続期間を令和○年○月○日として質権を設定することを合意し、乙
    は甲に本件質物を引き渡した。
    〈被担保債務〉
        （略）
    〈目的たる債権〉
        債権者（乙）　　　　　　　　○○○○
        債務者（第三債務者丙）　　　○○○○
        債権総額　　　　　　　　　　金○○円
        債権の種類　　　　　　　　　令和○年○月○日付乙丙間の売買契
                                    約に基づく代金債権
        弁 済 期　　　　　　　　　　令和○年○月○日
　2　乙は、第三債務者丙に対して速やかに前項の質権設定の事実を通知
    するか、又は、その事実につき丙の承諾を得なければならない。
　3　前項の通知又は承諾は、確定日付ある証書をもってしなければなら
    ない。
```

【質物／被担保債務の特定方法を変更する】

・写真を用いて絵画を特定する場合・

```
〈本件質物〉
    題名「○○○○」　作者「○○○○」　別添写真参照
```

・質物の数が多い場合（別紙物件目録を使用する場合）・

甲及び乙は、乙の甲に対する以下の被担保債務の履行を担保するため、乙所有の別紙物件目録記載の物品（以下「本件質物」という。）について質権を設定することを合意し、乙は甲に本件質物を引き渡した。
〈被担保債務〉
　　（略）

【別紙】
　　　　　　　　　　　物件目録

1　題　　名　　○○○○
　　作　　者　　○○○○
　　数　　量　　○○枚
2　（以下略）

・被担保債務の数が多い場合（別紙債権目録を使用する場合）・

甲及び乙は、乙の甲に対する別紙債権目録記載の債務の履行を担保するため、乙所有の下記絵画（以下「本件質物」という。）について質権を設定することを合意し、乙は甲に本件質物を引き渡した。
〈本件質物〉
　　題名「○○○○」　作者「○○○○」

【別紙】
　　　　　　　　　　　債権目録

1　債 権 者　　甲
　　債 務 者　　乙
　　債 権 額　　金○○円
　　発生原因　　令和○年○月○日付売買契約
　　弁 済 期　　令和○年○月○日
2　（以下略）

【契約に係る確認事項について記載する】

・被担保債務の発生原因証書の写しを添付する場合・

1　（略）
2　本契約の質権によって担保する甲乙間の金銭消費貸借契約書の写しを本契約書の末尾に添付する。

第2条（被担保債権の範囲）　重要度 B

質権により担保される債権は、以下のとおりである。
① 前条の被担保債務の全部
② 質権実行の費用
③ 質権保存のための費用
④ ①の被担保債務についての乙の債務不履行、又は本件質物の隠れたる瑕疵によって生じた乙の損害賠償債務

【被担保債権の範囲の記載方法を変更する】

・被担保債権の範囲を簡略に記載する場合・

前条の質権は、元本、利息のほか質権実行の費用、質権保存のための費用、被担保債務の債務不履行及び本件質物の隠れたる瑕疵によって生じた損害賠償債務を担保する。

第3条（保管義務）　重要度 C

甲は、本件質物の保存に必要な場合を除き、乙の承諾なく本件質物を使用し、又は担保に供することはできず、善良な管理者の注意をもって本件質物を保管する義務を負う。

【質物の保管場所について規定する】

・保管場所をあらかじめ定める場合・　　　　　　　　　　　〔質権者有利〕

> 甲は、本件質物の保存に必要な場合を除き、乙の承諾なく質物を使用し、又は担保に供することはできず、東京都新宿区○○町○丁目○番○号所在の倉庫（鉄骨陸屋根葺平屋建。床面積○○平方メートル）内において善良な管理者の注意をもって本件質物を保管する義務を負う。

・不動産質の場合・

> 1　甲は、本件質物の保存に必要な場合を除き、乙の承諾なく本件質物を使用し、又は担保に供することはできず、善良な管理者の注意をもって本件質物を保管する義務を負う。
> 2　甲は、本件質物をその用法に従って使用収益することができる。
> 3　甲は、本件質物の管理費用を負担する。

【善管注意義務について規定する】

・善管注意義務について簡単に触れる場合・

> 甲は、善良な管理者の注意をもって本件質物を保管する義務を負う。

第4条（担保権の実行）　重要度 B

> 甲は、乙が第1条の被担保債務につき期限の利益を喪失したときは、本件質物を任意に売却してその売却代金を第1条の債務の弁済に充当することができる。充当の順序、金額は甲が任意に指定することができる。

【担保権の実行に係る取決めを変更する】

・債権質の場合・　　　　　　　　　　　　　　　　　　　　〔質権者有利〕

> 甲は、<u>本契約の目的となっている債務の一部又は全部の弁済期が到来した場合は、被担保債務の期限が未到来であっても弁済金を受領し、被担保債務の一部又は全部に充当すること</u>ができる。充当の順序、金額は甲が任意に指定することができる。

・代物弁済により実行する場合・　　　　　　　　　　　　　〔質権者有利〕

> 1　（略）
> 2　甲は、前項の任意売却に代えて、代物弁済として本件質物の所有権を取得することができる。その場合の代物弁済としての価額は金〇〇円とする。

▶ 第5条（清算義務）　重要度 B

> 1　甲は、前条による本件質物の処分を行ったときは、乙に対し速やかに書面で清算内容を通知する。
> 2　前項の清算の結果、甲が乙に対して返還すべき金額が発生したときは、甲は本件質物の処分後〇日以内に乙に返還金を支払う。
> 3　第1項の清算の結果、乙が甲に対して支払うべき不足金が発生したときは、乙は第1項の通知を受領後〇日以内に甲に不足金を支払う。

【清算金の支払いが遅滞した場合の取扱いについて規定する】

・遅延損害金を求めることとする場合・

> 4　甲又は乙が、第2項の返還金及び前項の不足金の支払期限を徒過した場合、相手方に対し、支払期日の翌日から支払済みに至るまで、年14.6％（年365日日割計算）の割合による遅延損害金を支払うものとする。

第6条（反社会的勢力の排除） 重要度 B

> 1　甲及び乙は、自己又は自己の役員が、暴力団、暴力団関係企業、総会屋もしくはこれらに準ずる者又はその構成員（以下これらを「反社会的勢力」という。）に該当しないこと、及び次の各号のいずれにも該当しないことを表明し、かつ将来にわたっても該当しないことを相互に確約する。
> 　①　反社会的勢力に自己の名義を利用させること
> 　②　反社会的勢力が経営を実質的に支配していると認められる関係を有すること
> 2　甲又は乙は、前項の一つにでも違反することが判明したときは、何らの催告を要せず、本契約を解除することができる。
> 3　本条の規定により本契約が解除された場合には、解除された者は、解除により生じる損害について、その相手方に対し一切の請求を行わない。

【対象者を限定する】

・質権設定者のみを対象とする場合・　　　　　　　　　　　〔質権者有利〕

> 1　乙は、自己又は自己の役員が、暴力団、暴力団関係企業、総会屋もしくはこれらに準ずる者又はその構成員（以下これらを「反社会的勢力」という。）に該当しないこと、及び次の各号のいずれにも該当しないことを表明し、かつ将来にわたっても該当しないことを確約する。
> 　①　反社会的勢力に自己の名義を利用させること
> 　②　反社会的勢力が経営を実質的に支配していると認められる関係を有すること
> 2　甲は、乙が前項の一つにでも違反することが判明したときは、何らの催告を要せず、本契約を解除することができる。

【賠償額を具体的に規定する】

・具体的な賠償額の予定を行う場合・

> 4　本条の規定により本契約が解除された場合には、解除された者は、その相手方に対し、違約金として金〇〇円を支払うものとする。

▶第7条（協議解決）　重要度C

> 本契約に定めのない事項又は本契約の解釈について疑義が生じたときは、甲及び乙は誠意をもって協議のうえ解決する。

【紛争解決方法について具体的に規定する】

・具体的な紛争解決機関を指定する場合・

> 本契約に定めのない事項又は本契約の解釈について疑義が生じたときは、訴訟提起以前に紛争解決センターが主催するADRにおいて協議を試みなければならない。

・仲裁者をあらかじめ定める場合・

> 本契約に定めのない事項又は本契約の解釈について疑義が生じたときは、〇〇〇〇を仲裁者と定め、三者において誠意をもって協議のうえ解決する。

【契約の当事者を追加する】

・質権設定者が複数（乙および丙）いる場合・

> 本契約に定めのない事項又は本契約の解釈について疑義が生じたときは、甲、乙及び丙は誠意をもって協議のうえ解決する。

第8条（合意管轄） 重要度 B

> 甲及び乙は、本契約に関し裁判上の紛争が生じたときは、訴額等に応じ、東京簡易裁判所又は東京地方裁判所を専属的合意管轄裁判所とすることに合意する。

【合意管轄裁判所を変更する】

・質権者の本店所在地を管轄する裁判所とする場合・　〔質権者有利〕

> 甲及び乙は、本契約に関し裁判上の紛争が生じたときは、訴額等に応じ、甲の本店所在地を管轄する簡易裁判所又は地方裁判所を専属的合意管轄裁判所とすることに合意する。

・質権設定者の本店所在地を管轄する裁判所とする場合・〔質権設定者有利〕

> 甲及び乙は、本契約に関し裁判上の紛争が生じたときは、訴額等に応じ、乙の本店所在地を管轄する簡易裁判所又は地方裁判所を専属的合意管轄裁判所とすることに合意する。

・いずれかの本店所在地または支店所在地を管轄する裁判所とする場合・

> 甲及び乙は、本契約に関し裁判上の紛争が生じたときは、訴額等に応じ、甲又は乙の本店所在地もしくは支店所在地を管轄する簡易裁判所又は地方裁判所を専属的合意管轄裁判所とすることに合意する。

・質物が不動産の場合に、当該所在地を管轄する裁判所とする場合・

> 甲及び乙は、本契約に関し裁判上の紛争が生じたときは、訴額等に応じ、本件質物の所在地を管轄する簡易裁判所又は地方裁判所を専属的合意管轄裁判所とすることに合意する。

•質物の保管場所を管轄する裁判所とする場合•

> 甲及び乙は、本契約に関し裁判上の紛争が生じたときは、訴額等に応じ、本件質物の保管場所を管轄する簡易裁判所又は地方裁判所を専属的合意管轄裁判所とすることに合意する。

【契約の当事者を追加する】

•質権設定者が複数（乙および丙）いる場合•

> 甲、乙及び丙は、本契約に関し裁判上の紛争が生じたときは、訴額等に応じ、東京簡易裁判所又は東京地方裁判所を専属的合意管轄裁判所とすることに合意する。

後文

> 　本契約締結の証として、本契約書2通を作成し、甲乙相互に署名又は記名・捺印のうえ、各1通を保有することとする。

【契約書の作成方法を変更する】

•1通のみ原本を作成し、当事者の一方は写しのみを保管する場合•

> 　本契約締結の証として、本契約書1通を作成し、甲乙相互に署名又は記名・捺印のうえ、〔甲／乙〕が原本を保有し、〔乙／甲〕が写しを保有することとする。

【契約の当事者を追加する】

•質権設定者が複数（乙および丙）いる場合•

> 　本契約締結の証として、本契約書3通を作成し、甲乙丙相互に署名又は記名・捺印のうえ、各1通を保有することとする。

その他の役立つ条項

- ■ 契約締結前後の手続きについて定める場合 …………………… 756 ページ
- ■ 契約に係る取扱いについて定める場合 ………………………… 756 ページ
- ■ 担保に関する規定を盛り込む場合 ……………………………… 758 ページ
- ■ 企業秘密等の守秘について盛り込む場合 ……………………… 758 ページ
- ■ 状況の変化が生じたときの取扱いについて定める場合 ……… 759 ページ
- ■ 費用の負担について定める場合 ………………………………… 759 ページ
- ■ 海外企業との取引である場合に、取扱いについて定める場合 …… 760 ページ

◆契約締結前後の手続きについて定める場合

・公正証書を作成する・　　　　　　　　　　　　　　　　〔質権者有利〕

> 第○条（公正証書の作成）
> 　乙は、本契約に基づく債務について、公正証書の作成に応じなければならない。なお、公正証書の作成費用は乙の負担とする。

> 第○条（公正証書の作成）　※質権設定者が複数（乙および丙）いる場合
> 　乙及び丙は、本契約に基づく債務について、公正証書の作成に応じなければならない。なお、公正証書の作成費用は乙の負担とする。

◆契約に係る取扱いについて定める場合

・質権設定者に通知義務を課す・　　　　　　　　　　　　〔質権者有利〕

> 第○条（通知義務）
> 　乙は、次の各号のいずれか一つに該当するときは、甲に対し、予めその旨を書面により通知しなければならない。
> 　①　住所の移転
> 　②　勤務先・職業の変更

第○条(通知義務) ※質権設定者が複数(乙および丙)いる場合
　乙及び丙は、次の各号のいずれか一つに該当するときは、甲に対し、予めその旨を書面により通知しなければならない。
　① 住所の移転
　② 勤務先・職業の変更
　③ 丙の死亡
　④ 本物件が滅失又は毀損したとき

なお、質権設定者が会社の場合は、次のように規定するとよいでしょう。

第○条(通知義務)
　乙は、次の各号のいずれか一つに該当するときは、甲に対し、予めその旨を書面により通知しなければならない。
　① 本店所在地の移転
　② 代表者の変更
　③ 重要な株主の変更

・権利義務の譲渡を禁止する・

第○条(権利義務の移転禁止)
　甲及び乙は、本契約によって生じた権利義務を第三者に譲渡することができない。

・一定の事項が認められたときの解除条項を定める・　〔質権者有利〕

第○条(解除)
　本件質物に第三者の担保が付されているなど契約不適合が存在するときは、甲は何ら催告することなく本契約を解除することができる。なお、この場合でも損害賠償の請求を妨げない。

・質物の処分等を禁止する・　〔質権者有利〕

第○条(質物の処分等の禁止)
　乙は、予め甲の書面のよる承諾を得なければ、本件質物の全部又は

一部を売却し、他の物権や賃貸借を設定し、あるいは原状を変更するなど、甲に損害を及ぼすおそれのある一切の行為をしてはならない。

◆担保に関する規定を盛り込む場合

・代担保・増担保、連帯保証人の設定について規定する・　　　〔質権者有利〕

　第○条（代担保・増担保、連帯保証人の設定）
　　甲は、本物件が滅失し、毀損し、又は著しく価値が減少するなど債権保全のために必要と認めたときは、乙に対し、代担保、増担保の提供もしくは連帯保証人の追加を求めることができる。この場合、乙は甲の適当と認める担保を設定し又は連帯保証人を立てるものとする。

◆企業秘密等の守秘について盛り込む場合

・守秘義務について明記する・

　第○条（守秘義務）
　1　甲及び乙は、本契約に基づき相手方から開示された情報を守秘し、第三者に開示してはならない。
　2　前項の守秘義務は、前項の情報が以下のいずれかに該当する場合には適用しない。
　　①　公知の事実又は当事者の責に帰すべき事情によらずして公知となった事実
　　②　第三者から適法に取得した事実
　　③　開示の時点で保有していた事実
　　④　法令、政府機関、裁判所の命令により開示が義務付けられた事実

◆状況の変化が生じたときの取扱いについて定める場合

・著しい状況の変更が生じたときの対処方法を記載する・

> 第○条（事情の変更）
> 　甲又は乙が、本契約の締結後、天変地異、法令の制定又は改廃、その他著しい事情の変更により、本契約に定める義務を履行することが不可能又は著しく困難となったと認められる場合は、当該定めを変更するため協議することができる。

・不可抗力による質物の滅失毀損についての取扱いを記載する・

> 第○条（不可抗力による損害）
> 　地震、津波、高潮、洪水、暴風雨その他の天災等により直接間接を問わず本件質物に生じた損害のほか、甲の故意又は重大な過失によらずに発生した損害については、甲は何ら責任を負わない。

◆費用の負担について定める場合

・締結に要する費用は各々が各々の費用を負担することとする・

> 第○条（費用負担）
> 　本契約の締結に要する費用は、甲乙が各々の費用を負担するものとする。

・不動産質権設定の登記費用について定める・

> 第○条（費用負担）
> 　本契約の締結に要する印紙代、登記費用その他の費用は、甲乙が各々の費用を負担するものとする。

◆海外企業との取引である場合に、取扱いについて定める場合

・準拠法を日本法と定める・

> 第○条（準拠法）
> 　本契約は日本法に準拠し、同法によって解釈されるものとする。

チェックポイント

あなたが質権者の場合は、最低限以下の点をチェックしましょう。

- ☐ 契約の当事者が明らかであるか
- ☐ 被担保債務の内容が明確に記載されているか
- ☐ 質物が特定されているか
- ☐ 合意管轄裁判所が不利になっていないか

あなたが質権設定者の場合は、最低限以下の点をチェックしましょう。

- ☐ 契約の当事者が明らかであるか
- ☐ 被担保債務の内容が明確に記載されているか
- ☐ 質物が特定されているか
- ☐ 合意管轄裁判所が不利になっていないか

第 4 章
請負・業務委託に関する契約

1 業務委託契約書

収入印紙
※

業務委託契約書

　（委託者）〇〇〇〇（以下「甲」という。）と（受託者）〇〇〇〇（以下「乙」という。）は、次のとおり業務委託契約（以下「本契約」という。）を締結する。

第1条　(目的)
　甲は、自社の業務改善のため、乙に対して物流業務を委託することとし、乙がこれを承諾したため、本契約を締結する。

第2条　(委託業務)
　甲は、乙に対して、以下の業務（以下「本件業務」という。）を委託し、乙はこれを受託する。
① 〇〇〇〇
② 〇〇〇〇
③ これらに付随する一切の業務

第3条　(委託料等)
1　本契約の委託料は、月額金〇〇円（消費税込）とする。
2　甲は、乙に対し、翌月末日までに当月の委託料を下記振込口座に振り込んで支払う（振込手数料は甲負担）。
　　〇〇銀行〇〇支店　　普通預金
　　口座番号　　〇〇〇〇〇〇

【この契約書を用いるケース】
☑ 業務（サービス）を委託する場合
　⇨当事者間で物品の売買がなされる場合は第1章**1**、会社経営を委任する場合は本章**2**

● 前　　文

● 目　　的　**重要度 A**

民法の改正により、解除を主張したり、契約不適合責任に基づく請求をしたりする場合に、契約の目的が重要視されることになりました。そのため、契約書に契約の目的を記載しておく必要があります。

【応用】目的の内容を変更する　　・・・▶　775ページ

● 委託業務　**重要度 A**

委託料とともに業務委託契約の重要事項です。③のように包括的規定を加えておけば、当初予想していた業務以外の付随業務が発生してもこれを委託業務と考えられます。

【応用】委託業務の表示方法を変更する　・・・▶　775ページ
　　　　委託する業務を明記する　　　　・・・▶　776ページ
　　　　委託する業務を変更する　　　　・・・▶　777ページ

● 委託料等　**重要度 A**

委託業務の内容とともに業務委託契約の重要事項です。疑義が生じないように明確に記載しましょう。

【応用】委託料の額の定め方を変更する　　　・・・▶　778ページ
　　　　委託料の支払時期・支払方法を変更する　・・・▶　781ページ
　　　　実費の負担についての取扱いを変更する　・・・▶　781ページ

口座名義　　〇〇〇〇〇〇
3　本件業務の遂行に必要な交通費、宿泊費は甲が負担し、その他本件業務の遂行に通常発生する実費は乙が負担するものとする。

第4条　（途中終了時の委託料）

本契約が解除その他の事由により途中で終了したときは、甲は乙に対して、終了までになされた履行割合に応じた額の委託料を支払うものとする。

第5条　（報告）

乙は、本件業務の履行の状況に関して、甲からの請求があったときは、その状況につき直ちに報告しなければならない。

第6条　（通知義務）

甲又は乙は、次の各号のいずれかに該当するときは、相手方に対し、予めその旨を書面により通知しなければならない。
①　法人の名称又は商号を変更するとき
②　振込先指定口座を変更するとき
③　代表者を変更するとき
④　本店、主たる事業所の所在地又は住所を変更するとき

第7条　（再委託）

乙は、本件業務の全部又は一部を第三者に対し再委託することはできない。ただし、甲が書面による再委託の許可を事前にした場合はこの限りでない。

第8条　（解除）

甲又は乙が以下の各号のいずれかに該当したときは、相手方は催告及び自己の債務の履行の提供をしないで直ちに本契約の全部又は一部を解除することができる。なお、この場合でも損害

●途中終了時の委託料　重要度A

改正民法は、委任契約（業務委託契約は、準委任契約の場合があります）が中途で終了した場合の受任者の報酬請求権について、委任契約を「履行割合型」と「成果完成型」に分類して規定しています（改正民法648条3項、648条の2）。具体的には、履行割合型については割合的な報酬請求権が認められており、成果完成型については、すでにした委任事務の履行の結果が可分であり、かつ、その給付によって委任者が利益を得るときは、委任者が受ける利益の割合に応じた報酬請求権が認められています。途中終了時の報酬に関するトラブルを防止するため、委任契約が途中で終了した場合の受任者の報酬請求権の有無や内容について記載するようにしましょう。

【応用】委託料の請求に係る取扱いを変更する　・・▶　782ページ

●報　　告　重要度B

委託料を支払う以上、その対価である委託業務の履行が確実になされているかをチェックする必要があり、その前提として報告を受ける必要があります。

【応用】報告について具体的に規定する　・・▶　783ページ

●通知義務　重要度C

業務委託契約は一定期間継続するので、これらの事実を把握しておかないと、郵送や送金などで不都合が生じる場合があります。

【応用】通知を求める事項を追加・変更する　・・▶　784ページ
　　　　通知の方法について規定する　・・▶　784ページ
　　　　通知義務者を変更する　・・▶　784ページ

●再 委 託　重要度B

委託者が受託者を信頼して委託した意図を保護する規定です。改正民法では、受任者は、委任者の許諾を得たとき、またはやむを得ない事由があるときでなければ、再委託することができないことが明記されました（改正民法644条の2第1項）。

【応用】再委託の禁止について異なる定めを置く　・・▶　785ページ
　　　　再委託する場合の責任の所在について記載する　・・▶　785ページ

●解　　除　重要度B

民法等で定めた解除事由より広く解除できる場合を認めるため記載しています。なお、改正民法では、法定解除のうち催告による場合、相手方の債務不履行が契約および取引上の社会通念に照らして軽微な場合において、解除が認められないこととなりました（改正民法541条但書）。

【応用】約定解除権を限定する　・・▶　786ページ
　　　　解除の条件について規定する　・・▶　787ページ
　　　　期限の利益喪失条項を設ける　・・▶　787ページ

賠償の請求を妨げない。
① 本契約の一つにでも違反したとき
② 監督官庁から営業停止又は営業免許もしくは営業登録の取消等の処分を受けたとき
③ 差押、仮差押、仮処分、強制執行、担保権の実行としての競売、租税滞納処分その他これらに準じる手続きが開始されたとき
④ 破産、民事再生、会社更生又は特別清算の手続開始等の申立てがなされたとき
⑤ 自ら振り出し又は引き受けた手形もしくは小切手が1回でも不渡りとなったとき、又は支払停止状態に至ったとき
⑥ 合併による消滅、資本の減少、営業の廃止・変更又は解散決議がなされたとき
⑦ その他、支払能力の不安又は背信的行為の存在等、本契約を継続することが著しく困難な事情が生じたとき

第9条 （守秘義務）

1 甲及び乙は、本契約期間中はもとより終了後も、本契約に基づき相手方から開示された情報を守秘し、第三者に開示してはならない。
2 前項の守秘義務は、前項の情報が以下のいずれかに該当する場合には適用しない。
① 公知の事実又は当事者の責に帰すべき事由によらずして公知となった事実
② 第三者から適法に取得した事実
③ 開示の時点で保有していた事実
④ 法令、政府機関、裁判所の命令により開示が義務付けられた事実

● 守秘義務　重要度B

委託業務は委託者の秘密を把握しつつ遂行するケースが多いので、その秘密を契約期間中のみならずその後も開示しないよう規定することが重要です。

【応用】守秘義務期間について規定する　　…▶　788ページ
　　　　情報開示に係る取決めを変更する　　…▶　788ページ
　　　　守秘義務の適用者を変更する　　…▶　789ページ
　　　　守秘義務に係る取扱いを追加・変更する　　…▶　789ページ

第10条　（損害賠償責任）
　　甲又は乙は、解除、解約又は本契約に違反することにより、相手方に損害を与えたときは、その損害の全て（弁護士費用及びその他の実費を含むが、これに限られない。）を賠償しなければならない。

第11条　（遅延損害金）
　　甲が本契約に基づく金銭債務の支払いを遅延したときは、乙に対し、支払期日の翌日から支払済みに至るまで、年14.6％（年365日日割計算）の割合による遅延損害金を支払うものとする。

第12条　（不可抗力）
　　本件業務の遂行が甲又は乙の責に帰すべからざる事由により不能（一部不能を含む。）又は履行遅滞となった場合に生じた損害については、相互に賠償責任を負わない。

第13条　（契約期間）
　　本契約の有効期間は、令和○年○月○日から令和○年○月○日までとし、期間満了日の1か月前までに甲乙いずれからも異議がなされないときには、本契約は期間満了日の翌日から起算して、同一内容にて更に1年間延長されるものとし、それ以後も同様とする。

第14条　（契約終了後の処理）
1　甲及び乙は、本契約が終了したときは、互いに既に確定した債権債務について、速やかにこれを清算するものとする。
2　乙は、本契約が終了した場合、直ちに本件業務を中止し、甲に対して事務の引継ぎを行い、本契約に基づき預託・貸与された事務処理マニュアル等の物品（本契約に基づき提供されたデー

● 損害賠償責任　　**重要度C**

損害賠償規定は民法等にも存在しますが、弁護士費用や実費なども賠償対象とするため記載しています。

【応用】賠償請求権を限定する　　…▶　790ページ
　　　　損害賠償の内容を変更する　　…▶　791ページ

● 遅延損害金　　**重要度B**

履行期日が遅れた場合の損害に関する定めを記載しましょう。

【応用】遅延損害金利率を変更する　　…▶　792ページ

● 不可抗力　　**重要度B**

当事者双方に責任なく債務不履行になった場合の取決めをしておきます。

【応用】記載内容を変更する　　…▶　793ページ

● 契約期間　　**重要度A**

業務委託契約は業務を一定期間遂行する内容なので、有効期間を明記する必要があります。

【応用】契約期間を変更する　　…▶　793ページ
　　　　異議の方法を限定する　　…▶　794ページ
　　　　契約延長の決定権を限定する　　…▶　794ページ

● 契約終了後の処理　　**重要度C**

契約終了後に清算すべきことは当然ですが、注意的に規定します。
契約期間中に委託者の秘密を含む資料が受託者に渡されていることが多いので、そのような資料の返還・破棄を記載して秘密が漏れないようにします。

【応用】委託終了後に関する取決めを追加・変更する　　…▶　795ページ

タ類及びこれらが記録された電子媒体等を含む。）を、速やかに甲の指示に基づき返還ないし破棄するものとする。

第15条　（反社会的勢力の排除）

1　甲及び乙は、自己又は自己の役員が、暴力団、暴力団関係企業、総会屋もしくはこれらに準ずる者又はその構成員（以下これらを「反社会的勢力」という。）に該当しないこと、及び次の各号のいずれにも該当しないことを表明し、かつ将来にわたっても該当しないことを相互に確約する。
　① 反社会的勢力に自己の名義を利用させること
　② 反社会的勢力が経営を実質的に支配していると認められる関係を有すること
2　甲又は乙は、前項の一つにでも違反することが判明したときは、何らの催告を要せず、本契約を解除することができる。
3　本条の規定により本契約が解除された場合には、解除された者は、解除により生じる損害について、その相手方に対し一切の請求を行わない。

第16条　（協議解決）

本契約に定めのない事項又は本契約の解釈について疑義が生じたときは、甲乙誠意をもって協議のうえ解決する。

第17条　（合意管轄）

甲及び乙は、本契約に関し裁判上の紛争が生じたときは、訴額等に応じ、東京簡易裁判所又は東京地方裁判所を専属的合意管轄裁判所とすることに合意する。

　本契約締結の証として、本契約書2通を作成し、甲乙相互に署名又は記名・捺印のうえ、各1通を保有することとする。

- ●反社会的勢力の排除　**重要度 B**

  契約当事者が反社会的勢力と関わっていることが判明した場合に、即座に契約関係を解消することができるようにするために規定しています。

  【応用】対象者を限定する　　　　　　…▶　796 ページ
  　　　　賠償額を具体的に規定する　　…▶　797 ページ

- ●協議解決　**重要度 C**

  協議により紛争回避を図る可能性を探るため規定しています。なお、この規定に法的な拘束力はありません。

  【応用】紛争解決方法について具体的に規定する　…▶　797 ページ

- ●合意管轄　**重要度 B**

  紛争が生じた際に自己に有利な管轄裁判所において裁判を行うための規定です。

  【応用】合意管轄裁判所を変更する　…▶　798 ページ

- ●後　　文

  【応用】契約書の作成方法を変更する　…▶　799 ページ

令和　年　月　日
　　　　　　　　　　甲
　　　　　　　　　　　　　　　　　　　　　　　　　　　㊞

　　　　　　　　　　乙
　　　　　　　　　　　　　　　　　　　　　　　　　　　㊞

※　業務委託契約書で、印紙税額一覧表第7号文書（「継続的取引の基本となる契約書」）である場合、4,000円の収入印紙を貼付しなければなりません。ただし、3か月以内に終了する契約（更新の規定があり契約期間が3か月を超える可能性があるものは除く）については、収入印紙の貼付は不要です。

作成のテクニック

▶ 第1条（目的） 重要度A

> 甲は、自社の業務改善のため、乙に対して物流業務を委託することとし、乙がこれを承諾したため、本契約を締結する。

【目的の内容を変更する】

・経理業務をアウトソーシングする場合・

> 甲は、経理事務のアウトソーシングのため、乙に対して経理事務処理業務を委託することとし、乙がこれを承諾したため、本契約を締結する。

▶ 第2条（委託業務） 重要度A

> 甲は、乙に対して、以下の業務（以下「本件業務」という。）を委託し、乙はこれを受託する。
> ① ○○○○
> ② ○○○○
> ③ これらに付随する一切の業務

【委託業務の表示方法を変更する】

・委託業務の内容を別紙で示す場合・

> 甲は、乙に対して、別紙記載の業務及びこれらに付随する一切の業務（以下「本件業務」という。）を委託し、乙はこれを受託する。

> 【別紙】
>
> ① ○○に関する業務

② ○○に関する業務
③ ○○に関する業務

【委託する業務を明記する】

・コンサルティング業務を委託する場合・

甲は、乙に対して、<u>以下のコンサルティング業務</u>（以下「本件業務」という。）を委託し、乙はこれを受託する。
① <u>○○の売却に関する指導・助言</u>
② <u>○○の売却先の取次</u>
③ <u>これらに付随する一切の業務</u>

・ホテルの運営業務を委託する場合・

甲は、乙に対して、<u>以下のホテル運営業務</u>（以下「本件業務」という。）を委託し、乙はこれを受託する。
① <u>ホテル利用者の受付及び管理</u>
② <u>ホテル及びその付属施設の管理</u>
③ <u>ホテルの広報業務</u>
④ <u>ホテルの財務資料の作成</u>
⑤ <u>これらに付随する一切の業務</u>

・物品販売の営業業務を委託する場合・

甲は、乙に対して、<u>以下の物品販売に係る営業業務</u>（以下「本件業務」という。）を委託し、乙はこれを受託する。
〔業務内容〕
　① <u>店舗における販売業務</u>
　② <u>広告宣伝等の販売促進業務</u>
　③ <u>これらに付随する一切の業務</u>
〔業務の遂行方法〕
　① <u>本件業務は甲の名義で行い、甲の計算において遂行するものとする。</u>
　② <u>販売品目、販売価格その他の基本的な事項については、甲の指示に従って決定する。</u>

・運送業務を委託する場合・

> 甲は、乙に対して、甲の指定する別紙記載の商品(以下「本商品」という。)を運送する以下の業務(以下「本件業務」という。)を委託し、乙はこれを受託する。
> 〔受領方法〕
> 　甲は本商品を○○において乙に引き渡し、これと同時に乙は甲に対して受領を証する書面を交付する。
> 〔運送方法〕
> 　乙は本商品を甲の指示に従って、甲の指定する日時に甲の指定する場所まで乙の準備した車両を使用して運送する。甲の指示及び指定は、書面により事前に乙に伝えるものとする。

・調査業務等、成果物が発生する業務を委託する場合・

> 甲は、乙に対して、以下の調査業務(以下「本件業務」という。)を委託し、乙はこれを受託する。
> 〔調査内容〕
> 　日本国内のアパレルメーカーにおける販売価格と米ドル為替相場の動向の関係性
> 〔調査方法〕
> 　①　少なくとも30社以上のデータを利用する。
> 　②　直近5年間の関係性を調査する。
> 〔調査結果の報告方法〕
> 　①　調査結果を報告書の形式で提出する。
> 　②　報告書には図やグラフを利用してわかりやすい内容にする。
> 　③　調査結果の報告期限は令和○年○月○日とする。

【委託する業務を変更する】

・本契約締結後に委託業務を変更する場合の方法について規定する場合・

> 　1　(略)
> 　2　本契約締結後に経済情勢等に大幅な変動が生じた場合は、本契約で定めた委託業務の内容につき甲及び乙で協議のうえ、変更契約の書

面を作成して変更することができる。

第3条（委託料等）　重要度 A

> 1　本契約の委託料は、月額金〇〇円（消費税込）とする。
> 2　甲は、乙に対し、翌月末日までに当月の委託料を下記振込口座に振り込んで支払う（振込手数料は甲負担）。
> 　　〇〇銀行〇〇支店　　普通預金
> 　　口座番号　　〇〇〇〇〇〇
> 　　口座名義　　〇〇〇〇〇〇
> 3　本件業務の遂行に必要な交通費、宿泊費は甲が負担し、その他本件業務の遂行に通常発生する実費は乙が負担するものとする。

【委託料の額の定め方を変更する】

・委託料を年額で定め、一括払とする場合・

> 1　本契約の委託料は、<u>1年間当たり金〇〇円（消費税込）</u>とする。
> 2　甲は、乙に対し、<u>前項の委託料を、本契約締結日以降、毎年〇月末日限り、</u>下記振込口座に振り込んで支払う（振込手数料は甲負担）。<u>ただし、初回の委託料の支払期限は、令和〇年〇月末日とする。</u>
> 　　（振込口座：略）

・委託料を年額で定め、3か月ごとに支払いを行う場合・

> 1　本契約の委託料は、<u>1年間当たり金〇〇円（消費税込）</u>とする。
> 2　甲は、乙に対し、<u>前項の委託料を、本契約締結日以降、毎年3月、6月、9月及び12月の各月末日限り、4分の1ずつ分割して、</u>下記振込口座に振り込んで支払う（振込手数料は甲負担）。
> 　　（振込口座：略）

・委託料を年額で定め、毎月の支払いとする場合・

1　本契約の委託料は、1年間当たり金○○円（消費税込）とする。
2　甲は、乙に対し、前項の委託料を、本契約締結日以降、毎月末日限り、12分の1ずつ分割して、下記振込口座に振り込んで支払う（振込手数料は甲負担）。
　（振込口座：略）

・委託料を成功報酬制にする場合・

第3条（委託料等）
1　本契約の委託料は、顧客を1名獲得するごとに金○○円（消費税込）とする。
　（略）
第5条（報告）
1　乙は、本件業務の履行の状況に関して、甲からの請求があったときは、その状況につき直ちに報告しなければならない。
2　乙は甲に対して、毎月末日に甲所定の報告書に従い、当月中に獲得した顧客の情報を報告しなければならず、乙がこれを怠った場合、甲は委託料の支払期限の徒過につき責任を負わない。

・委託料を委託業務による売上の歩合制にする場合・

第3条（委託料等）
1　本契約の委託料は、委託業務に係る月間売上高の○％（消費税込）とする。
　（略）
第5条（報告）
1　乙は、本件業務の履行の状況に関して、甲からの請求があったときは、その状況につき直ちに報告しなければならない。
2　乙は甲に対して、毎月末日に甲所定の報告書に従い、当月中に委託業務に係る売上高を報告しなければならず、乙がこれを怠った場合、甲は委託料の支払期限の徒過につき責任を負わない。

・委託料をタイムチャージにする場合・

この場合、月ごとに本件業務に従事した者および時間を明らかにする報告書が提出される必要があります。

> 第3条（委託料等）
> 1　本契約の委託料は、<u>本件業務に従事した者1人当たり時給金○○円（消費税込）</u>とする。
> 　（略）
> 第5条（報告）
> <u>1</u>　乙は、本件業務の履行の状況に関して、甲からの請求があったときは、その状況につき直ちに報告しなければならない。
> <u>2</u>　乙は甲に対して、毎月末日に甲所定の報告書に従い、当月中に本件業務に従事した者、業務時間、及び業務内容を報告しなければならず、乙がこれを怠った場合、甲は委託料の支払期限の徒過につき<u>責任を負わない</u>。

・着手金＋報酬の形で支払う場合・

> 1　本契約の委託料は、<u>以下のとおりとする。</u>
> 　　<u>着手金　金○○円</u>
> 　　<u>報酬金　本契約締結月を基準とし、○○商品の月間売上高の増加分の5％（消費税込）</u>
> 2　甲は、乙に対し、<u>前項の着手金については令和○年○月末日限り</u>、<u>報酬金については、対象月の翌月末日限り</u>、<u>下記振込口座</u>に振り込んで支払う（振込手数料は甲負担）。
> 　　（振込口座：略）

・本契約締結後に委託料を変更する場合の方法について規定する場合・

> 4　本契約締結後に経済情勢等の大幅な変動が生じた場合は、本契約で定めた委託料につき甲及び乙で協議のうえ、書面により委託料を変更することができるものとする。

【委託料の支払時期・支払方法を変更する】

・受託者の請求を委託料支払の条件とする場合・

> 2　甲は、乙に対し、乙から当月の委託料請求書を受領後15日以内に、当月の委託料を下記振込口座に振り込んで支払う（振込手数料は甲負担）。
> 　（振込口座：略）

・委託料を持参して支払うこととする場合・

> 2　甲は、乙に対し、翌月末日までに当月の委託料を持参して支払う。

・委託料の支払いを当月払い／前月払いとする場合・

この場合、第2項を以下のとおり変更してください。

> 2　甲は、乙に対し、〔毎月末日までに／前月末日までに〕、〔当月の／翌月の〕委託料を下記振込口座に振り込んで支払う（振込手数料は甲負担）。
> 　（振込口座：略）

【実費の負担についての取扱いを変更する】

・実費を委託者が負担するものとする場合・　　　　　〔受託者有利〕

> 3　本件業務の遂行に必要な実費は、全て甲が負担するものとする。

・実費を受託者が負担するものとする場合・　　　　　〔委託者有利〕

> 3　本件業務の遂行に必要な実費は、全て乙が負担するものとする。

・委託者の負担する実費を限定する場合・　　　　　　　　〔委託者有利〕

> 3　本件業務の遂行に必要な実費は、事前に甲が書面により承諾したものに限り、甲が負担するものとする。

・実費の内容を詳細に規定する場合・

> 3　本件業務の遂行に必要な以下の実費は、甲が負担するものとする。
> 　① 　人件費（ただし、福利厚生費を除く。）
> 　② 　出張費、宿泊費
> 　③ 　書類取寄せ費用
> 　④ 　その他、甲が本件業務の遂行に必要と認める実費

▶ 第4条（途中終了時の委託料）　重要度 A

> 本契約が解除その他の事由により途中で終了したときは、甲は乙に対して、終了までになされた履行割合に応じた額の委託料を支払うものとする。

【委託料の請求に係る取扱いを変更する】

・受託者に帰責事由がある場合は委託料を請求できないようにする場合・
〔委託者有利〕

> 本契約が解除その他の事由により途中で終了したときは、甲は乙に対して、終了までになされた履行割合に応じた額の委託料を支払うものとする。ただし、契約終了について乙に帰責事由がある場合は、乙は甲に対し履行割合に応じた報酬を請求することはできない。

第5条（報告） 重要度 B

> 乙は、本件業務の履行の状況に関して、甲からの請求があったときは、その状況につき直ちに報告しなければならない。

【報告について具体的に規定する】

・書面による報告を求める場合・　　　　　　　　　　　　　〔委託者有利〕

> 乙は、本件業務の履行の状況に関して、甲からの請求があったときは、その状況につき直ちに書面をもって報告しなければならない。

この場合に、報告書の分量等を指定する場合は、次のように追記します。

> 乙は、本件業務の履行の状況に関して、甲からの請求があったときは、その状況につき直ちに書面をもって報告しなければならない。なお、報告書の分量はA4判2頁程度とする。

・定期的な報告を義務づける場合・　　　　　　　　　　　　〔委託者有利〕

> 1　乙は、甲に対し、甲所定の報告書に従い、従事した業務の内容、業務従事者、業務時間等を記入したうえ、各営業日終了後、翌営業日に、甲宛てに電子メールにより送信しなければならない。
> 2　乙は、前項の場合以外にも、本件業務の履行の状況に関して、甲からの請求があったときは、その状況につき直ちに報告しなければならない。

・定例ミーティングの開催を義務づける場合・

> 甲及び乙は、本件業務の履行の状況に関して進捗状況を確認するため、原則として月1回、甲本社において定例打合せ会議を開催する。

第6条（通知義務） 重要度C

> 甲又は乙は、次の各号のいずれかに該当するときは、相手方に対し、予めその旨を書面により通知しなければならない。
> ① 法人の名称又は商号を変更するとき
> ② 振込先指定口座を変更するとき
> ③ 代表者を変更するとき
> ④ 本店、主たる事業所の所在地又は住所を変更するとき

【通知を求める事項を追加・変更する】

・株主構成を大幅に変更する場合にも通知義務を課す場合・

> ⑤ 株主構成を大幅に変更するとき

【通知の方法について規定する】

・事後の通知を認める場合・

> 甲又は乙は、次の各号のいずれかに該当するときは、相手方に対し、<u>事前又は事後速やかに</u>その旨を書面により通知しなければならない。
> ① （以下略）

【通知義務者を変更する】

・委託者のみに通知義務を課す場合・　　　　　　　　　〔受託者有利〕

> <u>甲</u>は、次の各号のいずれかに該当するときは、<u>乙</u>に対し、予めその旨を書面により通知しなければならない。
> ① （以下略）

・受託者のみに通知義務を課す場合・　　　　　　　〔委託者有利〕

> 乙は、次の各号のいずれかに該当するときは、甲に対し、予めその旨を書面により通知しなければならない。
> ①　（以下略）

▶第7条（再委託）　重要度B

> 乙は、本件業務の全部又は一部を第三者に対し再委託することはできない。ただし、甲が書面による再委託の許可を事前にした場合はこの限りでない。

【再委託の禁止について異なる定めを置く】

・委託者の判断で特定の者に対する再委託を認める場合・　　〔受託者有利〕

> 乙は、本件業務の全部又は一部を第三者に再委託することはできない。ただし、乙は、乙の責任において、本件業務の一部を以下の第三者に限り再委託することができる。
> 　名　　　　称：○○株式会社
> 　本店所在地：東京都新宿区○○町○丁目○番○号

【再委託する場合の責任の所在について記載する】

・受託者（再委託者）の責任を明記する場合・　　　　　〔委託者有利〕

> 1　（略）
> 2　前項ただし書きにより再委託が可能となる場合であっても、乙は、再受託者に対して本契約における乙の義務と同様の義務を遵守させ、その行為について一切の責任を負う。

第8条（解除） 重要度B

> 甲又は乙が以下の各号のいずれかに該当したときは、相手方は催告及び自己の債務の履行の提供をしないで直ちに本契約の全部又は一部を解除することができる。なお、この場合でも損害賠償の請求を妨げない。
> ① 本契約の一つにでも違反したとき
> ② 監督官庁から営業停止又は営業免許もしくは営業登録の取消等の処分を受けたとき
> ③ 差押、仮差押、仮処分、強制執行、担保権の実行としての競売、租税滞納処分その他これらに準じる手続きが開始されたとき
> ④ 破産、民事再生、会社更生又は特別清算の手続開始等の申立てがなされたとき
> ⑤ 自ら振り出し又は引き受けた手形もしくは小切手が1回でも不渡りとなったとき、又は支払停止状態に至ったとき
> ⑥ 合併による消滅、資本の減少、営業の廃止・変更又は解散決議がなされたとき
> ⑦ その他、支払能力の不安又は背信的行為の存在等、本契約を継続することが著しく困難な事情が生じたとき

【約定解除権を限定する】

・受託者のみに約定解除権を認める場合・　　　　　　　　〔受託者有利〕

> 甲が以下の各号のいずれかに該当したときは、乙は催告及び自己の債務の履行の提供をしないで直ちに本契約の全部又は一部を解除することができる。なお、この場合でも損害賠償の請求を妨げない。
> ① （以下略）

・委託者のみに約定解除権を認める場合・　　　　　　　　〔委託者有利〕

> 乙が以下の各号のいずれかに該当したときは、甲は催告及び自己の債務の履行の提供をしないで直ちに本契約の全部又は一部を解除することができる。なお、この場合でも損害賠償の請求を妨げない。
> ① （以下略）

【解除の条件について規定する】

・解除前に催告を要求する場合・

> 甲又は乙が以下の各号のいずれかに該当し、相手方が相当期間内に是正すべきことを催告したにもかかわらず、その期間内に是正されない場合、相手方は本契約の全部又は一部を解除することができる。なお、この場合でも損害賠償の請求を妨げない。
> ①　（以下略）

【期限の利益喪失条項を設ける】

・期限の利益喪失条項を設ける場合・　　　　　　　　〔受託者有利〕

委託者の信用不安に備えて、委託者に一定の事項が生じたときに受託者が未収金全額を請求できるようにしておくべきです。以下の変更例では、第2項を新設して、期限の利益喪失事由を解除事由から流用しています。なお、この場合の条文のタイトルは、「解除及び期限の利益喪失」となります。

> 第8条（解除及び期限の利益喪失）
> 1　甲又は乙が以下の各号のいずれかに該当したときは、相手方は催告及び自己の債務の履行の提供をしないで直ちに本契約の全部又は一部を解除することができる。なお、この場合でも損害賠償の請求を妨げない。
> 　　①　（略）
> 2　甲が前項各号のいずれかに該当した場合、甲は当然に本契約から生じる一切の債務について期限の利益を失い、甲は乙に対して、その時点において甲が負担する債務を直ちに一括して弁済しなければならない。

・すべての取引の期限の利益を喪失させることとする場合・　〔受託者有利〕

上記「期限の利益喪失条項を設ける場合」の第2項を次のように修正します。

> 第8条（解除及び期限の利益喪失）
> 2　甲が前項各号のいずれかに該当した場合、甲は当然に本契約その他乙との間で締結している全ての契約から生じる一切の債務について

> 期限の利益を失い、甲は乙に対して、その時点において甲が負担する<u>一切の債務</u>を直ちに一括して弁済しなければならない。

▶ 第9条（守秘義務）　重要度 B

> 1　甲及び乙は、本契約期間中はもとより終了後も、本契約に基づき相手方から開示された情報を守秘し、第三者に開示してはならない。
> 2　前項の守秘義務は、前項の情報が以下のいずれかに該当する場合には適用しない。
> 　①　公知の事実又は当事者の責に帰すべき事由によらずして公知となった事実
> 　②　第三者から適法に取得した事実
> 　③　開示の時点で保有していた事実
> 　④　法令、政府機関、裁判所の命令により開示が義務付けられた事実

【守秘義務期間について規定する】

・契約終了後の守秘義務期間を限定する場合・

> 1　甲及び乙は、本契約期間中<u>及び本契約終了後○年間</u>、本契約に基づき相手方から開示された情報を守秘し、第三者に開示してはならない。

【情報開示に係る取決めを変更する】

・事前の書面承諾により開示を許可する場合・

> 1　甲及び乙は、<u>事前に相手方の書面による承諾を得た場合を除き</u>、本契約期間中はもとより終了後も、本契約に基づき相手方から開示された情報を守秘し、第三者に開示してはならない。

- 開示義務に基づく開示を行った場合に、遅滞なく相手方に通知することとする場合・

> 3　甲及び乙は、前項第4号に基づき開示を行った場合には、遅滞なく相手方に通知することとする。

【守秘義務の適用者を変更する】

- 守秘義務を委託者のみに課す場合・　　　　　　　　　　〔受託者有利〕

> 1　甲は、本契約期間中はもとより終了後も、本契約に基づき乙から開示された情報を守秘し、第三者に開示してはならない。

- 守秘義務を受託者のみに課す場合・　　　　　　　　　　〔委託者有利〕

> 1　乙は、本契約期間中はもとより終了後も、本契約に基づき甲から開示された情報を守秘し、第三者に開示してはならない。

- 従業員にも守秘義務を負わせることを明記する場合・

> 1　甲及び乙は、本契約期間中はもとより終了後も、本契約に基づき相手方から開示された情報を守秘し、第三者に開示してはならず、従業員にも同様の守秘義務を課さなければならない。

- 再委託先にも守秘義務を課すことを明記する場合・　　　〔委託者有利〕

> 3　乙は、本件業務を第三者に再委託する場合には、再委託先にも本条第1項と同様の守秘義務を負わせなければならない。

【守秘義務に係る取扱いを追加・変更する】

- 情報漏洩事故が発生したとき、または発生のおそれが生じたときの、相手方への通知義務を定める場合・

> 3　甲及び乙は、情報漏洩事故が発生した場合及びそのおそれが生じた場合、直ちに相手方に通知し、事故への対応につき協議しなければ

> ならない。

・受託者に対し守秘義務違反の場合の違約罰を定める場合・　　〔委託者有利〕

> 3　乙が前二項の定めに違反した場合、乙は、それにより甲が被った損害の賠償に加え、違約罰として金○○円を甲に対して支払わなければならない。

第10条（損害賠償責任） 重要度C

> 甲又は乙は、解除、解約又は本契約に違反することにより、相手方に損害を与えたときは、その損害の全て（弁護士費用及びその他の実費を含むが、これに限られない。）を賠償しなければならない。

【賠償請求権を限定する】

・委託者のみに弁護士費用・その他の実費を含む賠償請求権を認める場合・
〔委託者有利〕

> 乙は、解除、解約又は本契約に違反することにより、甲に損害を与えたときは、その損害の全て（弁護士費用及びその他の実費を含むが、これに限られない。）を賠償しなければならない。

・受託者のみに弁護士費用・その他の実費を含む賠償請求権を認める場合・
〔受託者有利〕

> 甲は、解除、解約又は本契約に違反することにより、乙に損害を与えたときは、その損害の全て（弁護士費用及びその他の実費を含むが、これに限られない。）を賠償しなければならない。

【損害賠償の内容を変更する】

・具体的な賠償額の予定を行う場合・

> 甲又は乙は、解除、解約又は本契約に違反することにより、相手方に損害を与えたときは、過去○か月分の委託料(消費税込)を損害金として賠償しなければならない。

・損害賠償額を限定する場合・

> 甲又は乙は、解除、解約又は本契約に違反することにより、相手方に損害を与えたときは、違反行為があった月の前月の委託料(消費税込)の20%を上限として、その損害を賠償しなければならない。

・損害賠償責任を重大な違反の場合に限定する場合・

> 甲又は乙は、解除、解約又は本契約に違反することにより、相手方に損害を与えたときは、故意又は重過失がある場合に限り、その損害の全て(弁護士費用及びその他の実費を含むが、これに限られない。)を賠償しなければならない。

・損害が故意または重過失による場合に、損害賠償額に追加して違約金の支払いを認める場合・

> 1 (略)
> 2 甲又は乙は、故意又は重過失により、相手方に損害を与えたときは、違反行為があった月の前月の委託料(消費税込)の20%の違約金を前項の損害に加算して賠償しなければならない。

▶ 第11条(遅延損害金) 重要度B

> 甲が本契約に基づく金銭債務の支払いを遅延したときは、乙に対し、支払期日の翌日から支払済みに至るまで、年14.6%(年365日日割計算)の割合による遅延損害金を支払うものとする。

【損害金利率を変更する】

遅延損害金利率の定めがないときの利率は法定利率によるとされているところ、民法改正により法定利率が年5％から年3％（その後3年ごとに見直しが行われます）となり（改正民法404条）、遅延損害金利率もこれに連動します（改正民法419条）。また、同改正により、商事法定利率（6％）は廃止されます。

当事者間で、法定利率とは異なる利率を定めることも可能です。民法改正により、法定利率は3年ごとに見直される変動制となることから、遅延損害金利率について定めを置くことが、より重要となります。

・遅延損害金利率を高くする場合・　　　　　　　　〔受託者有利〕

> 甲が本契約に基づく金銭債務の支払いを遅延したときは、乙に対し、支払期日の翌日から支払済みに至るまで、年20％（年365日日割計算）の割合による遅延損害金を支払うものとする。

当事者間で、法定利率を上回る利率を定めることも可能ですが、他の法律で上限が定められていますので注意が必要です。

・遅延損害金利率を低くする場合・　　　　　　　　〔委託者有利〕

> 甲が本契約に基づく金銭債務の支払いを遅延したときは、乙に対し、支払期日の翌日から支払済みに至るまで、年1％（年365日日割計算）の割合による遅延損害金を支払うものとする。

▶ 第12条（不可抗力） 重要度B

> 本件業務の遂行が甲又は乙の責に帰すべからざる事由により不能（一部不能を含む。）又は履行遅滞となった場合に生じた損害については、相互に賠償責任を負わない。

【記載内容を変更する】

・通知義務・誠実協議義務を記載する場合・

> 甲及び乙は、地震、台風、水害、火災、戦争その他の予測不能の事態が発生し、契約の履行に直接の影響があり、定めた条件を履行できなくなった場合は、直ちに相手方に書面で通知しなければならない。この場合、本契約の履行に与える影響の程度により、双方が誠意をもって協議し、契約の解除、契約履行責任の部分的免除等を決定するものとし、相互に損害賠償責任を負わない。

第13条（契約期間）　重要度A

> 本契約の有効期間は、令和〇年〇月〇日から令和〇年〇月〇日までとし、期間満了日の1か月前までに甲乙いずれからも異議がなされないときには、本契約は期間満了日の翌日から起算して、同一内容にて更に1年間延長されるものとし、それ以後も同様とする。

【契約期間を変更する】

・自動延長にしない場合・

> 本契約の有効期間は、令和〇年〇月〇日から令和〇年〇月〇日までとし、契約は延長しないものとする。

・期間満了日の1か月前までに契約更新の協議が整わない場合、契約は終了とする場合・

> 本契約の有効期間は、令和〇年〇月〇日から令和〇年〇月〇日までとし、期間満了日の1か月前までに契約更新の協議が整わない限り、本契約は終了するものとする。

【異議の方法を限定する】

・異議の方法を書面に限定する場合・

> 本契約の有効期間は、令和〇年〇月〇日から令和〇年〇月〇日までとし、期間満了日の1か月前までに甲乙いずれからも書面による異議がなされないときには、本契約は期間満了日の翌日から起算して、同一内容にて更に1年間延長されるものとし、それ以後も同様とする。

【契約延長の決定権を限定する】

・延長するか否かの決定権を委託者のみに与える場合・　　〔委託者有利〕

> 本契約の有効期間は、令和〇年〇月〇日から令和〇年〇月〇日までとし、期間満了日の1か月前までに甲から異議がなされないときには、本契約は期間満了日の翌日から起算して、同一内容にて更に1年間延長されるものとし、それ以後も同様とする。

・延長するか否かの決定権を受託者のみに与える場合・　　〔受託者有利〕

> 本契約の有効期間は、令和〇年〇月〇日から令和〇年〇月〇日までとし、期間満了日の1か月前までに乙から異議がなされないときには、本契約は期間満了日の翌日から起算して、同一内容にて更に1年間延長されるものとし、それ以後も同様とする。

▶ 第14条（契約終了後の処理） 重要度C

> 1　甲及び乙は、本契約が終了したときは、互いに既に確定した債権債務について、速やかにこれを清算するものとする。
> 2　乙は、本契約が終了した場合、直ちに本件業務を中止し、甲に対して事務の引継ぎを行い、本契約に基づき預託・貸与された事務処理マニュアル等の物品（本契約に基づき提供されたデータ類及びこれらが記録された電子媒体等を含む。）を、速やかに甲の指示に基づき返還ないし破棄するものとする。

【委託終了後に関する取決めを追加・変更する】

・委託業務を委託者の指定する者に引き継がせる場合・　〔委託者有利〕

> 2　乙は、本契約が終了した場合、直ちに本件業務を中止し、<u>甲の指定する者</u>に対して事務の引継ぎを行い、本契約に基づき預託・貸与された事務処理マニュアル等の物品（本契約に基づき提供されたデータ類及びこれらが記録された電子媒体等を含む。）を、速やかに甲の指示に基づき返還ないし破棄するものとする。

・甲の責に帰すべき事由により本契約が終了した場合の引継業務の費用負担につき明記する場合・　〔受託者有利〕

上記「委託業務を委託者の指定する者に引き継がせる場合」に入れる第2項に加え、さらに第3項を追加するとよいでしょう。

> 3　甲の責に帰すべき事由により本契約が終了した場合には、前項の引継ぎの費用は甲が負担する。

・物品を破棄した場合に破棄証明を求める場合・　〔委託者有利〕

> 2　乙は、本契約が終了した場合、直ちに本件業務を中止し、甲に対して事務の引継ぎを行い、本契約に基づき預託・貸与された事務処理マニュアル等の物品（本契約に基づき提供されたデータ類及びこれらが記録された電子媒体等を含む。）を、速やかに甲の指示に基づき返還ないし破棄するものとする。<u>ただし、破棄した場合、乙は甲に対して破棄した物品を明らかにした書面を交付しなければならない。</u>

・商標の継続使用を禁止する場合・　〔委託者有利〕

> 3　乙は、本契約が終了した場合、本件業務の遂行のために使用していた甲の商標の使用を直ちに中止しなければならない。

- 報酬不払の場合、報酬が支払われるまでの間、受託者が預託・貸与された物品の返還を拒むことができることとする場合・　　　　〔受託者有利〕

> 2　乙は、本契約が終了した場合、直ちに本件業務を中止し、甲に対して事務の引継ぎを行い、本契約に基づき預託・貸与された事務処理マニュアル等の物品（本契約に基づき提供されたデータ類及びこれらが記録された電子媒体等を含む。）を、速やかに甲の指示に基づき返還ないし破棄するものとする。<u>ただし、甲が乙に支払うべき金員を支払わないとき、乙は、甲に対する金銭債務（甲より収受した金員等）があればこれと相殺し、又は本契約に基づき預託・貸与された物品の返還を拒絶することができる。</u>

▶ 第15条（反社会的勢力の排除）　重要度B

> 1　甲及び乙は、自己又は自己の役員が、暴力団、暴力団関係企業、総会屋もしくはこれらに準ずる者又はその構成員（以下これらを「反社会的勢力」という。）に該当しないこと、及び次の各号のいずれにも該当しないことを表明し、かつ将来にわたっても該当しないことを相互に確約する。
> 　① 反社会的勢力に自己の名義を利用させること
> 　② 反社会的勢力が経営を実質的に支配していると認められる関係を有すること
> 2　甲又は乙は、前項の一つにでも違反することが判明したときは、何らの催告を要せず、本契約を解除することができる。
> 3　本条の規定により本契約が解除された場合には、解除された者は、解除により生じる損害について、その相手方に対し一切の請求を行わない。

【対象者を限定する】

- 受託者のみを対象とする場合・　　　　　　　　　　　　〔委託者有利〕

> 1　<u>乙</u>は、自己又は自己の役員が、暴力団、暴力団関係企業、総会屋も

しくはこれらに準ずる者又はその構成員（以下これらを「反社会的勢力」という。）に該当しないこと、及び次の各号のいずれにも該当しないことを表明し、かつ将来にわたっても該当しないことを<u>確約する</u>。
① 反社会的勢力に自己の名義を利用させること
② 反社会的勢力が経営を実質的に支配していると認められる関係を有すること
2 <u>甲は、乙が</u>前項の一つにでも違反することが判明したときは、何らの催告を要せず、本契約を解除することができる。

【賠償額を具体的に規定する】

・具体的な賠償額の予定を行う場合・

4 本条の規定により本契約が解除された場合には、解除された者は、その相手方に対し、違約金として金○○円を支払うものとする。

▶第16条（協議解決） 重要度 C

本契約に定めのない事項又は本契約の解釈について疑義が生じたときは、甲乙誠意をもって協議のうえ解決する。

【紛争解決方法について具体的に規定する】

・具体的な紛争解決機関を指定する場合・

<u>甲及び乙は、</u>本契約に定めのない事項又は本契約の解釈について疑義が生じたときは、<u>訴訟提起以前に適切なADR機関において協議を試みなければならない</u>。

•仲裁者をあらかじめ定める場合•

> 甲及び乙は、本契約に定めのない事項又は本契約の解釈について疑義が生じたときは、〇〇〇〇を仲裁者と定め、三者において誠意をもって協議のうえ解決する。

▶ 第17条（合意管轄） 重要度 B

> 甲及び乙は、本契約に関し裁判上の紛争が生じたときは、訴額等に応じ、東京簡易裁判所又は東京地方裁判所を専属的合意管轄裁判所とすることに合意する。

【合意管轄裁判所を変更する】

•本店所在地を管轄する裁判所にする場合•

> 甲及び乙は、本契約に関し裁判上の紛争が生じたときは、甲又は乙の本店所在地を管轄する裁判所を専属的合意管轄裁判所とすることに合意する。

•本店所在地または支店所在地を管轄する裁判所にする場合•

> 甲及び乙は、本契約に関し裁判上の紛争が生じたときは、甲又は乙の本店所在地もしくは支店所在地を管轄する裁判所を専属的合意管轄裁判所とすることに合意する。

▶ 後文

> 本契約締結の証として、本契約書2通を作成し、甲乙相互に署名又は記名・捺印のうえ、各1通を保有することとする。

【契約書の作成方法を変更する】

・1通のみ原本を作成し、当事者の一方は写しのみを保管する場合・

> 本契約締結の証として、本契約書1通を作成し、甲乙相互に署名又は記名・捺印のうえ、〔乙／甲〕が原本を保有し、〔甲／乙〕が写しを保有することとする。

その他の役立つ条項

- ■ 業務の中止・中途解約について定める場合 …………………… 800 ページ
- ■ 知的財産権について定める場合 ……………………………………… 801 ページ
- ■ 第三者との紛争が生じた場合の処理について定める場合 ………… 801 ページ
- ■ 契約をめぐる各種取扱いについて定める場合 ……………………… 802 ページ
- ■ 海外企業との取引である場合に、取扱いについて定める場合 …… 803 ページ

◆業務の中止・中途解約について定める場合

・受託者の中止権を認める・　　　　　　　　　　　　　　〔受託者有利〕

> 第○条（中止権）
> 　乙は、甲が理由なく委託料の支払いをしない場合、書面により通知したうえで、本件業務の実施を中止することができる。

・委託者のみに中途解約権を与える場合・　　　　　　　　〔委託者有利〕

> 第○条（中途解約）
> 1　甲は、本契約期間中であっても、乙に対して３か月前までに書面による解約通知をすることにより、本契約を解約することができる。
> 2　前項の場合、甲は乙に対し何ら損害賠償責任を負わないものとする。

・委託者のみに即時の中途解約権を与える・　　　　　　　〔委託者有利〕

> 第○条（中途解約）
> 1　甲又は乙は、本契約期間中であっても、相手方に対して３か月前までに書面による解約通知をすることにより、本契約を解約することができる。
> 2　甲は、前項の予告に代えて前月の委託料の３か月相当分の委託料を乙に支払うことにより、本契約を即時解約することができる。
> 3　前二項の場合、解約した者は相手方に対し何ら損害賠償責任を負わないものとする。

◆知的財産権について定める場合

・知的財産権を使用する必要がある場合の取扱いについて規定する・
〔委託者有利〕

> 第○条(知的財産権の使用)
> 1 乙は、本件業務を遂行するため、第三者の所有に係る知的財産権を使用する必要がある場合、予め当該第三者から書面による承諾を得るものとする。
> 2 前項の場合、乙はその使用による一切の責任を負うものとする。

・発生した知的財産権が委託者に帰属することとする・ 〔委託者有利〕

> 第○条(成果物の知的財産権の帰属)
> 本件業務の結果生じた成果物について、著作権、実用新案権、意匠権、特許権、ノウハウ等の知的財産権が発生した場合、知的財産権は全て甲に帰属するものとする。

◆第三者との紛争が生じた場合の処理について定める場合

・第三者との間で紛争が生じた場合の受託者の責任を定める・〔委託者有利〕

> 第○条(第三者との間の紛争)
> 乙は、業務を行うにあたり、第三者の権利を侵害しないよう留意し、乙が作成した成果物(中間成果物も含む。)及び役務の提供の結果について第三者との間で紛争が生じた場合は、乙が、自己の責任と負担において処理・解決するものとする。

・受託者と第三者との紛争について、受託者の負担と責任において解決することを規定する・
〔委託者有利〕

> 第○条(第三者との紛争等の処理)
> 乙は、本件業務の遂行に際して、第三者に損害を生じさせた場合、又は第三者との間に紛争を生じさせた場合には、直ちに甲に通知す

> るとともに、乙の負担と責任において早急に解決するものとする。
> この場合、甲は乙に対して一切の責任を負わないものとする。

・受託者と第三者との紛争について、委託者の負担と責任において解決することを規定する・　　　　　　　　　　　　　　　　　　　　〔受託者有利〕

> 第○条（第三者との紛争等の処理）
> 　乙は、本件業務の遂行に際して、第三者に損害を生じさせた場合、又は第三者との間に紛争を生じさせた場合には、直ちに甲に通知するものとする。この場合、甲はその負担と責任において解決するものとする。

◆契約をめぐる各種取扱いについて定める場合

・第三者に対する権利義務の譲渡を禁止する・

> 第○条（権利義務の譲渡禁止）
> 　甲及び乙は、予め相手方の書面による承諾を得ることなく、本契約に基づく権利、義務又は財産の全部もしくは一部を第三者に譲渡し、承継させ、又は担保に供してはならない。

・委託者の相殺を認める・　　　　　　　　　　　　　　　　　　〔委託者有利〕

> 第○条（相殺）
> 　甲は、本契約に基づき甲が乙に負担する委託料等の支払債務と、本契約又は本契約に限らないその他の契約等に基づき乙が甲に対して負担する債務とを、その債務の期限如何にかかわらず、いつでも対当額において相殺することができる。

・委託者の立入調査権を規定する場合・　　　　　　　　　　　　〔委託者有利〕

> 第○条（立入調査）
> 　甲は乙に対して、３営業日前までに予告して乙の承諾を得ることに

> より、乙の営業時間中に乙の事業所に立ち入るなどして本件業務の履行状況を調査できるものとする。

・費用の負担について定める・

> 第○条（費用負担）
> 本契約の締結に要する印紙その他の費用は、甲乙が各々の費用を負担することとする。

・印紙代を一方当事者の負担とする・

> 第○条（費用負担）
> 本契約の締結に係る印紙代は〔甲／乙〕の負担とし、その余の費用は甲乙各々の負担とする。

◆海外企業との取引である場合に、取扱いについて定める場合

・準拠法を日本法と定める・

> 第○条（準拠法）
> 本契約は日本法に準拠し、同法によって解釈されるものとする。

あなたが委託者の場合は、最低限以下の点をチェックしましょう。

- ☐ 契約の目的が明確か
- ☐ 委託業務の内容が明らかであるか、委託業務の内容に漏れがないか
- ☐ 委託業務に付随事項が記載されているか
- ☐ 委託料、実費の負担割合は明確に定められているか
- ☐ （委託料が時給制の場合など）定期的な報告義務が規定されているか
- ☐ （委託料が成功報酬制の場合）委託料の計算方法・支払方法が特定されているか
- ☐ 契約の有効期間は明らかであるか

あなたが受託者の場合は、最低限以下の点をチェックしましょう。

- ☐ 契約の目的が明確か
- ☐ 受託業務の内容が明らかであるか
- ☐ 受託業務の付随事項の範囲は明確か
- ☐ 委託料、実費の負担割合は明確に定められているか
- ☐ （委託料が時給制の場合など）定期的な報告義務は明確であるか
- ☐ （委託料が成功報酬制の場合）委託料の計算方法・支払方法が特定されているか
- ☐ 委託者が委託料を支払わなかった場合の対応に問題はないか
- ☐ 契約の有効期間は明らかであるか

MEMO

2 会社経営委託契約書

会社経営委託契約書

（委託者）〇〇〇〇（以下「甲」という。）と（受託者）〇〇〇〇（以下「乙」という。）は、会社経営の委託について、次のとおり会社経営委託契約（以下「本契約」という。）を締結する。

第1条　（目的）
　甲は、その株式の〇パーセントを所有する〇〇株式会社（以下「丙」という。）の再建のため、乙に対し丙再建のために必要な業務を委託することとし、乙がこれを承諾したため、本契約を締結する。

第2条　（委託業務）
　甲は、丙の再建のため、本契約に定める条件及び方法により、会社再建に必要な一切の業務（以下「本件業務」という。）を乙に委託し、乙はこれを受託する。

第3条　（経営陣の一新）
1　甲は、本契約締結後、速やかに丙の現取締役全員を辞任させ又は解任する手続きを取る。
2　甲は、現取締役全員の辞任手続後、新たに事前に甲と乙が協議して決定した者〇名を取締役に選任し、かつ、丙の代表取締役に〇〇〇〇を選任するものとする。

【この契約書を用いるケース】
☑ 再建措置が必要な会社の経営を委託する場合
　⇨ 賃貸不動産の管理を委託する場合には本章❻、経営等に関する相談業務を委託する場合には本章❽、料理店等の店舗の経営を委託する場合は本章❿

● 前　　文

● 目　　的　　重要度 A

民法の改正により、解除を主張したり、契約不適合責任に基づく請求をしたりする場合に、契約の目的が重要視されることになりました。そのため、契約書に契約の目的を記載しておく必要があります。

【応用】目的の内容を変更する　・・▶　818 ページ

● 委託業務　　重要度 A

委託料とともに業務委託契約の重要事項です。

【応用】委託業務の表示方法を変更する　・・▶　818 ページ
　　　　委託業務の変更について規定する　・・▶　819 ページ

● 経営陣の一新　　重要度 A

会社再建のために、経営陣を一新する内容を記載することが一般的です。

【応用】会社再建方法を変更する　・・▶　819 ページ

3 前二項の役員選任手続が完了するまでの間、甲は、乙を丙の会社顧問とし、会社経営に関する一切の行為につき、乙にその指示を求め、乙の指示に従う。

第4条 （甲による協力）
甲は、乙が本契約の目的を達するために立案した事項の実現に最大限協力することとし、取締役会決議及び株主総会において可決・承認されるように協力するものとする。

第5条 （委託料等）
1 本契約の委託料は以下のとおりとする。
　① 乙の指定した者が代表取締役に選任される前においては、甲は、月額金〇〇円（消費税込）を、乙に対して支払う。
　② 乙の指定した者が代表取締役に選任された後においては、乙の指定する者が丙から役員報酬として受領する額に加え、甲は、前号に定めた額を乙に対して支払う。
2 甲は、前項の乙に対する支払いについては、翌月末日までに当月の委託料を下記振込口座に振り込むことにより支払う（振込手数料は甲負担）。
　〇〇銀行〇〇支店　　普通預金
　口座番号　　〇〇〇〇〇〇
　口座名義　　〇〇〇〇〇〇
3 本件業務の遂行に必要な交通費、宿泊費は甲が負担し、その他本件業務の遂行に通常発生する実費は乙が負担するものとする。

第6条 （途中終了時の委託料）
本契約が解除その他の事由により途中で終了したときは、甲は乙に対して、終了までになされた履行割合に応じた額の委託料を支払うものとする。

● **甲（委託者）による協力**　重要度 B

委託者が丙の再建という目的の達成に最大限の協力を行うことを明らかにしています。

【応用】経営方針に齟齬が生じた場合の取扱いについて規定する　・・▶　820 ページ

● **委託料等**　重要度 A

委託業務の内容とともに業務委託契約の重要事項です。疑義が生じないように明確に記載しましょう。

【応用】委託料の定め方を変更する　・・▶　821 ページ
　　　　委託料の支払時期・支払方法を変更する　・・▶　822 ページ
　　　　実費の負担についての取扱いを変更する　・・▶　823 ページ

● **途中終了時の委託料**　重要度 A

改正民法は、委任契約（業務委託契約は、準委任契約の場合があります）が中途で終了した場合の受任者の報酬請求権について、委任契約を「履行割合型」と「成果完成型」に分類して規定しています（改正民法 648 条 3 項、648 条の 2）。具体的には、履行割合型については割合的な報酬請求権が認められており、成果完成型については、すでにした委任事務の履行の結果が可分であり、かつ、その給付によって委任者が利益を得るときは、委任者が受ける利益の割合に応じた報酬請求権が認められています。途中終了時の報酬に関するトラブルを防止するため、委任契約が途中で終了した場合の受任者の報酬請求権の有無や内容について記載するようにしましょう。

【応用】委託料の請求に係る取扱いを変更する　・・▶　824 ページ

第7条　（報告）

乙は、本件業務の履行の状況に関して、甲からの請求があったときは、その状況につき直ちに報告しなければならない。

第8条　（通知義務）

甲又は乙は、次の各号のいずれかに該当するときは、相手方に対し、予めその旨を書面により通知しなければならない。
① 法人の名称又は商号を変更するとき
② 振込先指定口座を変更するとき
③ 代表者を変更するとき
④ 本店、主たる事業所の所在地又は住所を変更するとき

第9条　（再委託）

乙は、本件業務の全部又は一部を第三者に対し再委託することはできない。ただし、甲が書面による再委託の許可を事前にした場合はこの限りでない。

第10条　（解除）

甲又は乙が以下の各号のいずれかに該当したときは、相手方は催告及び自己の債務の履行の提供をしないで直ちに本契約の全部又は一部を解除することができる。なお、この場合でも損害賠償の請求を妨げない。
① 本契約の一つにでも違反したとき
② 監督官庁から営業停止又は営業免許もしくは営業登録の取消等の処分を受けたとき
③ 差押、仮差押、仮処分、強制執行、担保権の実行としての競売、租税滞納処分その他これらに準じる手続きが開始されたとき
④ 破産、民事再生、会社更生又は特別清算の手続開始等の申立てがなされたとき

● 報　告　重要度 B

委託料を支払う以上、その対価である委託業務の履行が確実になされているかをチェックする必要があり、その前提として報告を受ける必要があります。

【応用】報告について具体的に規定する　・・▶　824ページ

● 通知義務　重要度 C

業務委託契約は一定期間継続するので、これらの事実を把握しておかないと、郵送や送金などで不都合が生じる場合があります。

【応用】通知を求める事項を追加・変更する　・・▶　826ページ
　　　　通知の方法について規定する　・・▶　826ページ
　　　　通知義務者を変更する　・・▶　826ページ

● 再 委 託　重要度 B

委託者が受託者を信頼して委託した意図を保護する規定です。改正民法では、受任者は、委任者の許諾を得たとき、またはやむを得ない事由があるときでなければ、再委託することができないことが明記されました（改正民法644条の2第1項）。

【応用】再委託を制限する　・・▶　827ページ
　　　　再委託する場合の責任の所在について記載する　・・▶　827ページ

● 解　除　重要度 B

民法等で定めた解除事由より広く解除できる場合を認めるため記載しています。なお、改正民法では、法定解除のうち催告による場合、相手方の債務不履行が契約および取引上の社会通念に照らして軽微な場合において、解除が認められないこととなりました（改正民法541条但書）。

【応用】約定解除権を限定する　・・▶　828ページ
　　　　解除の条件について規定する　・・▶　828ページ
　　　　期限の利益喪失条項を設ける　・・▶　829ページ

⑤ 自ら振り出し又は引き受けた手形もしくは小切手が１回でも不渡りとなったとき、又は支払停止状態に至ったとき
⑥ 合併による消滅、資本の減少、営業の廃止・変更又は解散決議がなされたとき
⑦ その他、支払能力の不安又は背信的行為の存在等、本契約を継続することが著しく困難な事情が生じたとき

第11条 （守秘義務）

1 甲及び乙は、本契約期間中はもとより終了後も、本契約に基づき相手方から開示された情報を守秘し、第三者に開示してはならない。
2 前項の守秘義務は、前項の情報が以下のいずれかに該当する場合には適用しない。
① 公知の事実又は当事者の責に帰すべき事由によらずして公知となった事実
② 第三者から適法に取得した事実
③ 開示の時点で保有していた事実
④ 法令、政府機関、裁判所の命令により開示が義務付けられた事実

第12条 （損害賠償責任）

甲又は乙は、解除、解約又は本契約に違反することにより、相手方に損害を与えたときは、その損害の全て（弁護士費用及びその他の実費を含むが、これに限られない。）を賠償しなければならない。

第13条 （遅延損害金）

甲が本契約に基づく金銭債務の支払いを遅延したときは、乙に対し、支払期日の翌日から支払済みに至るまで、年14.6％（年365日日割計算）の割合による遅延損害金を支払うものとす

● 守秘義務　　重要度 B

委託業務は委託者の秘密を把握しつつ遂行するケースが多いので、その秘密を契約期間中のみならずその後も開示しないよう規定することが重要です。

【応用】守秘義務期間について規定する　　…▶　830 ページ
　　　　情報開示に係る取決めを変更する　　…▶　830 ページ
　　　　守秘義務の適用者を変更する　　…▶　831 ページ
　　　　守秘義務に係る取扱いを追加・変更する　　…▶　831 ページ

● 損害賠償責任　　重要度 C

損害賠償規定は民法等にも存在しますが、弁護士費用や実費なども賠償対象とするため記載しています。

【応用】賠償請求権を限定する　　…▶　832 ページ
　　　　損害賠償の内容を変更する　　…▶　832 ページ

● 遅延損害金　　重要度 B

履行期日が遅れた場合の損害に関する定めを記載しましょう。

【応用】遅延損害金利率を変更する　　…▶　833 ページ

る。

第14条　(不可抗力)
　本件業務の遂行が甲又は乙の責に帰すべからざる事由により不能（一部不能を含む。）及び履行遅滞となった場合に生じた損害については、相互に賠償責任を負わない。

第15条　(契約期間)
　本契約の有効期間は、令和〇年〇月〇日から令和〇年〇月〇日までとする。

第16条　(契約終了後の処理)
1　甲及び乙は、本契約が終了したときは、互いに既に確定した債権債務について、速やかにこれを清算するものとする。
2　乙は、本契約が終了した場合、直ちに本件業務を中止し、甲に対して事務の引継ぎを行い、本契約に基づき預託・貸与された事務処理マニュアル等の物品（本契約に基づき提供されたデータ類及びこれらが記録された電子媒体等を含む。）を、速やかに甲の指示に基づき返還ないし破棄するものとする。

第17条　(反社会的勢力の排除)
1　甲及び乙は、自己又は自己の役員が、暴力団、暴力団関係企業、総会屋もしくはこれらに準ずる者又はその構成員（以下これらを「反社会的勢力」という。）に該当しないこと、及び次の各号のいずれにも該当しないことを表明し、かつ将来にわたっても該当しないことを相互に確約する。
　　①　反社会的勢力に自己の名義を利用させること
　　②　反社会的勢力が経営を実質的に支配していると認められる関係を有すること
2　甲又は乙は、前項の一つにでも違反することが判明したときは、

- **不可抗力**　重要度 B

当事者双方に責任なく債務不履行になった場合の取決めをしておきます。

【応用】記載内容を変更する　・・▶　834 ページ

- **契約期間**　重要度 A

業務委託契約は業務を一定期間遂行する内容なので、有効期間を明記する必要があります。

【応用】契約期間の延長についての取決めを変更する　・・▶　835 ページ
　　　　契約延長の決定権を限定する　・・▶　835 ページ

- **契約終了後の処理**　重要度 C

契約終了後に清算すべきことは当然ですが、注意的に規定します。
契約期間中に委託者の秘密を含む資料が受託者に渡されていることが多いので、そのような資料の返還・破棄を記載して秘密が漏れないようにします。

【応用】委託終了後に関する取決めを追加・変更する　・・▶　836 ページ

- **反社会的勢力の排除**　重要度 B

契約当事者が反社会的勢力と関わっていることが判明した場合に、即座に契約関係を解消することができるようにするために規定しています。

【応用】対象者を限定する　・・▶　838 ページ
　　　　賠償額を具体的に規定する　・・▶　838 ページ

請負・業務委託　2 会社経営委託契約書

815

何らの催告を要せず、本契約を解除することができる。

3 本条の規定により本契約が解除された場合には、解除された者は、解除により生じる損害について、その相手方に対し一切の請求を行わない。

第18条 （協議解決）

本契約に定めのない事項又は本契約の解釈について疑義が生じたときは、甲乙誠意をもって協議のうえ解決する。

第19条 （合意管轄）

甲及び乙は、本契約に関し裁判上の紛争が生じたときは、訴額等に応じ、東京簡易裁判所又は東京地方裁判所を専属的合意管轄裁判所とすることに合意する。

　本契約締結の証として、本契約書2通を作成し、甲乙相互に署名又は記名・捺印のうえ、各1通を保有することとする。

令和　　年　　月　　日

　　　　　　　　　　　　甲

　　　　　　　　　　　　　　　　　　　　　　　㊞

　　　　　　　　　　　　乙

　　　　　　　　　　　　　　　　　　　　　　　㊞

※　本書式は、会社の経営を委任する契約を念頭に置いているものです。このような契約は委任契約であり、その契約書はいずれの課税文書にも該当しないため、印紙税は課税されません。

- ●協議解決　**重要度 C**

協議により紛争回避を図る可能性を探るため規定しています。なお、この規定に法的な拘束力はありません。

【応用】紛争解決方法について具体的に規定する　・・▶　839 ページ

- ●合意管轄　**重要度 B**

紛争が生じた際に自己に有利な管轄裁判所において裁判を行うための規定です。

【応用】合意管轄裁判所を変更する　・・▶　839 ページ

- ●後　　文

【応用】契約書の作成方法を変更する　・・▶　840 ページ

作成のテクニック

▶ 第1条（目的） 重要度 A

> 甲は、その株式の〇パーセントを所有する〇〇株式会社（以下「丙」という。）の再建のため、乙に対し丙再建のために必要な業務を委託することとし、乙がこれを承諾したため、本契約を締結する。

【目的の内容を変更する】

・飲食店の経営改善を委託する場合・

> 甲は、飲食店チェーンの経営につき実績があり、店舗のコストカットと効率改善についてのノウハウと実績を有する乙に対し、本契約に定める条件及び方法により、会社再建に必要な一切の業務（以下「本件業務」という。）を乙に委託し、乙はこれを受託する。

このような定め方をした場合、第2条は削除します。

▶ 第2条（委託業務） 重要度 A

> 甲は、丙の再建のため、本契約に定める条件及び方法により、会社再建に必要な一切の業務（以下「本件業務」という。）を乙に委託し、乙はこれを受託する。

【委託業務の表示方法を変更する】

・委託業務の内容を別紙で示す場合・

> 甲は、丙の再建のため、本契約に定める条件及び方法により、別紙記載の業務及びこれに付随する一切の業務（以下「本件業務」という。）を乙に委託し、乙はこれを受託する。

【別紙】

① ○○に関する業務
② ○○に関する業務

【委託業務の変更について規定する】

・本契約締結後に委託業務を変更する場合の方法について規定する場合・

1　（略）
2　本契約締結後に丙の経営状態などに大幅な変動が生じた場合は、本契約で定めた委託業務の内容につき、甲及び乙は協議のうえ、変更契約の書面を作成して変更することができる。

第3条（経営陣の一新）　重要度 A

1　甲は、本契約締結後、速やかに丙の現取締役全員を辞任させ又は解任する手続きを取る。
2　甲は、現取締役全員の辞任手続後、新たに事前に甲と乙が協議して決定した者〇名を取締役に選任し、かつ、丙の代表取締役に〇〇〇〇を選任するものとする。
3　前二項の役員選任手続が完了するまでの間、甲は、乙を丙の会社顧問とし、会社経営に関する一切の行為につき、乙にその指示を求め、乙の指示に従う。

【会社再建方法を変更する】

・現取締役を継続して使用する場合・

1　乙は、丙の現取締役全員を現任のまま、本件業務の処理に当たるものとする。
2　甲は、乙を丙の会社顧問とし、会社経営に関する一切の行為につき、乙にその指示を求め、乙の指示に従う。

▶ **第4条（甲（委託者）による協力）** 重要度 B

> 甲は、乙が本契約の目的を達するために立案した事項の実現に最大限協力することとし、取締役会決議及び株主総会において可決・承認されるように協力するものとする。

【経営方針に齟齬が生じた場合の取扱いについて規定する】

・協議義務を定める場合・

> 1　（略）
> 2　前項にかかわらず、甲乙間で経営方針に齟齬が生じた場合、甲及び乙は、丙の再建方針について協議するものとする。

・協議が整わない場合には受託者に解約権を与えることとする場合・

〔受託者有利〕

上記の協議義務に加え、第3項として、以下の規定を追加しましょう。

> 3　前項の協議にかかわらず、甲乙間で協議が整わない場合、乙は本契約を解約することができる。

▶ **第5条（委託料等）** 重要度 A

> 1　本契約の委託料は以下のとおりとする。
>   ①　乙の指定した者が代表取締役に選任される前においては、甲は、月額金〇〇円（消費税込）を、乙に対して支払う。
>   ②　乙の指定した者が代表取締役に選任された後においては、乙の指定する者が丙から役員報酬として受領する額に加え、甲は、前号に定めた額を乙に対して支払う。
> 2　甲は、前項の乙に対する支払いについては、翌月末日までに当月の委託料を下記振込口座に振り込むことにより支払う（振込手数料は甲負担）。

```
        ○○銀行○○支店　　普通預金
        口座番号　　○○○○○○
        口座名義　　○○○○○○
 3  本件業務の遂行に必要な交通費、宿泊費は甲が負担し、その他本件
    業務の遂行に通常発生する実費は乙が負担するものとする。
```

【委託料の定め方を変更する】

・委託料を成功報酬制にする場合・

```
第5条（委託料等）
 1  本契約の委託料は、顧客を1名獲得するごとに金○○円（消費税込）
    とする。
    （略）
第7条（報告）
    乙は甲に対して、毎月末日に甲所定の報告書に従い、当月中に獲得
    した顧客の情報を報告しなければならず、乙がこれを怠った場合、
    甲は委託料の支払期限の徒過につき責任を負わない。
```

・委託料を委託業務による売上の歩合制にする場合・

```
 1  本契約の委託料は丙の月間売上高の○％（消費税別）とする。
```

・着手金＋報酬という体系をとる場合・

```
 1  本契約の委託料は以下のとおりとする。
    着手金　金○○円（消費税込）
    報酬金　本契約締結月を基準とし、丙の四半期ごと営業利益の増
            加分の○％（消費税別）
 2  甲は、乙に対し、前項の着手金については令和○年○月末日限り、
    報酬金については対象となる四半期の翌月末日限り、下記振込口座
    に振り込むことにより支払う（振込手数料は甲負担）。
        （振込口座：略）
```

・委託料をタイムチャージにする場合・

この場合、月ごとに本件業務に従事した者および時間を明らかにする報告書が提出される必要があります。

> 第5条（委託料等）
> 1 本契約の委託料は<u>本件業務に従事した者1人当たり時給金○○円（消費税込）</u>とする。
> （略）
> 第7条（報告）
> 　乙は甲に対して、毎月末日に甲所定の報告書に従い、当月中に本件業務に従事した者及び業務時間を報告しなければならず、乙がこれを怠った場合、甲は委託料の支払期限の徒過につき責任を負わない。

・本契約締結後に委託料を変更する場合の方法について規定する場合・

> 4 本契約締結後に経済情勢等の大幅な変動が生じた場合は、本契約で定めた委託料につき甲及び乙で協議のうえ、書面により変更することができるものとする。

【委託料の支払時期・支払方法を変更する】

・委託料の支払いを当月払い／前月払いとする場合・　　　〔受託者有利〕

> 2 甲は、前項の乙に対する支払いについては、〔当月末日までに／前月末日までに〕〔当月の／翌月の〕委託料を下記振込口座に振り込むことにより支払う（振込手数料は甲負担）。
> 　（振込口座：略）

・委託料を持参して支払うこととする場合・

> 2 甲は、前項の乙に対する支払いについては、翌月末日までに当月の委託料を乙に持参して支払う。

・受託者の請求を委託料支払の条件とする場合・

> 2　甲は、前項の乙に対する支払いについては、<u>乙から当月の委託料請求書を受領後 15 日以内に、</u>当月の委託料を下記振込口座に振り込むことにより支払う（振込手数料は甲負担）。
> 　（振込口座：略）

【実費の負担についての取扱いを変更する】

・実費を委託者が負担するものとする場合・　　　　　　　　　　〔受託者有利〕

> 3　本件業務の遂行に必要な<u>実費は、全て甲が負担する</u>ものとする。

・実費を受託者が負担するものとする場合・　　　　　　　　　　〔委託者有利〕

> 3　本件業務の遂行に必要な<u>実費は、全て乙が負担する</u>ものとする。

・委託者の負担する実費を限定する場合・　　　　　　　　　　　〔委託者有利〕

> 3　本件業務の遂行に必要な<u>実費は、事前に甲が書面により承諾したものに限り、甲が負担する</u>ものとする。

・実費の内容を詳細に規定する場合・

> 3　本件業務の遂行に必要な<u>以下の実費は、甲が負担する</u>ものとする。
> 　① 　<u>人件費</u>（ただし、福利厚生費を除く。）
> 　② 　<u>出張費、宿泊費</u>
> 　③ 　<u>書類取寄せ費用</u>
> 　④ 　<u>その他、甲が本件業務の遂行に必要と認める実費</u>

▶ 第6条（途中終了時の委託料） 重要度 A

本契約が解除その他の事由により途中で終了したときは、甲は乙に対して、終了までになされた履行割合に応じた額の委託料を支払うものとする。

【委託料の請求に係る取扱いを変更する】

・受託者に帰責事由がある場合は委託料を請求できないようにする場合・
〔委託者有利〕

本契約が解除その他の事由により途中で終了したときは、甲は乙に対して、終了までになされた履行割合に応じた額の委託料を支払うものとする。ただし、契約終了について乙に帰責事由がある場合は、乙は甲に対し履行割合に応じた報酬を請求することはできない。

▶ 第7条（報告） 重要度 B

乙は、本件業務の履行の状況に関して、甲からの請求があったときは、その状況につき直ちに報告しなければならない。

【報告について具体的に規定する】

・書面による報告を求める場合・
〔委託者有利〕

乙は、本件業務の履行の状況に関して、甲からの請求があったときは、その状況につき直ちに書面をもって報告しなければならない。

この場合に、報告書の分量等を指定する場合は、次のように追記します。

乙は、本件業務の履行の状況に関して、甲からの請求があったときは、その状況につき直ちに書面をもって報告しなければならない。なお、報告書の分量はA4判2頁程度とする。

・FAXやメールによる報告も認める場合・　　　　　〔受託者有利〕

1　（略）
2　乙は、前項の報告を、予め甲が指定するFAX番号へのFAX送信又は甲が指定するメールアドレスへのメール送信により行うことができる。

・報告書の書式を委託者が指定する場合・　　　　　〔委託者有利〕

乙は、本件業務の履行の状況に関して、甲からの請求があったときは、その状況につき直ちに甲所定の報告書に従い、報告しなければならない。

・定期的な報告を義務づける場合・　　　　　　　　〔委託者有利〕

1　乙は、甲に対し、甲所定の報告書に従い、従事した業務の内容、業務従事者、業務時間等を記入したうえ、各営業日終了後、翌営業日に、甲宛てに電子メールにより送信しなければならない。
2　乙は、前項の場合以外にも、本件業務の履行の状況に関して、甲からの請求があったときは、その状況につき直ちに報告しなければならない。

▶第8条（通知義務）　重要度C

甲又は乙は、次の各号のいずれかに該当するときは、相手方に対し、予めその旨を書面により通知しなければならない。
① 法人の名称又は商号を変更するとき
② 振込先指定口座を変更するとき
③ 代表者を変更するとき
④ 本店、主たる事業所の所在地又は住所を変更するとき

【通知を求める事項を追加・変更する】

・株主構成を大幅に変更する場合にも通知義務を課す場合・

> ⑤ 株主構成を大幅に変更するとき

【通知の方法について規定する】

・事後の通知を認める場合・

> 甲又は乙は、次の各号のいずれかに該当するときは、相手方に対し、<u>事前又は事後速やかに</u>その旨を書面により通知しなければならない。
> ① （以下略）

・書面だけでなくFAXやメールによる報告も認める場合・

> 甲又は乙は、次の各号のいずれかに該当するときは、相手方に対し、<u>書面、FAXメール又は電話など適宜の方法により、</u>予めその旨を通知しなければならない。
> ① （以下略）

【通知義務者を変更する】

・委託者のみに通知義務を課す場合・　　　　　　　　〔受託者有利〕

> <u>甲</u>は、次の各号のいずれかに該当するときは、<u>乙</u>に対し、予めその旨を書面により通知しなければならない。
> ① （以下略）

・受託者のみに通知義務を課す場合・　　　　　　　　〔委託者有利〕

> <u>乙</u>は、次の各号のいずれかに該当するときは、<u>甲</u>に対し、予めその旨を書面により通知しなければならない。
> ① （以下略）

第9条（再委託） 重要度 B

> 乙は、本件業務の全部又は一部を第三者に対し再委託することはできない。ただし、甲が書面による再委託の許可を事前にした場合はこの限りでない。

【再委託を制限する】

・特定の者に対してのみ再委託を認める場合・　　　　　　〔受託者有利〕

> 乙は、本件業務の全部又は一部を第三者に再委託することはできない。ただし、乙は、乙の責任において、本件業務の一部を以下の第三者に限り再委託することができる。
>   名　　　　称：○○株式会社
>   本店所在地：東京都新宿区○○町○丁目○番○号

【再委託する場合の責任の所在について記載する】

・受託者（再委託者）の責任を明記する場合・　　　　　　〔委託者有利〕

この場合、第2項として、以下の規定を追加しましょう。

> 2　前項ただし書きにより再委託が可能となる場合であっても、乙は、再受託者に対して本契約における乙の義務と同様の義務を遵守させ、その行為について一切の責任を負う。

第10条（解除） 重要度 B

> 甲又は乙が以下の各号のいずれかに該当したときは、相手方は催告及び自己の債務の履行の提供をしないで直ちに本契約の全部又は一部を解除することができる。なお、この場合でも損害賠償の請求を妨げない。
> ① 本契約の一つにでも違反したとき
> ② 監督官庁から営業停止又は営業免許もしくは営業登録の取消等の処

分を受けたとき
③　差押、仮差押、仮処分、強制執行、担保権の実行としての競売、租税滞納処分その他これらに準じる手続きが開始されたとき
④　破産、民事再生、会社更生又は特別清算の手続開始等の申立てがなされたとき
⑤　自ら振り出し又は引き受けた手形もしくは小切手が１回でも不渡りとなったとき、又は支払停止状態に至ったとき
⑥　合併による消滅、資本の減少、営業の廃止・変更又は解散決議がなされたとき
⑦　その他、支払能力の不安又は背信的行為の存在等、本契約を継続することが著しく困難な事情が生じたとき

【約定解除権を限定する】

・受託者のみに約定解除権を認める場合・　　　　　　　　〔受託者有利〕

甲が以下の各号のいずれかに該当したときは、乙は催告及び自己の債務の履行の提供をしないで直ちに本契約の全部又は一部を解除することができる。なお、この場合でも損害賠償の請求を妨げない。
①　（以下略）

・委託者のみに約定解除権を認める場合・　　　　　　　　〔委託者有利〕

乙が以下の各号のいずれかに該当したときは、甲は催告及び自己の債務の履行の提供をしないで直ちに本契約の全部又は一部を解除することができる。なお、この場合でも損害賠償の請求を妨げない。
①　（以下略）

【解除の条件について規定する】

・解除前に催告を要求する場合・

甲又は乙が以下の各号のいずれかに該当し、相手方が相当期間内に是正すべきことを催告したにもかかわらず、その期間内に是正されない場合、相手方は本契約の全部又は一部を解除することができる。なお、この場

合でも損害賠償の請求を妨げない。
① （以下略）

【期限の利益喪失条項を設ける】

・期限の利益喪失条項を設ける場合・　　　　　　　　〔受託者有利〕

委託者の信用不安に備えて、委託者に一定の事項が生じたときに受託者が未収金全額を請求できるようにしておくべきです。次の変更例では、第2項を新設して、期限の利益喪失事由を解除事由から流用しています。なお、この場合の条文のタイトルは、「解除及び期限の利益喪失」となります。

第10条（解除及び期限の利益喪失）
1　甲又は乙が以下の各号のいずれかに該当したときは、相手方は催告及び自己の債務の履行の提供をしないで直ちに本契約の全部又は一部を解除することができる。なお、この場合でも損害賠償の請求を妨げない。
　　①　（略）
2　甲が前項各号のいずれかに該当した場合、甲は当然に本契約から生じる一切の債務について期限の利益を失い、甲は乙に対して、その時点において甲が負担する債務を直ちに一括して弁済しなければならない。

・すべての取引の期限の利益を喪失させることとする場合・　〔受託者有利〕

第10条（解除及び期限の利益喪失）
1　甲又は乙が以下の各号のいずれかに該当したときは、相手方は催告及び自己の債務の履行の提供をしないで直ちに本契約の全部又は一部を解除することができる。なお、この場合でも損害賠償の請求を妨げない。
　　①　（略）
2　甲が前項各号のいずれかに該当した場合、甲は当然に本契約その他乙との間で締結している全ての契約から生じる一切の債務について期限の利益を失い、甲は乙に対して、その時点において甲が負担する一切の債務を直ちに一括して弁済しなければならない。

第 11 条（守秘義務） 重要度 B

> 1 甲及び乙は、本契約期間中はもとより終了後も、本契約に基づき相手方から開示された情報を守秘し、第三者に開示してはならない。
> 2 前項の守秘義務は、前項の情報が以下のいずれかに該当する場合には適用しない。
>   ① 公知の事実又は当事者の責に帰すべき事由によらずして公知となった事実
>   ② 第三者から適法に取得した事実
>   ③ 開示の時点で保有していた事実
>   ④ 法令、政府機関、裁判所の命令により開示が義務付けられた事実

【守秘義務期間について規定する】

・契約終了後の守秘義務期間を限定する場合・

> 1 甲及び乙は、本契約期間中及び本契約終了後○年間、本契約に基づき相手方から開示された情報を守秘し、第三者に開示してはならない。

【情報開示に係る取決めを変更する】

・事前の書面承諾により開示を許可する場合・

> 1 甲及び乙は、事前に相手方の書面による同意を得た場合を除き、本契約期間中はもとより終了後も、本契約に基づき相手方から開示された情報を守秘し、第三者に開示してはならない。

・開示義務に基づく開示を行った場合に、遅滞なく相手方に通知することとする場合・

> 3 甲及び乙は、前項第4号に基づき開示を行った場合には、遅滞なく相手方に書面で通知することとする。

【守秘義務の適用者を変更する】

・守秘義務を委託者のみに課す場合・　　　　　　　　　　〔受託者有利〕

> 1　<u>甲</u>は、本契約期間中はもとより終了後も、本契約に基づき<u>乙</u>から開示された情報を守秘し、第三者に開示してはならない。

・守秘義務を受託者のみに課す場合・　　　　　　　　　　〔委託者有利〕

> 1　<u>乙</u>は、本契約期間中はもとより終了後も、本契約に基づき<u>甲</u>から開示された情報を守秘し、第三者に開示してはならない。

・従業員にも守秘義務を負わせることを明記する場合・

> 1　甲及び乙は、本契約期間中はもとより終了後も、本契約に基づき相手方から開示された情報を守秘し、第三者に開示してはなら<u>ず、従業員にも同様の守秘義務を課さなければならない</u>。

・再委託を行ったとき、再委託先にも守秘義務を課すことを明記する場合・
　　　　　　　　　　　　　　　　　　　　　　　　　　　〔委託者有利〕

> 3　乙は、本件業務を第三者に再委託する場合には、再委託先にも第1項と同様の守秘義務を負わせなければならない。

【守秘義務に係る取扱いを追加・変更する】

・受託者に対し守秘義務違反の場合の違約罰を定める場合・　〔委託者有利〕

> 3　乙が前二項の定めに違反した場合、乙は、それにより甲が被った損害の賠償に加え、違約罰として金〇〇円を甲に対して支払わなければならない。

▶ 第12条（損害賠償責任） 重要度C

> 甲又は乙は、解除、解約又は本契約に違反することにより、相手方に損害を与えたときは、その損害の全て（弁護士費用及びその他の実費を含むが、これに限られない。）を賠償しなければならない。

【賠償請求権を限定する】

・委託者のみに弁護士費用を含む賠償請求権を認める場合・　　〔委託者有利〕

> 乙は、解除、解約又は本契約に違反することにより、甲に損害を与えたときは、その損害の全て（弁護士費用及びその他の実費を含むが、これに限られない。）を賠償しなければならない。

・受託者のみに弁護士費用を含む賠償請求権を認める場合・　　〔受託者有利〕

> 甲は、解除、解約又は本契約に違反することにより、乙に損害を与えたときは、その損害の全て（弁護士費用及びその他の実費を含むが、これに限られない。）を賠償しなければならない。

【損害賠償の内容を変更する】

・委託者に対し具体的な賠償額の予定を行う場合・　　　　　　〔受託者有利〕

> 甲は、解除、解約又は本契約に違反することにより、乙に損害を与えたときは、過去○か月分の委託料（消費税込）を損害金として賠償しなければならない。

・損害賠償額を限定する場合・

> 甲又は乙は、解除、解約又は本契約に違反することにより、相手方に損害を与えたときは、違反行為があった月の前月の委託料（消費税込）の20％を上限として、その損害を賠償しなければならない。

・損害賠償責任を重大な違反の場合に限定する場合・

> 甲又は乙は、解除、解約又は本契約に違反することにより、相手方に損害を与えたときは、故意又は重過失がある場合に限り、その損害の全て（弁護士費用及びその他の実費を含むが、これに限られない。）を賠償しなければならない。

・損害が故意または重過失による場合に、損害賠償額に追加して違約金の支払いを認める場合・

> 1 （略）
> 2 甲又は乙は、故意又は重過失により、相手方に損害を与えたときは、違反行為があった月の前月の委託料（消費税込）の20％の違約金を前項の損害に加算して賠償しなければならない。

▶ 第13条（遅延損害金） 重要度 B

> 甲が本契約に基づく金銭債務の支払いを遅延したときは、乙に対し、支払期日の翌日から支払済みに至るまで、年14.6％（年365日日割計算）の割合による遅延損害金を支払うものとする。

【遅延損害金利率を変更する】

遅延損害金利率の定めがないときの利率は法定利率によるとされているところ、民法改正により法定利率が年5％から3％（その後3年ごとに見直しが行われます）となり（改正民法404条）、遅延損害金利率もこれに連動します（改正民法419条）。また、同改正により、商事法定利率（6％）は廃止されます。

当事者間で、法定利率とは異なる利率を定めることも可能です。民法改正により、法定利率は3年ごとに見直される変動制となることから、遅延損害金利率について定めを置くことが、より重要となります。

• 遅延損害金利率を高くする場合 •　　　　　　　　　〔受託者有利〕

> 甲が本契約に基づく金銭債務の支払いを遅延したときは、乙に対し、支払期日の翌日から支払済みに至るまで、年20%（年365日日割計算）の割合による遅延損害金を支払うものとする。

当事者間で、法定利率を上回る利率を定めることも可能ですが、他の法律で上限が定められていますので注意が必要です。

• 遅延損害金利率を低くする場合 •　　　　　　　　　〔委託者有利〕

> 甲が本契約に基づく金銭債務の支払いを遅延したときは、乙に対し、支払期日の翌日から支払済みに至るまで、年1%（年365日日割計算）の割合による遅延損害金を支払うものとする。

第14条（不可抗力）　重要度B

> 本件業務の遂行が甲又は乙の責に帰すべからざる事由により不能（一部不能を含む。）及び履行遅滞となった場合に生じた損害については、相互に賠償責任を負わない。

【記載内容を変更する】

• 通知義務・誠実協議義務を記載する場合 •

この場合、以下のように規定を修正しましょう。

> 甲及び乙は、地震、台風、水害、火災、戦争その他の予測不能の事態が発生し、契約の履行に直接の影響があり、定めた条件を履行できなくなった場合は、直ちに相手方に書面で通知しなければならない。この場合、本契約の履行に与える影響の程度により、双方が誠意をもって協議し、契約の解除、契約履行責任の部分的免除等を決定するものとし、相互に損害賠償責任を負わない。

第15条（契約期間）　重要度A

> 本契約の有効期間は、令和○年○月○日から令和○年○月○日までとする。

【契約期間の延長についての取決めを変更する】

・自動延長にする場合・

> 本契約の有効期間は、令和○年○月○日から令和○年○月○日までとし、期間満了日の1か月前までに甲乙いずれからも異議がなされないときには、本契約は期間満了日の翌日から起算して、同一内容にて更に1年間延長されるものとし、それ以後も同様とする。

・自動延長とし、かつ、異議の方法を書面に限定する場合・

> 本契約の有効期間は、令和○年○月○日から令和○年○月○日までとし、期間満了日の1か月前までに甲乙いずれからも書面による異議がなされないときには、本契約は期間満了日の翌日から起算して、同一内容にて更に1年間延長されるものとし、それ以後も同様とする。

【契約延長の決定権を限定する】

・延長するか否かの決定権を委託者のみに与える場合・　〔委託者有利〕

> 本契約の有効期間は、令和○年○月○日から令和○年○月○日までとし、期間満了日の1か月前までに甲から異議がなされないときには、本契約は期間満了日の翌日から起算して、同一内容にて更に1年間延長されるものとし、それ以後も同様とする。

・延長するか否かの決定権を受託者のみに与える場合・　〔受託者有利〕

> 本契約の有効期間は、令和○年○月○日から令和○年○月○日までとし、期間満了日の1か月前までに乙から異議がなされないときには、本契約

は期間満了日の翌日から起算して、同一内容にて更に1年間延長されるものとし、それ以後も同様とする。

第16条（契約終了後の処理） 重要度C

> 1　甲及び乙は、本契約が終了したときは、互いに既に確定した債権債務について、速やかにこれを清算するものとする。
> 2　乙は、本契約が終了した場合、直ちに本件業務を中止し、甲に対して事務の引継ぎを行い、本契約に基づき預託・貸与された事務処理マニュアル等の物品（本契約に基づき提供されたデータ類及びこれらが記録された電子媒体等を含む。）を、速やかに甲の指示に基づき返還ないし破棄するものとする。

【委託終了後に関する取決めを追加・変更する】

・委託業務を委託者の指定する者に引き継がせる場合・　　　〔委託者有利〕

> 2　乙は、本契約が終了した場合、直ちに本件業務を中止し、甲の指定する者に対して事務の引継ぎを行い、本契約に基づき預託・貸与された事務処理マニュアル等の物品（本契約に基づき提供されたデータ類及びこれらが記録された電子媒体等を含む。）を、速やかに甲の指示に基づき返還ないし破棄するものとする。

・甲の責に帰すべき事由により本契約が終了した場合の引継業務の費用負担につき明記する場合・　　　〔受託者有利〕

この場合、上記「委託業務を委託者の指定する者に引き継がせる場合」で修正した第2項に加え、さらに第3項として、以下の規定を追加するとよいでしょう。

> 3　甲の責に帰すべき事由により本契約が終了した場合には、前項の引継ぎの費用は甲が負担する。

・物品を破棄した場合に破棄証明を求める場合・　　　　　　【委託者有利】

> 2　乙は、本契約が終了した場合、直ちに本件業務を中止し、甲に対して事務の引継ぎを行い、本契約に基づき預託・貸与された事務処理マニュアル等の物品（本契約に基づき提供されたデータ類及びこれらが記録された電子媒体等を含む。）を、速やかに甲の指示に基づき返還ないし破棄するものとする。ただし、破棄した場合、乙は甲に対して破棄した物品を明らかにした書面を交付しなければならない。

・報酬不払の場合、報酬が支払われるまでの間、受託者が預託・貸与された物品の返還を拒むことができることとする場合・　　　　【受託者有利】

> 2　乙は、本契約が終了した場合、直ちに本件業務を中止し、甲に対して事務の引継ぎを行い、本契約に基づき預託・貸与された事務処理マニュアル等の物品（本契約に基づき提供されたデータ類及びこれらが記録された電子媒体等を含む。）を、速やかに甲の指示に基づき返還ないし破棄するものとする。ただし、甲が乙に支払うべき金員を支払わないとき、乙は、甲に対する金銭債務（甲より収受した金員等）があればこれと相殺し、又は本契約に基づき預託・貸与された物品の返還を拒絶することができる。

▶ 第17条（反社会的勢力の排除）　**重要度 B**

> 1　甲及び乙は、自己又は自己の役員が、暴力団、暴力団関係企業、総会屋もしくはこれらに準ずる者又はその構成員（以下これらを「反社会的勢力」という。）に該当しないこと、及び次の各号のいずれにも該当しないことを表明し、かつ将来にわたっても該当しないことを相互に確約する。
> 　① 反社会的勢力に自己の名義を利用させること
> 　② 反社会的勢力が経営を実質的に支配していると認められる関係を有すること
> 2　甲又は乙は、前項の一つにでも違反することが判明したときは、何

らの催告を要せず、本契約を解除することができる。
3　本条の規定により本契約が解除された場合には、解除された者は、解除により生じる損害について、その相手方に対し一切の請求を行わない。

【対象者を限定する】

・受託者のみを対象とする場合・　　　　　　　　　　　　〔委託者有利〕

1　乙は、自己又は自己の役員が、暴力団、暴力団関係企業、総会屋もしくはこれらに準ずる者又はその構成員（以下これらを「反社会的勢力」という。）に該当しないこと、及び次の各号のいずれにも該当しないことを表明し、かつ将来にわたっても該当しないことを確約する。
　①　反社会的勢力に自己の名義を利用させること
　②　反社会的勢力が経営を実質的に支配していると認められる関係を有すること
2　甲は、乙が前項の一つにでも違反することが判明したときは、何らの催告を要せず、本契約を解除することができる。

【賠償額を具体的に規定する】

・具体的な賠償額の予定を行う場合・

4　本条の規定により本契約が解除された場合には、解除された者は、その相手方に対し、違約金として金〇〇円を支払うものとする。

第18条（協議解決）　重要度C

本契約に定めのない事項又は本契約の解釈について疑義が生じたときは、甲乙誠意をもって協議のうえ解決する。

【紛争解決方法について具体的に規定する】

・具体的な紛争解決機関を指定する場合・

> 甲及び乙は、本契約に定めのない事項又は本契約の解釈について疑義が生じたときは、訴訟提起以前に適切なADR機関において協議を試みなければならない。

・仲裁者をあらかじめ定める場合・

> 甲及び乙は、本契約に定めのない事項又は本契約の解釈について疑義が生じたときは、○○○○を仲裁者と定め、三者において誠意をもって協議のうえ解決する。

第19条（合意管轄） 重要度B

> 甲及び乙は、本契約に関し裁判上の紛争が生じたときは、訴額等に応じ、東京簡易裁判所又は東京地方裁判所を専属的合意管轄裁判所とすることに合意する。

【合意管轄裁判所を変更する】

・本店所在地を管轄する裁判所とする場合・

> 甲及び乙は、本契約に関し裁判上の紛争が生じたときは、甲又は乙の本店所在地を管轄する裁判所を専属的合意管轄裁判所とすることに合意する。

・本店所在地または支店所在地を管轄する裁判所とする場合・

> 甲及び乙は、本契約に関し裁判上の紛争が生じたときは、甲又は乙の本店所在地もしくは支店所在地を管轄する裁判所を専属的合意管轄裁判所とすることに合意する。

・再建会社（丙）の本店所在地を管轄する裁判所とする場合・

> 甲及び乙は、本契約に関し裁判上の紛争が生じたときは、丙の本店所在地を管轄する裁判所を専属的合意管轄裁判所とすることに合意する。

▶ 後文

> 　本契約締結の証として、本契約書2通を作成し、甲乙相互に署名又は記名・捺印のうえ、各1通を保有することとする。

【契約書の作成方法を変更する】

・1通のみ原本を作成し、当事者の一方は写しのみを保管する場合・

> 　本契約締結の証として、本契約書1通を作成し、甲乙相互に署名又は記名・捺印のうえ、〔乙／甲〕が原本を保有し、〔甲／乙〕が写しを保有することとする。

その他の役立つ条項

- ■ 業務の中止・中途解約について定める場合 ……………………… 841 ページ
- ■ 知的財産権について定める場合 ………………………………… 842 ページ
- ■ 第三者との紛争が生じた場合の処理について定める場合 ………… 843 ページ
- ■ 契約をめぐる各種取扱いについて定める場合 …………………… 843 ページ
- ■ 海外企業との取引である場合に、取扱いについて定める場合 …… 844 ページ

◆業務の中止・中途解約について定める場合

・受託者の中止権を認める・　　　　　　　　　　　　　　〔受託者有利〕

第○条（中止権）
　乙は、甲が理由なく委託料の支払いをしない場合、書面により通知したうえで、本件業務の実施を中止することができる。

・中途解約できる旨を規定する・

第○条（中途解約）
1　甲又は乙は、本契約期間中であっても、相手方に対して３か月前までに書面による解約通知をすることにより、本契約を解約することができる。
2　前項の場合、解約通知をした者は相手方に対し何ら損害賠償責任を負わないものとする。

・委託者のみに中途解約権を与える・　　　　　　　　　　〔委託者有利〕

第○条（中途解約）
1　甲は、本契約期間中であっても、乙に対して３か月前までに書面による解約通知をすることにより、本契約を解約することができる。
2　前項の場合、甲は乙に対し何ら損害賠償責任を負わないものとする。

・**委託者のみに即時の中途解約権を与える**・ 〔委託者有利〕

> 第○条（中途解約）
> 1 甲又は乙は、本契約期間中であっても、相手方に対して3か月前までに書面による解約通知をすることにより、本契約を解約することができる。
> 2 甲は、前項の予告に代えて前月の委託料の3か月相当分の委託料を乙に支払うことにより、本契約を即時解約することができる。
> 3 前二項の場合、甲は乙に対し何ら損害賠償責任を負わないものとする。

◆知的財産権について定める場合

・**知的財産権を使用する必要がある場合の取扱いについて規定する**・ 〔委託者有利〕

> 第○条（知的財産権の使用）
> 1 乙は、本件業務を遂行するため、第三者の所有に係る知的財産権を使用する必要がある場合、予め当該第三者から書面による承諾を得るものとする。
> 2 前項の場合、乙はその使用による一切の責任を負うものとする。

・**発生した知的財産権が委託者に帰属することを規定する場合**・ 〔委託者有利〕

> 第○条（成果物の知的財産権の帰属）
> 　本件業務の結果生じた成果物について、著作権、実用新案権、意匠権、特許権、ノウハウ等の知的財産権が発生した場合、知的財産権は全て甲に帰属するものとする。

◆**第三者との紛争が生じた場合の処理について定める場合**

・受託者と第三者との紛争については、受託者の負担と責任において解決することとする・　　　　　　　　　　　　　　　　　　　〔委託者有利〕

> 第○条（第三者との紛争等の処理）
>   乙は、本件業務の遂行に際して、第三者に損害を生じさせた場合、又は第三者との間に紛争を生じさせた場合には、直ちに甲に通知するとともに、乙の負担と責任において早急に解決するものとする。この場合、甲は当該第三者に対して一切の責任を負わないものとする。

・受託者と第三者との紛争については、委託者の負担と責任において解決することとする・　　　　　　　　　　　　　　　　　　　〔受託者有利〕

> 第○条（第三者との紛争等の処理）
>   乙は、本件業務の遂行に際して、第三者に損害を生じさせた場合、又は第三者との間に紛争を生じさせた場合には、直ちに甲に通知するものとする。この場合、甲はその負担と責任において解決するものとする。

◆**契約をめぐる各種取扱いについて定める場合**

・再建会社（丙）の従業員について定める・

> 第○条（従業員）
>   本契約締結後に丙の営業に従事する従業員は、乙において雇用した者を充てる。

・委託者の相殺を認める・　　　　　　　　　　　　　　　　　　〔委託者有利〕

> 第○条（相殺）
>   甲は、本契約に基づき甲が乙に負担する委託料等の支払債務と、本契約又は本契約に限らないその他の契約等に基づき乙が甲に対して

負担する債務とを、その債務の期限如何にかかわらず、いつでも対当額において相殺することができる。

・委託者の立入調査権を規定する・　　　　　　　　　　　〔委託者有利〕

第○条（立入調査）
　甲は乙に対して、3営業日前までに予告して乙の承諾を得ることにより、乙の営業時間中に乙の事業所に立ち入るなどして本件業務の履行状況を調査できるものとする。

・第三者に対する権利義務の譲渡を禁止する場合・

第○条（権利義務の譲渡禁止）
　甲及び乙は、予め相手方の書面による承諾を得ることなく、本契約に基づく権利、義務又は財産の全部もしくは一部を第三者に譲渡し、承継させ又は担保に供してはならない。

・費用の負担につき定める場合・

第○条（費用負担）
　本契約の締結に要する印紙代その他の費用は、甲乙が各々の費用を負担するものとする。

◆海外企業との取引である場合に、取扱いについて定める場合

・準拠法を日本法と定める・

第○条（準拠法）
　本契約は日本法に準拠し、同法によって解釈されるものとする。

チェックポイント

あなたが委託者の場合は、最低限以下の点をチェックしましょう。

- ☐ 契約の目的が明確か
- ☐ 委託業務の内容が明らかであるか、委託業務の内容に漏れがないか
- ☐ 委託業務に付随事項が記載されているか
- ☐ 委託料、実費の負担割合は明確に定められているか
- ☐ 定期的な報告義務が規定されているか
- ☐ 委託料の計算方法・支払方法が特定されているか
- ☐ 契約の有効期間は明らかであるか

あなたが受託者の場合は、最低限以下の点をチェックしましょう。

- ☐ 契約の目的が明確か
- ☐ 受託業務の内容が明らかであるか
- ☐ 受託業務の付随事項の範囲は明確か
- ☐ 委託料、実費の負担割合は明確に定められているか
- ☐ 定期的な報告義務は明らかか
- ☐ 委託料の計算方法・支払方法が特定されているか
- ☐ 委託者が委託料を支払わなかった場合の対応に問題はないか
- ☐ 契約の有効期間は明らかであるか

3 共同開発契約書

共同開発契約書

〇〇〇〇（以下「甲」という。）と〇〇〇〇（以下「乙」という。）は、〇〇に関する研究開発を共同で実施するにあたり、次のとおり共同開発契約（以下「本契約」という。）を締結する。

第1条　（目的）
　甲及び乙は、現在普及している医療機器の小型化のために共同で研究・開発することに合意したため、本契約を締結する。

第2条　（研究開発）
　甲及び乙は、互いに協力して以下の研究開発（以下「本研究開発」という。）を行う。
（研究開発の内容）
　　〇〇〇〇の小型化及び〇〇への応用可能性に関する研究

第3条　（分担）
1　本研究開発に関して、甲は主として〇〇を担当し、乙は主として〇〇を担当するものとし、それぞれ相手方の担当する業務分野についても、相互に必要な指導・援助を行う。
2　前項に規定するもの以外の業務項目が生じたときは、甲乙協議のうえ、その分担を定める。

【この契約書を用いるケース】
☑ 研究開発を共同で行う場合
⇨ 経営等に関する相談業務を委託する場合は本章**8**

● 前　　文

● 目　　的　**重要度 A**

民法の改正により、解除を主張したり、契約不適合責任に基づく請求をしたりする場合に、契約の目的が重要視されることになりました。そのため、契約書に契約の目的を記載しておく必要があります。

【応用】目的の内容を変更する　　…▶　859 ページ

● 研究開発　**重要度 A**

共同研究の分野や技術開発する製品、研究開発の内容を特定する条項であり、契約の最重要ポイントとなります。

【応用】研究開発内容の表示方法を変更する　…▶　859 ページ
　　　　研究開発内容の変更について規定する　…▶　860 ページ

● 分　　担　**重要度 A**

共同開発契約では、契約当事者がそれぞれ研究開発に必要な業務をどのように分担するかを取り決めておくことが不可欠です。

第4条　(費用)

1　甲及び乙は、それぞれ自己の本研究開発に要する費用を負担する。
2　乙は、乙負担の下記研究費用を甲に支払い、甲は、本研究開発を次の条件で実施する。
(研究費用)　金〇〇円(消費税等を含む。)
(研究期間)　令和〇年〇月〇日から令和〇年〇月〇日まで
3　乙は、前項に定める研究費用を、令和〇年〇月〇日限り、甲の指定する以下の口座に振り込むことにより支払い、甲は、これを返還しないものとする(振込手数料は乙負担)。

　　〇〇銀行〇〇支店　　普通預金
　　口座番号　　　〇〇〇〇〇〇
　　口座名義　　　〇〇〇〇〇〇

4　本研究開発にあたり、甲又は乙のいずれか一方に過重な負担となる費用、及び、負担範囲の明確でない費用については、甲乙協議のうえで負担割合を定める。

第5条　(資料及び情報の開示)

1　甲及び乙は、各自が保有している資料及び情報のうち、本研究開発の遂行に必要で、かつ有益な資料及び情報を、本契約締結後速やかに相手方に開示又は提供するものとする。ただし、法令又は第三者との契約により開示が制限されているものについてはこの限りでない。
2　甲及び乙は、相手方から開示された情報を、本研究開発に必要な範囲のみに使用し、その他の目的に使用してはならない。

第6条　(会議の開催)

　甲及び乙は、本研究開発の進捗状況の確認及び今後の研究方法について協議するため、原則として月1回、定例打合せ会議を開催する。

- ● 費　用　重要度 A

  開発に要する経費について、負担割合を定めることが必要です。

  【応用】費用の負担内容の表示方法を変更する　　…▶　861 ページ

- ● 資料及び情報の開示　重要度 B

  相互に指導・援助を行うことの具体的内容として、情報の交換について記載することが一般的です。

  【応用】一方当事者が有する知的財産権の取扱いについて規定する　　…▶　861 ページ

- ● 会議の開催　重要度 B

  進捗状況を確認するために定例会議を開催するのが一般的です。この会議の開催方法につき、記載します。

  【応用】定例打合せ会議に係る取決めについて記載する　　…▶　862 ページ
  　　　　定例打合せ会議以外の会議の開催について規定する　　…▶　862 ページ

第7条　（契約期間及び開発場所）
1　本契約の期間は、契約締結日より２年間とする。
2　前項に定める契約期間は、甲乙協議のうえ、書面による合意によって、同一内容にて相当期間延長することができる。
3　甲及び乙は、契約締結の日よりから１か月以内に、自社の研究所又は工場内で、それぞれ自己の分担する開発業務を開始するものとする。

第8条　（開発成果の帰属）
1　甲又は乙が、本研究開発の実施過程で、本研究開発の対象に直接関係を有し、かつ、技術的に有用な発明、考案及びノウハウ（以下「本件成果」という。）を取得した場合、本件成果は甲乙の共有に属し、その持分は均等とする。
2　前項にかかわらず、本件成果が、相手方から開示を受けた情報又は相手方の援助のいずれにもよらずに単独で開発された場合は、係る成果は当該開発者の単独所有とする。

第9条　（出願手続）
1　甲又は乙が、本研究開発に関する知的財産権等のうち、甲又は乙が単独所有する知的財産権等の出願手続については、各々が単独で行い、費用についても各々が負担する。
2　甲乙共有の知的財産権等の出願手続については、甲乙の協議により定めることとし、費用については甲乙で折半することとする。

第10条　（開発成果の利用）
1　本件成果の実施については、その権利の帰属にかかわらず、甲乙の協議により、その実施者と条件を定めるものとする。
2　甲及び乙は、双方が合意した場合に限り、本件成果の実施を第三者に許諾できるものとする。

● **契約期間及び開発場所**　重要度 A

開発期間を決めることが必要ですが、開発の経過によってさらに開発を行う必要が生じえますので、契約更新（延長）の規定を設けておきましょう。

【応用】契約期間の延長についての取決めを変更する　…▶　863ページ

● **開発成果の帰属**　重要度 A

開発成果の帰属について、いずれかが単独で取得するのか（単独所有）、共同で所有するのか（共有）を定めます。共有の場合は、持分比率についても定める必要があります。

【応用】開発成果についての取扱いを規定する　…▶　864ページ

● **出願手続**　重要度 B

知的財産権の出願手続について定めておきましょう。

【応用】出願手続に係る取扱いを変更する　…▶　864ページ

● **開発成果の利用**　重要度 A

共同研究開発においては、得られた成果を誰が利用できるか（当事者の一方のみに利用を認めるのか、双方に利用を認めるのか、または第三者への実施まで許諾するのか）がポイントになります。

【応用】開発権の実施者を変更する　…▶　865ページ

第11条　（守秘義務）
1　甲及び乙は、本契約期間中はもとより終了後も、本契約に基づき相手方から開示された一切の秘密を守秘し、第三者に漏洩又は開示してはならない。
2　前項の守秘義務は、前項の情報が以下のいずれかに該当する場合には適用しない。
　① 公知の事実又は当事者の責に帰すべき事由によらずして公知となった事実
　② 第三者から適法に取得した事実
　③ 開示の時点で保有していた事実
　④ 法令、政府機関、裁判所の命令により開示が義務付けられた事実
3　甲及び乙は、本件成果を外部に発表しようとする場合には、その内容、時期、方法等について、予め文書をもって相手方に通知し、書面による同意を得るものとする。

第12条　（委託）
　甲及び乙は、本研究開発の全部又は一部を第三者に対し委託することはできない。ただし、相手方が書面による委託の許可を事前にした場合はこの限りでない。

第13条　（競合品開発の制限）
　甲及び乙は、本研究開発と同一又は類似の研究開発を、自己単独で又は第三者と共同して行わないものとする。

第14条　（解除）
1　甲又は乙が以下の各号のいずれかに該当したときは、相手方は催告及び自己の債務の履行の提供をしないで直ちに本契約の全部又は一部を解除することができる。なお、この場合でも損害賠償の請求を妨げない。

● 守秘義務　重要度 A

研究開発の過程で、相手方の技術上・営業上の秘密の開示を受けることが予定されているため、守秘義務に関する条項は必須でしょう。

【応用】守秘義務期間について規定する　　…▶　866 ページ
　　　　情報開示に係る取決めを変更する　　…▶　866 ページ
　　　　守秘義務の適用者を限定する　　…▶　867 ページ
　　　　守秘義務に係る取扱いを追加・変更する　　…▶　867 ページ

● 委　託　重要度 B

共同開発契約は相手方の技術力などを信頼して締結されるものであること、また、研究開発の内容や成果が第三者に知られることを防ぐ必要があることから、業務の委託は原則として禁止すべきでしょう。

【応用】委託を制限する　　…▶　868 ページ
　　　　委託する場合の責任の所在について規定する　　…▶　868 ページ

● 競合品開発の制限　重要度 B

本研究開発を共同で行うため、単独または第三者と共同で同様の研究を行わないことを規定しています。

【応用】制限期間を限定する　　…▶　868 ページ
　　　　競合品開発の疑いがある場合の取扱いについて規定する　　…▶　869 ページ

● 解　除　重要度 B

民法等で定めた解除事由より広く解除できる場合を認めるため記載しています。なお、改正民法では、法定解除のうち催告による場合、相手方の債務不履行が契約および取引上の社会通念に照らして軽微な場合において、解除が認められないこととなりました（改正民法 541 条但書）。

【応用】約定解除権を限定する　　…▶　870 ページ
　　　　解除の条件について規定する　　…▶　870 ページ
　　　　一方が解除事由に該当した場合の取扱いについて規定する　　…▶　870 ページ
　　　　即時解除を認める条項を設ける　　…▶　871 ページ

① 監督官庁から営業停止又は営業免許もしくは営業登録の取消等の処分を受けたとき
② 差押、仮差押、仮処分、強制執行、担保権の実行としての競売、租税滞納処分その他これらに準じる手続きが開始されたとき
③ 破産、民事再生、会社更生又は特別清算の手続開始等の申立てがなされたとき
④ 自ら振り出し又は引き受けた手形もしくは小切手が１回でも不渡りとなったとき、又は支払停止状態に至ったとき
⑤ 合併による消滅、資本の減少、営業の廃止・変更又は解散決議がなされたとき
⑥ その他、支払能力の不安又は背信的行為の存在等、本契約を継続することが著しく困難な事情が生じたとき

2　前項に定めるほか、いずれかの当事者がその責に帰すべき事由により本契約で定める義務を履行しないときは、他方当事者は、履行の催告をしたうえで、本契約を解除することができる。ただし、不履行の当事者が催告到達の日から３０日以内に不履行を解消したときは、この限りでない。

第１５条　（損害賠償責任）

甲又は乙は、解除、解約又は本契約に違反することにより、相手方に損害を与えたときは、その損害の全て（弁護士費用及びその他の実費を含むが、これに限られない。）を賠償しなければならない。

第１６条　（不可抗力）

本研究開発の遂行が甲又は乙の責に帰すべからざる事由により不能（一部不能を含む。）及び履行遅滞となった場合に生じた損害については、相互に賠償責任を負わない。

- ● 損害賠償責任　　重要度 C

  損害賠償規定は民法等にも存在しますが、弁護士費用や実費なども賠償対象とするため記載しています。

  【応用】賠償請求権を限定する　　…▶　871 ページ
  　　　　損害賠償の内容を変更する　…▶　871 ページ

- ● 不可抗力　　重要度 B

  当事者双方に責任なく債務不履行になった場合の取決めをしておきます。

  【応用】記載内容を変更する　　…▶　872 ページ

第17条 （契約終了後の処理）
　甲及び乙は、本契約が終了したときは、互いに相手方から受領した資料、情報を直ちに相手方に返還し、今後、これを使用しないものとする。

第18条 （反社会的勢力の排除）
1　甲及び乙は、自己又は自己の役員が、暴力団、暴力団関係企業、総会屋もしくはこれらに準ずる者又はその構成員（以下これらを「反社会的勢力」という。）に該当しないこと、及び次の各号のいずれにも該当しないことを表明し、かつ将来にわたっても該当しないことを相互に確約する。
　①　反社会的勢力に自己の名義を利用させること
　②　反社会的勢力が経営を実質的に支配していると認められる関係を有すること
2　甲又は乙は、前項の一つにでも違反することが判明したときは、何らの催告を要せず、本契約を解除することができる。
3　本条の規定により本契約が解除された場合には、解除された者は、解除により生じる損害について、その相手方に対し一切の請求を行わない。

第19条 （協議解決）
　本契約に定めのない事項又は本契約の解釈について疑義が生じたときは、甲乙誠意をもって協議のうえ解決する。

第20条 （合意管轄）
　甲及び乙は、本契約に関し裁判上の紛争が生じたときは、東京地方裁判所を専属的合意管轄裁判所とすることに合意する。

　本契約締結の証として、本契約書2通を作成し、甲乙相互に署名又は記名・捺印のうえ、各1通を保有することとする。

● **契約終了後の処理** 　重要度 C

契約期間中に秘密を含む資料が相手方に渡されているのが一般的です。資料および情報の返還につき記載します。

【応用】契約終了後に関する取決めを追加・変更する　・・・▶　873 ページ

● **反社会的勢力の排除** 　重要度 B

契約当事者が反社会的勢力と関わっていることが判明した場合に、即座に契約関係を解消することができるようにするために規定しています。

【応用】対象者を限定する　・・・▶　874 ページ
　　　　賠償額を具体的に規定する　・・・▶　874 ページ

● **協議解決** 　重要度 C

協議により紛争回避を図る可能性を探るため規定しています。なお、この規定に法的な拘束力はありません。

【応用】紛争解決方法について具体的に規定する　・・・▶　875 ページ

● **合意管轄** 　重要度 B

紛争が生じた際に自己に有利な管轄裁判所において裁判を行うための規定です。

【応用】合意管轄裁判所を変更する　・・・▶　875 ページ

● **後　　文**

【応用】契約書の作成方法を変更する　・・・▶　876 ページ

令和　年　月　日

　　　　　　　　　甲

　　　　　　　　　　　　　　　　　　　　　　　印

　　　　　　　　　乙

　　　　　　　　　　　　　　　　　　　　　　　印

※　共同開発契約書は非課税文書であり、収入印紙の貼付は不要です。

作成のテクニック

▶第1条（目的） 重要度 A

> 甲及び乙は、現在普及している医療機器の小型化のために共同で研究・開発することに合意したため、本契約を締結する。

【目的の内容を変更する】

・より詳しく記載する場合・

> 甲は、自社が販売している機器について、機器小型化のための研究開発を行うため、機械の小型化についての研究の実績があり、研究所と研究員を擁する乙と共同で研究・開発することを提案し、乙がこれに同意したため、本契約を締結する。

▶第2条（研究開発） 重要度 A

> 甲及び乙は、互いに協力して以下の研究開発（以下「本研究開発」という。）を行う。
> （研究開発の内容）
> 　〇〇〇〇の小型化及び〇〇への応用可能性に関する研究

【研究開発内容の表示方法を変更する】

・研究開発の内容を別紙で示す場合・

> 甲及び乙は、互いに協力して別紙記載の研究開発（以下「本研究開発」という。）を行う。

【別紙】

① ○○○○に関する研究
② ○○○○に関する研究
③ ○○○○に関する研究
（以下略）

【研究開発内容の変更について規定する】

・研究開発の内容の変更について記載する場合・

この場合、第2項として、以下の規定を追加しましょう。

> 2　甲及び乙は、本研究開発の進捗に伴い本研究開発の内容を変更する必要が生じた場合、相手方との協議により変更することができる。

第4条（費用）　重要度A

1　甲及び乙は、それぞれ自己の本研究開発に要する費用を負担する。
2　乙は、乙負担の下記研究費用を甲に支払い、甲は、本研究開発を次の条件で実施する。
（研究費用）　金○○円（消費税等を含む。）
（研究期間）　令和○年○月○日から令和○年○月○日まで
3　乙は、前項に定める研究費用を、令和○年○月○日限り、甲の指定する以下の口座に振り込むことにより支払い、甲は、これを返還しないものとする（振込手数料は乙負担）。
　　○○銀行○○支店　　普通預金
　　口座番号　　○○○○○○
　　口座名義　　○○○○○○
4　本研究開発にあたり、甲又は乙のいずれか一方に過重な負担となる費用、及び、負担範囲の明確でない費用については、甲乙協議のうえで負担割合を定める。

【費用の負担内容の表示方法を変更する】

・費用負担につき別紙で具体的に記載する場合・

> 1　甲及び乙は、<u>別紙のとおり、</u>それぞれ自己の本研究開発に要する費用を負担する。

> 【別紙】
>
> ○○に係る費用　　甲負担
> ○○に係る費用　　乙負担
> 上記以外の費用　　甲乙協議のうえ決定

▶ 第5条（資料及び情報の開示）　重要度 B

> 1　甲及び乙は、各自が保有している資料及び情報のうち、本研究開発の遂行に必要で、かつ有益な資料及び情報を、本契約締結後速やかに相手方に開示又は提供するものとする。ただし、法令又は第三者との契約により開示が制限されているものについてはこの限りでない。
> 2　甲及び乙は、相手方から開示された情報を、本研究開発に必要な範囲のみに使用し、その他の目的に使用してはならない。

【一方当事者が有する知的財産権の取扱いについて規定する】

・一方当事者が有する知的財産権につき、他方当事者への実施許諾を規定する場合・

> 3　甲及び乙は、本契約の締結前に、又は本契約の規定により、単独名義で出願し取得した特許権、実用新案権及び意匠権について、相手方から本研究開発の成果の実施を目的として実施許諾の申出があった場合は、これに応じるものとする。ただし、その使用条件については、甲乙間の協議のうえ、書面で定める。

▶ 第6条（会議の開催） 重要度 B

> 甲及び乙は、本研究開発の進捗状況の確認及び今後の研究方法について協議するため、原則として月1回、定例打合せ会議を開催する。

【定例打合せ会議に係る取決めについて記載する】

・あらかじめ会議を行う日程を別紙等で定めておく場合・

> 甲及び乙は、本研究開発の進捗状況の確認及び今後の研究方法について協議するため、別紙のとおりの日程で、定例打合せ会議を開催する。

> 【別紙】
>
> 第1回　　令和○年○月○日
> 第2回　　令和○年○月○日
> 第3回　　令和○年○月○日
> （以下略）

【定例打合せ会議以外の会議の開催について規定する】

・相手方当事者に対し、会議開催の請求ができることとする場合・

> 1　（略）
> 2　前項にかかわらず、甲及び乙は、相手方に対し、臨時の打合せ会議を開催するよう求めることができる。

▶ 第7条（契約期間及び開発場所） 重要度 A

> 1　本契約の期間は、契約締結日より2年間とする。
> 2　前項に定める契約期間は、甲乙協議のうえ、書面による合意によって、同一内容にて相当期間延長することができる。

> 3 甲及び乙は、契約締結の日よりから1か月以内に、自社の研究所又は工場内で、それぞれ自己の分担する開発業務を開始するものとする。

【契約期間の延長についての取決めを変更する】

・自動延長にする場合・

第1項・第2項を次のとおり差し替えます。

> 1 本契約の有効期間は、契約締結日より2年間とし、期間満了日の1か月前までに甲乙いずれからも異議がなされないときには、本契約は期間満了日の翌日から起算して、同一内容にて更に1年間延長されるものとし、それ以後も同様とする。

・自動延長とし、かつ、異議の方法を書面に限定する場合・

第1項・第2項を次のとおり差し替えます。

> 1 本契約の有効期間は、契約締結日より2年間とし、期間満了日の1か月前までに甲乙いずれからも書面による異議がなされないときには、本契約は期間満了日の翌日から起算して、同一内容にて更に1年間延長されるものとし、それ以後も同様とする。

第8条(開発成果の帰属) 重要度A

> 1 甲又は乙が、本研究開発の実施過程で、本研究開発の対象に直接関係を有し、かつ、技術的に有用な発明、考案及びノウハウ(以下「本件成果」という。)を取得した場合、本件成果は甲乙の共有に属し、その持分は均等とする。
> 2 前項にかかわらず、本件成果が、相手方から開示を受けた情報又は相手方の援助のいずれにもよらずに単独で開発された場合は、係る成果は当該開発者の単独所有とする。

【開発成果についての取扱いを規定する】

・契約終了時に本件成果の有無を確認する場合・

> 3　甲及び乙は、本契約終了時に、本件成果の有無及び所有の確認のため、協議を行うものとする。

・契約終了直後に生じた知的財産権についてもその帰属を定める場合・

> 3　本研究開発期間満了後３年間に生じた本研究開発に関する知的財産権等については、本条の規定を準用する。また、同期間に出願中のものについても同様とする。

第９条（出願手続）　重要度 B

> 1　本研究開発に関する知的財産権等のうち、甲又は乙が単独所有する知的財産権等の出願手続については、各々が単独で行い、費用についても各々が負担する。
> 2　甲乙共有の知的財産権等の出願手続については、甲乙の協議により定めることとし、費用については原則として甲乙で折半することとする。

【出願手続に係る取扱いを変更する】

・知的財産の出願手続にあたり、相手方の承諾を求めることとする場合・

> 1　本研究開発に関する知的財産権等のうち、甲又は乙が単独所有する知的財産権等の出願手続については、各々が単独で行い、費用についても各々が負担する。ただし、出願に際しては、事前に出願内容を相手方に通知し、承諾を得なければならない。

▶ 第10条（開発成果の利用） 重要度 A

1　本件成果の実施については、その権利の帰属にかかわらず、甲乙の協議により、その実施者と条件を定めるものとする。
2　甲及び乙は、双方が合意した場合に限り、本件成果の実施を第三者に許諾できるものとする。

【開発権の実施者を変更する】

・一方当事者に独占的実施権を認める場合・　　　　　　　　〔一方当事者有利〕

第10条（〔甲／乙〕の独占的実施権）
　〔甲／乙〕が本件成果を利用して開発・事業化を実施することを決定した場合は、〔甲／乙〕が本研究開発の独占的実施権を有するものとし、取引条件・実施方法等の詳細については、甲乙協議のうえ別途契約を締結するものとする。

・第三者による本件成果の実施を認める場合・

第10条（第三者による本件成果の実施）
1　甲及び乙は、第三者が本件成果の実施を希望した場合、格別の事由がない限り許諾するものとし、許諾条件等については甲乙協議のうえで決定する。
2　甲及び乙は、前項の実施許諾による実施料収入を、本研究の成果の持分に応じて受領する。

▶ 第11条（守秘義務） 重要度 A

1　甲及び乙は、本契約期間中はもとより終了後も、本契約に基づき相手方から開示された一切の秘密を守秘し、第三者に漏洩又は開示してはならない。
2　前項の守秘義務は、前項の情報が以下のいずれかに該当する場合に

は適用しない。
　　① 公知の事実又は当事者の責に帰すべき事由によらずして公知となった事実
　　② 第三者から適法に取得した事実
　　③ 開示の時点で保有していた事実
　　④ 法令、政府機関、裁判所の命令により開示が義務付けられた事実
3　甲及び乙は、本件成果を外部に発表しようとする場合には、その内容、時期、方法等について、予め文書をもって相手方に通知し、書面による同意を得るものとする。

【守秘義務期間について規定する】

・契約終了後の守秘義務期間を限定する場合・

1　甲及び乙は、本契約期間中及び本契約終了後○年間、本契約に基づき相手方から開示された情報を守秘し、第三者に漏洩又は開示してはならない。

【情報開示に係る取決めを変更する】

・事前の書面承諾により開示を許可する場合・

1　甲及び乙は、事前に相手方の書面による同意を得た場合を除き、本契約期間中はもとより終了後も、本契約に基づき相手方から開示された情報を守秘し、第三者に漏洩又は開示してはならない。

・開示義務に基づく開示を行った場合には遅滞なく相手方に通知することとする場合・

4　甲及び乙は、第2項第4号に基づき開示を行った場合には、遅滞なく相手方に通知することとする。

【守秘義務の適用者を限定する】

・守秘義務を一方当事者のみに課す場合・　　　　　　　〔一方当事者有利〕

> 1　〔甲／乙〕は、本契約期間中はもとより終了後も、本契約に基づき相手方から開示された情報を守秘し、第三者に漏洩又は開示してはならない。

・従業員にも守秘義務を負わせることを明記する場合・

> 1　甲及び乙は、本契約期間中はもとより終了後も、本契約に基づき相手方から開示された情報を守秘し、第三者に漏洩又は開示してはならず、従業員にも同様の守秘義務を課さなければならない。

・委託を行ったとき、委託先にも守秘義務を課すことを明記する場合・

> 4　甲又は乙は、次条ただし書きに従い、本件業務を第三者に委託する場合には、当該第三者にも本条第1項と同様の守秘義務を負わせなければならない。

【守秘義務に係る取扱いを追加・変更する】

・守秘義務違反の場合の違約罰を定める場合・

> 4　甲又は乙が第1項及び第2項の定めに違反した場合、それにより相手方が被った損害の賠償に加え、違約罰として金○○円を相手方に対して支払わなければならない。

▶ 第12条（委託）　重要度B

> 甲及び乙は、本研究開発の全部又は一部を第三者に対し委託することはできない。ただし、相手方が書面による委託の許可を事前にした場合はこの限りでない。

【委託を制限する】

・特定の者に対してのみ委託を認める場合・

> 甲及び乙は、本研究開発の全部又は一部を第三者に委託することはできない。ただし、甲及び乙は、自己の責任において、本研究開発の一部を以下の第三者に限り委託することができる。
> 　名　　　称：○○株式会社
> 　本店所在地：東京都新宿区○○町○丁目○番○号

【委託する場合の責任の所在について規定する】

・受託者の責任を明記する場合・

> 1　（略）
> 2　前項ただし書きにより委託が可能となる場合であっても、甲及び乙は、受託者に対して本契約における自己の義務と同様の義務を遵守させ、その行為について一切の責任を負う。

▶ 第13条（競合品開発の制限）　重要度 B

> 甲及び乙は、本研究開発と同一又は類似の研究開発を、自己単独で又は第三者と共同して行わないものとする。

【制限期間を限定する】

・競合品開発の制限期間を一定の期間とする・

> 甲及び乙は、本研究開発と同一又は類似の研究開発を、本契約期間終了後○年間、自己単独で又は第三者と共同して行わないものとする。

【競合品開発の疑いがある場合の取扱いについて規定する】

・疑義がある場合に協議を行う場合・

1　（略）
2　甲及び乙は、相手方が前項の義務に違反したと疑われる場合は、相手方に対し協議を申し入れることができ、相手方はこれに応じなければならない。

第14条（解除）　重要度B

1　甲又は乙が以下の各号のいずれかに該当したときは、相手方は催告及び自己の債務の履行の提供をしないで直ちに本契約の全部又は一部を解除することができる。なお、この場合でも損害賠償の請求を妨げない。
　①　監督官庁から営業停止又は営業免許もしくは営業登録の取消等の処分を受けたとき
　②　差押、仮差押、仮処分、強制執行、担保権の実行としての競売、租税滞納処分その他これらに準じる手続きが開始されたとき
　③　破産、民事再生、会社更生又は特別清算の手続開始等の申立てがなされたとき
　④　自ら振り出し又は引き受けた手形もしくは小切手が1回でも不渡りとなったとき、又は支払停止状態に至ったとき
　⑤　合併による消滅、資本の減少、営業の廃止・変更又は解散決議がなされたとき
　⑥　その他、支払能力の不安又は背信的行為の存在等、本契約を継続することが著しく困難な事情が生じたとき
2　前項に定めるほか、いずれかの当事者がその責に帰すべき事由により本契約で定める義務を履行しないときは、他方当事者は、履行の催告をしたうえで、本契約を解除することができる。ただし、不履行の当事者が催告到達の日から30日以内に不履行を解消したときは、この限りでない。

【約定解除権を限定する】

・一方のみに約定解除権を認める場合・　　　　　　　〔一方当事者有利〕

> 1　〔甲／乙〕が以下の各号のいずれかに該当したときは、〔乙／甲〕は催告及び自己の債務の履行の提供をしないで直ちに本契約の全部又は一部を解除することができる。なお、この場合でも損害賠償の請求を妨げない。
> ①　（以下略）

【解除の条件について規定する】

・解除前に催告を要求する場合・

この場合は、第2項は不要です。

> 甲又は乙が以下の各号のいずれかに該当し、<u>相手方が相当期間内に是正すべきことを催告したにもかかわらず、その期間内に是正されない場合、相手方は</u>本契約の全部又は一部を解除することができる。なお、この場合でも損害賠償の請求を妨げない。
> ①　（以下略）

【一方が解除事由に該当した場合の取扱いについて規定する】

・解除事由に該当するときには共同開発の中断を認める場合・

この場合、第3項として、以下の規定を追加しましょう。

> 3　前二項の規定に基づき契約を解除することができる場合、解除権を有する当事者は、解除権を行使するまでの間、本研究開発を中断することができる。

【即時解除を認める条項を設ける】

・特定の条項に違反したときには即時解除を認める場合・

この場合、第3項として、以下の規定を追加しましょう。

> 3　前二項にかかわらず、甲又は乙がその責に帰すべき事由により本契約の以下の条項に反した場合は、相手方は、書面で通知することにより、即時に本契約を解除することができる。
> ①　第13条（競合品開発の制限）
> ②　第○条（○○○○）

▶第15条（損害賠償責任）　重要度C

> 甲又は乙は、解除、解約又は本契約に違反することにより、相手方に損害を与えたときは、その損害の全て（弁護士費用及びその他の実費を含むが、これに限られない。）を賠償しなければならない。

【賠償請求権を限定する】

・一方のみに弁護士費用を含む賠償請求権を認める場合・〔一方当事者有利〕

> 〔甲／乙〕は、解除、解約又は本契約に違反することにより、〔乙／甲〕に損害を与えたときは、その損害の全て（弁護士費用及びその他の実費を含むが、これに限られない。）を賠償しなければならない。

【損害賠償の内容を変更する】

・具体的な賠償額の予定を行う場合・

> 甲又は乙は、解除、解約又は本契約に違反することにより、相手方に損害を与えたときは、○○円を損害金として賠償しなければならない。

・損害賠償額を限定する場合・

> 甲又は乙は、解除、解約又は本契約に違反することにより、相手方に損害を与えたときは、○○円を上限として賠償しなければならない。

・損害賠償責任を重大な違反の場合に限定する場合・

> 甲又は乙は、解除、解約又は本契約に違反することにより、相手方に損害を与えたときは、故意又は重過失がある場合に限り、その損害の全て（弁護士費用及びその他の実費を含むが、これに限られない。）を賠償しなければならない。

・損害が故意または重過失による場合に、損害賠償額に追加して違約金の支払いを認める場合・

> 1　（略）
> 2　甲又は乙は、故意又は重過失により、相手方に損害を与えたときは、○○円の違約金を前項の損害に加算して賠償しなければならない。

▶ 第16条（不可抗力）　重要度B

> 本研究開発の遂行が甲又は乙の責に帰すべからざる事由により不能（一部不能を含む。）及び履行遅滞となった場合に生じた損害については、相互に賠償責任を負わない。

【記載内容を変更する】

・通知義務・誠実協議義務を記載する場合・

この場合、以下のように規定を修正しましょう。

> 甲及び乙は、地震、台風、水害、火災、戦争その他の予測不能の事態が発生し、契約の履行に直接の影響があり、定めた条件を履行できなくなった場合は、直ちに相手方に書面で通知しなければならない。この場

合、本契約の履行に与える影響の程度により、双方が誠意をもって協議し、契約の解除、契約履行責任の部分的免除等を決定するものとし、相互に損害賠償責任を負わない。

第17条（契約終了後の処理） 重要度 C

甲及び乙は、本契約が終了したときは、互いに相手方から受領した資料、情報を直ちに相手方に返還し、今後、これを使用しないものとする。

【契約終了後に関する取決めを追加・変更する】

・契約終了後一定期間、相手方単独所有に係る成果を用いないことを合意する場合・

1　（略）
2　甲及び乙は、相手方の単独所有に係る本件成果については、産業財産権として成立していないものであっても、終了後3年間は、これを実施しないものとする。

第18条（反社会的勢力の排除） 重要度 B

1　甲及び乙は、自己又は自己の役員が、暴力団、暴力団関係企業、総会屋もしくはこれらに準ずる者又はその構成員（以下これらを「反社会的勢力」という。）に該当しないこと、及び次の各号のいずれにも該当しないことを表明し、かつ将来にわたっても該当しないことを相互に確約する。
　①　反社会的勢力に自己の名義を利用させること
　②　反社会的勢力が経営を実質的に支配していると認められる関係を有すること
2　甲又は乙は、前項の一つにでも違反することが判明したときは、何らの催告を要せず、本契約を解除することができる。

> 3 本条の規定により本契約が解除された場合には、解除された者は、解除により生じる損害について、その相手方に対し一切の請求を行わない。

【対象者を限定する】

・一方当事者のみを対象とする場合・ 〔一方当事者有利〕

> 1 〔乙／甲〕は、自己又は自己の役員が、暴力団、暴力団関係企業、総会屋もしくはこれらに準ずる者又はその構成員（以下これらを「反社会的勢力」という。）に該当しないこと、及び次の各号のいずれにも該当しないことを表明し、かつ将来にわたっても該当しないことを確約する。
> ① 反社会的勢力に自己の名義を利用させること
> ② 反社会的勢力が経営を実質的に支配していると認められる関係を有すること
> 2 〔甲／乙〕は、〔乙／甲〕が前項の一つにでも違反することが判明したときは、何らの催告を要せず、本契約を解除することができる。

【賠償額を具体的に規定する】

・具体的な賠償額の予定を行う場合・

> 4 本条の規定により本契約が解除された場合には、解除された者は、その相手方に対し、違約金として金〇〇円を支払うものとする。

▶ 第19条（協議解決） 重要度C

> 本契約に定めのない事項又は本契約の解釈について疑義が生じたときは、甲乙誠意をもって協議のうえ解決する。

【紛争解決方法について具体的に規定する】

・具体的な紛争解決機関を指定する場合・

> 甲及び乙は、本契約に定めのない事項又は本契約の解釈について疑義が生じたときは、訴訟提起以前に適切なADR機関において協議を試みなければならない。

・仲裁者をあらかじめ定める場合・

> 甲及び乙は、本契約に定めのない事項又は本契約の解釈について疑義が生じたときは、○○○○を仲裁者と定め、三者において誠意をもって協議のうえ解決する。

▶第20条（合意管轄）　重要度B

> 甲及び乙は、本契約に関し裁判上の紛争が生じたときは、東京地方裁判所を専属的合意管轄裁判所とすることに合意する。

【合意管轄裁判所を変更する】

・本店所在地を管轄する裁判所とする場合・

> 甲及び乙は、本契約に関し裁判上の紛争が生じたときは、甲又は乙の本店所在地を管轄する裁判所を専属的合意管轄裁判所とすることに合意する。

・本店所在地または支店所在地を管轄する裁判所とする場合・

> 甲及び乙は、本契約に関し裁判上の紛争が生じたときは、甲又は乙の本店所在地もしくは支店所在地を管轄する裁判所を専属的合意管轄裁判所とすることに合意する。

▶ 後文

　本契約締結の証として、本契約書2通を作成し、甲乙相互に署名又は記名・捺印のうえ、各1通を保有することとする。

【契約書の作成方法を変更する】

- ・1通のみ原本を作成し、当事者の一方は写しのみを保管する場合・

　本契約締結の証として、本契約書1通を作成し、甲乙相互に署名又は記名・捺印のうえ、〔甲／乙〕が原本を保有し、〔乙／甲〕が写しを保有することとする。

その他の役立つ条項

- 契約の解約について定める場合 ……………………………………… 877 ページ
- 第三者との紛争が生じた場合の処理について定める場合 ………… 878 ページ
- 契約をめぐる各種取扱いについて定める場合 …………………… 878 ページ
- 海外企業との取引である場合に、取扱いについて定める場合 …… 879 ページ

◆契約の解約について定める場合

・合意解約を認める・

> 第○条（解約）
> 　甲及び乙は、本研究開発の目的達成が困難となり、又は本件成果が達成できないことが明らかになった場合には、協議のうえ、書面による合意により、本契約を解約することができる。

・合意解約を認める（費用負担割合の協議が頓挫した場合にも解約できることを明記する場合）・

> 第○条（解約）
> 　甲及び乙は、本研究開発の費用負担に関する協議が整わなかった場合のほか、本研究開発の目的達成が困難となり、又は本件成果が達成できないことが明らかになった場合には、協議のうえ、書面による合意により、本契約を解約することができる。

・中途解約を認める・

> 第○条（中途解約）
> 1　甲又は乙は、本契約期間中であっても、相手方に対して６か月前までに書面による解約通知をすることにより、本契約を解約することができる。
> 2　前項の場合、解約通知をした者は相手方に対し何ら損害賠償責任を負わないものとする。

◆第三者との紛争が生じた場合の処理について定める場合

・各自の負担と責任で解決することを規定する・

> 第○条（第三者との紛争等の処理）
> 　甲及び乙は、本研究開発の遂行に際して、第三者に損害を生じさせた場合、又は第三者との間に紛争を生じさせた場合には、直ちに相手方に通知するとともに、各自の負担と責任において早急に解決するものとする。

・報告義務と協力して対応する義務を規定する・

> 第○条（第三者との紛争等の処理）
> 　甲及び乙は、本研究開発の遂行に際して、第三者に損害を生じさせた場合、又は第三者との間に紛争を生じさせた場合には、直ちに相手方に通知し、甲乙協力して対応に当たることとする。

◆契約をめぐる各種取扱いについて定める場合

・商号、代表者、住所、連絡先等に変更があったときの通知義務を定める・

> 第○条（通知義務）
> 　甲又は乙は、次の各号のいずれかに該当するときは、相手方に対し、予めその旨を書面により通知しなければならない。
> 　①　法人の名称又は商号を変更するとき
> 　②　振込先指定口座を変更するとき
> 　③　代表者を変更するとき
> 　④　本店、主たる事業所の所在地又は住所を変更するとき

・第三者から知的財産権を争われた場合の対応について規定する・

> 第○条（知的財産権等の取得保全）
> 1　甲及び乙は、甲乙共有の知的財産権等についての取得及び権利維持に関し、第三者から異議申立、審判申立又は訴訟提起をされた場合

には、当該知的財産権等の取得、保全のために、相互に協力する。
2　前項の取得保全のための手続きに要する費用（弁護士費用及び弁理士費用を含む。）は、甲乙で折半する。

・第三者に対する権利義務の譲渡を禁止する場合・

第○条（権利義務の譲渡禁止）
　　甲及び乙は、予め相手方の書面による承諾を得ることなく、本契約に基づく権利、義務又は財産の全部もしくは一部を第三者に譲渡し、承継させ又は担保に供してはならない。

◆海外企業との取引である場合に、取扱いについて定める場合

・準拠法を日本法と定める・

第○条（準拠法）
　　本契約は日本法に準拠し、同法によって解釈されるものとする。

チェックポイント

最低限以下の内容をチェックしましょう。

- ☐ 契約の目的が明確か
- ☐ 研究開発の内容が明らかであるか
- ☐ 研究分野の分担は明確であるか
- ☐ 費用の負担割合が定められているか
- ☐ 競合品開発の制限についての規制がなされているか
- ☐ 守秘義務が規定されているか

MEMO

4 建築工事請負契約書

建築工事請負契約書

収入印紙
※

(注文者)〇〇〇〇(以下「甲」という。)と(請負人)〇〇〇〇(以下「乙」という。)は、次のとおり建築工事請負契約(以下「本契約」という。)を締結する。

第1条 (目的)

甲は、自身が所有する土地上に新居を建築するために、乙にこれを発注し、乙がこれを承諾したため、本契約を締結する。

第2条 (工事内容)

甲は、乙に対して、下記内容の建築工事(以下「本件建物の建築工事」という。)を注文し、乙はこれを請け負い完成することを約した。

記

工事名　　〇〇建築工事
工事内容　別紙仕様書記載のとおり

第3条 (請負代金)

本件建物の建築工事の請負代金は金〇〇円(内訳:工事価格金〇〇円、消費税金〇〇円)とし、甲は乙に対し、以下の口座に振り込む方法で次のとおり分割して支払う(振込手数料は甲負担)。

【この契約書を用いるケース】
☑ 建物建築工事を依頼する場合
（物の製作ではなく業務遂行に対して報酬を支払う場合は本章❶）

● 前　　文

【応用】契約の当事者を追加する　　…▶　895 ページ

● 目　　的　　重要度 A

民法の改正により、解除を主張したり、契約不適合責任に基づく請求をしたりする場合に、契約の目的が重要視されることになりました。そのため、契約書に契約の目的を記載しておく必要があります。

【応用】目的の内容を変更する　…▶　896 ページ

● 工事内容　　重要度 A

工事内容を簡潔に記載しましょう。具体的な工事内容は別途仕様書で定めるのが一般的です。

【応用】契約工事を追加する　…▶　897 ページ
　　　　対象工事の内容を変更する　…▶　897 ページ

● 請負代金　　重要度 A

代金額およびその支払時期・支払方法を明確に記載しましょう。代金額の内訳も記載するのが望ましいでしょう。

【応用】支払いに係る取決めを変更する　…▶　898 ページ

請負・業務委託　❹ 建築工事請負契約書

　　　　工事着手時（令和〇年〇月〇日限り）　　　　金〇〇円（消費税込）
　　　　工事完成後引渡時（令和〇年〇月〇日予定）金〇〇円（消費税込）
　　　　振込口座　〇〇銀行〇〇支店　　普通預金
　　　　　　　　　口座番号　　〇〇〇〇〇〇
　　　　　　　　　口座名義　　〇〇〇〇〇〇

第4条　（工期）
　　本件建物の建築工事の工期は以下のとおりとする。
　　　　着手　　令和〇年〇月〇日
　　　　完成　　令和〇年〇月〇日

第5条　（引渡し）
　　乙は甲に対し、工事完成後〇日以内に本件建物を引き渡すものとする。

第6条　（資材の提供）
1　本件建物の建築工事に要する一切の材料は乙において調達するものとする。
2　工事完成までに建築材料の価格が変動したときは乙の負担とし、乙は甲に対し、請負代金の増額を請求できないものとする。

第7条　（工事内容の変更）
　　甲及び乙は、協議のうえ、甲及び乙が署名押印した書面により工事内容を変更することができる。

第8条　（工期の変更）
1　甲及び乙は、協議のうえ、甲及び乙が署名押印した書面により工期を変更することができる。
2　天災、天候の不良、建築確認等の法令に基づく許認可の遅延その他乙の責に帰すべからざる事由によって工期内に工事を完成

- ●工　　期　　**重要度 A**

  工期を明確に記載しましょう。

  【応用】着手日・完成日の定め方を変更する　　…▶　899 ページ

- ●引 渡 し　　**重要度 A**

  引渡時期を明確に記載しましょう。

  【応用】引渡日を確定日とする　　…▶　899 ページ
  　　　　引渡条件を定める　　…▶　899 ページ

- ●資材の提供　　**重要度 B**

  資材の提供義務をどちらが負うのかを記載しましょう。通常は請負人となることが多いでしょう。

  【応用】資材提供に関する取決めを変更する　　…▶　900 ページ

- ●工事内容の変更　　**重要度 B**

  工事内容の変更を行う場合の手続きを記載しましょう。

  【応用】工事内容の変更方法について規定する　　…▶　901 ページ

- ●工期の変更　　**重要度 B**

  やむを得ない事由がある場合、工期の延長が認められることを記載しましょう。

  【応用】工期の変更方法について規定する　　…▶　902 ページ

することができないときは、乙は甲に遅滞なくその理由を説明し、工期の延長を求めることができる。
3 前項記載の事由を原因として工期が延長となった場合、甲乙は互いに相手方に対し請負代金の変更、又は損害の賠償を求めることができないものとする。

第9条 （請負代金の変更）
次の事由に該当する場合、甲又は乙は請負代金の変更を求めることができるものとし、請負代金の変更は、甲及び乙が署名押印した書面により行う。
① 工事の追加、変更があったとき
② 工期の変更があったとき（ただし、甲の承諾を得たうえで変更があった場合を除く。）
③ 工期内の著しい経済変動により請負代金が明らかに不当であると認められるとき

第10条 （危険負担）
引渡前に生じた本件建物の滅失、毀損、その他一切の損害は、甲の責に帰すべきものを除き乙が負担し、本件建物の引渡後に生じたこれらの損害は、乙の責に帰すべきものを除き甲が負担する。

第11条 （契約不適合の場合の修補義務）
1 本件建物に本契約の内容に適合しない部分がある場合、甲は修補、代金の減額を請求することができる。
2 本件建物に本契約の内容に適合しない部分があり、契約の目的を達成することができない場合、甲は、本契約の解除をすることができる。
3 本件建物に本契約の内容に適合しない部分がある場合、乙は、これによる損害を賠償する責任を負う。

- ●請負代金の変更　**重要度 B**

  請負代金の変更が認められる事由を記載しましょう。

  【応用】請負代金の変更方法について規定する　···▶　903 ページ

- ●危険負担　**重要度 B**

  双方の責に帰すべからざる事由により発生した損害をどちらが負担するかを記載しましょう。

  【応用】危険負担の移転時期を変更する　···▶　903 ページ
  　　　　負担割合について定める　···▶　903 ページ

- ●契約不適合の場合の修補義務　**重要度 B**

  民法改正により、「瑕疵担保責任」（民法 634 条、635 条）は削除され、「契約不適合責任」となりました（改正民法 562 条 1 項、563 条 1 項）。「瑕疵」ではなく、「目的物が契約内容から乖離しているか」に着目し、それに対する責任（契約不適合責任）を規定するものです。

4　甲が乙に対し、前三項の規定により修補、代金の減額請求、解除又は損害の賠償を請求しようとする場合、甲は、本件建物が本契約の内容に適合しないことを知った日から１年以内に、契約の内容に適合しない事実を通知しなければならない。

第１２条　（検査）
1　工事完成後、乙は引渡しに先立ち甲の検査を求め、甲は速やかにこれに応じて検査を行うものとする。
2　検査の結果、契約不適合が発見された場合、乙は引渡前にこれを速やかに修補しなければならない。

第１３条　（第三者の損害）
　施工のため、第三者の生命、身体、財産に危害ないし損害を与えたときは、乙がその処理解決に当たり、賠償義務を負うものとする。ただし、甲の責に帰すべき事由によるときはこの限りではない。

第１４条　（遅延損害金）
1　乙が乙の責に帰すべき事由により工期内に本件建物の建築工事を完成できない場合、甲は乙に対し遅延日数１日につき金〇〇円の損害金の支払いを請求することができる。
2　甲が本契約に基づく金銭債務の支払いを遅延したときは、甲は乙に対し、支払期日の翌日から支払済みに至るまで、年６％（年３６５日日割計算）の割合による遅延損害金を支払うものとする。

第１５条　（損害賠償責任）
　甲又は乙は、解除、解約又は本契約に違反することにより、相手方に損害を与えたときは、その損害の全て（弁護士費用及びその他の実費を含む。）を賠償しなければならない。

- ● 検　　査　　**重要度 B**

  引渡前の検査について記載しましょう。

  【応用】検査に係る取扱いについて規定する　　…▶　905 ページ
  　　　　契約不適合が発見された場合の取扱いについて規定する　　…▶　906 ページ

- ● 第三者の損害　　**重要度 C**

  崩落・騒音・振動・日照妨害・眺望侵害等、第三者の権利を侵害するおそれがあるため、第三者の損害についても記載しましょう。

  【応用】注文者にも負担を求める　　…▶　907 ページ

- ● 遅延損害金　　**重要度 B**

  履行期日が遅れた場合の損害に関する定めを記載しましょう。

  【応用】遅延損害金額を変更する　　…▶　907 ページ

- ● 損害賠償責任　　**重要度 C**

  損害賠償規定は民法等にも存在しますが、弁護士費用や実費なども賠償対象とするため記載しています。

  【応用】賠償請求権を限定する　　…▶　908 ページ
  　　　　損害賠償の内容を変更する　　…▶　909 ページ

第16条　（解除）

甲又は乙が以下の各号のいずれかに該当したときは、相手方は催告及び自己の債務の履行の提供をしないで直ちに本契約の全部又は一部を解除することができる。なお、この場合でも損害賠償の請求を妨げない。

① 本契約の一つにでも違反したとき
② 監督官庁から営業停止又は営業免許もしくは営業登録の取消等の処分を受けたとき
③ 差押、仮差押、仮処分、強制執行、担保権の実行としての競売、租税滞納処分その他これらに準じる手続きが開始されたとき
④ 破産、民事再生、会社更生又は特別清算の手続開始等の申立てがなされたとき
⑤ 自ら振り出し又は引き受けた手形もしくは小切手が1回でも不渡りとなったとき、又は支払停止状態に至ったとき
⑥ 合併による消滅、資本の減少、営業の廃止・変更又は解散決議がなされたとき
⑦ その他、支払能力の不安又は背信的行為の存在等、本契約を継続することが著しく困難な事情が生じたとき

第17条　（反社会的勢力の排除）

1　甲及び乙は、自己又は自己の役員が、暴力団、暴力団関係企業、総会屋もしくはこれらに準ずる者又はその構成員（以下これらを「反社会的勢力」という。）に該当しないこと、及び次の各号のいずれにも該当しないことを表明し、かつ将来にわたっても該当しないことを相互に確約する。

① 反社会的勢力に自己の名義を利用させること
② 反社会的勢力が経営を実質的に支配していると認められる関係を有すること

2　甲又は乙は、前項の一つにでも違反することが判明したときは、

● 解　　除　　**重要度 B**

民法等で定めた解除事由より広く解除できる場合を認めるため記載しています。なお、改正民法では、法定解除のうち催告による場合、相手方の債務不履行が契約および取引上の社会通念に照らして軽微な場合において、解除が認められないこととなりました（改正民法541条但書）。

【応用】解除の条件について規定する　　…▶　910ページ
　　　　解除に伴う処理について規定する　…▶　910ページ

● 反社会的勢力の排除　　**重要度 B**

契約当事者が反社会的勢力と関わっていることが判明した場合に、即座に契約関係を解消することができるようにするために規定しています。

【応用】対象者を限定する　　…▶　911ページ
　　　　賠償額を具体的に規定する　…▶　912ページ

何らの催告を要せず、本契約を解除することができる。
3 本条の規定により本契約が解除された場合には、解除された者は、解除により生じる損害について、その相手方に対し一切の請求を行わない。

第18条 （協議解決）
本契約に定めのない事項又は本契約の解釈について疑義が生じたときは、甲乙誠意をもって協議のうえ解決する。

第19条 （合意管轄）
甲及び乙は、本契約に関し裁判上の紛争が生じたときは、訴額等に応じ、東京簡易裁判所又は東京地方裁判所を専属的合意管轄裁判所とすることに合意する。

　本契約締結の証として、本契約書2通を作成し、甲乙相互に署名又は記名・捺印のうえ、各1通を保有することとする。

令和　　年　　月　　日
　　　　　　　　　　　　甲

　　　　　　　　　　　　乙

- ●協議解決　重要度C

  協議により紛争回避を図る可能性を探るため規定しています。なお、この規定に法的な拘束力はありません。

  【応用】紛争解決方法について具体的に規定する　…▶　912ページ
  　　　　契約の当事者を追加する　　　　　　　…▶　912ページ

- ●合意管轄　重要度B

  紛争が生じた際に自己に有利な管轄裁判所において裁判を行うための規定です。

  【応用】合意管轄裁判所を変更する　　…▶　913ページ
  　　　　契約の当事者を追加する　　　…▶　913ページ

- ●後　　文

  【応用】契約書の作成方法を変更する　…▶　914ページ
  　　　　契約の当事者を追加する　　　…▶　914ページ

※ 建築工事請負契約は、課税文書中の第2号文書（「請負に関する契約書」）に該当し、請負代金額の記載に応じて収入印紙を貼付する必要があります。

記載された契約金額	印紙税額
1万円　未満	非課税
1万円　以上　100万円　以下	200円
100万円　超　200万円　以下	400円
200万円　超　300万円　以下	1,000円
300万円　超　500万円　以下	2,000円
500万円　超　1,000万円　以下	10,000円
1,000万円　超　5,000万円　以下	20,000円
5,000万円　超　1億円　以下	60,000円
1億円　超　5億円　以下	100,000円
5億円　超　10億円　以下	200,000円
10億円　超　50億円　以下	400,000円
50億円　超	600,000円
契約金額の記載がないもの	200円

［令和2年4月現在］

建設業法2条1項に規定する建設工事については軽減措置が存在します。

作成のテクニック

▶ 前文

> （注文者）〇〇〇〇（以下「甲」という。）と（請負人）〇〇〇〇（以下「乙」という。）は、次のとおり建築工事請負契約（以下「本契約」という。）を締結する。

【契約の当事者を追加する】

・代金支払いにつき改正民法に適合した連帯保証人条項を設ける場合・

〔請負人有利〕

民法改正により、委託を受けた個人保証人に対し、契約締結時に情報提供義務を怠る、または虚偽の情報を提供すると、保証契約が取り消されるおそれがあります（改正民法465条の10第2項）。

> （注文者）〇〇〇〇（以下「甲」という。）と（請負人）〇〇〇〇（以下「乙」という。）及び（連帯保証人）〇〇〇〇（以下「丙」という。）は、次のとおり建築工事請負契約（以下「本契約」という。）を締結する。
> 　（略）
> 第〇条（連帯保証人）
> 1　丙は、甲の連帯保証人として、本契約により生ずる甲の乙に対する一切の債務の弁済につき、連帯して保証する。
> 2　甲は、丙に対し、別紙のとおり保証契約の前提となる情報を提供し、丙は、別紙の情報の提供を受けたことを確認する。
> 第〇条（協議解決）
> 　本契約に定めのない事項又は本契約の解釈について疑義が生じたときは、甲、乙及び丙は誠意をもって協議のうえ解決する。
> 第〇条（合意管轄）
> 　甲、乙及び丙は、本契約に関し裁判上の紛争が生じたときは、訴額等に応じ、東京簡易裁判所又は東京地方裁判所を専属的合意管轄裁判所とすることに合意する。
> 　（略）
> 本契約締結の証として、本契約書3通を作成し、甲乙丙相互に署名又

は記名・捺印のうえ、各1通を保有することとする。
（略）

丙

㊞

【別紙】

甲は、本契約締結時における自らの情報を以下のとおり提供する。

財産及び収支の状況	
主債務以外に負担している債務の有無、額及び履行状況	
主債務の担保として他に提供し又は提供しようとするものの内容	

第1条（目的） 重要度A

甲は、自身が所有する土地上に新居を建築するために、乙にこれを発注し、乙がこれを承諾したため、本契約を締結する。

【目的の内容を変更する】

・ビルを建築する場合・

甲は、自身が所有する土地上に複合商業施設に用いるビルを建築するために、乙にこれを発注し、乙がこれを承諾したため、本契約を締結する。

▶ 第2条（工事内容） 重要度 A

> 甲は、乙に対して、下記内容の建築工事（以下「本件建物の建築工事」という。）を注文し、乙はこれを請け負い完成することを約した。
> 記
> 工事名　　○○建築工事
> 工事内容　別紙仕様書記載のとおり

【契約工事を追加する】

・工事対象が複数存在する場合・

> 工事名　　①　○○建設工事
> 　　　　　②　○○マンション建設工事
> 工事内容　①につき別紙仕様書①記載のとおり
> 　　　　　②につき別紙仕様書②記載のとおり

【対象工事の内容を変更する】

・建物の増築工事の場合・

> 工事名　　○○1階増築工事
> 工事内容　別紙仕様書記載のとおり

▶ 第3条（請負代金） 重要度 A

> 本件建物の建築工事の請負代金は金○○円（内訳：工事価格金○○円、消費税金○○円）とし、甲は乙に対し、以下の口座に振り込む方法で次のとおり分割して支払う（振込手数料は甲負担）。
> 　工事着手時（令和○年○月○日限り）　　　　　金○○円（消費税込）
> 　工事完成後引渡時（令和○年○月○日予定）　　金○○円（消費税込）
> 　振込口座　　○○銀行○○支店　　普通預金

```
口座番号    ○○○○○○
口座名義    ○○○○○○
```

【支払いに係る取決めを変更する】

・基礎工事完成時に一時金を支払う場合・　　　　　　　〔請負人有利〕

```
工事着手時（令和○年○月○日限り）        金○○円（消費税込）
基礎工事完成時（令和○年○月○日予定）    金○○円（消費税込）
工事完成後引渡時（令和○年○月○日予定）  金○○円（消費税込）
```

・定期的に出来高相当分を支払う場合・　　　　　　　　〔請負人有利〕

```
工事着手時（令和○年○月○日限り）          金○○円（消費税込）
工程表第１段階終了時（令和○年○月○日予定）金○○円（消費税込）
工程表第２段階終了時（令和○年○月○日予定）金○○円（消費税込）
工事完成後引渡時（令和○年○月○日予定）    金○○円（消費税込）
```

・工事着手時の請負代金の不返還を規定する場合・　　　〔請負人有利〕

本件建物の建築工事の請負代金は金○○円（内訳：工事価格金○○円、消費税金○○円）とし、甲は乙に対し、以下の口座に振り込む方法で次のとおり分割して支払う（振込手数料は甲負担）。なお、工事着手後に本契約が終了した場合、乙の責に帰すべき事由による場合を除き、工事着手時の請負代金は返還しないものとする。
　（振込口座：略）

第4条（工期）　重要度A

本件建物の建築工事の工期は以下のとおりとする。
　　着手　　令和○年○月○日
　　完成　　令和○年○月○日

【着手日・完成日の定め方を変更する】

・請負代金の入金時期を基準に着手日を定める場合・　　　〔請負人有利〕

> 着手　　工事着手時の請負代金の入金日から１週間後

・工事着手の日を基準に工事完成日を定める場合・

> 完成　　着手日から○か月以内

第５条（引渡し）　重要度Ａ

> 乙は甲に対し、工事完成後○日以内に本件建物を引き渡すものとする。

【引渡日を確定日とする】

・確定的な引渡日を定める場合・　　　　　　　　　　　　〔注文者有利〕

> 乙は甲に対し、令和○年○月○日限り、本件建物を引き渡すものとする。

【引渡条件を定める】

・支払いがないときに引渡しを拒むことができる旨記載する場合・

〔請負人有利〕

> 乙は甲に対し、工事完成後○日以内に本件建物を引き渡すものとする。ただし、甲が請負代金を支払わない場合、乙は当該支払を受けるまでは引渡しを拒むことができる。

第6条（資材の提供） 重要度B

1 本件建物の建築工事に要する一切の材料は乙において調達するものとする。
2 工事完成までに建築材料の価格が変動したときは乙の負担とし、乙は甲に対し、請負代金の増額を請求できないものとする。

【資材提供に関する取決めを変更する】

・注文者が資材を提供する場合・　　　　　　　　　　　　　　〔請負人有利〕

1 本件建物の建築工事に要する一切の材料は甲において調達するものとする。
2 甲が支給する材料は、甲の負担と責任で予め行う検査に合格したものとし、乙は甲の検査について疑義のあるときは、甲に対してその合理的理由を示して再検査を求めることができる。
3 工事中に建築材料の価格が変動したときは甲の責任とし、甲は乙に対し、請負代金の増減額を請求できないものとする。

・双方が資材を提供する場合・

1 本件建物の建築工事に要する材料のうち、別紙○に記載する材料は甲、別紙○に記載する材料は乙において調達するものとする。
2 甲が支給する材料は、甲の負担と責任で予め行う検査に合格したものとし、乙は甲の検査について疑義のあるときは、甲に対してその合理的理由を示して再検査を求めることができる。
3 工事中に建築材料の価格が変動したときは調達義務を負う当事者の負担とし、当該当事者は相手方に対し、請負代金の増減額を請求できないものとする。

・注文者の指示のもと、請負人が資材を調達する場合・

1 本件建物の建築工事に要する一切の材料は、甲の指示に従い、乙において調達するものとする。

> 2 工事中に建築材料の価格が高騰したときは、<u>甲の指示に従い調達した材料については甲の責任とし、その他の材料については乙の責任とし、甲及び乙は、互いに相手方に対し請負代金の増減額を請求できない</u>ものとする。

・請負人が調達した資材について、注文者に材料の検査権を与える場合・
〔注文者有利〕

> 1 本件建物の建築工事に要する一切の材料は乙において調達するものとする。
> 2 <u>甲は、乙が調達した材料の検査権を有し、検査の結果、乙が調達した材料に不良品が発見された場合、甲は乙に対し、不良品の交換を求めることができる。</u>
> 3 <u>工事完成までに建築材料の価格が変動したときは乙の負担とし、乙は甲に対し、請負代金の増額を請求できない</u>ものとする。

▶ 第7条（工事内容の変更） 重要度 B

> 甲及び乙は、協議のうえ、甲及び乙が署名押印した書面により工事内容を変更することができる。

【工事内容の変更方法について規定する】

・書面のほかにFAXや電子メールによる変更も認める場合・

> 甲及び乙は、協議のうえ、甲及び乙が署名押印した書面（<u>FAX及び電子メールのやり取りによる合意を含む。</u>）により工事内容を変更することができる。

第8条(工期の変更) 重要度B

1. 甲及び乙は、協議のうえ、甲及び乙が署名押印した書面により工期を変更することができる。
2. 天災、天候の不良、建築確認等の法令に基づく許認可の遅延その他乙の責に帰すべからざる事由によって工期内に工事を完成することができないときは、乙は甲に遅滞なくその理由を説明し、工期の延長を求めることができる。
3. 前項記載の事由を原因として工期が延長となった場合、甲乙は互いに相手方に対し請負代金の変更、又は損害の賠償を求めることができないものとする。

【工期の変更方法について規定する】

・書面のほかにFAXや電子メールによる変更も認める場合・

1. 甲及び乙は、協議のうえ、甲及び乙が署名押印した書面(FAX及び電子メールのやり取りによる合意を含む。)により工期を変更することができる。

第9条(請負代金の変更) 重要度B

次の事由に該当する場合、甲又は乙は請負代金の変更を求めることができるものとし、請負代金の変更は、甲及び乙が署名押印した書面により行う。

① 工事の追加、変更があったとき
② 工期の変更があったとき(ただし、甲の承諾を得たうえで変更があった場合を除く。)
③ 工期内の著しい経済変動により請負代金が明らかに不当であると認められるとき

【請負代金の変更方法について規定する】

・書面のほかにFAXや電子メールによる変更も認める場合・

> 次の事由に該当する場合、甲又は乙は請負代金の変更を求めることができるものとし、請負代金の変更は、甲及び乙が署名押印した書面(FAX及び電子メールのやり取りによる合意を含む。)により行う。
> ① 工事の追加、変更があったとき
> ② 工期の変更があったとき(ただし、甲の承諾を得たうえで変更があった場合を除く。)
> ③ 工期内の著しい経済変動により請負代金が明らかに不当であると認められるとき

▶ 第10条(危険負担) 重要度B

> 引渡前に生じた本件建物の滅失、毀損、その他一切の損害は、甲の責に帰すべきものを除き乙が負担し、本件建物の引渡後に生じたこれらの損害は、乙の責に帰すべきものを除き甲が負担する。

【危険負担の移転時期を変更する】

・完成時に危険が移転するとする場合・　　　　　　　　〔請負人有利〕

> 本件建物完成前に生じた本件建物の滅失、毀損、その他一切の損害は甲の責に帰すべきものを除き乙が負担し、本件建物完成後に生じたこれらの損害は、乙の責に帰すべきものを除き甲が負担する。

【負担割合について定める】

・引渡前の危険を甲乙双方が折半して負担する場合・　　　〔請負人有利〕

> 引渡前に生じた本件建物の滅失、毀損、その他一切の損害は甲又は乙の一方のみの責に帰すべきものを除き甲乙双方が折半して負担し、本件建

物の引渡後に生じたこれらの損害は、乙の責に帰すべきものを除き甲が負担する。

◆第 11 条（契約不適合の場合の修補義務）　重要度 B

1　本件建物に本契約の内容に適合しない部分がある場合、甲は修補、代金の減額を請求することができる。
2　本件建物に本契約の内容に適合しない部分があり、契約の目的を達成することができない場合、甲は、本契約の解除をすることができる。
3　本件建物に本契約の内容に適合しない部分がある場合、乙は、これによる損害を賠償する責任を負う。
4　甲が乙に対し、前三項の規定により修補、代金の減額請求、解除又は損害の賠償を請求しようとする場合、甲は、本件建物が本契約の内容に適合しないことを知った日から 1 年以内に、契約の内容に適合しない事実を通知しなければならない。

新築住宅の請負契約の場合、請負人は基本構造部分（柱や梁など住宅の構造耐力上主要な部分、雨水の侵入を防止する部分）について引渡しから 10 年間の瑕疵担保責任が義務づけられています（住宅の品質確保の促進等に関する法律 94 条）。住宅の品質確保の促進等に関する法律が適用される場合には、次の条項を追加してください。

5　この契約が住宅の品質確保の促進等に関する法律第 94 条第 1 項に定める住宅を新築する建設工事の請負契約である場合にあっては、乙は、本条の定めにかかわらず、引渡しの日から 10 年間、住宅のうち構造耐力上主要な部分又は雨水の浸入を防止する部分として政令で定めるものの瑕疵（種類又は品質に関して契約の内容に適合しない状態をいう。ただし、構造耐力又は雨水の浸入に影響のないものを除く。）について、民法第 415 条、第 541 条及び第 542 条並びに同法第 559 条において準用する同法第 562 条及び第 563 条に規定する担保の責任を負う。

第12条（検査） 重要度 B

> 1 工事完成後、乙は引渡しに先立ち甲の検査を求め、甲は速やかにこれに応じて検査を行うものとする。
> 2 検査の結果、契約不適合が発見された場合、乙は引渡前にこれを速やかに修補しなければならない。

【検査に係る取扱いについて規定する】

・建築途中で、完成した部分について注文者が検査することとする場合・
〔注文者有利〕

> 3 工事の一部が完成したとき、甲は、検査のうえ、その部分の引渡しを受けて使用することができる。

・検査期間が徒過した場合には検査に合格したものとみなす場合・
〔請負人有利〕

> 1 工事完成後、乙は引渡しに先立ち甲の検査を求め、甲は速やかにこれに応じて検査を行うものとする。甲が○日以内に合理的理由なく検査結果の通知を行わなかった場合、乙は、検査に合格したものとみなすことができる。

・工事完成時に請負人に通知義務を課す場合・　　〔注文者有利〕

次のように、第1項を挿入しましょう。

> 1 <u>工事完成後、乙は速やかに書面で工事完成の事実を甲に通知しなければならない。</u>
> 2 工事完成後、乙は引渡しに先立ち甲の検査を求め、甲は速やかにこれに応じて検査を行うものとする。
> 3 検査の結果、契約不適合が発見された場合、乙は引渡前にこれを速やかに修補しなければならない。

【契約不適合が発見された場合の取扱いについて規定する】

・契約不適合が軽微な場合の取扱いについて記載する場合・　　〔請負人有利〕

> 2　検査の結果、契約不適合が発見された場合、乙は引渡前にこれを速やかに修補しなければならない。ただし、契約不適合が明らかに軽微なものである場合は、乙は引渡後にこれを修補することができる。

・修補に過分の費用を要する場合、修補が不可能な場合の取扱いについて記載する場合・

> 2　検査の結果、契約不適合が発見された場合、乙は引渡前にこれを速やかに修補しなければならない。ただし、修補に過分の費用を要する場合、又は修補が不可能な場合はこの限りではなく、乙は、甲に対し、損害賠償責任を負うものとする。

・仕様書に従わない施工がなされた場合の取扱いについて記載する場合・
　　　　　　　　　　　　　　　　　　　　　　　　　　　　〔注文者有利〕

> 3　検査の結果、別紙仕様書と異なる施工がなされたことが判明した場合、甲は乙に対し、乙の費用負担で別紙仕様書どおりの施工にすることを求め、かつ、損害賠償を求めることができる。

・注文者の指示や注文者の提供した部品に問題があった場合の取扱いについて記載する場合・　　　　　　　　　　　　　　　　　　　　〔請負人有利〕

> 2　検査の結果、契約不適合が発見された場合、乙は引渡前にこれを速やかに修補しなければならない。ただし、当該契約不適合が甲の指示や甲の提供した部品により生じたものである場合はこの限りではない。

▶ 第13条（第三者の損害） 重要度 C

> 施工のため、第三者の生命、身体、財産に危害ないし損害を与えたときは、乙がその処理解決に当たり、賠償義務を負うものとする。ただし、甲の責に帰すべき事由によるときはこの限りではない。

【注文者にも負担を求める】

・原則として注文者・請負人共同で賠償する場合・　　　　　〔請負人有利〕

通常、注文者は請負人がその仕事について第三者に与えた損害の賠償責任を負いませんので（民法716条）、請負人に有利な規定となります。

> 施工のため、第三者の生命、身体、財産に危害ないし損害を与えたときは、<u>甲乙共同で</u>その処理解決に当たり、<u>甲乙均等負担にて</u>賠償義務を負うものとする。ただし、<u>甲又は乙の一方当事者のみの</u>責に帰すべき事由によるときはこの限りではない。

▶ 第14条（遅延損害金） 重要度 B

> 1　乙が乙の責に帰すべき事由により工期内に本件建物の建築工事を完成できない場合、甲は乙に対し遅延日数1日につき金○○円の損害金の支払いを請求することができる。
> 2　甲が本契約に基づく金銭債務の支払いを遅延したときは、甲は乙に対し、支払期日の翌日から支払済みに至るまで、年6％（年365日日割計算）の割合による遅延損害金を支払うものとする。

【遅延損害金額を変更する】

・完成遅延の損害金を請負代金総額を基準に計算する場合・

> 1　乙が乙の責に帰すべき事由により工期内に本件建物の建築工事を完成できない場合、甲は乙に対し遅延日数1日につき<u>請負代金総額の</u>

○％の損害金の支払いを請求することができる。

・遅延損害金の利率を高く設定する場合・　　　　　　　　　〔請負人有利〕

遅延損害金利率の定めがないときの利率は法定利率によるとされているところ、民法改正により法定利率が年５％から年３％（その後３年ごとに見直しが行われます）となり（改正民法404条）、遅延損害金利率もこれに連動します（改正民法419条）。また、同改正により、商事法定利率（６％）は廃止されます。

当事者間で、法定利率とは異なる利率を定めることも可能です。民法改正により、法定利率は３年ごとに見直される変動制となることから、遅延損害金利率について定めを置くことが、より重要となります。

> 2　甲が本契約に基づく金銭債務の支払いを遅延したときは、甲は乙に対し、支払期日の翌日から支払済みに至るまで、年14.6％（年365日日割計算）の割合による遅延損害金を支払うものとする。

なお、遅延損害金の上限が法律により定められていることがあるので注意が必要です。

第15条（損害賠償責任）　重要度C

> 甲又は乙は、解除、解約又は本契約に違反することにより、相手方に損害を与えたときは、その損害の全て（弁護士費用及びその他の実費を含む。）を賠償しなければならない。

【賠償請求権を限定する】

・注文者のみに弁護士費用・実費を含む賠償請求権を認める場合・
〔注文者有利〕

> 乙は、解除、解約又は本契約に違反することにより、甲に損害を与えたときは、その損害の全て（弁護士費用及びその他の実費を含む。）を賠償しなければならない。

・請負人のみに弁護士費用・実費を含む賠償請求権を認める場合・

〔請負人有利〕

> 甲は、解除、解約又は本契約に違反することにより、乙に損害を与えたときは、その損害の全て（弁護士費用及びその他の実費を含む。）を賠償しなければならない。

【損害賠償の内容を変更する】

・具体的な賠償額の予定を行う場合・

> 甲又は乙は、解除、解約又は本契約に違反することにより、相手方に損害を与えたときは、請負代金総額（消費税込）の20％を賠償しなければならない。

・損害賠償額を限定する場合・

> 甲又は乙は、解除、解約又は本契約に違反することにより、相手方に損害を与えたときは、請負代金総額（消費税込）を上限として、その損害の全て（弁護士費用及びその他の実費を含む。）を賠償しなければならない。

・故意または重過失による損害のときに追加で違約金の支払いを認める場合・

> 1 （略）
> 2 甲又は乙は、故意又は重過失により相手方に損害を与えたときは、代金総額（消費税込）の20％の違約金を前項の損害に加算して賠償しなければならない。

▶ 第16条（解除）　重要度 B

> 甲又は乙が以下の各号のいずれかに該当したときは、相手方は催告及び自己の債務の履行の提供をしないで直ちに本契約の全部又は一部を解除

することができる。なお、この場合でも損害賠償の請求を妨げない。
① 本契約の一つにでも違反したとき
② 監督官庁から営業停止又は営業免許もしくは営業登録の取消等の処分を受けたとき
③ 差押、仮差押、仮処分、強制執行、担保権の実行としての競売、租税滞納処分その他これらに準じる手続きが開始されたとき
④ 破産、民事再生、会社更生又は特別清算の手続開始等の申立てがなされたとき
⑤ 自ら振り出し又は引き受けた手形もしくは小切手が1回でも不渡りとなったとき、又は支払停止状態に至ったとき
⑥ 合併による消滅、資本の減少、営業の廃止・変更又は解散決議がなされたとき
⑦ その他、支払能力の不安又は背信的行為の存在等、本契約を継続することが著しく困難な事情が生じたとき

【解除の条件について規定する】

・注文者の約定解除権(民法641条)を明記する場合・　　〔注文者有利〕

1　(略)
2　甲は、本件建物が完成するまでは、必要に応じて、本契約を解除することができる。ただし、解除により生じる損害は甲が賠償しなければならない。

【解除に伴う処理について規定する】

・解除に伴う処理を定める場合・

1　(略)
2　本契約が解除されたときは、工事の出来高部分は甲の所有とし、甲乙協議のうえ清算する。

第17条（反社会的勢力の排除）　重要度 B

1　甲及び乙は、自己又は自己の役員が、暴力団、暴力団関係企業、総会屋もしくはこれらに準ずる者又はその構成員（以下これらを「反社会的勢力」という。）に該当しないこと、及び次の各号のいずれにも該当しないことを表明し、かつ将来にわたっても該当しないことを相互に確約する。
　①　反社会的勢力に自己の名義を利用させること
　②　反社会的勢力が経営を実質的に支配していると認められる関係を有すること
2　甲又は乙は、前項の一つにでも違反することが判明したときは、何らの催告を要せず、本契約を解除することができる。
3　本条の規定により本契約が解除された場合には、解除された者は、解除により生じる損害について、その相手方に対し一切の請求を行わない。

【対象者を限定する】

・請負人のみを対象とする場合・　　　　　　　　　　　　〔注文者有利〕

1　<u>乙</u>は、自己又は自己の役員が、暴力団、暴力団関係企業、総会屋もしくはこれらに準ずる者又はその構成員（以下これらを「反社会的勢力」という。）に該当しないこと、及び次の各号のいずれにも該当しないことを表明し、かつ将来にわたっても該当しないことを<u>確約する</u>。
　①　反社会的勢力に自己の名義を利用させること
　②　反社会的勢力が経営を実質的に支配していると認められる関係を有すること
2　<u>甲は、乙が</u>前項の一つにでも違反することが判明したときは、何らの催告を要せず、本契約を解除することができる。

【賠償額を具体的に規定する】

・具体的な賠償額の予定を行う場合・

> 4　本条の規定により本契約が解除された場合には、解除された者は、その相手方に対し、違約金として金○○円を支払うものとする。

▶ 第18条（協議解決）　重要度 C

> 本契約に定めのない事項又は本契約の解釈について疑義が生じたときは、甲乙誠意をもって協議のうえ解決する。

【紛争解決方法について具体的に規定する】

・具体的な紛争解決機関を指定する場合・

> 本契約に定めのない事項又は本契約の解釈について疑義が生じたときは、訴訟提起以前に、建設業法による建設工事紛争審査会のあっせん又は調停により解決を試みなければならない。

・仲裁者をあらかじめ定める場合・

> 本契約に定めのない事項又は本契約の解釈について疑義が生じたときは、○○○○を仲裁者と定め、三者において誠意をもって協議のうえ解決する。

【契約の当事者を追加する】

・連帯保証人（丙）がいる場合・

> 本契約に定めのない事項又は本契約の解釈について疑義が生じたときは、甲、乙及び丙は誠意をもって協議のうえ解決する。

第19条（合意管轄） 重要度B

> 甲及び乙は、本契約に関し裁判上の紛争が生じたときは、訴額等に応じ、東京簡易裁判所又は東京地方裁判所を専属的合意管轄裁判所とすることに合意する。

【合意管轄裁判所を変更する】

・本店所在地を管轄する裁判所とする場合・

> 甲及び乙は、本契約に関し裁判上の紛争が生じたときは、<u>甲又は乙の本店所在地を管轄する裁判所</u>を専属的合意管轄裁判所とすることに合意する。

・本店所在地または支店所在地を管轄する裁判所とする場合・

> 甲及び乙は、本契約に関し裁判上の紛争が生じたときは、<u>甲又は乙の本店所在地もしくは支店所在地を管轄する裁判所</u>を専属的合意管轄裁判所とすることに合意する。

・建物所在地を管轄する裁判所とする場合・

> 甲及び乙は、本契約に関し裁判上の紛争が生じたときは、<u>本件建物所在地を管轄する裁判所</u>を専属的合意管轄裁判所とすることに合意する。

【契約の当事者を追加する】

・連帯保証人（丙）がいる場合・

> <u>甲、乙及び丙</u>は、本契約に関し裁判上の紛争が生じたときは、訴額等に応じ、東京簡易裁判所又は東京地方裁判所を専属的合意管轄裁判所とすることに合意する。

後文

> 　本契約締結の証として、本契約書2通を作成し、甲乙相互に署名又は記名・捺印のうえ、各1通を保有することとする。

【契約書の作成方法を変更する】

・1通のみ原本を作成し、当事者の一方は写しのみを保管する場合・

> 　本契約締結の証として、本契約書<u>1通</u>を作成し、甲乙相互に署名又は記名・捺印のうえ、<u>〔甲／乙〕が原本を保有し、〔乙／甲〕が写しを保有すること</u>とする。

【契約の当事者を追加する】

・連帯保証人（丙）がいる場合・

> 　本契約締結の証として、本契約書<u>3通</u>を作成し、<u>甲乙丙</u>相互に署名又は記名・捺印のうえ、各1通を保有することとする。

その他の役立つ条項

- ■ 融資に関する条項を置く場合 …………………………………………… 915ページ
- ■ 権利義務の譲渡を禁止する場合 ………………………………………… 915ページ
- ■ 下請に係る条項を追加する場合 ………………………………………… 916ページ
- ■ 契約締結に関する費用の負担について定める場合 …………………… 916ページ
- ■ 解除の条件について規定する場合 ……………………………………… 916ページ
- ■ 海外企業との取引である場合に、取扱いについて定める場合 …… 917ページ

◆融資に関する条項を置く場合

・請負代金の融資に関する条項を置く・　　　　　　　　　　〔注文者有利〕

第○条（ローン条項）
1　甲は、請負代金に関して、融資金を利用するときは、本契約締結後速やかにその融資の申込手続をするものとする。
2　別途定める融資承認取得期日までに前項の融資につき承認が得られないときは、甲は、別途定める契約解除期日までであれば、損害賠償義務を負担することなく本契約を解除することができる。
3　前項により本契約が解除されたとき、乙は、甲に対し、受領済みの金員があればそれを無利息にて返還するものとする。

◆権利義務の譲渡を禁止する場合

・第三者に対する権利義務の譲渡を禁止する・

第○条（権利義務の譲渡禁止）
　甲及び乙は、予め相手方の書面による承諾を得ることなく、本契約に基づく権利、義務又は財産の全部もしくは一部を第三者に譲渡し、承継させ又は担保に供してはならない。

◆下請に係る条項を追加する場合

・一括下請を禁止する・　　　　　　　　　　　　　　　　〔注文者有利〕

> 第〇条（一括下請負禁止）
> 　乙は、本件建物の建築工事の全部を第三者に請け負わせてはならない。

・下請業者を限定する・　　　　　　　　　　　　　　　　〔注文者有利〕

> 第〇条（下請業者の限定）
> 　乙は、本件建物の建築工事の一部を、別紙で定める第三者に限り請け負わせることができる。

・下請業者を限定しない・

> 第〇条（下請の許諾）
> 　乙は、本件建物の建築工事を任意の第三者に請け負わせることができる。

◆契約締結に関する費用の負担について定める場合

・費用をそれぞれに負担させる・

> 第〇条（費用負担）
> 　本契約の締結に要する印紙その他の費用は、甲乙が各々の費用を負担する。

◆解除の条件について規定する場合

・請負人の中止権・解除権を定める・　　　　　　　　　　〔請負人有利〕

> 第〇条（請負人の中止権・解除権）
> 　1　甲が本契約に基づく代金の支払いを遅延し、相当期間を定めて催告

しても支払いをしないときは、乙は本件建物の建築工事を中止することができる。
2　次の各号の一に該当するときは、乙は本契約を解除することができる。
　①　甲が本契約に違反し、その違反によって契約の履行ができなくなったと認められるとき
　②　甲が請負代金の支払能力を欠くことが明らかとなったとき

◆海外企業との取引である場合に、取扱いについて定める場合

・海外企業との取引である場合に、準拠法を日本法と定める・

第○条（準拠法）
　本契約は日本法に準拠し、同法によって解釈されるものとする。

チェックポイント

あなたが注文者の場合は、最低限以下の点をチェックしましょう。

- ☐ 契約の目的が明確か
- ☐ 契約の当事者が明らかであるか
- ☐ 建築工事の対象は明確に定められているか
- ☐ 工期は明確に定められているか
- ☐ 工期に遅れた場合の対応が定められているか
- ☐ 代金額、支払時期、支払方法は明確に定められているか
- ☐ 契約不適合責任の期間が不当に短くないか
- ☐ 契約不適合が見つかった場合に請負人に対応を求められるか

あなたが請負人の場合は、最低限以下の点をチェックしましょう。

- ☐ 契約の目的が明確か
- ☐ 契約の当事者が明らかであるか
- ☐ 建築工事の対象は明確に定められているか
- ☐ 工期は明確に定められているか
- ☐ 代金額、支払時期、支払方法は明確に定められているか
- ☐ 代金が支払われなかったときの対応に問題はないか
- ☐ 契約不適合責任の期間が不当に長くないか
- ☐ 契約不適合が見つかった場合の責任が不当に重くないか

MEMO

5 建築工事下請契約書

建築工事下請契約書

収入印紙 ※

（注文者）○○○○による○○ビル新築工事のうち、下記の工事について、（元請人）○○○○（以下「甲」という。）と（下請人）○○○○（以下「乙」という。）は、次のとおり建築工事下請契約（以下「本契約」という。）を締結する。

（工事の表示）
1 工事名　　　○○ビル新築工事
2 工事場所　　東京都新宿区○○
3 工期　　　　着工　令和○年○月○日
　　　　　　　完成　令和○年○月○日
4 引渡時期　　完成の日から○日以内
5 請負代金　　金○○円（消費税込）
6 支払条件
　着工時（令和○年○月○日限り）
　　　　　　金○○円（消費税込）
　工事完成後引渡時（令和○年○月○日予定）
　　　　　　金○○円（消費税込）

第1条　（目的）
　甲は、自身が大手業者から受注したビルの新築工事について、乙に下請に出すことにし、乙がこれを承諾したため、本契約を締結する。

【この契約書を用いるケース】
☑ 建物建築工事を下請会社に依頼する場合

● 前　文

対象となる工事の内容を簡潔に記載しましょう。

【応用】契約の当事者を追加する　　…▶　930 ページ
　　　　対象工事に係る取決めを変更する　…▶　931 ページ
　　　　対象工事の記載方法を変更する　　…▶　933 ページ

● 目　的　　**重要度 A**

民法の改正により、解除を主張したり、契約不適合責任に基づく請求をしたりする場合に、契約の目的が重要視されることになりました。そのため、契約書に契約の目的を記載しておく必要があります。

【応用】目的の内容を変更する　…▶　933 ページ

第2条 (総則)

1 乙は、甲と注文者との間の契約書、別冊図面及び仕様書に基づき、甲の指示に従って、頭書の請負代金額をもって工期内に工事を完成する。
2 本契約の条項、図面及び仕様書に明示されていないものは甲の指示に従うものとする。

第3条 (権利義務の譲渡)

乙は、本契約によって生ずる権利義務を、甲の事前の書面による承諾なくして、第三者に譲渡し又は承継させてはならない。

第4条 (支給品、貸与品の取扱い)

1 乙は、甲より工事材料の支給を受け、又は機械器具の貸与を受けた場合は、善良なる管理者の注意をもって使用し、かつ、第三者に転貸してはならない。
2 乙が前項の規定に反し、その結果、甲より乙に支給又は貸与された物が滅失・棄損した場合は、乙は、それによって甲が被った損害を直ちに賠償する。

第5条 (一般的損害)

工事目的物の引渡前に、工事目的物又は工事材料について生じた損害、その他工事施工に関連して生じた損害は、その原因が乙の責に帰すべき事由によるときは乙の負担とし、その他の事由によるときは甲乙協議のうえ、対処するものとする。

第6条 (検査及び引渡し)

1 乙は、工事を完成したときはその旨を書面により甲に通知し、甲の検査を受けなければならない。
2 甲は、前項の乙の通知を受けた場合、直ちに検査を行い、検査に合格したときは工事目的物の引渡しを受けるものとする。

● 総　　則　**重要度 A**

元請人と注文者との契約内容に下請人が従わなければならないことを明記しましょう。

【応用】工事に係る取決めを変更する　・・▶　934 ページ

● 権利義務の譲渡　**重要度 B**

下請人が自由に下請人の変更を行うことを防止するための規定です。

【応用】権利義務の譲渡の制限内容を変更する　・・▶　935 ページ
　　　　承諾の方法を変更する　・・▶　935 ページ

● 支給品、貸与品の取扱い　**重要度 B**

工事材料の支給や貸与品がある場合の取扱いについて記載しましょう。

【応用】工事材料・機械器具の保管に係る取扱いについて規定する　・・▶　936 ページ

● 一般的損害　**重要度 B**

双方の責に帰すべからざる事由により発生した損害をどちらが負担するかを記載しましょう。

【応用】危険の負担者を変更する　・・▶　936 ページ

● 検査及び引渡し　**重要度 B**

検査および引渡しの流れを定めましょう。

【応用】検査に係る取扱いについて規定する　・・▶　937 ページ
　　　　契約不適合が発見された場合の取扱いについて規定する　・・▶　938 ページ

請負・業務委託　5　建築工事下請契約書

第7条 （契約不適合責任）

乙は、契約工事の引渡しの日より甲と注文者との間の契約書に示された修補期間中は、工事目的物に本契約の目的に適合しない箇所があればこれを修補し、又は当該契約不適合によって生じた滅失もしくは毀損につき損害を賠償しなければならない。

第8条 （甲の解除権）

甲は、乙が以下の各号のいずれかに該当したときは、乙に対する催告及び自己の債務の履行の提供をしないで直ちに本契約の全部又は一部を解除することができる。
① 乙の責に帰すべき事由により、工期内又は甲の認めた延長期間内に工事を完成する見込みがないことが明らかとなったとき
② 乙が正当な理由なく工事に着手しないとき
③ その他、契約条項の違反、背信的行為の存在等、本契約を継続することが著しく困難な事情が生じたとき

第9条 （乙の解除権）

乙は、甲が以下の各号のいずれかに該当したときは、甲に対する催告及び自己の債務の履行の提供をしないで直ちに本契約の全部又は一部を解除することができる。
① 契約条項に違反し、その違反によって工事を完成することが不可能又は著しく困難になったとき
② 請負代金の支払能力を欠くことが明らかとなったとき
③ その他、契約条項の違反、背信的行為の存在等、本契約を継続することが著しく困難な事情が生じたとき

第10条 （損害賠償責任）

甲又は乙は、解除、解約又は本契約に違反することにより、相手方に損害を与えたときは、その損害の全て（弁護士費用及び

● 契約不適合責任　**重要度 A**

契約不適合責任について明記しましょう。民法改正により、「瑕疵担保責任」（民法634条、635条）は廃止され、「契約不適合責任」が採用されたため（改正民法562条1項、563条1項）、用語を合わせています。

【応用】契約不適合責任の内容を変更する　　⋯▶　939ページ

● 甲（元請人）の解除権　**重要度 A**

民法等で定めた解除事由より広く解除できる場合を認めるため記載しています。なお、改正民法では、法定解除のうち催告による場合、相手方の債務不履行が契約および取引上の社会通念に照らして軽微な場合において、解除が認められないこととなりました（改正民法541条但書）。

【応用】解除の条件について規定する　　⋯▶　940ページ
　　　　解除事由を追加・変更する　　⋯▶　940ページ
　　　　解除に伴う処理について規定する　　⋯▶　941ページ

● 乙（下請人）の解除権　**重要度 A**

民法等で定めた解除事由より広く解除できる場合を認めるため記載しています。なお、改正民法では、法定解除のうち催告による場合、相手方の債務不履行が契約および取引上の社会通念に照らして軽微な場合において、解除が認められないこととなりました（改正民法541条但書）。

【応用】解除の条件について規定する　　⋯▶　941ページ
　　　　解除事由を追加・変更する　　⋯▶　942ページ
　　　　解除に伴う処理について規定する　　⋯▶　943ページ

● 損害賠償責任　**重要度 B**

損害賠償規定は民法等にも存在しますが、弁護士費用や実費なども賠償対象とするため記載しています。

【応用】賠償請求権を限定する　　⋯▶　943ページ
　　　　損害賠償の内容を変更する　　⋯▶　943ページ

その他の実費を含むが、これに限られない。）を賠償しなければならない。

第11条　（第三者の損害）
　乙は、施工のため、第三者の生命、身体、財産に危害ないし損害を与えたときは、乙がその処理解決に当たり、その費用を負担する。ただし、その損害のうち、甲の責に帰すべき事由により生じたもの及び工事の施工に伴い通常避けることができない事象により生じたものについては、この限りではない。

第12条　（反社会的勢力の排除）
1　甲及び乙は、自己又は自己の役員が、暴力団、暴力団関係企業、総会屋もしくはこれらに準ずる者又はその構成員（以下これらを「反社会的勢力」という。）に該当しないこと、及び次の各号のいずれにも該当しないことを表明し、かつ将来にわたっても該当しないことを相互に確約する。
　①　反社会的勢力に自己の名義を利用させること
　②　反社会的勢力が経営を実質的に支配していると認められる関係を有すること
2　甲又は乙は、前項の一つにでも違反することが判明したときは、何らの催告を要せず、本契約を解除することができる。
3　本条の規定により本契約が解除された場合には、解除された者は、解除により生じる損害について、その相手方に対し一切の請求を行わない。

第13条　（協議解決）
　本契約に定めのない事項又は本契約の解釈について疑義が生じたときは、甲乙誠意をもって協議のうえ解決する。

- ●第三者の損害　**重要度 A**

  崩落・騒音・振動・日照妨害・眺望侵害等、第三者の権利を侵害するおそれがあるため、第三者の損害に対する責任についても記載しましょう。

  【応用】第三者の損害に対する責任の負担者を変更する　　…▶　944 ページ

- ●反社会的勢力の排除　**重要度 B**

  契約当事者が反社会的勢力と関わっていることが判明した場合に、即座に契約関係を解消することができるようにするために規定しています。

  【応用】対象者を限定する　　…▶　945 ページ
  　　　　賠償額を具体的に規定する　　…▶　946 ページ

- ●協議解決　**重要度 C**

  協議により紛争回避を図る可能性を探るため規定しています。なお、この規定に法的な拘束力はありません。

  【応用】紛争解決方法について具体的に規定する　　…▶　946 ページ
  　　　　契約の当事者を追加する　　…▶　947 ページ

第14条 （合意管轄）
　甲及び乙は、本契約に関し裁判上の紛争が生じたときは、訴額等に応じ、東京簡易裁判所又は東京地方裁判所を専属的合意管轄裁判所とすることに合意する。

　本契約締結の証として、本契約書2通を作成し、甲乙相互に署名又は記名・捺印のうえ、各1通を保有することとする。

令和　　年　　月　　日

　　　　　　　　　　甲

　　　　　　　　　　　　　　　　　　　　　　　　㊞

　　　　　　　　　　乙

　　　　　　　　　　　　　　　　　　　　　　　　㊞

※　建築工事下請負契約書は、印紙税法別表第一第2号文書（「請負に関する契約書」）に該当するため、請負代金額の記載に応じて収入印紙を貼付する必要があります。なお、一定の建築工事については、軽減税率が適用されることがあります。

記載された契約金額	印紙税額
1万円　未満	非課税
1万円　以上　100万円　以下	200円
100万円　超　200万円　以下	400円
200万円　超　300万円　以下	1,000円
300万円　超　500万円　以下	2,000円
500万円　超　1,000万円　以下	10,000円
1,000万円　超　5,000万円　以下	20,000円
5,000万円　超　1億円　以下	60,000円
1億円　超　5億円　以下	100,000円
5億円　超　10億円　以下	200,000円
10億円　超　50億円　以下	400,000円
50億円　超	600,000円
契約金額の記載がないもの	200円

［令和2年4月現在］

- **合意管轄** 重要度 B

紛争が生じた際に自己に有利な管轄裁判所において裁判を行うための規定です。

【応用】合意管轄裁判所を変更する　・・▶　947 ページ
　　　　契約の当事者を追加する　　・・▶　948 ページ

- **後　　文**

【応用】契約の当事者を追加する　・・▶　948 ページ

作成のテクニック

前文

> 　（注文者）〇〇〇〇による〇〇ビル新築工事のうち、下記の工事について、（元請人）〇〇〇〇（以下「甲」という。）と（下請人）〇〇〇〇（以下「乙」という。）は、次のとおり建築工事下請契約（以下「本契約」という。）を締結する。
> （工事の表示）
> 　1　工事名　　　　〇〇ビル新築工事
> 　2　工事場所　　　東京都新宿区〇〇
> 　3　工期　　　　　着工　令和〇年〇月〇日
> 　　　　　　　　　　完成　令和〇年〇月〇日
> 　4　引渡時期　　　完成の日から〇日以内
> 　5　請負代金　　　金〇〇円（消費税込）
> 　6　支払条件
> 　　着工時（令和〇年〇月〇日限り）　　　　　　金〇〇円（消費税込）
> 　　工事完成後引渡時（令和〇年〇月〇日予定）　金〇〇円（消費税込）

【契約の当事者を追加する】

・改正民法に適合した連帯保証人条項を設ける場合・　　　　　〔下請人有利〕

民法改正により、委託を受けた個人保証人に対し、契約締結時に情報提供義務を怠る、または虚偽の情報を提供すると、保証契約が取り消されるおそれがあります（改正民法 465 条の 10 第 2 項）。

> 　（注文者）〇〇〇〇による〇〇ビル新築工事のうち、下記の工事について、（元請人）〇〇〇〇（以下「甲」という。）と（下請人）〇〇〇〇（以下「乙」という。）及び（連帯保証人）〇〇〇〇（以下「丙」という。）は、次のとおり建築工事下請契約（以下「本契約」という。）を締結する。
> 　（略）
> 第〇条（連帯保証人）
> 1　丙は、甲の連帯保証人として、本契約により生ずる甲の乙に対する一切の債務の弁済につき、連帯して保証する。

2　甲は、丙に対し、別紙のとおり保証契約の前提となる情報を提供し、丙は、別紙の情報の提供を受けたことを確認する。

第○条（協議解決）

　本契約に定めのない事項又は本契約解釈について疑義が生じたときは、甲、乙及び丙は誠意をもって協議のうえ解決する。

第○条（合意管轄）

　甲、乙及び丙は、本契約に関し裁判上の紛争が生じたときは、訴額等に応じ、東京簡易裁判所又は東京地方裁判所を専属的合意管轄裁判所とすることに合意する。

（略）

　本契約締結の証として、本契約書３通を作成し、甲乙丙相互に署名又は記名・捺印のうえ、各１通を保有することとする。

（略）

丙　　　　　　　　　　㊞

【別紙】

　甲は、本契約締結時における自らの情報を以下のとおり提供する。

財産及び収支の状況	
主債務以外に負担している債務の有無、額及び履行状況	
主債務の担保として他に提供し又は提供しようとするものの内容	

【対象工事に係る取決めを変更する】

・請負代金の入金時期を基準に着手日を定める場合・

3	工期	着工	着工時の請負代金の入金日から１週間後

・工事着手の日を基準に工事完成日を定める場合・

3	工期	着工	令和○年○月○日
		完成	<u>着手日から○か月以内</u>

・工期の完成時期につき幅をもって規定する場合・

3	工期	着工	令和○年○月○日
		完成	<u>令和○年○月○日から令和○年○月○日まで</u>

・基礎工事完成時に一時金を支払う場合・　　　　　　　　〔下請人有利〕

```
6   支払条件
      着工時（令和○年○月○日限り）          金○○円（消費税込）
      基礎工事完成時（令和○年○月○日予定）   金○○円（消費税込）
      工事完成後引渡時（令和○年○月○日予定） 金○○円（消費税込）
```

・定期的に出来高相当分を支払う場合・　　　　　　　　　〔下請人有利〕

```
6   支払条件
      着工時（令和○年○月○日限り）          金○○円（消費税込）
      別紙工程表第1段階終了時（令和○年○月○日予定）
                                            金○○円（消費税込）
      別紙工程表第2段階終了時（令和○年○月○日予定）
                                            金○○円（消費税込）
      工事完成後引渡時（令和○年○月○日予定） 金○○円（消費税込）
```

・工事着手時請負代金の不返還を規定する場合・　　　　　〔下請人有利〕

```
6   支払条件
      着工時（令和○年○月○日限り）          金○○円（消費税込）
      工事完成後引渡時（令和○年○月○日予定） 金○○円（消費税込）
      なお、工事着手後に本契約が終了した場合、乙の責に帰すべき事由
      により終了した場合を除き、工事着手時の請負代金は返還されない
      ものとする。
```

【対象工事の記載方法を変更する】

・工事対象が複数存在する場合・

1	工事名	①	○○邸建設工事
		②	○○マンション建設工事

第1条（目的） 重要度A

甲は、自身が大手業者から受注したビルの新築工事について、乙に下請に出すことにし、乙がこれを承諾したため、本契約を締結する。

【目的の内容を変更する】

・水道施設工事を発注する場合・

甲は、自身が受注したビルの新築工事について、水道施設工事業の施行実績がある乙に対して受注工事のうち一部の施工を発注することとし、乙がこれを承諾したため、本契約を締結する。

第2条（総則） 重要度A

1 乙は、甲と注文者との間の契約書、別冊図面及び仕様書に基づき、甲の指示に従って、頭書の請負代金額をもって工期内に工事を完成する。
2 本契約の条項、図面及び仕様書に明示されていないものは甲の指示に従うものとする。

【工事に係る取決めを変更する】

・図面と仕様書の齟齬がある場合の取扱いについて定める場合・

〔元請人有利〕

> 2 本契約の条項、図面及び仕様書に明示されていないものは甲の指示に従うものとする。<u>図面と仕様書の間に交互付合しない点があった場合、乙は、遅滞なくその旨を甲に通知し、甲の指示に従うものとする。</u>

・設計変更や工事の追加について取決めをする場合・

〔元請人有利〕

> 3 設計変更、工事の追加が必要となった場合、又は甲が必要と認めた場合には、工事内容を変更し、もしくは工事を一時中止し又は打ち切ることがある。この場合において、工期又は請負代金額を変更する場合には、甲乙協議して定める。

・下請人の請求による工期の延長について定める場合・

〔下請人有利〕

> 3 乙は、天候の不良等その責に帰することができない理由その他の正当な理由により工期内に工事を完成することができないときは、甲に対して、遅滞なくその理由を明らかにした書面を提出することをもって工期の延長を求めることができる。この場合における延長日数は、甲乙協議して定める。

・元請人の請求による工期の短縮について定める場合・

〔元請人有利〕

> 3 甲は、特別の理由により工期を短縮する必要があるときは、乙に対して書面をもって工期の短縮を求めることができる。この場合における短縮日数は、甲乙協議して定める。
> 4 前項の場合において、必要があると認められるときは、甲乙協議のうえ、請負代金額を変更する。

▶ 第3条（権利義務の譲渡） 重要度 B

> 乙は、本契約によって生ずる権利義務を、甲の事前の書面による承諾なくして、第三者に譲渡し又は承継させてはならない。

【権利義務の譲渡の制限内容を変更する】

・権利義務の譲渡を元請人・下請人いずれにも認めない場合・

> 甲及び乙は、本契約によって生ずる権利義務を、相手方の事前の書面による承諾なくして、第三者に譲渡し又は承継させてはならない。

・下請先をあらかじめ承諾する場合・

> 乙は、本契約によって生ずる権利義務を、○○株式会社（本店所在地○○）に対してのみ、譲渡することができるものとする。

【承諾の方法を変更する】

・FAX・電子メールによる承諾も認める場合・　　　　〔下請人有利〕

> 乙は、本契約によって生ずる権利義務を、甲の事前の書面（FAX 及び電子メールのやり取りによる合意を含む。）による承諾なくして、第三者に譲渡し又は承継させてはならない。

▶ 第4条（支給品、貸与品の取扱い） 重要度 B

> 1　乙は、甲より工事材料の支給を受け、又は機械器具の貸与を受けた場合は、善良なる管理者の注意をもって使用し、かつ、第三者に転貸してはならない。
> 2　乙が前項の規定に反し、その結果、甲より乙に支給又は貸与された物が滅失・毀損した場合は、乙は、それによって甲が被った損害を

> 直ちに賠償する。

【工事材料・機械器具の保管に係る取扱いについて規定する】

・保管方法を定める場合・　　　　　　　　　　　　　　　〔元請人有利〕

> 3　乙は、支給された工事材料又は貸与された機械器具について、他との混同を避けるため、その置場を特定し、その状況を明確にしておかなければならない。

・保管状況について甲が検査できることとする場合・　　　〔元請人有利〕

> 3　甲は、乙との協議のうえ、乙の工場・作業場・事務所等に立ち入り、支給された工事材料や貸与した機械器具の保管状況を検査することができる。

▶ 第5条（一般的損害）　重要度 B

> 工事目的物の引渡前に、工事目的物又は工事材料について生じた損害、その他工事施工に関連して生じた損害は、その原因が乙の責に帰すべき事由によるときは乙の負担とし、その他の事由によるときは甲乙協議のうえ、対処するものとする。

【危険の負担者を変更する】

・引渡前の危険を元請人が負担する場合・　　　　　　　　〔下請人有利〕

> 工事目的物の引渡前に、工事目的物又は工事材料について生じた損害、その他工事施工に関連して生じた損害は、その原因が乙の責に帰すべき事由によるときは乙の負担とし、その他の事由によるときは<u>甲の負担と</u>する。

・引渡前の危険を元請人・下請人で折半して負担する場合・

> 工事目的物の引渡前に、工事目的物又は工事材料について生じた損害、その他工事施工に関連して生じた損害は、<u>甲又は乙の一方のみの責に帰すべきものを除き甲乙双方が折半して負担する</u>。

▶ 第6条（検査及び引渡し）　重要度 B

> 1　乙は、工事を完成したときはその旨を書面により甲に通知し、甲の検査を受けなければならない。
> 2　甲は、前項の乙の通知を受けた場合、直ちに検査を行い、検査に合格したときは工事目的物の引渡しを受けるものとする。

【検査に係る取扱いについて規定する】

・元請人の検査の期間を定める場合・　　　　　　　　〔下請人有利〕

> 2　甲は、前項の乙の通知を受けた場合、<u>通知を受けた後○日以内に</u>検査を行い、検査に合格したときは工事目的物の引渡しを受けるものとする。

・書面のほかに FAX や電子メールによる通知も認める場合・　〔下請人有利〕

> 1　乙は、工事を完成したときはその旨を書面<u>（FAX 及び電子メールを含む。）</u>により甲に通知し、甲の検査を受けなければならない。

・検査期間を徒過した場合には検査に合格したものとみなす場合・
　　　　　　　　　　　　　　　　　　　　　　　　　〔下請人有利〕

> 2　甲は、前項の乙の通知を受けた場合、直ちに検査を行い、検査に合格したときは工事目的物の引渡しを受けるものとする。<u>ただし、甲が、通知を受けた後○日以内に合理的理由なく検査結果の通知を行わなかった場合、当該工事は検査に合格したものとみなすことがで</u>

> きる。

【契約不適合が発見された場合の取扱いについて規定する】

・下請人に修補義務を課す場合・　　　　　　　　　　　〔元請人有利〕

> 3　検査の結果、契約不適合が発見された場合、乙はこれを速やかに修補しなければならない。

・契約不適合が軽微な場合は引渡後に修補することを認める場合・
　　　　　　　　　　　　　　　　　　　　　　　　　〔下請人有利〕

> 3　検査の結果、契約不適合が発見された場合、乙はこれを引渡前に速やかに修補しなければならない。ただし、契約不適合が明らかに軽微である場合は、乙は引渡後にこれを修補することができる。

・仕様書に従わない施工がなされた場合は下請人の費用負担で仕様書どおりの施工に戻すこととする場合・　　　　　　　　　　　　　〔元請人有利〕

> 3　検査の結果、別冊仕様書と異なる施工がなされたことが判明した場合、甲は乙に対し、乙の費用負担で別冊仕様書どおりの施工にすることを求め、かつ、損害賠償を求めることができる。

・契約不適合について元請人側に非がある場合は下請人の修補義務を免除する場合・　　　　　　　　　　　　　　　　　　　　　　〔下請人有利〕

> 3　検査の結果、契約不適合が発見された場合、乙はこれを引渡前に速やかに修補しなければならない。ただし、当該契約不適合が甲の指示や甲の提供した部品により生じたものである場合はこの限りではない。

第7条（契約不適合責任） 重要度 A

> 乙は、契約工事の引渡しの日より甲と注文者との間の契約書に示された修補期間中は、工事目的物に本契約の目的に適合しない箇所があればこれを修補し、又は当該契約不適合によって生じた滅失もしくは毀損につき損害を賠償しなければならない。

【契約不適合責任の内容を変更する】

・下請人が契約不適合責任を負担しない場合・　　　　　　　〔下請人有利〕

> 乙は、工事目的物の契約不適合責任を負わないものとする。

・期間を定める場合・

> 乙は、工事目的物につき、引渡しの日から○年間、契約不適合責任を負う。

・品確法対象の請負契約の場合における責任について定める・

新築住宅の請負契約の場合、請負人は基本構造部分（柱や梁など住宅の構造耐力上主要な部分、雨水の侵入を防止する部分）について引渡しから10年間の瑕疵担保責任が義務づけられています（住宅の品質確保の促進等に関する法律94条）。

> 1　（略）
> 2　本契約が、住宅の品質確保の促進等に関する法律第94条第1項に規定する住宅新築請負契約である場合には、工事目的物のうち構造耐力上主要な部分又は雨水の浸入を防止する部分として政令で定めるものの瑕疵（種類又は品質に関して契約の内容に適合しない状態をいう。ただし、構造耐力上又は雨水の浸入に影響のないものを除く。）について担保責任を負う期間は、10年とする。

第8条（甲（元請人）の解除権） 重要度 A

> 甲は、乙が以下の各号のいずれかに該当したときは、乙に対する催告及び自己の債務の履行の提供をしないで直ちに本契約の全部又は一部を解除することができる。
> ① 乙の責に帰すべき事由により、工期内又は甲の認めた延長期間内に工事を完成する見込みがないことが明らかとなったとき
> ② 乙が正当な理由なく工事に着手しないとき
> ③ その他、契約条項の違反、背信的行為の存在等、本契約を継続することが著しく困難な事情が生じたとき

【解除の条件について規定する】

・解除の際に事前の催告等を必要とする場合・　　　　　　〔下請人有利〕

> 甲は、乙が以下の各号のいずれかに該当したときは、乙に対し、○日以内に是正するよう催告するものとし、乙が甲の催告に従わず是正しない場合は、本契約の全部又は一部を解除することができる。
> ① （以下略）

【解除事由を追加・変更する】

・その他の解除事由を詳細に定める場合・　　　　　　〔元請人有利〕

> 甲は、乙が以下の各号のいずれかに該当したときは、乙に対する催告及び自己の債務の履行の提供をしないで直ちに本契約の全部又は一部を解除することができる。
> ① 乙の責に帰すべき事由により、工期内又は甲の認めた延長期間内に工事を完成する見込みがないことが明らかとなったとき
> ② 乙が正当な理由なく工事に着手しないとき
> ③ 監督官庁から営業停止又は営業免許もしくは営業登録の取消等の処分を受けたとき
> ④ 差押、仮差押、仮処分、強制執行、担保権の実行としての競売、租税滞納処分その他これらに準じる手続きが開始されたとき

⑤ 破産、民事再生、会社更生又は特別清算の手続開始等の申立てがなされたとき
⑥ 自ら振り出し又は引き受けた手形もしくは小切手が1回でも不渡りとなったとき、又は支払停止状態に至ったとき
⑦ 合併による消滅、資本の減少、営業の廃止・変更又は解散決議がなされたとき
⑧ その他、契約条項の違反、背信的行為の存在等、本契約を継続することが著しく困難な事情が生じたとき

【解除に伴う処理について規定する】

・工事の出来高部分は元請人の所有とする場合・　　　　　　〔元請人有利〕

1 （略）
2 本契約が解除されたときは、工事の出来高部分は甲の所有とし、甲乙協議のうえ清算する。

第9条（乙（下請人）の解除権） 重要度A

乙は、甲が以下の各号のいずれかに該当したときは、甲に対する催告及び自己の債務の履行の提供をしないで直ちに本契約の全部又は一部を解除することができる。
① 契約条項に違反し、その違反によって工事を完成することが不可能又は著しく困難になったとき
② 請負代金の支払能力を欠くことが明らかとなったとき
③ その他、契約条項の違反、背信的行為の存在等、本契約を継続することが著しく困難な事情が生じたとき

【解除の条件について規定する】

・解除の際に事前の催告等を必要とする場合・　　　　　　〔元請人有利〕

乙は、甲が以下の各号のいずれかに該当したときは、甲に対し、○日以

内に是正するよう催告するものとし、甲が乙の催告に従わず是正しない場合は、本契約の全部又は一部を解除することができる。
① （以下略）

【解除事由を追加・変更する】

・その他の解除事由を詳細に定める場合・　　　　　　　　〔下請人有利〕

乙は、甲が以下の各号のいずれかに該当したときは、甲に対する催告及び自己の債務の履行の提供をしないで直ちに本契約の全部又は一部を解除することができる。
① 契約条項に違反し、その違反によって工事を完成することが不可能又は著しく困難になったとき
② 請負代金の支払能力を欠くことが明らかとなったとき
③ 監督官庁から営業停止又は営業免許もしくは営業登録の取消等の処分を受けたとき
④ 差押、仮差押、仮処分、強制執行、担保権の実行としての競売、租税滞納処分その他これらに準じる手続きが開始されたとき
⑤ 破産、民事再生、会社更生又は特別清算の手続開始等の申立てがなされたとき
⑥ 自ら振り出し又は引き受けた手形もしくは小切手が1回でも不渡りとなったとき、又は支払停止状態に至ったとき
⑦ 合併による消滅、資本の減少、営業の廃止・変更又は解散決議がなされたとき
⑧ その他、契約条項の違反、背信的行為の存在等、本契約を継続することが著しく困難な事情が生じたとき

・下請人の中止権・解除権を定める場合・　　　　　　　　〔下請人有利〕

1　（略）
2　甲が本契約に基づく代金の支払いを遅延し、相当期間を定めて催告しても支払いをしないときは、乙は直ちに本件工事を中止することができる。

【解除に伴う処理について規定する】

・工事の出来高部分は元請人の所有とする場合・　　　〔元請人有利〕

> 1　(略)
> 2　本契約が解除されたときは、工事の出来高部分は甲の所有とし、甲乙協議のうえ清算する。

▶第10条（損害賠償責任）　重要度 B

> 甲又は乙は、解除、解約又は本契約に違反することにより、相手方に損害を与えたときは、その損害の全て（弁護士費用及びその他の実費を含むが、これに限られない。）を賠償しなければならない。

【賠償請求権を限定する】

・元請人のみに弁護士費用を含む賠償請求権を認める場合・　　〔元請人有利〕

> 乙は、解除、解約又は本契約に違反することにより、甲に損害を与えたときは、その損害の全て（弁護士費用及びその他の実費を含むが、これに限られない。）を賠償しなければならない。

・下請人のみに弁護士費用を含む賠償請求権を認める場合・　　〔下請人有利〕

> 甲は、解除、解約又は本契約に違反することにより、乙に損害を与えたときは、その損害の全て（弁護士費用及びその他の実費を含むが、これに限られない。）を賠償しなければならない。

【損害賠償の内容を変更する】

・具体的な賠償額の予定を行う場合・

> 甲又は乙は、解除、解約又は本契約の重大な義務に違反することにより、

相手方に損害を与えたときは、請負代金総額（消費税込）の20％を賠償しなければならない。

・損害賠償額を限定する場合・

甲又は乙は、解除、解約又は本契約に違反することにより、相手方に損害を与えたときは、請負代金総額（消費税込）を上限として、その損害を賠償しなければならない。

・損害が故意または重過失による場合に、賠償金に加え違約金の支払いを認める場合・

1　（略）
2　甲又は乙は、故意又は重過失により、相手方に損害を与えたときは、請負代金総額（消費税込）の20％の違約金を前項の損害に加算して賠償しなければならない。

▶ 第11条（第三者の損害）　重要度A

乙は、施工のため、第三者の生命、身体、財産に危害ないし損害を与えたときは、乙がその処理解決に当たり、その費用を負担する。ただし、その損害のうち、甲の責に帰すべき事由により生じたもの及び工事の施工に伴い通常避けることができない事象により生じたものについては、この限りではない。

【第三者の損害に対する責任の負担者を変更する】

・原則として元請人・下請人共同で負担する場合・　　　　　〔下請人有利〕

施工のため、第三者の生命、身体、財産に危害ないし損害を与えたときは、甲乙共同でその処理解決に当たり、甲乙均等負担にてその費用を負担する。ただし、甲又は乙の一方当事者のみの責に帰すべき事由によるときはこの限りではない。

第12条（反社会的勢力の排除） 重要度 B

1 甲及び乙は、自己又は自己の役員が、暴力団、暴力団関係企業、総会屋もしくはこれらに準ずる者又はその構成員（以下これらを「反社会的勢力」という。）に該当しないこと、及び次の各号のいずれにも該当しないことを表明し、かつ将来にわたっても該当しないことを相互に確約する。
　① 反社会的勢力に自己の名義を利用させること
　② 反社会的勢力が経営を実質的に支配していると認められる関係を有すること
2 甲又は乙は、前項の一つにでも違反することが判明したときは、何らの催告を要せず、本契約を解除することができる。
3 本条の規定により本契約が解除された場合には、解除された者は、解除により生じる損害について、その相手方に対し一切の請求を行わない。

【対象者を限定する】

・下請人のみを対象とする場合・　　　　　　　　　　　　　　〔元請人有利〕

1 <u>乙は、自己</u>又は自己の役員が、暴力団、暴力団関係企業、総会屋もしくはこれらに準ずる者又はその構成員（以下これらを「反社会的勢力」という。）に該当しないこと、及び次の各号のいずれにも該当しないことを表明し、かつ将来にわたっても該当しないことを<u>確約</u>する。
　① 反社会的勢力に自己の名義を利用させること
　② 反社会的勢力が経営を実質的に支配していると認められる関係を有すること
2 <u>甲は、乙が</u>前項の一つにでも違反することが判明したときは、何らの催告を要せず、本契約を解除することができる。

【賠償額を具体的に規定する】

・具体的な賠償額の予定を行う場合・

> 4　本条の規定により本契約が解除された場合には、解除された者は、その相手方に対し、違約金として金〇〇円を支払うものとする。

第13条（協議解決）　重要度C

> 本契約に定めのない事項又は本契約の解釈について疑義が生じたときは、甲乙誠意をもって協議のうえ解決する。

【紛争解決方法について具体的に規定する】

・具体的な紛争解決機関を指定する場合・

> 本契約に定めのない事項又は本契約の解釈について疑義が生じたときは、訴訟提起以前に、建設業法による建設工事紛争審査会のあっせん又は調停により解決を試みなければならない。

・仲裁合意書による仲裁判断に服することを定める場合・

> 1　本契約に定めのない事項又は本契約の解釈について疑義が生じた場合その他本契約に関して甲と乙との間に紛争が生じた場合には、建設業法による建設工事紛争審査会のあっせん又は調停により解決を試みなければならない。
> 2　甲及び乙は、前項のあっせん又は調停により紛争を解決する見込みがないと認めたときは、同項の規定にかかわらず、仲裁合意書に基づき、審査会の仲裁に付し、その仲裁判断に服する。

・仲裁人をあらかじめ定める場合・

> 本契約に定めのない事項又は本契約の解釈について疑義が生じたとき

> は、○○○○を仲裁人と定め、三者において誠意をもって協議のうえ解決する。

【契約の当事者を追加する】

・連帯保証人（丙）がいる場合・

> 本契約に定めのない事項又は本契約の解釈について疑義が生じたときは、甲、乙及び丙は誠意をもって協議のうえ解決する。

第14条（合意管轄）　重要度B

> 甲及び乙は、本契約に関し裁判上の紛争が生じたときは、訴額等に応じ、東京簡易裁判所又は東京地方裁判所を専属的合意管轄裁判所とすることに合意する。

【合意管轄裁判所を変更する】

・本店所在地を管轄する裁判所とする場合・

> 甲及び乙は、本契約に関し裁判上の紛争が生じたときは、甲又は乙の本店所在地を管轄する裁判所を専属的合意管轄裁判所とすることに合意する。

・本店所在地または支店所在地を管轄する裁判所とする場合・

> 甲及び乙は、本契約に関し裁判上の紛争が生じたときは、甲又は乙の本店所在地もしくは支店所在地を管轄する裁判所を専属的合意管轄裁判所とすることに合意する。

・工事目的物所在地を管轄する裁判所とする場合・

> 甲及び乙は、本契約に関し裁判上の紛争が生じたときは、<u>工事目的物所在地を管轄する裁判所</u>を専属的合意管轄裁判所とすることに合意する。

【契約の当事者を追加する】

・連帯保証人（丙）がいる場合・

> <u>甲、乙及び丙</u>は、本契約に関し裁判上の紛争が生じたときは、訴額等に応じ、東京簡易裁判所又は東京地方裁判所を専属的合意管轄裁判所とすることに合意する。

▶ 後文

> 本契約締結の証として、本契約書2通を作成し、甲乙相互に署名又は記名・捺印のうえ、各1通を保有することとする。

【契約の当事者を追加する】

・連帯保証人（丙）がいる場合・

> 本契約締結の証として、本契約書<u>3通</u>を作成し、<u>甲乙丙</u>相互に署名又は記名・捺印のうえ、各1通を保有することとする。

その他の役立つ条項

- ■ 下請人の義務を追加する場合 ……………………………… 949 ページ
- ■ 工事関係者について規定する場合 ………………………… 950 ページ
- ■ 契約・施工に係る費用について規定する場合 …………… 952 ページ
- ■ 遅延損害金について規定する場合 ………………………… 953 ページ
- ■ 元請人・下請人双方の義務を追加する場合 ……………… 954 ページ
- ■ 海外企業との取引である場合に、取扱いについて定める場合 …… 955 ページ

◆下請人の義務を追加する場合

・請負代金内訳書・工程表の作成を義務づける・　　　　　〔元請人有利〕

> 第○条(請負代金内訳書及び工程表の作成)
> 乙は、設計図書に基づく請負代金内訳書、工事計画書及び工程表を作成し、本契約締結後速やかに甲に提出して、その承認を受けなければならない。

・一括委任・一括下請負を禁止する・　　　　　　　　　　〔元請人有利〕

> 第○条(一括委任又は一括下請負の禁止)
> 乙は、注文者及び甲の事前の書面による承諾を得た場合を除き、一括して本工事の全部又は一部を第三者に委任し又は請け負わせてはならない。

・関係事項の通知義務を課す・　　　　　　　　　　　　　〔元請人有利〕

> 第○条(乙の関係事項の通知)
> 1　乙がこの工事の全部又は一部を第三者に委任し、又は請け負わせた場合、乙は、甲に対して、その契約(その契約に係る工事が数次の契約によって行われるときは、その全ての契約を含む。)に関し、次の各号に掲げる事項を遅滞なく書面をもって通知する。
>   ①　受任者又は請負者の氏名及び住所(法人であるときは、名称及び工事を担当する営業所の所在地)

② 建設業の許可番号
③ 現場代理人及び主任技術者の氏名
④ 雇用管理責任者の氏名
⑤ 安全管理者の氏名
⑥ 工事の種類及び内容
⑦ 工期
⑧ 受任者又は請負者が工事現場において使用する一日当たり平均作業員数
⑨ 受任者又は請負者が工事現場において使用する作業員に対する賃金支払の方法
⑩ その他甲が工事の適正な施工を確保するため必要と認めて指示する事項
2 乙は、甲に対して、前項各号に掲げる事項について変更があったときは、遅滞なく書面をもってその旨を通知する。

◆工事関係者について規定する場合

・監督員を置く・

第○条（監督員）
1 甲は、監督員を定めたときは、書面をもってその氏名を乙に通知する。
2 監督員は、本契約の他の条項に定めるもの及び本契約に基づく甲の権限とされる事項のうち、甲が必要と認めて監督員に委任したもののほか、設計図書で定めるところにより、次に掲げる権限を有する。
① 契約の履行についての乙又は乙の現場代理人に対する指示、承諾又は協議を行う
② 設計図書に基づく工事の施工のための詳細図等の作成及び交付又は乙が作成したこれらの図書の承諾を行う
③ 設計図書に基づく工程の管理、立会い、工事の施工の状況の検査又は工事材料の試験もしくは検査を行う
3 甲は、監督員に本契約に基づく甲の権限の一部を委任したときはその委任した権限の内容を、二名以上の監督員を置き前項の権限を分担させたときはそれぞれの監督員の有する権限の内容を、書面を

> もって乙に通知する。
> 4 甲が第1項の監督員を定めないときは、本契約に定められた監督員の権限は、甲が行使する。

・現場代理人・主任技術者を置く・

> 第○条（現場代理人及び主任技術者）
> 1 現場代理人は、この契約の履行に関し、工事現場に常駐し、その運営、取締りを行うほか、この約款に基づく乙の一切の権限（請負代金額の変更、請負代金の請求及び受領、工事関係者に関する措置請求並びにこの契約の解除に係るものを除く。）を行使する。ただし、現場代理人の権限については、乙が特別に委任し、又は制限したときは、乙の承諾を要する。
> 2 甲は、前項の規定にかかわらず、現場代理人の工事現場における運営、取締り及び権限の行使に支障がなく、かつ、甲との連絡体制が確保されると認めた場合には、現場代理人について工事現場における常駐を要しないこととすることができる。
> 3 主任技術者は、工事現場における工事施工の技術上の管理を司る。
> 4 現場代理人と主任技術者とは、これを兼ねることができる。

・工事関係者に対する措置請求について定める・　　〔元請人有利〕

> 第○条（工事関係者に関する措置請求）
> 1 甲は、現場代理人、主任技術者、その他下請負人が工事を施工するために使用している請負者、作業員等で、工事の施工又は管理につき著しく不適当と認められるものがあるときは、乙に対して、その理由を明示した書面をもって、必要な措置を取るべきことを求めることができる。
> 2 乙は、監督員がその職務の執行につき著しく不適当と認められるときは、甲に対してその理由を明示した書面をもって、必要な措置を取るべきことを求めることができる。
> 3 甲又は乙は、前二項の規定による請求があったときは、その請求に係る事項について決定し、その結果を相手方に通知する。

◆契約・施工に係る費用について規定する場合

・契約締結に要する費用の負担について定める・

> 第○条(費用負担)
>   本契約の締結に要する印紙代その他の費用は、甲乙が各々の費用を負担するものとする。

・労働災害補償保険の加入について定める・

> 第○条(労災保険の加入)
>   労働災害補償保険の加入は○○が行う。

・部分払金等の不払いの場合は下請人が工事を中止することができることとする・　　　　　　　　　　　　　　　　　　　　　　〔下請人有利〕

> 第○条(部分払金等の不払いに対する乙の工事中止)
> 1　乙は、甲が前払金又は部分払金の支払いを遅延し、相当の期間を定めてその支払いを求めたにもかかわらず支払いをしないときは、工事の全部又は一部の施工を一時中止することができる。この場合において、乙は、遅滞なくその理由を明示した書面をもってその旨を甲に通知する。
> 2　甲は、前項の場合において、乙が工事の続行に備え工事現場を維持し、もしくは作業員、建設機械器具等を保持するための費用その他の工事の施工の一時中止に伴う増加費用を必要とし、又は乙に損害を及ぼしたときは、その増加費用を負担し、又はその損害を賠償する。この場合における負担額又は賠償額は、甲乙協議して定める。

・災害防止等に要する臨機の措置に関する費用の負担について定める・
　　　　　　　　　　　　　　　　　　　　　　　　　　　　〔下請人有利〕

> 第○条(臨機の措置)
> 1　乙は、災害防止等のため必要があると認められるときは、甲に協力して臨機の措置を取る。
> 2　乙が前項の規定により臨機の措置を取った場合において、その措置

に要した費用のうち、乙が請負代金額の範囲内において負担することが適当でないと認められる部分については、甲がこれを負担する。この場合における甲の負担額は、甲乙協議して定める。

・賃金または物価の変動に伴う請負代金額の変更について定める・

第○条（賃金又は物価の変動に基づく請負代金額の変更）
1 　工期内に賃金又は物価の変動により請負代金額が不適当となり、これを変更する必要があると認められるときは、甲乙協議して請負代金額を変更する。
2 　甲と発注者との間の請負契約において、この工事を含む元請工事の部分について、賃金又は物価の変動を理由にして請負代金額が変更されたときは、甲又は乙は、相手方に対し、前項の協議を求めることができる。

・完成前の部分使用を認める場合の取扱いについて定める・　　〔元請人有利〕

第○条（部分使用）
1 　甲は、工事目的物の引渡前においても、工事目的物の全部又は一部を乙の同意を得て使用することができる。
2 　前項の場合においては、甲は、その使用部分を善良な管理者の注意をもって使用する。
3 　甲は、第1項の規定による使用により、乙に損害を及ぼし、又は乙の費用が増加したときは、その損害を賠償し、又は増加費用を負担する。この場合における賠償額又は負担額は、甲乙協議して定める。

◆遅延損害金について規定する場合

・金銭債務の遅延損害金利率について特別に規定する場合・　　〔下請人有利〕

遅延損害金利率の定めがないときの利率は法定利率によるとされているところ、民法改正により法定利率が年5％から3％（その後3年ごとに見直しが行われます）となり（改正民法404条）、遅延損害金利率もこれに連動します（改正民法419条）。また、同改正により、商事法定利率（6％）は廃止され

ます。
当事者間で、法定利率とは異なる利率を定めることも可能です。民法改正により、法定利率は3年ごとに見直される変動制となることから、遅延損害金利率について定めを置くことが、より重要となります。

> 甲が本契約に基づく金銭債務の支払いを遅延したときは、乙に対し、支払期日の翌日から支払済みに至るまで、年14％（年365日日割計算）の割合による遅延損害金を支払うものとする。

◆元請人・下請人双方の義務を追加する場合

・変更があった場合の通知義務を定める・

> 第○条（通知義務）
>   甲又は乙は、次の各号のいずれかに該当するときは、相手方に対し、予めその旨を書面により通知しなければならない。
>   ① 法人の名称又は商号の変更
>   ② 振込先指定口座の変更
>   ③ 代表者の変更
>   ④ 本店、主たる事業所の所在地又は住所の変更

・守秘義務を定める・

> 第○条（守秘義務）
> 1 甲及び乙は、本契約期間中はもとより終了後も、本契約に基づき相手方から開示された情報を守秘し、第三者に開示してはならない。
> 2 前項の守秘義務は、前項の情報が以下のいずれかに該当する場合には適用しない。
>   ① 公知の事実又は当事者の責に帰すべき事由によらずして公知となった事実
>   ② 第三者から適法に取得した事実
>   ③ 開示の時点で保有していた事実
>   ④ 法令、政府機関、裁判所の命令により開示が義務付けられた事実

◆海外企業との取引である場合に、取扱いについて定める場合

・準拠法を日本法と定める・

> 第○条（準拠法）
> 　本契約は日本法に準拠し、同法によって解釈されるものとする。

チェックポイント

あなたが元請人の場合は、最低限以下の点をチェックしましょう。

- ☐ 契約の目的が明確か
- ☐ 契約の当事者が明らかであるか
- ☐ 建築工事の対象は明確に定められているか
- ☐ 工期は明確に定められているか
- ☐ 工期に遅れた場合の対応が定められているか
- ☐ 代金額、支払時期、支払方法は明確に定められているか
- ☐ 契約不適合責任の内容・期間は適当か

あなたが下請人の場合は、最低限以下の点をチェックしましょう。

- ☐ 契約の目的が明確か
- ☐ 契約の当事者が明らかであるか
- ☐ 建築工事の対象は明確に定められているか
- ☐ 工期は明確に定められているか
- ☐ 代金額、支払時期、支払方法は明確に定められているか
- ☐ 代金が支払われなかったときの対応に問題はないか
- ☐ 契約不適合責任の内容・期間は適当か

MEMO

6 不動産管理委託契約書

収入印紙

不動産管理委託契約書

（委託者）○○○○（以下「甲」という。）と（受託者）○○○○（以下「乙」という。）は、次のとおり不動産管理委託契約（以下「本契約」という。）を締結する。

第1条　（目的）

甲は、自身で所有し賃貸している建物について、その管理業務を乙に委託することとし、乙がこれを承諾したため、本契約を締結する。

第2条　（委託業務）

1　甲は、乙に対して、別紙物件目録記載の不動産（以下「本件不動産」という。）に関して、以下の業務（以下「本件業務」という。）を委託し、乙はこれを受託する。
　① 賃貸借契約の締結、更新、改訂、解除
　② 保証金、賃料、更新料等の徴収
　③ 本件不動産の維持・管理・修繕及びこれらに必要な工事等の発注
　④ これらに付随する一切の業務
2　乙は、毎月3日までに徴収した前項第2号の賃料等につき、毎月7日までに甲の指定する口座に送金して引き渡すとともに、同日までに徴収賃料等明細を取りまとめて甲に報告する。

【この契約書を用いるケース】
☑ 賃貸不動産の管理を委託する場合
 ⇨ 会社の経営を委託する場合は本章❷、経営等に関する相談業務を委託する場合には本章❽、料理店等の店舗の経営を委託する場合には本章❿

● 前　文

● 目　的　　重要度 A

民法の改正により、解除を主張したり、契約不適合責任に基づく請求をしたりする場合に、契約の目的が重要視されることになりました。そのため、契約書に契約の目的を記載しておく必要があります。

【応用】目的の内容を変更する　　･･･▶　970 ページ

● 委託業務　　重要度 A

委託料とともに業務委託契約の重要事項です。④のように包括的規定を加えておけば、当初予想していた業務以外の付随業務が発生しても、これを委託業務と考えられます。

【応用】委託業務の表示方法を変更する　･･･▶　971 ページ
　　　　委託に係る取決めを追加・変更する　･･･▶　971 ページ

第3条　（委託料等）

1　本契約の委託料は、乙が本件不動産の賃貸借契約の管理において徴収した賃料の○％（消費税込）とする。
2　甲は、乙に対し、翌月末日までに当月の委託料を下記振込口座に振り込んで支払う（振込手数料は甲負担）。
　　○○銀行○○支店　　普通預金
　　口座番号　　○○○○○○
　　口座名義　　○○○○○○
3　本件業務の遂行に必要な費用は、全て乙が負担する。ただし、著しく多額の費用の負担については、甲乙の協議により定めるものとする。

第4条　（途中終了時の委託料）

本契約が解除その他の事由により途中で終了したときは、甲は乙に対して、終了までになされた履行割合に応じた額の委託料を支払うものとする。

第5条　（報告）

乙は、本件業務の履行の状況に関して、本契約のその他の条項に定めるほか、甲からの請求があったときは、その状況につき直ちに報告しなければならない。

第6条　（通知義務）

甲又は乙は、次の各号のいずれかに該当するときは、相手方に対し、予めその旨を書面により通知しなければならない。
①　法人の名称又は商号を変更するとき
②　振込先指定口座を変更するとき
③　代表者を変更するとき
④　本店、主たる事業所の所在地又は住所を変更するとき

● 委託料等　　重要度A

委託業務の内容とともに業務委託契約の重要事項です。疑義が生じないように明確に記載しましょう。

【応用】委託料の額の定め方を変更する　　・・・▶　972 ページ
　　　　委託料の支払時期・支払方法を変更する　・・・▶　973 ページ
　　　　実費の負担についての取扱いを変更する　・・・▶　974 ページ

● 途中終了時の委託料　　重要度A

改正民法は、委任契約（業務委託契約は、準委任契約の場合があります）が中途で終了した場合の受任者の報酬請求権について、委任契約を「履行割合型」と「成果完成型」に分類して規定しています（改正民法 648 条 3 項、648 条の 2）。具体的には、履行割合型については割合的な報酬請求権が認められており、成果完成型については、すでにこした委任事務の履行の結果が可分であり、かつ、その給付によって委任者が利益を得るときは、委任者が受ける利益の割合に応じた報酬請求権が認められています。途中終了時の報酬に関するトラブルを防止するため、委任契約が途中で終了した場合の受任者の報酬請求権の有無や内容について記載するようにしましょう。

【応用】委託料の請求に係る取扱いを変更する　　・・・▶　975 ページ

● 報　　告　　重要度B

委託料を支払う以上、その対価である委託業務の履行が確実になされているかをチェックする必要があり、その前提として報告を受ける必要があります。

【応用】報告について具体的に規定する　　・・・▶　975 ページ

● 通知義務　　重要度C

業務委託契約は一定期間継続するので、これらの事実を把握しておかないと、郵送や送金などで不都合が生じる場合があります。

【応用】通知を求める事項を追加・変更する　　・・・▶　977 ページ
　　　　通知の方法について規定する　・・・▶　977 ページ
　　　　通知義務者を変更する　・・・▶　978 ページ

第7条　（再委託）

乙は、本件業務の全部又は一部を第三者に対し再委託することはできない。ただし、甲が書面による再委託の許可を事前にした場合はこの限りでない。

第8条　（解除）

甲又は乙が以下の各号のいずれかに該当したときは、相手方は催告及び自己の債務の履行の提供をしないで直ちに本契約の全部又は一部を解除することができる。なお、この場合でも損害賠償の請求を妨げない。

① 本契約の一つにでも違反したとき
② 監督官庁から営業停止又は営業免許もしくは営業登録の取消等の処分を受けたとき
③ 差押、仮差押、仮処分、強制執行、担保権の実行としての競売、租税滞納処分その他これらに準じる手続きが開始されたとき
④ 破産、民事再生、会社更生又は特別清算の手続開始等の申立てがなされたとき
⑤ 自ら振り出し又は引き受けた手形もしくは小切手が1回でも不渡りとなったとき、又は支払停止状態に至ったとき
⑥ 合併による消滅、資本の減少、営業の廃止・変更又は解散決議がなされたとき
⑦ その他、支払能力の不安又は背信的行為の存在等、本契約を継続することが著しく困難な事情が生じたとき

第9条　（守秘義務）

1　甲及び乙は、本契約期間中はもとより終了後も、本契約に基づき相手方から開示された情報を守秘し、第三者に開示してはならない。

● 再 委 託 　重要度 B

委託者が受託者を信頼して委託した意図を保護する規定です。改正民法では、受任者は、委任者の許諾を得たとき、またはやむを得ない事由があるときでなければ再委託することができないことが明記されました（改正民法644条の2第1項）。

【応用】再委託を制限する　　・・・▶　978ページ
　　　　再委託する場合の責任の所在について記載する　・・・▶　979ページ

● 解　　除 　重要度 B

民法等で定めた解除事由より広く解除できる場合を認めるため記載しています。なお、改正民法では、法定解除のうち催告による場合、相手方の債務不履行が契約および取引上の社会通念に照らして軽微な場合において、解除が認められないこととなりました（改正民法541条但書）。

【応用】約定解除権を限定する　　・・・▶　979ページ
　　　　解除の条件について規定する　・・・▶　980ページ
　　　　期限の利益喪失条項を設ける　・・・▶　980ページ

● 守秘義務 　重要度 B

委託業務は委託者の秘密を把握しつつ遂行するケースが多いので、その秘密を契約期間中のみならずその後も開示しないよう規定することが重要です。

【応用】守秘義務期間について規定する　　・・・▶　982ページ
　　　　情報開示に係る取決めを変更する　・・・▶　982ページ
　　　　守秘義務の適用者を変更する　・・・▶　982ページ
　　　　守秘義務に係る取扱いを追加・変更する　・・・▶　983ページ

2 前項の守秘義務は、前項の情報が以下のいずれかに該当する場合には適用しない。
① 公知の事実又は当事者の責に帰すべき事由によらずして公知となった事実
② 第三者から適法に取得した事実
③ 開示の時点で保有していた事実
④ 法令、政府機関、裁判所の命令により開示が義務付けられた事実

第10条　（損害賠償責任）
甲又は乙は、本契約に違反することにより、相手方に損害を与えたときは、その損害の全て（弁護士費用及びその他の実費を含むが、これに限られない。）を賠償しなければならない。

第11条　（遅延損害金）
甲が本契約に基づく金銭債務の支払いを遅延したときは、乙に対し、支払期日の翌日から支払済みに至るまで、年14.6％（年365日日割計算）の割合による遅延損害金を支払うものとする。

第12条　（不可抗力）
本件業務の遂行が甲又は乙の責に帰すべからざる事由により不能（一部不能を含む。）及び履行遅滞となった場合に生じた損害については、相互に賠償責任を負わない。

第13条　（契約期間）
本契約の有効期間は、令和〇年〇月〇日から令和〇年〇月〇日までとし、期間満了日の1か月前までに甲乙いずれからも異議がなされないときには、本契約は期間満了日の翌日から起算して、同一内容にて更に1年間延長されるものとし、それ以後も

- ●損害賠償責任　　**重要度 C**

  損害賠償規定は民法等にも存在しますが、弁護士費用や実費なども賠償対象とするため記載しています。

  【応用】賠償請求権を限定する　…▶　983 ページ
  　　　　損害賠償の内容を変更する　…▶　984 ページ

- ●遅延損害金　　**重要度 B**

  履行期日が遅れた場合の損害に関する定めを記載しましょう。

  【応用】遅延損害金利率を変更する　…▶　985 ページ

- ●不可抗力　　**重要度 B**

  当事者双方に責任なく債務不履行になった場合の取決めをしておきます。

  【応用】記載内容を変更する　…▶　986 ページ

- ●契約期間　　**重要度 A**

  業務委託契約は業務を一定期間遂行する内容なので、有効期間を明記する必要があります。

  【応用】契約期間を変更する　　…▶　986 ページ
  　　　　異議の方法を限定する　…▶　987 ページ
  　　　　契約延長の決定権を限定する　…▶　987 ページ

同様とする。

第14条　（契約終了後の処理）

1　甲及び乙は、本契約が終了したときは、互いに既に確定した債権債務について、速やかにこれを清算するものとする。
2　乙は、本契約が終了した場合、直ちに本件業務を中止し、甲に対して事務の引継ぎを行い、本契約に基づき預託・貸与された事務処理マニュアル等の物品（本契約に基づき提供されたデータ類及びこれらが記録された電子媒体等を含む。）を、速やかに甲の指示に基づき返還ないし破棄するものとする。

第15条　（反社会的勢力の排除）

1　甲及び乙は、自己又は自己の役員が、暴力団、暴力団関係企業、総会屋もしくはこれらに準ずる者又はその構成員（以下これらを「反社会的勢力」という。）に該当しないこと、及び次の各号のいずれにも該当しないことを表明し、かつ将来にわたっても該当しないことを相互に確約する。
　　①　反社会的勢力に自己の名義を利用させること
　　②　反社会的勢力が経営を実質的に支配していると認められる関係を有すること
2　甲又は乙は、前項の一つにでも違反することが判明したときは、何らの催告を要せず、本契約を解除することができる。
3　本条の規定により本契約が解除された場合には、解除された者は、解除により生じる損害について、その相手方に対し一切の請求を行わない。

第16条　（協議解決）

本契約に定めのない事項又は本契約の解釈について疑義が生じたときは、甲乙誠意をもって協議のうえ解決する。

● 契約終了後の処理　**重要度 C**

契約終了後に清算すべきことは当然ですが、注意的に規定します。
契約期間中に委託者の秘密を含む資料が受託者に渡されていることが多いので、そのような資料の返還・破棄を記載して秘密が漏れないようにします。

【応用】委託終了後に関する取決めを追加・変更する　・・・▶　988 ページ

● 反社会的勢力の排除　**重要度 B**

契約当事者が反社会的勢力と関わっていることが判明した場合に、即座に契約関係を解消することができるようにするために規定しています。

【応用】対象者を限定する　・・・▶　990 ページ
　　　　賠償額を具体的に規定する　・・・▶　990 ページ

● 協議解決　**重要度 C**

協議により紛争回避を図る可能性を探るため規定しています。なお、この規定に法的な拘束力はありません。

【応用】紛争解決方法について具体的に規定する　・・・▶　991 ページ

第17条　（合意管轄）
　甲及び乙は、本契約に関し裁判上の紛争が生じたときは、訴額等に応じ、東京簡易裁判所又は東京地方裁判所を専属的合意管轄裁判所とすることに合意する。

　本契約締結の証として、本契約書２通を作成し、甲乙相互に署名又は記名・捺印のうえ、各１通を保有することとする。

令和　　年　　月　　日
　　　　　　　　　　　　甲

　　　　　　　　　　　　　　　　　　　　　　㊞

　　　　　　　　　　　　乙

　　　　　　　　　　　　　　　　　　　　　　㊞

【別紙】
　　　　　　　　　　物件目録

所　　在　　東京都新宿区〇〇町〇丁目〇番〇号
家屋番号　　〇番〇
種　　類　　〇〇
構　　造　　〇〇
床 面 積　　〇〇平方メートル

※　業務委託契約書には、原則として4,000円の収入印紙を貼付しなければなりません。ただし、３か月以内に終了する契約（更新の規定があり契約期間が３か月を超える可能性があるものは除く）については、収入印紙の貼付は不要です。

- ●合意管轄　重要度 B

紛争が生じた際に自己に有利な管轄裁判所において裁判を行うための規定です。

【応用】合意管轄裁判所を変更する　・・▶　991 ページ

- ●後　　文

【応用】契約書の作成方法を変更する　・・▶　992 ページ

作成のテクニック

▶ 第1条（目的） 重要度A

> 甲は、自身で所有し賃貸している建物について、その管理業務を乙に委託することとし、乙がこれを承諾したため、本契約を締結する。

【目的の内容を変更する】

・清掃・警備等の管理業務を委託する場合・

> <u>甲は、自身で所有し賃貸している建物について、その清掃・警備等の管理業務を乙に委託することとし、乙がこれを承諾したため</u>、本契約を締結する。

▶ 第2条（委託業務） 重要度A

> 1　甲は、乙に対して、別紙物件目録記載の不動産（以下「本件不動産」という。）に関して、以下の業務（以下「本件業務」という。）を委託し、乙はこれを受託する。
> 　① 賃貸借契約の締結、更新、改訂、解除
> 　② 保証金、賃料、更新料等の徴収
> 　③ 本件不動産の維持・管理・修繕及びこれらに必要な工事等の発注
> 　④ これらに付随する一切の業務
> 2　乙は、毎月3日までに徴収した前項第2号の賃料等につき、毎月7日までに甲の指定する口座に送金して引き渡すとともに、同日までに徴収賃料等明細を取りまとめて甲に報告する。

【委託業務の表示方法を変更する】

• 委託業務の内容を別紙で示す場合 •

この場合は、第2項を削除してください。

> 甲は、乙に対して、別紙物件目録記載の不動産(以下「本件不動産」という。)に関する業務及びこれに付随する一切の業務(以下「本件業務」という。)を委託し、乙はこれを受託する。

• 具体的委託業務は別途個別契約で定める場合 •

> 1　甲は、乙に対して、別紙物件目録記載の不動産(以下「本件不動産」という。)の賃貸借関係の管理に関する業務(以下「本件業務」という。)を委託し、乙はこれを受託する。ただし、その具体的業務内容は、別途締結する個別契約で定める。

【委託に係る取決めを追加・変更する】

• 広告宣伝も委託業務に含める場合 •

> ○　賃借人募集のための本件不動産の広告宣伝

• 委託料を差し引いて賃料等を送金する場合 •　　　〔受託者有利〕

> 2　乙は、毎月3日までに徴収した前項第2号の賃料等につき、次条に記載する委託料を差し引いた残額を、毎月7日までに甲の指定する口座に送金して引き渡すとともに、同日までに徴収賃料等明細を取りまとめて甲に報告する。

• 受託者が委託料を賃料等から控除した残額を持参する場合 •〔受託者有利〕

> 2　乙は、毎月3日までに徴収した前項第2号の賃料等につき、次条に記載する委託料を差し引いた残額を、毎月7日までに甲に持参して引き渡すとともに、同日までに徴収賃料等明細を取りまとめて甲に報告する。

・本契約締結後に委託業務を変更する場合の方法について規定する場合・

> 3 本契約締結後に経済情勢等に大幅な変動が生じた場合は、本契約で定めた委託業務の内容につき甲及び乙で協議のうえ、変更契約の書面を作成して変更することができる。

▶ 第3条（委託料等） 重要度A

> 1 本契約の委託料は、乙が本件不動産の賃貸借契約の管理において徴収した賃料の〇%（消費税込）とする。
> 2 甲は、乙に対し、翌月末日までに当月の委託料を下記振込口座に振り込んで支払う（振込手数料は甲負担）。
> 　　〇〇銀行〇〇支店　　普通預金
> 　　口座番号　　〇〇〇〇〇〇
> 　　口座名義　　〇〇〇〇〇〇
> 3 本件業務の遂行に必要な費用は、全て乙が負担する。ただし、著しく多額の費用の負担については、甲乙の協議により定めるものとする。

【委託料の額の定め方を変更する】

・委託料を月ごとの定額とする場合・

> 1 本契約の委託料は、1か月当たり金〇〇円（消費税込）とする。

・委託料を、賃料の20%＋更新料の10%とする場合・

> 1 本契約の委託料は、乙が本件不動産の賃貸借契約の管理において徴収した賃料の20%及び更新料の10%の合計額（消費税込）とする。

・委託料をタイムチャージにする場合・

この場合、月ごとに本件業務に従事した者および時間を明らかにする報告書

が提出される必要があります。

> 第3条（委託料等）
> 1　本契約の委託料は、<u>本件業務に従事した者1人当たり時給金○○円（消費税込）</u>とする。
> 　（略）
> 第5条（報告）
> 　乙は甲に対して、毎月末日に甲所定の報告書に従い、当月中に本件業務に従事した者及び業務時間を報告しなければならず、乙がこれを怠った場合、甲は委託料の支払期限の徒過につき責任を負わない。

・委託料を成功報酬制にする場合・

> 第3条（委託料等）
> 1　本契約の委託料は、<u>新規の賃借人を1名獲得するごとに金○○円（消費税込）</u>とする。
> 　（略）
> 第5条（報告）
> 　乙は甲に対して、毎月末日に甲所定の報告書に従い、当月中に獲得した新規の賃借人の情報を報告しなければならず、乙がこれを怠った場合、甲は委託料の支払期限の徒過につき責任を負わない。

・本契約締結後に委託料を変更する場合の方法について規定する場合・

> 4　本契約締結後に経済情勢等の大幅な変動が生じた場合は、本契約で定めた委託料につき甲及び乙で協議のうえ、書面により委託料を変更することができるものとする。

【委託料の支払時期・支払方法を変更する】

・受託者の請求を委託料支払の条件とする場合・

> 2　甲は、乙に対し、<u>乙から当月の委託料請求書を受領後15日以内に、</u>当月の委託料を下記振込口座に振り込んで支払う（振込手数料は甲負担）。

請負・業務委託　6　不動産管理委託契約書

> （振込口座：略）

・委託料を持参して支払うこととする場合・

> 2　甲は、乙に対し、毎月末日までに前月の委託料を乙に持参して支払う。

【実費の負担についての取扱いを変更する】

・実費を委託者が負担するものとする場合・　　　　　　　〔受託者有利〕

> 3　本件業務の遂行に必要な実費は、全て甲が負担するものとする。

・実費を受託者が負担するものとする場合・　　　　　　　〔委託者有利〕

> 3　本件業務の遂行に必要な実費は、全て乙が負担するものとする。

・委託者の負担する実費を限定する場合・　　　　　　　〔委託者有利〕

> 3　本件業務の遂行に必要な実費は、事前に甲が書面により承諾したものに限り、甲が負担するものとする。

・実費の内容を詳細に規定する場合・

> 3　本件業務の遂行に必要な以下の実費は、甲が負担するものとする。
> 　①　人件費（ただし、福利厚生費を除く。）
> 　②　出張費、宿泊費
> 　③　書類取寄せ費用
> 　④　その他、甲が本件業務の遂行に必要と認める実費

▶ 第4条（途中終了時の委託料） 重要度 A

本契約が解除その他の事由により途中で終了したときは、甲は乙に対して、終了までになされた履行割合に応じた額の委託料を支払うものとする。

【委託料の請求に係る取扱いを変更する】

・受託者に帰責事由がある場合は委託料を請求できないようにする場合・
〔委託者有利〕

本契約が解除その他の事由により途中で終了したときは、甲は乙に対して、終了までになされた履行割合に応じた額の委託料を支払うものとする。ただし、契約終了について乙に帰責事由がある場合は、乙は甲に対し履行割合に応じた報酬を請求することはできない。

▶ 第5条（報告） 重要度 B

乙は、本件業務の履行の状況に関して、本契約のその他の条項に定めるほか、甲からの請求があったときは、その状況につき直ちに報告しなければならない。

【報告について具体的に規定する】

・書面による報告を求める場合・
〔委託者有利〕

乙は、本件業務の履行の状況に関して、本契約のその他の条項に定めるほか、甲からの請求があったときは、その状況につき直ちに書面をもって報告しなければならない。

この場合に、報告書の分量等を指定する場合は、次のように追記します。

乙は、本件業務の履行の状況に関して、本契約のその他の条項に定めるほか、甲からの請求があったときは、その状況につき直ちに書面をもって報告しなければならない。なお、報告書の分量はA4判2頁程度とする。

・報告書の書式を甲が指定する場合・　　　　　　　　　〔委託者有利〕

乙は、本件業務の履行の状況に関して、本契約のその他の条項に定めるほか、甲からの請求があったときは、その状況につき甲所定の報告書に従い、直ちに報告しなければならない。

・定期的な報告を義務づける場合・　　　　　　　　　〔委託者有利〕

1　乙は、甲に対し、甲所定の報告書に従い、従事した業務の内容、業務従事者、業務時間等を記入したうえ、各営業日終了後、翌営業日に、甲宛てに電子メールにより送信しなければならない。
2　乙は、前項の場合以外にも、本件業務の履行の状況に関して、甲からの請求があったときは、その状況につき直ちに報告書を提出しなければならない。

・毎年一定の時期に、保守管理計画の策定、報告書の提出を義務づける場合・
　　　　　　　　　　　　　　　　　　　　　　　　〔委託者有利〕

1　（略）
2　乙は、前項のほか、本件不動産の保守管理状況及び保守管理計画の策定状況につき、毎年〇月末日までに報告しなければならない。

・修繕の際の事前報告を義務づける場合・　　　　　　　〔委託者有利〕

1　（略）
2　前項にかかわらず、乙は、本件不動産について修繕を行う場合は、事前に甲に通知しなければならない。ただし、緊急の必要がある場合又は軽微な修繕にとどまる場合は、修繕実施後速やかに報告すれば足りる。

・賃貸借契約の締結に先立ち、報告義務を課す場合・　　　〔委託者有利〕

> 1　（略）
> 2　乙は、賃貸借契約の締結及び更新に係る事務を処理するにあたり、事前に甲に報告し、甲の指示を仰がなければならない。
> 3　乙は、新規の顧客と賃貸借契約を締結する場合は、暴力団等不適切な賃借人の排除に努めなければならない。

▶第6条（通知義務）　重要度C

> 甲又は乙は、次の各号のいずれかに該当するときは、相手方に対し、予めその旨を書面により通知しなければならない。
> ①　法人の名称又は商号を変更するとき
> ②　振込先指定口座を変更するとき
> ③　代表者を変更するとき
> ④　本店、主たる事業所の所在地又は住所を変更するとき

【通知を求める事項を追加・変更する】

・株主構成を大幅に変更する場合にも通知義務を課す場合・

> ⑤　株主構成を大幅に変更する場合

【通知の方法について規定する】

・事後の通知を認める場合・

> 甲又は乙は、次の各号のいずれかに該当するときは、相手方に対し、事前又は事後速やかにその旨を書面により通知しなければならない。
> ①　（以下略）

【通知義務者を変更する】

・委託者のみに通知義務を課す場合・　　　　　　　　〔受託者有利〕

> 甲は、次の各号のいずれかに該当するときは、乙に対し、予めその旨を書面により通知しなければならない。
> ① （以下略）

・受託者のみに通知義務を課す場合・　　　　　　　　〔委託者有利〕

> 乙は、次の各号のいずれかに該当するときは、甲に対し、予めその旨を書面により通知しなければならない。
> ① （以下略）

第7条（再委託）　重要度B

> 乙は、本件業務の全部又は一部を第三者に対し再委託することはできない。ただし、甲が書面による再委託の許可を事前にした場合はこの限りでない。

【再委託を制限する】

・特定の者に対してのみ再委託を認める場合・

> 乙は、本件業務の全部又は一部を第三者に対し再委託することはできない。ただし、乙は、乙の責任において、本件業務の一部を以下の第三者に限り再委託することができる。
> 　名　　　称：〇〇株式会社
> 　本店所在地：東京都新宿区〇〇町〇丁目〇番〇号

【再委託する場合の責任の所在について記載する】

・受託者（再委託者）の責任を明記する場合・　　　　　〔委託者有利〕

> 1　（略）
> 2　前項ただし書きにより再委託が可能となる場合であっても、乙は、再受託者に対して本契約における乙の義務と同様の義務を遵守させ、その行為について一切の責任を負う。

第8条（解除）　重要度 B

> 甲又は乙が以下の各号のいずれかに該当したときは、相手方は催告及び自己の債務の履行の提供をしないで直ちに本契約の全部又は一部を解除することができる。なお、この場合でも損害賠償の請求を妨げない。
> ①　本契約の一つにでも違反したとき
> ②　監督官庁から営業停止又は営業免許もしくは営業登録の取消等の処分を受けたとき
> ③　差押、仮差押、仮処分、強制執行、担保権の実行としての競売、租税滞納処分その他これらに準じる手続きが開始されたとき
> ④　破産、民事再生、会社更生又は特別清算の手続開始等の申立てがなされたとき
> ⑤　自ら振り出し又は引き受けた手形もしくは小切手が1回でも不渡りとなったとき、又は支払停止状態に至ったとき
> ⑥　合併による消滅、資本の減少、営業の廃止・変更又は解散決議がなされたとき
> ⑦　その他、支払能力の不安又は背信的行為の存在等、本契約を継続することが著しく困難な事情が生じたとき

【約定解除権を限定する】

・受託者のみに約定解除権を認める場合・　　　　　　〔受託者有利〕

> 甲が以下の各号のいずれかに該当したときは、乙は催告及び自己の債務

の履行の提供をしないで直ちに本契約の全部又は一部を解除することができる。なお、この場合でも損害賠償の請求を妨げない。
① （以下略）

・委託者のみに約定解除権を認める場合・　　　　　　　　〔委託者有利〕

乙が以下の各号のいずれかに該当したときは、甲は催告及び自己の債務の履行の提供をしないで直ちに本契約の全部又は一部を解除することができる。なお、この場合でも損害賠償の請求を妨げない。
① （以下略）

【解除の条件について規定する】

・解除前に催告を要求する場合・

甲又は乙が以下の各号のいずれかに該当し、相手方が相当期間内に是正すべきことを催告したにもかかわらず、その期間内に是正されない場合、相手方は本契約の全部又は一部を解除することができる。なお、この場合でも損害賠償の請求を妨げない。
① （以下略）

【期限の利益喪失条項を設ける】

・期限の利益喪失条項を設ける場合・　　　　　　　　　〔受託者有利〕

委託者の信用不安に備えて、委託者に一定の事項が生じたときに受託者が未収金全額を請求できるようにしておくべきです。以下の変更例では、第2項を新設して、期限の利益喪失事由を解除事由から流用しています。なお、この場合の条文のタイトルは、「解除及び期限の利益喪失」となります。

第8条（解除及び期限の利益喪失）
1　甲又は乙が以下の各号のいずれかに該当したときは、相手方は催告及び自己の債務の履行の提供をしないで直ちに本契約の全部又は一部を解除することができる。なお、この場合でも損害賠償の請求を妨げない。

> ① （略）
> 2 甲が前項各号のいずれかに該当した場合、甲は当然に本契約から生じる一切の債務について期限の利益を失い、甲は乙に対して、その時点において甲が負担する債務を直ちに一括して弁済しなければならない。

・すべての取引の期限の利益を喪失させる場合・　　　〔受託者有利〕

上記「期限の利益喪失条項を設ける場合」の第2項を次のように修正します。

> 第8条（解除及び期限の利益喪失）
> 2 甲が前項各号のいずれかに該当した場合、甲は当然に本契約その他乙との間で締結している全ての契約から生じる一切の債務について期限の利益を失い、甲は乙に対して、その時点において甲が負担する一切の債務を直ちに一括して弁済しなければならない。

▶ 第9条（守秘義務）　重要度 B

> 1 甲及び乙は、本契約期間中はもとより終了後も、本契約に基づき相手方から開示された情報を守秘し、第三者に開示してはならない。
> 2 前項の守秘義務は、前項の情報が以下のいずれかに該当する場合には適用しない。
>   ① 公知の事実又は当事者の責に帰すべき事由によらずして公知となった事実
>   ② 第三者から適法に取得した事実
>   ③ 開示の時点で保有していた事実
>   ④ 法令、政府機関、裁判所の命令により開示が義務付けられた事実

【守秘義務期間について規定する】

・契約終了後の守秘義務期間を限定する場合・

> 1　甲及び乙は、本契約期間中及び本契約終了後○年間、本契約に基づき相手方から開示された情報を守秘し、第三者に開示してはならない。

【情報開示に係る取決めを変更する】

・事前の書面承諾により開示を許可する場合・

> 1　甲及び乙は、事前に相手方の書面による同意を得た場合を除き、本契約期間中はもとより終了後も、本契約に基づき相手方から開示された情報を守秘し、第三者に開示してはならない。

【守秘義務の適用者を変更する】

・守秘義務を委託者にのみ課す場合・　　　　　　　　　〔受託者有利〕

> 1　甲は、本契約期間中はもとより終了後も、本契約に基づき乙から開示された情報を守秘し、第三者に開示してはならない。

・守秘義務を受託者にのみ課す場合・　　　　　　　　　〔委託者有利〕

> 1　乙は、本契約期間中はもとより終了後も、本契約に基づき甲から開示された情報を守秘し、第三者に開示してはならない。

・従業員にも守秘義務を負わせることを明記する場合・

> 1　甲及び乙は、本契約期間中はもとより終了後も、本契約に基づき相手方から開示された情報を守秘し、第三者に開示してはならず、従業員にも同様の守秘義務を課さなければならない。

・再委託を行う場合に再委託先にも守秘義務を課すことを明記する場合・
〔委託者有利〕

> 3　乙は、本件業務を第三者に再委託する場合には、再委託先にも本条第1項と同様の守秘義務を負わせなければならない。

【守秘義務に係る取扱いを追加・変更する】

・開示義務に基づく開示を行った場合には遅滞なく相手方に通知することとする場合・

> 3　甲及び乙は、前項第4号に基づき開示を行った場合には、遅滞なく相手方に通知することとする。

・受託者に対し守秘義務違反の場合の違約罰を定める場合・　〔委託者有利〕

> 3　乙が前二項の定めに違反した場合、乙は、それにより甲が被った損害の賠償に加え、違約罰として金〇〇円を甲に対して支払わなければならない。

▶第10条（損害賠償責任）　重要度 C

> 甲又は乙は、本契約に違反することにより、相手方に損害を与えたときは、その損害の全て（弁護士費用及びその他の実費を含むが、これに限られない。）を賠償しなければならない。

【賠償請求権を限定する】

・委託者のみに弁護士費用を含む賠償請求権を認める場合・　〔委託者有利〕

> 乙は、本契約に違反することにより、甲に損害を与えたときは、その損害の全て（弁護士費用及びその他の実費を含むが、これに限られない。）を賠償しなければならない。

・受託者のみに弁護士費用を含む賠償請求権を認める場合・　　〔受託者有利〕

> 甲は、本契約に違反することにより、乙に損害を与えたときは、その損害の全て（弁護士費用及びその他の実費を含むが、これに限られない。）を賠償しなければならない。

【損害賠償の内容を変更する】

・委託者に対し具体的な賠償額の予定を行う場合・　　　　　〔受託者有利〕

> 甲は、本契約に違反することにより、乙に損害を与えたときは、過去○か月分の委託料（消費税込）を損害金として賠償しなければならない。

・損害賠償額を限定する場合・

> 甲又は乙は、本契約に違反することにより、相手方に損害を与えたときは、前月の委託料（消費税込）の20％を上限としてその損害を賠償しなければならない。

・損害賠償責任を重大な違反の場合に限定する場合・

> 甲又は乙は、本契約に違反することにより、相手方に損害を与えたときは、故意又は重過失がある場合に限り、その損害の全て（弁護士費用及びその他の実費を含むが、これに限られない。）を賠償しなければならない。

・損害が故意または重過失による場合に、賠償金に追加して違約金の支払いを認める場合・

> 1　（略）
> 2　甲又は乙は、故意又は重過失により、相手方に損害を与えたときは、前月の委託料（消費税込）の20％の違約金を前項の損害に加算して賠償しなければならない。

▶第11条（遅延損害金） 重要度B

> 甲が本契約に基づく金銭債務の支払いを遅延したときは、乙に対し、支払期日の翌日から支払済みに至るまで、年14.6％（年365日日割計算）の割合による遅延損害金を支払うものとする。

【遅延損害金利率を変更する】

遅延損害金利率の定めがないときの利率は法定利率によるとされているところ、民法改正により法定利率が年5％から3％（その後3年ごとに見直しが行われます）となり（改正民法404条）、遅延損害金利率もこれに連動します（改正民法419条）。また、同改正により、商事法定利率（6％）は廃止されます。
当事者間で、法定利率とは異なる利率を定めることも可能です。民法改正により、法定利率は3年ごとに見直される変動制となることから、遅延損害金利率について定めを置くことが、より重要となります。

・遅延損害金利率を高くする場合・　　　　　　　　　　　　〔受託者有利〕

> 甲が本契約に基づく金銭債務の支払いを遅延したときは、乙に対し、支払期日の翌日から支払済みに至るまで、<u>年20％</u>（年365日日割計算）の割合による遅延損害金を支払うものとする。

当事者間で、法定利率を上回る利率を定めることも可能ですが、他の法律で上限が定められていますので注意が必要です。

・遅延損害金利率を低くする場合・　　　　　　　　　　　　〔委託者有利〕

> 甲が本契約に基づく金銭債務の支払いを遅延したときは、乙に対し、支払期日の翌日から支払済みに至るまで、<u>年1％</u>（年365日日割計算）の割合による遅延損害金を支払うものとする。

▶ 第12条（不可抗力） 重要度 B

本件業務の遂行が甲又は乙の責に帰すべからざる事由により不能（一部不能を含む。）及び履行遅滞となった場合に生じた損害については、相互に賠償責任を負わない。

【記載内容を変更する】

・通知義務・誠実協議義務を記載する場合・

甲及び乙は、地震、台風、水害、火災、戦争その他の予測不能の事態が発生し、契約の履行に直接の影響があり、定めた条件を履行できなくなった場合は、直ちに相手方に通知しなければならない。この場合、本契約の履行に与える影響の程度により、双方が誠意をもって協議し、契約の解除、契約履行責任の部分的免除等を決定するものとし、相互に損害賠償責任を負わない。

▶ 第13条（契約期間） 重要度 A

本契約の有効期間は、令和〇年〇月〇日から令和〇年〇月〇日までとし、期間満了日の1か月前までに甲乙いずれからも異議がなされないときには、本契約は期間満了日の翌日から起算して、同一内容にて更に1年間延長されるものとし、それ以後も同様とする。

【契約期間を変更する】

・自動延長にしない場合・

本契約の有効期間は、令和〇年〇月〇日から令和〇年〇月〇日までとし、契約は延長しないものとする。

・期間満了日の1か月前までに契約更新の協議が整わない場合、契約は終了するものとする場合・

> 本契約の有効期間は、令和○年○月○日から令和○年○月○日までとし、期間満了日の1か月前までに契約更新の協議が<u>整わない限り、本契約は終了するものとする</u>。

【異議の方法を限定する】

・異議の方法を書面に限定する場合・

> 本契約の有効期間は、令和○年○月○日から令和○年○月○日までとし、期間満了日の1か月前までに甲乙いずれからも<u>書面による</u>異議がなされないときには、本契約は期間満了日の翌日から起算して、同一内容にて更に1年間延長されるものとし、それ以後も同様とする。

【契約延長の決定権を限定する】

・延長するか否かの決定権を委託者のみに与える場合・　　〔委託者有利〕

> 本契約の有効期間は、令和○年○月○日から令和○年○月○日までとし、期間満了日の1か月前までに<u>甲から</u>異議がなされないときには、本契約は期間満了日の翌日から起算して、同一内容にて更に1年間延長されるものとし、それ以後も同様とする。

・延長するか否かの決定権を受託者のみに与える場合・　　〔受託者有利〕

> 本契約の有効期間は、令和○年○月○日から令和○年○月○日までとし、期間満了日の1か月前までに<u>乙から</u>異議がなされないときには、本契約は期間満了日の翌日から起算して、同一内容にて更に1年間延長されるものとし、それ以後も同様とする。

第14条（契約終了後の処理）　重要度C

> 1　甲及び乙は、本契約が終了したときは、互いに既に確定した債権債務について、速やかにこれを清算するものとする。
> 2　乙は、本契約が終了した場合、直ちに本件業務を中止し、甲に対して事務の引継ぎを行い、本契約に基づき預託・貸与された事務処理マニュアル等の物品（本契約に基づき提供されたデータ類及びこれらが記録された電子媒体等を含む。）を、速やかに甲の指示に基づき返還ないし破棄するものとする。

【委託終了後に関する取決めを追加・変更する】

・委託業務を委託者の指定する者に引き継がせる場合・　　　　〔委託者有利〕

> 2　乙は、本契約が終了した場合、直ちに本件業務を中止し、<u>甲の指定する者</u>に対して事務の引継ぎを行い、本契約に基づき預託・貸与された事務処理マニュアル等の物品（本契約に基づき提供されたデータ類及びこれらが記録された電子媒体等を含む。）を、速やかに甲の指示に基づき返還ないし破棄するものとする。

・甲の責に帰すべき事由により本契約が終了した場合の引継業務の費用負担につき明記する場合・　　　　〔受託者有利〕

この場合、「委託業務を委託者の指定する者に引き継がせる場合」の条項に加え、さらに第3項として、以下の規定を追加するとよいでしょう。

> 3　甲の責に帰すべき事由により本契約が終了した場合には、前項の引継ぎの費用は甲が負担する。

・物品を破棄した場合に破棄証明を求める場合・　　　　〔委託者有利〕

> 2　乙は、本契約が終了した場合、直ちに本件業務を中止し、甲に対して事務の引継ぎを行い、本契約に基づき預託・貸与された事務処理マニュアル等の物品（本契約に基づき提供されたデータ類及びこれらが記録された電子媒体等を含む。）を、速やかに甲の指示に基づ

> き返還ないし破棄するものとする。なお、破棄した場合、乙は甲に対して破棄した物品を明らかにした書面を交付しなければならない。

・商標の継続使用を禁止する場合・　　　　　　　　　　〔委託者有利〕

> 3　乙は、本契約が終了した場合、本件業務の遂行のために使用していた甲の商標の使用を直ちに中止しなければならない。

・報酬不払の場合、報酬が支払われるまでの間、受託者が預託・貸与された物品の返還を拒むことができることとする場合・　〔受託者有利〕

> 2　乙は、本契約が終了した場合、直ちに本件業務を中止し、甲に対して事務の引継ぎを行い、本契約に基づき預託・貸与された事務処理マニュアル等の物品（本契約に基づき提供されたデータ類及びこれらが記録された電子媒体等を含む。）を、速やかに甲の指示に基づき返還ないし破棄するものとする。ただし、甲が乙に支払うべき金員を支払わないとき、乙は、甲に対する金銭債務（甲より収受した金員等）があればこれと相殺し、又は本契約に基づき預託・貸与された物品を甲に引き渡さないでおくことができる。

▶第15条（反社会的勢力の排除）　重要度B

> 1　甲及び乙は、自己又は自己の役員が、暴力団、暴力団関係企業、総会屋もしくはこれらに準ずる者又はその構成員（以下これらを「反社会的勢力」という。）に該当しないこと、及び次の各号のいずれにも該当しないことを表明し、かつ将来にわたっても該当しないことを相互に確約する。
> 　①　反社会的勢力に自己の名義を利用させること
> 　②　反社会的勢力が経営を実質的に支配していると認められる関係を有すること
> 2　甲又は乙は、前項の一つにでも違反することが判明したときは、何らの催告を要せず、本契約を解除することができる。

> 3　本条の規定により本契約が解除された場合には、解除された者は、解除により生じる損害について、その相手方に対し一切の請求を行わない。

【対象者を限定する】

・受託者のみを対象とする場合・　　　　　　　　　　　〔委託者有利〕

> 1　乙は、自己又は自己の役員が、暴力団、暴力団関係企業、総会屋もしくはこれらに準ずる者又はその構成員（以下これらを「反社会的勢力」という。）に該当しないこと、及び次の各号のいずれにも該当しないことを表明し、かつ将来にわたっても該当しないことを確約する。
> 　① 反社会的勢力に自己の名義を利用させること
> 　② 反社会的勢力が経営を実質的に支配していると認められる関係を有すること
> 2　甲は、乙が前項の一つにでも違反することが判明したときは、何らの催告を要せず、本契約を解除することができる。

【賠償額を具体的に規定する】

・具体的な賠償額の予定を行う場合・

> 4　本条の規定により本契約が解除された場合には、解除された者は、その相手方に対し、違約金として金〇〇円を支払うものとする。

第16条（協議解決）　重要度C

> 本契約に定めのない事項又は本契約の解釈について疑義が生じたときは、甲乙誠意をもって協議のうえ解決する。

【紛争解決方法について具体的に規定する】

・具体的な紛争解決機関を指定する場合・

> 甲及び乙は、本契約に定めのない事項又は本契約の解釈について疑義が生じたときは、訴訟提起以前に適切なADR機関において協議を試みなければならない。

・仲裁者をあらかじめ定める場合・

> 甲及び乙は、本契約に定めのない事項又は本契約の解釈について疑義が生じたときは、○○○○を仲裁者と定め、三者において誠意をもって協議のうえ解決する。

▶第17条（合意管轄） 重要度B

> 甲及び乙は、本契約に関し裁判上の紛争が生じたときは、訴額等に応じ、東京簡易裁判所又は東京地方裁判所を専属的合意管轄裁判所とすることに合意する。

【合意管轄裁判所を変更する】

・本店所在地を管轄する裁判所とする場合・

> 甲及び乙は、本契約に関し裁判上の紛争が生じたときは、甲又は乙の本店所在地を管轄する裁判所を専属的合意管轄裁判所とすることに合意する。

・本店所在地または支店所在地を管轄する裁判所とする場合・

> 甲及び乙は、本契約に関し裁判上の紛争が生じたときは、甲又は乙の本店所在地もしくは支店所在地を管轄する裁判所を専属的合意管轄裁判所とすることに合意する。

・物件所在地を管轄する裁判所とする場合・

甲及び乙は、本契約に関し裁判上の紛争が生じたときは、<u>本件不動産の所在地を管轄する裁判所</u>を専属的合意管轄裁判所とすることに合意する。

▶ 後文

　本契約締結の証として、本契約書2通を作成し、甲乙相互に署名又は記名・捺印のうえ、各1通を保有することとする。

【契約書の作成方法を変更する】

・1通のみ原本を作成し、当事者の一方は写しのみを保管する場合・

　本契約締結の証として、本契約書<u>1通</u>を作成し、甲乙相互に署名又は記名・捺印のうえ、〔甲／乙〕が原本を保有し、〔乙／甲〕が写しを保有することとする。

その他の役立つ条項

- 受託者の義務を追加する場合 …………………………………… 993 ページ
- 委託者・受託者双方の義務を追加する場合 …………………… 993 ページ
- 委託者の権利を追加する場合 …………………………………… 994 ページ
- 業務の中止、契約の中途解約について規定する場合 ………… 994 ページ
- 第三者との紛争が生じた場合の処理について定める場合 …… 995 ページ
- 費用の負担について定める場合 ………………………………… 996 ページ
- 海外企業との取引である場合に、取扱いについて定める場合 …… 996 ページ

◆受託者の義務を追加する場合

・受託者がテナントから賃料を受け取る場合に、自己の口座と分別して管理する義務を課す・　　　　　　　　　　　　　　　　　　　〔委託者有利〕

> 第○条（分別管理）
> 　乙は、速やかに本件不動産の賃貸借契約に係る賃料を管理するための預金口座を開設し、乙名義の他の口座と分別して管理を行わなければならない。

◆委託者・受託者双方の義務を追加する場合

・第三者に対する権利義務の譲渡を禁止する・

> 第○条（権利義務の譲渡禁止）
> 　甲及び乙は、予め相手方の書面による承諾を得ることなく、本契約に基づく権利、義務又は財産の全部もしくは一部を第三者に譲渡し、承継させ又は担保に供してはならない。

◆委託者の権利を追加する場合

・委託者の相殺を認める・　　　　　　　　　　　　　　　〔委託者有利〕

> 第○条（相殺）
> 　甲は、本契約に基づき甲が乙に負担する委託料等の支払債務と、本契約又は本契約に限らないその他の契約等に基づき乙が甲に対して負担する債務とを、その債務の期限如何にかかわらず、いつでも対当額にて相殺することができる。

・委託者に立入調査権を与える・　　　　　　　　　　　　〔委託者有利〕

> 第○条（立入調査）
> 　甲は乙に対して、3営業日前までに予告して乙の承諾を得ることにより、乙の営業時間中に乙の事業所に立ち入るなどして本件業務の履行状況を調査できるものとする。

◆業務の中止、契約の中途解約について規定する場合

・受託者が委託料を得るまで業務を中止することができることとする・
　　　　　　　　　　　　　　　　　　　　　　　　　　〔受託者有利〕

> 第○条（中止権）
> 　乙は、甲が正当な理由なく委託料の支払いをしない場合、書面により通知したうえで、本件業務の実施を中止することができる。

・中途解約できることとする・

> 第○条（中途解約）
> 1　甲又は乙は、本契約期間中であっても、相手方に対して3か月前までに書面による解約通知をすることにより、本契約を解約することができる。
> 2　前項の場合、解約通知をした者は相手方に対し何ら損害賠償責任を負わないものとする。

・委託者のみに中途解約権を与える・ 〔委託者有利〕

> 第〇条（中途解約）
> 1 甲は、本契約期間中であっても、乙に対して3か月前までに書面による解約通知をすることにより、本契約を解約することができる。
> 2 前項の場合、甲は乙に対し何ら損害賠償責任を負わないものとする。

・委託者のみに即時の中途解約権を与える・ 〔委託者有利〕

> 第〇条（中途解約）
> 1 甲又は乙は、本契約期間中であっても、相手方に対して3か月前までに書面による解約通知をすることにより、本契約を解約することができる。
> 2 甲は、前項の予告に代えて前月の委託料の3か月相当分の委託料を乙に支払うことにより、本契約を即時解約することができる。
> 3 前二項の場合、解約した者は相手方に対し何ら損害賠償責任を負わないものとする。

◆第三者との紛争が生じた場合の処理について定める場合

・受託者と第三者との紛争については、受託者の負担と責任において解決することとする・ 〔委託者有利〕

> 第〇条（第三者との紛争等の処理）
> 乙は、本件業務の遂行に際して、第三者に損害を生じさせた場合、又は第三者との間に紛争を生じさせた場合には、直ちに甲に通知するとともに、乙の負担と責任において早急に解決するものとする。この場合、甲は当該第三者に対して一切の責任を負わないものとする。

- 受託者と第三者との紛争については、委託者の負担と責任において解決することとする・　　　　　　　　　　　　　　　　　　〔受託者有利〕

> 第○条（第三者との紛争等の処理）
> 　乙は、本件業務の遂行に際して、第三者に損害を生じさせた場合、又は第三者との間に紛争を生じさせた場合には、直ちに甲に通知するものとする。この場合、甲はその負担と責任において解決するものとする。

◆費用の負担について定める場合

- 契約締結費用の負担について定める・

> 第○条（費用負担）
> 　本契約の締結に要する印紙代その他の費用は、甲乙が各々の費用を負担することとする。

- 印紙代を一方当事者の負担とする・

> 第○条（費用負担）
> 　本契約の締結に係る印紙代は〔甲／乙〕の負担とし、その余の費用は甲乙各々の負担とする。

◆海外企業との取引である場合に、取扱いについて定める場合

- 準拠法を日本法と定める・

> 第○条（準拠法）
> 　本契約は日本法に準拠し、同法によって解釈されるものとする。

チェックポイント

あなたが委託者の場合は、最低限以下の点をチェックしましょう。

- ☐ 契約の目的が明確か
- ☐ 委託業務の内容が明らかであるか、委託業務の内容に漏れがないか
- ☐ 管理対象の不動産は特定されているか
- ☐ 委託業務に付随事項が記載されているか
- ☐ 委託料、実費の負担割合は明確に定められているか
- ☐ （委託料が時給制の場合など）定期的な報告義務が規定されているか
- ☐ （委託料が成功報酬制の場合）委託料の計算方法・支払方法が特定されているか
- ☐ 契約の有効期間は明らかであるか

あなたが受託者の場合は、最低限以下の点をチェックしましょう。

- ☐ 契約の目的が明確か
- ☐ 受託業務の内容が明らかであるか
- ☐ 管理対象の不動産は特定されているか
- ☐ 受託業務の付随事項の範囲は明確か
- ☐ 委託料、実費の負担割合は明確に定められているか
- ☐ （委託料が時給制の場合など）定期的な報告義務は明らかであるか
- ☐ （委託料が成功報酬制の場合）委託料の計算方法・支払方法が特定されているか
- ☐ 委託者が委託料を支払わなかった場合の対応に問題はないか
- ☐ 契約の有効期間は明らかであるか

7 保守契約書

収入印紙
※

保守契約書

（委託者）○○○○（以下「甲」という。）と（受託者）○○○○（以下「乙」という。）は、機械設備の保守に関し、以下のとおり保守契約（以下「本契約」という。）を締結する。

第1条　（目的）

　甲は、自社がメーカーとして製造する○○を安定的に製造できるようにするため、製造のため稼働させている機械の定期的なメンテナンスを乙に委託することとし、乙がこれを承諾したため、本契約を締結する。

第2条　（委託業務）

　甲は、以下の機械設備（以下「本件機械」という。）の正常な稼働を維持するため、本件機械に関し、以下の保守業務（以下「本件業務」という。）を委託し、乙はこれを受託する。
（本件機械）
　　設置場所　　東京都○○区○○町○丁目○番○号
　　機種・型番　○○社製○○（型番：○○-○○）1台
（保守業務の内容）
　　①　本件機械の月1度の定期点検及び調整（定期点検）
　　②　本件機械に故障が発生した場合の修理（故障対応）
　　③　これらに付随する一切の業務

【この契約書を用いるケース】
☑ 機械やシステムの保守を委託する場合
　⇨雇用の性格が強いときには第5章❶、❷、
　一般的な業務委託については本章❶

● 前　　文

● 目　　的　　重要度 A

民法の改正により、解除を主張したり、契約不適合責任に基づく請求をしたりする場合に、契約の目的が重要視されることになりました。そのため、契約書に契約の目的を記載しておく必要があります。

【応用】目的の内容を変更する　…▶　1009 ページ

● 委託業務　　重要度 A

委託料とともに業務委託契約の重要事項です。③のように包括的規定を加えておけば、当初予想していた業務以外の付随業務が発生しても、これを委託業務と考えられます。

【応用】対象となる委託業務の表示方法を変更する　…▶　1010 ページ
　　　　委託業務に係る取決めを変更する　…▶　1010 ページ
　　　　委託業務を変更する　…▶　1011 ページ

請負・業務委託　❼ 保守契約書

第3条　（委託料等）

1. 本契約の委託料は、月額金〇〇円（消費税込）とする。
2. 甲は、乙に対し、翌月末日までに当月の委託料を下記振込口座に振り込んで支払う（振込手数料は甲負担）。
    〇〇銀行〇〇支店　　普通預金
    口座番号　　〇〇〇〇〇〇
    口座名義　　〇〇〇〇〇〇
3. 本件業務の遂行に必要な交通費、宿泊費、水道光熱費、本件業務に要する部品の調達費用は甲が負担し、その他本件業務の遂行に通常発生する実費は乙が負担するものとする。

第4条　（途中終了時の委託料）

本契約が解除その他の事由により途中で終了したときは、甲は乙に対して、終了までになされた履行割合に応じた額の委託料を支払うものとする。

第5条　（本件業務の実施）

1. 乙は、本件業務の遂行にあたり、適切な資格ないし技術を有する技術者をこれに当たらせるものとする。
2. 乙は、定期点検及び故障対応を行った場合、速やかに作業報告書を作成し、甲に提出するものとする。

第6条　（通知義務）

甲又は乙は、次の各号のいずれかに該当するときは、相手方に対し、予めその旨を書面により通知しなければならない。
① 法人の名称又は商号を変更するとき
② 振込先指定口座を変更するとき
③ 代表者を変更するとき
④ 本店、主たる事業所の所在地又は住所を変更するとき

- ● 委託料等　**重要度 A**

　業務の内容とともに、業務委託契約の重要事項です。疑義が生じないように明確に記載しましょう。

　【応用】委託料の額の定め方を変更する　　　…▶　1012ページ
　　　　　委託料の支払時期・支払方法を変更する　…▶　1014ページ
　　　　　実費の負担についての取扱いを変更する　…▶　1015ページ

- ● 途中終了時の委託料　**重要度 A**

　改正民法は、委任契約（業務委託契約は、準委任契約の場合があります）が中途で終了した場合の受任者の報酬請求権について、委任契約を「履行割合型」と「成果完成型」に分類して規定しています（改正民法648条3項、648条の2）。具体的には、履行割合型については割合的な報酬請求権が認められており、成果完成型については、すでにした委任事務の履行の結果が可分であり、かつ、その給付によって委任者が利益を得るときは、委任者が受ける利益の割合に応じた報酬請求権が認められています。途中終了時の報酬に関するトラブルを防止するため、委任契約が途中で終了した場合の受任者の報酬請求権の有無や内容について記載するようにしましょう。

　【応用】委託料の請求に係る取扱いを変更する　…▶　1016ページ

- ● 本件業務の実施　**重要度 B**

　委託料を支払う以上、その対価である委託業務の履行が確実になされているかをチェックする必要があり、その前提として報告を受ける必要があります。

　【応用】報告について具体的に規定する　…▶　1016ページ

- ● 通知義務　**重要度 C**

　業務委託契約は一定期間継続するので、これらの事実を把握しておかないと、郵送や送金などで不都合が生じる場合があります。

　【応用】通知を求める事項を追加・変更する　…▶　1017ページ
　　　　　通知の方法について規定する　…▶　1017ページ
　　　　　通知義務者を変更する　…▶　1017ページ

請負・業務委託　7　保守契約書

第7条　（再委託）

乙は、本件業務の全部又は一部を第三者に対し再委託することはできない。ただし、甲が書面による再委託の許可を事前にした場合はこの限りでない。

第8条　（解除）

甲又は乙が以下の各号のいずれかに該当したときは、相手方は催告及び自己の債務の履行の提供をしないで直ちに本契約の全部又は一部を解除することができる。なお、この場合でも損害賠償の請求を妨げない。

① 本契約の一つにでも違反したとき
② 監督官庁から営業停止又は営業免許もしくは営業登録の取消等の処分を受けたとき
③ 差押、仮差押、仮処分、強制執行、担保権の実行としての競売、租税滞納処分その他これらに準じる手続きが開始されたとき
④ 破産、民事再生、会社更生又は特別清算の手続開始等の申立てがなされたとき
⑤ 自ら振り出し又は引き受けた手形もしくは小切手が1回でも不渡りとなったとき、又は支払停止状態に至ったとき
⑥ 合併による消滅、資本の減少、営業の廃止・変更又は解散決議がなされたとき
⑦ その他、支払能力の不安又は背信的行為の存在等、本契約を継続することが著しく困難な事情が生じたとき

第9条　（守秘義務）

1　甲及び乙は、本契約期間中はもとより終了後も、本契約に基づき相手方から開示された情報を守秘し、第三者に開示してはならない。
2　前項の守秘義務は、前項の情報が以下のいずれかに該当する場

●再委託　重要度 B

委託者が受託者を信頼して委託した意図を保護する規定です。改正民法では、受任者は、委任者の許諾を得たとき、またはやむを得ない事由があるときでなければ再委託することができないことが明記されました（改正民法644条の2第1項）。

【応用】再委託を制限する　　　···▶　1018ページ
　　　　再委託する場合の責任の所在について記載する　　···▶　1018ページ

●解　除　重要度 B

民法等で定めた解除事由より広く解除できる場合を認めるため記載しています。なお、改正民法では、法定解除のうち催告による場合、相手方の債務不履行が契約および取引上の社会通念に照らして軽微な場合において、解除が認められないこととなりました（改正民法541条但書）。

【応用】約定解除権を限定する　　···▶　1019ページ
　　　　解除の条件について規定する　···▶　1020ページ
　　　　期限の利益喪失条項を設ける　···▶　1020ページ

●守秘義務　重要度 B

委託業務は委託者の秘密を把握しつつ遂行するケースが多いので、その秘密を契約期間中のみならずその後も開示しないよう規定することが重要です。

【応用】守秘義務期間について規定する　　···▶　1021ページ
　　　　情報開示に係る取決めを変更する　···▶　1021ページ
　　　　守秘義務の適用者を変更する　　　···▶　1022ページ
　　　　守秘義務に係る取扱いを追加・変更する　···▶　1022ページ

合には適用しない。
① 公知の事実又は当事者の責に帰すべき事由によらずして公知となった事実
② 第三者から適法に取得した事実
③ 開示の時点で保有していた事実
④ 法令、政府機関、裁判所の命令により開示が義務付けられた事実

第10条 (損害賠償責任)
甲又は乙は、解除、解約又は本契約に違反することにより、相手方に損害を与えたときは、その損害の全て(弁護士費用及びその他の実費を含むが、これに限られない。)を賠償しなければならない。

第11条 (遅延損害金)
甲が本契約に基づく金銭債務の支払いを遅延したときは、乙に対し、支払期日の翌日から支払済みに至るまで、年14.6%(年365日日割計算)の割合による遅延損害金を支払うものとする。

第12条 (不可抗力)
本件業務の遂行が甲又は乙の責に帰すべからざる事由により不能(一部不能を含む。)及び履行遅滞となった場合に生じた損害については、相互に賠償責任を負わない。

第13条 (契約期間)
本契約の有効期間は、令和〇年〇月〇日から令和〇年〇月〇日までとし、期間満了日の1か月前までに甲乙いずれからも異議がなされないときには、本契約は期間満了日の翌日から起算して、同一内容にて更に1年間延長されるものとし、それ以後も

● **損害賠償責任** 重要度 C

損害賠償規定は民法等にも存在しますが、弁護士費用や実費なども賠償対象とするため記載しています。

【応用】賠償請求権を限定する　　…▶　1023 ページ
　　　　損害賠償の内容を変更する　…▶　1023 ページ

● **遅延損害金** 重要度 B

履行期日が遅れた場合の損害に関する定めを記載しましょう。

【応用】遅延損害金利率を変更する　…▶　1024 ページ

● **不可抗力** 重要度 B

当事者双方に責任なく債務不履行になった場合の取決めをしておきます。

【応用】記載内容を変更する　…▶　1025 ページ

● **契約期間** 重要度 A

業務委託契約は業務を一定期間遂行する内容なので、有効期間を明記する必要があります。

【応用】契約期間を変更する　　　　…▶　1026 ページ
　　　　異議の方法を限定する　　　…▶　1026 ページ
　　　　契約延長の決定権を限定する　…▶　1027 ページ

同様とする。

第14条 （反社会的勢力の排除）
1 甲及び乙は、自己又は自己の役員が、暴力団、暴力団関係企業、総会屋もしくはこれらに準ずる者又はその構成員（以下これらを「反社会的勢力」という。）に該当しないこと、及び次の各号のいずれにも該当しないことを表明し、かつ将来にわたっても該当しないことを相互に確約する。
　① 反社会的勢力に自己の名義を利用させること
　② 反社会的勢力が経営を実質的に支配していると認められる関係を有すること
2 甲又は乙は、前項の一つにでも違反することが判明したときは、何らの催告を要せず、本契約を解除することができる。
3 本条の規定により本契約が解除された場合には、解除された者は、解除により生じる損害について、その相手方に対し一切の請求を行わない。

第15条 （協議解決）
本契約に定めのない事項又は本契約の解釈について疑義が生じたときは、甲乙誠意をもって協議のうえ解決する。

第16条 （合意管轄）
甲及び乙は、本契約に関し裁判上の紛争が生じたときは、訴額等に応じ、東京簡易裁判所又は東京地方裁判所を専属的合意管轄裁判所とすることに合意する。

　本契約締結の証として、本契約書2通を作成し、甲乙相互に署名又は記名・捺印のうえ、各1通を保有することとする。

　令和　　年　　月　　日

●反社会的勢力の排除　重要度 B

契約当事者が反社会的勢力と関わっていることが判明した場合に、即座に契約関係を解消することができるようにするために規定しています。

【応用】対象者を限定する　　・・▶　1028 ページ
　　　　賠償額を具体的に規定する　・・▶　1028 ページ

●協議解決　重要度 C

協議により紛争回避を図る可能性を探るため規定しています。なお、この規定に法的な拘束力はありません。

【応用】紛争解決方法について具体的に規定する　・・▶　1028 ページ

●合意管轄　重要度 B

紛争が生じた際に自己に有利な管轄裁判所において裁判を行うための規定です。

【応用】合意管轄裁判所を変更する　・・▶　1029 ページ

●後　　文

【応用】契約書の作成方法を変更する　・・▶　1030 ページ

　　　　　　　　　甲
　　　　　　　　　　　　　　　　　　　　　　　　㊞

　　　　　　　　　乙
　　　　　　　　　　　　　　　　　　　　　　　　㊞

※　保守契約は請負契約としての性質を有するため、保守契約書には収入印紙の貼付が必要です。印紙税額は、以下のとおり定められています。
　① 月額単価とこれを適用する契約期間が定められている場合は、月額単価に適用契約期間を乗じて算出した金額に、第2号文書の税率を当てはめた税額
　② 月額単価はあるが適用期間の定めがない場合は、4,000円（第7号文書の税額）

〈第2号文書の税率〉

記載された契約金額	印紙税額
1万円　未満	非課税
1万円　以上　100万円　以下	200円
100万円　超　200万円　以下	400円
200万円　超　300万円　以下	1,000円
300万円　超　500万円　以下	2,000円
500万円　超　1,000万円　以下	10,000円
1,000万円　超　5,000万円　以下	20,000円
5,000万円　超　1億円　以下	60,000円
1億円　超　5億円　以下	100,000円
5億円　超　10億円　以下	200,000円
10億円　超　50億円　以下	400,000円
50億円　超	600,000円
契約金額の記載がないもの	200円

［令和2年4月現在］

作成のテクニック

▶ 第1条（目的） 重要度 A

> 甲は、自社がメーカーとして製造する〇〇を安定的に製造できるようにするため、製造のため稼働させている機械の定期的なメンテナンスを乙に委託することとし、乙がこれを承諾したため、本契約を締結する。

【目的の内容を変更する】

・故障を防ぐことを目的としてメンテナンスを委託する場合・

> 甲は、甲が事業で用いる機械につき、故障が生じるとライン全体が停止し生産量に多大な影響が出ることから、これを避けるために定期的なメンテナンスを乙に委託することとし、乙がこれを承諾したため、本契約を締結する。

▶ 第2条（委託業務） 重要度 A

> 甲は、以下の機械設備（以下「本件機械」という。）の正常な稼働を維持するため、本件機械に関し、以下の保守業務（以下「本件業務」という。）を委託し、乙はこれを受託する。
> （本件機械）
> 　　設置場所　　東京都〇〇区〇〇町〇丁目〇番〇号
> 　　機種・型番　〇〇社製〇〇（型番：〇〇－〇〇）1台
> （保守業務の内容）
> 　　①　本件機械の月1度の定期点検及び調整（定期点検）
> 　　②　本件機械に故障が発生した場合の修理（故障対応）
> 　　③　これらに付随する一切の業務

【対象となる委託業務の表示方法を変更する】

・委託業務の内容を別紙で示す場合・

> 甲は、乙に対して、別紙記載の機械設備（以下「本件機械」という。）に関する保守業務（以下「本件業務」という。）を委託し、乙はこれを受託する。

【委託業務に係る取決めを変更する】

・定期点検および故障対応の実施時間帯を定める場合・　　〔受託者有利〕

この場合は、第2項・第3項として、以下の規定を追加しましょう。

> 1　（略）
> 2　本件業務のうち、定期点検については、乙の通常の営業時間中（土日、祝祭日、年末年始を除く午前○時から午後○時まで）に実施されるものとし、事前に日時について甲乙協議を行ったうえで実施する。
> 3　本件業務のうち、故障対応については、乙は、乙の通常の営業時間中において、甲からの修理の要請がある都度、直ちにこれを実施するものとする。

・業務の遂行につき特定の担当者を定める場合・

この場合は、第2項として、以下の規定を追加しましょう。

> 1　（略）
> 2　本件業務の遂行につき、乙の担当者は以下の者とする。
> 　　○○課　○○○○（電話番号：○○-○○○○-○○○○）

・委託者以外の第三者（たとえばエレベーターの利用者）等からの連絡対応も委託する場合・

この場合、「（保守業務の内容）」に、次のとおり第3号を追加しましょう。

> ③　本件機械の不備や故障に関する、第三者からの連絡対応
> ④　これらに付随する一切の業務

【委託業務を変更する】

・エレベーターの保守を行う場合・

> 甲は、以下のエレベーター（以下「本件エレベーター」という。）の安全かつ良好な運転状態を維持するため、本件エレベーターに関し、以下の保守業務（以下「本件業務」という。）を委託し、乙はこれを受託する。
> （本件エレベーター）
> 　　設置場所　　東京都○○区○○町○丁目○番○号
> 　　機種・台数　○○社製○○（型番：○○-○○）1台
> （保守業務の内容）
> 　①　本件エレベーターの月1度の定期点検及び調整（定期点検）
> 　②　本件エレベーターに故障が発生した場合の修理（故障対応）
> 　③　これらに付随する一切の業務

・空調設備の保守を行う場合・

> 甲は、以下の空調設備（以下「本件空調設備」という。）の性能を維持し、安全かつ良好な運転状態を維持するため、本件空調設備に関し、以下の保守業務（以下「本件業務」という。）を委託し、乙はこれを受託する。
> （本件空調設備）
> 　　設置場所　　東京都○○区○○町○丁目○番○号
> 　　機種・台数　○○社製○○（型番：○○-○○）1台
> （保守業務の内容）
> 　①　本件空調設備の月1度の定期点検及び調整（定期点検）
> 　②　本件空調設備に故障が発生した場合の修理（故障対応）
> 　③　これらに付随する一切の業務

・ソフトウェアの保守を行う場合・

> 甲は、以下のソフトウェア（以下「本件ソフトウェア」という。）を円滑に使用できる環境を維持し、これを障害する問題の解決及び復旧に関し、以下の保守業務（以下「本件業務」という。）を委託し、乙はこれを受託する。

（本件ソフトウェア）
　設置場所　　東京都○○区○○町○丁目○番○号　　○○オフィス内
　システム名　　○○社提供の○○システム
（保守業務の内容）
　① 本件ソフトウェアに関する機能不良又は不具合により障害が発生した場合の、電話による対応（電話相談）
　② 本件ソフトウェアが設置されている場所における、乙の派遣する技術者による復旧作業（復旧対応）
　③ これらに付随する一切の業務

第3条（委託料等）　重要度A

1　本契約の委託料は、月額金○○円（消費税込）とする。
2　甲は、乙に対し、翌月末日までに当月の委託料を下記振込口座に振り込んで支払う（振込手数料は甲負担）。
　　○○銀行○○支店　　普通預金
　　口座番号　　○○○○○○
　　口座名義　　○○○○○○
3　本件業務の遂行に必要な交通費、宿泊費、水道光熱費、本件業務に要する部品の調達費用は甲が負担し、その他本件業務の遂行に通常発生する実費は乙が負担するものとする。

【委託料の額の定め方を変更する】

・委託料を年額で定め、一括払とする場合・

1　本契約の委託料は、1年間当たり金○○円（消費税込）とする。
2　甲は、乙に対し、前項の金員を、本契約締結日以降、毎年○月末日限り、下記振込口座に振り込んで支払う（振込手数料は甲負担）。ただし、初回の委託料の支払期限は、令和○年○月末日とする。
　　（振込口座：略）

• 委託料を年額で定め、3か月ごとに支払いを行う場合 •

> 1　本契約の委託料は、1年間当たり金○○円（消費税込）とする。
> 2　甲は、乙に対し、前項の金員を、本契約締結日以降、毎年3月、6月、9月及び12月の各月末日限り、4分の1ずつ分割して、下記振込口座に振り込んで支払う（振込手数料は甲負担）。
> 　（振込口座：略）

• 委託料を年額で定め、毎月の支払いとする場合 •

> 1　本契約の委託料は、1年間当たり金○○円（消費税込）とする。
> 2　甲は、乙に対し、前項の金員を、本契約締結日以降、毎月末日限り、12分の1ずつ分割して、下記振込口座に振り込んで支払う（振込手数料は甲負担）。
> 　（振込口座：略）

• 委託料をタイムチャージにする場合 •

この場合、月ごとに本件業務に従事した者および時間を明らかにする報告書が提出される必要があります。

> 第3条（委託料等）
> 1　本契約の委託料は、本件業務に従事した者1人当たり時給金○○円（消費税込）とする。
> 　（略）
> 第○条（報告）
> 　乙は甲に対して、毎月末日に甲所定の報告書に従い、当月中に本件業務に従事した者及び業務時間を報告しなければならず、乙がこれを怠った場合、甲は委託料の支払期限の徒過につき責任を負わない。

• 委託料を着手金＋ランニングフィーと定める場合 •

> 1　本契約の委託料は、以下のとおりとする。
> 　　着手金　　　　　　金○○円（消費税込）
> 　　ランニングフィー　月額金○○円（消費税込）
> 2　甲は、乙に対し、前項の委託料を、着手金については令和○年○月

> ○日限り、ランニングフィーについては前月末日までに、下記振込口座に振り込んで支払う（振込手数料は甲負担）。
> 　（振込口座：略）

・修理・点検について日当制と定める場合・

> 1　本契約の委託料は、月額金○○円（消費税込）に、当月内の故障対応1日当たり金○○円（消費税込）を加算した額とする。

・故障対応の回数に応じて委託料を増額する場合・　　　　〔受託者有利〕

> 1　本契約の委託料は、月額金○○円（消費税込）とする。ただし、当月内の故障対応が3回以上となった場合、委託料については甲乙にて別途協議する。

・営業時間外の対応を行った場合は増額する場合・　　　　〔受託者有利〕

> 1　本契約の委託料は、月額金○○円（消費税込）とする。ただし、乙が、甲の求めに応じて営業時間外の故障対応に従事した場合、乙は、委託料を50％増加して請求することができる。

・本契約締結後に委託料を変更する場合の方法について規定する場合・

> 4　本契約締結後に本件機械の設置状況の変化など本件業務に大きな影響を与える事情が生じた場合は、本契約で定めた委託料につき甲及び乙で協議のうえ、書面により変更することができるものとする。

【委託料の支払時期・支払方法を変更する】

・受託者の請求を委託料支払の条件とする場合・

> 2　甲は、乙に対し、乙から当月の委託料請求書を受領後15日以内に、当月の委託料を下記振込口座に振り込んで支払う（振込手数料は甲負担）。
> 　（振込口座：略）

・委託料を前払いとする場合・　　　　　　　　　　　　〔受託者有利〕

第1項・第2項を次のように修正します。

> 1　甲は、乙に対し、本契約期間中の委託料として金○○円（消費税込）を、令和○年○月末日限り、下記振込口座に振り込んで支払う（振込手数料は甲負担）。
> 　（振込口座：略）

・委託料を持参して支払うこととする場合・

> 2　甲は、乙に対し、翌月末日までに当月の委託料を持参して支払う。

【実費の負担についての取扱いを変更する】

・実費を委託者が負担するものとする場合・　　　　　　〔受託者有利〕

> 3　本件業務の遂行に必要な実費は、全て甲が負担するものとする。

・実費を受託者が負担するものとする場合・　　　　　　〔委託者有利〕

> 3　本件業務の遂行に必要な実費は、全て乙が負担するものとする。

・委託者の負担する実費を限定する場合・　　　　　　　〔委託者有利〕

> 3　本件業務の遂行に必要な実費は、事前に甲が書面により承諾したものに限り、甲が負担するものとする。

第4条（途中終了時の委託料）　重要度A

> 本契約が解除その他の事由により途中で終了したときは、甲は乙に対して、終了までになされた履行割合に応じた額の委託料を支払うものとする。

【委託料の請求に係る取扱いを変更する】

・受託者に帰責事由がある場合は委託料を請求できないようにする場合・

〔委託者有利〕

> 本契約が解除その他の事由により途中で終了したときは、甲は乙に対して、終了までになされた履行割合に応じた額の委託料を支払うものとする。ただし、契約終了について乙に帰責事由がある場合は、乙は甲に対し履行割合に応じた報酬を請求することはできない。

▶ 第5条（本件業務の実施） 重要度 B

> 1　乙は、本件業務の遂行にあたり、適切な資格ないし技術を有する技術者をこれに当たらせるものとする。
> 2　乙は、定期点検及び故障対応を行った場合、速やかに作業報告書を作成し、甲に提出するものとする。

【報告について具体的に規定する】

・報告書の分量等を指定する場合・

> 2　乙は、定期点検及び故障対応を行った場合、速やかに作業報告書を作成し、甲に提出するものとする。なお、報告書の分量はA4判2頁程度とする。

・メールでの作業報告を認める場合・　　　　　　　　〔受託者有利〕

> 2　乙は、定期点検及び故障対応を行った場合、速やかに書面又はメールにより甲に報告するものとする。

・口頭での作業報告を認める場合・　　　　　　　　〔受託者有利〕

> 2　乙は、定期点検及び故障対応を行った場合、書面、メール又は電話

> など適宜の方法により甲に報告を行う。

■ 第6条（通知義務）　重要度C

> 甲又は乙は、次の各号のいずれかに該当するときは、相手方に対し、予めその旨を書面により通知しなければならない。
> ① 法人の名称又は商号を変更するとき
> ② 振込先指定口座を変更するとき
> ③ 代表者を変更するとき
> ④ 本店、主たる事業所の所在地又は住所を変更するとき

【通知を求める事項を追加・変更する】

・株主構成を大幅に変更する場合にも通知義務を課す場合・

> ⑤ 株主構成を大幅に変更するとき

【通知の方法について規定する】

・事後の通知を認める場合・

> 甲又は乙は、次の各号のいずれかに該当するときは、相手方に対し、<u>事前又は事後速やかに</u>その旨を書面により通知しなければならない。
> ① （以下略）

【通知義務者を変更する】

・委託者のみに通知義務を課す場合・　　　　　　　　〔受託者有利〕

> <u>甲</u>は、次の各号のいずれかに該当するときは、<u>乙</u>に対し、予めその旨を書面により通知しなければならない。
> ① （以下略）

・受託者のみに通知義務を課す場合・　　　　　　　　　〔委託者有利〕

> 乙は、次の各号のいずれかに該当するときは、甲に対し、予めその旨を書面により通知しなければならない。
> ① （以下略）

▶ 第7条（再委託）　重要度 B

> 乙は、本件業務の全部又は一部を第三者に対し再委託することはできない。ただし、甲が書面による再委託の許可を事前にした場合はこの限りでない。

【再委託を制限する】

・特定の者に対してのみ再委託を認める場合・

> 乙は、本件業務の全部又は一部を第三者に対し再委託することはできない。ただし、乙は、乙の責任において、本件業務の一部を以下の第三者に限り再委託することができる。
> 　名　　　　称：〇〇株式会社
> 　本店所在地：東京都新宿区〇〇町〇丁目〇番〇号

【再委託する場合の責任の所在について記載する】

・受託者（再委託者）の責任を明記する場合・　　　　〔委託者有利〕

> 1　（略）
> 2　前項ただし書きにより再委託が可能となる場合であっても、乙は、再受託者に対して本契約における乙の義務と同様の義務を遵守させ、その行為について一切の責任を負う。

第8条（解除） 重要度 B

甲又は乙が以下の各号のいずれかに該当したときは、相手方は催告及び自己の債務の履行の提供をしないで直ちに本契約の全部又は一部を解除することができる。なお、この場合でも損害賠償の請求を妨げない。
① 本契約の一つにでも違反したとき
② 監督官庁から営業停止又は営業免許もしくは営業登録の取消等の処分を受けたとき
③ 差押、仮差押、仮処分、強制執行、担保権の実行としての競売、租税滞納処分その他これらに準じる手続きが開始されたとき
④ 破産、民事再生、会社更生又は特別清算の手続開始等の申立てがなされたとき
⑤ 自ら振り出し又は引き受けた手形もしくは小切手が1回でも不渡りとなったとき、又は支払停止状態に至ったとき
⑥ 合併による消滅、資本の減少、営業の廃止・変更又は解散決議がなされたとき
⑦ その他、支払能力の不安又は背信的行為の存在等、本契約を継続することが著しく困難な事情が生じたとき

【約定解除権を限定する】

• 受託者のみに約定解除権を認める場合 •　　　　　　　　〔受託者有利〕

甲が以下の各号のいずれかに該当したときは、乙は催告及び自己の債務の履行の提供をしないで直ちに本契約の全部又は一部を解除することができる。なお、この場合でも損害賠償の請求を妨げない。
① （以下略）

• 委託者のみに約定解除権を認める場合 •　　　　　　　　〔委託者有利〕

乙が以下の各号のいずれかに該当したときは、甲は催告及び自己の債務の履行の提供をしないで直ちに本契約の全部又は一部を解除することができる。なお、この場合でも損害賠償の請求を妨げない。
① （以下略）

【解除の条件について規定する】

・解除前に催告を要求する場合・

> 甲又は乙が以下の各号のいずれかに該当し、<u>相手方が相当期間内に是正すべきことを催告したにもかかわらず、その期間内に是正されない場合、相手方は</u>本契約の全部又は一部を解除することができる。なお、この場合でも損害賠償の請求を妨げない。
> ① （以下略）

【期限の利益喪失条項を設ける】

・期限の利益喪失条項を設ける場合・　　　　　　　　〔受託者有利〕

委託者の信用不安に備えて、委託者に一定の事項が生じたときに受託者が未収金全額を請求できるようにしておくべきです。以下の変更例では、第2項を新設して、期限の利益喪失事由を解除事由から流用しています。なお、この場合の条文のタイトルは、「解除及び期限の利益喪失」となります。

> 第8条（解除<u>及び期限の利益喪失</u>）
> 1　甲又は乙が以下の各号のいずれかに該当したときは、相手方は催告及び自己の債務の履行の提供をしないで直ちに本契約の全部又は一部を解除することができる。なお、この場合でも損害賠償の請求を妨げない。
> 　①　（略）
> 2　甲が前項各号のいずれかに該当した場合、甲は当然に<u>本契約から生じる一切の債務について期限の利益を失い、甲は乙に対して、その時点において甲が負担する債務を直ちに一括して弁済しなければならない。</u>

・すべての取引の期限の利益を喪失させることとする場合・　〔受託者有利〕

上記「期限の利益喪失条項を設ける場合」の第2項を次のように修正します。

> 第8条（解除<u>及び期限の利益喪失</u>）
> 2　甲が前項各号のいずれかに該当した場合、甲は当然に<u>本契約その他乙との間で締結している全ての契約から生じる一切の債務について</u>

> 期限の利益を失い、甲は乙に対して、その時点において甲が負担する<u>一切の債務</u>を直ちに一括して弁済しなければならない。

▶第9条（守秘義務） 重要度B

> 1　甲及び乙は、本契約期間中はもとより終了後も、本契約に基づき相手方から開示された情報を守秘し、第三者に開示してはならない。
> 2　前項の守秘義務は、前項の情報が以下のいずれかに該当する場合には適用しない。
> 　①　公知の事実又は当事者の責に帰すべき事由によらずして公知となった事実
> 　②　第三者から適法に取得した事実
> 　③　開示の時点で保有していた事実
> 　④　法令、政府機関、裁判所の命令により開示が義務付けられた事実

【守秘義務期間について規定する】

・契約終了後の守秘義務期間を限定する場合・

> 1　甲及び乙は、本契約期間中<u>及び本契約終了後○年間</u>、本契約に基づき相手方から開示された情報を守秘し、第三者に開示してはならない。

【情報開示に係る取決めを変更する】

・事前の書面承諾により開示を許可することとする場合・

> 1　甲及び乙は、<u>事前に相手方の書面による同意を得た場合を除き、</u>本契約期間中はもとより終了後も、本契約に基づき相手方から開示された情報を守秘し、第三者に開示してはならない。

【守秘義務の適用者を変更する】

・守秘義務を一方当事者のみに課す場合・　　　〔いずれか一方に有利〕

> 1　〔甲／乙〕は、本契約期間中はもとより終了後も、本契約に基づき〔乙／甲〕から開示された情報を守秘し、第三者に開示してはならない。

・従業員にも守秘義務を負わせることを明記する場合・

> 1　甲及び乙は、本契約期間中はもとより終了後も、本契約に基づき相手方から開示された情報を守秘し、第三者に開示してはならず、従業員にも同様の守秘義務を課さなければならない。

・再委託を行ったとき、再委託先にも守秘義務を課すことを明記する場合・
〔委託者有利〕

> 3　乙は、本件業務を第三者に再委託する場合には、再委託先にも第1項と同様の守秘義務を負わせなければならない。

・開示義務に基づく開示を行った場合に、遅滞なく相手方に通知することとする場合・

> 3　甲及び乙は、前項第4号に基づき開示を行った場合には、遅滞なく相手方に通知することとする。

【守秘義務に係る取扱いを追加・変更する】

・受託者に対し守秘義務違反の場合の違約罰を定める場合・　〔委託者有利〕

> 3　乙が前二項の定めに違反した場合、乙は、それにより甲が被った損害の賠償に加え、違約罰として金○○円を甲に対して支払わなければならない。

▶第10条（損害賠償責任） 重要度C

> 甲又は乙は、解除、解約又は本契約に違反することにより、相手方に損害を与えたときは、その損害の全て（弁護士費用及びその他の実費を含むが、これに限られない。）を賠償しなければならない。

【賠償請求権を限定する】

・委託者のみに弁護士費用を含む賠償請求権を認める場合・　〔委託者有利〕

> 乙は、解除、解約又は本契約に違反することにより、甲に損害を与えたときは、その損害の全て（弁護士費用及びその他の実費を含むが、これに限られない。）を賠償しなければならない。

・受託者のみに弁護士費用を含む賠償請求権を認める場合・　〔受託者有利〕

> 甲は、解除、解約又は本契約に違反することにより、乙に損害を与えたときは、その損害の全て（弁護士費用及びその他の実費を含むが、これに限られない。）を賠償しなければならない。

【損害賠償の内容を変更する】

・委託者に対し具体的な賠償額の予定を行う場合・　〔受託者有利〕

> 甲は、解除、解約又は本契約に違反することにより、乙に損害を与えたときは、過去○か月分の委託料（消費税込）を損害金として賠償しなければならない。

・損害賠償額を限定する場合・

> 甲又は乙は、解除、解約又は本契約に違反することにより、相手方に損害を与えたときは、前月の委託料（消費税込）の20％を上限としてその損害を賠償しなければならない。

・損害賠償責任を重大な違反の場合に限定する場合・

> 甲又は乙は、解除、解約又は本契約に違反することにより、相手方に損害を与えたときは、<u>故意又は重過失がある場合に限り、</u>その損害の全て（弁護士費用及びその他の実費を含むが、これに限られない。）を賠償しなければならない。

・損害が故意または重過失による場合に、損害賠償額に追加して違約金の支払いを認める場合・

> 1　（略）
> 2　甲又は乙は、故意又は重過失により、相手方に損害を与えたときは、前月の委託料（消費税込）の20％の違約金を前項の損害に加算して賠償しなければならない。

▶第11条（遅延損害金）　重要度B

> 甲が本契約に基づく金銭債務の支払いを遅延したときは、乙に対し、支払期日の翌日から支払済みに至るまで、年14.6％（年365日日割計算）の割合による遅延損害金を支払うものとする。

【遅延損害金利率を変更する】

遅延損害金利率の定めがないときの利率は法定利率によるとされているところ、民法改正により法定利率が年5％から3％（その後3年ごとに見直しが行われます）となり（改正民法404条）、遅延損害金利率もこれに連動します（改正民法419条）。また、同改正により、商事法定利率（6％）は廃止されます。
当事者間で、法定利率とは異なる利率を定めることも可能です。民法改正により、法定利率は3年ごとに見直される変動制となることから、遅延損害金利率について定めを置くことが、より重要となります。

• 遅延損害金利率を高くする場合 •　　　　　　　　　　　〔受託者有利〕

> 甲が本契約に基づく金銭債務の支払いを遅延したときは、乙に対し、支払期日の翌日から支払済みに至るまで、年20％（年365日日割計算）の割合による遅延損害金を支払うものとする。

当事者間で、法定利率を上回る利率を定めることも可能ですが、他の法律で上限が定められていますので注意が必要です。

• 遅延損害金利率を低くする場合 •　　　　　　　　　　　〔委託者有利〕

> 甲が本契約に基づく金銭債務の支払いを遅延したときは、乙に対し、支払期日の翌日から支払済みに至るまで、年1％（年365日日割計算）の割合による遅延損害金を支払うものとする。

▶ 第12条（不可抗力）　重要度B

> 本件業務の遂行が甲又は乙の責に帰すべからざる事由により不能（一部不能を含む。）及び履行遅滞となった場合に生じた損害については、相互に賠償責任を負わない。

【記載内容を変更する】

• 通知義務・誠実協議義務を記載する場合 •

> 甲及び乙は、地震、台風、水害、火災、戦争その他の予測不能の事態が発生し、契約の履行に直接の影響があり、定めた条件を履行できなくなった場合は、直ちに相手方に通知しなければならない。この場合、本契約の履行に与える影響の程度により、双方が誠意をもって協議し、契約の解除、契約履行責任の部分的免除等を決定するものとし、相互に損害賠償責任を負わない。

第13条（契約期間） 重要度A

> 本契約の有効期間は、令和○年○月○日から令和○年○月○日までとし、期間満了日の1か月前までに甲乙いずれからも異議がなされないときには、本契約は期間満了日の翌日から起算して、同一内容にて更に1年間延長されるものとし、それ以後も同様とする。

【契約期間を変更する】

・自動延長にしない場合・

> 本契約の有効期間は、令和○年○月○日から令和○年○月○日までとし、契約は延長しないものとする。

・期間満了日の1か月前までに契約更新の協議が整わない場合、契約は終了とする場合・

> 本契約の有効期間は、令和○年○月○日から令和○年○月○日までとし、期間満了日の1か月前までに契約更新の協議が整わない限り、本契約は終了するものとする。

【異議の方法を限定する】

・異議の方法を書面に限定する場合・

> 本契約の有効期間は、令和○年○月○日から令和○年○月○日までとし、期間満了日の1か月前までに甲乙いずれからも書面による異議がなされないときには、本契約は期間満了日の翌日から起算して、同一内容にて更に1年間延長されるものとし、それ以後も同様とする。

【契約延長の決定権を限定する】

・延長するか否かの決定権を委託者のみに与える場合・　　〔委託者有利〕

> 本契約の有効期間は、令和○年○月○日から令和○年○月○日までとし、期間満了日の1か月前までに甲から異議がなされないときには、本契約は期間満了日の翌日から起算して、同一内容にて更に1年間延長されるものとし、それ以後も同様とする。

・延長するか否かの決定権を受託者のみに与える場合・　　〔受託者有利〕

> 本契約の有効期間は、令和○年○月○日から令和○年○月○日までとし、期間満了日の1か月前までに乙から異議がなされないときには、本契約は期間満了日の翌日から起算して、同一内容にて更に1年間延長されるものとし、それ以後も同様とする。

▶ 第14条（反社会的勢力の排除）　重要度 B

1. 甲及び乙は、自己又は自己の役員が、暴力団、暴力団関係企業、総会屋もしくはこれらに準ずる者又はその構成員（以下これらを「反社会的勢力」という。）に該当しないこと、及び次の各号のいずれにも該当しないことを表明し、かつ将来にわたっても該当しないことを相互に確約する。
   ① 反社会的勢力に自己の名義を利用させること
   ② 反社会的勢力が経営を実質的に支配していると認められる関係を有すること
2. 甲又は乙は、前項の一つにでも違反することが判明したときは、何らの催告を要せず、本契約を解除することができる。
3. 本条の規定により本契約が解除された場合には、解除された者は、解除により生じる損害について、その相手方に対し一切の請求を行わない。

【対象者を限定する】

・受託者のみを対象とする場合・　　　　　　　　　　　〔委託者有利〕

> 1　乙は、自己又は自己の役員が、暴力団、暴力団関係企業、総会屋もしくはこれらに準ずる者又はその構成員（以下これらを「反社会的勢力」という。）に該当しないこと、及び次の各号のいずれにも該当しないことを表明し、かつ将来にわたっても該当しないことを確約する。
> 　①　反社会的勢力に自己の名義を利用させること
> 　②　反社会的勢力が経営を実質的に支配していると認められる関係を有すること
> 2　甲は、乙が前項の一つにでも違反することが判明したときは、何らの催告を要せず、本契約を解除することができる。

【賠償額を具体的に規定する】

・具体的な賠償額の予定を行う場合・

> 4　本条の規定により本契約が解除された場合には、解除された者は、その相手方に対し、違約金として金〇〇円を支払うものとする。

▶ 第15条（協議解決）　重要度C

> 本契約に定めのない事項又は本契約の解釈について疑義が生じたときは、甲乙誠意をもって協議のうえ解決する。

【紛争解決方法について具体的に規定する】

・具体的な紛争解決機関を指定する場合・

> 甲及び乙は、本契約に定めのない事項又は本契約の解釈について疑義が生じたときは、訴訟提起以前に適切なADR機関において協議を試みな

ければならない。

・仲裁者をあらかじめ定める場合・

> 甲及び乙は、本契約に定めのない事項又は本契約の解釈について疑義が生じたときは、○○○○を仲裁者と定め、三者において誠意をもって協議のうえ解決する。

第16条（合意管轄） 重要度B

> 甲及び乙は、本契約に関し裁判上の紛争が生じたときは、訴額等に応じ、東京簡易裁判所又は東京地方裁判所を専属的合意管轄裁判所とすることに合意する。

【合意管轄裁判所を変更する】

・本店所在地を管轄する裁判所にする場合・

> 甲及び乙は、本契約に関し裁判上の紛争が生じたときは、甲又は乙の本店所在地を管轄する裁判所を専属的合意管轄裁判所とすることに合意する。

・本店所在地または支店所在地を管轄する裁判所にする場合・

> 甲及び乙は、本契約に関し裁判上の紛争が生じたときは、甲又は乙の本店所在地もしくは支店所在地を管轄する裁判所を専属的合意管轄裁判所とすることに合意する。

・保守物件の所在地を管轄する裁判所にする場合・

> 甲及び乙は、本契約に関し裁判上の紛争が生じたときは、本件機械の設置場所を管轄する裁判所を専属的合意管轄裁判所とすることに合意する。

後文

> 　本契約締結の証として、本契約書2通を作成し、甲乙相互に署名又は記名・捺印のうえ、各1通を保有することとする。

【契約書の作成方法を変更する】

- ・1通のみ原本を作成し、当事者の一方は写しのみを保管する場合・

> 　本契約締結の証として、本契約書<u>1通</u>を作成し、甲乙相互に署名又は記名・捺印のうえ、<u>〔甲／乙〕が原本を保有し、〔乙／甲〕〕が写しを保有する</u>こととする。

その他の役立つ条項

- ■ 委託者・受託者双方の義務を追加する場合 ………………………… 1031 ページ
- ■ 委託者の権利を追加する場合 ……………………………………… 1031 ページ
- ■ 業務の中止、契約の中途解約について規定する場合 ……………… 1032 ページ
- ■ 契約終了後の処理について定める場合 …………………………… 1033 ページ
- ■ 第三者との紛争が生じた場合の処理について定める場合 ………… 1033 ページ
- ■ 費用の負担について定める場合 …………………………………… 1034 ページ
- ■ 知的財産権について定める場合 …………………………………… 1034 ページ
- ■ 海外企業との取引である場合に、取扱いについて定める場合 …… 1035 ページ

◆委託者・受託者双方の義務を追加する場合

・第三者に対する権利義務の譲渡を禁止する場合・

> 第○条（権利義務の譲渡禁止）
> 　甲及び乙は、予め相手方の書面による承諾を得ることなく、本契約に基づく権利、義務又は財産の全部もしくは一部を第三者に譲渡し、承継させ又は担保に供してはならない。

◆委託者の権利を追加する場合

・委託者の相殺を認める・　　　　　　　　　　　　　　　〔委託者有利〕

> 第○条（相殺）
> 　甲は、本契約に基づき甲が乙に対して負担する委託料等の支払債務と、本契約又は本契約に限らないその他の契約等に基づき乙が甲に対して負担する債務とを、その債務の期限如何にかかわらず、いつでも対当額にて相殺することができる。

◆業務の中止、契約の中途解約について規定する場合

・受託者が委託料を得るまで業務を中止することができることとする・

〔受託者有利〕

> 第○条（中止権）
> 　乙は、甲が正当な理由なく委託料の支払いをしない場合、書面により通知したうえで、本件業務の実施を中止することができる。

・中途解約できることとする・

> 第○条（中途解約）
> 1　甲又は乙は、本契約期間中であっても、相手方に対して３か月前までに書面による解約通知をすることにより、本契約を解約することができる。
> 2　前項の場合、解約通知をした者は相手方に対し何ら損害賠償責任を負わないものとする。

・委託者のみに中途解約権を与える・

〔委託者有利〕

> 第○条（中途解約）
> 1　甲は、本契約期間中であっても、乙に対して３か月前までに書面による解約通知をすることにより、本契約を解約することができる。
> 2　前項の場合、甲は乙に対し何ら損害賠償責任を負わないものとする。

・委託者のみに即時の中途解約権を与える・

〔委託者有利〕

> 第○条（中途解約）
> 1　甲又は乙は、本契約期間中であっても、相手方に対して３か月前までに書面による解約通知をすることにより、本契約を解約することができる。
> 2　甲は、前項の予告に代えて前月の委託料の３か月相当分の委託料を乙に支払うことにより、本契約を即時解約することができる。
> 3　前二項の場合、解約した者は相手方に対し何ら損害賠償責任を負わないものとする。

◆契約終了後の処理について定める場合

・債権債務の清算、引継ぎについて規定する・

> 第○条(契約終了後の処理)
> 1 甲及び乙は、本契約が終了したときは、互いに既に確定した債権債務について、速やかにこれを清算するものとする。
> 2 乙は、本契約が終了した場合、直ちに本件業務を中止し、甲に対して事務の引継ぎを行い、本契約に基づき預託・貸与された物品(本契約に基づき提供されたデータ類及びこれらが記録された電子媒体等を含む。)を、速やかに甲の指示に基づき返還ないし破棄するものとする。

・甲の責に帰すべき事由により本契約が終了した場合に、引継業務の費用は委託者が負担することとする・　　　　　　　　　　〔受託者有利〕

> 第○条(契約終了後の処理)
> 1 甲及び乙は、本契約が終了したときは、互いに既に確定した債権債務について、速やかにこれを清算するものとする。
> 2 乙は、本契約が終了した場合、直ちに本件業務を中止し、甲に対して事務の引継ぎを行い、本契約に基づき預託・貸与された物品(本契約に基づき提供されたデータ類及びこれらが記録された電子媒体等を含む。)を、速やかに甲の指示に基づき返還ないし破棄するものとする。
> 3 <u>甲の責に帰すべき事由により本契約が終了した場合には、前項の引継ぎの費用は甲が負担する。</u>

◆第三者との紛争が生じた場合の処理について定める場合

・受託者と第三者との紛争については、受託者の負担と責任において解決することとする・　　　　　　　　　　　　　　　　　　　〔委託者有利〕

> 第○条(第三者との紛争等の処理)
> 　乙は、本件業務の遂行に際して、第三者に損害を生じさせた場合、

又は第三者との間に紛争を生じさせた場合には、直ちに甲に通知するとともに、乙の負担と責任において早急に解決するものとする。この場合、甲は当該第三者に対して一切の責任を負わないものとする。

・受託者と第三者との紛争については、委託者の負担と責任において解決することとする・　　　　　　　　　　　　　　　　〔受託者有利〕

第○条（第三者との紛争等の処理）
　乙は、本件業務の遂行に際して、第三者に損害を生じさせた場合、又は第三者との間に紛争を生じさせた場合には、直ちに甲に通知するものとする。この場合、甲はその負担と責任において解決するものとする。

◆費用の負担について定める場合

・印紙代を一方当事者の負担とする・　　　　　　　〔一方当事者に有利〕

第○条（費用負担）
　本契約の締結に係る印紙代は〔甲／乙〕の負担とし、その余の費用は甲乙各々の負担とする。

◆知的財産権について定める場合

・知的財産権を使用する必要がある場合の取扱いを規定する・〔委託者有利〕

第○条（知的財産権の使用）
1　乙は、本件業務を遂行するため、第三者の所有に係る知的財産権を使用する必要がある場合、予め当該第三者から知的財産権の使用許諾に関する書面を得るものとする。
2　前項の場合、乙はその使用による一切の責任を負うものとする。

- 発生した知的財産権は委託者に帰属することとする・　　　〔委託者有利〕

> 第○条（成果物の知的財産権の帰属）
> 　本件業務の結果生じた成果物について、著作権、実用新案権、意匠権、特許権、ノウハウ等の知的財産権が発生した場合、知的財産権は全て甲に帰属するものとする。

◆海外企業との取引である場合に、取扱いについて定める場合

- 準拠法を日本法と定める・

> 第○条（準拠法）
> 　本契約は日本法に準拠し、同法によって解釈されるものとする。

チェックポイント

あなたが委託者の場合は、最低限以下の点をチェックしましょう。

- ☐ 契約の目的が明確か
- ☐ 保守業務の内容が明らかであるか、委託業務の内容に漏れがないか
- ☐ 委託料、実費の負担割合は明確に定められているか
- ☐ 契約の有効期間は明らかであるか
- ☐ 保守要請に応じてもらう条件は明確か

あなたが受託者の場合は、最低限以下の点をチェックしましょう。

- ☐ 契約の目的が明確か
- ☐ 保守業務の内容が明らかであるか、受託業務の内容に漏れがないか
- ☐ 委託料、実費の負担割合は明確に定められているか
- ☐ 契約の有効期間は明らかであるか
- ☐ 保守要請に応じなければならない時間帯は明確か
- ☐ 委託者が委託料を支払わなかった場合の対応に問題はないか

MEMO

8 コンサルタント契約書

コンサルタント契約書

　（委託者）〇〇〇〇（以下「甲」という。）と（受託者）〇〇〇〇（以下「乙」という。）は、次のとおりコンサルタント業務に関する契約（以下「本契約」という。）を締結する。

第1条　（目的）

　甲は、自社の主力事業である〇〇の販売に関する売上を伸ばすために、乙に、コンサルタントとして指導助言等を求めることとし、乙がこれを承諾したため、本契約を締結する。

第2条　（委託業務）

　甲は、乙に対して、以下に定める業務（以下「本件業務」という。）を委託し、乙はこれを受託する。
① 〇〇の販売に関する指導・助言等
② 〇〇の販売先の仲介等
③ これらに付随する一切の業務

第3条　（委託料等）

1　本契約の委託料は、月額金〇〇円（消費税込）とする。
2　甲は、乙に対し、翌月末日までに当月の委託料を下記振込口座に振り込んで支払う（振込手数料は甲負担）。
　　〇〇銀行〇〇支店　　普通預金

【この契約書を用いるケース】
☑ 経営等に関する相談業務を委託する場合
　⇨会社の経営を委託する場合には本章**2**、賃貸不動産の管理を委託する場合には本章**6**、料理店等の店舗の経営を委託する場合には本章**10**

● 前　　文

● 目　　的　　重要度 A

民法の改正により、解除を主張したり、契約不適合責任に基づく請求をしたりする場合に、契約の目的が重要視されることになりました。そのため、契約書に契約の目的を記載しておく必要があります。

【応用】目的の内容を変更する　　…▶　1049 ページ

● 委託業務　　重要度 A

委託料とともに、業務委託契約の重要事項です。③のように包括的規定を加えておけば、当初予想していた業務以外の付随業務が発生しても、これを委託業務と考えられます。

【応用】対象となる委託業務の表示方法を変更する　　…▶　1049 ページ
　　　　委託業務を変更する　　…▶　1050 ページ

● 委託料等　　重要度 A

委託業務の内容とともに、業務委託契約の重要事項です。疑義が生じないように明確に記載しましょう。

【応用】委託料の額の定め方を変更する　　…▶　1051 ページ
　　　　委託料の支払時期・支払方法を変更する　　…▶　1053 ページ
　　　　実費の負担についての取扱いを変更する　　…▶　1054 ページ

　　　　口座番号　　　○○○○○○
　　　　口座名義　　　○○○○○○
　3　本件業務の遂行に必要な交通費、宿泊費は甲が負担し、その他本件業務の遂行に通常発生する実費は乙が負担するものとする。

第4条　（途中終了時の委託料）

　本契約が解除その他の事由により途中で終了したときは、甲は乙に対して、終了までになされた履行割合に応じた額の委託料を支払うものとする。

第5条　（報告）

　乙は、本件業務の履行の状況に関して、甲からの請求があったときは、その状況につき直ちに報告しなければならない。

第6条　（通知義務）

　甲又は乙は、次の各号のいずれかに該当するときは、相手方に対し、予めその旨を書面により通知しなければならない。
　①　法人の名称又は商号を変更するとき
　②　振込先指定口座を変更するとき
　③　代表者を変更するとき
　④　本店、主たる事業所の所在地又は住所を変更するとき

第7条　（再委託）

　乙は、本件業務の全部又は一部を第三者に対し再委託することはできない。ただし、甲が書面による再委託の許可を事前にした場合はこの限りでない。

第8条　（解除）

　甲又は乙が以下の各号のいずれかに該当したときは、相手方は催告及び自己の債務の履行の提供をしないで直ちに本契約の全

● 途中終了時の委託料　重要度 A

改正民法は、委任契約（業務委託契約は、準委任契約の場合があります）が中途で終了した場合の受任者の報酬請求権について、委任契約を「履行割合型」と「成果完成型」に分類して規定しています（改正民法648条3項、648条の2）。具体的には、履行割合型については割合的な報酬請求権が認められており、成果完成型については、すでにした委任事務の履行の結果が可分であり、かつ、その給付によって委任者が利益を得るときは、委任者が受ける利益の割合に応じた報酬請求権が認められています。途中終了時の報酬に関するトラブルを防止するため、委任契約が途中で終了した場合の受任者の報酬請求権の有無や内容について記載するようにしましょう。

【応用】委託料の請求に係る取扱いを変更する　　・・・▶　1055ページ

● 報　　告　重要度 B

委託料を支払う以上、その対価である委託業務の履行が確実になされているかをチェックする必要があり、その前提として報告を受ける必要があります。

【応用】報告について具体的に規定する　　・・・▶　1055ページ

● 通知義務　重要度 C

コンサルタント契約は一定期間継続するので、これらの事実を把握しておかないと、郵送や送金などで不都合が生じる場合があります。

【応用】通知を求める事項を追加・変更する　　・・・▶　1056ページ
　　　　通知の方法について規定する　　・・・▶　1057ページ
　　　　通知義務者を変更する　　・・・▶　1057ページ

● 再 委 託　重要度 B

委託者が受託者を信頼して委託した意図を保護する規定です。改正民法では、受任者は、委任者の許諾を得たとき、またはやむを得ない事由があるときでなければ再委託することができないことが明記されました（改正民法644条の2第1項）。

【応用】再委託を制限する　　・・・▶　1057ページ
　　　　再委託する場合の責任の所在について記載する　　・・・▶　1058ページ

● 解　　除　重要度 B

民法等で定めた解除事由より広く解除できる場合を認めるため記載しています。なお、改正民法では、法定解除のうち催告による場合、相手方の債務不履行が契約および取引上の社会通念に照らして軽微な場合において、解除が認められないこととなりました（改正民法541条但書）。

【応用】約定解除権を限定する　　・・・▶　1059ページ
　　　　解除の条件について規定する　　・・・▶　1059ページ
　　　　期限の利益喪失条項を設ける　　・・・▶　1059ページ

部又は一部を解除することができる。なお、この場合でも損害賠償の請求を妨げない。
① 本契約の一つにでも違反したとき
② 監督官庁から営業停止又は営業免許もしくは営業登録の取消等の処分を受けたとき
③ 差押、仮差押、仮処分、強制執行、担保権の実行としての競売、租税滞納処分その他これらに準じる手続きが開始されたとき
④ 破産、民事再生、会社更生又は特別清算の手続開始等の申立てがなされたとき
⑤ 自ら振り出し又は引き受けた手形もしくは小切手が１回でも不渡りとなったとき、又は支払停止状態に至ったとき
⑥ 合併による消滅、資本の減少、営業の廃止・変更又は解散決議がなされたとき
⑦ その他、支払能力の不安又は背信的行為の存在等、本契約を継続することが著しく困難な事情が生じたとき

第9条 （守秘義務）

1 甲及び乙は、本契約期間中はもとより終了後も、本契約に基づき相手方から開示された情報を守秘し、第三者に開示してはならない。
2 前項の守秘義務は、前項の情報が以下のいずれかに該当する場合には適用しない。
① 公知の事実又は当事者の責に帰すべき事由によらずして公知となった事実
② 第三者から適法に取得した事実
③ 開示の時点で保有していた事実
④ 法令、政府機関、裁判所の命令により開示が義務付けられた事実

● 守秘義務　　重要度 B

委託業務は委託者の秘密を把握しつつ遂行するケースが多いので、その秘密を契約期間中のみならずその後も開示しないよう規定することが重要です。

【応用】守秘義務期間について規定する　　　…▶　1061 ページ
　　　　情報開示に係る取決めを変更する　　　…▶　1061 ページ
　　　　守秘義務の適用者を変更する　　　　　…▶　1061 ページ
　　　　守秘義務に係る取扱いを追加・変更する　…▶　1062 ページ

第10条　（損害賠償責任）
　　甲又は乙は、解除、解約又は本契約に違反することにより、相手方に損害を与えたときは、その損害の全て（弁護士費用及びその他の実費を含むが、これに限られない。）を賠償しなければならない。

第11条　（遅延損害金）
　　甲が本契約に基づく金銭債務の支払いを遅延したときは、乙に対し、支払期日の翌日から支払済みに至るまで、年14.6％（年365日日割計算）の割合による遅延損害金を支払うものとする。

第12条　（不可抗力）
　　本件業務の遂行が甲又は乙の責に帰すべからざる事由により不能（一部不能を含む。）及び履行遅滞となった場合に生じた損害については、相互に賠償責任を負わない。

第13条　（契約期間）
　　本契約の有効期間は、令和○年○月○日から令和○年○月○日までとし、期間満了日の1か月前までに甲乙いずれからも異議がなされないときには、本契約は期間満了日の翌日から起算して、同一内容にて更に1年間延長されるものとし、それ以後も同様とする。

第14条　（契約終了後の処理）
1　甲及び乙は、本契約が終了したときは、互いに既に確定した債権債務について、速やかにこれを清算するものとする。
2　乙は、本契約が終了した場合、直ちに本件業務を中止し、甲に対して必要に応じて事務の引継ぎを行い、本契約に基づき預託・貸与された物品（本契約に基づき提供されたデータ類及びこれ

● 損害賠償責任　重要度 C

損害賠償規定は民法等にも存在しますが、弁護士費用や実費なども賠償対象とするため記載しています。

【応用】賠償請求権を限定する　　・・・▶　1062 ページ
　　　　損害賠償の内容を変更する　・・・▶　1063 ページ

● 遅延損害金　重要度 B

履行期日が遅れた場合の損害に関する定めを記載しましょう。

【応用】遅延損害金利率を変更する　・・・▶　1064 ページ

● 不可抗力　重要度 B

当事者双方に責任なく債務不履行になった場合の取決めをしておきます。

【応用】記載内容を変更する　・・・▶　1065 ページ

● 契約期間　重要度 A

業務委託契約は業務を一定期間遂行する内容なので、有効期間を明記する必要があります。

【応用】契約期間を変更する　　　　・・・▶　1065 ページ
　　　　異議の方法を限定する　　　・・・▶　1066 ページ
　　　　契約延長の決定権を限定する　・・・▶　1066 ページ

● 契約終了後の処理　重要度 C

契約終了後に清算すべきことは当然ですが、注意的に規定します。
契約期間中に委託者の秘密を含む資料が受託者に渡されていることが多いので、そのような資料の返還・破棄を記載して秘密が漏れないようにします。

【応用】委託終了後に係る取決めを追加・変更する　・・・▶　1067 ページ

らが記録された電子媒体等を含む。）を、速やかに甲の指示に基づき返還ないし破棄するものとする。

第15条　（反社会的勢力の排除）
1　甲及び乙は、自己又は自己の役員が、暴力団、暴力団関係企業、総会屋もしくはこれらに準ずる者又はその構成員（以下これらを「反社会的勢力」という。）に該当しないこと、及び次の各号のいずれにも該当しないことを表明し、かつ将来にわたっても該当しないことを相互に確約する。
　①　反社会的勢力に自己の名義を利用させること
　②　反社会的勢力が経営を実質的に支配していると認められる関係を有すること
2　甲又は乙は、前項の一つにでも違反することが判明したときは、何らの催告を要せず、本契約を解除することができる。
3　本条の規定により本契約が解除された場合には、解除された者は、解除により生じる損害について、その相手方に対し一切の請求を行わない。

第16条　（協議解決）
　本契約に定めのない事項又は本契約の解釈について疑義が生じたときは、甲乙誠意をもって協議のうえ解決する。

第17条　（合意管轄）
　甲及び乙は、本契約に関し裁判上の紛争が生じたときは、訴額等に応じ、東京簡易裁判所又は東京地方裁判所を専属的合意管轄裁判所とすることに合意する。

　本契約締結の証として、本契約書2通を作成し、甲乙相互に署名又は記名・捺印のうえ、各1通を保有することとする。

- **反社会的勢力の排除**　重要度 B

  契約当事者が反社会的勢力と関わっていることが判明した場合に、即座に契約関係を解消することができるようにするために規定しています。

  【応用】対象者を限定する　・・・▶　1068 ページ
  　　　　賠償額を具体的に規定する　・・・▶　1069 ページ

- **協議解決**　重要度 C

  協議により紛争回避を図る可能性を探るため規定しています。なお、この規定に法的な拘束力はありません。

  【応用】紛争解決方法について具体的に規定する　・・・▶　1069 ページ

- **合意管轄**　重要度 B

  紛争が生じた際に自己に有利な管轄裁判所において裁判を行うための規定です。

  【応用】合意管轄裁判所を変更する　・・・▶　1070 ページ

- **後　文**

  【応用】契約書の作成方法を変更する　・・・▶　1071 ページ

令和　年　月　日
　　　　　　　　　甲
　　　　　　　　　　　　　　　　　　　　　　　　　　　㊞

　　　　　　　　　乙
　　　　　　　　　　　　　　　　　　　　　　　　　　　㊞

※　経営・技術などについて、専門的な知識や経験に基づく助言を受け、これに対して報酬を支払うこととするコンサルタント業務の委託は、受託者の知識や経験を信頼して業務を委託するものであり、一般的に準委任契約に該当するため、契約書への収入印紙の貼付は不要です。

作成のテクニック

▶ 第1条（目的） 重要度 A

> 甲は、自社の主力事業である○○の販売に関する売上を伸ばすために、乙に、コンサルタントとして指導助言等を求めることとし、乙がこれを承諾したため、本契約を締結する。

【目的の内容を変更する】

・新規事業のコンサルティングを依頼する場合・

> 甲は、新規事業である○○の販売に関する売上を伸ばすため、○○業界の経験が長い乙に対してコンサルタントとして指導助言等を求めることとし、乙がこれを承諾したため、本契約を締結する。

▶ 第2条（委託業務） 重要度 A

> 甲は、乙に対して、以下に定める業務（以下「本件業務」という。）を委託し、乙はこれを受託する。
> ① ○○の販売に関する指導・助言等
> ② ○○の販売先の仲介等
> ③ これらに付随する一切の業務

【対象となる委託業務の表示方法を変更する】

・委託業務の内容を別紙で示す場合・

> 甲は、乙に対して、別紙記載の業務及びこれに付随する一切の業務（以下「本件業務」という。）を委託し、乙はこれを受託する。

【別紙】

① ○○に関する業務
② ○○に関する業務
③ ○○に関する業務

・委託業務を別途個別契約で定める場合・

甲は、乙に対して、○○の販売に係るコンサルタント業務を委託し、乙はこれを受託し、その具体的業務内容は、別途締結する個別契約で定める。

【委託業務を変更する】

・本契約締結後に委託業務を変更する場合の方法について規定する場合・

1　（略）
2　本契約締結後に、甲の経営状態が変動するなど、本契約締結の目的に重大な影響を及ぼす事象が生じたときは、本契約で定めた委託業務の内容につき甲及び乙で協議のうえ、変更契約の書面を作成して変更することができる。

第3条（委託料等）　重要度 A

1　本契約の委託料は、月額金○○円（消費税込）とする。
2　甲は、乙に対し、翌月末日までに当月の委託料を下記振込口座に振り込んで支払う（振込手数料は甲負担）。
　　○○銀行○○支店　　普通預金
　　口座番号　　○○○○○○
　　口座名義　　○○○○○○
3　本件業務の遂行に必要な交通費、宿泊費は甲が負担し、その他本件業務の遂行に通常発生する実費は乙が負担するものとする。

【委託料の額の定め方を変更する】

・委託料を年額で定め、一括払とする場合・

> 1 本契約の委託料は、<u>1年間当たり金○○円（消費税込）</u>とする。
> 2 甲は、乙に対し、<u>前項の金員を、本契約締結日以降、毎年○月末日限り、</u>下記振込口座に振り込んで支払う（振込手数料は甲負担）。<u>ただし、初回の委託料の支払期限は、令和○年○月末日とする。</u>
>   （振込口座：略）

・委託料を年額で定め、3か月ごとに支払いを行う場合・

> 1 本契約の委託料は、<u>1年間当たり金○○円（消費税込）</u>とする。
> 2 甲は、乙に対し、<u>前項の金員を、本契約締結日以降、毎年3月、6月、9月及び12月の各月末日限り、4分の1ずつ分割して、</u>下記振込口座に振り込んで支払う（振込手数料は甲負担）。
>   （振込口座：略）

・委託料を年額で定め、毎月の支払いとする場合・

> 1 本契約の委託料は、<u>1年間当たり金○○円（消費税込）</u>とする。
> 2 甲は、乙に対し、<u>前項の金員を、本契約締結日以降、毎月末日限り、12分の1ずつ分割して、</u>下記振込口座に振り込んで支払う（振込手数料は甲負担）。
>   （振込口座：略）

・委託料をタイムチャージにする場合・

この場合、月ごとに本件業務に従事した者および時間を明らかにする報告書が提出される必要があります。

> 第3条（委託料等）
> 1 本契約の委託料は、<u>本件業務に従事した者1人当たり時給金○○円（消費税込）</u>とする。
>   （略）

第5条(報告)
1　乙は、本件業務の履行の状況に関して、甲からの請求があったときは、その状況につき直ちに報告しなければならない。
2　乙は甲に対して、毎月末日に甲所定の報告書に従い、当月中に本件業務に従事した者及び業務時間を報告しなければならず、乙がこれを怠った場合、甲は委託料の支払期限の徒過につき責任を負わない。

・委託料を成功報酬制にする場合・

第3条(委託料等)
1　本契約の委託料は、顧客を1名獲得するごとに金○○円(消費税込)とする。
　　(略)
第5条(報告)
1　乙は、本件業務の履行の状況に関して、甲からの請求があったときは、その状況につき直ちに報告しなければならない。
2　乙は甲に対して、毎月末日に甲所定の報告書に従い、当月中に獲得した顧客の情報を報告しなければならず、乙がこれを怠った場合、甲は委託料の支払期限の徒過につき責任を負わない。

・委託料を委託業務による売上の歩合制にする場合・

1　本契約の委託料は、本件業務に係る月間売上高の○%(消費税別)とする。

・着手金・報酬という体系をとる場合・

1　本契約の委託料は、以下のとおりとする。
　　着手金　金○○円(消費税込)
　　報酬金　本契約締結月を基準とし、○○商品の月間売上高の増加分の5%(消費税込)
2　甲は、乙に対し、前項の着手金については令和○年○月末日限り、報酬金については、対象月の翌月末日限り、下記振込口座に振り込んで支払う(振込手数料は甲負担)。
　　(振込口座:略)

・本契約締結後に委託料を変更する方法を規定する場合・

> 4 本契約締結後に経済情勢等の大幅な変動が生じた場合は、本契約で定めた委託料につき甲及び乙で協議のうえ、書面により変更することができるものとする。

・本件業務から派生する業務の委託料についても記載する場合・

> 1 本契約の委託料は、月額金○○円（消費税込）とする。なお、本件業務から派生する本契約外の業務については、甲及び乙にて別途協議のうえ、その都度委託料を定めるものとする。

【委託料の支払時期・支払方法を変更する】

・受託者の請求を委託料支払の条件とする場合・

> 2 甲は、乙に対し、乙から当月の委託料請求書を受領後15日以内に、当月の委託料を下記振込口座に振り込んで支払う（振込手数料は甲負担）。
> 　（振込口座：略）

・委託料を前払いとする場合・　　　　　　　　　　　　　〔受託者有利〕

> 1 甲は、乙に対し、本契約期間中の委託料として金○○円（消費税込）を、令和○年○月末日限り、下記振込口座に振り込んで支払う（振込手数料は甲負担）。
> 　（振込口座：略）

・委託料を持参して支払うこととする場合・

> 2 甲は、乙に対し、翌月末日までに当月の委託料を持参して支払う。

【実費の負担についての取扱いを変更する】

・実費を委託者が負担するものとする場合・　　　　　　〔受託者有利〕

> 3　本件業務の遂行に必要な実費は、全て甲が負担するものとする。

・実費を受託者が負担するものとする場合・　　　　　　〔委託者有利〕

> 3　本件業務の遂行に必要な実費は、全て乙が負担するものとする。

・委託者の負担する実費を限定する場合・　　　　　　　〔委託者有利〕

> 3　本件業務の遂行に必要な実費は、事前に甲が書面により承諾したものに限り、甲が負担するものとする。

・実費の内容を詳細に規定する場合・

> 3　本件業務の遂行に必要な以下の実費は甲が負担するものとする。
> 　①　人件費（ただし、福利厚生費を除く。）
> 　②　出張費、宿泊費
> 　③　書類取寄せ費用
> 　④　その他、甲が本件業務の遂行に必要と認める実費

・実費につき委託者が認めた範囲で委託者の負担とする場合・

> 3　乙が、本件業務を遂行するために要した交通費（出張費、宿泊代を含むが、これに限られない。）、資料収集及び調査活動に要した費用は、甲の認める範囲で、乙に対し実費としてこれを支払うこととする。

▶ 第4条（途中終了時の委託料）　重要度A

> 本契約が解除その他の事由により途中で終了したときは、甲は乙に対して、終了までになされた履行割合に応じた額の委託料を支払うものとする。

【委託料の請求に係る取扱いを変更する】

・受託者に帰責事由がある場合は委託料を請求できないようにする場合・
〔委託者有利〕

> 本契約が解除その他の事由により途中で終了したときは、甲は乙に対して、終了までになされた履行割合に応じた額の委託料を支払うものとする。ただし、契約終了について乙に帰責事由がある場合は、乙は甲に対し履行割合に応じた報酬を請求することはできない。

第5条（報告） 重要度 B

> 乙は、本件業務の履行の状況に関して、甲からの請求があったときは、その状況につき直ちに報告しなければならない。

【報告について具体的に規定する】

・書面による報告を求める場合・
〔委託者有利〕

> 乙は、本件業務の履行の状況に関して、甲からの請求があったときは、その状況につき直ちに書面をもって報告しなければならない。

この場合に、報告書の分量等を指定する場合は、次のように追記します。

> 乙は、本件業務の履行の状況に関して、甲からの請求があったときは、その状況につき直ちに書面をもって報告しなければならない。なお、報告書の分量はA4判2頁程度とする。

・FAXやメールによる報告も認める場合・
〔受託者有利〕

> 1 （略）
> 2 乙は、前項の報告を、予め甲が指定するFAX番号へのFAX送信又は甲が指定するメールアドレスへのメール送信により行うことができる。

・報告書の書式を甲が指定する場合・ 〔委託者有利〕

> 乙は、本件業務の履行の状況に関して、甲からの請求があったときは、その状況につき直ちに甲の指定する書式の書面をもって報告しなければならない。

・定期的な報告を義務づける場合・ 〔委託者有利〕

> 1 乙は、甲に対し、甲所定の報告書に従い、従事した業務の内容、業務従事者、業務時間等を記入したうえ、各営業日終了後、翌営業日に、甲宛てに電子メールにより送信しなければならない。
> 2 乙は、前項の場合以外にも、本件業務の履行の状況に関して、甲からの請求があったときは、その状況につき直ちに報告しなければならない。

第6条（通知義務） 重要度C

> 甲又は乙は、次の各号のいずれかに該当するときは、相手方に対し、予めその旨を書面により通知しなければならない。
> ① 法人の名称又は商号を変更するとき
> ② 振込先指定口座を変更するとき
> ③ 代表者を変更するとき
> ④ 本店、主たる事業所の所在地又は住所を変更するとき

【通知を求める事項を追加・変更する】

・株主構成を大幅に変更する場合にも通知義務を課す場合・

> ⑤ 株主構成を大幅に変更するとき

【通知の方法について規定する】

・事後の通知を認める場合・

> 甲又は乙は、次の各号のいずれかに該当するときは、相手方に対し、事前又は事後速やかにその旨を書面により通知しなければならない。
> ①　（以下略）

【通知義務者を変更する】

・委託者のみに通知義務を課す場合・　　　　　　　　　　　〔受託者有利〕

> 甲は、次の各号のいずれか一つに該当するときは、乙に対し、予めその旨を書面により通知しなければならない。
> ①　（以下略）

・受託者のみに通知義務を課す場合・　　　　　　　　　　　〔委託者有利〕

> 乙は、次の各号のいずれか一つに該当するときは、甲に対し、予めその旨を書面により通知しなければならない。
> ①　（以下略）

第7条（再委託）　重要度 B

> 乙は、本件業務の全部又は一部を第三者に対し再委託することはできない。ただし、甲が書面による再委託の許可を事前にした場合はこの限りでない。

【再委託を制限する】

・特定の者に対してのみ再委託を認める場合・

> 乙は、本件業務の全部又は一部を第三者に再委託することはできない。

> ただし、乙は、乙の責任において、本件業務の一部を以下の第三者に限り再委託することができる。
>   名　　　称：○○株式会社
>   本店所在地：東京都新宿区○○町○丁目○番○号

【再委託する場合の責任の所在について記載する】

・受託者（再委託者）の責任を明記する場合・　　　　　　〔委託者有利〕

> 1　（略）
> 2　前項ただし書きにより再委託が可能となる場合であっても、乙は、再受託者に対して本契約における乙の義務と同様の義務を遵守させ、その行為について一切の責任を負う。

▶第8条（解除）　重要度 B

> 甲又は乙が以下の各号のいずれかに該当したときは、相手方は催告及び自己の債務の履行の提供をしないで直ちに本契約の全部又は一部を解除することができる。なお、この場合でも損害賠償の請求を妨げない。
> ① 本契約の一つにでも違反したとき
> ② 監督官庁から営業停止又は営業免許もしくは営業登録の取消等の処分を受けたとき
> ③ 差押、仮差押、仮処分、強制執行、担保権の実行としての競売、租税滞納処分その他これらに準じる手続きが開始されたとき
> ④ 破産、民事再生、会社更生又は特別清算の手続開始等の申立てがなされたとき
> ⑤ 自ら振り出し又は引き受けた手形もしくは小切手が1回でも不渡りとなったとき、又は支払停止状態に至ったとき
> ⑥ 合併による消滅、資本の減少、営業の廃止・変更又は解散決議がなされたとき
> ⑦ その他、支払能力の不安又は背信的行為の存在等、本契約を継続することが著しく困難な事情が生じたとき

【約定解除権を限定する】

・受託者のみに約定解除権を認める場合・　　　　　　　〔受託者有利〕

> 甲が以下の各号のいずれかに該当したときは、乙は催告及び自己の債務の履行の提供をしないで直ちに本契約の全部又は一部を解除することができる。なお、この場合でも損害賠償の請求を妨げない。
> ①　（以下略）

・委託者のみに約定解除権を認める場合・　　　　　　　〔委託者有利〕

> 乙が以下の各号のいずれかに該当したときは、甲は催告及び自己の債務の履行の提供をしないで直ちに本契約の全部又は一部を解除することができる。なお、この場合でも損害賠償の請求を妨げない。
> ①　（以下略）

【解除の条件について規定する】

・解除前に催告を要求する場合・

> 甲又は乙が以下の各号のいずれかに該当し、相手方が相当期間内に是正すべきことを催告したにもかかわらず、その期間内に是正されない場合、相手方は本契約の全部又は一部を解除することができる。なお、この場合でも損害賠償の請求を妨げない。
> ①　（以下略）

【期限の利益喪失条項を設ける】

・期限の利益喪失条項を設ける場合・　　　　　　　　　〔受託者有利〕

委託者の信用不安に備えて、委託者に一定の事項が生じたときに受託者が未収金全額を請求できるとよいでしょう。以下の変更例では、第2項を新設して、期限の利益喪失事由を解除事由から流用しています。なお、この場合の条文のタイトルは、「解除及び期限の利益喪失」となります。

第8条(解除及び期限の利益喪失)
1 甲又は乙が以下の各号のいずれかに該当したときは、相手方は催告及び自己の債務の履行の提供をしないで直ちに本契約の全部又は一部を解除することができる。なお、この場合でも損害賠償の請求を妨げない。
① (略)
2 甲が前項各号のいずれかに該当した場合、甲は当然に本契約から生じる一切の債務について期限の利益を失い、甲は乙に対して、その時点において甲が負担する債務を直ちに一括して弁済しなければならない。

・すべての取引の期限の利益を喪失させることとする場合・ 〔受託者有利〕

上記「期限の利益喪失条項を設ける場合」の第2項を次のように修正します。

第8条(解除及び期限の利益喪失)
2 甲が前項各号のいずれかに該当した場合、甲は当然に本契約その他乙との間で締結している全ての契約から生じる一切の債務について期限の利益を失い、甲は乙に対して、その時点において甲が負担する一切の債務を直ちに一括して弁済しなければならない。

第9条(守秘義務) 重要度B

1 甲及び乙は、本契約期間中はもとより終了後も、本契約に基づき相手方から開示された情報を守秘し、第三者に開示してはならない。
2 前項の守秘義務は、前項の情報が以下のいずれかに該当する場合には適用しない。
① 公知の事実又は当事者の責に帰すべき事由によらずして公知となった事実
② 第三者から適法に取得した事実
③ 開示の時点で保有していた事実
④ 法令、政府機関、裁判所の命令により開示が義務付けられた事実

【守秘義務期間について規定する】

・契約終了後の守秘義務期間を限定する場合・

> 1　甲及び乙は、本契約期間中及び本契約終了後〇年間、本契約に基づき相手方から開示された情報を守秘し、第三者に開示してはならない。

【情報開示に係る取決めを変更する】

・事前の書面承諾により開示を許可する場合・

> 1　甲及び乙は、事前に相手方の書面による同意を得た場合を除き、本契約期間中はもとより終了後も、本契約に基づき相手方から開示された情報を守秘し、第三者に開示してはならない。

・開示義務に基づく開示を行った場合に、遅滞なく相手方に通知することとする場合・

> 3　甲及び乙は、前項第4号に基づき開示を行った場合には、遅滞なく相手方に通知することとする。

【守秘義務の適用者を変更する】

・守秘義務を一方当事者のみに課す場合・　　　〔いずれか一方に有利〕

> 1　〔甲／乙〕は、本契約期間中はもとより終了後も、本契約に基づき〔乙／甲〕から開示された情報を守秘し、第三者に開示してはならない。

・従業員にも守秘義務を負わせることを明記する場合・

> 1　甲及び乙は、本契約期間中はもとより終了後も、本契約に基づき相手方から開示された情報を守秘し、第三者に開示してはならず、従業員にも同様の守秘義務を課さなければならない。

・再委託を行ったとき、再委託先にも守秘義務を課すことを明記する場合・　〔委託者有利〕

> 3　乙は、本件業務を第三者に再委託する場合には、再委託先にも第1項と同様の守秘義務を負わせなければならない。

【守秘義務に係る取扱いを追加・変更する】

・受託者に守秘義務違反の場合の違約罰を定める場合・　〔委託者有利〕

> 3　乙が前二項の定めに違反した場合、乙は、それにより甲が被った損害の賠償に加え、違約罰として金○○円を甲に対して支払わなければならない。

▶ 第10条（損害賠償責任）　重要度C

> 甲又は乙は、解除、解約又は本契約に違反することにより、相手方に損害を与えたときは、その損害の全て（弁護士費用及びその他の実費を含むが、これに限られない。）を賠償しなければならない。

【賠償請求権を限定する】

・委託者のみに弁護士費用を含む賠償請求権を認める場合・　〔委託者有利〕

> 乙は、解除、解約又は本契約に違反することにより、甲に損害を与えたときは、その損害の全て（弁護士費用及びその他の実費を含むが、これに限られない。）を賠償しなければならない。

・受託者のみに弁護士費用を含む賠償請求権を認める場合・　〔受託者有利〕

> 甲は、解除、解約又は本契約に違反することにより、乙に損害を与えたときは、その損害の全て（弁護士費用及びその他の実費を含むが、これに限られない。）を賠償しなければならない。

【損害賠償の内容を変更する】

・委託者に具体的な賠償額の予定を行う場合・　　　　　　　〔受託者有利〕

> 甲は、解除、解約又は本契約に違反することにより、乙に損害を与えたときは、過去○か月分の委託料（消費税込）を損害金として賠償しなければならない。

・損害賠償額を限定する場合・

> 甲又は乙は、解除、解約又は本契約に違反することにより、相手方に損害を与えたときは、前月の委託料（消費税込）の20％を上限としてその損害を賠償しなければならない。

・損害賠償責任を重大な違反の場合に限定する場合・

> 甲又は乙は、解除、解約又は本契約に違反することにより、相手方に損害を与えたときは、故意又は重過失がある場合に限り、その損害の全て（弁護士費用及びその他の実費を含むが、これに限られない。）を賠償しなければならない。

・損害が故意または重過失による場合に、損害賠償額に追加して違約金の支払いを認める場合・

> 1　（略）
> 2　甲又は乙は、故意又は重過失により、相手方に損害を与えたときは、前月の委託料（消費税込）の20％の違約金を前項の損害に加算して賠償しなければならない。

第11条（遅延損害金）　重要度 B

> 甲が本契約に基づく金銭債務の支払いを遅延したときは、乙に対し、支払期日の翌日から支払済みに至るまで、年14.6％（年365日日割計算）

> の割合による遅延損害金を支払うものとする。

【遅延損害金利率を変更する】

遅延損害金利率の定めがないときの利率は法定利率によるとされているところ、民法改正により法定利率が年5％から3％（その後3年ごとに見直しが行われます）となり（改正民法404条）、遅延損害金利率もこれに連動します（改正民法419条）。また、同改正により、商事法定利率（6％）は廃止されます。

当事者間で、法定利率とは異なる利率を定めることも可能です。民法改正により、法定利率は3年ごとに見直される変動制となることから、遅延損害金利率について定めを置くことが、より重要となります。

・遅延損害金利率を高くする場合・　　　　　　　　　　　〔受託者有利〕

> 甲が本契約に基づく金銭債務の支払いを遅延したときは、乙に対し、支払期日の翌日から支払済みに至るまで、年20％（年365日日割計算）の割合による遅延損害金を支払うものとする。

当事者間で、法定利率を上回る利率を定めることも可能ですが、他の法律で上限が定められていますので注意が必要です。

・遅延損害金利率を低くする場合・　　　　　　　　　　　〔委託者有利〕

> 甲が本契約に基づく金銭債務の支払いを遅延したときは、乙に対し、支払期日の翌日から支払済みに至るまで、年1％（年365日日割計算）の割合による遅延損害金を支払うものとする。

▶第12条（不可抗力） 重要度B

> 本件業務の遂行が甲又は乙の責に帰すべからざる事由により不能（一部不能を含む。）及び履行遅滞となった場合に生じた損害については、相互に賠償責任を負わない。

【記載内容を変更する】

・通知義務・誠実協議義務を記載する場合・

> 甲及び乙は、地震、台風、水害、火災、戦争その他の予測不能の事態が発生し、契約の履行に直接の影響があり、定めた条件を履行できなくなった場合は、直ちに相手方に通知しなければならない。この場合、本契約の履行に与える影響の程度により、双方が誠意をもって協議し、契約の解除、契約履行責任の部分的免除等を決定するものとし、相互に損害賠償責任を負わない。

第13条（契約期間） 重要度A

> 本契約の有効期間は、令和○年○月○日から令和○年○月○日までとし、期間満了日の1か月前までに甲乙いずれからも異議がなされないときには、本契約は期間満了日の翌日から起算して、同一内容にて更に1年間延長されるものとし、それ以後も同様とする。

【契約期間を変更する】

・自動延長にしない場合・

> 本契約の有効期間は、令和○年○月○日から令和○年○月○日までとし、契約は延長しないものとする。

・期間満了の1か月前までに契約更新の協議が整わない場合、契約は終了とする場合・

> 本契約の有効期間は、令和○年○月○日から令和○年○月○日までとし、期間満了日の1か月前までに契約更新の協議が整わない限り、本契約は終了するものとする。

【異議の方法を限定する】

・異議の方法を書面に限定する場合・

> 本契約の有効期間は、令和○年○月○日から令和○年○月○日までとし、期間満了日の1か月前までに甲乙いずれからも書面による異議がなされないときには、本契約は期間満了日の翌日から起算して、同一内容にて更に1年間延長されるものとし、それ以後も同様とする。

【契約延長の決定権を限定する】

・延長するか否かの決定権を委託者のみに与える場合・　　〔委託者有利〕

> 本契約の有効期間は、令和○年○月○日から令和○年○月○日までとし、期間満了日の1か月前までに甲から異議がなされないときには、本契約は期間満了日の翌日から起算して、同一内容にて更に1年間延長されるものとし、それ以後も同様とする。

・延長するか否かの決定権を受託者のみに与える場合・　　〔受託者有利〕

> 本契約の有効期間は、令和○年○月○日から令和○年○月○日までとし、期間満了日の1か月前までに乙から異議がなされないときには、本契約は期間満了日の翌日から起算して、同一内容にて更に1年間延長されるものとし、それ以後も同様とする。

▶ 第14条（契約終了後の処理） 重要度 C

1　甲及び乙は、本契約が終了したときは、互いに既に確定した債権債務について、速やかにこれを清算するものとする。
2　乙は、本契約が終了した場合、直ちに本件業務を中止し、甲に対して必要に応じて事務の引継ぎを行い、本契約に基づき預託・貸与された物品（本契約に基づき提供されたデータ類及びこれらが記録された電子媒体等を含む。）を、速やかに甲の指示に基づき返還ない

> し破棄するものとする。

【委託終了後に係る取決めを追加・変更する】

・委託業務を委託者の指定する者に引き継がせる場合・　　　〔委託者有利〕

> 2　乙は、本契約が終了した場合、直ちに本件業務を中止し、<u>甲の指定する者</u>に対して必要に応じて事務の引継ぎを行い、本契約に基づき預託・貸与された物品（本契約に基づき提供されたデータ類及びこれらが記録された電子媒体等を含む。）を、速やかに甲の指示に基づき返還ないし破棄するものとする。

・委託者の責に帰すべき事由により本契約が終了した場合に、引継業務の費用は委託者が負担することとする場合・　　　〔受託者有利〕

上記「委託業務を委託者の指定する者に引き継がせる場合」で述べた条項に加え、さらに第3項として、以下の規定を追加するとよいでしょう。

> 3　甲の責に帰すべき事由により本契約が終了した場合には、前項の引継ぎの費用は甲が負担する。

・破棄した場合に破棄証明を求める場合・　　　〔委託者有利〕

> 2　乙は、本契約が終了した場合、直ちに本件業務を中止し、甲に対して必要に応じて事務の引継ぎを行い、本契約に基づき預託・貸与された物品（本契約に基づき提供されたデータ類及びこれらが記録された電子媒体等を含む。）を、速やかに甲の指示に基づき返還ないし破棄するものとする。<u>ただし、破棄した場合、乙は甲に対して破棄した物品を明らかにした書面を交付しなければならない。</u>

・商標の継続使用を禁止する場合・　　　〔委託者有利〕

> 3　乙は、本契約が終了した場合、本件業務の遂行のために使用していた甲の商標の使用を直ちに中止しなければならない。

請負・業務委託　⑧コンサルタント契約書

・報酬不払いの場合、報酬が支払われるまでの間、受託者が預託・貸与された物品の返還を拒むことができることとする場合・　　〔受託者有利〕

> 2　乙は、本契約が終了した場合、直ちに本件業務を中止し、甲に対して必要に応じて事務の引継ぎを行い、本契約に基づき預託・貸与された物品（本契約に基づき提供されたデータ類及びこれらが記録された電子媒体等を含む。）を、速やかに甲の指示に基づき返還ないし破棄するものとする。<u>ただし、甲が乙に支払うべき金員を支払わないとき、乙は、甲に対する金銭債務（相手方より収受した金員等）があればこれと相殺し、又は本契約に基づき預託・貸与された物品を甲に引き渡さないでおくことができる。</u>

▶ 第15条（反社会的勢力の排除）　重要度 B

> 1　甲及び乙は、自己又は自己の役員が、暴力団、暴力団関係企業、総会屋もしくはこれらに準ずる者又はその構成員（以下これらを「反社会的勢力」という。）に該当しないこと、及び次の各号のいずれにも該当しないことを表明し、かつ将来にわたっても該当しないことを相互に確約する。
> 　① 反社会的勢力に自己の名義を利用させること
> 　② 反社会的勢力が経営を実質的に支配していると認められる関係を有すること
> 2　甲又は乙は、前項の一つにでも違反することが判明したときは、何らの催告を要せず、本契約を解除することができる。
> 3　本条の規定により本契約が解除された場合には、解除された者は、解除により生じる損害について、その相手方に対し一切の請求を行わない。

【対象者を限定する】

・受託者のみを対象とする場合・　　〔委託者有利〕

> 1　<u>乙</u>は、自己又は自己の役員が、暴力団、暴力団関係企業、総会屋も

しくはこれらに準ずる者又はその構成員（以下これらを「反社会的勢力」という。）に該当しないこと、及び次の各号のいずれにも該当しないことを表明し、かつ将来にわたっても該当しないことを<u>確約</u>する。
① 反社会的勢力に自己の名義を利用させること
② 反社会的勢力が経営を実質的に支配していると認められる関係を有すること
2 <u>甲は、乙が前項の一つにでも違反することが判明したときは、何らの催告を要せず、本契約を解除することができる。</u>

【賠償額を具体的に規定する】

・具体的な賠償額の予定を行う場合・

4 本条の規定により本契約が解除された場合には、解除された者は、相手方に対し、違約金として金○○円を支払うものとする。

▶ 第16条（協議解決） 重要度C

本契約に定めのない事項又は本契約の解釈について疑義が生じたときは、甲乙誠意をもって協議のうえ解決する。

【紛争解決方法について具体的に規定する】

・具体的な紛争解決機関を指定する場合・

<u>甲及び乙は、</u>本契約に定めのない事項又は本契約の解釈について疑義が生じたときは、<u>訴訟提起以前に適切な ADR 機関において協議を試みなければならない。</u>

• 仲裁者をあらかじめ定める場合 •

> 甲及び乙は、本契約に定めのない事項又は本契約の解釈について疑義が生じたときは、○○○○を仲裁者と定め、三者において誠意をもって協議のうえ解決する。

第 17 条（合意管轄） 重要度 B

> 甲及び乙は、本契約に関し裁判上の紛争が生じたときは、訴額等に応じ、東京簡易裁判所又は東京地方裁判所を専属的合意管轄裁判所とすることに合意する。

【合意管轄裁判所を変更する】

• 本店所在地を管轄する裁判所とする場合 •

> 甲及び乙は、本契約に関し裁判上の紛争が生じたときは、甲又は乙の本店所在地を管轄する裁判所を専属的合意管轄裁判所とすることに合意する。

• 本店所在地または支店所在地を管轄する裁判所とする場合 •

> 甲及び乙は、本契約に関し裁判上の紛争が生じたときは、甲又は乙の本店所在地もしくは支店所在地を管轄する裁判所を専属的合意管轄裁判所とすることに合意する。

後文

> 本契約締結の証として、本契約書2通を作成し、甲乙相互に署名又は記名・捺印のうえ、各1通を保有することとする。

【契約書の作成方法を変更する】

・1通のみ原本を作成し、当事者の一方は写しのみを保管する場合・

　本契約締結の証として、本契約書1通を作成し、甲乙相互に署名又は記名・捺印のうえ、〔甲／乙〕が原本を保有し、〔乙／甲〕が写しを保有することとする。

その他の役立つ条項

- ■ 委託者の権利・義務を追加する場合 ……………………………… 1072 ページ
- ■ 受託者の権利・義務を追加する場合 ……………………………… 1072 ページ
- ■ 委託者・受託者双方の権利・義務を追加する場合 ……………… 1073 ページ
- ■ 業務の中止、契約の中途解約について規定する場合 …………… 1073 ページ
- ■ 第三者との紛争が生じた場合の処理について定める場合 ……… 1074 ページ
- ■ 知的財産権について定める場合 …………………………………… 1075 ページ
- ■ 費用の負担について定める場合 …………………………………… 1075 ページ
- ■ 海外企業との取引である場合に、取扱いについて定める場合 …… 1076 ページ

◆委託者の権利・義務を追加する場合

・委託者の相殺を認める・　　　　　　　　　　　　　　〔委託者有利〕

> 第○条（相殺）
> 　甲は、本契約に基づき甲が乙に負担する委託料等の支払債務と、本契約又は本契約に限らないその他の契約等に基づき乙が甲に対して負担する債務とを、その債務の期限如何にかかわらず、いつでも対当額において相殺することができる。

・委託者の立入調査権を認める・　　　　　　　　　　　〔委託者有利〕

> 第○条（立入調査）
> 　甲は乙に対して、3営業日前までに予告して乙の承諾を得ることにより、乙の営業時間中に乙の事業所に立ち入るなどして本件業務の履行状況を調査できるものとする。

◆受託者の権利・義務を追加する場合

・結果を保証するものではないことを明示する・　　　　〔受託者有利〕

> 第○条（業務の範囲）
> 　乙は、本契約において○○の売上高の増加を保証するものではない。

◆委託者・受託者双方の権利・義務を追加する場合

・第三者に対する権利義務の譲渡を禁止する・

> 第○条(権利義務の譲渡禁止)
> 　甲及び乙は、予め相手方の書面による承諾を得ることなく、本契約に基づく権利、義務又は財産の全部もしくは一部を第三者に譲渡し、承継させ又は担保に供してはならない。

◆業務の中止、契約の中途解約について規定する場合

・受託者の中止権を認める・　　　　　　　　　　　　　　　〔受託者有利〕

> 第○条(中止権)
> 　乙は、甲が理由なく委託料の支払いをしない場合、書面により通知したうえで、本件業務の実施を中止することができる。

・中途解約できることとする・

> 第○条(中途解約)
> 1　甲又は乙は、本契約期間中であっても、相手方に対して3か月前までに書面による解約通知をすることにより、本契約を解約することができる。
> 2　前項の場合、解約通知をした者は相手方に対し何ら損害賠償責任を負わないものとする。

・委託者のみに中途解約権を与える・　　　　　　　　　　　〔委託者有利〕

> 第○条(中途解約)
> 1　甲は、本契約期間中であっても、乙に対して3か月前までに書面による解約通知をすることにより、本契約を解約することができる。
> 2　前項の場合、甲は乙に対し何ら損害賠償責任を負わないものとする。

- 委託者のみに即時の中途解約権を与える・　　　　　　〔委託者有利〕

> 第○条（中途解約）
> 1　甲又は乙は、本契約期間中であっても、相手方に対して3か月前までに書面による解約通知をすることにより、本契約を解約することができる。
> 2　甲は、前項の予告に代えて前月の委託料の3か月相当分の委託料を乙に支払うことにより、本契約を即時解約することができる。
> 3　前二項の場合、解約した者は相手方に対し何ら損害賠償責任を負わないものとする。

◆第三者との紛争が生じた場合の処理について定める場合

- 第三者の権利を侵害したことに対する紛争については、受託者の責任と負担において解決することとする・　　　　　　〔委託者有利〕

> 第○条（第三者との間の紛争）
> 　乙は、業務を行うにあたり、第三者の権利を侵害しないよう留意し、乙が作成した成果物（中間成果物も含む。）及び役務の提供の結果について第三者との間で紛争が生じた場合は、乙が、自己の責任と負担において処理・解決するものとする。この場合、甲は当該第三者に対して一切の責任を負わないものとする。

- 業務の遂行に際する受託者と第三者との紛争については、受託者の負担と責任において解決することとする・　　　　　　〔委託者有利〕

> 第○条（第三者との紛争等の処理）
> 　乙は、本件業務の遂行に際して、第三者に損害を生じさせた場合、又は第三者との間に紛争を生じさせた場合には、直ちに甲に通知するとともに、乙の負担と責任において早急に解決するものとする。この場合、甲は当該第三者に対して一切の責任を負わないものとする。

- 業務の遂行に際する受託者と第三者との紛争については、委託者の負担と責任において解決することとする・　　　　　　　　　　　〔受託者有利〕

> 第○条（第三者との紛争等の処理）
> 　乙は、本件業務の遂行に際して、第三者に損害を生じさせた場合、又は第三者との間に紛争を生じさせた場合には、直ちに甲に通知するものとする。この場合、甲はその負担と責任において解決するものとする。

◆知的財産権について定める場合

- 知的財産権を使用する必要がある場合の取扱いを規定する・　〔委託者有利〕

> 第○条（知的財産権の使用）
> 1　乙は、本件業務を遂行するため、第三者の所有に係る知的財産権を使用する必要がある場合、予め当該第三者から書面による承諾を得るものとする。
> 2　前項の場合、乙はその使用による一切の責任を負うものとする。

- 発生した知的財産権は委託者に帰属することとする・　　　　〔委託者有利〕

> 第○条（成果物の知的財産権の帰属）
> 　本件業務の結果生じた成果物について、著作権、実用新案権、意匠権、特許権、ノウハウ等の知的財産権が発生した場合、知的財産権は全て甲に帰属するものとする。

◆費用の負担について定める場合

- 各々が各々の費用を負担することとする・

> 第○条（費用負担）
> 　本契約の締結に要する費用は、甲乙が各々の費用を負担するものとする。

◆海外企業との取引である場合に、取扱いについて定める場合

・準拠法を日本法と定める・

> 第○条（準拠法）
> 　本契約は日本法に準拠し、同法によって解釈されるものとする。

チェックポイント

あなたが委託者の場合は、最低限以下の点をチェックしましょう。

- ☐ 契約の目的が明確か
- ☐ 委託業務の内容が明らかであるか、委託業務の内容に漏れがないか
- ☐ 委託業務に付随事項が記載されているか
- ☐ 委託料、実費の負担割合は明確に定められているか
- ☐ （委託料が時給制の場合など）定期的な報告義務が規定されているか
- ☐ （委託料が成功報酬制の場合）委託料の計算方法・支払方法が特定されているか
- ☐ 契約の有効期間は明らかであるか

あなたが受託者の場合は、最低限以下の点をチェックしましょう。

- ☐ 契約の目的が明確か
- ☐ 受託業務の内容が明らかであるか
- ☐ 受託業務の付随事項の範囲は明確か
- ☐ 委託料、実費の負担割合は明確に定められているか
- ☐ （委託料が時給制の場合など）定期的な報告義務は明らかか
- ☐ （委託料が成功報酬制の場合）委託料の計算方法・支払方法が特定されているか
- ☐ 委託者が委託料を支払わなかった場合の対応に問題はないか
- ☐ 契約の有効期間は明らかであるか

9 システム開発委託契約書

システム開発委託契約書

　(委託者)○○○○(以下「甲」という。)と(受託者)○○○○(以下「乙」という。)は、ソフトウェア(以下、「本件ソフトウェア」という。)の開発業務に関し、次のとおり業務委託契約(以下「本契約」という。)を締結する。

第1条　(目的)
　甲は、自社の○○サービスの業務をシステム化し、コストを削減するために、同業務の作業フローに関するシステム開発を乙に委託することとし、乙がこれを承諾したため、本契約を締結する。

第2条　(委託業務)
　甲は、乙に対して、以下の業務(以下「本件業務」という。)を委託し、乙はこれを受託する。
　① 業務の名称　　　○○システム開発業務
　② 業務の内容　　　別紙のとおり
　③ 作業期間・納期　別紙のとおり

第3条　(委託料等)
1　本契約の委託料は、金○○円(消費税込)とする。
2　支払期限は、以下のとおりとする。

【この契約書を用いるケース】
☑ システム開発を委託する場合
⇨ 一般的な業務委託の場合には本章❶、共同開発を行う場合には本章❸

- ● タイトルは、「ソフトウェア開発委託契約書」などでもかまいません。

- ● 前　文

- ● 目　的　**重要度A**

    民法の改正により、解除を主張したり、契約不適合責任に基づく請求をしたりする場合に、契約の目的が重要視されることになりました。そのため、契約書に契約の目的を記載しておく必要があります。

    【応用】目的の内容を変更する　　・・▶　1092 ページ

- ● 委託業務　**重要度A**

    委託料とともに、業務委託契約の重要事項ですので明記しましょう。

    【応用】対象となる委託業務の表示方法を変更する　・・▶　1092 ページ
    　　　　委託業務に係る取決めを追加・変更する　・・▶　1093 ページ

- ● 委託料等　**重要度A**

    委託業務の内容とともに、業務委託契約の重要事項です。疑義が生じないように明確に記載しましょう。

    【応用】委託料の額の定め方を変更する　・・▶　1093 ページ
    　　　　委託料の支払時期・支払方法を変更する　・・▶　1094 ページ
    　　　　実費の負担についての取扱いを変更する　・・▶　1095 ページ

① 内金〇〇円　　令和〇年〇月〇日限り
　　② ①の残金　　本件ソフトウェアの納品後、〇日以内
3　甲は、乙に対し、前二項の委託料を下記振込口座に振り込んで支払う（振込手数料は甲負担）。
　　〇〇銀行〇〇支店　　普通預金
　　口座番号　　〇〇〇〇〇〇
　　口座名義　　〇〇〇〇〇〇
4　本件業務の遂行に必要な費用は乙の負担とする。

第4条　（途中終了時の委託料）

本契約が解除その他の事由により途中で終了したときは、甲は乙に対して、終了時までに得られた成果に応じて以下の委託料を支払うものとする。
　　① 要件定義書を完成させた場合　　　　　　〇〇円
　　② 外部設計を完成させた場合　　　　　　　〇〇円
　　③ 内部設計を完成させた場合　　　　　　　〇〇円
　　④ プログラミング設計を完成させた場合　　〇〇円
　　⑤ プログラム設計を完成させた場合　　　　〇〇円
　　⑥ プログラムを完成させた場合　　　　　　〇〇円
　　⑦ 検収テストを終了させた場合　　　　　　〇〇円

第5条　（報告）

乙は、本件業務の履行の状況に関して、甲からの請求があったときは、その状況につき直ちに報告しなければならない。

第6条　（検査）

1　甲は、本件ソフトウェアの納品後、10日以内に本件ソフトウェアを検査し、乙に対して合格又は不合格の通知を行わなければならない。
2　甲は、前項の検査により本件ソフトウェアにつき契約の目的に

● 途中終了時の委託料　**重要度 A**

改正民法は、委任契約（業務委託契約は、準委任契約の場合があります）が中途で終了した場合の受任者の報酬請求権について、委任契約を「履行割合型」と「成果完成型」に分類して規定しています（改正民法648条3項、648条の2）。具体的には、履行割合型については割合的な報酬請求権が認められており、成果完成型については、すでにした委任事務の履行の結果が可分であり、かつ、その給付によって委任者が利益を得るときは、委任者が受ける利益の割合に応じた報酬請求権が認められています。途中終了時の報酬に関するトラブルを防止するため、委任契約が途中で終了した場合の受任者の報酬請求権の有無や内容について記載するようにしましょう。

【応用】委託料の請求に係る取扱いを変更する　　・・▶　1095ページ

● 報　　告　**重要度 B**

委託料を支払う以上、その対価である委託業務の履行が確実になされているかをチェックする必要があり、その前提として報告を受ける必要があります。

【応用】報告について具体的に規定する　　・・▶　1096ページ

● 検　　査　**重要度 B**

納品されたソフトウェアに契約不適合があった場合の対応を定めておきます。なお、民法改正により、「瑕疵担保責任」（民法634条、635条）は廃止され、「契約不適合責任」が採用されたため（改正民法562条1項、563条1項）、用語を合わせています。

【応用】検査期間を変更する　　・・▶　1097ページ
　　　　検査基準を設ける　　・・▶　1098ページ
　　　　検査結果の通知方法について規定する　　・・▶　1098ページ

適合しない箇所を発見したときは、直ちに乙に不合格の通知をしなければならない。不合格の通知がないまま前項の期間が経過したときは、本件ソフトウェアは検査に合格したものとみなす。
3 乙は、検査の結果、不合格とされた場合、本件ソフトウェアに必要な修正を行い、甲乙別途協議して定める期限までに再度納品することとする。この場合、甲は、乙に対し、納期延長による損害の賠償を請求することができる。

第7条　(本件ソフトウェアの所有権その他の権利)
1 乙が本契約に従い甲に納入した本件ソフトウェアの所有権は、本契約の委託料が完済された時期をもって、乙から甲に移転する。
2 乙が本件業務を遂行する過程で、特許権、その他の知的財産権及びノウハウに関する権利（以下、合わせて「知的財産権」という。）を伴う発明等を行った場合、係る知的財産権は、乙に帰属する。
3 乙が、本件ソフトウェアに、従前より有していた知的財産権又は前項に規定する知的財産権を利用した場合、甲は、本件ソフトウェアを自己利用するために必要な限りにおいて、無償で係る知的財産権を利用することができる。
4 納入物に関する著作権（著作権法第27条及び第28条の権利を含む。）は、乙に留保される。ただし、甲は、本件ソフトウェアの著作物の複製品を、著作権法第47条の3の規定に基づいて複製、翻案することができる。

第8条　(通知義務)
甲及び乙は、次の各号のいずれかに該当するときは、相手方に対し、予めその旨を書面により通知しなければならない。
① 法人の名称又は商号を変更するとき

- **本件ソフトウェアの所有権その他の権利** 重要度 B

ソフトウェアに係る所有権その他の権利について明確にしておくと、後の紛争を予防することができます。

【応用】知的財産権についての取決めを変更する　・・・▶　1099ページ

- **通知義務** 重要度 C

業務委託契約は一定期間継続するので、これらの事実を把握しておかないと、郵送や送金などで不都合が生じる場合があります。

【応用】通知を求める事項を追加・変更する　・・・▶　1100ページ
　　　　通知の方法について規定する　・・・▶　1100ページ
　　　　通知義務者を変更する　・・・▶　1100ページ

② 振込先指定口座を変更するとき
③ 代表者を変更するとき
④ 本店、主たる事業所の所在地又は住所を変更するとき

第9条　（再委託）

乙は、本件業務の全部又は一部を第三者に対し再委託することはできない。ただし、甲が書面による再委託の許可を事前にした場合はこの限りでない。

第10条　（解除）

甲又は乙が以下の各号のいずれかに該当したときは、相手方は催告及び自己の債務の履行の提供をしないで直ちに本契約の全部又は一部を解除することができる。なお、この場合でも損害賠償の請求を妨げない。
① 本契約の一つにでも違反したとき
② 監督官庁から営業停止又は営業免許もしくは営業登録の取消等の処分を受けたとき
③ 差押、仮差押、仮処分、強制執行、担保権の実行としての競売、租税滞納処分その他これらに準じる手続きが開始されたとき
④ 破産、民事再生、会社更生又は特別清算の手続開始等の申立てがなされたとき
⑤ 自ら振り出し又は引き受けた手形もしくは小切手が1回でも不渡りとなったとき、又は支払停止状態に至ったとき
⑥ 合併による消滅、資本の減少、営業の廃止・変更又は解散決議がなされたとき
⑦ その他、支払能力の不安又は背信的行為の存在等、本契約を継続することが著しく困難な事情が生じたとき

● 再 委 託 　重要度 B

委託者が受託者を信頼して委託した意図を保護する規定です。改正民法では、受任者に、委任者の許諾を得たとき、またはやむを得ない事由があるときでなければ再委託することができないことが明記されました（改正民法644条の2第1項）。

【応用】再委託を制限する　　・・▶　1101ページ
　　　　再委託する場合の責任の所在について記載する　・・▶　1102ページ

● 解　　除　　重要度 B

民法等で定めた解除事由より広く解除できる場合を認めるため記載しています。なお、改正民法では、法定解除のうち催告による場合、相手方の債務不履行が契約および取引上の社会通念に照らして軽微な場合において、解除が認められないこととなりました（改正民法541条但書）。

【応用】約定解除権を限定する　　・・▶　1102ページ
　　　　解除の条件について規定する　・・▶　1103ページ
　　　　期限の利益喪失条項を設ける　・・▶　1103ページ

第11条 （守秘義務）
1 甲及び乙は、本契約期間中はもとより終了後も、本契約に基づき相手方から開示された情報を守秘し、第三者に開示してはならない。
2 前項の守秘義務は、前項の情報が以下のいずれかに該当する場合には適用しない。
    ① 公知の事実又は当事者の責に帰すべき事由によらずして公知となった事実
    ② 第三者から適法に取得した事実
    ③ 開示の時点で保有していた事実
    ④ 法令、政府機関、裁判所の命令により開示が義務付けられた事実

第12条 （損害賠償責任）
甲又は乙は、解除、解約又は本契約に違反することにより、相手方に損害を与えたときは、その損害の全て（弁護士費用及びその他の実費を含むが、これに限られない。）を賠償しなければならない。

第13条 （遅延損害金）
甲が本契約に基づく金銭債務の支払いを遅延したときは、乙に対し、支払期日の翌日から支払済みに至るまで、年14.6％（年365日日割計算）の割合による遅延損害金を支払うものとする。

第14条 （危険負担）
本件ソフトウェアの甲への納品前に、甲の責に帰さない事由により本件ソフトウェアに生じた滅失、毀損及び故障等の損害は、乙の負担とする。

● 守秘義務　　重要度 B

委託業務は委託者の秘密を把握しつつ遂行するケースが多いので、その秘密を契約期間中のみならずその後も開示しないよう規定することが重要です。

【応用】守秘義務期間について規定する　　…▶　1104 ページ
　　　　情報開示に係る取決めを変更する　　…▶　1105 ページ
　　　　守秘義務の適用者を変更する　　…▶　1105 ページ
　　　　守秘義務に係る取扱いを追加・変更する　　…▶　1106 ページ

● 損害賠償責任　　重要度 C

損害賠償規定は民法等にも存在しますが、弁護士費用や実費なども賠償対象とするため記載しています。

【応用】賠償請求権を限定する　　…▶　1106 ページ
　　　　損害賠償の内容を変更する　　…▶　1106 ページ

● 遅延損害金　　重要度 B

履行期日が遅れた場合の損害に関する定めを記載しましょう。

【応用】遅延損害金利率を変更する　　…▶　1107 ページ

● 危険負担　　重要度 B

当事者双方に責任なく債務不履行になった場合の取決めをしておきます。

【応用】危険の移転時期を変更する　　…▶　1108 ページ

第15条　（品質保証期間）
　　乙は、甲に対して、本件ソフトウェアにつき、納品日から〇年間、仕様書どおりの品質性能を有することを保証し、甲の過失によらない故障につき無償で修理を行う。

第16条　（反社会的勢力の排除）
1　甲及び乙は、自己又は自己の役員が、暴力団、暴力団関係企業、総会屋もしくはこれらに準ずる者又はその構成員（以下これらを「反社会的勢力」という。）に該当しないこと、及び次の各号のいずれにも該当しないことを表明し、かつ将来にわたっても該当しないことを相互に確約する。
　　①　反社会的勢力に自己の名義を利用させること
　　②　反社会的勢力が経営を実質的に支配していると認められる関係を有すること
2　甲又は乙は、前項の一つにでも違反することが判明したときは、何らの催告を要せず、本契約を解除することができる。
3　本条の規定により本契約が解除された場合には、解除された者は、解除により生じる損害について、その相手方に対し一切の請求を行わない。

第17条　（協議解決）
　　本契約に定めのない事項又は本契約の解釈について疑義が生じたときは、甲乙誠意をもって協議のうえ解決する。

第18条　（合意管轄）
　　甲及び乙は、本契約に関し裁判上の紛争が生じたときは、訴額等に応じ、東京簡易裁判所又は東京地方裁判所を専属的合意管轄裁判所とすることに合意する。

● **品質保証期間**　重要度 B

ソフトウェアにはバグや不具合が含まれることが頻繁にあるため、委託者はこの条項の有無を確認することが必要です。

【応用】修理についての取決めを変更する　…▶　1109 ページ

● **反社会的勢力の排除**　重要度 B

契約当事者が反社会的勢力と関わっていることが判明した場合に、即座に契約関係を解消することができるようにするために規定しています。

【応用】対象者を限定する　…▶　1110 ページ
　　　　賠償額を具体的に規定する　…▶　1110 ページ

● **協議解決**　重要度 C

協議により紛争回避を図る可能性を探るため規定しています。なお、この規定に法的な拘束力はありません。

【応用】紛争解決方法について具体的に規定する　…▶　1110 ページ

● **合意管轄**　重要度 B

紛争が生じた際に自己に有利な管轄裁判所において裁判を行うための規定です。

【応用】合意管轄裁判所を変更する　…▶　1111 ページ

本契約締結の証として、本契約書２通を作成し、甲乙相互に署名又は記名・捺印のうえ、各１通を保有することとする。

令和　　年　　月　　日

　　　　　　　　　　甲

　　　　　　　　　　　　　　　　　　　　　　　　　　㊞

　　　　　　　　　　乙

　　　　　　　　　　　　　　　　　　　　　　　　　　㊞

※　ソフトウェア開発委託契約が請負契約の性格を有するときには、契約金額が１万円以上の場合、金額に応じ、契約書に収入印紙を貼付しなければなりません。

記載された契約金額	印紙税額
１万円　未満	非課税
１万円　以上　100万円　以下	200円
100万円　超　200万円　以下	400円
200万円　超　300万円　以下	1,000円
300万円　超　500万円　以下	2,000円
500万円　超　1,000万円　以下	10,000円
1,000万円　超　5,000万円　以下	20,000円
5,000万円　超　1億円　以下	60,000円
1億円　超　5億円　以下	100,000円
5億円　超　10億円　以下	200,000円
10億円　超　50億円　以下	400,000円
50億円　超	600,000円
契約金額の記載がないもの	200円

［令和２年４月現在］

● 後　　文

【応用】契約書の作成方法を変更する　　・・・▶　1112 ページ

作成のテクニック

▶ 第1条（目的） 重要度 A

甲は、自社の〇〇サービスの業務をシステム化し、コストを削減するために、同業務の作業フローに関するシステム開発を乙に委託することとし、乙がこれを承諾したため、本契約を締結する。

【目的の内容を変更する】

・給与計算システムの開発を委託する場合・

甲は、従業員の予定を社内又は社外から確認・修正し、従業員の始業・終業の時間を把握するとともに、時間外手当や交通費・日当を含む給与計算を行うためのシステム開発を乙に委託することとし、乙がこれを承諾したため、本契約を締結する。

▶ 第2条（委託業務） 重要度 A

甲は、乙に対して、以下の業務（以下「本件業務」という。）を委託し、乙はこれを受託する。
① 業務の名称　　〇〇システム開発業務
② 業務の内容　　別紙のとおり
③ 作業期間・納期　別紙のとおり

【対象となる委託業務の表示方法を変更する】

・委託業務の内容を別紙で示す場合・

甲は、乙に対して、別紙記載の業務及びこれに付随する一切の業務（以下「本件業務」という。）を委託し、乙はこれを受託する。

> 【別紙】
>
> ① ○○に関する業務
> ② ○○に関する業務
> ③ ○○に関する業務

【委託業務に係る取決めを追加・変更する】

・要件定義については委託者が行うことを義務づける場合・

> 1 （略）
> 2 前項にかかわらず、本件業務に関する要件定義書の作成は甲が行うこととする。

▶ 第3条（委託料等） 重要度A

> 1 本契約の委託料は、金○○円（消費税込）とする。
> 2 支払期限は、以下のとおりとする。
> 　① 内金○○円　令和○年○月○日限り
> 　② ①の残金　本件ソフトウェアの納品後、○日以内
> 3 甲は、乙に対し、前二項の委託料を下記振込口座に振り込んで支払う（振込手数料は甲負担）。
> 　　○○銀行○○支店　　普通預金
> 　　口座番号　　○○○○○○
> 　　口座名義　　○○○○○○
> 4 本件業務の遂行に必要な費用は乙の負担とする。

【委託料の額の定め方を変更する】

・**委託料をタイムチャージにする場合**・

この場合、本件業務に従事した者および時間を明らかにする報告書が提出される必要があります。

第3条（委託料等）
1　本契約の委託料は、<u>本件業務に従事した者1人当たり時給金〇〇円（消費税込）</u>とする。ただし、<u>委託料の合計額の上限は〇〇円とする。</u>
（略）
第5条（報告）
<u>1</u>　乙は、本件業務の履行の状況に関して、甲からの請求があったときは、その状況につき直ちに報告しなければならない。
<u>2</u>　<u>乙は甲に対して、毎月末日に甲所定の報告書に従い、当月中に本件業務に従事した者及び業務時間を報告しなければならず、乙がこれを怠った場合、甲は委託料の支払期限の徒過につき責任を負わない。</u>

・本契約締結後に委託料を変更する方法を規定する場合・

5　本契約締結後に大幅な仕様変更等が生じ、委託料が不適切になった場合は、本契約で定めた委託料につき、甲及び乙で協議のうえ、書面により変更することができるものとする。

・本件業務から派生する業務の報酬についても記載する場合・

5　本件業務から派生する業務の報酬については、別途協議により定める。

【委託料の支払時期・支払方法を変更する】

・委託料の支払期限を「検査後〇日以内」とする場合・　　　〔委託者有利〕

2　支払期限は、以下のとおりとする。
　　①　内金〇〇円　令和〇年〇月〇日限り
　　②　①の残金　<u>納品物の検査が完了し、合格通知がなされた後、〇日以内</u>

・委託料の支払期限を「納品後○日以内」とする場合・　　　〔委託者有利〕

> 2　支払期限は、以下のとおりとする。
> 　　本件ソフトウェアの納品後、○日以内

【実費の負担についての取扱いを変更する】

・実費の支払いを委託者が承諾した場合に限定する場合・

> 4　本件業務の遂行に必要な費用は、甲が事前又は事後に承諾したものに限り、甲の負担とする。

・実費を委託者が負担するものとする場合・　　　〔受託者有利〕

> 4　本件業務の遂行に必要な実費は、全て甲が負担するものとする。

▶ 第4条（途中終了時の委託料） 重要度 A

> 本契約が解除その他の事由により途中で終了したときは、甲は乙に対して、終了時までに得られた成果に応じて以下の委託料を支払うものとする。
> ①　要件定義書を完成させた場合　　　　　○○円
> ②　外部設計を完成させた場合　　　　　　○○円
> ③　内部設計を完成させた場合　　　　　　○○円
> ④　プログラミング設計を完成させた場合　○○円
> ⑤　プログラム設計を完成させた場合　　　○○円
> ⑥　プログラムを完成させた場合　　　　　○○円
> ⑦　検収テストを終了させた場合　　　　　○○円

【委託料の請求に係る取扱いを変更する】

・受託者に帰責事由がある場合は請求できないようにする場合・〔委託者有利〕

> 本契約が解除その他の事由により途中で終了したときは、甲は乙に対して、終了時までに得られた成果に応じて以下の委託料を支払うものとす

請負・業務委託 ９ システム開発委託契約書

> る。ただし、契約終了について乙に帰責事由がある場合は、乙は甲に対し履行割合に応じた報酬を請求することはできない。
> ① （以下略）

第5条（報告）　重要度B

> 乙は、本件業務の履行の状況に関して、甲からの請求があったときは、その状況につき直ちに報告しなければならない。

【報告について具体的に規定する】

・書面による報告を求める場合・　　　　　　　　　　　　〔委託者有利〕

> 乙は、本件業務の履行の状況に関して、甲からの請求があったときは、その状況につき直ちに書面をもって報告しなければならない。

この場合に、報告書の分量等を指定する場合には、次のように追記します。

> 乙は、本件業務の履行の状況に関して、甲からの請求があったときは、その状況につき直ちに書面をもって報告しなければならない。なお、報告書の分量はA4判2頁程度とする。

・FAXやメールによる報告を認める場合・　　　　　　　　〔受託者有利〕

> 1　（略）
> 2　乙は、前項の報告を、予め甲が指定するFAX番号へのFAX送信又は甲が指定するメールアドレスへのメール送信により行うことができる。

・報告書の書式を甲が指定する場合・　　　　　　　　　　〔委託者有利〕

> 乙は、本件業務の履行の状況に関して、甲からの請求があったときは、その状況につき直ちに甲の指定する書式の書面をもって報告しなければならない。

・定例報告の義務を課す場合・　　　　　　　　　　　〔委託者有利〕

> 1　乙は、甲に対し、甲所定の報告書に従い、本件ソフトウェア開発業務の進捗状況を、○か月ごとに報告しなければならない。
> 2　乙は、前項の場合以外にも、本件業務の履行の状況に関して、甲からの請求があったときは、その状況につき直ちに報告しなければならない。

第6条（検査）　重要度 B

> 1　甲は、本件ソフトウェアの納品後、10日以内に本件ソフトウェアを検査し、乙に対して合格又は不合格の通知を行わなければならない。
> 2　甲は、前項の検査により本件ソフトウェアにつき契約の目的に適合しない箇所を発見したときは、直ちに乙に不合格の通知をしなければならない。不合格の通知がないまま前項の期間が経過したときは、本件ソフトウェアは検査に合格したものとみなす。
> 3　乙は、検査の結果、不合格とされた場合、本件ソフトウェアに必要な修正を行い、甲乙別途協議して定める期限までに再度納品することとする。この場合、甲は、乙に対し、納期延長による損害の賠償を請求することができる。

【検査期間を変更する】

・検査期間を長くする場合・　　　　　　　　　　　〔委託者有利〕

> 1　甲は、本件ソフトウェアの納品後、1か月以内に本件ソフトウェアを検査し、乙に対して合格又は不合格の通知を行わなければならない。

・検査期間を短くする場合・　　　　　　　　　　　〔受託者有利〕

> 1　甲は、本件ソフトウェアの納品後、3日以内に本件ソフトウェアを

> 検査し、乙に対して合格又は不合格の通知を行わなければならない。

・検査期間を営業日で定める場合・

> 1　甲は、本件ソフトウェアの納品後、○営業日以内に本件ソフトウェアを検査し、乙に対して合格又は不合格の通知を行わなければならない。

【検査基準を設ける】

・検査基準マニュアルに準拠して検査を行うこととする場合・

> 1　甲は、本件ソフトウェアの納品後、○日以内に本件ソフトウェアを検査し、乙に対して合格又は不合格の通知を行わなければならない。なお、当該検査は、別紙検査基準マニュアルに準拠して行われる。

【検査結果の通知方法について規定する】

・通知方法を書面に限定する場合・　　　　　　　　〔委託者有利〕

> 1　甲は、本件ソフトウェアの納品後、○日以内に本件ソフトウェアを検査し、乙に対して合格又は不合格の通知を書面で行わなければならない。

・書面のほかにFAXや電子メールによる通知も認める場合・　〔委託者有利〕

> 1　甲は、本件ソフトウェアの納品後、○日以内に本件ソフトウェアを検査し、乙に対して合格又は不合格の通知を書面（FAX及び電子メールを含む。）で行わなければならない。

▶ 第7条（本件ソフトウェアの所有権その他の権利）　重要度B

> 1　乙が本契約に従い甲に納入した本件ソフトウェアの所有権は、本契

約の委託料が完済された時期をもって、乙から甲に移転する。
2　乙が本件業務を遂行する過程で、特許権、その他の知的財産権及びノウハウに関する権利（以下、合わせて「知的財産権」という。）を伴う発明等を行った場合、係る知的財産権は、乙に帰属する。
3　乙が、本件ソフトウェアに、従前より有していた知的財産権又は前項に規定する知的財産権を利用した場合、甲は、本件ソフトウェアを自己利用するために必要な限りにおいて、無償で係る知的財産権を利用することができる。
4　納入物に関する著作権（著作権法第27条及び第28条の権利を含む。）は、乙に留保される。ただし、甲は、本件ソフトウェアの著作物の複製品を、著作権法第47条の3の規定に基づいて複製、翻案することができる。

【知的財産権についての取決めを変更する】

この場合、2項ないし4項を、以下のように変更しましょう（3項・4項は削除した形となります）。

・知的財産権の帰属を協議して決定する場合・　　　　　　〔委託者有利〕

> 2　乙が本件業務を遂行する過程で取得した、特許権、その他の知的財産権及びノウハウに関する権利の帰属については、甲乙協議により定める。

・委託者が知的財産権を取得することとする場合・　　　　〔委託者有利〕

> 2　乙が本件業務を遂行する過程で、特許権、その他の知的財産権及びノウハウに関する権利（以下、合わせて「知的財産権」という。）を伴う発明等を行った場合、係る知的財産権は、全て委託料の完済とともに甲に移転する。ただし、同種のプログラムに共通して利用されるノウハウ、ルーチン、モジュール等に関する権利は、甲に移転せず、乙に留保される。また、乙は、本件ソフトウェアに関し、甲の知的財産権の利用に対して著作者人格権を行使しないものとする。

第8条（通知義務） 重要度C

> 甲又は乙は、次の各号のいずれかに該当するときは、相手方に対し、予めその旨を書面により通知しなければならない。
> ① 法人の名称又は商号を変更するとき
> ② 振込先指定口座を変更するとき
> ③ 代表者を変更するとき
> ④ 本店、主たる事業所の所在地又は住所を変更するとき

【通知を求める事項を追加・変更する】

・株主構成を大幅に変更する場合にも通知義務を課す場合・

> ⑤ 株主構成を大幅に変更するとき

【通知の方法について規定する】

・事後の通知を認める場合・

> 甲又は乙は、次の各号のいずれかに該当するときは、相手方に対し、<u>事前又は事後速やかに</u>その旨を書面により通知しなければならない。
> ① （以下略）

【通知義務者を変更する】

・委託者のみに通知義務を課す場合・　　　　　　　〔受託者有利〕

> <u>甲</u>は、次の各号のいずれか一つに該当するときは、<u>乙</u>に対し、予めその旨を書面により通知しなければならない。
> ① （以下略）

• 受託者のみに通知義務を課す場合 •　　　　　　　　〔委託者有利〕

> 乙は、次の各号のいずれか一つに該当するときは、甲に対し、予めその旨を書面により通知しなければならない。
> ① （以下略）

第9条（再委託）　重要度B

> 乙は、本件業務の全部又は一部を第三者に対し再委託することはできない。ただし、甲が書面による再委託の許可を事前にした場合はこの限りでない。

【再委託を制限する】

• 再委託を原則として許諾し、中止請求を可能とする場合 •　〔受託者有利〕

> 1　乙は、乙の責任において、本件業務の一部を第三者に再委託することができる。ただし、乙は、甲が要請した場合、再委託先の名称及び住所等を甲に報告する。
> 2　甲は、当該第三者に再委託することが不適切となる合理的な理由が存する場合、乙に対し、書面により、その理由を通知することにより、当該第三者に対する再委託の中止を請求することができる。

• 特定の者に対してのみ再委託を認める場合 •　　　　　〔受託者有利〕

> 乙は、本件業務の全部又は一部を第三者に再委託することはできない。ただし、乙は、乙の責任において、本件業務の一部を以下の第三者に限り再委託することができる。
> 　名　　　　称：○○株式会社
> 　本店所在地：東京都新宿区○○町○丁目○番○号

【再委託する場合の責任の所在について記載する】

・受託者（再委託者）の責任を明記する場合・　　　　　〔委託者有利〕

> 1　（略）
> 2　前項ただし書きにより再委託が可能となる場合であっても、乙は、再受託者に対して本契約における乙の義務と同様の義務を遵守させ、その行為について一切の責任を負う。

▶ 第10条（解除）　重要度B

> 甲又は乙が以下の各号のいずれかに該当したときは、相手方は催告及び自己の債務の履行の提供をしないで直ちに本契約の全部又は一部を解除することができる。なお、この場合でも損害賠償の請求を妨げない。
> ①　本契約の一つにでも違反したとき
> ②　監督官庁から営業停止又は営業免許もしくは営業登録の取消等の処分を受けたとき
> ③　差押、仮差押、仮処分、強制執行、担保権の実行としての競売、租税滞納処分その他これらに準じる手続きが開始されたとき
> ④　破産、民事再生、会社更生又は特別清算の手続開始等の申立てがなされたとき
> ⑤　自ら振り出し又は引き受けた手形もしくは小切手が1回でも不渡りとなったとき、又は支払停止状態に至ったとき
> ⑥　合併による消滅、資本の減少、営業の廃止・変更又は解散決議がなされたとき
> ⑦　その他、支払能力の不安又は背信的行為の存在等、本契約を継続することが著しく困難な事情が生じたとき

【約定解除権を限定する】

・受託者のみに約定解除権を認める場合・　　　　　〔受託者有利〕

> 甲が以下の各号のいずれかに該当したときは、乙は催告及び自己の債務の履行の提供をしないで直ちに本契約の全部又は一部を解除することが

できる。なお、この場合でも損害賠償の請求を妨げない。
① （以下略）

・委託者のみに約定解除権を認める場合・　　　　　　　　〔委託者有利〕

乙が以下の各号のいずれかに該当したときは、甲は催告及び自己の債務の履行の提供をしないで直ちに本契約の全部又は一部を解除することができる。なお、この場合でも損害賠償の請求を妨げない。
① （以下略）

【解除の条件について規定する】

・解除前に催告を要求する場合・

甲又は乙が以下の各号のいずれかに該当し、相手方が相当期間内に是正すべきことを催告したにもかかわらず、その期間内に是正されない場合、相手方は本契約の全部又は一部を解除することができる。なお、この場合でも損害賠償の請求を妨げない。
① （以下略）

【期限の利益喪失条項を設ける】

・期限の利益喪失条項を設ける場合・　　　　　　　　　　〔受託者有利〕

委託者の信用不安に備えて、委託者に一定の事項が生じたときに受託者が未収金全額を請求できるようにしておくべきです。以下の変更例では、第2項を新設して、期限の利益喪失事由を解除事由から流用しています。なお、この場合の条文のタイトルは、「解除及び期限の利益喪失」となります。

第10条（解除及び期限の利益喪失）
1 甲又は乙が以下の各号のいずれかに該当したときは、相手方は催告及び自己の債務の履行の提供をしないで直ちに本契約の全部又は一部を解除することができる。なお、この場合でも損害賠償の請求を妨げない。
① （略）

> 2 甲が前項各号のいずれかに該当した場合、甲は当然に本契約から生じる一切の債務について期限の利益を失い、甲は乙に対して、その時点において甲が負担する債務を直ちに一括して弁済しなければならない。

・すべての取引の期限の利益を喪失させることとする場合・　〔受託者有利〕

上記「期限の利益喪失条項を設ける場合」の第2項を次のように修正します。

> 第10条（解除及び期限の利益喪失）
> 2 甲が前項各号のいずれかに該当した場合、甲は当然に本契約その他乙との間で締結している全ての契約から生じる一切の債務について期限の利益を失い、甲は乙に対して、その時点において甲が負担する一切の債務を直ちに一括して弁済しなければならない。

第11条（守秘義務）　重要度B

> 1 甲及び乙は、本契約期間中はもとより終了後も、本契約に基づき相手方から開示された情報を守秘し、第三者に開示してはならない。
> 2 前項の守秘義務は、前項の情報が以下のいずれかに該当する場合には適用しない。
>   ① 公知の事実又は当事者の責に帰すべき事由によらずして公知となった事実
>   ② 第三者から適法に取得した事実
>   ③ 開示の時点で保有していた事実
>   ④ 法令、政府機関、裁判所の命令により開示が義務付けられた事実

【守秘義務期間について規定する】

・契約終了後の守秘義務期間を限定する場合・

> 1 甲及び乙は、本契約期間中及び本契約終了後〇年間、本契約に基づき相手方から開示された情報を守秘し、第三者に開示してはならない。

【情報開示に係る取決めを変更する】

・事前の書面承諾により開示を許可する場合・

> 1　甲及び乙は、事前に相手方の書面による同意を得た場合を除き、本契約期間中はもとより終了後も、本契約に基づき相手方から開示された情報を守秘し、第三者に開示してはならない。

・開示義務に基づく開示を行った場合に、遅滞なく相手方に通知することとする場合・

> 3　甲及び乙は、前項第4号に基づき開示を行った場合には、遅滞なく相手方に通知することとする。

【守秘義務の適用者を変更する】

・守秘義務を一方当事者のみに課す場合・　　　　〔一方当事者にのみ有利〕

> 1　〔甲／乙〕は、本契約期間中はもとより終了後も、本契約に基づき〔乙／甲〕から開示された情報を守秘し、第三者に開示してはならない。

・従業員にも守秘義務を負わせることを明記する場合・

> 1　甲及び乙は、本契約期間中はもとより終了後も、本契約に基づき相手方から開示された情報を守秘し、第三者に開示してはならず、従業員にも同様の守秘義務を課さなければならない。

・再委託を行ったとき、再委託先にも守秘義務を課すことを明記する場合・
　　　　　　　　　　　　　　　　　　　　　　　　〔委託者有利〕

> 3　乙は、本件業務を第三者に再委託する場合には、再委託先にも本条第1項と同様の守秘義務を負わせなければならない。

【守秘義務に係る取扱いを追加・変更する】

・受託者に守秘義務違反の場合の違約罰を定める場合・　　〔委託者有利〕

> 3　乙が前二項の定めに違反した場合、乙は、それにより甲が被った損害の賠償に加え、違約罰として金〇〇円を甲に対して支払わなければならない。

第12条（損害賠償責任）　重要度C

> 甲又は乙は、解除、解約又は本契約に違反することにより、相手方に損害を与えたときは、その損害の全て（弁護士費用及びその他の実費を含むが、これに限られない。）を賠償しなければならない。

【賠償請求権を限定する】

・委託者のみに弁護士費用を含む賠償請求権を認める場合・　〔委託者有利〕

> 乙は、解除、解約又は本契約に違反することにより、甲に損害を与えたときは、その損害の全て（弁護士費用及びその他の実費を含むが、これに限られない。）を賠償しなければならない。

・受託者のみに賠償請求権を認める場合・　　　　　　　　〔受託者有利〕

> 甲は、解除、解約又は本契約に違反することにより、乙に損害を与えたときは、その損害の全て（弁護士費用及びその他の実費を含むが、これに限られない。）を賠償しなければならない。

【損害賠償の内容を変更する】

・委託者に具体的な賠償額の予定を行う場合・　　　　　　〔受託者有利〕

> 甲は、解除、解約又は本契約に違反することにより、乙に損害を与えたときは、過去〇か月分の委託料（消費税込）を損害金として賠償しなければならない。

・損害賠償額を限定する場合・

> 甲又は乙は、解除、解約又は本契約に違反することにより、相手方に損害を与えたときは、前月の委託料（消費税込）の20％を上限としてその損害を賠償しなければならない。

・損害賠償責任を重大な違反の場合に限定する場合・

> 甲又は乙は、解除、解約又は本契約に違反することにより、相手方に損害を与えたときは、故意又は重過失がある場合に限り、その損害の全て（弁護士費用及びその他の実費を含むが、これに限られない。）を賠償しなければならない。

・損害が故意または重過失による場合に、損害賠償額に追加して違約金の支払いを認める場合・

> 1 （略）
> 2 甲又は乙は、故意又は重過失により、相手方に損害を与えたときは、前月の委託料（消費税込）の20％の違約金を前項の損害に加算して賠償しなければならない。

▶ 第13条（遅延損害金） 重要度 B

> 甲が本契約に基づく金銭債務の支払いを遅延したときは、乙に対し、支払期日の翌日から支払済みに至るまで、年14.6％（年365日日割計算）の割合による遅延損害金を支払うものとする。

【遅延損害金利率を変更する】

遅延損害金利率の定めがないときの利率は法定利率によるとされているところ、民法改正により法定利率が年5％から3％（その後3年ごとに見直しが行われます）となり（改正民法404条）、遅延損害金利率もこれに連動します（改正民法419条）。また、同改正により、商事法定利率（6％）は廃止され

ます。

当事者間で、法定利率とは異なる利率を定めることも可能です。民法改正により、法定利率は3年ごとに見直される変動制となることから、遅延損害金利率について定めを置くことが、より重要となります。

• 遅延損害金利率を高くする場合 •　　　　　　　　　　　　〔受託者有利〕

> 甲が本契約に基づく金銭債務の支払いを遅延したときは、乙に対し、支払期日の翌日から支払済みに至るまで、年20％（年365日日割計算）の割合による遅延損害金を支払うものとする。

当事者間で、法定利率を上回る利率を定めることも可能ですが、他の法律で上限が定められていますので注意が必要です。

• 遅延損害金利率を低くする場合 •　　　　　　　　　　　　〔委託者有利〕

> 甲が本契約に基づく金銭債務の支払いを遅延したときは、乙に対し、支払期日の翌日から支払済みに至るまで、年1％（年365日日割計算）の割合による遅延損害金を支払うものとする。

▶ 第14条（危険負担）　重要度B

> 本件ソフトウェアの甲への納品前に、甲の責に帰さない事由により本件ソフトウェアに生じた滅失、毀損及び故障等の損害は、乙の負担とする。

【危険の移転時期を変更する】

• 合格通知の前後で危険が移転することとする場合 •　　　　〔委託者有利〕

> 本件ソフトウェアが納品され、検査に合格する前に、甲の責に帰さない事由により本件ソフトウェアに生じた滅失、毀損及び変質等の損害は、乙の負担とし、検査合格後については甲の負担とする。

▶ 第15条（品質保証期間） 重要度 B

乙は、甲に対して、本件ソフトウェアにつき、納品日から〇年間、仕様書どおりの品質性能を有することを保証し、甲の過失によらない故障につき無償で修理を行う。

【修理についての取決めを変更する】

・修理費用を協議により定めることとする場合・

> 第15条（修理）
> 　乙は、甲に対して、本件ソフトウェアにつき、仕様書どおりの品質性能を有しないことが判明した場合、納品日から〇年間以内に限り、速やかに修理に応じることとし、修理費用については別途協議することとする。

▶ 第16条（反社会的勢力の排除） 重要度 B

1　甲及び乙は、自己又は自己の役員が、暴力団、暴力団関係企業、総会屋もしくはこれらに準ずる者又はその構成員（以下これらを「反社会的勢力」という。）に該当しないこと、及び次の各号のいずれにも該当しないことを表明し、かつ将来にわたっても該当しないことを相互に確約する。
　　① 反社会的勢力に自己の名義を利用させること
　　② 反社会的勢力が経営を実質的に支配していると認められる関係を有すること
2　甲又は乙は、前項の一つにでも違反することが判明したときは、何らの催告を要せず、本契約を解除することができる。
3　本条の規定により本契約が解除された場合には、解除された者は、解除により生じる損害について、その相手方に対し一切の請求を行わない。

【対象者を限定する】

・受託者のみを対象とする場合・　　　　　　　　　　　　〔委託者有利〕

> 1 乙は、自己又は自己の役員が、暴力団、暴力団関係企業、総会屋もしくはこれらに準ずる者又はその構成員（以下これらを「反社会的勢力」という。）に該当しないこと、及び次の各号のいずれにも該当しないことを表明し、かつ将来にわたっても該当しないことを<u>確約する</u>。
> 　① 反社会的勢力に自己の名義を利用させること
> 　② 反社会的勢力が経営を実質的に支配していると認められる関係を有すること
> 2 甲は、乙が前項の一つにでも違反することが判明したときは、何らの催告を要せず、本契約を解除することができる。

【賠償額を具体的に規定する】

・具体的な賠償額の予定を行う場合・

> 4 本条の規定により本契約が解除された場合には、解除された者は、相手方に対し、違約金として金〇〇円を支払うものとする。

▶ 第17条（協議解決）　重要度 C

> 本契約に定めのない事項又は本契約の解釈について疑義が生じたときは、甲乙誠意をもって協議のうえ解決する。

【紛争解決方法について具体的に規定する】

・具体的な紛争解決機関を指定する場合・

> <u>甲及び乙は、本契約に定めのない事項又は本契約の解釈について疑義が生じたときは、訴訟提起以前に適切なADR機関において協議を試みな</u>

> ければならない。

・仲裁者をあらかじめ定める場合・

> 甲及び乙は、本契約に定めのない事項又は本契約の解釈について疑義が生じたときは、○○○○を仲裁者と定め、三者において誠意をもって協議のうえ解決する。

第18条（合意管轄） 重要度B

> 甲及び乙は、本契約に関し裁判上の紛争が生じたときは、訴額等に応じ、東京簡易裁判所又は東京地方裁判所を専属的合意管轄裁判所とすることに合意する。

【合意管轄裁判所を変更する】

・本店所在地を管轄する裁判所とする場合・

> 甲及び乙は、本契約に関し裁判上の紛争が生じたときは、甲又は乙の本店所在地を管轄する裁判所を専属的合意管轄裁判所とすることに合意する。

・本店所在地または支店所在地を管轄する裁判所とする場合・

> 甲及び乙は、本契約に関し裁判上の紛争が生じたときは、甲又は乙の本店所在地もしくは支店所在地を管轄する裁判所を専属的合意管轄裁判所とすることに合意する。

後文

> 本契約締結の証として、本契約書2通を作成し、甲乙相互に署名又は記名・捺印のうえ、各1通を保有することとする。

【契約書の作成方法を変更する】

・1通のみ原本を作成し、当事者の一方は写しのみを保管する場合・

> 本契約締結の証として、本契約書1通を作成し、甲乙相互に署名又は記名・捺印のうえ、〔甲／乙〕が原本を保有し、〔乙／甲〕が写しを保有することとする。

その他の役立つ条項

- ■ 委託者の権利・義務を追加する場合 ……………………………… 1113ページ
- ■ 受託者の権利・義務を追加する場合 ……………………………… 1114ページ
- ■ 委託者・受託者双方の権利・義務を追加する場合 ……………… 1114ページ
- ■ 業務の中止、契約の中途解約について規定する場合 …………… 1114ページ
- ■ 契約終了後の処理について定める場合 …………………………… 1115ページ
- ■ 第三者との紛争が生じた場合の処理について定める場合 ……… 1115ページ
- ■ 費用の負担について定める場合 …………………………………… 1116ページ
- ■ 海外企業との取引である場合に、取扱いについて定める場合 …… 1116ページ

◆委託者の権利・義務を追加する場合

・ソフトウェアを輸出する予定がある場合に、輸出関連法令の順守を義務づける・　　　　　　　　　　　　　　　　　　　　　　　　〔受託者有利〕

> 第○条（輸出関連法令の遵守）
> 　甲は、乙から納入された納品物を輸出する場合、日本及び適用ある諸外国の輸出関連法令を遵守し、必要とされる全ての手続きを取るものとする。

・委託者の相殺を認める・　　　　　　　　　　　　　　　　　　〔委託者有利〕

> 第○条（相殺）
> 　甲は、本契約に基づき甲が乙に負担する委託料等の支払債務と、本契約又は本契約に限らないその他の契約等に基づき乙が甲に対して負担する債務とを、その債務の期限如何にかかわらず、いつでも対当額において相殺することができる。

◆受託者の権利・義務を追加する場合

・受託者が保守作業を行うこととする・

> 第○条（保守）
> 　乙は、保守費用及び保守範囲につき甲と協議のうえ、次の各号に規定される保守等を行う。
> 　①　本件ソフトウェアの運用又は使用に関する技術サービス
> 　②　機能追加、その他本件ソフトウェアの改良のための技術サービス
> 　③　保証期間経過後の本件ソフトウェアの稼働不良に対する対処

◆委託者・受託者双方の権利・義務を追加する場合

・第三者に対する権利義務の譲渡を禁止する・

> 第○条（権利義務の譲渡禁止）
> 　甲及び乙は、予め相手方の書面による承諾を得ることなく、本契約に基づく権利、義務又は財産の全部もしくは一部を第三者に譲渡し、承継させ又は担保に供してはならない。

◆業務の中止、契約の中途解約について規定する場合

・受託者が委託料を得るまで業務を中止することができることとする・

〔受託者有利〕

> 第○条（中止権）
> 　乙は、甲が理由なく委託料の全部又は一部の支払いをしない場合、書面により通知したうえで、本件業務の実施を中止することができる。

◆契約終了後の処理について定める場合

・契約終了後の物品等の返還について定める・　　　　　　〔委託者有利〕

> 第○条（物品及びデータ等の返還）
> 　乙は、本件ソフトウェアの納品及び検査が完了し、又は本契約がその他の事由により終了した場合、本契約に基づき預託・貸与された物品（本契約に基づき提供されたデータ類及びこれらが記録された電子媒体等を含む。）を、速やかに甲の指示に基づき返還ないし破棄するものとする。

◆第三者との紛争が生じた場合の処理について定める場合

・第三者の権利を侵害したことに対する紛争についての処理方法を定める・

> 第○条（第三者の権利侵害）
> 1　本件ソフトウェアについて第三者との間で紛争が生じた場合、甲乙協議してこれを処理解決する。
> 2　乙の責に帰すべき事由によって、第三者との間で紛争が生じた場合には、その処理解決に要した費用（弁護士費用及びその他の実費を含む）は、乙の負担とする。
> 3　甲及び乙は、本契約終了後も前二項の義務を負う。

・業務の遂行に際する受託者と第三者との紛争については、受託者の負担と責任において解決することとする・　　　　　　〔委託者有利〕

> 第○条（第三者との紛争等の処理）
> 　乙は、本件業務の遂行に際して、第三者に損害を生じさせた場合、又は第三者との間に紛争を生じさせた場合には、直ちに甲に通知するとともに、乙の負担と責任において早急に解決するものとする。この場合、甲は当該第三者に対して一切の責任を負わないものとする。

- 業務の遂行に際する受託者と第三者との紛争については、委託者の負担と責任において解決することとする・　　　　　　　　　　　〔受託者有利〕

> 第○条（第三者との紛争等の処理）
>   乙は、本件業務の遂行に際して、第三者に損害を生じさせた場合、又は第三者との間に紛争を生じさせた場合には、直ちに甲に通知するものとする。この場合、甲はその負担と責任において解決するものとする。

◆費用の負担について定める場合

- 各々が各々の費用を負担することとする・

> 第○条（費用負担）
>   本契約の締結に要する印紙代その他の費用は、甲乙が各々の費用を負担するものとする。

- 印紙代を一方当事者の負担とする・

> 第○条（費用負担）
>   本契約の締結に係る印紙代は〔甲／乙〕の負担とし、その余の費用は甲乙各々の負担とする。

◆海外企業との取引である場合に、取扱いについて定める場合

- 準拠法を日本法と定める・

> 第○条（準拠法）
>   本契約は日本法に準拠し、同法によって解釈されるものとする。

チェックポイント

あなたが委託者の場合は、最低限以下の点をチェックしましょう。

- ☐ 契約の目的が明確か
- ☐ 委託業務の内容が明らかであるか、納期が定められているか
- ☐ 検査方法と検査期間は明記されているか
- ☐ 委託料、実費の負担割合は明確に定められているか
- ☐ 守秘義務について、その範囲が明記されているか
- ☐ 品質保証期間（契約不適合が見つかった場合の対応）が記載されているか
- ☐ 所有権、著作権の帰属は明確か

あなたが受託者の場合は、最低限以下の点をチェックしましょう。

- ☐ 契約の目的が明確か
- ☐ 受託業務の内容が明らかであるか
- ☐ 納期に無理はないか
- ☐ 検査方法と検査期間は明記されているか
- ☐ 委託料、実費の負担割合は明確に定められているか
- ☐ 委託者が委託料を支払わなかった場合の対応に問題はないか
- ☐ 守秘義務について、その範囲が明記されているか
- ☐ 品質保証期間が不当に長くないか
- ☐ 所有権、著作権の帰属は明確か

10 営業委託契約書

営業委託契約書

（委託者）〇〇〇〇（以下「甲」という。）と（受託者）〇〇〇〇（以下「乙」という。）は、店舗営業の委託に関して、次のとおり営業委託契約（以下「本契約」という。）を締結する。

第1条　（目的）
　甲は、他店舗出店のために業務に注力するために、既存の店舗の営業について乙に委託することとし、乙がこれを承諾したため、本契約を締結する。

第2条　（契約の成立）
　甲は、別紙目録記載の店舗（以下「本件店舗」という。）において、甲が所有し、経営中の本件店舗の営業（以下「本件業務」という。）を乙に委託し、乙はこれを受託する。

第3条　（営業種目）
1　乙が受託する営業種目は、次のとおりとする。
　①　〇〇〇〇
　②　〇〇〇〇
　③　〇〇〇〇
2　乙が受託した営業種目事項を変更しようとする場合は、事前に甲の承諾を要する。

【この契約書を用いるケース】
☑ 料理店等の店舗の経営を委託する場合
　⇨会社の経営を委託する場合は本章❷、賃貸不動産の管理を委託する場合は本章❻、経営等に関する相談業務を委託する場合は本章❽

● 前　文

● 目　的　　**重要度 A**

民法の改正により、解除を主張したり、契約不適合責任に基づく請求をしたりする場合に、契約の目的が重要視されることになりました。そのため、契約書に契約の目的を記載しておく必要があります。

【応用】目的の内容を変更する　　…▶　1133 ページ

● 契約の成立　　**重要度 A**

甲乙間で契約が成立したことを記載します。

【応用】委託業務の表示方法を変更する　　…▶　1133 ページ
　　　　委託する業務を変更する　　…▶　1134 ページ
　　　　契約内容に変更があった場合の手続きについて規定する　　…▶　1134 ページ

● 営業種目　　**重要度 A**

委託料とともに、業務委託契約の重要事項です。できるだけ具体的に特定しましょう。

【応用】営業種目の変更について規定する　　…▶　1134 ページ

3 本件業務の委託については、履行に必要な付随業務を含むものとする。

第4条　（経営と営業）
1 本件店舗の経営権は、甲に帰属する。
2 本件業務は甲の名によって行い、乙は甲の計算において本件業務を行うものとする。
3 販売品目、販売価格その他の基本的事項については、甲の指定に従って決定する。

第5条　（委託料）
1 本契約の委託料は、月額金〇〇円（消費税込）とする。
2 前項の委託料の支払いは、前項の額を、翌月甲が乙から受け取るべき売上金から控除する方法によるものとする。

第6条　（途中終了時の委託料）
本契約が解除その他の事由により途中で終了したときは、甲は乙に対して、終了までになされた履行割合に応じた額の委託料を支払うものとする。

第7条　（報告）
1 乙は毎月〇日までに、前月末日までの本件店舗の売上金額とその明細書を、甲に書面にて報告する。
2 前項の報告に際しては、売上金額を示す帳簿や伝票などの資料を添付しなければならない。

第8条　（売上金の引渡し）
乙は、毎月末日までに、前月の売上金から前月の業務に関する乙の委託料を控除した残額を、下記振込口座に振り込んで支払う（振込手数料は乙負担）。

● 経営と営業　**重要度 A**

経営権と営業名義を明らかにします。

● 委 託 料　**重要度 A**

業務委託契約の重要事項です。疑義が生じないように明確に記載しましょう。

【応用】委託料の額の定め方を変更する　・・▶　1135 ページ
　　　　委託料の支払方法を変更する　　・・▶　1136 ページ
　　　　委託料の変更について規定する　　・・▶　1136 ページ

● 途中終了時の委託料　**重要度 A**

改正民法は、委任契約（業務委託契約は、準委任契約の場合があります）が中途で終了した場合の受任者の報酬請求権について、委任契約を「履行割合型」と「成果完成型」に分類して規定しています（改正民法648条3項、648条の2）。具体的には、履行割合型については割合的な報酬請求権が認められており、成果完成型については、すでにした委任事務の履行の結果が可分であり、かつ、その給付によって委任者が利益を得るときは、委任者が受ける利益の割合に応じた報酬請求権が認められています。途中終了時の報酬に関するトラブルを防止するため、委任契約が途中で終了した場合の受任者の報酬請求権の有無や内容について記載するようにしましょう。

【応用】委託料の請求に係る取扱いを変更する　・・▶　1137 ページ

● 報　　告　**重要度 B**

委託料を支払う以上、その対価である委託業務の履行が確実になされているかをチェックする必要があり、その前提として報告を受ける必要があります。

【応用】報告について具体的に規定する　・・▶　1137 ページ

● 売上金の引渡し　**重要度 A**

売上金の引渡方法を明記しておきましょう。

【応用】売上金の引渡方法を変更する　・・▶　1138 ページ

請負・業務委託｜10 営業委託契約書

　　　　○○銀行○○支店　　普通預金
　　　　口座番号　　　○○○○○○
　　　　口座名義　　　○○○○○○

第9条　（店舗の休業日と営業時間）
1　本件店舗の休業日は、次のとおりとする。
　① 　毎週水曜日
　② 　１２月３０日から１月３日
2　本件店舗の営業時間は、次のとおりとする。
　　　開店時間　午前○時○分
　　　閉店時間　午後○時○分

第10条　（従業員）
1　本件店舗における営業に従事させる従業員の選任については、原則として、甲の従業員を承継する。
2　乙は、必要に応じ、従業員を増員することができる。この場合、乙は、事前に甲の承諾を得なければならない。

第11条　（監督）
1　乙は、甲が要求する場合はいつでも、従業員の給与及び勤務状況、委託業務に関する帳簿及び伝票等の売上金額の明細等を、甲の閲覧に供しなければならない。
2　甲からの請求がある場合には、乙は、甲に対して、帳簿及び伝票の内容を説明しなければならない。

第12条　（費用負担）
1　乙は、次の各号に定める費用を負担する。ただし、乙は甲に対して費用負担の協議を申し入れることができる。
　① 　電気、ガス、水道、電話、清掃など店舗営業の維持費用
　② 　委託者との協議のうえで決定した什器、備品などの費用

● 店舗の休業日と営業時間　　**重要度 B**

店舗の休業日や営業時間が決まっているのであれば、契約書に明記しておくとよいでしょう。

【応用】休業日を不定期にする　　…▶　1139 ページ

● 従　業　員　　**重要度 B**

店舗の営業に従事させる従業員の選任について定めましょう。

【応用】従業員の選任方法を変更する　　…▶　1140 ページ

● 監　　督　　**重要度 A**

受託者が適正に営業を行っているかをチェックするため、委託者が帳簿や明細の閲覧ができるように定めましょう。

【応用】監督者を別に定める　　…▶　1140 ページ

● 費用負担　　**重要度 B**

店舗の営業にはさまざまな費用がかかるので、必要な費用については負担を定めておくとよいでしょう。

【応用】費用の負担者を変更する　　…▶　1142 ページ

2　甲は、次の各号に定める費用を負担する。
　① 店舗の内装、設備に関する費用
　② 広告宣伝に関する費用
3　店舗営業に必要な費用で前二項に定めのない費用の負担については、甲乙にて協議し、その負担を決定するものとする。

第13条　（禁止事項）

乙は、事前に書面による甲の承諾を得た場合を除き、次の各号に掲げる行為を行うことができない。
① 本件店舗における営業を廃止すること
② 本件店舗における営業を甲の許可なく休止すること
③ 本件店舗における営業を第三者に代行させること

第14条　（通知義務）

甲又は乙は、次の各号のいずれかに該当するときは、相手方に対し、予めその旨を書面により通知しなければならない。
① 法人の名称又は商号を変更するとき
② 振込先指定口座を変更するとき
③ 代表者を変更するとき
④ 本店、主たる事業所の所在地又は住所を変更するとき

第15条　（解除）

1　甲又は乙が以下の各号のいずれかに該当したときは、相手方は催告及び自己の債務の履行の提供をしないで直ちに本契約の全部又は一部を解除することができる。なお、この場合でも損害賠償の請求を妨げない。
① 本契約の一つにでも違反したとき
② 監督官庁から営業停止又は営業免許もしくは営業登録の取消等の処分を受けたとき
③ 差押、仮差押、仮処分、強制執行、担保権の実行としての

● **禁止事項**　重要度 B

乙が本件店舗における営業を継続するよう、禁止事項を定めるとよいでしょう。

【応用】禁止行為を追加・変更する　　…▶　1143 ページ
　　　　第三者の代行を条件付きで認める　…▶　1143 ページ

● **通知義務**　重要度 C

業務委託契約は一定期間継続するので、これらの事実を把握しておかないと、郵送や送金などで不都合が生じる場合があります。

【応用】通知を求める事項を追加・変更する　…▶　1144 ページ
　　　　通知の方法について規定する　…▶　1144 ページ
　　　　通知義務者を変更する　…▶　1144 ページ

● **解　　除**　重要度 B

民法等で定めた解除事由より広く解除できる場合を認めるため記載しています。なお、改正民法では、法定解除のうち催告による場合、相手方の債務不履行が契約および取引上の社会通念に照らして軽微な場合において、解除が認められないこととなりました（改正民法 541 条但書）。

【応用】約定解除権を限定する　　…▶　1145 ページ
　　　　解除の条件について規定する　…▶　1146 ページ
　　　　期限の利益喪失条項を設ける　…▶　1146 ページ

　　　　競売、租税滞納処分その他これらに準じる手続きが開始されたとき
　　④　破産、民事再生、会社更生又は特別清算の手続開始等の申立てがなされたとき
　　⑤　自ら振り出し又は引き受けた手形もしくは小切手が1回でも不渡りとなったとき、又は支払停止状態に至ったとき
　　⑥　合併による消滅、資本の減少、営業の廃止・変更又は解散決議がなされたとき
　　⑦　その他、支払能力の不安又は背信的行為の存在等、本契約を継続することが著しく困難な事情が生じたとき
2　本件店舗における月間の売上高が、連続して3か月間、〇〇円（最低売上高）に達しない場合は、甲は、本契約を解除することができる。

第16条　(守秘義務)

1　甲及び乙は、本契約期間中はもとより終了後も、本契約に基づき相手方から開示された情報を守秘し、第三者に開示してはならない。
2　前項の守秘義務は、前項の情報が以下のいずれかに該当する場合には適用しない。
　　①　公知の事実又は当事者の責に帰すべき事由によらずして公知となった事実
　　②　第三者から適法に取得した事実
　　③　開示の時点で保有していた事実
　　④　法令、政府機関、裁判所の命令により開示が義務付けられた事実

第17条　(損害賠償責任)

　　甲又は乙は、解除、解約又は本契約に違反することにより、相手方に損害を与えたときは、その損害の全て（弁護士費用及び

● 守秘義務　　重要度 B

委託業務は委託者の秘密を把握しつつ遂行するケースが多いので、その秘密を契約期間中のみならずその後も開示しないよう規定することが重要です。

【応用】守秘義務期間について規定する　　…▶　1147 ページ
　　　　情報開示に係る取決めを変更する　　…▶　1148 ページ
　　　　守秘義務の適用者を変更する　　…▶　1148 ページ
　　　　守秘義務に係る取扱いを追加・変更する　　…▶　1149 ページ

● 損害賠償責任　　重要度 C

損害賠償規定は民法等にも存在しますが、弁護士費用や実費なども賠償対象とするために記載しています。

【応用】賠償請求権を限定する　　…▶　1149 ページ
　　　　損害賠償の内容を変更する　　…▶　1149 ページ

その他の実費を含むが、これに限られない。）を賠償しなければならない。

第18条　（遅延損害金）
　甲が本契約に基づく金銭債務の支払いを遅延したときは、乙に対し、支払期日の翌日から支払済みに至るまで、年14.6％（年365日日割計算）の割合による遅延損害金を支払うものとする。

第19条　（不可抗力）
　本件業務の遂行が甲又は乙の責に帰すべからざる事由により不能（一部不能を含む。）及び履行遅滞となった場合に生じた損害については、相互に賠償責任を負わない。

第20条　（契約期間）
　本契約の有効期間は、令和〇年〇月〇日から令和〇年〇月〇日までとし、期間満了日の1か月前までに甲乙いずれからも異議がなされないときには、本契約は期間満了日の翌日から起算して、同一内容にて更に1年間延長されるものとし、それ以後も同様とする。

第21条　（契約終了後の処理）
1　甲及び乙は、本契約が終了したときは、互いに既に確定した債権債務について、速やかにこれを清算するものとする。
2　乙は、本契約が終了した場合、直ちに本件業務を中止し、本件店舗から退去するとともに、本件店舗に関する帳簿一切、什器備品などを、速やかに甲の指示に基づき返還するものとする。

第22条　（反社会的勢力の排除）
1　甲及び乙は、自己又は自己の役員が、暴力団、暴力団関係企業、

● **遅延損害金** 重要度 B

履行期日が遅れた場合の損害に関する定めを記載しましょう。

【応用】遅延損害金利率を変更する　…▶　1150 ページ

● **不可抗力** 重要度 B

当事者双方に責任なく債務不履行になった場合の取決めをしておきます。

【応用】記載内容を変更する　…▶　1151 ページ

● **契約期間** 重要度 A

業務委託契約は業務を一定期間遂行する内容なので、有効期間を明記する必要があります。

【応用】契約期間を変更する　　　…▶　1152 ページ
　　　　異議の方法を限定する　　…▶　1152 ページ
　　　　契約延長の決定権を限定する　…▶　1153 ページ

● **契約終了後の処理** 重要度 C

契約終了後に清算すべきことは当然ですが、注意的に規定します。
契約期間中に委託者の秘密を含む資料が受託者に渡されていることが多いので、そのような資料の返還・破棄を記載して秘密が漏れないようにします。

【応用】委託終了後に関する取決めを追加・変更する　…▶　1154 ページ

● **反社会的勢力の排除** 重要度 B

契約当事者が反社会的勢力と関わっていることが判明した場合に、即座に契約関係を解消することができるようにするために規定しています。

【応用】対象者を限定する　…▶　1155 ページ
　　　　賠償額を具体的に規定する　…▶　1155 ページ

請負・業務委託　10 営業委託契約書

総会屋もしくはこれらに準ずる者又はその構成員（以下これらを「反社会的勢力」という。）に該当しないこと、及び次の各号のいずれにも該当しないことを表明し、かつ将来にわたっても該当しないことを相互に確約する。
① 反社会的勢力に自己の名義を利用させること
② 反社会的勢力が経営を実質的に支配していると認められる関係を有すること
2 甲又は乙は、前項の一つにでも違反することが判明したときは、何らの催告を要せず、本契約を解除することができる。
3 本条の規定により本契約が解除された場合には、解除された者は、解除により生じる損害について、その相手方に対し一切の請求を行わない。

第23条　（協議解決）

本契約に定めのない事項又は本契約の解釈について疑義が生じたときは、甲乙誠意をもって協議のうえ解決する。

第24条　（合意管轄）

甲及び乙は、本契約に関し裁判上の紛争が生じたときは、訴額等に応じ、東京簡易裁判所又は東京地方裁判所を専属的合意管轄裁判所とすることに合意する。

　本契約締結の証として、本契約書2通を作成し、甲乙相互に署名又は記名・捺印のうえ、各1通を保有することとする。

令和　　年　　月　　日
　　　　　　　　　　甲

　　　　　　　　　　　　　　　　　　　　　　㊞

● 協議解決　**重要度 C**

協議により紛争を解決する可能性を探るため規定しています。なお、この規定に法的な拘束力はありません。

【応用】紛争解決方法について具体的に規定する　…▶　1155 ページ

● 合意管轄　**重要度 B**

紛争が生じた際に自己に有利な管轄裁判所において裁判を行うための規定です。

【応用】合意管轄裁判所を変更する　…▶　1156 ページ

● 後　　文

【応用】契約書の作成方法を変更する　…▶　1157 ページ

乙	㊞

※ 本契約書は料理店などの経営を委任する契約を念頭に置いて作成していますが、このような契約は準委任契約であり、この契約書は別表第一に掲げられたいずれの課税文書にも該当しないため、印紙税は課税されません。

作成のテクニック

▶ 第1条（目的） 重要度A

> 甲は、他店舗出店のために業務に注力するために、既存の店舗の営業について乙に委託することとし、乙がこれを承諾したため、本契約を締結する。

【目的の内容を変更する】

・新規顧客層開拓・来客数増加を目的とする場合・

> 甲は、乙がそのノウハウを用いて新規顧客層の開拓と来客数増加のための施策を実施するため、これらの店舗の営業について乙に委託することとし、乙がこれを承諾したため、本契約を締結する。

▶ 第2条（契約の成立） 重要度A

> 甲は、別紙目録記載の店舗（以下「本件店舗」という。）において、甲が所有し、経営中の本件店舗の営業（以下「本件業務」という。）を乙に委託し、乙はこれを受託する。

【委託業務の表示方法を変更する】

・対象店舗を本文中に示す場合・

> 甲は、以下の店舗（以下「本件店舗」という。）において、甲が所有し、経営中の本件店舗の営業（以下「本件業務」という。）を乙に委託し、乙はこれを受託する。
> ①　〇〇食堂麹町店（所在：東京都千代田区〇〇）
> ②　〇〇食堂半蔵門店（所在：東京都千代田区〇〇）

【委託する業務を変更する】

・営業の一部を委託する場合・

> 甲は、別紙目録記載の店舗（以下「本件店舗」という。）において、甲が所有し、経営中の本件店舗の営業（以下「本件業務」という。）のうち、○○〔例：調理業務及び新商品の開発〕を乙に委託し、乙はこれを受託する。

【契約内容に変更があった場合の手続きについて規定する】

・店舗の変更があったときの手続きを定める場合・

この場合、第2項として、次の規定を追加しましょう。

> 2　甲及び乙は、本件店舗の内容を変更する場合は、別途書面による変更契約を締結しなければならない。

▶ 第3条（営業種目）　重要度A

> 1　乙が受託する営業種目は、次のとおりとする。
> 　①　○○○○
> 　②　○○○○
> 2　乙が受託した営業種目事項を変更しようとする場合は、事前に甲の承諾を要する。
> 3　本件業務の委託については、履行に必要な付随業務を含むものとする。

【営業種目の変更について規定する】

・本契約後に委託業務を変更する方法を書面に限定する場合・

> 2　乙が受託した営業種目事項を変更しようとする場合は、甲及び乙で協議のうえ、変更契約の書面を作成することとする。

▶ 第5条（委託料） 重要度A

> 1　本契約の委託料は、月額金〇〇円（消費税込）とする。
> 2　前項の委託料の支払いは、前項の額を、翌月甲が乙から受け取るべき売上金から控除する方法によるものとする。

【委託料の額の定め方を変更する】

・委託料を売上／営業利益の一定割合とする場合・

> 1　本契約の委託料は、以下のとおりとする。
> 　〔月間売上高／月間の営業利益〕の〇％（消費税込）

・委託料を基本報酬と成功報酬の併用にする場合・

> 1　本契約の委託料は、基本報酬として金〇〇円（消費税込）、及び月間売上高の〇％（消費税込）とする。

・成功報酬を2段階に分ける場合・

> 1　本契約の委託料は、以下のとおりとする（消費税込）。
> 　基本報酬　〇〇円
> 　成功報酬　月間売上高の〇％
> 　超過報酬　月間売上高が〇〇円を超える場合は、超過部分について〇％

・委託料をタイムチャージにする場合・

この場合、月ごとに本件業務に従事した者および時間を明らかにする報告書の提出を受ける必要があります。第7条第1項を以下のとおり変更しましょう。

> 第5条（委託料）
> 1　本契約の委託料は、本件業務に従事した者1人当たり時給金〇〇円

（消費税込）とする。
（略）

第7条（報告）
1 乙は毎月末日までに、当月中に本件業務に従事した者及び業務時間を報告する。
2 前項の報告に際しては、売上金額を示す帳簿や伝票などの資料を添付しなければならない。

【委託料の支払方法を変更する】

・委託料の支払いを前払い／当月払いとする場合・　　　〔受託者有利〕

> 2 甲は、前項の委託料を、〔前月末日限り／当月末日限り〕、下記振込口座に振り込んで支払う（振込手数料は甲負担）。
> 　　○○銀行○○支店　　　普通預金
> 　　口座番号　　　○○○○○○
> 　　口座名義　　　○○○○○○

【委託料の変更について規定する】

・本契約締結後に委託料を変更する方法を規定する場合・

> 3 本契約締結後に、第1項の委託料を変更しようとする場合は、甲及び乙で協議のうえ、変更契約の書面を作成することとする。

第6条（途中終了時の委託料） 重要度A

> 本契約が解除その他の事由により途中で終了したときは、甲は乙に対して、終了までになされた履行割合に応じた額の委託料を支払うものとする。

【委託料の請求に係る取扱いを変更する】

・受託者に帰責事由がある場合は委託料を請求できないようにする場合・
〔委託者有利〕

> 本契約が解除その他の事由により途中で終了したときは、甲は乙に対して、終了までになされた履行割合に応じた額の委託料を支払うものとする。ただし、契約終了について乙に帰責事由がある場合は、乙は甲に対し履行割合に応じた報酬を請求することはできない。

第7条（報告）　重要度 B

> 1　乙は毎月○日までに、前月末日までの本件店舗の売上金額とその明細書を、甲に書面にて報告する。
> 2　前項の報告に際しては、売上金額を示す帳簿や伝票などの資料を添付しなければならない。

【報告について具体的に規定する】

・報告書の書式を甲が指定する場合・
〔委託者有利〕

> 1　乙は毎月○日までに、前月末日までの本件店舗の売上金額とその明細書を、甲所定の報告書に従い、甲に書面にて報告する。

・業務履行状況に関して報告を求める場合・
〔委託者有利〕

> 3　乙は、前二項の報告のほか、本件業務の履行の状況に関して、甲からの請求があったときは、その状況につき直ちに書面をもって報告しなければならない。

・業務履行状況に関して定期的な報告を義務づける場合・
〔委託者有利〕

> 3　乙は、前二項の報告のほか、甲に対し、甲所定の報告書に従い、従

> 事した業務の内容、業務従事者、業務時間、売上高等を記入したうえ、各営業日終了後、翌営業日中に、甲宛てに同報告書を電子メールにより送信しなければならない。

・事故が生じた場合に直ちに報告すべき義務を課す場合・　　〔委託者有利〕

> 3　乙は、本件店舗において事故が発生した場合及びそのおそれが生じた場合、直ちに甲に通知し、対応につき協議しなければならない。

第8条（売上金の引渡し）　重要度 A

> 乙は、毎月末日までに、前月の売上金から前月の業務に関する乙の委託料を控除した残額を、下記振込口座に振り込んで支払う（振込手数料は乙負担）。
> 　〇〇銀行〇〇支店　　普通預金
> 　口座番号　　〇〇〇〇〇〇
> 　口座名義　　〇〇〇〇〇〇

【売上金の引渡方法を変更する】

・受託者が自己の報酬を売上から控除することを認めない場合・〔委託者有利〕

この場合、第5条第2項は削除しましょう。

> 乙は、毎月末日までに、前月の売上金を、下記振込口座に振り込んで支払う（振込手数料は乙負担）。
> 　（振込口座：略）

・売上金を持参して支払うこととする場合・

> 乙は、毎月末日までに、前月の売上金から前月の業務に関する乙の委託料を控除した残額を、甲に持参して支払う。

・営業時間終了後、売上金を夜間金庫に入金して管理することとする場合・
〔委託者有利〕

> 1　(略)
> 2　乙は、前項に基づき甲に売上金を引き渡すまで、本件店舗における売上金を営業終了後直ちに夜間金庫等に預け、適切に管理しなければならない。

・各営業日の午前中に、前日分の売上を銀行に入金することとする場合・
〔委託者有利〕

> 1　(略)
> 2　乙は、前項に基づき甲に売上金を引き渡すまで、本件店舗における売上金を営業終了後、翌日午前中までに、乙の銀行口座に入金して適切に管理しなければならない。

第9条（店舗の休業日と営業時間）　重要度B

> 1　本件店舗の休業日は、次のとおりとする。
> 　①　毎週水曜日
> 　②　12月30日から1月3日
> 2　本件店舗の営業時間は、次のとおりとする。
> 　　開店時間　午前〇時〇分
> 　　閉店時間　午後〇時〇分

【休業日を不定期にする】

・委託者が休業日を定めることとする場合・　　　　　　〔委託者有利〕

> 1　本件店舗の休業日は、甲が〇〇〔例：前月の15日〕までに定め、乙に通知することとする。

・受託者が休業日を定めることとする場合・　　　　　〔受託者有利〕

> 1　本件店舗の休業日は、乙が〇〇〔例：前月の15日〕までに定め、甲に通知することとする。

▶第10条（従業員）　重要度B

> 1　本件店舗における営業に従事させる従業員の選任については、原則として、甲の従業員を承継する。
> 2　乙は、必要に応じ、従業員を増員することができる。この場合、乙は、事前に甲の承諾を得なければならない。

【従業員の選任方法を変更する】

・乙が従業員を選任する場合・　　　　　　　　　　　〔受託者有利〕

> 1　本件店舗における営業に従事させる従業員の選任については、原則として、乙がこれを選任するものとする。

▶第11条（監督）　重要度A

> 1　乙は、甲が要求する場合はいつでも、従業員の給与及び勤務状況、本件業務に関する帳簿及び伝票等の売上金額の明細等を、甲の閲覧に供しなければならない。
> 2　甲からの請求がある場合には、乙は、甲に対して、帳簿及び伝票の内容を説明しなければならない。

【監督者を別に定める】

・委託者が指定する第三者の監督に服することとする場合・　〔委託者有利〕

この場合、次のように第1項を挿入したうえで、2項および3項（もとの1

項および2項）を修正しましょう。

> 1 乙は、本件店舗における営業につき、甲及び甲の指定する第三者の監督に服する。
> 2 乙は、甲及び甲の指定する第三者が要求する場合はいつでも、従業員の給与及び勤務状況、本件業務に関する帳簿及び伝票等の売上金額の明細等を、甲及び甲の指定する第三者の閲覧に供しなければならない。
> 3 甲及び甲の指定する第三者からの請求がある場合には、乙は、甲及び甲の指定する第三者に対して、帳簿及び伝票の内容を説明しなければならない。

・**両者であらかじめ定めた第三者の監督に服する場合**・

この場合、次のように第1項を挿入したうえで、2項および3項（もとの1項および2項）を修正しましょう。

> 1 乙は、本件店舗における営業につき、甲乙で予め定めた第三者（以下、本条で「監督者」という。）の監督に服する。
> 2 乙は、甲及び監督者が要求する場合はいつでも、従業員の給与及び勤務状況、委託業務に関する帳簿及び伝票等の売上金額の明細等を、甲及び監督者の閲覧に供しなければならない。
> 3 甲及び監督者からの請求がある場合には、乙は、甲及び監督者に対して、帳簿及び伝票の内容を説明しなければならない。

▶ 第12条（費用負担） 重要度B

> 1 乙は、次の各号に定める費用を負担する。ただし、乙は甲に対して費用負担の協議を申し入れることができる。
>   ① 電気、ガス、水道、電話、清掃など店舗営業の維持費用
>   ② 委託者との協議のうえで決定した什器、備品などの費用
> 2 甲は、次の各号に定める費用を負担する。
>   ① 店舗の内装、設備に関する費用
>   ② 広告宣伝に関する費用

3 店舗営業に必要な費用で前二項に定めのない費用の負担については、甲乙にて協議し、その負担を決定するものとする。

【費用の負担者を変更する】

・委託者の負担する実費を限定する場合・　　　　　　　　〔委託者有利〕

本件業務の遂行に必要な実費は、事前に甲が書面により承諾したものに限り、甲が負担するものとする。

・実費を委託者が負担するものとする場合・　　　　　　　〔受託者有利〕

本件業務の遂行に必要な実費は、全て甲が負担するものとする。

・実費を受託者が負担するものとする場合・　　　　　　　〔委託者有利〕

本件業務の遂行に必要な実費は、全て乙が負担するものとする。

・実費の負担を折半することとする場合・

甲及び乙は、店舗営業に必要な費用を折半して負担するものとし、具体的な負担方法ないし清算方法については協議のうえで定めることとする。

第13条（禁止事項）　重要度B

乙は、事前に書面による甲の承諾を得た場合を除き、次の各号に掲げる行為を行うことができない。
① 本件店舗における営業を廃止すること
② 本件店舗における営業を甲の許可なく休止すること
③ 本件店舗における営業を第三者に代行させること

【禁止行為を追加・変更する】

・その他の禁止行為を定める場合・　　　　　　　　〔委託者有利〕

> ④　営業資金の借入れ
> ⑤　その他営業に関する重大な行為

【第三者の代行を条件付きで認める】

・特定の第三者に代行を認める場合・　　　　　　　〔受託者有利〕

> 1　（略）
> 2　前項第3号にかかわらず、乙は、乙の責任において、本件店舗の営業の全部又は一部を、以下の第三者に限り代行させることができる。
>   名称〔氏名〕：○○株式会社〔○○○○〕
>   本店所在地〔住所〕：東京都新宿区○○町○丁目○番○号

・事前の書面による承諾により第三者の代行を認める場合・　〔受託者有利〕

> 1　（略）
> 2　前項第3号にかかわらず、乙は、甲の事前の書面による承諾を得て、本件店舗の営業の全部又は一部を、第三者に代行させることができる。

▶ 第14条（通知義務）　重要度C

> 甲又は乙は、次の各号のいずれかに該当するときは、相手方に対し、予めその旨を書面により通知しなければならない。
> ①　法人の名称又は商号を変更するとき
> ②　振込先指定口座を変更するとき
> ③　代表者を変更するとき
> ④　本店、主たる事業所の所在地又は住所を変更するとき

請負・業務委託　10　営業委託契約書

【通知を求める事項を追加・変更する】

・株主構成を大幅に変更する場合にも通知義務を課す場合・

> ⑤ 株主構成を大幅に変更する場合

【通知の方法について規定する】

・事後の通知を認める場合・

> 甲又は乙は、次の各号のいずれかに該当するときは、相手方に対し、事前又は事後速やかにその旨を書面により通知しなければならない。
> ① （以下略）

・FAXやメールによる報告も認める場合・

> 甲又は乙は、次の各号のいずれかに該当するときは、相手方に対し、書面、メール又は電話など適宜の方法により、予めその旨を通知しなければならない。
> ① （以下略）

【通知義務者を変更する】

・委託者のみに通知義務を課す場合・　　　　　　　　　〔受託者有利〕

> 甲は、次の各号のいずれかに該当するときは、乙に対し、予めその旨を書面により通知しなければならない。
> ① （以下略）

・受託者のみに通知義務を課す場合・　　　　　　　　　〔委託者有利〕

> 乙は、次の各号のいずれかに該当するときは、甲に対し、予めその旨を書面により通知しなければならない。
> ① （以下略）

第15条（解除） 重要度B

1 甲又は乙が以下の各号のいずれかに該当したときは、相手方は催告及び自己の債務の履行の提供をしないで直ちに本契約の全部又は一部を解除することができる。なお、この場合でも損害賠償の請求を妨げない。
  ① 本契約の一つにでも違反したとき
  ② 監督官庁から営業停止又は営業免許もしくは営業登録の取消等の処分を受けたとき
  ③ 差押、仮差押、仮処分、強制執行、担保権の実行としての競売、租税滞納処分その他これらに準じる手続きが開始されたとき
  ④ 破産、民事再生、会社更生又は特別清算の手続開始等の申立てがなされたとき
  ⑤ 自ら振り出し又は引き受けた手形もしくは小切手が1回でも不渡りとなったとき、又は支払停止状態に至ったとき
  ⑥ 合併による消滅、資本の減少、営業の廃止・変更又は解散決議がなされたとき
  ⑦ その他、支払能力の不安又は背信的行為の存在等、本契約を継続することが著しく困難な事情が生じたとき
2 本件店舗における月間の売上高が、連続して3か月間、〇〇円（最低売上高）に達しない場合は、甲は、本契約を解除することができる。

【約定解除権を限定する】

・受託者のみに約定解除権を認める場合・　　　　　　　　　　　〔受託者有利〕

1 甲が以下の各号のいずれかに該当したときは、乙は催告及び自己の債務の履行の提供をしないで直ちに本契約の全部又は一部を解除することができる。なお、この場合でも損害賠償の請求を妨げない。
  ① （以下略）

・委託者のみに約定解除権を認める場合・　　　　　　　　　　　〔委託者有利〕

1 乙が以下の各号のいずれかに該当したときは、甲は催告及び自己の債務の履行の提供をしないで直ちに本契約の全部又は一部を解除す

> ることができる。なお、この場合でも損害賠償の請求を妨げない。
> ① （以下略）

【解除の条件について規定する】

・解除前に催告を要求する場合・

> 1　甲又は乙が以下の各号のいずれかに該当し、<u>相手方が相当期間内に是正すべきことを催告したにもかかわらず、その期間内に是正されない場合</u>、相手方は本契約の全部又は一部を解除することができる。なお、この場合でも損害賠償の請求を妨げない。
> ① （以下略）

・最低売上高を下回ったことによる解除については、損害賠償請求をしないこととする場合・

> 2　本件店舗における月間の売上高が、連続して3か月間、○○円（最低売上高）に達しない場合は、甲は、本契約を解除することができる。<u>ただし、この場合、各当事者は、互いに損害賠償の請求をしないものとする。</u>

【期限の利益喪失条項を設ける】

・期限の利益喪失条項を設ける場合・　　　　　　　　　　　〔受託者有利〕

委託者の信用不安に備えて、委託者に一定の事項が生じたときに受託者が未収金全額を請求できるようにしておくべきです。次の変更例では、第3項を新設して、期限の利益喪失事由を解除事由から流用しています。なお、この場合の条文のタイトルは、「解除及び期限の利益喪失」となります。

> 第15条（解除<u>及び期限の利益喪失</u>）
> 1　甲又は乙が以下の各号のいずれかに該当したときは、相手方は催告及び自己の債務の履行の提供をしないで直ちに本契約の全部又は一部を解除することができる。なお、この場合でも損害賠償の請求を妨げない。
> ① （略）

> 2　（略）
> 3　甲が第１項各号のいずれかに該当した場合、甲は当然に本契約から生じる一切の債務について期限の利益を失い、甲は乙に対して、その時点において甲が負担する債務を直ちに一括して弁済しなければならない。

・すべての取引の期限の利益を喪失させることとする場合・　　〔受託者有利〕

上記「期限の利益喪失条項を設ける場合」の第３項を次のように修正します。

> 第15条（解除及び期限の利益喪失）
> 3　甲が第１項各号のいずれかに該当した場合、甲は当然に本契約その他乙との間で締結している全ての契約から生じる一切の債務について期限の利益を失い、甲は乙に対して、その時点において甲が負担する一切の債務を直ちに一括して弁済しなければならない。

▶ 第16条（守秘義務）　重要度B

> 1　甲及び乙は、本契約期間中はもとより終了後も、本契約に基づき相手方から開示された情報を守秘し、第三者に開示してはならない。
> 2　前項の守秘義務は、前項の情報が以下のいずれかに該当する場合には適用しない。
>   ①　公知の事実又は当事者の責に帰すべき事由によらずして公知となった事実
>   ②　第三者から適法に取得した事実
>   ③　開示の時点で保有していた事実
>   ④　法令、政府機関、裁判所の命令により開示が義務付けられた事実

【守秘義務期間について規定する】

・契約終了後の守秘義務期間を限定する場合・

> 1　甲及び乙は、本契約期間中及び本契約終了後○年間、本契約に基づき相手方から開示された情報を守秘し、第三者に開示してはならない。

【情報開示に係る取決めを変更する】

・事前の書面承諾により開示を許可する場合・

> 1　甲及び乙は、事前に相手方の書面による同意を得た場合を除き、本契約期間中はもとより終了後も、本契約に基づき相手方から開示された情報を守秘し、第三者に開示してはならない。

・開示義務に基づく開示を行った場合に、遅滞なく相手方に通知することとする場合・

> 3　甲及び乙は、前項第4号に基づき開示を行った場合には、遅滞なく相手方に通知することとする。

【守秘義務の適用者を変更する】

・守秘義務を一方当事者のみに課す場合・　　　　〔一方当事者のみ有利〕

> 1　〔甲／乙〕は、本契約期間中はもとより終了後も、本契約に基づき〔乙／甲〕から開示された情報を守秘し、第三者に開示してはならない。

・従業員にも守秘義務を負わせることを明記する場合・

> 1　甲及び乙は、本契約期間中はもとより終了後も、本契約に基づき相手方から開示された情報を守秘し、第三者に開示してはならず、従業員にも同様の守秘義務を課さなければならない。

・再委託を行ったとき、再委託先にも守秘義務を課すことを明記する場合・
〔委託者有利〕

> 3　乙は、本件業務を第三者に再委託する場合には、再委託先にも本条第1項と同様の守秘義務を負わせなければならない。

【守秘義務に係る取扱いを追加・変更する】

・受託者に守秘義務違反の場合の違約罰を定める場合・　　〔委託者有利〕

> 3　乙が前二項の定めに違反した場合、乙は、それにより甲が被った損害の賠償に加え、違約罰として金〇〇円を甲に対して支払わなければならない。

▶第17条（損害賠償責任）　重要度 C

> 甲又は乙は、解除、解約又は本契約に違反することにより、相手方に損害を与えたときは、その損害の全て（弁護士費用及びその他の実費を含むが、これに限られない。）を賠償しなければならない。

【賠償請求権を限定する】

・委託者のみに弁護士費用を含む賠償請求権を認める場合・　　〔委託者有利〕

> 乙は、解除、解約又は本契約に違反することにより、甲に損害を与えたときは、その損害の全て（弁護士費用及びその他の実費を含むが、これに限られない。）を賠償しなければならない。

・受託者のみに弁護士費用を含む賠償請求権を認める場合・　　〔受託者有利〕

> 甲は、解除、解約又は本契約に違反することにより、乙に損害を与えたときは、その損害の全て（弁護士費用及びその他の実費を含むが、これに限られない。）を賠償しなければならない。

【損害賠償の内容を変更する】

・委託者に具体的な賠償額の予定を行う場合・　　〔受託者有利〕

> 甲は、解除、解約又は本契約に違反することにより、乙に損害を与えた

> ときは、<u>過去○か月分の委託料（消費税込）を損害金として賠償しなけ
> ればならない。</u>

・損害賠償額を限定する場合・

> 甲又は乙は、解除、解約又は本契約に違反することにより、相手方に損
> 害を与えたときは、<u>前月の委託料（消費税込）の20％を上限としてそ
> の損害を</u>賠償しなければならない。

・損害賠償責任を重大な違反の場合に限定する場合・

> 甲又は乙は、解除、解約又は本契約に違反することにより、相手方に損
> 害を与えたときは、<u>故意又は重過失がある場合に限り、</u>その損害の全て
> （弁護士費用及びその他の実費を含むが、これに限られない。）を賠償
> しなければならない。

・損害が故意または重過失による場合に、損害賠償額に追加して違約金の支
払いを認める場合・

> 1　（略）
> 2　甲又は乙は、故意又は重過失により、相手方に損害を与えたときは、
> 　　前月の委託料（消費税込）の20％の違約金を前項の損害に加算し
> 　　て賠償しなければならない。

▶ 第18条（遅延損害金） 重要度B

> 甲が本契約に基づく金銭債務の支払いを遅延したときは、乙に対し、支
> 払期日の翌日から支払済みに至るまで、年14.6％（年365日日割計算）
> の割合による遅延損害金を支払うものとする。

【遅延損害金利率を変更する】

遅延損害金利率の定めがないときの利率は法定利率によるとされているとこ

ろ、民法改正により法定利率が年5％から3％（その後3年ごとに見直しが行われます）となり（改正民法404条）、遅延損害金利率もこれに連動します（改正民法419条）。また、同改正により、商事法定利率（6％）は廃止されます。

当事者間で、法定利率とは異なる利率を定めることも可能です。民法改正により、法定利率は3年ごとに見直される変動制となることから、遅延損害金利率について定めを置くことが、より重要となります。

• 遅延損害金利率を高くする場合 •　　　　　　　　　　　　〔受託者有利〕

> 甲が本契約に基づく金銭債務の支払いを遅延したときは、乙に対し、支払期日の翌日から支払済みに至るまで、年20％（年365日日割計算）の割合による遅延損害金を支払うものとする。

当事者間で、法定利率を上回る利率を定めることも可能ですが、他の法律で上限が定められていますので注意が必要です。

• 遅延損害金利率を低くする場合 •　　　　　　　　　　　　〔委託者有利〕

> 甲が本契約に基づく金銭債務の支払いを遅延したときは、乙に対し、支払期日の翌日から支払済みに至るまで、年1％（年365日日割計算）の割合による遅延損害金を支払うものとする。

▶ 第19条（不可抗力）　重要度B

> 本件業務の遂行が甲又は乙の責に帰すべからざる事由により不能（一部不能を含む。）及び履行遅滞となった場合に生じた損害については、相互に賠償責任を負わない。

【記載内容を変更する】

• 通知義務・誠実協議義務を記載する場合 •

> 甲及び乙は、地震、台風、水害、火災、戦争その他の予測不能の事態が

発生し、契約の履行に直接の影響があり、定めた条件を履行できなくなった場合は、直ちに相手方に通知しなければならない。この場合、本契約の履行に与える影響の程度により、双方が誠意をもって協議し、契約の解除、契約履行責任の部分的免除等を決定するものとし、相互に損害賠償責任を負わない。

▶第 20 条（契約期間） 重要度 A

本契約の有効期間は、令和〇年〇月〇日から令和〇年〇月〇日までとし、期間満了日の1か月前までに甲乙いずれからも異議がなされないときには、本契約は期間満了日の翌日から起算して、同一内容にて更に1年間延長されるものとし、それ以後も同様とする。

【契約期間を変更する】

・自動延長にしない場合・

本契約の有効期間は、令和〇年〇月〇日から令和〇年〇月〇日までとし、契約は延長しないものとする。

・期間満了の1か月前までに契約更新の協議が整わない場合、契約は終了とする場合・

本契約の有効期間は、令和〇年〇月〇日から令和〇年〇月〇日までとし、期間満了日の1か月前までに契約更新の協議が整わない限り、本契約は終了するものとする。

【異議の方法を限定する】

・異議の方法を書面に限定する場合・

本契約の有効期間は、令和〇年〇月〇日から令和〇年〇月〇日までとし、期間満了日の1か月前までに甲乙いずれからも書面による異議がなされ

ないときには、本契約は期間満了日の翌日から起算して、同一内容にて更に1年間延長されるものとし、それ以後も同様とする。

【契約延長の決定権を限定する】

・延長するか否かの決定権を委託者のみに与えることとする場合・

〔委託者有利〕

本契約の有効期間は、令和○年○月○日から令和○年○月○日までとし、期間満了日の1か月前までに甲から異議がなされないときには、本契約は期間満了日の翌日から起算して、同一内容にて更に1年間延長されるものとし、それ以後も同様とする。

・延長するか否かの決定権を受託者のみに与えることとする場合・

〔受託者有利〕

本契約の有効期間は、令和○年○月○日から令和○年○月○日までとし、期間満了日の1か月前までに乙から異議がなされないときには、本契約は期間満了日の翌日から起算して、同一内容にて更に1年間延長されるものとし、それ以後も同様とする。

▶第21条(契約終了後の処理) 重要度C

1 甲及び乙は、本契約が終了したときは、互いに既に確定した債権債務について、速やかにこれを清算するものとする。
2 乙は、本契約が終了した場合、直ちに本件業務を中止し、本件店舗から退去するとともに、本件店舗に関する帳簿一切、什器備品などを、速やかに甲の指示に基づき返還するものとする。

【委託終了後に関する取決めを追加・変更する】

・委託業務を委託者の指定する者に引き継がせる場合・　　〔委託者有利〕

> 2　乙は、本契約が終了した場合、直ちに本件業務を中止し、<u>甲の指定する者に対して事務の引継ぎを行い、</u>本件店舗から退去するとともに、本件店舗に関する帳簿一切、什器備品などを、速やかに甲の指示に基づき返還するものとする。

・甲の責に帰すべき事由により本契約が終了した場合は、引継業務の費用は甲が負担することとする場合・　　〔受託者有利〕

第3項として、次の規定を追加するとよいでしょう。

> 3　甲の責に帰すべき事由により本契約が終了した場合には、引継ぎの費用は甲が負担する。

▶ 第22条（反社会的勢力の排除）　重要度B

> 1　甲及び乙は、自己又は自己の役員が、暴力団、暴力団関係企業、総会屋もしくはこれらに準ずる者又はその構成員（以下これらを「反社会的勢力」という。）に該当しないこと、及び次の各号のいずれにも該当しないことを表明し、かつ将来にわたっても該当しないことを相互に確約する。
> 　① 反社会的勢力に自己の名義を利用させること
> 　② 反社会的勢力が経営を実質的に支配していると認められる関係を有すること
> 2　甲又は乙は、前項の一つにでも違反することが判明したときは、何らの催告を要せず、本契約を解除することができる。
> 3　本条の規定により本契約が解除された場合には、解除された者は、解除により生じる損害について、その相手方に対し一切の請求を行わない。

【対象者を限定する】

・受託者のみを対象とする場合・　　　　　　　　　　　　〔委託者有利〕

> 1　乙は、自己又は自己の役員が、暴力団、暴力団関係企業、総会屋もしくはこれらに準ずる者又はその構成員（以下これらを「反社会的勢力」という。）に該当しないこと、及び次の各号のいずれにも該当しないことを表明し、かつ将来にわたっても該当しないことを確約する。
> ①　反社会的勢力に自己の名義を利用させること
> ②　反社会的勢力が経営を実質的に支配していると認められる関係を有すること
> 2　甲は、乙が前項の一つにでも違反することが判明したときは、何らの催告を要せず、本契約を解除することができる。

【賠償額を具体的に規定する】

・具体的な賠償額の予定を行う場合・

> 4　本条の規定により本契約が解除された場合には、解除された者は、相手方に対し、違約金として金〇〇円を支払うものとする。

第23条（協議解決）　重要度C

> 本契約に定めのない事項又は本契約の解釈について疑義が生じたときは、甲乙誠意をもって協議のうえ解決する。

【紛争解決方法について具体的に規定する】

・仲裁者をあらかじめ定める場合・

> 甲及び乙は、本契約に定めのない事項又は本契約の解釈について疑義が生じたときは、〇〇〇〇を仲裁者と定め、三者において誠意をもって協

議のうえ解決する。

▶ 第 24 条（合意管轄） 重要度 B

甲及び乙は、本契約に関し裁判上の紛争が生じたときは、訴額等に応じ、東京簡易裁判所又は東京地方裁判所を専属的合意管轄裁判所とすることに合意する。

【合意管轄裁判所を変更する】

・本店所在地を管轄する裁判所にする場合・

甲及び乙は、本契約に関し裁判上の紛争が生じたときは、<u>甲又は乙の本店所在地を管轄する裁判所</u>を専属的合意管轄裁判所とすることに合意する。

・本店所在地または支店所在地を管轄する裁判所にする場合・

甲及び乙は、本契約に関し裁判上の紛争が生じたときは、<u>甲又は乙の本店所在地もしくは支店所在地を管轄する裁判所</u>を専属的合意管轄裁判所とすることに合意する。

▶ 後文

本契約締結の証として、本契約書2通を作成し、甲乙相互に署名又は記名・捺印のうえ、各1通を保有することとする。

【契約書の作成方法を変更する】

・1通のみ原本を作成し、当事者の一方は写しのみを保管する場合・

> 本契約締結の証として、本契約書1通を作成し、甲乙相互に署名又は記名・捺印のうえ、〔甲／乙〕が原本を保有し、〔乙／甲〕が写しを保有することとする。

その他の役立つ条項

- ■ 委託者の権利・義務を追加する場合 ……………………………… 1158 ページ
- ■ 委託者・受託者双方の権利・義務を追加する場合 ……………… 1158 ページ
- ■ 業務の中止、契約の中途解約について規定する場合 …………… 1159 ページ
- ■ 知的財産権について規定する場合 ………………………………… 1160 ページ
- ■ 第三者との紛争が生じた場合の処理について定める場合 ……… 1160 ページ
- ■ 費用の負担について定める場合 …………………………………… 1161 ページ
- ■ 海外企業との取引である場合に、取扱いについて定める場合 … 1161 ページ

◆委託者の権利・義務を追加する場合

・委託者の相殺を認める・   〔委託者有利〕

> 第○条(相殺)
> 　甲は、本契約に基づき甲が乙に負担する委託料等の支払債務と、本契約又は本契約に限らないその他の契約等に基づき乙が甲に対して負担する債務とを、その債務の期限如何にかかわらず、いつでも対当額において相殺することができる。

・委託者の立入調査権を認める・   〔委託者有利〕

> 第○条(立入調査)
> 　甲は乙に対して、3営業日前までに予告して乙の承諾を得ることにより、乙の営業時間中に乙の事業所に立ち入るなどして本件業務の履行状況を調査できるものとする。

◆委託者・受託者双方の権利・義務を追加する場合

・第三者に対する権利義務の譲渡を禁止する・

> 第○条(権利義務の譲渡禁止)
> 　甲及び乙は、予め相手方の書面による承諾を得ることなく、本契約

> に基づく権利、義務又は財産の全部もしくは一部を第三者に譲渡し、承継させ又は担保に供してはならない。

◆業務の中止、契約の中途解約について規定する場合

・受託者の中止権を認める・　　　　　　　　　　　　　　　〔受託者有利〕

> 第○条（中止権）
> 　乙は、甲が理由なく委託料の支払いをしない場合、書面により通知したうえで、本件業務の実施を中止することができる。

・中途解約できることとする・

> 第○条（中途解約）
> 1　甲又は乙は、本契約期間中であっても、相手方に対して３か月前までに書面による解約通知をすることにより、本契約を解約することができる。
> 2　前項の場合、解約通知をした者は相手方に対し何ら損害賠償責任を負わないものとする。

・委託者のみに中途解約権を与える・　　　　　　　　　　　〔委託者有利〕

> 第○条（中途解約）
> 1　甲は、本契約期間中であっても、乙に対して３か月前までに書面による解約通知をすることにより、本契約を解約することができる。
> 2　前項の場合、甲は乙に対し何ら損害賠償責任を負わないものとする。

・委託者のみに即時の中途解約権を与える・　　　　　　　　〔委託者有利〕

> 第○条（中途解約）
> 1　甲又は乙は、本契約期間中であっても、相手方に対して３か月前までに書面による解約通知をすることにより、本契約を解約することができる。

> 2 甲は、前項の予告に代えて前月の委託報酬の3か月相当分の委託料を乙に支払うことにより、本契約を即時解約することができる。
> 3 前二項の場合、解約した者は相手方に対し何ら損害賠償責任を負わないものとする。

◆知的財産権について規定する場合

・知的財産権を使用する必要がある場合の取扱いを規定する・　〔委託者有利〕

> 第○条(知的財産権の使用)
> 1 乙は、本件業務を遂行するため、第三者の所有に係る知的財産権を使用する必要がある場合、予め当該第三者から書面による承諾を得るものとする。
> 2 前項の場合、乙はその使用による一切の責任を負うものとする。

・発生した知的財産権は委託者に帰属することとする・　〔委託者有利〕

> 第○条(成果物の知的財産権の帰属)
> 　本件業務の結果生じた成果物について、著作権、実用新案権、意匠権、特許権、ノウハウ等の知的財産権が発生した場合、知的財産権は全て甲に帰属するものとする。

◆第三者との紛争が生じた場合の処理について定める場合

・受託者と第三者との紛争については、受託者の負担と責任において解決することとする・　〔委託者有利〕

> 第○条(第三者との紛争等の処理)
> 　乙は、本件業務の遂行に際して、第三者に損害を生じさせた場合、又は第三者との間に紛争を生じさせた場合には、直ちに甲に通知するとともに、乙の負担と責任において早急に解決するものとする。この場合、甲は当該第三者に対して一切の責任を負わないものとする。

- 受託者と第三者との紛争については、委託者の負担と責任において解決することとする・　　　　　　　　　　　　　　　　〔受託者有利〕

> 第○条（第三者との紛争等の処理）
> 　乙は、本件業務の遂行に際して、第三者に損害を生じさせた場合、又は第三者との間に紛争を生じさせた場合には、直ちに甲に通知するものとする。この場合、甲はその負担と責任において解決するものとする。

◆費用の負担について定める場合

- 各々が費用を負担することとする・

> 第○条（費用負担）
> 　本契約の締結に要する印紙代その他の費用は、甲乙が各々の費用を負担することとする。

◆海外企業との取引である場合に、取扱いについて定める場合

- 準拠法を日本法と定める・

> 第○条（準拠法）
> 　本契約は日本法に準拠し、同法によって解釈されるものとする。

チェックポイント

あなたが委託者の場合は、最低限以下の点をチェックしましょう。

- ☐ 契約の目的が明確か
- ☐ 委託の範囲が明らかであるか、委託する営業種目の内容に漏れがないか
- ☐ 委託業務に付随事項が記載されているか
- ☐ 委託報酬、実費の負担割合は明確に定められているか
- ☐ （委託報酬がタイムチャージの場合）定期報告義務が規定されているか
- ☐ （委託報酬が成功報酬制の場合）委託報酬の計算方法・支払方法が特定されているか
- ☐ 契約の有効期間は明らかであるか

あなたが受託者の場合は、最低限以下の点をチェックしましょう。

- ☐ 契約の目的が明確か
- ☐ 受託する営業種目の内容が明らかであるか
- ☐ 受託業務の付随事項の範囲は明確か
- ☐ 委託報酬、実費の負担割合は明確に定められているか
- ☐ （委託報酬がタイムチャージの場合）定期報告義務は明らかであるか
- ☐ （委託報酬が成功報酬制の場合）委託報酬の計算方法・支払方法が特定されているか
- ☐ 委託者が委託報酬を支払わなかった場合の対応に問題はないか
- ☐ 契約の有効期間は明らかであるか

MEMO

第 5 章

労働に関する契約

1 雇用契約書（就業規則なし）

雇用契約書

（使用者）〇〇〇〇（以下「甲」という。）と（労働者）〇〇〇〇（以下「乙」という。）は、以下のとおり雇用契約（以下「本契約」という。）を締結する。

第1条　（雇用）

甲は、本契約の規定及び別紙労働条件通知書に定める条件により乙を雇用し、乙は甲に従いその職務を誠実に遂行し、甲はこれに対し賃金を支払うことを約する。

第2条　（遵守事項）

乙は、甲に対し、以下の事項を遵守することを誓約する。
① 法令、諸規則、諸規程、本契約及び業務命令等を遵守し、誠実に職務を遂行する。
② 業務上の機密に属する事項（個人情報を含む。）を、在職中のみならず退職後も第三者に漏洩しない。
③ 甲の事前の書面による承諾なしに、在職中及び退職後1年間は、甲と同一又は類似のノウハウを利用した事業を自ら営み、もしくは甲の事業と競合する事業を営む会社に雇用されない。

【この契約書を用いるケース】
☑ 就業規則がないことを前提に雇用契約を締結する場合
⇨就業規則がある場合は本章**2**

● 前　　文

【応用】労働者の雇用形態について記載する　　・・・► 1176 ページ

● 雇　　用　　重要度 A

就業規則がない場合には、個別に労働条件について合意する必要があります。もっとも、それぞれの労働者によって労働条件が異なる場合もありますから、細かな労働条件については労働条件通知書を別に作成して添付するとよいでしょう。

【応用】労働条件の変更について記載する　　・・・► 1176 ページ

● 遵守事項　　重要度 B

労働者が遵守すべき事項について、あらかじめ明らかにしましょう。

【応用】遵守事項を追加・変更する　　・・・► 1177 ページ

労働　**1** 雇用契約書（就業規則なし）

第3条 (当然退職)

乙が次の各号の一つに該当するときは、その日をもって退職とし、その翌日をもって従業員としての身分を失う。
① 死亡したとき
② 甲の取締役、執行役又は監査役に就任したとき
③ 甲に連絡がなく５０日が経過し、甲が所在を知ることができないとき
④ 業務によらない負傷又は疾病により連続して〇日欠勤したとき

第4条 (懲戒)

1 懲戒の種類及び程度は以下のとおりとする。
① 譴　　責：顛末書を提出させ将来を戒める。
② 減　　給：顛末書を提出させ将来を戒め、賃金を減ずる。減給の範囲は、１回の事案に対しては平均賃金の１日分の半額を限度とし、一賃金支払期に発生した複数の事案に対しては当該賃金支払期における賃金の総額の十分の一を超えないものとする。
③ 出勤停止：顛末書を提出させ将来を戒め、７日以内の期間を定めて出勤を停止し、その期間中は賃金を支払わない。
④ 降　　格：顛末書を提出させ将来を戒め、現在の職位を解任又は他の職位へ引き下げる。
⑤ 諭旨退職：懲戒解雇相当の事由がある場合に、退職届を提出するよう勧告し、３日以内に退職届が提出されないときは懲戒解雇とする。
⑥ 懲戒解雇：予告期間を設けることなく即時に解雇する。解雇予告手当は支給しない。

2 甲は、乙が次の各号に該当する行為を行ったときは、その情状

● 当然退職　　**重要度 B**

退職事由を明確に定めましょう。

【応用】退職事由を追加・変更する　　…▶　1177 ページ

● 懲　　戒　　**重要度 A**

懲戒処分を行うためには、あらかじめ懲戒の種類および懲戒の事由を定めなければいけません。柔軟に懲戒処分を行うことができるように、詳細に記載しましょう。

【応用】懲戒の種類・程度を追加・変更する　　…▶　1179 ページ
　　　　懲戒事由を追加・変更する　　…▶　1180 ページ

労働

❶ 雇用契約書（就業規則なし）

に応じ前項の懲戒処分を行うことができる。
① 無断又は正当な理由なく欠勤したとき
② 無断又は正当な理由なく遅刻又は早退を繰り返したとき
③ 甲の業務命令又は甲の諸規則、諸規程に従わないとき
④ 甲の許可なく甲の物品を私用で使用したとき又は持ち出したとき
⑤ 甲の許可なく業務上金品の贈与を受けたとき
⑥ 甲の許可なく事業を始め又は他の会社に雇用されたとき
⑦ 故意又は重大な過失により、甲の金銭又は物品を紛失したとき
⑧ 故意又は重大な過失により、甲の設備、備品又はシステムを破壊したとき
⑨ 故意又は重大な過失により、営業上の事故を発生させたとき
⑩ 故意又は重大な過失により、甲の業務上の機密に属する事項（個人情報を含む。）を漏洩したとき
⑪ 甲に対する業務上の報告等を偽ったとき
⑫ 素行不良で職場の秩序、風紀を乱したとき
⑬ 他の職員に対し性的な嫌がらせを行ったとき
⑭ 業務上の地位又は権限を利用し他の職員に対し嫌がらせを行ったとき
⑮ 業務上の地位又は権限を利用し自己の利益を図ったとき
⑯ 重要な経歴等を詐称して採用されたとき
⑰ 刑法その他の法令に違反する行為をしたとき
⑱ 故意又は重大な過失により、甲の名誉又は信用を毀損したとき（企業外非行行為を含む。）
⑲ 第2条に定める遵守事項を守らず、その程度が重いとき
⑳ その他、前各号に準ずる行為をしたとき

第5条　（普通解雇）

甲は、乙が次の各号の一つに該当するときは、乙を解雇するこ

● 普通解雇　重要度 A

解雇の事由等は使用者が労働者に対し明示しなければならないので、具体的に記載しましょう。

【応用】解雇事由を追加・変更する　・・▶　1181 ページ

とができる。
① 身体又は精神の障害により、業務に耐えられないと認められるとき
② 勤務成績又は業務能率が不良で、就業に適さないと認められるとき
③ 事業の縮小、廃止その他経営上の都合により余剰人員が生じたとき
④ ２週間以上正当な理由なく無断欠勤し、出勤の督促に応じないとき
⑤ その他、前各号に準ずる事由があるとき

第６条 （協議解決）
本契約に定めのない事項又は本契約の解釈について疑義が生じたときは、甲乙誠意をもって協議のうえ解決する。

第７条 （合意管轄）
甲及び乙は、本契約に関し裁判上の紛争が生じたときは、訴額等に応じ、東京簡易裁判所又は東京地方裁判所を専属的合意管轄裁判所とすることに合意する。

本契約締結の証として、本契約書２通を作成し、甲乙相互に署名又は記名・捺印のうえ、各１通を保有することとする。

令和　年　月　日

甲

㊞

乙

㊞

● 協議解決　**重要度 C**

協議により紛争回避を図る可能性を探るため規定しています。なお、この規定に法的な拘束力はありません。

【応用】紛争解決方法について具体的に規定する　　…▶　1181 ページ

● 合意管轄　**重要度 B**

紛争が生じた際に自己に有利な管轄裁判所において裁判を行うための規定です。

【応用】合意管轄裁判所を変更する　　…▶　1182 ページ

※　雇用契約書には、収入印紙の貼付は不要です。

労働 ❶ 雇用契約書（就業規則なし）

（別紙）　　　　　　　　　労働条件通知書

労働契約の期間	□契約期間の定めあり
	（令和〇年〇月〇日から令和〇年〇月〇日まで） 　→契約更新　□あり　□なし
	□契約期間の定めなし
就業の場所	〇〇〇〇
従事すべき業務	〇〇〇〇
就業時間等	始業時刻：〇時〇分
	終業時刻：〇時〇分 　　　　　（ただし、土曜日は〇時〇分） 休憩時間：正午より〇分間 所定時間外労働：□あり　□なし
休　　日	□土曜日
	□日曜日
	□国民の祝日に関する法律に定められた休日 □年末年始（１２月〇日から翌年１月〇日） □毎週〇曜日
休　　暇	□年次有給休暇 　　労働基準法のとおり □その他の休暇
賃　　金	基本給：□月給（〇〇円）　□時給（〇〇円）
	割増賃金　時間外労働（〇％増額） 　　　　　　深夜労働（〇％増額） 　　　　　　休日労働（〇％増額） 支払日：前月〇日から当月〇日締め〇日払い 　　　（休日の場合はその前営業日）
退　　職	定年：□あり（満〇歳に達した日）　□なし
	自己都合退職（退職の〇日以上前に届け出ること）

● 労働条件通知書

使用者は労働者に対して、①労働契約の期間、②就業の場所および従事すべき業務、③就業時間・休日等、④賃金、⑤退職の各事項を書面により明示しなければいけません。漏れなく記載しましょう。

● 労働契約の期間　**重要度A**

労働契約の期間は定めないことが多いですが、期間を定める場合は、原則として3年を超えることができません（労働基準法14条）。

【応用】契約更新について規定する　・・・▶ 1184ページ

● 就業の場所　**重要度A**

配置転換命令や転勤命令の際にトラブルとなることも多いので、将来を見据えて具体的に記載する必要があります。

【応用】就業場所の変更について規定する　・・・▶ 1185ページ

● 従事すべき業務　**重要度A**

将来担当する業務を含めて網羅的に明示することができます。

【応用】従事すべき業務の変更について記載する　・・・▶ 1185ページ

● 就業時間等　**重要度A**

労働時間は、原則として1日8時間、1週間で40時間を超えて定めることができません。休憩時間は、労働時間が6時間超のときは45分以上、8時間超のときは1時間以上です。また、時間外労働がある場合には、労働基準監督署へ時間外労働に関する協定書を提出する必要があります。

【応用】労働時間制を変更する　・・・▶ 1186ページ

● 休　日　**重要度A**

休日は、原則として、1週間に1回以上、4週間を通じて4日以上与える必要があります。

【応用】休日の定めを追加・変更する　・・・▶ 1187ページ

● 休　暇　**重要度A**

使用者は、労働者に対し、年次有給休暇として、労働者が雇入れの日から6か月間継続して勤務し、全労働日の8割以上出勤したときは、10労働日の有給休暇を与える必要があります。また、1年6か月以上継続勤務した労働者に対しては、雇入れの日から6か月を超えて継続勤務する日から起算した継続勤務年数1年ごとに、有給休暇を一定の割合で与える必要があります。

【応用】特別休暇について記載する　・・・▶ 1187ページ

● 賃　金　**重要度A**

基本給や割増賃金については法令上の下限を下回らないように注意しましょう。

【応用】諸手当・賞与・退職金について記載する　・・・▶ 1188ページ

● 退　職　**重要度A**

退職事由について、当然退職と任意退職を具体的に記載しましょう。

【応用】継続雇用制度について記載する　・・・▶ 1189ページ

作成のテクニック

▶ 前文

> （使用者）〇〇〇〇（以下「甲」という。）と（労働者）〇〇〇〇（以下「乙」という。）は、以下のとおり雇用契約（以下「本契約」という。）を締結する。

【労働者の雇用形態について記載する】

・アルバイトとして雇用契約を締結する場合・

> （使用者）〇〇〇〇（以下「甲」という。）と（労働者）〇〇〇〇（以下「乙」という。）は、以下のとおり乙をアルバイトとする雇用契約（以下「本契約」という。）を締結する。

▶ 第1条（雇用） 重要度 A

> 甲は、本契約の規定及び別紙労働条件通知書に定める条件により乙を雇用し、乙は甲に従いその職務を誠実に遂行し、甲はこれに対し賃金を支払うことを約する。

【労働条件の変更について記載する】

・労働条件の変更を可能とする規定を設ける場合・　　　　〔使用者有利〕

労働条件の変更は、労働者との合意がない場合であっても一定の要件のもとで可能ですが、変更が可能であることを明確にする場合は、以下のような条項を追加しましょう。

> 2　甲は、本契約の規定及び別紙労働条件通知書に定める条件等について、業務上の必要性により変更することがある。

第2条（遵守事項） 重要度 B

乙は、甲に対し、以下の事項を遵守することを誓約する。
① 法令、諸規則、諸規程、本契約及び業務命令等を遵守し、誠実に職務を遂行する。
② 業務上の機密に属する事項（個人情報を含む。）を、在職中のみならず退職後も第三者に漏洩しない。
③ 甲の事前の書面による承諾なしに、在職中及び退職後1年間は、甲と同一又は類似のノウハウを利用した事業を自ら営み、もしくは甲の事業と競合する事業を営む会社に雇用されない。

【遵守事項を追加・変更する】

・会社の名誉等を毀損しないように明示的に求める場合・　　〔使用者有利〕

○ 甲の名誉又は信用を毀損するような行為をしない。

第3条（当然退職） 重要度 B

乙が次の各号の一つに該当するときは、その日をもって退職とし、その翌日をもって従業員としての身分を失う。
① 死亡したとき
② 甲の取締役、執行役又は監査役に就任したとき
③ 甲に連絡がなく50日が経過し、甲が所在を知ることができないとき
④ 業務によらない負傷又は疾病により連続して〇日欠勤したとき

【退職事由を追加・変更する】

・休職期間が満了したときに当然退職とする場合・　　〔使用者有利〕

休職の規定を設ける場合は、休職期間が満了した場合の規定もあわせて記載しておくとよいでしょう。

○ 休職期間が満了したとき

第4条（懲戒） 重要度A

1 懲戒の種類及び程度は以下のとおりとする。
　① 譴　　責：顛末書を提出させ将来を戒める。
　② 減　　給：顛末書を提出させ将来を戒め、賃金を減ずる。減給の範囲は、1回の事案に対しては平均賃金の1日分の半額を限度とし、一賃金支払期に発生した複数の事案に対しては当該賃金支払期における賃金の総額の十分の一を超えないものとする。
　③ 出勤停止：顛末書を提出させ将来を戒め、7日以内の期間を定めて出勤を停止し、その期間中は賃金を支払わない。
　④ 降　　格：顛末書を提出させ将来を戒め、現在の職位を解任又は他の職位へ引き下げる。
　⑤ 諭旨退職：懲戒解雇相当の事由がある場合に、退職届を提出するよう勧告し、3日以内に退職届が提出されないときは懲戒解雇とする。
　⑥ 懲戒解雇：予告期間を設けることなく即時に解雇する。解雇予告手当は支給しない。
2 甲は、乙が次の各号に該当する行為を行ったときは、その情状に応じ前項の懲戒処分を行うことができる。
　① 無断又は正当な理由なく欠勤したとき
　② 無断又は正当な理由なく遅刻又は早退を繰り返したとき
　③ 甲の業務命令又は甲の諸規則、諸規程に従わないとき
　④ 甲の許可なく甲の物品を私用で使用したとき又は持ち出したとき
　⑤ 甲の許可なく業務上金品の贈与を受けたとき
　⑥ 甲の許可なく事業を始め又は他の会社に雇用されたとき
　⑦ 故意又は重大な過失により、甲の金銭又は物品を紛失したとき
　⑧ 故意又は重大な過失により、甲の設備、備品又はシステムを破壊したとき
　⑨ 故意又は重大な過失により、営業上の事故を発生させたとき

> ⑩ 故意又は重大な過失により、甲の業務上の機密に属する事項（個人情報を含む。）を漏洩したとき
> ⑪ 甲に対する業務上の報告等を偽ったとき
> ⑫ 素行不良で職場の秩序、風紀を乱したとき
> ⑬ 他の職員に対し性的な嫌がらせを行ったとき
> ⑭ 業務上の地位又は権限を利用し他の職員に対し嫌がらせを行ったとき
> ⑮ 業務上の地位又は権限を利用し自己の利益を図ったとき
> ⑯ 重要な経歴等を詐称して採用されたとき
> ⑰ 刑法その他の法令に違反する行為をしたとき
> ⑱ 故意又は重大な過失により、甲の名誉又は信用を毀損したとき（企業外非行行為を含む。）
> ⑲ 第2条に定める遵守事項を守らず、その程度が重いとき
> ⑳ その他、前各号に準ずる行為をしたとき

【懲戒の種類・程度を追加・変更する】

・昇給停止を懲戒処分として設ける場合・　　　　　　　　　〔使用者有利〕

> ○　昇給停止：顛末書を提出させ将来を戒め、一定期間昇給を停止する。

・諭旨解雇を懲戒処分として設け、退職金の一部を支給しない旨定める場合・
　　　　　　　　　　　　　　　　　　　　　　　　　　　〔使用者有利〕

> ○　諭旨解雇：懲戒解雇相当の事由があるが、その情状等により懲戒解雇とはせずに、解雇する。諭旨解雇となる者に対しては、退職金の一部を支給しないことがある。

・諭旨退職とした場合に退職金の一部を支給しない旨定める場合・
　　　　　　　　　　　　　　　　　　　　　　　　　　　〔使用者有利〕

> ⑤　諭旨退職：懲戒解雇相当の事由がある場合に、退職届を提出するよう勧告し、3日以内に退職届が提出されないときは懲戒解雇とする。諭旨退職となる者に対しては、退職金の一部を支給しないことがある。

・懲戒解雇とした場合に退職金を支給しない旨定める場合・　〔使用者有利〕

> ⑥　懲戒解雇：予告期間を設けることなく即時に解雇する。解雇予告手当は支給しない。<u>懲戒解雇となる者に対しては、退職金の全部又は一部を支給しない。</u>

【懲戒事由を追加・変更する】

・交通法規に違反したことを懲戒事由とする場合・　〔使用者有利〕

> ○　業務上、業務外を問わず酒酔い運転又は酒気帯び運転をした場合

・懲戒解雇事由をその他の懲戒処分事由とは別に設ける場合・　〔使用者有利〕

懲戒解雇は、労働契約の終了を伴うことから他の懲戒処分とは労働者に与えるインパクトがまったく異なるため、他の懲戒処分とは別に懲戒事由を規定しておくことがあります。このような場合は、以下の条項を追加するとよいでしょう。

> 3　甲は、乙が次の各号に該当する行為を行ったときは、乙を懲戒解雇とする。
> 　①　（以下略）

▶ 第5条（普通解雇）　重要度A

> 甲は、乙が次の各号の一つに該当するときは、乙を解雇することができる。
> ①　身体又は精神の障害により、業務に耐えられないと認められるとき
> ②　勤務成績又は業務能率が不良で、就業に適さないと認められるとき
> ③　事業の縮小、廃止その他経営上の都合により余剰人員が生じたとき
> ④　2週間以上正当な理由なく無断欠勤し、出勤の督促に応じないとき
> ⑤　その他、前各号に準ずる事由があるとき

【解雇事由を追加・変更する】

・協調性欠如を解雇事由とする場合・　　　　　　　　　〔使用者有利〕

> ○　協調性を欠き、甲の業務遂行に悪影響を及ぼすとき

・勤務態度不良を解雇事由とする場合・　　　　　　　　〔使用者有利〕

> ○　勤務態度が不良で、注意によっても改善されないとき

第6条（協議解決）　重要度 C

> 本契約に定めのない事項又は本契約の解釈について疑義が生じたときは、甲乙誠意をもって協議のうえ解決する。

【紛争解決方法について具体的に規定する】

・具体的な紛争解決機関を指定する場合・

> 本契約に定めのない事項又は本契約の解釈について疑義が生じたときは、甲及び乙は、訴訟提起以前に東京労働局の紛争調整委員会のあっせんにより解決を試みなければならない。

・仲裁者をあらかじめ定める場合・

> 本契約に定めのない事項又は本契約の解釈について疑義が生じたときは、甲及び乙は、○○○○を仲裁者と定め、三者において誠意をもって協議のうえ解決する。

・労働委員会のあっせん、調停または仲裁を利用して解決を試みるものとする場合・

> 本契約に定めのない事項又は本契約の解釈について疑義が生じたとき

は、甲及び乙は、まず東京都労働委員会によるあっせん（調停、仲裁）を申し立て、解決を試みるものとする。

▶ 第7条（合意管轄）　重要度 B

甲及び乙は、本契約に関し裁判上の紛争が生じたときは、訴額等に応じ、東京簡易裁判所又は東京地方裁判所を専属的合意管轄裁判所とすることに合意する。

【合意管轄裁判所を変更する】

・甲の本店所在地を管轄する裁判所とする場合・　　〔使用者有利〕

甲及び乙は、本契約に関し裁判上の紛争が生じたときは、甲の本店所在地を管轄する裁判所を専属的合意管轄裁判所とすることに合意する。

・甲の本店または支店の所在地を管轄する裁判所とする場合・〔使用者有利〕

甲及び乙は、本契約に関し裁判上の紛争が生じたときは、甲の本店又は支店の所在地を管轄する裁判所を専属的合意管轄裁判所とすることに合意する。

労働条件通知書

労働契約の期間	□契約期間の定めあり 　（令和〇年〇月〇日から令和〇年〇月〇日まで） 　→契約更新　□あり　□なし □契約期間の定めなし
就業の場所	〇〇〇〇
従事すべき業務	〇〇〇〇
就業時間等	始業時刻：〇時〇分 終業時刻：〇時〇分 　　　　　（ただし、土曜日は〇時〇分） 休憩時間：正午より〇分間 所定時間外労働：□あり　□なし
休　　日	□土曜日 □日曜日 □国民の祝日に関する法律に定められた休日 □年末年始（１２月〇日から翌年１月〇日） □毎週〇曜日
休　　暇	□年次有給休暇 　労働基準法のとおり □その他の休暇
賃　　金	基本給：□月給（〇〇円）　□時給（〇〇円） 割増賃金　時間外労働（〇％増額） 　　　　　深夜労働（〇％増額） 　　　　　休日労働（〇％増額） 支払日：前月〇日から当月〇日締め〇日払い 　　　　（休日の場合はその前営業日）
退　　職	定年：□あり（満〇歳に達した日）　□なし 自己都合退職（退職の〇日以上前に届け出ること）

労働　1 雇用契約書（就業規則なし）

労働契約の期間　重要度 A

労働契約の期間	□契約期間の定めあり 　（令和〇年〇月〇日から令和〇年〇月〇日まで） 　→契約更新　□あり　□なし □契約期間の定めなし

【契約更新について規定する】

・契約更新の際の協議条項を規定する場合・　　　　　　　　〔使用者有利〕

「契約更新　☑あり」としたうえで、その下に下記の一文を加筆しましょう。

> （ただし、本契約を更新するにあたっては、事前に甲乙は協議をすることとする。）

・契約更新の判断基準を明記する場合・

「契約更新　☑あり」としたうえで、その下に下記の一文を加筆しましょう。

> （ただし、本契約の更新にあたっては、甲は業務量・勤務成績・会社の経営状況・従事する業務の進捗状況などを総合的に判断したうえで更新を決定するものとする。）

・契約の更新について具体的に記載する場合・　　　　　　　〔使用者有利〕

> □契約更新あり
> 　→□自動更新　□更新する場合があり得る
> 　　□契約の更新はしない
> ※なお、契約更新の際は、次の事項を考慮して判断する。
> 　・契約期間満了時の業務量
> 　・勤務成績、態度
> 　・能力
> 　・会社の経営状況
> 　・従事している業務の進捗状況
> 　・その他（　　　　　　　　　　　　　　　　　）

▶ 就業の場所　重要度 A

就業の場所	○○○○

【就業場所の変更について規定する】

・就業の場所の変更が予想される場合・　　　　　　　　　　〔使用者有利〕

就業場所の変更が予想される場合は、後の配置転換命令等の際のトラブルを未然に防ぐために、以下の文言を追加するとよいでしょう。

> なお、業務上の必要があるときは、就業場所を変更することがある。

▶ 従事すべき業務　重要度 A

従事すべき業務	○○○○

【従事すべき業務の変更について記載する】

・従事すべき業務の変更が予想される場合・　　　　　　　　〔使用者有利〕

従事すべき業務の変更が予想される場合は、後の配置転換命令の際のトラブルを未然に防ぐために、以下の文言を追加するとよいでしょう。

> なお、業務上の必要があるときは、従事すべき業務を変更することがある。

▶ 就業時間等　重要度 A

就業時間等	始業時刻：○時○分 終業時刻：○時○分 　　　　　（ただし、土曜日は○時○分）

	休憩時間：正午より○分間
	所定時間外労働：□あり　□なし

【労働時間制を変更する】

各制度を利用する際には、一定の要件を満たす必要がありますので、ご注意ください。

・変形労働時間制とする場合・

○単位の変形労働時間制・交替制として、次の勤務時間の組合せによる。
① 始業時刻：○時○分　終業時刻：○時○分　（適用日　　　　）
② 始業時刻：○時○分　終業時刻：○時○分　（適用日　　　　）
③ 始業時刻：○時○分　終業時刻：○時○分　（適用日　　　　）

・フレックスタイム制とする場合・

始業及び終業の時刻は労働者の決定に委ねる。
ただし、フレキシブルタイム　　始業時刻：○時○分から○時○分
　　　　　　　　　　　　　　　終業時刻：○時○分から○時○分
　　　　　　　　　　　　　　　コアタイム：○時○分から○時○分

・みなし労働の適用を明示する場合・

事業場外みなし労働時間制　始業時刻：○時○分　終業時刻：○時○分

▶ 休日　重要度A

休　　日	□土曜日
	□日曜日
	□国民の祝日に関する法律に定められた休日
	□年末年始（１２月○日から翌年１月○日）
	□毎週○曜日

【休日の定めを追加・変更する】

・定例日以外の休日を認める場合・　　　　　　　　　　〔労働者有利〕

非定例日：○月当たり○日

▶ 休暇　重要度A

休　暇	□年次有給休暇 　労働基準法のとおり □その他の休暇

【特別休暇について記載する】

・特別に休暇を認める場合・　　　　　　　　　　　　〔労働者有利〕

会社に事前に届け出、承認があった場合は、以下の休暇の取得を認める。 □本人が結婚するとき　○日 □子女が結婚するとき　○日 □配偶者が出産するとき　○日 □配偶者、父母又は子女が死亡したとき　○日 □祖父母又は兄弟姉妹が死亡したとき　○日 □配偶者の父母又は孫が死亡したとき　○日 □配偶者の祖父母又は配偶者の兄弟姉妹が死亡したとき　○日

▶ 賃金　重要度A

賃　金	基本給：□月給（○○円）　□時給（○○円） 割増賃金　時間外労働（○％増額） 　　　　　深夜労働（○％増額） 　　　　　休日労働（○％増額）

	支払日：前月〇日から当月〇日締め〇日払い （休日の場合はその前営業日）

【諸手当・賞与・退職金について記載する】

・基本給のほかに諸手当を支給する場合・　　　　　　　〔労働者有利〕

□通勤手当（〇〇円／計算方法　　　　　　　　　　　　　　　）
□家族手当（〇〇円／計算方法　　　　　　　　　　　　　　　）
□精皆勤手当（〇〇円／計算方法　　　　　　　　　　　　　　）
□住居手当（〇〇円／計算方法　　　　　　　　　　　　　　　）

・賞与を支給する場合・　　　　　　　　　　　　　　　〔労働者有利〕

□賞与あり（時期：毎年〇月及び〇月）
（会社の業績に応じ、勤続年数・従事している業務内容・勤務成績等を考慮して金額を支給するが、会社業績の低下その他のやむを得ない事由により、支給をしないことがある。）

・退職金を支給する場合・　　　　　　　　　　　　　　〔労働者有利〕

□退職金あり（時期　　　　　　　／計算方法　　　　　　　　）

なお、退職金の計算が複雑な場合には、以下のような規定を契約書に設けるとよいでしょう。

第〇条（退職金）
1　甲は、乙に対し、乙が死亡、定年、業務上の事由による疾病又は本契約第〇条第〇号の規定により退職する場合は、次のとおり、退職金を支給する。
　　計算方法：（略）
2　甲は、乙に対し、乙が自己都合、業務外の事由による疾病及び本契約第〇条第〇号を除く規定により退職する場合は、次のとおり退職金を支給する。
　　計算方法：（略）

▶ 退職 　重要度 A

| 退　職 | 定年：□あり（満〇歳に達した日）　□なし
自己都合退職（退職の〇日以上前に届け出ること） |

【継続雇用制度について記載する】

・継続雇用制度を規定する場合・　　　　　　　　　　　　　　　〔労働者有利〕

| □継続雇用制度（満〇歳まで） |

その他の役立つ条項

- 各種規定　①契約に際しての必要事項 …………… 1190 ページ
- 各種規定　②配置転換・出向 ………………………… 1191 ページ
- 各種規定　③試用期間 ………………………………… 1191 ページ
- 各種規定　④時間外・休日労働 ……………………… 1191 ページ
- 各種規定　⑤休職 ……………………………………… 1192 ページ
- 各種規定　⑥給与 ……………………………………… 1193 ページ
- 各種規定　⑦安全衛生等 ……………………………… 1193 ページ
- 外国人との契約である場合に、取扱いについて定める場合 …… 1194 ページ

◆各種規定　①契約に際しての必要事項

・本契約締結日に必要となる書類の提出を求める・　　〔使用者有利〕

第○条（提出書類）
1　乙は、甲に対し、本契約締結日に、次の各号の書類を提出しなければならない。
　① 住民票記載事項証明書
　② 給与振込依頼書
　③ 源泉徴収票（職歴のある者に限る。）
　④ 卒業証明書
　⑤ 雇用保険及び厚生年金保険等の各被保険者証（職歴のある者に限る。）
　⑥ 身元保証書（甲の所定書式による。）
　⑦ マイナンバーを確認できる資料
　⑧ その他、甲の指示する書類
2　乙は、前項の書類中の記載事項に変動があったときは、甲に対し、変動のあった日から○週間以内に届け出なければならない。
3　甲は、乙が上記書類を提出しない場合は、採用を取り消すことができる。

◆各種規定　②配置転換・出向

・配置転換・出向等について規定する・　　　　　　　　　〔使用者有利〕

> 第○条（配置転換・出向）
> 1　甲は、業務上の必要がある場合、乙に対し、配置転換を命じることがある。
> 2　甲は、業務上の必要がある場合、乙に対し、他社に出向を命じることがある。乙は、正当な理由がない限り、これを拒否することができない。
> 3　前項の場合、その出向の期間は３年以内とする。

◆各種規定　③試用期間

・試用期間を設ける・　　　　　　　　　　　　　　　　　〔使用者有利〕

> 第○条（試用期間）
> 1　労働契約の期間開始日から３か月間は試用期間とする。ただし、甲乙協議のうえ、試用期間を延長することができる。
> 2　甲は、乙が社員として不適格であると判断したときは、試用期間満了日までに解雇することができる。
> 3　試用期間が満了した場合、乙は甲の社員として本採用されたものとする。この場合、試用期間は勤続年数に含まれるものとする。

◆各種規定　④時間外・休日労働

・時間外労働について規定する・　　　　　　　　　　　　〔使用者有利〕

> 第○条（時間外労働）
> 1　甲は、業務上の必要があるときは、本契約の規定及び別紙労働条件通知書に定める就業時間等について、法令の範囲内で各時刻を変更し、乙に対し残業を命じることがある。
> 2　乙は、業務のため、やむを得ず時間外労働が必要となったときは、

所属長に事前の許可を得なければならない。乙が所属長の許可なく時間外労働を行ったときは、甲は、当該業務に対する賃金を支払わない。

・休日労働について規定する・　　　　　　　　　　　　〔使用者有利〕

第○条（休日労働）
1　甲は、業務上の必要があるときは、乙に対し、本契約の規定及び別紙労働条件通知書に定める休日に労働を命じることがある。
2　前項の場合、甲は、乙に対し、代休を与えることがある。代休を与えた場合、甲は、乙に対し、労働基準法所定の割増賃金のみを支払うものとする。
3　乙は、業務のため、やむを得ず休日労働が必要となったときは、所属長に事前の許可を得なければならない。乙が所属長の許可なく休日労働を行ったときは、甲は、当該業務に対する賃金を支払わない。

◆各種規定　⑤休職

・休職命令について規定する・　　　　　　　　　　　　〔使用者有利〕

第○条（休職）
1　甲は、乙が次の各号の一つに該当するときは、会社が認める一定の期間休職を命ずることがある。ただし、試用期間中に第1号及び第2号の事由が発生した場合を除く。
　①　業務外の事由による負傷又は疾病が原因で欠勤し、欠勤した日から○か月継続しても治癒しないとき
　②　業務外の事由による負傷又は疾病が原因で労務提供ができない期間が、○か月継続したとき
　③　業務命令により他社に出向したとき
　④　その他、前各号に準ずる状況が生じたとき
2　甲は、乙に対し、前項の休職期間中は、賃金を支払わない。

◆各種規定　⑥給与

・給与の支払方法について定める・　　　　　　　　　　　　〔使用者有利〕

第○条（給与の支払方法）
1　甲は、乙に対し、給与の全額を通貨にて支払う。
2　甲は、乙に対する給与の支払いの際に、以下のものを控除する。
　　①　法令で定めるもの
　　　　源泉所得税
　　　　住民税
　　　　健康保険料及び厚生年金保険料の被保険者負担分
　　　　雇用保険料の被保険者負担分
　　　　介護保険料
　　②　労使協定により定めたもの
　　　　甲の乙に対する貸付金及び立替金の返済金

・給与改定について規定する・

第○条（給与改定）
　　給与改定（昇給及び降給）は、基本給に対し、甲の業績、乙の人事考課等を考慮し毎年○月に行う。

◆各種規定　⑦安全衛生等

・安全衛生について規定する・

第○条（安全衛生等）
1　甲は、乙の安全衛生の確保及び改善に努める。
2　乙は、甲の指示に従い、労働災害の防止に努める。
3　甲は、乙が、次の各号の一つに該当するときは、その就業を禁止する。
　　①　病毒伝ぱのおそれのある伝染性の疾病にかかったとき
　　②　心臓、腎臓、肺等の疾病で労働のために病性が著しく増悪するおそれのある疾病にかかったとき

>   ③ 自身を傷つけ、又は他人に害を及ぼすおそれのある精神障害を有するとき
>   ④ その他、厚生労働省令に定める疾病にかかったとき
>   4 甲は、前項の規定にかかわらず、乙の心身の状況が業務に適さないと判断したときは、その就業を禁止することがある。
>   5 前二項の就業禁止期間中の乙の賃金は支払わない。

・健康診断について規定する・

> 第○条（健康診断）
> 1 乙は、甲の指定する医師による健康診断を、1年に1回受けなければならない。
> 2 甲は、乙が正当な理由なく前項の健康診断を受診しないときは、乙を懲戒処分に付すことがある。
> 3 甲は、乙の健康診断結果に異常所見がある場合には、甲の指定する医師による再検査の受診を命じることがある。乙がこの再検査を受診しない場合、甲は、乙の労務提供の受領を拒否することがある。

◆外国人との契約である場合に、取扱いについて定める場合

・準拠法を日本法と定める・

> 第○条（準拠法）
>   本契約は日本法に準拠し、同法によって解釈されるものとする。

チェックポイント

あなたが使用者の場合は、最低限以下の点をチェックしましょう。

- ☐ 契約の当事者が明らかであるか
- ☐ ①労働契約の期間、②就業の場所および従事すべき業務、③就業時間・休日等、④賃金、⑤退職の各事項が具体的に定められているか
- ☐ 懲戒事由について漏れはないか

あなたが労働者の場合は、最低限以下の点をチェックしましょう。

- ☐ 契約の当事者が明らかであるか
- ☐ ①労働契約の期間、②就業の場所および従事すべき業務、③就業時間・休日等、④賃金、⑤退職の各事項が明示されているか
- ☐ 賞与・退職金について定められているか

2 雇用契約書（就業規則あり）

雇用契約書

（使用者）○○○○（以下「甲」という。）と（労働者）○○○○（以下「乙」という。）は、以下のとおり雇用契約（以下「本契約」という。）を締結する。

第1条　（雇用）

　甲は、本契約の規定の条件により乙を雇用し、乙は甲に従いその職務を誠実に遂行し、甲はこれに対し賃金を支払うことを約する。

第2条　（賃金）

　乙の賃金は、下記のとおりとする。
　基 本 給：月給○○円
　割増賃金：時間外労働（○％増額）
　　　　　　深夜労働（○％増額）
　　　　　　休日労働（○％増額）
　支 払 日：前月○日から当月○日締め○日払い
　　　　　　（休日の場合はその前営業日）

第3条　（就業規則）

　乙の労働条件は、本契約に定めるもののほか、甲の就業規則において定めるところによる。

【この契約書を用いるケース】
　　☑ 就業規則があることを前提に雇用契約を締結する場合
　　　⇨就業規則がない場合は本章❶

● 前　　文

【応用】労働者の雇用形態について記載する　　…▶　1200 ページ

● 雇　　用　　重要度 A

就業規則が別途定められている場合、そちらに労働条件の詳細が定められていますので、就業規則を援用することとなります。そのため、個々の労働者ごとに異なる条件を定める場合は、その条件を契約書に記載します。

【応用】労働条件の変更について記載する　　…▶　1200 ページ
　　　労働条件通知書を別途交付する　　…▶　1201 ページ

● 賃　　金　　重要度 A

賃金は個々に異なりうる条件であることが多いので、契約書において定めたほうがよいでしょう。

【応用】雇用契約とは別に取扱いを定める　　…▶　1202 ページ
　　　手当・退職金・賞与について規定する　　…▶　1203 ページ

● 就業規則　　重要度 A

雇用契約が定められているため、個別に定める労働条件以外は就業規則を援用することとしています。

【応用】就業規則に係る記載を追加・変更する　　…▶　1205 ページ

第4条　（就業規則の遵守）

　乙は、甲の定める就業規則を遵守し、上司の指揮に従い、誠実に職務に従事する。

第5条　（協議解決）

　本契約に定めのない事項又は本契約の解釈について疑義が生じたときは、甲乙誠意をもって協議のうえ解決する。

第6条　（合意管轄）

　甲及び乙は、本契約に関し裁判上の紛争が生じたときは、訴額等に応じ、東京簡易裁判所又は東京地方裁判所を専属的合意管轄裁判所とすることに合意する。

　本契約締結の証として、本契約書2通を作成し、甲乙相互に署名又は記名・捺印のうえ、各1通を保有することとする。

令和　　年　　月　　日

　　　　　　　　　　甲

　　　　　　　　　　　　　　　　　　　　　　　㊞

　　　　　　　　　　乙

　　　　　　　　　　　　　　　　　　　　　　　㊞

※　雇用契約書には収入印紙の貼付は不要です。

● 就業規則の遵守　**重要度 C**

労働者が遵守すべき事項の詳細が就業規則で定められていますから、これを遵守することを定めます。

【応用】正社員以外の労働者の就業規則遵守義務について規定する　…▶　1205 ページ

● 協議解決　**重要度 C**

協議により紛争回避を図る可能性を探るため規定しています。なお、この規定に法的な拘束力はありません。

【応用】紛争解決方法について具体的に規定する　…▶　1205 ページ

● 合意管轄　**重要度 B**

紛争が生じた際に自己に有利な管轄裁判所において裁判を行うための規定です。

【応用】合意管轄裁判所を変更する　…▶　1206 ページ

作成のテクニック

前文

> （使用者）〇〇〇〇（以下「甲」という。）と（労働者）〇〇〇〇（以下「乙」という。）は、以下のとおり雇用契約（以下「本契約」という。）を締結する。

【労働者の雇用形態について記載する】

・アルバイトとして雇用契約を締結する場合・

> （使用者）〇〇〇〇（以下「甲」という。）と（労働者）〇〇〇〇（以下「乙」という。）は、以下のとおり乙をアルバイトとする雇用契約（以下「本契約」という。）を締結する。

第1条（雇用） 重要度A

> 甲は、本契約の規定の条件により乙を雇用し、乙は甲に従いその職務を誠実に遂行し、甲はこれに対し賃金を支払うことを約する。

【労働条件の変更について記載する】

・労働条件の変更を可能とする規定を設ける場合・　　　〔使用者有利〕

労働条件の変更は、労働者との合意がない場合であっても一定の要件のもとで可能ですが、変更が可能であることを明確にする場合は、以下のような条項を追加しましょう。

> 2　本契約の規定及び甲の就業規則に定める条件等について、業務上の必要性により変更することがある。

【労働条件通知書を別途交付する】

・個別の労働条件が複数ある場合・

就業規則が定められている場合、各労働者に共通の労働条件は就業規則を援用することとし、個別の労働条件について雇用契約書に記載することになります。この個別の労働条件が複数ある場合には、以下のように記載し、別途労働条件通知書を交付してもよいでしょう（ここでは、就業規則がない場合（本章❶）に交付する労働条件通知書を提示しています。個別の条件のみを記載したものに適宜変更してください）。

> 甲は、本契約の規定及び別途甲から乙に交付する別紙労働条件通知書に定める条件により乙を雇用し、乙は甲に従いその職務を誠実に遂行し、甲はこれに対し賃金を支払うことを約する。

【別紙】

労働条件通知書

労働契約の期間	□契約期間の定めあり （令和〇年〇月〇日から令和〇年〇月〇日まで） →契約更新　□あり　□なし □契約期間の定めなし
就業の場所	〇〇〇〇
従事すべき業務	〇〇〇〇
就業時間等	始業時刻：〇時〇分 終業時刻：〇時〇分 　　　　（ただし、土曜日は〇時〇分） 休憩時間：正午より〇分間 所定時間外労働：□あり　□なし
休　　日	□土曜日 □日曜日 □国民の祝日に関する法律に定められた休日 □年末年始（１２月〇日から翌年１月〇日） □毎週〇曜日

休　　暇	□年次有給休暇 　　労働基準法のとおり □その他の休暇
賃　　金	基本給：□月給（〇〇円）　□時給（〇〇円） 割増賃金　時間外労働（〇％増額） 　　　　　深夜労働（〇％増額） 　　　　　休日労働（〇％増額） 支払日：前月〇日から当月〇日締め〇日払い 　　　（休日の場合はその前営業日）
退　　職	定年：□あり（満〇歳に達した日）　□なし 自己都合退職（退職の〇日以上前に届け出ること）

第2条（賃金）　重要度A

乙の賃金は、下記のとおりとする。
基 本 給：月給〇〇円
割増賃金：時間外労働（〇％増額）
　　　　　深夜労働（〇％増額）
　　　　　休日労働（〇％増額）
支 払 日：前月〇日から当月〇日締め〇日払い
　　　　　（休日の場合はその前営業日）

【雇用契約とは別に取扱いを定める】

・別途給与規程によることとする場合・

乙の賃金は、甲が別途定める給与規程に従うものとする。

・別途給与辞令を作成・交付する場合・

乙の賃金は、甲が別途作成し、乙に交付する給与辞令によるものとする。

```
【別紙】
                    給与辞令

○○○○殿

令和○年○月○日より、貴殿の給与を下記のとおりとする。

    基本給  :月給○○円
    ○○手当:月給○○円
    ○○手当:月給○○円

                        令和○年○月○日
                        ○○株式会社
                         代表取締役  ○○○○  ㊞
```

【手当・退職金・賞与について規定する】

・あらかじめ時間外手当として固定金額を支払う場合・　　〔使用者有利〕

```
乙の賃金は、下記のとおりとする。
基 本 給:月給○○円
割増賃金:○○円（時間外割増賃金相当分として支払う。）
支 払 日:前月○日から当月○日締め○日払い
        （休日の場合はその前営業日）
```

・月60時間以上の残業が行われた場合の取扱いについて明記する場合・

〔労働者有利〕

```
乙の賃金は、下記のとおりとする。
基 本 給:月給○○円
割増賃金:時間外労働（○%増額）
        深夜労働（○%増額）
        休日労働（○%増額）
        月60時間以上の時間外労働（○%増額）
```

```
支 払 日：前月○日から当月○日締め○日払い
        （休日の場合はその前営業日）
```

・その他手当を支払う場合・　　　　　　　　　　　〔労働者有利〕

```
1  （略）
2  甲は、前項に定めるもののほか、下記の手当を支払う。
   ①  ○○手当（○○円／計算方法                      ）
   ②  ○○手当（○○円／計算方法                      ）
   ③  ○○手当（○○円／計算方法                      ）
   （以下略）
```

・賃金以外退職手当等が発生しないことを明記する場合・　〔使用者有利〕

```
1  （略）
2  前項に定めるもののほか、甲は乙に対して退職手当等の手当を支払
   わないものとする。
```

・賞与について規定する場合・　　　　　　　　　　　〔労働者有利〕

```
1  （略）
2  甲は、会社の業績に応じ、勤続年数・従事している業務内容・勤務
   成績等を考慮して賞与を支給する（時期：毎年○月及び○月）。た
   だし、会社業績の低下その他のやむを得ない事由により、支給をし
   ないことがある。
```

第3条（就業規則）　重要度 A

```
乙の労働条件は、本契約に定めるもののほか、甲の就業規則において定
めるところによる。
```

【就業規則に係る記載を追加・変更する】

・就業規則の保管場所を記載する・

> 乙の労働条件は、本契約に定めるもののほか、甲の就業規則において定めるところによる。なお、甲の就業規則は、○○に保管する。

▶ 第4条（就業規則の遵守） 重要度 C

> 乙は、甲の定める就業規則を遵守し、上司の指揮に従い、誠実に職務に従事する。

【正社員以外の労働者の就業規則遵守義務について規定する】

・別途パートタイマー就業規則が定められている場合に、当該就業規則の遵守を求める場合・

> 乙は、甲の定めるパートタイマー就業規則を遵守し、上司の指揮に従い、誠実に職務に従事する。

▶ 第5条（協議解決） 重要度 C

> 本契約に定めのない事項又は本契約の解釈について疑義が生じたときは、甲乙誠意をもって協議のうえ解決する。

【紛争解決方法について具体的に規定する】

・具体的な紛争解決機関を指定する場合・

> 本契約に定めのない事項又は本契約の解釈について疑義が生じたときは、甲及び乙は、訴訟提起以前に東京労働局の紛争調整委員会のあっせ

> んにより解決を試みなければならない。

・仲裁者をあらかじめ定める場合・

> 本契約に定めのない事項又は本契約の解釈について疑義が生じたときは、甲及び乙は、○○○○を仲裁者と定め、三者において誠意をもって協議のうえ解決する。

・労働委員会のあっせん等を利用して解決を試みるものとする場合・

> 本契約に定めのない事項、又は本契約の解釈について疑義が生じたときは、甲及び乙は、まず労働委員会によるあっせん（調停、仲裁）を申し立て、解決を試みるものとする。

第6条（合意管轄） 重要度 B

> 甲及び乙は、本契約に関し裁判上の紛争が生じたときは、訴額等に応じ、東京簡易裁判所又は東京地方裁判所を専属的合意管轄裁判所とすることに合意する。

【合意管轄裁判所を変更する】

・本店所在地を管轄する裁判所とする場合・　〔使用者有利〕

> 甲及び乙は、本契約に関し裁判上の紛争が生じたときは、甲の本店所在地を管轄する裁判所を専属的合意管轄裁判所とすることに合意する。

・本店または支店の所在地を管轄する裁判所とする場合・　〔使用者有利〕

> 甲及び乙は、本契約に関し裁判上の紛争が生じたときは、甲の本店又は支店の所在地を管轄する裁判所を専属的合意管轄裁判所とすることに合意する。

その他の役立つ条項

- ■ 各種規定　①契約期間 ………………………………… 1207ページ
- ■ 各種規定　②試用期間 ………………………………… 1207ページ
- ■ 各種規定　③就業場所 ………………………………… 1208ページ
- ■ 各種規定　④従事すべき業務 ………………………… 1208ページ
- ■ 外国人との契約である場合に、取扱いについて定める場合 …… 1208ページ

◆各種規定　①契約期間

・契約期間を定める・

> 第○条（契約期間）
> 　本契約の期間は令和○年○月○日から令和○年○月○日までとし、甲乙は協議のうえ本契約を更新することができる。

・契約期間を定める場合に、契約更新の判断基準を明記する・

> 第○条（契約期間）
> 　本契約の期間は令和○年○月○日から令和○年○月○日までとし、甲乙は協議のうえ本契約を更新することができる。ただし、本契約の更新にあたっては、甲は業務量・勤務成績・会社の経営状況・従事する業務の進捗状況などを総合的に判断したうえで更新を決定するものとする。

◆各種規定　②試用期間

・試用期間を明記する・　　　　　　　　　　　　　〔使用者有利〕

> 第○条（試用期間）
> 1　労働契約の期間開始日から○か月間は試用期間とする。ただし、甲乙協議のうえ、試用期間を延長することができる。
> 2　試用期間中、甲は、乙が社員として不適格であると判断したときは、試用期間満了日までに解雇することができる。

3 試用期間が満了した場合、乙は甲の社員として本採用されたものとする。この場合、試用期間は勤続年数に含まれるものとする。

・職種ごとに異なる期間の試用期間を設ける・ 〔使用者有利〕

第○条（試用期間）
1 本契約締結日から下記の期間は試用期間とする。
　　営業職：○か月
　　事務職：○か月
　　（以下略）

◆各種規定　③就業場所

・就業場所について、特に規定する・

第○条（就業場所）
　乙の就業場所は○○○○とする。

◆各種規定　④従事すべき業務

・従事すべき業務について特に規定する・

第○条（従事すべき業務）
　乙の従事すべき業務は○○○○とする。

◆外国人との契約である場合に、取扱いについて定める場合

・準拠法を日本法と定める・

第○条（準拠法）
　本契約は日本法に準拠し、同法によって解釈されるものとする。

チェックポイント

あなたが使用者の場合は、最低限以下の点をチェックしましょう。

- [ ] 契約の当事者が明らかであるか
- [ ] 就業規則等に諸条件を漏れなく記載しているか
- [ ] 就業規則でカバーされていない個々の条件が細かく定められているか

あなたが労働者の場合は、最低限以下の点をチェックしましょう。

- [ ] 契約の当事者が明らかであるか
- [ ] 会社の就業規則に不利な定めがなされていないか
- [ ] 就業規則等に諸条件が漏れなく定められているか
- [ ] 就業規則でカバーされていない個々の条件が細かく定められているか

3 労働者派遣基本契約書

労働者派遣基本契約書

（派遣元）○○○○（以下「甲」という。）と（派遣先）○○○○（以下「乙」という。）は、甲が雇用する労働者（以下「派遣労働者」という。）を乙に派遣するにあたり、以下のとおり労働者派遣基本契約（以下「本契約」という。）を締結する。

第1条　（派遣契約）

甲は、派遣労働者を派遣し、乙の指揮監督のもと乙の事業に従事させることとし、乙は甲からの派遣労働者を受け入れる。

第2条　（個別契約）

1　甲及び乙は、甲が乙に労働者を派遣する都度、労働者派遣に必要な細目について個別に労働者派遣契約（以下「個別契約」という。）を締結する。
2　本契約に定める事項は、特に定めのない限り、本契約期間内に甲乙間において締結される全ての個別契約に適用される。
3　個別契約の内容が本契約と異なるときは、特に定めのない限り個別契約が優先するものとする。

第3条　（派遣料金の支払い）

1　乙は、個別契約に定めるところに従い、甲に対して派遣料金を支払う。

【この契約書を用いるケース】
☑労働者派遣基本契約を締結する場合
⇨労働者を出向させる場合は本章8

● 前　文

● 派遣契約　　重要度 A

派遣元が派遣先に労働者を派遣することを明らかにします。

【応用】派遣の種類を明記する　　・・・▶　1224 ページ

● 個別契約　　重要度 A

本契約は基本契約のため、別途個別契約が定められること、およびその優先関係について記載します。

【応用】基本契約と個別契約の関係を変更する　　・・・▶　1225 ページ

● 派遣料金の支払い　　重要度 A

派遣先が派遣元に対して派遣料金を支払うこと、およびその算出方法について定めます。

【応用】派遣料金を明示する　　・・・▶　1225 ページ

2　乙は、甲に対し、速やかに前項の派遣料金の算出根拠を書面により通知しなければならない。
3　派遣労働者が、欠勤、遅刻、早退、年次有給休暇の取得により、個別契約に定める就業時間に就労しなかったときは、甲は、当該時間分の派遣料金を乙に対して請求することができない。
4　個別契約期間中といえども、業務内容の著しい変更等により、料金の改定の必要が生じたときは、甲乙協議のうえ料金の改定をすることができる。

第4条　（派遣労働者の選定）
　　甲は、個別契約に基づいて派遣労働者を派遣するにあたり、派遣業務の遂行に必要とされる技術、知識、能力等を有する者を選定する。

第5条　（派遣労働者の管理・確保）
1　甲は、派遣労働者に対し、乙の業務遂行に支障が生じることのないよう、適切な労務管理を行わなければならない。
2　乙は、派遣労働者が、乙における業務を遂行するにあたり、著しく不適当であると認めるときは、甲乙協議のうえ、派遣労働者を変更することができる。

第6条　（責任者）
　　本契約における責任者は以下のとおりとする。
　　　甲：派遣事業部主任　　〇〇〇〇　　TEL 〇〇〇〇
　　　乙：〇〇課主任　　　　〇〇〇〇　　TEL 〇〇〇〇

第7条　（業務指揮）
1　乙は、甲より派遣された派遣労働者が、乙の業務を遂行するにあたり、必要な指揮命令をすることができる。
2　乙は、個別契約に定める就業条件等に違反して、派遣労働者を

●派遣労働者の選定　重要度 B

派遣元が一般的に派遣業務をこなすことのできる能力を有する者を選定することを定めます。

【応用】必要な技術・知識・能力等を具体的に記載する　・・▶　1226 ページ

●派遣労働者の管理・確保　重要度 B

派遣元の最低限の義務を記載します。

【応用】派遣労働者の変更について規定する　・・▶　1226 ページ

●責 任 者　重要度 A

法律により責任者の記載が必要とされています。

【応用】複数の責任者を記載する　・・▶　1227 ページ

●業務指揮　重要度 B

注意的に定めておきます。

【応用】指揮命令者を指定する　・・▶　1228 ページ

使用してはならない。

第8条 （安全、衛生）
乙は、派遣労働者が業務に従事するにあたり、生命、身体の安全及び衛生に配慮する義務を負う。

第9条 （便宜供与）
乙は、派遣労働者に対し、乙の従業員が利用する診療所、食堂その他の施設又は設備について、乙の従業員と同様の条件で利用することができるよう便宜を図るものとする。

第10条 （苦情処理）
1 本契約における甲及び乙の苦情処理の申出先は以下のとおりとする。
　　甲：派遣事業部主任　　○○○○　　　TEL ○○○○
　　乙：○○課主任　　　　○○○○　　　TEL ○○○○
2 前項に定める者が苦情の申出を受けたときは、甲乙協議のうえ誠意をもって迅速に対処に当たるものとする。

第11条 （費用）
派遣労働者が乙の業務を遂行する際に必要となる、設備利用費、事務費、光熱費及び通信費等の一切の費用は、乙の負担とする。

第12条 （守秘義務）
1 甲及び乙は、本契約期間中はもとより終了後も、本契約に基づき相手方から開示された情報を守秘し、第三者に開示してはならない。
2 前項の守秘義務は、開示された情報が以下のいずれかに該当する場合には適用しない。
　① 公知の事実又は当事者の責に帰すべき事由によらずして公

● 安全、衛生　　**重要度 A**

法律により記載が必要とされている事項です。

【応用】注意的に就業場所に問題がないことを記載する　　…▶　1228 ページ

● 便宜供与　　**重要度 A**

法律により記載が必要とされている事項です。

● 苦情処理　　**重要度 A**

法律により記載が必要とされている事項です。

【応用】苦情処理の申出先の記載方法を変更する　　…▶　1229 ページ

● 費　　用　　**重要度 B**

後々に争いにならないよう、費用の負担について詳細を定めておきます。

【応用】費用の負担者を変更する　　…▶　1229 ページ

● 守秘義務　　**重要度 B**

継続的取引であることもあり、その間に知り得た秘密についてお互いに開示しないことを定める必要があります。

【応用】守秘義務の適用者を限定する　　…▶　1230 ページ
　　　　守秘義務の内容を具体的に定める　　…▶　1230 ページ
　　　　法令・政府機関・裁判所の命令により情報開示する場合の取扱いについて規定する　　…▶　1231 ページ

知となった事実
② 第三者から適法に取得した事実
③ 開示の時点で保有していた事実
④ 法令、政府機関、裁判所の命令により開示が義務付けられた事実

第13条　（解除）

1　甲又は乙が以下の各号のいずれかに該当したときは、相手方は催告及び自己の債務の履行の提供をしないで直ちに本契約の全部又は一部を解除することができる。なお、この場合でも損害賠償の請求を妨げない。
   ① 本契約の一つにでも違反したとき
   ② 一般労働者派遣事業の許可を取り消されもしくは事業停止命令を受け、又はその有効期間の更新ができなかったとき
   ③ 差押、仮差押、仮処分、強制執行、担保権の実行としての競売、租税滞納処分その他これらに準じる手続きが開始されたとき
   ④ 破産、民事再生、会社更生又は特別清算の手続開始等の申立てがなされたとき
   ⑤ 自ら振り出し又は引き受けた手形もしくは小切手が1回でも不渡りとなったとき、又は支払停止状態に至ったとき
   ⑥ 合併による消滅、資本の減少、営業の廃止・変更又は解散決議がなされたとき
   ⑦ その他、支払能力の不安又は背信的行為の存在等、本契約を継続することが著しく困難な事情が生じたとき
2　乙は、派遣労働者の国籍、信条、性別、社会的身分又は派遣労働者が労働組合の正当な行為を行ったことを理由として、本契約及び個別契約を解除することはできない。
3　乙が、自己の都合により、派遣期間満了前に本契約を解除するときは、以下の各号の義務を負う。

● 解　　除　　重要度 A

民法等で定めた解除事由より広く解除できる場合を認めるため記載しています。なお、改正民法では、法定解除のうち催告による場合、相手方の債務不履行が契約および取引上の社会通念に照らして軽微な場合において、解除が認められないこととなりました（改正民法541条但書）。
なお、第3項・第4項は、法律により記載が必要とされている事項です。

【応用】解除の条件について規定する　　…▶　1232ページ
　　　　無催告解除権を限定する　　…▶　1232ページ
　　　　期限の利益喪失条項を設ける　　…▶　1233ページ

① 解除の30日以上前に甲及び派遣労働者に対し、解除の申入れをすること
② 派遣労働者に対し、解除日から派遣期間満了日までの賃金の半額に相当する額の賠償金を支払うこと
③ 派遣労働者に対し、書面により本契約解除の理由を明示すること
4 甲及び乙は、派遣労働者の責に帰すべき事由なしに、派遣期間満了前に本契約が解除されるときは、派遣労働者の新たな就業機会を確保するよう努め、新たな就業機会を確保できないときは、甲乙は、本契約の解除に伴う派遣労働者への休業手当、その他の費用の負担につき協議して定める。

第14条 （損害賠償）

1 派遣業務の遂行にあたり、派遣労働者が故意又は過失により乙に損害を与えた場合、甲は乙に、その生じた損害を賠償するものとする。ただし、その損害が乙の派遣労働者に対する指揮命令等によって生じたと認められる場合にはその限りではない。
2 前項の場合において、その発生した損害が、派遣労働者の故意又は過失と、乙の派遣労働者に対する指揮命令等の双方に起因するときは、甲と乙は、協議のうえ、当該損害の負担割合を決めるものとする。

第15条 （遅延損害金）

乙が本契約又は個別契約に基づく金銭債務の支払いを遅延したときは、乙は甲に対し、支払期日の翌日から支払済みに至るまで、年14.6％（年365日日割計算）の割合による遅延損害金を支払うものとする。

第16条 （契約期間）

本契約の有効期間は、令和○年○月○日から令和○年○月○日

- ● 損害賠償　　**重要度 B**

  派遣業務の遂行にあたって、派遣労働者が派遣先に損害を与えた場合の賠償方法、負担割合等について定めます。

  【応用】損害が発生した場合の通知義務を課す　　…▶　1233 ページ
  　　　　損害の負担割合を変更する　　…▶　1234 ページ
  　　　　損害賠償額について規定する　　…▶　1234 ページ

- ● 遅延損害金　　**重要度 B**

  法定利率と異なる利率を設定することができます。

  【応用】遅延損害金利率を変更する　　…▶　1235 ページ

- ● 契約期間　　**重要度 A**

  継続的取引ですから、期間を明確に定めましょう。

  【応用】期間満了後の取扱いについて記載する　　…▶　1236 ページ

までとし、期間満了の1か月前までに甲乙いずれからも書面による異議がなされないときには、本契約は期間満了の翌日から起算して、同一内容にて更に1年間延長されるものとし、それ以後も同様とする。

第17条 （反社会的勢力の排除）
1 甲及び乙は、自己又は自己の役員が、暴力団、暴力団関係企業、総会屋もしくはこれらに準ずる者又はその構成員（以下これらを「反社会的勢力」という。）に該当しないこと、及び次の各号のいずれにも該当しないことを表明し、かつ将来にわたっても該当しないことを相互に確約する。
　① 反社会的勢力に自己の名義を利用させること
　② 反社会的勢力が経営を実質的に支配していると認められる関係を有すること
2 甲又は乙は、前項の一つにでも違反することが判明したときは、何らの催告を要せず、本契約を解除することができる。
3 本条の規定により本契約が解除された場合には、解除された者は、解除により生じる損害について、その相手方に対し一切の請求を行わない。

第18条 （協議解決）
　本契約に定めのない事項又は本契約の解釈について疑義が生じたときは、甲乙誠意をもって協議のうえ解決する。

第19条 （合意管轄）
　甲及び乙は、本契約に関し裁判上の紛争が生じたときは、訴額等に応じ、東京簡易裁判所又は東京地方裁判所を専属的合意管轄裁判所とすることに合意する。

● 反社会的勢力の排除　　重要度 B

契約当事者が反社会的勢力と関わっていることが判明した場合に、即座に契約関係を解消することができるようにするために規定しています。

【応用】対象者を限定する　　・・・▶　1237 ページ
　　　　賠償額を具体的に規定する　　・・・▶　1237 ページ

● 協議解決　　重要度 C

協議により紛争回避を図る可能性を探るため規定しています。なお、この規定に法的な拘束力はありません。

【応用】紛争解決方法について具体的に規定する　　・・・▶　1237 ページ

● 合意管轄　　重要度 B

紛争が生じた際に自己に有利な管轄裁判所において裁判を行うための規定です。

【応用】合意管轄裁判所を変更する　　・・・▶　1238 ページ

本契約締結の証として、本契約書２通を作成し、甲乙相互に署名又は記名・捺印のうえ、各１通を保有することとする。

令和　　年　　月　　日

　　　　　　　　　　　　甲

　　　　　　　　　　　　　　　　　　　　　　　　　　㊞

　　　　　　　　　　　　　　　　（許可番号／届出受理番号）
　　　　　　　　　　　　　　　　　　　般〇〇-〇〇〇

　　　　　　　　　　　　乙

　　　　　　　　　　　　　　　　　　　　　　　　　　㊞

※　労働者派遣基本契約書には、収入印紙の貼付は不要です。

【個別契約書作成例】

労働者派遣個別契約書

（派遣元）〇〇〇〇（以下「甲」という。）と（派遣先）〇〇〇〇（以下「乙」という。）は、令和〇年〇月〇日付労働者派遣基本契約書に基づき、以下のとおり個別契約を締結する。

甲は乙に対して、以下の内容で派遣労働者を派遣する。

業務内容	〇〇〇〇 （労働者派遣法施行令第4条〇号に該当する業務）
派遣の期間及び 派遣就業日	令和〇年〇月〇日〜令和〇年〇月〇日 就業日：月・火・水・木・金
派遣労働者の人数	〇人
就業の場所	事業所名：〇〇〇〇 所在地名：〇〇〇〇
直接の指揮命令者	〇〇〇〇
就業時間等	始業時刻：〇時〇分 終業時刻：〇時〇分 休憩時間：〇分間 延長勤務：□あり　□なし 延長可能な日数：〇日 延長可能な時間：〇時間
休日	□土曜日 □日曜日 □国民の祝日に関する法律に定められた休日 □年末年始（12月〇日から翌年1月〇日） □毎週〇曜日
派遣労働者の氏名 社会保険等の 被保険者資格取得状況	氏名：〇〇〇〇 健康保険　□あり　□なし 厚生年金　□あり　□なし 雇用保険　□あり　□なし
派遣料金	就業時間1時間当たり〇〇円 時間外勤務については1時間当たり〇〇円 以上の合計金額とする（消費税込）
特約	・〇〇〇〇 ・〇〇〇〇

　本契約締結の証として、本契約書2通を作成し、甲乙相互に署名又は記名・捺印のうえ、各1通を保有することとする。

令和　年　月　日

甲　　　　　　　㊞
乙　　　　　　　㊞

作成のテクニック

▶ 第1条（派遣契約） **重要度 A**

> 甲は、派遣労働者を派遣し、乙の指揮監督のもと乙の事業に従事させることとし、乙は甲からの派遣労働者を受け入れる。

【派遣の種類を明記する】

・一般派遣である場合・

> 甲は、<u>一般派遣として</u>派遣労働者を派遣し、乙の指揮監督のもと乙の事業に従事させることとし、乙は甲からの派遣労働者を受け入れる。

・特定派遣である場合・

> 甲は、<u>特定派遣として</u>派遣労働者を派遣し、乙の指揮監督のもと乙の事業に従事させることとし、乙は甲からの派遣労働者を受け入れる。

▶ 第2条（個別契約） **重要度 A**

> 1　甲及び乙は、乙が甲に労働者を派遣する都度、労働者派遣に必要な細目について個別に労働者派遣契約（以下「個別契約」という。）を締結する。
> 2　本契約に定める事項は、特に定めのない限り、本契約期間内に甲乙間において締結される全ての個別契約に適用される。
> 3　個別契約の内容が本契約と異なるときは、特に定めのない限り個別契約が優先するものとする。

【基本契約と個別契約の関係を変更する】

・基本契約を個別契約に優先させる場合・

> 3　個別契約の内容が本契約と異なるときは、特に定めのない限り基本契約が優先するものとする。

・基本契約と個別契約に齟齬がある場合は協議することとする場合・

> 3　個別契約の内容が本契約と異なるときは、甲及び乙はその優先関係について協議するものとする。

第3条（派遣料金の支払い）　重要度A

> 1　乙は、個別契約に定めるところに従い、甲に対して派遣料金を支払う。
> 2　乙は、甲に対し、速やかに前項の派遣料金の算出根拠を書面により通知しなければならない。
> 3　派遣労働者が、欠勤、遅刻、早退、年次有給休暇の取得により、個別契約に定める就業時間に就労しなかったときは、甲は、当該時間分の派遣料金を乙に対して請求することができない。
> 4　個別契約期間中といえども、業務内容の著しい変更等により、料金の改定の必要が生じたときは、甲乙協議のうえ料金の改定をすることができる。

【派遣料金を明示する】

・基本契約において一律に定める場合・

> 1　乙は、甲に対して下記の派遣料金を支払う。
> 　　派遣料金：1月当たり〇〇円
> 　　支払日：翌月分を当月〇日までに支払う

▶ 第4条（派遣労働者の選定） 重要度 B

> 甲は、個別契約に基づいて派遣労働者を派遣するにあたり、派遣業務の遂行に必要とされる技術、知識、能力等を有する者を選定する。

【必要な技術・知識・能力等を具体的に記載する】

・別紙にて業種ごとに必要なスキルを特定する場合・

> 甲は、個別契約に基づいて派遣労働者を派遣するにあたり、<u>別途甲乙間で定めるとおり</u>派遣業務の遂行に必要とされる技術、知識、能力等を有する者を選定する。

> 【別紙】
>
> ・情報処理技術者
> ・○○○○
> ・○○○○

▶ 第5条（派遣労働者の管理・確保） 重要度 B

> 1 甲は、派遣労働者に対し、乙の業務遂行に支障が生じることのないよう、適切な労務管理を行わなければならない。
> 2 乙は、派遣労働者が、乙における業務を遂行するにあたり、著しく不適当であると認めるときは、甲乙協議のうえ、派遣労働者を変更することができる。

【派遣労働者の変更について規定する】

・派遣労働者を変更できる基準を明確にする場合・　　　〔派遣先有利〕

> 2 乙は、派遣労働者が、乙における業務を遂行するにあたり、<u>○○を</u>

> 行うことができないときは、甲乙協議のうえ、派遣労働者を変更することができる。

・派遣先に派遣労働者の変更請求権を認める場合・　　　〔派遣先有利〕

> 2　乙は、派遣労働者が、乙における業務を遂行するにあたり、著しく不適当であると認めるときは、甲に対して、派遣労働者を変更することを請求することができる。

■■■▶ 第6条（責任者）　重要度 A

> 本契約における責任者は以下のとおりとする。
> 　　甲：派遣事業部主任　　〇〇〇〇　　TEL 〇〇〇〇
> 　　乙：〇〇課主任　　　　〇〇〇〇　　TEL 〇〇〇〇

【複数の責任者を記載する】

・事業所ごとの責任者を定める場合・

> 本契約における責任者は以下のとおりとする。
> 　　甲：派遣事業部主任　　　　　〇〇〇〇　　TEL 〇〇〇〇
> 　　乙：〇〇事業所〇〇課主任　　〇〇〇〇　　TEL 〇〇〇〇
> 　　　　△△事業所〇〇課主任　　〇〇〇〇　　TEL 〇〇〇〇

■■■▶ 第7条（業務指揮）　重要度 B

> 1　乙は、甲より派遣された派遣労働者が、乙の業務を遂行するにあたり、必要な指揮命令をすることができる。
> 2　乙は、個別契約に定める就業条件等に違反して、派遣労働者を使用してはならない。

【指揮命令者を指定する】

・基本契約書において指揮命令者を指定する場合・

> 1 乙は、甲より派遣された派遣労働者が、乙の業務を遂行するにあたり、必要な指揮命令をすることができる。この場合、当該指揮命令をするのは次の者とする。
>   ○○課主任　○○○○

第8条（安全、衛生）　重要度A

> 乙は、派遣労働者が業務に従事するにあたり、生命、身体の安全及び衛生に配慮する義務を負う。

【注意的に就業場所に問題がないことを記載する】

・就業場所の耐震性に問題がないことを確認する場合・　〔派遣元有利〕

> 乙は、派遣労働者が業務に従事するにあたり、生命、身体の安全及び衛生に配慮する義務を負う。なお、乙は、派遣労働者の就業場所について、その耐震性に問題がないことを保証する。

第10条（苦情処理）　重要度A

> 1 本契約における甲及び乙の苦情処理の申出先は以下のとおりとする。
>   甲：派遣事業部主任　　○○○○　　TEL ○○○○
>   乙：○○課主任　　　　○○○○　　TEL ○○○○
> 2 前項に定める者が苦情の申出を受けたときは、甲乙協議のうえ誠意をもって迅速に対処に当たるものとする。

【苦情処理の申出先の記載方法を変更する】

・メールアドレスも記載する場合・

> 1 本契約における甲及び乙の苦情処理の申出先は以下のとおりとする。
> 　　　甲：派遣事業部主任　○○○○　　　TEL ○○○○
> 　　　　　　　　　　　　　　　　　　　　○○@○○.co.jp
> 　　　乙：○○課主任　　　○○○○　　　TEL ○○○○
> 　　　　　　　　　　　　　　　　　　　　○○@○○.co.jp

第11条（費用）　重要度B

> 派遣労働者が乙の業務を遂行する際に必要となる、設備利用費、事務費、光熱費及び通信費等の一切の費用は、乙の負担とする。

【費用の負担者を変更する】

・費用を分担する場合・　　　　　　　　　　　　　　　　　〔派遣先有利〕

> 派遣労働者が乙の業務を遂行する際に必要となる、設備利用費、事務費、光熱費及び通信費等の一切の費用は、甲乙双方が平等の割合で負担することとし、甲は乙の請求に従いこれを支払う。

・派遣元が費用の負担をすることとする場合・　　　　　　　〔派遣先有利〕

> 派遣労働者が乙の業務を遂行する際に必要となる、設備利用費、事務費、光熱費及び通信費等の一切の費用は、甲の負担とし、甲は乙の請求に従ってこれを支払う。

第12条（守秘義務） 重要度B

> 1　甲及び乙は、本契約期間中はもとより終了後も、本契約に基づき相手方から開示された情報を守秘し、第三者に開示してはならない。
> 2　前項の守秘義務は、開示された情報が以下のいずれかに該当する場合には適用しない。
> 　①　公知の事実又は当事者の責に帰すべき事由によらずして公知となった事実
> 　②　第三者から適法に取得した事実
> 　③　開示の時点で保有していた事実
> 　④　法令、政府機関、裁判所の命令により開示が義務付けられた事実

【守秘義務の適用者を限定する】

・守秘義務を派遣元にのみ課す場合・　　　　　　　　　　　〔派遣先有利〕

> 1　甲は、本契約期間中はもとより終了後も、本契約に基づき乙から開示された情報を守秘し、第三者に開示してはならない。

・守秘義務を派遣先にのみ課す場合・　　　　　　　　　　　〔派遣元有利〕

> 1　乙は、本契約期間中はもとより終了後も、本契約に基づき甲から開示された情報を守秘し、第三者に開示してはならない。

【守秘義務の内容を具体的に定める】

・秘密保持契約書を別途締結する場合・

> 甲及び乙は、本契約期間中はもとより終了後も、本契約に基づき相手方から開示された情報を守秘し、第三者に開示してはならない。具体的な守秘義務の内容は、別途甲乙間で交わす、秘密保持契約書の定めるところによる。

【法令・政府機関・裁判所の命令により情報開示する場合の取扱いについて規定する】

•相手方への通知義務を課す場合•

> 2　前項の守秘義務は、開示された情報が以下のいずれかに該当する場合には適用しない。ただし、第4号に基づき情報を開示する場合、開示者は、直ちにその事実を相手方に通知しなければならない。
> ①　公知の事実又は当事者の責に帰すべき事由によらずして公知となった事実
> ②　第三者から適法に取得した事実
> ③　開示の時点で保有していた事実
> ④　法令、政府機関、裁判所の命令により開示が義務付けられた事実

第13条（解除）　重要度A

> 1　甲又は乙が以下の各号のいずれかに該当したときは、相手方は催告及び自己の債務の履行の提供をしないで直ちに本契約の全部又は一部を解除することができる。なお、この場合でも損害賠償の請求を妨げない。
> ①　本契約の一つにでも違反したとき
> ②　一般労働者派遣事業の許可を取り消されもしくは事業停止命令を受け、又はその有効期間の更新ができなかったとき
> ③　差押、仮差押、仮処分、強制執行、担保権の実行としての競売、租税滞納処分その他これらに準じる手続きが開始されたとき
> ④　破産、民事再生、会社更生又は特別清算の手続開始等の申立てがなされたとき
> ⑤　自ら振り出し又は引き受けた手形もしくは小切手が1回でも不渡りとなったとき、又は支払停止状態に至ったとき
> ⑥　合併による消滅、資本の減少、営業の廃止・変更又は解散決議がなされたとき
> ⑦　その他、支払能力の不安又は背信的行為の存在等、本契約を継続することが著しく困難な事情が生じたとき

2 乙は、派遣労働者の国籍、信条、性別、社会的身分又は派遣労働者が労働組合の正当な行為を行ったことを理由として、本契約及び個別契約を解除することはできない。

3 乙が、自己の都合により、派遣期間満了前に本契約を解除するときは、以下の各号の義務を負う。
　① 解除の30日以上前に甲及び派遣労働者に対し、解除の申入れをすること
　② 派遣労働者に対し、解除日から派遣期間満了日までの賃金の半額に相当する額の賠償金を支払うこと
　③ 派遣労働者に対し、書面により本契約解除の理由を明示すること

4 甲及び乙は、派遣労働者の責に帰すべき事由なしに、派遣期間満了前に本契約が解除されるときは、派遣労働者の新たな就業機会を確保するよう努め、新たな就業機会を確保できないときは、甲乙は、本契約の解除に伴う派遣労働者への休業手当、その他の費用の負担につき協議して定める。

【解除の条件について規定する】

・解除前の催告を要求する場合・

1 甲又は乙が以下の各号のいずれかに該当したときは、相手方は<u>催告のうえ、</u>自己の債務の履行の提供をしないで本契約の全部又は一部を解除することができる。なお、この場合でも損害賠償の請求を妨げない。
　① （以下略）

【無催告解除権を限定する】

・無催告解除を派遣元のみに認める場合・　　　　　　　〔派遣元有利〕

1 <u>乙が以下の各号のいずれかに該当したときは、甲は</u>催告及び自己の債務の履行の提供をしないで直ちに本契約の全部又は一部を解除することができる。なお、この場合でも損害賠償の請求を妨げない。
　① （以下略）

・無催告解除を派遣先のみに認める場合・　　　　　　　　　　〔派遣先有利〕

> 1　甲が以下の各号のいずれかに該当したときは、乙は催告及び自己の債務の履行の提供をしないで直ちに本契約の全部又は一部を解除することができる。なお、この場合でも損害賠償の請求を妨げない。
> ①　（以下略）

【期限の利益喪失条項を設ける】

・期限の利益喪失条項を設ける場合・　　　　　　　　　　　〔派遣元有利〕

> 5　乙が第1項各号のいずれかに該当した場合、乙は当然に本契約から生じる一切の債務について期限の利益を失い、乙は甲に対して、その時点において乙が負担する債務を直ちに一括して弁済しなければならない。

第14条（損害賠償）　重要度 B

> 1　派遣業務の遂行にあたり、派遣労働者が故意又は過失により乙に損害を与えた場合、甲は乙に、その生じた損害を賠償するものとする。ただし、その損害が乙の派遣労働者に対する指揮命令等によって生じたと認められる場合にはその限りではない。
> 2　前項の場合において、その発生した損害が、派遣労働者の故意又は過失と、乙の派遣労働者に対する指揮命令等の双方に起因するときは、甲と乙は、協議のうえ、当該損害の負担割合を決めるものとする。

【損害が発生した場合の通知義務を課す】

・派遣先に派遣元への通知義務を課す場合・　　　　　　　　〔派遣元有利〕

> 3　第1項に定める損害賠償については、乙は、その損害の発生を知った後速やかに甲へ書面による通知を行うものとする。

【損害の負担割合を変更する】

・派遣労働者の故意・過失による損害は両者で折半して負担することとする場合・　　　　　　　　　　　　　　　　　　　　　　　〔派遣元有利〕

> 1　派遣業務の遂行にあたり、派遣労働者が故意又は過失により乙に損害を与えた場合、その損害については、甲乙平等の割合で負担するものとする。ただし、その損害が乙の派遣労働者に対する指揮命令等によって生じたと認められる場合にはその限りではない。

・双方に起因する場合の負担割合をあらかじめ定めておく場合・

> 2　前項の場合において、その発生した損害が、派遣労働者の故意又は過失と、乙の派遣労働者に対する指揮命令等の双方に起因するときは、当該損害の負担割合は甲〇：乙〇とする。

【損害賠償額について規定する】

・派遣労働者の故意・重過失による損害の場合に損害賠償責任を限定する場合・　　　　　　　　　　　　　　　　　　　　　　　〔派遣元有利〕

> 1　派遣業務の遂行にあたり、派遣労働者が故意又は重過失により乙に損害を与えた場合、甲は乙に、その生じた損害を賠償するものとする。ただし、その損害が乙の派遣労働者に対する指揮命令等によって生じたと認められる場合にはその限りではない。

・賠償額を予定する場合・

> 1　派遣業務の遂行にあたり、派遣労働者が故意又は過失により乙に損害を与えた場合、甲は乙にその生じた損害を賠償するものとし、その賠償額は〇〇円とする。ただし、その損害が乙の派遣労働者に対する指揮命令等によって生じたと認められる場合にはその限りではない。

• 損害賠償額の上限を規定する場合 •　　　　　　　　　〔派遣元有利〕

> 3　第1項に定める、甲の賠償すべき損害額は、○○円を上限とする。

▶ 第15条（遅延損害金）　重要度 B

> 乙が本契約又は個別契約に基づく金銭債務の支払いを遅延したときは、乙は甲に対し、支払期日の翌日から支払済みに至るまで、年14.6％（年365日日割計算）の割合による遅延損害金を支払うものとする。

【遅延損害金利率を変更する】

遅延損害金利率の定めがないときの利率は法定利率によるとされているところ、民法改正により法定利率が年5％から年3％（その後3年ごとに見直しが行われます）となり（改正民法404条）、遅延損害金利率もこれに連動します（改正民法419条）。また、同改正により、商事法定利率（6％）は廃止されます。

当事者間で、法定利率とは異なる利率を定めることも可能です。民法改正により、法定利率は3年ごとに見直される変動制となることから、遅延損害金利率について定めを置くことが、より重要となります。

• 遅延損害金利率を高くする場合 •　　　　　　　　　〔派遣元有利〕

> 乙が本契約又は個別契約に基づく金銭債務の支払いを遅延したときは、甲に対し、支払期日の翌日から支払済みに至るまで、年20％（年365日日割計算）の割合による遅延損害金を支払うものとする。

• 遅延損害金利率を低くする場合 •　　　　　　　　　〔派遣先有利〕

> 乙が本契約又は個別契約に基づく金銭債務の支払いを遅延したときは、甲に対し、支払期日の翌日から支払済みに至るまで、年1％（年365日日割計算）の割合による遅延損害金を支払うものとする。

▶ 第16条（契約期間） 重要度 A

> 本契約の有効期間は、令和○年○月○日から令和○年○月○日までとし、期間満了の1か月前までに甲乙いずれからも書面による異議がなされないときには、本契約は期間満了の翌日から起算して、同一内容にて更に1年間延長されるものとし、それ以後も同様とする。

【期間満了後の取扱いについて記載する】

・個別契約の取扱いについて明記する場合・

> 1　（略）
> 2　期間満了により本契約が終了する場合であっても、既に交わされている個別契約については、直ちに効力を失わず、その期間満了まで効力を有するものとする。

▶ 第17条（反社会的勢力の排除） 重要度 B

> 1　甲及び乙は、自己又は自己の役員が、暴力団、暴力団関係企業、総会屋もしくはこれらに準ずる者又はその構成員（以下これらを「反社会的勢力」という。）に該当しないこと、及び次の各号のいずれにも該当しないことを表明し、かつ将来にわたっても該当しないことを相互に確約する。
> 　①　反社会的勢力に自己の名義を利用させること
> 　②　反社会的勢力が経営を実質的に支配していると認められる関係を有すること
> 2　甲又は乙は、前項の一つにでも違反することが判明したときは、何らの催告を要せず、本契約を解除することができる。
> 3　本条の規定により本契約が解除された場合には、解除された者は、解除により生じる損害について、その相手方に対し一切の請求を行わない。

【対象者を限定する】

・派遣先のみを対象とする場合・　　　　　　　　　　　〔派遣元有利〕

> 1　乙は、自己又は自己の役員が、暴力団、暴力団関係企業、総会屋もしくはこれらに準ずる者又はその構成員（以下これらを「反社会的勢力」という。）に該当しないこと、及び次の各号のいずれにも該当しないことを表明し、かつ将来にわたっても該当しないことを確約する。
> ①　反社会的勢力に自己の名義を利用させること
> ②　反社会的勢力が経営を実質的に支配していると認められる関係を有すること
> 2　甲は、乙が前項の一つにでも違反することが判明したときは、何らの催告を要せず、本契約を解除することができる。

【賠償額を具体的に規定する】

・具体的な賠償額の予定を行う場合・

> 4　本条の規定により本契約が解除された場合には、解除された者は、その相手方に対し、違約金として金〇〇円を支払うものとする。

第18条（協議解決）　重要度C

> 本契約に定めのない事項又は本契約の解釈について疑義が生じたときは、甲乙誠意をもって協議のうえ解決する。

【紛争解決方法について具体的に規定する】

・仲裁者をあらかじめ定める場合・

> 本契約に定めのない事項又は本契約の解釈について疑義が生じたときは、〇〇〇〇を仲裁者と定め、三者において誠意をもって協議のうえ解

> 決する。

▶第 19 条（合意管轄） 重要度 B

> 甲及び乙は、本契約に関し裁判上の紛争が生じたときは、訴額等に応じ、東京簡易裁判所又は東京地方裁判所を専属的合意管轄裁判所とすることに合意する。

【合意管轄裁判所を変更する】

・本店所在地を管轄する裁判所とする場合・

> 甲及び乙は、本契約に関し裁判上の紛争が生じたときは、<u>甲又は乙の本店所在地を管轄する裁判所</u>を専属的合意管轄裁判所とすることに合意する。

・本店所在地または支店所在地を管轄する裁判所とする場合・

> 甲及び乙は、本契約に関し裁判上の紛争が生じたときは、<u>甲又は乙の本店所在地もしくは支店所在地を管轄する裁判所</u>を専属的合意管轄裁判所とすることに合意する。

・派遣労働者の就業場所を管轄する裁判所とする場合・

> 甲及び乙は、本契約に関し、派遣労働者の行為に基づいて裁判上の紛争が生じたときは、<u>当該派遣労働者の就業場所を管轄する裁判所</u>を専属的合意管轄裁判所とすることに合意する。

その他の役立つ条項

- ■ 各種規定　①業務上災害 …………………………………… 1239 ページ
- ■ 各種規定　②不祥事への対応 ……………………………… 1239 ページ
- ■ 連帯保証人を置く場合 ……………………………………… 1240 ページ
- ■ 権利・義務を追加する場合 ………………………………… 1241 ページ
- ■ 外国法の適用が想定される場合に、取扱いについて定める場合 …… 1242 ページ
- ■ 金銭等の取扱い、自動車を使用した業務について定める場合 …… 1242 ページ
- ■ 知的財産権の帰属について定める場合 …………………… 1242 ページ

◆各種規定　①業務上災害

・業務上災害発生時の責任について注意的に規定する・

> 第○条（業務上災害等）
> 1　本契約に基づく派遣労働者の業務上災害については、甲が労働基準法に定める使用者の責任及び労働者災害補償保険法に定める事業者の責任を負い、通勤災害については、甲の加入する労働者災害補償保険から派遣労働者はその給付を受ける。
> 2　乙は、甲が前項に定める手続き等を行うにあたり、必要な協力をしなければならない。

◆各種規定　②不祥事への対応

・不祥事の公表等に関し事前協議を行うこととする・

> 第○条（不祥事の際の事前協議）
> 　本契約に基づく派遣就業に関し、不祥事等が生じた場合、甲及び乙は、当該事実を公表する前に事前協議を行うものとする。

◆連帯保証人を置く場合

・改正民法に適合した連帯保証人条項を設ける・　　　　〔派遣元有利〕

連帯保証人の条項を追加し、契約書への連帯保証人の署名・押印を求めましょう。なお、民法改正により、原則として根保証となる連帯保証人には、極度額等の定めが必要になります（改正民法 465 条の 2）。

　（派遣元）○○○○（以下「甲」という。）と（派遣先）○○○○（以下「乙」という。）と（連帯保証人）○○○○（以下「丙」という。）は、甲がその雇用する労働者（以下「派遣労働者」という。）を乙に派遣するにあたり、以下のとおり労働者派遣基本契約（以下「本契約」という。）を締結する。
　（略）
第○条（連帯保証人）
1　丙は、乙と連帯して、以下のとおり極度額の範囲において、本契約から生じる一切の債務（以下「本件債務」という。）を負担する。

対象となる債務	本件債務（本契約の履行及び損害賠償金等従たる債務を含む一切の債務）
極度額	金○○円（本件債務及び連帯保証債務について約定された違約金又は損害賠償の額を含む。）
元本確定事由	①丙の財産について、金銭の支払いを目的とする債権についての強制執行又は担保権の実行が申し立てられ、当該手続が開始されたとき ②丙が破産手続開始の決定を受けたとき ③乙又は丙が死亡したとき

2　乙は、丙に対し、別紙のとおり保証契約の前提となる情報を提供し、丙は、別紙の情報の提供を受けたことを確認する。
　（略）
　本契約締結の証として、本契約書 3 通を作成し、甲乙丙相互に署名又は記名・捺印のうえ、各 1 通を保有することとする。
　（略）

丙	㊞

【別紙】

乙は、本契約締結時における自らの情報を以下のとおり提供する。

財産及び収支の状況	
主債務以外に負担している債務の有無、額及び履行状況	
主債務の担保として他に提供し又は提供しようとするものの内容	

◆権利・義務を追加する場合

・連絡先などに変更が生じた場合に通知を要することとする・

第○条（連絡先変更等の通知義務）
　甲及び乙は、それぞれの連絡先、又は責任者、苦情処理担当者の連絡先が変更となった場合、直ちに相手方に書面により通知しなければならない。

・権利の譲渡を禁止する・

第○条（権利義務等の譲渡の禁止）
　甲及び乙は、本契約によって生じた権利義務及び本契約上の地位を第三者に譲渡することができない。

◆外国法の適用が想定される場合に、取扱いについて定める場合

・準拠法を日本法と定める・

> 第○条（準拠法）
> 　本契約は日本法に準拠し、同法によって解釈されるものとする。

◆金銭等の取扱い、自動車を使用した業務について定める場合

・金銭等の取扱い、自動車を使用した業務の取扱いについて別途定める・

> 第○条（金銭の取扱い等）
> 　乙が派遣労働者に現金、有価証券その他これに類する証券及び貴重品の取扱いをさせ、又は自動車を使用した業務に就労させる必要がある場合には、甲乙間で別途取扱いを定めるものとする。

◆知的財産権の帰属について定める場合

・知的財産権を派遣先に帰属させる・

> 第○条（知的財産権）
> 　派遣労働者による派遣業務の実施によって発生した特許権、実用新案権、意匠権、商標等の工業所有権についての権利は、全て乙に帰属するものとする。

チェックポイント

あなたが派遣元の場合は、最低限以下の点をチェックしましょう。

- ☐ 契約の当事者が明らかであるか
- ☐ 法律で必要とされている記載事項に漏れがないか
- ☐ 解除事由に、不合理なもの・不利なものはないか
- ☐ 損害賠償義務が不当に加重されていないか

あなたが派遣先の場合は、最低限以下の点をチェックしましょう。

- ☐ 契約の当事者が明らかであるか
- ☐ 法律で必要とされている記載事項に漏れがないか
- ☐ 派遣料金の支払いについて不利な条件が付いていないか
- ☐ 解除事由に、不合理なもの・不利なものはないか
- ☐ 損害賠償義務が不当に加重されていないか
- ☐ 派遣労働者の指揮・管理に付随する義務が不当に加重されていないか

4 秘密保持誓約書

秘密保持誓約書

令和　年　月　日

　〇〇株式会社　御中

　　　　　　　　　　　　　　　住所：
　　　　　　　　　　　　　　　氏名：　　　　　　㊞

　今般私は、貴社に従業員として入社するにあたり、下記の秘密保持に関する事項を遵守することを誓約いたします。

記

1. 貴社に在職中、貴社の営業秘密その他の技術上または営業上の一切の情報（以下「秘密情報」といいます。）について、第三者に開示、漏洩せず、または自ら不正に使用しないこと。
2. 貴社を退職した後においても、前項の秘密情報を第三者に開示、漏洩し、または自ら不正に使用しないこと。
3. 上記各誓約事項に違反して貴社に損害を与えたときは、その損害を賠償する責任を負うこと。

以上

※　秘密保持誓約書には、収入印紙の貼付は不要です。

【この契約書を用いるケース】
☑入社時に秘密保持を契約させる場合
⇨高度の秘密を扱う部署への配属時に提出を求める場合／退職時に提出を求める場合に使用する書式については変更例に記載。なお、入社誓約書については本章5、退社誓約書については本章6

● 第 1 項　**重要度A**

在職中に営業等の秘密を第三者に対し開示・漏洩したり不正使用したりしないことを誓約させます。

【応用】秘密情報を具体的に記載する　　・・・▶　1246ページ
　　　　禁止事項を追加・変更する　　・・・▶　1246ページ
　　　　あわせて他規程の遵守も誓約させる　・・・▶　1247ページ

● 第 2 項　**重要度A**

退職後においても営業等の秘密を第三者に対し開示・漏洩したり不正使用したりしないことを誓約させます。

【応用】退職後の秘密保持義務について規定する　・・・▶　1248ページ

● 第 3 項　**重要度A**

各誓約事項に反して損害が発生した場合の賠償義務を確認し、誓約遵守の実効性を確保します。

【応用】損害賠償責任を限定する　・・・▶　1248ページ

作成のテクニック

第1項　重要度 A

貴社に在職中、貴社の営業秘密その他の技術上または営業上の一切の情報（以下「秘密情報」といいます。）について、第三者に開示、漏洩せず、または自ら不正に使用しないこと。

【秘密情報を具体的に記載する】

・秘密情報を具体的に列挙する場合・

貴社に在職中、<u>以下の情報</u>（以下「秘密情報」といいます。）について、第三者に開示、漏洩せず、または自ら不正に使用しないこと。
① <u>〇〇〇〇</u>
② <u>〇〇〇〇</u>
③ <u>〇〇〇〇</u>
④ <u>その他これらに準じる、貴社での業務上知ることとなった、技術上または営業上の一切の情報</u>

・特に秘密である旨明示された情報に限定する場合・　　〔誓約者有利〕

貴社に在職中、貴社の営業秘密その他の技術上または営業上の一切の情報のうち、<u>適切な表示（「CONFIDENTIAL」、「マル秘」など）により、機密である旨明示された情報</u>（以下「秘密情報」といいます。）について、第三者に開示、漏洩せず、または自ら不正に使用しないこと。

【禁止事項を追加・変更する】

・事前の書面による承諾がある場合を除き、秘密情報の複製も禁止する場合・　　〔会社有利〕

貴社に在職中、貴社の営業秘密その他の技術上または営業上の一切の情報（以下「秘密情報」といいます。）について、<u>貴社の書面による承諾</u>

> を得ることなく、秘密情報の複製、第三者への開示、漏洩をせず、または自ら不正に使用しないこと。

・秘密情報の持帰りを一切禁止する場合・　　　　　　　　　　〔会社有利〕

> 貴社に在職中、貴社の営業秘密その他の技術上または営業上の一切の情報（以下「秘密情報」といいます。）について、貴社の承諾を得ることなく社外へ持ち出さず、第三者に開示、漏洩しないこと。また、自ら秘密情報を不正に使用しないこと。

・子会社・グループ会社の秘密情報についても漏洩を禁止する場合・
　　　　　　　　　　　　　　　　　　　　　　　　　　　　〔会社有利〕

> 貴社に在職中、貴社（子会社、グループ会社を含みます。）の営業秘密その他の技術上または営業上の一切の情報（以下「秘密情報」といいます。）について、第三者に開示、漏洩せず、または自ら不正に使用しないこと。

【あわせて他規程の遵守も誓約させる】

・就業規則のほかに営業秘密管理規程がある場合、これらを遵守することを明記する場合・　　　　　　　　　　　　　　　　　　　　　　〔会社有利〕

> 貴社に在職中、就業規則（営業秘密管理規程を含みます。）を遵守し、貴社の営業秘密その他の技術上または営業上の一切の情報（以下「秘密情報」といいます。）について、第三者に開示、漏洩せず、または自ら不正に使用しないこと。

▶ 第2項　重要度A

> 貴社を退職した後においても、前項の秘密情報を第三者に開示、漏洩し、または自ら不正に使用しないこと。

【退職後の秘密保持義務について規定する】

・秘密情報の返還・破棄を誓約させる場合・　　　　　〔会社有利〕

> 貴社を退職した場合、秘密情報が記録された媒体については、貴社の指示に従い、速やかに返還または破棄し、貴社を退職した後においても、前項の秘密情報を第三者に開示、漏洩し、または自ら不正に使用しないこと。

・退職後に秘密を保持する期間を定める場合・　　　　〔誓約者有利〕

> 貴社を退職した後においても、前項の秘密情報について自ら不正に使用せず、また退職後〇年間は秘密情報を第三者に開示、漏洩しないこと。

・退職後も秘密保持義務を負うことについて補償手当が支給されることとする場合・　　　　　　　　　　　　　　　　　　　　　〔誓約者有利〕

> 貴社を退職した後においても、前項の秘密情報を自ら不正に使用せず、また貴社から補償手当を受給する代わりに、第三者に開示、漏洩しないこと。

第3項　重要度A

> 上記各誓約事項に違反して貴社に損害を与えたときは、その損害を賠償する責任を負うこと。

【損害賠償責任を限定する】

・故意または重過失により損害が発生した場合に限定する場合・〔誓約者有利〕

> 故意または重過失により、上記各誓約事項に違反して貴社に損害を与えたときは、その損害を賠償する責任を負うこと。

・賠償責任を負う損害額について上限を設定する場合・　　〔誓約者有利〕

> 上記各誓約事項に違反して貴社に損害を与えたときは、○○円を上限としてその損害を賠償する責任を負うこと。

その他の役立つ条項

- 書面中で個人情報について定義する場合 ……………… 1250 ページ
- 異動時・中途入社時・出向時等の秘密情報の取扱いについて誓約させる場合
  ……………………………………………………………… 1250 ページ
- 身元保証人の責任について記載する場合 ………………… 1251 ページ

◆書面中で個人情報について定義する場合

・個人情報を定義したうえ、特に取扱いに注意させる・

> ○ 生存する個人に関する情報であって、当該情報に含まれる氏名、生年月日その他の記述等により特定の個人を識別することができる情報（以下「個人情報」といいます。）の取扱いには厳重な注意を払い、第三者に開示、漏洩せず、または自ら不正に使用しないこと。

◆異動時・中途入社時・出向時等の秘密情報の取扱いについて誓約させる場合

・秘密保持に関する研修への参加義務を明記する・　　　　〔会社有利〕

> ○ 本誓約書で誓約する秘密の管理をより徹底するため、貴社が指定する秘密保持に関する研修を受講すること。

・会社の求めに応じて、別途秘密保持に関する誓約書を提出することを誓約させる・　　　　〔会社有利〕

> ○ 後の配属、取扱業務の変更により、高度の秘密保持の必要性が生じた場合、別途、業務内容に即した秘密保持誓約書を提出すること。

- 中途採用者に対し、前職等の営業秘密を会社に持ち込み不正使用しないことを誓約させる・　〔会社有利〕

> ○　前職までに知り得た他の会社の営業秘密を貴社へ持ち込み、不正に利用しないこと。

- 関連会社に出向した場合も出向先において同様の義務を負うことを明記する・　〔会社有利〕

> ○　関連会社等へ出向した場合にも、出向先において、貴社に対して負うのと同等の秘密保持義務を負うこと。

- 競業避止義務を課す補償として秘密手当を支給する場合に、その旨を記載する・

> ○　本誓約書の誓約事項を遵守するため、貴社を退職した後○年間、○○地域において、次の行為を行わないこと。なお、この補償として、貴社より秘密手当を受給していることを確認する。
> ①　貴社と競合する関係に立つ事業者に就職したり、その役員に就任したりすること。
> ②　貴社と競合する関係に立つ事業者の提携先企業に就職したり、その役員に就任したりすること。
> ③　貴社と競合する関係に立つ事業について、自ら営業を開始または会社を設立すること。

◆身元保証人の責任について記載する場合

- 問題が生じたときには身元保証人に通知・賠償請求が行われることについて注意的に確認する・

> ○　私が本誓約に違反し、貴社に損害を与えた場合、身元保証人に通知、賠償請求等が行われることがあり得ることを承諾し、これに異議を述べないこと。

・身元保証人に、誓約者が誓約事項を遵守することを約束させる・

末尾に次の一文を加筆し、身元保証人の署名、押印を求めましょう。

上記の事項を遵守させることを誓約いたします。

　　　　　　　　　　　　　　　　　身元保証人：　　　　　　　㊞

チェックポイント

あなたが会社の場合は、最低限以下の点をチェックしましょう。

- ☐ 社員の署名・押印がきちんとなされているか
- ☐ 在職中の秘密保持義務がきちんと定められているか
- ☐ 退職後の秘密保持義務がきちんと定められているか
- ☐ 会社に損害が生じた場合の賠償義務についてきちんと定められているか

あなたが社員の場合は、最低限以下の点をチェックしましょう。

- ☐ 当事者が明らかであるか
- ☐ 在職中に負う秘密保持義務が不当に重いものとなっていないか
- ☐ 退職後に負う秘密保持義務が不当に重いものとなっていないか
- ☐ 損害賠償義務について定めがある場合、その内容が不当に重いものになっていないか

5 入社誓約書

入社誓約書

　　　　　　　　　　　　　　　　令和　　年　　月　　日

　〇〇株式会社　御中

　　　　　　　　　　　　　住所：
　　　　　　　　　　　　　氏名：　　　　　　　　㊞

　今般私は、貴社に従業員として入社することを承諾いたしますとともに、下記事項を遵守のうえ、誠実に履行することを誓約いたします。

記

1　貴社の就業規則その他服務に関する諸規定を遵守し、誠実に勤務すること。
2　すでに提出した履歴書および採用時に提出した書類の記載事項は事実と相違がないこと。
3　業務上知り得た機密情報、個人情報については、在職中はもとより、退職後といえども一切漏洩しないこと。
4　貴社または貴社従業員の名誉を汚すような言動をしないこと。
5　故意または過失によって貴社または第三者に損害を与えたときは、その損害を賠償する責任を負うこと。

以上

※　入社誓約書には、収入印紙の貼付は不要です。

【この契約書を用いるケース】
　☑入社時に誓約書の提出を求める場合
　　　⇨採用内定時に誓約書提出を求める場合に使用する書式については変更例に記載。退社誓約書については本章❻、秘密保持誓約書については本章❹

● 前　文

【応用】提出を求めるタイミングを変更する　・・▶ 1256 ページ

● 第 1 項　**重要度A**

就業規則その他の規程を遵守することを誓約させます。

【応用】遵守規定を変更する　・・▶ 1256 ページ

● 第 2 項　**重要度A**

提出書類の記載に誤りがないことを今一度確認します。

【応用】提出書類の記載内容に変更が生じた場合の取扱いについて記載する
　　　　　　　　　　　　　　　　　　　　　　　・・▶ 1257 ページ
　　　　提出書類についての注意事項を追記する　・・▶ 1257 ページ

● 第 3 項　**重要度A**

情報の漏洩を行わないことを誓約させます。退職後においても営業等の秘密を第三者に対し開示・漏洩したり不正使用したりしないことを誓約させます。

【応用】秘密情報の取扱いについて誓約させる　・・▶ 1257 ページ

● 第 4 項　**重要度B**

社員として日頃の言動の自制を促します。

【応用】暴力団排除条項を盛り込む　・・▶ 1258 ページ

● 第 5 項　**重要度A**

会社に損害を与えたときに責任が発生することを自覚させます。

労働　❺入社誓約書

作成のテクニック

▶ 前文

> 今般私は、貴社に従業員として入社することを承諾いたしますとともに、下記事項を遵守のうえ、誠実に履行することを誓約いたします。

【提出を求めるタイミングを変更する】

・採用内定時に提出を求める場合・

> 今般私は、<u>貴社の採用内定通知を受けましたので</u>、下記事項を了承のうえ、<u>令和○年○月○日付で貴社に入社することを誓約</u>いたします。

▶ 第1項　重要度A

> 貴社の就業規則その他服務に関する諸規定を遵守し、誠実に勤務すること。

【遵守規定を変更する】

・就業規則が定められていない場合・

> <u>貴社の服務に関する諸規定</u>を遵守し、誠実に勤務すること。

▶ 第2項　重要度A

> すでに提出した履歴書および採用時に提出した書類の記載事項は事実と相違がないこと。

【提出書類の記載内容に変更が生じた場合の取扱いについて記載する】

・変更事由発生後直ちに届け出ることを誓約させる場合・　　〔使用者有利〕

> すでに提出した履歴書および採用時に提出した書類の記載事項は事実と相違がなく、記載事項に変更が生じた場合には直ちに貴社へ届け出ること。

「変更が生じた場合には○日以内に届け出ること」と限定してもよいでしょう。

【提出書類についての注意事項を追記する】

・提出期限を設ける場合・　　　　　　　　　　　　　　　〔使用者有利〕

> すでに提出した履歴書および採用時に提出した書類の記載事項は事実と相違がないこと。入社後に提出する書類がある場合には、入社後○日以内に提出すること。

▶ 第3項　重要度A

> 業務上知り得た機密情報、個人情報については、在職中はもとより、退職後といえども一切漏洩しないこと。

【秘密情報の取扱いについて誓約させる】

・秘密情報の無断複製をしないことを誓約させる場合・　　〔使用者有利〕

> 業務上知り得た機密情報、個人情報については、業務上必要がある場合を除き複製等をせず、在職中はもとより、退職後といえども一切漏洩しないこと。

・子会社・グループ会社の秘密情報についても漏洩を禁止する場合・
〔使用者有利〕

> 業務上知り得た機密情報、個人情報については、貴社の子会社、グループ会社のものも含め、在職中はもとより、退職後といえども一切漏洩しないこと。

・退職後の秘密保持期間を限定する場合・　〔新入社員有利〕

> 業務上知り得た機密情報、個人情報については、在職中はもとより、退職後も◯年間は一切漏洩しないこと。

▶第4項　重要度B

> 貴社または貴社従業員の名誉を汚すような言動をしないこと。

【暴力団排除条項を盛り込む】

・反社会的勢力との関わりを持たないことを誓約させる場合・〔使用者有利〕

> 貴社または貴社従業員の名誉を汚すような言動をせず、また反社会的勢力との関わりを持たないこと。

その他の役立つ条項

- ■ 誓約事項を追加・変更する場合 ……………………… 1259 ページ
- ■ 身元保証人の責任について記載する場合 ……………… 1261 ページ
- ■ 入社誓約書提出後の取扱いについて記載する場合 …… 1261 ページ
- ■ 金銭・有価証券の取扱いについて注意を促す場合 …… 1262 ページ

◆誓約事項を追加・変更する場合

・インターネットを通じて企業内の事情を開示しないことを誓約させる・
〔使用者有利〕

> ○ インターネットを通じて企業内の事情を一切開示しないこと。

・公私を問わず飲酒運転はしないことを誓約させる・ 〔使用者有利〕

> ○ 公私を問わず飲酒運転はしないこと。

・セクハラ・パワハラ行為を行わないことを誓約させる・ 〔使用者有利〕

> ○ セクハラ・パワハラ行為を行わないこと。

・健康に留意し、日々の就労に励むことを誓約させる・ 〔使用者有利〕

> ○ 健康に留意し、日々の就労に励むこと。

・入社誓約書の内容を第三者に開示しないことを誓約させる・〔使用者有利〕

> ○ 入社誓約書の内容を第三者に開示しないこと。

・前職が競合する会社でないことを誓約させる・ 〔使用者有利〕

> ○ 私の以前の勤務先が貴社と競合する会社でないこと。

・労働条件通知書の内容に異議がないことを誓約させる・　　〔使用者有利〕

> ○　すでに提示された労働条件通知書の記載内容に異議がないこと。

・勤務地・職種の変更があっても異議を述べないことを誓約させる・

〔使用者有利〕

> ○　業務上の都合により、勤務地の変更や職種の変更等の人事上の命令がなされた場合、これに従うこと。

・他社へ出向となった場合にも誠実に勤務することを誓約させる・

〔使用者有利〕

> ○　業務上の都合により他社へ出向する場合があることを承諾し、実際に出向することとなった場合でも誠実に勤務すること。

・会社の承諾なしに他の事業を経営したり他の職務に従事したりしないことを誓約させる・　　〔使用者有利〕

> ○　事前に貴社の書面による承諾がない限り、他の事業を経営したり、他の職務に従事したりしないこと。

・会社の備品の取扱いに注意し、貸与を受けたものがある場合には退職時に返還することを誓約させる・　　〔使用者有利〕

> ○　貴社の備品を取り扱う場合には細心の注意を払い、貴社から貸与を受けたものがある場合、貴社を退職する際にこれを直ちに返還すること。

・業務に関連して贈与・饗応を受けないことを誓約させる・　〔使用者有利〕

> ○　貴社の業務を行うにあたり、業務に関連して贈与や饗応を受けないこと。

- 業務を阻害するような言動をとらないことを誓約させる・　〔使用者有利〕

> ○　貴社の業務を阻害するような言動を取らないこと。

◆身元保証人の責任について記載する場合

- 問題が生じたときには身元保証人に通知や賠償請求が行われ得ることについて注意的に承諾させる・　〔使用者有利〕

> ○　私が貴社に損害を与えるなど業務上問題が生じた場合、身元保証人への通知、賠償請求等が行われることがあり得ることを承諾し、異議を述べないこと。

◆入社誓約書提出後の取扱いについて記載する場合

- 入社誓約書提出後に入社を拒否する場合には、損害賠償義務が発生する場合があることを明記する・　〔使用者有利〕

> ○　本入社誓約書の提出後に貴社への入社を拒否する場合、私に損害賠償義務が発生することがあり得ることを了知したこと。

- 入社誓約書提出後は、正当な理由なく入社を拒否できないことを明記する・
〔使用者有利〕

> ○　本入社誓約書の提出後は、正当な理由なく、入社を拒否することができないことを承諾し、異議を述べないこと。

- 就業規則による試用期間中に採用を取り消されても異議を述べないことを誓約させる・　〔使用者有利〕

> ○　入社後であっても、試用期間中に採用を取り消される場合があることを承諾し、試用期間中に採用が取り消されても異議を述べないこと。

- 採用内定時に提出を求める場合に、内定取消事由に該当する場合には内定の取消しをされても異議がないことを誓約させる・　　　〔使用者有利〕

> ○　次のいずれかの事項に該当した場合、採用内定の取消しをされても異議を述べないこと。
> 　(1)　履歴書等貴社に提出した私の身上に関する資料に、事実と相違した点があり、または故意に隠していることが判明したとき
> 　(2)　貴社に入社するにあたって施行される身体検査の結果、私の身体に異常が認められたとき、または入社までの間の健康状態の変化により、勤務に耐えられないと診断されたとき
> 　(3)　令和○年○月に、現在通学する学校を卒業できなかったとき

- 労働者およびその扶養親族の個人情報を労務管理のために使用することを承諾させる・　　　〔使用者有利〕

> ○　貴社が、私および私が扶養する親族の個人情報を、労務管理のために使用することを承諾し、これに異議を述べないこと。

◆金銭・有価証券の取扱いについて注意を促す場合

- 金銭・有価証券の取扱いに特に注意することを誓約させる・〔使用者有利〕

> ○　業務上取り扱う金銭、有価証券については厳重な注意をもって管理すること。

チェックポイント

あなたが会社の場合は、最低限以下の点をチェックしましょう。

- ☐ 新入社員の署名・押印がきちんとなされているか
- ☐ 提出書類の記載内容に誤りがないことが誓約されているか
- ☐ 会社に損害を与えないよう誓約事項がきちんと定められているか
- ☐ 会社に損害を与えた場合に賠償することが誓約されているか

あなたが新入社員の場合は、最低限以下の点をチェックしましょう。

- ☐ 当事者が誤りなく記載されているか
- ☐ 事実と異なることが誓約させられていないか
- ☐ 誓約させられる義務の内容が不当に重いものとなっていないか
- ☐ 損害賠償義務について定めがある場合、その内容が不当に重いものこなっていないか

6 退社誓約書

退社誓約書

令和　年　月　日

○○株式会社　御中

　　　　　　　　　　　　　住所：
　　　　　　　　　　　　　氏名：　　　　　　㊞

　今般私は、貴社を退職するにあたり以下の事項を遵守することを誓約いたします。

1. 貴社の技術上または営業上の情報（以下まとめて「秘密情報」といいます。）が記録された資料等の一切について、原本はもちろん、コピー等複製物も貴社に返還し、自ら保有していないこと。
2. 貴社を退職した後においても、前項の秘密情報を第三者に開示、漏洩したり、自ら使用したりしないこと。
3. 本書面で誓約した事項に違反し、貴社に損害を与えたときは、その損害を賠償する責任を負うこと。

以上

※　退社誓約書には、収入印紙の貼付は不要です。

【この契約書を用いるケース】
☑ 退社時に誓約書の提出を求める場合
⇨秘密保持誓約書は本章④、入社誓約書は本章⑤

● 第 1 項　重要度 A

退社するにあたり秘密情報等に関する資料をすでに保有していないことを誓約させます。

【応用】秘密情報を具体的に記載する　　　・・・▶　1266 ページ
　　　　返還義務を負う媒体を追加・変更する　・・・▶　1266 ページ
　　　　誓約事項を追加・変更する　　　　・・・▶　1266 ページ

● 第 2 項　重要度 A

在職中に知り得た秘密情報を第三者に開示等しないことを誓約させます。

【応用】秘密情報を具体的に記載する　　　　・・・▶　1267 ページ
　　　　秘密保持の期間について規定する　　・・・▶　1267 ページ

● 第 3 項　重要度 A

誓約事項に違反し、会社に損害を与えた場合に、損害賠償請求できるよう記載します。

【応用】損害賠償責任を限定する　　・・・▶　1268 ページ
　　　　違反時の取扱いを変更する　・・・▶　1268 ページ

労働

⑥ 退社誓約書

作成のテクニック

▶ 第1項　重要度 A

貴社の技術上または営業上の情報（以下まとめて「秘密情報」といいます。）が記録された資料等の一切について、原本はもちろん、コピー等複製物も貴社に返還し、自ら保有していないこと。

【秘密情報を具体的に記載する】

・秘密情報について具体的に列挙する場合・

以下の情報（以下まとめて「秘密情報」といいます。）が記録された資料等の一切について、原本はもちろん、コピー等複製物も貴社に返還し、自ら保有していないこと。
① 〇〇〇〇
② 〇〇〇〇
③ その他これらに準じる、貴社での業務上知ることとなった、技術上又は営業上の一切の情報

【返還義務を負う媒体を追加・変更する】

・保有していないことを誓約させる媒体を具体的に列挙する場合・

貴社の技術上または営業上の情報（以下まとめて「秘密情報」といいます。）が記録された書類、CD-R、USBメモリ等の一切の媒体について、原本はもちろん、コピー等複製物も貴社に返還し、自ら保有していないこと。

【誓約事項を追加・変更する】

・子会社・グループ会社の秘密情報も漏洩を禁止する場合・　　〔会社有利〕

貴社および貴社の子会社、グループ会社の技術上または営業上の情報

（以下まとめて「秘密情報」といいます。）が記録された資料等の一切について、原本はもちろん、コピー等複製物も貴社に返還し、自ら保有していないこと。

・退職者において破棄させる秘密情報がある場合・　　〔会社有利〕

貴社の技術上または営業上の情報（以下まとめて「秘密情報」といいます。）が記録された資料等の一切について、原本はもちろん、コピー等複製物も貴社の指示に従い返還ないし破棄し、自ら保有していないこと。

▶ 第2項　重要度 A

貴社を退職した後においても、前項の秘密情報を第三者に開示、漏洩したり、自ら使用したりしないこと。

【秘密情報を具体的に記載する】

・開示・漏洩等を禁じる秘密情報について限定を加える場合・〔退職者有利〕

貴社を退職した後においても、前項の秘密情報のうち下記の情報を第三者に開示、漏洩したり、自ら使用したりしないこと。
① ○○に関する情報
② ○○に関する情報
③ 上記のほか、これに準じる一切の情報

【秘密保持の期間について規定する】

・秘密保持の期間を限定する場合・　　　　　　　　〔退職者有利〕

貴社を退職後○年間、前項の秘密情報を第三者に開示、漏洩したり、自ら使用したりしないこと。

労働　6　退社誓約書

▶ 第3項 　重要度 A

> 本書面で誓約した事項に違反し、貴社に損害を与えたときは、その損害を賠償する責任を負うこと。

【損害賠償責任を限定する】

・故意または重過失による違反に限定する場合・　　　　　〔退職者有利〕

> <u>私の故意または重過失により、</u>本書面で誓約した事項に違反し、貴社に損害を与えたときは、その損害を賠償する責任を負うこと。

・損害賠償責任に上限を設定する場合・　　　　　　　　〔退職者有利〕

> 本書面で誓約した事項に違反し、貴社に損害を与えたときは、<u>○○円を上限として、</u>その損害を賠償する責任を負うこと。

・退職者が損害賠償責任を負う期間を限定する場合・　　　〔退職者有利〕

> <u>退職後○年間のうちに、</u>私が本書面で誓約した事項に違反し、貴社に損害を与えたときは、その損害を賠償する責任を負うこと。

【違反時の取扱いを変更する】

・違反時に退職金の返還を定める場合・　　　　　　　　　〔会社有利〕

> 本書面で誓約した事項に違反し、貴社に損害を与えたときは、<u>貴社より支給された退職金を返納し、</u>その損害を賠償する責任を負うこと。

その他の役立つ条項

- ■ 誓約事項を追加・変更する場合 …………………… 1269 ページ
- ■ 身元保証人の責任について記載する場合 ………… 1270 ページ
- ■ 競業避止義務について誓約させる場合 …………… 1271 ページ

◆誓約事項を追加・変更する場合

・誓約書の内容を第三者に開示しないことを誓約させる・

> ○　本誓約書の誓約事項を第三者へ開示しないこと。

・会社の顧客への不当な働きかけを行わないことを誓約させる・〔会社有利〕

> ○　貴社の顧客に対し不当な働きかけを行うなど、貴社の売上を下落させる行為を行わないこと。

・秘密情報の返還以外に、支給・貸与物品の返却についても誓約させる・
〔会社有利〕

> ○　身分証明書等、貴社から支給、貸与を受けたものについても、すでに貴社へ返却済みであり、保有していないこと。

・新しい就職先の報告義務を課す・　　　　　　　　　　　　〔会社有利〕

> ○　貴社を退職後、新たに勤務する会社等がある場合、これを貴社へ報告すること。

・住所変更の際の報告義務を課す・　　　　　　　　　　　　〔会社有利〕

> ○　貴社を退職後○年間のうちに住所が変更することがあった場合、これを貴社へ報告すること。

- 社宅の明渡しについて誓約させる・　　　　　　　　　　〔会社有利〕

> ○　退職にあたり、貴社の社宅を令和○年○月○日までに明け渡すこと。

- 懲戒事由があった場合等に、その事実を認め異議を述べないことを誓約させる・　　　　　　　　　　　　　　　　　　　　　　〔会社有利〕

> ○　私に、貴社が定める懲戒事由のうち○○に該当する事実があったことを認め、異議を述べないこと。

- 在職時に会社の許可なく秘密情報を第三者に開示していないことを誓約させる・　　　　　　　　　　　　　　　　　　　　　　〔会社有利〕

> ○　貴社在職中に、貴社の許可なく秘密情報を第三者に対して開示、漏洩していないこと

- 知的財産権等について退職者に帰属するものがある場合に、当該権利を会社に譲渡していることを誓約させる・　　　　　　　　　〔会社有利〕

> ○　貴社の業務を行ううえで、新たに発生し私に帰属することとなった、特許権、実用新案権、意匠権、商標権、著作権その他の知的財産権等の権利について、これらは全て貴社へ譲渡したこと。

- 退職後に従業員等の引抜き行為をしないことを誓約させる・　〔会社有利〕

> ○　退職後、貴社の従業員等に対して引抜き行為を行わないこと。

◆身元保証人の責任について記載する場合

- 損害が発生するときには身元保証人にも連絡・請求が行くことを注意的に記載する・　　　　　　　　　　　　　　　　　　　　　　〔会社有利〕

> ○　私が本誓約に違反し、貴社に損害を与えた場合、身元保証人に通知、

> 賠償請求等が行われることがあり得ることを承諾し、これに異議を述べないこと。

◆競業避止義務について誓約させる場合

・競業避止義務もあわせて規定する・　　　　　　　　〔会社有利〕

> ○　貴社を退職した後○年間、○○県内において、以下の行為を行わないこと。
> ①　貴社と競合する事業者に就職したり、その役員に就任したりすること。
> ②　貴社と競合する事業者が提携する企業に就職したり、その役員に就任したりすること。
> ③　貴社と競合する事業を自ら開業し、または設立すること。

・競業避止義務を課す代償として代償金を支払う場合に、その旨を記載する・

> ○　本誓約書の誓約事項を遵守するため、貴社を退職した後○年間、○○県内において、次の行為を行わないこと。なお、この代償として、貴社より代償金を受給したことを確認します。
> ①　貴社と競合する関係に立つ事業者に就職したり、その役員に就任したりすること。
> ②　貴社と競合する関係に立つ事業者の提携先企業に就職したり、その役員に就任したりすること。
> ③　貴社と競合する関係に立つ事業について、自ら営業を開始または会社を設立すること。

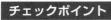

チェックポイント

あなたが会社の場合は、最低限以下の点をチェックしましょう。

- ☐ 退職者の署名・押印がきちんとなされているか
- ☐ 会社の秘密情報を保有していないことがきちんと誓約されているか
- ☐ 会社の秘密情報を今後開示・漏洩しないことが誓約されているか
- ☐ 会社に損害が生じた場合の賠償義務についてきちんと定められているか

あなたが退職者の場合は、最低限以下の点をチェックしましょう。

- ☐ 当事者が誤りなく記載されているか
- ☐ 秘密情報を保有していないことなど、事実に反することが誓約させられていないか
- ☐ 退職後に負う義務がある場合、その内容が不当に重いものになっていないか
- ☐ 損害賠償義務について定めがある場合、その内容が不当に重いものになっていないか

MEMO

7 身元保証契約書

身元保証契約書

（使用者）〇〇〇〇（以下「甲」という。）と（身元保証人）〇〇〇〇（以下「乙」という。）は、甲が〇〇〇〇（以下「丙」という。）を雇用するにあたり、以下のとおり身元保証契約（以下「本契約」という。）を締結する。

第1条　（身元保証人）

1　丙が、甲丙間で交わされる雇用契約に違反し、又は故意もしくは過失により甲に損害を与えたときは（以下、当該損害賠償債務を「本件債務」という。）、乙は、丙と連帯して、以下のとおり極度額の範囲において、甲に対し賠償の責任を負う。

対象となる債務	本件債務（本契約の履行及び損害賠償金等従たる債務を含む一切の債務）
極度額	金〇〇円（本件債務及び連帯保証債務について約定された違約金又は損害賠償の額を含む。）
元本確定事由	①乙の財産について、金銭の支払いを目的とする債権についての強制執行又は担保権の実行が申し立てられ、当該手続が開始されたとき ②乙が破産手続開始の決定を受けたとき ③乙又は丙が死亡したとき

【この契約書を用いるケース】
☑ 社員が入社するにあたり、その身元保証人と身元保証契約を締結する場合
⇨ 契約ではなく会社に差し入れる身元保証書については変更例にて記載

● 前　文

【応用】契約の当事者を変更する　　・・・▶　1280 ページ

● 身元保証人　　重要度 A

民法改正により、原則として根保証となる連帯保証人には、極度額等の定めが必要になります（改正民法 465 条の 2）。

【応用】身元保証人が負う賠償義務の範囲を変更する　　・・・▶　1281 ページ
　　　　損害賠償額に係る定めを変更する　　・・・▶　1282 ページ

2 　丙は、乙に対し、別紙のとおり身元保証契約の前提となる情報を提供し、乙は、別紙の情報の提供を受けたことを確認する。

第2条　（通知）
　甲は、以下の場合には、遅滞なく乙にその旨を通知するものとする。
　①　丙に業務上不適任又は不誠実な事跡があり、このために乙に責任が発生するおそれがあることを甲が知ったとき
　②　丙の任務又は任地を変更し、このために乙の責任が加重され、又は乙による丙の監督が困難となるとき

第3条　（協議解決）
　本契約に定めのない事項又は本契約の解釈について疑義が生じたときは、甲乙誠意をもって協議のうえ解決する。

第4条　（合意管轄）
　甲及び乙は、本契約に関し裁判上の紛争が生じたときは、訴額等に応じ、東京簡易裁判所又は東京地方裁判所を専属的合意管轄裁判所とすることに合意する。

　本契約締結の証として、本契約書2通を作成し、甲乙相互に署名又は記名・捺印のうえ、各1通を保有することとする。

令和　　年　　月　　日
　　　　　　　　　　甲
　　　　　　　　　　　　　　　　　　　　　　㊞

　　　　　　　　　　乙
　　　　　　　　　　　　　　　　　　　　　　㊞

● 通　　知　　重要度 B

「身元保証に関する法律」において定められている会社の義務です。

【応用】通知の方法について規定する　　…▶　1283ページ
　　　　通知後の取扱いについて規定する　…▶　1284ページ

● 協議解決　　重要度 C

協議により紛争回避を図る可能性を探るため規定しています。なお、この規定に法的な拘束力はありません。

【応用】紛争解決方法について具体的に規定する　…▶　1284ページ

● 合意管轄　　重要度 B

紛争が生じた際に自己に有利な管轄裁判所において裁判を行うための規定です。

【応用】合意管轄裁判所を変更する　…▶　1285ページ

【別紙】

丙は、本契約締結時における自らの情報を以下のとおり提供する。

財産及び収支の状況	
主債務以外に負担している債務の有無、額及び履行状況	
主債務の担保として他に提供し又は提供しようとするものの内容	

※ 身元保証契約書には、収入印紙の貼付は不要です。

〈会社に差し入れてもらう形にする場合の変更例〉

身元保証書

〇〇株式会社　御中

　　　　　　　　　　現住所
　　　　　　　　　　氏　名＿＿＿＿＿＿＿＿＿＿＿

　上記の者が貴社に入社するに際し、身元保証人として会社の就業規則その他諸規則を守り、忠実に勤務することを保証します。

　万が一、上記の者が故意又は重大な過失により御社に損害を与えたときは、極度額〇〇円を限度とし、連帯してその損害を賠償することを確約いたします。

　なお、本身元保証書の契約期間は、契約締結の日から5年間とします。

　　　　　　　　　　　　　　　令和　年　月　日

住　　　所

電　話　番　号　　　　（　　）
本人との関係
身　元　保　証　人　　　　　　　㊞

作成のテクニック

▶ 前文

> （使用者）〇〇〇〇（以下「甲」という。）と（身元保証人）〇〇〇〇（以下「乙」という。）は、甲が〇〇〇〇（以下「丙」という。）を雇用するにあたり、以下のとおり身元保証契約（以下「本契約」という。）を締結する。

【契約の当事者を変更する】

・複数の身元保証人を立てる場合・　　　　　　　　　　〔使用者有利〕

> （使用者）〇〇〇〇（以下「甲」という。）と（身元保証人）〇〇〇〇（以下「乙」という。）及び（身元保証人）〇〇〇〇（以下「丙」という。）は、甲が〇〇〇〇（以下「丁」という。）を雇用するにあたり、以下のとおり身元保証契約（以下「本契約」という。）を締結する。
> 　（略）
> 　本契約締結の証として、本契約書3通を作成し、甲乙丙相互に署名又は記名・捺印のうえ、各1通を保有することとする。
> 　（略）
> 　　　　　　　　　　　　丙
> 　　　　　　　　　　　　　　　　　　　　　　　　　　　　　　㊞

・使用者・身元保証人・被用者の三者で契約する場合・

> （使用者）〇〇〇〇（以下「甲」という。）と（身元保証人）〇〇〇〇（以下「乙」という。）及び（被用者）〇〇〇〇（以下「丙」という。）は、甲が丙を雇用するにあたり、以下のとおり身元保証契約（以下「本契約」という。）を締結する。
> 　（略）
> 　本契約締結の証として、本契約書3通を作成し、甲乙丙相互に署名又は記名・捺印のうえ、各1通を保有することとする。
> 　（略）

	丙
	㊞

▶ 第1条（身元保証人） 重要度A

1 丙が、甲丙間で交わされる雇用契約に違反し、又は故意もしくは過失により甲に損害を与えたときは（以下、当該損害賠償債務を「本件債務」という。）、乙は、丙と連帯して、以下のとおり極度額の範囲において、甲に対し賠償の責任を負う。

対象となる債務	本件債務（本契約の履行及び損害賠償金等従たる債務を含む一切の債務）
極度額	金〇〇円（本件債務及び連帯保証債務について約定された違約金又は損害賠償の額を含む。）
元本確定事由	①乙の財産について、金銭の支払いを目的とする債権についての強制執行又は担保権の実行が申し立てられ、当該手続が開始されたとき ②乙が破産手続開始の決定を受けたとき ③乙又は丙が死亡したとき

2 丙は、乙に対し、別紙のとおり身元保証契約の前提となる情報を提供し、乙は、別紙の情報の提供を受けたことを確認する。

【身元保証人が負う賠償義務の範囲を変更する】

・身元保証人の損害賠償責任の算定において、使用者の過失等を斟酌することを注意的に明記する場合・　　　　　　　　　　　〔身元保証人有利〕

1 丙が、甲丙間で交わされる雇用契約に違反し、又は故意もしくは過失により甲に損害を与えたときは（以下、当該損害賠償債務を「本件債務」という。）、乙は、丙と連帯して、以下のとおり極度額の範

囲において、甲に対し賠償の責任を負う。この場合、乙が賠償義務を負う範囲は、甲の丙に対する監督における、甲の過失の有無、程度を考慮し、甲乙協議のうえ決定するものとする。
　　（以下略）

・身元保証人の責任を、社員が故意・重過失により損害を与えた場合に限定する場合・　　　　　　　　　　　　　　　　　　〔身元保証人有利〕

　1　丙が、甲丙間で交わされる雇用契約に違反し、又は故意もしくは重過失により甲に損害を与えたときは（以下、当該損害賠償債務を「本件債務」という。）、乙は、丙と連帯して、以下のとおり極度額の範囲において、甲に対し賠償の責任を負う。
　　（以下略）

・身元保証人の責任の負担割合を定める場合・　　　　　　〔身元保証人有利〕

　1　丙が、甲丙間で交わされる雇用契約に違反し、又は故意もしくは過失により甲に損害を与えたときは（以下、当該損害賠償債務を「本件債務」という。）、乙は、丙と連帯して、以下のとおり極度額の範囲において、甲に対し賠償の責任を負う。この場合、乙の責任の範囲は、丙の賠償義務の〇割とする。
　　（以下略）

【損害賠償額に係る定めを変更する】

・損害額に弁護士費用等全額を含むこととする場合・　　　　　〔使用者有利〕

　1　丙が、甲丙間で交わされる雇用契約に違反し、又は故意もしくは過失により甲に損害を与えたときは（請求等に要した弁護士費用全額を含む。以下、当該損害賠償債務を「本件債務」という。）、乙は、丙と連帯して、以下のとおり極度額の範囲において、甲に対し賠償の責任を負う。
　　（以下略）

・故意により損害を与えた場合には賠償額を増額することとする場合・
〔使用者有利〕

> 1　丙が、甲丙間で交わされる雇用契約に違反し、又は故意もしくは過失により甲に損害を与えたときは（以下、当該損害賠償債務を「本件債務」という。）、乙は、丙と連帯して、以下のとおり極度額の範囲において、甲に対し賠償の責任を負う。なお、丙が故意に甲に対して損害を生じさせた場合、丙はこれに○割を上乗せした金額の賠償義務を負うこととし、乙も同様とする。
> 　（以下略）

第2条（通知）　重要度B

> 甲は、以下の場合には、遅滞なく乙にその旨を通知するものとする。
> ①　丙に業務上不適任又は不誠実な事跡があり、このために乙に責任が発生するおそれがあることを甲が知ったとき
> ②　丙の任務又は任地を変更し、このために乙の責任が加重され、又は乙による丙の監督が困難となるとき

【通知の方法について規定する】

・通知すべき時期を特定する場合・
〔身元保証人有利〕

> 甲は、以下の場合には、当該事由が発覚した後○日以内に、乙にその旨を通知するものとする。
> ①　（以下略）

・通知方法を書面に限定する場合・
〔身元保証人有利〕

> 甲は、以下の場合には、遅滞なく乙にその旨を書面により通知するものとする。
> ①　（以下略）

労働　7　身元保証契約書

- 通知先が変更になった場合の通知義務を規定する場合・　〔使用者有利〕

この場合は、第2項として次のような条項を入れるとよいでしょう。

> 2　事前に甲に伝えていた乙の連絡先に変更が生じた場合、乙は直ちに甲に対して、変更後の連絡先を通知しなければならない。

【通知後の取扱いについて規定する】

- 通知に係る事実の発生によって身元保証人が本契約を解除することができる旨を記載する場合・　〔身元保証人有利〕

この場合は、第2項として次のような条項を入れるとよいでしょう。

> 2　前項に定める通知を受けた場合、乙は、本契約を将来に向かって解除することができる。

第3条（協議解決）　重要度 C

> 本契約に定めのない事項又は本契約の解釈について疑義が生じたときは、甲乙誠意をもって協議のうえ解決する。

【紛争解決方法について具体的に規定する】

- 仲裁者をあらかじめ定める場合・

> 甲及び乙は、本契約に定めのない事項又は本契約の解釈について疑義が生じたときは、○○○○を仲裁者と定め、三者において誠意をもって協議のうえ解決する。

第4条（合意管轄） 重要度 B

> 甲及び乙は、本契約に関し裁判上の紛争が生じたときは、訴額等に応じ、東京簡易裁判所又は東京地方裁判所を専属的合意管轄裁判所とすることに合意する。

【合意管轄裁判所を変更する】

・本店所在地を管轄する裁判所とする場合・　　　　　　〔使用者有利〕

> 甲及び乙は、本契約に関し裁判上の紛争が生じたときは、<u>甲の本店所在地を管轄する裁判所</u>を専属的合意管轄裁判所とすることに合意する。

・本店または支店の所在地を管轄する裁判所とする場合・　　〔使用者有利〕

> 甲及び乙は、本契約に関し裁判上の紛争が生じたときは、<u>甲の本店又は支店の所在地を管轄する裁判所</u>を専属的合意管轄裁判所とすることに合意する。

その他の役立つ条項

- ■ 身元保証人の義務について規定する場合 …………………… 1286 ページ
- ■ 契約期間について規定する場合 ……………………………… 1286 ページ
- ■ 外国人との契約である場合に、取扱いについて定める場合 …… 1287 ページ

◆身元保証人の義務について規定する場合

・身元保証人に指導義務を課す・　　　　　　　　　　〔使用者有利〕

> 第○条（指導義務）
> 乙は、丙が甲に対して損害を生じさせることのないよう、丙を指導する義務を負う。

・身元保証人が印鑑登録証明書を提出することとする場合に、その旨を明記する・　　　　　　　　　　　　　　　　　　　　　　　〔使用者有利〕

> 第○条（印鑑登録証明書）
> 本契約を締結するにあたり、乙は本契約書に印鑑登録済みの印鑑で押印し、印鑑登録証明書を甲に差し入れるものとする。

◆契約期間について規定する場合

・本契約の存続期間を定める・

身元保証契約の存続期間については、身元保証に関する法律により最長5年とされていますので、契約の存続期間を定める場合は注意が必要です。存続期間を定めなかった場合は3年間に限り効力を有することになります。

> 第○条（期間）
> 本契約の契約期間は、本契約締結日から5年とする。

・更新がないことを明記する・ 〔身元保証人有利〕

第○条（期間）
　本契約の契約期間は、本契約締結日から5年とし、期間満了後本契約は更新されないものとする。

・契約期間終了後更新する予定を定める・

身元保証に関する法律により更新期間は最大5年間となります。

第○条（期間）
　本契約の契約期間は、本契約締結日から5年とする。期間満了後、甲乙は別途契約書を交わすことにより、本契約を更新することができる。

◆外国人との契約である場合に、取扱いについて定める場合

・準拠法を日本法と定める・

第○条（準拠法）
　本契約は日本法に準拠し、同法によって解釈されるものとする。

チェックポイント

あなたが使用者の場合は、最低限以下の点をチェックしましょう。

- ☐ 契約の当事者が明らかであるか
- ☐ 身元保証人の保証は連帯責任となっているか
- ☐ 存続期間が法律の範囲内で設定されているか

あなたが身元保証人の場合は、最低限以下の点をチェックしましょう。

- ☐ 契約の当事者が明らかであるか
- ☐ 被用者の責任を負う損害についてのみの保証となっているか
- ☐ 保証の範囲が不合理ではないか

MEMO

8 出向契約書

出向契約書

（出向元）〇〇〇〇（以下「甲」という。）と（出向先）〇〇〇〇（以下「乙」という。）及び（出向労働者）〇〇〇〇（以下「丙」という。）は、以下のとおり出向契約（以下「本契約」という。）を締結する。

第1条　（出向契約）
1　甲は、乙に、丙を本契約書記載の以下の条件で出向させ、丙は、甲の従業員としての地位を有したまま、乙に出向し、乙の指揮監督のもと、次の業務を行うものとし、丙はこれを了承した。
　①　就業場所：〇〇〇〇
　②　業務内容：〇〇〇〇
2　乙は、丙に対し、就業場所及び業務内容の変更又は配置転換を命じることができる。

第2条　（出向期間）
1　丙の出向期間は、令和〇年〇月〇日から令和〇年〇月〇日までの〇年間とする。
2　甲及び乙は、協議のうえ、前項の出向期間を延長することができる。

第3条　（労働条件）
　丙は、出向期間中、乙の指揮監督に服し、労働時間、休憩時間、

【この契約書を用いるケース】
☑ 労働者を自社に在籍させたまま他社の業務に従事させる場合
⇨労働者派遣基本契約を締結する場合は本章**3**

● 出向契約　　重要度 A

命じる出向の内容を具体的に記載します。

● 出向期間　　重要度 A

出向を命じる期間を明確に記載します。

【応用】出向期間の記載方法を変更する　　・・・▶　1297 ページ
　　　　期間の延長について規定する　　　　・・・▶　1297 ページ

● 労働条件　　重要度 A

出向期間中に労働者が服するべき基本的な事項について定めます。

【応用】例外を定める事項を追加・変更する　　・・・▶　1298 ページ

休日、休暇その他の労務提供に関する事項、職場規律及び秩序維持に関する事項は、原則として乙が定める就業規則、その他の規程の定めによるものとする。ただし、身分上の事項（休職、解雇、懲戒、定年）にあっては、この限りではない。

第4条 （賃金等）

1 丙の出向期間中の賃金、賞与、旅費、日当、通勤手当及びその他の諸手当（以下「賃金等」という。）は、乙の規程等の定めに従い、乙の負担において支給する。

2 乙は、乙の算定基準による丙に対する賃金等の金額が、甲の算定基準による丙に対する賃金等の金額以上になるよう、調整手当等を用いることにより対処しなければならない。

3 丙の日常業務により発生する諸費用は、乙の負担とする。

第5条 （社会保険等）

丙の健康保険、厚生年金保険、厚生年金基金、雇用保険及び介護保険等は、甲が取り扱い、乙は甲に対しその費用を支払わなければならない。ただし、労災保険については乙が取り扱い、乙がその費用を負担する。

第6条 （報告）

乙は、甲に対し、毎月丙の勤務状況を協議のうえ定める勤務状況報告書により報告し、また、丙の就業場所、業務内容、所属部署及び役職等を定めたとき又は変更があったときは直ちに文書で報告する。

第7条 （復職）

1 丙は、以下の各号に該当するときには、甲に復職する。
　① 出向期間が延長されず満了したとき
　② 出向期間満了前でも、甲乙協議のうえ、甲の丙に対する復

● 賃 金 等　**重要度 A**

賃金は労働契約において最重要事項のひとつですから、明確に定めておく必要があります。

【応用】賃金等の負担についての定めを変更する　・・▶　1299 ページ

● 社会保険等　**重要度 B**

社会保険等の負担についても明確に定めておく必要があります。

【応用】社会保険料等の負担についての定めを変更する　・・▶　1300 ページ

● 報　　告　**重要度 B**

出向先から出向元への報告義務を定めます。

【応用】報告の方法について規定する　・・▶　1300 ページ

● 復　　職　**重要度 B**

復職の条件、復職後の取扱いについて明確に定めておきます。

【応用】復職に係る取扱いについて規定する　・・▶　1301 ページ

職命令がなされたとき
2 甲は出向期間中、丙を休職扱いとし、復職後の労働条件及び退職金その他の給付金の算定にあたっては、出向期間を甲の在職期間に通算する。

第8条 （解除）
　甲又は乙は、相手方が本契約に違反した場合、相手方に対し、書面によりその履行を催告したうえで、相手方が催告に従った履行をしないときは、本契約を解除し、かつ、その損害の賠償を請求することができる。

第9条 （協議解決）
　甲乙丙間において、本契約に定めのない事項又は本契約の解釈について疑義が生じたときは、甲乙誠意をもって協議のうえ解決する。

第10条 （合意管轄）
　甲、乙及び丙は、甲乙丙間において、本契約に関し裁判上の紛争が生じたときは、訴額等に応じ、東京簡易裁判所又は東京地方裁判所を専属的合意管轄裁判所とすることに合意する。

　本契約締結の証として、本契約書3通を作成し、甲乙丙相互に署名又は記名・捺印のうえ、各1通を保有することとする。

令和　　年　　月　　日

　　　　　　　　　　　甲

　　　　　　　　　　　　　　　　　　　　　　㊞

　　　　　　　　　　　乙

　　　　　　　　　　　　　　　　　　　　　　㊞

● 解　　除　　**重要度 B**

民法等で定めた解除事由より広く解除できる場合を認めるため記載しています。なお、改正民法では、法定解除のうち催告による場合、相手方の債務不履行が契約および取引上の社会通念に照らして軽微な場合において、解除が認められないこととなりました（改正民法 541 条但書）。

● 協議解決　　**重要度 C**

協議により紛争回避を図る可能性を探るため規定しています。なお、この規定に法的な拘束力はありません。

【応用】紛争解決方法について具体的に規定する　　…▶　1302 ページ

● 合意管轄　　**重要度 B**

紛争が生じた際に自己に有利な管轄裁判所において裁判を行うための規定です。

【応用】合意管轄裁判所を変更する　　…▶　1303 ページ

丙　　　　　　　　　　　　　　　　　　　　　　㊞

※　出向契約書には、収入印紙の貼付は不要です。

作成のテクニック

第2条（出向期間） 　重要度 A

1　丙の出向期間は、令和○年○月○日から令和○年○月○日までの○年間とする。
2　甲及び乙は、協議のうえ、前項の出向期間を延長することができる。

【出向期間の記載方法を変更する】

・出向期間をプロジェクト終了までとする場合・

1　丙の出向期間は、<u>丙が乙において従事する○○プロジェクトが終了するまで</u>とする。

【期間の延長について規定する】

・出向期間の延長を認めない場合・

2　<u>前項の出向期間は延長することができない。</u>

・出向期間の延長につき当該社員の承諾を要することとする場合・
〔出向労働者有利〕

2　甲及び乙は、<u>双方協議し、かつ丙の承諾を得た場合に限り、</u>前項の出向期間を延長することができる。

・出向元の都合で出向期間を延長できることとする場合・　〔出向元有利〕

2　<u>甲は、その必要がある場合、</u>前項の出向期間を延長することができる。

・出向先の都合で出向期間を延長できることとする場合・　〔出向先有利〕

2　<u>乙は、その必要がある場合、</u>前項の出向期間を延長することができる。

・出向期間の延長方法を明記する場合・

> 2 甲又は乙のいずれかの都合によって出向期間の延長又は短縮を希望するときは、相手方当事者に1か月前までに申し出るものとし、双方にて誠実に協議のうえ、決定するものとする。

▶第3条（労働条件） 重要度A

> 丙は、出向期間中、乙の指揮監督に服し、労働時間、休憩時間、休日、休暇その他の労務提供に関する事項、職場規律及び秩序維持に関する事項は、原則として乙が定める就業規則、その他の規程の定めによるものとする。ただし、身分上の事項（休職、解雇、懲戒、定年）にあっては、この限りではない。

【例外を定める事項を追加・変更する】

・例外の事項を追加する場合・

> 丙は、出向期間中、乙の指揮監督に服し、労働時間、休憩時間、休日、休暇その他の労務提供に関する事項、職場規律及び秩序維持に関する事項は、原則として乙が定める就業規則、その他の規定の定めによるものとする。ただし、○○に関する事項、△△に関する事項及び身分上の事項（休職、解雇、懲戒、定年）にあっては、この限りではない。

▶第4条（賃金等） 重要度A

> 1 丙の出向期間中の賃金、賞与、旅費、日当、通勤手当及びその他の諸手当（以下「賃金等」という。）は、乙の規程等の定めに従い、乙の負担において支給する。

> 2　乙は、乙の算定基準による丙に対する賃金等の金額が、甲の算定基準による丙に対する賃金等の金額以上になるよう、調整手当等を用いることにより対処しなければならない。
> 3　丙の日常業務により発生する諸費用は、乙の負担とする。

【賃金等の負担についての定めを変更する】

・双方が割合的に負担するものとする場合・　　　　　　　〔出向先有利〕

> 1　丙の出向期間中の賃金、賞与、旅費、日当、通勤手当及びその他の諸手当（以下「賃金等」という。）は、乙の規程等の定めに従い、乙が支給する。この賃金等については、甲乙平等の割合で負担するものとし、甲は、乙の請求に従い負担額を支払う。

・出向労働者の日常業務により発生する諸費用を出向元の負担とする場合・
　　　　　　　　　　　　　　　　　　　　　　　　　　〔出向先有利〕

> 3　丙の日常業務により発生する諸費用は、甲の負担とする。

・出向時および出向終了時の赴任旅費の扱いについて、協議のうえ決定することとする場合・

この場合、次の条項を加筆しましょう。

> 4　出向時及び出向終了時の、丙の赴任旅費の負担については、甲乙協議のうえ決定するものとする。

▶ 第5条（社会保険等）　重要度 B

> 丙の健康保険、厚生年金保険、厚生年金基金、雇用保険及び介護保険等は、甲が取り扱い、乙は甲に対しその費用を支払わなければならない。ただし、労災保険については乙が取り扱い、乙がその費用を負担する。

【社会保険料等の負担についての定めを変更する】

・社会保険料等について双方が割合的に負担するものとする場合・
〔出向先有利〕

> 丙の健康保険、厚生年金保険、厚生年金基金、雇用保険及び介護保険等は、<u>甲乙が平等の割合で負担することとし</u>、甲が取り扱い、乙は甲に対し<u>その負担額を支払わなければならない</u>。ただし、労災保険については乙が取り扱い、乙がその費用<u>全額</u>を負担する。

・社会保険料等について出向元が負担することとする場合・　〔出向先有利〕

> 丙の健康保険、厚生年金保険、厚生年金基金、雇用保険及び介護保険等は、甲が取り扱い、<u>甲がその費用を負担する</u>。労災保険については乙が取り扱い、乙がその費用を負担する。

第6条（報告）　重要度 B

> 乙は、甲に対し、毎月丙の勤務状況を協議のうえ定める勤務状況報告書により報告し、また、丙の就業場所、業務内容、所属部署及び役職等を定めたときまたは変更があったときは直ちに文書で報告する。

【報告の方法について規定する】

・FAX やメールでの報告を認めることを明記する場合・　〔出向先有利〕

> 乙は、甲に対し、毎月丙の勤務状況を協議のうえ定める勤務状況報告書により報告し、また、丙の就業場所、業務内容、所属部署及び役職等を定めたときまたは変更があったときは直ちに文書で報告する。<u>この場合の報告は、FAX 又はメールを利用して行うことができるものとする</u>。

・甲が指定する様式に従って報告を行うこととする場合・　　〔出向元有利〕

> 乙は、甲に対し、毎月丙の勤務状況を協議のうえ定める勤務状況報告書により報告し、また、丙の就業場所、業務内容、所属部署及び役職等を定めたときまたは変更があったときは直ちに甲の指定する様式に従って報告する。

第7条（復職）　重要度 B

> 1　丙は、以下の各号に該当するときには、甲に復職する。
>   ①　出向期間が延長されず満了したとき
>   ②　出向期間満了前でも、甲乙協議のうえ、甲の丙に対する復職命令がなされたとき
> 2　甲は出向期間中、丙を休職扱いとし、復職後の労働条件及び退職金その他の給付金の算定にあたっては、出向期間を甲の在職期間に通算する。

【復職に係る取扱いについて規定する】

・出向労働者につき復職命令へ従う義務を規定する場合・　　〔出向元有利〕

> 1　丙は、以下の各号に該当するときには、甲に復職する。
>   ①　出向期間が延長されず満了したとき
>   ②　出向期間満了前でも、甲乙協議のうえ、甲の丙に対する復職命令がなされたとき
>   ③　甲から復職命令を受けたとき

> 1　丙は、以下の各号に該当するときには、甲に復職する。
>   ①　出向期間が延長されず満了したとき
>   ②　出向期間満了前でも、甲乙協議のうえ、甲の丙に対する復職命令がなされたとき
>   ③　乙の就業規則に定める懲戒事由に該当したとき

・協議のうえで復職させることとする場合・ 〔出向元有利〕

この場合、次の条項を加筆しましょう。

> 3 甲が丙の復帰を希望した場合、甲及び乙は協議のうえ、丙を甲に復帰させるものとする。

・正当な理由で出向労働者からの請求があった場合に復職させることとする場合・ 〔出向労働者有利〕

> 1 丙は、以下の各号に該当するときには、甲に復職する。
> ① 出向期間が延長されず満了したとき
> ② 出向期間満了前でも、甲乙協議のうえ、甲の丙に対する復職命令がなされたとき
> ③ 丙から復職の請求があり、その請求に正当な理由があるとき

第9条（協議解決） 重要度C

> 甲乙丙間において、本契約に定めのない事項又は本契約の解釈について疑義が生じたときは、甲乙誠意をもって協議のうえ解決する。

【紛争解決方法について具体的に規定する】

・仲裁者をあらかじめ定める場合・

> 甲乙丙間において、本契約に定めのない事項又は本契約の解釈について疑義が生じたときは、○○○○を仲裁者と定め、三者において誠意をもって協議のうえ解決する。

▶第 10 条（合意管轄） 重要度 B

甲、乙及び丙は、甲乙丙間において、本契約に関し裁判上の紛争が生じたときは、訴額等に応じ、東京簡易裁判所又は東京地方裁判所を専属的合意管轄裁判所とすることに合意する。

【合意管轄裁判所を変更する】

・本店所在地を管轄する裁判所とする場合・

甲、乙及び丙は、甲乙丙間において、本契約に関し裁判上の紛争が生じたときは、甲又は乙の本店所在地を管轄する裁判所を専属的合意管轄裁判所とすることに合意する。

・本店所在地または支店所在地を管轄する裁判所とする場合・

甲、乙及び丙は、甲乙丙間において、本契約に関し裁判上の紛争が生じたときは、甲又は乙の本店所在地もしくは支店所在地を管轄する裁判所を専属的合意管轄裁判所とすることに合意する。

その他の役立つ条項

- ■ 出向労働者について定める場合 ……………………………… 1304 ページ
- ■ 守秘義務について定める場合 ………………………………… 1304 ページ
- ■ 再出向について定める場合 …………………………………… 1305 ページ
- ■ 解約について定める場合 ……………………………………… 1305 ページ
- ■ 海外企業との取引である場合に、取扱いについて定める場合 …… 1306 ページ

◆出向労働者について定める場合

・出向労働者の地位を定める・

> 第○条（出向労働者の地位）
> 　乙における丙の役職は、○○とする。

・出向労働者の変更について定める・

> 第○条（出向労働者の変更）
> 　甲又は乙が出向労働者の変更を希望した場合、甲及び乙は協議のうえ、出向労働者を変更することができるものとする。

◆守秘義務について定める場合

・守秘義務の条項を盛り込む・

> 第○条（守秘義務）
> 1　甲乙及び丙は、本契約期間中はもとより終了後も、本契約に基づき相手方から開示された情報を守秘し、第三者に開示してはならない。
> 2　前項の守秘義務は、開示された情報が以下のいずれかに該当する場合には適用しない。
> 　① 公知の事実又は当事者の責に帰すべき事由によらずして公知となった事実

② 第三者から適法に取得した事実
③ 開示の時点で保有していた事実
④ 法令、政府機関、裁判所の命令により開示が義務付けられた事実

◆再出向について定める場合

・第三者への再出向を禁止する・

第○条（再出向）
　乙は、丙を第三者に再出向させてはならない。

◆解約について定める場合

・双方に出向期間中の解約権を認める・

第○条（解約）
　甲及び乙は、出向期間中であっても、予め○か月前に相手方に通知することにより本契約を中途解約することができる。

・出向元のみに出向期間中の解約権を認める・　　　　　　〔出向元有利〕

第○条（解約）
　甲は、出向期間中であっても、予め○か月前に乙に通知することにより本契約を中途解約することができる。

・出向先のみに出向期間中の解約権を認める・　　　　　　〔出向先有利〕

第○条（解約）
　乙は、出向期間中であっても、予め○か月前に甲に通知することにより本契約を中途解約することができる。

◆海外企業との取引である場合に、取扱いについて定める場合
・準拠法を日本法と定める・

第○条(準拠法)
　本契約は日本法に準拠し、同法によって解釈されるものとする。

チェックポイント

あなたが出向元の場合は、最低限以下の点をチェックしましょう。

- ☐ 契約の当事者が明らかであるか
- ☐ 出向労働者の了承を得られ、署名がなされているか
- ☐ 出向期間や労働条件が明確に定められているか
- ☐ 賃金・社会保険料等の負担が不利なものになっていないか
- ☐ 費用等の負担が不利なものになっていないか

あなたが出向先の場合は、最低限以下の点をチェックしましょう。

- ☐ 契約の当事者が明らかであるか
- ☐ 出向期間や労働条件が明確に定められているか
- ☐ 賃金・社会保険料等の負担が不利なものになっていないか
- ☐ 費用等の負担が不利なものになっていないか

あなたが出向労働者の場合は、最低限以下の点をチェックしましょう。

- ☐ 契約の当事者が明らかであるか
- ☐ 出向期間や労働条件が明確に定められているか
- ☐ 復職について規定されているか

第 6 章

知的財産に関する契約

1 出版契約書

出版契約書

（著者）○○○○（以下「甲」という。）と（出版社）○○出版株式会社（以下「乙」という。）は、甲の著作物を出版・頒布することにつき、以下のとおり出版契約（以下「本契約」という。）を締結する。

第1条　（対象作品）
　本契約の対象となる著作物（以下「本件著作物」という。）は、下記のとおりとする。
　① 表　題：「○○○○」
　② 著　者：甲
　③ 初版発行部数：○○部

第2条　（出版権の設定）
1　甲は、乙に対し、乙が本件著作物を出版物（以下「本件出版物」という。）として複製・印刷し、頒布することを許諾し、乙はこれを引き受ける。
2　乙の出版権は、本契約の有効期間中存続する。

第3条　（排他的利用）
　甲は、本契約の有効期間中に、本件著作物の全部もしくは一部を転載ないし出版せず、あるいは他人をして転載ないし出版させない。

【この契約書を用いるケース】
- ☑ 著作権者と出版社との間で、書籍の出版およびこれに関連する著作権の扱いについて定める場合
  - ⇨特許権の扱いについて定める場合は本章❸、商標権の扱いについて定める場合は本章❹

知的財産 ❶ 出版契約書

● 前　文

【応用】契約の当事者を追加する　　…▶　1320 ページ

● 対象作品　**重要度 A**

出版の対象物を特定するための条項です。

● 出版権の設定　**重要度 B**

出版社に対して出版させることを許諾するための条項です。

● 排他的利用　**重要度 B**

出版社以外の者が同じ著作物を出版することを禁止する条項です。

【応用】著作物の転載について制限を緩和する　　…▶　1320 ページ

第4条　（原稿締切・発行日）

1. 甲は、令和〇年〇月〇日までに本件著作物の完全な原稿（原図・原画・写真などを含む。）を乙に引き渡す。
2. 乙は、完全な原稿の引渡しを受けた後、〇か月以内に本件著作物を発行する。
3. 前二項の期日は、甲乙協議のうえで適宜変更することを妨げない。

第5条　（著作権侵害の責任）

甲は、本件著作物が他人の著作権その他の権利を侵害しないことを保証し、万一、本件著作物により第三者の権利を侵害するなどの問題が生じた場合は、甲においてその責任を負う。

第6条　（費用の分担）

本件著作物の著作に要する費用は甲の負担とし、本件著作物の出版・頒布に要する費用（印刷、製本、宣伝、納品を含む。）は乙の負担とする。

第7条　（体裁・定価）

本件著作物の体裁・定価等は、甲乙協議のうえで決定するものとする。

第8条　（著作者人格権の尊重）

乙が出版に適するよう本件著作物の内容・表現又はその書名・題号に変更を加える場合には、予め甲の承諾を必要とする。

第9条　（印税）

乙は、甲に対して、次のとおり印税を支払う。
① 金　　額：本件著作物の定価の〇％に発行部数を乗じた金額
② 支払日：本件著作物の発売日の翌月末日限り

● **原稿締切・発行日** 重要度B

締切と発行日を定めましょう。

【応用】締切日・発行日について設定する　…▶　1321ページ

● **著作権侵害の責任** 重要度B

著作権を侵害しない義務を著者に負わせるための条項です。

【応用】著作権侵害が発生した場合について定める　…▶　1322ページ

● **費用の分担** 重要度B

製作・出版に要する費用について定めた条項です。

【応用】費用の負担割合を変更する　…▶　1323ページ

● **体裁・定価** 重要度B

本の体裁・定価等の扱いについて定めましょう。

【応用】体裁・定価等について変更する　…▶　1323ページ

● **著作者人格権の尊重** 重要度B

出版社が著者に無断で著作物の内容等を変更しないようにするための条項です。

【応用】著者への承諾方法について変更する　…▶　1324ページ
　　　　著作権の表示について定める　…▶　1324ページ

● **印　税** 重要度A

印税の定めは重要ですので、明確にしましょう。

【応用】印税について定める　…▶　1325ページ

知的財産 ── １ 出版契約書

③ 支払方法：甲の指定する銀行口座に振り込む方法で支払う
（なお、振込手数料は乙の負担とする。）

第10条　（契約期間）

本契約の有効期間は、令和〇年〇月〇日から令和〇年〇月〇日までとし、期間満了日の3か月前までに甲乙いずれからも異議がなされないときには、本契約は期間満了日の翌日から起算して、同一内容にて更に1年間延長されるものとし、それ以後も同様とする。

第11条　（解除）

甲又は乙が以下の各号のいずれかに該当したときは、相手方は催告及び自己の債務の履行の提供をしないで直ちに本契約の全部又は一部を解除することができる。なお、この場合でも損害賠償の請求を妨げない。

① 本契約の一つにでも違反したとき
② 監督官庁から営業停止又は営業免許もしくは営業登録の取消等の処分を受けたとき
③ 差押、仮差押、仮処分、強制執行、担保権の実行としての競売、租税滞納処分その他これらに準じる手続きが開始されたとき
④ 破産、民事再生、会社更生又は特別清算の手続開始等の申立てがなされたとき
⑤ 自ら振り出し又は引き受けた手形もしくは小切手が1回でも不渡りとなったとき、又は支払停止状態に至ったとき
⑥ 合併による消滅、資本の減少、営業の廃止・変更又は解散決議がなされたとき
⑦ その他、支払能力の不安又は背信的行為の存在等、本契約を継続することが著しく困難な事情が生じたとき

● 契約期間　**重要度 A**

契約期間を明確にしましょう。

【応用】契約期間の延長に係る定めを変更する　・・▶　1326ページ

● 解　　除　**重要度 B**

民法等で定めた解除事由より広く解除できる場合を認めるため記載しています。なお、改正民法では、法定解除のうち催告による場合、相手方の債務不履行が契約および取引上の社会通念に照らして軽微な場合において、解除が認められないこととなりました（改正民法541条但書）。

【応用】解除事由を変更する　・・▶　1327ページ
　　　　約定解除権を限定する　・・▶　1327ページ

第12条　（本契約終了後の頒布）
乙は、上記印税を支払うことを条件に、本契約終了後も本件著作物の在庫を頒布することができる。

第13条　（損害賠償責任）
甲又は乙は、本契約に違反することにより、相手方に損害を与えたときは、その損害の全て（弁護士費用及びその他の実費を含むが、これに限られない。）を賠償しなければならない。

第14条　（反社会的勢力の排除）
1　甲及び乙は、自己又は自己の役員が、暴力団、暴力団関係企業、総会屋もしくはこれらに準ずる者又はその構成員（以下これらを「反社会的勢力」という。）に該当しないこと、及び次の各号のいずれにも該当しないことを表明し、かつ将来にわたっても該当しないことを相互に確約する。
　①　反社会的勢力に自己の名義を利用させること
　②　反社会的勢力が経営を実質的に支配していると認められる関係を有すること
2　甲又は乙は、前項の一つにでも違反することが判明したときは、何らの催告を要せず、本契約を解除することができる。
3　本条の規定により本契約が解除された場合には、解除された者は、解除により生じる損害について、その相手方に対し一切の請求を行わない。

第15条　（協議解決）
本契約に定めのない事項又は本契約の解釈について疑義が生じたときは、甲乙誠意をもって協議のうえ解決する。

第16条　（合意管轄）
甲及び乙は、本契約に関し裁判上の紛争が生じたときは、訴額

● 本契約の終了後の頒布　　**重要度 B**

契約期間後に在庫が残ることもありますので、規定しましょう。

● 損害賠償責任　　**重要度 C**

損害賠償規定は民法等にも存在しますが、弁護士費用や実費なども賠償対象とするため記載しています。

【応用】賠償額について具体的に規定する　・・▶　1328 ページ
　　　　違約金について規定する　・・▶　1328 ページ

● 反社会的勢力の排除　　**重要度 B**

契約当事者が反社会的勢力と関わっていることが判明した場合に、即座に契約関係を解消することができるようにするために規定しています。

【応用】対象者を限定する　・・▶　1329 ページ
　　　　賠償額を具体的に規定する　・・▶　1329 ページ

● 協議解決　　**重要度 C**

協議により紛争回避を図る可能性を探るため規定しています。なお、この規定に法的な拘束力はありません。

【応用】紛争解決方法について具体的に規定する　・・▶　1330 ページ

● 合意管轄　　**重要度 B**

紛争が生じた際に自己に有利な管轄裁判所において裁判を行うための規定です。

【応用】合意管轄裁判所を変更する　・・▶　1330 ページ

知的財産　1　出版契約書

等に応じ、東京簡易裁判所又は東京地方裁判所を専属的合意管轄裁判所とすることに合意する。

　本契約締結の証として、本契約書2通を作成し、甲乙相互に署名又は記名・捺印のうえ、各1通を保有することとする。

令和　年　月　日

　　　　　　　　甲

㊞

　　　　　　　　乙

㊞

※　出版権の設定、著作物の複製・頒布権の許諾に関する契約書において、収入印紙の貼付は不要です。

● 後　　文

　【応用】契約の当事者を追加する　　・・▶　1331 ページ
　　　　　契約書の作成方法を変更する　・・▶　1331 ページ

知的財産 ❶ 出版契約書

作成のテクニック

▶ 前文

> （著者）〇〇〇〇（以下「甲」という。）と（出版社）〇〇出版株式会社（以下「乙」という。）は、甲の著作物を出版・頒布することにつき、以下のとおり出版契約（以下「本契約」という。）を締結する。

【契約の当事者を追加する】

・共同執筆者との間で契約を締結する場合・

> （著者）〇〇〇〇（以下「甲１」という。）及び〇〇〇〇（以下「甲２」といい、甲１と甲２の両名を総称し、「甲」という。）と（出版社）〇〇出版株式会社（以下「乙」という。）は、甲の著作物を出版・頒布することにつき、以下のとおり出版契約（以下「本契約」という。）を締結する。

◆第３条（排他的利用） 重要度 B

> 甲は、本契約の有効期間中に、本件著作物の全部もしくは一部を転載ないし出版せず、あるいは他人をして転載ないし出版させない。

【著作物の転載について制限を緩和する】

・非排他的にする場合・　　　　　　　　　　　　　　　　〔著者有利〕

> 甲は、本契約の有効期間中、本件著作物の全部もしくは一部を転載ないし出版し、または他人をして転載ないし出版させることができる。

・出版社の書面による承諾を条件に、転載ないし出版を認める場合・

〔著者有利〕

> 甲は、本契約の有効期間中に、本件著作物の全部もしくは一部を転載ないし出版せず、あるいは他人をして転載ないし出版させない。ただし、予め乙の書面による承諾のある場合は、この限りでない。

第4条（原稿締切・発行日）　重要度 B

> 1　甲は、令和〇年〇月〇日までに本件著作物の完全な原稿（原図・原画・写真などを含む。）を乙に引き渡す。
> 2　乙は、完全な原稿の引渡しを受けた後、〇か月以内に本件著作物を発行する。
> 3　前二項の期日は、甲乙協議のうえで適宜変更することを妨げない。

【締切日・発行日について設定する】

・中間の締切日を設ける場合・

> 1　甲は、令和〇年〇月〇日までに本件著作物の仮原稿を乙に引き渡し、乙の校正を受けるものとする。また、甲は、令和〇年〇月〇日までに本件著作物の完全な原稿（原図・原画・写真などを含む。）を乙に引き渡す。

・章ごとに締切日を設ける場合・

> 1　甲は、以下のスケジュールに従い、本件著作物の原稿を乙に引き渡すものとする。
> ①　令和〇年〇月〇日限り：目次
> ②　令和〇年〇月〇日限り：第1章から第3章までの原稿
> ③　令和〇年〇月〇日限り：第4章から第6章までの原稿
> ④　令和〇年〇月〇日限り：残りの原稿

・期限を徒過した場合の扱いについて規定する場合・

> 4　甲又は乙は、期限内に原稿を提出すること又は発行することが間に合わないおそれが生じたときは、速やかに相手方に対してその旨通知し、善後策を協議するものとする。

・出版社に校正義務を明文で課す場合・

> 4　本件著作物の校正は、乙において行うものとする。

第5条（著作権侵害の責任）　重要度 B

> 甲は、本件著作物が他人の著作権その他の権利を侵害しないことを保証し、万一、本件著作物により第三者の権利を侵害するなどの問題が生じた場合は、甲においてその責任を負う。

【著作権侵害が発生した場合について定める】

・著作権侵害が発覚した場合、通知を義務づける場合・

> 甲又は乙は、万一、本件著作物が他人の著作権その他の権利を侵害し、またはそのおそれが生じたことが発覚した場合、直ちに相手方に通知し、甲乙間で協議のうえ善後策を講じるものとする。

第6条（費用の分担）　重要度 B

> 本件著作物の著作に要する費用は甲の負担とし、本件著作物の出版・頒布に要する費用（印刷、製本、宣伝、納品を含む。）は乙の負担とする。

【費用の負担割合を変更する】

・すべて甲負担とする場合・　　　　　　　　　　　　　〔出版社有利〕

> 本件著作物の著作に要する費用、及び本件著作物の出版・頒布に要する費用（印刷、製本、宣伝、納品を含む。）は甲の負担とする。

・すべて乙負担とする場合・　　　　　　　　　　　　　〔著者有利〕

> 本件著作物の著作に要する費用、及び本件著作物の出版・頒布に要する費用（印刷、製本、宣伝、納品を含む。）は乙の負担とする。

▶ 第7条（体裁・定価）　重要度B

> 本件著作物の体裁・定価等は、甲乙協議のうえで決定するものとする。

【体裁・定価等について変更する】

・著者の主張を優先させる場合・　　　　　　　　　　　〔著者有利〕

> 本件著作物の体裁・定価等は、甲の希望に従い決定するものとする。

・出版社の判断で体裁・定価を定める場合・　　　　　　〔出版社有利〕

> 本件著作物の体裁・定価等は、乙の希望に従い決定するものとする。

・体裁は出版社、定価については著者が決定する場合・

> 本件著作物の定価は甲の希望に従い、体裁は乙の希望に従い決定するものとする。

知的財産　１　出版契約書

・体裁を本契約書で規定する場合・

> 本件著作物の体裁は、別紙のとおりとする。

この場合、別紙に、表紙のイメージ図やページ数等を記載します。

第8条（著作者人格権の尊重）　重要度B

> 乙が出版に適するよう本件著作物の内容・表現又はその書名・題号に変更を加える場合には、予め甲の承諾を必要とする。

【著者への承諾方法について変更する】

・FAXやメールでの承諾を認める場合・　　　　　　　　　〔著者有利〕

> 乙が出版に適するよう本件著作物の内容・表現又はその書名・題号に変更を加える場合には、予め甲の書面（FAX・電子メール等による承諾を含む。）による承諾を必要とする。

【著作権の表示について定める】

・著作権の表示（©マーク）について定める場合・　　　　〔著者有利〕

> 1　（略）
> 2　乙は、甲の権利保全のために、所定の位置に©、甲の氏名、及び第一発行年を表示する。

第9条（印税）　重要度A

> 乙は、甲に対して、次のとおり印税を支払う。
> ①　金　　額：本件著作物の定価の〇%に発行部数を乗じた金額
> ②　支　払　日：本件著作物の発売日の翌月末日限り

③ 支払方法：甲の指定する銀行口座に振り込む方法で支払う
　　　　　（なお、振込手数料は乙の負担とする。）

【印税について定める】

・発行部数に応じて異なる利率を定める場合・

① 金　額：本件著作物の発行部数に応じて、以下のとおり
　　　　・2,000 部以下：定価の 10%
　　　　・2,001 部以上 10,000 部以下：定価の 12%
　　　　・10,001 部以上 20,000 部以下：定価の 15%
　　　　・20,001 部以上：定価の 20%

・印税の具体的金額を定める方法・

① 金　額：1 部当たり金〇〇円

・支払日を契約時と発行時に分けて、分割払にする場合・

② 支払日：本契約締結時に半額、本件著作物の発売日の翌月末日限り
　　　　　半額を支払う

・売上に応じてインセンティブを設ける場合・　　　　　　〔著者有利〕

1　（略）
2　本件著作物の発行部数が 1 万部を超えた場合、乙は、甲に対し、前項の印税に加えて金〇〇円を支払う。

・納本・贈呈などに使用する部数について印税の算定対象としない場合・
　　　　　　　　　　　　　　　　　　　　　　　　　　〔出版社有利〕

1　（略）
2　乙は、納本・贈呈・批評・宣伝・業務等に使用する部数については、印税の支払いを要しない。

・流通過程での破損・汚損分は印税の対象としない場合・　　　〔出版社有利〕

> 1　（略）
> 2　乙は、流通過程での破損、汚損等やむを得ない事由により廃棄処分した部数については、印税の支払いを要しない。

▶第10条（契約期間）　重要度A

> 本契約の有効期間は、令和〇年〇月〇日から令和〇年〇月〇日までとし、期間満了日の3か月前までに甲乙いずれからも異議がなされないときには、本契約は期間満了日の翌日から起算して、同一内容にて更に1年間延長されるものとし、それ以後も同様とする。

【契約期間の延長に係る定めを変更する】

・自動延長にしない場合・

> 本契約の有効期間は、令和〇年〇月〇日から令和〇年〇月〇日までとし、期間満了日の1か月前までに甲乙の協議が整った場合にのみ延長するものとする。

▶第11条（解除）　重要度B

> 甲又は乙が以下の各号のいずれかに該当したときは、相手方は催告及び自己の債務の履行の提供をしないで直ちに本契約の全部又は一部を解除することができる。なお、この場合でも損害賠償の請求を妨げない。
> ①　本契約の一つにでも違反したとき
> ②　監督官庁から営業停止又は営業免許もしくは営業登録の取消等の処分を受けたとき
> ③　差押、仮差押、仮処分、強制執行、担保権の実行としての競売、租税滞納処分その他これらに準じる手続きが開始されたとき

④ 破産、民事再生、会社更生又は特別清算の手続開始等の申立てがなされたとき
⑤ 自ら振り出し又は引き受けた手形もしくは小切手が1回でも不渡りとなったとき、又は支払停止状態に至ったとき
⑥ 合併による消滅、資本の減少、営業の廃止・変更又は解散決議がなされたとき
⑦ その他、支払能力の不安又は背信的行為の存在等、本契約を継続することが著しく困難な事情が生じたとき

【解除事由を変更する】

・解除前に催告を要求する場合・

> 甲又は乙が以下の各号のいずれかに該当し、相手方が相当期間を定めて催告したにもかかわらず是正されないときは、相手方は本契約の全部又は一部を解除することができる。なお、この場合でも損害賠償の請求を妨げない。
> ① (以下略)

【約定解除権を限定する】

・甲のみに約定解除権を認める場合・　　　　　　　　〔著者有利〕

> 甲は、乙が以下の各号のいずれかに該当したときは、催告及び自己の債務の履行の提供をしないで直ちに本契約の全部又は一部を解除することができる。なお、この場合でも損害賠償の請求を妨げない。
> ① (以下略)

・乙のみに約定解除権を認める場合・　　　　　　　　〔出版社有利〕

> 乙は、甲が以下の各号のいずれかに該当したときは、催告及び自己の債務の履行の提供をしないで直ちに本契約の全部又は一部を解除することができる。なお、この場合でも損害賠償の請求を妨げない。
> ① (以下略)

▶第 13 条（損害賠償責任） 重要度 C

> 甲又は乙は、本契約に違反することにより、相手方に損害を与えたときは、その損害の全て（弁護士費用及びその他の実費を含むが、これに限られない。）を賠償しなければならない。

【賠償額について具体的に規定する】

・損害賠償額を限定する場合・

> 1 （略）
> 2 前項の損害賠償請求の上限額は、金〇〇円とする。

【違約金について規定する】

・違約金を定める場合・

> 1 （略）
> 2 甲又は乙は、本契約に違反して本契約が解除された場合、相手方に対し、前項の損害賠償に加え、違約金として金〇〇円を支払うものとする。

▶第 14 条（反社会的勢力の排除） 重要度 B

> 1 甲及び乙は、自己又は自己の役員が、暴力団、暴力団関係企業、総会屋もしくはこれらに準ずる者又はその構成員（以下これらを「反社会的勢力」という。）に該当しないこと、及び次の各号のいずれにも該当しないことを表明し、かつ将来にわたっても該当しないことを相互に確約する。
> 　① 反社会的勢力に自己の名義を利用させること
> 　② 反社会的勢力が経営を実質的に支配していると認められる関係を有すること

> 2 甲又は乙は、前項の一つにでも違反することが判明したときは、何らの催告を要せず、本契約を解除することができる。
> 3 本条の規定により本契約が解除された場合には、解除された者は、解除により生じる損害について、その相手方に対し一切の請求を行わない。

【対象者を限定する】

・出版社のみを対象とする場合・　　　　　　　　　　　〔著者有利〕

> 1 乙は、自己又は自己の役員が、暴力団、暴力団関係企業、総会屋もしくはこれらに準ずる者又はその構成員（以下これらを「反社会的勢力」という。）に該当しないこと、及び次の各号のいずれにも該当しないことを表明し、かつ将来にわたっても該当しないことを確約する。
> ① 反社会的勢力に自己の名義を利用させること
> ② 反社会的勢力が経営を実質的に支配していると認められる関係を有すること
> 2 甲は、乙が前項の一つにでも違反することが判明したときは、何らの催告を要せず、本契約を解除することができる。

【賠償額を具体的に規定する】

・具体的な賠償額の予定を行う場合・

> 4 本条の規定により本契約が解除された場合には、解除された者は、その相手方に対し、違約金として金〇〇円を支払うものとする。

▶第15条（協議解決）　重要度C

> 本契約に定めのない事項又は本契約の解釈について疑義が生じたときは、甲乙誠意をもって協議のうえ解決する。

【紛争解決方法について具体的に規定する】

・具体的な紛争解決機関を指定する場合・

> 本契約に定めのない事項又は本契約の解釈について疑義が生じたときは、訴訟提起以前に適切なADR機関において協議を試みなければならない。

・仲裁者をあらかじめ定める場合・

> 本契約に定めのない事項又は本契約の解釈について疑義が生じたときは、○○○○を仲裁者と定め、三者において誠意をもって協議のうえ解決する。

◆第16条（合意管轄） 重要度B

> 甲及び乙は、本契約に関し裁判上の紛争が生じたときは、訴額等に応じ、東京簡易裁判所又は東京地方裁判所を専属的合意管轄裁判所とすることに合意する。

【合意管轄裁判所を変更する】

・著者の住所地を管轄する裁判所とする場合・　　　　　　〔著者有利〕

> 甲及び乙は、本契約に関し裁判上の紛争が生じたときは、甲の住所地を管轄する裁判所を専属的合意管轄裁判所とすることに合意する。

・出版社の本店所在地を管轄する裁判所とする場合・　　　〔出版社有利〕

> 甲及び乙は、本契約に関し裁判上の紛争が生じたときは、乙の本店所在地を管轄する裁判所を専属的合意管轄裁判所とすることに合意する。

後文

> 本契約締結の証として、本契約書2通を作成し、甲乙相互に署名又は記名・捺印のうえ、各1通を保有することとする。

【契約の当事者を追加する】

・共同執筆者との間で契約を締結する場合・

> 本契約締結の証として、本契約書○通を作成し、当事者相互に署名又は記名・捺印のうえ、各1通を保有することとする。

【契約書の作成方法を変更する】

・原本を1通のみ作成し、当事者の一方は写しのみを保管する場合・

> 本契約締結の証として、本契約書1通を作成し、甲乙相互に署名又は記名・捺印のうえ、〔甲／乙〕が原本を保有し、〔乙／甲〕が写しを保有することとする。

その他の役立つ条項

- ■ 発行に関する取扱いについて定める場合 ……………………… 1332 ページ
- ■ 二次的利用について定める場合 ………………………………… 1334 ページ
- ■ 契約をめぐる各種取扱いについて定める場合 ………………… 1334 ページ
- ■ 変更があったときの通知義務を定める場合 …………………… 1335 ページ
- ■ 海外企業との取引である場合に、取扱いについて定める場合 …… 1335 ページ

◆発行に関する取扱いについて定める場合

・類似著作物の出版禁止を定める・　　　　　　　　　　〔出版社有利〕

> 第○条（類似著作物の出版禁止）
> 甲は、この契約の有効期間中に、本件著作物と明らかに類似すると認められる内容の著作物もしくは本件著作物と同一書名の著作物を転載ないし出版せず、あるいは他人をして転載ないし出版させない。

・増加費用の負担について定める・　　　　　　　　　　〔出版社有利〕

> 第○条（増加費用）
> 甲の指示する修正・増減等によって、通常の費用を超えた場合には、その超過額は甲の負担とする。ただし、甲の負担額・支払方法は、甲乙協議のうえ決定する。

・増刷の際の扱いについて定める・

> 第○条（増刷等）
> 1　乙は、本件出版物を増刷するに際しては、予め甲にその旨を通知するものとする。
> 2　乙は、増刷にあたり甲から修正・増減の申入れがあれば、甲と協議のうえこれを行う。

・改訂版・増補版の発行について定める・

第○条（改訂版・増補版の発行）
　本件著作物の改訂版又は増補版の発行については、甲乙協議のうえ決定する。

・製作・宣伝・販売方法等について出版社が決めることとする・〔出版社有利〕

第○条（製作・宣伝・販売方法等）
　乙は、本件出版物の製本・発行部数・増刷の時期及び広告・宣伝・販売の方法を決定することができる。

・献本について定める・　　　　　　　　　　　　　　　　〔著者有利〕

第○条（贈呈部数等）
　乙は、初版第一刷の際に○部を甲に贈呈する。

・発行部数の報告義務を定める・　　　　　　　　　　　　〔著者有利〕

第○条（発行部数の報告等）
　乙は、甲から要請があった場合には、本件出版物の発行部数について、書面で報告する。

・全集その他の編集物への収録に出版社の承諾を要することとする・
　　　　　　　　　　　　　　　　　　　　　　　　　　〔出版社有利〕

第○条（全集その他の編集物への収録）
　甲は、この契約の有効期間中に、本件著作物を甲の全集・著作集などに収録して出版するときには、予め乙の書面による承諾を得なければならない。

・出版社に電子媒体による出版を認める・　　　　　　　　〔出版社有利〕

第○条（電子的使用）
　1　甲は、乙に対し、本件著作物の全部又は相当の部分を、あらゆる電

子媒体により発行し、もしくは公衆へ送信することに関し、乙が優先的に使用することを承諾する。具体的条件については、甲乙協議のうえ決定する。
 2 前項の規定にかかわらず、甲が本件著作物の全部又は相当の部分を公衆へ送信しようとする場合は、予め乙に通知し、甲乙協議のうえ取扱いを決定する。

◆二次的利用について定める場合

・出版社に二次的利用を認める・　　　　　　　　　　　　　〔出版社有利〕

第○条（二次的利用）
　本契約の有効期間中に、本件著作物が翻訳・ダイジェスト等、演劇・映画・放送・録音・録画・電子媒体・貸与等、その他二次的に使用される場合、甲はその使用に関する処理を乙に委任し、乙は具体的条件について甲と協議のうえ決定する。

・出版社に二次的利用を認めない・　　　　　　　　　　　　　〔著者有利〕

第○条（二次的利用の禁止）
　本契約の有効期間中、乙は、甲の事前の承諾なく、本件著作物について翻訳・ダイジェスト等、演劇・映画・放送・録音・録画・電子媒体・貸与等、その他二次的に使用してはならない。

◆契約をめぐる各種取扱いについて定める場合

・権利譲渡の禁止を定める・

第○条（権利の譲渡禁止）
　甲及び乙は、本契約に基づき発生した債権を、相手方の事前の書面による承諾なくして、第三者に譲渡又は担保に供してはならない。

・守秘義務を設ける・

> 第○条（守秘義務）
> 　甲及び乙は、本契約の履行に関連して知り得た相手方に関する全ての秘密情報を、相手方の書面による承諾なく、第三者に開示又は漏洩してはならない。

・個人情報の取扱いについて定める・

> 第○条（個人情報保護）
> 　甲及び乙は、個人情報保護法及び関連ガイドラインの趣旨に則り、本件著作物の出版及びそれに付随する業務において知り得た個人情報の取扱いには十分留意しなければならない。

◆変更があったときの通知義務を定める場合

・当事者の商号、代表者、住所、連絡先等に変更があった場合の通知義務を定める・

> 第○条（通知義務）
> 　甲及び乙は、商号、代表者、住所、連絡先等に変更があった場合には、書面をもって相手方に通知しなければならない。

◆海外企業との取引である場合に、取扱いについて定める場合

・準拠法を日本法と定める・

> 第○条（準拠法）
> 　本契約は日本法に準拠し、同法によって解釈されるものとする。

あなたが著者の場合は、最低限以下の点をチェックしましょう。

- ☐ 契約の当事者が明らかであるか
- ☐ 出版対象となる著作物の範囲、出版部数が明確になっているか
- ☐ 印税の決定方法は明確か
- ☐ 印税が支払われなかった場合の対応に問題がないか
- ☐ 解除条項に不合理な事項が入っていないか

あなたが出版社の場合は、最低限以下の点をチェックしましょう。

- ☐ 契約の当事者が明らかであるか
- ☐ 出版対象となる著作物の範囲、出版部数が明確になっているか
- ☐ 印税の決定方法は明確か
- ☐ 著作物の転用を防止する規定があるか
- ☐ 解除条項に不合理な事項が入っていないか

MEMO

2 専属契約書

専属契約書

（プロダクション）〇〇〇〇（以下「甲」という。）と、〇〇〇〇（芸名）こと（タレント）〇〇〇〇（以下「乙」という。）は、以下のとおり専属契約（以下「本契約」という。）を締結する。

第1条　（目的）
1　甲及び乙は、乙が甲の専属タレントとしてＴＶ・ラジオ・ＣＭ・映画・舞台等の出演、取材、対談、執筆その他の芸能活動（以下、総称して「芸能活動」という。）を行うことを諾約する。
2　甲は、甲乙双方の長期的な利益の増進に適う芸能活動に、乙を従事させるよう最善を尽くすものとする。

第2条　（専属出演）
　乙は、甲の指定する芸能活動にのみ出演するものとする。

第3条　（マネジメント業務の委託）
1　乙は、甲に対して、独占的に、乙の芸能活動について、マネジメント業務を委託する。
2　乙は、甲に対して、前項の目的のために必要な第三者との交渉及び契約を締結する権限を与える。
3　乙は、自己の実演を第三者に録音、録画、放送、上映、出版等を許諾する権利を甲に付与し、自らこれを行使しない。

【この契約書を用いるケース】
☑ 芸能プロダクションとタレントとの間で、専属マネジメント契約を締結する場合

知的財産 ❷ 専属契約書

● 前　文

【応用】契約の当事者を追加する　・・・▶　1347 ページ

● 目　的　**重要度 A**

専属タレントとして活動することを明示します。

【応用】非独占契約にする　・・・▶　1348 ページ

● 専属出演　**重要度 A**

プロダクションの指定する芸能活動に専念することを定めます。

【応用】契約対象を限定する　・・・▶　1348 ページ

● マネジメント業務の委託　**重要度 A**

プロダクションがタレントの実演をプロモーションするために必要な条項です。

【応用】委託内容を変更する　・・・▶　1349 ページ
　　　　第三者との契約についての定めを変更する　・・・▶　1349 ページ

第4条 （報酬）
　　甲は、乙に対して、毎年12月末日限り、専属料として年間金〇〇円を支払うほか、実演ごとに別途規定する歩合による実演料を支払う。

第5条 （出演料等の受領）
　　第2条に基づく出演、第3条に基づく権利使用の許諾によって第三者から受け取る報酬等は甲に帰属する。

第6条 （費用）
1　乙の芸能活動に必要な諸経費は甲の負担とする。ただし、芸能活動に通常必要な衣装等の費用については乙の負担とする。
2　その他特別な費用については甲乙協議のうえで決定する。

第7条 （宣伝）
1　甲は、乙の芸能活動に関する宣伝活動を行うものとし、乙は、甲が行う宣伝活動に協力する。
2　乙は、甲が前項の宣伝活動において乙の氏名・芸名・写真・肖像・経歴等を無償で利用することを了承する。

第8条 （契約期間）
　　本契約の有効期間は、令和〇年〇月〇日から令和〇年〇月〇日までとし、期間満了日の3か月前までに甲乙いずれからも異議がなされないときには、本契約は期間満了日の翌日から起算して、同一内容にて更に1年間延長されるものとし、それ以後も同様とする。

第9条 （解除）
　　甲又は乙が以下の各号のいずれかに該当したときは、相手方は催告及び自己の債務の履行の提供をしないで直ちに本契約の全

● 報　　酬　　**重要度 A**

タレントの報酬について定めておきましょう。

【応用】報酬を変更する　　…▶　1350 ページ

● 出演料等の受領　　**重要度 A**

出演料は、タレントおよびマネジメント会社の双方にとって重要な収益になりますので、明確に定めを置くことが大切です。

● 費　　用　　**重要度 B**

芸能活動に係る経費の分担について規定しましょう。

【応用】費用の負担について定める　　…▶　1352 ページ

● 宣　　伝　　**重要度 B**

芸能活動において宣伝は重要な要素を占めますので、宣伝に関する定めは重要になります。

【応用】宣伝活動について定める　　…▶　1353 ページ

● 契約期間　　**重要度 A**

専属契約は、当事者間に対する契約の拘束力が強いので、契約期間の定めが重要になります。

【応用】契約期間の延長に係る定めを追加・変更する　　…▶　1353 ページ

● 解　　除　　**重要度 B**

民法等で定めた解除事由より広く解除できる場合を認めるため記載しています。なお、改正民法では、法定解除のうち催告による場合、相手方の債務不履行が契約および取引上の社会通念に照らして軽微な場合において、解除が認められないこととなりました（改正民法 541 条但書）。

【応用】解除事由を変更する　　…▶　1354 ページ
　　　　約定解除権を限定する　　…▶　1355 ページ
　　　　解除の違約金を定める　　…▶　1355 ページ

部又は一部を解除することができる。なお、この場合でも損害賠償の請求を妨げない。
① 本契約の一つにでも違反したとき
② 監督官庁から営業停止又は営業免許もしくは営業登録の取消等の処分を受けたとき
③ 差押、仮差押、仮処分、強制執行、担保権の実行としての競売、租税滞納処分その他これらに準じる手続きが開始されたとき
④ 破産、民事再生、会社更生又は特別清算の手続開始等の申立てがなされたとき
⑤ 自ら振り出し又は引き受けた手形もしくは小切手が1回でも不渡りとなったとき、又は支払停止状態に至ったとき
⑥ 合併による消滅、資本の減少、営業の廃止・変更又は解散決議がなされたとき
⑦ その他、支払能力の不安又は背信的行為の存在等、本契約を継続することが著しく困難な事情が生じたとき

第10条 （損害賠償責任）
　甲又は乙は、本契約に違反することにより、相手方に損害を与えたときは、その損害の全て（弁護士費用及びその他の実費を含むが、これに限られない。）を賠償しなければならない。

第11条 （反社会的勢力の排除）
1　甲及び乙は、自己又は自己の役員が、暴力団、暴力団関係企業、総会屋もしくはこれらに準ずる者又はその構成員（以下これらを「反社会的勢力」という。）に該当しないこと、及び次の各号のいずれにも該当しないことを表明し、かつ将来にわたっても該当しないことを相互に確約する。
① 反社会的勢力に自己の名義を利用させること
② 反社会的勢力が経営を実質的に支配していると認められる

●損害賠償責任　　重要度 C

損害賠償規定は民法等にも存在しますが、弁護士費用や実費なども賠償対象とするため記載しています。

　【応用】賠償額について具体的に規定する　・・▶　1356 ページ
　　　　　違約金について規定する　・・▶　1356 ページ

●反社会的勢力の排除　　重要度 B

契約当事者が反社会的勢力と関わっていることが判明した場合に、即座に契約関係を解消することができるようにするために規定しています。

　【応用】対象者を限定する　・・▶　1357 ページ
　　　　　賠償額を具体的に規定する　・・▶　1357 ページ

関係を有すること
2　甲又は乙は、前項の一つにでも違反することが判明したときは、何らの催告を要せず、本契約を解除することができる。
3　本条の規定により本契約が解除された場合には、解除された者は、解除により生じる損害について、その相手方に対し一切の請求を行わない。

第12条　（協議解決）

本契約に定めのない事項又は本契約の解釈について疑義が生じたときは、甲乙誠意をもって協議のうえ解決する。

第13条　（合意管轄）

甲及び乙は、本契約に関し裁判上の紛争が生じたときは、訴額等に応じ、東京簡易裁判所又は東京地方裁判所を専属的合意管轄裁判所とすることに合意する。

　本契約締結の証として、本契約書2通を作成し、甲乙相互に署名又は記名・捺印のうえ、各1通を保有することとする。

令和　　年　　月　　日

　　　　　　　　　　甲

　　　　　　　　　　　　　　　　　　　　㊞

　　　　　　　　　　乙

　　　　　　　　　　　　　　　　　　　　㊞

- ●協議解決　**重要度 C**

  協議により紛争回避を図る可能性を探るため規定しています。法的な拘束力はない規定です。

  【応用】紛争解決方法について具体的に規定する　・・▶　1357 ページ

- ●合意管轄　**重要度 B**

  紛争が生じた際に自己に有利な管轄裁判所において裁判を行うための規定です。

  【応用】合意管轄裁判所を変更する　・・▶　1358 ページ

- ●後　文

  【応用】契約の当事者を追加する　・・▶　1359 ページ
  　　　　契約書の作成方法を変更する　・・▶　1359 ページ

※ 具体的な金額の定めがなされている場合には、次の要領に従って収入印紙を貼付する必要があります。

印紙税額（1通につき）				
1万円	未満			非課税
1万円	以上	10万円	以下	200円
10万円	超	50万円	以下	400円
50万円	超	100万円	以下	1,000円
100万円	超	500万円	以下	2,000円
500万円	超	1,000万円	以下	10,000円
1,000万円	超	5,000万円	以下	20,000円
5,000万円	超	1億円	以下	60,000円
1億円	超	5億円	以下	100,000円
5億円	超	10億円	以下	200,000円
10億円	超	50億円	以下	400,000円
50億円	超			600,000円
契約金額の記載のないもの				200円

［令和2年4月現在］

作成のテクニック

前文

> （プロダクション）〇〇〇〇（以下「甲」という。）と、〇〇〇〇（芸名）こと（タレント）〇〇〇〇（以下「乙」という。）は、以下のとおり専属契約（以下「本契約」という。）を締結する。

【契約の当事者を追加する】

・グループ等、複数のタレントと専属契約を締結する場合・

> （プロダクション）〇〇〇〇（以下「甲」という。）と、〇〇〇〇（芸名）こと（タレント）〇〇〇〇（以下「乙1」という。）及び△△△△（芸名）こと△△△△（以下「乙2」といい、乙1と乙2を総称して、「乙」という。）は、以下のとおり専属契約（以下「本契約」という。）を締結する。

・タレントが未成年者である場合・

> 株式会社〇〇〇〇（以下「甲」という。）と、〇〇〇〇（芸名）こと〇〇〇〇（以下「乙」という。）法定代理人親権者〇〇〇〇及び同〇〇〇〇は、以下のとおり専属契約（以下「本契約」という。）を締結する。

第1条（目的） 重要度 A

> 1 甲及び乙は、乙が甲の専属タレントとしてTV・ラジオ・CM・映画・舞台等の出演、取材、対談、執筆その他の芸能活動（以下、総称して「芸能活動」という。）を行うことを諾約する。
> 2 甲は、甲乙双方の長期的な利益の増進に適う芸能活動に、乙を従事させるよう最善を尽くすものとする。

【非独占契約にする】

・非独占契約の場合・ 〔タレント有利〕

非独占契約の場合、契約書のタイトルは「芸能マネジメント契約書」等に変更するとよいでしょう。

> 1 甲及び乙は、乙が甲の<u>所属</u>タレントとしてTV・ラジオ・CM・映画・舞台等の出演、取材、対談、執筆その他の芸能活動（以下、総称して「芸能活動」という。）を行うことを諾約する。
> 2 <u>本契約は、甲乙間の排他的な提携関係を構築するものではなく、乙において、第三者との間で同様のマネジメント委託契約を締結することを制限するものではない。</u>
> 3 甲は、甲乙双方の長期的な利益の増進に適う芸能活動に、乙を従事させるよう最善を尽くすものとする。

この場合、あわせて、第2条（専属出演）の条項を削除し、第3条（マネジメント業務の委託）の定めを変更する必要があります。

▶ 第2条（専属出演） 重要度 A

> 乙は、甲の指定する芸能活動にのみ出演するものとする。

【契約対象を限定する】

・海外タレントとの契約である場合に、契約対象を国内のマネジメントに限定する場合・ 〔タレント有利〕

> 乙は、<u>日本国内における芸能活動に関し、</u>甲の指定する芸能活動にのみ出演するものとする。

・具体的に出演する事項を特定する場合・

> 乙は、甲の指定する以下の芸能活動に出演するものとする。

① ○○放送、『番組名』
② 劇団○○、『作品名』（於：大阪○○劇場）
③ （以下略）

第3条（マネジメント業務の委託） 重要度A

1 乙は、甲に対して、独占的に、乙の芸能活動について、マネジメント業務を委託する。
2 乙は、甲に対して、前項の目的のために必要な第三者との交渉及び契約を締結する権限を与える。
3 乙は、自己の実演を第三者に録音、録画、放送、上映、出版等を許諾する権利を甲に付与し、自らこれを行使しない。

【委託内容を変更する】

・非独占契約の場合（タイトル、他条項も変更することに注意）・
〔タレント有利〕

1 乙は、甲に対して、非独占的に、乙の芸能活動について、マネジメント業務を委託する。

この場合、契約書のタイトルを「芸能マネジメント契約書」等に変更し、第2条（専属出演）の条項を削除する必要があります。

【第三者との契約についての定めを変更する】

・タレントが第三者との間で芸能活動に関する契約交渉を行うことを禁止する場合・
〔プロダクション有利〕

4 乙は、甲を介することなく第三者との間で甲の芸能活動に関する契約締結・交渉を行ってはならない。ただし、予め甲の同意を得た場合はこの限りでない。

- 第三者との契約締結にあたり、タレントの了承を要することを規定する場合・
〔タレント有利〕

> 4 甲は、第三者との間で乙の芸能活動に関する契約を締結する際には、予め乙に報告のうえ、乙の了承を得なければならない。

- 第三者との交渉につき、その都度タレントから代理権を取得する場合・
〔タレント有利〕

> 4 甲は、第三者との間で乙の芸能活動に関する契約交渉を行う際には、予め乙に報告のうえ、乙から契約締結交渉に関する代理権を得なければならない。

▶ 第4条(報酬) 重要度A

> 甲は、乙に対して、毎年12月末日限り、専属料として年間金〇〇円を支払うほか、実演ごとに別途規定する歩合による実演料を支払う。

【報酬を変更する】

- タレントの専属料・報酬を月額とする場合・

> 甲は、乙に対して、月額〇〇円の専属料及び月額〇〇円の実演料を、毎月〇日(当日が銀行休業日の場合は翌営業日)限り、支払う。

- タレントの報酬をタイムチャージにする場合・

> 1 甲は、乙に対して、乙の芸能活動1時間当たり〇〇円の割合による実演料を支払う。ただし、移動時間は実演料算定の基礎に含む。
> 2 甲は、乙に対して、毎月末日までに当月分の芸能活動時間及び報酬額について書面で報告し、翌月末日限り実演料を支払う。

・出演料等の一定割合をタレントの報酬とする場合・

甲は、乙に対して、毎月末日限り、甲が乙の芸能活動によって得た対価の○％相当額を、実演料として支払う。

・芸能活動の内容ごとに異なる実演料を定める場合・

甲は、乙に対して、毎月末日限り、甲が乙の芸能活動によって得た対価のうち、以下に定める割合に従い実演料を支払う。
① CM出演契約料に関しては30％
② 出版物の著者印税に関しては90％
③ その他の芸能活動により甲が第三者から得た対価については60％

・報酬明細表を設ける場合・

甲は、乙に対して、別紙報酬明細表に定める専属料及び実演料を支払う。

・実演料および専属料の改定の協議を行うこととする場合・

1 （略）
2 甲及び乙は、6か月ごとに専属料及び実演料の金額について協議を行い、乙の芸能活動の内容・出演数等に応じて改定することができる。

・タレントが病気等で活動できなかった場合の専属料の日割り分割を明記する場合・　　　　　　　　　　　　　　　　　　〔プロダクション有利〕

1 （略）
2 乙が病気等によって出演をキャンセルした場合、出演をキャンセルした日数に応じて専属料を減額することができる。

第6条（費用） 重要度B

1 乙の芸能活動に必要な諸経費は甲の負担とする。ただし、芸能活動

> に通常必要な衣装等の費用については乙の負担とする。
> 2　その他特別な費用については甲乙協議のうえで決定する。

【費用の負担について定める】

・芸能活動に必要な費用一切を、プロダクションの負担とする場合・

〔タレント有利〕

> 乙の芸能活動に必要な一切の諸経費は甲の負担とする。

・諸経費の内容を詳細に規定する場合・

> 乙の芸能活動に必要な以下の諸経費は甲が負担し、その他の費用については甲乙協議のうえで決定する。
> ①　交通費
> ②　ダンス・歌のレッスン費用
> ③　（以下略）

・レッスン費用・衣装代等の貸付について規定する場合・

〔プロダクション有利〕

> 乙の芸能活動に必要なレッスン費用、衣装代等は乙が負担する。甲は、乙に対してこれらの費用を立て替えて支出した場合、乙の専属料及び出演料から甲が立て替えた額を控除することができる。

第7条（宣伝）　重要度 B

> 1　甲は、乙の芸能活動に関する宣伝活動を行うものとし、乙は、甲が行う宣伝活動に協力する。
> 2　乙は、甲が前項の宣伝活動において乙の氏名・芸名・写真・肖像・経歴等を無償で利用することを了承する。

【宣伝活動について定める】

・タレントに宣伝活動への参加義務を設ける場合・　〔プロダクション有利〕

> 1　甲は、乙の芸能活動に関する宣伝活動を行うものとし、乙は、甲より宣伝活動への参加を要請された場合は、これに参加するものとする。

・タレントが個人的に宣伝活動を行うことを認める場合・　〔タレント有利〕

> 3　乙は、乙の芸能活動に関する宣伝活動を自ら行うことができる。この場合、甲は、乙が行う宣伝活動に協力する。

▶ 第8条（契約期間）　重要度 A

> 本契約の有効期間は、令和〇年〇月〇日から令和〇年〇月〇日までとし、期間満了日の3か月前までに甲乙いずれからも異議がなされないときには、本契約は期間満了日の翌日から起算して、同一内容にて更に1年間延長されるものとし、それ以後も同様とする。

【契約期間の延長に係る定めを追加・変更する】

・自動延長としない場合・

> 本契約の有効期間は、令和〇年〇月〇日から令和〇年〇月〇日までとし、期間満了日の1か月前までに甲乙の協議が整った場合にのみ同一内容として延長するものとする。

・契約期間延長の場合の更新料について規定する場合・　〔タレント有利〕

> 1　（略）
> 2　甲は、本契約を更新する際、乙に対し、更新料として金〇〇円を支払う。

・契約延長する場合には専属料が自動的に増額する場合・　〔タレント有利〕

> 1　（略）
> 2　本契約を更新する場合、更新ごとに専属料を10％ずつ増額するものとする。

第9条（解除）　重要度B

> 甲又は乙が以下の各号のいずれかに該当したときは、相手方は催告及び自己の債務の履行の提供をしないで直ちに本契約の全部又は一部を解除することができる。なお、この場合でも損害賠償の請求を妨げない。
> ①　本契約の一つにでも違反したとき
> ②　監督官庁から営業停止又は営業免許もしくは営業登録の取消等の処分を受けたとき
> ③　差押、仮差押、仮処分、強制執行、担保権の実行としての競売、租税滞納処分その他これらに準じる手続きが開始されたとき
> ④　破産、民事再生、会社更生又は特別清算の手続開始等の申立てがなされたとき
> ⑤　自ら振り出し又は引き受けた手形もしくは小切手が１回でも不渡りとなったとき、又は支払停止状態に至ったとき
> ⑥　合併による消滅、資本の減少、営業の廃止・変更又は解散決議がなされたとき
> ⑦　その他、支払能力の不安又は背信的行為の存在等、本契約を継続することが著しく困難な事情が生じたとき

【解除事由を変更する】

・解除前の催告を要求する場合・

> 甲又は乙が以下の各号のいずれかに該当し、相手方が相当期間を定めて催告したにもかかわらず是正されないときは、相手方は本契約の全部又は一部を解除することができる。なお、この場合でも損害賠償の請求を妨げない。

① (以下略)

【約定解除権を限定する】

・プロダクションのみに約定解除権を認める場合・　　〔プロダクション有利〕

> 甲は、乙が以下の各号のいずれかに該当したときは、催告及び自己の債務の履行の提供をしないで直ちに本契約の全部又は一部を解除することができる。なお、この場合でも損害賠償の請求を妨げない。
> ① (以下略)

・タレントのみに約定解除権を認める場合・　　　　　　〔タレント有利〕

> 乙は、甲が以下の各号のいずれかに該当したときは、催告及び自己の債務の履行の提供をしないで直ちに本契約の全部又は一部を解除することができる。なお、この場合でも損害賠償の請求を妨げない。
> ① (以下略)

【解除の違約金を定める】

・タレントが契約解除された場合には専属料を返還することとする場合・
〔プロダクション有利〕

> 1　（略）
> 2　乙が前項各号の事由に該当したことにより本契約が解除された場合、乙は、受領済みの専属料を直ちに甲に返還する。

▶ 第10条（損害賠償責任）　重要度 C

> 甲又は乙は、本契約に違反することにより、相手方に損害を与えたときは、その損害の全て（弁護士費用及びその他の実費を含むが、これに限られない。）を賠償しなければならない。

【賠償額について具体的に規定する】

・損害賠償額を限定する場合・

> 1　（略）
> 2　前項の損害賠償請求の上限額は、金○○円とする。

【違約金について規定する】

・違約金を定める場合・

> 1　（略）
> 2　甲又は乙は、本契約に違反して本契約が解除された場合、相手方に対し、前項の損害賠償に加え、違約金として金○○円を支払うものとする。

▶ 第11条（反社会的勢力の排除）　重要度 B

> 1　甲及び乙は、自己又は自己の役員が、暴力団、暴力団関係企業、総会屋もしくはこれらに準ずる者又はその構成員（以下これらを「反社会的勢力」という。）に該当しないこと、及び次の各号のいずれにも該当しないことを表明し、かつ将来にわたっても該当しないことを相互に確約する。
>   ①　反社会的勢力に自己の名義を利用させること
>   ②　反社会的勢力が経営を実質的に支配していると認められる関係を有すること
> 2　甲又は乙は、前項の一つにでも違反することが判明したときは、何らの催告を要せず、本契約を解除することができる。
> 3　本条の規定により本契約が解除された場合には、解除された者は、解除により生じる損害について、その相手方に対し一切の請求を行わない。

【対象者を限定する】

・タレントのみを対象とする場合・　　　　　〔プロダクション有利〕

> 1　乙は、自己又は自己の役員が、暴力団、暴力団関係企業、総会屋もしくはこれらに準ずる者又はその構成員（以下これらを「反社会的勢力」という。）に該当しないこと、及び次の各号のいずれにも該当しないことを表明し、かつ将来にわたっても該当しないことを確約する。
> 　①　反社会的勢力に自己の名義を利用させること
> 　②　反社会的勢力が経営を実質的に支配していると認められる関係を有すること
> 2　甲は、乙が前項の一つにでも違反することが判明したときは、何らの催告を要せず、本契約を解除することができる。

【賠償額を具体的に規定する】

・具体的な賠償額の予定を行う場合・

> 4　本条の規定により本契約が解除された場合には、解除された者は、その相手方に対し、違約金として金○○円を支払うものとする。

▶ 第12条（協議解決）　重要度C

> 本契約に定めのない事項又は本契約の解釈について疑義が生じたときは、甲乙誠意をもって協議のうえ解決する。

【紛争解決方法について具体的に規定する】

・具体的な紛争解決機関を指定する場合・

> 本契約に定めのない事項又は本契約の解釈について疑義が生じたときは、訴訟提起以前に適切なADR機関において協議を試みなければならない。

・仲裁者をあらかじめ定める場合・

> 本契約に定めのない事項又は本契約の解釈について疑義が生じたときは、〇〇〇〇を仲裁者と定め、第三者において誠意をもって協議のうえ解決する。

第13条（合意管轄）　重要度 B

> 甲及び乙は、本契約に関し裁判上の紛争が生じたときは、訴額等に応じ、東京簡易裁判所又は東京地方裁判所を専属的合意管轄裁判所とすることに合意する。

【合意管轄裁判所を変更する】

・プロダクションの本店所在地を管轄する裁判所とする場合・
〔プロダクション有利〕

> 甲及び乙は、本契約に関し裁判上の紛争が生じたときは、甲の本店所在地を管轄する裁判所を専属的合意管轄裁判所とすることに合意する。

・タレントの住所地を管轄する裁判所とする場合・　〔タレント有利〕

> 甲及び乙は、本契約に関し裁判上の紛争が生じたときは、乙の住所地を管轄する裁判所を専属的合意管轄裁判所とすることに合意する。

後文

> 本契約締結の証として、本契約書2通を作成し、甲乙相互に署名又は記名・捺印のうえ、各1通を保有することとする。

【契約の当事者を追加する】

・グループ等、複数のタレントと専属契約を締結する場合・

> 本契約締結の証として、本契約書○通を作成し、当事者相互に署名又は記名・捺印のうえ、各1通を保有することとする。

【契約の作成方法を変更する】

・1通のみ原本を作成し、当事者の一方は写しのみを保管する場合・

> 本契約締結の証として、本契約書1通を作成し、甲乙相互に署名又は記名・捺印のうえ、〔甲／乙〕が原本を保有し、〔乙／甲〕が写しを保有することとする。

その他の役立つ条項

- ■ 契約をめぐる各種取扱いについて定める場合 ……………… 1360 ページ
- ■ 変更があったときの通知義務を定める場合 …………………… 1364 ページ
- ■ 海外タレントとの取引である場合に、取扱いについて定める場合 …… 1364 ページ

◆契約をめぐる各種取扱いについて定める場合

・中途解約を認める・

> 第○条（中途解約）
> 甲又は乙は、相手方に対して3か月前までに書面により通知することによって、本契約を解約することができる。

・タレントの禁止事項を設ける・　　　　　　　　　〔プロダクション有利〕

> 第○条（禁止事項）
> 乙は、次の事項を行ってはならない。
> ① 甲、出演先又はスポンサー等の内部事情を部外者に開示すること
> ② 反社会的勢力との接触
> ③ 違法薬物の使用、その他刑罰法規に触れる行為
> ④ 本契約の履行の妨げになる第三者との契約の締結
> ⑤ その他、甲、出演先又はスポンサー等にとって不利益となる行為

・当該タレントが別の本業を有している場合の調整について規定する・

〔タレント有利〕

> 第○条（乙の本業との調整）
> 甲は、乙が第1条に定める芸能活動以外に○○を本業として営んでいることを了承し、芸能活動によって乙の本業が妨げられないよう、スケジュールや業務内容に配慮するものとする。

・芸名に関する権利をプロダクションに帰属させる・〔プロダクション有利〕

第○条（芸名に関する権利の帰属）
1 乙が芸能活動に用いている○○○○という芸名（以下「本芸名」という。）に関する一切の権利は、甲に帰属する。
2 本契約終了後、乙が本芸名を使用する場合には、甲の書面による承諾を要する。
3 乙が、本契約終了後に、前項の承諾を得ずに本芸名を使用した場合、甲は乙に対して、本芸名の無断使用により甲に生じる損害を賠償しなければならない。

・芸名に関する権利をタレントに帰属させる・〔タレント有利〕

第○条（芸名に関する権利の帰属）
1 乙が芸能活動に用いている○○○○という芸名（以下「本芸名」という。）に関する一切の権利は、乙に帰属する。
2 乙は、本契約終了後も本芸名を用いて芸能活動を行うことができる。

・商品化やキャラクター化した場合の取決めについて定める・
〔プロダクション有利〕

第○条（各種権利の帰属）
本契約有効期間中に乙の芸能活動から生じる著作権法上の全ての権利（著作権法第27条及び第28条所定の各権利を含み、これらに限られない。）並びに芸能活動によって製作された商品、製品等に関する著作権、商標権、意匠権、パブリシティ権、所有権は、当該権利の存続期間中、甲に帰属し、甲はこれを自由に利用及び処分できる。

・第三者に対する権利義務の譲渡を禁止する・

第○条（権利の譲渡禁止）
甲及び乙は、相手方の事前の書面による同意なく、本契約上の権利義務を第三者に対して譲渡し、又は承継させてはならず、また、本契約上の権利に質権、譲渡担保等その他名称の如何を問わず、担保

の設定その他いかなる処分もしてはならないものとする。

・マネジメントの状況について定期的な報告を義務づける・〔タレント有利〕

第○条（報告）
　甲は、乙に対し、毎月○日に、宣伝活動並びに契約交渉の状況、次月の活動計画等、乙の芸能活動のマネジメントに関する情報を報告する。また、乙から報告の要求があった場合も同様とする。

・守秘義務を設ける・

第○条（守秘義務）
1　甲及び乙は、本契約期間中はもとより終了後も、本契約に基づき相手方から開示された情報を守秘し、第三者に開示してはならない。
2　前項の守秘義務は、前項の情報が以下のいずれかに該当する場合には適用しない。
　①　公知の事実又は当事者の責に帰すべき事由によらずして公知となった事実
　②　第三者から適法に取得した事実
　③　開示の時点で保有していた事実
　④　法令、政府機関、裁判所の命令により開示が義務付けられた事実

・プロダクションに個人情報保護義務を課す・　　　　〔タレント有利〕

第○条（個人情報保護）
　甲は、個人情報保護に関する法令及びガイドライン等に則り、善良なる管理者の注意義務に従い、乙の個人情報を正確かつ安全に管理するものとする。

・不可抗力で出演できなかった場合の免責について規定する・〔タレント有利〕

第○条（不可抗力による出演不能）
　乙が不可抗力その他やむを得ない事由により出演ができなかった場

合には、甲は、乙に対して、損害賠償等の請求を行わないものとする。

・タレントと第三者との紛争について、プロダクションの負担と責任において解決することを規定する・　　　　　　　　　　　〔タレント有利〕

第○条（第三者との紛争）
　芸能活動に関し、乙と第三者との間で紛争が生じた場合、甲の責任と負担で当該紛争の解決を図るものとする。この場合、乙は甲に対して紛争解決に向けた協力を行うものとする。

・タレントと第三者との紛争について、タレントの負担と責任において解決することを規定する・　　　　　　　　　　　〔プロダクション有利〕

第○条（第三者との紛争）
　芸能活動に関し、乙と第三者との間で紛争が生じた場合、乙の責任と負担で当該紛争の解決を図るものとする。この場合、甲は乙に対して紛争解決に向けた協力を行うものとする。

・出演料等の支払いに関し、遅延損害金の定めを設ける・　〔タレント有利〕

第○条（遅延損害金）
　甲が本契約に基づく金銭債務の支払いを遅延したときは、乙に対し、支払期日の翌日から支払済みに至るまで、年14.6％（年365日日割計算）の割合による遅延損害金を支払うものとする。

・契約期間中に発生した出演料等については、契約終了後もプロダクションが受領することができることとする・　　　　　〔プロダクション有利〕

第○条（契約終了後の処理）
　第○条（報酬）及び第○条（出演料等の受領）の規定は、本契約の有効期間中に乙の芸能活動によって生じた対価に関して、本契約終了後も、当該対価の受領及び乙に対する出演料の支払いが完了するまで、なお有効に存続するものとする。

・契約終了後、タレントが一定の芸能活動を行うことを禁止する・

〔プロダクション有利〕

> 第○条（本契約終了後の規律）
> 乙は、本契約終了後1年間は、甲の同業他社との間でマネジメント契約を締結してはならず、かつ、何らの芸能活動を行ってはならない。

◆変更があったときの通知義務を定める場合

・当事者の商号、代表者、住所、連絡先等に変更があった場合の通知義務を定める・

> 第○条（通知義務）
> 甲及び乙は、商号、代表者、住所、連絡先等に変更があった場合には、書面をもって相手方に通知しなければならない。

◆海外タレントとの契約である場合に、取扱いについて定める場合

・準拠法を日本法と定める・

> 第○条（準拠法）
> 本契約は日本法に準拠し、同法によって解釈されるものとする。

チェックポイント

あなたがプロダクションの場合、最低限以下の点をチェックしましょう。

- [ ] 契約の当事者が明らかであるか
- [ ] 専属契約であることが明示されているか
- [ ] マネジメント業務の範囲が明確にされているか
- [ ] プロダクションが芸能活動の指定を行うことができるか
- [ ] 実演を第三者に録画・録音させ、放送することが認められているか
- [ ] 報酬に関する定めが規定されているか
- [ ] 契約の延長・解約についてどのように定められているか

あなたがタレントの場合、最低限以下の点をチェックしましょう。

- [ ] 契約の当事者が明らかであるか
- [ ] 専属契約であることが明示されているか
- [ ] マネジメント業務の範囲が明確にされているか
- [ ] 報酬に関する定めが規定されているか
- [ ] 禁止事項としてどのような定めがなされているか
- [ ] 契約の延長・解約についてどのように定められているか
- [ ] 契約終了後、芸能活動の制約となる条項がないか（芸名の使用禁止、TV出演の禁止等）

3 通常実施権許諾契約書

通常実施権許諾契約書

（特許権者）○○○○（以下「甲」という。）と（実施権者）○○○○（以下「乙」という。）は、甲が第2条に規定する特許（以下「本件特許」という。）につき、乙に対して通常実施権を許諾することを目的として、以下のとおり通常実施権許諾契約（以下「本契約」という。）を締結する。

第1条　（目的）
　乙は、自社商品の製造力を上げるために、甲が特許を有する技術を利用する必要が生じたため、甲から同特許について通常実施権の許諾を受けることを希望し、甲がこれを承諾したため、本契約を締結する。

第2条　（通常実施権の設定）
　甲は、乙に対し、甲の名義で登録されている下記特許につき、通常実施権を許諾する。

記
　登録番号　　特許登録　第○○○○○号
　発明の名称　○○○○

以上

【この契約書を用いるケース】
☑特許権に通常実施権を設定する場合
　⇨専用実施権を設定する場合は、第1条の応用例を参照

● 前　文

【応用】契約の当事者を追加する　　…▶　1376ページ

● 目　的　　**重要度A**

民法の改正により、解除を主張したり、契約不適合責任に基づく請求をしたりする場合に、契約の目的が重要視されることになりました。そのため、契約書に契約の目的を記載しておく必要があります。

【応用】目的の内容を変更する　　…▶　1378ページ

● 通常実施権の設定　　**重要度A**

特許権の内容を簡潔に記載しましょう。特許権の特定は、登録番号や発明の名称を明記して行います。

【応用】対象となる特許を追加する　　…▶　1379ページ
　　　　専用実施権を設定する　…▶　1380ページ
　　　　独占的通常実施権を設定する　…▶　1380ページ

第3条　（通常実施権の範囲）

乙の本件特許を実施する権利の範囲は、以下のとおりとする。
① 実施地域　日本国内の全域
② 実施期間　令和〇年〇月〇日から令和〇年〇月〇日まで（〇年間）
③ 実施内容　本件特許に属する〇〇〇〇（※商品名等）（以下「本件製品」という。）の製造、販売その他の処分

第4条　（実施の対価）

乙は、本契約によって甲から設定された本件特許の実施の対価として、次のとおり甲に支払う。
① 本件特許実施許諾の対価として　金〇〇円（消費税別）
② 乙が販売した本件製品の正味販売価格に〇％を乗じて得られた金額（消費税別）

第5条　（実施許諾料の支払方法）

1　乙は、甲に対し、前条第1号に定める額に消費税を加算した金額を、本契約締結日から30日以内に甲に対して現金で支払う。
2　乙は、各暦年中に発生した、前条第2号に定める額に消費税を加算した金額を、当該暦年の末日から2か月以内に甲に対して現金で支払う。

第6条　（実施報告）

1　乙は、各暦年の末日から30日以内に、当該暦年に販売した本件製品の販売数量、純販売価格を、甲に対して書面で報告する。
2　乙は、前項の報告事項につき、適正な帳簿を作成し、保管するものとする。

● 通常実施権の範囲　　**重要度 A**

実施権の範囲を確定しましょう。実施地域、実施期間、実施内容の3点を押さえ、実施範囲が無限定とならないよう留意しましょう。

【応用】通常実施権の範囲を変更する　　…▶　1381ページ

● 実施の対価　　**重要度 A**

実施の対価を決定しましょう。対価は相手方との協議で自由に決めることができます。後記の応用例を参考にしてください。

【応用】対価を定める　　…▶　1382ページ

● 実施許諾料の支払方法　　**重要度 B**

支払方法を記載しましょう。実施の対価の定め方により、本条も変更が必要な場合があります。

【応用】実施料の支払方法を変更する　　…▶　1383ページ

● 実施報告　　**重要度 A**

実施数量等で実施の対価を定める場合は、本件特許の実施状況の報告をさせることが必須です。

【応用】報告方法を変更する　　…▶　1384ページ
　　　　帳簿の閲覧請求権・立入調査権を設定する　　…▶　1385ページ

第7条 （特許の表示）
　乙は、製品、カタログ、チラシ等に本件製品を掲載する場合には、本件特許の登録番号を表示しなければならない。

第8条 （第三者への再実施許諾の禁止）
　乙は、甲の事前の書面による同意を得た場合を除き、第三者に対し本件特許の実施権を譲渡し、又は再実施権を許諾してはならない。

第9条 （技術、資料の提供）
　甲は、乙の実施権の行使を円滑にするために、乙に対して適切な技術援助を提供する。

第10条 （改良発明）
　乙が、実施権行使につき、改良もしくは新たな発明を行った場合には、乙は、甲に対し、無償で通常実施権を許諾することとする。

第11条 （権利保全）
1　乙は、第三者による特許侵害ないし特許侵害の蓋然性がある場合には、直ちに甲に対し、その旨を通知しなければならない。
2　乙は、いかなる場合であっても、本件特許の有効性につき、争ってはならない。

第12条 （秘密保持義務）
　甲及び乙は、本契約に基づき、相互に知り得た相手方の秘密を、相手方当事者の事前の書面による承諾なく第三者に開示・漏洩してはならない。

- ●特許の表示　**重要度 B**

  必須ではありませんが、一般的な条項です。

  【応用】特許の表示範囲を限定する　…▶　1385 ページ

- ●第三者への再実施許諾の禁止　**重要度 A**

  特許権が予期せぬ第三者に用いられることを防ぐため、必要な条項です。

  【応用】再実施許諾範囲を変更する　…▶　1386 ページ

- ●技術、資料の提供　**重要度 B**

  他人が開発した技術なので、実際に経営に用いるには、特許権者からの技術提供を求めるのは不可欠でしょう。

  【応用】費用の負担について定める　…▶　1386 ページ
  　　　　内容を具体的に規定する　…▶　1387 ページ

- ●改良発明　**重要度 A**

  新たな発明を行った場合の扱いを取り決めることにより、無用なトラブルを回避できます。

  【応用】特許権者に対する通常実施権の許諾条件を設定する　…▶　1387 ページ

- ●権利保全　**重要度 B**

  特許権者の権利を保全するために、侵害があったときの通知義務を定めたものです。

  【応用】侵害があったときの取扱いを変更する　…▶　1388 ページ

- ●秘密保持義務　**重要度 A**

  同業他社への情報流出を防ぐため、秘密保持に関する条項を定めましょう。

  【応用】開示についての取扱いを変更する　…▶　1389 ページ
  　　　　守秘義務期間について規定する　…▶　1389 ページ

知的財産 ❸ 通常実施権許諾契約書

第13条 （解除）
　甲又は乙が以下の各号のいずれかに該当したときは、相手方は催告及び自己の債務の履行の提供をしないで直ちに本契約の全部又は一部を解除することができる。なお、この場合でも損害賠償の請求を妨げない。
① 本契約の一つにでも違反したとき
② 監督官庁から営業停止又は営業免許もしくは営業登録の取消等の処分を受けたとき
③ 差押、仮差押、仮処分、強制執行、担保権の実行としての競売、租税滞納処分その他これらに準じる手続きが開始されたとき
④ 破産、民事再生、会社更生又は特別清算の手続開始等の申立てがなされたとき
⑤ 自ら振り出し又は引き受けた手形もしくは小切手が1回でも不渡りとなったとき、又は支払停止状態に至ったとき
⑥ 合併による消滅、資本の減少、営業の廃止・変更又は解散決議がなされたとき
⑦ その他、支払能力の不安又は背信的行為の存在等、本契約を継続することが著しく困難な事情が生じたとき

第14条 （損害賠償責任）
　甲又は乙は、解除、解約又は本契約に違反することにより、相手方に損害を与えたときは、その損害の全て（弁護士費用及びその他の実費を含むが、これに限られない。）を賠償しなければならない。

第15条 （反社会的勢力の排除）
1　甲及び乙は、自己又は自己の役員が、暴力団、暴力団関係企業、総会屋もしくはこれらに準ずる者又はその構成員（以下これらを「反社会的勢力」という。）に該当しないこと、及び次の各号

● 解　　除　　重要度 B

民法等で定めた解除事由より広く解除できる場合を認めるため記載しています。なお、改正民法では、法定解除のうち催告による場合、相手方の債務不履行が契約および取引上の社会通念に照らして軽微な場合において、解除が認められないこととなりました（改正民法 541 条但書）。

【応用】約定解除権を限定する　　…▶　1390 ページ
　　　　解除の条件を変更する　　　…▶　1391 ページ

● 損害賠償責任　　重要度 C

損害賠償規定は民法等にも存在しますが、弁護士費用や実費なども賠償対象とするため記載しています。

【応用】賠償請求権を限定する　　…▶　1392 ページ
　　　　賠償額について具体的に規定する　…▶　1392 ページ

● 反社会的勢力の排除　　重要度 B

契約当事者が反社会的勢力と関わっていることが判明した場合に、即座に契約関係を解消することができるようにするために規定しています。

【応用】対象者を限定する　　…▶　1393 ページ
　　　　賠償額を具体的に規定する　…▶　1394 ページ

のいずれにも該当しないことを表明し、かつ将来にわたっても該当しないことを相互に確約する。
① 反社会的勢力に自己の名義を利用させること
② 反社会的勢力が経営を実質的に支配していると認められる関係を有すること
2 甲又は乙は、前項の一つにでも違反することが判明したときは、何らの催告を要せず、本契約を解除することができる。
3 本条の規定により本契約が解除された場合には、解除された者は、解除により生じる損害について、その相手方に対し一切の請求を行わない。

第16条 （協議解決）
本契約に定めのない事項又は本契約の解釈について疑義が生じたときは、甲乙誠意をもって協議のうえ解決する。

第17条 （合意管轄）
甲及び乙は、本契約に関し裁判上の紛争が生じたときは、東京地方裁判所を専属的合意管轄裁判所とすることに合意する。

本契約締結の証として、本契約書2通を作成し、甲乙相互に署名又は記名・捺印のうえ、各1通を保有することとする。

令和　年　月　日

　　　　　　　　甲

　　　　　　　　　　　　　　　　　　　　　　　㊞

　　　　　　　　乙

　　　　　　　　　　　　　　　　　　　　　　　㊞

- ●協議解決　**重要度C**

  協議により紛争回避を図る可能性を探るため規定しています。なお、この規定に法的な拘束力はありません。

  【応用】紛争解決方法について具体的に規定する　　…▶　1394ページ

- ●合意管轄　**重要度B**

  紛争が生じた際に自己に有利な管轄裁判所において裁判を行うための規定です。

  【応用】合意管轄裁判所を変更する　　…▶　1395ページ

- ●後　　文

  【応用】契約書の作成方法を変更する　　…▶　1395ページ

※　特許権などの無体財産権の実施権を設定する契約書は、印紙税法別表第一の第1号文書（「無体財産権の譲渡に関する契約書」）には該当しません。したがって、収入印紙を貼付する必要はありません。ただし、特許権の譲渡契約書等には収入印紙を貼付する必要がありますので、ご注意ください。

作成のテクニック

▶ 前文

> (特許権者) ○○○○ (以下「甲」という。) と (実施権者) ○○○○ (以下「乙」という。) は、甲が第2条に規定する特許 (以下「本件特許」という。) につき、乙に対して通常実施権を許諾することを目的として、以下のとおり通常実施権許諾契約 (以下「本契約」という。) を締結する。

【契約の当事者を追加する】

・改正民法に適合した連帯保証人条項を設ける場合・　　〔特許権者有利〕

民法改正により、原則として根保証となる連帯保証人には、極度額等の定めが必要になります (改正民法465条の2)。

> (特許権者) ○○○○ (以下「甲」という。)、(実施権者) ○○○○ (以下「乙」という。) 及び (連帯保証人) ○○○○ (以下「丙」という。) は、は、甲が本契約の第1条に規定する特許 (以下「本件特許」という。) につき、乙に対して通常実施権を設定することを目的として、以下のとおり通常実施権許諾契約 (以下「本契約」という。) を締結する。
> (略)
> 第○条 (連帯保証人)
> 1　丙は、乙と連帯して、以下のとおり極度額の範囲において、本契約から生じる一切の債務 (以下「本件債務」という。) を負担する。
>
> | 対象となる債務 | 本件債務 (本契約の履行及び損害賠償金等従たる債務を含む一切の債務) |
> |---|---|
> | 極度額 | 金○○円 (本件債務及び連帯保証債務について約定された違約金又は損害賠償の額を含む。) |
> | 元本確定事由 | ①丙の財産について、金銭の支払いを目的とする債権についての強制執行又は担保権の実行が申し立てられ、当該手続が開 |

	始されたとき ②丙が破産手続開始の決定を受けたとき ③乙又は丙が死亡したとき

2 乙は、丙に対し、別紙のとおり保証契約の前提となる情報を提供し、丙は、別紙の情報の提供を受けたことを確認する。
（略）

　本契約締結の証として、本契約書3通を作成し、甲乙丙相互に署名又は記名・捺印のうえ、各1通を保有することとする。
（略）

　　　　　　　　　　　　　　丙
　　　　　　　　　　　　　　　　　　　　　　　　　　　㊞

【別紙】

　乙は、本契約締結時における自らの情報を以下のとおり提供する。

財産及び収支の状況	
主債務以外に負担している債務の有無、額及び履行状況	
主債務の担保として他に提供し又は提供しようとするものの内容	

・特許権が共有にかかる場合・

　（特許権者）○○○○（以下「甲1」という。）及び○○○○（以下「甲2」といい、甲1とあわせて「甲」という。）と（実施権者）○○○○（以下「乙」という。）は、甲が本契約の第2条に規定する特許（以下「本件特許」という。）につき、乙に対して通常実施権を設定することを目的として、以下のとおり通常実施権許諾契約（以下「本契約」という。）を締結する。
　（略）

本契約締結の証として、本契約書3通を作成し、甲1、甲2、乙相互に署名又は記名・捺印のうえ、各1通を保有することとする。

甲1

㊞

甲2

㊞

乙

㊞

第1条（目的）　重要度 A

乙は、自社製品の製造力を上げるために、甲が特許を有する技術を利用する必要が生じたため、甲から同特許について通常実施権の許諾を受けることを希望し、甲がこれを承諾したため、本契約を締結する。

【目的の内容を変更する】

・機器製造のため特許の利用が必須の場合・

乙は、自社商品として開発した機器の製造のために、甲が特許を有する技術を利用することが必須であるため、甲から同特許について通常実施権の許諾を受けることを希望し、甲がこれを承諾したため、本契約を締結する。

第2条（通常実施権の設定）　重要度 A

甲は、乙に対し、甲の名義で登録されている下記特許につき、通常実施権を許諾する。

記

　登録番号　　特許登録　第〇〇〇〇〇号

発明の名称　〇〇〇〇

以上

【対象となる特許を追加する】

・許諾対象となる特許が多数存在する場合・

許諾対象となる特許が多数存在する場合、以下のように記載して、別紙にまとめましょう。

> 甲は、乙に対し、甲の名義で登録されている<u>別紙記載の</u>特許につき、通常実施権を許諾する。

・仕様書を添付する場合・

> 甲は、乙に対し、甲の名義で登録されている下記特許につき、通常実施権を許諾する。
> 記
> 登録番号　　特許登録　第〇〇〇〇〇号
> 発明の名称　〇〇〇〇<u>（詳細は、本契約に別途添付する仕様書のとおり）</u>
> 以上

・相互許諾（クロス型）の場合・

> 甲は、甲の名義で登録されている下記特許（以下「甲特許」という。）につき、乙は、乙名義で登録されている下記特許権（以下「乙特許権」という。）について、それぞれ下記のとおり通常実施権を設定し、これを相手方に許諾する。なお、本契約においては、(1)及び(2)を「本件特許権」という。
> 記
> (1)　甲特許権　登録番号　特許登録　第〇〇〇〇〇号
> 　　　　　　　　発明の名称　〇〇〇〇
> (2)　乙特許権　登録番号　特許登録　第〇〇〇〇〇号
> 　　　　　　　　発明の名称　〇〇〇〇
> 以上

知的財産　3　通常実施権許諾契約書

【専用実施権を設定する】

・専用実施権設定契約書を設定する場合・

専用実施権は、実施権を設定された者が独占的に実施することができる権利です。専用実施権を設定する場合は、次のように記載しましょう。

> 第2条（<u>専用実施権の設定</u>）
> 　甲は、乙に対し、甲の名義で登録されている下記特許につき、<u>専用実施権</u>を許諾する。
> 　　　　　　　　　　　　記
> 　登録番号　　特許登録　第○○○○○号
> 　発明の名称　○○○○
> 　　　　　　　　　　　　　　　　　　　　　　　　以上

その他、タイトル等「通常実施権」という記載がなされている箇所を「専用実施権」と変更しましょう。
なお、専用実施権は同一範囲に重複設定ができません。専用実施権者のみが独占できるので、特許権者でさえ実施できず、特許権者がこの範囲を実施すると専用実施権の侵害になります。

【独占的通常実施権を設定する】

・出願中の特許について、独占的通常実施権を設定する場合・

> 甲は、乙に対し、甲の名義で出願中である「○○を可能とする技術」（以下、「本件技術」という。）に係る発明として出願中の特許につき、独占的通常実施権を許諾する。
> 　　　　　　　　　　　　記
> ①　本件技術の内容
> 　　甲が特許出願中である「○○○○を可能とする技術」をいう。
> ②　実施許諾の対象となる権利
> 　　甲が出願中の特許（出願2０○○—○○○○号・2０○○年○月○日出願）に基づき特許を受ける権利、これらの特許を受ける権利に基づいて成立する特許権、並びに甲及び乙が実施許諾の対象として個別に合意する権利
> 　　　　　　　　　　　　　　　　　　　　　　　　以上

第3条（通常実施権の範囲） 重要度A

> 乙の本件特許を実施する権利の範囲は、以下のとおりとする。
> ① 実施地域　日本国内の全域
> ② 実施期間　令和〇年〇月〇日から令和〇年〇月〇日まで（〇年間）
> ③ 実施内容　本件特許に属する〇〇〇〇（※商品名等）（以下「本件製品」という。）の製造、販売その他の処分

【通常実施権の範囲を変更する】

・一文で記載する場合・

> 本件特許の実施権の範囲は、日本国内の全域において、令和〇年〇月〇日から令和〇年〇月〇日まで、本件特許に属する〇〇〇〇（以下「本件製品」という。）の製造及び販売その他処分をなすこととする。

・本件特許権の有効期間満了まで実施権を設定する場合・

> ② 実施期間　本契約締結日から最終の本件特許の存続期間の満了日まで（ただし、本件特許の無効審決が確定した日は、当該確定日まで）

・実施期間の自動更新条項を定める場合・

> 1 （略）
> 2 本契約の実施期間満了日の3か月前までに、いずれかの当事者が更新拒絶の意思を書面で明らかにしない限り、本契約は同一条件で自動的に2年間更新されるものとし、その後も同様とする。

・実施期間の協議による更新を定める場合・

> 1 （略）
> 2 本契約の期間満了前に、甲乙協議のうえ合意した場合は、本契約の期間を1年延長することができ、以後も同様とする。

第4条（実施の対価） 重要度A

> 乙は、本契約によって甲から設定された本件特許の実施の対価として、次のとおり甲に支払う。
> ① 本件特許実施許諾の対価として　金〇〇円（消費税別）
> ② 乙が販売した本件製品の正味販売価格に〇％を乗じて得られた金額（消費税別）

【対価を定める】

・最低実施料を定める場合・　　　　　　　　　　　　　　　〔特許権者有利〕

> 乙は、令和〇年〇月以降、当該年度の本件特許の実施対価として算出される額が〇〇円（消費税別）に達しない場合には、その差額を、当該年度の支払いに合わせて、甲に支払うものとする。

・定額（一括）で定める場合・

> 本件特許の実施許諾料は金〇〇円（消費税別）とする。

・毎月のランニングフィーを定める場合・

> 乙は、本契約によって甲から設定された本件特許の実施の対価として、次のとおり甲に支払う。
> 　① 本件特許実施許諾の対価として　金〇〇円（消費税別）
> 　② 本契約有効期間1か月当たり　　金〇〇円（消費税別）

・実施許諾料について協議による変更を可能とする場合・

> 1　（略）
> 2　本契約の有効期間中に社会情勢や物価の変動、本件製品の販売状況等により実施料を変更する必要があると認められるときは、甲乙協議して実施料を変更することができる。

第5条(実施許諾料の支払方法) 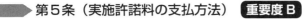重要度 B

1 乙は、甲に対し、前条第1号に定める額に消費税を加算した金額を、本契約締結日から30日以内に甲に対して現金で支払う。
2 乙は、各暦年中に発生した、前条第2号に定める額に消費税を加算した金額を、当該暦年の末日から2か月以内に甲に対して現金で支払う。

【実施料の支払方法を変更する】

・振込みにより支払うこととする場合・

1 乙は、甲に対し、前条第1号に定める額に消費税を加算した金額を、本契約締結日から30日以内に甲の指定する以下の預金口座に振り込んで支払う(振込手数料は乙負担)。
　　○○銀行○○支店　　普通預金
　　口座番号　　○○○○○○
　　口座名義　　○○○○○○
2 乙は、各暦年中に発生した、前条第2号に定める額に消費税を加算した金額を、当該暦年の末日から2か月以内に前項と同様の方法で支払う。

・実施の対価を定額で定めた場合・

乙は、甲に対し、前条に定める額に消費税を加算した金額を、甲の指定する以下の預金口座に振り込んで支払う(振込手数料は乙負担)。
　　○○銀行○○支店　　普通預金
　　口座番号　　○○○○○○
　　口座名義　　○○○○○○

・許諾時に支払う対価を分割にする場合・　　　　　〔実施権者有利〕

乙は、甲に対し、本契約締結と同時にその半額金○○円(消費税別)を、実施権登録後直ちにその残額金○○円(消費税別)を支払う。支払方法

> は、乙が甲指定の銀行口座に送金してこれを支払う（振込手数料は乙負担）。

・半期ごとに振込支払をする場合・

> 1　乙は、甲に対し、前条第1号に定める額に消費税を加算した金額を、本契約締結日から30日以内に甲の指定する以下の預金口座に振り込んで支払う（振込手数料は乙負担）。
> 　　○○銀行○○支店　　普通預金
> 　　口座番号　　○○○○○○
> 　　口座名義　　○○○○○○
> 2　乙は、前条第2号に定める額に消費税を加算した金額を、半期ごとに（半期とは、本契約有効期間中の各年○月○日ないし○月○日及び○月○日ないし翌年○月○日をいう。ただし、最初の契約半期は、本契約締結日から令和○年○月○日まで、最終の契約半期は、本契約の満了日又は満了日を終期とする期間とする。）、当該半期の末日から2か月以内に前項と同様の方法で支払う。

第6条（実施報告）　重要度A

> 1　乙は、各暦年の末日から30日以内に、当該暦年に販売した本件製品の販売数量、純販売価格を、甲に対して書面で報告する。
> 2　乙は、前項の報告事項につき、適正な帳簿を作成し、保管するものとする。

【報告方法を変更する】

・電子メール等による報告を認める場合・　　　　　　　〔実施権者有利〕

> 1　乙は、各暦年の末日から30日以内に、当該暦年に販売した本件製品の販売数量、純販売価格を、甲に対して書面（FAX及び電子メールを含む。）で報告する。

•報告事項を箇条書きにする場合•

> 1　乙は、各暦年の末日から30日以内に、甲に対して以下の事項につき書面で報告する。
> 　① 当該暦年に販売した本件製品の販売数量
> 　② 純販売価格

【帳簿の閲覧請求権・立入調査権を設定する】

•帳簿の閲覧請求権を定める場合•　　　　　　　　　　〔特許権者有利〕

> 3　乙は、甲の請求があったときは前項の帳簿及び証憑書類の閲覧に応じる。

•立入調査権／誤申告が判明した場合の処分を定める場合•　〔特許権者有利〕

> 3　甲は、必要に応じ、乙に事前の通知を行った後、乙の営業所及び事務所に立ち入り、調査することができる。
> 4　甲の調査の結果、乙の報告に誤りがあり、実施料が少なく計算されていたことが判明した場合、乙は、直ちに不足分の3倍の金額を甲に支払わなければならない。

▶第7条（特許の表示）　重要度 B

> 乙は、製品、カタログ、チラシ等に本件製品を掲載する場合には、本件特許の登録番号を表示しなければならない。

【特許の表示範囲を限定する】

•個別の要請があったときに限り特許を表示する場合•　　〔実施権者有利〕

> 甲の文書による要請があった場合には、乙は、甲の指示に従い、本件製品又はその包装に本件特許の表示をしなければならない。

▶第8条（第三者への再実施許諾の禁止） 重要度 A

乙は、甲の事前の書面による同意を得た場合を除き、第三者に対し本件特許の実施権を譲渡し、又は再実施権を許諾してはならない。

【再実施許諾範囲を変更する】

・第三者への再実施を許諾する場合・　　　　　　　　　　〔実施権者有利〕

乙は、第三者に対して本件特許の実施権を譲渡し、又は再実施権を許諾することができる。

・実施権者の100％子会社にのみ再実施を許諾する場合・　〔実施権者有利〕

1　（略）
2　本条において、乙の100％子会社は前項の「第三者」に該当しないものとする。

▶第9条（技術、資料の提供） 重要度 B

甲は、乙の実施権の行使を円滑にするために、乙に対して適切な技術援助を提供する。

【費用の負担について定める】

・技術援助に要する費用を特許権者の負担とする場合・　　〔実施権者有利〕

甲は、乙の実施権の行使を円滑にするために、乙に対して適切な技術援助を提供するものとし、その費用は甲が負担する。

- 技術援助に要する費用を実施権者の負担とする場合 •　　　〔特許権者有利〕

> 甲は、乙の実施権の行使を円滑にするために、乙に対して適切な技術援助を提供するものとし、その費用は乙が負担する。

【内容を具体的に規定する】
- 技術援助の内容を具体的に定める場合 •　　　〔実施権者有利〕

> 甲は、乙の実施権の行使を円滑にするために、本契約成立の日から満◯か月間、担当職員◯名を派遣して技術援助をしなければならない。

第10条（改良発明）　重要度A

> 乙が、実施権行使につき、改良もしくは新たな発明を行った場合には、乙は、甲に対し、無償で通常実施権を許諾することとする。

【特許権者に対する通常実施権の許諾条件を設定する】
- 許諾条件について協議することとする場合 •

> 乙が、実施権行使につき、改良もしくは新たな発明を行った場合には、乙は、甲に対し、無償で通常実施権を許諾することとし、許諾内容の詳細は甲乙協議のうえで定める。

- 特許権者の発明と、実施権者の発明を分ける場合 •

> 本契約の期間中に、甲が本件特許につき改良もしくは新たな発明を行ったときは、甲は乙に対してこれを実施することを許諾し、乙が、改良もしくは新たな発明を行った場合には、乙は、甲に対し、無償で通常実施権を許諾することとする。

第11条（権利保全） 重要度B

> 1　乙は、第三者による特許侵害ないし特許侵害の蓋然性がある場合には、直ちに甲に対し、その旨を通知しなければならない。
> 2　乙は、いかなる場合であっても、本件特許の有効性につき、争ってはならない。

【侵害があったときの取扱いを変更する】

・実施権者が有効性を争った場合には特許権者が本契約を解約できることとする場合・　　　　　　　　　　　　　　　　　　　　〔特許権者有利〕

> 3　甲は、乙が直接又は間接を問わず、本件特許の有効性を争う場合には、事前に書面により乙に対しその旨通知することによって、本契約を解約することができる。

・侵害排除の手続き・負担につき詳細に定める場合・

> 3　甲は、第三者による本件特許の侵害行為がある場合には、その排除のために最善の努力を払うものとし、甲が乙の協力を求めた場合には、乙は、これに可能な限り応ずる。
> 4　前項の侵害の排除に要する費用の負担については、甲乙別途協議のうえ決定する。

第12条（秘密保持義務） 重要度A

> 甲及び乙は、本契約に基づき、相互に知り得た相手方の秘密を、相手方当事者の事前の書面による承諾なく第三者に開示・漏洩してはならない。

【開示についての取扱いを変更する】

・秘密保持義務の例外事由を明記する場合・

> 1 （略）
> 2 前項の守秘義務は、前項の情報が以下のいずれかに該当する場合には適用しない。
>   ① 公知の事実又は当事者の責に帰すべき事由によらずして公知となった事実
>   ② 第三者から適法に取得した事実
>   ③ 開示の時点で保有していた事実
>   ④ 法令、政府機関、裁判所の命令により開示が義務付けられた事実

【守秘義務期間について規定する】

・契約終了後も秘密保持義務を存続させる場合・

> 甲及び乙は、本契約に基づき、相互に知り得た相手方の秘密を、相手方当事者の事前の書面による承諾なく第三者に開示・漏洩してはならない。なお、本条の規定は、本契約終了後も有効に存続する。

・契約終了後、一定期間に限り秘密保持義務を存続させる場合・

> 甲及び乙は、本契約に基づき、相互に知り得た相手方の秘密を、相手方当事者の事前の書面による承諾なく第三者に開示・漏洩してはならない。なお、甲及び乙は、本契約終了後○年間、本契約に基づいて知り得た相手方の機密を自ら使用し、又は他に漏洩してはならない。

▶ 第13条（解除） 重要度 B

> 甲又は乙が以下の各号のいずれかに該当したときは、相手方は催告及び自己の債務の履行の提供をしないで直ちに本契約の全部又は一部を解除

することができる。なお、この場合でも損害賠償の請求を妨げない。
① 本契約の一つにでも違反したとき
② 監督官庁から営業停止又は営業免許もしくは営業登録の取消等の処分を受けたとき
③ 差押、仮差押、仮処分、強制執行、担保権の実行としての競売、租税滞納処分その他これらに準じる手続きが開始されたとき
④ 破産、民事再生、会社更生又は特別清算の手続開始等の申立てがなされたとき
⑤ 自ら振り出し又は引き受けた手形もしくは小切手が１回でも不渡りとなったとき、又は支払停止状態に至ったとき
⑥ 合併による消滅、資本の減少、営業の廃止・変更又は解散決議がなされたとき
⑦ その他、支払能力の不安又は背信的行為の存在等、本契約を継続することが著しく困難な事情が生じたとき

【約定解除権を限定する】

・特許権者のみに約定解除権を認める場合・　　　　　　　〔特許権者有利〕

乙が以下の各号のいずれかに該当したときは、甲は催告及び自己の債務の履行の提供をしないで直ちに本契約の全部又は一部を解除することができる。なお、この場合でも損害賠償の請求を妨げない。
① （以下略）

・実施権者のみに約定解除権を認める場合・　　　　　　　〔実施権者有利〕

甲が以下の各号のいずれかに該当したときは、乙は催告及び自己の債務の履行の提供をしないで直ちに本契約の全部又は一部を解除することができる。なお、この場合でも損害賠償の請求を妨げない。
① （以下略）

【解除の条件を変更する】

• 解除前に催告を要求する場合 •

> 甲又は乙が以下の各号のいずれかに該当したときは、相手方は、相当の期間を定めて催告を行い、その期間内に是正がなされない場合、本契約の全部又は一部を解除することができる。なお、この場合でも損害賠償の請求を妨げない。
> ① （以下略）

• 期限の利益喪失条項を設ける場合 •　　　　　　　　　〔特許権者有利〕

実施権者の信用不安に備えて、実施権者に一定の事項が生じたときに特許権者が未収金全額を請求できるようにしておくべきです。次の変更例では、解除条項に第2項を新設して、期限の利益喪失事由を解除事由から流用しています。なお、この場合の条文のタイトルは「解除及び期限の利益喪失」となります。

> 第13条（解除及び期限の利益喪失）
> 1　（略）
> 2　乙が前項各号のいずれかに該当した場合、乙は当然に本契約から生じる一切の債務について期限の利益を失い、乙は甲に対して、その時点において乙が負担する債務を直ちに一括して弁済しなければならない。

• すべての取引の期限の利益を喪失させる場合 •　　　　〔特許権者有利〕

実施権者との間で本契約以外の取引も行っている場合の変更例です。

> 第13条（解除及び期限の利益喪失）
> 1　（略）
> 2　乙が前項各号のいずれかに該当した場合、乙は当然に本契約その他甲との間で締結している全ての契約から生じる一切の債務について期限の利益を失い、乙は甲に対して、その時点において乙が負担する一切の債務を直ちに一括して弁済しなければならない。

▶第 14 条（損害賠償責任） 重要度 C

> 甲又は乙は、解除、解約又は本契約に違反することにより、相手方に損害を与えたときは、その損害の全て（弁護士費用及びその他の実費を含むが、これに限られない。）を賠償しなければならない。

【賠償請求権を限定する】

・特許権者のみに弁護士費用・実費を含む賠償請求権を認める場合・
〔特許権者有利〕

> 乙は、解除、解約又は本契約に違反することにより、甲に損害を与えたときは、その損害の全て（弁護士費用及びその他の実費を含むが、これに限られない。）を賠償しなければならない。

・実施権者のみに弁護士費用・実費を含む賠償請求権を認める場合・
〔実施権者有利〕

> 甲は、解除、解約又は本契約に違反することにより、乙に損害を与えたときは、その損害の全て（弁護士費用及びその他の実費を含むが、これに限られない。）を賠償しなければならない。

【賠償額について具体的に規定する】

・具体的な賠償額の予定を行う場合・

> 甲又は乙は、解除、解約又は本契約の重大な義務に違反することにより、相手方に損害を与えたときは、実施料の既払金総額の 20％相当額を賠償しなければならない。

・損害賠償額を限定する場合・

> 甲又は乙は、解除、解約又は本契約に違反することにより、相手方に損害を与えたときは、実施料の既払金総額を上限として、賠償しなければ

ならない。

• 損害が故意または重過失による場合に、賠償に追加して違約金の支払いを認める場合 •

1 （略）
2 甲又は乙は、故意又は重過失により、相手方に損害を与えたときは、実施料の既払金総額（消費税込）の20％を、違約金として前項の損害に加算して賠償しなければならない。

第15条（反社会的勢力の排除） 重要度 B

1 甲及び乙は、自己又は自己の役員が、暴力団、暴力団関係企業、総会屋もしくはこれらに準ずる者又はその構成員（以下これらを「反社会的勢力」という。）に該当しないこと、及び次の各号のいずれにも該当しないことを表明し、かつ将来にわたっても該当しないことを相互に確約する。
① 反社会的勢力に自己の名義を利用させること
② 反社会的勢力が経営を実質的に支配していると認められる関係を有すること
2 甲又は乙は、前項の一つにでも違反することが判明したときは、何らの催告を要せず、本契約を解除することができる。
3 本条の規定により本契約が解除された場合には、解除された者は、解除により生じる損害について、その相手方に対し一切の請求を行わない。

【対象者を限定する】

• 実施権者のみを対象とする場合 •　　　　　　　　　〔特許権者有利〕

1 乙は、自己又は自己の役員が、暴力団、暴力団関係企業、総会屋もしくはこれらに準ずる者又はその構成員（以下これらを「反社会的勢力」という。）に該当しないこと、及び次の各号のいずれにも該

当しないことを表明し、かつ将来にわたっても該当しないことを確
　　　約する。
　　　① 反社会的勢力に自己の名義を利用させること
　　　② 反社会的勢力が経営を実質的に支配していると認められる関係
　　　　を有すること
　２　甲は、乙が前項の一つにでも違反することが判明したときは、何ら
　　　の催告を要せず、本契約を解除することができる。

【賠償額を具体的に規定する】

・具体的な賠償額の予定を行う場合・

　４　本条の規定により本契約が解除された場合には、解除された者は、
　　　その相手方に対し、違約金として金○○円を支払うものとする。

▶ 第16条（協議解決） 重要度C

本契約に定めのない事項又は本契約の解釈について疑義が生じたとき
は、甲乙誠意をもって協議のうえ解決する。

【紛争解決方法について具体的に規定する】

・具体的な紛争解決機関を指示する場合・

本契約に定めのない事項又は本契約の解釈について疑義が生じたとき
は、訴訟提起以前に日本知的財産仲裁センター○○本部（○○分室）に
おいて協議を試みなければならない。

・仲裁者をあらかじめ定める場合・

本契約に定めのない事項又は本契約の解釈について疑義が生じたとき
は、○○○○を仲裁者と定め、三者において誠意をもって協議のうえ解
決する。

第17条（合意管轄） 重要度 B

> 甲及び乙は、本契約に関し裁判上の紛争が生じたときは、東京地方裁判所を専属的合意管轄裁判所とすることに合意する。

【合意管轄裁判所を変更する】

・合意管轄裁判所を大阪地方裁判所とする場合・

専門性が高い特許・実用新案権等の技術系訴訟は、原則として、第一審の管轄が東京地方裁判所か大阪地方裁判所に限定されています（民事訴訟法6条1項）。そのため、合意管轄を定める場合、東京地方裁判所か大阪地方裁判所のいずれかにしましょう。

> 甲及び乙は、本契約に関し裁判上の紛争が生じたときは、<u>大阪地方裁判所</u>を専属的合意管轄裁判所とすることに合意する。

後文

> 　本契約締結の証として、本契約書2通を作成し、甲乙相互に署名又は記名・捺印のうえ、各1通を保有することとする。

【契約書の作成方法を変更する】

・1通のみ原本を作成し、当事者の一方は写しのみを保管する場合・

> 　本契約締結の証として、本契約書<u>1通</u>を作成し、甲乙相互に署名又は記名・捺印のうえ、<u>〔甲／乙〕が原本を保有</u>し、<u>〔乙／甲〕が写しを保有</u>することとする。

その他の役立つ条項

- 契約をめぐる各種取扱いについて定める場合 ……………………… 1396 ページ
- 費用の負担について定める場合 ……………………………………… 1398 ページ
- 海外企業との取引である場合に、取扱いについて定める場合 …… 1399 ページ

◆契約をめぐる各種取扱いについて定める場合

・実施権者が適正な実施をしない場合の解除規定を置く・　　〔特許権者有利〕

価値が高く有用な特許権であっても、実施権者が適正な実施をしない（理由なく製品開発をしないなど）場合、特許権の実施もできず、実施の対価も受け取れない（「乙が販売する本件製品の正味販売価格」がゼロになるため）ということが起こり得ます。最低実施料を定めてもよいですが、次のような規定でも、そのようなリスクを軽減できるでしょう。

> 第○条（本件特許の適正な実施）
> 　乙は本件特許を利用した商品開発等、本件特許の適正な実施を行う義務を負うこととし、甲は、乙が本件特許の適正な実施を行わないときは、書面にて事前催告のうえ、本契約を解除することができる。

・本件特許の技術的効果についての保証を定める・　　〔実施権者有利〕

> 第○条（技術的保証）
> 　甲は、乙に対し、本件特許に関し、適正に実施した場合に本件特許権の明細書に記載された技術的効果をもたらすことを保証する。

・支払済みの対価は返還しない旨を定める・　　〔特許権者有利〕

> 第○条（対価の不返還）
> 　乙は、本契約に基づいて乙から甲に支払った対価については、いかなる事由による場合でも、甲に対してその返還を要求しないものとする。

もっとも、次の条項のように、誤って過払いが生じた場合の返金について定

めることもあります。

> 第○条（対価の不返還）
> 　乙は、本契約に基づいて乙から甲に支払った対価については、いかなる事由による場合でも、甲に対してその返還を要求しないものとする。ただし、錯誤による過払いの場合は、支払後○日以内に書面により通知した場合に限り、返還を要求することができる。

・遅延損害金を定める・　　　　　　　　　　　　　　　〔特許権者有利〕

実施権者に遅延損害金の支払義務を課す場合には、次の記載を追加するとよいでしょう。

> 第○条（遅延損害金）
> 　乙が本契約に基づく金銭債務の支払いを遅延したときは、甲に対し、支払期日の翌日から支払済みに至るまで、年14.6％（年365日日割計算）の割合による遅延損害金を支払うものとする。

・表明保証を定める・　　　　　　　　　　　　　　　〔実施権者有利〕

> 第○条（表明保証）
> 　甲は乙に対し、本件特許につき、権利の欠缺又は負担のない完全な権利であることを保証した。

・担保責任がないことを明示する・　　　　　　　　　　　〔特許権者有利〕

> 第○条（担保責任の免責）
> 　甲は、本件特許に無効事由の存在しないこと、また、本件特許が第三者の権利を侵害しないことを保証するものではない。

・本件特許が無効となった場合の規律について定める・

> 第○条（本件特許が無効となった場合）
> 　本件特許に無効事由が存し、本件特許権において特許無効の審決が確定したときは、当該確定日をもって本契約は終了するものとする。

・契約の変更を書面に限定する・

第○条（契約の変更）
　本契約は、両当事者の書面による合意によってのみ変更することができる。

・契約終了後の処理を定める・

第○条（契約終了後の処理）
　本契約が終了したときは、乙は仕掛品を除き、契約製品の生産を直ちに中止しなければならない。仕掛品については、契約終了後30日間に限り、その生産を継続することができる。終了時の在庫品は、終了後3か月間に限り、販売することができる。終了後の実施料も本契約に従って支払うこととする。

・第三者に損害が発生したときの処理として、特許権者が何ら責任を負わない旨を定める・　　　　　　　　　　　　　　　〔特許権者有利〕

第○条（第三者への損害）
1　甲は、本契約における乙の本件特許の実施に関する事項について、第三者に損害が発生した場合において何ら責任を負わない。
2　本件特許の実施に支障を来す訴訟が第三者から提起され、紛争が生じたときは、甲は、当該紛争の解決に協力し、本件特許に関する資料の提供などの協力を行うものとする。

◆費用の負担について定める場合

・費用を各々に負担させる・

第○条（費用負担）
　本契約の締結に要する費用は、甲乙が各々の費用を負担するものとする。

◆海外企業との取引である場合に、取扱いについて定める場合

・準拠法を日本法と定める・

> 第○条（準拠法）
> 　本契約は日本法に準拠し、同法によって解釈されるものとする。

> 　注意すべきガイドラインとして、「知的財産の利用に関する独占禁止法上の指針」があります。
> 　知的財産のうち技術に関するものを対象とし、技術の利用に係る制限行為に対する独占禁止法の適用に関する考え方を包括的に明らかにしたガイドラインであり、実施権者に対して特許権の有効性について争わない義務を課すことは、不公正な取引方法に該当する場合があることなどについて指摘されています。
>
> > 公正取引委員会ウェブサイト：
> > https://www.jftc.go.jp/dk/guideline/unyoukijun/chitekizaisan.html

チェックポイント

あなたが特許権者の場合は、最低限以下の点をチェックしましょう。

- ☐ 契約の目的が明確であるか
- ☐ 契約の当事者が明らかであるか
- ☐ 実施許諾の対象となる特許は明確に定められているか
- ☐ 許諾の対価の決定方法は明確か
- ☐ 対価の決定方法は適正か
- ☐ 解除条項に不合理な事項が入っていないか

あなたが実施権者の場合は、最低限以下の点をチェックしましょう。

- ☐ 契約の目的が明確であるか
- ☐ 契約の当事者が明らかであるか
- ☐ 実施許諾の対象となる特許は明確に定められているか
- ☐ 許諾の対価の決定方法は明確か
- ☐ 解除条項に不合理な事項が入っていないか

MEMO

4 商標権使用許諾契約書（通常使用権）

商標権使用許諾契約書

（商標権者）○○○○（以下「甲」という。）と（商標使用者）株式会社○○○○（以下「乙」という。）は、第2条記載の商標につき、乙に対して通常使用権を許諾することを目的として、以下のとおり、商標権使用許諾契約（以下「本契約」という。）を締結する。

第1条 （目的）

乙は、自社商品の売上を伸ばすために、甲が権利を有する商標を使用する必要が生じたため、甲から同商標について、通常使用権の許諾を受けることを希望し、甲がこれを承諾したため、本契約を締結する。

第2条 （使用許諾）

甲は、乙に対し、乙が日本国内において下記の商標（以下「本件商標」という。）を付した製品（別紙記載の製品をいい、以下「本件製品」という。）を製造・販売する通常使用権を許諾する。

記

商標登録番号：第○○○○○○○号
指定商品又は指定役務：○○○○
設定登録日：令和○年○月○日

以上

【この契約書を用いるケース】
☑商標権に通常使用権を設定する場合
　⇨特許権の扱いについて定める場合は本章❸

● 前　文

【応用】契約の当事者を追加する　···▶　1415 ページ

● 目　的　　重要度 A

民法の改正により、解除を主張したり、契約不適合責任に基づく請求をしたりする場合に、契約の目的が重要視されることになりました。そのため、契約書に契約の目的を記載しておく必要があります。

【応用】目的の内容を変更する　···▶　1417 ページ

● 使用許諾　　重要度 A

本契約の本質である、使用許諾について規定しましょう。

【応用】対象となる商標を追加する　···▶　1418 ページ
　　　　独占的権利を付与する　　　···▶　1418 ページ

第3条 (表示)

乙は、本件商標を使用するに際して、本件商標が甲の登録商標であることを表示しなければならない。

第4条 (本件商標の変更)

乙は、本件商標の使用に際して、甲の事前の書面による許諾なくして一切の変更を加えてはならず、また、文字、図形、標章の如何を問わず一切の表示を結合させてはならない。

第5条 (譲渡禁止)

甲及び乙は、相手方の書面による許諾がない限り、本契約に基づく権利義務を第三者に譲渡し又は担保に供してはならない。

第6条 (許諾等の禁止)

1 甲は、本契約に基づき乙に付与される通常使用権に抵触する権利を、乙の書面による同意なく第三者に許諾してはならない。
2 乙は、本契約に基づき付与される通常使用権の一部又は全部を、甲の書面による同意なく、第三者に再許諾し又は担保に供してはならない。

第7条 (本件商標の維持)

本契約期間中、甲は、本件商標の登録を更新するものとし、その登録更新に必要な費用を特許庁に納付するものとする。

第8条 (表明保証)

甲は、乙に対して、以下の事項を表明し、保証する。
① 本契約締結時点において、本件商標が有効に登録されており、当該登録が無効である旨の審決ないし判決が存在していないこと
② 本契約締結時点において、本件商標に係る登録が無効であ

- ● 表　　示　　**重要度 A**

  登録商標の表示義務は記載しましょう。

- ● 本件商標の変更　　**重要度 B**

  商標の価値を守るため、商標使用者が無断でアレンジをすることを禁止するとよいでしょう。

  【応用】商標の変更方法を定める　・・・▶　1419 ページ

- ● 譲渡禁止　　**重要度 B**

  契約当事者が突然変わることを防止するための規定です。

  【応用】譲渡を禁止する　・・・▶　1419 ページ

- ● 許諾等の禁止　　**重要度 B**

  他の当事者に商標使用権が帰属することを防止する規定です。

  【応用】許諾等の禁止範囲を限定する　・・・▶　1420 ページ

- ● 本件商標の維持　　**重要度 B**

  特許庁への登録料の支払いは、商標権の維持に必須です。

  【応用】費用の負担について定める　・・・▶　1420 ページ

- ● 表明保証　　**重要度 A**

  商標権の存否に重大な影響を及ぼす事由はないことを示しましょう。

  【応用】保証を限定する　・・・▶　1421 ページ

　　　　る旨を指摘又は示唆する、いかなる通知も第三者から受領していないこと
　③　本契約締結時点において、本件商標に関して、いかなる訴訟、審判、仲裁、調停その他の手続きも開始されていないこと
　④　本契約に基づき本件商標に関する通常使用権を乙に許諾することについて、第三者との契約等の制約が存在していないこと

第9条　（使用料）

1　乙は、通常使用権の対価として、本契約締結の日から〇日以内に契約金として金〇〇円を甲に支払う。
2　乙は、通常使用権の対価として、次のとおり使用料を支払うものとする。
　①　金　　　額：乙が販売した本件製品の販売額（本件製品の顧客向け販売額から、通常の値引き、保険料、運送・保管・引渡費用、税金を差し引いた額）に３パーセントを乗じて算出される額（消費税別）
　②　支払期間：本契約期間
　③　支払方法：毎月末日限り、前月分の使用料を、甲の指定する銀行口座宛に振り込む（振込手数料は乙負担）。
　④　振込口座：〇〇銀行　〇〇支店
　　　　　　　　普通預金
　　　　　　　　口座番号　〇〇〇〇〇〇
　　　　　　　　口座名義　〇〇〇〇〇〇

第10条　（帳簿等の保管・検査）

1　乙は、甲に対し、毎月〇日限り、本件製品における前月分の生産量、支払額及び販売量について書面で報告する。
2　乙は、本件製品の生産、支払い及び販売に関する帳簿を、根拠

●使用料　重要度 A

商標利用の対価を決定しましょう。対価は相手方との協議で自由に決めることができます。

【応用】商標利用の対価を定める　…▶　1422 ページ

●帳簿等の保管・検査　重要度 A

販売量等によって使用料の金額が定まるときには必須の条項となります。

【応用】報告方法を変更する　…▶　1424 ページ
　　　　調査・処分について定める　…▶　1424 ページ

資料及び関係書類とともに保管するものとする。
3 前項に基づく当該帳簿及びその関係書類の保管期間は、各会計年度終了後３年間（本契約が期間満了等により終了した場合には当該終了日から３年間）とする。
4 乙は、甲からの要請があった場合には、帳簿及びその根拠資料及び関係書類の閲覧・検査等に協力するものとする。

第１１条 （権利侵害時の対応）
1 本件商標につき、乙が第三者からその知的財産権の侵害を理由として警告等を受けた場合、直ちに甲に対してその旨を連絡する。
2 乙は、本件商標に関して、第三者から侵害され又は侵害されるおそれのある行為を発見した場合には、直ちに甲に連絡する。甲が当該第三者に訴訟その他の法的手段を講じることを決定した場合、甲から協力の要請があり、かつ乙が必要と認めたときには、乙は合理的な範囲内において甲を支援する。
3 前二項の侵害の解決に要する費用の負担については、甲乙別途協議のうえ決定する。

第１２条 （守秘義務）
甲及び乙は、本契約に基づき、相互に知り得た相手方の秘密を、相手方当事者の事前の書面による承諾なく第三者に開示・漏洩してはならない。

第１３条 （契約期間及び更新）
1 本契約の有効期間は、本契約締結日から５年間とする。ただし、その期間内に本件商標の登録無効が確定した場合には、その確定の日までとする。
2 契約期間満了日の６か月前までに甲乙いずれかが相手方に対し書面で契約終了の意思表示をしないときは、本契約は同一契約

● **権利侵害時の対応**　重要度 B

本件商標に関連して紛争が生じた場合の条項です。

【応用】通知方法を定める　　…▶　1425 ページ
　　　　費用の負担について定める　…▶　1425 ページ

● **守秘義務**　重要度 B

知的財産権に関する契約ですので、守秘義務に関する規定を設けるとよいでしょう。

【応用】守秘義務を限定する　…▶　1425 ページ
　　　　通知について定める　…▶　1426 ページ
　　　　契約終了後の守秘義務について定める　…▶　1426 ページ

● **契約期間及び更新**　重要度 B

契約期間に関する定めを置きましょう。

【応用】契約の有効期間を日付で区切る　…▶　1427 ページ
　　　　契約期間更新の条件を限定する　…▶　1427 ページ

内容にて更に〇年間更新され、その後も同様とする。

第14条　（解除）
甲又は乙が以下の各号のいずれかに該当したときは、相手方は催告及び自己の債務の履行の提供をしないで直ちに本契約の全部又は一部を解除することができる。なお、この場合でも損害賠償の請求を妨げない。
① 本契約の一つにでも違反したとき
② 監督官庁から営業停止又は営業免許もしくは営業登録の取消等の処分を受けたとき
③ 差押、仮差押、仮処分、強制執行、担保権の実行としての競売、租税滞納処分その他これらに準じる手続きが開始されたとき
④ 破産、民事再生、会社更生又は特別清算の手続開始等の申立てがなされたとき
⑤ 自ら振り出し又は引き受けた手形もしくは小切手が1回でも不渡りとなったとき、又は支払停止状態に至ったとき
⑥ 合併による消滅、資本の減少、営業の廃止・変更又は解散決議がなされたとき
⑦ その他、支払能力の不安又は背信的行為の存在等、本契約を継続することが著しく困難な事情が生じたとき

第15条　（商標不使用による解除）
乙が正当な理由なくして本契約期間中3か月を超えて本件商標を使用しないときは、甲は、前条の規定にかかわらず、直ちに本契約を解除することができる。

第16条　（損害賠償責任）
甲又は乙は、本契約に違反することにより、相手方に損害を与えたときは、その損害の全て（弁護士費用及びその他の実費を

● 解　除　　重要度 B

民法等で定めた解除事由より広く解除できる場合を認めるため記載しています。なお、改正民法では、法定解除のうち催告による場合、相手方の債務不履行が契約および取引上の社会通念に照らして軽微な場合において、解除が認められないこととなりました（改正民法 541 条但書）。

【応用】契約の解除事由について変更する　…▶　1428 ページ

● 商標不使用による解除　　重要度 B

商標が使用されないと商標の価値が無駄になってしまうため、そのような事態を防止するための規定です。

● 損害賠償責任　　重要度 C

損害賠償規定は民法等にも存在しますが、弁護士費用や実費なども賠償対象とするため記載しています。

【応用】損害賠償の内容を変更する　…▶　1429 ページ
　　　　違約金について規定する　…▶　1429 ページ

知的財産 ― 4 商標権使用許諾契約書（通常使用権）

1411

含むが、これに限られない。）を賠償しなければならない。

第17条　（反社会的勢力の排除）
1　甲及び乙は、自己又は自己の役員が、暴力団、暴力団関係企業、総会屋もしくはこれらに準ずる者又はその構成員（以下これらを「反社会的勢力」という。）に該当しないこと、及び次の各号のいずれにも該当しないことを表明し、かつ将来にわたっても該当しないことを相互に確約する。
　　① 反社会的勢力に自己の名義を利用させること
　　② 反社会的勢力が経営を実質的に支配していると認められる関係を有すること
2　甲又は乙は、前項の一つにでも違反することが判明したときは、何らの催告を要せず、本契約を解除することができる。
3　本条の規定により本契約が解除された場合には、解除された者は、解除により生じる損害について、その相手方に対し一切の請求を行わない。

第18条　（協議解決）
　本契約に定めのない事項、又は本契約の解釈について疑義が生じたときは、甲乙誠意をもって協議のうえ解決する。

第19条　（合意管轄）
　甲及び乙は、本契約に関し裁判上の紛争が生じたときは、訴額等に応じ、東京簡易裁判所又は東京地方裁判所を専属的合意管轄裁判所とすることに合意する。

　本契約締結の証として、本契約書2通を作成し、甲乙相互に署名又は記名・捺印のうえ、各1通を保有することとする。

　令和　　年　　月　　日

- **反社会的勢力の排除** 重要度 B

  契約当事者が反社会的勢力と関わっていることが判明した場合に、即座に契約関係を解消することができるようにするために規定しています。

  【応用】対象者を限定する　　・・・▶　1430 ページ
  　　　　賠償額を具体的に規定する　・・・▶　1430 ページ

- **協議解決** 重要度 C

  協議により紛争回避を図る可能性を探るため規定しています。なお、この規定に法的な拘束力はありません。

  【応用】協議解決方法を定める　・・・▶　1431 ページ

- **合意管轄** 重要度 B

  紛争が生じた際に自己に有利な管轄裁判所において裁判を行うための規定です。

  【応用】合意管轄裁判所を変更する　・・・▶　1431 ページ

- **後　文**

  【応用】契約書の作成方法を変更する　・・・▶　1432 ページ

知的財産 ④ 商標権使用許諾契約書（通常使用権）

甲　　　　　　　　　　　　　　　　　㊞

乙　　　　　　　　　　　　　　　　　㊞

【別紙】

製品の表示
　品　名　　〇〇〇〇
　型　番　　〇〇〇〇
　写　真

※　商標権などの無体財産権の使用権を設定する契約書は、印紙税法別表第一の第1号文書（「無体財産権の譲渡に関する契約書」）には該当しません。したがって、本契約書には、収入印紙を貼付する必要はありません。もっとも、商標権の譲渡契約書等には収入印紙を貼付する必要がありますので、ご注意ください。

作成のテクニック

前文

（商標権者）○○○○（以下「甲」という。）と（商標使用者）株式会社○○○○（以下「乙」という。）は、第2条記載の商標につき、乙に対して通常使用権を許諾することを目的として、以下のとおり、商標権使用許諾契約（以下「本契約」という。）を締結する。

【契約の当事者を追加する】

・改正民法に適合した連帯保証人条項を設ける場合・　　　〔商標権者有利〕

民法改正により、原則として根保証となる連帯保証人には、極度額等の定めが必要になります（改正民法465条の2）。

（商標権者）○○○○（以下「甲」という。）と（商標使用者）○○○○（以下「乙」という。）及び（連帯保証人）○○○○（以下「丙」という。）は、第2条記載の商標につき、乙に対して通常使用権を許諾することを目的として、以下のとおり、商標権使用許諾契約（以下「本契約」という。）を締結する。
（略）
第○条（連帯保証人）
1　丙は、乙と連帯して、以下のとおり極度額の範囲において、本契約から生じる一切の債務（以下「本件債務」という。）を負担する。

対象となる債務	本件債務（本契約の履行及び損害賠償金等従たる債務を含む一切の債務）
極度額	金○○円（本件債務及び連帯保証債務について約定された違約金又は損害賠償の額を含む。）
元本確定事由	①丙の財産について、金銭の支払いを目的とする債権についての強制執行又は担保権の実行が申し立てられ、当該手続が開

	始されたとき ②丙が破産手続開始の決定を受けたとき ③乙又は丙が死亡したとき

2　<u>乙は、丙に対し、別紙のとおり保証契約の前提となる情報を提供し、丙は、別紙の情報の提供を受けたことを確認する。</u>
（略）

　本契約締結の証として、本契約書<u>3通</u>を作成し、<u>甲乙丙</u>相互に署名又は記名・捺印のうえ、各1通を保有することとする。
（略）

丙　　　　　　　　　　㊞

【別紙】

乙は、本契約締結時における自らの情報を以下のとおり提供する。

財産及び収支の状況	
主債務以外に負担している債務の有無、額及び履行状況	
主債務の担保として他に提供し又は提供しようとするものの内容	

• 商標権が共有にかかる場合 •

（商標権者）○○○○（以下、「甲1」という。）及び○○○○（以下、「甲2」といい、甲1とあわせて「甲」という。）と（商標使用者）○○○○（以下「乙」という。）は、第2条記載の商標につき、乙に対して通常使用権を許諾することを目的として、以下のとおり、商標権使用許諾契約（以下「本契約」という。）を締結する。
（略）

　本契約締結の証として、本契約書<u>3通</u>を作成し、<u>甲1、甲2、乙</u>相互

に署名又は記名・捺印のうえ、各1通を保有することとする。

甲1 ㊞

甲2 ㊞

乙 ㊞

第1条（目的） 重要度A

乙は、自社商品の売上を伸ばすために、甲が権利を有する商標を使用する必要が生じたため、甲から同商標について、通常使用権の許諾を受けることを希望し、甲がこれを承諾したため、本契約を締結する。

【目的の内容を変更する】

・商品拡販のために商標を使用する場合・

乙は、子供向けに企画した商品の拡販にあたり、甲の商標を使用し、同商品を「○○シリーズ」のラインナップに加えて販売するため、甲から同商標について通常使用権の許諾を受けることを希望し、甲がこれを承諾したため、本契約を締結する。

第2条（使用許諾） 重要度A

甲は、乙に対し、乙が日本国内において下記の商標（以下「本件商標」という。）を付した製品（別紙記載の製品をいい、以下「本件製品」という。）を製造・販売する通常使用権を許諾する。

記

商標登録番号：第○○○○○○○号

```
    指定商品又は指定役務：〇〇〇〇
    設定登録日：令和〇年〇月〇日
                                                          以上
```

【対象となる商標を追加する】

・対象となる商標が複数の場合・

> 甲は、乙に対し、乙が日本国内において別紙1記載の商標（以下「本件商標」という。）を付した製品（別紙2記載の製品をいい、以下「本件製品」という。）を製造・販売する通常使用権を許諾する。

・許諾地域が複数の場合・

> 甲は、乙に対し、乙が別紙許諾地域一覧記載の許諾地域において下記の商標（以下「本件商標」という。）を付した製品（別紙記載の製品をいい、以下「本件製品」という。）を製造・販売する通常使用権を許諾する。
> 　（以下略）

> 【別紙】
> 　　　　　　　　　許諾地域一覧
> ①　日本
> ②　アメリカ合衆国
> ③　中華人民共和国
> ④　大韓民国
> ⑤　（以下略）

【独占的権利を付与する】

・独占的権利を付与する場合・　　　　　　　　　　〔商標使用者有利〕

> 1　甲は、乙に対し、乙が日本国内において下記の商標（以下「本件商標」という。）を付した製品（別紙記載の製品をいい、以下「本件製品」という。）を製造・販売する専用使用権を許諾する。
> 2　乙は、本契約により許諾された使用権を自己の費用で設定登録する

> ものとし、甲は、乙の要求により必要な書類を乙に提出するものとする。

なお、商標の専用使用権を設定する場合は、設定登録が必要となります（商標法30条4項、特許法98条1項2号）。

▶ 第4条（本件商標の変更）　重要度 B

> 乙は、本件商標の使用に際して、甲の事前の書面による許諾なくして一切の変更を加えてはならず、また、文字、図形、標章の如何を問わず一切の表示を結合させてはならない。

【商標の変更方法を定める】

- 変更を加える場合には、具体的内容を記載した書面にて甲の承諾を得なければならないとする場合 -

> 1　（略）
> 2　乙が本件商品の変更許諾を甲に申請する場合、予め甲に対して変更の具体的内容を書面で提出しなければならない。

▶ 第5条（譲渡禁止）　重要度 B

> 甲及び乙は、相手方の書面による許諾がない限り、本契約に基づく権利義務を第三者に譲渡し又は担保に供してはならない。

【譲渡を禁止する】

- 商標権者による商標権の譲渡を禁止する場合 -　　〔商標使用者有利〕

> 甲は、予め乙の書面による承諾がない限り、本件商標及び本契約上の地位又は権利義務を第三者に譲渡し又は担保に供してはならない。

▶ 第6条（許諾等の禁止） 重要度 B

> 1 甲は、本契約に基づき乙に付与される通常使用権に抵触する権利を、乙の書面による同意なく第三者に許諾してはならない。
> 2 乙は、本契約に基づき付与される通常使用権の一部又は全部を、甲の書面による同意なく、第三者に再許諾し又は担保に供してはならない。

【許諾等の禁止範囲を限定する】

・商標使用者の100％子会社にのみ再使用を許諾する場合・　　　　　　〔商標使用者有利〕

> 3 本条において、乙の100％子会社は前項の「第三者」に該当しないものとする。

▶ 第7条（本件商標の維持） 重要度 B

> 本契約期間中、甲は、本件商標の登録を更新するものとし、その登録更新に必要な費用を特許庁に納付するものとする。

【費用の負担について定める】

・費用を商標使用者の負担とする場合・　　　　　　〔商標権者有利〕

> 本契約期間中、甲は、本件商標の登録を更新するものとし、その登録更新に必要な費用を特許庁に納付するものとし、<u>乙は甲に対し、費用相当額を速やかに支払わなければならない</u>。

第8条（表明保証） 重要度 A

甲は、乙に対して、以下の事項を表明し、保証する。
① 本契約締結時点において、本件商標が有効に登録されており、当該登録が無効である旨の審決ないし判決が存在していないこと
② 本契約締結時点において、本件商標に係る登録が無効である旨を指摘又は示唆する、いかなる通知も第三者から受領していないこと
③ 本契約締結時点において、本件商標に関して、いかなる訴訟、審判、仲裁、調停その他の手続きも開始されていないこと
④ 本契約に基づき本件商標に関する通常使用権を乙に許諾することについて、第三者との契約等の制約が存在していないこと

【保証を限定する】

・商標登録の無効事由までは保証しない場合・　　　　　〔商標権者有利〕

1　（略）
2　甲による前項の表明・保証は、本件商標に係る登録の無効事由の不存在まで表明・保証するものではない。

第9条（使用料） 重要度 A

1　乙は、通常使用権の対価として、本契約締結の日から〇日以内に契約金として金〇〇円を甲に支払う。
2　乙は、通常使用権の対価として、次のとおり使用料を支払うものとする。
　　① 金　　額：乙が販売した本件製品の販売額（本件製品の顧客向け販売額から、通常の値引き、保険料、運送・保管・引渡費用、税金を差し引いた額）に3パーセントを乗じて算出される額（消費税別）
　　② 支払期間：本契約期間
　　③ 支払方法：毎月末日限り、前月分の使用料を、甲の指定する銀

　　　　　　　　　　行口座宛に振り込む（振込手数料は乙負担）。
　　④　振込口座：〇〇銀行　〇〇支店
　　　　　　　　　普通預金
　　　　　　　　　口座番号　〇〇〇〇〇〇
　　　　　　　　　口座名義　〇〇〇〇〇〇

【商標利用の対価を定める】

・商標使用の対価を定額で定めた場合・

　①　金　　額：月額〇〇円（消費税別）

・許諾製品生産数ベースで計算する場合・

　①　金　　額：乙が製造した本件製品の個数に、金10円を乗じて算出される額（消費税別）

・許諾製品販売利益ベースで計算する場合・

　①　金　　額：乙が販売した本件製品の販売利益に、5パーセントを乗じて算出される額（消費税別）

・販売額に応じて異なる利率を定める場合・

　①　金　　額：乙が販売した本件製品の販売額に下記の料率を乗じて算出される額（消費税別）
　　　　　　　　・売上100万円未満：10パーセント
　　　　　　　　・売上100万円以上500万円以下：8パーセント
　　　　　　　　・売上500万円超1,000万円以下：5パーセント
　　　　　　　　・売上1,000万円超：3パーセント

・最低使用料を定める場合・　　　　　　　　　　　　　　　〔商標権者有利〕

　①　金　　額：乙が販売した本件製品の販売額（本件製品の顧客向け販

> 売額から、通常の値引き、保険料、運送・保管・引渡費用、税金を差し引いた額）に3パーセントを乗じて算出される額に、最低使用料金○○円を加えた額（消費税別）

・許諾時に支払う対価を分割にする場合・　　　　〔商標使用者有利〕

> 1　乙は、本契約締結と同時に契約金の半額金○○円（消費税別）を、本件製品の販売開始後日から○日以内にその残額金○○円（消費税別）を、甲に対し支払う。

・半期ごとに振込支払をする場合・

> ③　支払方法：半期ごと（半期とは、本契約有効期間中の各年○月○日ないし○月○日及び○月○日ないし翌年○月○日をいう。ただし、最初の契約半期は、本契約締結日から令和○年○月○日まで、最終の契約半期は、本契約の満了日又は満了日を終期とする期間とする。）に、当該半期の末日から1か月以内に使用料を支払う。

第10条（帳簿等の保管・検査）　重要度A

> 1　乙は、甲に対し、毎月○日限り、本件製品における前月分の生産量、支払額及び販売量について書面で報告する。
> 2　乙は、本件製品の生産、支払い及び販売に関する帳簿を、根拠資料及び関係書類とともに保管するものとする。
> 3　前項に基づく当該帳簿及びその関係書類の保管期間は、各会計年度終了後3年間（本契約が期間満了等により終了した場合には当該終了日から3年間）とする。
> 4　乙は、甲からの要請があった場合には、帳簿及びその根拠資料及び関係書類の閲覧・検査等に協力するものとする。

【報告方法を変更する】

・電子メール等による報告を認める場合・　　　　　　　〔商標使用者有利〕

> 1　乙は、甲に対し、毎月○日限り、本件製品における前月分の生産量、支払額及び販売量について書面（FAX及び電子メールを含む。）で報告する。

【調査・処分について定める】

・立入調査権／誤申告が判明した場合の処分について定める場合・
　　　　　　　　　　　　　　　　　　　　　　　　〔商標権者有利〕

> 5　甲は、必要に応じ、乙に事前の通知を行った後、乙の営業所及び事務所に立ち入り、調査することができる。
> 6　甲の調査の結果、乙の報告に誤りがあり、実施料が少なく計算されていたことが判明した場合、乙は、直ちに不足分の3倍の金額を甲に支払わなければならない。

第11条（権利侵害時の対応）　重要度 B

> 1　本件商標につき、乙が第三者からその知的財産権の侵害を理由として警告等を受けた場合、直ちに甲に対してその旨を連絡する。
> 2　乙は、本件商標に関して、第三者から侵害され又は侵害されるおそれのある行為を発見した場合には、直ちに甲に連絡する。甲が当該第三者に訴訟その他の法的手段を講じることを決定した場合、甲から協力の要請があり、かつ乙が必要と認めたときには、乙は合理的な範囲内において甲を支援する。
> 3　前二項の侵害の解決に要する費用の負担については、甲乙別途協議のうえ決定する。

【通知方法を定める】

・書面による通知を要求する場合・　　　　　　　　　〔商標権者有利〕

> 1　本件商標につき、乙が第三者からその知的財産権の侵害を理由として警告等を受けた場合、直ちに甲に対してその旨を書面で連絡する。

【費用の負担について定める】

・解決に要する費用を甲の負担とする場合・　　　　　　〔商標使用者有利〕

> 3　前二項の侵害の解決に要する費用は、甲が負担する。

・解決に要する費用に弁護士費用も含むことを明記する場合・

> 3　前二項の侵害の解決に要する費用（弁護士費用を含む。）の負担については、甲乙別途協議のうえ決定する。

▶第12条（守秘義務）　重要度 B

> 甲及び乙は、本契約に基づき、相互に知り得た相手方の秘密を、相手方当事者の事前の書面による承諾なく第三者に開示・漏洩してはならない。

【守秘義務を限定する】

・秘密保持義務の例外事由を明記する場合・

> 1　（略）
> 2　前項の守秘義務は、前項の情報が以下のいずれかに該当する場合には適用しない。
> 　①　公知の事実又は当事者の責に帰すべき事由によらずして公知となった事実

②　第三者から適法に取得した事実
③　開示の時点で保有していた事実
④　法令、政府機関、裁判所の命令により開示が義務付けられた事実

【通知について定める】

・裁判所、捜査機関等の命令に従って開示をした場合に、遅滞なく相手方に通知することとする場合・

1　（略）
2　前項の守秘義務は、前項の情報が以下のいずれかに該当する場合には適用しない。ただし、第4号に基づき情報を開示する場合、開示者は、直ちにその事実を相手方に通知しなければならない。
①　公知の事実又は当事者の責に帰すべき事由によらずして公知となった事実
②　第三者から適法に取得した事実
③　開示の時点で保有していた事実
④　法令、政府機関、裁判所の命令により開示が義務付けられた事実

【契約終了後の守秘義務について定める】

・契約終了後も秘密保持義務を課す場合・

1　（略）
2　本条の規定は、本契約終了後も有効に存続する。

・契約終了後も、一定期間秘密保持義務を存続させる場合・

1　（略）
2　本条の規定は、本契約終了後〇年間、有効に存続する。

第13条（契約期間及び更新） 重要度 B

> 1　本契約の有効期間は、本契約締結日から5年間とする。ただし、その期間内に本件商標の登録無効が確定した場合には、その確定の日までとする。
> 2　契約期間満了日の6か月前までに甲乙いずれかが相手方に対し書面で契約終了の意思表示をしないときは、本契約は同一契約内容にて更に〇年間更新され、その後も同様とする。

【契約の有効期間を日付で区切る】

・契約期間を日付で区切る場合・

> 本契約の有効期間は、令和〇年〇月〇日から令和〇年〇月〇日までとする。ただし、その期間内に本件商標の登録無効が確定した場合には、その確定の日までとする。

【契約期間更新の条件を限定する】

・自動更新としない場合・

> 本契約の有効期間は、本締結日から5年間とし、期間満了日の1か月前までに甲乙の協議が整った場合にのみ本契約は更新されるものとする。ただし、その期間内に本件商標の登録無効が確定した場合には、その確定の日までとする。

第14条（解除） 重要度 B

> 甲又は乙が以下の各号のいずれかに該当したときは、相手方は催告及び自己の債務の履行の提供をしないで直ちに本契約の全部又は一部を解除することができる。なお、この場合でも損害賠償の請求を妨げない。
> ①　本契約の一つにでも違反したとき

> ② 監督官庁から営業停止又は営業免許もしくは営業登録の取消等の処分を受けたとき
> ③ 差押、仮差押、仮処分、強制執行、担保権の実行としての競売、租税滞納処分その他これらに準じる手続きが開始されたとき
> ④ 破産、民事再生、会社更生又は特別清算の手続開始等の申立てがなされたとき
> ⑤ 自ら振り出し又は引き受けた手形もしくは小切手が1回でも不渡りとなったとき、又は支払停止状態に至ったとき
> ⑥ 合併による消滅、資本の減少、営業の廃止・変更又は解散決議がなされたとき
> ⑦ その他、支払能力の不安又は背信的行為の存在等、本契約を継続することが著しく困難な事情が生じたとき

【契約の解除事由について変更する】

・解除前に催告を要求する場合・

> 甲又は乙が以下の各号のいずれかに該当し、<u>相手方が相当期間を定めて催告したにもかかわらず是正されないときは</u>、相手方は本契約の全部又は一部を解除することができる。なお、この場合でも損害賠償の請求を妨げない。
> ① （以下略）

・期限の利益喪失条項を設ける場合・　　　　　　　　　〔商標権者有利〕

> 1 （略）
> 2 乙について前項各号の事由が一つでも生じた場合には、甲からの何らの通知催告がなくても乙は期限の利益を失い、本契約に基づく債務を直ちに返済する。

▶ 第16条（損害賠償責任）　重要度 C

> 甲又は乙は、本契約に違反することにより、相手方に損害を与えたとき

は、その損害の全て（弁護士費用及びその他の実費を含むが、これに限られない。）を賠償しなければならない。

【損害賠償の内容を変更する】

・損害賠償額を限定する場合・

1　（略）
2　前項の損害賠償請求の上限額は、金〇〇円とする。

【違約金について規定する】

・違約金を定める場合・

1　（略）
2　甲又は乙は、本契約に違反して本契約が解除された場合、相手方に対し、前項の損害賠償に加え、違約金として金〇〇円を支払うものとする。

第17条（反社会的勢力の排除）　重要度B

1　甲及び乙は、自己又は自己の役員が、暴力団、暴力団関係企業、総会屋もしくはこれらに準ずる者又はその構成員（以下これらを「反社会的勢力」という。）に該当しないこと、及び次の各号のいずれにも該当しないことを表明し、かつ将来にわたっても該当しないことを相互に確約する。
　① 反社会的勢力に自己の名義を利用させること
　② 反社会的勢力が経営を実質的に支配していると認められる関係を有すること
2　甲又は乙は、前項の一つにでも違反することが判明したときは、何らの催告を要せず、本契約を解除することができる。
3　本条の規定により本契約が解除された場合には、解除された者は、解除により生じる損害について、その相手方に対し一切の請求を行

わない。

【対象者を限定する】

・商標使用者のみを対象とする場合・　　　　　　　　　　〔商標権者有利〕

> 1　乙は、自己又は自己の役員が、暴力団、暴力団関係企業、総会屋もしくはこれらに準ずる者又はその構成員（以下これらを「反社会的勢力」という。）に該当しないこと、及び次の各号のいずれにも該当しないことを表明し、かつ将来にわたっても該当しないことを確約する。
> 　①　反社会的勢力に自己の名義を利用させること
> 　②　反社会的勢力が経営を実質的に支配していると認められる関係を有すること
> 2　甲は、乙が前項の一つにでも違反することが判明したときは、何らの催告を要せず、本契約を解除することができる。

【賠償額を具体的に規定する】

・具体的な賠償額の予定を行う場合・

> 4　本条の規定により本契約が解除された場合には、解除された者は、その相手方に対し、違約金として金〇〇円を支払うものとする。

▶ 第18条（協議解決）　重要度C

> 本契約に定めのない事項又は本契約の解釈について疑義が生じたときは、甲乙誠意をもって協議のうえ解決する。

【協議解決方法を定める】

・具体的な紛争解決機関を指定する場合・

> 本契約に定めのない事項又は本契約の解釈について疑義が生じたときは、訴訟提起以前に適切なADR機関において協議を試みなければならない。

・仲裁者をあらかじめ定める場合・

> 本契約に定めのない事項又は本契約の解釈について疑義が生じたときは、○○○○を仲裁者と定め、三者において誠意をもって協議のうえ解決する。

第19条（合意管轄） 重要度B

> 甲及び乙は、本契約に関し裁判上の紛争が生じたときは、訴額等に応じ、東京簡易裁判所又は東京地方裁判所を専属的合意管轄裁判所とすることに合意する。

【合意管轄裁判所を変更する】

・商標権者の本店所在地を管轄する裁判所とする場合・　〔商標権者有利〕

> 甲及び乙は、本契約に関し裁判上の紛争が生じたときは、甲の本店所在地を管轄する裁判所を専属的合意管轄裁判所とすることに合意する。

・商標使用者の本店所在地を管轄する裁判所とする場合・〔商標使用者有利〕

> 甲及び乙は、本契約に関し裁判上の紛争が生じたときは、乙の本店所在地を管轄する裁判所を専属的合意管轄裁判所とすることに合意する。

▶ 後文

　本契約締結の証として、本契約書2通を作成し、甲乙相互に署名又は記名・捺印のうえ、各1通を保有することとする。

【契約書の作成方法を変更する】

・1通のみ原本を作成し、当事者の一方は写しのみを保管する場合・

　本契約締結の証として、本契約書1通を作成し、甲乙相互に署名又は記名・捺印のうえ、〔甲／乙〕が原本を保有し、〔乙／甲〕が写しを保有することとする。

その他の役立つ条項

- ■ 契約をめぐる各種取扱いについて定める場合 ………………… 1433 ページ
- ■ 変更があったときの通知義務を定める場合 …………………… 1437 ページ
- ■ 海外企業との取引である場合に、取扱いについて定める場合 …… 1437 ページ

◆契約をめぐる各種取扱いについて定める場合

・通常使用権設定登録について定める・

第○条（通常使用権設定登録）
　乙は、本契約により許諾された通常使用権を、自己の費用で設定登録するものとし、甲は、乙の要求により必要な書類を乙に提出するものとする。

・商標権者に商標権を行使させない旨の合意（商標権不行使合意）をする・
〔商標使用者有利〕

第○条（権利不行使の範囲）
1　甲は、乙に対して、乙が次項に定めた範囲で標章を使用する限りにおいて、本件商標権に基づく権利を一切行使しないものとする。
2　前項の本件商標に基づく権利不行使の範囲は以下のとおりとする。
　①　使用標章：乙が提示し甲が承諾した標章
　②　使用対象商品：○○○○
　③　使用期間：本契約締結の日から○年間
　④　使用地域：日本国全域

・本件商標権の効力について商標使用者が争わないこと、および争った場合には商標権者は解約できることを規定する・　　〔商標権者有利〕

第○条（不争義務）
　乙は、本件商標の有効性を争ってはならず、乙が本件商標の有効性を争ったときは、甲は本契約を解約することができる。

・使用料について協議による変更を可能とする場合・

第○条（使用料の変更）
　本契約の有効期間中に社会情勢や物価の変動、本件製品の販売状況等により使用料が不適当となり、これを変更する必要があると認められるときは、甲乙協議して使用料を変更することができる。

・製造の委託について定める・

第○条（製造委託）
　乙は、甲の書面による事前の許諾がある場合には、本件製品及び本件商標を付したカタログ等を、第三者に製造・作成させることができる。

・製品の輸出について定める・　　　　　　　　　　　　〔商標使用者有利〕

第○条（輸出）
　乙は、本件製品を日本国外に輸出することができる。なお、乙が当該輸出をする場合、条約及び輸出先の国の法令等により商標権者の協力が必要とされるときには、甲は必要な協力をしなければならない。

・製品の輸出を禁止する・　　　　　　　　　　　　　　〔商標権者有利〕

第○条（輸出禁止）
　乙は、甲の書面による事前の承諾がない限り、本件製品を日本国外に輸出してはならない。

・商標価値の維持について定める・　　　　　　　　　　〔商標権者有利〕

第○条（商標価値の維持）
1　乙は、本件製品の品質水準の維持及びその販売促進につき最善の努力を払うものとする。
2　乙は、本件商標を付した本件製品の製造を開始する前に、当該製品の品質及び規格について甲に事前に報告をし、品質及び規格につき

甲の指示がある場合は、当該指示に従わなければならない。
　3　乙は、本件製品の販売を開始する前に、カタログ・広告・包装紙・品質保証書等の必要な資料を用いて、本件商標の使用方法及び使用形態等を甲に説明し、甲の指示があるときは、当該指示に従わなければならない。
　4　乙は、本件商標の使用方法及び使用形態等を変更する場合には、予め甲に変更後の使用方法及び使用形態等を報告し、甲の書面による事前の許諾を得なければならない。

・商標権者による品質確認・指導について定める場合・　　　〔商標権者有利〕

第○条（品質確認・指導）
1　乙は、甲が品質コントロールの権利を行使できるように、毎年1月と7月に、本件商標を使用して製造した製品の見本を無料で、ラベルと包装とともに送付するものとする。
2　甲は、その裁量により、乙（乙が製造を委託した第三者を含む。）の営業所等を訪問し、本件商標の使用状況及び本件製品の品質等を調査・確認することができる。この場合、甲は乙に対して本件商標の使用方法又は本件製品の品質等について指導することができ、乙は甲の指導に従うものとする。

・商標使用者に報告義務を課す場合・　　　〔商標権者有利〕

第○条（報告）
　乙は、毎年四半期ごと（ただし、本契約が解除等の事由により終了した場合には当該終了日までの期間）に、当該期間中に発生した使用料を計算し、当該各期間満了後1か月以内に、これを書面で甲に報告するものとする。当該報告書には、本件製品の生産数量、販売数量、在庫数量、売上金額その他の事項を記載しなければならない。

・使用料の不返還について定める場合・　　　〔商標権者有利〕

第○条（金銭の不返還）
　乙が本契約に基づき支払った金銭については、いかなる事由によっても甲に対して返還を請求することができない。

・製造物責任は商標使用者に負わせることを規定する・　　〔商標権者有利〕

> 第○条（製造物責任）
> 　本件製品により生じた製造物責任は全て乙が負うものとする。

・契約終了後の措置について定める・　　〔商標権者有利〕

> 第○条（契約終了後の措置）
> 1　本契約が終了した場合（終了の理由を問わない。）には、乙は、直ちに本件商標が付された本件製品の在庫、仕掛品及び本件商標を使用したカタログ等の一切につき、その使用・販売等を停止し、これを破棄するものとする。
> 2　乙は、本契約終了後、本件商標の使用者と誤認されるような行為を行ってはならない。

・終了後の措置に関し、商標使用者に資料の廃棄証明書を提出させる場合・
　　〔商標権者有利〕

> 第○条（契約終了後の措置）
> 1　本契約が終了した場合（終了の理由を問わない。）には、乙は、直ちに本件商標が付された本件製品の在庫、仕掛品及び本件商標を使用したカタログ等の一切につき、その使用・販売等を停止し、これを破棄するものとする。
> 2　乙は、甲からの要請がなされた場合には、甲に対し廃棄証明書を提出する。
> 3　乙は、本契約終了後、本件商標の使用者と誤認されるような行為を行ってはならない。

・期間満了による終了の場合の特例を定める場合・　　〔商標使用者有利〕

> 第○条（期間満了による終了の場合の特例）
> 　本契約が期間満了により終了した場合において、当該満了時点で本件商標が付された本件製品の在庫が存在しているときは、乙は、契約期間満了後○か月間に限り、これを販売することができ、当該販売に必要な範囲で、本件商標を使用したカタログ等を使用すること

> ができるものとする。この場合、乙は、甲に対して使用料を支払う
> ものとする。

◆変更があったときの通知義務を定める場合

・当事者の商号、代表者、住所、連絡先等に変更があった場合の通知義務を定める・

> 第○条（通知義務）
> 　甲及び乙は、商号、代表者、住所、連絡先等に変更があった場合には、書面をもって相手方に通知しなければならない。

◆海外企業との取引である場合に、取扱いについて定める場合

・準拠法を日本法と定める・

> 第○条（準拠法）
> 　本契約は日本法に準拠し、同法によって解釈されるものとする。

チェックポイント

あなたが商標権者の場合は、最低限以下の点をチェックしましょう。

- ☐ 契約の目的が明確か
- ☐ 契約の当事者が明らかであるか
- ☐ 使用許諾の対象となる商標は明確に定められているか
- ☐ 使用料の決定方法は明確か
- ☐ 使用料の決定方法は適正か
- ☐ 解除条項に不合理な事項が入っていないか

あなたが商標使用者の場合は、最低限以下の点をチェックしましょう。

- ☐ 契約の目的が明確か
- ☐ 契約の当事者が明らかであるか
- ☐ 使用許諾の対象となる商標は明確に定められているか
- ☐ 使用料の決定方法は明確か
- ☐ 解除条項に不合理な事項が入っていないか

MEMO

第 7 章

会社組織に関する契約

1 吸収分割契約書

```
収入印紙
  ※
```

吸収分割契約書

　（吸収分割会社）○○株式会社（以下「甲」という。）と（吸収分割承継会社）○○株式会社（以下「乙」という。）は、甲の営む○○事業（以下「本件事業」という。）を乙へ吸収分割するにつき、以下のとおり吸収分割契約（以下「本契約」という。）を締結する。

第1条　（吸収分割の方法）
1　甲は本件事業を分割し、乙は本件事業を承継する。
2　甲及び乙の商号及び住所は、次のとおりである。
　①　甲（吸収分割会社）
　　　商　号　　○○株式会社
　　　住　所　　東京都○○区○○町○丁目○番○号
　②　乙（吸収分割承継会社）
　　　商　号　　○○株式会社
　　　住　所　　東京都○○区○○町○丁目○番○号

第2条　（定款の変更）
　乙は、本分割の効力発生を停止条件として、定款を以下のとおり変更する。
　①　定款第○条を、「第○条　当会社の商号は株式会社○○とする。」と改める。
　②　定款第○条を、「第○条　当会社は次の事業を営むことがで

【この契約書を用いるケース】
☑会社の事業を他の会社に承継させる吸収分割の場合
　⇨事業譲渡の場合は本章❷、合併の場合は本章❸

● 前　文

【応用】協定を作成する　　・・・▶　1452ページ

● 吸収分割の方法　　重要度 A

吸収分割存続会社と吸収分割承継会社の商号および住所の記載は必要的記載事項です（会社法758条1号）。

【応用】分割する会社を追加する　　・・・▶　1453ページ

● 定款の変更　　重要度 A

分割に際して定款を変更する場合には、吸収分割契約書に記載して、分割の承認とともに定款の変更について株主総会の承認を得るとよいでしょう。

【応用】表または別紙を用いて規定する　　・・・▶　1454ページ

1443

きる。1○○、2○○、3前各号に付帯する事業」と改める。
③ 定款第○条を、「第○条　当会社は、本店を東京都○○区に置く。」と改める。
④ 定款第○条を、「第○条　当会社が発行する株式の総数は○○株とする。」と改める。

第3条　（株式の発行及び割当て）

乙は本分割に際し、その普通株式○○株を発行し、甲に対して交付する。

第4条　（増加すべき資本金、準備金）

乙は、本分割により、次のとおり資本金等を増加する。
(1)　資本金　　　　　　金○○円
(2)　資本準備金　　　　金○○円

第5条　（承継する権利義務）

甲は、令和○年○月○日現在の貸借対照表その他同日現在の計算に基づく別紙承継権利義務明細表を基礎とし、効力発生日前日までの増減を加減した資産、負債及び権利義務を効力発生日において乙に引き継ぎ、乙はこれを承継する。

第6条　（吸収分割承認総会）

甲は令和○年○月○日に、乙は令和○年○月○日に、それぞれ株主総会を開催し、本契約書の承認及び吸収分割に必要な事項の決議を得る。ただし、分割手続の進行に応じ、必要があるときは甲乙協議してこの期日を変更することができる。

第7条　（効力発生日）

1　吸収分割の効力発生日は、令和○年○月○日とする。ただし、

- ●株式の発行及び割当て 　**重要度 A**

  吸収分割の分割対価が吸収分割承継会社の株式である場合には、当該株式の数またはその数の算定方法を記載しなければなりません（会社法 758 条 4 号イ）。

  【応用】株式の交付、割当てについて変更する　・・▶　1455 ページ

- ●増加すべき資本金、準備金 　**重要度 A**

  吸収分割の分割対価が吸収分割承継会社の株式である場合には、当該吸収分割会社の資本金および準備金の額に関する事項を記載しなければなりません（会社法 758 条 4 号イ）。

  【応用】増加する項目を追加する　・・▶　1456 ページ

- ●承継する権利義務 　**重要度 A**

  吸収分割承継会社が吸収分割により承継する資産、債務、雇用契約その他の権利義務に関する事項を記載しなければなりません（会社法 758 条 2 号）。

- ●吸収分割承認総会 　**重要度 A**

  合併の各当事会社は、効力発生日の前日までに、株主総会の決議によって、合併契約の承認を受けなければなりません（会社法 783 条 1 項、795 条 1 項）。

  【応用】株主総会の期日を変更する　・・▶　1457 ページ

- ●効力発生日 　**重要度 A**

  吸収分割の効力発生日は必要的記載事項です（会社法 758 条 7 号）。
  効力発生日を変更したときは、公告しなければなりません（会社法 790 条 2 項）。

  【応用】効力発生日の変更方法を限定する　・・▶　1457 ページ

吸収分割手続の進行に応じ、必要があるときは甲乙協議してこれを変更することができる。

2 前項ただし書きにより効力発生日を変更した場合は、変更前の効力発生日（変更後の効力発生日が変更前の効力発生日前の日である場合は変更後の効力発生日）の前日までに、変更後の効力発生日を公告しなければならない。

第8条 （善管注意義務）

甲及び乙は、本契約締結後効力発生日までの間、善良なる管理者の注意をもってそれぞれ業務を執行し、その財産及び権利義務に重大なる影響を及ぼす行為を行う場合には、予め甲乙協議して合意のうえ実行する。

第9条 （従業員の処遇）

甲及び乙は、効力発生日において、本件事業に主として従事する甲の従業員について、乙に承継させるものとする。

第10条 （役員の選任）

本分割に伴い新たに乙の取締役又は監査役となるべき者については、乙の吸収分割承認総会において選任する。

第11条 （競業避止義務）

甲は、本分割にかかわらず、乙が承継する事業について、競業避止義務を負わない。

第12条 （分割条件の変更・解除）

本契約の締結の日から効力発生日に至るまでの間において、天災地変その他の事由により、甲又は乙の資産もしくは経営状態に重要な変動が生じたときは、甲乙協議のうえ分割条件を変更し、又は互いに損害賠償等を請求することなく、本契約を解除

- ●善管注意義務　**重要度C**

    商取引上当然のことですが、確認規定として記載されるのが一般的です。

    【応用】承諾を必要とする行為を定める　・・・▶　1458ページ
    　　　　対象者を限定する　・・・▶　1458ページ

- ●従業員の処遇　**重要度B**

    従業員の処遇について記載するのが一般的です。

    【応用】従業員の処遇を変更する　・・・▶　1459ページ

- ●役員の選任　**重要度C**

    分割後、吸収分割承継会社において、新たに選任される取締役・監査役がいる場合、吸収分割承認総会の機会に選任手続をとるのが一般的です。

    【応用】選任される役員を明記する　・・・▶　1460ページ

- ●競業避止義務　**重要度B**

    分割後の吸収分割会社の競業避止義務の有無については記載するのが一般的です。

    【応用】競業避止義務を負わせる　・・・▶　1460ページ
    　　　　競業避止義務を負わせる場合に、対象範囲を限定する　・・・▶　1460ページ

- ●分割条件の変更・解除　**重要度B**

    天災等により各当事会社の資産や経営状態に大きな変動があった場合に備え、分割条項の変更や損害賠償義務のない解除ができるようにしたほうがよいでしょう。

    【応用】損害賠償を認める　・・・▶　1461ページ
    　　　　解除事由を定める　・・・▶　1461ページ

することができる。

第13条　（吸収分割契約の効力）
　本契約は、甲及び乙の株主総会の承認を得たときにその効力を生じ、法令に定められた関係官庁の承認を得られなかったときは、その効力を失う。

第14条　（反社会的勢力の排除）
1　甲及び乙は、自己又は自己の役員が、暴力団、暴力団関係企業、総会屋もしくはこれらに準ずる者又はその構成員（以下これらを「反社会的勢力」という。）に該当しないこと、及び次の各号のいずれにも該当しないことを表明し、かつ将来にわたっても該当しないことを相互に確約する。
　　① 反社会的勢力に自己の名義を利用させること
　　② 反社会的勢力が経営を実質的に支配していると認められる関係を有すること
2　甲又は乙は、前項の一つにでも違反することが判明したときは、何らの催告を要せず、本契約を解除することができる。
3　本条の規定により本契約が解除された場合には、解除された者は、解除により生じる損害について、その相手方に対し一切の請求を行わない。

第15条　（協議解決）
　本契約に定めるもののほか、本分割に関し必要な事項は本契約の趣旨に従って、甲乙誠意をもって協議のうえ決定する。

第16条　（合意管轄）
　甲及び乙は、本契約に関し裁判上の紛争が生じたときは、東京地方裁判所を専属的合意管轄裁判所とすることに合意する。

● 吸収分割契約の効力　　**重要度 B**

各当事会社の株主総会の承認および公正取引委員会等の関係官庁の承認が得られないことを解除条件として明記したほうがよいでしょう。

【応用】停止条件を変更する　　・・▶　1462ページ
　　　　解除条件を変更する　　・・▶　1462ページ

● 反社会的勢力の排除　　**重要度 B**

契約当事者が反社会的勢力と関わっていることが判明した場合に、即座に契約関係を解消することができるようにするために規定しています。

【応用】対象者を限定する　　・・▶　1463ページ
　　　　賠償額を具体的に規定する　　・・▶　1463ページ

● 協議解決　　**重要度 C**

協議により紛争回避を図る可能性を探るため規定しています。なお、この規定に法的な拘束力はありません。

【応用】協議解決方法を定める　　・・▶　1464ページ

● 合意管轄　　**重要度 B**

紛争が生じた際に自己に有利な管轄裁判所において裁判を行うための規定です。

【応用】合意管轄裁判所を変更する　　・・▶　1464ページ

本契約締結の証として、本契約書2通を作成し、甲乙相互に署名又は記名・捺印のうえ、各1通を保有することとする。

令和　年　月　日

　　　　　　　　　　　　甲

　　　　　　　　　　　　　　　　　　　　　　　　㊞

　　　　　　　　　　　　乙

　　　　　　　　　　　　　　　　　　　　　　　　㊞

※　吸収分割契約書の収入印紙は4万円です（印紙税法別表第一の第5号文書）。

● 後　　文

【応用】契約書の作成方法を変更する　　…▶　1465 ページ

会社組織 ／ **1** 吸収分割契約書

作成のテクニック

前文

> （吸収分割会社）〇〇株式会社（以下「甲」という。）と（吸収分割承継会社）〇〇株式会社（以下「乙」という。）は、甲の営む〇〇事業（以下「本件事業」という。）を乙へ吸収分割するにつき、以下のとおり吸収分割契約（以下「本契約」という。）を締結する。

【協定を作成する】

・分割覚書（協定）を作成する場合・

> （吸収分割会社）〇〇株式会社（以下「甲」という。）と（吸収分割承継会社）〇〇株式会社（以下「乙」という。）は、予め甲の営む〇〇事業（以下「本件事業」という。）の吸収分割に関し協議検討を重ねてきたが、以下のとおり、吸収分割の基本的条件につき合意に達したので、この覚書を締結する（以下「本覚書」という。）。
>
> 第1条（分割方針）
> 　　甲は、甲の営む本件事業を分離することで経営効率の向上を図り、乙は、本件事業を承継することにより乙の営む〇〇事業の競争力強化を図ることを目的として、甲が本件事業を分割し、乙にこれを承継させるものとする。
> 第2条（分割期日）
> 　　分割期日は、令和〇年〇月〇日をめどとする。
> 第3条（株式の発行及び割当て）
> 　　乙は、本分割に際し発行する株式は、全て甲に割り当てる。なお、発行する株式数については、別途協議のうえ定めるものとする。
> 第4条（秘密保持）
> 1　吸収分割契約締結前においては、本分割に関する一切の情報は秘密とし、甲及び乙は相手方の承諾なしにこれを第三者に開示しない。
> 2　吸収分割契約締結に至らなかった場合、甲及び乙は吸収分割契約締結のための交渉の過程で知り得た相手方の営業に関する秘密を、相手方の承諾なしに第三者に開示し、又は自らの利益のために利用し

ない。
第5条（協議事項）
　本覚書に定めのないもので、本分割に関し必要な事項は、甲乙協議のうえ、決定する。

第1条（吸収分割の方法） 重要度A

1　甲は本件事業を分割し、乙は本件事業を承継する。
2　甲及び乙の商号及び住所は、次のとおりである。
　①　甲（吸収分割会社）
　　　商　号　　〇〇株式会社
　　　住　所　　東京都〇〇区〇〇町〇丁目〇番〇号
　②　乙（吸収分割承継会社）
　　　商　号　　〇〇株式会社
　　　住　所　　東京都〇〇区〇〇町〇丁目〇番〇号

【分割する会社を追加する】

・三社による吸収分割の場合・

1　甲及び乙は本件事業を分割し、丙は本件事業を承継する。
2　甲、乙及び丙の商号及び住所は、次のとおりである。
　①　甲（吸収分割会社）
　　　商　号　　〇〇株式会社
　　　住　所　　東京都〇〇区〇〇町〇丁目〇番〇号
　②　乙（吸収分割会社）
　　　商　号　　〇〇株式会社
　　　住　所　　東京都〇〇区〇〇町〇丁目〇番〇号
　③　丙（吸収分割承継会社）
　　　商　号　　〇〇株式会社
　　　住　所　　東京都〇〇区〇〇町〇丁目〇番〇号

▶第2条（定款の変更） 重要度A

> 乙は、本分割の効力発生を停止条件として、定款を以下のとおり変更する。
> ① 定款第〇条を、「第〇条　当会社の商号は株式会社〇〇とする。」と改める。
> ② 定款第〇条を、「第〇条　当会社は次の事業を営むことができる。１〇〇〇、２〇〇〇、３前各号に付帯する事業」と改める。
> ③ 定款第〇条を、「第〇条　当会社は、本店を東京都〇〇区に置く。」と改める。
> ④ 定款第〇条を、「第〇条　当会社が発行する株式の総数は〇〇株とする。」と改める。

【表または別紙を用いて規定する】

・定款の変更について表を用いて規定する場合・

> 乙は、本分割の効力発生を停止条件として、定款を以下のとおり変更する。
>
> | 現行定款 | | 変更後 | |
> | --- | --- | --- | --- |
> | 第〇条 | 当会社の商号は株式会社××とする。 | 第〇条 | 当会社の商号は株式会社〇〇とする。 |
> | 第〇条 | 当会社は次の事業を営むことができる。
（略） | 第〇条 | 当会社は次の事業を営むことができる。
（略） |
> | 第〇条 | 当会社は、本店を東京都××区に置く。 | 第〇条 | 当会社は、本店を東京都〇〇区に置く。 |
> | 第〇条 | 当会社が発行する株式の総数は××株とする。 | 第〇条 | 当会社が発行する株式の総数は〇〇株とする。 |

・定款の変更について別紙を用いて規定する場合・

> 乙は、本分割の効力発生を停止条件として、定款を別紙のとおり変更する。

(別紙略)

第3条（株式の発行及び割当て） 重要度A

乙は本分割に際し、その普通株式〇〇株を発行し、甲に対し交付する。

【株式の交付、割当てについて変更する】

・分割の際に発行する株式に加え、保有する株式もすべて甲に交付する場合・

1　（略）
2　乙は本分割に際し、乙の保有する乙の普通株式〇〇株を、甲に対し交付する。

・吸収分割会社に社債を割り当てる場合・

1　乙は本分割に際し、次項記載の社債〇〇円を発行し、甲に対し割当交付する。
2　前項に定める社債の内容は、以下のとおりとする。
　①　利率　　　　〇〇〇〇
　②　償還の方法・期限　　　〇〇〇〇
　③　利息支払の方法・期限　　　〇〇〇〇
　④　社債券発行の有無　　　〇〇〇〇
　⑤　社債管理者の名称　　　〇〇〇〇
　⑥　社債管理者との管理委託契約の内容　　　〇〇〇〇
　⑦　社債原簿管理人の名称　　　〇〇〇〇
　⑧　募集社債の総額　　　〇〇〇〇

・吸収分割会社に新株予約権を割り当てる場合・

乙は本分割に際し、その新株予約権〇〇個を発行し、甲に対し交付する。

・吸収分割会社に金銭を交付する場合・

> 第○条（金銭の交付及び割当て）
>   乙は本分割に際し、甲に金○○円を支払う。

▶ 第4条（増加すべき資本金、準備金） 重要度 A

> 乙は、本分割により、次のとおり資本金等を増加する。
>   (1) 資本金　　　　　金○○円
>   (2) 資本準備金　　　金○○円

【増加する項目を追加する】

・利益準備金や任意積立金等も増加する場合・

> (3) 利益準備金
>   金○○円及び乙が令和○年○月○日に終了する営業年度の利益処分により積み立てる額
> (4) 任意積立金その他の留保利益の額
>   金○○円及び乙が令和○年○月○日に終了する営業年度の利益処分に基づき加減する任意積立金の額並びに留保する利益金の額

▶ 第6条（吸収分割承認総会） 重要度 A

> 甲は令和○年○月○日に、乙は令和○年○月○日に、それぞれ株主総会を開催し、本契約書の承認及び分割に必要な事項の決議を得る。ただし、分割手続の進行に応じ、必要があるときは甲乙協議してこの期日を変更することができる。

【株主総会の期日を変更する】

・双方が同日に株主総会を開催する場合・

> 甲及び乙は、令和〇年〇月〇日に株主総会を開催し、本契約書の承認及び分割に必要な事項の決議を得る。ただし、分割手続の進行に応じ、必要があるときは甲乙協議してこの期日を変更することができる。

・株主総会の期日変更の合意を書面に限る場合・

> 甲は令和〇年〇月〇日に、乙は令和〇年〇月〇日に、それぞれ株主総会を開催し、本契約書の承認及び分割に必要な事項の決議を得る。ただし、分割手続の進行に応じ、必要があるときは甲乙協議して、この期日を書面にて変更することができる。

第7条（効力発生日）　重要度 A

> 1　吸収分割の効力発生日は、令和〇年〇月〇日とする。ただし、吸収分割手続の進行に応じ、必要があるときは甲乙協議してこれを変更することができる。
> 2　前項ただし書きにより効力発生日を変更した場合は、変更前の効力発生日（変更後の効力発生日が変更前の効力発生日前の日である場合は変更後の効力発生日）の前日までに、変更後の効力発生日を公告しなければならない。

【効力発生日の変更方法を限定する】

・効力発生日の変更を書面に限る場合・

> 1　吸収分割の効力発生日は、令和〇年〇月〇日とする。ただし、吸収分割手続の進行に応じ、必要があるときは甲乙協議して、これを書面にて変更することができる。

▶ 第8条（善管注意義務） 重要度C

甲及び乙は、本契約締結後効力発生日までの間、善良なる管理者の注意をもってそれぞれ業務を執行し、その財産及び権利義務に重大なる影響を及ぼす行為を行う場合には、予め甲乙協議して合意のうえ実行する。

【承諾を必要とする行為を定める】

・書面による承諾を必要とする行為を特定する場合・

1　（略）
2　甲及び乙は、効力発生日までの間に、以下に定める行為を行う場合は、事前に相手方の書面による承諾を得なければならない。
　①　契約金額が○○円以上の契約の締結
　②　別紙に定める契約の変更・解除等
　　（以下略）

【対象者を限定する】

・吸収分割会社のみに、重大な影響を及ぼす行為の禁止を行う場合・
〔吸収分割承継会社有利〕

<u>甲</u>は、本契約締結後効力発生日までの間、善良なる管理者の注意をもって業務を執行し、<u>甲が本件事業について</u>その財産及び権利義務に重大なる影響を及ぼす行為を行う場合には、予め<u>乙の書面による承諾を得なければならない</u>。

▶ 第9条（従業員の処遇） 重要度B

甲及び乙は、効力発生日において、本件事業に主として従事する甲の従業員について、乙に承継させるものとする。

【従業員の処遇を変更する】

・本件事業に主として従事する吸収分割会社の従業員の中から吸収分割承継会社に引き継ぐ社員を協議により定める場合・

> 甲及び乙は、効力発生日において、本件事業に主として従事する甲の従業員のうち、<u>乙に承継されるものについては、甲乙の協議により決定する</u>。

・本件事業に主として従事する吸収分割会社の従業員を吸収分割承継会社に全員在籍出向とする場合・

> <u>甲</u>は、効力発生日において、本件事業に主として従事する甲の従業員について、<u>乙に全員在籍出向させる</u>ものとする。

・吸収分割会社の従業員の承諾がある場合にのみ吸収分割承継会社に引き継ぐ場合・

> 甲及び乙は、効力発生日において、本件事業に主として従事する甲の従業員について、<u>当該従業員の承諾がある場合に限って、</u>乙に承継させるものとする。

・吸収分割会社の従業員の勤続年数の通算について規定する場合・

> 甲及び乙は、効力発生日において、本件事業に主として従事する甲の従業員について、乙に承継させるものとする。<u>ただし、勤続年数については乙における計算方式による年数を通算し、その他の細目については甲乙協議して定める</u>。

・労働条件の相違がある場合・

> 甲及び乙は、効力発生日において、本件事業に主として従事する甲の従業員について、乙に承継させるものとする。<u>なお、甲乙双方の従業員の労働条件の相違については、必要に応じて調整する</u>。

▶ 第10条（役員の選任） 重要度C

本分割に伴い新たに乙の取締役又は監査役となるべき者については、乙の吸収分割承認総会において選任する。

【選任される役員を明記する】

・吸収分割承継会社において新たに役員に選任される者を明記する場合・

本分割に伴い新たに乙の取締役又は監査役となる者は、以下の者とする。
　　取締役　　○○○○
　　取締役　　○○○○
　　監査役　　○○○○

▶ 第11条（競業避止義務） 重要度B

甲は、本分割にかかわらず、乙が承継する事業について、競業避止義務を負わない。

【競業避止義務を負わせる】

・競業避止義務を負わせる場合・　　　　　　〔吸収分割承継会社有利〕

甲は、効力発生日から○年間、日本において、乙の事前の承諾なしに、本件事業と同一の事業を行うことができない。

【競業避止義務を負わせる場合に、対象範囲を限定する】

・競業避止義務の対象業務を限定する場合・　　〔吸収分割承継会社有利〕

甲は、効力発生日から○年間、日本において、乙の事前の承諾なしに、本件事業のうち○○事業について同一の事業を行うことができない。

・競業避止義務の対象地域を限定する場合・　　　〔吸収分割承継会社有利〕

> 甲は、効力発生の日から○年間、○○県において、乙の事前の承諾なしに、本件事業と同一の事業を行うことができない。

▶ 第12条（分割条件の変更・解除）　重要度B

> 本契約の締結の日から効力発生日に至るまでの間において、天災地変その他の事由により、甲又は乙の資産もしくは経営状態に重要な変動が生じたときは、甲乙協議のうえ分割条件を変更し、又は互いに損害賠償等を請求することなく、本契約を解除することができる。

【損害賠償を認める】

・損害賠償義務を否定しない場合・

> 本契約の締結の日から効力発生日に至るまでの間において、天災地変その他の事由により、甲又は乙の資産もしくは経営状態に重要な変動が生じたときは、甲乙協議のうえ分割条件を変更し、又は<u>互いに本契約を解除することができる。なお、この場合、相手方に対して、これによって生じた損害の賠償を請求することができる</u>。

【解除事由を定める】

・特別な解除事由を定める場合・

> 1　（略）
> 2　甲又は乙は、相手方において、以下に定める各号の一に該当する事態が生じたときは、相手方に通知・催告することなく直ちに本契約を解除することができる。なお、この場合、相手方に対して、これによって生じた損害の賠償を請求することができる。
> 　① 本契約その他の甲乙間で締結された契約に違反し、これにより本契約の続行が著しく困難となったとき
> 　② 差押、仮差押、仮処分、強制執行・担保権実行としての競売、

　　　　租税滞納処分を受けたとき
　③　破産手続開始、民事再生手続開始、会社更生手続開始、特別清算開始その他これに類する倒産手続の申立てがあったとき
　④　支払いを停止したとき、又は手形交換所から不渡処分を受けたとき
　⑤　営業の廃止もしくは重大な変更又は解散の決議をしたとき
　⑥　その他、本契約の継続を不可能又は著しく困難とする事由が発生したとき

・効力発生日以後の解除を認めないことを規定する場合・

1　（略）
2　前項の解除権の行使は、効力発生日以降はいかなる理由によっても認められないものとする。

第13条（吸収分割契約の効力） 重要度B

本契約は、甲及び乙の株主総会の承認を得たときにその効力を生じ、法令に定められた関係官庁の承認を得られなかったときは、その効力を失う。

【停止条件を変更する】

・株主総会の承認および関係官庁の承認を停止条件として定める場合・

本契約は、甲及び乙の株主総会の承認及び本契約実行に関し法令に定めた関係官庁の承認を得たときにその効力を生ずる。

【解除条件を変更する】

・株主総会の承認または関係官庁の承認を解除条件として定める場合・

本契約は、甲及び乙の株主総会の承認又は法令に定められた関係官庁の承認を得られないときは、その効力を失う。

第14条（反社会的勢力の排除） 重要度B

1 甲及び乙は、自己又は自己の役員が、暴力団、暴力団関係企業、総会屋もしくはこれらに準ずる者又はその構成員（以下これらを「反社会的勢力」という。）に該当しないこと、及び次の各号のいずれにも該当しないことを表明し、かつ将来にわたっても該当しないことを相互に確約する。
　① 反社会的勢力に自己の名義を利用させること
　② 反社会的勢力が経営を実質的に支配していると認められる関係を有すること
2 甲又は乙は、前項の一つにでも違反することが判明したときは、何らの催告を要せず、本契約を解除することができる。
3 本条の規定により本契約が解除された場合には、解除された者は、解除により生じる損害について、その相手方に対し一切の請求を行わない。

【対象者を限定する】

・吸収分割承継会社のみを対象とする場合・　　　　　〔吸収分割会社有利〕

1 <u>乙</u>は、自己又は自己の役員が、暴力団、暴力団関係企業、総会屋もしくはこれらに準ずる者又はその構成員（以下これらを「反社会的勢力」という。）に該当しないこと、及び次の各号のいずれにも該当しないことを表明し、かつ将来にわたっても該当しないことを<u>確約する</u>。
　① 反社会的勢力に自己の名義を利用させること
　② 反社会的勢力が経営を実質的に支配していると認められる関係を有すること
2 <u>甲は、乙が</u>前項の一つにでも違反することが判明したときは、何らの催告を要せず、本契約を解除することができる。

【賠償額を具体的に規定する】

・具体的な賠償額の予定を行う場合・

4 本条の規定により本契約が解除された場合には、解除された者は、

> その相手方に対し、違約金として金○○円を支払うものとする。

▶ 第15条（協議解決） 重要度 C

> 本契約に定めるもののほか、本分割に関し必要な事項は本契約の趣旨に従って、甲乙誠意をもって協議のうえ決定する。

【協議解決方法を定める】

・仲裁者をあらかじめ定める場合・

> 本契約に定めるもののほか、本分割に関し必要な事項又は本契約の解釈について疑義が生じたときは、○○○○を仲裁者と定め、三者において誠意をもって協議のうえ解決する。

▶ 第16条（合意管轄） 重要度 B

> 甲及び乙は、本契約に関し裁判上の紛争が生じたときは、東京地方裁判所を専属的合意管轄裁判所とすることに合意する。

【合意管轄裁判所を変更する】

・いずれかの本店所在地を管轄する裁判所とする場合・

> 甲及び乙は、本契約に関し裁判上の紛争が生じたときは、〔甲／乙〕の本店所在地を管轄する裁判所を専属的合意管轄裁判所とすることに合意する。

・いずれかの本店所在地または支店所在地を管轄する裁判所とする場合・

> 甲及び乙は、本契約に関し裁判上の紛争が生じたときは、〔甲／乙〕の本店又は支店の所在地を管轄する裁判所を専属的合意管轄裁判所とすることに合意する。

後文

> 本契約締結の証として、本契約書2通を作成し、甲乙相互に署名又は記名・捺印のうえ、各1通を保有することとする。

【契約書の作成方法を変更する】

・1通のみ原本を作成し、当事者の一方は写しのみを保管する場合・

> 本契約締結の証として、本契約書<u>1通</u>を作成し、甲乙相互に署名又は記名・捺印のうえ、<u>〔甲／乙〕が原本を保有し、〔乙／甲〕が写しを保有する</u>こととする。

その他の役立つ条項

- ■ 契約をめぐる各種取扱いについて定める場合 ……………… 1466 ページ
- ■ 費用の負担について定める場合 ……………………………… 1468 ページ
- ■ 海外企業との取引である場合に、取扱いについて定める場合 …… 1469 ページ

◆契約をめぐる各種取扱いについて定める場合

・権利義務の譲渡禁止を定める・

> 第○条（譲渡禁止）
> 1 甲は、乙の事前の書面による同意なく、本契約上の権利義務を第三者に対して譲渡し、又は承継させてはならず、また、本契約上の権利に質権、譲渡担保等その他名称の如何を問わず、担保の設定その他いかなる処分もしてはならないものとする。
> 2 乙は、甲の事前の書面による同意なく、本契約上の権利義務を第三者に対して譲渡し、又は承継させてはならず、また、本契約上の権利に質権、譲渡担保等その他名称の如何を問わず、担保の設定その他いかなる処分もしてはならないものとする。

・守秘義務条項を設ける・

> 第○条（守秘義務）
> 1 甲及び乙は、相手方の書面による同意がない限り、本契約期間中はもとより終了後も、本契約の交渉過程に関する情報及び本契約締結前のデュー・ディリジェンス、本契約の締結、本契約に定める取引の実行その他本契約に関連して相手方から受領したいかなる情報も、本契約の目的以外に使用せず、また、法令（各証券取引所及び日本証券業協会の規則を含む。）の命ずるところに従って開示する場合を除き、第三者に開示してはならないものとする。
> 2 前項の定めは、次の各号に該当する情報には適用されないものとする。
> ① 開示の時点で既に受領当事者が保有している情報
> ② 受領当事者が独自に開発した情報
> ③ 開示の時点で公知であった情報及び開示後に受領当事者の責に

　　　　よらずに公知となった情報
　　④　受領当事者が秘密保持義務を負うことなく第三者から正当に入手した情報
　　⑤　裁判所又は行政機関から法令、規則、行政指導等に基づき開示を求められた情報
3　甲及び乙は、前項第5号に基づき開示を行った場合には、遅滞なく相手方に通知することとする。

• 契約当事者に表明・保証を求める •

第○条（表明・保証）
1　甲及び乙は、相手方に対し、本契約締結日及び効力発生日において、以下の事項が真実かつ正確であることを表明し、保証する。
　①　組織
　　（1）　日本法の下で適法に設立され、有効に存続している法人であり、また、その財産を所有しかつ本契約を締結し、本契約上の義務を履行し、本契約を実行することにつき必要な権利能力及び行為能力を有している。
　　（2）　破産手続開始、会社更生手続開始、民事再生手続開始、特別清算開始その他の倒産手続の申立てはなされておらず、係る倒産手続の開始事由はない。
　②　授権・強制執行可能性
　　本契約の締結及び履行に関し、会社法、定款、取締役会規則その他相手方の会社規則に従った必要な社内手続を全て履行している。本契約はその締結日において有効かつ適法に締結され、適法、有効かつ法的拘束力のある債務を構成する。また、本契約は、法律又は信義則によりその履行の強制が制限される場合を除き、その各条項に従い強制執行が可能である。本契約で企図される取引の差止、中止、もしくは変更、又は取引の著しい遅延を招くような訴訟、仲裁、その他の司法上又は行政上の手続きは係属しておらず、かつ、これらの手続きが開始されるおそれもない。
　③　不抵触
　　本契約の締結、本契約の実行及び本契約の条項の遵守は、定款、取締役会規則その他の会社規則のいかなる規定にも抵触又は違

　　　　反するものではなく、また、裁判所、政府又は規制機関の判決、決定、命令、裁判上の和解及び乙が当事者となる重要な契約に抵触又は違反していない。
2　甲は、乙に対し、本契約締結日及び効力発生日において、以下の事項が真実かつ正確であることを表明し、保証する。
　①　資産
　　　甲は、本件事業の遂行のために使用している資産につき、有効かつ対抗要件を具備した所有権、賃借権又は使用権を有しており、係る資産上にはいかなる債権を被担保債権とする担保権は存在しない。
　②　知的財産権
　　　甲は、本件事業を遂行するにあたり必要な全ての特許権、実用新案権、意匠権、商標権、著作権その他の知的財産権（以下「知的財産権」という。）につき、自ら保有するか又は知的財産権を使用する権利を有しており、第三者の知的財産権を侵害しておらず、過去に侵害した事実もなく、侵害しているとの通知を受けたこともない。
3　甲及び乙は、第1項及び前項の表明及び保証が正確でなかった又は真実でなかったことにより相手方に損害が生じた場合、これを補償する。
4　甲及び乙は、第1項及び第2項の表明・保証事項以外の事項については、何ら表明し保証するものではない。

◆費用の負担について定める場合

・費用を各々に負担させる・

第○条（費用負担）
　本契約の締結に要する印紙その他の費用は、甲乙が各々の費用を負担するものとする。

◆海外企業との取引である場合に、取扱いについて定める場合
・準拠法を日本法と定める・

> 第○条（準拠法）
> 　本契約は日本法に準拠し、同法によって解釈されるものとする。

チェックポイント

あなたが吸収分割会社の場合は、最低限以下の点をチェックしましょう。

- ☐ 契約の当事者（商号および住所）が明示されているか
- ☐ 交付する株式の数またはその数の算定方法が明確に定められているか
- ☐ 合併交付金の額またはその算定方法が明確に定められているか
- ☐ 合併承認総会の記載およびその日付に間違いがないか
- ☐ 効力発生日の日付に間違いがないか

あなたが吸収分割承継会社の場合は、最低限以下の点をチェックしましょう。

- ☐ 契約の当事者（商号および住所）が明示されているか
- ☐ 交付する株式の数またはその数の算定方法が明確に定められているか
- ☐ 変更される資本金等の額が明記されているか
- ☐ 合併承認総会の記載およびその日付に間違いがないか
- ☐ 効力発生日の日付に間違いがないか

MEMO

2 事業譲渡契約書

收入印紙
※

事業譲渡契約書

（譲渡人）○○○○（以下「甲」という。）と（譲受人）○○○○（以下「乙」という。）は、甲の事業を乙に譲渡するにつき、以下のとおり事業譲渡契約（以下「本契約」という。）を締結する。

第1条　（事業譲渡の方法）

　甲は、乙に対し、事業の一部（以下「本件事業」という。）を以下の本契約の条件に従い譲渡し、乙はこれを譲り受ける。

① 譲渡対象　　○○の製造に関する事業
② 譲渡物件　　別紙譲渡物件目録のとおり（以下「本件物件」という。）
③ 譲渡価格　　金○○円
　　　　　　　譲渡価格は、譲渡期日前日の終了時における本件事業に関する資産の総額から、負債の総額を控除した額である。譲渡期日から10日以内に、甲又は乙から相手方に対し、譲渡価格が実態と相違する旨の異議があったときは、○○監査法人にて譲渡価格の査定を行うこととする。査定に関する費用は異議を申し立てた者の負担とする。
④ 譲渡期日　　令和○年○月○日
⑤ 引渡期日　　譲渡期日と同日

【この契約書を用いるケース】
　☑ 事業譲渡を行う場合
　　　⇨会社分割の場合は本章■、株式譲渡の場合に本章■

● 前　　文

【応用】契約の当事者を追加する　・・・▶　1484 ページ

● 事業譲渡の方法　　重要度 A

事業譲渡契約の内容を簡潔に記載しましょう。譲渡対象だけでなく、譲渡物件などについても明確にする必要があります。

【応用】支払方法を変更する　・・・▶　1486 ページ

⑥ 支払期限　　譲渡期日と同日
⑦ 支払方法　　以下の口座に銀行振込（振込手数料は乙負担）
　　　　　　　　〇〇銀行〇〇支店　　普通預金
　　　　　　　　口座番号　　〇〇〇〇〇〇
　　　　　　　　口座名義　　〇〇〇〇〇〇

第2条　（引渡等）

1 甲は、引渡期日に、本件物件を本件物件所在地において引き渡す。
2 甲と乙は、本件物件のうち、譲渡の対抗要件具備等のために通知、登記、登録又は相手方の承諾等の手続きを要する物件については、譲渡期日後、速やかに協力して行う。
3 引渡し及び対抗要件具備に要する費用は甲の負担とする。

第3条　（従業員）

1 譲渡期日に本件事業に従事する甲の従業員は、全て乙に承継される。
2 前項の従業員に関する契約関係及びその取扱いについては、譲渡期日までに、甲乙協議により定める。

第4条　（譲渡条件）

甲及び乙は、以下の各号の条件を満たす義務を負い、これらの条件が全て満たされたときに本件事業譲渡が成立する。
① 甲が譲渡期日までに本契約の締結及び履行につき、株主総会及び取締役会の承認を得ること
② 乙が譲渡期日までに本契約の締結及び履行につき、取締役会の承認を得ること
③ 「私的独占の禁止及び公正取引の確保に関する法律」所定の届出及び同法所定の期間を経過すること
④ 本契約につき関係官庁の承認が必要な場合は、その承認を

- **引渡等**　重要度 B

引渡場所を明確にしましょう。また、譲渡の対抗要件の具備等には時間等がかかりますので、期日前から事前準備を行いましょう。

【応用】引渡場所を別紙で定める　・・・▶ 1487 ページ
　　　　費用の負担について変更する　・・・▶ 1487 ページ
　　　　引渡場所を変更する　・・・▶ 1487 ページ

- **従業員**　重要度 B

従業員の処遇について定めておいたほうがよいでしょう。なお、従業員の移転については、労働者の個別の承諾を得る必要があります。

【応用】従業員の処遇について定める　・・・▶ 1488 ページ

- **譲渡条件**　重要度 A

本件事業譲渡の成立要件を規定しています。なお、事業によっては特別法により届出や許認可が必要となる場合があるので注意しましょう。

【応用】譲渡条件を追加・変更する　・・・▶ 1488 ページ

得ること

第5条　（表明・保証）
1　甲は、乙に対し、以下の事項を表明し保証する。
　① 本件事業に、別紙譲渡物件目録記載の資産、契約、その他甲が譲渡前に営んでいた事業と同様の事業を営むことが可能な資産、契約等が含まれていること
　② 甲の本契約締結日における財務諸表が完全かつ正確に作成されていること
　③ 甲の本契約締結日における財務諸表に記載されていない簿外債務等が存在しないこと
　④ 本契約締結日から譲渡期日までの間に、保証行為その他の通常の商取引以外の行為により、財務内容に変更を加えないこと
　⑤ 本契約締結日において、甲に関する民事訴訟、民事執行、民事保全又は民事再生等の法的手続又は公租公課の滞納処分等の強制徴収手続が現に存在せず、また甲の知る限り今後発生するおそれがないこと
2　前項の表明及び保証に甲の違反が存在したときは、乙は甲に対し書面により通知を行い、違反の程度に応じて、本契約の全部又は一部の解除を行うことができる。この場合でも、乙の甲に対する損害賠償請求を妨げない。

第6条　（善管注意義務）
1　甲は、本件物件の引渡しが完了するまで、善良なる管理者の注意をもって本件物件の管理運営を行わなければならない。
2　甲は、乙の事前の承諾なしに、本件物件に重大な変更を加えてはならない。

● **表明・保証** 　重要度B

譲渡価格を財務諸表等に基づき算出しているため、それらの正確性について譲渡人に保証させましょう。

【応用】表明・保証内容を追加・変更する　…▶　1489ページ

● **善管注意義務** 　重要度C

契約日から引渡日までの事業は譲渡人が行うことになるので、その間の管理運営の注意義務の程度を記載しましょう。

【応用】承諾方法を限定する　…▶　1490ページ

会社組織 — 2 事業譲渡契約書

第7条　（競業避止義務）

甲は、譲渡期日後３０年間は、乙の事前の承諾なしに、本件事業と同一の事業を行うことができない。

第8条　（解除）

甲又は乙が以下の各号のいずれかに該当したときは、相手方は催告及び自己の債務の履行の提供をしないで直ちに本契約の全部又は一部を解除することができる。なお、この場合でも損害賠償の請求を妨げない。

① 本契約の一つにでも違反したとき
② 監督官庁から営業停止又は営業免許もしくは営業登録の取消等の処分を受けたとき
③ 差押、仮差押、仮処分、強制執行、担保権の実行としての競売、租税滞納処分その他これらに準じる手続きが開始されたとき
④ 破産、民事再生、会社更生又は特別清算の手続開始等の申立てがなされたとき
⑤ 自ら振り出し又は引き受けた手形もしくは小切手が１回でも不渡りとなったとき、又は支払停止状態に至ったとき
⑥ 合併による消滅、資本の減少、営業の廃止・変更又は解散決議がなされたとき
⑦ その他、支払能力の不安又は背信的行為の存在等、本契約を継続することが著しく困難な事情が生じたとき

第9条　（損害賠償）

甲又は乙は、解除、解約又は本契約に違反することにより、相手方に損害を与えたときは、その損害の全て（弁護士費用及びその他の実費も含むが、これに限られない。）を賠償しなければならない。

● 競業避止義務　**重要度B**

競業避止義務について記載するのが一般的です。

【応用】競業避止義務の対象範囲を限定する　…▶　1491 ページ
　　　　合意書を作成する　…▶　1491 ページ
　　　　譲受人の承諾方法を限定する　…▶　1491 ページ

● 解　　除　**重要度B**

民法等で定めた解除事由より広く解除できる場合を認めるため記載しています。なお、改正民法では、法定解除のうち催告による場合、相手方の債務不履行が契約および取引上の社会通念に照らして軽微な場合において、解除が認められないこととなりました（改正民法 541 条但書）。

【応用】約定解除権を限定する　…▶　1492 ページ
　　　　解除の条件を変更する　…▶　1492 ページ

● 損害賠償　**重要度C**

損害賠償規定は民法等にも存在しますが、弁護士費用や実費なども賠償対象とするため記載しています。

【応用】賠償請求権を限定する　…▶　1494 ページ
　　　　賠償額について具体的に規定する　…▶　1494 ページ
　　　　違約金について規定する　…▶　1495 ページ

第10条 （遅延損害金）
　乙が本契約に基づく金銭債務の支払いを遅延したときは、甲に対し、支払期日の翌日から支払済みに至るまで、年14.6％（年365日日割計算）の割合による遅延損害金を支払うものとする。

第11条 （反社会的勢力の排除）
1　甲及び乙は、自己又は自己の役員が、暴力団、暴力団関係企業、総会屋もしくはこれらに準ずる者又はその構成員（以下これらを「反社会的勢力」という。）に該当しないこと、及び次の各号のいずれにも該当しないことを表明し、かつ将来にわたっても該当しないことを相互に確約する。
　　①　反社会的勢力に自己の名義を利用させること
　　②　反社会的勢力が経営を実質的に支配していると認められる関係を有すること
2　甲又は乙は、前項の一つにでも違反することが判明したときは、何らの催告を要せず、本契約を解除することができる。
3　本条の規定により本契約が解除された場合には、解除された者は、解除により生じる損害について、その相手方に対し一切の請求を行わない。

第12条 （協議解決）
　本契約に定めのない事項又は本契約の解釈について疑義が生じたときは、甲乙誠意をもって協議のうえ解決する。

第13条 （合意管轄）
　甲及び乙は、本契約に関し裁判上の紛争が生じたときは、東京地方裁判所を専属的合意管轄裁判所とすることに合意する。

●遅延損害金 重要度 B

履行期日に遅れた場合の損害に関する定めを記載しましょう。

【応用】遅延損害金利率を変更する　…▶　1495 ページ

●反社会的勢力の排除 重要度 B

契約当事者が反社会的勢力と関わっていることが判明した場合に、即座に契約関係を解消することができるようにするために規定しています。

【応用】対象者を限定する　…▶　1496 ページ
　　　　賠償額を具体的に規定する　…▶　1497 ページ

●協議解決 重要度 C

協議により紛争回避を図る可能性を探るため規定しています。なお、この規定に法的な拘束力はありません。

【応用】紛争解決方法について具体的に規定する　…▶　1497 ページ
　　　　契約の当事者を追加する　…▶　1497 ページ

●合意管轄 重要度 B

紛争が生じた際に自己に有利な管轄裁判所において裁判を行うための規定です。

【応用】合意管轄裁判所を変更する　…▶　1498 ページ
　　　　契約の当事者を追加する　…▶　1499 ページ

本契約締結の証として、本契約書2通を作成し、甲乙相互に署名又は記名・捺印のうえ、各1通を保有することとする。

令和　年　月　日

　　　　　　　　　　　　　甲

　　　　　　　　　　　　　　　　　　　　　　　　　　　㊞

　　　　　　　　　　　　　乙

　　　　　　　　　　　　　　　　　　　　　　　　　　　㊞

【別紙】
譲渡物件目録（略）

※　事業譲渡契約書に貼付する収入印紙の額は、契約金額に応じて以下のようになります。

印紙税額（1通につき）	
1万円　未満	非課税
1万円　以上　10万円　以下	200円
10万円　超　50万円　以下	400円
50万円　超　100万円　以下	1,000円
100万円　超　500万円　以下	2,000円
500万円　超　1,000万円　以下	10,000円
1,000万円　超　5,000万円　以下	20,000円
5,000万円　超　1億円　以下	60,000円
1億円　超　5億円　以下	100,000円
5億円　超　10億円　以下	200,000円
10億円　超　50億円　以下	400,000円
50億円　超	600,000円
契約金額の記載のないもの	200円

［令和2年4月現在］

- ●後　文

　　【応用】契約書の作成方法を変更する　　…▶　1499 ページ
　　　　　契約の当事者を追加する　　…▶　1499 ページ

作成のテクニック

前文

> （譲渡人）〇〇〇〇（以下「甲」という。）と（譲受人）〇〇〇〇（以下「乙」という。）は、甲の事業を乙に譲渡するにつき、以下のとおり事業譲渡契約（以下「本契約」という。）を締結する。

【契約の当事者を追加する】

・改正民法に適合した連帯保証人条項を設ける場合・　　　　〔譲渡人有利〕

民法改正により、委託を受けた個人保証人に対し、契約締結時に情報提供義務を怠る、または虚偽の情報を提供すると、保証契約が取り消されるおそれがあります（改正民法465条の10第2項）。

> 　（譲渡人）〇〇〇〇（以下「甲」という。）、（譲受人）〇〇〇〇（以下「乙」という。）及び（連帯保証人）〇〇〇〇（以下「丙」という。）は、甲の事業を乙に譲渡するにつき、以下のとおり事業譲渡契約（以下「本契約」という。）を締結する。
> 　（略）
> 　第〇条（連帯保証人）
> 　1　丙は、乙の連帯保証人として、本契約により生ずる乙の甲に対する一切の債務の弁済につき、連帯して保証する。
> 　2　乙は、丙に対し、別紙のとおり保証契約の前提となる情報を提供し、丙は、別紙の情報の提供を受けたことを確認する。
> 　（略）
> 　本契約締結の証として、本契約書3通を作成し、甲乙丙相互に署名又は記名・捺印のうえ、各1通を保有することとする。
> 　（略）
> 　　　　　　　　　　　　　　　　　　　　　　　　丙　　　　　㊞

【別紙】

乙は、本契約締結時における自らの情報を以下のとおり提供する。

財産及び収支の状況	
主債務以外に負担している債務の有無、額及び履行状況	
主債務の担保として他に提供し又は提供しようとするものの内容	

第1条（事業譲渡の方法）　重要度 A

甲は、乙に対し、事業の一部（以下「本件事業」という。）を以下の本契約の条件に従い譲渡し、乙はこれを譲り受ける。
① 譲渡対象　　〇〇の製造に関する事業
② 譲渡物件　　別紙譲渡物件目録のとおり（以下「本件物件」という。）
③ 譲渡価格　　金〇〇円
　　　　　　　譲渡渡価格は、譲渡期日前日の終了時における本件事業に関する資産の総額から、負債の総額を控除した額である。譲渡期日から10日以内に、甲又は乙から相手方に対し、譲渡価格が実態と相違する旨の異議があったときは、〇〇監査法人にて譲渡価格の査定を行うこととする。査定に関する費用は異議を申し立てた者の負担とする。
④ 譲渡期日　　令和〇年〇月〇日
⑤ 引渡期日　　譲渡期日と同日
⑥ 支払期限　　譲渡期日と同日
⑦ 支払方法　　以下の口座に銀行振込（振込手数料は乙負担）
　　　　　　　　　〇〇銀行〇〇支店　　普通預金
　　　　　　　　　口座番号　　〇〇〇〇〇〇
　　　　　　　　　口座名義　　〇〇〇〇〇〇

【支払方法を変更する】

・代金を分割払いにする場合・ 〔譲受人有利〕

| ⑥ | 支払期限 | 令和○年○月から令和○年○月まで毎月末日限り各金○○円（最終回のみ金○○円） |

なお、代金を分割払いにするときは、期限の利益喪失条項を設けましょう（1493ページ参照）。

> 第○条（解除及び期限の利益喪失）
> 1 甲又は乙が以下の各号のいずれかに該当したときは、相手方は催告及び自己の債務の履行の提供をしないで直ちに本契約の全部又は一部を解除することができる。なお、この場合でも損害賠償の請求を妨げない。
> ① （略）
> 2 乙が前項各号のいずれかに該当した場合、乙は当然に本契約から生じる一切の債務について期限の利益を失い、乙は甲に対して、その時点において乙が負担する債務を直ちに一括して弁済しなければならない。

・代金先払にする場合・ 〔譲渡人有利〕

支払期限を引渡期日よりも先に設定し、念のため代金先払であることを記載しておきましょう。

> ○ 引渡期日　令和○年○月△日
> ○ 支払期限　令和○年○月○日（代金先払）

第2条（引渡等）　重要度B

> 1 甲は、引渡期日に、本件物件を本件物件所在地において引き渡す。
> 2 甲と乙は、本件物件のうち、譲渡の対抗要件具備等のために通知、登記、登録又は相手方の承諾等の手続を要する物件については、

> 譲渡期日後、速やかに協力して行う。
> 3　引渡し及び対抗要件具備に要する費用は甲の負担とする。

【引渡場所を別紙で定める】

・引渡場所について別紙に定める場合・

> 1　甲は、引渡期日に、本件物件を別紙物件目録に記載された引渡場所において引き渡す。

【費用の負担について変更する】

・引渡等の費用を譲受人負担とする場合・　　　　　　〔譲渡人有利〕

> 3　引渡し及び対抗要件具備に要する費用は乙の負担とする。

・引渡等の費用を折半とする場合・

> 3　引渡し及び対抗要件具備に要する費用は甲乙の折半とする。

【引渡場所を変更する】

・引渡場所を譲受人所在地とする場合・　　　　　　〔譲受人有利〕

> 1　甲は、引渡期日に、本件物件を乙の本店所在地において引き渡す。

第3条（従業員）　重要度B

> 1　譲渡期日に本件事業に従事する甲の従業員は、全て乙に承継される。
> 2　前項の従業員に関する契約関係及びその取扱いについては、譲渡期日までに、甲乙協議により定める。

【従業員の処遇について定める】

・従業員の承継につき具体的に規定する場合・

> 1　甲は、譲渡期日の前日の業務時間終了時において、本件事業に従事する従業員の全員を解雇する。
> 2　乙は、譲渡期日において、前項で解雇された従業員につき、各従業員の同意を得て、その全員を雇用するものとする。
> 3　前項に基づき乙と雇用契約を締結した従業員の勤続年数は、乙において通算する。

▶第4条（譲渡条件）　重要度A

> 甲及び乙は、以下の各号の条件を満たす義務を負い、これらの条件が全て満たされたときに本件事業譲渡が成立する。
> ①　甲が譲渡期日までに本契約の締結及び履行につき、株主総会及び取締役会の承認を得ること
> ②　乙が譲渡期日までに本契約の締結及び履行につき、取締役会の承認を得ること
> ③　「私的独占の禁止及び公正取引の確保に関する法律」所定の届出及び同法所定の期間を経過すること
> ④　本契約につき関係官庁の承認が必要な場合は、その承認を得ること

【譲渡条件を追加・変更する】

・大口取引先の承継を条件とする場合・

> ⑤　甲が、譲渡期日までに、別紙取引先一覧記載の取引先が、譲渡期日後も本件事業に関し、乙との取引を継続する旨の書面による承認を得ること

第5条（表明・保証） 重要度 B

1. 甲は、乙に対し、以下の事項を表明し保証する。
   ① 本件事業に、別紙譲渡物件目録記載の資産、契約、その他甲が譲渡前に営んでいた事業と同様の事業を営むことが可能な資産、契約等が含まれていること
   ② 甲の本契約締結日における財務諸表が完全かつ正確に作成されていること
   ③ 甲の本契約締結日における財務諸表に記載されていない簿外債務等が在しないこと
   ④ 本契約締結日から譲渡期日までの間に、保証行為その他の通常の商取引以外の行為により、財務内容に変更を加えないこと
   ⑤ 本契約締結日において、甲に関する民事訴訟、民事執行、民事保全又は民事再生等の法的手続又は公租公課の滞納処分等の強制徴収手続が現に存在せず、また甲の知る限り今後発生するおそれがないこと
2. 前項の表明及び保証に甲の違反が存在したときは、乙は甲に対し書面により通知を行い、違反の程度に応じて、本契約の全部又は一部の解除を行うことができる。この場合でも、乙の甲に対する損害賠償請求を妨げない。

【表明・保証内容を追加・変更する】

・営業秘密等につき使用許諾していないことを保証させる場合・
〔譲受人有利〕

> ○ 本件事業に関する営業秘密又はノウハウについて、第三者に対し何らの使用許諾をしていないこと

・知的財産権につき保証させる場合・ 〔譲受人有利〕

> ○ 本件事業を遂行するにあたり必要な全ての特許権、実用新案権、意匠権、商標権、著作権その他の知的財産権（以下「知的財産権」という。）につき、自ら保有するか又は知的財産権を使用する権利を

有しており、第三者の知的財産権を侵害しておらず、過去に侵害した事実もなく、侵害しているとの通知を受けたこともないこと

・労働紛争等がないことにつき保証させる場合・　　　　　〔譲受人有利〕

○　本件事業の譲渡に伴い乙に引き継がれる従業員に関し、雇用に関する紛争が存在せず、甲の知る限りそのおそれがないこと

・記載の事項以外は表明・保証を行わないことを明記する場合・〔譲渡人有利〕

3　甲は、第1項の表明・保証事項以外の事項については、何ら表明し保証するものではない。

▶ 第6条（善管注意義務）　重要度C

1　甲は、本件物件の引渡しが完了するまで、善良なる管理者の注意をもって本件物件の管理運営を行わなければならない。
2　甲は、乙の事前の承諾なしに、本件物件に重大な変更を加えてはならない。

【譲受人の承諾方法を限定する】

・書面に限る場合・　　　　　　　　　　　　　　　　　　〔譲受人有利〕

2　甲は、乙の事前の書面による承諾なしに、本件物件に重大な変更を加えてはならない。

▶ 第7条（競業避止義務）　重要度B

甲は、譲渡期日後30年間は、乙の事前の承諾なしに、本件事業と同一の事業を行うことができない。

【競業避止義務の対象範囲を限定する】

・競業避止義務を負う対象業務を限定する場合・

> 甲は、譲渡期日後30年間は、乙の事前の承諾なしに、本件事業のうち○○事業について同一の事業を行うことができない。

・競業避止義務を負う地域を限定する場合・

> 甲は、譲渡期日後30年間は、九州において、乙の事前の承諾なしに、本件事業と同一の事業を行うことができない。

【合意書を作成する】

・競業に関する合意書を作成する場合・

> 1　（略）
> 2　甲は、本件事業と同一の事業を行うにあたっては、別途、甲乙間で本契約締結日に締結する競業に関する合意書に従って行うものとする。

【譲受人の承諾方法を限定する】

・譲受人の承諾を書面に限る場合・　　　　　　　　〔譲受人有利〕

> 甲は、譲渡期日後30年間は、乙の事前の書面による承諾なしに、本件事業と同一の事業を行うことができない。

▶ 第8条（解除）　重要度 B

> 甲又は乙が以下の各号のいずれかに該当したときは、相手方は催告及び自己の債務の履行の提供をしないで直ちに本契約の全部又は一部を解除することができる。なお、この場合でも損害賠償の請求を妨げない。

① 本契約の一つにでも違反したとき
② 監督官庁から営業停止又は営業免許もしくは営業登録の取消等の処分を受けたとき
③ 差押、仮差押、仮処分、強制執行、担保権の実行としての競売、租税滞納処分その他これらに準じる手続きが開始されたとき
④ 破産、民事再生、会社更生又は特別清算の手続開始等の申立てがなされたとき
⑤ 自ら振り出し又は引き受けた手形もしくは小切手が1回でも不渡りとなったとき、又は支払停止状態に至ったとき
⑥ 合併による消滅、資本の減少、営業の廃止・変更又は解散決議がなされたとき
⑦ その他、支払能力の不安又は背信的行為の存在等、本契約を継続することが著しく困難な事情が生じたとき

【約定解除権を限定する】

・譲渡人のみに約定解除権を認める場合・　　　　　　　　〔譲渡人有利〕

乙が以下の各号のいずれかに該当したときは、甲は催告及び自己の債務の履行の提供をしないで直ちに本契約の全部又は一部を解除することができる。なお、この場合でも損害賠償の請求を妨げない。
① （以下略）

・譲受人のみに約定解除権を認める場合・　　　　　　　　〔譲受人有利〕

甲が以下の各号のいずれかに該当したときは、乙は催告及び自己の債務の履行の提供をしないで直ちに本契約の全部又は一部を解除することができる。なお、この場合でも損害賠償の請求を妨げない。
① （以下略）

【解除の条件を変更する】

・解除前に催告を要求する場合・

甲又は乙が以下の各号のいずれかに該当したときは、相手方は相当の期

間を定めて催告を行い、その期間内に是正がなされない場合、本契約の全部又は一部を解除することができる。なお、この場合でも損害賠償の請求を妨げない。
① (以下略)

・期限の利益喪失条項を設ける場合・　　　　　　　　　　　　〔譲渡人有利〕

代金の分割払いを認めているときには、譲受人の信用不安に備えて、譲受人に一定の事項が生じたときに譲渡人が残金全額を請求できるようにしておくべきです。次の変更例では、解除条項に第2項を新設して、期限の利益喪失事由を解除事由から流用しています。なお、この場合の条文のタイトルは、「解除及び期限の利益喪失」となります。

第8条（解除及び期限の利益喪失）
1　甲又は乙が以下の各号のいずれかに該当したときは、相手方は催告及び自己の債務の履行の提供をしないで直ちに本契約の全部又は一部を解除することができる。なお、この場合でも損害賠償の請求を妨げない。
　① （略）
2　乙が前項各号のいずれかに該当した場合、乙は当然に本契約から生じる一切の債務について期限の利益を失い、乙は甲に対して、その時点において乙が負担する債務を直ちに一括して弁済しなければならない。

・すべての取引の期限の利益を喪失させる場合・　　　　　　〔譲渡人有利〕

譲受人との間で本契約以外の取引も行っている場合の変更例です。上記「期限の利益喪失条項を設ける場合」の第2項を修正しています。

第8条（解除及び期限の利益喪失）
1　（略）
2　乙が前項各号のいずれかに該当した場合、乙は当然に本契約その他甲との間で締結している全ての契約から生じる一切の債務について期限の利益を失い、乙は甲に対して、その時点において乙が負担する一切の債務を直ちに一括して弁済しなければならない。

▶ 第9条（損害賠償） 重要度 C

> 甲又は乙は、解除、解約又は本契約に違反することにより、相手方に損害を与えたときは、その損害の全て（弁護士費用及びその他の実費も含むが、これに限られない。）を賠償しなければならない。

【賠償請求権を限定する】

・譲渡人のみに弁護士費用・実費を含む賠償請求権を認める場合・

〔譲渡人有利〕

> 乙は、解除、解約又は本契約に違反することにより、甲に損害を与えたときは、その損害の全て（弁護士費用及びその他の実費も含む。）を賠償しなければならない。

・譲受人のみに弁護士費用・実費を含む賠償請求権を認める場合・

〔譲受人有利〕

> 甲は、解除、解約又は本契約に違反することにより、乙に損害を与えたときは、その損害の全て（弁護士費用及びその他の実費も含む。）を賠償しなければならない。

【賠償額について具体的に規定する】

・具体的な賠償額の予定を行う場合・

> 甲又は乙は、解除、解約又は本契約に違反することにより、相手方に損害を与えたときは、代金総額の20％相当額の違約金を賠償しなければならない。ただし、これを超える損害が発生したときは、その超過額も賠償しなければならない。

・損害賠償額を限定する場合・

> 甲又は乙は、解除、解約又は本契約に違反することにより、相手方に損

害を与えたときは、代金総額を上限として、損害を賠償しなければならない。

【違約金について規定する】

• 故意または重過失による賠償のときに、追加で違約金の支払いを認める場合 •

1 （略）
2 甲又は乙は、故意又は重過失により、相手方に損害を与えたときは、代金総額の20％相当額の違約金を前項の損害に加算して賠償しなければならない。

▶ 第10条（遅延損害金） 重要度B

乙が本契約に基づく金銭債務の支払いを遅延したときは、甲に対し、支払期日の翌日から支払済みに至るまで、年14.6％（年365日日割計算）の割合による遅延損害金を支払うものとする。

【遅延損害金利率を変更する】

遅延損害金利率の定めがないときの利率は法定利率によるとされているところ、民法改正により法定利率が年5％から年3％（その後3年ごとに見直しが行われます）となり（改正民法404条）、遅延損害金利率もこれに連動します（改正民法419条）。また、同改正により、商事法定利率（6％）は廃止されます。
当事者間で、法定利率とは異なる利率を定めることも可能です。民法改正により、法定利率は3年ごとに見直される変動制となることから、遅延損害金利率について定めを置くことが、より重要となります。

• 遅延損害金利率を高くする場合 •　　　　　　　　　　　　〔譲渡人有利〕

乙が本契約に基づく金銭債務の支払いを遅延したときは、甲に対し、支

> 払期日の翌日から支払済みに至るまで、年20%（年365日日割計算）の割合による遅延損害金を支払うものとする。

当事者間で、法定利率を上回る利率を定めることも可能ですが、他の法律で上限が定められていますので注意が必要です。

・遅延損害金利率を低くする場合・ 〔譲受人有利〕

> 乙が本契約に基づく金銭債務の支払いを遅延したときは、甲に対し、支払期日の翌日から支払済みに至るまで、年1％（年365日日割計算）の割合による遅延損害金を支払うものとする。

第11条（反社会的勢力の排除） 重要度B

> 1 甲及び乙は、自己又は自己の役員が、暴力団、暴力団関係企業、総会屋もしくはこれらに準ずる者又はその構成員（以下これらを「反社会的勢力」という。）に該当しないこと、及び次の各号のいずれにも該当しないことを表明し、かつ将来にわたっても該当しないことを相互に確約する。
> ① 反社会的勢力に自己の名義を利用させること
> ② 反社会的勢力が経営を実質的に支配していると認められる関係を有すること
> 2 甲又は乙は、前項の一つにでも違反することが判明したときは、何らの催告を要せず、本契約を解除することができる。
> 3 本条の規定により本契約が解除された場合には、解除された者は、解除により生じる損害について、その相手方に対し一切の請求を行わない。

【対象者を限定する】

・譲受人のみを対象とする場合・ 〔譲渡人有利〕

> 1 乙は、自己又は自己の役員が、暴力団、暴力団関係企業、総会屋もしくはこれらに準ずる者又はその構成員（以下これらを「反社会的

勢力」という。）に該当しないこと、及び次の各号のいずれにも該当しないことを表明し、かつ将来にわたっても該当しないことを<u>確約する</u>。
① 反社会的勢力に自己の名義を利用させること
② 反社会的勢力が経営を実質的に支配していると認められる関係を有すること
2 <u>甲は、乙が前項の一つにでも違反することが判明したときは、何らの催告を要せず、本契約を解除することができる</u>。

【賠償額を具体的に規定する】

・具体的な賠償額の予定を行う場合・

4 本条の規定により本契約が解除された場合には、解除された者は、その相手方に対し、違約金として金〇〇円を支払うものとする。

▶ 第12条（協議解決） 重要度C

本契約に定めのない事項又は本契約の解釈について疑義が生じたときは、甲乙誠意をもって協議のうえ解決する。

【紛争解決方法について具体的に規定する】

・具体的な紛争解決機関を指定する場合・

本契約に定めのない事項又は本契約の解釈について疑義が生じたときは、<u>訴訟提起以前に〇〇〇において協議を試みなければならない</u>。

【契約の当事者を追加する】

・連帯保証人（丙）がいる場合・

本契約に定めのない事項又は本契約の解釈について疑義が生じたとき

は、甲、乙及び丙は誠意をもって協議のうえ解決する。

・仲裁者をあらかじめ定める場合・

本契約に定めのない事項又は本契約の解釈について疑義が生じたときは、<u>○○○○を仲裁者と定め、三者において</u>誠意をもって協議のうえ解決する。

▶ 第13条（合意管轄） 重要度B

甲及び乙は、本契約に関し裁判上の紛争が生じたときは、東京地方裁判所を専属的合意管轄裁判所とすることに合意する。

【合意管轄裁判所を変更する】

・本店所在地を管轄する裁判所とする場合・

甲及び乙は、本契約に関し裁判上の紛争が生じたときは、<u>甲又は乙の本店所在地を管轄する裁判所</u>を専属的合意管轄裁判所とすることに合意する。

・本店所在地または支店所在地を管轄する裁判所とする場合・

甲及び乙は、本契約に関し裁判上の紛争が生じたときは、<u>甲又は乙の本店所在地もしくは支店所在地を管轄する裁判所</u>を専属的合意管轄裁判所とすることに合意する。

・引渡場所を管轄する裁判所とする場合・

甲及び乙は、本契約に関し裁判上の紛争が生じたときは、<u>本件物件の引渡場所を管轄する裁判所</u>を専属的合意管轄裁判所とすることに合意する。

【契約の当事者を追加する】

・連帯保証人（丙）がいる場合・

> 甲、乙及び丙は、本契約に関し裁判上の紛争が生じたときは、東京地方裁判所を専属的合意管轄裁判所とすることに合意する。

▶ 後文

> 本契約締結の証として、本契約書2通を作成し、甲乙相互に署名又は記名・捺印のうえ、各1通を保有することとする。

【契約書の作成方法を変更する】

・1通のみ原本を作成し、当事者の一方は写しのみを保管する場合・

> 本契約締結の証として、本契約書1通を作成し、甲乙相互に署名又は記名・捺印のうえ、〔甲／乙〕が原本を保有し、〔乙／甲〕が写しを保有することとする。

【契約の当事者を追加する】

・連帯保証人（丙）がいる場合・

> 本契約締結の証として、本契約書3通を作成し、甲乙丙相互に署名又は記名・捺印のうえ、各1通を保有することとする。

その他の役立つ条項

- ■ 契約をめぐる各種取扱いについて定める場合 ……………… 1500 ページ
- ■ 費用の負担について定める場合 ……………………………… 1502 ページ
- ■ 海外企業との取引である場合に、取扱いについて定める場合 …… 1503 ページ

◆契約をめぐる各種取扱いについて定める場合

・契約上の地位の移転の円滑に行うための協力義務について記載する場合・
〔譲受人有利〕

> 第〇条（契約上の地位の移転）
> 　甲は、譲渡期日までに、本件物件である契約上の地位が乙に円滑に承継されるよう、適切な措置、手続きを行うものとし、乙はこれに協力する。

・譲受会社の調査権について記載する・　　　　　　　　　　　〔譲受人有利〕

> 第〇条（譲受会社による調査）
> 1　乙は、甲に対し、譲渡期日までの間、本件事業に関し事業の報告を求め、又は、乙の費用にて業務及び財産の状況を調査することができる。
> 2　乙は、前項の調査を、弁護士、公認会計士ないし税理士に委任することができる。
> 3　甲は、第1項の調査に協力するものとし、本件事業に関する全ての事項を開示する。

・譲渡対象事業の名称使用を認める・　　　　　　　　　　　〔譲受人有利〕

> 第〇条（名称の継続使用）
> 　甲は、乙に対し、乙が、譲渡期日以降、〇〇の名称にて、本件事業を行うことを認める。

・権利義務の譲渡禁止を定める・

第○条（譲渡禁止）
1 甲は、乙の事前の書面による同意なく、本契約上の権利義務を第三者に対して譲渡し、又は承継させてはならず、また、本契約上の権利に質権、譲渡担保等その他名称の如何を問わず、担保の設定その他いかなる処分もしてはならないものとする。
2 乙は、甲の事前の書面による同意なく、本契約上の権利義務を第三者に対して譲渡し、又は承継させてはならず、また、本契約上の権利に質権、譲渡担保等その他名称の如何を問わず、担保の設定その他いかなる処分もしてはならないものとする。

・守秘義務条項を設ける・

第○条（守秘義務）
1 甲及び乙は、相手方当事者の書面による同意がない限り、本契約期間中はもとより終了後も、本契約の交渉過程に関する情報及び本契約締結前のデュー・ディリジェンス、本契約の締結、本契約に定める取引の実行その他本契約に関連して相手方当事者から受領したいかなる情報も、本契約の目的以外に使用せず、また、法令（各証券取引所及び日本証券業協会の規則を含む。）の命ずるところに従って開示する場合を除き、第三者に開示してはならないものとする。
2 前項の定めは、次の各号に該当する情報には適用されないものとする。
① 開示の時点で既に受領当事者が保有している情報
② 受領当事者が独自に開発した情報
③ 開示の時点で公知であった情報及び開示後に受領当事者の責によらずに公知となった情報
④ 受領当事者が秘密保持義務を負うことなく第三者から正当に入手した情報
⑤ 裁判所又は行政機関から法令、規則、行政指導等に基づき開示を求められた情報
3 甲及び乙は、前項第5号に基づき開示を行った場合には、遅滞なく相手方に通知することとする。

・通知・連絡の方法について定める・

> 第○条（通知方法）
> 　本契約に基づき要求される当事者間の通知その他一切の連絡は、書面により、下記宛先（又は本条に従い通知されたその他の宛先）に、直接交付、郵便費用前払の配達証明付（又は書留）速達郵便又はファクシミリによって送付されるものとする。
> 　甲に対して
> 　　（宛先）
> 　　（住所）
> 　　（ファクシミリ番号）
> 　乙に対して
> 　　（宛先）
> 　　（住所）
> 　　（ファクシミリ番号）

◆費用の負担について定める場合

・費用の負担を規定する・

> 第○条（費用負担）
> 　本契約の締結に要する印紙代その他の費用は、甲乙が各々の費用を負担するものとする。

・費用の負担についてより細かく規定する・

> 第○条（費用負担）
> 　本契約に別途定める場合を除き、本契約に係る交渉、締結及び履行に関連して発生する費用等（弁護士、公認会計士その他の専門家費用、印紙税を含む。）については、各自負担するものとする。

◆海外企業との取引である場合に、取扱いについて定める場合

・準拠法を日本法と定める・

> 第○条（準拠法）
> 　本契約は日本法に準拠し、同法によって解釈されるものとする。

チェックポイント

あなたが譲渡人の場合は、最低限以下の点をチェックしましょう。

- ☐ 契約の当事者が明示されているか
- ☐ 事業譲渡の対象は明確に定められているか
- ☐ 譲渡価格、支払期限、支払方法は明確か
- ☐ 解除条項に不合理な事項が入っていないか
- ☐ 損害賠償請求額が不合理に制限されていないか
- ☐ （分割払いの場合）期限の利益喪失条項が定められているか

あなたが譲受人の場合は、最低限以下の点をチェックしましょう。

- ☐ 契約の当事者が明示されているか
- ☐ 事業譲渡の対象は明確に定められているか
- ☐ 譲渡価格、支払期限、支払方法は明確か
- ☐ 解除条項に不合理な事項が入っていないか
- ☐ 損害賠償請求額が不合理に制限されていないか

MEMO

3 合併契約書

収入印紙
※

合併契約書

　（吸収合併存続会社）〇〇株式会社（以下「甲」という。）と（吸収合併消滅会社）〇〇株式会社（以下「乙」という。）は、甲と乙が合併するにつき、以下のとおり合併契約（以下「本契約」という。）を締結する。

第1条　（合併の方法）
1　甲及び乙は、甲を吸収合併存続会社、乙を吸収合併消滅会社として合併する。
2　甲及び乙の商号及び住所は、次のとおりである。
　① 甲（吸収合併存続会社）
　　　商　号　　〇〇株式会社
　　　住　所　　東京都〇〇区〇〇町〇丁目〇番〇号
　② 乙（吸収合併消滅会社）
　　　商　号　　〇〇株式会社
　　　住　所　　東京都〇〇区〇〇町〇丁目〇番〇号

第2条　（定款の変更）
　甲は、本合併の効力発生を停止条件として、定款を以下のとおり変更する。
　① 定款第〇条を、「第〇条　当会社の商号は株式会社〇〇とする。」と改める。

【この契約書を用いるケース】
☑すでに存在する２つの会社を１つの会社にする吸収合併の場合
⇨会社分割の場合は本章❶、株式譲渡の場合は本章❹

● 前　文

【応用】協定を作成する　　…▶　1516ページ

● 合併の方法　　重要度 A

吸収合併存続会社と吸収合併消滅会社の商号および住所の記載は必要的記載事項です（会社法749条1項1号）。

【応用】契約の当事者を追加する　　…▶　1517ページ

● 定款の変更　　重要度 A

合併に際して定款を変更する場合には合併契約書に記載して、合併の承認とともに定款の変更について株主総会の承認を得るとよいでしょう。

【応用】表または別紙を用いて規定する　　…▶　1518ページ

② 定款第○条を、「第○条　当会社は次の事業を営むことができる。1○○○、2○○○、3前各号に付帯する事業」と改める。
③ 定款第○条を、「第○条　当会社は、本店を東京都○○区に置く。」と改める。
④ 定款第○条を、「第○条　当会社が発行する株式の総数は○○株とする。」と改める。

第3条　（株式の交付及び割当て）

甲は本合併に際し、その普通株式○○株を発行し、効力発生日前日の最終の乙の株主名簿に記載された株主に対し、乙の普通株式○株につき、甲の普通株式○株の割合により割当交付する。

第4条　（金銭の交付及び割当て）

甲は、効力発生日前日の最終の乙の株主名簿に記載された株主に対し、その所有する乙の普通株式1株につき金○○円の金銭を支払う。

第5条　（増加すべき資本金、準備金）

甲は、本合併により、次のとおり資本金等を増加する。
(1)　資本金　　　　　　金○○円
(2)　資本準備金　　　　金○○円

第6条　（合併承認総会）

甲は令和○年○月○日に、乙は令和○年○月○日に、それぞれ株主総会を開催し、本契約書の承認及び本合併に必要な事項の決議を得る。ただし、合併手続の進行に応じ、必要があるときは甲乙協議してこの期日を変更することができる。

● 株式の交付及び割当て　重要度 A

吸収合併に際して、吸収合併存続会社が吸収合併消滅会社の株主等に株式等を交付するときは、株式の数に応じて交付するものとし（会社法749条3項）、その内容や割当てに関する事項を決定しなければなりません。これは必要的記載事項です（同条1項2号イ、3号）。

【応用】割当てを変更する　・・▶　1519ページ

● 金銭の交付及び割当て　重要度 A

吸収合併存続会社が吸収合併消滅会社の株主に対し合併交付金を支払うときは、その内容、額または算定方法、割当てに関する事項は、必要的記載事項です（会社法749条1項2号ホ、3号）。
なお、合併交付金を支払う場合は次の場合が多いです。
① 解散会社の株主に対して、最終の剰余金の配当代わりとして支払う場合
② 合併比率を調整するために支払う場合
③ 減資払戻金として支払う場合

【応用】支払時期を定める　・・▶　1520ページ

● 増加すべき資本金、準備金　重要度 A

吸収合併存続会社の資本金および準備金の額は必要的記載事項です（会社法749条1項2号イ）。利益準備金や任意積立金等は必要に応じて記載しましょう。

【応用】増加する項目を追加する　・・▶　1520ページ

● 合併承認総会　重要度 A

合併の各当事会社は、効力発生日の前日までに、株主総会の決議によって、合併契約の承認を受けなければなりません（会社法783条1項、795条1項）。

【応用】期日について定める　・・▶　1521ページ

第7条 （効力発生日）
1 本合併の効力発生日は、令和〇年〇月〇日とする。ただし、合併手続の進行に応じ、必要があるときは甲乙協議してこれを変更することができる。
2 前項ただし書きにより効力発生日を変更した場合は、変更前の効力発生日（変更後の効力発生日が変更前の効力発生日前の日である場合は、変更後の効力発生日）の前日までに、変更後の効力発生日を公告しなければならない。

第8条 （会社財産の引継ぎ）
乙は、令和〇年〇月〇日現在の貸借対照表、財産目録その他同日現在の計算書を基礎とし、これに効力発生日までの増減を加除した一切の資産、負債及び権利義務を、効力発生日に甲に引き継ぐ。

第9条 （善管注意義務）
甲及び乙は、本契約締結後効力発生日までの間、善良なる管理者の注意をもってそれぞれ業務を執行し、その財産及び権利義務に重大なる影響を及ぼす行為を行う場合には、予め甲乙協議して合意のうえ実行する。

第10条 （従業員の処遇）
甲は、乙の従業員を、効力発生日において、甲の従業員として引き継ぐ。なお、従業員に関する取扱いの詳細については、別途、甲乙協議のうえこれを定める。

第11条 （役員の選任）
本合併に伴い新たに甲の取締役又は監査役となるべき者については、甲の合併承認株主総会において選任する。

- **効力発生日**　重要度 A

  合併の効力発生日は必要的記載事項です（会社法749条1項6号）。
  効力発生日を変更したときは、公告しなければなりません（会社法790条2項）。

  【応用】効力発生日の変更方法を限定する　・・▶　1522ページ

- **会社財産の引継ぎ**　重要度 B

  どの時点を基礎として吸収合併消滅会社の財産を把握したのかを明確にするため記載します。

  【応用】計算書を明示する　・・▶　1522ページ

- **善管注意義務**　重要度 C

  商取引上当然のことですが、確認規定として記載されるのが一般的です。

  【応用】影響を及ぼす行為を特定する　・・▶　1523ページ

- **従業員の処遇**　重要度 B

  従業員の処遇について記載するのが一般的です。

  【応用】従業員の処遇を変更する　・・▶　1523ページ

- **役員の選任**　重要度 C

  合併後、吸収合併存続会社において、新たに選任される取締役・監査役がいる場合、合併承認総会の機会に選任手続をとるのが一般的です。

  【応用】選任される役員を明記する　・・▶　1524ページ

第12条 （役員の退職慰労金）
　乙の取締役又は監査役のうち、本合併後引き続き甲の取締役又は監査役に選任されない者があるときは、その者に対し、予め甲乙協議して定める退職慰労金を、乙の株主総会の承認を得て、効力発生日以降に甲が支給する。

第13条 （合併条件の変更・解除）
　本契約の締結の日から効力発生日に至るまでの間において、天災地変その他の事由により、甲又は乙の資産もしくは経営状態に重要な変動が生じたときは、甲乙協議のうえ合併条件を変更し、又は互いに損害賠償等を請求することなく、本契約を解除することができる。

第14条 （合併契約の効力）
　本契約は、甲及び乙の株主総会の承認を得たときにその効力を生じ、法令に定められた関係官庁の承認を得られなかったときは、その効力を失う。

第15条 （反社会的勢力の排除）
1　甲及び乙は、自己又は自己の役員が、暴力団、暴力団関係企業、総会屋もしくはこれらに準ずる者又はその構成員（以下これらを「反社会的勢力」という。）に該当しないこと、及び次の各号のいずれにも該当しないことを表明し、かつ将来にわたっても該当しないことを相互に確約する。
　①　反社会的勢力に自己の名義を利用させること
　②　反社会的勢力が経営を実質的に支配していると認められる関係を有すること
2　甲又は乙は、前項の一つにでも違反することが判明したときは、何らの催告を要せず、本契約を解除することができる。
3　本条の規定により本契約が解除された場合には、解除された者

● 役員の退職慰労金　**重要度 C**

吸収合併存続会社の取締役等に選任されない者についても配慮しなければなりません。

【応用】退職慰労金の取扱いを変更する　・・▶　1524 ページ

● 合併条件の変更・解除　**重要度 B**

天災等により合併相手の資産や経営状態に大きな変動があった場合に備え、合併条項の変更や損害賠償義務のない解除ができるようにしたほうがよいでしょう。

【応用】解除事由を定める　・・▶　1526 ページ

● 合併契約の効力　**重要度 B**

各当事会社の株主総会の承認および公正取引委員会等の関係官庁の承認が得られないことを解除条件として明記したほうがよいでしょう。

【応用】表現を変更する　・・▶　1526 ページ

● 反社会的勢力の排除　**重要度 B**

契約当事者が反社会的勢力と関わっていることが判明した場合に、即座に契約関係を解消することができるようにするために規定しています。

【応用】対象者を限定する　・・▶　1527 ページ
　　　　賠償額を具体的に規定する　・・▶　1528 ページ

は、解除により生じる損害について、その相手方に対し一切の請求を行わない。

第16条　(協議解決)

本契約に定めるもののほか、本合併に関し必要な事項は本契約の趣旨に従って、甲乙誠意をもって協議のうえ決定する。

第17条　(合意管轄)

甲及び乙は、本契約に関し裁判上の紛争が生じたときは、東京地方裁判所を専属的合意管轄裁判所とすることに合意する。

　本契約締結の証として、本契約書2通を作成し、甲乙相互に署名又は記名・捺印のうえ、各1通を保有することとする。

令和　　年　　月　　日

　　　　　　　　　甲

　　　　　　　　　　　　　　　　　　　　　　　㊞

　　　　　　　　　乙

　　　　　　　　　　　　　　　　　　　　　　　㊞

※　合併契約書の収入印紙は4万円です（印紙税法別表第一の第5号文書）。

● 協議解決　**重要度 C**

協議により紛争回避を図る可能性を探るため規定しています。なお、この規定に法的な拘束力はありません。

【応用】紛争解決方法について具体的に規定する　・・▶　1528 ページ

● 合意管轄　**重要度 B**

紛争が生じた際に自己に有利な管轄裁判所において裁判を行うための規定です。

【応用】合意管轄裁判所を変更する　・・▶　1529 ページ

● 後　　文

【応用】契約書の作成方法を変更する　・・▶　1529 ページ

会社組織 ― ❸ 合併契約書

作成のテクニック

前文

> （吸収合併存続会社）〇〇株式会社（以下「甲」という。）と（吸収合併消滅会社）〇〇株式会社（以下「乙」という。）は、甲と乙が合併するにつき、以下のとおり合併契約（以下「本契約」という。）を締結する。

【協定を作成する】

・合併覚書（協定）を作成する場合・

> （吸収合併存続会社）〇〇株式会社（以下「甲」という。）と（吸収合併消滅会社）〇〇株式会社（以下「乙」という。）は、予め両者の合併に関し協議検討を重ねてきたが、以下のとおり、合併の基本的条件につき合意に達したので、この覚書を締結する（以下「本覚書」という。）。
>
> 第1条（合併方針）
> 　　甲乙の合併にあたっては、甲は存続し、乙は解散するという吸収合併の形を取るが、両社対等の精神に基づくことを確認する。
> 第2条（合併時期）
> 　　合併期日は、令和〇年〇月〇日をめどとする。
> 第3条（合併比率）
> 　　合併比率は1対1とする。
> 第4条（従業員の承継）
> 1　乙の従業員は合併後も甲の従業員として雇用し、その処遇については出身会社の区別なく公平に扱う。合併後の従業員の給与については、当面は出身会社の従来の基準に従うものとするが、暫時これを統合調整し、出身会社の区別のない公平で統一された基準にする。
> 2　合併後の従業員の退職金及び勤続年数については、従来のものを引き継ぐ。
> 第5条（秘密保持）
> 1　合併契約締結前においては、本件合併に関する一切の情報は秘密とし、甲及び乙は相手方の承諾なしにこれを第三者に開示しない。
> 2　合併契約締結に至らなかった場合、甲及び乙は本件合併契約締結のための交渉の過程で知り得た相手方の営業に関する秘密を、相手方

の承諾なしに第三者に開示し、又は自らの利益のために利用しない。
第6条（協議事項）
　本覚書に定めのないもので、合併に関し必要な事項は、甲乙協議のうえ、決定する。

第1条（合併の方法） 重要度A

1　甲及び乙は、甲を吸収合併存続会社、乙を吸収合併消滅会社として合併する。
2　甲及び乙の商号及び住所は、次のとおりである。
　①　甲（吸収合併存続会社）
　　　商　号　　〇〇株式会社
　　　住　所　　東京都〇〇区〇〇町〇丁目〇番〇号
　②　乙（吸収合併消滅会社）
　　　商　号　　〇〇株式会社
　　　住　所　　東京都〇〇区〇〇町〇丁目〇番〇号

【契約の当事者を追加する】

・三社合併の場合・

1　甲、乙及び丙は、甲を吸収合併存続会社、乙及び丙を吸収合併消滅会社として合併する。
2　甲、乙及び丙の商号及び住所は、次のとおりである。
　①　甲（吸収合併存続会社）
　　　商　号　　〇〇株式会社
　　　住　所　　東京都〇〇区〇〇町〇丁目〇番〇号
　②　乙（吸収合併消滅会社）
　　　商　号　　〇〇株式会社
　　　住　所　　東京都〇〇区〇〇町〇丁目〇番〇号
　③　丙（吸収合併消滅会社）
　　　商　号　　〇〇株式会社
　　　住　所　　東京都〇〇区〇〇町〇丁目〇番〇号

第2条（定款の変更） 重要度A

甲は、本合併の効力発生を停止条件として、定款を以下のとおり変更する。
① 定款第〇条を、「第〇条　当会社の商号は株式会社〇〇とする。」と改める。
② 定款第〇条を、「第〇条　当会社は次の事業を営むことができる。１〇〇〇、２〇〇〇、３前各号に付帯する事業」と改める。
③ 定款第〇条を、「第〇条　当会社は、本店を東京都〇〇区に置く。」と改める。
④ 定款第〇条を、「第〇条　当会社が発行する株式の総数は〇〇株とする。」と改める。

【表または別紙を用いて規定する】

・定款の変更について表を用いて規定する場合・

甲は、本合併の効力発生を停止条件として、定款を以下のとおり変更するものとする。

現行定款		変更後	
第〇条	当会社の商号は株式会社××とする。	第〇条	当会社の商号は株式会社〇〇とする。
第〇条	当会社は次の事業を営むことができる。 （略）	第〇条	当会社は次の事業を営むことができる。 （略）
第〇条	当会社は、本店を東京都××区に置く。	第〇条	当会社は、本店を東京都〇〇区に置く。
第〇条	当会社が発行する株式の総数は××株とする。	第〇条	当会社が発行する株式の総数は〇〇株とする。

・定款の変更について別紙を用いて規定する場合・

甲は、本合併の効力発生を停止条件として、定款を別紙のとおり変更するものとする。

(別紙略)

第3条（株式の交付及び割当て） 重要度 A

甲は本合併に際し、その普通株式〇〇株を発行し、効力発生日前日の最終の乙の株主名簿に記載された株主に対し、乙の普通株式〇株につき、甲の普通株式〇株の割合により割当交付する。

【割当てを変更する】

・吸収合併消滅会社の株主へ社債を割り当てる場合・

1　甲は本合併に際し、次項記載の社債を発行し、効力発生日前日の最終の乙の株主名簿に記載された株主に対し、乙の普通株式〇〇株につき、甲の発行する社債〇〇円の割合により割当交付する。
2　前項に定める社債の内容は、以下のとおりとする。
　①　利率　　　　　　　　〇〇〇
　②　償還の方法・期限　　〇〇〇
　③　利息支払の方法・期限　〇〇〇
　④　社債券発行の有無　　〇〇〇
　⑤　社債管理者の名称　　〇〇〇
　⑥　社債管理者との管理委託契約の内容　〇〇〇
　⑦　社債原簿管理人の名称　〇〇〇
　⑧　募集社債の総額　　〇〇〇

・吸収合併消滅会社の株主へ新株予約権を割り当てる場合・

甲は本合併に際し、その新株予約権〇〇個を発行し、効力発生日前日の最終の乙の株主名簿に記載された株主に対し、乙の普通株式〇株につき、甲の新株予約権〇個の割合により割当交付する。

▶ 第4条（金銭の交付及び割当て） 重要度A

> 甲は、効力発生日前日の最終の乙の株主名簿に記載された株主に対し、その所有する乙の普通株式1株につき金○○円の金銭を支払う。

【支払時期を定める】

・金銭の支払時期を定める場合・

> 甲は、効力発生日前日の最終の乙の株主名簿に記載された株主に対し、その所有する乙の普通株式1株につき金○○円の金銭を<u>効力発生日後○日以内に</u>支払う。

▶ 第5条（増加すべき資本金、準備金） 重要度A

> 甲は、本合併により、次のとおり資本金等を増加する。
> 　(1)　資本金　　　　　　　金○○円
> 　(2)　資本準備金　　　　　金○○円

【増加する項目を追加する】

・利益準備金や任意積立金等も増加する場合・

> 　(3)　利益準備金
> 　　　金○○円及び乙が令和○年○月○日に終了する営業年度の利益処分により積み立てる額
> 　(4)　任意積立金その他の留保利益の額
> 　　　金○○円及び乙が令和○年○月○日に終了する営業年度の利益処分に基づき加減する任意積立金の額並びに留保する利益金の額

第6条（合併承認総会） 重要度A

> 甲は令和〇年〇月〇日に、乙は令和〇年〇月〇日に、それぞれ株主総会を開催し、本契約書の承認及び本合併に必要な事項の決議を得る。ただし、合併手続の進行に応じ、必要があるときは甲乙協議してこの期日を変更することができる。

【期日について定める】

・双方が同日に株主総会を開催する場合・

> 甲及び乙は、令和〇年〇月〇日に株主総会を開催し、本契約書の承認及び本合併に必要な事項の決議を得る。ただし、合併手続の進行に応じ、必要があるときは甲乙協議してこの期日を変更することができる。

・株主総会の期日変更の合意を書面に限る場合・

> 甲は令和〇年〇月〇日に、乙は令和〇年〇月〇日に、それぞれ株主総会を開催し、本契約書の承認及び本合併に必要な事項の決議を得る。ただし、合併手続の進行に応じ、必要があるときは甲乙協議して、この期日を書面にて変更することができる。

第7条（効力発生日） 重要度A

> 1 本合併の効力発生日は、令和〇年〇月〇日とする。ただし、合併手続の進行に応じ、必要があるときは甲乙協議してこれを変更することができる。
> 2 前項ただし書きにより効力発生日を変更した場合は、変更前の効力発生日（変更後の効力発生日が変更前の効力発生日前の日である場合は、変更後の効力発生日）の前日までに、変更後の効力発生日を公告しなければならない。

【効力発生日の変更方法を限定する】

・効力発生日の変更を書面に限る場合・

> 本合併の効力発生日は、令和○年○月○日とする。ただし、合併手続の進行に応じ、必要があるときは甲乙協議して、これを<u>書面にて</u>変更することができる。

第8条（会社財産の引継ぎ） 重要度 B

> 乙は、令和○年○月○日現在の貸借対照表、財産目録その他同日現在の計算書を基礎とし、これに効力発生日までの増減を加除した一切の資産、負債及び権利義務を、効力発生日に甲に引き継ぐ。

【計算書を明示する】

・基礎日から効力発生日までの資産変動につき、計算書を明示する場合・

> 1　（略）
> 2　乙は、令和○年○月○日から効力発生日前日に至る間の資産及び負債の変動について、別に計算書を作成して、その内容を甲に明示する。

第9条（善管注意義務） 重要度 C

> 甲及び乙は、本契約締結後効力発生日までの間、善良なる管理者の注意をもってそれぞれ業務を執行し、その財産及び権利義務に重大なる影響を及ぼす行為を行う場合には、予め甲乙協議して合意のうえ実行する。

【影響を及ぼす行為を特定する】

・影響を及ぼす行為を特定する場合・

> 1 （略）
> 2 甲及び乙は、効力発生日までの間に、以下に定める行為を行う場合は、事前に相手方の書面による承諾を得なければならない。
>   ① 契約金額が○○円以上の契約の締結
>   ② 別紙に定める契約の変更・解除等
> （以下略）

▶ 第10条（従業員の処遇） 重要度 B

> 甲は、乙の従業員を、効力発生日において、甲の従業員として引き継ぐ。なお、従業員に関する取扱いの詳細については、別途、甲乙協議のうえこれを定める。

【従業員の処遇を変更する】

・吸収合併消滅会社の従業員の勤続年数について、吸収合併消滅会社の計算方式により取り扱う場合・

> 甲は、乙の従業員を、効力発生日において、甲の従業員として引き継ぐ。ただし、勤続年数については乙における計算方式による年数を通算し、その他の従業員に関する取扱いの詳細については、別途、甲乙協議のうえこれを定める。

・労働条件の相違がある場合・

> 甲は、乙の従業員を、効力発生日において甲の従業員として引き継ぐ。なお、甲乙双方の従業員の労働条件の相違については、必要に応じて調整する。

■▶ 第 11 条（役員の選任） **重要度 C**

> 本合併に伴い新たに甲の取締役又は監査役となるべき者については、甲の合併承認株主総会において選任する。

【選任される役員を明記する】

・新たに役員に選任される者を明記する場合・

> 本合併に伴い新たに甲の取締役又は監査役となる者は、以下の者とする。
> 　取締役　　　○○○○
> 　取締役　　　○○○○
> 　監査役　　　○○○○

■▶ 第 12 条（役員の退職慰労金） **重要度 C**

> 乙の取締役又は監査役のうち、本合併後引き続き甲の取締役又は監査役に選任されない者があるときは、その者に対し、予め甲乙協議して定める退職慰労金を、乙の株主総会の承認を得て、効力発生日以降に甲が支給する。

【退職慰労金の取扱いを変更する】

・消滅会社の内規・慣例に従い存続会社が支払う場合・

> 乙の取締役又は監査役のうち、本合併後引き続き甲の取締役又は監査役に選任されない者があるときは、その者に対し、乙の内規・慣例に従い、退職慰労金を、乙の株主総会の承認を得て、効力発生日以降に甲が支給する。

・消滅会社が退職慰労金を支払う場合・

> 乙の取締役又は監査役のうち、本合併後引き続き甲の取締役又は監査役に選任されない者があるときは、その者に対し、予め甲乙協議して定める退職慰労金を、乙の株主総会の承認を得て、効力発生日までに乙が支給する。

・消滅会社の役員のうち存続会社の役員に就任する者も含めて、合併の際に、消滅会社が退職慰労金を支払う場合・

> 甲は、乙が合併により退任する乙の取締役及び監査役（甲の取締役及び監査役に就任する者も含む。）に対して退職慰労金を支給することに同意し、その額については、予め甲乙協議し、乙の合併承認総会において承認を得て、効力発生日までに乙が支給する。

・消滅会社の取締役が将来存続会社を退職する際の退職慰労金の支払規定を設ける場合・

> 1　（略）
> 2　乙の取締役であって、合併後引き続き甲の取締役又は監査役に就任した者が将来退職したときに、甲が退職慰労金を支出するにあたっては、甲の在職年数に乙の在職年数を合算してその額を決定する。

第13条（合併条件の変更・解除）　重要度B

> 本契約の締結の日から効力発生日に至るまでの間において、天災地変その他の事由により、甲又は乙の資産もしくは経営状態に重要な変動が生じたときは、甲乙協議のうえ合併条件を変更し、又は互いに損害賠償等を請求することなく、本契約を解除することができる。

【解除事由を定める】

・解除事由を定める場合・

> 1　（略）
> 2　甲又は乙は、相手方において、以下に定める各号の一に該当する事態が生じたときは、相手方に通知・催告することなく直ちに本契約を解除することができる。なお、この場合、相手方に対して、これによって生じた損害の賠償を請求することができる。
> 　① 本契約その他の甲乙間で締結された契約に違反し、これにより本契約の続行が著しく困難となったとき
> 　② 差押、仮差押、仮処分、強制執行・担保権実行としての競売、租税滞納処分を受けたとき
> 　③ 破産手続開始、民事再生手続開始、会社更生手続開始、特別清算開始その他これに類する倒産手続の申立てがあったとき
> 　④ 支払いを停止したとき、又は手形交換所から不渡処分を受けたとき
> 　⑤ 営業の廃止もしくは重大な変更又は解散の決議をしたとき
> 　⑥ その他、本契約の継続を不可能又は著しく困難とする事由が発生したとき

第14条（合併契約の効力） 重要度B

> 本契約は、甲及び乙の株主総会の承認を得たときにその効力を生じ、法令に定められた関係官庁の承認を得られなかったときは、その効力を失う。

【表現を変更する】

・停止条件的表現とする場合・

> 本契約は、甲及び乙の株主総会の承認及び本契約実行に関し法令に定められた関係官庁の承認を得たときにその効力を生ずる。

• 解除条件的表現とする場合 •

> 本契約は、甲及び乙の株主総会の承認及び法令に定められた関係官庁の承認を得られないときは、その効力を失う。

第15条（反社会的勢力の排除） 重要度 B

> 1 甲及び乙は、自己又は自己の役員が、暴力団、暴力団関係企業、総会屋もしくはこれらに準ずる者又はその構成員（以下これらを「反社会的勢力」という。）に該当しないこと、及び次の各号のいずれにも該当しないことを表明し、かつ将来にわたっても該当しないことを相互に確約する。
> ① 反社会的勢力に自己の名義を利用させること
> ② 反社会的勢力が経営を実質的に支配していると認められる関係を有すること
> 2 甲又は乙は、前項の一つにでも違反することが判明したときは、何らの催告を要せず、本契約を解除することができる。
> 3 本条の規定により本契約が解除された場合には、解除された者は、解除により生じる損害について、その相手方に対し一切の請求を行わない。

【対象者を限定する】

• 消滅会社のみを対象とする場合 •　　　　　　　　　　　　〔存続会社有利〕

> 1 乙は、自己又は自己の役員が、暴力団、暴力団関係企業、総会屋もしくはこれらに準ずる者又はその構成員（以下これらを「反社会的勢力」という。）に該当しないこと、及び次の各号のいずれにも該当しないことを表明し、かつ将来にわたっても該当しないことを確約する。
> ① 反社会的勢力に自己の名義を利用させること
> ② 反社会的勢力が経営を実質的に支配していると認められる関係を有すること

> 2　甲は、乙が前項の一つにでも違反することが判明したときは、何ら
> 　　の催告を要せず、本契約を解除することができる。

【賠償額を具体的に規定する】

・具体的な賠償額の予定を行う場合・

> 4　本条の規定により本契約が解除された場合には、解除された者は、
> 　　その相手方に対し、違約金として金〇〇円を支払うものとする。

▶ 第16条（協議解決）　重要度C

> 本契約に定めるもののほか、本合併に関し必要な事項は本契約の趣旨に従って、甲乙誠意をもって協議のうえ決定する。

【紛争解決方法について具体的に規定する】

・仲裁者をあらかじめ定める場合・

> 本契約に定めるもののほか、本合併に関し必要な事項又は本契約の解釈について疑義が生じたときは、〇〇〇〇を仲裁者と定め、三者において誠意をもって協議のうえ解決する。

▶ 第17条（合意管轄）　重要度B

> 甲及び乙は、本契約に関し裁判上の紛争が生じたときは、東京地方裁判所を専属的合意管轄裁判所とすることに合意する。

【合意管轄裁判所を変更する】

・いずれかの本店所在地を管轄する裁判所とする場合・

> 甲及び乙は、本契約に関し裁判上の紛争が生じたときは、〔甲／乙〕の本店所在地を管轄する裁判所を専属的合意管轄裁判所とすることに合意する。

・いずれかの本店所在地または支店所在地を管轄する裁判所とする場合・

> 甲及び乙は、本契約に関し裁判上の紛争が生じたときは、〔甲／乙〕の本店又は支店の所在地を管轄する裁判所を専属的合意管轄裁判所とすることに合意する。

▶ 後文

> 本契約締結の証として、本契約書2通を作成し、甲乙相互に署名又は記名・捺印のうえ、各1通を保有することとする。

【契約書の作成方法を変更する】

・1通のみ原本を作成し、当事者の一方は写しのみを保管する場合・

> 本契約締結の証として、本契約書1通を作成し、甲乙相互に署名又は記名・捺印のうえ、〔甲／乙〕が原本を保有し、〔乙／甲〕が写しを保有することとする。

その他の役立つ条項

- ■ 契約をめぐる各種取扱いについて定める場合 ……………………… 1530 ページ
- ■ 費用の負担について定める場合 ……………………………………… 1533 ページ
- ■ 海外企業との取引である場合に、取扱いについて定める場合 …… 1533 ページ

◆契約をめぐる各種取扱いについて定める場合

・吸収合併消滅会社の新株予約権者に対し、吸収合併存続会社の新株予約権を交付する・

> 第○条（新株予約権の承継）
> 　甲は本合併に際し、新株予約権○○個を発行し、効力発生日前日の最終の乙の新株予約権原簿に記載又は記録された新株予約権者に対し、その所有する乙の新株予約権○個につき、甲の新株予約権○個の割合をもって割当交付する。

・合併期日前に剰余金を配当する・

> 第○条（合併期日前の剰余金配当）
> 1　甲は、令和○年○月○日の最終の株主名簿に記載された株主又は登録株式質権者に対し、それぞれ1株当たり○○円（総額○○円）を限度として、令和○年○月○日から令和○年○月○日までの期間の剰余金を支払うことができる。
> 2　乙は、令和○年○月○日の最終の株主名簿に記載された株主又は登録株式質権者に対し、それぞれ1株当たり○○円（総額○○円）を限度として、令和○年○月○日から令和○年○月○日までの期間の剰余金を支払うことができる。

・解散費用の負担を定める・

> 第○条（解散費用）
> 　効力発生日以降において、乙の解散手続のために要する費用は、全て甲の負担とする。

• 守秘義務条項を設ける •

第○条（守秘義務）
1 甲及び乙は、相手方の書面による同意がない限り、本契約期間中はもとより終了後も、本契約の交渉過程に関する情報及び本契約締結前のデュー・ディリジェンス、本契約の締結、本契約に定める取引の実行その他本契約に関連して相手方当事者から受領したいかなる情報も、本契約の目的以外に使用せず、また、法令（各証券取引所及び日本証券業協会の規則を含む。）の命ずるところに従って開示する場合を除き、第三者に開示してはならないものとする。
2 前項の定めは、次の各号に該当する情報には適用されないものとする。
　① 開示の時点で既に受領当事者が保有している情報
　② 受領当事者が独自に開発した情報
　③ 開示の時点で公知であった情報及び開示後に受領当事者の責によらずに公知となった情報
　④ 受領当事者が秘密保持義務を負うことなく第三者から正当に入手した情報
　⑤ 裁判所又は行政機関から法令、規則、行政指導等に基づき開示を求められた情報
3 甲及び乙は、前項第5号に基づき開示を行った場合には、遅滞なく相手方に通知することとする。

• 契約当事者に表明・保証を求める •

第○条（表明・保証）
1 甲及び乙は、相手方に対し、本契約締結日及び効力発生日において、以下の事項が真実かつ正確であることを表明し、保証する。
　① 組織
　　(1) 日本法の下で適法に設立され、有効に存続している法人であり、また、その財産を所有しかつ本契約を締結し、本契約上の義務を履行し、本契約を実行することにつき必要な権利能力及び行為能力を有している。
　　(2) 破産手続開始、会社更生手続開始、民事再生手続開始、特別清算開始その他の倒産手続の申立てはなされておらず、係る

　　　　　倒産手続の開始事由はない。
　　　② 授権・強制執行可能性
　　　　　本契約の締結及び履行に関し、会社法、定款、取締役会規則その他相手方の会社規則に従った必要な社内手続を全て履行している。本契約はその締結日において有効かつ適法に締結され、適法、有効かつ法的拘束力のある債務を構成する。また、本契約は、法律又は信義則によりその履行の強制が制限される場合を除き、その各条項に従い強制執行が可能である。本契約で企図される取引の差止、中止、もしくは変更、又は取引の著しい遅延を招くような訴訟、仲裁、その他の司法上又は行政上の手続きは係属しておらず、かつ、これらの手続きが開始されるおそれもない。
　　　③ 不抵触
　　　　　本契約の締結、本契約の実行及び本契約の条項の遵守は、定款、取締役会規則その他の会社規則のいかなる規定にも抵触又は違反するものではなく、また、裁判所、政府又は規制機関の判決、決定、命令、裁判上の和解及び乙が当事者となる重要な契約に抵触又は違反していない。
2　甲は、乙に対し、本契約締結日及び効力発生日において、以下の事項が真実かつ正確であることを表明し、保証する。
　　　① 資産
　　　　　甲は、事業遂行のために使用している資産につき、有効かつ対抗要件を具備した所有権、賃借権又は使用権を有しており、係る資産上にはいかなる債権を被担保債権とする担保権は存在しない。
　　　② 知的財産権
　　　　　甲は、事業遂行にあたり必要な全ての特許権、実用新案権、意匠権、商標権、著作権その他の知的財産権（以下「知的財産権」という。）につき、自ら保有するか又は知的財産権を使用する権利を有しており、第三者の知的財産権を侵害しておらず、過去に侵害した事実もなく、侵害しているとの通知を受けたこともない。
3　甲及び乙は、第1項及び第2項の表明・保証事項以外の事項については、何ら表明し保証するものではない。

◆費用の負担について定める場合

・本契約締結のための費用負担について規定する・

> 第○条（費用負担）
>   本契約の締結に要する印紙代その他の費用は、甲乙が各々の費用を負担するものとする。

・費用の負担をより細かく規定する・

> 第○条（費用負担）
>   本契約に別途定める場合を除き、本契約に係る交渉、締結及び履行に関連して発生する費用等（弁護士、公認会計士その他の専門家費用、印紙税を含む。）については、各自負担するものとする。

◆海外企業との取引である場合に、取扱いについて定める場合

・準拠法を日本法と定める・

> 第○条（準拠法）
>   本契約は日本法に準拠し、同法によって解釈されるものとする。

チェックポイント

あなたが吸収合併存続会社の場合は、最低限以下の点をチェックしましょう。

- ☐ 契約の当事者（商号および住所）が明示されているか
- ☐ 交付する株式の数またはその数の算定方法が明確に定められているか
- ☐ 合併交付金の額またはその算定方法が明確に定められているか
- ☐ 変更される資本金等の額が明記されているか
- ☐ 合併承認総会の記載およびその日付に間違いがないか
- ☐ 効力発生日の日付に間違いがないか

あなたが吸収合併消滅会社の場合は、最低限以下の点をチェックしましょう。

- ☐ 契約の当事者（商号および住所）が明示されているか
- ☐ 交付する株式の数またはその数の算定方法が明確に定められているか
- ☐ 合併交付金の額またはその算定方法が明確に定められているか
- ☐ 合併承認総会の記載およびその日付に間違いがないか
- ☐ 効力発生日の日付に間違いがないか

MEMO

4 株式譲渡契約書

株式譲渡契約書

（譲渡人）〇〇〇〇（以下「甲」という。）と（譲受人）〇〇〇〇（以下「乙」という。）は、（対象会社）株式会社〇〇（以下「対象会社」という。）の株式（以下「本件株式」という。）を譲渡するにつき、以下のとおり株式譲渡契約（以下「本契約」という。）を締結する。

第1条　（株式譲渡の方法）
　甲は、乙に対し、本件株式を以下の本契約の条件に従い譲渡し、乙はこれを譲り受ける。
　① 譲渡対象　対象会社発行の普通株式
　② 譲渡数　　〇〇株
　③ 譲渡価額　金〇〇円
　④ 譲渡期日　令和〇年〇月〇日又は甲乙間の合意により別途定めた日
　⑤ 引渡期日　譲渡期日と同日
　⑥ 支払期限　譲渡期日と同日
　⑦ 支払方法　以下の口座に銀行振込（振込手数料は乙負担）
　　　　　　　〇〇銀行〇〇支店　　普通預金
　　　　　　　口座番号　　〇〇〇〇〇〇
　　　　　　　口座名義　　〇〇〇〇〇〇

【この契約書を用いるケース】
　☑会社間で株式譲渡を行う場合
　　⇨会社分割の場合は本章❶、事業譲渡の場合は本章❷

● 前　　文

【応用】契約の当事者を追加する　・・▶　1552 ページ

● 株式譲渡の方法　　重要度 A

株式譲渡契約の内容を簡潔に記載しましょう。譲渡対象だけでなく、譲渡物件などについても明確にする必要があります。

【応用】代金の支払いについて規定する　・・▶　1554 ページ

第2条 (引渡等)
1 甲は、乙に対し、前条第3号に係る譲渡価額全額の支払いと引換えに、本件株式を表象する株券を引き渡す。
2 引渡し及び名義書換に要する費用は乙の負担とする。

第3条 (甲による表明・保証)
1 甲は、乙に対し、本契約締結日及び譲渡期日において、甲につき以下の事項を表明し保証する。
    ① 甲は、日本法に基づき適法かつ有効に設立され、現在適法かつ有効に存続する株式会社であること
    ② 甲は、本契約を締結し、本契約に従ってその義務を履行する完全な権限を有していること
    ③ 甲による本契約の締結及び履行は、目的の範囲内の行為であり、甲は、本契約の締結及び履行につき、法令上及び定款その他の内部規定において必要とされる一切の手続きを履践していること
    ④ 本契約の締結及び履行は、法令等又は対象会社らに関わる裁判所、政府機関、証券取引所等の判決、決定、命令、判断等に違反するものではないこと
2 甲は、乙に対し、本契約締結日及び譲渡期日において、本件株式につき以下の事項を表明し保証する。
    ① 対象会社の発行可能株式総数は〇〇株、発行済の普通株式総数は〇〇株であり、これらの株式を除き、対象会社はいかなる株式も発行していないこと
    ② 対象会社の実質上かつ株式名簿上の株主は、甲のみであること
    ③ 本件株式は、全て対象会社により適法かつ有効に発行されたものであること
    ④ 本件株式には、質権、譲渡担保権その他株主の完全な権利の行使を妨げる権利が設定されておらず、その他の第三者

● 引 渡 等　**重要度 A**

引渡しの方法について明確にしましょう。

【応用】引渡方法を変更する　　…▶　1555 ページ

● 甲（譲渡人）による表明・保証　**重要度 B**

譲渡人についてだけでなく、譲渡対象である株式や対象会社について譲渡人に保証させましょう。

【応用】表明・保証事項を追加・変更する　　…▶　1556 ページ

によるいかなる負担、制限又は権利も一切存在しないこと
3 甲は、乙に対し、本契約締結日及び譲渡期日において、対象会社につき以下の事項を表明し保証する。
① 対象会社は、日本法に基づき適法かつ有効に設立され、現在適法かつ有効に存続する株式会社であること
② 対象会社は、対象会社が業務を遂行するにつき必要な別紙許認可一覧記載の許認可の取得を行っており、当該許認可が有効に存続していること
③ 甲が乙に対し交付した令和〇年〇月〇日（以下「基準日」という。）現在の対象会社の決算報告書（貸借対照表、損益計算書、付属明細書、財産目録及びその他財務諸表）が、日本国内で一般に公正妥当と認められた会計原則に従って作成されたものであり、基準日現在の対象会社の資産及び負債を適法かつ正確に表示していること
④ 対象会社の基準日以降の資産及び負債が、対象会社の通常の事業遂行に伴う変動を除き、経営に悪影響を及ぼす変動がないこと
⑤ 甲が乙に対し開示した事実又は資料が真実であること
⑥ 本契約締結日から譲渡期日までの間に、対象会社が保証行為その他の通常の商取引以外の行為により、財務内容に変更を加えないこと
⑦ 本契約締結日において、対象会社に関する民事訴訟、民事執行、民事保全又は民事再生等の法的手続又は公租公課の滞納処分等の強制徴収手続が現に存在せず、また甲の知る限り今後発生するおそれがないこと
⑧ 本契約締結日以前に納付期限の到来した公租公課につき、適正に申告し、その納付を完了していること

第4条　（乙による表明・保証）

乙は、甲に対し、本契約締結日及び譲渡期日において、以下の

- ●乙（譲受人）による表明・保証　重要度 B

  後の紛争予防の観点から、譲受人についても表明・保証させましょう。

  【応用】表明・保証事項を追加・変更する　・・▶　1558 ページ

事項を表明し保証する。
① 乙は、日本法に基づき適法かつ有効に設立され、現在適法かつ有効に存続する株式会社であること
② 乙は、本契約を締結し、本契約に従ってその義務を履行する完全な権限を有していること
③ 乙による本契約の締結及び履行は、目的の範囲内の行為であり、乙は、本契約の締結及び履行につき、法令上及び定款その他の内部規定において必要とされる一切の手続きを履践していること
④ 本契約の締結及び履行は、法令等又は対象会社らに関わる裁判所、政府機関、証券取引所等の判決、決定、命令、判断等に違反するものではないこと

第5条 （甲の履行の前提条件）

甲は、譲渡期日において、以下の各号の全てが満たされていることを前提条件として、本契約に定める義務を履行する。
① 第4条に定める乙の表明及び保証が真実かつ正確であること
② 乙が、本契約に基づく義務に違反していないこと

第6条 （乙の履行の前提条件）

乙は、譲渡期日において、以下の各号の全てが満たされていることを前提条件として、本契約に定める義務を履行する。
① 第3条に定める甲の表明及び保証が真実かつ正確であること
② 甲が、本契約に基づく義務に違反していないこと

第7条 （対象会社役員の処遇）

甲は、令和〇年〇月期の対象会社の株主総会において、甲が対象会社に対して派遣した別紙記載の役員を辞任させる。

- ●甲（譲渡人）の履行の前提条件　重要度 B

  譲受人が表明・保証した事項が真実でなかった場合に備えて、義務履行の前提条件を明確にしましょう。

  【応用】前提条件を追加・変更する　・・・▶　1559 ページ

- ●乙（譲受人）の履行の前提条件　重要度 B

  譲渡人が表明・保証した事項が真実でなかった場合に備えて、義務履行の前提条件を明確にしましょう。

  【応用】前提条件を追加・変更する　・・・▶　1560 ページ

- ●対象会社役員の処遇　重要度 C

  対象会社に派遣されている役員がいる場合には、当該従業員の処遇について明確にしましょう。

  【応用】対象会社役員の処遇を変更する　・・・▶　1561 ページ

第8条　（従業員の処遇）
　　乙は、譲渡期日以降における対象会社の従業員について、原則として、譲渡期日における雇用条件を実質的に維持したうえで、対象会社における雇用を継続するよう努める。ただし、法令、規則、規制、条例、就業規則等に基づき、雇用条件の変更又は解雇を行う場合は、この限りでない。

第9条　（公表）
　　甲及び乙は、本契約の締結（交渉の経緯も含む。）及びその内容について、相手方当事者の承諾なくして公表を行わない。

第10条　（守秘義務）
1　甲及び乙は、相手方当事者の書面による同意がない限り、本契約期間中はもとより終了後も、本契約の交渉過程に関する情報及び本契約締結前のデュー・ディリジェンス、本契約の締結、本契約に定める取引の実行その他本契約に関連して相手方当事者から受領したいかなる情報も、本契約の目的以外に使用せず、また、法令（各証券取引所及び日本証券業協会の規則を含む。）の命ずるところに従って開示する場合を除き、第三者に開示してはならないものとする。
2　前項の定めは、次の各号に該当する情報には適用されないものとする。
　①　開示の時点で既に受領当事者が保有している情報
　②　受領当事者が独自に開発した情報
　③　開示の時点で公知であった情報及び開示後に受領当事者の責によらずに公知となった情報
　④　受領当事者が秘密保持義務を負うことなく第三者から正当に入手した情報
　⑤　裁判所又は行政機関から法令、規則、行政指導等に基づき開示を求められた情報

- 従業員の処遇　**重要度 B**

  従業員の処遇について記載するのが一般的です。

  【応用】従業員の処遇を変更する　　…▶　1561ページ

- 公　　表　**重要度 C**

  公表するか否かについては明確にするとよいでしょう。

  【応用】公表方法を限定する　　…▶　1562ページ
  　　　　公表しないことを規定する　…▶　1562ページ

- 守秘義務　**重要度 B**

  守秘義務について記載するのが一般的です。

  【応用】守秘義務期間について規定する　…▶　1563ページ
  　　　　開示についての取扱いを変更する　…▶　1564ページ

第11条 （競業避止義務）
　　甲は、譲渡期日から5年間、日本において乙の事前の承諾なしに、対象会社の事業と同一の事業を行うことができない。

第12条 （解除）
　　甲又は乙が以下の各号のいずれかに該当したときは、相手方は催告及び自己の債務の履行の提供をしないで直ちに本契約の全部又は一部を解除することができる。なお、この場合でも損害賠償の請求を妨げない。
① 本契約の一つにでも違反したとき
② 監督官庁から営業停止又は営業免許もしくは営業登録の取消等の処分を受けたとき
③ 差押、仮差押、仮処分、強制執行、担保権の実行としての競売、租税滞納処分その他これらに準じる手続きが開始されたとき
④ 破産、民事再生、会社更生又は特別清算の手続開始等の申立てがなされたとき
⑤ 自ら振り出し又は引き受けた手形もしくは小切手が1回でも不渡りとなったとき、又は支払停止状態に至ったとき
⑥ 合併による消滅、資本の減少、営業の廃止・変更又は解散決議がなされたとき
⑦ その他、支払能力の不安又は背信的行為の存在等、本契約を継続することが著しく困難な事情が生じたとき

第13条 （損害賠償）
　　甲又は乙は、本契約に違反することにより、相手方に損害を与えたときは、その損害の全て（弁護士費用及びその他の実費も含むが、これに限られない。）を賠償しなければならない。

● 競業避止義務　**重要度 B**

競業避止義務について記載するのが一般的です。

【応用】競業避止義務を課さない　　・・・▶　1564 ページ
　　　　競業避止義務の対象範囲を限定する　・・・▶　1564 ページ
　　　　合意書を作成する　・・・▶　1565 ページ

● 解　　除　**重要度 B**

民法等で定めた解除事由より広く解除できる場合を認めるため記載しています。なお、改正民法では、法定解除のうち催告による場合、相手方の債務不履行が契約および取引上の社会通念に照らして軽微な場合において、解除が認められないこととなりました（改正民法 541 条但書）。

【応用】約定解除権を限定する　　・・・▶　1565 ページ
　　　　解除の条件を変更する　　・・・▶　1566 ページ

● 損害賠償　**重要度 C**

損害賠償規定は民法等にも存在しますが、弁護士費用や実費なども賠償対象とするため記載しています。

【応用】賠償請求権を限定する　　・・・▶　1567 ページ
　　　　賠償額について具体的に規定する　・・・▶　1568 ページ
　　　　違約金について規定する　・・・▶　1568 ページ
　　　　救済手段について規定する　・・・▶　1568 ページ

第14条 （遅延損害金）
　乙が本契約に基づく金銭債務の支払いを遅延したときは、甲に対し、支払期日の翌日から支払済みに至るまで、年14.6％（年365日日割計算）の割合による遅延損害金を支払うものとする。

第15条 （反社会的勢力の排除）
1　甲及び乙は、自己又は自己の役員が、暴力団、暴力団関係企業、総会屋もしくはこれらに準ずる者又はその構成員（以下これらを「反社会的勢力」という。）に該当しないこと、及び次の各号のいずれにも該当しないことを表明し、かつ将来にわたっても該当しないことを相互に確約する。
　①　反社会的勢力に自己の名義を利用させること
　②　反社会的勢力が経営を実質的に支配していると認められる関係を有すること
2　甲又は乙は、前項の一つにでも違反することが判明したときは、何らの催告を要せず、本契約を解除することができる。
3　本条の規定により本契約が解除された場合には、解除された者は、解除により生じる損害について、その相手方に対し一切の請求を行わない。

第16条 （協議解決）
　本契約に定めのない事項又は本契約の解釈について疑義が生じたときは、甲乙誠意をもって協議のうえ解決する。

第17条 （合意管轄）
　甲及び乙は、本契約に関し裁判上の紛争が生じたときは、東京地方裁判所を専属的合意管轄裁判所とすることに合意する。

● 遅延損害金　重要度 B

履行期日に遅れた場合の損害に関する定めを記載しましょう。

【応用】遅延損害金利率を変更する　・・・▶　1569 ページ

● 反社会的勢力の排除　重要度 B

契約当事者が反社会的勢力と関わっていることが判明した場合に、即座に契約関係を解消することができるようにするために規定しています。

【応用】対象者を限定する　・・・▶　1570 ページ
　　　　賠償額を具体的に規定する　・・・▶　1571 ページ

● 協議解決　重要度 C

協議により紛争回避を図る可能性を探るため規定しています。なお、この規定に法的な拘束力はありません。

【応用】紛争解決方法について具体的に規定する　・・・▶　1571 ページ
　　　　契約の当事者を追加する　・・・▶　1571 ページ

● 合意管轄　重要度 B

紛争が生じた際に自己に有利な管轄裁判所において裁判を行うための規定です。

【応用】合意管轄裁判所を変更する　・・・▶　1572 ページ
　　　　契約の当事者を追加する　・・・▶　1572 ページ

会社組織　4　株式譲渡契約書

本契約締結の証として、本契約書２通を作成し、甲乙相互に署名又は記名・捺印のうえ、各１通を保有することとする。

令和　　年　　月　　日

　　　　　　　　　　　　甲

　　　　　　　　　　　　　　　　　　　　　　　　㊞

　　　　　　　　　　　　乙

　　　　　　　　　　　　　　　　　　　　　　　　㊞

※　株式譲渡契約書には、印紙の貼付は不要です。

● 後　　文

　【応用】契約書の作成方法を変更する　　…▶　1573 ページ
　　　　　契約の当事者を追加する　　…▶　1573 ページ

作成のテクニック

▶前文

> (譲渡人)○○○○(以下「甲」という。)と(譲受人)○○○○(以下「乙」という。)は、(対象会社)株式会社○○(以下「対象会社」という。)の株式(以下「本件株式」という。)を譲渡するにつき、次のとおり株式譲渡契約(以下「本契約」という。)を締結する。

【契約の当事者を追加する】

・改正民法に適合した連帯保証人条項を設ける場合・　　　　〔譲渡人有利〕

民法改正により、委託を受けた個人保証人に対し、契約締結時に情報提供義務を怠る、または虚偽の情報を提供すると、保証契約が取り消されるおそれがあります(改正民法465条の10第2項)。

> (譲渡人)○○○○(以下「甲」という。)と(譲受人)○○○○(以下「乙」という。)<u>及び(連帯保証人)○○○○(以下「丙」という。)</u>は、(対象会社)株式会社○○(以下「対象会社」という。)の株式(以下「本件株式」という。)を譲渡するにつき、次のとおり株式譲渡契約(以下「本契約」という。)を締結する。
> (略)
> 第○条(連帯保証人)
> 1　<u>丙は、乙の連帯保証人として、本契約により生ずる乙の甲に対する一切の債務の弁済につき、連帯して保証する。</u>
> 2　<u>乙は、丙に対し、別紙のとおり保証契約の前提となる情報を提供し、丙は、別紙の情報の提供を受けたことを確認する。</u>
> 第○条(協議解決)
> 　　本契約に定めのない事項又は本契約の解釈について疑義が生じたときは、甲、乙及び丙は誠意をもって協議のうえ解決する。
> 第○条(合意管轄)
> 　　甲、乙及び丙は、本契約に関し裁判上の紛争が生じたときは、東京地方裁判所を専属的合意管轄裁判所とすることに合意する。
> (略)

本契約締結の証として、本契約書3通を作成し、甲乙丙相互に署名又は記名・捺印のうえ、各1通を保有することとする。
（略）

　　　　　　　　　　　　　　　　　丙

　　　　　　　　　　　　　　　　　　　　　　　　　　　㊞

【別紙】

　乙は、本契約締結時における自らの情報を以下のとおり提供する。

財産及び収支の状況	
主債務以外に負担している債務の有無、額及び履行状況	
主債務の担保として他に提供し又は提供しようとするものの内容	

第1条（株式譲渡の方法）　重要度A

甲は、乙に対し、本件株式を以下の本契約の条件に従い譲渡し、乙はこれを譲り受ける。
① 　譲渡対象　　対象会社発行の普通株式
② 　譲渡数　　　〇〇株
③ 　譲渡価額　　金〇〇円
④ 　譲渡期日　　令和〇年〇月〇日又は甲乙間の合意により別途定めた日
⑤ 　引渡期日　　譲渡期日と同日
⑥ 　支払期限　　譲渡期日と同日
⑦ 　支払方法　　以下の口座に銀行振込（振込手数料は乙負担）
　　　　　　　　〇〇銀行〇〇支店　　普通預金
　　　　　　　　口座番号　　〇〇〇〇〇〇
　　　　　　　　口座名義　　〇〇〇〇〇〇

【代金の支払いについて規定する】

・代金による相殺を禁止する場合・　　　　　　　　　　　〔譲渡人有利〕

> 1　（略）
> 2　乙は、本契約に基づく株式譲渡の対価に係る債務を、甲に対するいかなる債権をもっても相殺することはできない。

・代金を分割払いにする場合・　　　　　　　　　　　　　〔譲受人有利〕

> ⑥　支払期限　令和○年○月から令和○年○月まで毎月末日限り
> 　　　　　　　各金○○円（最終回のみ金○○円）

なお、代金を分割払いにするときは、期限の利益喪失条項を設けましょう（1566ページ参照）。

> 第○条（解除及び期限の利益喪失）
> 1　甲又は乙が以下の各号のいずれかに該当したときは、相手方は催告及び自己の債務の履行の提供をしないで直ちに本契約の全部又は一部を解除することができる。なお、この場合でも損害賠償の請求を妨げない。
> 　①　（略）
> 2　乙が前項各号のいずれかに該当した場合、乙は当然に本契約から生じる一切の債務について期限の利益を失い、乙は甲に対して、その時点において乙が負担する債務を直ちに一括して弁済しなければならない。

▶ 第2条（引渡等）　重要度A

> 1　甲は、乙に対し、前条第3号に係る譲渡価額全額の支払いと引換えに、本件株式を表象する株券を引き渡す。
> 2　引渡し及び名義書換に要する費用は乙の負担とする。

【引渡方法を変更する】

・株主名簿書換請求書の引渡しとする場合（株券不発行の場合）・

> 1　甲は、乙に対し、前条第３号に係る譲渡価額全額の支払いと引換えに、本件株式に係る株主名簿書換請求書を引き渡す。

第３条（甲（譲渡人）による表明・保証）　重要度B

> 1　甲は、乙に対し、本契約締結日及び譲渡期日において、甲につき以下の事項を表明し保証する。
> 　① 甲は、日本法に基づき適法かつ有効に設立され、現在適法かつ有効に存続する株式会社であること
> 　② 甲は、本契約を締結し、本契約に従ってその義務を履行する完全な権限を有していること
> 　③ 甲による本契約の締結及び履行は、目的の範囲内の行為であり、甲は、本契約の締結及び履行につき、法令上及び定款その他の内部規定において必要とされる一切の手続きを履践していること
> 　④ 本契約の締結及び履行は、法令等又は対象会社らに関わる裁判所、政府機関、証券取引所等の判決、決定、命令、判断等に違反するものではないこと
> 2　甲は、乙に対し、本契約締結日及び譲渡期日において、本件株式につき以下の事項を表明し保証する。
> 　① 対象会社の発行可能株式総数は○○株、発行済の普通株式総数は○○株であり、これらの株式を除き、対象会社はいかなる株式も発行していないこと
> 　② 対象会社の実質上かつ株式名簿上の株主は、甲のみであること
> 　③ 本件株式は、全て対象会社により適法かつ有効に発行されたものであること
> 　④ 本件株式には、質権、譲渡担保権その他株主の完全な権利の行使を妨げる権利が設定されておらず、その他の第三者によるいかなる負担、制限又は権利も一切存在しないこと

3　甲は、乙に対し、本契約締結日及び譲渡期日において、対象会社につき以下の事項を表明し保証する。
　①　対象会社は、日本法に基づき適法かつ有効に設立され、現在適法かつ有効に存続する株式会社であること
　②　対象会社は、対象会社が業務を遂行するにつき必要な別紙許認可一覧記載の許認可の取得を行っており、当該許認可が有効に存続していること
　③　甲が乙に対し交付した令和〇年〇月〇日（以下「基準日」という。）現在の対象会社の決算報告書（貸借対照表、損益計算書、付属明細書、財産目録及びその他財務諸表）が、日本国内で一般に公正妥当と認められた会計原則に従って作成されたものであり、基準日現在の対象会社の資産及び負債を適法かつ正確に表示していること
　④　対象会社の基準日以降の資産及び負債が、対象会社の通常の事業遂行に伴う変動を除き、経営に悪影響を及ぼす変動がないこと
　⑤　甲が乙に対し開示した事実又は資料が真実であること
　⑥　本契約締結日から譲渡期日までの間に、対象会社が保証行為その他の通常の商取引以外の行為により、財務内容に変更を加えないこと
　⑦　本契約締結日において、対象会社に関する民事訴訟、民事執行、民事保全又は民事再生等の法的手続又は公租公課の滞納処分等の強制徴収手続が現に存在せず、また甲の知る限り今後発生するおそれがないこと
　⑧　本契約締結日以前に納付期限の到来した公租公課につき、適正に申告し、その納付を完了していること

【表明・保証事項を追加・変更する】

・対象会社についての表明・保証につき、「譲渡人が知り得る限り」との留保を付する場合・　　　　　　　　　　　　　　　　　　　　　　〔譲渡人有利〕

3　甲は、乙に対し、本契約締結日及び譲渡期日において、対象会社につき、甲の知り得る範囲に限り、以下の事項を表明し保証する。
　①　（以下略）

・対象会社の特許権・商標権等について表明・保証をする場合・
〔譲受人有利〕

> ○ 対象会社は、別紙特許権等一覧表記載の特許権、実用新案権、意匠権、商標権、著作権その他の知的財産権（以下「知的財産権」という。）につき、自ら保有するか又は知的財産権を使用する権利を有しており、第三者の知的財産権を侵害しておらず、過去に侵害した事実もなく、侵害しているとの通知を受けたこともないこと

・本契約締結に伴い、譲渡人が対象会社に対する商標権等の譲渡契約を締結した場合・
〔譲受人有利〕

> ○ 甲が対象会社との間で、譲渡期日において別紙商標権等一覧表記載の商標権等につき譲渡する旨の譲渡契約を締結済みであり、移転に必要な登録等の申請手続は全て終了したこと

・対象会社が営業秘密等につき使用許諾していないことを保証させる場合・
〔譲受人有利〕

> ○ 対象会社は、対象会社の行う事業に関する営業秘密又はノウハウについて、第三者に対し何らの使用許諾をしていないこと

・対象会社には労働紛争等がないことにつき保証させる場合・〔譲受人有利〕

> ○ 対象会社の従業員に関し、雇用に関する紛争が存在せず、今後発生するおそれがないこと

・記載の事項以外については何らの表明・保証も行わないことを明記する場合・
〔譲渡人有利〕

> 4　甲は、前各項の表明・保証事項以外の事項については、何ら表明し保証するものではない。

•表明・保証違反の場合の解除規定を特別に設ける場合• 〔譲受人有利〕

> 4 前各項の表明及び保証に甲の違反が存在したときは、乙は甲に対し書面により通知を行い、違反の程度に応じて、本契約の全部又は一部の解除を行うことができる。この場合でも乙の甲に対する損害賠償請求を妨げない。

•表明・保証条項について別紙を作成する場合•

> 甲は、乙に対し、本契約締結日及び譲渡期日において、別紙表明・保証事項一覧表（甲）記載の事項につき表明し保証する。

▶第4条（乙（譲受人）による表明・保証） 重要度B

> 乙は、甲に対し、本契約締結日及び譲渡期日において、以下の事項を表明し保証する。
> ① 乙は、日本法に基づき適法かつ有効に設立され、現在適法かつ有効に存続する株式会社であること
> ② 乙は、本契約を締結し、本契約に従ってその義務を履行する完全な権限を有していること
> ③ 乙による本契約の締結及び履行は、目的の範囲内の行為であり、乙は、本契約の締結及び履行につき、法令上及び定款その他の内部規定において必要とされる一切の手続きを履践していること
> ④ 本契約の締結及び履行は、法令等又は対象会社らに関わる裁判所、政府機関、証券取引所等の判決、決定、命令、判断等に違反するものではないこと

【表明・保証事項を追加・変更する】

•記載の表明・保証事項以外については何らの表明・保証も行わないことを明記する場合• 〔譲受人有利〕

> 1 （略）

> 2　乙は、前項の表明・保証事項以外の事項については、何ら表明し保証するものではない。

・表明・保証違反の場合の解除規定を特別に設ける場合・　　　〔譲渡人有利〕

> 1　（略）
> 2　前項の表明及び保証に乙の違反が存在したときは、甲は乙に対し書面により通知を行い、違反の程度に応じて、本契約の全部又は一部の解除を行うことができる。この場合でも甲の乙に対する損害賠償請求を妨げない。

・表明・保証条項について別紙を作成する場合・

> 乙は、甲に対し、本契約締結日及び譲渡期日において、別紙表明・保証事項一覧表（乙）記載の事項につき表明し保証する。

第5条（甲（譲渡人）の履行の前提条件）　重要度B

> 甲は、譲渡期日において、以下の各号の全てが満たされていることを前提条件として、本契約に定める義務を履行する。
> ①　第4条に定める乙の表明及び保証が真実かつ正確であること
> ②　乙が、本契約に基づく義務に違反していないこと

【前提条件を追加・変更する】

・必要書類の交付を前提条件とする場合・　　　　　　　　　〔譲渡人有利〕

> ③　乙から甲に対し、以下の書類が交付されていること
> 　（1）（以下略）

第6条（乙（譲受人）の履行の前提条件）　重要度 B

> 乙は、譲渡期日において、以下の各号の全てが満たされていることを前提条件として、本契約に定める義務を履行する。
> ① 第3条に定める甲の表明及び保証が真実かつ正確であること
> ② 甲が、本契約に基づく義務に違反していないこと

【前提条件を追加・変更する】

・本件株式が譲渡制限付株式である場合・　　　　　　　　〔譲受人有利〕

> ○ 対象会社において、本件株式の甲から乙への譲渡を承認する取締役会決議が行われ、その取締役会議事録の写しが乙に交付されていること

・必要書類の交付を前提条件とする場合・　　　　　　　　〔譲受人有利〕

> ○ 甲から乙に対し、以下の書類が交付されていること
> (1) （以下略）

・行政上の許認可手続の完了を前提条件とする場合・　　　〔譲受人有利〕

> ○ 本件株式の譲渡に関し、甲の事業につき、法令上必要な行政上の許認可による手続きが全て完了していること

・第三者への通知の実施等の完了を前提条件とする場合・　〔譲受人有利〕

> ○ 本件株式の譲渡に関し、甲又は対象会社が契約上要求されている通知の実施及び承諾の取得が全て完了していること

・対象会社の大口取引先との取引継続を前提条件とする場合・〔譲受人有利〕

> ○ 甲が、譲渡期日までに、別紙取引先一覧記載の取引先が、譲渡期日後も対象会社との取引を継続する旨の書面による承認を得たこと

▶ 第7条（対象会社役員の処遇） 重要度 C

甲は、令和〇年〇月期の対象会社の株主総会において、甲が対象会社に対して派遣した別紙記載の役員を辞任させる。

【対象会社役員の処遇を変更する】

・対象会社に派遣された役員の雇用を継続させる場合・

乙は、甲より対象会社に出向している別紙記載の役員について、原則として、譲渡期日における契約条件を実質的に維持したうえで、対象会社における役員としての雇用を継続するよう努める。ただし、法令、規則、規制、条例、就業規則等に基づき、契約条件の変更又は解除を行う場合は、この限りでない。

▶ 第8条（従業員の処遇） 重要度 B

乙は、譲渡期日以降における対象会社の従業員について、原則として、譲渡期日における雇用条件を実質的に維持したうえで、対象会社における雇用を継続するよう努める。ただし、法令、規則、規制、条例、就業規則等に基づき、雇用条件の変更又は解雇を行う場合は、この限りでない。

【従業員の処遇を変更する】

・雇用条件継続の努力義務を負う期間を限定する場合・　　　　【譲受人有利】

乙は、譲渡期日以降における対象会社の従業員について、原則として、譲渡期日における雇用条件を実質的に維持したうえで、対象会社における雇用を譲渡期日から〇年間は継続するよう努める。ただし、法令、規則、規制、条例、就業規則等に基づき、雇用条件の変更又は解雇を行う場合は、この限りでない。

・従業員の扱いについては協議事項とする場合・

> 対象会社の従業員に関する契約関係及びその取扱いについては、譲渡期日までに、甲乙協議により定める。

・譲渡人による対象会社従業員の勧誘を禁止する場合・　　〔譲受人有利〕

> 1　(略)
> 2　甲は、譲渡期日後○年間、対象会社の従業員について、甲又は甲の関連会社への就業を勧誘してはならない。

▶第9条(公表)　重要度C

> 甲及び乙は、本契約の締結(交渉の経緯も含む。)及びその内容について、相手方当事者の承諾なくして公表を行わない。

【公表方法を限定する】

・公表の承諾を書面に限定する場合・

> 甲及び乙は、本契約の締結(交渉の経緯も含む。)及びその内容について、相手方当事者の書面による承諾なくして公表を行わない。

【公表しないことを規定する】

・公表はしないとする場合・

> 甲及び乙は、本契約の締結(交渉の経緯も含む。)及びその内容の公表は行わない。

第10条（守秘義務） 重要度 B

> 1 甲及び乙は、相手方当事者の書面による同意がない限り、本契約期間中はもとより終了後も、本契約の交渉過程に関する情報及び本契約締結前のデュー・ディリジェンス、本契約の締結、本契約に定める取引の実行その他本契約に関連して相手方当事者から受領したいかなる情報も、本契約の目的以外に使用せず、また、法令（各証券取引所及び日本証券業協会の規則を含む。）の命ずるところに従って開示する場合を除き、第三者に開示してはならないものとする。
> 2 前項の定めは、次の各号に該当する情報には適用されないものとする。
> 　① 開示の時点で既に受領当事者が保有している情報
> 　② 受領当事者が独自に開発した情報
> 　③ 開示の時点で公知であった情報及び開示後に受領当事者の責によらずに公知となった情報
> 　④ 受領当事者が秘密保持義務を負うことなく第三者から正当に入手した情報
> 　⑤ 裁判所又は行政機関から法令、規則、行政指導等に基づき開示を求められた情報

【守秘義務期間について規定する】

・守秘義務の期間を限定する場合・

> 1 甲及び乙は、相手方当事者の書面による同意がない限り、本契約締結期間中<u>及び終了後○年間</u>、本契約の交渉過程に関する情報及び本契約締結前のデュー・ディリジェンス、本契約の締結、本契約に定める取引の実行その他本契約に関連して相手方当事者から受領したいかなる情報も、本契約の目的以外に使用せず、また、法令（各証券取引所及び日本証券業協会の規則を含む。）の命ずるところに従って開示する場合を除き、第三者に開示してはならないものとする。

【開示についての取扱いを変更する】

・裁判所、捜査機関等の命令に従って開示をした場合に、遅滞なく相手方に通知することとする場合・

> 3　甲及び乙は、前項第5号に基づき開示を行った場合には、遅滞なく相手方に通知することとする。

第11条（競業避止義務） 重要度B

> 甲は、譲渡期日から5年間、日本において乙の事前の承諾なしに、対象会社の事業と同一の事業を行うことができない。

【競業避止義務を課さない】

・競業避止義務を課さない場合・　　　　　　　　　　　　　　　〔譲渡人有利〕

> 甲は、<u>本件譲渡にかかわらず、対象会社の事業について、競業避止義務を負わない。</u>

【競業避止義務の対象範囲を限定する】

・競業避止義務を負う対象業務を限定する場合・

> 甲は、譲渡期日から5年間、日本において乙の事前の承諾なしに、<u>対象会社の事業のうち○○事業について</u>同一の事業を行うことができない。

・競業避止義務を負う地域を限定する場合・

> 甲は、譲渡期日から5年間、<u>九州</u>において乙の事前の承諾なしに、対象会社の事業と同一の事業を行うことができない。

【合意書を作成する】

・競業に関する合意書を作成する場合・

> 1　（略）
> 2　甲は、本件譲渡による対象会社と同一の事業を前項の承諾を得て行うにあたっては、別途、甲乙間で本契約締結日に締結する競業に関する合意書に従って行うものとする。

▶第12条（解除）　重要度 B

> 甲又は乙が以下の各号のいずれかに該当したときは、相手方は催告及び自己の債務の履行の提供をしないで直ちに本契約の全部又は一部を解除することができる。なお、この場合でも損害賠償の請求を妨げない。
> ①　本契約の一つにでも違反したとき
> ②　監督官庁から営業停止又は営業免許もしくは営業登録の取消等の処分を受けたとき
> ③　差押、仮差押、仮処分、強制執行、担保権の実行としての競売、租税滞納処分その他これらに準じる手続きが開始されたとき
> ④　破産、民事再生、会社更生又は特別清算の手続開始等の申立てがなされたとき
> ⑤　自ら振り出し又は引き受けた手形もしくは小切手が１回でも不渡りとなったとき、又は支払停止状態に至ったとき
> ⑥　合併による消滅、資本の減少、営業の廃止・変更又は解散決議がなされたとき
> ⑦　その他、支払能力の不安又は背信的行為の存在等、本契約を継続することが著しく困難な事情が生じたとき

【約定解除権を限定する】

・譲渡人のみに約定解除権を認める場合・　　　　　　　　　〔譲渡人有利〕

> 乙が以下の各号のいずれかに該当したときは、甲は催告及び自己の債務

の履行の提供をしないで直ちに本契約の全部又は一部を解除することができる。なお、この場合でも損害賠償の請求を妨げない。

・譲受人のみに約定解除権を認める場合・ 〔譲受人有利〕

甲が以下の各号のいずれかに該当したときは、<u>乙は</u>催告及び自己の債務の履行の提供をしないで直ちに本契約の全部又は一部を解除することができる。なお、この場合でも損害賠償の請求を妨げない。

【解除の条件を変更する】

・解除前に催告を要求する場合・

甲又は乙が以下の各号のいずれかに該当したときは、相手方は<u>相当の期間を定めて催告を行い、その期間内に是正がなされない場合、</u>本契約の全部又は一部を解除することができる。なお、この場合でも損害賠償の請求を妨げない。

・効力発生日以後の解除を認めないことを規定する場合・

1 (略)
2 前項の解除権の行使は、譲渡期日以降はいかなる理由によっても認められないものとする。

・期限の利益喪失条項を設ける場合・ 〔譲渡人有利〕

代金の分割払いを認めているときには、譲受人の信用不安に備えて、譲受人に一定の事項が生じたときに譲渡人が残金全額を請求できるようにしておくべきです。次の変更例では、解除条項に第2項を新設して、期限の利益喪失事由を解除事由から流用しています。なお、この場合の条文のタイトルは、「解除及び期限の利益喪失」となります。

第12条 (解除及び期限の利益喪失)
1 甲又は乙が以下の各号のいずれかに該当したときは、相手方は催告及び自己の債務の履行の提供をしないで直ちに本契約の全部又は一

部を解除することができる。なお、この場合でも損害賠償の請求を妨げない。
① （略）
2　乙が前項各号のいずれかに該当した場合、乙は当然に本契約から生じる一切の債務について期限の利益を失い、乙は甲に対して、その時点において乙が負担する債務を直ちに一括して弁済しなければならない。

•すべての取引の期限の利益を喪失させる場合•　　　　　　〔譲渡人有利〕

譲受人との間で本契約以外の取引も行っている場合の変更例です。上記「期限の利益喪失条項を設ける場合」の第2項を次のように修正しましょう。

2　乙が前項各号のいずれかに該当した場合、乙は当然に本契約その他甲との間で締結している全ての契約から生じる一切の債務について期限の利益を失い、乙は甲に対して、その時点において乙が負担する一切の債務を直ちに一括して弁済しなければならない。

第13条（損害賠償）　重要度C

甲又は乙は、本契約に違反することにより、相手方に損害を与えたときは、その損害の全て（弁護士費用及びその他の実費も含むが、これに限られない。）を賠償しなければならない。

【賠償請求権を限定する】

•譲渡人のみに賠償請求権を認める場合•　　　　　　　　〔譲渡人有利〕

乙は、本契約に違反することにより、甲に損害を与えたときは、その損害の全て（弁護士費用及びその他の実費も含むが、これに限られない。）を賠償しなければならない。

・譲受人のみに賠償請求権を認める場合・　　　　　　　　〔譲受人有利〕

> 甲は、本契約に違反することにより、乙に損害を与えたときは、その損害の全て（弁護士費用及びその他の実費も含むが、これに限られない。）を賠償しなければならない。

【賠償額について具体的に規定する】

・具体的な賠償額の予定を行う場合・

> 甲又は乙は、本契約に違反することにより、相手方に損害を与えたときは、代金総額の20％相当額の違約金を賠償しなければならない。ただし、これを超える損害が発生したときは、その超過額も賠償しなければならない。

・損害賠償額を限定する場合・

> 甲又は乙は、本契約に違反することにより、相手方に損害を与えたときは、代金総額を上限として、損害を賠償しなければならない。

【違約金について規定する】

・故意または重過失による賠償のときに追加で違約金の支払いを認める場合・

> 1　（略）
> 2　甲又は乙は、故意又は重過失により、相手方に損害を与えたときは、代金総額の20％相当額の違約金を前項の損害に加算して賠償しなければならない。

【救済手段について規定する】

・救済手段の限定に関する規定を置く場合・

> 本契約に関連して生じた損害等の補償又は賠償等及び本契約の解除は、本契約に定めるところによってのみ可能であり、各当事者は、係る場合

を除き、債務不履行、契約不適合責任、不法行為、不当利得その他法律構成の如何を問わず、相手方当事者に対して損害等の補償又は賠償等を請求し、又は本契約を解除することはできないものとする。

▶第14条（遅延損害金） 重要度B

乙が本契約に基づく金銭債務の支払いを遅延したときは、甲に対し、支払期日の翌日から支払済みに至るまで、年14.6％（年365日日割計算）の割合による遅延損害金を支払うものとする。

【遅延損害金利率を変更する】

遅延損害金利率の定めがないときの利率は法定利率によるとされているところ、民法改正により法定利率が年5％から年3％（その後3年ごとに見直しが行われます）となり（改正民法404条）、遅延損害金利率もこれに連動します（改正民法419条）。また、同改正により、商事法定利率（6％）は廃止されます。
当事者間で、法定利率とは異なる利率を定めることも可能です。民法改正により、法定利率は3年ごとに見直される変動制となることから、遅延損害金利率について定めを置くことが、より重要となります。

・遅延損害金利率を高くする場合・　　　　　　　　　　　　〔譲渡人有利〕

乙が本契約に基づく金銭債務の支払いを遅延したときは、甲に対し、支払期日の翌日から支払済みに至るまで、年20％（年365日日割計算）の割合による遅延損害金を支払うものとする。

当事者間で、法定利率を上回る利率を定めることも可能ですが、他の法律で上限が定められていますので注意が必要です。

・遅延損害金利率を低くする場合・　　　　　　　　　　　　〔譲受人有利〕

乙が本契約に基づく金銭債務の支払いを遅延したときは、甲に対し、支払期日の翌日から支払済みに至るまで、年1％（年365日日割計算）の

割合による遅延損害金を支払うものとする。

第15条（反社会的勢力の排除）　重要度B

1　甲及び乙は、自己又は自己の役員が、暴力団、暴力団関係企業、総会屋もしくはこれらに準ずる者又はその構成員（以下これらを「反社会的勢力」という。）に該当しないこと、及び次の各号のいずれにも該当しないことを表明し、かつ将来にわたっても該当しないことを相互に確約する。
　　①　反社会的勢力に自己の名義を利用させること
　　②　反社会的勢力が経営を実質的に支配していると認められる関係を有すること
2　甲又は乙は、前項の一つにでも違反することが判明したときは、何らの催告を要せず、本契約を解除することができる。
3　本条の規定により本契約が解除された場合には、解除された者は、解除により生じる損害について、その相手方に対し一切の請求を行わない。

【対象者を限定する】

・譲受人のみを対象とする場合・　　　　　　　　　　　　　〔譲渡人有利〕

1　<u>乙は</u>、自己又は自己の役員が、暴力団、暴力団関係企業、総会屋もしくはこれらに準ずる者又はその構成員（以下これらを「反社会的勢力」という。）に該当しないこと、及び次の各号のいずれにも該当しないことを表明し、かつ将来にわたっても該当しないことを<u>確約する</u>。
　　①　反社会的勢力に自己の名義を利用させること
　　②　反社会的勢力が経営を実質的に支配していると認められる関係を有すること
2　<u>甲は、乙が</u>前項の一つにでも違反することが判明したときは、何らの催告を要せず、本契約を解除することができる。

【賠償額を具体的に規定する】

・具体的な賠償額の予定を行う場合・

> 4 本条の規定により本契約が解除された場合には、解除された者は、その相手方に対し、違約金として金○○円を支払うものとする。

第16条(協議解決) 重要度C

> 本契約に定めのない事項又は本契約の解釈について疑義が生じたときは、甲乙誠意をもって協議のうえ解決する。

【紛争解決方法について具体的に規定する】

・具体的な紛争解決機関を指定する場合・

> 本契約に定めのない事項又は本契約の解釈について疑義が生じたときは、訴訟提起以前に○○○において協議を試みなければならない。

・仲裁者をあらかじめ定める場合・

> 本契約に定めのない事項又は本契約の解釈について疑義が生じたときは、○○○○を仲裁者と定め、三者において誠意をもって協議のうえ解決する。

【契約の当事者を追加する】

・連帯保証人(丙)がいる場合・

> 本契約に定めのない事項又は本契約の解釈について疑義が生じたときは、甲、乙及び丙は誠意をもって協議のうえ解決する。

第17条（合意管轄） 重要度B

> 甲及び乙は、本契約に関し裁判上の紛争が生じたときは、東京地方裁判所を専属的合意管轄裁判所とすることに合意する。

【合意管轄裁判所を変更する】

・本店所在地を管轄する裁判所にする場合・

> 甲及び乙は、本契約に関し裁判上の紛争が生じたときは、<u>甲又は乙の本店所在地を管轄する裁判所</u>を専属的合意管轄裁判所とすることに合意する。

・本店所在地または支店所在地を管轄する裁判所にする場合・

> 甲及び乙は、本契約に関し裁判上の紛争が生じたときは、<u>甲又は乙の本店所在地もしくは支店所在地を管轄する裁判所</u>を専属的合意管轄裁判所とすることに合意する。

・対象会社の本店所在地または支店所在地を管轄する裁判所にする場合・

> 甲及び乙は、本契約に関し裁判上の紛争が生じたときは、<u>対象会社の本店所在地又は支店所在地を管轄する裁判所</u>を専属的合意管轄裁判所とすることに合意する。

【契約の当事者を追加する】

・連帯保証人（丙）がいる場合・

> <u>甲、乙及び丙</u>は、本契約に関し裁判上の紛争が生じたときは、東京地方裁判所を専属的合意管轄裁判所とすることに合意する。

後文

> 本契約締結の証として、本契約書2通を作成し、甲乙相互に署名又は記名・捺印のうえ、各1通を保有することとする。

【契約書の作成方法を変更する】

• 1通のみ原本を作成し、当事者の一方は写しのみを保管する場合 •

> 本契約締結の証として、本契約書<u>1通</u>を作成し、甲乙相互に署名又は記名・捺印のうえ、<u>〔甲／乙〕が原本を保有し、〔乙／甲〕が写しを保有する</u>こととする。

【契約の当事者を追加する】

• 連帯保証人（丙）がいる場合 •

> 本契約締結の証として、本契約書<u>3通</u>を作成し、<u>甲乙丙相互</u>に署名又は記名・捺印のうえ、各1通を保有することとする。

その他の役立つ条項

- 契約をめぐる各種取扱いについて定める場合 .... 1574 ページ
- 費用の負担について定める場合 .... 1575 ページ
- 海外企業との取引である場合に、取扱いについて定める場合 ...... 1575 ページ

◆契約をめぐる各種取扱いについて定める場合

・権利義務の譲渡禁止を規定する・

> 第○条（譲渡禁止）
> 1 甲は、乙の事前の書面による同意なく、本契約上の権利義務を第三者に対して譲渡し、又は承継させてはならず、また、本契約上の権利に質権、譲渡担保等その他名称の如何を問わず、担保の設定その他いかなる処分もしてはならないものとする。
> 2 乙は、甲の事前の書面による同意なく、本契約上の権利義務を第三者に対して譲渡し、又は承継させてはならず、また、本契約上の権利に質権、譲渡担保等その他名称の如何を問わず、担保の設定その他いかなる処分もしてはならないものとする。

・本契約締結後のデュー・ディリジェンスについて規定する・〔譲受人有利〕

> 第○条（買収監査）
> 　乙は、本契約書の締結後2か月以内において、乙及びその選任する弁護士、会計士並びにその他のアドバイザー等による、対象会社の資産及び負債等についての調査を実施、完了するものとし、甲及び対象会社はこれに協力する。

・通知・連絡の方法について規定する・

> 第○条（通知方法）
> 　本契約に基づき要求される当事者間の通知その他一切の連絡は、書面により、下記宛先（又は本条に従い通知されたその他の宛先）に、直接交付、郵便費用前払の配達証明付（又は書留）速達郵便又はファ

```
クシミリによって送付されるものとする。
甲に対して
  （宛先）
  （住所）
  （ファクシミリ番号）
乙に対して
  （宛先）
  （住所）
  （ファクシミリ番号）
```

◆費用の負担について定める場合

・本契約締結のための費用負担について規定する・

```
第○条（費用負担）
　本契約に別途定める場合を除き、本契約に係る交渉、締結及び履行に関連して発生する費用等（弁護士、公認会計士その他の専門家費用、印紙税を含む。）については、各自負担するものとする。
```

◆海外企業との取引である場合に、取扱いについて定める場合

・準拠法を日本法と定める・

```
第○条（準拠法）
　本契約は日本法に準拠し、同法によって解釈されるものとする。
```

チェックポイント

あなたが譲渡人の場合は、最低限以下の点をチェックしましょう。

- ☐ 契約の当事者が明示されているか
- ☐ 株式譲渡の対象は明確に定められているか
- ☐ 譲渡価格、支払期限、支払方法は明確か
- ☐ 解除条項に不合理な事項が入っていないか
- ☐ （分割払いの場合）期限の利益喪失条項が定められているか
- ☐ 損害賠償請求額が不合理に制限されていないか

あなたが譲受人の場合は、最低限以下の点をチェックしましょう。

- ☐ 契約の当事者が明示されているか
- ☐ 株式譲渡の対象は明確に定められているか
- ☐ 譲渡価格、支払期限、支払方法は明確か
- ☐ 解除条項に不合理な事項が入っていないか
- ☐ 損害賠償請求額が不合理に制限されていないか

MEMO

第 8 章

家族・近隣に関する契約

1 贈与契約書

贈与契約書

（贈与者）○○○○（以下「甲」という。）と、（受贈者）○○○○（以下「乙」という。）は、次のとおり贈与契約（以下「本契約」という。）を締結する。

第1条　（贈与の合意）

　甲は乙に対し、本日、甲が所有する後記物件目録記載の自動車（以下「本物件」という。）を贈与することを約し、乙はこれを受諾した。

第2条　（引渡し）

　甲は、乙に対し、本物件を、令和○年○月○日までに、甲方において、現状有姿のまま引き渡す。

第3条　（所有権）

　本物件の所有権は、本物件の引渡時に、甲から乙に移転する。

第4条　（贈与者の引渡義務）

　甲は、本物件を、贈与の目的として特定した時の状態で引き渡し、又は移転することを約したものとする。

【この契約書を用いるケース】
☑贈与を行う場合
⇨死亡を条件として贈与する場合は本章**2**

● 前　文

【応用】理由を記載する　　　…▶　1584 ページ
　　　　契約の当事者を追加する　…▶　1584 ページ

● 贈与の合意　**重要度 A**

贈与することを示した条項です。ここでは、誰に対して何を贈与するのかについて、明確にすることが大切です。

【応用】贈与の対象を変更する　　…▶　1585 ページ
　　　　停止条件を設ける　　…▶　1586 ページ

● 引 渡 し　**重要度 B**

動産の引渡時期、方法等について定めた条項です。

【応用】引渡方法を変更する　　…▶　1587 ページ
　　　　運搬費用等の負担者を変更する　…▶　1588 ページ
　　　　受贈者が受領しない場合について規定する　…▶　1589 ページ

● 所 有 権　**重要度 B**

所有権の移転時期を明確にするための条項です。

【応用】移転時期を変更する　　…▶　1589 ページ

● 贈与者の引渡義務　**重要度 B**

贈与者が義務を負う範囲について、改正民法では、贈与者は贈与契約の内容・趣旨に適合した物を受贈者に引き渡すものであり、贈与の目的物として特定した時の状態で引き渡しまたは移転することを約したものと推定するとされたため（改正民法 551 条 1 項）、これに従う内容を規定しています。

【応用】贈与者の引渡時の負担について規定する　　…▶　1590 ページ

第5条　(協議解決)

本契約に定めのない事項又は本契約の解釈について疑義が生じたときは、甲乙誠意をもって協議のうえ解決する。

第6条　(合意管轄)

甲及び乙は、本契約に関し裁判上の紛争が生じたときは、訴額等に応じ、東京簡易裁判所又は東京地方裁判所を専属的合意管轄裁判所とすることに合意する。

　本契約締結の証として、本契約書2通を作成し、甲乙相互に署名又は記名・捺印のうえ、各1通を保有することとする。

令和　　年　　月　　日

　　　　　　　　　甲

　　　　　　　　　　　　　　　　　　　㊞

　　　　　　　　　乙

　　　　　　　　　　　　　　　　　　　㊞

（物件目録）
　　登録番号　　　○○○○○○○○○○
　　車名　　　　　○○○
　　型式　　　　　○○○○○○○○○○
　　車台番号　　　○○○○○○○○○○○○

※　一般的に、贈与契約に係る契約書に印紙の貼付は不要です。ただし、不動産の贈与の場合は、「不動産の譲渡に関する契約書」（印紙税法別表第一第1号文書）に該当するため、印紙を貼付することが必要です。

- ●協議解決　重要度C

協議により紛争回避を図る可能性を探るため規定しています。なお、この規定に法的な拘束力はありません。

【応用】協議解決の方法を定める　　…▶　1590ページ

- ●合意管轄　重要度B

紛争が生じた際に自己に有利な管轄裁判所において裁判を行うための規定です。

【応用】合意管轄裁判所を変更する　　…▶　1591ページ

- ●後　文

【応用】契約書の作成方法を変更する　　…▶　1591ページ

作成のテクニック

▶ 前文

> (贈与者)○○○○(以下「甲」という。)と、(受贈者)○○○○(以下「乙」という。)は、次のとおり贈与契約(以下「本契約」という。)を締結する。

【理由を記載する】

・贈与に至った経緯(理由)を記載する場合・

> (贈与者)○○○○(以下「甲」という。)と、(受贈者)○○○○(以下「乙」という。)は、<u>乙が長年にわたり甲の身の回りの生活を支援してきたことに鑑み</u>、次のとおり贈与契約(以下「本契約」という。)を締結する。

【契約の当事者を追加する】

・複数の受贈者に対して贈与する場合・

> (贈与者)○○○○(以下「甲」という。)と、<u>(受贈者)○○○○(以下「乙1」という。)及び(受贈者)○○○○(以下「乙2」といい、乙1と乙2を総称して「乙」という。)</u>は、次のとおり贈与契約(以下「本契約」という。)を締結する。

▶ 第1条(贈与の合意) 重要度A

> 甲は乙に対し、本日、甲が所有する後記物件目録記載の自動車(以下「本物件」という。)を贈与することを約し、乙はこれを受諾した。

【贈与の対象を変更する】

・現金を贈与する場合・

> 甲は乙に対し、本日、金○○円を贈与することを約し、乙はこれを受諾した。

・土地を譲渡する場合・

> 甲は乙に対し、本日、甲が所有する後記物件目録記載の土地(以下「本物件」という。)を贈与することを約し、乙はこれを受諾した。
>
> (物件目録)
> 所　　在　　横浜市○○区○○町1丁目
> 地　　番　　○番○
> 地　　目　　宅地
> 地　　積　　○○.○○平方メートル

・土地・建物を譲渡する場合・

> 甲は乙に対し、本日、甲が所有する後記物件目録1記載の土地及び同2記載の建物(以下、土地建物を総称して「本物件」という。)を贈与することを約し、乙はこれを受諾した。
>
> (物件目録)
> 1　土地
> 　　所　　在　　横浜市○○区○○町1丁目
> 　　地　　番　　○番○
> 　　地　　目　　宅地
> 　　地　　積　　○○.○○平方メートル
> 2　建物
> 　　所　　在　　横浜市○○区○○町1丁目○番地○
> 　　家屋番号　　○番○
> 　　種　　類　　居宅
> 　　構　　造　　木造スレート葺2階建

| | 床　面　積 | 1階 | ○○.○○平方メートル |
| | | 2階 | ○○.○○平方メートル |

・贈与対象物が多数存在する場合・

> 甲は乙に対し、本日、甲が所有する別紙物件一覧表記載の動産（以下「本物件」という。）を贈与することを約し、乙はこれを受諾した。

・建物内の動産を贈与する場合・

> 甲は乙に対し、本日、東京都○○区○○町１丁目２番３号所在の倉庫内における甲所有の動産一式（以下「本物件」という。）を贈与することを約し、乙はこれを受諾した。

・債権を譲渡する場合・

> 甲は乙に対し、本日、甲が有する後記債権の表示記載の債権（以下「本件債権」という。）を贈与することを約し、乙はこれを受諾した。
>
> （債権の表示）
> 　甲の○○○○に対する、令和○年○月○日付金銭消費貸借契約に基づく貸付債権（残元本金○○円）及びこれに対する利息、遅延損害金

・株式を譲渡する場合・

> 甲は乙に対し、本日、甲が所有する株式会社○○の株式○○株（以下「本物件」という。）を贈与することを約し、乙はこれを受諾した。

【停止条件を設ける】

・停止条件付贈与にする場合・　　　　　　　　　　　　　　〔贈与者有利〕

> 第１条（停止条件付贈与）
> 　甲は乙に対し、甲が新たに普通自動車を購入することを停止条件と

> して、甲が所有する後記物件目録記載の自動車（以下「本物件」という。）を贈与することを約し、乙はこれを承諾した。

▶第2条（引渡し） 重要度B

> 甲は、乙に対し、本物件を、令和○年○月○日までに、甲方において、現状有姿のまま引き渡す。

【引渡方法を変更する】

・贈与者が名義変更の登録手続を完了させる場合・　　　　　〔受贈者有利〕

> 1　（略）
> 2　甲は、本物件の名義変更手続を令和○年○月○日までに完了させることとし、乙は名義変更に必要な書類を交付するものとする。

・贈与者に名義登録手続への協力義務を課す場合・　　　　　〔受贈者有利〕

> 1　（略）
> 2　甲は、必要書類の交付等、本物件の名義変更登録に必要な手続きにつき、乙に協力するものとする。

・占有改定の方法を用いる場合・

> 甲は、乙に対し、本物件を、令和○年○月○日までに、乙方において占有改定の方法により引き渡す。

・受贈者の指定する場所まで贈与者が持参する場合・　　　　〔受贈者有利〕

> 甲は、乙に対し、本物件を、令和○年○月○日までに、乙方に持参して、現状有姿のまま引き渡す。

・贈与者が修理をしたうえで引き渡す場合・　　　　　〔受贈者有利〕

> 甲は、乙に対し、令和○年○月○日までに、本物件を修理したうえで、甲方において引き渡す。

・贈与する物品を搬送する場合・　　　　　　　　　　〔受贈者有利〕

> 甲は、乙に対し、本物件を、令和○年○月○日までに、乙の指定する場所まで搬送する方法（搬送に係る費用は甲の負担とする。）により、現状有姿のまま引き渡す。

・定期贈与の場合・

> 甲は、乙に対し、毎月○日までに、金○○円を、乙の指定する銀行口座宛に振り込む方法により贈与する。

・株式贈与の手順を定める場合・

> 甲は、本物件に関し、令和○年○月○日までに、甲が記名押印した株主名簿名義書換請求書その他本件株式譲渡に係る株主名簿の名義書換に必要な書類を、乙に引き渡すものとする。

・債権の贈与において、譲渡通知を行うことを定める場合・

> 甲は、本件債権に関し、令和○年○月○日までに、債務者宛に内容証明郵便をもって、本件債権を譲渡した旨通知する。

【運搬費用等の負担者を変更する】

・引渡しに係る運搬費用等を受贈者の負担とする場合・　　〔贈与者有利〕

> 1　（略）
> 2　本物件の引渡しに要する費用は、乙の負担とする。

【受贈者が受領しない場合について規定する】

・受贈者が受領しないときは契約の効力がなくなることとする場合・

〔贈与者有利〕

> 1 (略)
> 2 万一、乙が本物件を受領せず、甲が相当期間を定めて受領を催告したにもかかわらず乙が本物件を受領しなかったときは、甲は、何らの催告なくして本契約を解除することができる。

▶第3条（所有権） 重要度B

> 本物件の所有権は、本物件の引渡時に、甲から乙に移転する。

【移転時期を変更する】

・契約締結時に所有権が移転する場合・

> 本物件の所有権は、本契約締結時に、甲から乙に移転する。

・登記（登録）完了時に所有権が移転する場合・

> 本物件の所有権は、所有権移転の登録（※）完了時に、甲から乙に移転する。

※不動産等の場合には「登録」を「登記」と記載してください。

▶第4条（贈与者の引渡義務） 重要度B

> 甲は、本物件を、贈与の目的として特定した時の状態で引き渡し、又は移転することを約したものとする。

【贈与者の引渡時の負担について規定する】

・贈与者に一定の負担を求める場合・ 〔受贈者有利〕

> 甲は、本物件に贈与契約の目的に適合しない箇所があった場合、乙の請求により修補、代替物の引渡し又は損害賠償の責任を負う。

第5条（協議解決）　重要度 C

> 本契約に定めのない事項又は本契約の解釈について疑義が生じたときは、甲乙誠意をもって協議のうえ解決する。

・不起訴の合意をする場合・

> 甲及び乙は、本契約に関して紛争が生じた場合でも、訴えの提起等の法的手段を用いないことを合意する。

【協議解決の方法を定める】

・仲裁者をあらかじめ定める場合・

> 甲及び乙は、本契約に定めのない事項又は本契約の解釈について疑義が生じたときは、○○○○を仲裁者と定め、三者において誠意をもって協議のうえ解決する。

第6条（合意管轄）　重要度 B

> 甲及び乙は、本契約に関し裁判上の紛争が生じたときは、訴額等に応じ、東京簡易裁判所又は東京地方裁判所を専属的合意管轄裁判所とすることに合意する。

【合意管轄裁判所を変更する】

・贈与者の住所地を管轄する裁判所とする場合・　　　　〔贈与者有利〕

> 甲及び乙は、本契約に関し裁判上の紛争が生じたときは、甲の住所地を管轄する裁判所を専属的合意管轄裁判所とすることに合意する。

・受贈者の住所地を管轄する裁判所とする場合・　　　　〔受贈者有利〕

> 甲及び乙は、本契約に関し裁判上の紛争が生じたときは、乙の住所地を管轄する裁判所を専属的合意管轄裁判所とすることに合意する。

・不動産など、贈与対象物の所在地を管轄する裁判所とする場合

> 甲及び乙は、本契約に関し裁判上の紛争が生じたときは、本物件の所在地を管轄する裁判所を専属的合意管轄裁判所とすることに合意する。

▶ 後文

> 本契約締結の証として、本契約書2通を作成し、甲乙相互に署名又は記名・捺印のうえ、各1通を保有することとする。

【契約書の作成方法を変更する】

・1通のみ原本を作成し、当事者の一方は写しのみを保管する場合・

> 本契約締結の証として、本契約書1通を作成し、甲乙相互に署名又は記名・捺印のうえ、〔乙／甲〕が原本を保有し、〔甲／乙〕が写しを保有することとする。

その他の役立つ条項

- ■ 契約をめぐる各種取扱いについて定める場合　……………　1592 ページ
- ■ 暴力団排除条項を盛り込む場合　…………………………　1594 ページ
- ■ 費用の負担について定める場合　…………………………　1594 ページ
- ■ 外国人との取引である場合に、取扱いについて定める場合　…　1595 ページ

◆契約をめぐる各種取扱いについて定める場合

・負担付贈与の場合・　　　　　　　　　　　　　　　〔贈与者有利〕

> 第○条（負担付贈与）
>   乙は、本物件の贈与を受ける条件として、下記の債務を履行することを承諾した。
>   ① 甲及び甲の妻の生存中はその扶養料として、毎月末日限り、金○○円を甲の指定する口座に対して振り込む方法により支払う。
>   ② 甲及び甲の妻に対し、病気、事故の際の看護、また介護等に努める。

・受贈者が負担を履行しない場合の解除権を定める・　　　〔贈与者有利〕

> 第○条（負担を履行しない場合における解除）
>   甲は、乙が本契約に定める義務を履行しない場合は、何らの催告なく本契約を解除することができる。

・贈与者が不履行を行った場合の賠償について規定する・　　〔受贈者有利〕

> 第○条（債務不履行責任）
>   甲が乙に対する本物件の引渡しを期日どおり履行しない場合、乙は甲に対して損害賠償請求をすることができる。

> 第○条（債務不履行責任）
>   甲が乙に対する本物件の引渡しを故意又は重過失により期日どおり履行しない場合、乙は甲に対して損害賠償請求をすることができる。

・著しい事情の変更が生じたときの撤回を定める・　　　　〔贈与者有利〕

> 第○条（事情変更）
>   本契約締結後、本物件の引渡しまでの間に著しい経済変動等により本物件の贈与が困難になったときは、甲は、乙に通知することにより、本契約を解除することができる。この場合、乙は、甲に対し、解除に伴う損害賠償等の請求を行わないものとする。

・贈与者による契約の撤回を認める・　　　　　　　　　　〔贈与者有利〕

> 第○条（贈与の撤回）
>   甲は、本物件の引渡しが完了するまでは、本契約を解除することができる。この場合、乙は、甲に対し、解除に伴う損害賠償等の請求を行わないものとする。

・守秘義務を相互に負うこととする・

> 第○条（守秘義務）
>   甲及び乙は、本契約の締結及び内容について守秘し、相手方の了承なく第三者に口外しないものとする。

・不可抗力による免責を規定する・　　　　　　　　　　　〔贈与者有利〕

> 第○条（不可効力免責）
>   万一、天変地変、経済状況の著しい変動、火災、盗難その他甲の責に帰することのできない事由により、本物件の引渡しが不可能又は著しく困難となった場合、本契約は当然に消滅し、甲は、乙に対して損害賠償等の責任を負わない。

・引渡しまでの間の善管注意義務を規定する・　　　　　　〔受贈者有利〕

> 第○条（善管注意義務）
>   甲は、本物件を乙に引き渡すまでの間、善良なる管理者の注意をもって本物件を管理する義務を負う。

◆暴力団排除条項を盛り込む場合

・一方当事者が暴力団関係者もしくは暴力団と交友がある者であった場合に契約解除を認める・

> 第○条（反社会的勢力の排除）
> 1 甲及び乙は、自己又は自己の役員が、暴力団、暴力団関係企業、総会屋もしくはこれらに準ずる者又はその構成員（以下これらを「反社会的勢力」という。）に該当しないこと、及び次の各号のいずれにも該当しないことを表明し、かつ将来にわたっても該当しないことを相互に確約する。
>   ① 反社会的勢力に自己の名義を利用させること
>   ② 反社会的勢力が経営を実質的に支配していると認められる関係を有すること
> 2 甲又は乙は、前項の一つにでも違反することが判明したときは、何らの催告を要せず、本契約を解除することができる。
> 3 本条の規定により本契約が解除された場合には、解除された者は、解除により生じる損害について、その相手方に対し一切の請求を行わない。

◆費用の負担について定める場合

・所有権移転手続に要する費用は受贈者が負担することとする・〔贈与者有利〕

> 第○条（所有権移転に要する費用の負担）
> 本物件の所有権移転手続に要する費用は、乙の負担とする。

また、土地や船舶、自動車のように、登記・登録を要する場合は、次のように記載します。

> 第○条（所有権移転に要する費用の負担）
> 本物件の所有権移転手続に必要な登録（登記）費用は、乙の負担とする。

・公租公課の負担割合を決める・

> 第○条（公租公課）
> 　本物件に関する公租公課は、引渡完了日までを甲の負担とし、その翌日以降分を乙の負担とする。なお、公租公課の起算日は1月1日とする。

◆外国人との取引である場合に、取扱いについて定める場合

・準拠法を日本法と定める・

> 第○条（準拠法）
> 　本契約は日本法に準拠し、同法によって解釈されるものとする。

チェックポイント

あなたが贈与者の場合は、最低限以下の点をチェックしましょう。

- ☐ 贈与対象物が特定されているか、漏れがないか
- ☐ 贈与の効力発生時期が明示されているか
- ☐ 負担付贈与の場合、受贈者が負担を履行しなかった場合の定めがあるか
- ☐ 贈与者の引渡義務についてどのように規定されているか

あなたが受贈者の場合は、最低限以下の点をチェックしましょう。

- ☐ 贈与対象物が特定されているか、漏れがないか
- ☐ 負担付贈与の場合、負担の内容が明確になっているか
- ☐ 契約の解除事由が受贈者にとって不利なものでないか
- ☐ 贈与者の引渡義務についてどのように規定されているか

MEMO

家族・近隣 ── １ 贈与契約書

2 死因贈与契約書

収入印紙
※

死因贈与契約書

　(贈与者) ○○○○ (以下「甲」という。)と(受贈者) ○○○○ (以下「乙」という。)は、次のとおり死因贈与契約(以下「本契約」という。)を締結する。

第1条　(贈与の成立)
　甲は、乙に対して、甲が所有する後記物件目録記載の土地(以下「本件土地」という。)を贈与することとし、乙はこれを受諾した。

第2条　(効力発生時期)
　前条の贈与は、甲が死亡した時にその効力を生じ、本件土地の所有権は、その時に乙に移転する。

第3条　(効力発生以前の受贈者の死亡)
　甲が死亡する以前に乙が死亡したときは、本契約は当然にその効力を失う。

第4条　(契約の解除)
　乙が、甲に対し、次の各号の一に該当する行為を行ったときは、甲は、本契約を解除することができる。
　①　甲に対して虐待をしたとき

【この契約書を用いるケース】
☑ 自らが死亡したときに特定の人物に財産を贈与する内容の契約
　⇨ 死亡を条件とせずに贈与する場合は本章❶

● 前　文

【応用】理由を記載する　　　…▶　1602 ページ
　　　　契約の当事者を追加する　…▶　1602 ページ

● 贈与の成立　　**重要度 A**

贈与することを示した条項です。ここでは、誰に対して何を贈与するのかについて、明確にすることが大切です。

【応用】贈与の対象を変更する　　…▶　1603 ページ

● 効力発生時期　　**重要度 A**

贈与の効果が発生する時期を、贈与者が死亡した時（死因贈与契約）であることを明確にする条項です。

● 効力発生以前の受贈者の死亡　　**重要度 B**

贈与者の死亡前に受贈者が死亡した場合は、贈与の効果を失うことを明確にする条項です（なお、民法 994 条にも同様の規定があります）。

【応用】受贈者の地位を承継させる　　…▶　1605 ページ

● 契約の解除　　**重要度 B**

死因贈与契約の締結後、受贈者の行為態様によっては契約を解除できる旨の条項です。

【応用】解除事由について規定する　　…▶　1605 ページ

②　甲に対して重大な侮辱を加えたとき
③　甲に対して詐術その他の背信的行為を行ったとき
④　その他著しい非行があったとき

第5条　（協議解決）
　本契約に定めのない事項又は本契約の解釈について疑義が生じたときは、甲乙誠意をもって協議のうえ解決する。

第6条　（合意管轄）
　甲及び乙は、本契約に関し裁判上の紛争が生じたときは、訴額等に応じ、東京簡易裁判所又は東京地方裁判所を専属的合意管轄裁判所とすることに合意する。

　本契約締結の証として、本契約書2通を作成し、甲乙相互に署名又は記名・捺印のうえ、各1通を保有することとする。

令和　　年　　月　　日
　　　　　　　　　　　　甲
　　　　　　　　　　　　　　　　　　　　　　㊞

　　　　　　　　　　　　乙
　　　　　　　　　　　　　　　　　　　　　　㊞

（物件目録）
　　所　在　　東京都新宿区〇〇町〇丁目
　　地　番　　〇番〇
　　地　目　　宅地
　　地　積　　〇〇.〇〇平方メートル

● **協議解決** 重要度C

協議により紛争回避を図る可能性を探るため規定しています。なお、この規定に法的な拘束力はありません。

【応用】協議解決の方法を定める　・・・▶　1606ページ
　　　　不起訴の合意をする　　　・・・▶　1606ページ

● **合意管轄** 重要度B

紛争が生じた際に自己に有利な管轄裁判所において裁判を行うための規定です。

【応用】合意管轄裁判所を変更する　・・・▶　1607ページ

● **後　文**

【応用】契約書の作成方法を変更する　・・・▶　1607ページ

家族・近隣 ── 2 死因贈与契約書

※　一般的に、贈与契約に印紙は不要です。ただし、不動産の贈与の場合は、『不動産の譲渡に関する契約書』（印紙税法別表第一第1号文書）に該当するため、200円の印紙を貼付することが必要です。本契約書は、土地の死因贈与契約書のため、収入印紙の欄を設けています。

作成のテクニック

▶ 前文

　（贈与者）〇〇〇〇（以下「甲」という。）と、（受贈者）〇〇〇〇（以下「乙」という。）は、次のとおり死因贈与契約（以下「本契約」という。）を締結する。

【理由を記載する】

・贈与に至った経緯（理由）を記載する場合・

　（贈与者）〇〇〇〇（以下「甲」という。）と、（受贈者）〇〇〇〇（以下「乙」という。）は、<u>乙が長年にわたり甲の身の回りの生活を支援してきたことに鑑み</u>、次のとおり死因贈与契約（以下「本契約」という。）を締結する。

【契約の当事者を追加する】

・複数の受贈者に対して贈与する場合・

（贈与者）〇〇〇〇（以下「甲」という。）と、<u>（受贈者）〇〇〇〇（以下「乙1」という。）及び（受贈者）〇〇〇〇（以下「乙2」といい、乙1と乙2を総称して「乙」という。）</u>は、次のとおり死因贈与契約（以下「本契約」という。）を締結する。

▶ 第1条（贈与の成立）　重要度A

甲は、乙に対して、甲が所有する後記物件目録記載の土地（以下「本件土地」という。）を贈与することとし、乙はこれを受諾した。

【贈与の対象を変更する】

・現金を贈与する場合・

> 甲は、乙に対して、金○○円を贈与することとし、乙はこれを受諾した。

・共有土地の一部（持分）を贈与する場合・

> 甲は、乙に対して、甲が所有する後記物件目録記載の土地（以下「本件土地」という。）における甲の持分（２分の１）を贈与することとし、乙はこれを受諾した。
>
> （物件目録）
> 　所　　在　　東京都新宿区○○町○丁目
> 　地　　番　　○番○
> 　地　　目　　宅地
> 　地　　積　　○○.○○平方メートル

・土地・建物を譲渡する場合・

> 甲は、乙に対して、甲が所有する後記物件目録１記載の土地及び後記物件目録２記載の建物（以下、土地建物を総称して「本物件」という。）を贈与することとし、乙はこれを承諾した。
>
> （物件目録）
> １　土地
> 　所　　在　　横浜市○○区○○町１丁目
> 　地　　番　　○番○
> 　地　　目　　宅地
> 　地　　積　　○○.○○平方メートル
> ２　建物
> 　所　　在　　横浜市○○区○○町１丁目○番地○
> 　家屋番号　　○番○
> 　種　　類　　居宅
> 　構　　造　　木造スレート葺２階建

```
        床 面 積     １階　 ○○.○○平方メートル
                    ２階　 ○○.○○平方メートル
```

・贈与対象物が多数存在する場合・

```
甲は乙に対して、甲が所有する別紙物件一覧表記載の動産（以下、総称
して「本物件」という。）を贈与することとし、乙はこれを受諾した。
```

・贈与対象物を特定することが困難な場合・

```
甲は乙に対して、東京都○○区○○町１丁目２番３号所在の倉庫内にお
ける甲所有動産一式（以下、総称して「本物件」という。）を贈与する
こととし、乙はこれを受諾した。
```

・債権を譲渡する場合・

```
甲は乙に対して、甲が有する後記債権の表示記載の債権（以下「本件債
権」という。）を贈与することとし、乙はこれを受諾した。

（債権の表示）
　　甲の○○○○に対する、令和○年○月○日付金銭消費貸借契約に基づ
　　く貸付債権（残元本金○○円）及びこれに対する利息、遅延損害金
```

・株式を譲渡する場合・

```
甲は、乙に対して、甲が所有する株式会社○○（以下「対象会社」とい
う。）の株式○○株（以下「本件株式」という。）を贈与することとし、
乙はこれを受諾した。
```

・すべての財産を贈与する場合・

```
甲は、乙に対して、甲が所有する全ての財産（以下「本件財産」という。）
を贈与することを約し、乙はこれを受諾した。
```

▶ 第3条（効力発生以前の受贈者の死亡） 重要度 B

甲が死亡する以前に乙が死亡したときは、本契約は当然にその効力を失う。

【受贈者の地位を承継させる】

・贈与者の死亡前に受贈者が死亡した場合、受贈者の子に贈与することとする場合・　　　　　　　　　　　　　　　　　　　　　　　　　〔受贈者有利〕

甲が死亡する以前に乙が死亡したときは、本契約における乙の地位は乙の子である○○○○に承継される。

▶ 第4条（契約の解除） 重要度 B

乙が、甲に対し、次の各号の一に該当する行為を行ったときは、甲は、本契約を解除することができる。
① 甲に対して虐待をしたとき
② 甲に対して重大な侮辱を加えたとき
③ 甲に対して詐術その他の背信的行為を行ったとき
④ その他著しい非行があったとき

【解除事由について規定する】

・贈与者に対する扶養を条件とする場合・　　　　　　　　　　〔贈与者有利〕

⑤ 甲に対する扶養を怠ったとき

・贈与者が娘婿に贈与する場合・　　　　　　　　　　　　　　〔贈与者有利〕

⑤ 乙が乙の配偶者（甲の子である○○○○）と離婚したとき
⑥ 乙が乙の配偶者及びその子の扶養を怠ったとき
⑦ 乙に乙の配偶者及びその子に対する虐待その他の非行があったとき

・解除前に改善を促す催告を要することとする場合・　　〔受贈者有利〕

> 乙が、甲に対し、次の各号の一に該当する行為を行い、甲が相当期間を定めて催告を行ったにもかかわらず是正されないときは、甲は、本契約を解除することができる。
> ① （以下略）

第5条（協議解決）　重要度C

> 本契約に定めのない事項又は本契約の解釈について疑義が生じたときは、甲乙誠意をもって協議のうえ解決する。

【協議解決の方法を定める】

・仲裁者をあらかじめ定める場合・

> 本契約に定めのない事項又は本契約の解釈について疑義が生じたときは、○○○○を仲裁者と定め、三者において誠意をもって協議のうえ解決する。

【不起訴の合意をする】

・不起訴の合意をする場合・

> 甲及び乙は、本契約に関して紛争が生じた場合でも、訴えの提起等の法的手段を用いないことを合意する。

第6条（合意管轄）　重要度B

> 甲及び乙は、本契約に関し裁判上の紛争が生じたときは、訴額等に応じ、東京簡易裁判所又は東京地方裁判所を専属的合意管轄裁判所とすること

> に合意する。

【合意管轄裁判所を変更する】

・贈与者の住所地を管轄する裁判所とする場合・　　　　　　〔贈与者有利〕

> 甲及び乙は、本契約に関し裁判上の紛争が生じたときは、甲の住所地を管轄する裁判所を専属的合意管轄裁判所とすることに合意する。

・受贈者の住所地を管轄する裁判所とする場合・　　　　　　〔受贈者有利〕

> 甲及び乙は、本契約に関し裁判上の紛争が生じたときは、乙の住所地を管轄する裁判所を専属的合意管轄裁判所とすることに合意する。

・不動産など、贈与対象物の所在地を管轄する裁判所とする場合・

> 甲及び乙は、本契約に関し裁判上の紛争が生じたときは、本件土地の所在地を管轄する裁判所を専属的合意管轄裁判所とすることに合意する。

▶ 後文

> 本契約締結の証として、本契約書2通を作成し、甲乙相互に署名又は記名・捺印のうえ、各1通を保有することとする。

【契約書の作成方法を変更する】

・1通のみ原本を作成し、当事者の一方は写しのみを保管する場合・

> 本契約締結の証として、本契約書1通を作成し、甲乙相互に署名又は記名・捺印のうえ、〔乙／甲〕が原本を保有し、〔甲／乙〕が写しを保有することとする。

その他の役立つ条項

- ■ 契約をめぐる各種取扱いについて定める場合 …………… 1608 ページ
- ■ 費用の負担について定める場合 ……………………………… 1610 ページ
- ■ 外国人との取引である場合に、取扱いについて定める場合 …… 1611 ページ

◆契約をめぐる各種取扱いについて定める場合

・負担付贈与の場合・　　　　　　　　　　　　　　　〔贈与者有利〕

> 第○条（負担付贈与）
>   乙は、本件土地の贈与を受ける条件として、下記の債務を履行することを承諾した。
>   ① 甲及び甲の妻の生存中はその扶養料として、毎月末日限り、金○○円を甲の指定する下記口座に振り込む方法により支払う。
>   ○○銀行○○支店　　普通預金
>   口座番号　　○○○○○○
>   口座名義　　○○○○○○
>   ② 甲及び甲の妻に対し、病気、事故の際の看護、また介護等に努める。

・所有権移転仮登記を行う・　　　　　　　　　　　　〔受贈者有利〕

> 第○条（仮登記）
> 1　甲は乙に対し、本契約締結後直ちに、本件土地につき甲の死亡を始期とする所有権移転仮登記手続を行う。
> 2　前項に定める登記手続に要する費用は乙の負担とする。

・贈与者の死亡前の、受贈者による物件の使用を認める・　　〔受贈者有利〕

> 第○条（物件の使用）
>   甲は乙に対し、乙において本件土地を無償にて使用することを認める。ただし、本贈与契約が解除又は解約されたときは、乙は直ちに本件土地から立ち退くものとする。

・贈与者の死亡前に物件の一部が滅失した場合の取扱いについて定める・

〔贈与者有利〕

> 第○条（甲の死亡前における物件の滅失）
> 　甲の死亡時において本件土地の一部が滅失していた場合は、その部分に関する本贈与の効力は発生しないものとする。

・贈与者の死亡前に物件が毀損した場合の取扱いについて定める・

〔贈与者有利〕

> 第○条（甲の死亡前における本物件の毀損）
> 　甲の死亡時において本件土地が毀損していた場合、甲及び甲の相続人は何らの責を負わない。

・贈与者の契約不適合責任を免除する・　　　　　　　　　〔贈与者有利〕

> 第○条（免責）
> 　甲は、乙に対し、本件土地の贈与に関し、何らの契約不適合責任を負わない。

・著しい事情の変更が生じたときの対処を定める・

> 第○条（事情変更）
> 　本契約締結後、本物件の引渡しまでの間に著しい経済変動等により本件土地の贈与が困難になったときは、甲は、乙に通知することにより、本契約を解除することができる。この場合、乙は、甲に対し、解除に伴う損害賠償等の請求を行わないものとする。

・贈与者による契約の撤回を認める・　　　　　　　　　　〔贈与者有利〕

> 第○条（贈与の撤回）
> 　甲は、甲が死亡するまでは、本契約を解除することができる。この場合、乙は、甲に対し、解除に伴う損害賠償等の請求を行わないものとする。

- 贈与者が贈与対象物を処分した場合の取扱いについて定める・〔贈与者有利〕

> 第○条（贈与対象物の処分）
> 甲が死亡するまでの間に、甲が本件土地を譲渡した場合、本契約は当然消滅する。この場合、乙は、甲に対して損害賠償を請求することはできない。

- 守秘義務を相互に負うこととする・

> 第○条（守秘義務）
> 甲及び乙は、本契約の締結及び内容について守秘し、相手方の了承なく第三者に口外しないものとする。

- 契約した事実および内容の公開時期を定める・

> 第○条（守秘義務）
> 甲及び乙は、<u>令和○年○月末日まで、</u>本契約の締結及び内容について守秘し、相手方の了承なく第三者に口外しないものとする。

◆費用の負担について定める場合

- 登記に要する費用を受贈者の負担とする・　　　　　　〔贈与者有利〕

> 第○条（登記費用の負担）
> 本件土地の所有権移転登記（※）に要する費用は、乙の負担とする。

※自動車等の贈与の場合は、「登記」を「<u>登録</u>」と変更しましょう。

- 登記に要する費用を贈与者の負担とする・　　　　　　〔受贈者有利〕

> 第○条（登記費用の負担）
> 本件土地の所有権移転登記（※）に要する費用は、甲の負担とする。

※自動車等の贈与の場合は、「登記」を「<u>登録</u>」と変更しましょう。

・契約締結後の公租公課は受贈者が負担する・　　　　　　〔贈与者有利〕

> 第○条（公租公課等の負担）
> 1　本契約締結日の翌日以降、本件土地に課せられる公租公課は乙が負担するものとし、乙は甲に対し、本件土地に課せられる公租公課の納付日までに納付すべき金員を支払う。
> 2　本件土地の使用に伴う電気ガス水道料等の諸経費及び本件土地の補修費等は乙の負担とする。

・贈与者の死亡まで公租公課を贈与者が負担する・　　　　〔受贈者有利〕

> 第○条（公租公課等の負担）
> 1　本契約締結日の翌日以降、本件土地に課せられる公租公課は甲が負担する。ただし、甲が死亡した後の公租公課は乙が負担する。
> 2　本件土地の使用に伴う電気ガス水道料等の諸経費及び本件土地の補修費等は甲の負担とする。ただし、甲の死亡後は乙が負担する。

◆外国人との取引である場合に、取扱いについて定める場合

・準拠法を日本法と定める・

> 第○条（準拠法）
> 本契約は日本法に準拠し、同法によって解釈されるものとする。

チェックポイント

あなたが贈与者の場合は、最低限以下の点をチェックしましょう。

- ☐ 贈与対象物が特定されているか、漏れがないか
- ☐ 贈与の効力発生時期が甲の死亡時であることが明示されているか
- ☐ （負担付贈与の場合）受贈者が負担を履行しなかった場合の定めがあるか
- ☐ 契約の解除事由に不足がないか

あなたが受贈者の場合は、最低限以下の点をチェックしましょう。

- ☐ 贈与対象物が特定されているか、漏れがないか
- ☐ （負担付贈与の場合）負担の内容が明確になっているか
- ☐ 契約の解除事由が受贈者にとって不利なものでないか
- ☐ 贈与者の死亡前に受贈者が死亡したときの規定がどのようになっているか

MEMO

家族・近隣 ── **2** 死因贈与契約書

3 境界確定契約書

境界確定契約書

〇〇〇〇（以下「甲」という。）と〇〇〇〇（以下「乙」という。）は、次のとおり境界確定契約（以下「本契約」という。）を締結する。

第1条 （境界の確定）

甲及び乙は、以下の甲が所有する土地と乙が所有する土地の境界（以下「新境界」という。）を別紙図面記載のロ点とホ点を直線で結んだ線上にあることを確定する。

〈甲所有地の表示〉

所　　在　新宿区〇〇町〇丁目
地　　番　〇番〇
地　　目　〇〇
地　　積　〇〇平方メートル

〈乙所有地の表示〉

所　　在　新宿区〇〇町〇丁目
地　　番　〇番〇
地　　目　〇〇
地　　積　〇〇平方メートル

第2条 （明渡し）

1　乙は、自らの費用負担により、以下の乙所有建物のうち、新境界を越えている部分を令和〇年〇月〇日までに取り壊し、甲に

【この契約書を用いるケース】
☑自らが所有する土地と隣接する土地の所有者との間で境界を定める場合

● 前　文

【応用】契約の当事者を追加する　　・・・▶　1620 ページ

● 境界の確定　重要度 A

境界を確定する目的物件を不動産登記簿謄本等の記載に従って記載しましょう。

【応用】取得時効が成立しないことを確認する　・・・▶　1621 ページ
　　　　土地の境界について規定する　・・・▶　1621 ページ

● 明 渡 し　重要度 B

越境建物の取壊し、明渡しについて記載しておきましょう。

【応用】明渡しに係る取扱いについて規定する　・・・▶　1622 ページ
　　　　費用の負担について定める　・・・▶　1623 ページ
　　　　損害金・違約金について規定する　・・・▶　1623 ページ
　　　　越境する部分について新たに契約を結ぶ　・・・▶　1623 ページ

家族・近隣　❸ 境界確定契約書

対し、越境部分を明け渡す。

〈乙所有建物の表示〉

　　所　　在　新宿区〇〇町〇丁目〇番〇号
　　家屋番号　〇番〇
　　種　　類　〇〇
　　構　　造　〇〇
　　床 面 積　〇〇平方メートル

2　甲は、乙が前項の明渡しを期日内に履行するときは、乙に対し、損害金等の請求を行わない。
3　乙は、乙が第1項の明渡しを遅滞する場合、1日当たり金〇〇円の使用料相当損害金を甲に対し支払わなければならない。

第3条　（塀の設置）

甲及び乙は、前条の越境部分の明渡し完了後、各々2分の1の費用を負担し、直ちに新境界上に次の仕様の塀を設置する。当該塀は、甲乙2分の1ずつの共有とする。

① 高さ　〇〇メートル
② 長さ　ロ点からホ点まで〇〇メートル
③ 厚さ　〇〇センチメートル
④ 材質　コンクリートブロック

第4条　（損害賠償責任）

甲又は乙は、解除、解約又は本契約に違反することにより、相手方に損害を与えたときは、その損害の全て（弁護士費用及びその他の実費を含むが、これに限られない。）を賠償しなければならない。

第5条　（協議解決）

本契約に定めのない事項又は本契約の解釈について疑義が生じたときは、甲乙誠意をもって協議のうえ解決する。

● 塀の設置　　重要度 B

新境界上に設置する塀の内容を記載しましょう。

【応用】設置に係る取扱いについて規定する　…▶　1624 ページ

● 損害賠償責任　　重要度 C

損害賠償規定は民法等にも存在しますが、弁護士費用や実費なども賠償対象とするために記載しています。

【応用】賠償額について具体的に規定する　…▶　1625 ページ
　　　　賠償請求権を限定する　…▶　1626 ページ
　　　　違約金について規定する　…▶　1626 ページ

● 協議解決　　重要度 C

協議により紛争回避を図る可能性を探るため規定しています。なお、この規定に法的な拘束力はありません。

【応用】紛争解決方法について具体的に規定する　…▶　1626 ページ

第6条　（合意管轄）
　甲及び乙は、本契約に関し裁判上の紛争が生じたときは、東京地方裁判所を専属的合意管轄裁判所とすることに合意する。

　本契約締結の証として、本契約書２通を作成し、甲乙相互に署名又は記名・捺印のうえ、各１通を保有することとする。

令和　　年　　月　　日

　　　　　　　　　　　　甲

　　　　　　　　　　　　　　　　　　　　　　　　㊞

　　　　　　　　　　　　乙

　　　　　　　　　　　　　　　　　　　　　　　　㊞

【別紙図面】

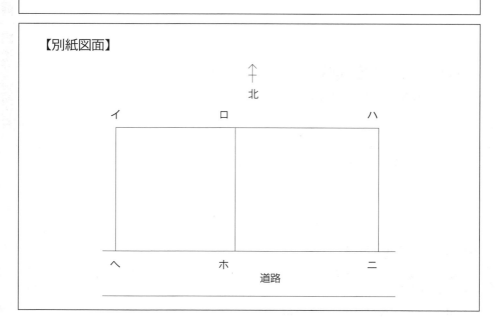

※　境界確定契約書には収入印紙を貼付する必要はありません。

● 合意管轄　　重要度 B

紛争が生じた際に自己に有利な管轄裁判所において裁判を行うための規定です。

【応用】合意管轄裁判所を変更する　　…▶　1627 ページ

● 後　　文

【応用】契約書の作成方法を変更する　　…▶　1627 ページ

家族・近隣

3 境界確定契約書

作成のテクニック

前文

> ○○○○（以下「甲」という。）と○○○○（以下「乙」という。）は、以下のとおり境界確定契約（以下「本契約」という。）を締結する。

【契約の当事者を追加する】

・複数の当事者間の境界を定める場合・

> ○○○○（以下「甲」という。）と○○○○（以下「乙」という。）と<u>○○○○（以下「丙」という。）</u>は、以下のとおり境界確定契約（以下「本契約」という。）を締結する。
>
> …契約書の条項を甲乙丙の境界等を定めるよう変更…
>
> 本契約締結の証として本契約書<u>3通</u>を作成し、<u>甲乙丙</u>相互に署名又は記名・捺印のうえ、各1通を保有することとする。
> （略）
>
> <u>丙</u>
>
> 印

第1条（境界の確定） 重要度 A

> 甲及び乙は、以下の甲が所有する土地と乙が所有する土地の境界（以下「新境界」という。）を別紙図面記載のロ点とホ点を直線で結んだ線上にあることを確定する。
> 〈甲所有地の表示〉
> 　所　　在　　新宿区○○町○丁目
> 　地　　番　　○番○
> 　地　　目　　○○
> 　地　　積　　○○平方メートル

〈乙所有地の表示〉
　所　　在　新宿区○○町○丁目
　地　　番　○番○
　地　　目　○○
　地　　積　○○平方メートル

【取得時効が成立しないことを確認する】

・互いに取得時効が成立しないことを確認する場合・

1　（略）
2　甲及び乙は、前項の甲所有地及び乙所有地のいずれにも、相手方による取得時効が成立していないことを確認する。

【土地の境界について規定する】

・複数の土地の境界を定める場合・

甲及び乙は、以下の甲が所有する土地と乙が所有する土地の境界（以下「新境界」という。）を別紙図面記載のイ点、ロ点とホ点を直線で結んだ線上にあることを確定する。
〈甲所有地1の表示〉
　（略）
〈甲所有地2の表示〉
　（略）
〈乙所有地の表示〉
　（略）

▶ 第2条（明渡し）　重要度 B

1　乙は、自らの費用負担により、以下の乙所有建物のうち、新境界を越えている部分を令和○年○月○日までに取り壊し、甲に対し、越境部分を明け渡す。

〈乙所有建物の表示〉
　　　　所　　在　新宿区○○町○丁目○番○号
　　　　家屋番号　○番○
　　　　種　　類　○○
　　　　構　　造　○○
　　　　床 面 積　○○平方メートル
２　甲は、乙が前項の明渡しを期日内に履行するときは、乙に対し、損害金等の請求を行わない。
３　乙は、乙が第１項の明渡しを遅滞する場合、１日当たり金○○円の使用料相当損害金を甲に対し支払わなければならない。

【明渡しに係る取扱いについて規定する】

・今後も明渡しを請求しない場合・　　　　　　　　　　　　　〔乙有利〕

甲は、乙に対し、以下の乙所有建物のうち、新境界を越えている部分につき、乙所有建物の取壊しが行われるまでの間明渡しを請求せず、無償使用させることを確認する。
〈乙所有建物の表示〉
　（略）

・工作物が存在する場合・

１　乙は、自らの費用負担により、新境界を越えている部分に築造されている工作物を令和○年○月○日までに取り壊し、甲に対し、越境部分を明け渡す。

・やむを得ない事由が発生した場合には協議により明渡期限を変更できる旨記載する場合・

４　天災等のやむを得ない事由が発生したときには、甲乙協議により第１項の明渡期限を変更することができる。

【費用の負担について定める】

・越境建物の取壊費用を甲が支払う場合・　　　　　　　　　〔乙有利〕

> 1　乙は、以下の乙所有建物のうち、新境界を越えている部分を令和○年○月○日までに取り壊し、甲に対し、越境部分を明け渡す。<u>明渡しに要した費用は甲の負担とし、甲は乙に対し、明渡しに要した費用を速やかに支払う。</u>
> 〈乙所有建物の表示〉
> 　（略）

【損害金・違約金について規定する】

・明渡しを遅滞した場合に損賠賠償義務に追加して違約金の支払義務を課す場合・　　　　　　　　　　　　　　　　　　　　　　　　〔甲有利〕

> 3　乙が第1項の明渡しを遅滞する場合、乙は1日当たり金○○円の使用料相当損害金<u>に加え違約金○○円</u>を甲に対し支払わなければならない。

・明渡日までの使用料相当損害金を請求する場合・　　　　　〔甲有利〕

この場合、第2項・第3項を修正します。

> 2　乙は、甲に対し、第1項の明渡日に至るまでの使用料相当損害金として、第1項の明渡日までに金○○円を支払う。

【越境する部分について新たに契約を結ぶ】

・建物が越境する部分の土地について、新たに賃貸借契約を締結する場合・

> 乙は、以下の乙所有建物のうち、新境界を越えている部分につき、速やかに甲との間で別途賃貸借契約を締結する。
> 〈乙所有建物の表示〉
> 　（略）

第3条（塀の設置） 重要度 B

> 甲及び乙は、前条の越境部分の明渡し完了後、各々2分の1の費用を負担し、直ちに新境界上に次の仕様の塀を設置する。当該塀は、甲乙2分の1ずつの共有とする。
> ① 高さ　〇〇メートル
> ② 長さ　ロ点からホ点まで〇〇メートル
> ③ 厚さ　〇〇センチメートル
> ④ 材質　コンクリートブロック

【設置に係る取扱いについて規定する】

・境界鋲を打ち込む場合・

> 甲及び乙は、前条の越境部分の明渡し完了後、各々2分の1の費用を負担し、直ちに新境界上に次の仕様の塀を設置する<u>とともに、新境界を明らかにするため境界鋲を打ち込む</u>。当該塀は、甲乙2分の1ずつの共有とする。
> ①　（以下略）

・塀の設置業者を指定する場合・

> 甲及び乙は、前条の越境部分の明渡し完了後、各々2分の1の費用を負担し、直ちに新境界上に次の仕様の塀を設置する。当該塀は、甲乙2分の1ずつの共有とする。<u>なお、塀の設置業者は〇〇〇〇〇とする。</u>
> ①　（以下略）

・塀設置の工事期間を特定する場合・

> 甲及び乙は、前条の越境部分の明渡し完了後、<u>令和〇年〇月〇日までに、</u>各々2分の1の費用を負担し、直ちに新境界上に次の仕様の塀を設置する。当該塀は、甲乙2分の1ずつの共有とする。
> ①　（以下略）

• 設置する塀の仕様書を添付する場合 •

> 甲及び乙は、前条の越境部分の明渡し完了後、各々2分の1の費用を負担し、直ちに新境界上に次の仕様の塀を設置する。当該塀は、甲乙2分の1ずつの共有とする。
> ① 高さ　○○メートル
> ② 長さ　ロ点からホ点まで○○メートル
> ③ 厚さ　○○センチメートル
> ④ 材質　コンクリートブロック
> ⑤ 仕様　別紙仕様書のとおり

• 甲の費用負担で甲の敷地内に塀を設置する場合 •

> 甲は、第2条の越境部分の明渡し完了後、甲が費用を負担し、直ちに新境界に沿って甲所有地上に次の仕様の塀を設置する。当該塀は、甲の所有物とする。
> ① （以下略）

▶第4条（損害賠償責任） 重要度C

> 甲又は乙は、解除、解約又は本契約に違反することにより、相手方に損害を与えたときは、その損害の全て（弁護士費用及びその他の実費を含むが、これに限られない。）を賠償しなければならない。

【賠償額について具体的に規定する】

• 賠償額の上限を定める場合 •

> 甲又は乙は、解除、解約又は本契約に違反することにより、相手方に損害を与えたときは、金○○円を上限として、損害を賠償しなければならない。

【賠償請求権を限定する】

・甲のみに弁護士費用・実費を含む賠償請求権を認める場合・　　〔甲有利〕

> 乙は、解除、解約又は本契約に違反することにより、甲に損害を与えたときは、その損害の全て（弁護士費用及びその他の実費を含むが、これに限られない。）を賠償しなければならない。

【違約金について規定する】

・損害が故意または重過失による場合に、賠償金に追加して違約金の支払いを認める場合・

> 甲又は乙は、故意又は重過失に基づき、解除、解約又は本契約に違反することにより、相手方に損害を与えたときは、その損害の全て（弁護士費用及びその他の実費を含むが、これに限られない。）及び違約金として金〇〇円を賠償しなければならない。

第5条（協議解決）　重要度C

> 本契約に定めのない事項又は本契約の解釈について疑義が生じたときは、甲乙誠意をもって協議のうえ解決する。

【紛争解決方法について具体的に規定する】

・具体的な紛争解決機関を定める場合・

> 本契約に定めのない事項又は本契約の解釈について疑義が生じたときは、訴訟提起以前に土地家屋調査士会が主催するADRにおいて協議を試みなければならない。

・仲裁者をあらかじめ定める場合・

> 本契約に定めのない事項又は本契約の解釈について疑義が生じたときは、○○○○を仲裁者と定め、三者において誠意をもって協議のうえ解決する。

▶第6条（合意管轄） 重要度 B

> 甲及び乙は、本契約に関し裁判上の紛争が生じたときは、東京地方裁判所を専属的合意管轄裁判所とすることに合意する。

【合意管轄裁判所を変更する】

・不動産所在地を管轄する裁判所とする場合・

> 甲及び乙は、本契約に関し裁判上の紛争が生じたときは、甲及び乙が所有する土地の所在地を管轄する裁判所を専属的合意管轄裁判所とすることに合意する。

▶後文

> 　本契約締結の証として、本契約書2通を作成し、甲乙相互に署名又は記名・捺印のうえ、各1通を保有することとする。

【契約書の作成方法を変更する】

・1通のみ原本を作成し、当事者の一方は写しのみを保管する場合・

> 　本契約締結の証として、本契約書1通を作成し、甲乙相互に署名又は記名・捺印のうえ、〔甲／乙〕が原本を保有し、〔乙／甲〕が写しを保有することとする。

その他の役立つ条項

■ 契約をめぐる各種取扱いについて定める場合 ………… 1628ページ

◆契約をめぐる各種取扱いについて定める場合

・乙に対し別途資料を要求する・　　　　　　　　　　　　　〔甲有利〕

> 第○条（資料の提出）
> 　乙は、甲に対し、本契約締結日に以下の書面を提出する。
> ①　印鑑証明書
> ②　公図
> ③　建物図面

・清算条項を入れる・

> 第○条（清算条項）
> 　甲及び乙は、相手方に対するその余の請求をそれぞれ放棄し、本契約に定めるほか、何らの債権債務がないことを相互に確認する。

・著しい事情の変更が生じたときの対処について定める・

> 第○条（事情の変更）
> 　甲又は乙が、本契約の締結後、天変地異、法令の制定又は改廃、その他著しい事情の変更により、本契約に定める義務を履行することが不可能又は著しく困難となったと認められる場合は、当該定めを変更するため協議することができる。

チェックポイント

最低限以下の点をチェックしましょう。

- ☐ 契約の当事者が明らかであるか
- ☐ 対象土地、新境界が明確に特定されているか
- ☐ 越境している物がほかにないか
- ☐ 測量や塀設置費用の負担がどちらになっているか
- ☐ 相手方の損害賠償義務が不当に軽減されていないか

4 離婚協議書

離婚協議書

（夫）〇〇〇〇（以下「甲」という。）と（妻）〇〇〇〇（以下「乙」という。）は、次のとおり協議離婚に合意した（以下「本合意」という。）。

第1条　（離婚の合意）
　　甲と乙は、本日、協議離婚をすることに合意した。

第2条　（養育監護等）
　　甲と乙は、子〇〇（平成〇年〇月〇日生）の親権者を乙と定め、乙が養育監護をするものとする。

第3条　（養育費）
　　甲は、乙に対し、子〇〇の養育費として、令和〇年〇月から子〇〇が20歳に達する月まで、1か月金〇〇円を、毎月末日限り、以下の口座に振り込む方法により支払う（振込手数料は甲負担）。
　　　〇〇銀行〇〇支店　　普通預金
　　　口座番号　　〇〇〇〇〇〇
　　　口座名義　　〇〇〇〇〇〇

【この契約書を用いるケース】
☑合意で離婚する場合

● 前　文
【応用】連帯保証人を付ける　・・▶　1634 ページ

● 離婚の合意　**重要度 A**

まずは、離婚に合意したことを明確にします。ただし、離婚の届出をしなければ離婚の効力は生じないので注意しましょう。

【応用】戸籍の編製について定める　・・▶　1635 ページ
　　　　離婚届の提出について具体的に規定する　・・▶　1636 ページ

● 養育監護等　**重要度 B**

子がいる場合には、子についての親権者および監護権者を明確にしましょう。

【応用】それぞれ別の者に監護をさせる　・・▶　1636 ページ
　　　　子の面会について定める　・・▶　1636 ページ

● 養 育 費　**重要度 B**

養育費については後に紛争を防止するために規定しましょう。

【応用】金額・支払期間を変更する　・・▶　1638 ページ
　　　　遅延損害金について定める　・・▶　1640 ページ

第4条　（財産分与）
　　　甲は、乙に対し、離婚届が受理されることを条件に、財産分与として、別紙財産目録記載の財産を譲渡する。

第5条　（清算）
　　　甲及び乙は、本合意をもって、本件離婚に関する一切を解決したものとし、本合意に定めるほか、名目の如何を問わず、金銭その他の請求をしない。

第6条　（協議解決）
　　　本合意に定めのない事項又は本合意の解釈について疑義が生じたときは、甲乙誠意をもって協議のうえ解決する。

第7条　（合意管轄）
　　　甲及び乙は、本合意に関し裁判上の紛争が生じたときは、東京家庭裁判所又は東京地方裁判所を専属的合意管轄裁判所とすることに合意する。

　本合意の証として、本合意書2通を作成し、甲乙相互に署名又は記名・捺印のうえ、各1通を保有することとする。

令和　　年　　月　　日

　　　　　　　　　　　　甲

　　　　　　　　　　　　　　　　　　　　㊞

　　　　　　　　　　　　乙

　　　　　　　　　　　　　　　　　　　　㊞

※　離婚協議書には収入印紙の貼付は不要です。

- ●財産分与　**重要度 B**

  財産分与の対象となる財産を特定しましょう。

  【応用】不動産の財産分与について定める　・・・▶　1640 ページ
  　　　　不動産以外の財産分与について定める　・・・▶　1641 ページ

- ●清　　算　**重要度 B**

  離婚後の紛争を回避するために規定しています。

  【応用】清算条項の範囲を限定する　・・・▶　1642 ページ

- ●協議解決　**重要度 C**

  協議により紛争回避を図る可能性を探るため規定しています。なお、この規定に法的な拘束力はありません。

  【応用】協議解決の方法を定める　・・・▶　1643 ページ

- ●合意管轄　**重要度 B**

  紛争が生じた際に自己に有利な管轄裁判所において裁判を行うための規定です。

  【応用】合意管轄裁判所を変更する　・・・▶　1643 ページ

- ●後　　文

  【応用】契約書の作成方法を変更する　・・・▶　1643 ページ

作成のテクニック

▶前文

> （夫）○○○○（以下「甲」という。）と（妻）○○○○（以下「乙」という。）は、以下のとおり協議離婚に合意した（以下「本合意」という。）。

【連帯保証人を付ける】

・離婚に伴う慰謝料養育費等につき連帯保証人を付ける場合・

民法改正により、原則として根保証となる連帯保証人には、極度額等の定めが必要になります（改正民法465条の2）。

> （夫）○○○○（以下「甲」という。）と（妻）○○○○（以下「乙」という。）及び連帯保証人○○○○（以下「丙」という。）は、以下のとおり協議離婚に合意した（以下「本合意」という。）。
> 　（略）
> 第○条（連帯保証人）
> 1　丙は、甲と連帯して、以下のとおり極度額の範囲において、本契約から生じる一切の債務（以下「本件債務」という。）を負担する。
>
> | 対象となる債務 | 本件債務（本契約の履行及び損害賠償金等従たる債務を含む一切の債務） |
> |---|---|
> | 極度額 | 金○○円（本件債務及び連帯保証債務について約定された違約金又は損害賠償の額を含む。） |
> | 元本確定事由 | ①丙の財産について、金銭の支払いを目的とする債権についての強制執行又は担保権の実行が申し立てられ、当該手続が開始されたとき
②丙が破産手続開始の決定を受けたとき
③甲又は丙が死亡したとき |

2 甲は、丙に対し、別紙のとおり保証契約の前提となる情報を提供し、丙は、別紙の情報の提供を受けたことを確認する。
(略)
　本合意の証として、本契約書3通を作成し、甲乙丙相互に署名又は記名・捺印のうえ、各1通を保有することとする。
(略)

丙　　　　　　　　　　㊞

【別紙】

甲は、本契約締結時における自らの情報を以下のとおり提供する。

財産及び収支の状況	
主債務以外に負担している債務の有無、額及び履行状況	
主債務の担保として他に提供し又は提供しようとするものの内容	

第1条（離婚の合意）　重要度A

甲と乙は、本日、協議離婚をすることに合意した。

【戸籍の編製について定める】

・離婚に伴う新戸籍の編製について定める場合・

1　（略）
2　乙は、離婚により、本籍を東京都新宿区○○町○丁目○番地として新戸籍を編成する。

【離婚届の提出について具体的に規定する】

・離婚届の提出について定める場合・

> 甲と乙は、本日、協議離婚をすることに合意し、甲は離婚届出用紙に必要事項を記載し署名押印のうえ、乙にその届出を委任し、乙は本日中に離婚届を○○区役所へ提出するものとする。

▶ 第2条（養育監護等） **重要度 B**

> 甲及び乙は、子○○（平成○年○月○日生）の親権者を乙とし、乙が養育監護をするものとする。

【それぞれ別の者に監護をさせる】

・子が数人ある場合について、それぞれ別の者に監護をさせる場合・

> 甲及び乙は、子○○（平成○年○月○日生）及び子□□（平成○年○月○日生）につき、子○○の親権者は乙として乙が養育監護をするものとし、子□□の親権者は甲として甲が養育監護するものとする。

【子の面会について定める】

・面会交流の日を特別に定める場合・

> 1 （略）
> 2 乙は、甲が子○○と、1月当たり2回程度の面会交流をすることを認める。面会交流の日時及び場所等については、甲及び乙が誠意をもって決定するものとする。

・子が自らの意思で面会することにつき事前に許す場合・

> 1 （略）

> 2　乙は、子○○が自己の意思で甲と面会交流することを妨げない。

・宿泊を伴う面会交流について定める場合・

> 1　（略）
> 2　乙は、甲が、子○○の夏休み、冬休み及び春休み期間中に、子○○と○泊までの宿泊を伴う面会交流をすることを認める。面会交流の日時、場所等については、甲及び乙が誠意をもって決定するものとする。

・子が一定程度の年齢に達した後に面会交流を認める場合・

> 1　（略）
> 2　乙は、子○○が満○歳となった後には、甲が子○○と、1月当たり2回程度の面会交流をすることを認める。面会交流の日時、場所等については、甲及び乙が誠意をもって決定するものとする。

・面会交流の実施につき子の福祉尊重を注意的に規定する場合・

第2項で面会交流について規定したうえで、次の条項を入れましょう。

> 3　甲及び乙は、相互間の面会交流が、子の福祉にとって重要であることを認識し、その実施に努める。

第3条（養育費）　重要度B

> 甲は、乙に対し、子○○の養育費として、令和○年○月から子○○が20歳に達する月まで、1か月金○○円を、毎月末日限り、以下の口座に振り込む方法により支払う（振込手数料は甲負担）。
> 　○○銀行○○支店　　普通預金
> 　口座番号　　○○○○○○
> 　口座名義　　○○○○○○

【金額・支払期間を変更する】

・子の年齢に応じて、養育費の金額を増減させる場合・

> 甲は、乙に対し、子○○の養育費として、<u>次のとおり、</u>毎月末日限り、以下の口座に振り込む方法により支払う（振込手数料は甲負担）。
> (1) 令和○年○月から令和○年○月まで　1か月金○○円
> (2) 令和○年○月から令和○年○月まで　1か月金○○円
> (3) 令和○年○月から子○○が20歳に達する月まで　1か月金○○円
> （振込口座：略）

・大学等の卒業時まで支払うとする場合・

> 甲は、乙に対し、子○○の養育費として、令和○年○月から<u>子○○が大学又はこれに準じる高等教育機関を卒業する月（大学に進学しない場合は20歳に達する月）</u>まで、1か月金○○円を、毎月末日限り、以下の口座に振り込む方法により支払う（振込手数料は甲負担）。
> （振込口座：略）

・特定月のみ増額とする場合・

> 甲は、乙に対し、子○○の養育費として、令和○年○月から子○○が20歳に達する月まで、1か月金○○円を、毎月末日限り、以下の口座に振り込む方法によりより支払う（振込手数料は甲負担）。ただし、<u>毎年○月及び○月は、1か月金○○円を上記金額に加算して支払う。</u>
> （振込口座：略）

・一括で養育費を支払う場合・

> 甲は、乙に対し、子○○の養育費として、<u>離婚届が受理されることを条件として、</u>金○○円を以下の口座に振り込む方法により支払う（振込手数料は甲負担）。
> （振込口座：略）

・養育費の負担を求めない場合・

> 乙は、甲に対し、甲乙間に事情の変更がない限り、子○○の養育費を請求しないものとする。

・子が複数いる場合・

> 甲は、乙に対し、子○○及び子□□の養育費として、令和○年○月から子○○及び子□□がそれぞれ20歳に達する月まで、1人につき1か月金○○円を、毎月末日限り、以下の口座に振り込む方法により支払う（振込手数料は甲負担）。
> 　（振込口座：略）

・子の中学校および高校への入学金を期限までに支払うものとする場合・

> 1　（略）
> 2　甲は、乙に対し、子○○の学資金として、中学校及び高等学校への入学金相当額をそれぞれの入学金支払期日までに支払う。

・乙が再婚した場合には養育費の支払いを免除する場合・

> 1　（略）
> 2　乙は、乙が再婚した場合には、甲に対し、子○○の養育費につき、婚姻日の翌月以降の支払いを免除する。

・学費等については今後の協議に委ねる場合・

> 1　（略）
> 2　甲及び乙は、子○○の就学費用、高等学校及び大学等の入学金及び学費並びに病気等の治療費の負担については、改めて協議するものとする。

【遅延損害金について定める】

・過怠約款を定める場合・

1　（略）
2　甲が前項の養育費につき、支払期限にその支払いを怠ったときは、甲は、乙に対し、当該遅滞額に加え、これに対する支払期限の翌日から支払済みまで年5パーセントの割合による遅延損害金を支払う。

第4条（財産分与）　重要度 B

甲は、乙に対し、離婚届が受理されることを条件に、財産分与として、別紙財産目録記載の財産を譲渡する。

【不動産の財産分与について定める】

・土地を財産分与として譲渡する場合・

甲は、乙に対し、離婚届が受理されることを条件に、財産分与として、<u>以下の財産を譲渡し、本日付財産分与を原因とする所有権移転登記手続</u>をする（登記手続費用は乙負担）。
① 　土地　所　在　新宿区○○町○丁目
　　　　　地　番　○番
　　　　　地　目　宅地
　　　　　地　積　○○平方メートル
② 　建物　所　在　新宿区○○町○丁目○番地
　　　　　家屋番号　○番○
　　　　　種　類　○○
　　　　　構　造　○○
　　　　　床面積　○○平方メートル

・住宅ローンが残る不動産を分与し、残ローンは甲が支払う旨を約する場合・

1　甲は、乙に対し、離婚届が受理されることを条件に、財産分与とし

て、別紙物件目録記載の不動産を譲渡し、本日付財産分与を原因とする所有権移転登記手続をする（登記手続費用は乙負担）。
　２　甲は、甲が株式会社○○銀行に負担する別紙債務目録記載の残債務金○○円（令和○年○月○日現在）について、その約定どおりに返済し、乙に責任を負わせない。

・住宅ローンが残る不動産を分与し、残ローンは乙が免責的に債務引受する場合・

　１　甲は、乙に対し、離婚届が受理されることを条件に、財産分与として、別紙物件目録記載の不動産を譲渡し、本日付財産分与を原因とする所有権移転登記手続をする（登記手続費用は乙負担）。
　２　乙は、甲が株式会社○○銀行に負担する別紙債務目録記載の残債務金○○円（令和○年○月○日現在）について、免責的に引き受ける。

・不動産の売却資金を按分する場合・

　１　甲及び乙は、別紙物件目録記載の不動産を共同で売却するよう努める。
　２　甲及び乙は、前項の売却代金から令和○年○月分の住宅ローンへの返済金、売却に係る手数料、登記手続費用及び譲渡所得税等を控除した額の２分の１をそれぞれ取得する。

【不動産以外の財産分与について定める】

・銀行預金を財産分与として譲渡する場合・

甲は、乙に対し、離婚届が受理されることを条件に、財産分与として、以下の財産を譲渡する。
　①　預金（○○円）　○○銀行○○支店　普通預金
　　　　　　　　　　　口座番号　○○○○○○
　　　　　　　　　　　口座名義　○○○○○○
　②　預金（○○円）　○○銀行○○支店　定期預金
　　　　　　　　　　　口座番号　○○○○○○
　　　　　　　　　　　口座名義　○○○○○○

・自動車を財産分与として譲渡する場合・

> 甲は、乙に対し、離婚届が受理されることを条件に、財産分与として、<u>以下の財産を譲渡し、自家用乗用自動車の登録名義変更手続に協力する（登録名義変更費用は乙負担）</u>。
> ① 自家用乗用自動車
>   車　　名　○○○○
>   登録番号　品川○○あ○○○○
>   型　　式　○○○○
>   車体番号　○○○○
> ② （以下略）

▶ 第5条（清算）　重要度 B

> 甲及び乙は、本合意をもって、本件離婚に関する一切を解決したものとし、本合意に定めるほか、名目の如何を問わず、金銭その他の請求をしない。

【清算条項の範囲を限定する】

・不法行為による損害賠償請求については清算条項から除外する場合・

> 甲及び乙は、本合意をもって、<u>不法行為に基づく損害賠償請求を除き</u>、本件離婚に関する一切を解決したものとし、本合意に定めるほか、名目の如何を問わず、金銭その他の請求をしない。

▶ 第6条（協議解決）　重要度 C

> 本合意に定めのない事項又は本合意の解釈について疑義が生じたときは、甲乙誠意をもって協議のうえ解決する。

【協議解決の方法を定める】

・仲裁者をあらかじめ定める場合・

> 本合意に定めのない事項又は本合意の解釈について疑義が生じたときは、○○○○を仲裁者と定め、三者において誠意をもって協議のうえ解決する。

第7条（合意管轄） 重要度B

> 甲及び乙は、本合意に関し裁判上の紛争が生じたときは、東京家庭裁判所又は東京地方裁判所を専属的合意管轄裁判所とすることに合意する。

【合意管轄裁判所を変更する】

・いずれかの住所地を管轄する裁判所にする場合・

> 甲及び乙は、本合意に関し裁判上の紛争が生じたときは、〔甲／乙〕の住所地を管轄する裁判所を専属的合意管轄裁判所とすることに合意する。

後文

> 　本合意の証として、本合意書2通を作成し、甲乙相互に署名又は記名・捺印のうえ、各1通を保有することとする。

【契約書の作成方法を変更する】

・1通のみ原本を作成し、当事者の一方は写しのみを保管する場合・

> 　本合意の証として、本合意書1通を作成し、甲乙相互に署名又は記名・捺印のうえ、〔甲／乙〕が原本を保有し、〔乙／甲〕が写しを保有することとする。

その他の役立つ条項

- ■ 変更があったときの通知義務を定める場合 ……………… 1644 ページ
- ■ 契約をめぐる各種取扱いについて定める場合 …………… 1644 ページ
- ■ 費用の負担について定める場合 …………………………… 1646 ページ
- ■ 国際結婚である場合に、取扱いについて定める場合 …… 1646 ページ

◆変更があったときの通知義務を定める場合

・住所地や連絡先が変わった場合は、遅滞なく他方へ連絡することとする・

> 第○条（通知義務）
> 　甲又は乙は、次の各号のいずれか一つに該当するときは、相手方に対し、予めその旨を書面により通知しなければならない。
> ①　住所の移転
> ②　勤務先・職業の変更
> ③　再婚

◆契約をめぐる各種取扱いについて定める場合

・謝罪文言を入れる・

> 第○条（謝罪）
> 　甲は、乙に対し、本合意による離婚の原因が甲にあることを認め、心より謝罪する。

・遅滞なく公正証書（執行証書）を作成する・

> 第○条（公正証書の作成）
> 　甲及び乙は、本合意に基づく債務について強制執行認諾文言付の公正証書を遅滞なく作成する。なお、公正証書の作成費用は甲乙の折半とする。

- いずれかからの請求があった場合には公正証書（執行証書）を作成することに応じることとする・

> 第○条（公正証書の作成）
> 　甲及び乙は、相手方が本合意に基づく債務について強制執行認諾文言付きの公正証書の作成を請求した場合には、公正証書作成に協力しなければならない。なお、公正証書の作成費用は甲乙の折半とする。

- 年金分割について規定する・

> 第○条（年金分割）
> 　甲及び乙は、甲と乙との間の別紙年金分割のための情報通知書記載の情報に係る年金分割についての請求すべき按分割合を、各2分の1と定める。

- 慰謝料の支払いがある場合（一括払い）・

> 第○条（慰謝料）
> 1　甲は、乙に対し、慰謝料として金○○円の支払義務があることを認める。
> 2　甲は、乙に対し、前項の慰謝料金○○円について、令和○年○月○日限り、以下の口座に振り込む方法により支払う（振込手数料は甲負担）。
> 　　　○○銀行○○支店　　普通預金
> 　　　口座番号　　○○○○○○
> 　　　口座名義　　○○○○○○

- 慰謝料の支払いがある場合（分割払い）・

> 第○条（慰謝料）
> 1　甲は、乙に対し、慰謝料として金○○円の支払義務があることを認める。
> 2　甲は、乙に対し、前項の慰謝料金○○円について、これを次のとおり分割して、以下の口座に振り込む方法により支払う（振込手数料

```
        は甲負担)。
            ○○銀行○○支店    普通預金
            口座番号      ○○○○○○
            口座名義      ○○○○○○
            ①  令和○年○月○日限り    金○○円
            ②  令和○年○月○日限り    金○○円
            ③  令和○年○月○日限り    金○○円
```

◆**費用の負担について定める場合**

・費用の負担について定める・

```
第○条（費用負担）
    本合意に要する費用は、甲乙が各々の費用を負担するものとする。
```

◆**国際結婚である場合に、取扱いについて定める場合**

・準拠法を日本法と定める・

```
第○条（準拠法）
    本合意は日本法に準拠し、同法によって解釈されるものとする。
```

チェックポイント

最低限以下の点をチェックしましょう。

- ☐ 合意の当事者（氏名および住所）が明示されているか
- ☐ 離婚について明示されているか
- ☐ （子がいる場合）親権者および監護権者について定められているか
- ☐ （子がいる場合）養育費の金額は不合理ではないか
- ☐ 財産分与の内容が不合理ではないか

5 夫婦財産契約書

夫婦財産契約書

（夫）〇〇〇〇（以下「甲」という。）と（妻）〇〇〇〇（以下「乙」という。）は、婚姻に際し、次のとおり夫婦財産契約（以下「本契約」という。）を締結する。

第1条 （特有財産）

1 次に記載するものは、甲固有の財産とする。
　① 土地　所　在　新宿区〇〇町〇丁目
　　　　　地　番　〇番
　　　　　地　目　宅地
　　　　　地　積　〇〇平方メートル
　② 建物　所　在　新宿区〇〇町〇丁目〇番地
　　　　　家屋番号　〇番〇
　　　　　種　類　〇〇
　　　　　構　造　〇〇
　　　　　床面積　〇〇平方メートル
2 次に記載するものは、乙固有の財産とする。
　① 預金（〇〇円）　〇〇銀行〇〇支店　普通預金
　　　　　　　　　　口座番号　〇〇〇〇〇〇
　　　　　　　　　　口座名義　〇〇〇〇〇〇
　② 預金（〇〇円）　〇〇銀行〇〇支店　定期預金
　　　　　　　　　　口座番号　〇〇〇〇〇〇

【この契約書を用いるケース】
☑ 婚姻届出前に夫婦の特有財産について定める場合

● 前　文

● 特有財産　　重要度 A

特有財産として記載されないものは共有財産として扱われるので、財産の内容を明確にするとともに、漏れがないか注意しましょう。

【応用】特有財産を変更する　…▶　1652 ページ
　　　　一定の条件を満たした場合に共有財産とする　…▶　1653 ページ
　　　　相続財産について定める　…▶　1654 ページ

家族・近隣

5 夫婦財産契約書

　　　　　口座名義　○○○○○○

第2条　（夫婦財産契約登記）
1　甲及び乙は、本契約の内容で、協力して夫婦財産契約登記を行う。
2　前項の費用は、甲及び乙の折半とする。

第3条　（共有財産）
　第1条に記載のないものについては、全て夫婦の共有財産とする。

第4条　（協議解決）
　本契約に定めのない事項又は本契約の解釈について疑義が生じたときは、甲乙誠意をもって協議のうえ解決する。

第5条　（合意管轄）
　甲及び乙は、本契約に関し裁判上の紛争が生じたときは、東京家庭裁判所又は東京地方裁判所を専属的合意管轄裁判所とすることに合意する。

　本契約締結の証として、本契約書2通を作成し、甲乙相互に署名又は記名・捺印のうえ、各1通を保有することとする。

令和　　年　　月　　日
　　　　　　　　甲　本籍
　　　　　　　　　　住所
　　　　　　　　　　　　　　　　　　　　㊞

　　　　　　　　乙　本籍
　　　　　　　　　　住所
　　　　　　　　　　　　　　　　　　　　㊞

● 夫婦財産契約登記　　重要度 A

夫婦財産契約をしたときは、婚姻の届出までに登記をしなければ、夫婦の承継人・第三者に対抗することができません（民法 756 条）。

【応用】費用の負担について定める　　…▶　1654 ページ

● 共有財産　　重要度 B

特有財産としないものについては共有財産となることを明確にしておきましょう。

【応用】共有財産について具体的に規定する　　…▶　1654 ページ
　　　　特別な規定を設ける　　…▶　1655 ページ

● 協議解決　　重要度 C

協議により紛争回避を図る可能性を探るため規定しています。なお、この規定に法的な拘束力はありません。

【応用】協議解決の方法を定める　　…▶　1655 ページ

● 合意管轄　　重要度 B

紛争が生じた際に自己に有利な管轄裁判所において裁判を行うための規定です。

【応用】合意管轄裁判所を変更する　　…▶　1655 ページ

● 後　文

【応用】契約書の作成方法を変更する　　…▶　1656 ページ

※　夫婦財産契約書には、収入印紙の貼付は不要です。

作成のテクニック

第1条(特有財産) 重要度A

1 次に記載するものは、甲固有の財産とする。
　① 土地　所　在　新宿区〇〇町〇丁目
　　　　　地　番　〇番
　　　　　地　目　宅地
　　　　　地　積　〇〇平方メートル
　② 建物　所　在　新宿区〇〇町〇丁目〇番地
　　　　　家屋番号　〇番〇
　　　　　種　類　〇〇
　　　　　構　造　〇〇
　　　　　床面積　〇〇平方メートル
2 次に記載するものは、乙固有の財産とする。
　① 預金(〇〇円)　〇〇銀行〇〇支店　普通預金
　　　　　　　　　口座番号　〇〇〇〇〇〇
　　　　　　　　　口座名義　〇〇〇〇〇〇
　② 預金(〇〇円)　〇〇銀行〇〇支店　定期預金
　　　　　　　　　口座番号　〇〇〇〇〇〇
　　　　　　　　　口座名義　〇〇〇〇〇〇

【特有財産を変更する】

・敷金・保証金を特有財産とする定めを設ける場合・

○　東京都新宿区〇〇町〇丁目〇番〇号〇〇マンション〇階〇号室について貸主〇〇〇〇に差し入れている保証金(〇〇円)

・自動車を特有財産とする定めを設ける場合・

○　自動車　車　名　〇〇〇
　　　　　登録番号　品川〇〇あ〇〇〇〇
　　　　　型　式　〇〇〇〇〇〇

車体番号　○○○○○○

・株式を特有財産とする定めを設ける場合・

○　○○株式会社発行の普通株式○○株

・社債を特有財産とする定めを設ける場合・

○　　社債　　社債発行会社　　○○株式会社 　　　　　　　社債額面　　○○円 　　　　　　　利率　　○○○ 　　　　　　　償還の方法・期限　　○○○ 　　　　　　　利息支払の方法・期限　　○○○ 　　　　　　　社債券発行の有無　　○○○ 　　　　　　　社債管理者の名称　　○○○ 　　　　　　　社債管理者との管理委託契約の内容　　○○○ 　　　　　　　社債原簿管理人の名称　　○○○

・特有財産を別紙で定める場合・

1　別紙特有財産目録1に定める財産は、甲固有の財産とする。 2　別紙特有財産目録2に定める財産は、乙固有の財産とする。

【一定の条件を満たした場合に共有財産とする】

・特有財産の株式の評価が上がった場合には協議して共有財産として分割する旨を定める場合・　　　　　　　　　　　　　　　　　　〔乙有利〕

1　次に記載するものは、甲固有の財産とする。 　　○　○○株式会社発行の普通株式○○株 2　（略） 3　甲及び乙は、甲の特有財産のうち、○○株式会社普通株式につき、婚姻解消時に、公認会計士による評価額が○○円を超えた場合は、協議により共有財産とすることができる。

【相続財産について定める】

・婚姻後取得する相続財産についてそれぞれの特有財産とする場合・

> 3　甲又は乙が相続により取得した財産は、甲又は乙固有の財産とする。

▶第2条（夫婦財産契約登記）　重要度 A

> 1　甲及び乙は、本契約の内容で、協力して夫婦財産契約登記を行う。
> 2　前項の費用は、甲及び乙の折半とする。

【費用の負担について定める】

・甲の負担とする場合・　　　　　　　　　　　　　　　　　　〔乙有利〕

> 2　前項の費用は、甲の負担とする。

・乙の負担とする場合・　　　　　　　　　　　　　　　　　　〔甲有利〕

> 2　前項の費用は、乙の負担とする。

▶第3条（共有財産）　重要度 B

> 第1条に記載のないものについては、全て夫婦の共有財産とする。

【共有財産について具体的に規定する】

・明らかに個人所有でないものに限り共有財産とする場合・

> 第1条に記載のないものは、明らかに特有財産と認められるものを除き、全て夫婦の共有財産とする。

【特別な規定を設ける】

・婚姻中に得た財産の帰属について特別な規定を設ける場合・　　〔乙有利〕

> 前条に記載のないもののうち、婚姻中、甲が新たに得た財産は夫婦の共有とし、乙が新たに得た財産は、乙の固有財産とする。

第4条（協議解決）　重要度 C

> 本契約に定めのない事項又は本契約の解釈について疑義が生じたときは、甲乙誠意をもって協議のうえ解決する。

【協議解決の方法を定める】

・仲裁者をあらかじめ定める場合・

> 本契約に定めのない事項又は本契約の解釈について疑義が生じたときは、○○○○を仲裁者と定め、三者において誠意をもって協議のうえ解決する。

第5条（合意管轄）　重要度 B

> 甲及び乙は、本契約に関し裁判上の紛争が生じたときは、東京家庭裁判所又は東京家庭裁判所を専属的合意管轄裁判所とすることに合意する。

【合意管轄裁判所を変更する】

・いずれかの住所地を管轄する裁判所とする場合・

> 甲及び乙は、本契約に関し裁判上の紛争が生じたときは、〔甲／乙〕の住所地を管轄する裁判所を専属的合意管轄裁判所とすることに合意する。

後文

> 　本契約締結の証として、本契約書2通を作成し、甲乙相互に署名又は記名・捺印のうえ、各1通を保有することとする。

【契約書の作成方法を変更する】

・1通のみ原本を作成し、当事者の一方は写しのみを保管する場合・

> 　本契約締結の証として、本契約書<u>1通</u>を作成し、甲乙相互に署名又は記名・捺印のうえ、<u>〔甲／乙〕が原本を保有し、〔乙／甲〕が写しを保有</u>することとする。

その他の役立つ条項

- ■ 契約をめぐる各種取扱いについて定める場合 …………… 1657ページ
- ■ 費用の負担について定める場合 ……………………………… 1657ページ
- ■ 国際結婚である場合に、取扱いについて定める場合 …… 1658ページ

◆契約をめぐる各種取扱いについて定める場合

・婚姻中の家事債務の負担を規定する・　　　　　　　　　　　〔乙有利〕

> 第○条（家事債務の負担）
> 　甲は、婚姻中に発生する共同生活を営むために生ずる家事債務を負担し、経済支出の会計管理を乙に委任する。

・特有財産についての管理者を定める・

> 第○条（特有財産の管理者）
> 　乙の特有財産の使用、収益及び管理は甲がするものとする。

◆費用の負担について定める場合

・費用の負担について定める・

> 第○条（費用負担）
> 　本契約の締結に要する印紙代その他の費用は、甲乙が各々の費用を負担するものとする。

・特有財産管理者の変更、婚姻解消の際の費用等については折半とする・

> 第○条（費用負担）
> 　特有財産の管理者の変更、共有物分割に要する費用は、甲乙の折半とする。

◆国際結婚である場合に、取扱いについて定める場合

・準拠法を日本法と定める・

> 第○条(準拠法)
> 　本契約は日本法に準拠し、同法によって解釈されるものとする。

チェックポイント

最低限以下の点をチェックしましょう。

- ☐ 契約の当事者（氏名、本籍および住所）が明示されているか
- ☐ 特有財産とするものに漏れがないか

6 任意後見契約公正証書

任意後見契約公正証書

本公証人は、(委任者) ○○○○ (以下「甲」という。) と (受任者) ○○○○ (以下「乙」という。) の嘱託により、次の法律行為に関する陳述の趣旨を録取し、この公正証書を作成する。

第1条 (任意後見契約)

甲は、乙に対し、令和○年○月○日、任意後見契約に関する法律 (以下「本件法律」という。) に基づき、精神上の障害により事理を弁識する能力が不十分な状況における甲の生活、療養看護及び財産管理に関する事務 (以下「後見事務」という。) を委任し、乙はこれを受任する。

第2条 (効力の発生)

1 前条の任意後見契約 (以下「本契約」という。) の効力は、任意後見監督人が選任されたときから生じる。
2 本契約締結後、本件法律第4条第1項所定の事由が生じ、乙が本契約の後見事務を行うことが相当であると認めたときは、乙は、家庭裁判所に任意後見監督人の選任の請求をしなければならない。

第3条 (委任の範囲)

甲は、乙に対し、別紙代理権目録記載の後見事務 (以下「本件

【この契約書を用いるケース】
☑ 今は健常であるが将来的に介護が必要となったときに備えて、将来的に看護や財産の管理を行う者を選任する場合

● 前　文

【応用】契約の当事者を追加する　…▶　1671 ページ

● 任意後見契約　重要度 A

任意後見契約を締結したことを記す条文です。

● 効力の発生　重要度 A

任意後見契約の効力は、本人の事理弁識能力が不十分な状況となり、後見監督人が選任された時から生じます。

【応用】任意後見監督人が選任されない場合があることを記載する　…▶　1671 ページ

● 委任の範囲　重要度 A

別紙代理権目録を用いて委任の範囲の詳細を定めます。

後見事務」という。）を委任し、その事務処理のための代理権を付与する。

第4条　（意思尊重・身上配慮）
1　乙は、本件後見事務を処理するにつき、甲の意思を尊重し、甲の身上に配慮する。
2　乙は、前項の具体的内容として、ヘルパーや医師等から甲の生活状況、心身の状態等につき説明を受け、甲の生活状態及び健康状態の把握に努める。

第5条　（費用負担）
1　乙が本件後見事務を処理するために要する費用は、甲の負担とする。
2　乙は、前項の費用を乙が管理する甲の財産から支出することができる。

第6条　（報酬）
　　甲は、本契約の効力発生後から、乙に対し、本件後見事務処理に対する報酬として、毎月末日限り金〇〇円を支払うものとし、乙は、乙が管理する甲の財産から支払いを受けることができる。

第7条　（報告）
1　乙は、甲及び任意後見監督人に対し、3か月ごとに、本件後見事務に関する以下の事項について書面で報告する。
　　①　甲の生活状況及び健康状態
　　②　乙の管理する甲の財産の管理状況
　　③　甲の身上監護につき行った措置
　　④　費用の支出及び使用の状況
　　⑤　報酬収受の状況
2　乙は、甲又は任意後見監督人の請求があるときは、速やかに求

- ● 意思尊重・身上配慮　**重要度 B**

  本人の意思を尊重する、身上に配慮するという努力義務を記載しています。

- ● 費用負担　**重要度 A**

  後見事務を行う際に必要となる費用負担につき定めた条項です。

  【応用】費用の負担について定める　・・▶　1672 ページ

- ● 報　酬　**重要度 A**

  後見事務を行う対価について記載した条項です。

  【応用】支払いについて定める　・・▶　1672 ページ
  　　　　報酬額の変更について規定する　・・▶　1673 ページ

- ● 報　告　**重要度 B**

  一定の事項につき報告を行う義務を規定しています。

  【応用】報告方法について規定する　・・▶　1674 ページ

められた事項につき報告を行う。

第8条　（解除）
1　任意後見監督人が選任される前は、甲又は乙は、いつでも公証人の認証を受けた書面により本契約を解除することができる。
2　任意後見監督人が選任された後は、甲又は乙は、正当な事由がある場合に限り、家庭裁判所の許可を得て本契約を解除することができる。

第9条　（契約の終了）
1　本契約は、以下の場合に終了する。
　　① 甲又は乙が死亡もしくは破産したとき
　　② 甲又は乙が後見開始、補佐開始又は補助開始の審判を受けたとき
2　任意後見監督人が選任された後に前項各号の事由が生じた場合、甲又は乙は、速やかにその旨を任意後見監督人に通知しなければならない。

※　任意後見契約公正証書には収入印紙を貼付する必要はありません。
※　任意後見契約は、公正証書で契約しなければならないとされています（任意後見契約に関する法律3条）。そして、公証役場ごとに公正証書のフォームが存在することが通常であるため、実際には、希望の契約内容案を作成したうえ公証役場に相談に行くとよいでしょう。

- ●解　　除　　重要度 B

  本契約を解除できる場合や方法について規定しています。

- ●契約の終了　　重要度 B

  一定の事項が生じたときに本契約が終了することを規定しています。

家族・近隣 ―― 6 任意後見契約公正証書

附録第一号様式

代 理 権 目 録

A　財産の管理・保存・処分等に関する事項
A1　□　甲に帰属する別紙「財産目録」記載の財産及び本契約締結後に甲に帰属する財産（預貯金［B1・B2］を除く。）並びにその果実の管理・保存
A2　□　上記の財産（増加財産を含む。）の処分・変更
　　　　□売却
　　　　□賃貸借契約の締結・変更・解除
　　　　□担保権の設定契約の締結・変更・解除
　　　　□その他（別紙「財産の管理・保存・処分等目録」記載のとおり）

B　金融機関との取引に関する事項
B1　□　甲に帰属する別紙「預貯金等目録」記載の預貯金に関する取引（預貯金の管理、振込依頼・払戻し、口座の変更・解約等。以下同じ。）
B2　□　預貯金口座の開設及び当該預貯金に関する取引
B3　□　貸金庫取引
B4　□　保護預り取引
B5　□　金融機関とのその他の取引
　　　　□当座勘定取引　　　　　□融資取引
　　　　□保証取引　　　　　　　□担保提供取引
　　　　□証券取引（国債、公共債、金融債、社債、投資信託等）
　　　　□為替取引
　　　　□信託取引（予定（予想）配当率を付した金銭信託（貸付信託）を含む。）
　　　　□その他（別紙「金融機関との取引目録」記載のとおり）
B6　□　金融機関とのすべての取引

C　定期的な収入の受領及び費用の支払に関する事項
C1　□　定期的な収入の受領及びこれに関する諸手続
　　　　□家賃・地代
　　　　□年金・障害手当金その他の社会保障給付

□その他（別紙「定期的な収入の受領等目録」記載のとおり）
C2　□　定期的な支出を要する費用の支払及びこれに関する諸手続
　　　　□家賃・地代　　　　□公共料金
　　　　□保険料　　　　　　□ローンの返済金
　　　　□その他（別紙「定期的な支出を要する費用の支払等目録」記載のとおり）

D　生活に必要な送金及び物品の購入等に関する事項
D1　□　生活費の送金
D2　□　日用品の購入その他日常生活に関する取引
D3　□　日用品以外の生活に必要な機器・物品の購入

E　相続に関する事項
E1　□　遺産分割又は相続の承認・放棄
E2　□　贈与若しくは遺贈の拒絶又は負担付の贈与若しくは遺贈の受諾
E3　□　寄与分を定める申立て
E4　□　遺留分減殺の請求

F　保険に関する事項
F1　□　保険契約の締結・変更・解除
F2　□　保険金の受領

G　証書等の保管及び各種の手続に関する事項
G1　□　次に掲げるものその他これらに準ずるものの保管及び事項処理に必要な範囲内の使用
　　　　□登記済権利証
　　　　□実印・銀行印・印鑑登録カード
　　　　□その他（別紙「証書等の保管等目録」記載のとおり）
G2　□　株券等の保護預り取引に関する事項
G3　□　登記の申請
G4　□　供託の申請
G5　□　住民票、戸籍謄抄本、登記事項証明書その他の行政機関の発行する証明書の請求
G6　□　税金の申告・納付

H　介護契約その他の福祉サービス利用契約等に関する事項
H1　□　介護契約（介護保険契約における介護サービスの利用契約、ヘルパー・家事援助者等の派遣契約を含む。）の締結・変更・解除及び費用の支払
H2　□　要介護認定の申請及び認定に関する承認又は異議申立て
H3　□　介護契約以外の福祉サービスの利用契約の締結・変更・解除及び費用の支払
H4　□　福祉関係施設への入所に関する契約（有料老人ホームの入居契約等を含む。）の締結・変更・解除及び費用の支払
H5　□　福祉関係の措置（施設入所措置等を含む。）の申請及び決定に関する異議申立て

I　住居に関する事項
I1　□　居住用不動産の購入
I2　□　居住用不動産の処分
I3　□　借地契約の締結・変更・解除
I4　□　借家契約の締結・変更・解除
I5　□　住居等の新築・増改築・修繕に関する請負契約の締結・変更・解除

J　医療に関する事項
J1　□　医療契約の締結・変更・解除及び費用の支払
J2　□　病院への入院に関する契約の締結・変更・解除及び費用の支払

K　□　A～J以外のその他の事項（別紙「その他の委任事項目録」記載のとおり）

L　以上の各項目に関して生じる紛争の処理に関する事項
L1　□　裁判外の和解（示談）
L2　□　仲裁契約
L3　□　行政機関等に対する不服申立て及びその手続の追行
L4・1　　任意後見受任者が弁護士である場合における次の事項
L4・1・1　□　訴訟行為（訴訟の提起、調停若しくは保全処分の申立て又はこれらの手続の追行、応訴等）

L4・1・2　□　民事訴訟法第55条第2項の特別授権事項（反訴の
　　　　　　　　提起、訴えの取下げ、裁判上の和解・請求の放棄・
　　　　　　　　認諾、控訴・上告、復代理人の選任等）
　L4・2　□　任意後見受任者が弁護士に対して訴訟行為及び民事訴訟
　　　　　　　法第55条第2項の特別授権事項について授権をするこ
　　　　　　　と
　L5　□　紛争の処理に関するその他の事項（別紙「紛争の処理等目録」
　　　　　　記載のとおり）

M　復代理人・事務代行者に関する事項
M1　□　復代理人の選任
M2　□　事務代行者の指定

N　以上の各事務に関する事項
N1　□　以上の各事項の処理に必要な費用の支払
N2　□　以上の各事項の処理に関連する一切の事項

附録様式第2号

　　　　　　　　　代　理　権　目　録

　　　　　　　一、　何　　　　　　　　　　何

　　　　　　　一、　何　　　　　　　　　　何

　　　　　　　一、　何　　　　　　　　　　何

　　　　　　　一、　何　　　　　　　　　　何

　　　　　　　一、　何　　　　　　　　　　何

注
1　各事項（訴訟行為に関する事項を除く。）の全部又は一部について、数人の任
　意後見人が共同して代理権を行使すべき特約が付されているときは、その旨を
　「代理権の共同行使の特約目録」に記載して添付すること。

2　各事項（任意後見受任者が弁護士である場合には、訴訟行為に関する事項を除く。）の全部又は一部について、本人又は第三者の同意（承認）を要する旨の特約が付されているときは、その旨を別紙「同意（承認）を要する旨の特約目録」に記載して添付すること。（第三者の同意（承認）を要する旨の特約の場合には、当該第三者の氏名及び住所（法人の場合には名称又は商号及び主たる事務所又は本店）を明記すること。）。

3　別紙に委任事項・特約事項を記載するときは、本目録の記号で特定せずに、全文を表記すること。

作成のテクニック

前文

本公証人は、(委任者)〇〇〇〇(以下「甲」という。)と(受任者)〇〇〇〇(以下「乙」という。)の嘱託により、次の法律行為に関する陳述の趣旨を録取し、この公正証書を作成する。

【契約の当事者を追加する】

・複数の後見人に委任する場合・

本公証人は、(委任者)〇〇〇〇(以下「甲」という。)と(受任者)〇〇〇〇及び〇〇〇〇(以下まとめて「乙」という。)の嘱託により、次の法律行為に関する陳述の趣旨を録取し、この公正証書を作成する。

第2条(効力の発生) 重要度A

1　前条の任意後見契約(以下「本契約」という。)の効力は、任意後見監督人が選任されたときから生じる。
2　本契約締結後、本件法律第4条第1項所定の事由が生じ、乙が本契約の後見事務を行うことが相当であると認めたときは、乙は、家庭裁判所に任意後見監督人の選任の請求をしなければならない。

【任意後見監督人が選任されない場合があることを記載する】

・一定の場合に任意後見監督人が選任できないことを注意的に記載しておく場合・

2　本契約締結後、本件法律第4条第1項所定の事由が生じ、乙が本契約の後見事務を行うことが相当であると認めたときは、乙は、家庭裁判所に任意後見監督人の選任の請求をしなければならない。ただ

> し、乙が未成年者、保佐人、補助人又は破産者である場合や、任意後見人に適しない事由がある者であるときはこの限りでない。

▶第5条（費用負担） 重要度A

> 1　乙が本件後見事務を処理するために要する費用は、甲の負担とする。
> 2　乙は、前項の費用を乙が管理する甲の財産から支出することができる。

【費用の負担について定める】

・一部の費用を受任者の負担とする場合・　　　　　　　　　　〔委任者有利〕

> 1　乙が本件後見事務を処理するために要する費用は、甲の負担とする。ただし、○○に関する費用は、乙の負担とする。

▶第6条（報酬） 重要度A

> 甲は、本契約の効力発生後から、乙に対し、本件後見事務処理に対する報酬として、毎月末日限り金○○円を支払うものとし、乙は、乙が管理する甲の財産から支払いを受けることができる。

【支払いについて定める】

・委任事務処理を無報酬とする場合・　　　　　　　　　　〔委任者有利〕

> 本件後見事務処理に対する報酬は無償とする。

・報酬は、委任者死亡時に相続財産から支払う場合・

> 本件後見事務処理に対する報酬は、毎月金○○円とし、乙は、甲が亡くなった後の相続財産から当該報酬の支払いを受けることができる。

・委任事務処理の内容により報酬を定める場合・

> 甲は、本契約の効力発生後から、乙に対し、本件後見事務処理に対して、下記の報酬を支払うものとし、乙は、乙が管理する甲の財産から支払いを受けることができる。
> 記
> ①　日常生活に関する報酬　　毎月金〇〇円
> ②　通院介護に関する報酬　　毎月金〇〇円
> （以下略）

・報酬を甲の推定相続人が支払う場合・

> 甲は、本契約の効力発生後から、乙に対し、本件後見事務処理に対する報酬として、毎月末日限り金〇〇円を支払うものとし、乙は、甲の推定相続人である〇〇〇〇から支払いを受けることができる。

【報酬額の変更について規定する】

・報酬額が不相当になった場合の取扱いについて定める場合・

> 1　（略）
> 2　前項の報酬額が次の事由により不相当となった場合には、乙は、甲及び任意後見監督人と協議のうえ、これを変更することができる。
> 　①　甲の生活状況又は健康状態の変化
> 　②　経済情勢の変動
> 　③　その他現行報酬額を不相当とする特段の事情の発生

▶ 第7条（報告）　重要度 B

> 1　乙は、甲及び任意後見監督人に対し、3か月ごとに、本件後見事務に関する以下の事項について書面で報告する。
> 　①　甲の生活状況及び健康状態
> 　②　乙の管理する甲の財産の管理状況

③　甲の身上監護につき行った措置
　　④　費用の支出及び使用の状況
　　⑤　報酬収受の状況
　2　乙は、甲又は任意後見監督人の請求があるときは、速やかに求められた事項につき報告を行う。

【報告方法について規定する】

・報告の書式を指定する場合・　　　　　　　　　　　〔委任者有利〕

　1　乙は、甲及び任意後見監督人に対し、3か月ごとに、本件後見事務に関する以下の事項について<u>甲又は任意後見監督人が指定した</u>書面で報告する。
　　①　（以下略）

その他の役立つ条項

■ 契約をめぐる各種取扱いについて定める場合 ………… 1675 ページ

◆契約をめぐる各種取扱いについて定める場合

・登記事項に変更が生じたときの対処を定める場合・

> 第○条（登記申請義務）
> 　甲又は乙は、任意後見登記の登記事項に変更が生じた場合には、速やかに、その旨の申請を行わなければならない。

・任意後見監督人の候補者を定めておく場合・　　　　　〔委任者有利〕

> 第○条（任意後見監督人の候補）
> 　甲は、○○○○が任意後見監督人に選任されることを希望する。

・管理対象財産を確認する場合・

> 第○条（管理対象財産）
> 　甲及び乙は、本件後見事務の管理対象財産が以下のとおりであることを確認する。
> 　①　（以下略）

チェックポイント

あなたが委任者の場合は、最低限以下の点をチェックしましょう。

- ☐ 契約の当事者が正しいか
- ☐ 委任の範囲が明らかにされているか
- ☐ 費用の負担が明記されているか
- ☐ 報告義務が定められているか
- ☐ 解除事由が定められているか

あなたが受任者の場合は、最低限以下の点をチェックしましょう。

- ☐ 契約の当事者が正しいか
- ☐ 受任の範囲が明らかにされているか
- ☐ 費用負担について不合理な内容になっていないか
- ☐ 報告義務が過大でないか
- ☐ 解除事由が不当でないか

MEMO

7 通行地役権設定契約書

通行地役権設定契約書

（設定者）○○○○（以下「甲」という。）と（地役権者）○○○○（以下「乙」という。）は、次のとおり通行地役権設定契約（以下「本契約」という。）を締結する。

第1条　（通行地役権設定）

　　甲は、乙に対して、下記の私道（以下「本件私道」という。）につき、乙が所有する下記土地（以下「乙所有地」という。）と公道との間を往来する目的で通行地役権（以下「本件地役権」という。）を設定する。

〈私道の表示〉
　　所　　在　　新宿区○○町○丁目
　　地　　番　　○番○
　　地　　目　　○○
　　地　　積　　○○平方メートル

〈乙所有地の表示〉
　　所　　在　　新宿区○○町○丁目
　　地　　番　　○番○
　　地　　目　　○○
　　地　　積　　○○平方メートル

【この契約書を用いるケース】
☑ 道路を通行できる権利を認定する場合
　⇨土地に関する賃貸借契約は第2章■

● 前　文
【応用】契約の当事者を追加する　・・・▶　1684ページ

● 通行地役権設定　　重要度 A
通行地役権設定契約の目的物件を不動産登記簿謄本等の記載に従って記載しましょう。

【応用】対象とする私道を追加する　・・・▶　1685ページ
　　　　図面を添付する　・・・▶　1685ページ

第2条 （通行料）

本件地役権に対する通行料は無償とする。

第3条 （契約期間）

本契約の期間は、令和〇年〇月〇日から令和〇年〇月〇日までの10年間とする。

第4条 （目的外使用の禁止）

乙は、事前の甲の書面による承諾なしに、下記の行為をしてはならない。
① 本件私道に物品を置くこと
② 本件私道に車両を駐車すること
③ 本件私道を改変すること
④ 本件私道を使用目的に反して使用すること

第5条 （契約の解除）

甲は、乙が本契約のいずれかに違反したときは、乙に対する通知、催告をすることなく、直ちに本契約を解除することができる。なお、この場合でも損害賠償の請求を妨げない。

第6条 （権利義務の承継）

甲が本件私道の所有権を第三者に移転する場合には、当該第三者に本契約に定める権利義務を承継させなければならない。

第7条 （損害賠償責任）

甲又は乙は、解除、解約又は本契約に違反することにより、相手方に損害を与えたときは、その損害の全て（弁護士費用及びその他の実費を含むが、これに限られない。）を賠償しなければならない。

● **通行料** 重要度 A

通行地役権の対価を明確に記載しておきましょう。

【応用】通行料を有償にする　・・・▶　1686 ページ
　　　　通行料の支払いについて規定する　・・・▶　1687 ページ
　　　　通行料の改定について規定する　・・・▶　1688 ページ

● **契約期間** 重要度 A

契約期間を明らかにしましょう。

【応用】契約期間を変更する　・・・▶　1688 ページ

● **目的外使用の禁止** 重要度 B

目的外で私道を使用することを禁止しておきましょう。

【応用】禁止行為を追加・変更する　・・・▶　1689 ページ
　　　　相互に義務を負わせる　・・・▶　1689 ページ

● **契約の解除** 重要度 B

民法等で定めた解除事由より広く解除できる場合を認めるため記載しています。なお、改正民法では、法定解除のうち催告による場合、相手方の債務不履行が契約および取引上の社会通念に照らして軽微な場合において、解除が認められないこととなりました（改正民法 541 条但書）。

【応用】解除の条件を変更する　・・・▶　1690 ページ

● **権利義務の承継** 重要度 B

地役権は承継されるのが原則ですが、誤解がないように記載しています。

【応用】所有権移転時の通知義務を定める　・・・▶　1690 ページ
　　　　所有権の移転を禁止する　・・・▶　1690 ページ
　　　　解除条件を定める　・・・▶　1691 ページ
　　　　地役権者の所有地について所有権の移転を認める　・・・▶　1691 ページ

● **損害賠償責任** 重要度 C

損害賠償規定は民法等にも存在しますが、弁護士費用や実費なども賠償対象とするために記載しています。

【応用】賠償額について具体的に規定する　・・・▶　1691 ページ
　　　　賠償請求権を限定する　・・・▶　1691 ページ
　　　　違約金について規定する　・・・▶　1692 ページ

第8条　（協議解決）

本契約に定めのない事項又は本契約の解釈について疑義が生じたときは、甲乙誠意をもって協議のうえ解決する。

第9条　（合意管轄）

甲及び乙は、本契約に関し裁判上の紛争が生じたときは、東京地方裁判所を専属的合意管轄裁判所とすることに合意する。

　本契約締結の証として、本契約書2通を作成し、甲乙相互に署名又は記名・捺印のうえ、各1通を保有することとする。

令和　　年　　月　　日

　　　　　　　　　　　甲

　　　　　　　　　　　　　　　　　　　　　㊞

　　　　　　　　　　　乙

　　　　　　　　　　　　　　　　　　　　　㊞

※　通行地役権設定契約書には収入印紙を貼付する必要はありません。ただし、土地の賃貸借契約書（第2章❹）については収入印紙が必要となりますので、ご注意ください。

● 協議解決　　**重要度 C**

協議により紛争回避を図る可能性を探るため規定しています。なお、この規定に法的な拘束力はありません。

【応用】紛争解決方法について具体的に規定する　・・▶　1693ページ

● 合意管轄　　**重要度 B**

紛争が生じた際に自己に有利な管轄裁判所において裁判を行うための規定です。

【応用】合意管轄裁判所を変更する　・・▶　1693ページ

● 後　　文

【応用】契約書の作成方法を変更する　・・▶　1693ページ

作成のテクニック

▶ 前文

> （設定者）○○○○（以下「甲」という。）と（地役権者）○○○○（以下「乙」という。）は、以下のとおり通行地役権設定契約（以下「本契約」という。）を締結する。

【契約の当事者を追加する】

・当事者の一方が共有者であるとき・

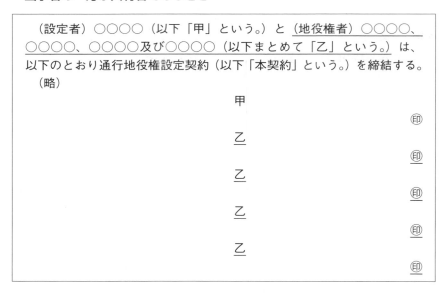

▶ 第1条（通行地役権設定） 重要度 A

> 甲は、乙に対して、下記の私道（以下「本件私道」という。）につき、乙が所有する下記土地（以下「乙所有地」という。）と公道との間を往来する目的で通行地役権（以下「本件地役権」という。）を設定する。

〈私道の表示〉
　所　　在　新宿区○○町○丁目
　地　　番　○番○
　地　　目　○○
　地　　積　○○平方メートル
〈乙所有地の表示〉
　所　　在　新宿区○○町○丁目
　地　　番　○番○
　地　　目　○○
　地　　積　○○平方メートル

【対象とする私道を追加する】

・地役権の対象となる私道が多数存在する場合・

> 甲は、乙に対して、別紙物件目録記載の各私道（以下、合わせて「本件私道」という。）につき、乙が所有する下記土地（以下「乙所有地」という。）と公道との間を往来する目的で通行地役権（以下「本件地役権」という。）を設定する。
> 〈乙所有地の表示〉
> 　所　　在　新宿区○○町○丁目
> 　地　　番　○番○
> 　地　　目　○○
> 　地　　積　○○平方メートル

【図面を添付する】

・図面を添付する場合・

> 〈私道の表示〉
> 　（略）
> この私道のうち、通行地役権設定部分は、別紙図面の斜線部分で示された○○平方メートルとする。

【別紙】

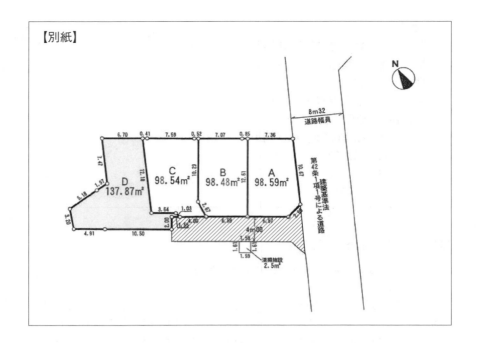

▶ 第2条（通行料） 重要度A

本件地役権に対する通行料は無償とする。

【通行料を有償にする】

・通行料を有償とする場合・　　　　　　　　　　　〔設定者有利〕

1　本件地役権に対する通行料は、月額○○円とする。
2　乙は、前項に定める通行料を、毎月末日限り翌月分を、甲が指定する下記金融機関口座に振り込む方法によって支払う（振込手数料は乙負担）。
　　　○○銀行○○支店　　普通預金
　　　口座番号　　○○○○○○
　　　口座名義　　○○○○○○

【通行料の支払いについて規定する】

・通行料の支払いを自動引落しで行う場合・　　　　　〔設定者有利〕

> 1　本件地役権に対する通行料は、月額○○円とする。
> 2　乙は、前項に定める通行料を、毎月末日限り翌月分を、乙の金融機関預金口座から自動引落しの方法で甲に支払う（振込手数料は乙負担）。

・当月分を当月に支払う場合・　　　　　　　　　　　〔設定者有利〕

> 1　本件地役権に対する通行料は、月額○○円とする。
> 2　乙は、前項に定める通行料を、毎月末日限り当月分を、甲が指定する下記金融機関口座に振り込む方法によって支払う（振込手数料は乙負担）。
> 　　○○銀行○○支店　　普通預金
> 　　口座番号　　　○○○○○○
> 　　口座名義　　　○○○○○○

・通行料を持参で支払う場合・　　　　　　　　　　　〔設定者有利〕

> 1　本件地役権に対する通行料は、月額○○円とする。
> 2　乙は、前項に定める通行料を、毎月末日限り翌月分を、甲に持参する方法で甲に支払う。

・有償かつ年払いとする場合・　　　　　　　　　　　〔設定者有利〕

> 1　本件地役権に対する通行料は、年額○○円とする。
> 2　乙は、前項に定める通行料を、毎年12月末日限り翌年分を、甲が指定する下記金融機関口座に振り込む方法によって支払う（振込手数料は乙負担）。
> 　　○○銀行○○支店　　普通預金
> 　　口座番号　　　○○○○○○
> 　　口座名義　　　○○○○○○

【通行料の改定について規定する】

・相場高騰等により設定者が通行料を見直すことができる旨規定する場合・
〔設定者有利〕

> 1 本件地役権に対する通行料は、<u>月額○○円</u>とする。
> 2 <u>近隣土地の価格の変動、その他一般経済情勢の変動により、通行料が不相当となったと甲が認めたときは、甲乙協議のうえ、甲はこれを改定することができる。</u>

▶ 第3条（契約期間） 重要度A

> 本契約の期間は、令和○年○月○日から令和○年○月○日までの10年間とする。

【契約期間を変更する】

・自動更新とする場合・ 〔地役権者有利〕

> 本契約の期間は、令和○年○月○日から令和○年○月○日までの10年間とする。<u>ただし、甲又は乙が期間満了の日の○か月前までに相手方に対し更新しない旨の通知をしたときを除き、本契約は期間満了の日の翌日から更に10年間同一の条件をもって継続するものとし、以後も同様とする。</u>

・期間を定めない場合・ 〔地役権者有利〕

> 本契約は、<u>期間の定めのない契約</u>とする。

・目的を達するまでとする場合・

> 本契約の期間は、<u>乙が乙所有地において店舗営業を行っている期間</u>とする。

• 建物存続期間とする場合 •

> 本契約の期間は、乙が乙所有地において現在所有する建物が存続している期間とする。

• 地役権者が要役地の所有者である期間とする場合 •

> 本契約の期間は、乙が乙所有地の所有者としての地位を有している期間とする。

第4条（目的外使用の禁止）　重要度 B

> 乙は、事前の甲の書面による承諾なしに、下記の行為をしてはならない。
> ① 本件私道に物品を置くこと
> ② 本件私道に車両を駐車すること
> ③ 本件私道を改変すること
> ④ 本件私道を使用目的に反して使用すること

【禁止行為を追加・変更する】

• 自動車の通行を禁止する場合 •　　　　　　　　　　　　　〔設定者有利〕

> ⑤ 本件私道を自動車で通行すること（歩行、自転車による通行は認める。）

【相互に義務を負わせる】

• 設定者にも義務を負わせる場合 •　　　　　　　　　　　　〔地役権者有利〕

> 甲及び乙は、事前の相手方の書面による承諾なしに、下記の行為をしてはならない。
> ① （以下略）

▶ 第5条（契約の解除） 重要度 B

> 甲は、乙が本契約のいずれかに違反したときは、乙に対する通知、催告をすることなく、直ちに本契約を解除することができる。なお、この場合でも損害賠償の請求を妨げない。

【解除の条件を変更する】

・解除前に催告を要求する場合・　　　　　　　　　　　　　〔地役権者有利〕

> 甲は、乙が本契約のいずれかに違反したときは、<u>相当の期間を定めて催告を行い、その期間内に是正がなされない場合、</u>本契約を解除することができる。なお、この場合でも損害賠償の請求を妨げない。

▶ 第6条（権利義務の承継） 重要度 B

> 甲が本件私道の所有権を第三者に移転する場合には、当該第三者に本契約に定める権利義務を承継させなければならない。

【所有権移転時の通知義務を定める】

・地役権者にあらかじめ通知する場合・　　　　　　　　　　〔地役権者有利〕

> 甲が本件私道の所有権を第三者に移転する場合には、<u>予め乙に通知を行ったうえ、</u>当該第三者に本契約に定める権利義務を承継させなければならない。

【所有権の移転を禁止する】

・本件私道の処分を禁止する場合・　　　　　　　　　　　　〔地役権者有利〕

> 甲は、本件私道の所有権を第三者に移転してはならない。

【解除条件を定める】

・所有権の移転とともに本契約が終了する場合・　　　　　〔設定者有利〕

> 甲が本件私道の所有権を第三者に移転する場合には、本契約は当然に終了する。

【地役権者の所有地について所有権の移転を認める】

・地役権者が所有地を第三者に移転する場合の取扱いについて定める場合・
〔地役権者有利〕

> 乙が乙所有地の所有権を第三者に移転する場合には、当該第三者に本契約に定める権利義務を承継させなければならない。

第7条（損害賠償責任）　重要度C

> 甲又は乙は、解除、解約又は本契約に違反することにより、相手方に損害を与えたときは、その損害の全て（弁護士費用及びその他の実費を含むが、これに限られない。）を賠償しなければならない。

【賠償額について具体的に規定する】

・賠償額の上限を定める場合・

> 甲又は乙は、解除、解約又は本契約に違反することにより、相手方に損害を与えたときは、金○○円を上限として、損害を賠償しなければならない。

【賠償請求権を限定する】

・設定者のみに賠償請求権を認める場合・　　　　　　　〔設定者有利〕

> 乙は、解除、解約又は本契約に違反することにより、甲に損害を与えた

ときは、その損害の全て（弁護士費用及びその他の実費を含むが、これに限られない。）を賠償しなければならない。

・地役権者のみに賠償請求権を認める場合・　　　　　　　〔地役権者有利〕

甲は、解除、解約又は本契約に違反することにより、乙に損害を与えたときは、その損害の全て（弁護士費用及びその他の実費を含むが、これに限られない。）を賠償しなければならない。

【違約金について規定する】

・違約金を定める場合・

甲又は乙は、解除、解約又は本契約に違反することにより、相手方に損害を与えたときは、違約金として通行料○か月分の損害金を支払わなければならない。ただし、発生した損害が通行料○か月分を上回るときは、その超過分も支払うものとする。

・損害が故意または重過失による場合に、賠償に追加して違約金の支払いを認める場合・

甲又は乙は、故意又は重過失に基づき、解除、解約又は本契約に違反することにより、相手方に損害を与えたときは、その損害の全て（弁護士費用及びその他の実費を含むが、これに限られない。）及び違約金として金○○円を賠償しなければならない。

▶ 第8条（協議解決） 重要度 C

本契約に定めのない事項又は本契約の解釈について疑義が生じたときは、甲乙誠意をもって協議のうえ解決する。

【紛争解決方法について具体的に規定する】

・具体的な紛争解決機関を定める場合・

> 本契約に定めのない事項又は本契約の解釈について疑義が生じたときは、<u>訴訟提起以前に独立行政法人国民生活センターが主催するADRにおいて協議を試みなければならない</u>。

▶ 第9条（合意管轄） 重要度 B

> 甲及び乙は、本契約に関し裁判上の紛争が生じたときは、東京地方裁判所を専属的合意管轄裁判所とすることに合意する。

【合意管轄裁判所を変更する】

・私道所在地を管轄する裁判所とする場合・

> 甲及び乙は、本契約に関し裁判上の紛争が生じたときは、<u>本件私道所在地を管轄する裁判所</u>を専属的合意管轄裁判所とすることに合意する。

▶ 後文

> 　本契約締結の証として、本契約書2通を作成し、甲乙相互に署名又は記名・捺印のうえ、各1通を保有することとする。

【契約書の作成方法を変更する】

・1通のみ原本を作成し、当事者の一方は写しのみを保管する場合・

> 　本契約締結の証として、本契約書<u>1通</u>を作成し、甲乙相互に署名又は記名・捺印のうえ、〔甲／乙〕が原本を保有し、〔乙／甲〕が写しを保有することとする。

その他の役立つ条項

- ■ 契約をめぐる各種取扱いについて定める場合 ……………………… 1694 ページ
- ■ 費用の負担について定める場合 …………………………………………… 1695 ページ
- ■ 暴力団排除条項を盛り込む場合 …………………………………………… 1696 ページ
- ■ 外国人との契約である場合に、取扱いについて定める場合 ……… 1696 ページ

◆契約をめぐる各種取扱いについて定める場合

・通行の必要性がなくなったときには本件契約を終了する・

> 第○条（契約の終了）
> 　本契約は、乙所有地が一定規模の公道に新たに接するようになったときは、当然に終了する。

・敷金を設ける（有償契約の場合）・　　　　　　　　　　〔設定者有利〕

> 第○条（敷金）
> 1　乙は、甲に対し、本契約の成立と同時に、本契約に基づく一切の債務の担保として敷金○○円を差し入れる。
> 2　敷金には利息を付さないこととし、本契約の終了後に乙が甲に対し本件私道を明け渡した場合、甲は、敷金から乙の未払賃料等本契約に基づく乙の債務のうち未払いのものを控除したうえで、その残額について乙に返還する。
> 3　乙は、本件私道を原状に復して明け渡すまでの間、敷金返還請求権をもって、甲に対する債務と相殺することができない。
> 4　乙は、敷金返還請求権を第三者に譲渡し、又は担保に供してはならない。
> 5　甲は、乙に通行料その他本契約に基づく債務の不履行又は損害賠償債務がある場合には、第1項の敷金をこれに充当することができる。

・登記を設定する・　　　　　　　　　　　　　　　　　〔地役権者有利〕

> 第○条（登記）
> 　甲は、乙に対し、令和○年○月○日限り、本件地役権設定を原因と

> する地役権設定登記手続をしなければならない。ただし、登記手続費用は乙の負担とする。

・私道の管理義務について定める・

> 第○条（安全管理）
> 1　甲は、乙が本件私道を常に正常な状態で使用できるように、本件私道及び付属設備等の安全良好な状態の維持に努めるものとする。
> 2　乙は、善良なる管理者の注意をもって本件私道を使用、管理するものとする。

・不可抗力により私道の全部が滅失した場合に契約が終了するものとする・

> 第○条（不可抗力による本件私道の全部滅失）
> 　天災地変その他不可抗力により、本件私道の全部が滅失したか、もしくは毀損のため使用することができなくなった場合、本契約は当然に終了する。

・著しい事情の変更が生じたときの対処について定める・

> 第○条（事情の変更）
> 　甲及び乙が、本契約の締結後、天変地異、法令の制定又は改廃、その他著しい事情の変更により、本契約に定める義務を履行することが不可能又は著しく困難となったと認められる場合は、当該定めを変更するため協議することができる。

◆費用の負担について定める場合

・公租公課の負担者を決める・　　　　　　　　　　　　〔地役権者有利〕

> 第○条（公租公課）
> 　本契約期間中の本件私道に対する租税その他の公課は、乙の負担とする。

◆暴力団排除条項を盛り込む場合

・一方当事者が暴力団関係者もしくは暴力団と一定の関係がある者であった場合に契約解除を認める・

第〇条（反社会的勢力の排除）
1　甲及び乙は、自己又は自己の役員が、暴力団、暴力団関係企業、総会屋もしくはこれらに準ずる者又はその構成員（以下これらを「反社会的勢力」という。）に該当しないこと、及び次の各号のいずれにも該当しないことを表明し、かつ将来にわたっても該当しないことを相互に確約する。
　①　反社会的勢力に自己の名義を利用させること
　②　反社会的勢力が経営を実質的に支配していると認められる関係を有すること
2　甲又は乙は、前項の一つにでも違反することが判明したときは、何らの催告を要せず、本契約を解除することができる。
3　本条の規定により本契約が解除された場合には、解除された者は、解除により生じる損害について、その相手方に対し一切の請求を行わない。

◆外国人との契約である場合に、取扱いについて定める場合

・準拠法を日本法と定める・

第〇条（準拠法）
　本契約は日本法に準拠し、同法によって解釈されるものとする。

チェックポイント

あなたが設定者の場合は、最低限以下の点をチェックしましょう。

- ☐ 契約の当事者が明らかであるか
- ☐ 地役権の目的物、契約期間が明確に特定されているか
- ☐ 通行料が定められているか
- ☐ 禁止事項が十分に定められているか
- ☐ 地役権者の損害賠償義務が不当に軽減されていないか

あなたが地役権者の場合は、最低限以下の点をチェックしましょう。

- ☐ 契約の当事者が明らかであるか
- ☐ 地役権の目的物、契約期間が明確に特定されているか
- ☐ 通行料が有償か無償か
- ☐ 禁止事項が不当に重くないか
- ☐ 私道の所有者が移転する場合の措置が定められているか
- ☐ 地役権者所有地の所有者が移転する場合の措置が定められているか
- ☐ 設定者の損害賠償義務が不当に軽減されていないか

MEMO

MEMO

● 著者略歴 ●

横張清威（弁護士・公認会計士）

平成13年司法試験合格。平成24年公認会計士試験合格。令和3年弁護士法人トライデント共同設立。M＆A・会社法・金融商品取引法・労働問題を専門とし、多数の上場企業・ベンチャー企業に法務・財務に関するサービスを提供している。著書（共著）に『応用自在！ 内容証明作成のテクニック』（日本法令）、『ストーリーでわかる初めてのM＆A　会社、法務、財務はどう動くか』（日本加除出版）などがある。

大菅　剛（弁護士）

平成9年立教大学法学部卒業。平成18年弁護士登録。平成24年みらい総合法律事務所パートナー弁護士に就任。契約書作成、労働問題その他企業法務、債権回収業務、不動産関係事件、交通事故事件、相続事件、離婚事件などを日常的に扱う。著書に、『交通事故訴訟における典型後遺障害と損害賠償実務』（ぎょうせい）、『応用自在！ 内容証明作成のテクニック』（日本法令）、『損害賠償算定基準』（いわゆる「赤い本」）などがある。

吉岡裕貴（弁護士）

平成15年東京大学法学部卒業、平成18年弁護士登録、平成25年みらい総合法律事務所パートナー就任。不動産問題、労働問題、コンプライアンスを中心に、各種事件の解決に精力的に取り組んでいる。著書（共著）として、『応用自在！ 内容証明作成のテクニック』（日本法令）、『賃貸トラブル 交渉と解決法』（あさ出版）、『不動産賃貸トラブルQ＆A』（不動産流通研究所）などがある。

小堀　優（弁護士）

みらい総合法律事務所パートナー弁護士。平成10年、上智大学文学部史学科卒業（日本近現代史専攻）。平成17年、司法試験合格。コンプライアンス、会社法、M＆A、不動産取引を主に扱い、企業のコンプライアンス委員会委員長や社外監査役を務める。また、丁寧かつ明瞭な講義には定評があり、宅地建物取引士の登録講習講座や大学での講義、講演活動にも力を入れている。著書（共著）として、『応用自在！ 内容証明作成のテクニック』（日本法令）、『建設工事請負契約約款 利用の実務とトラブル防止・対応策』（日本法令）などがある。

辻角智之（弁護士）

平成17年司法試験合格。平成23年みらい総合法律事務所パートナー就任。令和3年ひなた総合法律事務所を設立。企業の相談案件や訴訟案件に数多く携わり、企業のコンプライアンス、労働問題、不動産問題に精通している。テレビ出演、講演を行うほか、著書（共著）として、『応用自在！ 内容証明作成のテクニック』（日本法令）、『Q＆Aでわかる民事執行の実務』（日本法令）などがある。

正田光孝（弁護士）

一橋大学法学部卒業後、平成20年弁護士登録。平成27年みらい総合法律事務所パートナー就任。令和3年ひなた総合法律事務所を設立。取扱分野は企業法務、エンターテインメント法務など。著書（共著）として、『応用自在！ 内容証明作成のテクニック』（日本法令）、『契約審査のベストプラクティス』（レクシスネクシス・ジャパン）などがある。

田畠宏一（弁護士）

平成18年、司法試験合格。平成19年、東京大学法学部卒業。みらい総合法律事務所パートナー弁護士。企業法務（訴訟・交渉、コンプライアンス、労務紛争）、スモールM＆A、事業承継、不動産案件を得意とする。また、企業法務の専門性を活かし、企業の監査役、一般社団法人の監事を兼務。講演歴として、金融機関、一般企業、宅建業協会、弁護士会、司法書士会、横浜市等での講演。

西宮英彦（弁護士）

平成11年、慶應義塾大学法学部法律学科卒業。株式会社三井住友銀行での勤務の後、平成20年、法政大学法科大学院修了。同年、司法試験合格。平成22年、みらい総合法律事務所入所。主に労働法務、事業再生・倒産、交通事故、家事事件（親族・相続）などを扱う。著書（共著）として、『応用自在！ 内容証明作成のテクニック』（日本法令）、『ガイドブック民事保全の実務』（創耕舎）、『倒産手続選択ハンドブック』（ぎょうせい）など多数。

購入者特典！

契約書の雛型（Microsoft Word）がダウンロードできます。

データのダウンロード・ご利用の方法

1．ソフトウェア要件
・Microsoft Word
　（2007/2010/Windows版）
・Internet Explorer 6.0以降

本書のデータは、日本法令ホームページ上からダウンロードしてご利用いただくものですので、インターネットに接続できる環境にあるパソコンが必要です。また、データファイルを開く際にはMicrosoft Wordがインストールされていることが前提となります。

2．使用承諾
万一本書の各種データを使用することによって、何らかの損害やトラブルがパソコンおよび周辺機器、インストール済みのソフトウェアなどに生じた場合でも、著者および版元は一切の責任を負うものではありません。
このことは、各種ファイルのダウンロードを選択した際のメッセージが表示されたときに「開く（O）」または「保存する（S）」を選択した時点で承諾したものとします。

3．使用方法
①日本法令のホームページ（https://www.horei.co.jp）にアクセスし、上部中央にある「商品情報（法令ガイド）」をクリックします。

②右下の「出版書」のコーナーの、「購入者特典：書籍コンテンツ付録データ」の文字をクリックします。

③ご利用いただけるファイルの一覧が表示されますので、お使いのものを選んでファイルを開くか、またはデータを保存のうえご利用ください。また、データにはパスワードがかかっています。パスワードは **bluebook161** です。

改訂版	平成26年 8 月20日　初版発行
応用自在！ 契約書作成のテクニック	令和元年 6 月 1 日　改訂初版 令和 4 年 5 月 1 日　改訂 3 刷

検印省略

 日本法令®

編著者　みらい総合法律事務所
発行者　青　木　健　次
編集者　岩　倉　春　光
印刷・製本　倉　敷　印　刷

〒 101-0032
東京都千代田区岩本町 1 丁目 2 番 19 号
https://www.horei.co.jp

（営　業）　TEL　03-6858-6967　　Eメール　syuppan@horei.co.jp
（通　販）　TEL　03-6858-6966　　Eメール　book.order@horei.co.jp
（編　集）　FAX　03-6858-6957　　Eメール　tankoubon@horei.co.jp

（オンラインショップ）　https://www.horei.co.jp/iec/
（お詫びと訂正）　https://www.horei.co.jp/book/owabi.shtml
（書籍の追加情報）　https://www.horei.co.jp/book/osirasebook.shtml

※万一、本書の内容に誤記等が判明した場合には、上記「お詫びと訂正」に最新情報を掲載
しております。ホームページに掲載されていない内容につきましては、FAX またはE
メールで編集までお問合せください。

・乱丁、落丁本は直接本社出版部へお送りくださればお取替えいたします。
・JCOPY〈出版者著作権管理機構　委託出版物〉
本書の無断複製は著作権法上での例外を除き禁じられています。複製される場
合は、そのつど事前に、出版者著作権管理機構（電話 03-5244-5088、FAX 03-
5244-5089、e-mail: info@jcopy.or.jp）の許諾を得てください。また、本書を代
行業者等の第三者に依頼してスキャンやデジタル化することは、たとえ個人や
家庭内での利用であっても一切認められておりません。

Ⓒ Mirai Sougou Houritsujimusyo 2019. Printed in JAPAN
ISBN 978-4-539-72661-7